AMERIKANISCHE
LITERATURGESCHICHTE

AMERIKANISCHE LITERATURGESCHICHTE

unter Mitarbeit von

Helmbrecht Breinig, Heiner Bus, Maria Diedrich,
Winfried Fluck, Brigitte Georgi-Findlay, Renate Hof,
Alfred Hornung, Heinz Ickstadt,
Hartwig Isernhagen, Susanne Opfermann,
Walter Pache und Jürgen Schlaeger

herausgegeben von Hubert Zapf

Mit 424 Abbildungen

VERLAG J. B. METZLER
STUTTGART · WEIMAR

Die Deutsche Bibliothek – CIP-Einheitsaufnahme

Amerikanische Literaturgeschichte / unter Mitarb. von Helmbrecht Breinig
. . . hrsg. von Hubert Zapf. – Stuttgart ; Weimar : Metzler, 1996
  ISBN 3-476-01203-4
NE: Breinig, Helmbrecht; Zapf, Hubert [Hrsg.]

Gedruckt auf chlorfrei gebleichtem, säurefreiem und alterungsbeständigem
Papier

ISBN 3-476-01203-4

Dieses Werk einschließlich aller seiner Teile ist urheberrechtlich geschützt.
Jede Verwertung außerhalb der engen Grenzen des Urheberrechtsgesetzes
ist ohne Zustimmung des Verlages unzulässig und strafbar. Das gilt insbesondere für Vervielfältigungen, Übersetzungen, Mikroverfilmungen und die
Einspeicherung und Verarbeitung in elektronischen Systemen.

© 1997 J.B. Metzlersche Verlagsbuchhandlung
und Carl Ernst Poeschel Verlag GmbH in Stuttgart

Einbandgestaltung: Willy Löffelhardt
Satz: Typomedia Satztechnik GmbH, Ostfildern
Druck und Bindung: Franz Spiegel Buch GmbH, Ulm
Printed in Germany

Verlag J.B. Metzler Stuttgart · Weimar

INHALTSVERZEICHNIS

VORWORT   VIII

ANFÄNGE
(Hartwig Isernhagen)

Geschichten und Genealogien   1
Die frühen Kolonien des 17. Jahrhunderts   6
Die Kolonien des 18. Jahrhunderts   19

DIE LITERATUR DER FRÜHEN REPUBLIK   35
(Helmbrecht Breinig/Susanne Opfermann)

Anfänge der amerikanischen Nation: politische, gesellschaftliche
und geistesgeschichtliche Kontexte   35
Funktionen und Formen der Literatur   42
Literatur als System   44
Frühe Versdichtung: Zukunftsvision und Wirklichkeitsbezug   48
Theater und Drama bis zum Ende des 18. Jahrhunderts   50
Der frühe amerikanische Roman   56
Das frühe 19. Jahrhundert: Änderungen im literarischen System   63
Übergänge zur Romantik: die Entdeckung der amerikanischen Natur   64
Lyrik des frühen 19. Jahrhunderts   67
Drama und Theater im frühen 19. Jahrhundert   70
Essay und Erzählung   71
Autobiographie, Biographie und Geschichtsschreibung   74
Historischer Roman und Gesellschaftsroman   77

ROMANTIK UND ›AMERICAN RENAISSANCE‹
(Hubert Zapf)

›American Renaissance‹ und die New American Studies   85
Zeitalter der Reform und der Expansion   88
Literarischer Markt und Rolle der Schriftsteller   91
Indianerliteratur und nationale Mythographie   93
Das literarische Establishment der Zeit: die Fireside Poets   94
Literarische Gegenkultur als intellektuelles Zentrum:
die Transzendentalisten   98
Edgar Allan Poe: Romantische Autonomieästhetik
und amerikanische Apokalypse   110
Formen der Prosa   116
Entwicklung des Romans   125
Die Lyrik der Jahrhundertmitte zwischen Romantik und Prämoderne   139
Theater und Drama   147

REALISMUS, NATURALISMUS, VORMODERNE
(Winfried Fluck)

›Das realistische Zeitalter‹: die Neuformierung des literarischen Systems
nach dem Bürgerkrieg   154
Literatur des Übergangs: Kriegsroman, politischer Roman
und die Transformation der weiblichen Entwicklungsgeschichte   158
Local Color Fiction und literarischer Regionalismus   164
Der amerikanische Realismus   172
Sozialroman und utopischer Roman   190
Das Scheitern der viktorianischen Entwicklungsgeschichte
im Ausgang des 19. Jahrhunderts   193
Die Frauenliteratur der Jahrhundertwende: Kate Chopin
und Edith Wharton   196
Protest- und Konsumliteratur: die Ausdifferenzierung des literarischen
Systems in der Progressive Era (1890–1914)   202
Der amerikanische Naturalismus   207

DIE AMERIKANISCHE MODERNE
(Heinz Ickstadt; Drama der Moderne: *Hubert Zapf)*

Einführung   218
Die amerikanische Avantgarde in Europa: Stein, Pound und Eliot   233
Moderne Lyrik in Amerika: Robert Frost, E. E. Cummings, Marianne
Moore, Wallace Stevens und William Carlos Williams   244
Die Sehnsucht nach dem primitiven Anderen und die Harlem
Renaissance   251
Großstadt und Maschine: die Darstellung New Yorks in den Bildern
und Texten von Joseph Stella, Hart Crane und John Dos Passos   256
Die Moderne im Roman: zwischen Sprachexperiment und Bestseller   262
Die Antimoderne in der Moderne: die kulturelle Wende
der 30er Jahre   274
Ausblick auf die Nach-Moderne   280
Die verspätete Gattung: das amerikanische Drama der Moderne   281

POSTMODERNE BIS ZUR GEGENWART
(Alfred Hornung)

Die Fortführung der Moderne unter geänderten gesellschaftlichen
Bedingungen (50er und 60er Jahre)   304
Postmodernismus (60er und 70er Jahre)   325
Neorealismus, Multikulturalismus, Postkolonialismus
(80er und 90er Jahre)   357

MULTIKULTURALITÄT
(Brigitte Georgi-Findlay/Maria Diedrich/Heiner Bus)

Indianische Literatur *(Brigitte Georgi-Findlay)*   376
Afro-amerikanische Literatur *(Maria Diedrich)*   402
Jüdisch-amerikanische Literatur *(Heiner Bus)*   426
Chicanoliteratur *(Heiner Bus)*   437
Asiatisch-amerikanische Literatur *(Heiner Bus)*   455

LITERATURKRITIK UND LITERATURTHEORIE
(*Jürgen Schlaeger*; Feministische Literaturkritik: *Renate Hof*)

Die Anfänge der Literaturkritik in Amerika   468
Die Professionalisierung der Literaturkritik   476
Literary Criticism und *Critical Theory* im 20. Jahrhundert   480
Von *Womens's Studies* zu *Gender Studies:* Feministische
Literatur- und Kulturkritik   496

LITERATUR KANADAS – DIE ANDERE NORDAMERIKANISCHE LITERATUR
(Walter Pache)

Polaritäten   520
›Where is here?‹ Koloniale Literatur in Kanada   527
›A Mari Usque Ad Mare‹: Anfänge der Nationalliteratur   535
›Irony is the Key to Our Identity‹: Die kanadische Moderne   539
›Literary Renaissance‹: die 60er Jahre   544
Zentrum und Peripherie: Postmoderne Strömungen   551
Englisch-kanadische Literatur – eine postkoloniale Literatur?   558

BIBLIOGRAPHIE   561

REGISTER   578

BILDQUELLEN   595

VORWORT

Vielgestaltigkeit amerikanischer Literatur

Unternimmt man zum derzeitigen, von der Revision herkömmlicher und der Explosion neuer Fragestellungen gekennzeichneten Zeitpunkt das Projekt einer *Amerikanischen Literaturgeschichte*, so erscheinen einige grundsätzlichere Erläuterungen angebracht. Der Ausdruck *Amerikanische* Literaturgeschichte bezieht sich im Sinn einer zwar verkürzenden (weil Mittel- und Südamerika ausklammernden), aber dennoch eingebürgerten Kurzformel auf die Literatur Nordamerikas, insbesondere der USA bzw. der durch ihre heutigen Grenzen markierten Gebiete. Dabei wird nicht vorausgesetzt, daß es eine einheitliche Identität oder Entwicklungsrichtung *einer* amerikanischen Literatur gibt oder je gegeben hat, da Literatur im Einflußfeld unterschiedlichster inner- und außerliterarischer Kräfte steht und sich entsprechend unterschiedlich entwickelt. Darüber hinaus liegt ein wichtiges Merkmal der amerikanischen Literatur gerade in der Offenheit ihrer ständig thematisierten, aber niemals endgültigen Selbstdefinition, in der vor allem seit der politischen Unabhängigkeit ebenso dringlichen wie prekären Suche nach einer eigenständigen Identität, die erst im Prozeß dieser immer neuen Suche ihre charakteristischen und stets sich wandelnden Konturen gewann. – Daneben kommt in diesem Band in einem eigenen Kapitel auch die englischsprachige Literatur Kanadas als die ›andere nordamerikanische Literatur‹ zu Wort, die zwar eine durchaus eigenständige Entwicklung aufweist, aber nicht zuletzt aufgrund der geographischen und geschichtlich-kulturellen Nähe in unübersehbaren Wechselwirkungen mit der Literatur der Vereinigten Staaten steht.

Einbeziehung Kanadas

Unter *Literatur* im weitesten Sinn kann zunächst einmal ganz allgemein das gesamte Schrifttum einer Kulturwelt verstanden werden, und ein solcher weitgefaßter Literatur- und Textbegriff im Sinn etwa einer historischen Diskursanalyse ist auch im vorliegenden Band mitenthalten, indem u. a. auf politische Texte und Historiographie, auf Reiseberichte und Populärliteratur, auf Kunstgeschichte und Literaturkritik Bezug genommen wird. Gleichzeitig liegt aber das Schwergewicht der Aufmerksamkeit auf Literatur im engeren Sinn, d. h. auf Texten als sprachlich verdichteter Form imaginativer Problemdarstellung und -bewältigung, die aufgrund ihrer intellektuellen und künstlerischen Statur, ihrer symbolischen Repräsentationskraft oder ihrer rezeptionsgeschichtlichen Bedeutung eine besondere Relevanz und Aussagekraft für ihre Kulturwelt erlangt haben. Die vorliegende Literaturgeschichte trägt einerseits der Erweiterung und Neubewertung des tradierten Kanons Rechnung, die in letzter Zeit in vielerlei Richtungen stattgefunden hat. Andererseits aber teilen Herausgeber und Autoren die im Parallelband der *Englischen Literaturgeschichte* (Hg. H. U. Seeber) vertretene Auffassung, daß es bei aller Aufmerksamkeit für neue Entwicklungen nicht ratsam sei, »die in einer langen Wirkungsgeschichte entstandene Übereinkunft über bedeutende Vertreter und Texte der Literatur zu übersehen«.

Kanonerweiterung

Der dritte im Titel dieses Buchs enthaltene Begriff ist der einer Literatur*geschichte*. Er setzt bis zu einem gewissen Grad ein zusammenhängendes Geschehen voraus, eine erzählend und argumentierend nachvollziehbare Entwicklung, die in wenigstens grob abgrenzbaren Phasen oder Epochen verläuft und von daher in ihren übergreifenden Konturen nachskizzierbar ist. Nun ist gerade in letzter Zeit ein besonderes Augenmerk auf die Brüche der (Literatur-)Geschichte gerichtet worden, auf die Fragwürdigkeit von Epochen- und Gattungseinteilungen und auf die irreduzible Vielfalt, Differenz und Offenheit jeglicher ›Geschichte‹, die sich keiner teleologischen Entwicklung einfügt und in keinen retrospektiven Allgemeinbegriffen wie denen einer ›Epoche‹ aufgeht. Zudem wird jede Rekonstruktion einer Geschichte durch den interpretierenden Zugang derer, die sie schreiben, in ihren Inhalten und ihrem Zusammenhang wesentlich mitbestimmt.

Solche radikale Infragestellung ist als Warnung vor selbstgewissen Verallgemeinerungen ernstzunehmen, kann aber nicht das letzte Wort sein. Denn *de facto* sind bestimmte Epocheneinteilungen, Stilrichtungen und Entwicklungsprozesse durch die literaturwissenschaftliche Forschungspraxis selbst beglaubigt. Und in dieser wiederum sind Abgrenzungen von anderen Epochen und Stilrichtungen unvermeidlich mitenthalten, die eben doch einen inneren, wenn auch oft spannungsreichen Zusammenhang der Literaturgeschichte bezeugen. Die vorliegende Literaturgeschichte gibt daher herkömmliche Periodeneinteilungen nicht auf, sieht sie aber als Hilfskonstruktionen, die weder eine monolithische Einheitlichkeit der Stile und Epochen unterstellen noch die vielfältigen Übergänge und Überschneidungen verdecken sollen, die es zwischen ihnen gibt. Die Dynamik der literaturgeschichtlichen Entwicklung folgt dabei mindestens zwei wesentlichen Antriebskräften. Die *eine* wichtige Antriebskraft der Literaturgeschichte ist die innovative Auseinandersetzung mit Vorläufermodellen innerhalb der literarischen Entwicklung selbst. Literaturgeschichte in diesem Sinn ist eine Abfolge von Texten, die in komplexer Weise aufeinander reagieren und miteinander konkurrieren (Stichwort ›Intertextualität‹). Dies bezieht sich auch auf gattungsspezifische Merkmale und Entwicklungen. Die *andere* wichtige Antriebskraft der Literaturgeschichte ist die Reaktion der Texte auf ihre geistesgeschichtliche, kulturelle, politische und gesellschaftliche Umwelt, der gegenüber sie jeweils neu zu formulierende Antworten darstellen.

Antriebskräfte der Literaturgeschichte

Einen groben Leitfaden der Darstellung bildet, wie in der *Englischen Literaturgeschichte*, der Prozeß der Modernisierung mit seinen Folgewirkungen, seiner Potenzierung der Möglichkeiten wie der Gefahren menschlichen Handelns, seiner befreienden Pluralisierung und zugleich beunruhigenden Beschleunigung von ›Geschichte‹ – ein Prozeß, an dem die Literatur sowohl kritisch-reflektierend als auch aktiv-mitgestaltend Anteil nimmt. Dies ist in der amerikanischen Literaturgeschichte insofern in zugespitztem Maß der Fall, als die USA fast seit ihrer Gründung als Inbegriff des ›Modernen‹ schlechthin gesehen wurden. Die enorme Dynamik, mit der sich die vorindustrielle Kolonialwelt des 17. und 18. Jh.s durch Unabhängigkeit, Westexpansion, Masseneinwanderung und Industrialisierung bis zum Ende des 19. Jh.s grundlegend veränderte und die die USA aus einem provinziellen Agrarland zur führenden Industrienation und zur politischen und wirtschaftlichen Weltmacht aufsteigen ließ, bildet einen wesentlichen Kontext der Literaturentwicklung dieser Zeit. Und im 20. Jh. läßt sich die symbolische Bewältigung und gewissermaßen kulturökologische Bilanzierung der Modernisierung und des sie tragenden Fortschrittsglaubens, der dem individuellen und nationalen Optimismus des *American Dream* entspringt, aber in seinen zunehmend unüberschaubaren Auswirkungen gleichzeitig dessen ursprüngliche Sinnziele gefährdet, als ein Leitmotiv der Literaturgeschichte weiterverfolgen.

Modernisierungsprozeß als Leitfaden

Problemkomplexe und
Entwicklungsfaktoren

Berücksichtigt sind darüber hinaus aber auch weitere, grundlegende amerikanistische Problemkomplexe und prägende Entwicklungsfaktoren wie die folgenden:

- der Traum einer ›Neuen Welt‹ selbst, d.h. der Anspruch und die problematische Beweislast eines (vermeintlich) radikalen Bruchs mit der bisherigen Geschichte;
- die damit vorgegebene, mit besonderer moralisch-emotionaler Intensität aufgeladene Diskrepanz von Ideal und Realität, Illusion und Desillusionierung als Merkmal kollektiver und individueller Erfahrung;
- die Säkularisierung und Pragmatisierung puritanischer Traditionen und das Ideologem des *self-made man*;
- der Mythos der Frontier und das das kulturelle Selbstverständnis prägende Verhältnis von Wildnis und Zivilisation;
- die symbolische Vereinnahmung der realhistorisch bekämpften indianischen Urbevölkerung und ihre Einbeziehung in die nationale Ikonographie;
- die Amerikanisierung europäischer Traditionen und das Streben nach kultureller Eigenständigkeit;
- die Gegensätze von Einheit und Vielfalt, von Nation und Region, von Konformität und unbeschränktem Individualismus;
- die Widersprüche zwischen Moral und Kommerz, zwischen Demokratieanspruch und neoimperialer Machtentfaltung;
- der Aufstieg der USA im 20. Jh. auch zu kultureller Weltbedeutung und die Umkehrung der literarischen Einflußströme;
- die kulturkritische Wende der 60er Jahre im Gefolge von Bürgerrechtsbewegung, Studentenrevolte und Vietnamkrieg;
- der Einfluß der Frauenbewegung und die Revision der bis dahin vorherrschend männlich bestimmten kulturellen Selbstdefinition;
- die Auflösung des traditionellen Textbegriffs in der Postmoderne und die Wechselbeziehung der Literatur mit anderen Medien, aber auch mit der Literatur- und Kulturtheorie;
- zugleich aber, nicht zuletzt in den gerade heute besonders produktiven Literaturen der kulturellen Minderheiten, die Selbstbehauptung der Literatur als sowohl kulturstiftender wie kulturübergreifender Sprachkunst in einer pluralen Ästhetik zwischen Moderne und Mythos, zwischen innovativen und traditionalen Formen.

Immer wieder wird auf all diesen Entwicklungsstufen auch die Frage nach dem besonderen Beitrag der amerikanischen Literatur zur allgemeineren Literaturgeschichte und nach ihrem unverwechselbaren Eigencharakter gestellt, wobei allerdings der Blick nicht nur auf ihre innere Vielgestaltigkeit, sondern auch auf vergleichbare Literaturentwicklungen außerhalb der USA einem falschen literarischen und kulturellen Nationalismus vorbeugen soll.

Gliederungsprinzip

Entsprechend solcher Überlegungen ist der vorliegende Band in zwei Hauptteile gegliedert. Im ersten, chronologischen Teil wird in sechs größeren Epochenblöcken die historische Entfaltung der amerikanischen Literatur unter problem-, stil- und gattungsgeschichtlichen Gesichtspunkten nachgezeichnet und an ausgewählten Autoren und Werken demonstriert: Anfänge, frühe Republik, Romantik und *American Renaissance*, Realismus und Naturalismus, Moderne, Postmoderne bis zur Gegenwart. Im zweiten Teil kommt der multikulturelle Aspekt der amerikanischen Literatur, der in den letzten Jahrzehnten verstärkt an Bedeutung gewonnen hat, in jeweils eigenen Beiträgen über indianische, afro-amerikanische, jüdisch-amerikanische, Chicanoliteratur und asiatisch-amerikanische Literatur zu Wort. Diese verschiedenen Literaturen bildeten aus der Kollision zwischen der dominanten, angelsächsisch geprägten Kultur und den – z.T. weit zurückreichenden – Überlieferungen ihrer jeweiligen Ursprungskulturen eigenständige Traditionen und eine jeweils eigene Geschichte der Intertextualität aus, die in bisherigen Darstellungen zu Unrecht vernachlässigt wurden. Gleichzeitig stehen sie aber auch in spannungsreicher Wechselbeziehung mit dem literarischen Mainstream, durch den sie sowohl sprachlich als auch kulturell und ästhetisch beeinflußt sind und den sie ihrerseits, zumal in jüngster Zeit, zunehmend selbst mitgeprägt haben. Aktuelle Perspektiven werden ferner durch ein Kapitel über die Geschichte der Literaturkritik und -theorie und der feministischen Literaturstudien bzw. der *gender studies* einbezogen, die gerade die neuere amerikanistische Literaturgeschichtsschreibung nachhaltig mitbeeinflußt haben. Der Umstand, daß die Geschichte der kanadischen Literatur am Ende des Bandes steht, soll keineswegs eine geringere, nachgeordnete Bedeutung anzeigen. Vielmehr soll dadurch jeder Eindruck der Subsumierung vermieden und die Eigenständigkeit dieser Literatur betont werden, die ihr sowohl in ihrer Ähnlichkeit wie in ihrer Andersartigkeit im Verhältnis zur Literatur der USA ein sprunghaft gestiegenes Interesse der Kritik und des Publikums gesichert hat.

Die vorliegende Literaturgeschichte erhebt keinen ohnehin illusionären Anspruch auf Vollständigkeit, sondern beabsichtigt eine bewußt Schwerpunkte setzende, exemplarisch auswählende Vorgehensweise, die typische Tendenzen, Autoren und Texte einer jeweiligen Epoche und Literaturform herausgreift und an charakteristischen Beispielen vorstellt. Ebensowenig ist eine ungebrochen durchgehaltene Kohärenz in der Darstellung der Literaturgeschichte durch die verschiedenen Beiträger und Beiträgerinnen angestrebt, da deren jeweiliges ästhetisches und historisches Vorverständnis ihre Perspektive und ihre Auswahl des Materials unaufhebbar mitbestimmt. Vielmehr erscheint angesichts der aktuellen Entwicklung der Literatur- und Kulturwissenschaften gerade dieses Zusammenspiel verschiedener Zugänge und Akzentsetzungen interessant und aufschlußreich, da es einen Eindruck von der Breite der Erkenntnisinteressen und Arbeitsweisen gegenwärtiger Amerikanistik zu geben vermag. Gleichzeitig ist aber der Sinn eines Bandes wie des vorliegenden, entsprechend den Gattungskonventionen der Textsorte ›Literaturgeschichte‹, unvermeidlich der eines Überblicks und einer bis zu einem gewissen Grad repräsentativen Darstellung. Die Balance zu halten zwischen der Absicht einer integrierenden Überblicksdarstellung und der Vielgestaltigkeit des Gegenstandes und der Ansätze, zwischen aktuellem Forschungsstand und dem Informationsbedürfnis einer literarisch interessierten Öffentlichkeit war eine der Hauptschwierigkeiten, aber auch eine der produktiven Herausforderungen bei der Entstehung dieses Bandes.

Gedankt sei an dieser Stelle Bernd Lutz vom Metzler Verlag, der das seit langem ins Auge gefaßte Projekt einer *Amerikanischen Literaturgeschichte* zielstrebig auf den Weg gebracht hat, aber auch Petra Wägenbaur und Oliver Schütze, die die Phase seiner Verwirklichung mit großem Einsatz und in konstruktiver Zusammenarbeit mit dem Herausgeber begleitet haben. Mein besonderer Dank gilt den Beiträgerinnen und Beiträgern des Bandes für ihre Mitarbeit und ihre Bereitschaft, innerhalb einer Zeitspanne, die für den Verlag verständlicherweise stets zu lang, für eine akademische Zeitrechnung aber trotz mancher Verzögerungen insgesamt doch einigermaßen überschaubar erschien, die Publikation dieser Literaturgeschichte zu ermöglichen. Susanne Opfermann und Helmbrecht Breinig danken Hans-Joachim

Exemplarische Vorgehensweise

Lang für seine gründliche Lektüre des Manuskripts und für wertvolle Anregungen. Heinz Ickstadt dankt der Rockefeller Foundation für einen vierwöchigen Aufenthalt am Bellagio Center for Research im Frühjahr 1993, wo eine frühe Fassung seines Beitrags entstand. Der herzliche Dank des Herausgebers gilt den Augsburger Mitarbeiterinnen und Mitarbeitern, die mit großer Geduld an den verschiedenen Stufen der Erstellung eines druckreifen Endmanuskripts einschließlich Register und Bibliographie mitwirkten, allen voran Gabriele Simon, aber auch Sabine Greger, Alexandra Johne, Wolfgang Lepschy, Susanne Maier, Monika Patton, Marcus Planckh, Eric Redling und Claudia Walter.

Es bleibt zu wünschen, daß dieses Buch seinen Lesern einen einigermaßen innovativen und interessanten Zugang zur Literatur Nordamerikas eröffnet, die einen der wichtigsten und derzeit zweifellos einen der produktivsten neueren Zweige der Weltliteratur darstellt.

Augsburg, im Juni 1996 Hubert Zapf

ANFÄNGE

Geschichten und Genealogien

Die Neuheit der Neuen Welt

Die europäische Begegnung mit einer als *neue* definierten Welt stellt im 15./16. Jh. und stellenweise noch sehr viel später die jeweils konventionelle Repräsentation von Wirklichkeit in Frage. Sie bleibt bis heute Leitmotiv im europäischen Amerikabild und produziert gerade in unserer Zeit wieder ausgedehnte Diskussionen darüber, daß Wirklichkeit für uns nicht einfach gegeben ist, sondern sprachlich, diskursiv konstruiert – eben »repräsentiert« – werden muß. Seit dem *Logbuch* des Christoph Columbus ist der Befund immer derselbe: Das Neue nimmt dem Blick des Betrachters die Orientierungsfähigkeit, läßt ihn zwischen divergenten Perspektiven schwanken. So beschreibt Columbus in einem Eintrag vom 21. Oktober 1492, in dem es ihm (wie meist) darum geht, Ferdinand und Isabella im fernen Spanien davon zu überzeugen, daß seine Reise sich gelohnt hat, eine Insel, die »die anderen an Schönheit und Fruchtbarkeit noch übertrifft«. Aber dabei liegen ästhetische und ökonomische Blickwinkel dauernd quer zueinander, und der Schritt vom Betrachten zum Töten ist ganz kurz:

> Tausend verschiedene Arten von Bäumen waren anzutreffen, mit ihren Früchten und von wunderbar köstlichem Duft. Es war mir sehr leid, ihr Wesen nicht zu kennen, denn ich bin sehr

Desorientierung

Kolumbus trägt das Christuskind in die neue Welt (Weltkarte des Juan de la Cosa, 1500)

Der Kommentar eines indianischen Künstlers von heute zu 500 Jahren Geschichte: aus Luke Simmons »Columbus Decelebration Series«

sicher, daß sie wertvoll sind; ich habe Proben von ihnen und den Pflanzen konserviert. . . . Als wir um einen dieser [vorher erwähnten] Seen herumgingen, sah ich eine Schlange, die wir töteten, und ich habe die Haut für Eure Hoheiten aufbewahrt.

Zwar grenzt die paradiesische Schönheit der Natur ans Sublime, aber sie bleibt darum doch Gegenstand der Ausbeutung. Das mythische Bild der goldenen Stadt El Dorado mag ein Versuch sein, beide Aspekte und andere innere Konflikte in der Sicht des Neuen zu harmonisieren – zur brauchbaren Orientierung ist es schon deswegen ungeeignet, weil es keine Basis in der Wirklichkeit hat. Das Bedürfnis des europäischen Betrachters gaukelt ihm vor, was nicht existiert, und verdeckt damit seinem Blick, was da ist.

Natur-Menschen

Die Begegnung mit der Neuen Welt bleibt als Grundgestus des Schreibens über Amerika zentral und charakteristisch. Sie ist zunächst einmal vor allem eine Begegnung mit der Natur und den als natürlich gesehenen Ureinwohnern. Ihnen muß die Sprache sich stellen, auf sie muß sie eine Perspektive entwickeln: eine Aufgabe, die in Text über Text mehr oder weniger ungelöst erscheint, so daß man in oder hinter ihnen schließlich das offene Problem des Verhältnisses zwischen Natur und Kultur erkennen kann. Ob Natur ›gut‹ oder ›böse‹, ›kreativ‹ oder ›destruktiv‹ ist, bleibt ebenso unentschieden, wie die Frage, ob sie der Zivilisation Modelle und Werte oder Widerstände und zu überwindende Unwerte entgegenhält. Im Indianer, der zugleich edler Wilder und dämonische Primitivfigur ist, wird solche Widersprüchlichkeit ebenso Gestalt wie in Landschaftsdarstellungen, die zwischen paradiesischem Garten und teuflischem Dschungel schwanken. Entsprechend muß diese Figur als Rätsel und Problem in der literarischen Selbstbestimmung des Amerikanischen stehenbleiben. Die Frage, ob Indianer Menschen mit einer Seele seien, war einer der entscheidenden Konfliktpunkte unter Puritanern, und im modernen Urteil über die puritanische Gesellschaft spielt der *King Philip's War* (1675/76) als Phase eines Völkermords eine unübersehbare Rolle. Doch das Verhältnis zwischen der dominanten Einwandererkultur und den Ureinwohnern ist nicht nur bei den Puritanern problematisch, sondern in der ganzen amerikanischen Geschichte; als solches spiegelt es sich in der späteren ›schönen‹ Literatur von Charles Brockden Brown bis zu Ken Kesey und Gerald Vizenor.

*Innere Widersprüch-
lichkeit der Texte*

Die innere Widersprüchlichkeit der Texte, die von der Begegnung zwischen Kolonisten und dem zu kolonisierenden Land handeln, geht aber schließlich weit über das Thema ›Natur/Kultur‹ hinaus und erfaßt das ganze Weltbild. Die heutige Kritik ist an ihr fast mehr als an der expliziten Bedeutung der Texte interessiert, und zwar obwohl *und* weil solche Widersprüche nicht eindeutig interpretierbar sind. Man kann sie als Ergebnis der schriftstellerischen Unerfahrenheit der Schreibenden, ihrer mangelnden Schulung oder beschränkten Ausdrucksfähigkeit sehen; Widersprüchlichkeit ist dann ein Manko, dem der Leser sich nur aussetzt, weil es keine konsistenteren, ›besseren‹ Texte gibt. Aber eine solche Lesart übersieht Momente in den Texten, in denen sie selber uns so etwas wie eine Deutung der Widersprüche nahezulegen scheinen. Wie schon bei Columbus werden dann unausgesprochene, aber dicht unter der sprachlichen Oberfläche liegende ideologische Probleme – was ist der höhere Wert: Profit oder Erbauung? – und einander widerstreitende Interessen sichtbar. Oder man erkennt die Konfrontation eines auf die Alte Welt gemünzten Zeichensystems mit der Neuen, auf die es nicht recht passen will und die sich ihm in solcher

Weise entzieht, daß die Begrenztheit *aller* derartigen Systeme sichtbar wird. Oder in der sprachlichen Wiedergabe des Geschehens wird jene Offenheit des Handelns im Moment historischer Veränderung sichtbar, die die Sprache sonst eher verdeckt.

Derartige Sehweisen sind für den historischen Blick attraktiv, weil sie die Texte in Zusammenhänge stellen. Literaturgeschichte und allgemeine Geschichte verbinden sich hier enger als anderswo, was man wiederum als Reflex der Geschichte selber verstehen kann. Wie zuletzt wieder die neue *Cambridge History of American Literature* deutlich gemacht hat, ist die Verbindung von Geschichte und Literaturgeschichte zwar allgemein dadurch gegeben, daß Realität durch die Art ihrer sprachlichen Wiedergabe geformt wird; sie ist aber in Amerika besonders stark, weil Texte hier schon in dem Bewußtsein geschrieben wurden, daß man durch sie Geschichte machen und Wirklichkeit schaffen konnte. Gerade die frühen Texte über Amerika verfolgen ihre jeweils eigenen Zwecke, wollen ihr jeweils eigenes Amerika schaffen, sind rhetorische Waffen im Kampf um Wirklichkeit. Amerikanische Literatur bleibt in diesem Sinn Literatur über das eigene Land und seine Gesellschaft – in stärkerem Maße als andere Literaturen, weil die amerikanischen Kulturen sich so stark als Projekte verstehen, als immer erst noch zu schaffende.

Noch in anderer Hinsicht ist der Blick auf die Widersprüche der Texte fruchtbar. Alle drei oben genannten Aspekte können nämlich als Motoren einer historischen Entwicklung gesehen werden. Ideologische Probleme wie sprachliche Unzulänglichkeit und Offenheit der Situation ergeben dann in einer ersten Phase die angesprochenen Probleme bei der Repräsentation von Wirklichkeit. Diese werden literarisch durch die Übernahme literarischer Schemata wie etwa des *pastoral mode* für die Landschaftsdarstellung gelöst, bzw. ideologisch durch die Schaffung neuer Symbole und Symbolsysteme wie etwa bei den Puritanern, aber auch bei konkurrierenden Gruppen wie den Quäkern – Systeme, in denen sich der Begriff *Amerika* mit religiösen Werten und einem auf Erwähltheit und Sendungsbewußtsein gegründeten Gemeinschaftsgefühl verbindet. John Winthrops Predigt *A Modell of Christian Charity*, gehalten an Bord der *Arbella* auf der Überfahrt nach Massachusetts im Jahre 1630, ist programmatischer und eindeutiger als manche andere Äußerung – »Thus stands the cause betweene God and us, wee are entered into Covenant with him for this worke [die Schaffung einer gottgefälligen Gesellschaft auf Erden].« Aber die Vorstellung einer wechselseitigen Verpflichtung, eines *Bundes* zwischen Gott und (s)einer neuen Gesellschaft findet sich immer wieder. Die Vervielfältigung solcher Selbstdeutungen durch Konflikte um die ›richtige‹ Sicht sowohl innerhalb der Gruppen wie zwischen ihnen zwingt aber schließlich zur (Selbst-)Reflektion des in sich widersprüchlichen kulturellen Repertoires in offenen, mehrdeutigen literarischen Texten, wie man sie in voller Ausprägung dann bei den großen Autoren des 19. Jh.s wie Hawthorne, Melville oder James (kurz: den immer als Vorläufer der Moderne *unseres* Jahrhunderts angesehenen) findet. Es ist entsprechend gefragt worden, ob nicht in Amerika unter dem Druck der Neuheit der Neuen Welt ein literarischer Diskurs entstanden ist, der sich als Diskurs der Neuheit selbst etabliert und Wirklichkeit im Sinne ihrer Widerständigkeit gegen den Versuch versteht, sie als kohärente zu repräsentieren. Das wäre ganz im Sinne einer jener Wirklichkeitsdefinitionen, die Hans Blumenberg der Moderne zugeschrieben hat, und würde den auch in anderen Zusammenhängen erhobenen Anspruch Amerikas stützen, erster Ort einer inzwischen weltweit gewordenen Modernität zu sein.

Schreiben macht Geschichte

Geschichte des Schreibens

Predigtform und Sendungsbewußtsein

Die Frage des Anfangs

Diese Geschichte, die Europa seit Jahrhunderten über seine Begegnung mit Amerika erzählt, macht Sinn, aber nur begrenzten. Das Bild, mit dem sie beginnt – die bis hierher weder zeitlich noch lokal festgelegte und dadurch nachgerade archetypisierte Begegnung zwischen dem Europäer und der Neuen Welt – ist das Bild eines Anfangs, das sowohl spezifiziert wie hinterfragt werden muß. Die Frage nach den Anfängen der Literatur der USA als einer amerikanischen (was auch immer das ›als‹ hier impliziert) darf nicht als Tatsachenfrage mißverstanden werden, sondern sollte ganz resolut als Frage nach unserer Perspektive auf die Vergangenheit angegangen werden. Historisches Geschehen gibt es in Fülle, aber zum Ereignis, das historische Bedeutung hat, wird es erst durch Überlieferung und Interpretation. Daß der Genueser Giovanni Caboto (als John Cabot) 1497, und damit noch vor Columbus, amerikanisches Festland betrat und somit für Europa einen neuen Kontinent (und eine Inselwelt) entdeckte, ist in den Mythos Amerika so wenig eingegangen wie die Fahrten portugiesischer Fischer, die vielleicht schon vorher vor Neufundland fischten, wie der Besuch Leif Eriksons in ›Vinland‹ um das Jahr 1000 oder die einsame Reise des Iren Brendan. Oder besser: Diese ›Entdeckungen‹ sind als minimale Anekdoten im Mythos bewahrt, aber immer mit dem Beigeschmack historischer Irrelevanz.

Datierungen

So läßt sich denn auch die Frage nach dem Beginn der europäischen Besiedlung, der zum Entstehen der heutigen amerikanischen Gesellschaft (oder muß man immer noch sagen: »Gesellschaften«?) führt, nicht einfach beantworten. Einen einzigen solchen Beginn gibt es mit Sicherheit nicht. Aber einzelne Daten sind zu Ausgangspunkten von Überlieferungen und Interpretationen geworden: Gehen wir auf das Jahr 1492, wird unser erster Text unausweichlich mit dem *Logbuch* des Columbus ein spanischer sein, der mit ›Amerika‹ den ganzen Doppelkontinent meint. Wählen wir 1585/87 (die Gründung der nach kurzer Zeit in mysteriöser Weise untergegangenen Siedlung Roanoke) oder auch 1607 (die von Jamestown, ebenfalls in Virginia), so konzentrieren wir uns auf die anglophone Besiedlung *Nord*amerikas im ganzen und auf den Kampf zwischen England und den anderen Kolonialmächten – vor allem Spanien und Frankreich – um die Vormacht in ihm. Wenn wir unsere Geschichte mit der legendären Fahrt der *Mayflower* im Jahre 1620 beginnen lassen, stellen wir die Puritaner für unsere Definition des Amerikanischen in einer Weise als zentral dar, wie dies seit ihren eigenen historiographischen Texten immer wieder getan worden ist. Und schon überhaupt nach einem Anfangs*datum* zu fragen, heißt eine Entscheidung fällen, insofern dies die mündliche Literatur der Ureinwohner des Landes, deren Anfänge sich im Prähistorischen verlieren, als ob sie ›schon immer‹ dagewesen wären, aus dem Blickfeld schiebt.

Robert Johnsons *Nova Britannia* (1609) warb für die Ansiedlung in Virginia

Macht

Die Definition der Anfänge schließt so ein und grenzt aus. Sie schafft historischen Sinn, indem sie Hierarchien zwischen den Anwärtern erstellt. Der Blick auf die Puritaner z. B. definiert ›das Amerikanische‹ als *WASP* [White Anglo-Saxon Protestant] und weitgehend als männlich; er hat mit entsprechenden kulturellen Geltungs-, Autoritäts- und Machtansprüchen zu tun. In dieser (aber nicht nur dieser) Hinsicht sind Konstruktionen von Anfängen auf die Gegenwart bezogen: Versuche, sie zu interpretieren und zu gestalten; und sie sind dies, ob sie nun im Gestus der Legitimation und Rechtfertigung oder in dem der Delegitimation und Anklage vorgehen. Gegen die grundsätzliche und belastend verwirrende Offenheit und Mehrdeutigkeit sowohl der Vergangenheit wie der Gegenwart wird im Sinne einer Entlastung der Versuch der Vereindeutigung gemacht.

Jeder Versuch, eine Geschichte zu schreiben, ist in diesem Sinne ›falsch‹, wenn es ihm nicht gelingt, das, was er notgedrungen ausblendet, gleichwohl nicht einfach zu ignorieren, sondern die Entscheidungen, die ihm eingeschrieben sind, immer erkennbar bleiben zu lassen, so daß das Ausgeblendete selber, bzw. das Wissen von seiner Existenz, die Darstellung möglichst anhaltend als so etwas wie ein Unterton oder Schatten begleitet. Dasselbe gilt für einen weiteren Aspekt. Wenn die spanischen und portugiesischen Texte ebenso wie die französischen aus einer ›amerikanischen‹ Literaturgeschichte ausgegrenzt werden, dann konstituiert man ›die Literatur‹ Amerikas als sozusagen solides, körperhaftes Gebilde mit einer gewissen inneren (zunächst sprachlichen, dann kulturellen, dann vielleicht nationalen) Homogenität, die zu suchen eines der Projekte einer so verstandenen Literaturgeschichte ist – gleichgültig, ob man solche Homogenität mit der älteren Kritik in einem gewachsenen Nationalcharakter oder einem vom Ethos des Protestantismus bzw. der Aufklärung geprägten Zukunftsentwurf begründet sieht, oder aber mit der jüngeren seit Bercovitch in der Art, wie mit den inneren Konflikten der Gesellschaft umgegangen wird (s. u.). Wie die Datierungen beruhen solche Perspektiven auf begründbaren Entscheidungen, und wie sie sind sie anfechtbar. Das hat sich zum Beispiel in neueren Versuchen wie dem Kolodnys gezeigt, die Bestimmung des Gegenstands ›amerikanische Literatur‹ über den Begriff der Grenze oder eines Grenzraums vorzunehmen, wie er etwa im Südwesten der USA (Südkalifornien, Arizona, New Mexico, Texas) vorliegt. Literatur und Kultur wären dann gerade nicht durch Homogenität, sondern durch Heterogenität, durch eine Vielfalt von Konflikten und Differenzen gekennzeichnet, die bis ins Sprachliche gehen (hier: Englisch und Spanisch, aber auch die Sprachen der Indianer der Region) und die dauernden ›Ausspielens‹ bedürfen. Aber für eine solche die Grenzen überschreitende und sie thematisierende Geschichte haben wir noch nicht die Ansätze und noch nicht das Personal.

Partialität jeder Historie

Die Puritaner und die anderen

Mit allen erwähnten Problemen kann man revisionistisch (ein Lieblingsbegriff der zeitgenössischen *American Studies*) umgehen: indem man nach einer neuen Lösung für sie sucht. Oder man kann so vorgehen, wie es in diesem Kapitel versucht werden soll: daß die Geschichte der Literatur Amerikas im Bewußtsein eben dieser Probleme und sozusagen um sie herum geschrieben wird. Dann ist etwa die Tatsache, daß die Anfänge der amerikanischen Literaturgeschichte schon immer im genealogischen Rückgriff auf die Puritaner geschrieben worden sind, nicht nur ein historisches Faktum in der Geschichte der Literaturgeschichtsschreibung, sondern sie muß dieser selbst zum Gegenstand werden. Keine noch so revisionistische Geschichte sollte die Puritaner auf den Status einer von vielen (zum Teil stummen) Gruppen, die an der Konstruktion Amerikas mitgearbeitet haben, reduzieren, weil ihr Prestige in den dazwischenliegenden Jahrhunderten im wahrsten Sinn des Wortes Geschichte gemacht hat. Andererseits kann man nach den Kanondiskussionen der letzten Jahrzehnte, die ihrerseits ›verlorene‹ Texte der anderen Gruppen in großer Zahl kanonisiert haben, nicht an den Zufälligkeiten und Bedingtheiten (kurz gesagt: der Kontingenz) jener Geschichte, die die Puritaner so privilegiert hatte, vorbeigehen. Mit anderen Worten: Einer zeitgenössischen Literaturgeschichte ist aufgegeben, weder als pseudo-notwendig zu propagieren, was kontingentes Resultat der Geschichte ist, noch seine Existenz als eben solches Resultat zu übergehen.

Neuere Rezeption der Puritaner

Daß man an den Puritanern nicht vorbeikommt, ist auch die Erfahrung der *American Studies*, deren Entwicklung in den letzten zwei Jahrzehnten nachgerade paradoxe Auswirkungen auf die Rezeption der Literatur der Kolonialzeit gehabt hat. Einerseits lief sie wie angedeutet hinaus auf eine Ausweitung – um nicht zu sagen, eine Sprengung – des Kanons, der bis anhin den literarischen Zeugnissen des puritanischen Neuengland und damit Autoren wie Bradford, Winthrop, Williams, Bradstreet, Wigglesworth, Rowlandson, Taylor, Mather und Edwards eine privilegierte Stellung eingeräumt hatte. Texte aus dem, was einmal der Alte Süden werden sollte – d. h. vor allem aus dem heutigen Maryland, Virginia, North Carolina – waren ebenso als randständig, wenn auch ihrer historischen Faktizität wegen interessant behandelt worden wie solche aus den mittleren Kolonien Pennsylvania und New York. Sie rückten nun als alternative Traditionen mit Autoren wie Smith, Wingfield, Frethorne, Alsop, Lewis oder Elizabeth Bradford ebenso in den Vordergrund wie unter den neuenglländischen Texten jene, die ihrerseits vorher als peripher innerhalb der dominanten Tradition betrachtet worden waren: Texte weiblicher, farbiger und nicht-puritanischer Autoren wie Bathsheba Bowers, Lucy Terry oder Richard Steere. Andererseits hat eben dieselbe neuere Entwicklung, die sich so zunächst als eine der Pluralisierung (von einer dominanten Literatur zu vielen gleichrangigen) darstellt, wiederum den alten puritanischen Kanon – bzw. seine Definition als Kern der Anfänge der amerikanischen Literatur – bestätigt, wenn nicht sogar bekräftigt. Was vorher nichts als ein unbefragtes historisches Vorurteil gewesen war, das u. a. aus dem Faktum der Führungsrolle des Nordostens im Bildungs- und Literaturmarkt noch des 19. Jh.s herrührte, wurde nunmehr durch die historische und theoretische Reflexion untermauert. Der puritanischen Gesellschaft, ihrer Bildungselite und ihrem Schrifttum wurde eine (wiederum!) als Aspekt der *Modernität* definierte Fähigkeit zugeschrieben, die als Grundlage ›des Amerikanischen‹ gesehen werden konnte und sollte: die Fähigkeit nämlich, Divergentes zur Einheit zu bringen, aus Widersprüchen Konsens zu bilden, Konflikte für den Fortgang und die Fortentwicklung des Ganzen zu nutzen, kurz, jene gerade erst postulierte Pluralität der amerikanischen Anfänge zu einem einzigen Amerika zusammenzubinden.

e pluribus unum

Eine solche Sicht, die in vorsichtigerer Formulierung z. B. bei Bercovitch und in grobschlächtigerer z. B. bei Fisher vorliegt, muß als Reformulierung der alten Frage nach dem *e pluribus unum*, nach der Möglichkeit der Schaffung *einer* amerikanischen Nation und Nationalkultur verstanden werden. Die in ihr postulierte spezifische ideologische (Führungs-)Rolle der Puritaner mag stärker im Blick auf die Bedürfnisse unseres Jahrhunderts konstruiert als in der Zeit tatsächlich wirksam gewesen sein. Aber ein gewisser Vorrang der Puritaner vor anderen Gruppen ist im 17. Jh. zumindest wahrscheinlich, weil er auch materiell abgestützt ist. Wenn anfangs der 40er Jahre des 17. Jh.s Virginia ca. 10000 Einwohner hat, Massachusetts aber 15000, obwohl letztere Kolonie ein halbes Menschenalter später entstand, und wenn alle anderen britischen Kolonien erst nach diesem Datum entstehen oder (im Falle Marylands) zu relevanter Größe anwachsen, so liegt darin für Massachusetts die klare Chance, auch kulturell das größere Gewicht zu entwickeln. Mit der Vermehrung und dem Anwachsen der Kolonien bis zum Ende des 17. Jh.s aber wird diese Basis und mit ihr die Führungsrolle schon bald unsicher, und dies in einer Weise, die man zur Periodisierung der Anfänge der amerikanischen Literatur- und Geistesgeschichte verwenden kann.

Die frühen Kolonien des 17. Jahrhunderts

Jeder Versuch, den Fluß der Geschichte durch Periodisierung zu ordnen, hat nur nach dem Maß dessen, was er sichtbar macht, Gültigkeit. Legt man ums Jahr 1700 einen Einschnitt in die Geistes- und Literaturgeschichte Nordamerikas, so rücken eine Reihe von Ereignissen als bedeutsam ins Blickfeld des Betrachters. Zu ihnen gehört zunächst die traumatische Hexenverfolgung in Salem (1692), mit der die puritanische Gesellschaft ihre vielleicht größte innere Legitimitätskrise erlebt: Eine Gesellschaft, die sich auf einen besonderen Bund mit Gott gegründet glaubt, erkennt zunächst in Gestalt der ›Hexen‹ das Böse bzw. die Präsenz des Teufels in ihrer Mitte, versucht, es durch eine Reihe von Hinrichtungen zu vernichten, und sieht dann – der eigentlich zerstörerische Moment –, daß eben diese Erkenntnis nichts als todbringende kollektive Wahnvorstellung war. Auf diese Krise antwortet, wenn man so will, im Jahre 1702 einerseits Cotton Mather mit den *Magnalia Christi Americana*, dem wohl imposantesten Auftrumpfen des puritanisch-imperialen Gedankens, und andererseits sein Vater Increase mit *Ichabod*, einer jener großen Bußpredigten (*jeremiads*), in denen versucht wird, aus dem Zweifel am Erfolg der missionarischen Sendung gerade ein Argument für ihre letztendliche Notwendigkeit herzuleiten.

Zu ihnen gehört ferner die zweite Ablösung des ungeliebten anglikanischen Gouverneurs Andros (1697), die (wie der ganze Streit um diesen ungeschickten Repräsentanten der Krone) später von Hawthorne in nachgerade puritanischer Exegese der Geschichte als Präfiguration der amerikanischen Revolution gelesen werden konnte. Zu ihnen gehört die Gründung der ersten amerikanischen Universität außerhalb Neuenglands, des College of William and Mary in Williamsburg (Virginia) im Jahre 1693 – nach dem bereits 1636 gegründeten Harvard der zweiten auf amerikanischem Boden, welcher mit Yale (wieder in Neuengland, aber nicht in Massachusetts) 1701 die dritte folgt: Anzeichen einer Streuung von Bildung und kulturellem Prestige, die sich mit der Idee einer absoluten Vormachtstellung der puritanischen Hochburg Massachusetts nicht vereinbaren lassen. Zu ihnen gehört schließlich die Verlagerung der spanischen Erbfolgekriege in die Kolonien vom Jahre 1702 an, mit der diese sich notgedrungen in einem anderen Sinn als vorher als Schauplatz von Weltgeschichte verstehen mußten. Krise und Verengung der puritanischen Kultur, Emanzipation anderer Regionen, beginnende Loslösung von England und globale Ausweitung des Blicks: Alle vier Aspekte legen nahe, die Wende vom 17. zum 18. Jh. als Neudefinition des puritanischen Neuengland im Sinne einer offenkundiger regionalen oder lokalen Kultur zu sehen, und demgegenüber das vorangehende 17. Jh. unter dem Blickwinkel des Versuchs eben dieser Kultur, sich als gesamtamerikanische (und in diesem Sinne ›universelle‹) zu präsentieren.

Das uns bislang vorliegende literarische Material erlaubt eine solche Interpretation, insofern aus keinem der anderen Gebiete für das 17. Jh. ein so konsistentes Textkorpus überliefert und kanonisiert ist wie aus Neuengland. Groß ist auch dieses Korpus nicht, und selbständig weder in der

College of William and Mary

Der Kanon

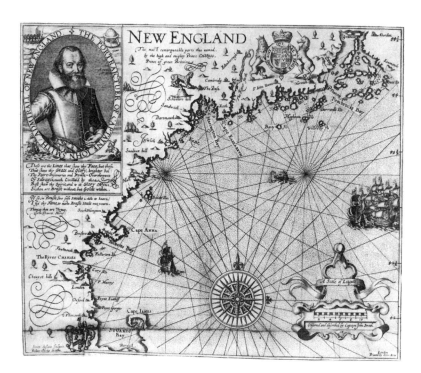

John Smiths Karte der Küste Neuenglands mit seinem Porträt (1616)

Produktion noch in der Rezeption. Was in Neuengland geschrieben wird, wird in England gedruckt und dort auch gelesen; wir können das koloniale Publikum dort vom englischen nicht gut trennen, und die vergleichsweise wenigen Autoren schreiben für beide Seiten des Atlantik. Professionelle Schreiber sind sie durchwegs nicht, sondern Produzenten von ›Paraliteratur‹ wie Tagebüchern, Briefen und Gelegenheitsgedichten oder von belehrender Literatur: von Predigten, historischen und politischen Texten, und dergleichen. Die didaktische Funktion ist eng verquickt mit einer Herrschaftsfunktion: Die dergestalt für die Öffentlichkeit Schreibenden gehören zur offiziellen Elite Neuenglands.

Für die erste Hälfte des 18. Jh.s wird das nunmehr auch den Süden und die *mid-Atlantic colonies* einschließende Korpus gerade erst heute rekonstruiert, aber es ist immerhin ansatzweise für uns greifbar. Die Unterschiede sind auf den ersten Blick erkennbar und deuten sich in der Betonung der Funktion der profanen *belles lettres* im europäischen Sinn für dieses zweite Korpus an; die neuengländische Literatur des 17. Jh.s ist insgesamt im Vergleich damit von religiösem Denken geprägt, und sei es nur im Verständnis menschlicher Subjektivität, wie es sich noch im alltäglichsten Tagebucheintrag manifestiert.

Die imperiale Mission

Während im spanisch-sprechenden Bereich eine ganze Literatur entsteht (bis hin zum Versepos, in Pérez de Villagrás *Historia de la Nueva México* von 1610), die die Eroberungen der Krone detailliert nachzeichnet, eine Bestandsaufnahme der eroberten Länder und Völker liefert und stellenweise sogar Kritik an dabei verwandten Methoden und die Frage nach der

Berechtigung des ganzen Unternehmens möglich werden läßt, sind vor allem Franzosen und Engländer im ganzen mit Vorbereitungen und Erkundungen beschäftigt: In den ersten zwei Dezennien des 17. Jh.s bereist Samuel Champlain das Gebiet des St. Lawrence und der Großen Seen, 1608 erfolgt die Gründung von Quebec, ab 1611 halten die *Jesuit Relations* die Arbeit jesuitischer Missionare unter den Indianern desselben Gebiets fest; nach der (zweiten) Erdumsegelung durch Francis Drake (1577/80) und der Vernichtung der spanischen Armada (1588), durch die die englische Seemacht gefestigt wird, machen Richard Hakluyts Sammlungen von Texten englischer Seefahrer und Entdecker (ab 1589/90), Samuel Purchas' Fortsetzung (1625) und die separaten Berichte von Walter Raleigh (1596), John Smith (1608, 1612, 1616, etc.) und anderen Propaganda für eine Besiedlung, die nur zögernd einsetzt. In Nordamerika ist der Konflikt zwischen England und Frankreich damit vorprogrammiert, wenn auch zunächst daneben der zwischen England und Holland (nach andauernden englisch-holländischen Kriegen werden die Holländer in den 1660er Jahren aus Nordamerika verdrängt) Vorrang hat. Die nordamerikanische Entwicklung ist insgesamt geprägt von den *europäischen* Verhältnissen mit Religionskriegen und wiederkehrenden dynastischen Konflikten sowie dem englischen Bürgerkrieg. Daß die Indianer von Anfang an in die von europäischen Interessen gesteuerten Auseinandersetzungen hineingezogen werden, trägt nicht wenig zu ihrer Vertreibung und Ausrottung bei. Die rassisch-ethnische Differenz fördert sicherlich die Brutalität und Bedenkenlosigkeit, mit der der Krieg immer wieder bis zum Genozid getrieben wird; aber generell braucht man nur den Blick auf Europa selbst zu lenken und Grimmelshausen über den Dreißigjährigen Krieg lesen, um zu verstehen, weshalb in den Texten der Zeit manche Schrecken außerordentlich selbstverständlich sind.

Weniger als im spanischen Bereich wird am Anfang des 17. Jh.s aus dem Lande heraus über Amerika geschrieben; der Blick geht eher von außen hinein. Aber das Ziel ist dasselbe: prospektive Siedler zu motivieren. Hinter den Texten steht bei allen Nationen der imperiale Gedanke. Columbus hatte unter dem 12. November 1492 geschrieben, daß »kurze Zeit genügen würde, um Scharen von Menschen für unseren heiligen Glauben zu gewinnen, und für Spanien große Reichtümer und unendliche Gebiete, mit all ihren Bewohnern«; und am Vortag hatte er die direkte Verbindung zwischen der Eroberung Amerikas und der gerade abgeschlossenen *reconquista* in der Anrede an seine Herrscher deutlich gemacht, als er sagte, sie würden »Scharen in die Kirche bringen, angesichts der Tatsache, daß Ihr [in Spanien] jene ausgetilgt habt, die sich nicht zum Vater, zum Sohn und zum Heiligen Geist bekennen wollten«. In der anglophonen Tradition werden dabei Ideen wirksam, die das Selbstverständnis aufnehmen, welches seit Geoffrey of Monmouth (gest. 1155) die britische Herrschaft auf Troja, und damit auf die homerische Antike, zurückführt. Basierend auf früheren Quellen wie Nennius wird eine Reihe britischer Könige von einem Urenkel des Äneas namens Brutus (Namensgeber der ›Briten‹...) hergeleitet – in einem Legitimationsgestus, der ein zivilisatorisches Ethos und einen Machtanspruch von der griechisch-trojanischen Antike über Rom (vgl. Vergils *Aeneis*) auf England überträgt. Amerika übernimmt den Anspruch. Wenn die Themse als ein zweiter Tiber gesehen wurde, hat man später im 19. Jh. die Möglichkeit, den Potomac oder bereits viel früher den Charles River bei Boston als neue Themse zu sehen. Das hier wirksame welthistorische Axiom, nach dem eine *translatio studii*, eine Übertragung kulturellen Wis-

Neue Welt als Schauplatz europäischer Konflikte

Frontispiz des *Simplicissimus Teutsch* (1669)

reconquista *und* translatio studii

sens, vom Osten zum Westen vor sich geht, verbindet sich insbesondere bei den Puritanern mit alttestamentarischen Erwähltheitsvorstellungen; in säkularisierter Form wird es in den USA des 19. Jh. als *westward course of empire* zur Rechtfertigung sowohl der imperialen Ausdehnung bis zum Pazifik wie (indirekt) des Hegemonieanspruchs über den amerikanischen Doppelkontinent (vgl. schon 1823 die Monroe-Doktrin) eingesetzt.

Die volle puritanische Ausformulierung der Ideologie findet wie in anderen welthistorischen Fällen retrospektiv statt: so z.B. in Cotton Mathers *Magnalia*. Aber schon in Winthrops bereits erwähntem *Modell of Christian Charity* (1630) ist sie viel deutlicher erkennbar als in der acht Jahre früher veröffentlichten *Mourt's Relation*, dem Bericht über die Fahrt der *Mayflower* und die Gründung von Plymouth, der später William Bradford als Quelle für die Anfänge von *Of Plymouth Plantation* dient und deswegen häufig ihm und Edward Winslow zugeschrieben wird. (›Mourt‹ oder Morton hatte mit der Publikation der *Relation* zu tun, war aber offenbar nicht ihr Verfasser.) Die früheren Texte, zu denen auch die in *Of Plymouth Plantation* eingegangenen Tagebücher Bradfords gehören, sind stärker von praktischen Fragen geprägt: Ein entscheidendes Motiv für die Auswanderung ist nach Bradford, daß im holländischen Exil in Leiden die Auszehrung der Gruppe durch Überarbeitung insbesondere der jungen Leute droht. Bradfords Formulierungen verraten weiterhin religiöses Sendungsbewußtsein eher im Individuellen als im Gruppenbezug – die Vorsehung zeigt sich darin, daß ein »proud and very profane young man«, der an Bord der *Mayflower* die Puritaner beschimpft hat, an einer Krankheit stirbt, während sie selbst gesund in Amerika ankommen. Und die Auseinandersetzung mit Andersdenkenden – ob nun Indianer oder die nicht-puritanischen Siedler von Merrymount – erfolgt nicht im Zeichen hochgespannter Utopien, sondern unter dem pragmatischen Aspekt des materiell Notwendigen und Erfolgversprechenden. Mit den Indianern der nächsten Umgebung wird bald nach der Ankunft ein gewisser Ausgleich gefunden, »which hath now continued this 24 years«, wie Bradford bemerkt; die weltlich gesinnte, vergnügungssüchtige und geschäftstüchtige, wohl auch ziemlich skrupellose Siedlung von Merrymount, die für Plymouth Konkurrenz und (durch den Waffenhandel mit Indianern) Gefährdung bedeutet, wird dagegen vernichtet.

Wir wissen allerdings aus dem Vergleich mit *Mourt's Relation*, daß schon Bradford seine Schilderung perspektiviert: fort von jenem pragmatisch-nüchternen Diskurs der Faktizität, der insbesondere im Vergleich mit Späterem immer noch durchscheint oder sogar dominiert, und hin zum Diskurs einer Sendung, die sich gegen fast unüberwindliche Hindernisse durchsetzt. Auch ihm wird der Erfolg der puritanischen Siedlung schon zum göttlichen Zeichen, und die Geschichte des Alltags wird zum Vorschein eines solchen Erfolgs. Dieser Aspekt verstärkt sich in Winthrops *Journal*, das wie andere puritanische Texte von einer beständigen Suche nach derartigen Zeichen durchsetzt ist:

> At Watertown there was ... a great combat between a mouse and a snake; and, after a long fight, the mouse prevailed and killed the snake. The pastor of Boston ... gave this interpretation: That the snake was the devil; the mouse was a poor contemptible people, which God had brought hither, which should overcome Satan here, and dispossess him of his kingdom.

Pragmatik und Mission

Göttliche Zeichen

Solche Zeichen sind unendlich wichtig, weil der Erfolg der Sendung unendlich gefährdet erscheint. Das Problem ist nicht nur, daß Gottes Wille unerforschlich ist; gegen das Fortschrittsaxiom, das aus dem Gedanken der *translatio studii* hergeleitet werden kann, steht ein Degenerations- oder Dekadenzaxiom, das aus so verschiedenen Quellen wie dem welthistorischen Mythos vom verlorenen Goldenen Zeitalter und der stark überhöhenden Darstellung der Patriarchen im Alten Testament hergeleitet werden kann: Die Gegenwart ist danach immer geringer als die Vergangenheit. Das eschatologische Ziel *und* die Angst, es schon verfehlt zu haben, bestimmen das Denken, das Handeln und (insbesondere in der *jeremiad*, der Buß- und Bekehrungspredigt) das Schreiben. Und die paradoxe Doppelung der historischen Perspektiven, die sich auch anderswo im zeitgenössischen Denken findet und dort manchmal im Bild der auf den Schultern von (vergangenen) Riesen stehenden (gegenwärtigen) Zwerge aufgelöst wird, bestimmt die Rezeption des puritanischen Denkens bis heute. Wenn die *Cambridge History of American Literature* ihren Artikel über die Puritaner mit der Salemer Hexenverfolgung beginnen läßt und diese als Zusammenbruch der rationalen Autorität der Elite unter dem Druck der Machtlosen interpretiert, die sich der irrationalen Sprache der ›Hexerei‹ bedienen, so erscheint das 17. Jh. in Massachusetts unter dem Aspekt des Niedergangs. Wenn Bercovitch bei den Puritanern moderne gesellschaftsbildende Strategien vorgebildet findet, sieht er sie ganz im Zeichen des Fortschritts.

Fortschritt und Dekadenz

Daß ›Amerika‹ als Produkt des imperialen Denkens Europas so insbesondere im puritanischen Neuengland den imperialen Gedanken als Mission übernimmt, stellt eine enorme Belastung dar. Die weltgeschichtliche Rolle der Gruppe findet ihren Reflex im Selbstbild ihrer Mitglieder, und hier insbesondere ihrer Elite; diese gerät unter einen doppelten, religiös-materiellen Erfolgsdruck, welcher keine anderen als pathologische Auswirkungen haben kann. Die Tagebücher, die in neuerer Zeit als wichtige Quellen für eine historische Ethnographie des ganzen kolonialen Amerika mehr oder weniger systematisch erfaßt und aufgearbeitet werden, sind bei den Puritanern voll von Berichten über Unwohlsein, Schwächen und Krankheiten, hinter denen man zum einen die realen Folgen medizinischer Unkenntnis und Unterversorgung, zum anderen aber auch die psychosomatische Labilität von Menschen erkennt, die ihre religiöse Erwähltheit durch Status in ihrer Gemeinschaft und jedenfalls einen gewissen materiellen Erfolg dokumentiert sehen müssen, um auch nur beginnen zu können, daran zu glauben. Wenn sich dann noch, wie bei einem Cotton Mather um die Jahrhundertwende, die durchaus schon dynastisch verstandenen Traditionen *zweier* der führenden Familien (der Cottons und der Mathers) treffen und dem Individuum von Geburt an als Name, als Erwartung und Forderung gegenwärtig gehalten werden, dann kann daraus nichts anderes als ein Widerspiel von geradezu infantilem Selbstzweifel und arrogantem Geltungsanspruch entstehen. Leistungshemmung (dieser Prediger war vom Verstummen im Stottern bedroht) *und* Überproduktion (er schrieb möglicherweise mehr als irgendein anderer amerikanischer Autor), Treue gegenüber Dogma und Prinzipien der puritanischen Sendung *und* ein nach dem Erfolg schielendes Taktieren stehen nebeneinander. Letzteres hat ihm im übrigen von Zeitgenossen und modernen Biographen den Vorwurf eingetragen, es in jedem Konflikt zunächst einmal mit beiden Seiten gehalten und sich dann auf diejenige geschlagen zu haben, die er für die mächtigere hielt. Paradoxes Resultat des Erfolgswillens ist hier wie anderswo, daß das Ressentiment derer, die sich von solchem Taktieren verraten fühlen, den Erfolgssüchtigen

Tagebücher

Psychologie der Erwähltheit

Cotton Mather

schließlich in eine Vereinsamung treibt, zu der er in seinem elitären Anspruch ohnehin tendiert.

Wenn man so den imperialen Anspruch dahingehend interpretiert, daß er die menschliche Substanz der Elite, die ihn vertritt, erodiert, so ist das ein Versuch, die extreme Heterogenität der Oeuvres – z.B. wiederum eines Cotton Mather, aber auch schon das Winthrops – in ein wie auch immer kohärentes Bild zu pressen. Das ist möglicherweise ein unhistorisches Vorgehen, insofern nämlich die Jahrhunderte, um die es hier geht, Sprache in ganz anderer Weise verstehen als die post-romantischen: Sie ist eher rhetorisches Werkzeug, das je nach Situation und Zweck relativ frei einsetzbar ist, als der über längere Zeit (idealiter über ein ganzes Leben) konsistente Ausdruck einer ganzheitlichen Persönlichkeit. Die zeitgenössische Kritik an Mather macht deutlich, daß auch das zweite Kriterium der Konsistenz und Integrität schon da ist, und bestimmte Texttypen gerade der Puritaner entwickeln es zur Dominanz. Aber es gilt eben nur für bestimmte Texttypen, während andere (insbesondere Kampfschriften wie Mathers Stellungnahmen zur Hexenverfolgung oder zu Tagesfragen der Politik) davon noch ganz ausgenommen sind. Für den modernen Leser – insbesondere wenn er von den introspektiven und kontemplativen Werken Mathers und anderer Autoren herkommt – stellt das Auseinanderfallen des Oeuvres ein Problem dar, das er mit einer Interpretation wie der, daß auch die puritanische Revolution ihre eigenen Kinder gefressen habe, bewältigen mag, das ihn auf jeden Fall aber vor das Faktum einer fast unüberbrückbaren historischen Differenz stellt.

Sprache als Werkzeug

Gemeinschaft und einzelne

Die Propagierung der Sendung geht bei Winthrop einher mit dem Bemühen, politische Strukturen und ideologische Grenzen aufzurichten, die den Zusammenhalt der Gemeinschaft garantieren und damit ihre Erfolgsaussichten verbessern sollen. Er wird damit zu einem der Gründerväter der puritanischen Theokratie, die versucht, sich dem Problem einer ›neuen‹ Gesellschaft zu stellen – einer Kolonie, die in konkreter sozialutopischem Sinne als andere auf Veränderung, auf die Zukunft und ihre Vorwegnahme in der Gegenwart ausgerichtet ist und von daher nicht einfach auf bekannte Schemata zurückgreifen kann. Im unausweichlichen Streit um den richtigen Weg versucht Winthrop, Orthodoxie herzustellen. Bereits im *Modell of Christian Charity* geht es u. a. darum, die Gesellschaft nach dem Bild Adams zu formen: als Körper, dessen verschiedene Teile verschiedene Funktionen, Pflichten und Rechte haben. Der Text beginnt nicht umsonst mit der programmatischen Feststellung gottgewollter Ungleichheit unter den Menschen: »God Almighty in his most holy and wise providence has so disposed of the condition of mankind as in all times some must be rich some poor, some high and eminent in power and dignity; others mean and in subjection.« Ebenso identifiziert Winthrops *Journal* immer wieder Ordnung mit einer Hierarchie, die, einmal durch Wahl etabliert (welche es immerhin gibt), von den Beherrschten nicht weiter kontrolliert werden kann.

John Winthrop

Das heißt allerdings ganz und gar nicht, daß die Ordnungsvorstellungen der puritanischen Orthodoxie in sich widerspruchsfrei wären. Dies wird schon daran deutlich, daß sie sich in ganz verschiedene historische Kontexte stellen lassen, wodurch jeweils andere Aspekte sichtbar werden. Man kann in ihrer hierarchischen Geschlossenheit einen Reflex mittelalterlicher *ordo*-Vorstellungen sehen oder in ihrem Absolutheitsanspruch eine Übernahme

Widersprüche des Puritanismus

der zentralen Geste vom ›Feind‹ in England, dem absolutistischen Königtum der Stuarts. Im Bestehen auf der rationalen Begründbarkeit solcher Vorstellungen und ihrem säkularen Nutzen mag ein Stück der ›Aufgeklärtheit‹ der Renaissance oder ein Vorschein der Aufklärung des 18. Jh.s sichtbar werden, und in organizistischen Vorstellungen vom Ineinanderspielen der Teile des Ganzen eine Vorwegnahme der Romantik. Schließlich kann man in der Forderung, daß jedes Glied der Gesellschaft seine säkulare Funktion (sein *calling*, seinen ganz diesseitigen Beruf) haben und wahrnehmen müsse, eine frühe Form jener bürgerlichen Arbeitsteilung finden, die zusammen mit ihrem Leistungsanspruch die puritanische Gesellschaft für viele Autoren zum vorgezogenen Paradigma der westlichen Gesellschaft des 19. und zumindest der ersten Hälfte des 20. Jhs. hat werden lassen. Diese inneren Widersprüche machen die puritanische Gesellschaft möglicherweise zugleich dynamischer, geben ihr den Zwang zur fortdauernden Suche nach Lösungen mit, so daß sie die Kraft entwickeln muß, Modelle anzubieten, Zustimmung zu fordern und zu erlangen: kurz, Hegemonie zu entwickeln. Welche historischen Achsen man aber auch immer konstruieren will – und eine attraktive Möglichkeit ist, alle gelten zu lassen und die relative Bedeutsamkeit dieser Gesellschaft gerade in ihrer Rolle als Durchgangsstation zu sehen –, an der Rigidität dieser Ordnungsvorstellungen ändert sich damit nichts. An ihr ändert sich auch dadurch wenig, daß man sich auf den inneren Widerspruch zwischen dem Bestehen auf einer nachgerade sakrosankten geschlossenen Ordnung und der inneren Unabhängigkeit des einzelnen einläßt. Der zentrifugale Widerspruch hat vielmehr gerade die zentripetalen Zwänge herausgefordert – ebenso wie er als Antwort auf sie verstanden werden kann.

Der *New England Primer*, Schulbuch und Katechismus der Puritaner, seit 1690 millionenfach verbreitet

Denn im Puritanismus selbst existieren starke Gegenkräfte gegen die Orthodoxie, die diese anfänglich nur durch Ausgrenzung oder Vernichtung bewältigen kann. Wenn eines der zentralen Ereignisse der ersten Jahre der Kolonie von Plymouth Plantation nach Bradfords Bericht die Zerstörung von Merrymount (1628) ist, so ist ein anderes nach Winthrops Bericht die Aburteilung der Anne Hutchinson (1638). Merrymount ist als anglikanische Gründung ein äußerer Feind; Anne Hutchinson verkörpert mit ihrem radikalen Vertrauen auf die Richtigkeit ihrer inneren Inspiration und ihres Bibelverständisses die im calvinistischen Individualismus selber von Anfang an angelegte Gefahr dessen, was als *antinomianism* bezeichnet wird: die Leugnung der Macht der Gesellschaft, ihrer Institutionen oder ihrer herrschenden Elite über das individuelle Gewissen. Der Prozeß der Anne Hutchinson wird wohl auch deswegen mit besonderer Härte und Perfidie geführt (daß sie ein mißgebildetes Kind gebiert, wird als göttliches Zeichen gegen sie gewendet), weil sich hier eine Frau gegen die männliche Elite der Kolonie auflehnt; aber grundsätzlich geht es um die Abwehr einer inneren Gefahr, mit der es keinen Ausgleich geben kann, soll nicht der kollektive Charakter der Sendung verlorengehen.

Dissens

Anne Hutchinson

Deswegen geht man in ganz ähnlicher Weise bereits 1635 gegen die vergleichbaren Ideen des Roger Williams vor, der jedoch noch ein weiteres Axiom des puritanischen Projekts in Frage stellt, als er das gottgegebene Recht der britischen Siedler auf das Land der Indianer bezweifelt. Der Autor von *A Key into the Language of America* (1643), der nicht nur die Sprache, sondern auch die Kultur der Indianer behandelt, tendiert dazu, das Gefälle zwischen weißer ›Kultur‹ und indianischer ›Natur‹ durch das Postulat, daß sich in Neuengland zwei (wie stark auch immer voneinander unterschiedene) Kulturen begegnen, einzuebnen. Seine Vergleiche der India-

Roger Williams

John Cotton

ner mit Juden und Griechen lassen ebenso wie die Bemerkung, »when they hear that about sixteen hundred years ago England and the inhabitants thereof were like unto themselves, and since have received from God, clothes, books, &c., they are greatly affected with a secret hope concerning themselves«, jedenfalls die Möglichkeit eines kritischen Kulturrelativismus am Horizont auftauchen.

Williams ist mit seiner Tendenz zum *antinomianism* theologisch problematisch, und er ist mit seiner Sicht der Ureinwohner politisch problematisch. Er wird in die Emigration gedrängt, geht dort allerdings nicht zugrunde wie Anne Hutchinson, die mit ihrer ganzen Familie einem Indianerüberfall zum Opfer fällt, sondern etabliert mit Providence (Rhode Island) eine Kolonie auf der Grundlage der Trennung von Kirche und Staat. Seine Auseinandersetzung mit John Cotton in *The Bloudy Tenent of Persecution, for Cause of Conscience, Discussed* (1644), auf den Cotton mit *The Bloudy Tenent Washed, and Made White in the Bloud of the Lamb* (1647) antwortet, so daß Williams seinerseits 1652 mit *The Bloudy Tenent yet More Bloudy* entgegnen kann oder muß, macht die diametralen Unterschiede zwischen Theokratie und säkularem Staatsverständnis unmißverständlich klar.

Williams, der als Prediger aus dem Inneren der puritanischen Gesellschaft hervorgeht, läßt sich des weiteren als Repräsentant noch anderer Möglichkeiten dieser Kultur sehen, die in Figuren wie ihm ausgegrenzt werden, sich aber später durchsetzen. Bei ihm nur angelegte egalitäre Tendenzen, die im Vertrauen auf die mögliche Integrität des einzelnen Gewissens gründen, brechen in den Erweckungsbewegungen besonders um die Mitte des 18. Jh.s ganz stark auf, und sie wenden sich ins Politische in wiederholten Angriffen auf die oligarchische Hierarchie Neuenglands. (Nach der Unabhängigkeit der USA gewinnen diese Tendenzen die Oberhand.) Die Trennung von Kirche und Staat ist Horizont sowohl pietistisch-innerlicher Strömungen, die gegen Ende des Jahrhunderts auftauchen, wie der fortschreitenden Erweiterung des gesellschaftlichen Spielraums für all jene, die sich nicht durch eine wohldokumentierte Erweckungserfahrung als Erwählte legitimieren können. Und das Sendungsbewußtsein, das ebenso wie andere imperiale Ansprüche in dieser Zeit zum Genozid führen kann, erfährt in der Beziehung zu den Indianern schon früh seine Modifikationen durch die Ehrfurcht vor der Integrität der einzelnen Seele – sobald man diese einmal dem Indianer zugebilligt hat.

Puritaner und Indianer

In diesem letzten Punkt ist Williams mit John Eliot, dem ›Apostel der Indianer‹ in der puritanischen Orthodoxie zu vergleichen, und beide schwanken in der modernen Beurteilung in einer Weise, die grundsätzliche Fragen in bezug auf die Werte aufwirft, an denen wir die Menschen anderer Perioden messen. Eliot, der 1654 den *Primer or Catechism in the Massachusetts Indian Language* und später noch andere vergleichbare Werke publizierte, erscheint als enthusiastischer Seelenretter *und* als williges Werkzeug einer zynischen europäischen Expansion, das zur kulturellen und allzu oft auch physischen Ausrottung der Indianer beiträgt. Die historische Schuld, die solchen Figuren von immer mehr heutigen Betrachtern intuitiv angelastet wird, zerfällt bei genauerem Hinsehen zugleich in zwei Komponenten: die Motivation des Handelns und seine Folgen. Daß Kulturen zerstört werden ist offenkundig; aber wie ist die Motivation zu sehen? Auch sie erweist sich als problematisch: Eliot schwankt wie andere Autoren stereotyp zwischen egalitären und diskriminierenden Sehweisen. Die Motivation wird in einer Weise unklar und widersprüchlich, daß die Rekon-

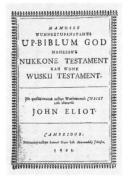

John Eliots ›Indianerbibel‹

struktion der historischen Figur wie ihre Wertung unsicher wird. Und je mehr man aus der Position eines kulturellen Relativismus argumentiert, wie er dem heutigen Verständnis der Welt am ehesten zu entsprechen scheint, umso stärker ergeben sich Fragen nach der Möglichkeit Eliots oder irgendwelcher anderen Gestalten, in ihrer Zeit anders zu denken und zu handeln als sie es taten. Wo man von der historischen Figur eine nicht-ethnozentrische Sicht fordert, sollte man sich als moderner Betrachter wohl derselben Forderung beugen und in grundsätzlich relativistischer Weise die Bedingtheiten des Damaligen sehen. Wie das möglich ist, ohne daß es zur automatischen Exkulpation oder zum Zynismus führt, läßt sich nur in der geduldigen Analyse des Einzelfalls erproben.

Das Gefangensein des einzelnen in seiner Kultur, das hier als Problem der Geschichtsschreibung erscheint, wird als historische Erfahrung deutlich in einer ganzen Gattung, die als erste genuin amerikanische literarische Neuerung zu sehen ist und bei den Puritanern große Bedeutung gewinnt: dem *captivity narrative*, der Erzählung von der Gefangenschaft bei den Indianern und der glücklichen bzw. gottgewollten Errettung aus ihr. Von diesen Texten auf den inneren Zustand der puritanischen Kultur zu extrapolieren ist verkürzend, weil in ihnen naturgemäß die Erfahrungen jener Menschen ausgeblendet sind, die von indianischen Gruppen verschleppt und adoptiert wurden und dann freiwillig bei ihnen blieben. Auch andere Anpassungen an indianische Gewohnheiten, die durchaus stattfanden und z. T. als ›Amerikanisierungen‹ verstanden wurden, bleiben unsichtbar. Andererseits findet in einem Text wie *The Sovereignty and Goodness of God, Together with the Faithfulness of His Promises Displayed; Being a Narrative of the Captivity and Restauration of Mrs. Mary Rowlandson* (1682) gerade auch ein Streit darum statt, wer das eigentliche Recht auf Amerika habe. Das Sendungsbewußtsein der Puritaner ist eine Strategie der Indigenisierung, in deren Zeichen die Indianer als unnatürlich und (bzw. weil) diabolisch sowie (deshalb) als ›unamerikanisch‹ dargestellt werden müssen. Rowlandson ist entsetzt über Nahrung und Sitten ihrer Entführer, sie betont die Kluft zwischen ihnen und sich selber (wobei sie sich offenbar als unwissender in Bezug auf das ›Fremde‹ hinstellt als sie tatsächlich war), und sie verliert sich in einem Chaos, das sie nicht mehr ordnen kann, so daß ihre Umgebung keine ›Welt‹ und deren Bewohner keine ›Menschen‹ mehr sind – kurz, sie schafft einen Text über eine Erfahrung radikaler Entfremdung. Diese Strategie verfolgt letztlich, im umfassenderen historischen Rahmen gesehen, die angedeuteten soziopolitischen Ziele. Sie bildet zugleich aber eine Erfahrung der Zerstörung ab, deren traumatischer Charakter am Ende neben und hinter der formelhaften Gottergebenheit durchaus glaubhaft formuliert ist:

captivity narrative

Titelblatt der zehnten Auflage

> I can remember the time, when I used to sleep quietly without workings in my thoughts, whole nights together, but now it is other ways with me.... I have seen the extreme vanity of this world: One hour I have been in health, and wealth, wanting nothing: But the next hour in sickness and wounds, and death, having nothing but sorrow and affliction.

Die Ideologie trug bei zur Verdrängung der Urbevölkerung; zugleich stellte sie wiederum eine Belastung für Individuen in der neuen dominanten Gruppe dar.

Die Sprache des Ich: Innerlichkeit und Selbstkonstitution

Neben der *captivity narrative* dienen andere Gattungen der Gemeinschaftsbildung. Es entstehen natürlich Predigten, unter denen die bereits erwähnten *jeremiads* oder Buß- und Ermahnungspredigten herausragen. Es werden Traktate geschrieben und immer wieder revidierte Übersetzungen der Psalmen im *Bay Psalm Book*, die jeweils stark umstritten sind, weil einerseits die Kriterien des puritanischen *plain style* auf sie angewandt werden und andererseits das der ›besten‹ nur möglichen Sprache. Zwischen größtmöglicher Einfachheit und dann doch wieder gottgefälliger Ausschmückung muß ebenso ein Ausgleich gefunden werden wie zwischen den sprachlichen und literarischen Mechanismen der Urtexte und dem, was im zeitgenössischen Englisch möglich und gebräuchlich ist. So wird etwa um den Reim gestritten und um die Frage, ob er als Signal der Poetizität an die Stelle ursprünglicher Versmaße treten dürfe.

Tagebücher bleiben im Privaten verschlossen, soweit sie nicht als Basis für historische oder autobiographische Schriften dienen oder zirkulieren – welch letzteres allerdings wohl erst im Zeitalter der Empfindsamkeit gebräuchlich wurde. Es ist deutlich, daß insgesamt die theokratische Elite die Schreibenden stellt: aus dem Bewußtsein ihrer Führungsrolle heraus und entweder eher im religiösen Bereich wirksam oder eher im weltlichen, aber immer mit dem Ziel, beide zusammenzuhalten. Einzig die *captivity narrative* steht als öffentliche Gattung wegen ihres besonderen Inhalts grundsätzlich jedem zur Verfügung, der schreiben kann und die ihr zugrundeliegende beispielgebende Erfahrung gemacht hat. Es ist die auf den ersten Blick einsichtige paradigmatische Relevanz dieser Erfahrung, die die Gattung zur ›öffentlichen‹ macht.

Die Selbstkonstitution ›des Amerikanischen‹ geschieht in Predigten, Traktaten und *captivity narratives* immer wieder als eher ›öffentliche‹: im Zeichen von Geschichtsbildern, in denen sich das Sendungsbewußtsein der Puritaner konkretisiert. Daneben findet derartige Selbstkonstitution auch (und z. T. in denselben Texten) statt durch eine Innerlichkeit, die nun in der Lyrik oft dominiert. Doch auch hier wird die Grenze zwischen dem Öffentlichen und dem Privaten wichtig, nun aber in dem Sinne, daß sie verschiedene Formen poetischer Praxis und verschiedene Diskurse voneinander trennt. In den drei puritanischen Lyrikern Michael Wigglesworth, Anne Bradstreet und Edward Taylor begegnen uns nicht nur drei Generationen, sondern auch drei Modelle der Lyrik in dieser Kultur.

Wigglesworth, der im ganzen als Versifikator der puritanischen Doktrin gelesen werden muß, ist am ›öffentlichsten‹. Bis zur Entdeckung Taylors in diesem Jahrhundert standen seine Texte neben den teilweise ganz anders gearteten, weil eben nicht primär der öffentlichen Erbauung dienenden Versen Bradstreets für die Lyrik der amerikanischen Puritaner, die in ihrem mechanischen Duktus damit neben der englischen nicht bestehen konnte.

> Still was the night, Serene and Bright,
> when all Men sleeping lay;
> Calm was the season, and carnal reason
> thought so 'twould last for ay.
> Soul take thine ease, let sorrow cease,
> much good thou hast in store:
> This was their song, their Cups among,
> the Evening before.

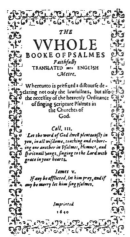

Titelblatt des *Bay Psalm Book* (1640)

Lyrik

Michael Wigglesworth

Diese erste Strophe des apokalyptischen »The Day of Doom« (1662), eines der weitverbreitetsten Texte des frühen Amerikas, ist in der stereotypen Wiederholung des nicht unkomplizierten Schemas, die nur durch syntaktische und gedankliche Deformation und gesuchte Wortwahl zustandekommt, d. h. durch die gewaltsame Anpassung von Sprache und Inhalt an die vorgebene Form, durchaus typisch. Wigglesworth leistet einen Beitrag zu der auch in anderen Gattungen stattfindenden Selbstreflexion Neuenglands, aber er tut nichts für die Entwicklung einer bedeutsamen Lyrik *oder* jener Sprache der Innerlichkeit, zu der die Dichtung Bradstreets und Taylors nun in der Tat (wenn auch in jeweils ganz verschiedener Weise) beiträgt.

Anne Bradstreet ist sich der Anomalität ihrer Rolle als Autorin in dieser Gesellschaft durchaus bewußt. Gleichgültig, ob sie sich hinter der Behauptung, ihre Gedichte (»Thou ill-form'd offspring of my feeble brain«) seien zuerst ohne ihr Wissen durch »friends, less wise than true« veröffentlicht worden (»The Author to Her Book«, 1678), nur versteckt oder ob diese richtig ist: Aus dem im letzten nur ironisch vorgeschobenen Vorurteil, daß Männer sicherlich in allen dominanten Gattungen Besseres vollbringen werden als sie (»The Prologue«, 1650), bezieht sie eine Definition ihres Schreibens als minoritär, die ihr Raum für die Entfaltung jener Themen gibt, deren Behandlung ihr einen Platz im heutigen Kanon sichert. Hierher gehören weniger ihre epischen Versuche als ihre Gedichte an und über Familienangehörige. Unter diesen wiederum erscheinen die durchaus ansprechenden Liebesgedichte (z. B. »My head, my heart, mine eyes, my life, nay, more...«) im Zeichen der Suche nach einer Genealogie heutigen weiblichen Schreibens vielleicht noch weniger bedeutsam als Gedichte aus dem Alltagsleben wie etwa »In Reference to Her Children, 23 June, 1659«:

Anne Bradstreets Bild im 19. Jahrhundert

> I had eight birds hatcht in one nest,
> Four cocks there were, and hens the rest,
> I nurst them up with pain and care,
> nor cost, nor labor did I spare...

Die verwendeten Konventionen sind erkennbar, aber sie deformieren weder Ausdruck noch Gedankenfluß. Wenn es in der Lyrik einen *plain style* als Qualitätsmerkmal gibt, dann kommt Bradstreet ihm hier nahe: Die Alltagserfahrung einer Mutter bildet die Basis eines alltagsnahen, umgangssprachlich gefärbten poetischen Diskurses über Mutter- (oder Eltern)schaft; diese Erfahrung wird ins Allgemeine gehoben, ohne daß ihre Spezifika verlorengingen. Noch näher kommen insbesondere jene Gelegenheitsgedichte, die durch Todesfälle in der Familie ausgelöst werden, solcher spezifischen Erfahrung; aber diese bleibt auch im poetischen Genre der religiösen *contemplation*, in dem Bradstreet ebenfalls schreibt, in der Qualität der Sprache greifbar.

Edward Taylor

Edward Taylor nähert sich der bei ihm allerdings ganz anders, nämlich als hochdifferenziert mystisch-religiös definierten Erfahrung auf dem entgegengesetzten Wege an: nicht über die Nähe zur Alltagssprache, sondern durch die Übernahme des manieristischen Stils der *metaphysical poets*, dessen Wirkungsweise insbesondere auf dem rigoros durchgeführten *conceit* oder *concetto* (dem ›gesuchten‹, nur durch die Analyse in seiner Funktion verstehbaren komplexen Bild) beruht. Sowohl die *Occasional Poems* wie die *Preparatory Meditations* (begonnen in den 1680er Jahren) folgen denselben Prinzipien: Diese Bereiche von Taylors poetischem Schaffen (daneben gibt es noch Dinge wie eine *Metrical History of Christianity*!) um-

schreiben einen andauernden meditativen und reflexiven Selbstkonstitu-
tionsprozeß des lyrisch-religiösen Ich, der in sich unabschließbar ist, aber
immer wieder nach einer momentan abschließenden Formulierung drängt.
Die Konzentration dieses Prozesses in einem Bildkomplex wie z.B. in
»Huswifery« ist als solche eine Geste der *closure*:

> Make mee, O Lord, thy Spinning Wheele compleat.
> Thy Holy Words my Distaff make for mee.
> Make mine Affections thy Swift Flyers neate
> And make my Soule thy holy Spoole to bee.

Diese ersten vier Zeilen setzen eine Zergliederung des Prozesses der Selbstkonstitution der Seele bzw. ihrer Rechtfertigung vor Gott in Gang, die jeden
Moment darin mit einer Phase in der Herstellung eines Kleidungsstücks
allegorisch parallelisiert. Die Allegorie ist ein rationaler Sprechmodus, aber
die Wahl des allegorischen ›Vehikels‹ ist in ihrer Beliebigkeit nicht rational
bestimmt, sondern vom Bedürfnis nach Überraschung und Intensität, nach
Innovation, nach Befreiung aus der ›Gefangenschaft‹ konventionellen Fühlens und Denkens durch die intellektuelle *wie* emotionale Anspannung des
›gesuchten‹ Sprechens. Das einzelne Bild bzw. das einzelne Gedicht, einmal
gefunden und formuliert, ist dann ein abgeschlossener Akt solcher Innovation, dessen Vorläufigkeit (angesichts des weitergehenden Lebens der Einzelseele wie der Unerforschlichkeit Gottes) zu immer neuen solchen Gesten
drängt. Entsprechend umfangreich ist das Oeuvre Taylors, in dem naturgemäß auch die Art der Verwendung des *conceit* nicht immer dieselbe ist.
Manche der *Occasional Poems* bestehen aus der Exploration eines einzigen
derartigen Bildes, während die *Preparatory Meditations* selbst dort, wo sie
auf dem dominanten Bild eines Bibeltexts aufbauen, oft mehrere miteinander verbinden – so etwa Nr. 8 aus der *First Series* über Joh. 6.51, »I am
the Living Bread«, wo neben dem ›Brot des Lebens‹ der Paradiesvogel
erscheint: Bild der Seele, für die das Brot bereitet ist:

*Verwendung
des* conceit

> When that this Bird of Paradise put in
> This Wicker Cage (my Corps) to tweedle praise
> Had peckt the Fruite forbad: and so did fling
> Away its Food; and lost its golden days;
> It fell into Celestiall Famine sore:
> And never could attain a morsell more. (7–12)

Die Analogie von Vogel und Seele wird hier allein durch die weitere
(allerdings explizit gemachte) zwischen Käfig und Körper ersichtlich, und
über die Unterscheidung zwischen falscher und richtiger Nahrung, zwischen
Sündenfall und Erlösung verbindet sie sich mit der Brot/Nahrungs-Thema-
tik des zentralen Bildes. Die Abstraktheit sowohl der theologischen Doktrin
wie der allegorischen Konstruktion verbindet sich mit der Konkretheit der
allegorischen Gegenstände, durch die das religiöse Bedürfnis als nachgerade
körperliches faßbar wird. Bei aller analytischen Strenge zielt die Sprache so
auf die Zusammenfassung aller Kräfte des Ich im Hinblick auf seine Begegnung mit Gott in einem Moment der Selbstkonstitution hin.

Daß Taylor seine Gedichte nicht für die Publikation (wohl aber für die
Nachwelt) schrieb – sie wurden erst in diesem Jahrhundert publiziert – ist
Indiz dafür, daß eine so hochgradig artifizielle Sprache in der damaligen
Gesellschaft nach seiner Einschätzung nicht unbedingt einen Platz hatte.
Cotton Mather, dessen Prosastil mit seiner Häufung von gelehrten Anspie-
lungen und raren Wörtern in eine ähnliche Richtung geht, war scharfen

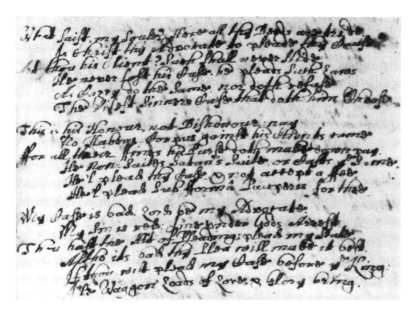

Ausschnitt aus Edward Taylors Handschrift der *Meditations*, I, 38

Angriffen ausgesetzt, was nur zeigt, wie sehr Taylor recht hatte. Doch diese Artifizialität als Ausdruck von Differenzierung und ihre Umsetzung in Ausdruck ist bei den Puritanern des 17. Jh.s nicht nur vom gegenläufigen Stilideal des *plain style* bedroht. Gegen sie steht auch die auf Dauer wirksamere Opposition einer anderen Sprache der Innerlichkeit, die u.a. auf pietistischen Grundlagen ruht und in der Mitte des 18. Jh.s im Umkreis von Erweckungsbewegungen und Empfindsamkeit so dominant wird, daß Taylor wie die britischen *metaphysical poets* vom Modernismus unseres Jahrhunderts ›wiederentdeckt‹ werden mußte.

›plain style‹ und Virtuosität

Solche Diskurse der Innerlichkeit – ob nun der *conceit*-beladene Taylors, der orthodox-neutralere diverser Predigten, Tagebücher und *conversion narratives* oder der empfindsame späterer Autobiographien wie der von Edwards (s.u.) – verarbeiten mehrere Probleme der puritanischen Kultur, deren Religiosität und Weltbild gekennzeichnet sind vom Zweifel, vom Gestus des Abrückens von einer Erfahrung oder einer Haltung, um sie zu *beurteilen*, und dies sowohl im Sinne der Analyse wie in dem des moralischen Urteils. Solcher Zweifel ist selbstreflexiv: Er ist z.B. das sicherste Zeichen für Erwähltheit, weil ein sicheres Gefühl der Erwähltheit angesichts der Unerforschlichkeit des göttlichen Willens nur Selbsttäuschung sein kann und damit die Vermutung der Verlorenheit nahelegt; aber wenn man weiß, daß der Zweifel in diesem Sinne ein positives Zeichen ist – wie soll man dann wissen, ob der Zweifel, den man fühlt, echt oder nur, aus Verlangen nach Erlösung, vom Unterbewußtsein vorgespiegelt ist? Der immerwährende Verdacht der eigenen Inauthentizität, der (unbewußten) Heuchelei aus Sehnsucht nach Gott, lauert überall und führt in eine Spirale des Hinterfragens hinein. Solche bis zum Paradoxon gehende Ambivalenz der Selbsterfahrung wird zu einer Belastung der puritanischen Psyche, gegen welche die Puritaner zum einen ihren soliden, religiös sublimierten und legitimierten Materialismus als Gegengewicht haben, der sich z.B. in der Notwendigkeit zeigt, den ostentativen Luxus im Alltag, an Festtagen und beim religiösen Ritual (etwa bei Begräbnissen) zu regulieren. Zum anderen

Innerlichkeit als Problemlösung

haben sie eben die Diskurse der Innerlichkeit, die zwar nicht die Ambivalenzen selber, aber doch ihre statisch-immobilisierenden Aspekte in die Dynamik des Prozesses der Auseinandersetzung des Subjekts mit sich selbst auflösen können. Das lähmende Paradoxon wird in den Prozeß der Selbstkommunikation (und soweit die Publikation intendiert ist, in die reale oder virtuelle Kommunikation mit anderen) überführt. In vergleichbarer Weise kann der im Puritanismus auf die Spitze getriebene, in sich unauflösbare Konflikt zwischen Heilsgewißheit und Zweifel sowie der zwischen Determinismus und Freiheitspostulat prozessual umgesetzt werden. In allen Fällen führt der Diskurs der Innerlichkeit aus der Entfremdung heraus.

Religiöse Ekstase und Distanz

Er verhält sich zugleich komplementär zu einer Distanznahme, die man ebenfalls als Bewältigungsstrategie für Probleme verstehen muß. Neben einem ekstatischen Verhältnis zu einzelnen Erfahrungen findet sich die quasi-stoische Distanz zum Leben, welches als sowohl materiell wie religiös (im Blick aufs Jenseits) das Individuum gefährdende Kraft erscheint. Und neben Momenten großer Intimität – vor allem auch in Liebesbeziehungen, die sowohl romantisch ganzheitlich wie von durchaus robuster Sexualität sind – findet sich eine Distanziertheit gegenüber auch den nächsten Personen, die aus dem Wissen um die Einsamkeit (und das je einzelne eschatologische Schicksal) der Einzelseele herrührt. Was schließlich den Diskurs der Innerlichkeit mit dem der historischen Sendung verbindet, ist die Möglichkeit eines hochgespannten Idealismus. Dieser Aspekt kontrastiert (wieder im Sinne einer inneren Widersprüchlichkeit) für uns ganz stark mit der Bedeutung, die Dinge des Alltagslebens und die vor allem das Materielle in privaten Schriften und in Tagebüchern wie dem Samuel Sewalls gewinnen. In Sewalls komisch-ergebnisloser Werbung um die Witwe Winthrop (um 1720) z. B. wird die Bedeutung und Annehmlichkeit von Besitz – Goethe wird fast hundert Jahre später in diesem Zusammenhang ›Behaglichkeit‹ als Wert loben – und wird das Bedürfnis nach Bequemlichkeit und Genuß deutlich erkennbar. Daneben tritt im Umgang der Menschen miteinander, wie er in ebendenselben Texten erscheint, eine Vorstellung von dessen Ökonomie zutage, von genau berechneter Leistung und Gegenleistung, die aus europäischen Texten derselben Periode und bis ins 19. Jh. ebenfalls bekannt ist. Der Idealismus findet seine Grenze darüber hinaus am Leiden, das Eintreten für das kollektive Projekt an der Qual des einzelnen Gewissens oder der Trauer über Schicksalsschläge – wie den in einer Zeit der Epidemien und hoher Kindersterblichkeit omnipräsenten Tod von Familienmitgliedern, wie den in einer unsicheren Wirtschaft immer drohenden finanziellen Ruin oder wie eine Erfahrung absoluten Sinnverlusts, als die z. B. Mary Rowlandsons Entführung durch die Indianer auf sie wirkte. Der einzelne ist dann immer in Gefahr, auf sich selbst zurückzufallen, den inneren Rückhalt in der Gemeinschaft zu verlieren und jener Entfremdung oder Anomie zu verfallen, die aus dem Konflikt zwischen Heilsgewißheit und Selbstzweifel sowieso schon droht.

Samuel Sewall, Richter bei den Hexenprozessen von Salem, tut später öffentlich dafür Buße

Die Kolonien des 18. Jahrhunderts

Daß der Kontext der Entwicklung der nordamerikanischen Kolonien Englands im 17./18. Jh. bestimmt ist von der Konkurrenz der drei großen Kolonialmächte Spanien, England und Frankreich, vom Verdrängungskon-

Die Boston Tea Party in einer Lithographie von Pendleton (1774)

flikt zwischen diesen Kolonialmächten und den Ureinwohnern sowie von sozialen Konflikten innerhalb der europäischen Gesellschaften, der sich auf die Kolonien überträgt, ist bereits klar geworden. Am Anfang des 18. Jh.s liegt zwar der englische Bürgerkrieg (1642/49) lange zurück, aber die dynastischen Streitigkeiten um den Anspruch der Stuarts ziehen sich bis zur Mitte des Jh.s hin und bilden einen Teil des Hintergrunds, vor dem die Krone auf Konflikte reagiert. Von Frankreich erhält England im Frieden von Utrecht 1713 Neufundland und Neuschottland, im Frieden von Paris 1763 Kanada: die vorangegangenen Kriege finden z. T. auf amerikanischem Boden statt. Frankreich beansprucht im übrigen seit 1682 Louisiana, gründet 1718 New Orleans, und bleibt damit bis zum Anfang des 19. Jh.s auf dem Kontinent präsent. Wenn man weiterhin berücksichtigt, daß z. B. 1758 das französische Ft. Duquesne fällt, aus dem dann Pittsburgh wird, daß 1759 mit der Zerstörung von Quebec einer der entscheidenden Schritte zur Vertreibung der Franzosen vom Kontinent gemacht wird, daß 1773 die Boston Tea Party als sofort zum Fanal hochstilisierter Akt der Rebellion gegen England stattfindet und daß mit der *Declaration of Independence*

Szene auf einem Tabak-Kai. Abbildung auf der Virginia-Karte von Fry und Jefferson 1775

1776 die Loslösung der Kolonien von England konzeptionell (wenn auch noch nicht faktisch) vollzogen ist –, so erscheinen die Prozesse der Konsolidierung und Ausweitung der Kolonien einerseits und ihrer Emanzipation andererseits nahezu identisch. Materiell hat das damit zu tun, daß England die Kosten der vorangegangenen Kriege auf die Kolonien abwälzt und diese sich dagegen wehren. Geistesgeschichtlich ist ebenso offenbar, daß diese auf ihr Umfeld und auf ihren eigenen kolonialen Status in differenzierter Weise reagieren; und dasselbe läßt sich für das ganze Jahrhundert auch von der Literatur behaupten.

Literatur und Kultur unter dem Aspekt ausdifferenzierter Kolonialität

Abhängigkeiten

Koloniale Existenz impliziert die enge kommerzielle wie kulturelle Abhängigkeit vom Mutterland, die sich u. a. in den dauernden Reisen in beiden Richtungen, welche von einem beträchtlichen Teil der kulturellen Eliten der Kolonien unternommen werden, äußert. Solche Abhängigkeit kann sich politisch-ökonomisch manifestieren, so daß sich z.B. eine Kolonie den Entscheidungen über Zölle, die in Westminster gefällt werden, derart ausgeliefert fühlt, daß ihr Ende der 1770er Jahre nur der Ausweg in die Rebellion bleibt. Sie kann sich theologisch darstellen, wenn Autoren wie Increase oder Cotton Mather als Mitglieder eines Netzwerks protestantisch-kongregationalistischer Theologen erscheinen, das den Atlantik überspannt. Sie geht noch bis in die Entwicklung verschiedener gesellschaftlicher Strukturen, wenn der Süden sich nach *einem* britischen Muster formt, das die ländliche Existenz der *gentry* oder *squirearchy* privilegiert, daraus die Plantagenwirtschaft entwickelt und versucht, diese mit entsprechenden kommerziellen und professionellen Strukturen in den Städten zu stützen, während der Norden viel mehr von einem *anderen* britischen Schema ausgeht: dem bürgerlich-städtischen der englischen Großstädte sowie dem der *family farm*.

Die Unterschiede in der Sozialstruktur reflektieren sich in den verschiedenen Formen von Autorschaft in den Kolonien. Wenn in Neuengland die überwiegende Mehrheit der professionell Schreibenden als Prediger, Magistraten oder Lehrende im Dienst des theokratischen Projekts (oder ähnlicher Projekte) steht, so erfolgt die Professionalisierung des Schreibens weiter südlich viel deutlicher im Sinne des Ideals des gebildeten Gentleman. Paradox ausgedrückt: Die Professionalisierung erfolgt hier zwar programmatisch – die Ansiedlung von Buchdruckern und die Gründung von Zeitschriften wird gefördert –, aber im übrigen im Zeichen des Amateurs. (Dies trotz Ebenezer Cookes [s. u.] dubiosen Anspruchs auf die Stellung eines *poet laureate*.) Ziel ist dann nicht die Schaffung einer geschlossenen Gesellschaft, sondern die einer breiten, relativ diffusen und säkularen Öffentlichkeit, in der und für die eine Zahl unterschiedlicher Stimmen spricht. Entsprechend bilden sich verschiedene Formen von Konkurrenz unter den Autoren heraus: Es geht im Süden mehr um die Anerkennung bei einem allgemeinen Publikum der Gebildeten als um die durch jene kleine Elite, deren Meinungsstreit sich in Neuengland als eigentliche Öffentlichkeit zu etablieren versucht und die dort noch im 19. Jh. als ›Kaste‹ der *Brahmins* greifbar ist.

Formen der Autorschaft

Koloniale Abhängigkeit charakterisiert so am Anfang des 18. Jh.s ebenso die sich entwickelnden Salons des Südens wie die Gottesgelehrsamkeit des Nordens. Erster Publikationsort vieler zentraler Werke der amerikanischen Literatur bleibt bis weit ins 18. Jh. London, und bis ins 19./20. Jh. hinein ist eine große Karriere in dieser Literatur ohne englische Publikation nicht denkbar. Die Reaktionen darauf sind vielfältig. Die Abhängigkeit kann gar nicht als Problem wahrgenommen werden, und wir müssen davon ausgehen, daß in mancher Hinsicht der literarische Betrieb der Kolonien sich von dem des Mutterlandes gar nicht unterscheiden wollte. In bezug auf das Theater etwa scheinen die Kolonien (mit geringeren Mitteln) die Schwankungen der britischen öffentlichen Meinung nachvollzogen zu haben; in diesem Genre wird auch die Reflexion auf eine eigene amerikanische Identität erst nach der Revolution greifbar, während sie sich etwa in Richard Lewis' »A Journey from Patapsko to Annapolis, April 4, 1730« schon von der Landschaftsbeschreibung her hineindrängen will. Das völlig konventionelle pastorale Gedicht in *heroic couplets*, das mit dem Motto aus Vergil auf die bukolische Tradition, in der es steht, selbst verweist, kann in der Aufzählung der Reichtümer der Fauna nicht anders, als *mocking-bird*, *turtle* und *humming-bird* aufzuführen; es verwendet in der Beschreibung der Landschaft den Begriff *savane* und in der der Flora *dogwood*, *sassafras* u. dergl.: die klassisch-bukolische Landschaft ist zugleich eine neue Welt, und die Idylle, die sich am Ende im übrigen in allgemeine religiöse Reflexionen auflöst, wird am Anfang allein durch die Namen für fremde Gegenstände recht vorsichtig, aber darum nicht weniger bestimmt amerikanisiert, indigenisiert. In Joel Barlows *Hasty Pudding* wird gegen Ende des Jahrhunderts die Form des *mock epic* in vergleichbarer Weise, aber noch konsistenter, nämlich mit explizitem und programmatischem Gebrauch indianischer Assoziationen, genutzt.

Literarische Abhängigkeit

Formal stehen derartige Texte völlig in der britischen Tradition, inhaltlich beginnen sie sich zu lösen; eine Grenze zwischen den Kulturen beginnt sich hier auszubilden, die anderswo gleichzeitig schon viel deutlicher ist. Die Selbstdefinitionen von Kulturen, die Grenzziehungen zwischen ihnen, sind Konstrukte eben dieser Kulturen, die literarisch durchaus nicht überall und in allen Gattungen gleichzeitig sichtbar werden. So läßt sich schon in den vom Sendungsbewußtsein des Puritanismus geprägten Werken Cotton Ma-

Ablösungen

thers ein (post-)koloniales *writing back* erkennen – ein Schreiben gegen die kulturellen Machtansprüche des »Mutterlandes«. Dies geschieht besonders dort, wo der Anspruch vertreten wird, die Nachfolge der alttestamentarischen Patriarchen und der imperialen Mächte Rom und England anzutreten. Die bereits genannten *Magnalia Christi Americana* (1702) zeichnen sich bei aller tagespolitischen Zielrichtung durch eine ›filiopietistische‹ Haltung gegenüber der Gründergeneration Neuenglands aus, durch eine Verehrung, deren Übertragung auf Zeitgenossen nun aber Ausdruck eines Geltungsanspruchs ist, welcher über Gleichberechtigung bis zum Supremat geht:

> Let Greece boast of her patient Lycurgus ...; let Rome tell of her devout Numa ... Our New England shall tell and boast of her Winthrop, a lawgiver as patient as Lycurgus, but not admitting any of his criminal disorders; as devout as Numa, but not liable to any of *his* heathenish madnesses; a governour in whom the excellencies of Christianity made a most improving addition unto the virtues, wherein even without *those* he would have made a *parallel* for the great men of Greece, or of Rome, which the pen of a Plutarch has eternized.

Das neue Land ist nicht unterlegener Abkömmling, sondern überlegener Nachfolger Englands. Das ist eine Art Unabhängigkeitserklärung, wie sie auch in anderen Diskursen in diesem Jahrhundert mehrfach formuliert wird, vor allem natürlich politisch durch die *Declaration of Independence*, aber auch naturwissenschaftlich, wenn u. a. Thomas Jefferson in seinen *Notes on the State of Virginia* (1784) die von Comte de Buffon in aufgeklärt-wissenschaftlicher Manier vertretene These zurückweist, daß der amerikanische Kontinent von Natur aus weniger lebensfördernd sei als andere und so zur Degeneration von Pflanzen, Tieren und Menschen führe. Die These Buffons ist, ganz allgemein gesprochen, die eine Seite einer Sicht des Natürlichen oder ›Primitiven‹, deren andere diesem gerade das Potential zur Entwicklung zuschreibt und die in ihrer ganzen Ambivalenz in europäischen Beschreibungen ›primitiver‹ Gesellschaften weltweit wiederkehrt und deswegen koloniale Kulturen immer wieder beschäftigt. Die sicherste Antwort auf sie ist der Versuch, die betroffene Gesellschaft aus der Geschichte überhaupt herauszunehmen, und dies ist seit den Puritanern (und insbesondere seit Mather) denn auch eine wiederkehrende Strategie amerikanischer Autoren. Für Mather ist Amerika durch göttliche Vorsehung immer schon privilegiert, die Chronologie muß das Vorbestimmte nur einholen. Für die Autoren der Revolutionszeit ist die zu gewinnende neue politische Struktur weniger historisch als naturgesetzlich. Für noch spätere Autoren ist die *frontier*, die Grenze zwischen besiedeltem Gebiet und ›leerer‹ (oder von ihren Ureinwohnern freizumachender) ›Wildnis‹, ein Ort zeitloser Regeneration oder nachgerade religiös gefärbter Wiedergeburt.

Zwischen anscheinend selbstverständlicher Fortführung der Traditionen des Mutterlandes und der Zurückweisung ihrer Geltung finden sich, wie man bereits bei Lewis gesehen hat, schwankendere Grenzziehungen, die deutlich immer zugleich eine Aussage über die Verbindung mit diesen Traditionen beinhalten. Es ist bezeichnend für die koloniale Situation, daß noch das Streben nach Unabhängigkeit sich der Mittel der dominanten Literatur bedient und damit zunächst derivativ erscheinen mag – was besonders deutlich sichtbar wird in einer am Anfang des Jahrhunderts und vor allem außerhalb Neuenglands neu entstehenden literarischen ›Szene‹,

Buffons Degenerationsthese

aber nicht nur dort. Auch Mather und Taylor sind in ihrer Sprache nicht ohne *metaphysicals* und andere Autoren aus dem Umkreis der anglikanischen und katholischen Gruppierungen sowie eines kontinental-barock beeinflußten Denkens und Schreibens in England denkbar. Am aufschlußreichsten ist in diesem Kontext aber vielleicht die Übernahme ironisch-parodistisch-satirischer Schemata der englischen neoklassizistischen *Augustans*, mit der der Süden eine Möglichkeit kolonialen und postkolonialen Schreibens, die im Zuge der kulturellen Emanzipation von Kolonien bis heute immer wieder genutzt wird, schon früh zur Entfaltung bringt. Auf den *colonial lag* und die Sekundarität der eigenen kulturellen Position reagiert man dann nicht nur mit jener ironischen Brechung von Bewußtsein und Sprache, die kolonialem Schreiben vielfach zugeschrieben wird und die sich in der gleichzeitigen Übernahme *und Deformierung* literarischer Stilmuster des Mutterlandes äußert, sondern auch mit der Übernahme von Techniken der komischen Deformierung ›ernster‹ Schemata aus der dominanten Kultur. Und die englische Literatur des 18. Jh.s ist reich an derartigen Techniken – man denke nicht nur an die ›Geburtshilfe‹ von Parodie und Satire bei der Entstehung des bürgerlichen Romans in England (vgl. die Modellwirkung von *Don Quixote* ebenso wie Fieldings Parodien von Richardsons *Pamela* und die satirischen Dimensionen des pikaresken Romans), sondern auch an den vielfältigen Einsatz von Parodie, Travestie und Satire im Streit der öffentlichen Meinung um politische Ordnung und Fragen von *taste* und *decorum* bereits seit der zweiten Hälfte des 17. Jh.s.

Satirische Impulse sind auch in schon früh kanonisierten Texten aus Neuengland vorhanden: Die Bußpredigt etwa hat ebenso wie die Streitschrift eine natürliche Tendenz, sich ihrer zu bedienen. Prominentestes Beispiel ist vielleicht Nathaniel Wards *The Simple Cobbler of Aggawam* (1645), eine orthodox puritanische Streitschrift gegen die Tendenz *englischer* Puritaner, interne Differenzen der Doktrin im Geiste einer gewissen Toleranz zu behandeln; und das Werk ist ganz typisch darin, daß es das populistisch-satirische *conceit* des Schuhmachers, der seine einfache, ›gesunde‹ Meinung kundtut, nicht durchhält, sondern die Standardsprache der theologischen Streitschrift gebraucht. Die Satire ist hier nicht gattungsschaffend, sondern dient einer anders gelagerten didaktischen Intention. In Ebenezer Cookes *The Sot-Weed Factor* (1708) dagegen liegt eine echte Gattungssatire vor, die auf spätere Tendenzen in der amerikanischen Literatur bis zur Postmoderne vorausdeutet. Das satirische Ich begibt sich in der Maske eines Tabakkaufmanns (eines *factor*) auf die Reise nach Maryland und entwickelt aus dem Ärger über deren Umstände einen Diskurs der Aggression, der sich bereits gegen die Mitreisenden auf dem *ship of fools*, das sie benutzen, und dann gegen die Einwohner der amerikanischen Kolonie richtet: Bestialische Menschen ohne alle Kultiviertheit – vielmehr mit einer Tendenz, zum *Indian* zu werden – bewohnen eine Welt ohne Ordnung oder Gerechtigkeit, in der ein pikaresker Unfall auf den anderen folgt. Bei seiner Rückkehr aus dem ungastlichen Land belegt es der *factor*, um seinen Besitz betrogen und nachhaltig desillusioniert, mit einem langen Fluch, der mit dem Zweizeiler »May Wrath Divine then lay those Regions wast / Where no Man's Faithful, nor a Woman Chast« endet. Die gegen die ›Eingeborenen‹ gerichtete Spitze wird durch die Anmerkung noch verdeutlicht »The Author does not intend by this, any of the *English* Gentlemen resident there.«

Innerhalb dieser augenscheinlich durchgehaltenen Perspektive aber treten Schwankungen auf. Neben dem Angriff auf die Primitivität Amerikas findet

Ironie / Parodie / Satire

B.L. Calvert, Gouverneur von Maryland 1727–31. Kulturelle Selbstrepräsentation in der Kontinuität zum englischen *Augustan Age*

Cookes Sot-Weed Factor

Ambivalenzen

sich die Feier seiner idyllischen Aspekte und seines (wenn auch einfachen) materiellen Reichtums in einer Weise, die auf Washington Irvings Darstellung der *patroons*, der holland-stämmigen Grundbesitzer im Staate New York vorausdeutet. Wichtiger noch – der Satiriker, der als Erzähler zunächst so deutlich Position bezieht, wird von einer hinter ihm momenthaft sichtbar werdenden Instanz selber satirisiert (die bewährte Figur des *satirist satirized*), wenn er als *greenhorn* und Außenseiter entlarvt wird. Amerika als Ort möglicher Werte konstituiert sich so im Gegenangriff gegen die vehemente satirische Attacke des britischen Reisenden. Die Polyphonie der Wertungsstandpunkte kann durchaus zum einen mit später besonders in der Literatur des Südens kanonisierten mündlichen, aber schnell verschriftlichten Erzählstrategien (*tall tale* u. dergl.) verbunden werden, zum anderen mit jener allgemein der amerikanischen Literatur bis zur Moderne und Postmoderne zugeschriebenen Tendenz, kulturelle Positionen unvermittelt nebeneinanderzustellen und den Leser mit ihnen alleinzulassen. Die Schaffung des neuen Schemas aus einer Parodie, die sich innerhalb der Satire hier ebenfalls findet – als Parodie der Idylle wie der epischen Reise –, stellt dieses Werk weiterhin in eine Reihe mit solchen Autoren wie Poe, der eine Reihe seiner Geschichten aus der Parodie von *Blackwoods Magazine* entwickelte, wie Gertrude Stein, deren radikalere Innovationen einem Leser, der ihre parodistischen Aspekte nicht erkennt, verschlossen bleiben müssen, oder wie eben wieder den Postmodernen. Die Heterogenität dieser Dreierreihe macht deutlich, daß es dabei nicht um eine in sich geschlossene Genealogie geht, sondern um die wiederkehrende Verfügbarkeit eines literarischen Verfahrens an entscheidenden Stellen der Literaturgeschichte.

Probleme konventionellen Schreibens

Neben derart gebrochenen Verwendungen von Traditionen, die an Innovationstendenzen in der englischen Literatur anknüpfen, gibt es gerade im 18. Jh. viele sozusagen programmatisch ungebrochene, und zwar vor allem in didaktischen Texten, die im Interesse des möglichst ungehinderten Transports ihrer Botschaft aufs formale Experiment tunlich verzichten. In der Gelegenheitsdichtung Jane Colman Turells z. B. läßt das lyrische Gebet um *eine* Lebendgeburt nach mehreren schnell aufeinanderfolgenden Totgeburten die mögliche Leistung auch noch der konventionellsten Form erkennbar werden. Es wäre leicht, die Sprecherin in »Phoebus has thrice his yearly circuit run« (1741) wegen ihrer klassizistischen Maskerade und die Sprache wegen ihrer klischeehaften Gefühlsbeladenheit als inauthentisch zu denunzieren; aber es geht hier offenbar weniger um die möglichst genaue Wiedergabe einer individuellen Erfahrung als um die Schaffung eines repräsentativen Ich, in dem sich andere nun aber anders wiedererkennen können als in denen der Autobiographie, von der unten zu sprechen ist: es geht weniger um die Selbstschaffung des Individuums als um die einer *gender identity*, einer geschlechtsspezifischen Identität. (Von hier aus ließe sich eine positivere Perspektive auf Hammon und Wheatley entwickeln als dies unten geschehen wird!)

Frauen schreiben

Die ganze Periode bringt im Zuge der allgemeinen Emanzipation der Subjekte eine ausgeprägte Diskussion der Rechte der Frau in Gang. Ein Ideologe der Revolution wie Thomas Paine schreibt ebenso darüber (»Occasional Letter on the Female Sex«) wie die Lyrikerin Bridget Richardson Fletcher in diversen ihrer Gedichte. Das Thema taucht u. a. in der Korrespondenz zwischen John und Abigail Adams auf. Unter Autorinnen wie (außer den genannten) Mercy Otis Warren, Annis Boudinot Stockton, Elizabeth Graeme Fergusson, Anna Young Smith, Ann Eliza Bleecker und Sarah Wentworth Morton entwickeln sich, unterstützt von anonymen Autorinnen, die manchmal ihre Freiheit, militanter zu schreiben, gut nutzen, Netzwerke aus wechselseitigen Kommentaren und Anreden, die durchaus nicht immer expliziten Bezug auf die Stellung der Frau haben, diesen aber dafür implizit um so stärker im Sinne eines Anspruchs auf Teilhabe an der Öffentlichkeit beinhalten. Am deutlichsten wird das dort, wo im Umkreis des Unabhängigkeitskriegs politische Themen verhandelt werden.

Es zeigt sich dort auch, daß das konventionelle Schreiben gerade dann, wenn es versucht affirmativ zu sein, schließlich doch seine Grenzen hat, wo es um die Art der vertretenen Werte geht. Diese können naturgemäß nicht anders als ihrerseits konventionell sein, ob es nun um den Patriotismus von Stocktons »The Vision, an Ode to Washington« (1789) geht – gegen die Milcah Martha Moores ironisch versifizierter Boykottaufruf »The Female Patriots« (1768) in seiner pragmatischen Verweigerung hochtönender Werte positiv auffällt – oder um Mortons »The African Chief« (erst 1823 veröffentlicht): eine Anklage gegen die Sklaverei, die nach der Rekonstruktion jener natürlichen Harmonie, in welcher der Afrikaner ursprünglich gelebt haben soll, und nach dem Appell an Bilder edler Freiheit in der Bildungswelt des Lesers (von Römern und Griechen bis Washington) nichts anderes als ebenso edle Trauer über den Tod des Versklavten hervorbringen kann. Der Zwang zum positiven Wert, zur aufbauenden Darstellung führt hier in die Nähe der Trivialität, bzw. (speziell bei Morton) in den Umkreis jener ideologischen Verarbeitung von Unrecht, die sich im 19. Jh. u. a. an der Gestalt des *vanishing Indian* festmachen läßt: Man versöhnt sich trauernd mit einem erkannten Unrecht, gegen das man darum nichts mehr zu tun braucht. Als instruktives Gegenbeispiel zu »The African Chief« wäre Philip Freneaus in manchem nicht weniger konventionelles, aber von der Energie letztlich satirischen Wertengagements getragenes Gedicht »To Sir Toby« (1784) zu lesen. Daß sich aber pauschale Aussagen über die Oeuvres der Autoren und Autorinnen hier verbieten, zeigt ein Blick auf »The Indian Burying Ground« (1787) desselben Freneau, das durchaus als eine der ersten ›großen‹ Formulierungen des Ideologems des *vanishing Indian* gelesen werden kann. Die Daten der Werke wie die Lebensdaten der Autoren lassen hier im übrigen deutlich werden, wie nahtlos das 18. Jh. in Diktion und Weltsicht ins 19. übergeht.

Frühe populistische Schreibweisen

Der wie selbstverständliche Umgang mit den Traditionen, der solchem Schreiben zumindest tendenziell den Zugang zu einer internationalen und internationalistischen literarischen ›Szene‹ eröffnet, in der ein gebildetes Publikum unter der Annahme allgemeingültiger Regeln und Standards des Geschmacks (*taste*) kommuniziert – er hätte solche *belles lettres* im Zeichen der revolutionären und nachrevolutionären Frage nach dem spezifisch Amerikanischen obsolet erscheinen lassen können. Das geschieht kaum, wenngleich in derselben Zeit und durchaus im Gegenzug auch populistische Züge zum Tragen kommen. Schriften wie Benjamin Franklins *Almanacs* (seit 1733) gehören an die Anfänge einer populären nationalen Tradition, die sich erst im 19. Jh. zum gleichgewichtigen Widerpart der aus den kolonialen Ursprüngen herzuleitenden internationalistischen herausbildet. Immerhin dürften hier die Anfänge eines oft hervorgehobenen Grundgegensatzes in der amerikanischen Literatur und Kultur liegen, der später z. B. mit der Opposition von *palefaces* und *redskins* bezeichnet worden ist.

Von der confessio *zur Autobiographie: die Emanzipation des Ich*

Puritanismus
Empfindsamkeit
Aufklärung

Die Realität der Verdammnis *und* die Gewißheit, daß die Mehrzahl der Seelen ihr verfallen ist, lassen den Puritanismus in der Geistesgeschichte des 18. Jh.s, die insgesamt auf den säkularen Optimismus der Aufklärung hinläuft, als reaktionäre Bewegung erscheinen. Unübersehbar hat er dennoch durch andere seiner Tendenzen zur Ausbildung des emanzipierten Subjekts beigetragen, das am Ende des Jahrhunderts als bürgerliches seinen Anspruch anmeldet, sich auch politisch selbst zu bestimmen. Die von ihm propagierte Selbsterforschung und Selbstverantwortlichkeit des Individuums wird Bestandteil einer vielfältigen Literatur der Emanzipation, die sich zum einen in Tagebüchern wie dem Sewalls, zum anderen aber vor allem in autobiographischen Schriften findet. Von Cotton Mathers *Bonifacius. An Essay Upon the Good ...* (meist zitiert als *Bonifacius or Essays to Do Good*, 1710) über Jonathan Edwards' *Resolutions* von 1722/23 und sein *Personal Narrative* von 1739 (publiziert postum 1765) sowie das *Journal* des Quäkers John Woolman (publ. 1774) bis hin zu Franklins *Autobiography* (der erste Teil begonnen 1771, der zweite 1784, der dritte 1788; publ. postum) produziert das Jahrhundert eine Reihe von Selbstdarstellungen eines *homo americanus*, der sich in ganz verschiedener Hinsicht jeweils als *self-made person* präsentiert: als Mensch, der die Verantwortung für die eigene Entwicklung selbst übernimmt.

Benjamin Franklin
um 1784

Pragmatismus

Von Mather zu Franklin läßt sich dabei eine Brücke schlagen, die im rational-pragmatischen Zugriff auf das eigene Ich besteht. Die Entscheidung für klar formulierte Werte führt zur Entwicklung von Verhaltensmaximen, die ihrerseits vom Willen so regelmäßig in Handeln umgesetzt werden, daß die Werte habituell werden. Der entscheidende Begriff ist hier der der Gewöhnung ans Selbst-Gewollte:

> I made a little Book in which I allotted a Page for each of the Virtues. I rul'd each Page with red Ink, so as to have seven Columns, one for each Day of the Week, marking each Column with a Letter for the Day. I cross'd these Columns with thirteen red Lines, marking the beginning of each Line with the first Letter of one of the Virtues, on which Line and in its proper Column I might mark by a little black Spot every Fault I found upon Examination to have been committed respecting that Virtue upon that Day.

Die Art, wie Franklins ›eigentliches‹ rational wertendes Ich hier durch die Passivkonstruktion am Ende vom handelnden und fehlbaren Ich abrückt, es anonymisiert und verdinglicht, ist typisch; und ihm wie Mather, dessen *Bonifacius* gerade in bezug auf diesen Aspekt Franklins Modell ist, kann man den Vorwurf der Selbstmanipulation bzw. eines manipulativen und fragmentarisierenden Angangs ans Subjekt machen.

Solches *self-making* ist rational(istisch) und handlungsorientiert, und Franklin – der Buchdrucker, Initiator von Bildungsvereinen und -institutionen, Mitautor der Gründungsdokumente der USA, Diplomat in der Krise der Unabhängigkeitskriege, Erfinder des Blitzableiters, und vieles mehr – steht sicherlich in der amerikanischen Geistesgeschichte als Repräsentant der grundsätzlichen Möglichkeit des Individuums, sich selbst zu verwirklichen. Der im übrigen mit der antirationalistischen Erweckungsbewegung des *Great Awakening* verbundene Protestantismus eines Edwards steht in Texten wie den *Resolutions* durchaus in derselben Tradition, wie überhaupt

Der »Franklin stove«
als moderne Alternative
zum Herdfeuer

die Verquickungen von rationalistischen und irrationalistischen Tendenzen bei den Autoren zwischen 1650 und 1750 vielfältig sind. (Cotton Mathers hartnäckiges Eintreten für die ersten Pockenimpfungen läßt sich nur dadurch mit seinem bedingungslosen Glauben an Hexen und an die physische Erscheinung von Teufeln und Engeln vereinbaren, daß man die Grenze zwischen Rationalität und Irrationalität für die damalige Zeit anders als für die unsrige ansetzt.) Insbesondere in den autobiographischen Schriften und in der kurzen Biographie seiner späteren Frau Sarah Pierrepont aber ist Edwards introspektiv bis zum Mystizismus, und dort ist seine Sprache geprägt von Gesten und Topoi der Unsagbarkeit. Das unablässig umspielte Grundthema der Gotteserfahrung und der sie umgebenden Zustände der Seele kann im Grunde nur negativ, nur als Übersteigen der Möglichkeiten von Realität und Sprache wiedergegeben werden: »After this my sense of divine things gradually increased, and became more and more lively, and had more of that inward sweetness. The appearance of every thing was altered: there seem'd to be, as it were, a calm, sweet cast, or appearance of divine glory, in almost every thing.« Die Sprache dieser Empfindsamkeit arbeitet mit Wiederholungen von wertbeladenen Termini wie eben *sweet* oder *calm*, so daß schließlich eine Nivellierung des Ausdrucks stattfindet, welche nur durch die spontane analoge Erfahrung des Lesenden durchbrochen werden könnte. In diesem Sinne ist ein solcher Diskurs der Innerlichkeit ebenso auf eine Öffentlichkeit angewiesen, die mit ihm und seinen Leitgedanken grundsätzlich übereinstimmt, wie es der pragmatischere Diskurs der anderen Entwicklungslinie ist.

Jonathan Edwards
Porträt von C. W. Peale

Die Möglichkeit, in der Autobiographie das eigene Ich als repräsentative Persönlichkeit zu entwerfen, steht nicht nur Autoren der dominanten Gruppen innerhalb der kolonialen Gesellschaft als Mittel der Selbstbehauptung gegen die ihnen gegenüber wiederum dominante Kultur des Mutterlandes offen; sie wird auch von Minderheitenautoren im Sinne einer dann u. U. doppelten Selbstbehauptung gegen zwei dominante Kulturen genutzt. So jedenfalls läßt sich John Woolman lesen: mit seiner Infragestellung der Rechtmäßigkeit unbegrenzten Profitdenkens im beginnenden bürgerlichen Kapitalismus, mit seinen Ansätzen zu einem ökologischen Denken und seinem deutlichen Abrücken von der Sklaverei – alles im Denken der Quäker wohletablierte, wenn auch nicht unbedingt gelöste Fragen. Für nicht-weiße Minderheiten allerdings verschwindet der Unterschied zwischen verschiedenen weißen Gruppen immer wieder hinter dem Grundgegensatz Indianer/Weiße oder Schwarz/Weiß. Der Mohegan-Prediger Samson Occom entwirft in seinem *Short Narrative of My Life* (1768) in diesem Rahmen das Bild eines *poor Indian*, das zum Autostereotyp ganzer Generationen geworden ist: Reflex einer Unterdrückung, die kaum anders als durch die Klage verarbeitet werden kann. Dies zum einen deswegen, weil die ursprünglichen kulturellen Schemata und Diskurse kaum oder gar nicht mehr zur Verfügung stehen, zum anderen weil die Diskurse der aufoktroyierten oder übernommenen Kultur weder vollständig beherrscht werden noch auch in sich schon so differenziert sind, daß sie das ganze komplexe Ineinander von Zwängen und Entbehrungen, das Occoms Leben prägt, verarbeiten könnten. Das Stereotyp ist nicht nur eines der (hier partiellen) Sprachlosigkeit, es ist auch selber deren Ergebnis.

Minoritäten

Samson Occom

Occom leidet insbesondere am Widerspruch zwischen jenen christlichen Idealen, die er gelernt hat und weitergibt, und dem diskriminierenden Verhalten seiner kirchlichen Vorgesetzten. Olaudah Equiano, in seiner westafrikanischen Heimat mit elf Jahren in die Sklaverei verschleppt, auf dem

Olaudah Equiano *alias* Gustavus Vassa

Jupiter Hammon und Phillis Wheatley

Emanzipations-problem

Weg über Westindien nach Virginia verkauft und dort schließlich von einem britischen Kapitän für Dienste an Bord gekauft, kann seine Lage pragmatischer angehen. Er lernt schneller und vollkommener als Occom, sowohl die ökonomischen Bedingungen wie das kulturelle Wissen der weißen Gesellschaft für seine Emanzipation einzusetzen. Zeitweise unter dem Namen ›Gustavus Vassa‹, treibt er auf eigene Rechnung Handel, bis er sich freikaufen kann, wirkt dann an Versuchen mit, Sklaven zu repatriieren und/oder die Sklaverei abzuschaffen, und wird mit dem *Interesting Narrative of the Life of Olaudah Equiano, or Gustavus Vassa, the African. Written by Himself* (1789) zum Mitbegründer der Gattung des *black slave narrative*, das die Ausbildung einer eigenständigen afro-amerikanischen Literatur in den späteren USA entscheidend geprägt hat.

Occom und Equiano erringen die materielle und sprachliche Verfügung über sich selbst in unterschiedlichem Maße: Occom ist deutlich in beiderlei Hinsicht unfreier als Equiano, dessen Autobiographie alle Zeichen vollständig entwickelter literarischer Kompetenz zeigt. Im Dienste sowohl der Darstellung und Thematisierung der eigenen Emanzipation wie der impliziten oder expliziten Agitation für die Abschaffung der Sklaverei ist bei letzterem die Übernahme der aufgezwungenen Kultur ein taugliches Mittel individueller Selbstverwirklichung. Das koloniale/postkoloniale Dilemma, daß noch für die Abgrenzung vom Dominanten dessen Mittel genutzt und damit dessen Autorität in irgendeiner Weise gestützt werden muß, wiederholt sich auch hier, aber in ganz unterschiedlicher Weise, der eine pauschale Sicht nicht gerecht wird, wie der Seitenblick auf die Lyrik Jupiter Hammons und Phillis Wheatleys zeigt. Beide Autoren gehören einer Empfindsamkeit an, die in Amerika sicher noch stärker als in England religiös geprägt ist; sie verwenden deren Darstellungsmittel ganz ungebrochen (wieder) im Sinne der Selbstdarstellung des repräsentativen Individuums. Inbesondere im umfangreicheren Oeuvre Wheatleys finden sich dabei verschiedene Gedichte, die mit einem stark religiös inspirierten Diskurs der Innerlichkeit so viel an Bildlichkeit und Denkfiguren mit diskriminierenden Implikationen übernehmen, daß die Autorin sich darin zumindest teilweise verfängt, so wenn es in »On Being Brought from Africa to America« (1773) heißt: »Remember, *Christians, Negros,* black as *Cain,*/May be refin'd, and join th'angelic train.« Daß hier die Möglichkeit der Rettung ›schwarzer‹ Seelen gegen all jene vertreten wird, die sie leugnen, ist das eine; daß zugleich die ganze Hell/Dunkel-Ikonographie, durch die Europa immer seine welthistorische Vorrangstellung propagiert und gerechtfertigt hat, in der erneuten fraglosen Verwendung nicht nur weitergegeben, sondern neu legitimiert und bestärkt wird, ist das andere. Die Emanzipationsforderung ist mit der Anerkennung der eigenen Unterordnung unentwirrbar verquickt, wie in »To the University of Cambridge, in New England« (1773), in dem die Versklavung als Befreiung der Seele gefeiert wird: »'Twas not long since I left my native shore/The land of errors, and *Egyptian* gloom;/Father of mercy, 'twas thy gracious hand/Brought me in safety from those dark abodes.« Die alttestamentarische ›ägyptische Finsternis‹ zeigt wie die Erwähnung Kains deutlich genug an, daß es innerhalb der westlichen Traditionen insbesondere die christlichen sind, die mit ihren wertsetzenden Termini und Vorstellungen naturgemäß auch die eingeschliffenen Vorurteile von Jahrhunderten transportieren. Der Verdacht liegt nahe, daß der Kampf gegen diese eher durch den möglichst weitgehenden Ausbruch aus solchen Traditionen – was in diesem Fall die Hinwendung zu Säkularisierung und Rationalismus der Aufklärung bedeuten würde – als durch die Arbeit innerhalb ihrer gelingen kann. Wo im Zeichen unterschwelliger manichäischer Implikationen *hell* und *dunkel* jahrhundertelang routinemäßig für *gut* und *böse* gestanden haben, bietet die religiöse Vorstellungswelt der schwarzen Autorin möglicherweise kein brauchbares Instrumentarium der Emanzipation, sondern friert sie nur in ihrer Rolle als ›von unten‹ kommende Figur fest.

Die Frage der Möglichkeit von Freiheit: Ein Ausblick auf die Revolutionszeit

Zwischen Aufklärung und Empfindsamkeit, die beide in verschiedener Weise die Emanzipation des Subjekts befördern können, stellt sich die Frage nach der richtigen Gesellschaftsform, die tendenziell jede neue Gesellschaft beschäftigen muß, in neuer Weise unter dem Aspekt der Freiheit. Im Denken der Puritaner des 17. Jh.s ist neben der Gottgefälligkeit der Aspekt der Gerechtigkeit entscheidend; die englische Gesellschaft, aus der sie kommen, hat schließlich im 16. Jh. Utopien wie diejenige des Thomas Morus hervorgebracht, in der dieses Thema zentral ist. Zwischen Prädestinationslehre und Postulat der Willensfreiheit zieht das puritanische Denken sich auf das Paradox der Freiheit zurück, das zu wollen, was man wollen muß: eine Lösung, die dem konkreten Denken letztlich in der einzelnen Situation ebensowenig Richtung geben kann wie postmoderne Vorstellungen von der Freiheit des Denkens und Handelns in ideologischen Systemen, die jeden Widerspruch gegen sich selbst sofort zu ihrem eigenen Nutzen verwenden. (Immerhin erscheint von hier aus der Rückgriff in der heutigen Selbstreflexion der USA – vor allem in der Nachfolge Bercovitchs – auf die Puritaner als Ursprung einer modernen Marktgesellschaft, die als derartiger ›präemptiver‹ Rahmen definiert wird, verständlich.) Die Aufklärung wie die Empfindsamkeit hingegen stemmen sich gegen deterministische Tendenzen und sehen die Freiheit des Denkens bzw. die Spontaneität des Gefühls als Horizont ihres Menschenbildes, sehen aber ebenso deutlich, daß Gesellschaft immer Beschränkung von Freiheit impliziert, und fragen von daher nach ihrer Realisierbarkeit in der Gesellschaft.

Sklaverei

In manchem sicherlich am radikalsten stellt sich diese Frage im Blick auf die Sklaverei, wo sie wegen ihrer ökonomischen Implikationen allerdings auch bis weit ins 19. Jh. (oder, wenn man angesichts der nach 1865 institutionalisierten neuen Diskriminationsmechanismen so will, ins 20. Jh.) ungelöst bleibt. Sie ist in vorrevolutionärer Zeit offener Gegenstand der Diskussion; in Woolmans Autobiographie etwa wird die Weigerung, einen Kaufvertrag über einen Sklaven aufzusetzen, zu einem entscheidenden Wendepunkt, Sarah Kemble Knight macht Bemerkungen darüber, wie verschieden man in einzelnen Kolonien mit Schwarzen verkehrt, usf. Aber sie steht kaum im Zentrum des Interesses der Öffentlichkeit. Insofern allerdings als die Institution der Sklaverei theoretisch in allen Diskussionen von Menschenrechten und Emanzipation, die dann die Revolutionszeit beherrschen, impliziert ist, könnte sie mit der Annäherung an das Jahr 1776 zentral werden. Daß auch dies nicht umfassend und vor allem nicht mit politischen Folgen geschieht, sondern daß erst ihre Abschaffung in England 1833 jene immer stärker werdende Agitation anregt, die schließlich zum Bürgerkrieg hinführt, hat sicherlich mit der angesprochenen wirtschaftlichen Bedeutung zu tun.

Wissenschaft

In ihrer abstraktesten Form stellt sich die Frage der Freiheit für die Wissenschaft. Freie Erforschung der Wahrheit steht zum einen im Zeichen des neuen säkularen Rationalismus, zum anderen wird sie auch aus Traditionen des Protestantismus gespeist, der immer wieder versucht, Offenbarung und natürliche Vernunft als deckungsgleich zu sehen. Freiheit heißt aber auch Freiheit vom Vorurteil, wie sich etwa bei Jefferson im Umgang mit Rassenfragen und ganz allgemein in seinem Menschenbild zeigt. Der Streit mit dem autoritätsgläubigen Buffon (s. o.) geht auch darum, inwieweit die Wahrnehmung der ›objektiven‹ Welt durch Traditionen und Vorurteile verzerrt wird; Quellenkritik und die letztgültige Berufung auf Beobachtung (statt auf Autoritäten) wird zum methodologischen Korrelat der Freiheit des Geistes, wobei zugleich ersichtlich ist, daß Freiheit hier wie anderswo zwar rhetorisch immer wieder als direkt realisierbare reklamiert werden kann, in Wirklichkeit jedoch Horizont von Bemühungen bleibt. Die bekannte Gespaltenheit Jeffersons zwischen abstraktem Eintreten für die Abschaffung der Sklaverei und deren praktischer Beibehaltung auf seinen Besitztümern ist ebenso klares Indiz dafür wie die zwischen seinen relativ vorurteilsfreien Beschreibungen der Indianer und seiner Politik der Landnahme.

Öffentlichkeit / Klassenprobleme

Die Frage der Freiheit hängt eng zusammen mit der Existenz einer informierten Öffentlichkeit, in der die freie Diskussion stattfinden kann. Oben ist bereits andeutungsweise ersichtlich geworden, daß die literarische Szene, die sich im 18. Jh. ausbildet, eine entscheidende Rolle beim Entstehen einer solchen Öffentlichkeit spielt und deren Funktion insbesondere von dem Moment in den 1760er Jahren an wahrnimmt, als ein gegen England gerichteter amerikanischer Patriotismus sich etabliert. In bezug auf den Entwurf einer neuen Gesellschaft ist dabei relevant, daß die Verarbeitung der britischen Traditionen, die oben vor allem in der Lyrik ganz handgreiflich war, deutlich entwickelte Klassenaspekte hat. Zum einen markiert sowohl die Beherrschung der Formen wie ihre Durchbrechung Bildung und gesellschaftliche Stellung, zum anderen ist die Öffentlichkeit, die sich in Zeitschriften und Salons äußert, tendenziell klein – eine Elite, der sich die Frage der Möglichkeit von Freiheit als politisch-theoretische stellt: als Problem der Möglichkeit von Demokratie in einer (unbefragt als vorgegeben angenommenen) Gesellschaft der Ungleichheit. Im Vorfeld der Unabhängigkeitskriege entwickeln sich auf der Basis unterschiedlicher Menschenbilder ebenso unterschiedliche Vorstellungen von der ›Masse‹, die z. T.

Der Schreibende und das Volk

erst um einiges später von Autoren wie Paine, Jefferson, Madison, Hamilton und Adams ausformuliert werden. Die ›Masse‹ kann entweder wie etwa bei Paine als Ansammlung von Individuen erscheinen, deren Rationalität man durchaus vertrauen kann; oder wie bei Jefferson als potentielle oder tatsächliche *yeoman farmers* und damit als Besitzende, auf deren Interesse an der Erhaltung der Ordnung ihres Besitzes man bauen kann; *oder aber* demgegenüber wie später bei den Federalists um die Jahrhundertwende als *mob*, dem man nur (politisch) durch eine starke Zentralgewalt und (soziokulturell) durch die Schaffung einer Aristokratie Schranken setzen kann. Die Frage, wie weit man in der Abkehr von hierarchischen *ordo*-Gedanken, wie sie noch im 17. Jh. dominant sind, gehen kann, wird tendenziell durch den Grundsatz des Gleichgewichts von Rechten und Pflichten (vgl. den frühen Slogan ›No taxation without representation‹) gelöst; aber dieser ist in sich interpretationsbedürftig.

Wenn diese Frage in ihrer extremsten Formulierung am Ende des 18. Jh.s (und dort natürlich z. T. unter dem Eindruck der französischen Revolution) im Gegensatz von *Aristokratie* und *Mob* erscheint, so prägt sie in weniger extremen Formen immerhin bereits am Anfang des Jahrhunderts die Reise-

Reiseberichte

berichte zweier so verschiedener Autoren wie William Byrd und Sarah

Holzschnitt in der *Pennsylvania Gazette:* Der Appell zum Zusammenhalt der Kolonien überdeckte oft die Klassen- und Hierarchieprobleme innerhalb der Gesellschaft

Kemble Knight, in denen wir schematische Einstellungen des schreibenden Ich gegenüber ›dem Volk‹ erkennen, welche bis zum Ende des 19. Jh.s einzelne Formen von Realismus (insbesondere des *local color writing*) prägen und über diese bis heute wirksam sind.

Am Beginn der Entstehung eines Amerikabilds in den europäischen Sprachen stehen Reiseberichte wie die eines Columbus, Cortéz, Hudson, Drake oder Champlain. Im 19. Jh. verläuft ein Gutteil des Prozesses, in dem die neuen USA sich ihrer selbst versichern, ebenfalls über Reiseberichte wie die von Lewis und Clark, von Irving oder Parkman. Bei aller Differenziertheit ist das hier wie dort entworfene Amerikabild doch weitgehend von der Affirmation der imperialen Ausdehnung und ihrer gesellschaftlichen Folgen bestimmt. Im 18. Jh. gibt es demgegenüber Berichte, die insbesondere in bezug auf letzteren Aspekt Bedenken anmelden: am Ende des Jahrhunderts explizit bei Hector St. Jean de Crèvecoeur, dessen *Letters of an American Farmer* (1782) allerdings nicht im strikten Sinn als Reisebericht zu bezeichnen sind, und am Anfang desselben Jahrhunderts in Knights Journal ihrer 1704/1705 unternommenen Reise von Boston nach New York und William Byrds zwei Geschichten der Vermessung der Grenze zwischen Virginia und North Carolina im Jahre 1728/29. Die drei Texte waren nicht für die sofortige Veröffentlichung gedacht (sie wurden erst im 19. Jh. publiziert), was vielleicht ihre Offenheit in der Wertung kultureller Unterschiede erst möglich machte.

Denn Mme. Knight thematisiert die Verschiedenheiten der Kolonien des Nordostens, wobei z. B. die relative Vorurteilslosigkeit der Bevölkerung von Connecticut in Rassenfragen ihr unverständlich ist; sie wundert sich im vergleichsweise modernen New York darüber, daß man moralische Ordnung ohne religiösen Druck aufrechterhalten kann; und sie schaut durchgängig mit amüsiertem Blick von der Höhe ihrer Bostoner *sophistication* auf die Menschen in den *backwoods* herab, die ihr kaum mehr als Tiere sind. Das ist zum einen Indiz einer noch nicht entwickelten Solidarität ›der Amerikaner‹ über Klassengrenzen hinweg, bzw. Symptom des Primats von

Sarah Kemble Knight

Klassensolidarität gegenüber anderen Formen von Gemeinschaftsgefühl. Zum anderen ist es die Diagnose realer Diskrepanzen zwischen dichtbesiedelten Gebieten mit hoher Prosperität und einem hochentwickelten kulturellen Leben und den *backwoods*, die spärlich besiedelt, ökonomisch marginal und soziokulturell in mehrfacher Hinsicht ausgedünnt sind. Für Mme. Knight werden sie von Stagnation oder Rückschritt beherrscht, während der Fortschritt in den Städten der Küste stattfindet. Die ironisch-witzigen Beschreibungen, die sie liefert, sind zugleich kulturkritische Diagnosen eines sich extrem heterogen entwickelnden Landes.

Beim Südstaaten-Aristokraten Byrd verschärfen sich ähnliche Anlagen zu einer Perspektive, in der vorurteilslos-rationalistische Klarsichtigkeit und Engagement für aufgeklärte Werthaltungen zusammengehen mit dem Bewußtsein der unendlichen sozialen Distanz zwischen ihm und den armen Weißen der Sümpfe und Wälder – den Terminus *white trash* hat er noch nicht, aber der Begriff schwingt in seiner Schilderung mit. Soziale Probleme und Ungerechtigkeiten werden erkannt und mit einer Ironie betrachtet, die vielleicht in erster Linie der Problematik der Sachverhalte gelten soll, aber immer auf die Menschen abfärbt; und die Erkenntnis impliziert keinen Willen zur Veränderung. Auch spätere Literatur der Südstaaten zeigt diese Lücke zwischen klarsichtiger Erkenntnis und Unfähigkeit oder mangelndem Willen zu handeln. Byrd ist einer der ersten in einer Reihe von Südstaatenautoren, die jedenfalls auf der Oberfläche ihrer Texte kein Engagement für Veränderungen erkennen lassen, weil sie ganz deutlich keinen Glauben an die Perfektibilität des Menschen haben.

Zwischen Knight und Byrd wird so die Frage sichtbar, ob und inwieweit der *homo americanus* tatsächlich die Figuration einer besseren Zukunft ist, wie seit der Ankunft der *Mayflower* immer wieder postuliert worden war. Spätere Perioden stehen in anderer Weise in derselben Spannung, und ›Amerika‹ bleibt, was es an seinen Anfängen war: umstrittenes Projekt des Neuen.

William Byrd II. Gemälde von Sir Godfrey Kneller

Plan einer neugerodeten Farm

DIE LITERATUR DER FRÜHEN REPUBLIK

Anfänge der amerikanischen Nation: politische, gesellschaftliche und geistesgeschichtliche Kontexte

Wenige Völker und Kulturen haben es in gleichem Maß als nötig erachtet, sich stets neu zu definieren, sich selbst zu preisen und abzugrenzen, wie die USA seit Beginn ihrer Nationalgeschichte. Von der Revolutionszeit an zieht sich eine Serie von Amerika-Projektionen durch die amerikanische Literatur. Während etwa Joel Barlow in »The Prospect of Peace« (1778) vom Einheitsgedanken ausgeht: »One friendly Genius fires the numerous whole,/ From glowing Georgia to the frozen pole«, feiert Walt Whitman 1855 im Vorwort zu seinem Gedichtband *Leaves of Grass* die Vielfalt: »Here is not merely a nation but a nation of nations.« Beispiele für die von Philosophen und Politikern, von Autoren und Kritikern sowie von zahlreichen namenlosen Amerikanern und Amerikanerinnen betriebene Suche nach dem spezifisch Amerikanischen sind die Idee des Schmelztiegels, die Vorstellung vom Amerikanischen Adam als mythischer Personifizierung des (gerade auch sittlichen) Neubeginns, die Siedlungsgrenze (*frontier*) als der den Nationalcharakter prägende Ort der Begegnung von wilder Natur und Zivilisation, der Westen als Projektionsraum persönlicher wie gesellschaftlicher Zukunftserwartungen, die oft als ›Amerikanischer Traum‹ bezeichnete und bereits in der *Declaration of Independence* mit »the pursuit of happiness« angesprochene Hoffung auf Selbstverwirklichung, und nicht zuletzt die an gleicher Stelle als weiteres menschliches Grundrecht erwähnte, vage und in vielerlei Richtung interpretierbare Idee der Freiheit.

Die »Easton Flag«, eine frühe Version der »Stars and Stripes«

Wenn für dieses Kapitel ›Amerika‹ mit der Unabhängigkeit der britischen Kolonien beginnt, so soll nicht verkannt werden, daß es auch davor (indianische, kolonialspanische oder -französische) ›amerikanische‹ Kulturen und Literaturen gab und neben der dominanten angloamerikanischen weiterhin gibt, daß der geographische Bezug des Namens problematisch ist, selbst wenn man ihn nur auf die USA bezieht, weil deren Grenzen sich im behandelten Zeitraum stark verschieben, und daß die gesellschaftlichen und kulturellen Wertvorstellungen, die sich mit dem Namen verbinden, von Anfang an umstritten sind. Abgrenzungen wie die von Europa oder vom ethnisch Anderen (vor allem Indianern und Schwarzafrikanern), die Grenzziehung zwischen den Geschlechtern, aber auch das Verhältnis von Kultur und Natur, zumal an der jeweiligen Siedlungsgrenze, bilden wichtige Aspekte der Bemühungen um amerikanische Identität.

Amerikanische Schlüsselkonzepte

Solche Bemühungen beginnen schon vor der amerikanischen Unabhängigkeit. Daß sich trotz vieler sozialer Gegensätze und der zunehmenden ökonomischen Ungleichheit dennoch seit der Kolonialzeit ein amerikanisches Gemeinschaftsgefühl entwickelte, gilt als Folge eines ideologischen

Amerikanische Identität

Konsenses darüber, daß die Amerikaner individuell und kollektiv einen (heils- wie menschheits-)geschichtlichen Auftrag zu erfüllen hätten, der ständigen Fortschritt in den verschiedensten Lebensbereichen implizierte (Bercovitch). Während viele Europäer (zumal im 19. Jh.) ihre nationale Identität vornehmlich aus ihrer historischen oder mythischen Vergangenheit bezogen, war in Amerika Vergangenheit meistens nur wichtig mit Blick auf die Zukunft. Doch läßt sich die frühe amerikanische Literatur nicht nur aus einem nationalen Konsens erklären, einer Abstraktion, die zahlreiche gruppenspezifische und zeittypische Sondermeinungen außer acht läßt. Diese Literatur findet einen Großteil ihrer Sujets im konfliktreichen soziopolitischen und kulturellen Kontext, den es daher zunächst zu beleuchten gilt, wobei die Heterogenität vieler Entwicklungen nur angedeutet werden kann.

Die amerikanische Revolution

Verglichen mit der Französischen Revolution war die amerikanische in geringerem Maß ein sozialer Umsturz. Als Ausdruck des Protestes und schließlich Widerstands gegen die Eingriffe einer fernen Zentralregierung in die Angelegenheiten der britischen Kolonien auf nordamerikanischem Boden war sie zugleich politisch und wirtschaftlich motiviert und speiste sich aus einer Reihe unterschiedlicher und manchmal widersprüchlicher Ideenkomplexe. Zu nennen sind hier die dezentralistische englische *country ideology*; die Vorstellungen der ›Real Whigs‹ zu Gewaltenkontrolle und Freiheitsrechten und der Lockesche Liberalismus, der die Rolle des Staates den Rechten des Individuums auf Leben, Freiheit und Eigentum unterordnete, sowie der gegen die Church of England gerichtete radikalere und wiederum individualistische Protestantismus, für den die Selbstverwirklichung des einzelnen gerade auch im beruflich-ökonomischen Bereich Teil von und Indiz für Gottes Plan war (eine Vorstellung, in der Max Weber ein Movens des Kapitalismus sah), der mit seinen millenaristischen Vorstellungen jedoch auch kollektive Ansprüche erhob. Zu nennen sind anderseits ein Republikanismus, der sich in Anlehnung an antike Autoren auf den Gemeinsinn der Bürger berief; die säkularistische, auf das menschliche Erkenntnisvermögen bauende europäische Aufklärung sowie jener als *Common Sense*-Philosophie bekanntgewordene schottische Zweig des Rationalismus, der den Menschen überdies ein moralisches Einsichtsvermögen bescheinigte, das zu besseren sozialen und (markt-)wirtschaftlichen Verhältnissen führen sollte. Doch die politische und intellektuelle Elite nahm nicht nur Ideen von außen auf, sondern beteiligte sich mit ihren Schriften an der Diskussion. Als national amerikanische war die Politik des entstehenden Staates auch eine literarische, war seine Literatur auch und vornehmlich eine politische, öffentlich-rhetorische. Ein Text besonders, das Pamphlet *Common Sense* (1776) des Neu-Amerikaners Thomas Paine, wirkte explosiv. Der Bestseller, der in den ersten drei Monaten eine Auflage von 120.000 erzielte, argumentiert auf der Basis von Natur, Verstand und göttlichem Willen gegen Monarchie und für die (gerade auch wirtschaftlichen) Interessen des gemeinen Volkes und postuliert die hemisphärische oder gar universale Relevanz der amerikanischen Selbstbefreiung: »'Tis not the affair of a City, a County, a Province, or a Kingdom; but of a Continent ... 'Tis not the concern of a day, a year, or an age: posterity are virtually involved in the contest, and will be more or less affected even to the end of time ... « Hier und in anderen Texten der Zeit werden wesentliche Komponenten der Idee einer entgegen europäischem Hochmut nicht minderwertigen, sondern besseren Neuen Welt entworfen oder weiterentwickelt. Die durch Paines Schrift stark beeinflußte Unabhängigkeitserklärung noch im selben Jahr, die

Rückseite einer Banknote über $ 65 (1779)

Thomas Paines Common Sense

Thomas Paine

Samuel Jennings, »Die Freiheit breitet die Künste und Wissenschaften aus« (1792)

internationale Anerkennung der Eigenstaatlichkeit 1783, die Ratifizierung der Verfassung 1788, die die lockere Konföderation in einen Bundesstaat verwandelte, und die Annahme eines Menschenrechtskatalogs 1791 sind entscheidende Stationen der Gründung der Vereinigten Staaten von Amerika, deren Einheit als republikanischer Flächenstaat (etwas Neues in der Geschichte) und deren Einigkeit jedoch auf lange Zeit höchst problematisch bleiben sollten.

Die auf die Kolonialzeit zurückgehende, für Lateinamerikaner stets ärgerliche Usurpierung des Begriffs ›Amerika‹ verschleiert Selbstzweifel und Interessenkonflikte, deren Austragung durch die diversen Verfassungskompromisse nur aufgeschoben wurde. Obwohl Faktoren wie repräsentative Demokratie, Garantie der Grundrechte, Gewaltenteilung und Nicht-Erblichkeit der Ämter dem Gleichheitsgedanken förderlich waren, wirkte die Zusammensetzung der Bevölkerung ihm eher entgegen. Zwischen 1770 und 1830 wuchs diese von 2,2 auf 12,9 Millionen an, von denen je nach Dekade zwischen 9% und 13% im Ausland geboren waren. Zur Revolutionszeit erreichte der Anteil der Schwarzen – fast alles Sklaven – mit 21% seinen Gipfelpunkt; 1780 waren mehr als die Hälfte der South Carolinians, indessen nur 2% der Neuengländer Afrikaner. Auch das offizielle Ende des Sklavenimports 1808 änderte nichts daran, daß der Anteil der Schwarzen im ganzen 19. Jh. über 10% lag. Doch auch die weiße Bevölkerung war zunehmend nicht-englischer Abstammung, vor allem schottisch, irisch, walisisch oder deutsch. Schon 1751 beklagte Benjamin Franklin die Überfremdung Pennsylvanias durch pfälzische Bauern. Die dank der landwirtschaftlichen Produktivität gesicherte Ernährungsbasis und die im Vergleich zu Europa geringere Kindersterblichkeit waren Hauptgründe der Bevölkerungszunahme, die dazu führte, daß um 1800 zwei Drittel der Amerikaner

*Bevölkerungs-
zusammensetzung*

Thomas Jefferson

Geschlechterdifferenz

Regionale Konflikte

nach 1776 geboren waren, die Kolonialzeit also nicht erlebt hatten, dafür um so bereitwilliger an die nationalen Gründungsmythen glaubten.

In der maßgeblich von Thomas Jefferson verfaßten *Declaration of Independence* steht zwar die These, »that all men are created equal«, doch sah die politische Wirklichkeit des neuen Staates anders aus. Nur *weiße* Männer durften wählen, und aus ökonomisch-sozialer Ungleichheit konnte auch politische resultieren, denn dem passiven Wahlrecht standen zunächst hohe Eigentumsklauseln im Wege, die allerdings bald abgebaut wurden. Ein besonders gravierender Mangel war der Ausschluß der Frauen vom Wahlrecht. Ein Ausgleich zwischen der noch in der Kolonialzeit als soziale und ökonomische Einheit und als Ordnungsinstanz dominierenden Institution der (Groß-)Familie und den öffentlichen Institutionen mußte erst noch entwickelt werden. Zunächst wurden die (weißen) Amerikanerinnen, die in der Vorrevolutionszeit angesichts des Frauenmangels sozioökonomisch, wenngleich nicht politisch, nahezu gleiche Rechte in und außerhalb des Hauses genossen hatten, stärker auf ihre Rolle als Ehefrauen und Mütter zurückgedrängt. Die Geschlechter galten nun als von Natur aus verschieden; auch die große Mehrzahl der Frauen selbst ging von dieser Verschiedenheit und einer ungleichen Rollenverteilung aus. Freilich wurde die Mutterrolle gegen Jahrhundertende entscheidend aufgewertet, und das 19. Jh. glorifizierte Mutterschaft als natürliche Bestimmung und höchste Erfüllung der Frau. Diese Erfüllung fand ihren ebenso natürlichen Lebensraum, ihre ›separate sphere‹, im christlichen Heim, in dem die Frauen Frömmigkeit, Aufopferungsbereitschaft und Fürsorglichkeit vorleben und von dem aus sie als Hüterinnen von Tugend, Religiosität und Mitgefühl auch in der Öffentlichkeit ihre eigene Art von Autorität ausüben sollten. Die Kontrastierung von weiblicher Tugend und männlicher Selbstsucht festigte die bestehende Machtverteilung und sollte später zur Zuweisung von gleichfalls separaten kulturellen Betätigungsbereichen für Frauen führen. Sie trug jedoch auch zum Erfolg des Rufs nach zumindest verbesserten Bildungsmöglichkeiten für sie bei. Abigail Adams, Ehefrau des zweiten und Mutter des sechsten Präsidenten, formulierte die Forderung nach Gleichberechtigung der häuslichen mit der öffentlichen Sphäre vor allem in ihrem Briefwechsel mit ihrem Mann John Adams (der ablehnend reagierte). Wenn sie auf gleichen Bildungschancen für Frauen und Männer beharrt, ist sie sich einig mit der vielleicht einflußreichsten amerikanischen Schriftstellerin jener Jahre, Judith Sargent Murray, deren 1792–94 im *Massachusetts Magazine* und 1798 als Buch erschienene Essay-Serie *The Gleaner* den eigenen Intellektualitätsanspruch belegt und deren Aufsatz »On the Equality of the Sexes« (1790) zu einem der bekanntesten gesellschaftspolitischen Texte der Zeit wurde.

Die Ungleichheit von Status und Zusammensetzung der Bevölkerung verstärkte regionale und sektionale Differenzen. Besonders die Frage des Verhältnisses von Bundesstaat und Einzelstaaten gefährdete die Einheit auf lange Zeit. Der sich im 19. Jh. bis zum Bürgerkrieg verschärfende Nord-Süd-Konflikt (vor allem über die Frage der Ausbreitung der Sklaverei nach Westen) ist das gravierendste Beispiel einer solchen, zugleich aus regionalen Sonderentwicklungen herrührenden Auseinandersetzung. Doch auch der Ost-West-Konflikt zwischen den aus den alten Kolonien entstandenen und den durch die Besiedlung westlich der Alleghenies hinzukommenden Einzelstaaten und jener noch grundlegendere zwischen der zentralismusfeindlichen ländlichen Bevölkerungsmehrheit und dem handelsbürgerlichen oder handwerklich-kleinindustriellen städtischen Bürgertum gefährdeten den neuen Staat. Im Streit um die Bundesverfassung setzten sich als politische Partei der letztgenannten Gruppen die Befürworter eines Bundesstaates durch, deren Wortführer Alexander Hamilton, James Madison und John Jay in einer unter dem Pseudonym Publius veröffentlichten und 1788 unter dem Titel *The Federalist* gesammelten Serie von Zeitungsaufsätzen die Prinzipien der Verfassung und die Risiken einer nicht bundesstaatlichen Lösung so überzeugend und in so brillantem Stil darlegten, daß das Werk seinen Platz nicht nur im Olymp des politischen Schrifttums seit der Antike, sondern auch im Kanon amerikanischer Essay-Kunst gefunden hat. Hamiltons kapitalorientierte Finanzpolitik der kommenden Jahre ließ ihn freilich als Feind des *common man* erscheinen. Die einen dezentralisierteren, basisdemokratischeren Staat fordernden *Democratic Republicans* unter Madison und Jefferson verdrängten die elitärere Partei der *Federalists* von der Macht.

The Federalist

Das Streben nach Volkssouveränität, die Veränderungen der Bevölkerungsstruktur, die Westexpansion, aber auch die mit diesen Vorgängen zusammenhängende stärkere Herausbildung einer Populärkultur unabhängig von den Macht- und Bildungseliten des Ostens sollten schließlich ihren deutlichsten Niederschlag 1828 in der Wahl Andrew Jacksons zum Präsidenten finden, des in der Nähe der *frontier* aufgewachsenen Sohnes schottisch-irischer Einwanderer. Seine Politik der Indianervertreibung (›Indian Removal Act‹, 1830) besiegelte die bestehende Tendenz, die Urbevölkerung ihres Landes und ihrer Existenzgrundlagen zu berauben, ihr jedoch nicht etwa kompensatorisch die Teilhabe am Aufbau der Nation zu ermöglichen. Die von den USA beanspruchte Fläche, die bereits durch die an die 13 ursprünglichen Gründungsstaaten angrenzenden westlichen Territorien gewaltig angewachsen war, wurde durch Abkommen mit Spanien und Großbritannien, vor allem aber durch den unter Präsident Jefferson 1803 erfolgten Kauf Groß-Louisianas von Frankreich noch einmal mehr als verdoppelt. Schon vor der Unabhängigkeit war die Hoffnung aufgetaucht, eines Tages das Gesamtterritorium bis zum Pazifik in Besitz zu nehmen und die amerikanische Staats- und Gesellschaftsform zur dominanten zumindest in Nordamerika zu machen. Ab 1845 wurde diese Expansion als *Manifest Destiny* der Vereinigten Staaten bezeichnet. Daß die USA darüber hinaus ihre Interessen in der gesamten westlichen Hemisphäre gerade auch gegen europäische Territorialansprüche wahrzunehmen gewillt waren, machte bereits die als *Monroe Doctrine* bekanntgewordene Jahresbotschaft von Präsident James Monroe 1823 deutlich.

Expansion und Indianervertreibung

Die Verbesserung der Infrastruktur, vor allem der Schiffahrtsrouten, die Frühindustrialisierung und die Einführung technischer Neuerungen veränderten zwar das Leben, trugen aber nicht unbedingt zur Minderung der sozialen und regionalen Konflikte bei, wie die Folgen der Erfindung der Baumwollentkernmaschine 1793 belegen: Von nun an florierte der Baumwollanbau unter dem Einsatz schwarzer Sklaven in den Südstaaten erst recht, und die ›peculiar institution‹ der Sklaverei starb nicht wie erwartet ab, sondern verbreitete sich weiter nach Südwesten. Auch außenpolitisch gab es trotz der Neutralität nach der Französischen Revolution große Probleme: Die Respektierung der Sicherheit ihrer Handelsflotte konnten die Amerikaner zwar gegen Algier und andere nordafrikanische Fürstentümer, nicht aber gegenüber Großbritannien durchsetzen, gegen das sie 1812–14 den zweiten Krieg führten, ohne indessen ihre Ziele zu erreichen. Der Krieg entfesselte freilich eine Welle des Nationalismus und gab vielen Amerikanern erstmals das Gefühl, eine nicht nur politisch, sondern auch gesell-

Nationalismus und Nationalkultur

J. L. Boqueta de Woiseri, Ansicht von New Orleans (1803)

Websters *The American Spelling Book*

Das amerikanische Englisch

schaftlich, bevölkerungsmäßig und, in Ansätzen, sogar kulturell eigenständige Nation zu sein. Francis Scott Keys damals entstandenes Gedicht »The Star-Spangled Banner« lieferte den Text für das, was zunächst inoffiziell und mehr als hundert Jahre später offiziell die Nationalhymne der USA werden sollte.

Wie aber war ein dem politischen analoger kultureller Neubeginn möglich? Durch die materiellen Verluste des Unabhängigkeitskriegs und den Exodus der englandtreuen Loyalisten war die ohnehin dünne kulturelle Decke noch dürftiger geworden. Dennoch war das Bedürfnis nach einer Nationalkultur groß, da man sich durch den Fortbestand von Elementen des britischen kulturellen Systems, z.B. im Rechtswesen, in der Religion, im Bildungssektor und vor allem im sprachlich-literarischen Bereich, in seiner Unabhängigkeit bedroht fühlte. In dieser Epoche der ersten Untersuchungen des Zusammenhangs von Sprache und Kultur (Herders *Abhandlung über den Ursprung der Sprache* war 1772 erschienen) waren Überlegungen, Deutsch, Hebräisch, Griechisch, Latein oder gar eine Mischsprache aus mehreren Indianersprachen als Landessprache zu wählen, zwar unrealisierbar, aber verständlich. Immerhin konnte man sein eigenes Englisch entwickeln. Die Verbesserung der englischen Sprache (z.T. im Sinne einer Reinigung von neueren Sprachentwicklungen im Mutterland) blieb von John Adams bis zu Mark Twain ein Jahrhundert später mit der Idee des gesellschaftlichen und kulturellen Fortschritts verknüpft. 1789 schrieb der Wortführer dieser Tendenz, Noah Webster, in seinen *Dissertations on the English Language*: »As an independent nation, our honor requires us to have a system of our own in language as well as government. Great Britain, whose children we are and whose language we speak, should no longer be *our* standard; for the taste of her writers is already corrupted and her language on the decline.« Seine Sprach- und Rechtschreibreform blieb zwar im Umfang bescheiden, aber durch ihre Orientierung am tatsächlichen Sprachgebrauch war sie epochemachend. Websters *Spelling Book* erschien 1783 – bis 1890 wurden davon (einschließlich späterer Überarbeitungen)

60 Millionen Exemplare verkauft! 1828 folgte *An American Dictionary of the English Language*, Ahne aller späteren *Webster's Dictionaries*.

Im Rechtswesen kam es zu einem Kompromiß: Das Common Law blieb in Kraft, wurde aber den demokratischen Verfassungen angepaßt. In der Religion brachte die Verfassung die Trennung von Kirche und Staat. Nach einer Phase starken Interesses an freidenkerischen oder deistischen Richtungen etablierten sich die protestantischen Kirchen erneut, wobei sich allerdings immer neue Sekten abspalteten. Die Unitarier, die in Amerika ihren Wortführer in William Ellery Channing fanden, vertraten eine mildere, nicht mehr durch die calvinistischen Vorstellungen von Prädestination und Erbsünde geprägte Glaubensrichtung. Gott und Mensch näherten sich auf diese Weise an – daß der Unitarismus im zweiten Drittel des 19. Jh.s vor allem eine Kirche der neuenglischen Intellektuellen und der sonstigen gesellschaftlichen Eliten wurde, konnte kaum überraschen. Auf der anderen Seite fanden die fundamentalistischen und anti-elitären Erweckungsbewegungen des ›Second Great Awakening‹ seit 1800 gewaltigen Zulauf. Die Kirchen nahmen vor allem auf das Bildungswesen starken Einfluß, in dem sich öffentliche Schulen, allgemeine Schulpflicht und unabhängige Universitäten erst allmählich durchsetzen sollten.

Recht, Religion und Bildung

Als zukunftsweisend galt vielen Amerikanern nicht das als dekadent empfundene Europa und schon gar nicht Großbritannien, sondern der Rückgriff auf die klassische Vergangenheit oder was man dafür hielt; die Antike diente als Anschauungsmaterial für die eigene, vorbildliche Zukunft. In dieser Richtung argumentiert der Protagonist von Royall Tylers Komödie *The Contrast* (1787), aber auch der Lyriker Philip Freneau, der in seinem Gedicht »The American Village« bereits 1772 England Korruption durch luxuriösen Lebenswandel vorwirft, während Amerika noch den einfachen Tugenden des frühen Rom nachlebe. Antike Autoren wurden systematisch auf zitierbare Aussagen oder übernahmefähige Wertvorstellungen und politische oder kulturelle Konzepte durchforscht. Diese Tendenz spiegelt sich auch in den allgegenwärtigen klassischen Ortsnamen oder halb-antiken Neuprägungen wie ›Minneapolis‹ und ›Pennsylvania‹. Politische Institutionen und Einrichtungen wurden nach antiken Begriffen benannt: Präsident, Senat, Kongreß, Kapitol. Am auffälligsten ist der klassische Einfluß in der Architektur, besonders bei den öffentlichen Gebäuden in Washington, D.C., die nach dem Kongreßbeschluß von 1790 als Sitz von Regierung, Kongreß, *Supreme Court* und Bundesbehörden errichtet und 1800 bezogen wurden.

Die Antike als Vorbild

Bauwerk mit griechischen und neugotischen Elementen (New York, 1830)

Der Blick auf die Unabhängigkeitsbemühungen sollte jedoch nicht vergessen lassen, daß in den genannten wie in nahezu allen anderen Bereichen Amerika eng mit Europa verflochten blieb. Die Französische Revolution, Napoleon und das Ringen um die nach-napoleonische Ordnung waren Amerikanern ebenso präsent wie Europäern, wenngleich sie davon weniger direkt tangiert waren. Die materielle Zivilisation der USA entsprach weitgehend der britischen und war noch lange auf europäische Waren und Herstellungsverfahren angewiesen. Noch abhängiger war die Kultur im engeren Sinn: Nicht nur literarische Texte und Textsorten, sondern Bildungsinhalte, kulturelle Institutionen, musikalische Partituren, Geschmacksstandards in den verschiedensten Bereichen und anderes mehr stammten ganz überwiegend aus Europa. Dies ist mitzubedenken, wenn im folgenden von den Leistungen der amerikanischen Kultur gesprochen wird. Zu bedenken ist auch, daß die gesellschaftliche und kulturelle Entwicklung sich nicht als linearer Aufstieg vollzog, sondern als (auch stimmungsmäßiges) Auf und

Kulturelle Abhängigkeiten
Amerikaskepsis

Das Capitol um 1830

ab. Auf die Unabhängigkeitseuphorie folgten nicht nur eine Wirtschaftskrise, sondern auch die Furcht vor Anarchie, die Enttäuschung einzelner Gruppen oder Regionen über die Nichtrealisierbarkeit mancher Ziele. Die Haltung gegenüber Frankreich schlug im Verlauf der dortigen Revolution um; die Ablösung der alten Elite Ende der 1820er Jahre sorgte für neue Befürchtungen, aber auch für Hoffnungen auf eine egalitärere Gesellschaft. Man braucht nur Brackenridges Revolutionslyrik mit der Skepsis großer Teile seines *Modern Chivalry* zu vergleichen, um den Niederschlag solchen Wechsels auch in der Literatur zu konstatieren. Die langen Europaaufenthalte von etlichen Dichtern und Malern dokumentieren nicht nur die bereits damals bestehende Internationalität der Kultur, sondern oft auch ein Unbehagen an den amerikanischen Gegebenheiten.

Funktionen und Formen der Literatur

Autorinnen und Autoren waren in Amerika aufs engste mit den Vorgängen der Nationwerdung verbunden, die sie thematisierten, kommentierten, zu beeinflussen trachteten. Der Literatur kamen in der Frühphase besondere Funktionen zu. Da die neue Nation in vieler Hinsicht ja erst Zukunftshoffnung und Projektion einer Vielfalt damals zirkulierender Ideen war, konnte und mußte der Freiraum der Literatur genutzt werden, um die konkurrierenden Wertordnungen und Gesellschaftsentwürfe zu rechtfertigen oder weiterzuentwickeln, sie durch den Entwurf positiver oder abschreckender Szenarien gegen britische Ansprüche wie gegen Alternativmodelle im eigenen Land zu verteidigen. Dies geschah in politischen Schriften, in journalistischen Beiträgen und in Briefen – die Korrespondenz des Ehepaars Adams oder der Jefferson-Adams-Schriftwechsel repräsentieren eine eigene, in Form und Inhalt oft bedeutende Gruppe von Texten, die keineswegs rein persönlich waren, da Briefe gerne weitergegeben und daher mit einem gewissen Maß von Öffentlichkeitsappeal geschrieben wurden. Es geschah in der (vor allem politischen) Redekunst, die im Kontext des Nord-Süd-Konflikts – mit Daniel Webster aus Neuengland sowie den Südstaatlern Henry Clay und John C. Calhoun – eine Blütezeit erlebte, in autobiographischen, biographischen und historischen Texten, die sich der nationalen Vergangenheit widmeten, und natürlich besonders auch in den Gattungen, die den Freiraum von Imagination und Fiktion beanspruchten, den eigentlichen *belles lettres.*

Politische Funktionen der Literatur

Der Literatur war darüber hinaus die Aufgabe zugewiesen, das Erreichte zu feiern und spezifisch Amerikanisches herauszustellen. Schon 1799 nahm Charles Brockden Brown im Vorwort zu seinem Roman *Edgar Huntly* für sich in Anspruch, über amerikanische Stoffe wie die *frontier*-Erfahrung zu schreiben und den Schauerroman aus seiner Abhängigkeit von Spukschlössern zu befreien, indem er die realen Schrecken des Kampfes mit Wildnis und Indianern sowie die Auswirkungen psychopathischer Zustände thematisierte. Eine das Stofflich-Thematische überschreitende, von der Idee einer Einheit von Geistigem und Materiellem ausgehende Vorstellung vertrat W. E. Channing, als er 1830 schrieb, die Nationalliteratur sei »the expression of a nation's mind in writing« und »the concentration of intellect for the purpose of spreading itself abroad and multiplying its energy«.

Wo es um die konkrete Darstellung Amerikas ging, waren die Meinungen über die literarische Eignung des Gegebenen allerdings geteilt. Autoren von Irving und Cooper bis zu Henry James beklagten den Mangel an historischen Assoziationen und gesellschaftlicher Komplexität. Ob spezifisch amerikanische Aspekte der Sozialstruktur wie das Fehlen eines Erbadels, die ethnische Zusammensetzung oder die Institution der Sklaverei geeignetes literarisches Material boten, blieb lange Zeit umstritten. Wenn Diskurse im Sinne Foucaults als Summe epochenspezifischer gesellschaftlicher Vorstellungen und Ausdrucksmöglichkeiten zu einem bestimmten Gebiet verstanden werden, so hat man in der jungen amerikanischen Republik von einem Konflikt des Nationaldiskurses mit dem durch die damals noch übermächtige englische Kultur geprägten Literaturdiskurs zu sprechen. Ein Ergebnis dieses diskursiven Konflikts war 1815 die Gründung der wichtigsten amerikanischen Rezensionszeitschrift, der *North American Review*, die sich in einer Zeit, in der der britische Einfluß allgegenwärtig war, energisch um die Definition, Förderung und Verteidigung einer nationalen Literatur – freilich auf regionaler Basis – bemühte und überdies viel für die Vermittlung kontinentaleuropäischer Literatur und Ästhetik tat, also für eine Öffnung des Literaturdiskurses sorgte. Und mochten auch die meisten Autor/innen der Frühphase britischen Modellen nacheifern, so war ihnen doch bewußt, daß der sprachliche Entwurf einer neuen Welt die lebensweltlichen Verhältnisse nicht nur mitprägen konnte, sondern zugleich Antwortcharakter hatte: Die Wortneuschöpfungen etwa in Barlows *Columbiad* belegen das Gewahrwerden der Grenzen des bestehenden Englisch. Ein Teil der amerikanischen Literatur akzeptierte somit auch die Funktion, eine neuartige Sprachkunst zu entwickeln.

Nationaler und literarischer Diskurs

Literatur als System

Im Zeitraum von 1775 bis 1830 lag die Schriftkultur in der Hand weißer Männer und Frauen vorwiegend angelsächsischer Herkunft. Autor/innen indianischer oder afro-amerikanischer Abstammung hatten daran in dieser Phase noch kaum Anteil (ihre besondere Situation wird in den entsprechenden Kapiteln dieses Bandes dargestellt). Produzenten von Literatur im weiteren Sinne waren in der frühen Republik breit gestreut; neben gesellschaftlichen Funktionsträgern wie Geistlichen und Politikern gab es Gelegenheitsautoren, die Auftragswerke verfaßten, etwa Lyrik für staatliche oder universitäre Feiern, sowie den ›gentleman author‹ und sein weibliches Pendant, Personen, die nicht zum Broterwerb, sondern aus politischen oder praktischen Anliegen, zum Vergnügen oder aus dem Drang ihres Talents heraus schrieben. Häufig blieb es bei einzelnen Texten oder einem einzigen Buch. Zuverlässige Daten zur Gesamtzahl von Schriftstellern und zum Geschlechterverhältnis sind daher kaum zu ermitteln. Fest steht, daß mit der allmählichen Professionalisierung die Zahl der Autoren insgesamt stark anstieg, wobei der Frauenanteil überproportional zunahm. Für den Teilbereich Erzählliteratur, soweit es sich um selbständige Publikationen handelt, läßt sich jedoch nachweisen, daß die vielfach geäußerte Ansicht, Frauen hätten den Romanmarkt im 19. Jh. dominiert, falsch ist: Während des gesamten 19. Jh.s bleiben Männer sowohl nach der Zahl der Werke als auch der Autoren in der Mehrheit.

Noch tief im 19. Jh. betätigten sich zahlreiche Schriftsteller in einer Vielzahl von belletristischen wie sachliterarischen Gattungen. Mercy Otis Warren schrieb neben Dramen auch Gedichte und eine *History of the Rise, Progress, and Termination of the American Revolution* (1805); auch Irving fühlte sich nicht nur für Essay, Satire, Erzählung und Reisebericht zuständig, sondern auch kompetent für Biographie und Geschichtsschreibung. Die Grenzen zwischen anspruchsvoller und eher populärer Literatur waren und blieben fließend; vor allem die ›gemischte Kost‹ der Zeitschriften trug zur Durchlässigkeit bei. Stärker noch als der europäische galt der frühe amerikanische Roman als primär populärliterarische Gattung, doch auch noch in den 1860er Jahren war sich der alte John Neal nicht zu schade, drei *dime novels* für die Billigserie des Verlags Beadle and Adams beizusteuern. Im frühen 19. Jh. beginnt der Aufstieg der Kinder- und Jugendliteratur, z.B. mit den *Peter Parley*-Erzählungen (1827 ff.) von Samuel Griswold Goodrich; zahlreiche bekannte Autor/innen engagierten sich auf diesem Gebiet. Auch die Grenze zur reichhaltigen amerikanischen Folklore wurde überschritten. Romantisches und regionalistisches Interesse führte dazu, daß Stoffe und Motive aus Volkserzählungen, Balladen und Volksliedern keineswegs nur der Angloamerikaner für die Literatur nutzbar gemacht wurden.

Einen Eindruck von der Entwicklung der amerikanischen Buchproduktion gibt der Sektor Erzählliteratur. Von 1774 bis 1820 belief sich die Zahl der publizierten Bücher von amerikanischen Autorinnen und Autoren auf 113 Titel – weniger als 10 pro Jahr. Nach 1820 nimmt dieser Bereich einen deutlichen Aufschwung; allein in den nächsten 10 Jahren werden 167 Werke publiziert. Hier zeigt sich ein Professionalisierungsschub, der das gesamte literarische System betrifft. Berufsschriftsteller waren zwar in gewissem Sinne schon Theaterleute, die selbst Stücke verfaßten wie William Dunlap, oder jene Autoren des 18. Jh.s, die als Journalisten auch literari-

Autorenrollen

Mercy Otis Warren. Porträt von John S. Copley

Genrevielfalt

Buchproduktion

sche Texte schrieben – dazu gehört in einer Phase seiner Karriere auch das Universalgenie Franklin, dessen literarischer Status jedoch besonders auch auf seinen politischen und autobiographischen Schriften und seinen Briefen ruht. Mit ihren Texten als im engeren Sinn literarischen konnten amerikanische Autor/innen vor den 1830er Jahren aber nur in Ausnahmefällen ihren Lebensunterhalt erschreiben; Irving und Cooper waren die ersten, denen dies gelang. Noch problematischer war die Situation für Lyriker; hier war Subskriptionsveröffentlichung verbreitet. Die Gedichtbände mochten zwar nicht immer den Namen von Verfasser oder Verfasserin nennen, enthielten aber lange Listen der Subskribenten, möglichst mit dem Präsidenten oder anderen bekannten Personen an der Spitze. Die Schwierigkeit, mit Literatur Geld zu verdienen, erklärt sich aus einer schwachen Infrastruktur, d.h. vor allem schlechten Transportbedingungen bis zur Eröffnung des Erie-Kanals 1825, den kostenintensiven Techniken des Buchdrucks vor der Erfindung der dampfgetriebenen Druckmaschine (1822) und einer Verlagssituation, in der bis ins 19. Jh. hinein Verlag, Druckerei, Groß- und Einzelbuchhandel in einer Firma vereint waren, die vorwiegend die nähere Umgebung belieferte. Die zumeist kapitalschwachen Verlage verteilten das Risiko durch Subskription oder Beteiligung der Autoren an den Herstellungskosten; die Erfolgschancen eines Buches hingen von der Fähigkeit des Verlages ab, seine Produkte möglichst weit zu verteilen. Effizienter konnten erst größere Verlage wirtschaften, die in Philadelphia (Carey), Boston und New York (Harper) entstanden. Diese Städte wurden zu Zentren der Buchproduktion, wobei New York aufgrund seiner besseren Wasserstraßenanbindung Philadelphia den ersten Rang ablief.

Die »Columbian Press«, 1813 von George Clymer erfunden

Amerikanische Autoren und Autorinnen von *belles lettres* waren auf dem heimischen Buchmarkt im Nachteil, weil es kein internationales Copyright gab, und Verleger ausländische Publikationen gebührenfrei nachdrucken konnten. In der Jackson-Ära galt dies politisch sogar als wünschenswert, weil dadurch Bücher billiger verfügbar waren. Insbesondere die britische Literatur dominierte deshalb den amerikanischen Markt bis ins späte 19. Jh. Von etwa 400 fiktionalen Werken, die zwischen 1789 und 1800 in den USA publiziert wurden, stammten nur 37 von amerikanischen Verfassern. Das u.a. von Noah Webster betriebene nationale Copyright-Gesetz von 1790 schützte Werke amerikanischer Autor/innen im Inland, jedoch nicht vor unautorisierten Nachdrucken in England. So bot bis zur Verabschiedung eines internationalen Copyrights (1891) die zuerst von Irving praktizierte Parallelpublikation in England und Amerika die einzige Möglichkeit zum Schutz geistigen Eigentums. Mit diesem Eigentum ging man allgemein recht locker um: Verleger änderten Texte und Titel nach eigenem Gutdünken, Schriftsteller übernahmen Ideen, Szenen oder ganze Geschichten aus anderen Texten. Manche Autoren machten sich gar nicht die Mühe, das Copyright eintragen zu lassen, und Dramen wurden oft überhaupt nicht gedruckt, bot doch der publizierte Text bis zur Erweiterung des Copyright-Gesetzes 1856 jedem Interessierten die Gelegenheit, es nach Belieben aufzuführen und dabei zu verändern, ohne daß der Autor Rechte geltend machen konnte.

Copyright-Situation

Diese Geringschätzung der Originalität des Textes und der Individualität der Autoren, die sich erst im frühen 19. Jh. mit zunehmender Professionalisierung ändern sollte, schlägt sich auch in der Unverbindlichkeit der Namensnennung nieder. Zumeist wurde anonym oder pseudonym publiziert, auch dies eine Fortführung englischer Traditionen. Zeitschriften pflegten erst um die Mitte des 19. Jh.s ihre Beiträger/innen namentlich zu nennen,

*Anonyme und pseud-
onyme Publikation*

was der verbreiteten Praxis, aus anderen Magazinen zu kopieren, förderlich war. Unter den Pseudonymen überwogen im späten 18. Jh. lateinische Namen mit moralisch-politischem Gehalt wie Constantia, Fidelia, »vox populi«. Dennoch machen Titelblätter oft Aussage zur Verfasserschaft: Sie nennen Nationalität (»by an American«), Geschlecht (»by a lady«, »by a gentleman«) oder verbinden Geschlecht und Region wie im Fall von Hannah Fosters *The Coquette*, dessen Titelblatt die Zeile »by a Lady of Massachusetts« aufweist. Solche Angaben haben Steuerfunktion; sie klären das Verhältnis von Verfasser und Lesern, sie wecken Erwartungen und/oder appellieren an Gemeinsamkeiten und können natürlich auch gezielt falsch sein. Daß Anonymität Konvention war und nicht in erster Linie auf Geheimhaltung zielte, läßt sich aus der Praxis schließen, bei späteren Werken eines Autors auf frühere zu verweisen. Fosters zweiter Roman *The Boarding School* identifiziert die Autorin als »A Lady of Massachusetts; Author of *The Coquette*«. Schrieb jemand mehrere Romane, so blieb die Verfasserschaft selten lange verborgen; man konnte also anonym publizieren und dennoch bekannt sein. Z. B. veröffentlichten Catharine Sedgwick und Cooper ihre Romane anonym, doch nennen die Rezensenten sie ganz selbstverständlich beim Namen. Auch verkaufsfördernde Tricks waren möglich. So wurden in Deutschland und Italien Romane Sedgwicks unter Coopers Namen veröffentlicht, denn er war der damals in Europa bekanntere und damit leichter zu verkaufende Romancier. Im Verlauf des 19. Jh.s kam anonyme Publikation in der anspruchsvolleren Literatur immer mehr aus der Mode; ein Indiz dafür, daß der Name der Autorin oder des Autors zum Markenzeichen wurde.

Publikationsformen

Als Standardpublikationsform amerikanischer Romane etablierte sich bis in die 1840er Jahre ein zweibändiges Format, das bescheidener und billiger war als die in England übliche dreibändige Ausgabe, jedoch amerikanische Autor/innen zwang, Länge und Struktur ihrer Texte diesem Rahmen anzupassen, woraus sich manches Formelhafte in frühen amerikanischen Romanen erklärt. Für Lyrik und Kurzprosa lag die Veröffentlichung in Zeitschriften oder Jahrbüchern (›annuals‹) nahe, letztere zum Teil aufwendig gebundene und illustrierte Repräsentationsbücher zu Geschenkzwecken (›gift books‹). Gerade das Zeitschriftenwesen spielt auch für die literarische Entwicklung in den USA eine tragende Rolle; Wochenzeitungen druckten literarische Kurztexte ebenso wie Literaturrezensionen. Die meist monatlich oder vierteljährlich erscheinenden ›magazines‹ und ›journals‹ offerierten, orientiert an erfolgreichen englischen Vorbildern, eine breite Palette von Beiträgen zu Politik, Religion, Pädagogik, Mode, aber auch von literarischen Texten: originale oder nachgedruckte Erzählungen, Essays und Gedichte.

*Zeitschriften
und Zielgruppen*

Auch die Zeitschriftenherausgeber und Verfasser arbeiteten lange Zeit anonym oder pseudonym; erst im 19. Jh. wurden Zeitschriften allmählich profitabel und deren Herausgabe eine als individuelle anerkannte Leistung. Zunächst standen hinter den einzelnen Publikationen nach englischem Vorbild oft literarische Zirkel wie der ›Delphian Club‹ in Baltimore, zu dem u. a. Brackenridge und Neal gehörten, bei *The Portico* (1816–18) oder die ›Society of Gentlemen‹ bei der *Monthly Anthology and Boston Review* (1803–11). Diese Clubs waren häufig politisch konservativ und kulturell elitär, auch wenn ihre Zeitschriften eine breitere Öffentlichkeit belehren wollten; dennoch trugen sie zur Erweiterung des Lesepublikums und somit letztlich zur Schaffung eines literarischen Marktes bei. Die Vielzahl solcher periodischen Publikationen bot Autorinnen und Autoren einerseits ein Forum und erzeugte anderseits eine hohe Nachfrage nach Texten, wobei naturgemäß die Qualität einzelner Beiträge stark differierte. In Sedgwicks satirischer Erzählung über den Literaturbetrieb »Cacoethes Scribendi« (1829) bricht die titelgebende ›Schreibwut‹ unter den Frauen eines Dorfes in Neuengland aus, als sie das erste ›annual‹ sehen. Fortan vertexten sie mit Erfolg alles, was ihnen vor die Feder kommt, für solche Publikationen. In den Zeitschriften finden sich aber auch die Anfänge einer amerikanischen Literaturkritik. Aufgrund der Marktbedingungen blieben amerikanische Periodika bis ins 19. Jh. hinein oft kurzlebig und auf einen kleinen Abnehmerkreis beschränkt, wenngleich literarisch wichtig. Auflagenstarke Blätter, die ein großes Publikum erreichten, entstanden erst ab den 1820er Jahren, z. B. das literaturgeschichtlich bedeutende *Graham's Magazine* (ursprünglich *The Casket*; 1826–58), das als erstes akzeptable Beiträgerhonorare zahlte.

In dieser Zeit entwickelten sich Organe für spezielle Zielgruppen, so die erste Zeitschrift für Kinder und Jugendliche, das von Lydia Maria Child gegründete und von ihr 1826–34 herausgegebene *Juvenile Miscellany* und die unter der 40jährigen Herausgeberschaft von Sarah Josepha Hale erfolgreichste Frauenzeitschrift des 19. Jh.s, *Godey's Lady's Book* (1830–98). Für dieses populäre Blatt mit seiner Mischung aus Gesellschaftsthemen, Mode, Musik und meist mäßiger Literatur schrieben auch renommierte Autor/innen wie Sedgwick, Poe und Longfellow, wie überhaupt nahezu alle wesentlichen amerikanischen Literaten des 19. Jh.s als Zeitschriftenbeiträger oder gelegentlich auch Herausgeber tätig waren.

Mit dem raschen Zuwachs der amerikanischen Bevölkerung wuchs auch das Lesepublikum. Ohnehin war das Analphabetentum deutlich geringer als in Europa. Gegen Ende des 18. Jh.s konnten in Neuengland achtzig bis neunzig Prozent der Bevölkerung lesen; bemerkenswert ist der hohe Anteil lesefähiger Frauen. Über die Zusammensetzung des Lesepublikums von Literatur im engeren Sinne ist nichts Gesichertes bekannt. Allgemein wuchs die Beliebtheit von Erzählliteratur und vor allem Romanen, was sich auch daraus erklärt, daß diese Gattung anders als etwa gehobene Lyrik keine höhere Bildung voraussetzte und daher einem breiteren Publikum zugänglich war. Allerdings blieben Bücher zunächst teuer; ein einbändiger Roman kostete etwa 1 $; ein zweibändiger zwischen 1.50 $ und 2 $, zu einer Zeit, als ein Handwerker etwa 0.75 $ täglich verdiente. Die meisten Leser/innen bezogen ihre Lektüre, neben den preisgünstigeren Zeitschriften, aus Leihbibliotheken und städtischen Büchereien, deren Anfänge ins 18. Jh. zurückreichen. Der jährliche Mitgliedsbeitrag für eine solche Institution lag in unserem Zeitraum bei etwa 6 $. Leihbüchereien boten ihren Lesern Sachbücher aus verschiedenen Sparten (Geschichte, Biographie, Religion, Naturwissenschaft) sowie Lyrik und Erzählliteratur. Romane waren gefragt, und diese Institutionen machten sie verfügbar, doch übten sie von Anfang an auch Zensur aus, indem sie aus ihren Regalen verbannten, was ihren moralischen Standards nicht genügte.

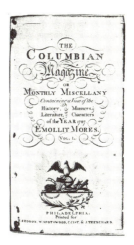

Erste Nummer des *Columbian Magazine*, 1787

Lesepublikum und Bibliotheken

Sarah Josepha Hale

Frühe Versdichtung: Zukunftsvision und Wirklichkeitsbezug

In der im späten 18. Jh. gültigen Ansehenshierarchie der literarischen Gattungen nahm die Versdichtung und speziell das Epos noch immer einen sehr hohen Rang ein. Sie verlor allerdings gegenüber dem Roman an Boden. In der Dichtung der Revolutionszeit dominierten die Formkonventionen des Klassizismus. Die für die öffentliche Auseinandersetzung beliebten didaktischen und polemischen Gedichte, Verssatiren und komischen Heldenepen bedienten sich des *heroic couplet* oder des Knittelverses. Daß die amerikanische kulturelle Entwicklung der europäischen in vielen Bereichen nachhinkte, ließ allerdings manches, das sich etwa in Großbritannien nacheinander entwickelt hatte, nebeneinander verfügbar und akzeptabel werden. So finden sich in der amerikanischen Lyrik der damaligen Zeit durchaus auch bereits Formen und Ideen, die die englische Vorromantik und Romantik einbrachten. Susanna Rowson z.B. schrieb als Lyrikerin sentimentale sowie patriotische Texte. Ihr bekanntestes Gedicht ist ein Seemannslied, dessen Refrain, der Trinkspruch »To America, Commerce, and Freedom« in schöner Unmittelbarkeit die Verflechtung von Werten und Interessen verrät. Beachtenswert ist sie jedoch wegen ihrer formalen Experimente. In dem genannten Gedicht wie in anderen ihrer *Miscellaneous Poems* (1804) variiert sie effektvoll Reimschema, Metrum, gelegentlich auch den Strophenbau.

Unter dem Einfluß der konservativeren Richtungen aufklärerischen Denkens und britischer neoklassischer Dichtung wurde der Imagination damals in Amerika nur selten eine stärker kreative Funktion zugestanden. In einer Hinsicht durfte die Phantasie jedoch unbeschränkt innovativ werden: in der extrapolierenden Beschwörung von Amerikas künftiger Größe. Da die Nation – zumal kulturell – erst in Ansätzen existierte, mußte zu ihrem Lobpreis die Zukunft evoziert werden. Selbst hier standen freilich antike und britische Autoren Modell: die Zukunftsvisionen in Vergils *Aeneis*, am Ende von Miltons *Paradise Lost* und in Bischof George Berkeleys Gedicht »On the Prospect of Planting Arts and Learning in America« (1726), das Amerika eine goldene Zukunft prophezeit. Besonders die letzte Strophe hat amerikanische Vorstellungen vom vorherbestimmten Ablauf der Weltgeschichte im Sinne der *translatio imperii*, des Übergangs imperialer Herrschaft aus dem Mittelmeerraum in den germanisch-protestantischen Bereich und schließlich nach Amerika, mitgeprägt: »Westward the course of empire takes its way;/ The first four acts already past,/ A fifth shall close the drama with the day;/ Time's noblest offspring is the last.«

Die bekanntesten amerikanischen ›rising glory‹-Gedichte, John Trumbulls »Prospect of the Future Glory of America« (1770), Philip Freneaus und Hugh Henry Brackenridges »The Rising Glory of America« (1771), Timothy Dwights »America; or, A Poem on the Settlement of the British Colonies« (ca. 1772) und Joel Barlows »The Prospect of Peace« (1778), sind schon vor der Unabhängigkeit entstanden. Um sie zu effizienten Identifikationstexten zu machen, hätten diese Gedichte jedoch wie ihre epischen Vorbilder erzählende Teile enthalten müssen, die die Voraussetzungen in der Vergangenheit behandeln, von denen aus die Zukunft erst ihre rechte Bedeutung erlangt. Im jungen Amerika lag dafür der Rückgriff auf eine andere Vergangenheit nahe. Dwight, Geistlicher und später Präsident von

Formkonventionen und europäische Vorbilder

Gasthausschild um 1800

›rising glory‹-Dichtung

Titelblatt von *The Rising Glory of America*

Yale, schildert in *The Conquest of Canaan* (1785) die Eroberung Kanaans durch die Israeliten, einen Vorgang, der auf Amerika übertragbare Aspekte aufwies. Trotz Dwights Dementi sahen Zeitgenossen deutliche Parallelen zwischen Joshua und Washington, dem das Werk gewidmet war, und unübersehbar wurden die USA als neues Kanaan vorgestellt. Trumbull, ein weiteres Mitglied jener mit Yale verbundenen Gruppe von Dichtern, die als die *Connecticut* (oder *Hartford*) *Wits* bekanntgeworden sind, war als Jurist und Politiker ebenfalls ein Mann des öffentlichen Lebens und schrieb nur wenige Jahre lang Dichtung. In seinem Hauptwerk *M'Fingal* (1775; erw. 1782) macht er sich über die englandtreuen Tories lustig. Dem Titelhelden erlaubt die Gabe des zweiten Gesichts vor seinem schmählichen Rückzug eine Vision des künftigen Amerika, doch macht es die burleske Herkunft der Prophetengabe fraglich, ob hier nicht auch die ›rising glory‹-Welle persifliert wird. Trotz seiner großen Popularität unter den nationalistischen Zeitgenossen deutet dieses wichtige Zeitdokument über die Auseinandersetzungen der Revolutionszeit an, daß der intellektuellen Elite durchaus ein gewisses Maß an Distanz vom rhetorischen Bombast mancher Patrioten möglich war.

Connecticut Wits

Das dritte bedeutendere Mitglied der *Connecticut Wits*, Joel Barlow, war Jurist, Geschäftsmann, politischer Journalist, der sich an der Seite Paines für die Französische Revolution engagierte; als Diplomat weilte er 1788–1804 im Ausland. Sein *The Vision of Columbus* (1787) und noch mehr die zum formalen Epos erweiterte Fassung *The Columbiad* (1807) sind die ambitioniertesten damaligen Versuche, ein amerikanisches National-Gedicht zu schreiben, wobei die Prosa-Anmerkungen den Vorrang der politischen und kulturtheoretischen Aspekte gegenüber den ästhetischen unterstreichen. Die konservativ-klassizistische Form, die den Dichter für manche Rezensenten unzeitgemäß erscheinen ließ, steht im Kontrast zum radikalsten Fortschrittskonzept der damaligen amerikanischen Literatur. Barlows Primäranliegen ist es, die republikanischen Werte und Institutionen zu stützen, wie bereits der Musenanruf an die »Almighty Freedom« andeutet. Statt eines Epos auch in inhaltlicher Hinsicht präsentiert er allerdings eine extreme Ausweitung des Visionsgedichts: Anstelle von Historie wird die Vision des sterbenden, von der Welt enttäuschten Kolumbus geschildert, und diese reicht bis in die Gegenwart und Zukunft der USA. In der Fassung von 1807 werden der Panama- und der Suezkanal prophezeit, der Aufstieg von Naturwissenschaft und Medizin, U-Boote, Flugzeuge, Umwelttechnologie, eine Art Vereinte Nationen und eine rationalistische Universalreligion. Der Kontext des zunehmenden Nationalismus und der Wunsch, die (weltliche wie religiöse) kulturelle Fruchtbarkeit Gesamtamerikas zu beweisen, mögen Gründe gewesen sein, daß Barlow als Modell der amerikanischen Staatsgründung kein Ereignis aus der Alten Welt, sondern die Gründung des Inka-Reiches durch Manco Capac erörtert. Der Exkurs soll auf die grundsätzliche Realisierbarkeit eines innovativen Gemeinwesens auf amerikanischem Boden verweisen; daß Barlow dafür zwischen Mythos und Geschichte laviert, ist nicht sehr erheblich.

The Columbiad

Joel Barlow. Porträt von Robert Fulton

Poetisch am erfolgreichsten war Barlow in dem komisch-heroischen und durchaus auch selbstironischen Lobgedicht auf den amerikanischen Maisbrei, *The Hasty Pudding* (1796), in dem vom Maisanbau bis zur geeignetsten Löffelform mancherlei kulturgeschichtlich Interessantes präzise beschrieben wird. Zugleich stellt der Dichter der Erhabenheit der Alpen und der Komplexität der urbanen Zentren Paris und London mit dem ländlichen Amerika jenen Bereich gegenüber, der nach Jeffersons Meinung der wahrhaft staats- und demokratietragende sein sollte. Grimmig und verzweifelt klingt dagegen das gegen Napoleons expansionistische Kriegslüsternheit gerichtete »Advice to a Raven in Russia«, das Barlow 1812 kurz vor seinem Tod auf dem französischen Rückzug aus Rußland schrieb, in den er als amerikanischer Gesandter hineingeraten war. Solch unmittelbarer Wirklichkeitsbezug findet sich noch stärker in einer Reihe von Gedichten des begabtesten Lyrikers dieser Generation, Philip Freneau, der das Ungeheuerliche, das er auf einem britischen Gefängnis- und Lazarettschiff erleben mußte, in The British Prison Ship (1781) in Verse faßte. Die heroischen Reimpaare und antikisierenden Namen nach klassizistischer Manier erweisen sich allerdings als dem Gegenstand unangemessen. Freneaus panegyrische oder satirische politische Verskunst haben ihn zum bekanntesten Dichter der Unabhängigkeitsperiode werden lassen, der das Wohlwollen vieler Landsleute freilich durch seine Sympathien für die Französische Revolution einbüßte. Seine Vorliebe für die Schönheit der Natur hat ihm hingegen den Ruf eines Vorromantikers eingebracht, wenngleich vieles auch hier noch den ästhetischen und didaktischen Schemata der Pastoraldichtung des 18. Jh.s folgt. Seine Themen sind dabei meistens amerikanisch und reichen vom tropischen Paradies in »The Beauties of Santa Cruz« (1776) bis zum Wilden Geißblatt, das in »The Wild Honey Suckle« (1786) Anlaß einer Vergänglichkeitsmeditation wird: »If nothing once, you nothing lose,/ For when you die you are the same;/ The space between, is but an hour,/ The frail duration of a flower.« Auch seine Indianergedichte sind bei aller Sympathie für die Ureinwohner voller Topoi vom ›natürlichen Menschen‹, und seine *ubi sunt*-Nostalgie etwa in »The Indian Burying Ground« (1788) verbindet ihn mit den englischen Graveyard Poets, wie anderseits die Bildlichkeit seines Phantasiestücks über den Tod des Todes in The House of Night (1779, 1786) gelegentlich an europäische Schauerliteratur erinnert.

Philip Freneau

Theater und Drama bis zum Ende des 18. Jahrhunderts

Populäre Massenunterhaltung

In einer Serie angeblicher Leserbriefe, die 1802/03 in einer New Yorker Zeitung erschienen, mokiert sich der junge Irving in der Maske eines ältlichen, konservativen Bürgers namens Jonathan Oldstyle über Aspekte des zeitgenössischen städtischen Lebens, insbesondere das Theater – die Seichtheit der gespielten Stücke, die Inkonsequenz und Effekthascherei der Inszenierungen, den bombastischen Deklamationsstil der Schauspieler und die mangelnde Diziplin der Zuschauer, die sich ungeniert unterhielten, in die Liedpartien mit einstimmten oder von den billigeren oberen Plätzen die unten Sitzenden mit Nüssen bewarfen: Das Theater war ein geselliges Ereignis und vereinte alle Stände, aber in ökonomisch stratifizierter Anordnung. Oldstyles Klage richtet sich gegen die Folgen der Kommerzialisierung des amerikanischen Theaters, die es zum Ort trivialer Massenunterhaltung machte und die Entwicklung anspruchsvoller, eigenständiger Stücke und Aufführungsstile bis zum Beginn des 20. Jh.s behindern sollte.

Theaterfeindlichkeit

Im revolutionären Amerika gehörte Theater zu den zu boykottierenden britischen Importgütern; in phasen- und regionalspezifisch unterschiedlichem Maße galten Theateraufführungen überdies vor und nach der Revolution als religionswidrig, frivol, verführerisch durch schönen Schein und als müßige Unterhaltung, unwürdig einer auf die Existenzgründung bedachten Gesellschaft. Selbst Shakespeare war nicht unangefochten, und so wurde eine *Othello*-Aufführung als »Series of Moral Dialogues ... depicting the evil effects of Jealousy and other Bad Passions« deklariert – eines von vielen Beispielen für das Bemühen des Theaters, sich als moralische und didaktische Anstalt auszugeben. Trotz der dominanten Theaterfeindlichkeit gab es jedoch insbesondere in den südlichen Kolonien bereits im 17. und erst recht im 18. Jh. vereinzelte, vor allem private oder universitäre Aufführungen und auch erste amerikanische Stücke. Um die Mitte des 18. Jh.s etablierten sich aus dem Mutterland einreisende professionelle Schauspieltruppen. Die erfolgreichste war die nach ihren Leitern benannte ›Hallam-Douglass Company‹, die später, unter dem Eindruck der antibritischen Stimmung, ›American Company of Comedians‹ hieß. Sie spielte in einer Reihe von Städten und produzierte 1767 im Southwark Theater in Philadelphia, Amerikas erstem permanenten Schauspielhaus, mit Thomas Godfreys historisch-heroischer Blankverstragödie *The Prince of Parthia* die erste professionelle Aufführung eines amerikanischen Stückes. Obwohl das Theater nun als eine britische oder gar aristokratische Einrichtung und überdies (nicht ganz unbegründet) als Ort der Prostitution galt und während des Unabhängigkeitskrieges zusammen mit »every species of extravagance and dissipation, especially all horse-racing, ... gaming, cock-fighting« verboten war, setzte es sich letztlich durch. Nach dem Krieg wurden in immer mehr Städten feste Theater mit bis zu zweitausend Sitzplätzen gebaut. Geleitet wurden diese gewöhnlich von einem ›actor-manager‹, der nicht nur spielte, sondern auch Finanzen, Werbung, die Umarbeitung von Stücken für den amerikanischen Publikumsgeschmack und die richtige Kombination von fünfaktigem Hauptstück und kürzerem, meist witzigem ›after-piece‹ betreute. Weil Mäzenatentum oder städtische Förderung fehlten, war das Theater zum Erfolg als *show business* verdammt. Eine Erfolgskomponente war dabei das Star-System. Bekanntere englische Schauspieler und dann auch Schauspielerinnen wurden seit dem Anfang des 19. Jh.s nach Amerika eingeladen und, begleitet von großem Werbeaufwand, mit einer örtlichen Truppe auf Tournee geschickt, um mit ihrem Namen die Massen anzuziehen. Das System produzierte schließlich auch amerikanische Stars, führte jedoch zu einer extremen Reduzierung der Repertoires, da die gewinnbringenden Stücke so lange gespielt wurden, bis das Interesse an den Gastspielorten nachließ.

Theater in der Kolonialzeit

Das Star-System

Trotz dieser für die Entwicklung einer dramatisch-theatralischen Kunst hinderlichen Tendenz und trotz der Verfügbarkeit von britischen oder sonstigen europäischen Stücken wurden in Amerika zahlreiche Dramen geschrieben – meistens unter erbärmlichen finanziellen Bedingungen. Was diese Stücke zu amerikanischen machte, waren primär ihre Stoffe. Schon 1766 hatte Robert Rogers mit der (damals nicht aufgeführten) Tragödie *Ponteach; or, the Savages of America* das Indianerthema aufgegriffen, wobei er sich auf die Seite der Indianer stellte. Während des Unabhängigkeitskrieges blieben zwar die Theater geschlossen, beide Seiten benutzten jedoch die Form der ›pamphlet plays‹, kurzer, oft lediglich ein Streitgespräch präsentierender Stücke, als Medium politischer Propaganda. M. O. Warren, Angehörige der politischen und kulturellen Führungsspitze der amerikanischen Patrioten, schrieb schon vor der Unabhängigkeitserklärung die Farcen *The Adulateur* (1773) und *The Group* (1775), in denen sie in leicht durchschaubarer antiker oder allegorischer Verkleidung »Blunderland«

Amerikanische Stoffe

Patriotische ›pamphlet plays‹

Das Park Theater in New York City: Unter den Zuschauern im Parkett führende Persönlichkeiten New Yorks; im dritten Rang Prostituierte und ihre Kunden (Gemälde von John Searle, 1822)

(=England) und seine Statthalter in Amerika satirisiert. John Leacock schrieb mit *The Fall of British Tyranny; or, American Liberty Triumphant* (1776) eine patriotische Tragikomödie, die in 25 Szenen die Vorgeschichte aufrollt. Brackenridge unterstützte die patriotische Sache mit kurzen Stücken über aktuelle militärische Ereignisse und amerikanische Helden, *The Battle of Bunkers-Hill* (1776) und *The Death of General Montgomery* (1777), das mit einer haßerfüllten Vision der Engländer in der Hölle endet. Nach dem Krieg durfte George Washington als positive, mit den Heroen der Antike gleichgesetzte Identifikationsfigur in kaum einem politischen Stück fehlen. Auch weiterhin wurden aktuelle Themen auf die Bühne gebracht, etwa die Auseinandersetzungen mit den nordafrikanischen Piraten, die

Gegenstand etlicher mehr oder weniger melodramatischer Stücke sind, darunter Rowsons *Slaves in Algiers; or, A Struggle for Freedom* (1794).

Royall Tyler behandelte dieses Thema in Romanform. Um das Drama erwarb sich der Autor, ein erfolgreicher Jurist, Verdienste vor allem durch seine Komödie *The Contrast* (1787), die als wichtigstes Stück des jungen Amerika gilt. Sie ist von Sheridans *School for Scandal* inspiriert, doch im Unterschied zum britischen Vorbild ist hier der Konflikt zwischen moralischem und unmoralischem Verhalten zugleich einer von amerikanischem und unamerikanischem. Der (aus anderer Feder stammende) Prolog feiert das Stück denn auch als patriotisches Ereignis und fordert ein eigenständiges amerikanisches Drama. Personifiziert wird der Konflikt durch den anglophilen Gecken Dimple sowie den Obersten Manly, einen schlichten und aufrechten Revolutionsoffizier. Der im Titel angesprochene Gegensatz ist umfassend. Kontrastiert werden das dekadente, ständisch gegliederte Europa mit einem Amerika der Freien und Gleichen; Stadt mit Land; sexuelle und finanzielle Gewissenlosigkeit mit Liebe, Verantwortungsgefühl und Bescheidenheit; Normenverlust mit Patriotismus. Auf der für die Komödie typischen zweiten Ebene der Dienerschaft wird die amerikanische Seite von Manlys Diener Jonathan vertreten, dem archetypischen Yankee der Folklore, ungebildet, scheinbar naiv, aber geschäftstüchtig, voll Mutterwitz, eine Gestalt, deren bilder- und hyperbelreiche Sprache auf den Regional- und *frontier*-Humor des 19. Jh.s, aber auch auf die entsprechenden Figurentypen im Drama vorauswest. Wie im zeitgenössischen sentimentalen Roman wird die Frage echten, durch Verantwortung und *common sense* beeinflußten Gefühls gegenüber einem modischen Gefühlskult, und damit auch die Frage der Verführbarkeit, vor allem anhand der Frauenfiguren durchgespielt. Den damaligen Geschlechterrollen gemäß lernt Manly aus Geschichtsdarstellungen, seine Zukünftige Maria indessen aus Richardsons Romanen. In der Verbindung beider Lebens- und Gefühlsbereiche liegt die Hoffnung Amerikas.

Royall Tyler

Die Lehren der Geschichte und die Abwägung von Gefühl und politischer Verantwortung behandelt auch William Dunlaps Blankverstragödie *André* (1798). Dunlap, als Maler, Manager des New Yorker Park Theater, Biograph und Verfasser der unersetzlichen *History of the American Theatre* (1832) vielseitig aktiv und trotz seines letztlichen finanziellen Scheiterns der erfolgreichste Theatermann des frühen Amerika, war auch ein unermüdlicher Stückeschreiber. Seine Vorlagen, vor allem August von Kotzebue, beutete er in der damals üblichen Manier als Übersetzer und Bearbeiter nach Belieben aus. Auf den populären Geschmack getrimmt produzierte er das gesamte Spektrum des damaligen Dramas: »sentimental comedy, patriotic drama, the ballad-opera, Gothic melodrama, romantic tragedy, historic tragedy, farce, melodrama« (Meserve). In *André*, seinem wohl besten Stück, greift er den Fall des britischen Spions Major John André auf, der im Revolutionskrieg mit dem amerikanischen Verräter Benedict Arnold verhandelt hatte, gefaßt und erhängt worden war. Das durch seine Beschränkung auf die letzten zehn Stunden vor der Hinrichtung strukturell, psychologisch und argumentativ außerordentlich dichte Stück ist nicht mehr krudes Propagandainstrument wie frühere Dramen zum Revolutionskrieg; es drückt zwar nationales Hochgefühl aus, aber auch die Einsicht in die Grausamkeit des Krieges. Der von Freund und Feind hochgeachtete Titelheld wird zum Opfer, weil der General (Washington) den Unabhängigkeitskampf über Gefühlsargumente stellen muß. Aber diese Trennung von Verstand und Gefühl soll möglichst rasch zusammen mit den Kriegsursachen

William Dunlap

Major André aus Dunlaps *André*

Haß, Arroganz und Machtstreben überwunden werden. Das Streitgespräch zweier Soldaten kontrastiert die Positionen eines isolationistischen Chauvinismus und einer Einbindung Amerikas in die Gemeinschaft der Völker auch der Alten Welt, wobei Dunlap ein Modell des geschichtlichen Fortschritts für sein Land entwirft: »›Striving thus to leap from that simplicity,/ With ignorance curst, to that simplicity,/ By knowledge blest ... ‹«. Sein Publikum war jedoch mit dieser Werte-Komplexität überfordert und protestierte. Dunlap arbeitete das Stück 1803 in das seicht-patriotische, überaus erfolgreiche *The Glory of Columbia; Her Yeomanry!* um, in dem die simplistischen Kollektivhelden des Titels, die amerikanischen Farmer, die Werteinstanz darstellen.

Der frühe amerikanische Roman

Romankritik und Legitimationsstrategien

In Tylers Roman *The Algerine Captive* (1797) konstatiert der Protagonist die neue und erstaunliche Popularität von Romanen in Amerika, die nunmehr überall im Lande gelesen werden, selbst da, wo sich die Leute vorher nur von religiösen Schriften geistig genährt hatten. Dieses Phänomen wurde gegen Ende des 18. Jh.s allenthalben vermerkt und zumeist beklagt, was der Beliebtheit des Romans bei den Lesenden jedoch keinen Abbruch tat. Den Kritikern war die Gattung suspekt, weil sie per definitionem aus Geschichten besteht, die sich dem Wahrheitskriterium entziehen, und der bloßen Unterhaltung dient, weshalb sie insbesondere als jugendgefährdend galt. Verfasser von Romanen arbeiteten diesen Vorwürfen entgegen, indem sie bereits auf dem Titelblatt und im Vorwort Belehrungsabsichten hervorhoben: »To the young ladies ... to inspire the female mind«, widmet William Hill Brown *The Power of Sympathy* (1789), den vermutlich ersten Roman eines amerikanischen Autors. Mit Untertiteln wie »A True Story« oder »A History« versuchten Autor/innen, ihre Fiktionen zu legitimieren. Die Unsicherheit, die dem Genre Roman in Amerika – wie zuvor in Europa – zunächst noch anhaftet, zeigt sich in den Schwierigkeiten bei der Übertragung englischer Vorbilder auf amerikanische Zustände ebenso wie im Mischcharakter der Werke, die unterschiedliche Textarten und Formelemente nicht immer sehr konsistent verbinden. Dennoch lassen sich fünf Haupttypen unterscheiden: sentimentale Romane, satirische und pikareske Romane, Schauerromane, historische Romane und Gesellschaftsromane, wobei die letztgenannten auch chronologisch erst später aufkommen, während der erste Typus im Lauf der hier behandelten Epoche unterschiedliche Schwerpunkte ausbildet. Alle Romantypen verbinden die eher idealisierende

romance und novel

und typisierende, unrealistischere Darstellungsweise der *romance*-Tradition mit den realistischeren Verfahren der *novel*, doch in unterschiedlichem Mischungsverhältnis: Der Schauerroman ist am nächsten am *romance*-Pol, der pikareske und der Gesellschaftsroman tendieren am deutlichsten zur *novel*.

Der sentimentale Roman

Wie die anderen Typen erwächst der amerikanische sentimentale Roman aus englischen Traditionen; als er beginnt, hat der englische sentimentale Roman bereits verschiedene Ausformungen erfahren. Sein Menschenbild

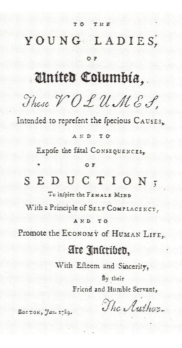

Frontispiz und Widmungsseite von William Hill Browns sentimentalem Roman *The Power of Sympathy*

und seine Werte entstammten dem Sentimentalismus, einer philosophischen Strömung des 18. Jh.s, die vor allem in Shaftesburys Moralphilosophie ausformuliert und in der empfindsamen Komödie oder in einem Teil der moralischen Wochenschriften veranschaulicht wurde. Als Gegenreaktion zur Zweckrationalität als einem Zug der Aufklärung betonte der Sentimentalismus die Bedeutung des Gefühls und entwickelte ein Modell der Gesellschaftsharmonie, das auf dem Ausgleich zwischen praktischer Vernunft und sozialen Gefühlen beruhte. Dieses Modell basierte auf den Annahmen, der Mensch sei als Gottes Geschöpf im Grunde gut und das Gefühl sei eher als der Verstand geeignet, dieses Gute auch in der Gemeinsamkeit menschlicher Interessen wirksam werden zu lassen. Den sozialen Gefühlen als Quelle des moralisch guten Handelns kommt hierbei ein besonderer Stellenwert zu, dem Mitfühlen und Mitleiden gegenüber in den Machtstrukturen bislang marginalisierten Gruppen wie Frauen, Kindern, Sklaven oder Eingeborenen. Von Anfang an steckte in dieser Aufwertung des Fühlens und Mitfühlens, also der Sympathie, die Möglichkeit der Pervertierung in eine Kultivierung des Gefühls um des Gefühls willen, wie es das umgangssprachlich negative Verständnis von Sentimentalität nahelegt. Als Sozialutopie des 18. Jh.s ist der Sentimentalismus jedoch ernstzunehmen. Der Literatur, speziell dem Roman, war die Hinwendung zum Gefühl sehr förderlich; sie bereitete den Weg für die Psychologisierung der Charaktere.

Der Sentimentalismus ist eng verknüpft mit dem Bürgertum und seinen Werten, insbesondere dem Ideal moralischer Reinheit, seinem Individualismus-Konzept, seinem Verständnis von Geschlechterrollen, Häuslichkeit und kaufmännischen Tugenden. In der Spiegelung bürgerlicher Wertvorstellungen entwickelte der sentimentale Roman typische Handlungsmuster: die Bedrohung der Unschuld, der wahren, nämlich zur Ehe führenden Liebe oder der bereits bestehenden Familie. Typisch sind die Darstellung der

Das Modell der Gesellschaftsharmonie

Sympathie versus *Tränenseligkeit*

Handlungsmuster

Problematik an einer zentralen Frauenfigur, die oft auch Perspektiventrägerin ist, und, jedenfalls bis ins 19. Jh. hinein, der didaktische Impetus. Die Vorläufer dieser Form finden sich bereits in der europäischen Literatur vor dem 18. Jh., doch zu Modellen wurden Samuel Richardsons 1740–54 erschienene Romane *Pamela*, *Clarissa* und *Sir Charles Grandison*; auf sie griffen spätere Autorinnen und Autoren auch in Amerika lange Zeit zurück. Schon 1744 war Richardsons *Pamela* als erster Roman in einer amerikanischen Ausgabe erschienen. Popularität und Verbreitung sentimentaler Romane beschränkten sich nicht auf ein weibliches Publikum; sie gehörten zum Allgemeingut und stellten Metaphern für die politische Diskussion bereit (»the people are Clarissa«).

Richardsons Romane als Vorbilder

Es ist das ›Modell *Clarissa*‹, das für die frühen sentimentalen Romane in Amerika thematisch vorbildlich wurde. In vielen Variationen erzählen diese Texte die Geschichte der verlorenen Unschuld und ihre Folgen. Browns Briefroman *The Power of Sympathy* tut dies gleich in vier Nebenhandlungen, in denen die Frauen ihren Verführern erliegen und das Schicksal erleiden, das darauf folgen muß: Wahnsinn oder Tod, häufig als Selbstmord. In der Haupthandlung widersteht zwar die arme Waise Harriot den Versuchen Harringtons, sie zu verführen, so daß dieser, von der Ernsthaftigkeit ihres Gefühls bekehrt, seine Absichten läutert und sie heiraten will. Doch nun enthüllen sich die Folgen einer Verführung in der Elterngeneration. Es stellt sich heraus, daß die Liebenden Halbgeschwister sind, und ihre Verzweiflung darüber treibt sie in den Tod. In der Anziehung zwischen Harriot und Harrington dramatisiert Brown die Gefährlichkeit der »Power of Sympathy«, die Bedrohung, die von der elementaren Kraft der Gefühle ausgeht. Im sentimentalen Roman ist ungezügelte Leidenschaft immer verderblich; das natürliche Gefühl bedarf der Zurückhaltung durch die Vernunft. Nur im Ausgleich zwischen Empfindsamkeit und *common sense* kann soziale Harmonie gedeihen. Daß Browns Roman in Amerika spielt und seine Figuren Amerikaner sind, zeigt die Gefährdung, der auch dieses auf praktischer Vernunft aufgebaute Gemeinwesen ausgesetzt ist, und wirft einen Schatten auf allzu positive Selbstbilder Amerikas. Zudem bezieht sich der Autor auf reale Personen und Ereignisse: der Selbstmord der Schwester der Dichterin Sarah Wentworth Morton nach ihrer Verführung durch ihren Schwager (nach damaligem Recht Inzest) lieferte eine der Nebenhandlungen.

›novel of seduction‹

Bei aller Schematik der Figurenzeichnung, aller Uneinheitlichkeit und stilistischen Gestelztheit besitzt dieses Werk dennoch Relevanz. Wie auch anderere sentimentale Romane enthält es ein sozialkritisches Element, denn diese Texte thematisieren die negativen Folgen der Beschränktheit von Bildungs- und sozialen Bewegungsmöglichkeiten für Frauen. Brown erklärt im Vorwort seine Absicht, die Vorzüge weiblicher Bildung herauszustellen. Frauenbildung war auch ein lebenslanges und professionelles Anliegen von Susanna Rowson, die als Schauspielerin, Autorin und Leiterin einer Mädchenschule in Boston tätig war. Rowson, in England geboren, ließ sich 1793 in Amerika nieder. Sie schrieb Gedichte, Dramen, Schulbücher und eine Reihe von Romanen, deren bekanntester *Charlotte, A Tale of Truth* ist, später häufiger *Charlotte Temple* betitelt. 1791 in England erschienen, wurde das Werk 1794 in Amerika neu gedruckt und dort zu einem der erfolgreichsten Romane überhaupt. Bis 1905 gab es 200 Ausgaben. Man kann ohne Übertreibung von einem Charlotte-Temple-Kult sprechen, dessen Schrein das angebliche Grab der Titelheldin im Trinity Friedhof in New York City war.

Sozialkritik im sentimentalen Roman

Charlotte Temple erzählt die archetypische Verführungsgeschichte. Sie beginnt in England zur Zeit des amerikanischen Unabhängigkeitskrieges. Die 15jährige Internatsschülerin Charlotte wird von dem britischen Offizier Montraville umworben und bedrängt, ihn nach Amerika zu begleiten. Dort verläßt er die Schwangere und heiratet eine wohlhabende Frau. Charlotte macht sich in einem Schneesturm auf nach New York City, wo sie eine Tochter zur Welt bringt, bevor sie in den Armen ihres Vaters, der sie nach Hause holen will, stirbt. Das Thema der Haupthandlung wird in einer Nebenhandlung variiert. In der Geschichte der Eltern Charlottes spielt sich ein ganz ähnliches Verführungsdrama ab, das allerdings positiv gelöst wird. In der Elterngeneration existiert somit ein Vorbild; daß Charlotte dennoch fehlgeht, liegt daran, daß sie im Internat fern vom Rat und Schutz ihrer Eltern lebt und so dem negativen Einfluß Montravilles und ihrer Lehrerin La Rue erliegt.

Susanna Haswell Rowson

Der sentimentale Roman zeigt die Gefahren, die dem Frau-Sein innewohnen, und er tut dies schon seit Richardson in didaktischer Absicht. Im Briefroman mit seinen oft multiplen Perspektiven, z.B. *The Power of Sympathy*, ist keine übergeordnete Erzählinstanz erkennbar. An ihre Stelle treten Mentor-Figuren, die als gute Freunde den Protagonisten zum richtigen moralischen Verhalten raten. Rowson hingegen erzählt auktorial und vereint die Mentoren-Funktion mit der Erzählinstanz. Das erlaubt ihr, immer wieder kommentierend einzugreifen und das Geschehen zu interpretieren. Charlotte erscheint dadurch unschuldiger; sie ist vor allem Opfer. Die Leserinnen und Leser bekommen erwünschte Reaktionen und Verhaltensregeln in direkter Anrede vermittelt, über den Kopf der fiktionalen Figuren hinweg. Hierin berührt der Roman die damals populären Erziehungsratgeber, die ihre Verhaltensnormen oft in fiktionaler Form verabreichten, womit sie verdaulicher, jedoch auch ambivalenter wurden, da Geschichten gedankliche Handlungsspielräume eröffnen. Es entsteht eine hybride Textsorte, die als ›conduct fiction‹ bezeichnet werden kann. Die Botschaft, eine junge Frau solle nicht vom Pfad der Tugend abweichen, geht in Rowsons Roman mit einer Vielzahl von Anweisungen einher, die auf die Stärkung der elterlichen, besonders der mütterlichen Autorität hinauslaufen. Durch diese Aufwertung der Mutterschaft schrieb Rowson mit am Wandel des Frauenbildes im späten 18. Jh.

Didaxe

›conduct fiction‹

Unter den frühen sentimentalen Romanen ragt Hannah Fosters erfolgreiches Werk *The Coquette* (1797) heraus, ebenfalls eine ›seduction story‹ in Form eines Briefromans, doch mit signifikanten Varianten. Die Heldin Eliza steht zwischen zwei Männern: Mr. Boyer, einem rechtschaffenen und langweiligen Geistlichen, und Major Sanford, einem Lebemann, der Reichtum vortäuscht und damit sozialen Aufstieg verspricht. Eliza zögert, bis Boyer schließlich seinen Antrag zurückzieht; Sanford heiratet eine vermögende Frau und verpraßt ihr Geld. Eliza beginnt ein Verhältnis mit ihm, wird schwanger und stirbt nach einer Totgeburt. Foster problematisiert an ihrem Schicksal die Beschränkungen der weiblichen Lebenssituation. Elizas Tragik liegt darin, daß sie heiraten muß, um versorgt zu sein; ihr Alter von 30 Jahren unterstreicht die Dringlichkeit ihrer Lage. Doch die ideale Ehe, die sie anstrebt, die zwischen Gleichgesinnten, wie sie ihre Freunde leben, bietet sich ihr nicht. Der Roman thematisiert zudem die Machtlosigkeit der Frau in der Ehe, ihre Unfähigkeit, ihren Besitz zu schützen. Zusammen mit der Forderung nach Bildung wurde in Romanen von Frauen immer wieder die Forderung nach Vermögensrechten für Ehefrauen erhoben.

Hannah Fosters The Coquette

Beschränkungen der weiblichen Lebenssituation

Obwohl Eliza eine Kokette ist, ein in der Komödientradition etablierter

Rollentyp, ist sie nicht unsympathisch. Ihre Lebenslust, ihr Esprit, ihr Charme, die sie kokettieren lassen, sind zugleich die Eigenschaften, die auch einen guten Mann wie Boyer faszinieren. Insofern wird die Grenze zwischen Koketterie und tugendhaftem Verhalten unscharf. Elizas ›fall‹ ist denn auch weniger das Werk des Verführers als eine aus der Aussichtslosigkeit ihrer Situation getroffene Entscheidung. Ihrem Entschluß folgt der Rückzug aus der Gemeinschaft durch zunehmende Kommunikationsverweigerung; ihre Briefe werden immer kürzer, sie verläßt ihr Elternhaus und stirbt bald danach.

›novel of victimization‹

Um eine weitere Variante des sentimentalen Romans, die ›novel of victimization‹ (Petter), handelt es sich bei Rowsons vierbändigem Briefroman *Trials of the Human Heart* (1795), der vom langen Leiden der Meriel Howard erzählt, die sich u. a. der sexuellen Annäherungen ihres vermeintlichen Vaters erwehren muß, bevor sie ein Happy-End allen Gefahren entzieht. Das Handlungsmuster des geduldigen Leidens einer exemplarisch-vorbildlichen Protagonistin wurde in den 1820er Jahren weiterentwickelt und mündete schließlich im weiblichen Entwicklungsroman, auch ›woman's novel‹ (Baym) genannt, einem Subgenre, das bis in die 1870er Jahre sehr verbreitet war und das besonders, wenn auch nicht ausschließlich, von Autorinnen gepflegt wurde. Ein frühes Modell dieser Untergattung ist Sedgwicks erster Roman *A New England Tale* (1822). Die Protagonistin Jane ist ein Waisenmädchen, das von seiner tyrannischen und bigotten calvinistischen Tante widerwillig aufgenommen und dann ausgebeutet wird. Jane übersteht alle Prüfungen dank ihrer christlichen Glaubenskraft und ihrem Festhalten an moralischen Prinzipien und heiratet am Ende einen aufrechten Quäker. Wie in vielen anderen Texten werden falsche Autoritäten entlarvt und Machtmißbrauch kritisiert.

›woman's novel‹ und ›sentimental-domestic novel‹

Nach 1820 hat der sentimentale Roman kein einheitliches Handlungsmuster mehr; wie die Form des Briefromans verliert das Verführungsplot an Bedeutung. Elemente des Sentimentalen werden fortgeführt, z.T. elaboriert, wie etwa die Sterbeszenen, die im viktorianischen Roman als Höhepunkte gestaltet sind. Das Sentimentale steht als Erzählmodus und stilistischer Gestus des Überschwangs zur Verfügung. Die Zuständigkeit für Gefühle, die im Denken des 19. Jh.s dem weiblichen Geschlecht zukam, sowie sein ›natürliches‹ Moralempfinden privilegieren Frauen auch weiterhin als Protagonistinnen sentimentaler Romane, die damit das Frauenbild der Zeit artikulieren und mitgestalten. Schauplatz- und Lebensbeschreibungen sowie Figurencharakterisierung gewinnen allerdings deutlich an Realismus. Wichtig bleibt das Sentimentale in der ›woman's novel‹, in der die Heldin erfolgreich widrige äußere Umstände überwindet, was zumeist mit ihrer inneren Disziplinierung zur Selbstlosigkeit und Kultivierung sozialer Gefühle einhergeht. Jedoch gibt es auch völlig unsentimentale weibliche Entwicklungsromane, z.B. Elizabeth Stoddards *The Morgesons*. Eine zweite Romanart, traditionell als ›sentimental-domestic‹ bezeichnet, rückt die Werte der Häuslichkeit und Mütterlichkeit ins Zentrum und schafft damit auch die Möglichkeit, sie zur Grundlage gesellschaftlicher und politischer Kritik zu machen, wie es etwa Harriet Beecher Stowe in *Uncle Tom's Cabin* unternahm.

Satirische und pikareske Romane

Der pikareske Roman hat in der amerikanischen Literatur starke Spuren hinterlassen – denken wir an Twains *Adventures of Huckleberry Finn* oder Bellows *Adventures of Augie March*. Im 18. Jh. war der episodische Lebensbericht aus einer gesellschaftlichen Unterschicht- oder Außenseiterperspektive ein wesentliches Element in der Entstehungsgeschichte des modernen englischen Romans als einer realitätsbezogenen Gattung, wie die pikaresken Elemente bei Defoe, Fielding und Smollett belegen. Auch hier stellte sich die Frage, ob und wie diese Form und speziell ihr satirisches Potential im Kontext der amerikanischen Gesellschaft und Kultur verwendbar waren. Bei James Butler bleibt der Schelmenroman ein altweltliches Genre; der Titelheld seines *Fortune's Foot-ball* (1797/98) wird von einem oft sinnlosen Schicksal durch diverse europäische und asiatische Länder getrieben, bevor er am Ende doch noch sein Glück findet. Zwar kann auch Royall Tyler der Attraktivität des Exotischen (anhand des damals so aktuellen Themas der nordafrikanischen Piraterie) nicht widerstehen, wenn das im Namen des Protagonisten von *The Algerine Captive* (1797), Updike Underhill, präfigurierte Auf und Ab des Lebens diesen in algerische Gefangenschaft geraten läßt. Was das Buch noch immer lesenswert macht, sind jedoch nicht die mehr oder weniger amüsanten und natürlich stereotypenbefrachteten Kulturvergleiche, sondern die Satire auf die Zustände daheim. Attackiert werden die Collegeausbildung in Neuengland, die medizinische Quacksalberei im ländlichen Amerika und vor allem die Sklaverei, deren Brutalität Underhill in den Südstaaten, aber auch an Bord eines Sklavenschiffes beobachtet, auf dem er, der zugleich kritische und amoralisch auf das eigene Überleben bedachte Picaro, als Bordarzt arbeitet. Die ironische Schicksalswende seiner eigenen Versklavung in Nordafrika bildet das zentrale didaktische Element.

Tabitha Gilman Tenney hatte ihre didaktische Ernsthaftigkeit bereits mit einer Sammlung erbaulicher Textbeispiele der klassischen Autoren bewiesen, als sie 1801 mit *Female Quixotism* eine Satire auf sentimentale Erzählliteratur und, da diese überwiegend von Engländerinnen produziert wurde, auf bestimmte Aspekte der Literatur des Mutterlandes vorlegte. Drastischer und unversöhnlicher als ihr britisches Vorbild Charlotte Lennox in *The Female Quixote* (1752) schildert sie am pikaresk-abenteuerlichen Lebenslauf ihrer wie Don Quixote von der identifikatorischen Lektüre von Romanen verführten Heldin Dorcasina Sheldon die Folgen solchen Realitätsverlusts: Während diese auf den idealen Verehrer wartet, der ›wie im Roman‹ aussehen, sprechen und handeln soll, verstreicht ihr Leben, und wird immer mehr zum Gespött ihrer sie ausbeutenden Umgebung. Wie in Tylers *The Contrast* wird das Unmoralische, Gefährlich-Verführerische mit England assoziiert. Zugleich entwirft Tenney in der bis auf ihre eine Schwäche durchaus sympathischen, auch äußerlich keineswegs dem literarischen Idealitätsklischee entsprechenden Heldin und in deren Entwicklung Aspekte einer amerikanischen Romanliteratur, die realistischer als die altweltlichen Modelle und dennoch amüsant und abwechslungsreich sein sollte. Das Ende von Dorcasinas Weg ist denn auch kein Happy-End, sondern Desillusionierung im Alter.

Die hier wie in so vielen anderen Texten der Zeit gestellte Frage, wie man aus Büchern lernen kann, und aus welchen, steht auch im Mittelpunkt des imposantesten satirisch-pikaresken amerikanischen Romans der Epoche, Hugh Henry Brackenridges *Modern Chivalry*, eines Ungetüms, das zwi-

Traditionen des Schelmenromans

Tabitha Tenneys Female Quixotism

Modern Chivalry

Captain Farrago und Teague O'Regan. Illustration zu *Modern Chivalry*

Brackenridges Zeitkritik

Ironie und metafiktionale Reflexion

schen 1792 und 1815 in mehreren Teilen und in mehrfach revidierten und erweiterten Fassungen erschien. Das kumulative, gleichsam unabschließbare Werk ist als Erzähltext nur insofern zu bezeichnen, als es, in deutlicher Anlehnung an *Don Quixote*, einen modernen ›Ritter‹ zeigt, der umherzieht, um sich ein Bild von den Zuständen seit der Unabhängigkeit zu machen. Der in seiner Geradlinigkeit etwas quixotische, sonst aber sehr präzis beobachtende Captain Farrago, ein kleiner Landbesitzer, muß immer wieder die politische Unreife, die Demokratieunfähigkeit diverser Bevölkerungsgruppen feststellen. Wiederholt wollen sie ausgerechnet seinen Diener, einen dumpfen und egoistischen irischen Einwanderer, in die Positionen eines Abgeordneten, Geistlichen, Hochschullehrers usw. wählen. Die Abfolge von szenisch erzählten Episoden wird ergänzt und z. T. überlagert von kurzen Essays des Autors, die das Berichtete kommentieren, von sokratischen Dialogen, Verseinlagen, Allegorien, Predigten, Reden und überdies einer Reihe von Kapiteln, in denen Zweck und Anlage des Buches erörtert werden. Hinter dieser wenig leserfreundlichen Struktur verbirgt sich die Auseinandersetzung des Autors mit den Fragen, was denn das Besondere an Amerika sei, wohin sich das Land entwickeln solle und könne, was die Ideen von Freiheit und Gleichheit bedeuten, aber auch, wie Realität und Ideal literarisch darstellbar oder gar zu beeinflussen seien. Brackenridge, der es selbst vom Farmersohn zum Abgeordneten und Obersten Richter brachte und zeitweise Jefferson nahestand, sich aber immer wieder auch in Konflikte zu seinen politischen Mitstreitern begab, reflektiert in den verschiedenen Folgen seines Buches mit Vorliebe Ereignisse, in die er selbst verwickelt war: die Diskussion um die Bundesverfassung, eine Rebellion gegen die Whisky-Steuer, die Problematik der radikaldemokratischen Reformen unter Jefferson und vieles mehr.

Kein anderes literarisches Werk der frühen Republik ist in vergleichbarem Umfang satirische Zeitkritik. Fesselnd und modern trotz ihrer wenig attraktiven Einkleidung wird diese Auseinandersetzung durch versteckte, aber allgegenwärtige Ironie, durch Uneindeutigkeit und gezielte Mißverständlichkeit vieler narrativer wie auch kommentierender Passagen, die zur gedanklichen Mitarbeit zwingen und manche Leser an den politischen und moralischen Positionen des Autors zweifeln ließen. Das Buch ist reich an intertextuellen Anklängen an Modelle vor allem aus der Romanliteratur, aber es wandelt diese Vorbilder ab und hinterfragt sie. Im Unterschied zu Fielding und Smollett stellt Brackenridge Gattungselemente wie Plot, Figurenidentität und konsistente Chronologie in Frage, um auf die illusionierende Gefahr hinzuweisen, die von der erzählerischen Fiktion ausgehen kann und die er mit der Verführbarkeit der Wählermassen durch Demagogen und Schwindler assoziiert. So ist das Buch zugleich Suche nach der rechten Gesellschaft und nach der ihr angemessenen Literatur. Allerdings werden die für den *Common Sense*-Rationalisten Brackenridge zentralen Prinzipien der erkennbaren Wahrheit und der rationalen Lenkbarkeit menschlichen Verhaltens angesichts der Irrationalität in vielen Bereichen der amerikanischen Gesellschaft problematisch. Die Frage nach dem Gelingen des Experiments Amerika, an das er in der Revolutionszeit so glühend geglaubt hat, gibt er an seine Leser weiter, indem er sie zu Mitproduzenten des Textes und damit von Vorstellungen über eine neue Sozialstruktur macht.

Der Schauerroman

Noch deutlicher als die sentimentale entstand die Schauerliteratur des 18. Jh.s als Ergänzung und Korrektiv zum Rationalismus. Die von der Aufklärung verdrängten Bereiche des (zumindest scheinbar) Unerklärlichen oder gar des Übernatürlichen, des Unbewußten, Irrationalen, Triebhaften, des grundlos Bösen und des Perversen rücken ebenso ins erzählerische Blickfeld wie die dadurch ausgelösten Reaktionen von Furcht und Schrecken, aber auch von Angstlust, Hingabebereitschaft und sadomasochistischen Regungen. Eine weitere Quelle der Verunsicherung als Hintergrund für die Entstehung des Genres war das Gefühl des Ausgeliefertseins nun nicht mehr an den rächenden Gott, sondern an die unberechenbare Natur; das Erdbeben von Lissabon 1755 hatte gerade auch die Intellektuellen schockiert.

Die Verdrängung des Irrationalen in der Aufklärung

Die klassischen Handlungsräume der *gothic novel*, nämlich mit feudalherrlicher Gewalt oder katholisch-klerikaler Perfidie assoziierte Länder wie Deutschland und Italien, aber auch die bevorzugten Baulichkeiten Burg, Kloster oder Ruine und die wichtigsten kulturgeschichtlichen Referenzbereiche Mittelalter und Renaissance lassen erkennen, daß hier auch noch einmal eine symbolische Auseinandersetzung des aufgeklärten, antifeudalistischen und antiklerikalen Bürgertums mit den Kräften der Unterdrückung stattfindet. Solche Aspekte machten einen Transfer dieser Art von Literatur nach Amerika noch schwieriger als bei anderen Formen. Isaac Mitchells Versuch, seinen Lesern in *The Asylum* (1804; Buchausgabe 1811) die Existenz eines geheimnisumwitterten, spukbehafteten Schlosses in Connecticut glaubhaft zu machen und Handlungselemente des Schauerromans mit einer Geschichte aus dem amerikanischen Unabhängigkeitskrieg zu kombinieren, konnte kaum gelingen. Doch wie Poe es treffend formulieren sollte: »terror is not of Germany, but of the soul.« Das Bedrohtsein der in der sozialen Ordnung Schwachen, insbesondere der unverheirateten Frauen, findet in den Verführungs- und Vergewaltigungsplots des sentimentalen Romans seinen exemplarischen Niederschlag, aber auch in den Handlungsmustern vieler Schauerromane, die das Ausgeliefertsein der Opfer vor allem durch das Motiv des Einsperrens und der schier aussichtslosen Fluchtversuche symbolisieren. Das dargestellte Gefühlsspektrum verschiebt sich von Liebe, Mitgefühl, Glück oder Enttäuschung mehr in Richtung Angst und Grauen, doch das gemeinsame Substrat der beiden Untergattungen bleibt erkennbar. Auch die Ambivalenz des Erlebens bleibt erhalten und läßt sich wiederum durch kollektive Erfahrungen erklären: Das Streben nach neuen, besseren Ordnungen in der amerikanischen und der französischen Revolution brachte soviel ungezügelte Gewalttätigkeit auch auf der eigenen Seite zum Vorschein, daß neue Ängste geschürt wurden.

Das Gefühlsspektrum des Schauerromans

Daß die Schauplätze und Handlungsabläufe des Schauerromans Projektionen subjektiver Phantasie oder Metaphern objektiver und sehr allgemeiner Machtverhältnisse wie der Geschlechterrelationen sind, die folglich auch in anderen *settings* Gültigkeit besitzen, ist eine entscheidende Einsicht Charles Brockden Browns. Beeinflußt vom englischen Sozialutopisten William Godwin (dessen *Caleb Williams*, eine politische Variante des Schauerromans, für Brown und spätere amerikanische Erzähler prägend war) und dessen Lebensgefährtin Mary Wollstonecraft schrieb er den feministischen Dialog *Alcuin* (1798). Mit den innerhalb von zwei Jahren publizierten Schauerromanen *Wieland* (1798), *Ormond* und *Edgar Huntly* (beide 1799) sowie *Arthur Mervyn* (1799/1800) versuchte er vergeblich, als

Arthur Mervyn; Ormond

Charles Brockden Brown. Porträt von William Dunlap (1806)

erster amerikanischer Romancier ganz von seiner Feder zu leben. Was seine Romane trotz seines gestelzt-klassizistischen Stils noch heute so faszinierend macht, ist die Bloßlegung des Finsteren, Destruktiven oder Pathologischen in direkter Nähe zur Normalität. In *Arthur Mervyn* wird die Initiation des jungen Titelhelden in eine höchst zwiespältige städtische Gesellschaft maßgeblich durch seine zeitweilige Verbindung mit einem schauerromantypischen, faszinierenden Immoralisten beeinflußt. Die Gelbfieberepidemie in Philadelphia von 1793 bietet zugleich existentielle Bedrohung und Horrorszenarium. Das eigene Fieber, die Angst, lebendig begraben zu werden, die ekelerregenden Symptome der Krankheit bei anderen, die Verrohung der Sitten beim Pflegepersonal und bei jenen, die die Hilflosen und Sterbenden ausrauben, werden realistisch geschildert, zugleich aber zur symbolischen Welt gemacht, in der jegliche Ordnung und Werteordnung aufgehoben sind, in der der physischen Auflösung die moralische entspricht – eine ›Verseuchung‹, der auch der Protagonist nicht ganz entgehen kann.

In *Ormond* geht es, wie der Untertitel *The Secret Witness* andeutet, um die im Revolutionszeitalter verbreitete Furcht vor Geheimgesellschaften, vor einer großen Verschwörung etwa der Freimaurer oder Illuminaten, vornehmlich aber auch um die gesellschaftlichen Rollenmöglichkeiten von Frauen. Die intelligente, mutige und tugendhafte Heldin Constantia vermag zwar den Bösewicht zu eliminieren, aber es erweist sich, daß sie weniger vollkommen und daher Gefährdungen mehr ausgesetzt ist, als sie selbst wahrhaben möchte.

Wieland: die Macht des Unbewußten

Noch drastischer wirkt der Wandlungsprozeß, durch den Clara, die vernunftgläubige Heldin von *Wieland*, ihre Grenzen und die Unzulänglichkeit ihres bisherigen Weltbildes erfährt und der sie zu der Frage führt: »Was I not ... transformed from rational and human into a creature of nameless and fearful attributes?« Clara muß erleben, wie die ideale, philosophisch-pluralistische Lebensgemeinschaft, die sie mit ihrem Bruder Theodore, dessen Frau und deren Bruder in ländlicher Idylle bei Philadelphia aufgebaut hat, durch geheimisvolle Stimmenerscheinungen untergraben wird, die Spannungen, Begierden und Psychosen aktivieren und die die Konflikte von Todesfurcht und Todeswunsch, Inzestbegehren und Tabu für die Ich-Erzählerin beinahe, für die Leser jedoch unmißverständlich ans Tageslicht bringen. Die Stimmen, die Theodore dazu bringen, im Wahn seine ganze Familie und schließlich sich selbst zu töten, werden von dem geheimisvollen Fremden Carwin erzeugt, der keineswegs solche Folgen beabsichtigt hat und die Dimensionen eines ›gothic villain-hero‹ nur in Claras Vorstellung besitzt. Allerdings lebt er seine Sexualität, seine Neugier, sein Vergnügen an der Macht über andere aus, statt sie, wie die übrigen Hauptfiguren, zu verdrängen und damit erst destruktiv zu machen. Es geht Brown nicht um Verbrechen oder bloßen Horror, sondern um die Wunsch- und Gefühlsbestimmtheit und damit Unzulänglichkeit von Wahrnehmung und Erkenntnis, die auch aufgeklärte Menschen in idealen Lebensumständen vernichten können, weil die Kräfte des Unbewußten jederzeit in der Lage sind, Verstand und Bewußtsein zu überwältigen. Seine Analyse individualpsychischer Motivation führt ihn zur Skepsis gegenüber Rationalismus und Empirismus, den herrschenden Geistesströmungen der Epoche, und verweist damit vor auf die großen amerikanischen Romane der Jahrhundertmitte. In Frage gestellt werden damit auch die Vernunftgrundlagen des neuen Staatswesens, und hierin trifft sich Brown überraschenderweise mit dem auf der Basis einer Gesellschaftsanalyse argumentierenden Rationalisten Brackenridge.

Unzulänglichkeit von Wahrnehmung und Erkenntnis

In für das künftige Selbstverständnis der Amerikaner noch zentralere

Bereiche stößt Brown mit *Edgar Huntly* vor, wo der Konflikt zwischen den vernunftbestimmten, dem Benevolenz-Ideal des Sentimentalismus folgenden Absichten des jungen Titelhelden und seinem unbewußten Aggressionspotential durch seinen (als pathologisch und wahnsinnsnah gewerteten) Somnambulismus zum Ausbruch kommt und sich an der Siedlungsgrenze in einer Serie von gewalttätigen Auseinandersetzungen mit wilden Tieren und mit Indianern entlädt. Real wie symbolisch geht es somit um Grenzerfahrungen und um das, was das individuelle wie das kollektive Bewußtsein verdrängt hat. Der Schritt über die Grenze bringt für Huntly wie für die Nation die Konfrontation mit dem Anderen, aber auch mit dem Wilden, »Unmenschlichen« (in der Terminologie des Romans) in sich selbst. Einsichtiger und konsequenter als die meiste künftige ›Wildwest‹-Literatur legt Brown die tiefenpsychologischen Implikationen der nationalen Erfahrung der Landnahme bloß. Zugleich zeigt er sich in dieser Geschichte einer unerwartet verlaufenen Initiation skeptisch gegenüber der Lernfähigkeit des einzelnen und der Gemeinschaft. Insgesamt unterlaufen diese trotz ihrer strukturellen Schwächen komplexen Erzähltexte den didaktischen Anspruch der damaligen Romanliteratur und den Sinnfindungsanspruch von Texten generell.

Edgar Huntly:
reale und symbolische
Grenzerfahrung

Das frühe 19. Jahrhundert: Änderungen im literarischen System

In der ersten Hälfte des 19. Jh.s macht das literarische System insgesamt einen Prozeß der Konsolidierung, Professionalisierung und Kommerzialisierung durch. Mehrere Entwicklungen laufen dabei parallel und wirken aufeinander ein: Es entsteht ein nationaler Literaturmarkt durch Technisierung der Buchproduktion und -verteilung, durch den Aufbau einer tragfähigen Infrastruktur. Literaturproduktion wird zur Profession, zum Berufsfeld. Erzählliteratur, besonders der Roman, gewinnt an Ansehen, wobei die Popularität der Werke Scotts eine wichtige Rolle spielt. Zur nationalen Literatur kommt eine nationale Literaturkritik.

Das Besondere am literarischen Bereich ist, daß er nicht rechtlich geregelt ist und keine akademische Ausbildung voraussetzt. Damit war, anders als in allen anderen Professionen dieser Zeit, Frauen der Zugang weder per Gesetz noch per Qualifikationsschranke von vornherein unmöglich gemacht. Die Folge war, daß weiße bürgerliche Frauen in diesem Bereich verstärkt auftraten und damit plötzlich in einer auffälligen Konkurrenzsituation mit weißen bürgerlichen Männern standen, die es nach herrschenden Vorstellungen von den ›separate spheres‹ nicht geben konnte. Dieser Widerspruch wurde dadurch gelöst, daß die Literatur von Frauen als eine besondere begriffen wurde. Die angeblich natürliche Geschlechterdifferenz wurde auf die Literatur übertragen und sorgte dort für die vertraute Ordnung: Männer und Frauen waren verschieden, demnach auch ihre literarischen Werke.

Professionalisierung

Konkurrenz zwischen
Männern und Frauen

Der Diskurs der Geschlechterdifferenz wurde also zur Basis des Literaturdiskurses. Die positiven und negativen Qualitäten, die die Frauenbilder der Zeit als spezifisch weibliche artikulierten, wurden ebenso die positiven oder

›Weibliche Literatur‹

Aus einer Werbung für Klaviere

›double standard‹

negativen Qualitäten der Literatur von Frauen. Damit begann die Konstruktion einer ›weiblichen Literatur‹. Sedgwicks *Hope Leslie* ist einer der ersten Texte, an dessen Rezeption sich erkennen läßt, daß er als ein spezifisch weiblicher gesehen wurde. Es eröffnete sich damit auch im positivpräskriptiven Sinn ein Raum für die Literatur der Frauen. Sie galten aufgrund ihrer ›Natur‹ als besonders befähigt, über bestimmte Themen und für bestimmte Zielgruppen zu schreiben: über Religion, Erziehung, Liebe; über und für Frauen und Kinder. ›Weibliche Literatur‹ konnte freilich auch als Bestätigung angeblicher negativer weiblicher Charaktereigenschaften – etwa Gefühlsbefangenheit und Unfähigkeit zu gedanklicher Tiefe – gesehen werden. Diese diskursiv erzeugten Vorstellungen wirkten auf das Selbstverständnis von Schreibenden und das Verständnis von Lesenden zurück. Viele Frauen erfüllten Erwartungen an die Weiblichkeit ihrer Texte und trugen sie mit. ›Weibliche Literatur‹ fungierte als Erwartungshorizont und Maßstab für die Texte von Frauen, nicht in dem Sinne, daß sie diese vollkommen festlegte, sondern indem sie die Wahrnehmung der Literatur von Frauen prägte. Für Texte von Frauen wurde somit ein Standard von Weiblichkeit maßgeblich, während Entsprechendes für Texte von Männern nicht in gleicher Weise galt, wiewohl auch auf sie Geschlechtsmerkmale lobend oder tadelnd angewandt werden konnten. Aus dem Konstrukt ›weibliche Literatur‹ als Gegensatz zu Literatur allgemein ergab sich die Praxis, Literatur von Männern und Frauen mit ungleichen Begriffen zu beschreiben und zu vergleichen, ohne daß dies thematisiert worden wäre. Der von vielen Schriftstellerinnen im 19. Jh. beklagte ›double standard‹ hat hier seine Ursache.

Übergänge zur Romantik; die Entdeckung der amerikanischen Natur

Romantik in Amerika

Die für die europäischen Literaturen etablierten Epocheneinteilungen sind nur mit Vorbehalt auf die USA zu übertragen. Dies gilt gerade auch für die Romantik; zu vieles in der amerikanischen Literatur und Kultur jener Zeit ist eher von den Notwendigkeiten der nationalen Selbstdefinition, der politischen Debatte über die rechte Staats- und Gesellschaftsform oder dem Kontext der territorialen Expansion bestimmt als von ästhetischen und philosophischen Strömungen aus Europa. Dennoch sind gewisse Aspekte romantischen Denkens und Schreibens auch in Amerika erkennbar, wenngleich nicht in der radikalen Form, in der sie in Deutschland oder England formuliert wurden. Da Klassizismus und Aufklärung keineswegs in sich einheitliche, sondern manchmal höchst widersprüchliche Strömungen waren und bestimmte Tendenzen, die im späten 18. Jh. dominant werden, lange vorher auftauchen, finden sich die meisten dieser Aspekte schon früher; erst in ihrem Zusammentreffen erscheinen sie epochenprägend, ohne als Gesamtheit bei allen Einzelautoren registrierbar zu sein. Zu nennen sind hier vor allem die Zuwendung zum erlebenden Subjekt, die Aufwertung der künstlerischen Imagination, die Beschäftigung mit dem Erfahrensjenseitigen, das Interesse an der Natur, an der Volkskultur, aber auch an fremden Ländern, Völkern und Kulturen, die Hinwendung zur nationalen wie zur fremden Geschichte sowie schließlich die Reflexion von Sprache und Entstehungsprozeß des Kunstwerks.

Übergänge zu solchen Aspekten der Romantik lassen sich z. B. bei Ch. B. Brown erkennen. Sein Werk spiegelt die Verunsicherung vieler Menschen am Ende des 18. Jh.s, den Verlust an Vertrauen in säkularistische Gesellschaftsentwürfe, ihre Skepsis gegenüber den Erkenntniskonzepten von Rationalismus und Empirismus oder dem sentimentalistischen Gefühls- und Verhaltensmodell, die erneute Hinwendung zu religiöser Sinnsuche, die sich z. B. in der verbreiteten Distanzierung von Paines deistischer Religionskritik *The Age of Reason* (1794/96) und im ›Second Great Awakening‹ zeigte. Browns Absage an eine Juristenlaufbahn und damit an diejenige Berufsgruppe, die sich in diesen Jahrzehnten zur einflußreichsten entwickelte, und seine (später revidierte) Entscheidung für den Schriftstellerberuf haben auch etwas vom Gestus des romantischen Originalgenies an sich. Weitere Affinitäten zur Romantik zeigen sich in Browns Interesse am (indianischen) Fremdkulturellen und in seiner Zuwendung zur amerikanischen Natur. Die Entdeckung einer von menschlicher Überformung freien Landschaft, in England bei Thomas Gray und anderen ein Teil der vorromantischen Tendenzwende, ist in Amerika ein wesentlicher Schritt auf dem Wege zu einer nationalen und einige Jahrzehnte lang auch romantisch gefärbten amerikanischen Kultur. Amerikanische Natur und Landschaft boten thematisches Material, das insbesondere Erhabenheit im Sinne der Vorstellungen des Briten Edmund Burke repräsentierte und mit dem Europa z. T. sogar zu übertrumpfen war: die Niagara-Fälle, die schier grenzenlosen Wälder und Prärien, die wahrlich Großen Seen, später dann auch die gewaltigen Gebirge. Freilich erforderte dies ein In-Bezug-Setzen von Natur und Kultur, denn nach der verbreiteten Theorie der britischen Assoziationsphilosophie etwa eines Archibald Alison hing eine ästhetische Wirkung von der durch einen Gegenstand ausgelösten Assoziationskette ab – »our majestic rivers roll their waters unheeded, because unsung«, klagte Irving. Gelang es jedoch, wie er selbst es in seinen besten Erzählungen demonstrierte, amerikanische Landschaft durch historische Verweise zu poetisieren, so konnte sie umgekehrt der Kultur Größe vermitteln. »We want a national epic that shall correspond to the size of the country ... [W]e want a national literature altogether shaggy and unshorn, that shall shake the earth, like a herd of buffaloes thundering over the prairies!«, fordert eine Figur in Longfellows Roman *Kavanagh*. Eine solche simple Gleichsetzung von physischer und geistiger Größe wird durch die Sprecherfigur des Autors zurückgewiesen, beeinflußt jedoch noch die Dichtungskonzeption Whitmans.

Die Entdeckung der amerikanischen Landschaft

Die Naturvorstellungen der Amerikaner waren durch die jeweils dominanten gesellschaftlich-ideologischen Diskurse geprägt und wie diese seit der Kolonialzeit ambivalent. Irdisches Paradies oder höllische Wildnis – die Bewertungen blieben so diskrepant wie jene des ›natürlichen Menschen‹, des Indianers als edlem oder heimtückischem Wilden. Von solchen Divergenzen kaum berührt war jedoch die Grundannahme, die Natur sei dem (weißen) Menschen zur Nutzung gegeben, was den Übergang vom Naturzustand in einen Agrarstaat und später in eine urbane Industriegesellschaft legitimierte. Mochte auch das Ideal eines Wiedereintritts in das Paradies, also eine konfliktlose Verschmelzung von Natur und Kultur, erhofft werden, so waren die Besiedlungspraxis und deren diskursive Grundlegung schon früh viel eher von einer Vereinnahmung des Natürlichen geprägt. Im 18. und 19. Jh. wurde die amerikanische Erde gern in einer spezifischen Weiblichkeitsmetaphorik dargestellt, als schützende, mütterliche oder auch als gefährliche Frau, die es

Die Ambivalenz von Naturvorstellungen

Zeichnung von William Bartram

Crèvecœur: »What Is an American?«

Charles Sealsfield

Romantisierende Reiseliteratur

zu besitzen galt, notfalls auch mit Gewalt. Viele Landschaftsdarstellungen in Literatur und Malerei betonen die von der (abendländischen) Zivilisation unberührte, wilde und in wesentlichen Merkmalen für den Beobachter neue amerikanische Natur und wählen dabei eine Perspektive, die künftige Inbesitznahme vorwegnimmt. Immer wieder wechseln ästhetische Begeisterung und kühle, nützlichkeitsorientierte Beschreibung von Natur und Indianern in den Reisenotizen der Offiziere Meriwether Lewis und William Clark, die 1804–06 im Auftrag Jeffersons die erste transkontinentale Erkundungsexpedition bis zum Pazifik leiteten.

Bereits in der Kolonialzeit hatten euphorische Landesbeschreibungen vor allem den Zweck, Einwanderer anzuwerben. Nüchterner als solche Werbeschriften widerlegt Jefferson in seinen *Notes on the State of Virginia* (1784) die von Buffon vorgebrachte (später von ihm revidierte) These, Amerikas Flora, Fauna und Bevölkerung seien gegenüber den europäischen Pendants minderwertig – das Gegenteil sei der Fall, und somit sei auch von der amerikanischen Zivilisation Großes zu erwarten. In *Letters from an American Farmer* (1782; veränderte französische Versionen in den Folgejahren; 1925 posthum entdeckte Zusatztexte) feiert der Franzose und zeitweilige Amerikaner J. Hector St. John de Crèvecœur das ländliche Amerika. Er schreibt in der Maske eines amerikanischen Farmers namens James, jedoch in klassizistischem Stil, und wechselt zwischen Idylle und realistischer Beschreibung hin und her. Auf einen der Briefe hat sich – ungerechterweise – die Rezeption konzentriert, weil der Autor hier seine im Titel gestellte Frage »What Is an American?« beantwortet. Die Amerikaner sind demnach nicht einfach verpflanzte Europäer, sondern etwas Neues und Besseres als Resultat der Anpassung an die Natur der Neuen Welt und der Vermischung der diversen Einwanderungsströme. Im Gegensatz zu Jefferson will der Autor aus diesen freien und gleichen natürlichen Menschen neuer Prägung allerdings keinen neuen Staat errichten, der wiederum zu Ungleichheit und Unterdrückung führen müsse, wie er an grausigen Details der Sklaverei demonstriert. In der Revolutionszeit will sich James folgerichtig zu den noch freieren und natürlicheren Menschen, den Indianern, flüchten, ohne sein Ideal der Existenzform des Ackerbauern aufzugeben. Bikulturell ist auch die in *The United States of North America as They Are* (1827; deutsche Originalausg. 1827) präsentierte Sicht des Romanciers und Reiseschriftstellers Charles Sealsfield (Karl Anton Postl).

Von der Naturmystik eines Teils der europäischen Romantik ist in Amerika bis zum Tranzendentalismus wenig zu spüren. Die präzise Naturbeobachtung, die noch Thoreaus *Walden* über weite Strecken prägt, ist Merkmal vieler Reiseberichte aus der amerikanischen Frühzeit. Dennoch ist der Zeitgeist wirksam. Die Subjektivität des Erlebens wird spürbarer, und das Überwältigende und ästhetisch Beeindruckende des Naturerlebnisses tritt immer häufiger in den Mittelpunkt der Schilderungen. Jonathan Carver verbrämte seine *Travels Through the Interior Parts of North America in the Years 1766, 1767, and 1768* (1778) mit exotistischer Phantasie und erreichte damit lang anhaltende Popularität. Wie er, zeichnet auch der Naturkundler und Entdecker William Bartram ein positives Bild der Ureinwohner. In seinen *Travels through North and South Carolina, Georgia, East and West Florida, the Cherokee Country, the Extensive Territories of the Muscogulges, or Creek Confederacy, and the Country of the Chactaws* (1791) propagiert er in rousseauscher Tradition den ›natural man‹ in freier Natur und wirkt damit wiederum auf Romantiker wie Chateaubriand, Coleridge und Wordsworth zurück.

Romantisierende Reiseliteratur in diesem Sinn sind auch die 1826 als *Delineations of American Scenery and Character* herausgegebenen Berichte und Erinnerungen von John James Audubon, der seinen Weltruhm mit seinen gemalten Darstellungen der amerikanischen Vogelwelt, *The Birds of America* (1827–38), erwarb, die wissenschaftlichen Dokumentardrang mit ästhetischem Anliegen und nationaler Begeisterung für die amerikanische Natur verbinden. Auch sonst begann das wachsende Interesse an Natur und Landschaft die Malerei zu prägen. Zwar galten bis weit ins 19. Jh. hinein Porträt- und Historienmalerei als wichtiger und ihre Vertreter, etwa Benjamin West oder John Trumbull (ein Namensvetter des Dichters) als besonders bedeutend, doch mit der Landschaftsdarstellung der *Hudson River School* entwickelte sich ab Mitte der 1820er Jahre um Thomas Doughty, Thomas Cole und Asher B. Durand die erste eigenständige amerikanische Malschule. Ihre Bilder des Hudsontals, der Catskills oder der White Mountains bestätigen das Erhabene als amerikanisches Spezifikum. Im Unterschied zur europäischen romantischen Malerei ist für sie die Landschaft nicht primär symbolischer Projektionsraum seelischer Gestimmtheit, sondern Wesensmerkmal amerikanischer Realität, weswegen der Gegensatz von Wildnis und Zivilisation immer wieder thematisiert wird.

Kolibris von John James Audubon

Landschaftsmalerei der Hudson River School

Lyrik des frühen 19. Jahrhunderts

Cole war mit dem Dichter befreundet, der am deutlichsten die romantische Lyrik in Amerika repräsentiert: William Cullen Bryant. Wie viele Autoren hatte er zunächst eine Juristenlaufbahn eingeschlagen und wurde später ein politisch und humanitär engagierter Journalist und mächtiger Zeitungsherausgeber, der für Arbeitnehmerrechte und Meinungsfreiheit eintrat und sich im Kampf um die Abschaffung der Sklaverei profilierte. Von Jugend an gehörte seine Liebe der Dichtung; mit 16 Jahren las er Coleridges und Wordsworths *Lyrical Ballads*, mit 17 schrieb er die Erstfassung seines berühmtesten Gedichts, »Thanatopsis« (»Todesschau«), das dann sechs Jahre später, 1817, in der *North American Review* erscheinen sollte und für seine erste Gedichtsammlung *Poems* (1821) weiter überarbeitet wurde. Diese Sammlung blieb seine beste und innovativste, trotz zahlreicher späterer Bände. Sein weltanschauliches Schwanken, seine Entwicklung vom Deisten zum (unitarischen) Christen kündigt sich schon in den verschiedenen Fassungen von »Thanatopsis« an. Als Trost angesichts der menschlichen Vergänglichkeit erscheint hier zunächst das Eingehen in die Natur und sodann jenes in die Gemeinschaft der Toten aller Zeitalter, doch deutet der »unfaltering trust«, zu dem die Schlußzeilen auffordern, vielleicht Jenseitshoffnung an. Origineller als die seit den englischen *Graveyard Poets* allgegenwärtige Behandlung des Todesthemas war indessen Bryants flexible Handhabung des Blankverses. Schon in den Eröffnungszeilen

»Thanatopsis«

> To him who in the love of Nature holds
> Communion with her visible forms, she speaks
> A various language; for his gayer hours
> She has a voice of gladness, and a smile
> And eloquence of beauty, and she glides
> Into his darker musings, with a mild
> And healing sympathy . . .

Asher Brown Durand, »Verwandte Seelen« (1849): Der Maler Thomas Cole und der Dichter William Cullen Bryant

Formale Innovation

Reflexion statt Ausdruckskunst

fallen die flüssigen Enjambements auf und die Verwendung von Harmonie signalisierenden Liquiden, Alliterationen und Halbreimen sowie von dreisilbigen Versfüßen, deren Gebrauch Bryant in seinem Aufsatz »On Trisyllabic Feet in Iambic Measure« propagiert. Die Eindringlichkeit der klanglich-rhythmischen Elemente, die Atemlosigkeit etwa der Zeilen über die Vorahnungen von der Sterbestunde – »sad images/ Of the stern agony, and shroud, and pall,/ And breathless darkness, and the narrow house ... « –, gehen weit über das hinaus, was amerikanischen Dichtern zuvor an sprachlichen Ausdrucksmöglichkeiten zur Verfügung stand. In anderen Texten verwendet Bryant gekonnt die Spenser-Strophe, die Balladenform und eine Vielzahl anderer formaler Möglichkeiten. Dennoch ist seine Dichtung keine Ausdruckskunst, kein Wordsworthscher »spontaneous overflow of powerful feelings«. Die von ihm konstatierten »analogies and correspondences ... between the things of the moral and of the natural world« führen nicht zur

Verschmelzung der Bereiche, sondern die Natur bleibt dem Beobachter als Betrachtungsgegenstand und als Anstoß für philosophische Kontemplationen gegenübergestellt. So ergibt sich aus der Beobachtung des Vogelflugs in »To a Waterfowl« (1815) die Lehre von der transzendenten Fügung des Lebens. Die Imagination« ist nicht im radikalen Sinn kreativ wie bei Coleridge, doch immerhin kann sie durch den innovativen sprachlich-bildlichen Umgang mit vorgefundenen Gegenständen tiefere Einsichten zugänglich machen.

Dies betrifft gerade auch die nationalen Themen. In seinem Sonett »To Cole, the Painter, Departing for Europe« (1829) mahnt Bryant den Freund, die amerikanische Landschaft als das »wilder image« nicht über den europäischen Szenen zu vergessen. Wie die zeitgenössischen Prosaschriftsteller Irving, Cooper und Sedgwick malt er solche Landschaften verbal in Analogie zu den Werken der *Hudson River School*, z. B. in »Monument Mountain« (1824): Von einem detailliert beschriebenen Vordergrund aus ergibt sich ein Panoramablick über das sich öffnende Land, bis hin zu einer fernen Bergkette, die das Wortgemälde einrahmt. Doch bei aller Erhabenheit der Gesamtszenerie bietet der Mittelgrund auch Schönheit im Sinne der Ästhetik des 18. Jh.s: »a beautiful river there/ Wanders amid the fresh and fertile meads,/ The paradise he made unto himself,/ Mining the soil for ages. On each side/ The fields swell upward to the hills ...« – der Fluß wird bildlich zum Farmer und Bergmann gemacht und somit mit zwei Hauptgründen für die Erschließung und Nutzbarmachung des Landes assoziiert. In »The Prairies« (1832) beschreibt Bryant diese typisch amerikanische Landschaft wie Cooper in *The Prairie* und andere Zeitgenossen als Meer, wobei er in einer bemerkenswerten Bildfolge die Gleichzeitigkeit von Stillstand und Bewegung evoziert. Diese Schilderung ist ihm Anlaß zur Entwicklung eines Geschichtsbildes, wonach die Indianer eine andere, höhere Kultur vernichtet haben, die zuvor hier gesiedelt hatte, bevor sie selbst von den Weißen vertrieben wurden. Wie in Coles Bilderzyklus *The Course of Empire* erwächst aus der Landschaftsdarstellung ein (eher ins 18. Jh. passendes) zyklisches Modell vom Werden und Vergehen auch der Kulturen. Es entspricht historisch falschen, aber populären zeitgenössischen Vorstellungen, wonach die ›primitiven‹, zur wilden Natur gehörenden Indianer nicht für die Zeugnisse früherer Hochkulturen auf nordamerikanischem Boden verantwortlich sein konnten, und läßt die damalige Indianervertreibung in milderem Licht erscheinen. Zugleich warnt der Text auch die weißen Eroberer und Siedler vor der Vergänglichkeit und stellt das lineare Fortschrittsmodell der Konsens-Ideologie in Frage, doch wird das Ende in so weite Ferne gerückt, daß niemand davon sehr beunruhigt zu sein braucht.

»These are the gardens of the Desert, these/ The unshorn fields, boundless and beautiful,/ For which the speech of England has no name«, beginnt Bryant sein Gedicht und reklamiert so Neuheit des Gegenstandes wie der Sprache für sich, aber schmückende Beiwörter aus der Literatur des 18. Jh.s wie in »limpid brooks« und »verdant groves« markieren nicht nur den notwendigen Pol der europäischen Tradition bei der sprachlich-gedanklichen Aneignung des amerikanischen Kontinents, sondern erinnern auch daran, daß selbst dieser ›romantischste‹ der amerikanischen Dichter dieser Epoche eine Figur ist, die neuere mit älteren Tendenzen vereint. Dies läßt sich verallgemeinern. Im Vergleich zur ersten amerikanischen Lyrikanthologie, den von Elihu Hubbard Smith 1793 mit patriotischem Impetus, aber sonst eher nach dem Zufallsprinzip zusammengestellten *American Poems*, ist die von Samuel Kettell 1829 vorgelegte Sammlung *Specimens of Amer-*

Landschaft und Geschichte

»Indianer und seine Squaw«. Aquarell von Baroness Hyde-de Neuville (1807)

Tradition und Neuerungen Amerikanisierung

ican Poetry, with Critical and Biographical Notices eine ernsthafte Bestandsaufnahme, in der die Autorinnen und Autoren auch als individuelle Künstler und nicht nur als Repräsentanten einer neuen Nation vorgestellt werden, was sowohl für die zunehmende Professionalisierung der Literatur spricht wie für die romantische Wertschätzung von Individualität und Originalität. Die Texte selbst wie die Gesamtproduktion jener Jahrzehnte sind jedoch weniger im Formalen innovativ, wo sich etwa Fitz-Greene Halleck oder Joseph Rodman Drake an Byron oder Scott anlehnten, als etwa in Drakes Irving antizipierender Übertragung europäischer Sagenstoffe ins Hudsontal in seinem Gedicht »The Culprit Fay« (1816, veröffentl. 1835). Anderseits demonstriert James K. Paulding in seiner Scott-Parodie *The Lay of the Scottish Fiddle* (1813) die Distanz eines Teils der amerikanischen Literaten von der englischen Romantik. In seinem *The Backwoodsman* (1818), bemerkenswert nur wegen des idyllischen Bildes der *frontier*, lebt das lange Erzählgedicht fort.

Wenngleich der Großteil der Lyrik weiterhin von der soziokulturellen Elite des Ostens, vor allem Neuenglands, produziert wurde, spricht das Auftreten des Schusters David Hitchcock für eine weitere Demokratisierung der Literatur. Für Frauen, die in den ersten Jahrzehnten der Republik häufig in den patriotischen Chor einstimmten, bildete sich allmählich analog zur Erzählliteratur ein nach Thema und Ton definiertes Konzept von ›Frauenlyrik‹ heraus. Das lyrische Gedicht galt wie Essay, Erzählung oder Roman als ›leichtere‹ und daher den Frauen angemessene Gattung, im Gegensatz zu den ›männlichen‹ Genres Epos, Tragödie, Historiographie oder Predigt. Sarah Wentworth Morton veröffentlichte als »Philenia« meditative und sentimentale Lyrik, demonstrierte in Texten wie »The African Chief« oder dem langen Erzählgedicht *Ouâbi; or, the Virtues of Nature. An Indian Tale in Four Cantos* (1790) aber die für das 19. Jh. programmatische Verbindung von ›weiblicher‹ Sentimentalität und reformerischem Engagement für die unterdrückten Minoritäten. Lydia Huntley Sigourney, die nach ihrer Heirat wegen der Geschäftsinteressen ihres Mannes nur anonym publizieren durfte, hatte die Genugtuung, nach dessen Bankrott mit ihrer Dichtung die Familie über Wasser zu halten, nunmehr unter ihrem Namen. Viele ihrer Texte über den Tod, die Mutterrolle und die Unschuld der Kindheit sind uns heute wegen ihrer Gefühligkeit nur schwer zugänglich; sie waren jedoch marktgerecht und hochgeschätzt und hatten maßgeblichen Anteil daran, daß Frauenlyrik auch für das weitere 19. Jh. als Dichtung über den Gefühlsbereich, über persönliche Beziehungen und besonders über Mutterschaft und Kindheit definiert wurde. Ein Gedicht wie »To a Shred of Linen« enthüllt hingegen eine andere Seite der Autorin, die sich hier auch (selbst-)ironisch mit ihrer Rolle als Frau und Hausfrau auseinandersetzt.

›Frauenlyrik‹

Lydia Huntley Sigourney

Drama und Theater im frühen 19. Jahrhundert

Die literarischen und ideengeschichtlichen Veränderungen der Epoche wirkten sich im amerikanischen Drama des beginnenden 19. Jh.s nur wenig und dies zumeist in trivialisierter Form aus, eine Folge der Kommerzialisierung des amerikanischen Theaterwesens, der damit zusammenhängenden Entwicklung zu immer illusionistischeren Aufführungen, des erwähnten Star-

Systems und der Dominanz des Melodramas. Das Interesse der Romantik an der Vergangenheit als solcher schlägt sich nur in der Vorliebe für historische oder pseudohistorische Stoffe nieder, die vorzugsweise in der Form der Verstragödie dargeboten wurden. James Nelson Barkers *Superstition* (1824), das u.a. den neuenglischen Hexenwahn des 17. Jh.s aufgreift, gehört ebenso hierher wie Richard Penn Smiths historisches Melodrama *William Penn* (1829), John Howard Paynes *Brutus* (1818 in London, 1819 in New York aufgeführt und sogar in England populär) oder Robert Montgomery Birds *The Gladiator* (1831). Die kolonialgeschichtlichen Stoffe trugen dazu bei, den Vereinigten Staaten eine weiter zurückreichende Geschichte zu schenken; die antiken Stoffe boten Modellstudien zu Demokratieverständnis und Freiheitsliebe, die Bezüge zur nationalen politischen Diskussion ermöglichten.

Historische Dramenstoffe

Ein anderes romantisches Element war das Interesse am Exotischen, an Nationalcharakteren und Typen aus dem Volk. In der Nachfolge von Tylers Jonathan blieb die Figur des Bühnen-Yankee beliebt. In Pauldings *The Lion of the West* (1831) wird der grobschlächtige und aufschneiderische, jedoch auch durch Mutterwitz und Gutmütigkeit gekennzeichnete *frontiersman* zur stereotypen Positivfigur. Der ebenso stereotype komische Bühnenschwarze, meist eine Dienerfigur, taucht in vielen Stücken auf, doch gibt es bereits in Dunlaps *A Trip to Niagara* (1828) auch Ansätze eines realistischeren und zugleich positiveren Bildes der Afro-Amerikaner, und Kritik an der Sklaverei findet sich schon in einigen der früheren Stücke über die nordafrikanische Piraterie. Besonderer Beliebtheit erfreuten sich die Bühnenindianer als edle oder blutrünstige Wilde. In Barkers *The Indian Princess; or, La Belle Sauvage* (1808) wird Pocahontas zur Prinzessin geadelt, ihr Schicksal als Sieg der romantischen Liebe verklärt und die Möglichkeit einer Versöhnung und Verbindung von Weiß und Rot skizziert. Skeptischer ist die preisgekrönte, immens populäre Tragödie *Metamora; or, The Last of the Wampanoags* (1829) von John Augustus Stone. Der Titelheld, in der weißen Geschichtsschreibung als King Philip bekannt, demonstriert im Untergang seine sittliche Überlegenheit. Die Unausweichlichkeit des Sieges der ›Zivilisation‹ wird zwar nicht in Frage gestellt, und der Gesamtvorgang wird durch die bühnenwirksame Melodramatik goutierbar gemacht, doch bleibt ein Element der Geschichts- und Kulturkritik, wie es sich auch, wenngleich politisch ohne Wirkung, in vielen Gedichten und Prosatexten der Epoche findet.

Bühnenstereotypen

Edwin Forrest in seiner berühmten Rolle des edlen Häuptlings Metamora

Essay und Erzählung

Essay-Serien nach dem Vorbild der englischen Moralischen Wochenschriften, die im Laufe des 18. Jh.s Bestandteil von Zeitschriften vermischten Inhalts geworden waren, blieben in den USA länger als in Großbritannien populär. Sie dienten der Belehrung und Unterhaltung und bestanden keineswegs nur aus Essays (z.T. in Briefform), sondern enthielten auch kurze Erzähltexte, Fabeln, Satiren, Streitgespräche, die besonders in der Vorromantik beliebten stimmungsevozierenden Fragmente, Reiseskizzen und anderes. Meist wurden die Serien einer oder mehreren teilfiktiven Herausgeber- bzw. Verfasserfiguren zugeschrieben, mit programmatischen Namen

Essay-Serien

oder Bezeichnungen wie Murrays »Gleaner«, Freneaus indianischem Gesellschaftssatiriker »Tomo Cheeki«, Joseph Dennies »Lay Preacher« oder Irvings »Jonathan Oldstyle«. Der als amerikanischer Addison geltende konservativ-anglophile Dennie legte als »Oliver Oldschool, Esq.« in der von ihm gegründeten Zeitschrift *The Port Folio* (1801–27) kunstvolle Essays vor und verteidigte dort wie in den von ihm abgedruckten Texten britischer Autoren wie Leigh Hunt und Thomas Moore das, was er für die kulturellen Maßstäbe des Mutterlandes hielt.

Washington Irving

Der Übergang zum romantischen Essay und die Etablierung der kurzen Prosaformen als anspruchsvolle literarische Gattungen gelang jedoch erst Washington Irving. Auch er stammte aus einem politisch konservativen, anti-egalitären Milieu, durchlief die übliche Juristenausbildung und blieb zunächst ›gentleman author‹, der allerdings immer wieder der Tradition zu entgehen trachtete. Die von ihm zusammen mit seinem Bruder William und Schwager Paulding verfaßte Zeitschrift *Salmagundi* (1807–08 unregelmäßig ersch.) steht in der Tradition der ›essay periodicals‹, bringt die dort übliche Mischung kurzer Textformen, verfügt über einen fiktiven Autoren-Club, behandelt mit Politik, Theater, Musik, Mode und Gesellschaft gängige Themen und erinnert in ihrem wiederholt vorgetragenen politischen und ästhetischen Konservatismus an Dennies Schriften. Doch *Salmagundi* ist satirisch und humoristisch, die Texte parodieren alles und jedes, Ton und Aussagestandpunkt wechseln selbst innerhalb einzelner Texte. Die Ambivalenz der Darstellung, das spielerische, selbstironische Element, durch das die Tradition zugleich aufgerufen und in Frage gestellt wird, bleibt auch künftig ein Hinweis auf die Identitätsprobleme des Autors Irving wie jene der jungen Republik, aber es gelingt ihm, eben diese Ortlosigkeit des permanenten Außenseiters und Beobachters literarisch zu vermarkten.

Salmagundi

Selbstporträtskizze von Washington Irving

Auch seine burleske, einem fiktiven alten New Yorker kolonialholländischer Herkunft namens Diedrich Knickerbocker zugeschriebene *History of New York, From the Beginning of the World to the End of the Dutch Dynasty* (1809), die ihn berühmt machte, untergräbt als Parodie der Historiographie die Tradition. 1815 ging Irving nach England, um die dortige Niederlassung der Familienfirma zu retten, und als dies fehlschlug, entschloß er sich, von der Literatur zu leben, was ihm als erstem Amerikaner gelang. *The Sketch-Book of Geoffrey Crayon, Gent.* erschien 1819/20 in sieben Nummern in Amerika und 1820 als Sammelband in New York und gleichzeitig in England, wodurch Irving das Copyright-Problem umging. Das Buch galt auf beiden Seiten des Atlantiks bald als Meisterwerk und markiert den Einstieg Amerikas in die Weltliteratur. Irving ist der erste bedeutende amerikanische Literat, der die Vorzüge Europas für sich nutzbar machte und zwischen beiden Welten vermittelte. Lange Jahre verbrachte er als *expatriate* in England, Frankreich, Deutschland und vor allem Spanien, wo er 1842–45 auch als amerikanischer Botschafter tätig war – eine Form der öffentlichen Anerkennung, die im weiteren Jahrhundert noch einer ganzen Reihe amerikanischer Autoren zuteil werden sollte.

The Sketch-Book

Erlebnisessayistik

In den Essays und Skizzen des *Sketch-Book* tritt das dichterische Ich viel stärker ins Zentrum als in der früheren Periodika-Essayistik; der Subjektivismus der Romantik schlägt sich hier deutlich nieder. Die Imagination verwandelt sich die Gegenstände an, so daß es zwischen äußerem Erleben einerseits und Reflexion, Erinnerung oder Phantasie anderseits keine scharfe Trennung gibt. In »The Angler« oder »Westminster Abbey« behandelt Irving tradierte Gegenstände der Essayliteratur, aber seine Essays gehen, dem Buchtitel angemessen, in Skizzen über, die den Vorgang des

Erlebens wiedergeben. Allerdings ist das Erlebnissubjekt eine literarische Maske, eben Geoffrey Crayon, ein umherreisender Ästhet, ein eklektischer Betrachter der Zeugnisse der Vergangenheit und des Treibens der Gegenwart. Sein eigenes Innerstes gibt Irving nicht preis. Angesichts des bei der amerikanischen kulturellen Elite weiterhin verbreiteten Mißtrauens gegenüber der imaginativen Literatur gibt er sich auch nirgends im radikalen romantischen Sinn der Phantasie anheim, sondern bemüht sich um einen Ausgleich zwischen Faktenwelt und Imagination, z. T. indem er herkömmlichere Formen der Darstellung in sein Buch eingliedert. Dieses Spannungsverhältnis zwischen dem Realen und dem Fiktiven und Imaginativen kennzeichnet auch Irvings spätere Kurzprosasammlungen *Bracebridge Hall* (1822) und *Tales of a Traveller* (1824). In der revidierten Ausgabe von *The Alhambra* (1850; Erstausgabe 1832), einer gleichsam durchkomponierten Folge von Erlebnisskizzen, historischen Reminiszenzen und Sagenerzählungen, gelingt ihm die angestrebte Balance am besten.

Irvings Erzählungen »Rip Van Winkle« und »The Legend of Sleepy Hollow« in *The Sketch-Book* sind zwar nicht die erste erzählende Kurzprosa in Amerika, markieren jedoch den Beginn der amerikanischen kurzen fiktionalen Prosageschichte als eines eigenständigen und respektablen Genres (daß sie oft als erste *short stories* bezeichnet werden, belädt sie unangemessen mit der Problematik des Gattungsstatus dieser erst viel später so benannten Textgruppe). Richtig ist, daß der Autor hier wie in seinen Erlebnisessays eine strukturelle Geschlossenheit und sprachlich-stilistische Perfektion anstrebt, die bis dahin der Lyrik vorbehalten schien. Hierin, in seiner Betonung der darstellerischen Ökonomie, seiner Geringschätzung der bloßen Interessantheit der Handlung und seiner Distanzierung von einer didaktischen Literaturkonzeption weist er auf Poes Theorie des kurzen Erzählens voraus. In deutlicher Abgrenzung von früheren Formen des kurzen Erzählens, von den didaktischen Exempla der Zeitschriftenliteratur, den Anekdoten, den Volkserzählungen oder den Novellen des *Decamerone*-Typs entsteht hier wie in Werken der europäischen Romantik die moderne Prosaerzählung.

Die Kurzerzählung als eigenständiges Genre

Der Übermacht des Fiktiv-Imaginativen entgeht Irving, indem er, wie später Hawthorne, eine Art Zwischenbereich zwischen dem Faktischen und dem Imaginären oder Erfahrungstranszendenten schafft. In der Geschichte vom Tunichtgut Rip, der bei einem Jagdausflug dem seit 160 Jahren toten Henry Hudson und seiner Mannschaft begegnet, in einen zwanzigjährigen Zauberschlaf versinkt und nach seiner Rückkehr in sein Dorf die Auswirkungen der gerade erst beendeten amerikanischen Revolution bestaunen kann, bleibt der fiktionale Realitätsstatus von Rips Bericht in der Schwebe, zumal Irving eine ganze Kette von Erzählern und Weitererzählern zwischen den Ausgangspunkt der Geschichte und das Lesepublikum schiebt. Die resultierende Fiktionsironie kennzeichnet auch viele andere seiner Werke. Zugleich ermöglicht das Zauberschlaf-Motiv eine Komprimierung der Darstellung und die Suggestivität der Kürze wiederum eine Vielfalt von Bedeutungsebenen. Seine Abwesenheit schafft Rip Gelegenheit zu einem satirisch wirkenden Vergleich zwischen der gemütlichen altholländischen Welt unter englischer Kolonialherrschaft und der Umtriebigkeit der Yankees und Demokraten, die nun das Sagen haben. Doch »Rip Van Winkle« ist auch eine Geschichte über Identität und Identitätsverlust, über Verantwortungsflucht und daraus folgende Sterilität. Überdies thematisiert sie selbstreflexiv das Entstehen von erzählender Kunst. Während ein Großteil der Texte des *Sketch-Book* in England spielt und gleichsam die Berechtigung von Irvings

»Rip van Winkle«

Joseph Jefferson in seiner Bühnenrolle als Rip van Winkle

Verweilen in der Alten Welt demonstriert, weil hier in der Tat jene »charms of storied and poetical association« zu finden sind, von denen die Einleitung spricht, wirkt Irving mit seinen im Hudsontal lokalisierten Erzählungen der Assoziationsarmut der amerikanischen Landschaft entgegen. Indem er in »Rip Van Winkle« die Motive einer deutschen Volkssage in den Staat New York transferiert, suggeriert er die Existenz einer lange zurückreichenden einheimischen Geschichte und kulturellen Tradition und poetisiert damit Amerika.

Hawthorne, Poe und Melville nahmen Irvings Werk als Ausgangspunkt und entwickelten die ›prose tale‹ in entscheidender Weise weiter. Doch nicht nur diese kanonisierten Autoren publizierten in der Epoche vor dem Bürgerkrieg Erzählungen, sondern die meisten Prosaschriftsteller/innen. Ein Blick in die Zeitschriften und ›gift books‹ erweist die Allgegenwart der Gattung und die Bedeutung dieser Publikationsformen für ihre Entwicklung. Das 1831 veröffentlichte *Token* für 1832 etwa brachte gleich vier Erzählungen Hawthornes, darunter die Meisterwerke »My Kinsman, Major Molineux« und »Roger Malvin's Burial«. Deutlich wird damals aber auch, daß die Gattung formal noch wenig gefestigt ist und nur ein Teil der Autor/innen auf den literarischen Errungenschaften Irvings aufbaut. Einer davon ist John Neal, dessen Texte sehr viel durchgängiger als jene Irvings amerikanischen Sujets gewidmet sind. In den Erzählungen »Otter-Bag« (1828) und »David Whicher« (1831) entwickelt er die von Irving geschätzten Möglichkeiten der wechselseitigen Ironisierung von Binnen- und Rahmenerzähler weiter, um in der Problematisierung der erzählerischen Vermittlung die Grenzen des Verstehens schlechthin auszuloten. In diesen Texten, die die grimmige Realität der Indianerkriege in Erinnerung rufen, werden positive und negative Stereotypen aufgerufen und decouvriert, ohne daß dadurch mehr als eine nur oberflächliche Wahrheit ans Tageslicht käme. Fehldeutungen mögen erkennbar sein; die tieferen Motivationen von Menschen, die durch eine ethnisch-kulturelle Grenze getrennt sind, bleiben jedoch unklar und daher ebenso vielfältigen Interpretationen ausgesetzt wie narrative Texte, die der Exploration und Explikation von Wirklichkeit dienen.

John Neals Indianergeschichten

Autobiographie, Biographie und Geschichtsschreibung

Die erzählende Aufarbeitung und Strukturierung der Vergangenheit – der eigenen und der nationalen oder derjenigen anderer Individuen und Völker – hatte in der frühen amerikanischen Republik überwiegend exemplarische Funktion. Daher konvergierten die Gattungen Autobiographie, Biographie und Historiographie; trotz des moderneren Geschichtskonzepts bereits bei Voltaire galten die beiden letzteren vielfach als eng benachbart, da Geschichte wesentlich als das Werk bedeutender Persönlichkeiten gesehen wurde. Schon die puritanischen Selbsterforschungen und Erweckungsberichte, selbst die rein privaten, hatten repräsentative Züge. Franklins unvollendete *Autobiography* (erst 1868 posthum vollständig veröffentl.) präsentiert zwar das selbstbewußte bürgerliche Individuum, beansprucht aber mit dem Bericht über die eigene Lebensgestaltung Vorbildfunktion. Die Lebenserinnerungen der diversen ›revolutionary leaders‹ trugen zum Entstehen von

Historiographie als Biographie beispielhafter Personen

Gründungsmythen bei, mit denen sich die Nation identifizieren konnte. Die Autobiographien von Angehörigen ethnischer Minderheiten wie die des Afro-Amerikaners Olaudah Equiano und andere *slave narratives* oder der Lebensbericht des Pequot-Indianers William Apes zeigen paradigmatisch die Existenzbedingungen solcher marginalisierter Gruppen in der Auseinandersetzung mit der übermächtigen angloamerikanischen Kultur und Gesellschaft.

Das Ineinander von populärer Geschichtsschreibung und Biographie und die anekdotische Anlage des historischen Erzählens lassen sich besonders gut in den populären Kurzbiographien von Mason Locke Weems erkennen, der als Geistlicher, Autor und reisender Buchhändler eine typische berufliche Entwicklung durchlief; im übrigen waren auch die meisten anderen Historiker/innen der Epoche Amateure. Von seiner *History of the Life, Death, Virtues, and Exploits of George Washington* (1800) erschienen bis 1927 86 Auflagen. Die Washington-Biographie John Marshalls (1804–07) ist gewichtiger, aber ebenfalls idealisierend. Weniger nationale als südstaatliche Legenden um die Staatsgründung wurden in William Wirts *Sketches of the Life and Character of Patrick Henry* (1817) produziert. Auch die ebenfalls sehr erfolgreiche *History of the United States* (1828) von Emma Hart Willard, die als Gründerin des Troy Female Seminary bekannt wurde, diente dem »improvement in individual and national virtue«. Willard stützte sich jedoch nicht wie Weems auf interessante und instruktive, wenngleich nicht notwendigerweise wahre Geschichten, sondern auf reichhaltiges Zahlen- und Faktenmaterial sowie auf Beispiele für tugendhaftes Verhalten von amerikanischen Frauen und Männern. Hier wie in anderen historisch-biographischen Werken der Epoche gilt weiterhin die Vorstellung des 18. Jh.s, wie sie Lord Bolingbroke formuliert hatte: »history is philosophy teaching by examples«. Individuen, Gesellschaften und Nationen der Vergangenheit werden nicht um ihrer selbst willen vorgestellt, sondern wegen ihrer positiven oder negativen Beispielhaftigkeit.

Amateurhistoriker/innen

Auch hierin markiert das Werk Irvings eine Wende zu einer eher romantischen Geschichtsauffassung. Zunächst parodiert er in seiner *History of New York* gerade den moralisch-didaktischen Anspruch der Historiographie und läßt in seinen humoristischen Porträts der Gouverneure des damals noch holländischen New York satirische Parallelen zu den politischen Führern der Gegenwart aufblitzen. An seinem alten Historiker zeigt Irving auch die Gefährlichkeit der Geschichtsschreibung, wenn diese für Knickerbocker schließlich wichtiger wird als die Geschichte selbst. Diese Geschichte jedoch erweist sich trotz aller burlesken Komik des Textes als endloses Gemetzel, das seine Rechtfertigung nicht etwa aus hohen nationalen Ansprüchen, sondern (im Fall der Indianervernichtung) aus dem »RIGHT BY GUNPOWDER« bezieht. In seinen späteren historiographischen Schriften über die Geschichte Spaniens, die Entdeckungsreisen und die Erschließung des amerikanischen Westens, besonders aber in seinen Kolumbus- und Washington-Biographien versucht Irving dann, die Vergangenheit zu poetisieren, den ästhetischen und kulturvergleichenden Reiz des Lebens früherer und/oder exotischer Gesellschaften und Individuen herauszuarbeiten, ohne dabei die vorliegenden Zeugnisse zu verfälschen.

Der Übergang zur romantischen Geschichtsschreibung

So blieb Irvings *The Life and Voyages of Christopher Columbus* (1828) wegen der Fülle des darin verwendeten Materials, aber auch wegen seiner literarischen Qualität bis zum Ende des 19. Jh.s die Standardbiographie. Während William H. Prescotts ebenfalls literarisierende Darstellungen die Eroberung Mexikos und Perus in den Kontext eines weltgeschichtlichen

Irvings Kolumbus als romantischer Held

Gedenkbild anläßlich des Todes von George Washington

zivilisatorischen Voranschreitens stellten, an dessen vorläufigem Ende die Vereinigten Staaten standen, ging es Irving um Kolumbus als romantischen Helden, in dessen Welt und Denken Autor und Leserschaft sich durch Einfühlungsvermögen und Imagination hineinversetzen sollten. Nicht umsonst erscheint die Phantasie als die wichtigste Gabe des Entdeckers, der so zum romantischen Originalgenie in reizvoller exotischer Umgebung wird. Doch selbst hier überläßt sich Irving der romantisch-mythisierenden Sicht nicht ganz, sondern zeigt auch den Pragmatiker und Realisten Kolumbus, den für ein amerikanisches Publikum besonders attraktiven *self-made man*, der, vor allem mit der Versklavung der Indianer, durchaus auch schwerwiegende Fehler begeht. Das Werk bereichert überdies das nationale Geschichtsbild, da es die Voraussetzungen der Landnahme durch die Weißen schildert. Insgesamt dominiert jedoch das herausragende Individuum, das die Einheit von Kunst und Leben demonstriert, indem es eine weltbewegende Idee entwickelt und diese dann auch realisiert; insofern ist Kolumbus ein anspornendes Beispiel für amerikanischen Erfindergeist wie für amerikanische Literaturproduktion.

Historischer Roman und Gesellschaftsroman

Die Romanliteratur der frühen Republik ist durchweg nicht nur unterhaltend, sondern hat auch gesellschaftsstabilisierende Funktion. Die Institutionen und Werte von Ehe und bürgerlicher Familie werden nicht nur im sentimentalen Roman, sondern auch in den Liebeshandlungen der anderen Untergattungen verteidigt. Um nationale Ordnung geht es nicht nur beim satirischen Erzählen, sondern vor allem im historischen Roman. Freilich rührte die in diesem Genre unvermeidbare Fiktionalisierung historischer Umstände an besondere Empfindlichkeiten: Wurde dem Roman generell von den Fiktionsgegnern vorgeworfen, verführerische Illusion zu bieten, so galt die erzählerische Umformung der Historie bis zum Erscheinen von Scotts Werken als Lüge und Versündigung am nationalen Erbe. Deutlich wird der Konflikt von Fiktion und Geschichte in Samuel Woodworths *The Champions of Freedom* (1816), wo die romantische Liebeshandlung in der Manier des sentimentalen Romans präsentiert wird, die nationalgeschichtliche (der zweite Krieg mit England, 1812–14) jedoch als damit kaum verbundene dokumentarische Chronik. Der Konflikt zwischen Pflicht und Liebe, in dem sich der Protagonist befindet, führt so zur Sprengung der Romanstruktur. In Amerika sollte erst James Fenimore Cooper das Problem lösen, Historisches als Erfahrung des Individuums darstellbar zu machen.

Gesellschaftstragende Funktion des Romans

Dafür konnte er, wiewohl er dies partiell in Abrede stellte, auf das Modell des historischen Romans zurückgreifen, das Sir Walter Scott, der schottische Romantiker mit realistischem Einschlag, von 1814 an in seinen *Waverley*-Romanen präsentiert hatte. Nach G. Lukács sind dies Scotts wesentliche Beiträge zur Entwicklung der Gattung: Im Gegensatz zum statischen Menschenbild der Aufklärung werden Mensch und Gesellschaft als Produkte des historischen Wandels dargestellt; dieser Wandel ist das eigentliche Thema der Romane. Um die Epochen vorstellbar zu machen, sind Figuren- und Milieuzeichnung trotz abenteuerlicher Handlung und der für die *romance* typischen Idealisierung recht realistisch. Das historische Geschehen wird nicht aus der Sicht der Großen, sondern der eines ›mittleren Helden‹, eines sozial und charakterlich durchschnittlichen Menschen, gezeigt. Die Großen wiederum sind nicht Verursacher, sondern Exponenten einer historischen Entwicklung. Scotts immense Popularität beruhte wesentlich darauf, daß durch diese Konzeption Geschichte auf bis dahin unerhörte Art dramatisch miterlebbar gemacht wurde. In Amerika wurde er zusätzlich als Repräsentant der schottischen Literatur gefeiert, die als Modell dafür galt, wie eine eigenständige nationale Kultur entstehen konnte, obwohl sie die Sprache und zahlreiche Aspekte der Tradition mit England gemeinsam hatte.

Das Vorbild Walter Scotts

Das bei Scott wichtige Motiv der Versöhnung (hier zwischen Schottland und England, Konservatismus und zukunftsorientiertem Fortschrittsdenken) ist auch für Cooper wesentlich. Bei ihm, dem Sohn eines neureichen Großgrundbesitzers im Bundesstaat New York, bedeutete dies nicht nur die Versöhnung der durch die Revolution gespaltenen Klasse der Landbesitzenden, sondern, in seltsamer, interessengeleiteter Verblendung, auch die Versöhnung der Ansprüche dieser Klasse mit der Bevölkerungsmehrheit, der er die Anerkennung der Notwendigkeit einer landbesitzenden Führungselite zumuten zu können glaubte. Er verteidigte die Institutionen der Republik in

James Fenimore Cooper

Notions of the Americans (1828) gegen europäische Kritik, sah sie nach seiner Rückkehr von einem siebenjährigen Europaaufenthalt jedoch gefährdet durch die Gleichmacherei der Jacksonschen Epoche, durch eine von Demagogen verführte Masse und durch das städtische Handelskapital. Sein *The American Democrat* (1838) ist eine vom Lockeschen Gedanken des Privatbesitzes als Staatsgrundlage ausgehende Abrechnung mit solchen Tendenzen. Der Verdacht, er propagiere eine im Grunde aristokratische Ordnung, verfolgte ihn sein ganzes restliches Leben.

Coopers Lederstrumpf-Romane

Im ersten der schließlich fünf Romane umfassenden Lederstrumpf-Serie, *The Pioneers* (1823), wird der Ausgleich von Interessenkonflikten um Besitz und damit verknüpfte Rechte und Pflichten anhand der Auseinandersetzung zwischen Amerikanern und Nachfahren der Loyalisten, aber auch zwischen dem patriarchalischen Landbesitzer und der Dorfbevölkerung thematisiert. Die Heirat zwischen den Kindern der erstgenannten Gruppen löst den einen Hauptkonflikt im Sinne der Komödie. Stärker als bei Scott gibt es jedoch auch die Tragik derjenigen, die von der Versöhnung ausgeschlossen bleiben, weil sie dem wie es scheint notwendigen historischen Voranschreiten zu höheren Kulturstufen im Wege stehen: der indianischen Urbevölkerung und des alten Jägers und Fallenstellers Natty Bumppo, des ›Leatherstocking‹, der bei der Öffnung der *frontier* unentbehrlich war, dessen nur dem Eigenbedarf dienende, keinen gesellschaftlichen Regeln unterworfene Nutzung der Natur jedoch mit dem Privatbesitz nicht in Einklang zu bringen ist. Zwiespältig erscheint der Fortschritt der Landnahme auch, weil ihm die Wälder und andere natürliche Ressourcen in unvertretbarem Maße zum Opfer fallen – Cooper tritt hier bereits als ökologischer Romancier auf. Somit steht die sittliche Problematik gesellschaftlicher Vorgänge in Vergangenheit und Gegenwart und nicht nur der historische Prozeß als solcher im Zentrum von Coopers Œuvre.

James Fenimore Cooper

Leatherstocking als neuer Heldentyp

Ein wesentlicher Unterschied zum Scottschen Vorbild ist auch die Gestaltung einer neuen Art von Nebenhelden aus niederem Stand, der die Haupthelden bald an Bedeutung übertreffen sollte. In Coopers erstem historischen Roman, *The Spy* (1821), der im Unabhängigkeitskrieg spielt, wird die private Liebes- und Intrigenhandlung durch den Einsatz entsprechender Figuren auf der Gentleman- und Offiziersebene mit der Kriegshandlung zusammengeführt und dieser untergeordnet. Der wahre Held ist jedoch ein unscheinbarer und zu Unrecht verdächtigter Yankee-Hausierer, der in der bisherigen Romanliteratur allenfalls als Picaro im Schelmenroman eine Zentralstellung hätte einnehmen können. Er ist in Wahrheit der Spion Washingtons und dient der amerikanischen Sache völlig uneigennützig. Dieser die Handlung prägende Außenseiter als moralische Instanz und Repräsentant der demokratischen Prinzipien ist Vorläufer von Natty Bumppo, doch wird Coopers wachsende Enttäuschung über die Entwicklung der USA daran ersichtlich, daß bei Lederstrumpf Opferbereitschaft und Ausgeschlossensein keinen gemeinsamen patriotischen Nenner mehr besitzen, sondern einen unlösbaren Wertekonflikt andeuten. In der eher zufälligen Erscheinungsabfolge der zunächst nicht als Serie geplanten Leatherstocking-Romane (im erst 1841 erschienenen *The Deerslayer* ist Natty am jüngsten) wird nicht etwa der Mythos von der Selbsterneuerungskraft Amerikas sichtbar, wie D.H. Lawrence meinte. Wenn die Romane eine mythische Dimension besitzen, insofern sie eine symbolisch wahre, repräsentative Geschichte erzählen, die grundsätzliche Möglichkeiten allgemein menschlichen oder kulturspezifischen Handelns aufzeigt, dann verkörpert Natty zwar die Fähigkeit der Euro-Amerikaner, sich der Natur der Neuen Welt anzupassen, ohne sämtliche Attribute und Werte ihrer Zivilisation, vor allem der christlichen, aufzugeben – insofern ist er der archetypische *frontier*-Held und in der Kombination seiner Fähigkeiten ein Neuer Mensch. Aber entscheidender ist seine Rolle als Vorreiter des historischen Prozesses, der die unberührte Wildnis vernichtet, dessen Mittlertätigkeit zwischen der weißen Zivilisation und jener der Indianer nicht hinreicht, um diese zu retten, und dessen eigene, neue, absolut individualistische Existenzform nicht überlebensfähig ist. Insofern symbolisiert er eher das Ende als einen Neuanfang, ist er kein unschuldiger zweiter Adam – eine beliebte Selbststilisierung der Amerikaner –, sondern ein Teil der ambivalenten, notwendig mit Schuld verknüpften Geschichte.

Mythos versus *Geschichte*

Die Ablösung des Mythos wird besonders deutlich in *The Last of the Mohicans* (1826). Der Roman spielt 1757, im French and Indian War, einem Kolonialkrieg mit wechselnden Allianzen. Das Thema Verrat, die Diskrepanz zwischen Schein und Sein, steht daher obenan, erscheint aber als Funktion des Schauplatzes selbst. Cooper entwirft hier wie auch in seinen anderen Romanen imposante Wortgemälde amerikanischer Landschaften. Die beiden Bilder, die Cole zu Szenen aus *The Last of the Mohicans* gemalt hat, zeigen die menschlichen Akteure als winzige Püppchen auf gewaltigen Felsenklippen; sie unterstreichen Coopers Darstellung und zugleich die historische Distanz, die das heroische Geschehen inzwischen zu einem Teil des kulturellen Erbes gemacht hat. Die Wildnis gewinnt in diesem Roman mythische Dimensionen; außer Natty finden sich nur die mit ihr assoziierten Figuren, die ›guten‹ Mohikaner und ›bösen‹ Huronen, in ihr zurecht. Von mythischem Format erscheinen auch Uncas als Idealform des edlen Wilden und letzte Hoffnung seines Stammes, sowie sein dämonischer Gegenspieler Magua. Uncas' Liebe zu einer der weißen Protagonistinnen, Cora, erhebt ihn noch über diese Stufe, sie ›zivilisiert‹ ihn, wie der Autor andeutet. Beider Tod am Ende des Romans symbolisiert jedoch die Aussichtslosigkeit des Versuchs, die Rassenschranken in Amerika zu überwinden und aus einer Synthese der besten Qualitäten aller Völker eine neue Menschheit von mythischer Perfektion zu schaffen (daß Cora auch ein wenig schwarzes Blut besitzt, macht den Vorgang noch allgemeingültiger). Die mythisch-geschichtslose Welt zerbricht vor der Geschichte; die ihr Angehörigen sind nicht in den Fortschritt einzubinden und daher zum Untergang bestimmt.

The Last of the Mohicans

Illustration zu Coopers *The Last of the Mohicans* von F. O. C. Darley

Diese Sicht entsprach dem damaligen Diskurs über die ethnisch Fremden. Sie wurde von Cooper geteilt und als wesentliches Element in die Form des *frontier*-Romans eingebracht, die er begründet hat; weitere Elemente sind die Figur des einsamen, nicht in Ehe und Gesellschaft einzubindenden weißen Helden und die Schilderung der Lebensbedingungen an der Siedlungsgrenze sowie der Auseinandersetzungen zwischen Weißen und Indianern, die jeweils in eine gute und eine böse Gruppe aufgeteilt sind. Cooper mag in einzelnen Texten wie in *The Wept of Wish-ton-Wish* (1829) die indianische Seite und die Möglichkeiten des Zusammenlebens von Rot und Weiß komplexer gestaltet haben, insgesamt distanziert er sich jedoch nicht vom amerikanischen Konsens, wonach die Landnahme durch eine bessere Nutzung der Natur gerechtfertigt war. Aber er wurde nicht müde, die Frage nach den sittlichen Kosten des Vorgangs zu stellen. Als unerbittlicher Moralist betrachtete er die Errichtung einer vorbildlichen menschlich-gesellschaftlichen Ordnung als eine allenfalls partiell erfüllbare Aufgabe, wie auch sein umfangreiches sonstiges Romanwerk (die ersten Seeromane der amerikanischen Literatur, historische Romane über die europäische Sozial-

frontier-Roman

Thomas Cole, Szene aus »The Last of the Mohicans« (ca. 1827)

Lydia Maria Child

Lydia Maria Child

ordnung, Satiren, Gesellschaftsromane und einer der ersten amerikanischen utopischen Romane) belegt. Diese Auseinandersetzung mit dem amerikanischen Ideal im Kontext realgeschichtlicher Vorgänge begründet seine literaturgeschichtliche Bedeutung, obgleich seine Figuren oft hölzern sind und sein Stil die Eleganz und Präzision Irvings, seines Rivalen um die Publikumsgunst, vermissen läßt.

Neben Cooper und z. T. im Dialog mit und gegen ihn engagierten sich in den 1820er Jahren viele Autor/innen auf dem Feld des historischen Romans. Lydia Maria Child, die später mit *An Appeal in Favor of that Class of Americans Called Africans* (1833) als Aktivistin gegen die Sklaverei bekannt wurde und die für die Rechte sowohl der Schwarzen als auch der Indianer und der Frauen eintrat, schrieb mit *Hobomok* (1824) einen frühen historischen Roman, in dem die Ehe zwischen einem Indianer und einer Weißen nicht tabuisiert, sondern positiv dargestellt wird. In dem um 1630 in Salem und Plymouth spielenden Roman heiratet die Puritanerin Mary Conant den Indianer Hobomok, der liebevoll für sie und den gemeinsamen Sohn sorgt und der sie später, als ihre totgeglaubte Jugendliebe zurückkehrt, wieder freigibt. Allerdings stellt auch Child die Überlegenheit der angloamerikanischen Kultur nicht grundsätzlich in Frage, denn die friedliche Verbindung der beiden Rassen führt letztlich zur völligen Assimilation der Indianer: Während Hobomok sich in ferne Wälder zurückzieht, wird sein Sohn später in Harvard studieren und sein indianisches Erbe zunehmend in Vergessenheit geraten. Zwar übt Child Kritik an den Unzulänglichkeiten der Vergangenheit – ein durchgängiges Thema von *Hobomok* ist die Bloßstellung falscher (hier: männlicher) Autoritäten –, verbindet diese jedoch mit einer versöhnlichen Vision einer besseren Zukunft im Sinne der Konsensideologie. Childs nächster historischer Roman, *The Rebels* (1825), thematisiert die Auseinandersetzungen um den Stamp Act, und damit die Anfänge der amerikanischen Revolution. Von ihren späteren Werken ist die populäre Kolumne *Letters from New-York* (1843 und 1845 in Buchform veröffentlicht) in der Zeitschrift *National Anti-Slavery Standard* erwähnenswert, in der Child persönliche Eindrücke mit politischem Kommentar verbindet, eine Form, die Autorinnen wie Grace Greenwood und Fanny Fern später erfolgreich weiterführten. Childs zweibändige *History of the Condition of Women, in Various Ages and Nations* (1835) zeigt im Kulturvergleich die Verschiedenheit des Lebens von Frauen und wurde damit zu einem wichtigen Werk für die Frauenbewegung des 19. Jh.s.

Anders als ihre männlichen Kollegen wählten Frauen häufig Protagonistinnen für ihre historischen Romane. Dies hat insofern erzählerische Konsequenzen, als die frühen amerikanischen Schriftsteller/innen sich zuallermeist vorhandener Genreelemente mit dazugehöriger Diktion und Handlungsmustern bedienen. Wo Frauenfiguren auch im historischen Roman dominieren, wird jenes Erzählmuster aktiviert, in dem seit dem 18. Jh. Frauen im Mittelpunkt stehen, das sentimentale. Schon Child verband in *Hobomok*, dessen zentrale Figur unbeschadet des Titels eine Frau ist, Traditionen des historischen und des sentimentalen Romans, ohne die entstehenden Spannungen letztlich erzählerisch befriedigend lösen zu können. Catharine Sedgwick gelingt es dagegen in *Hope Leslie* (1827), das ebenfalls im 17. Jh. in Massachusetts spielt, die Verknüpfung beider literarischer Formen erzählerisch fruchtbar zu machen, weil sie sich nicht nur in diese Traditionen einfügt, sondern die Grundaussagen des historischen und des sentimentalen Romans in Frage stellt, indem sie ihre Schemata gleichsam gegeneinander aussagen läßt.

Verknüpfung von historischem und sentimentalem Roman

Die jeweiligen genrespezifischen Verfahren werden in *Hope Leslie* genutzt, um in einer Vielzahl von Wiederholungen, Brechungen und Echos eine Analyse der symbolischen Ordnung der Kultur zu leisten. In der Spannung zwischen Genreerwartung und Genrerealisierung wird der Fortschrittsglaube des amerikanischen historischen Romans durch Elemente des sentimentalen Romans unterminiert; der sentimentale Roman wiederum wird auf zweifache Weise gebrochen: einerseits durch die Alteritätsthematik des historischen Romans, das Aufeinandertreffen von Weißen und Indianern, andererseits durch eine komplexe Namenssymbolik. Bereits das auffällige Wortspiel im Titel *Hope Leslie* (mit ›hope‹ und ›hopelessly‹) signalisiert genreuntypische Ambivalenz, die sich durch den Text zieht und den Roman zwar mit der Heirat der Titelheldin enden läßt, ihn jedoch mit den Worten beschließt: »marriage is not *essential* to the contentment, the dignity, or the happiness of woman.«

Catharine Sedgwicks Hope Leslie

Was der Text besonders nachdrücklich in Frage stellt, ist die Eindeutigkeit der Zeichen. So wird bereits im Namen der Titelheldin und ihrer Schwester die Namensgebung als kulturelles Zeichensystem, über das Charakter ausgedrückt wird, augenfällig problematisch. Die eigentlich Alice und Mary Leslie heißenden Mädchen werden in der Neuen Welt auf die Namen Hope und Faith getauft, womit sie eine neue und im puritanischen Sinne eindeutige Identität bekommen. Doch entsteht gerade durch die Umbenennung, die dem religiös motivierten Wunsch nach Festlegung des Charakters entspringt, die fatale Verbindung mit dem beibehaltenen Nachnamen und damit Ambivalenz. Die Schwestern selbst tun beides; sie verkörpern ihre Namen und widerlegen sie. Faith Leslie, die als Kind von Indianern entführt wird, später einen Indianer heiratet und äußerlich und innerlich Indianerin wird, tritt zum katholischen Glauben über und ist insofern in der Tat ›faithless‹, doch eben nur aus puritanischer Sicht, denn sie widersetzt sich hartnäckig allen ›Rezivilisierungsversuchen‹ und bleibt ihrer indianischen Familie und Kultur treu. Hope Leslie ist einerseits hoffnungsvolle und versöhnungsstiftende Heldin, andererseits bleibt gerade sie immer wieder in einer ethnozentrischen Perspektive gefangen. Der Ambivalenz ihres Namens entspricht ihre zweifache Funktion als Trägerin der Ordnung und als subversive Person. Die Metapher der Schwesternschaft, die im Roman auf Frauen unterschiedlicher Rassen und Herkunft ausgedehnt wird, dient Sedgwick als sinnfälliges Bild kultureller Differenz und Gleichwertigkeit. Als Puritanerin und Indianerin bestehen Hope und Faith auf ihrer jeweiligen kulturellen Eigenständigkeit, und doch bleiben sie Schwestern.

Relativität kultureller Normen und Werte

Mit solcher Konfrontation eröffnet Sedgwick den Blick auf die Relativität kultureller Normen und Werte, die zwar innerhalb einer Ordnung eindeutig erscheinen, jedoch ins Zwielicht geraten, wenn sie anderen Normen gegenübergestellt werden, ohne daß sich eine legitime Hierarchie etablieren ließe. Sedgwick behandelt die Alteritätsproblematik in einer Serie von Spiegelungen und Wiederholungen: interkulturell in der Begegnung von Puritanern und Indianern und intrakulturell im Kontakt der Generationen und Geschlechter. Die Ähnlichkeiten weisen darauf hin, daß dieselben Mechanismen am Werk sind: Im Verhältnis der Geschlechter wiederholt sich strukturell die Problematik von Differenz und Hierarchie, die im Verhältnis der Kulturen auftritt. Die Möglichkeiten der Begegnung, die der Text entwickelt, sind an zwei Prinzipien orientiert. Das hierarchische der Unterwerfung des Anderen unter das eigene Gesetz zielt auf die endgültige Negation des Anderen, was im Roman Tod und Vernichtung zur Folge hat. Das zweite Prinzip ist das der gegenseitigen Hilfe; eine Ethik der Fürsorge, die Toleranz für den Anderen umfaßt. Das erste wird mit männlicher Autorität assoziiert, das zweite steht ihm als weiblich besetztes Prinzip entgegen. *Hope Leslie* beantwortet die Frage des historischen Romans nach der Einlösung des Versprechens, das Amerika als neue und höhere Stufe der Zivilisation festschrieb, mit dem Verweis auf das Ungenügen schlichter ethno- und androzentrischer Weltbilder.

Mit *The Linwoods* (1835), angesiedelt im amerikanischen Unabhängigkeitskrieg, wandte sich Sedgwick später noch einmal dem Genre des historischen Romans zu. Dieses Werk markierte für lange Zeit den Endpunkt des Romanschaffens einer Autorin, die von ihren Zeitgenossen zusammen mit Irving und Cooper als Mitbegründerin einer genuin amerikanischen Literatur gefeiert wurde. Nach 1835 verlagerte Sedgwick ihre schriftstellerische Arbeit auf Biographie, Reiseliteratur und v.a. auf politische ›conduct fiction‹, moralisch-didaktische Erzählungen, die demokratische Prinzipien und christliches Verhalten illustrieren sollen, wie *The Poor Rich Man and the Rich Poor Man* (1836), wofür ihr höchste Anerkennung zuteil wurde. Dieser Karriereverlauf spiegelt einen Aspekt im Diskurs über weibliches Schreiben, der von Schriftstellerinnen verstärkt moralische und erzieherische Leitfunktion einforderte.

John Neal

Der stets streitbare, für soziale Anliegen wie Frauenrechte, Sklavenbefreiung und Gefängnisreform engagierte John Neal legte während eines Europaaufenthaltes mit einer Artikelserie im Edinburgher *Blackwood's Magazine* 1824–25 die erste kritische Gesamtübersicht über die amerikanische Literatur vor. Ausgerechnet in den Seiten einer jener britischen Zeitschriften, die der Kultur des jungen Staates ablehnend gegenüberstanden, ging er mit seinen Landsleuten hart ins Gericht. Selbst den in seinen Augen besten Autoren, Ch. B. Brown, Irving und Cooper, wirft er vor, Nachahmer Godwins bzw. Addisons oder Scotts zu sein; wenige Texte, etwa Irvings *History of New York*, Sedgwicks *Redwood* und seinen eigenen Roman *Brother Jonathan* nimmt er aus. Seiner umfangreichen Produktion wird man einen

Mangel an Originalität kaum vorwerfen können, doch sind seine meistens sehr rasch geschriebenen Romane, gerade auch die historischen, Konglomerate aus höchst unterschiedlichem Material und höchst unterschiedlich gelungenen Partien. Mit Brown teilt er das Interesse an der psychischen Disposition der Figuren, mit Cooper und Sedgwick den Blick auf die moralischen Aspekte der Historie. Dabei neigt Neal zu einer eher argumentativen Darstellung. Die gelungenen Passagen – die Darstellung des Kriegserlebnisses durch das Bewußtsein des Protagonisten im Revolutionsroman *Seventy-Six* (1823), die Wiedergabe der verwirrenden Großstadterfahrung eines jungen Mannes vom Lande in *Brother Jonathan* (1825), die eindringliche Präsentation des puritanischen Hexenwahns in *Rachel Dyer* (1828) – suchen in der zeitgenössischen Romanliteratur ihresgleichen. Neals kraftvolle, variantenreiche, oft dem gesprochenen amerikanischen Englisch abgelauschte Sprache ist weit entfernt vom Standardstil der damaligen etablierten Literatur. Die Ablehnung des Autors durch viele Angehörige dieses kulturellen Establishments wie die Bewunderung der jungen Kollegen Hawthorne und Poe deuten an, daß Neal zumindest einen Teil seiner Ansprüche an eine radikal neue amerikanische Erzählliteratur selbst eingelöst hat.

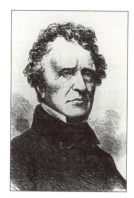

John Neal

Zu den bereits dargestellten Untergattungen des Romans tritt in den 20er Jahren eine Gruppe von Texten, die sich, z.T. Handlungsmuster anderer Gattungen aufnehmend, mit der damaligen amerikanischen Gesellschaft, den Regionen und den regionalen Differenzen ihrer Menschen befassen und darin oft ein gutes Stück Nationalstolz zum Ausdruck bringen. Vorläufer solcher hier unter der Rubrik ›Gesellschaftsroman‹ zusammengefaßter Texte ist bereits Rebecca Rushs *Kelroy* (1812), ein vom Handlungsmuster her weitgehend konventioneller sentimentaler Roman, der jedoch in seiner Darstellung der besseren Gesellschaft Pennsylvanias, der Kontrastierung von Stadt und Land und in seinen komplexen Charakterporträts ungewöhnlich differenziert ist. Sedgwicks *Redwood* (1824) gehört ebenfalls hierher. *Redwood* unternimmt den Versuch, in der Begegnung einer vornehmen Südstaatenfamilie aus Virginia mit einer Farmerfamilie aus Vermont regionale Mentalitätsunterschiede herauszuarbeiten. Die Autorin bedient sich der Konvention der zwei Heldinnen, die eine vorbildlich, die andere negativ, schafft aber mit Deborah Lenox darüber hinaus die Figur einer älteren Frau, die als neuenglisches Original mit Coopers Leatherstocking verglichen wurde.

Gesellschaftsroman und Utopie

Den Nord-Süd Gegensatz in Lebensweise und Wirtschaftsform sowie die zunehmenden Spannungen in der Sklavenfrage thematisierte Sarah Josepha Hale in ihrem ersten Roman *Northwood* (1827), der vor dem Beginn ihrer Karriere als Herausgeberin der Frauenzeitschrift *Godey's* lag. Das Ideal der republikanischen Gründerväter sieht Hale in den selbständigen Farmern New Hampshires verwirklicht. Ein Großstadtroman wie Sedgwicks *Clarence* (1830) entwirft dagegen ein aktuelles Porträt der New Yorker Gesellschaft, in das lokale Sensationen wie der erste große Maskenball der Stadt von 1829 eingearbeitet sind.

Cooper, dessen Karriere mit dem mißlungenen Versuch einer *novel of manners* begonnen hatte, verband in den 1840er Jahren den historischen Abenteuerroman mit dem Gesellschaftsroman, als er den damals voll entbrannten Konflikt um Besitzrechte zwischen den Großgrundbesitzern und den Landpächtern aus seinen Wurzeln in der Kolonialzeit erklärte. Die daraus entstandene sog. Littlepage-Trilogie (1845/46) bildet den Anfang des großangelegten Generationenromans. Den interessantesten seiner zahlreichen Versuche, literarisch mit dem umzugehen, was er als die Fehlentwicklung der amerikanischen Gesellschaft sah, bietet indessen sein utopisch-dystopischer Roman *The Crater* (1847), der die Gründung eines Gemeinwesens nach dem amerikanischen Idealmodell auf einer unbewohnten Insel schildert, das schließlich an der politischen Unvernunft einer Gruppe von massendemokratisch orientierten Siedlern zugrundegeht. Cooper stellt dabei die Historie auf den Kopf, indem er die Eingeborenen der Nachbarinseln zu expansionslüsternen Kolonisatoren macht. Solche Schuldverdrängung war jedoch kein Weg, den nationalen und gesellschaftlichen Widersprüchen der Vereinigten Staaten um die Jahrhundertmitte intellektuell und moralisch beizukommen. Die Autorinnen und Autoren der nächsten, nach 1800 geborenen Generation hatten damals bereits begonnen, ungleich komplexere literarische Texte vorzulegen, in denen sich die Loslösung von europäischen Modellen vollendete und die amerikanische Literatur nun ihrerseits durch einen formalen und ideellen Innovationsschub weltliterarisch anregend werden sollte.

ROMANTIK UND ›AMERICAN RENAISSANCE‹

›American Renaissance‹ und die New American Studies

Die Jahrzehnte zwischen den 30er und 60er Jahren des 19. Jh.s stellen nach traditioneller Lesart den ersten großen Höhepunkt der amerikanischen Literatur dar, an dem sich zugleich die kulturelle Unabhängigkeit der USA erstmals machtvoll dokumentierte. Diese wurde beglaubigt durch den unabweisbaren Geltungsanspruch der Meisterwerke der seit F.O. Matthiessen (1941) so genannten *American Renaissance*, mit denen der lang angestrebte Anschluß an das Niveau der Weltliteratur erreicht wurde und gleichzeitig der distinktive Eigencharakter der amerikanischen Kultur und Identität exemplarisch hervortrat. Wie die Renaissance in England einen Gipfelpunkt künstlerischer Blüte in der Alten Welt darstellte, so bezeichnete die amerikanische Renaissance ein Goldenes Zeitalter der Literatur in der Neuen Welt, in der die junge Nation erstmals ihre unverwechselbare eigene Stimme und ein symbolisches Zentrum ihrer Selbstdefinition fand. Die Kontinuität mit den großen Kulturleistungen der Geschichte, die im Begriff der ›Renaissance‹ enthalten ist, findet dabei in der Verbindung mit dem spezifisch amerikanischen Anspruch des *radikal Neuen* ihre eigentliche, paradoxe Bestimmung in der Diskontinuität zu aller bisherigen Tradition, in der Befreiung aus den Verstrickungen in eine europäische Vergangenheit, deren übermächtiger Einfluß das gewaltige Kreativitätspotential der Neuen Welt so lange gelähmt hatte. Nirgends kommt dieser Gestus epochaler Emanzipation sinnfälliger zum Ausdruck als in Ralph Waldo Emersons *The American Scholar* (1837), das O.W. Holmes als »our intellectual Declaration of Independence« bezeichnete:

Intellektuelle Unabhängigkeitserklärung

> Perhaps the time is already come ... when the sluggard intellect of this continent will look from under its iron lids, and fill the postponed expectation of the world with something better than the exertions of mechanical skill. Our day of dependence, our long apprenticeship to the learning of other lands, draws to a close. The millions, that around us are rushing into life, cannot always be fed on the sere remains of foreign harvests. Events, actions arise, that must be sung, that will sing themselves. Who can doubt, that poetry will revive and lead in a new age, as the star in the constellation Harp, which now flames in our zenith, astronomers announce, shall one day be the polestar for a thousand years?

Wesentliche Züge der geistigen Physiognomie der amerikanischen Renaissance werden hier deutlich – die Metaphorik von Erwachen und Aufbruch;

die Aufkündigung der Abhängigkeit vom Fremden und die emphatische Besinnung auf das Eigene; die gleichzeitig naturwüchsige und revolutionär-innovative Kraft einer demokratischen Kultur, die unmittelbar aus dem Leben und Handeln der einzelnen wie der Nation entspringt und schicksalhaft mit dem amerikanischen Kontinent als ganzem verknüpft ist; die Rolle der Literatur als Prophetie jenes Neuen Zeitalters, in das Amerika gemäß seiner weltgeschichtlichen Mission den Weg weist.

Kanon amerikanischer Klassiker

Nach Matthiessens These erfüllte sich Emersons Verheißung einer großen, einheimischen Literatur um die Jahrhundertmitte in den Werken einer Gruppe von Autoren, die nahezu zeitgleich hervortraten – Emerson selbst, Thoreau, Whitman, Hawthorne und Melville. Mit ihnen war ein Kanon amerikanischer Klassiker etabliert, der die Erfahrung des Landes selbst als eines historischen Neuanfangs und innovativen Experiments der Menschheitsgeschichte, mit all seinen Ambivalenzen und Widersprüchen, in der Kunst zum Ausdruck brachte. Sie zeigten gewissermaßen einen literarischen Pioniergeist, der sie mit gleicher Energie an den *frontiers* künstlerischer Innovation operieren ließ wie die realen *pioneers* an der Grenze zur amerikanischen Wildnis, die den Kontinent für jene neue Gesellschaftsform erschlossen, die aus der Synthese von Zivilisation und Natur hervorgehen sollte. – Nun zeigt schon eine nur flüchtige Kenntnis der genannten Autoren, daß sie keineswegs nur affirmativ das Projekt Amerika begleiteten. Sie zeichnen sich im Gegenteil durch eine kritische, teilweise radikale Haltung gegenüber der Politik, Gesellschaft und Kultur ihrer Zeit aus. Die Stellung der kanonisierten Klassiker zu ihrer Epoche war gerade durch einen fundamentalen Dissens mit der dominanten Kultur und nationalen Ideologie gekennzeichnet. Emerson forderte eine grundlegende geistige Umkehr; Thoreau entwickelte eine pazifistisch-ökologische Alternative zur aggressiven Ökonomie; Hawthorne entlarvte die falsche Selbstgerechtigkeit eines scheinbar unschuldigen Amerika angesichts einer schuldbeladenen Vergangenheit; Melville bilanzierte den Zusammenbruch fester Welt- und Selbstbilder und die Atomisierung der Gesellschaft; Whitman setzte gegen den viktorianischen Zeitgeschmack die vordem unterdrückte Dimension von Eros und Sexualität. In welcher Weise also sollten diese Autoren repräsentativ sein für eine amerikanische Kultur, die sie in einer bis dahin kaum gekannten Grundsätzlichkeit problematisierten? Auf diese Frage konnte es nur eine paradoxe Antwort geben. Gerade am Dissens nämlich, am antinomischen Denken dieser Autoren wurde ihr spezifisch amerikanischer Charakter festgemacht, womit die Prinzipien von Individualismus und liberaler Demokratie als Grundlage auch der künstlerischen Höchstleistungen des Landes ansetzbar waren. In der Artikulation der inneren Widersprüche und gegensätzlichen Entfaltungskräfte ihrer Kulturwelt, und in deren Synthese im Prozeß ihrer ästhetischen Transformation blieben die Texte der Klassiker noch in ihrer kulturkritischen Distanzierung den Grundwerten des amerikanischen Selbstverständnisses verpflichtet.

Dissens und kulturelle Repräsentativität

Auf solchen Annahmen waren lange Zeit auch die *American Studies* aufgebaut, die sich nach dem Zweiten Weltkrieg herausbildeten und die Erweiterung einer rein literatur- auf eine kulturwissenschaftliche Betrachtungsweise betrieben. Auch für sie stellte die amerikanische Renaissance ein zentrales Gegenstandsfeld nationaler Selbstdefinition dar, und eröffneten die klassischen Texte der Periode einen privilegierten Zugang zur Erforschung der Kultur. Zwar wurde mit den maßstabsetzenden Arbeiten von Henry Nash Smith, R. W. B. Lewis, Richard Chase oder Leo Marx der zunächst eng umgrenzte Kanon zunehmend durch weitere Autoren und teilweise auch durch Populärtexte und historisch-politische Dokumente als ›Hintergrundsmaterial‹ erweitert. Dennoch blieb lange Zeit ein relativ fest umrissener Bereich hochliterarischer Texte als institutionalisierter Kernbezirk der *American Studies* erhalten, von dem her sich die Inhalte und Interpretationsverfahren der amerikanistischen Literaturgeschichtsschreibung wesentlich bestimmten.

Aus heutiger Sicht stellt sich diese Konstruktion in vielerlei Hinsicht als verkürzend und ideologisch dar. Die Dynamik der *New American Studies*, die sich in den letzten Jahrzehnten entwickelten, ergab sich aus der Gegenbewegung gegen diese Etablierung *eines* hieratischen Zentrums der Epoche, mit der zugleich eine massive Ausgrenzung anderer, wesentlicher Formen kultureller Kreativität einherging. Die großen Werke, auf die sich der Blickpunkt verengt hatte, entstammten nicht zufällig der dominanten WASP-Gruppe weißer, angelsächsischer, protestantischer und – weit überwiegend – männlicher Autoren. Im Gegenzug hierzu wurden nun unter den Gesichtspunkten von *gender, race* und *class* nachdrücklich die bis dahin ausgegrenzten Bereiche einbezogen – vor allem die breite von Frauen verfaßte Literatur, aber auch die Literatur von ethnischen Minoritäten, andere Textsorten wie historische, biographische, politische Texte und nicht zuletzt der große Bereich der Alltags- und Massenkultur, der aufgrund seiner prägenden Bedeutung für das Selbstverständnis der Epoche neue Relevanz erhielt. Im genaueren Blick auf die Periode zeigte sich, daß es nicht ein, sondern mehrere Zentren der amerikanischen Renaissance gab, die sich überdies nicht mehr ohne weiteres auf die einheitliche Formel einer nationalen kulturellen Identität bringen ließen. Die Revision bisheriger Fragestellungen und die explosionsartige Erweiterung um neue Textbereiche hing auch mit dem gestiegenen Einfluß zusammen, den neuere Literaturtheorien auf die Praxis der Literaturstudien gewannen. Dekonstruktion und Poststrukturalismus trugen zur Dezentrierung bisheriger Einheits- und Identitätsvorstellungen bei; Feminismus und Ethnographie zur Neukonzeption des bestehenden Text- und Methodenkanons; der *New Historicism* zur Öffnung der Texte auf den historisch-politischen Kontext.

Solche Aspekte sind in einer zeitgemäßen literaturgeschichtlichen Darstellung der Epoche mitzuberücksichtigen. Allerdings scheint eine einfache Umkehrung bisheriger wertender Oppositionen – wie der zwischen *high culture* und *popular culture*, Literatur und Geschichte, Ästhetik und Politik – zu vordergründig. Weder die Exklusivität der alten, rigiden Abgrenzungsmuster noch die umgekehrte Dogmatik ihrer Fundamentalrevision scheinen der gegenwärtigen Umbruchssituation zwischen überlieferten Einheitskonzepten und aktueller Diversifizierung angemessen. Wenn die eine Gefahr darin besteht, zwanghaften Einheitskonstruktionen zu verfallen, denen die eigenen Machtimplikationen und die reale Vielfalt der kulturellen Phänomene verborgen bleiben, so besteht die andere Gefahr in der Verabsolutierung von Differenz und Pluralität, der letztlich die Kriterien für eine kognitive Erfassung und Konturierung ihres Gegenstandsbereichs abhanden kommen, wie es der Philosoph Richard Rorty pointiert: »We have become so open-minded that our brains have fallen out.« Es gilt vielmehr, die neuen Fragestellungen als Innovations- und Differenzierungsschub zu begreifen, der hilft, literaturgeschichtliche Epochendarstellungen in einer offeneren, breiter ausgefächerten und mehrperspektivischen Weise anzulegen, ohne darauf zu verzichten, die Wechselbeziehung der unterschiedlichen Ausprägungen von Literatur bewußt zu halten.

New American Studies

*Einfluß neuer
Literaturtheorien*

Zwei Phasen der *Manifest Destiny*-Idee im Spiegel der Kunst: (1) George Caleb Bingham, »Daniel Boone Leading a Band of Pioneers to the West« (1851). Durch eine wilde, unwirtliche Natur führt Daniel Boone den Zug der Siedler nach Westen wie Moses beim Exodus das Volk Israel ins Gelobte Land.

Zeitalter der Reform und der Expansion

Andrew Jackson

Age of Reform

Die historisch-politische Situation, in der sich die Literatur der American Renaissance herausbildete, ist durch eine Reihe charakteristischer Widersprüche gekennzeichnet. Sie ist seit dem Ende der 20er Jahre vor allem durch die Jacksonsche Demokratie geprägt, deren Auswirkungen bis zur Jahrhundertmitte spürbar bleiben. Jackson war ein Mann des Westens, der sich im Duell ›bewährt‹ hatte und in seiner Präsidentschaft als Anwalt des common man auftrat, als Volkstribun, der das neoaristokratische Establishment des Ostens aus einem populistischen Demokratieanspruch heraus bekämpfte, obwohl er selbst sich nicht scheute, einen aristokratischen Lebensstil zu pflegen und Sklaven zu halten. Seinem Reformeifer fielen nicht nur alteingesessene Hierarchien, sondern auch die National Bank zum Opfer, die er als Erzfeind und Symbol der Ausbeutung sah – was nicht zuletzt zu der schweren Wirtschaftskrise beitrug, die 1837 das Land erschütterte. Die politisch-ökonomischen Umwälzungen trafen mit einem allgemeinen Reformgeist zusammen, der sich aus den intellektuellen Zentren des Ostens heraus entwickelt hatte, so daß diese Epoche vielfach als *Age of Reform* bezeichnet wird. Das Engagement der verschiedenen Reformbewegungen galt dem Kampf gegen Armut, Alkoholismus und Prostitution, der Befreiung der Sklaven und den Rechten der Frauen, ein Engagement, das vielfach von einem religiösen Erweckungsgeist getragen war, aber auch einem gesellschaftlichen Demokratisierungsimpuls folgte.

Die Kehrseite dieser fortschrittsgläubigen Epoche, in der sich in wachsendem Maß die Verstädterung und Industrialisierung der zu Beginn des Jahrhunderts noch agrarischen USA vollzog, war eine Wendung des *American Dream* ins Materielle und Ökonomische. Der proklamierte Individualismus wurde durch die nivellierenden Tendenzen einer Massengesellschaft

Zeitalter der Reform und der Expansion

(2) John Gast, »Westward Ho – American Progress« (1872). Die mythisch-romantische Version der *Manifest Destiny*-Idee ist hier durch die historisch-zivilisatorische abgelöst, die die rapide Transformation des Landes durch Westexpansion und Industrialisierung im Lauf des 19. Jh.s spiegelt. Die Wildnis in Gestalt von Indianern, Büffeln und wilden Tieren ist an den äußersten Rand gedrängt und steht kurz vor dem Verschwinden, während die Zivilisation, die personifiziert ist und deutlich angelsächsische Züge aufweist, ihrem unaufhaltsamen Triumph entgegengeht.

infragegestellt, wie sie bereits Tocqueville beschrieben hatte und gegen deren Konformitätszwänge nicht zuletzt die Transzendentalisten (s. u.) als wichtigste intellektuelle Oppositionsbewegung der Zeit zu Felde zogen. Charakteristisch für die Zeit war aber vor allem auch eine aggressive Expansionspolitik nach Westen und Südwesten, die ihre ideologische Rechtfertigung in der *Manifest Destiny*-Idee fand, d. h. der Idee der gottgewollten Vorbestimmtheit des nordamerikanischen Kontinents für die überlegene Gesellschaftsordnung der USA. Erstmals von John L. O'Sullivan 1845 explizit formuliert, hatte dieses Ideologem schon zuvor in der 1830 von Jackson verfügten Zwangsumsiedlung der östlichen Indianerstämme in die Gebiete westlich des Mississippi seine Wirksamkeit gezeigt. Diese Massendeportationen, die unter blutigen Kämpfen etwa mit den Seminole-Indianern in Florida bis in die 40er Jahre anhielten, widersprachen den Prinzipien von Demokratie und Menschenrechten ebenso massiv wie die Existenz der Sklaverei in den Südstaaten. Die Erschließung und Aneignung des Westens, vorangetrieben durch wirtschaftliche Interessen und den sich verstärkenden Einwanderungsdruck aus Europa, wurde zu einem wesentlichen Entwicklungsfaktor der USA, der einen Zustand ständiger Veränderung und Mobilität erzeugte und zur Verlagerung des Bevölkerungsschwerpunkts von der Atlantikküste ins Landesinnere führte. Schon 1803 hatte sich durch den *Louisiana Purchase* das Territorium verdoppelt. In den 30er und 40er Jahren rückte der ferne Westen durch den von J. J. Astor betriebenen Pelzhandel und später durch den *California Gold Rush* ins nationale Interessenfeld. Neue Gebiete kamen im mittleren Westen hinzu, die Grenzstreitigkeiten mit Kanada in Maine und Oregon wurden nach einer drohenden Konfrontation mit der Kolonialmacht England vertraglich geregelt. Im Südwesten hingegen betrieb Präsident James Polk, ein Schüler Jacksons, eine ausgesprochen chauvinistische Annexionspolitik, die zwar unter den

Manifest Destiny-Idee

Aggressive Expansionspolitik

Intellektuellen viele Gegner hatte, aber dennoch im Mexikanisch-Amerikanischen Krieg von 1846–48 gewaltsam durchgesetzt wurde und zur Einverleibung der großflächigen Staaten des Südwestens führte.

Die rapide territoriale Expansion wurde unterstützt durch den Ausbau der Verkehrswege und die Technisierung der Verkehrsmittel – vor allem die Dampfschiffahrt, die im Nordosten den überwiegenden Teil der Transport- und Reiserouten bestimmte, aber auch die neu gebauten Landstraßen (*turnpikes*), und zur Jahrhundertmitte hin zunehmend die Eisenbahn, die sich als von geographischen Bedingungen unabhängiges Transportmittel durchsetzte. Anziehungspunkt für immer neue europäische Arbeitskräfte waren die entstehenden Fabrikzentren, etwa die Textilfabriken in Lowell, Massachusetts, oder die Stahl- und Kohlewerke in Pennsylvania. Die USA verwandelte sich so in der ersten Jahrhunderthälfte aus einer vorwiegend agrarisch geprägten und auf den atlantischen Osten beschränkten Gesellschaft in ein hochgradig instabiles, in rasanter Veränderung begriffenes, durch fortschreitende Industrialisierung einerseits und durch sich vervielfältigende Größen- und Entfernungsdimensionen andererseits gekennzeichnetes Gebilde, in dem die gewachsene Bedeutung der verschiedenen Regionen und deren Interessengegensätze explosive Konfliktstoffe in sich bargen.

Nord-Süd-Gegensatz

Am meisten Brisanz hatte das Verhältnis von Nord- und Südstaaten, das seit dem *Missouri Compromise* von 1820 in einer prekären Balance gehalten war, aber mit der Westexpansion zu wachsenden Spannungen Anlaß gab, da sich bei jedem neu hinzukommenden Staat wieder die Frage der Zulassung der Sklaverei – und damit des Gesamtgewichts der jeweiligen Seite in der Union – stellte. Der Süden war durch seine einseitige Ausrichtung auf die Baumwollproduktion und seine Festlegung auf das Sklavensystem von der Modernisierung im Norden abgekoppelt, aber gleichzeitig wirtschaftlich von dessen Absatzmärkten und Finanz- und Bankensystem abhängig. Die Eskalation des Konflikts zwischen industriell-kapitalistischem Norden und agrarisch-feudalistischem Süden wurde 1850 noch einmal mit einem von Henry Clay bewirkten Kompromiß über die Zulassung des sklavenfreien Kalifornien zur Union zu bremsen versucht, der

Fugitive Slave Act

indessen nur die Spannungen weiter anheizte, da er gleichzeitig den *Fugitive Slave Act* beinhaltete, der die zwangsweise Rückführung geflohener Sklaven vorschrieb und dem Abolitionismus (der Bewegung für die Abschaffung der Sklaverei) und der ›Underground Railroad‹ verstärkten Zulauf verschaffte. Die Dred-Scott-Entscheidung des Obersten Gerichtshofs von 1857, nach der der Kongreß aufgrund der föderalen Verfassung der USA kein Recht habe, die Sklaverei in neuen Bundesstaaten zu verbieten, bedeutete einen weiteren Schritt auf dem Weg in die offene Konfrontation. Das aktive Engagement der Sklavereigegner fand seinen Höhepunkt im Angriff John Browns 1859 auf das Armeelager von Harper's Ferry, der zwar fehlschlug und zur Hinrichtung Browns führte, dennoch aber als Fanal eine breite Solidarisierungswelle bewirkte. Der Bürgerkrieg warf schon in den Jahrzehnten zuvor seinen langen Schatten voraus, und es ist neuerdings behauptet worden, die Konflikte, die ihm zugrundelagen, seien ein wichtiger Subtext der Literatur der *American Renaissance* auch dort, wo sie nicht, wie in Harriet Beecher Stowes Jahrhunderterfolg *Uncle Tom's Cabin* (1851), explizit zum Thema wurden.

Literarischer Markt und Rolle der Schriftsteller

Die Literatur war nicht nur passiver Spiegel der Zeit, sondern auch aktiv an den gesellschaftlich-kulturellen Veränderungen beteiligt. Ihre gewachsene Bedeutung war ein wichtiger Aspekt des Modernisierungsprozesses, der sich ab den 30er Jahren in verbesserten Techniken der Buchherstellung und Buchdistribution äußerte und durch die Einführung mechanischer Druckerpressen die Auflagen in bis dahin ungekannte Höhen schnellen ließ. Zeitschriften verschiedenster Ausrichtung konnten ihre Auflagen um ein Vielfaches steigern, aber auch Traktate, Pamphlete, Essays, Gedichte, religiöse Erbauungsliteratur, Reiseberichte und nicht zuletzt die populären Romane erreichten eine breite Leserschaft. Noch nie zuvor war Lesen so sehr zum kulturellen Wert geworden. In Familien wurde viel und lange vorgelesen, und zwar vor allem Romane, die zur mit Abstand beliebtesten Literaturgattung der Zeit aufstiegen. Das Buch wurde zum Statussymbol des bürgerlichen Mittelklassehaushalts. In kunstvoll ausgestatteten Prachtausgaben lag es auf dem Wohnzimmertisch für Besucher bereit. Fiktionale Literatur wurde erstmals zum anerkannten kulturellen Wertträger, gleichzeitig aber blieb ihr Spielraum, jedenfalls im Rahmen der offiziellen Kultur, überwiegend auf eine moralisch-didaktische Funktion beschränkt. Allerdings gab es innerhalb und außerhalb dieses Erwartungsrahmens eine weit ausgefächerte Vielfalt literarischer Formen und Gattungen, die teils das viktorianische Selbstverständnis der Zeit bestätigten, teils es auch modifizierten oder ganz in Frage stellten. Es gab eine breite Strömung konventioneller, aber auch subversiver Populärliteratur, die sich in Pamphletromanen, in der sensationsorientierten Massenpresse (*penny press*), in den ab den 50er Jahren eigens für eine mobile Leserschaft geschriebenen *dime novels* usf. vielgestaltigen Ausdruck verschaffte. Die Lesefähigkeit war durch den Aufbau eines allgemeinen Schul- und Erziehungswesens bei breiten Schichten gefördert worden und wurde durch Tageszeitungen und ein System mobiler Leihbibliotheken bis in die fernen Frontier-Gegenden getragen.

Mit der Erweiterung und demographischen Veränderung der Leserschaft hin zu einem – überwiegend weiblichen – Publikum der wachsenden *middle class* ging eine Veränderung in der Autorschaft und der Schriftstellerrolle einher. Diese ist durch Professionalisierung, die Erhöhung des Anteils einheimischer Schriftsteller und das verstärkte Hervortreten von Autorinnen gekennzeichnet. Durch die wachsende Bedeutung des Bücher- und Zeitschriftenwesens war es ab den 30er Jahren erstmals möglich, den Lebensunterhalt durch das Schreiben zu bestreiten. Schriftstellerkarrieren ergaben sich daher oft in unmittelbarem Zusammenhang mit journalistischer Tätigkeit. Vor allem ab der Wirtschaftskrise von 1837, als viele Männer in Existenznot gerieten, stieg der Anteil von Frauen am professionellen Literaturbetrieb deutlich an, die durch ihr Schreiben das wirtschaftliche Überleben ihrer Familien sichern halfen. Gleichzeitig wuchs auch die Zahl der Buchveröffentlichungen amerikanischer gegenüber europäisch-englischen Autoren signifikant – sie verdreifachte sich im Bereich von Roman und Erzählsammlungen von 1830 bis 1840 auf ca. 300 und stieg im nachfolgenden Jahrzehnt auf ca. 1000 Titel. Etwa ein Drittel davon wurde von Autorinnen verfaßt, die mithin einen substantiellen Beitrag zur ›Amerikanisierung‹ der Buchproduktion leisteten.

Ausweitung der Leserschaft

Verbindung von Hausarbeit und Lektüre

Hervortreten von Autorinnen

*Präsenz der europäi-
schen Literatur*

Bei all dem blieb dennoch die Präsenz der britischen Literatur groß, nicht zuletzt bedingt durch das fehlende Copyright, das es Verlagen ermöglichte, ausländische Bücher ohne Autorenhonorar herauszubringen. Die Situation war die einer ständigen Beeinflussung und Konkurrenz, einer *anxiety of influence* (H. Bloom), der sich die amerikanische Literatur in ihren Versuchen, Eigenständigkeit zu erlangen, ausgesetzt sah. Die englischen Romantiker von Wordsworth über Byron bis Tennyson wurden breit rezipiert; Scott, Bulwer-Lytton und Dickens waren auch in den USA Starautoren. Insbesondere Scott wurde zur Kultfigur der Südstaatenkultur, die sich in seinem aristokratisch-mittelalterlichen Ideal der *chivalry* wiederzuerkennen glaubte – es gab 35 neugegründete Städte zwischen Virginia und Texas, die *Waverley* hießen. Literatur spielte mithin eine instrumentale Rolle in der kulturellen Selbstdefinition nicht nur der USA als ganzer, sondern auch der unterschiedlichen Gruppierungen und Regionen in ihrem Versuch, ihre jeweils verschiedenen Geltungsansprüche zu legitimieren. An diesem interkulturellen Prozeß literarischer Identitätsfindung war übrigens auch die deutsche Literatur beteiligt, die vor allem von den Transzendentalisten intensiv rezipiert und für deren Innovationsansprüche reklamiert wurde. Auch die französische Literatur war mit G. Sand, Dumas und Sue auf dem amerikanischen Markt vertreten, wenngleich sie gegenüber der respektableren viktorianischen Literatur Englands eher als unmoralisch und sittengefährdend verrufen war – ein Vorwurf, den sich auch ein einheimischer Autor wie Hawthorne zuzog, zu dessen moralisch ›dubiosem‹ *Scarlet Letter* ein Zeitungskritiker bemerkte: »Is the French era actually begun in our literature?« Die Versuche der amerikanischen Literatur, nationale Eigenständigkeit zu gewinnen, hatten sich also in einem Spannungsfeld unterschiedlicher Motive, Interessen und Geschmacksvorstellungen zu behaupten, die zwischen der Überanpassung an europäische Vorbilder und einem durchaus provinziellen, vor ausländischer ›Überfremdung‹ warnenden Patriotismus schwankten. Dieses Gemisch gegensätzlicher Impulse war einerseits lähmend, andererseits explosiv und brachte gerade in der Überschreitung seiner provinziellen Ausgangsbedingungen mehrere Wellen literarischer Kreativität hervor, die in ihrer Gesamtheit die Ära der *American Renaissance* ausmachen.

Indianerliteratur und nationale Mythographie

Wenn die Frage der Eigenständigkeit der amerikanischen gegenüber der europäischen Literatur gestellt wird, so bietet sich indessen zunächst als offenkundigste Instanz dieser Eigenständigkeit die Literatur der Indianer als die eigentlich indigene Literatur Nordamerikas an. Diese bestand aus einer reichen, weit vor die Ankunft der ersten Europäer zurückreichenden Tradition von Ritualen, Liedern und mythologischen Erzählungen, die im wesentlichen mündlich durch Stammeserzähler, aber auch durch piktographische und hieroglyphische Zeichensysteme unter ständiger Erneuerung weitergegeben wurde und den symbolischen Lebensmittelpunkt der jeweiligen Kultur bildete. Sie erscheint gerade heute in ihrem holistischen Welt- und Menschenbild und ihrer naturbewußten Spiritualität aktuell und stellt als solche eine wichtige Quelle der amerikanischen Gegenwartsliteratur dar. Aber auch für die romantisch geprägte Epoche des zweiten Drittels des 19. Jh.s mußte diese *communal literature* als Beispiel einer naturnahen, dem korrumpierenden Einfluß moderner Zivilisation entzogenen und der mythopoetischen Imagination des Volkes selbst entsprungenen Dichtkunst eminent faszinierend sein.

Dieses verstärkte Interesse schlug sich in zwei gegenläufigen Tendenzen nieder, die jedoch aufeinander einwirkten und zur Herausbildung bzw. Verfestigung eines charakteristischen Indianerbildes führten, das über diese Epoche hinaus die literarische Mythologie Amerikas bestimmen sollte. Die eine Tendenz ist der Versuch der Annäherung an die ›authentische‹ indianische Kultur durch deren beginnende wissenschaftliche Erforschung, die sich in Anthropologie, Historiographie und Sprachwissenschaft vollzieht. Die andere Tendenz ist die romantische Fiktionalisierung der Indianerkultur, die diese zum Symbolfeld eigener Sinnprojektionen und Ideologien der weißen Kulturwelt umgestaltet. Es liegt auf der Hand, daß beide Haltungen oft genug ineinanderwirken, zumal in einer Situation, in der das historische Verschwinden der dergestalt idealisierten fremden Kultur als Resultat eigener Aggression und Expansion erklärt und gerechtfertigt werden muß.

Wiederholt wird dabei der Zusammenhang zwischen literarischem Eigenständigkeitsstreben und Indianerkultur hergestellt, ja wird diese ausdrücklich als »chief hope for a [sic] original American literature« bezeichnet (Hochbruck). Der Indianer wird als authentische Stimme der amerikanischen Natur entdeckt, die unmittelbar für die zu schaffende Nationalliteratur genutzt werden kann. Dies wird allerdings erst möglich, als das Feindbild des *satanic savage*, das in der puritanischen Epoche bis weit ins 18. Jh. vorherrschte, allmählich vom romantisch inspirierten Bild des *noble savage* abgelöst bzw. überlagert wird. Mit der wachsenden räumlichen und zeitlichen Distanz verstärkt sich die Bereitschaft zur Romantisierung des Indianers als des ursprünglichen Repräsentanten einer ›Nature's Nation‹ (P. Miller), wie sich die amerikanische Nation nun gegenüber Europa versteht. Er wird vom Gegenspieler zum Vorläufer der weißen Kultur umgedeutet, der in seiner rückblickend glorifizierten Größe zur Begründung des amerikanischen Exzeptionalismus dient. Der Sichtwandel zeigt sich beispielsweise in den *captivity narratives,* die sich in ihren Anfängen wie bei Rowlandson als Teil des puritanischen Abwehrkampfs gegen den satanischen Wilden darstellten, aber im beginnenden 19. Jh. ein positiveres Bild

Indianerkultur als Symbol der Eigenständigkeit

Satanischer vs. edler Wilder

John Crawford, The Dying Indian Chief Contemplating the Progress of Civilization (1856)

Interkulturelle Mischformen

indianischen Lebens und Charakters vermitteln. Hier sind die Übergänge zwischen *captivity narratives* und ersten indianischen Autobiographien fließend, die ebenfalls etwa um 1830 entstehen. Die *captivity tales* gehen andererseits aber auch zunehmend Verbindungen ein mit der *frontier romance*, die die Pioniererfahrung der Westerschließung als amerikanisches Sujet gestaltet und dabei in ambivalenter Faszination auch den Indianer einbezieht. Im Grenzroman erlebt der edle Wilde eine zusätzliche Metamorphose in der Figur des Frontier-Helden, wie er sich in Gestalten wie Daniel Boone und Natty Bumppo herausbildet. Dieser verkörpert eine neue Variante der Synthese zwischen Natur und Zivilisation, einen *white noble savage* sozusagen, in dem das Ideal des edlen Wilden und das des *self-made man* als der komplementären Leitfigur der Epoche zu einer Einheit verschmelzen. In den außerordentlich populären Indianerdramen der 30er Jahre, deren Prototyp Stones *Metamora* ist, erreicht der Kult des edlen Wilden seinen Höhepunkt, bleibt aber bis zur Jahrhundertmitte in den verschiedensten Literatur- und Kunstgattungen wirksam. Sein wohl bekanntester Ausdruck in der Dichtung ist Longfellows Versepos *Song of Hiawatha* (1856), in dem der Ojibwa-Häuptling Hiawatha zur Apotheose des edlen Wilden und, als ›authentische‹ Stimme der indianischen Kultur, gleichzeitig zum Sprachrohr der *Manifest Destiny*-Idee wird.

Was die von *Native Americans* selbst verfaßte schriftliche Literatur anbelangt, so ist diese im Bereich von Lyrik und Erzählliteratur im 19. Jh. insgesamt noch wenig ausgeprägt. Die allmähliche Hinwendung indianischer Autoren zur schriftlichen Form stand im Zusammenhang mit Erziehungsprogrammen und einer Assimilation vor allem von Oststaaten-Indianern, die mit einer Alphabetisierungskampagne verbunden war. Dies bedeutete teilweise auch die Übernahme ›weißer‹ Muster des Schreibens, so daß auch hier von der anderen Seite her die Frage der Authentizität sich stellt. Die Entwicklung ist gegenläufig: Während die Literatur von Weißen – wenn auch für ihre Zwecke – die mündliche Tradition der Indianerliteratur absorbiert, entfaltet sich die moderne Indianerliteratur durch Aneignung der schriftlichen Literaturtradition der Weißen. Eine eindeutige Entgegensetzung von weißer vs. indianischer Kultur, parallel zur Opposition von schriftlicher vs. mündlicher Kultur, wäre also vereinfachend; vielmehr gibt es von Anfang an Übergänge und interkulturelle Zwischenformen, ohne daß die machtbedingte Asymmetrie dieser Wechselbeziehung außer Acht gelassen werden dürfte.

Das literarische Establishment der Zeit: die Fireside Poets

Wenden wir uns nun von der marginalisierten Kultur der Ureinwohner dem damaligen Zentrum der offiziellen literarischen Kultur der USA zu, so liegt dieses unumstritten in Neuengland, und hier wiederum in Boston. Schon seit puritanischen Tagen war Boston ein Mittelpunkt des geistigen und kulturellen Lebens, und diese intellektuelle Führungsrolle erhielt sich, trotz der wachsenden Konkurrenz New Yorks und der erstarkenden Regionen, bis weit über die Jahrhundertmitte hinaus. Im Gegensatz zur Literatur der neu erschlossenen Gebiete im Westen und Südwesten war hier eine urbane, traditionsbewußte und an europäischen Stilmodellen orientierte Form der Literatur vorherrschend. Ihre Hauptvertreter, und neben Irving und Cooper mit Abstand die bekanntesten amerikanischen Autoren ihrer Zeit, waren die sogenannten *Fireside Poets*. Zu ihren Vorläufern wird bereits Bryant gezählt, der mit seinen frühen, an den englischen *Graveyard Poets* und Wordsworth geschulten, aber auch von religiösem Patriotismus geprägten Gedichten wie *The Prairies* (1834) berühmt geworden war und bis ins spätere 19. Jh. vor allem als Journalist eine literarische Präsenz blieb, sich allerdings mit seinem Wechsel nach New York aus der regionalen Bindung an Neuengland löste. Vor allem aber sind hier die Namen von Henry Wadsworth Longfellow, Oliver Wendell Holmes, James Russell Lowell und John Greenleaf Whittier zu nennen. Der Begriff *Fireside Poets* bildete sich für sie heraus, weil in ihren Texten das Kaminfeuer ein wiederkehrendes Motiv bildet, das ein eher behagliches Flackern der poetischen Imagination in einer Atmosphäre meditativer Besinnlichkeit symbolisiert. Sie werden oft auch als *Schoolroom Poets* bezeichnet, da ihre Gedichte mit ihrem teils heimelig-romantischen, teils patriotisch-appellkräftigen Zungenschlag zum festen Lektürebestandteil der amerikanischen Schulen bis ins 20. Jh. wurden. Ihre Bücher zierten, oft in anspruchsvollen Ausgaben, die Regale bildungsbewußter Mittelklasse-Familien und galten als Inbegriff der neuen nationalen Literatur und zugleich als zeitlos gültiger Ausdruck eines universalen Kulturideals. Holmes selbst führte ironisch den Begriff der ›Boston Brahmins‹ für diese kastengleiche Führungsschicht von Schriftstellern ein, die wie in hohepriesterlicher Autorität das literarische Leben Bostons und der Nation für lange Zeit bestimmten.

Boston Brahmins

Merkmale ihrer Dichtung waren im formalen Bereich die weitgehende Übernahme und Modifizierung europäischer Literaturmodelle, im inhaltlichen Bereich aber die bewußte Aufnahme amerikanischer Themen und Stoffe mit dem Ziel, ihnen poetische Allgemeingeltung zu verleihen. Die *Fireside Poets* waren einerseits Virtuosen ihres Metiers und zeigten sich als souveräne Kosmopoliten im Umgang mit den literarischen Traditionen der Alten Welt. Gleichzeitig waren Einfachheit und demokratische Volksnähe Teil ihres ästhetischen Programms. Sie waren Meister des *well-made poem*, das zum festen Bestandteil des öffentlichen und privaten Kulturlebens wurde. In ihren Anliegen entsprachen sie in vielem dem vorherrschenden Zeitgeist, vor allem seiner Vorliebe für Moral und Sentiment, seiner christlich-humanistischen Prägung, aber auch seinen reformerischen Bestrebungen. Die *Fireside Poets* waren stark von der europäischen, nicht zuletzt der deutschen Romantik beeinflußt und bildeten in gewisser Weise eine amerikanische Variante romantischer Literatur. Doch die Radikalität des romantischen Impulses – mit seinen typischen Merkmalen der Hinwendung von der Ratio zur Emotion, von der Kultur zur Natur, von der Realität zur Imagination, vom Objekt zum Subjekt – war bei ihnen durch den moralisch-didaktischen Grundzug der viktorianischen Epoche entschieden gedämpft und zur gehobenen Salonromantik sublimiert. Aufgabe der Dichtung sei es, sagt Longfellow, »to soothe our worldly passions and inspire us with a love of heaven and virtue.«

well-made poem

Longfellow war der berühmteste amerikanische Dichter seiner Zeit und stellte Autoren wie Dickinson oder Whitman, die heute für ungleich bedeutender gehalten werden, weit in den Schatten. Anders als Poe, mit dem er die musikalisch-suggestive Gestaltung des Reims und der refrainartigen Wiederholung teilte und dem er in seinem zeitweise selbstzweckhaft anmutenden poetischen Schönheitskult manchmal unvermutet nahekam, vermied

Henry Wadsworth Longfellow

Longfellow und die Aura des Sakralen

Longfellow die Abgründe, an deren Rand ihn seine Texte durchaus immer wieder brachten, und suchte die vermeintlich sicheren Pfade der Tradition auf, die um sie herumführten. Seine Vorliebe galt dem Idyllisch-Erhabenen, der Läuterung des Leidens durch metaphysische Sinngebung, der Bändigung widerständiger Geschichtlichkeit durch eingängigen Rhythmus und wohllautende Sprachmagie. Dichtung selbst gewinnt bei ihm eine Aura des Sakralen. In dieser Hinsicht gehört er in den größeren Zusammenhang der metaphysischen Trostliteratur seiner Epoche, die aber bei ihm immer wieder auch ins Pragmatische gewendet wird, so in dem einst häufig anthologisierten »A Psalm of Life« (1838), das die Unsterblichkeit der Seele feiert, aber gleichwohl zum entschlossenen Handeln in der Gegenwart aufruft und fast an Emersons Imperativ aktiver Selbstverwirklichung erinnert: »Trust no Future, howe'er pleasant! / Let the dead Past bury its dead! / Act – act in the glorious Present! / Heart within, and God o'er head!«

Aus den Konflikten seiner Zeit hielt Longfellow sich jedoch weitgehend heraus. Der weihevolle Grundton seiner Dichtung bezog sich nicht nur auf die Religion, sondern auch auf die Nation. Das auch in Europa erfolgreiche Versepos *Evangeline* (1847) etwa überträgt ein traditionelles Formmodell im Hexameter-Vers auf ein amerikanisches Sujet, in teilweiser Anlehnung an Goethes bürgerliches Epos *Hermann und Dorothea*. Evangeline wird – wie die gleichnamige Figur in Stowes *Uncle Tom* (s. u.) – zum programmatischen Namen in einer amerikanischen Erlösungsgeschichte, in der historisch bedingtes Leiden durch karitatives Engagement und verhinderte irdische durch spirituelle Liebe überhöht wird. Allerdings gibt es bei Longfellow immer wieder auch Momente, in denen Brüche bewußt werden, die Synthese ausbleibt, der Bannkreis verklärender Affirmation durchbrochen wird. Dies gilt etwa für die meditative Melancholie von »The Jewish Cemetery at Newport« (1852), die Krise poetischen Schaffens im Bewußtwerden eigener Vergänglichkeit im Sonett »Mezzo Cammin« (1842) oder die Verfallsstimmung von »The Fire of Drift-wood« (1849), wo das Zentralmotiv der *Fireside Poets*, das Kaminfeuer selbst, in dem das Holz an der Neuenglandküste gestrandeter Schiffe verbrennt, zum Spiegel innerer Desillusionierung wird.

Noch stärker mit der Bostoner Brahmanenkaste identifiziert und deren vielleicht typischster Repräsentant war Holmes. Obwohl er Longfellows optimistisch-affirmative Grundhaltung teilte und sich wie dieser weitgehend im Rahmen der großbürgerlichen Gesellschaftskreise bewegte, stellte er doch in vielerlei Hinsicht einen Gegenpol zu dessen gefühlsbetonter Romantik dar. Holmes war nur in zweiter Linie Dichter; im Hauptberuf war er einer der führenden Mediziner seines Landes, der seine naturwissenschaftliche Einstellung auch auf andere Lebensbereiche, nicht zuletzt die Dichtung, bezog. Er war ein Rationalist, der von der Literatur *common sense* und unterhaltsame Aufklärung forderte und sich in der Traditionslinie des englischen Klassizismus des 18. Jh.s sah, für den *wit* und *judgment* (etwa: Esprit und Urteilskraft) in Verbindung mit einem *easy and familiar* style die wichtigsten Dichtungsmerkmale darstellten. Die meisten seiner rund 400 Gedichte entstanden als Auftragsarbeiten für offizielle Gelegenheiten wie Einweihungen, Jubiläen, Hochzeiten oder Kongresse und erfüllten brillant diesen Zweck, waren dadurch aber oft zu speziell und in ihrer Aussagekraft zu begrenzt, um wie diejenigen Longfellows über ihren Anlaß oder ihre Region hinaus zu wirken. Mit einigen wenigen Werken machte Holmes dennoch national auf sich aufmerksam, so mit *The Autocrat at the Breakfast-Table* (1858), einer im Konversationsstil geschriebenen Gedicht- und

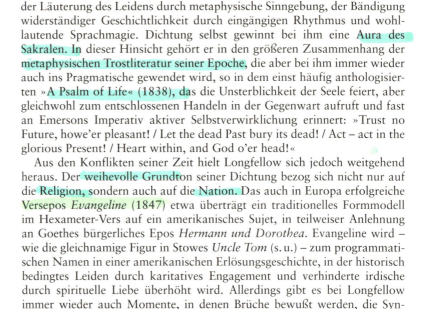

Oliver Wendell Holmes

Holmes' urbaner Humor

Essaysammlung, in der sein urbaner Humor und sein aufklärerischer Witz in den thematisch breit gestreuten Tischgesprächen des Autokraten hervortreten. Mit Ironie wird dabei vor allem der neuenglische Calvinismus attackiert, unter dessen moralischer Strenge Holmes in seiner Kindheit schwer gelitten hatte, so in »The Deacon's Masterpiece«, in dem er den logischen Kohärenzanspruch religiöser Orthodoxie im Bild einer zusammenbrechenden Pferdekutsche demontiert. Auch der Roman *Elsie Venner* (1861) übt Kritik an der calvinistischen Sünden- und Prädestinationslehre und setzt an deren Stelle die Wirkung genetischer und kindheitsbedingter psychologischer Gesetze.

Die Unschärfe überlieferter Einteilungskategorien zeigt sich auch an Lowell, der zum Triumvirat der Boston Brahmins gehörte und in gewisser Weise eine Zwischenstellung zwischen den beiden genannten Vertretern einnimmt. Einerseits ist er wie Longfellow stark von englischen Romantikern wie Wordsworth und Tennyson beeinflußt; andererseits ist seine Dichtung wie die von Holmes weniger gefühls- als verstandesbetont und einer neoklassischen Poetik angenähert, auch wo sie sich mit romantischen Themen befaßt. Lowell hat zwar nicht das lyrische Talent von Longfellow und nicht die stilistische Leichtigkeit und urbane Eleganz von Holmes. Doch ist er, jedenfalls in seiner früheren Phase, stärker als diese ein politisch interessierter Autor, der Essays und Gedichte gegen die Sklaverei verfaßt und auch andere Reformanliegen der Zeit aktiv unterstützt. Die Kunst der politischen Satire stellt er in *The Biglow Papers* (1848) unter Beweis, die in Dialektversen des Yankee Farmers Hosea Biglow, kontrastiert durch Prosakommentare eines fiktiven Bostoner Brahmanen, den Krieg gegen Mexiko und andere Übel der Zeit geißeln. Lowell war wie die anderen *Fireside Poets* ein ›public poet‹, ein repräsentativer, das Allgemeinmenschliche ausdrückender Literat, für den Dichtung nicht eine dem Genie vorbehaltene Sondersphäre, sondern der kondensierte Ausdruck allen zugänglicher Lebensweisheiten war. »The proof of poetry« ist es für ihn, »to reduce to the essence of a single line the vague philosophy which is floating in all men's minds.« Der Übergang zwischen Prosa und Lyrik, zwischen Essay und Gedicht, zwischen Kritik und Literatur ist bei einer solchen Haltung fließend, und in dieser gattungsmäßigen Offenheit ist Lowell, wie Holmes, ein Kind seiner Zeit. Typisch hierfür ist das burleske literaturkritische Gedicht *A Fable for Critics* (1848), in dem in 2100 Zeilen in »neither good verse nor bad prose« die amerikanischen Autoren der Zeit porträtiert werden. Überhaupt lag ein wichtiges Verdienst Lowells im Bereich der Literaturkritik, die er als Nachfolger Longfellows als Professor in Harvard zu akademischer Blüte führte.

In den Umkreis der *Fireside Poets* gehört schließlich auch John Greenleaf Whittier, der allerdings erst später in seinem Leben zum literarischen Establishment stieß. Einer armen ländlichen Quaker-Familie entstammend, unterschied er sich schon von seiner Herkunft her stark von der Salonwelt der Bostoner Oberschicht. Dichtung war für ihn nicht, wie für Holmes, kultivierte Nebenbeschäftigung, sondern die »moral steam-enginery of an age of action«. Für seine abolitionistische Haltung wurde er heftig angefeindet, u. a. wurde er tätlich angegriffen und sein Büro verwüstet; und auch von den etablierten literarischen Zirkeln war er als Vertreter einer anstößigen *littérature engagée* in dieser Phase praktisch ausgeschlossen. Von Anfang an aber war Whittier auch von romantischen Vorbildern beeinflußt, von Scott, Byron und insbesondere Burns, von dem er die Verwendung von Folklore und regionalem Dialekt, die Einfachheit der Themen und das soziale Be-

James Russell Lowell

Lowell als ›public poet‹

John Greenleaf Whittier

Whittier: Vom politischen Engagement…

wußtsein übernahm und dem er in der Rolle des Balladendichters der Nation nacheiferte. Schon 1831 hatte er *Legends of New England* herausgebracht, dem 1843 in *Lays of My Home* die poetische Verarbeitung regionaler Stoffe und 1848/49 in seinem einzigen Roman *Leaves from Margaret Smith's Journal* die Rekonstruktion kolonialen Lebens aus dem fiktiven Tagebuch einer jungen Frau folgte. Ein Wendepunkt seiner Karriere kam 1857 mit dem Erscheinen des von Lowell herausgegebenen *Atlantic Monthly* als des Organs der literarischen Elite des Landes, zu dem er nun regelmäßig Gedichte beitrug, Balladen, Oden, humoristische Volkslegenden. Nationale Berühmtheit erlangte Whittier mit einem völlig unpolitischen Gedicht, seinem bedeutendsten Werk *Snow-Bound: A Winter Idyl* (1866). Das in fünffüßigen Reimpaaren verfaßte Erzählgedicht bildet einen nostalgischen Kontrast zum Krieg und geht auch hinter die Turbulenzen der Vorbürgerkriegszeit zurück in die Kindheit des Autors im ländlichen Massachusetts. Dies ist ein *fireside poem* im wörtlichen Sinn, denn es geht um die Erinnerung an einen Abend in Whittiers Quaker-Familie samt Gästen am heimischen Kaminfeuer, während draußen ein Schneesturm tobt und man sich die Zeit mit Erzählungen vertreibt.

... zur local color-*Romantik*

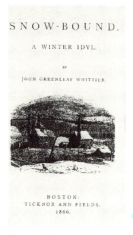

Erstausgabe von Whittiers *Snowbound*

> Shut in from all the world without,
> We sat the clean-winged hearth about.
> Content to let the north-wind roar
> In baffled rage at pane and door,
> While the red logs before us beat
> The frost-line back with tropic heat.

In der Einbeziehung unterschiedlicher zeit- und regionaltypischer Charaktere und der Darstellung einfacher ländlicher Lebensdetails im Stil flämischer Malerei des 17. Jh.s, auf die er sich ausdrücklich beruft, rückt Whittier hier in die Nähe des literarischen Regionalismus und des *local color*-Realismus, ohne die harmonisierende Poetik seines benevolenten Humanismus zu durchbrechen. Whittier stieg mit *Snow-Bound* vom kontroversen Außenseiter zum angesehenen Nationaldichter der Nach-Bürgerkriegsära auf. Er etablierte sich unter den für repräsentativ gehaltenen Literaten des Landes zu einer Zeit, als die viktorianisch temperierte Romantik der *Fireside Poets* den Kontakt zur geschichtlichen Entwicklung verloren hatte und nur noch einen illusionären, anachronistisch gewordenen Künstlerkult zelebrierte.

Literarische Gegenkultur als intellektuelles Zentrum: die Transzendentalisten

Der entscheidende innovative Anschub für die Entwicklung der amerikanischen Literatur zu einer eigenständigen Nationalliteratur ging nicht von der anerkannten *mainstream*-Literatur aus, sondern von einer Gruppe von *dissenters*, die unter dem Namen ›Transzendentalisten‹ in die Geschichte eingegangen sind. Dabei ist dieser eher sperrig-abstrakte, weltfremd anmutende Begriff eine inhaltlich vage Bezeichnung für eine heterogene und teilweise durchaus weltzugewandte Gruppe von Intellektuellen und Schriftstellern, die in Opposition zu den vorherrschenden religiösen, philosophi-

Concord, Mass., Zentrum der intellektuellen Gegenkultur des Transzendentalismus, im Jahr 1841

schen, politischen und literarischen Auffassungen ihrer Zeit standen. Hinter seiner scheinbaren Esoterik verbirgt sich eine der wichtigsten und wirkungsmächtigsten Strömungen der amerikanischen Geistesgeschichte, die die kulturelle Selbstinterpretation der USA im Spannungsfeld von *mainstream culture* und *counterculture* nicht nur im 19., sondern auch ins 20. Jh. hinein in wesentlichen Ausprägungen mitbestimmt hat. Ihr unbestrittener Hauptvertreter war Emerson, doch auch Fuller und Thoreau haben weit über den Kreis hinaus Berühmtheit gewonnen, ohne dessen intellektuellen Einfluß auch andere wichtige Gestalten der American Renaissance wie Whitman oder Dickinson, aber auch Hawthorne, Poe oder Melville, nicht verstehbar wären. Obwohl auch sie ihr Zentrum in der Bostoner Region, genauer in Concord, hatten und viele von ihnen in wenn auch oft kontroverser Weise mit dem Harvard College verbunden waren, das mit seiner 200jährigen Geschichte ein Hort intellektuellen Traditionsbewußtseins war, bildeten sie doch einen radikalen Gegenpol zur tonangebenden kulturellen Klasse, der etwa die *Fireside Poets* angehörten. Sie setzten nicht auf nostalgischen Rückblick, sondern auf Kritik und Veränderung, da für sie die Verheißung des geschichtlichen Neuanfangs, die mit dem Projekt Amerika verbunden war, auf geistigem und kulturellem Gebiet erst noch einzulösen war.

Kritik und Veränderung

Der Ausdruck ›Transzendentalismus‹ bürgerte sich zunächst ein als loses Etikett für die Tendenz zur Überschreitung bestehender Grenzen und Denkkonventionen, die dieser Gruppe gemeinsam war und aus der sie neue, alternative Möglichkeiten des Denkens, Schreibens und Lebens zu entwickeln suchte. Damit einher ging der Hang zu einem millenaristischen Denken, das von einer Rhetorik apokalyptischer Zeitenwende und utopischen Neubeginns begleitet war. In dieser Hinsicht gehören die Transzendentalisten zweifellos in den Kontext eines allgemeineren *Spiritual Revivalism* der Zeit und ihres Interesses am Übernatürlichen, wie er sich in Erweckungsbewegungen, Sektenbildungen, aber auch in Mesmerismus oder Parapsychologie zeigte. Sie inszenierten auf der Bühne intellektueller Reflexion »saturnalia of faith« (Emerson), die in ihrer Mischung aus euphorischer Aufbruchsstimmung und inhaltlicher Unbestimmtheit mitunter der Jagd nach einer »spiritual sea-serpent« (C. M. Ellis) ähnelten. Aufgrund der objektiv kaum eingrenzbaren Vieldeutigkeit des Phänomens ›Transzendentalismus‹ tritt daher zunächst als wesentlicher Inhalt das *Neue an sich* als entscheidender Wert hervor, jene *American Newness*, die es als unbegrenzten Möglichkeitsraum zu entdecken und zu realisieren galt.

American Newness

Kant und die intellektuelle Avantgarde

Im genaueren, philosophischen Sinn war der Name der Bewegung von Kants Begriff ›transzendental‹ abgeleitet, der bereits von den englischen Romantikern Wordsworth, Coleridge und Carlyle in Anlehnung an den Deutschen Idealismus verwendet wurde und über deren Vermittlung, gewissermaßen als Markenzeichen der intellektuellen Avantgarde der Epoche, nach Amerika gelangte. Er wurde hier zur Zauberformel für die philosophisch beglaubigte Existenz einer immateriellen, geistig-seelischen Wirklichkeit, um die es den Tranzendentalisten in ihrem Kampf gegen Rationalismus und Materialismus ging. Kants Lehre, daß sich die Welt einem rein objektivierenden Verstandeszugriff entzog und stattdessen erst aus der vorgängigen, eben ›transzendentalen‹ Struktur der Subjektivität selbst hervorging, kam ihrem Anspruch nach einer geistigen Neuinterpretation der amerikanischen Kultur entgegen, auch wenn sie dabei in charakteristischer Unbekümmertheit die ursprüngliche Begriffsbedeutung für ihre Zwecke veränderten, indem sie Kants epistemologische Kategorie, die sich jeder Erfahrbarkeit gerade entzog, zu einer Kategorie der erlebbaren Realität selbst erklärten.

Einfluß Coleridges

Bahnbrechend war hier die Wirkung von S. T. Coleridges *Aids to Reflection*, herausgegeben in Amerika 1829 von James Marsh, wo in Anlehnung an die deutsche Philosophie grundlegend zwischen *reason* und *understanding* unterschieden wird. Während das *understanding* (der ›Verstand‹) die niedere Fähigkeit des menschlichen Geistes bezeichnet, die sich mit der Beobachtung und rationalen Analyse der sinnlichen Welt befaßt, ist *reason* (die ›Vernunft‹) jene höhere Fähigkeit der Erkenntnis, die dem Menschen intuitiven Zugang zu universell gültigen Wahrheiten ermöglicht. *Reason* wird für die Transzendentalisten, mehr noch als für Coleridge, zur Instanz einer schöpfungsimmanenten Beziehung des Menschen zum Göttlichen. Sie wird darüber hinaus zugleich zum Inbegriff der demokratischen Idee, womit sie eine innere Affinität zum Projekt Amerikas selbst gewinnt.

In einer allgemeinsten Annäherung läßt sich der Transzendentalismus als zentrale Manifestation der romantischen Bewegung in Amerika betrachten, »as an outbreak of Romanticism on Puritan soil« (P. Miller). Zwar setzte die Übernahme romantischer Elemente in die amerikanische Literatur bereits früher ein und gewann bei Autoren wie Brown, Irving, Cooper, und den *Fireside Poets* eine durchaus prägende Bedeutung. Dennoch wurde der romantische Impuls bei letzteren noch deutlich durch klassizistische, rationalistische und traditionsbewußte Einstellungen ausbalanciert. Der Durchbruch zum dominierenden Epistem und zur maßgeblichen intellektuellen Mythologie fand erst bei den Transzendentalisten statt, bei denen mit einer in Amerika bis dahin ungekannten Unbedingtheit die Subjektivität zum spirituellen Ursprung und Sinnzentrum der Welt erklärt, die Natur zur unmittelbaren Inspirationsquelle des Geistes aufgewertet und ein organisch-dynamisches gegenüber einem mechanisch-statischen Denken zum Programm einer allumfassenden individuellen und gesellschaftlichen Selbsterneuerung erhoben wurde.

Demokratisierung des Kultur- und Literaturbegriffs

Damit einher ging eine Demokratisierung des Kultur- und Literaturbegriffs, die die Freisetzung des selbstbestimmten Individuums aus jedem äußeren Systemzwang und allen Begrenzungen von Tradition, Hierarchie und Institution betrieb und deren optimistische Grundannahme das unbegrenzte kreative Potential des einzelnen Menschen war. Die ungehinderte Selbstentfaltung des Individuums bildete nicht nur die Quelle literarischen Schaffens, sondern war gleichzeitig die Keimzelle einer progressiven Perfektionierung der Gesellschaft als ganzer.

Im Vergleich zur europäischen Romantik, die sich nach ihren revolutionären Anfängen im Bewußtsein von Naturentfremdung und politisch-gesell-schaftlichem Scheitern zunehmend in eine weltabgewandte Innerlichkeit zurückzog, ist der amerikanische Transzendentalismus also durch eine affirmativere Haltung und durch einen optimistischen, teilweise utopisch einge-färbten Zukunftsglauben gekennzeichnet. Er ist damit zugleich stärker *pragmatisch*, d.h. an der Umsetzung von Ideen in mögliches Handeln und an der Rückkopplung von Texten an reale Lebensprozesse ausgerichtet als die europäischen Varianten der Romantik, von denen er sich inspirieren ließ. Sein Umgang mit der Tradition ist von daher oft eher willkürlich, was den Transzendentalisten den Vorwurf des Eklektizismus einbrachte, aber zugleich dem Primat der Gegenwart vor der Vergangenheit, der Erfahrung des eigenen Selbst vor den Autoritäten der Geschichte in ihrem Denken entspricht. Ihre Schriften sind ein Konglomerat verschiedenster Einflüsse, die sich im übrigen keineswegs auf die Romantik beschränken, sondern u. a. die deutsche Klassik mit Goethe als Leitgestalt, die schottische *Common Sense*-Philosophie des 18. Jh.s, Aspekte aufklärerischen Denkens, neoplato-nische und theosophische Strömungen, Elemente des europäischen und östlichen Mystizismus und nicht zuletzt einheimische Traditionen des Puri-tanismus und Unitarismus einbeziehen. Das Resultat der Verschmelzung dieser Einflüsse ist eine eigentümliche Zwischenstellung der Texte zwischen Theologie, Philosophie und Poesie, die sie gattungsmäßig im Grenz- und Zwischenbereich tradierter Diskursformen ansiedelt. Sie bedienen sich der Konventionen nichtfiktionalen Schreibens und assimilieren Muster der in biblisch-didaktischen und mündlichen Literaturformen wurzelnden purita-nischen Tradition wie Predigt und Vortrag mit Formen autobiographischen Schreibens wie dem Tagebuch und Elementen des philosophischen und literarischen Essays. Diese Vermischung verschiedener inhaltlicher und for-maler Traditionsstränge wurde den Transzendentalisten immer wieder als gedankliche Konfusion und literarische Schwäche ausgelegt. In jüngerer Zeit wird jedoch zunehmend gerade dieser plurale Ansatz, dieses Denken ohne System und Schreiben ohne Rücksicht auf herkömmliche Normen und Gattungsgrenzen als originärer Beitrag zur amerikanischen Literaturge-schichte angesehen. Er begründet eine eigenständige, offene Textform, die der Neuartigkeit, Vielfältigkeit und Heterogenität der amerikanischen Er-fahrung besser gerecht wird als die überlieferten Formmodelle, an die etwa die *Fireside Poets* sich hielten. Und wenn ihre Schriften auch mitunter langatmig und abstrakt wirken und ihre Herkunft aus der wenig imagina-tionsfreudigen puritanischen Traktat- und Prosaliteratur nicht immer ver-leugnen können, so wird doch diese literaturfeindliche Erblast immer wie-der abgeworfen. In ihrer Rhetorik triumphaler Sinnaffirmation erreichen diese Texte bisweilen eine elektrisierende Intensität, und ihr wortmächtiger Appell an den Wert und die Selbstverwirklichung des Individuums verfehlt bis heute nicht seine Wirkung.

Die Absichten der Gruppe waren indessen keineswegs auf eine bloß geistige oder literarische Erneuerung beschränkt, sondern bezogen sich auf Veränderungen der kulturellen und gesellschaftlichen, wenn auch weniger der politischen Praxis. Pionierarbeit leistete etwa Bronson Alcott im Bereich der Pädagogik, wo er dem üblichen Drill die Idee eines inneren, organischen Wachstums des Kindes gegenüberstellte, das durch eine lernfreundliche Umgebung und den ständigen Dialog mit der Lehrperson zu fördern sei. In der von ihm gegründeten Temple School in Boston, in der zeitweise auch Elizabeth Peabody und Margaret Fuller unterrichteten, wurden solche da-mals revolutionären Ideen praktisch umgesetzt, u.a. wurde die sonst üb-

Vergleich mit der euro-päischen Romantik

Offene Textform

Reformansätze

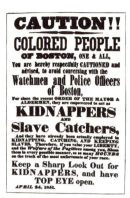

Plakat zur Warnung flüchtiger Sklaven von Theodore Parker

liche Körperstrafe abgeschafft. Doch wurde die Schule wegen ihrer Liberalität bald heftig angefeindet und mußte 1839 schließen. Viele der Transzendentalisten waren im Kampf um die Abschaffung der Sklaverei engagiert, allen voran Theodore Parker, der aktiv zum Boykott des *Fugitive Slave Law* beitrug und, wie auch Thoreau, in den 50er Jahren den radikalen Abolitionismus John Browns unterstützte. Sie verurteilten die Indianerpolitik und die rücksichtslose Westexpansion, unterstützten die Friedensbewegung und die Anti-Alkoholismus-Kampagne (›Temperenzbewegung‹), die Philanthropie und die Reform des Gefängniswesens. Sie traten, mit Fuller als Protagonistin, für die neu entstehende Frauenrechtsbewegung ein. Andere, wie Orestes A. Brownson in »The Laboring Classes« (1840), entwickelten sozialistische Ideen zur Abschaffung vererbbaren Eigentums und prangerten die Ausbeutung des Menschen durch Fabrik- und Maschinenarbeit an. Es gab auch Versuche der Umsetzung solcher Ideen in die Praxis, von denen am bekanntesten George Ripleys Gründung der sozialutopischen Kommune Brook Farm wurde. Emerson allerdings blieb dem Projekt gegenüber reserviert; es lief seinem ausgeprägten Individualismus ebenso entgegen wie demjenigen Hawthornes, der aber immerhin ein halbes Jahr in Brook Farm verbrachte und seine dortigen Erfahrungen in dem Roman *The Blithedale Romance* (1852) verarbeitete.

Ralph Waldo Emerson: Literarischer Pragmatismus und amerikanische Religion

Die Forderung nach radikaler Erneuerung und geistiger Selbstbesinnung der amerikanischen Kultur und Literatur wurde in nachdrücklichster und rhetorisch wirkungsvollster Weise in den Texten Emersons erhoben. Auch diese tragen die Spuren des öffentlichen Engagements in sich, aus dem heraus sie geschrieben sind, denn oft handelt es sich dabei um Vorträge, Essays und persönliche Reflexionsprotokolle, die in ständiger gegenseitiger Wechselwirkung standen. Wie andere Transzendentalisten war Emerson zunächst unitarischer Geistlicher, ehe er mit der Kirche und dem ihr verbundenen Harvard College brach, von dessen Klima er gleichwohl geistig geprägt blieb. Er ist einerseits die repräsentative Leitfigur der Transzendentalisten, in deren Schriften sich die wichtigsten Tendenzen und Grundpositionen dieser Bewegung konzentriert vorfinden. Andererseits aber ist er gleichzeitig eine singuläre Ausnahmegestalt, die den sie definierenden Bedingungskontext übersteigt und sich jeder endgültigen Zuordnung auf teilweise irritierende Weise entzieht. Dies liegt daran, daß das Postulat radikaler Innovation bei Emerson konsequent von einer nur theoretisch-inhaltlichen auf die sprachliche Textebene übertragen wird. Literatur in diesem Sinn wird zum prinzipiell offenen Medium der sprachlichen Erkundung und temporären Setzung inhaltlicher Positionen, die aber immer wieder modifiziert, erweitert, ja revidiert werden. Dem entspricht die Verlagerung des Textsinns in die kreative Rezeption seiner Leser: »There is then creative reading as well as creative writing« (*The American Scholar*). Die pragmatische Wende der Literatur, für die Emerson steht, bedeutet nicht nur ein Freisetzen des Textes aus der Autorität der Tradition, sondern auch ein Freisetzen des Lesers aus der Autorität des Textes. Damit verliert die trennscharfe Abgrenzung des Ästhetischen vom Außerästhetischen ihre Tragfähigkeit. Literatur wird zum Modellfall kultureller Kreativität generell, an der sich freilich brennpunktartig die schöpferische Tätigkeit ihrer selbst bewußt wird, die Mensch und Gesellschaft insgesamt als Anschubkraft einer grund-

Emerson

Literatur als Modell kultureller Kreativität

legenden Erneuerung dienen kann. »Build, therefore, your own world«, lautet der berühmte Appell am Ende von Nature (1838). Welcher Art diese welterzeugende Tätigkeit ist, ist sekundär gegenüber dem Grad an Freiheit und selbstbestimmter Intensität, den sie für die produktive Lebenssteigerung des Individuums als Keimzelle einer idealeren Gesellschaft eröffnet. Emerson begründet hiermit eine pragmatische Traditionslinie, die nicht nur die weitere Literatur-, sondern auch die Philosophiegeschichte der USA, insbesondere in der Rezeption durch William James, wesentlich beeinflussen sollte.

Sowohl in seinem pragmatischen als auch in seinem parareligiösen Aspekt sprengt der Emersonsche Text herkömmliche Grenzen des Ästhetischen und wird zum Medium dessen, was Harold Bloom die *American Religion* nennt. Es ist das Besondere dieser amerikanischen Religion, daß in ihr das Prinzip der *God-reliance* durch das der *self-reliance* abgelöst wird. Das Göttliche wird in keiner äußeren oder höheren Macht mehr gesehen, sondern in den Menschen selbst hineinverlegt. Die Grundfigur von Emersons Denken bildet eine Triade, die aus *self, nature* und *Oversoul* besteht. Die *Oversoul* oder Überseele ist aber keine selbständige, von der Welt der Erscheinungen abgelöste Instanz, sondern in diesen ebenso wirksam wie im Geist des Menschen, der daher durch Naturbeobachtung und Introspektion unmittelbar am Göttlichen Anteil zu nehmen vermag, wie diese berühmte Stelle aus *Nature* illustriert:

Transzendentalistische Triade

> Standing on the bare ground, – my head bathed by the blithe air, and uplifted into infinite space, – all mean egotism vanishes. I become a transparent eyeball; I am nothing; I see all; the currents of the Universal Being circulate through me; I am part or particle of God.

Selbst, Natur und Überseele bilden hier einen gegenseitigen Wirkungszusammenhang, der in einem Moment ekstatischer Subjekt-Objekt-Verschmelzung auf seine zeitlose Substanz durchsichtig wird. Diese ist jedoch gerade nicht inhaltlich festzulegen, sondern besteht in einer ständigen kreativen Austauschbeziehung zwischen Mensch und Welt, Geist und Natur (»The currents of the Universal Being circulate through me«). Emerson war kein naiv-euphorischer Mystiker, der den umstandslosen Zugang des Menschen zu letzten Wahrheiten verkündete. Vielmehr verband er seine Sinnaffirmation mit einem höchsten Maß von Text- und Sprachbewußtsein. Er war wie kein anderer in seiner Zeit von einer ungeheuren Vielzahl von Texten und Theorien, insbesondere aus dem Umkreis des Idealismus und der Romantik, beeinflußt, die er wie ein geistiges Magnetfeld anzog und in neue Richtungen lenkte. Die grundlegende Innovation, die er anstrebte, war erst möglich im Durchgang durch die Tradition, mit der er bestens vertraut war und die er eben deshalb mit großem Selbstbewußtsein neu zu schreiben vermochte.

Karikatur zur berühmten »transparent eyeball«- Passage in *Nature*

Emersons idealistisch inspirierter Pragmatismus, der das Verhältnis von Text und Leser, Literatur und Leben aus einer statischen Nachordnungs- in eine lebendige Wechselbeziehung umdeutet, bezieht sich insbesondere auch auf das Verhältnis zu Tradition und Sprache. Der Text selbst wird zur Sprachhandlung, die sich als ständig revidierendes *troping* (Poirier), d.h. als immer neue, diskontinuierliche Wendung von Bildlichkeit und Rhetorik, vollzieht und in der sich der ästhetische Selbstbehauptungswille des kreativen Subjekts gegen den Automatismus sprachlicher Weltdeutungen und die Übermacht der in ihnen geronnenen Wahrheitsansprüche erst immer

Text als Sprachhandlung

wieder durchsetzt. Erst dadurch kann das Ich den momenthaften Zugang zu sich selbst und zur inneren und äußeren ›Natur‹ wiederherstellen, den es gegen die Erstarrungstendenz kultureller Artefakte immer neu zu aktualisieren gilt. Der rhetorische Zauber dieser sprachlichen Selbstermächtigung läßt einerseits jene »eternal melodies« hörbar werden, die der Freund und große englische Zeitgenosse Thomas Carlyle aus Emersons Texten zu vernehmen glaubte; doch andererseits kann der auf reine *self-reliance* sich berufende Akt sprachlicher Sinnaffirmation keine transzendente Geltungsinstanz mehr beanspruchen, sondern schließt ein Bewußtsein seiner Abgründigkeit ein. Als Beispiel mag eine Stelle aus den *Journals* dienen, in der die spirituelle Instanz der ›Überseele‹ auf eigentümliche Weise mit der instinkthaften Antriebskraft einer ›Unterseele‹ verbunden wird:

> Inspiration is only this power [=instinct] excited, breaking its silence; this spark bursting into flame ... Instinct is a shapeless giant in the cave, massive, without hands, or fingers, or articulating lips or teeth or tongue, Behemoth, Brain almost, disdaining speech, disdaining particulars, lurking surly, invincible, disdaining thoughts, always whole, never distributed, aboriginal, old as nature, ... wise, wisest, knowing all things; never condescends to explanation ... Indifferent as to dignity of its function it plays the god in animal nature, as in human or angelic, and spends its omniscience on the lowest wants.

Poetisches Sprachhandeln im Sinne Emersons wird hier jeder logozentrischen Absicherung beraubt und als Ausdruck eines ursprünglichen kreatürlichen Machtwillens sichtbar, der in seinem gottgleichen Spiel ständiger Metamorphose die herkömmlichen Regeln von Syntax, Logik und sozialen Normen sprengt. Dies ist zweifellos eine extreme, eher untypische Stelle, der Emersonsche Text experimentiert äußerlich meist weniger spektakulär. Doch gilt auch für die bekannteren Essays wie *Nature*, *Self-Reliance*, *Over-Soul*, *The Poet*, oder *The American Scholar*, daß in ihnen zwar die thematischen Kernbereiche Emersonschen Denkens umrissen werden, zugleich aber jede eindeutig fixierbare Aussage immer wieder in einen Prozeß potentiell unendlicher Bedeutungsverschiebung aufgelöst wird. Es verwundert kaum, daß Emerson in seiner kulturkritisch gewendeten Verbindung des Höchsten mit dem Niedrigsten, des Geistes mit dem Instinkt, von Kunst und Macht *Wirkung auf Nietzsche* eine prägende Wirkung auf Friedrich Nietzsche ausgeübt hat. Ebensowenig verwundert es, daß der dynamisch-offene und gleichwohl seiner sprachlich-intertextuellen Bedingtheit bewußte Textbegriff Emersons im Zeitalter der Postmoderne neue Aktualität gewonnen hat.

Auch in seinem Naturbegriff mutet Emerson modern an, so in der Annahme unendlicher Korrespondenz und Selbstähnlichkeit: »The near explains the far. The drop is a small ocean.« Diese Struktur infiniter Selbstähnlichkeiten, die die Natur als organisch-dynamisches Prinzip durchzieht und sich auch in ihrer Korrespondenz zu den verschiedensten Manifestationen des menschlichen Geistes zeigt, ist die Form, in der sich Emerson den Zusammenhang des Universums, aber auch der menschlichen Erfahrung denkt. Diese ›ökologische‹ Komponente in Emersons Denken wird allerdings immer wieder zurückgenommen zugunsten einer Vormachtstellung des selbstbestimmten Subjekts, das letztlich über die Beschränkungen der Natur triumphiert und so trotz aller literarischer Brechungen doch mitunter in die Nähe der zivilisatorischen Überlegenheitsideologie seiner Zeit rückt. Emerson war ein chamäleonartiger Dichter-Philosoph, ein »dramatist of ideas« (W. H. Gilman), der sich in den verschiedensten Rollen entwarf – des antinomischen Rebellen wie des kulturellen Repräsentanten, des Sprachrohrs des *common man* wie des genialen Geistesaristokraten, des kritischen Zweiflers wie des Verkünders erhabener Zuversicht – und niemals auf eine von ihnen festzulegen war. Seit dem Essay *Experience* (1844), geschrieben nach dem Tod seines Sohnes Waldo, wurde ein skeptischerer Unterton spürbar, der den zuvor dominierenden Optimismus in Frage stellte. Das Prinzip der Notwendigkeit und des Schicksalhaften gewann gegenüber dem Prinzip von Freiheit und Selbstbestimmung die Oberhand, wie der Essay *Fate* (1850) belegt. Doch hing dies wohl nicht nur mit persönlichen Erfahrungen zusammen, sondern mit einer untergründigen Desillusionierung hinsichtlich der Entwicklung der amerikanischen Demokratie und Gesellschaft, die in der Aufbruchsstimmung der späten 30er Jahre vermeintlich noch die Möglichkeit grundlegender Korrekturen bot, aber in den eskalierenden Konflikten der 40er und 50er Jahre sich einer geistigen Richtungsbestimmung zunehmend zu entziehen schien.

›dramatist of ideas‹

Margaret Fuller: Feministische Transzendentalistin

Die zeitgenössische Brisanz der im Umkreis des Transzendentalismus entwickelten Fragestellungen und Innovationsimpulse, die bei Emerson eher in philosophisch-literarischer Richtung wirksam war, manifestierte sich in stärker gesellschaftlicher und lebenspraktischer Hinsicht bei Autor/innen wie Fuller und Thoreau, ohne daß diese wiederum, wie andere Transzendentalisten, ganz im Engagement für bestimmte tagespolitische Anliegen aufgingen. Auch bei Margaret Fuller war die geistige Selbstbesinnung und Selbstvervollkommnung des Menschen gegenüber äußeren und inneren Abhängigkeiten aller Art das vorrangige Ziel. In der konsequenten Anwendung dieses Prinzips auf die Situation der Frau kann sie als die erste profilierte Feministin Amerikas bezeichnet werden. In einer Zeit, in der die Rolle der Frau sehr stark auf die *domestic sphere* eingeschränkt war, mußte Fullers aus transzendentalistischem Geist entworfene Neubestimmung des Frauenbildes provokativ wirken. Denn sie bekämpfte nicht nur vorherrschende Stereotypen der Frau als emotionsbestimmtem Wesen und betonte die Wichtigkeit geistiger Bildung, sondern forderte auch ihr Heraustreten aus der durch Mutter- und Ehefrauenrolle definierten Privatsphäre in die öffentliche Sphäre von Beruf und Gesellschaft. Sie postulierte die intellektuelle Gleichwertigkeit und gleichberechtigte Beziehung der Geschlechter, die aus einem der persönlichen Sklaverei ähnlichen Verhältnis der Abhängigkeit in eine gegenseitige Achtungsbeziehung verwandelt werden müßte. Aber sie ging noch grundsätzlicher über den Androzentrismus traditionellen Denkens hinaus und beanspruchte das transzendentalistische Prinzip der *self-reliance* vorbehaltlos für die Frau – jenseits männlich vorgegebener Definitionen und Beziehungsmuster.

Neubestimmung des Frauenbildes

Margaret Fuller (Daguerreotypie)

In ihrer Persönlichkeit verkörpert Fuller sowohl den Mut, aus den überlieferten Rollenzwängen herauszutreten, als auch die enormen Schwierigkeiten und Widersprüche, die damit verbunden waren. Die Schärfe ihres Blicks für geschlechtsspezifische Probleme mag dadurch mitbedingt gewesen sein, daß ihre kindliche Sozialisation entgegen dem üblichen Erwartungsmuster verlief: Ihr Vater erzog sie wie einen Jungen und drillte sie zu einem intellektuellen Wunderkind, das mit sechs Jahren Vergil und Ovid zitierte, gleichzeitig aber kaum Kontakt mit anderen Kindern fand und sein Wirklichkeitsbild nur aus zweiter Hand und aus Büchern bezog. In ihren

Einfluß der deutschen Romantik

Conversations in Boston

Woman in the Nineteenth Century

Romantisierte Darstellung von Fullers Tod bei einem Schiffsunglück

Memoirs (1852) beklagt Fuller, daß die einseitige Ausbildung des Intellekts sie nicht nur vom realen Leben, sondern von den eigenen Emotionen entfremdete und zu traumatischen Überforderungssymptomen wie Alpträumen und chronischen Kopfschmerzen führte. So wie bei dem englischen Philosophen John Stuart Mill die entscheidende Wende in der Krise, in die ihn die kopflastige Einseitigkeit seiner rationalistischen Erziehung geführt hatte, durch die romantische Dichtung Wordsworths bewirkt wurde, so erwies sich auch bei Fuller der Einfluß der Romantik, insbesondere in ihrer deutschen Ausprägung, als Weg aus der rationalistischen und klassizistischen Enge ihrer Erziehung. An dem bewunderten Goethe entsprach ihr vor allem dessen kosmopolitische Literatur- und Kunstauffassung, an Novalis der subjektive Enthusiasmus, an Bettina von Arnim die gefühlsbetonte Poetik des Alltags; ihre leidenschaftliche Begeisterung galt der Musik Beethovens.

In dieser spannungsreichen Verbindung von brillantem Intellekt und emotionalem Idealismus gelang Fuller schließlich, gegen äußere und innere Widerstände, der Durchbruch zu jener selbstbestimmten geistigen Existenz, die sie anstrebte und die den meisten Frauen ihrer Zeit verwehrt blieb. Sie trat zunächst mit Übersetzungen deutscher Literatur, danach zusammen mit Emerson als Herausgeberin der Zeitschrift *The Dial* und zunehmend als Verfasserin eigener Essays und Rezensionen hervor. Berühmt wurden die von ihr abgehaltenen *Conversations* in Boston, Salongespräche, in denen die verschiedensten Themen von der klassischen Antike bis zur Gegenwart, von Religion, Mythologie, Philosophie bis zur Literatur behandelt wurden und die einen Anfang der von ihr geforderten emanzipatorischen Bildungsarbeit mit Frauen setzten. Sie war zu einer führenden geistigen Größe ihrer Zeit aufgestiegen: »All the art, the thought, and the nobleness of New England, seemed ... related to her and she to it« (Emerson). Das Ergebnis einer Reise in den Nordwesten war ihr *Summer on the Lakes* (1843), in dem sie das Frontier-Leben im Westen in durchaus idealisierender Weise als Leben in einem pastoralen Garten Eden beschrieb, der allerdings den Frauen nicht zugänglich sei, da sie Gefangene ihrer häuslichen Pflichten blieben.

Fullers Hauptwerk ist *Woman in the Nineteenth Century* (1844), das aus dem früheren Essay »The Great Lawsuit« hervorging und durch die Bostoner Konversationen mitinspiriert war. Als Manifest eines feministischen Transzendentalismus, das eine durchaus beachtliche Wirkung ausübte, hat es einen unbestrittenen Platz in der amerikanischen Literaturgeschichte. Es knüpft zwar in seinem Gesamtaufbau an die klassische Predigt- und Redestruktur an (Urbanski), bricht aber deren innere Geschlossenheit durch einen dialogischen Konversationston auf, der durch eingeschobene Dramatisierungen, aphoristische Sentenzen und vielfältige Bezüge auf Literatur, Mythologie und Geschichte zusätzlich angereichert wird. Und wenn auch manches konstruiert und von demonstrativem Bildungswissen überladen wirkt, so ist der essayistische Reflexionsstil doch gleichzeitig sehr bildhaft und methaphernreich und immer wieder durch überraschende Ideen und sprachliche Wendungen gekennzeichnet, die aus einem idealisierenden Grundton heraus dennoch bestehende Vorurteile und Selbstverständlichkeiten kritisch in Frage stellen. »All men are born free and equal«, zitiert sie aus der *Declaration of Independence*, und stellt fest, daß dieses proklamierte Grundrecht den Frauen vorenthalten wird. Sie kehrt den traditionellen Orpheus-Mythos aus der Sicht Eurydikes um, die durch ihre Entwicklung zu schöpferischer Eigenständigkeit letztlich auch zur Höherentwicklung des Mannes beitragen werde. Und immer wieder bezieht sie sich auf die Praxis, auf die vielfältigen kreativen Tätigkeiten, die Frauen – etwa in der Französischen Revolution oder im Kampf gegen die Sklaverei – ausgeübt haben und die sie in Zukunft ausüben könnten: »Let them be seacaptains, if you will.«

Doch geht es ihr nicht allein um äußere, sondern vor allem um innere Veränderungen, um die volle Entfaltung der Frau in ihren praktischen, geistigen, emotionalen und spirituellen Fähigkeiten, in der zwar das spezifisch Weibliche nicht verschwindet, aber doch tendenziell in eine allgemeinmenschliche Emanzipationsperspektive eingeht. Fuller nähert sich hier einem androgynen Menschenbild an, nach dem in jedem Individuum die Geschlechterdifferenz in unterschiedlicher Weise wirksam ist und das die Kooperation, nicht die Konfrontation der äußerlich entgegengesetzten Pole nahelegt. Wahre *self-reliance* ist nur unter bewußter Einbeziehung und Aktualisierung dieser inneren Persönlichkeitsvielfalt erreichbar und läßt in der jeweils individuellen Ausformung dieser »idea of religious self-dependence«, ganz im transzendentalistischen Sinn, zugleich die »harmony with the central soul« erhoffen.

Androgynes Menschenbild

Henry David Thoreau: Literatur als alternatives Lebensexperiment

Die politisch wohl stärkste Nachwirkung der transzendentalistischen Schriftsteller hatte Henry David Thoreau, der insbesondere mit seiner Schrift »Resistance to Civil Government« (1849) und der dort vertretenen Idee des ›zivilen Ungehorsams‹, d.h. des Rechts des Individuums auf gewaltfreien Widerstand gegen bestehende Gesetze, sofern sie seinem Gewissen widersprechen, bekannt geworden ist. Diese Schrift inspirierte u.a. den dänischen Widerstand gegen den Nationalsozialismus, Mahatma Ghandi, Martin Luther King und die Vietnamkriegsgegner in den 60er Jahren. Auch wurde Thoreau mit der in *Walden* (1854) dargestellten naturnah-meditativen Lebensform, die er einer von künstlichen Bedürfnissen beherrschten Waren- und Konsumgesellschaft entgegensetzte, zum Vorbild einer Gegenkultur, die darin einen grundlegenden Ansatz zu geistiger Neubesinnung und zu einer ökologisch motivierten Gesellschaftsreform gesehen hat.

Vorbild der Gegenkultur

Henry David Thoreau

Thoreau als Emersons ›American Scholar‹

Diese Rezeptionsgeschichte beleuchtet aber nur einen, wenn auch wichtigen Aspekt von Thoreaus Denken. Dessen politische Seite war nämlich keineswegs die primäre, vielmehr war sie in eine wiederum stark von Emerson beeinflußte, transzendentalistische Grundposition einbezogen, aus der sie sich eher indirekt ergab. Thoreau war gewissermaßen die Verkörperung des ›American Scholar‹, den Emerson theoretisch beschworen hatte und den Thoreau in seinen Grundmerkmalen – enge Naturbeziehung, Mut zur Selbstverantwortung und kosmopolitischer Geist – konsequent in die Praxis, in individuell gelebte Realität umsetzte. Mit diesem Ziel vor Augen ging Thoreau, der sich zuvor als Lehrer versucht hatte und sich durch den ausbleibenden literarischen Erfolg in seiner Ablehnung des Stadtlebens bestärkt sah, von 1845–47 an den Walden Pond, einen kleinen See in der Nähe von Concord in einem Waldgebiet, das Emerson gekauft hatte, um es vor dem Abholzen zu retten. Am Ufer des Sees baute Thoreau eine Hütte, in der er allein lebte, sich im wesentlichen selbst versorgte, die Natur beobachtete und schrieb. Wie Emerson hielt er seine vielfältigen Ideen, Eindrücke und Beobachtungen in seinen *Journals* fest, die sich am Ende seines Lebens auf rund zwei Millionen Wörter beliefen und eigenständigen literarischen Wert besitzen. Das bewußt geführte und protokollierte Leben stellte ein spontanes Reflexionsmaterial dar, das eine größtmögliche Annäherung der Literatur an jene kreative Selbstpräsenz des Geistes ermöglichte, die es anzustreben galt.

Dennoch trat zwischen reales Erleben und endgültige Ausarbeitung eine ästhetische Distanz. So schrieb Thoreau während seines Walden-Aufenthalts den Reisebericht *A Week on the Concord and Merrimack Rivers* (1845–47), der in das Jahr 1839 auf eine mit seinem 1842 verstorbenen Bruder unternommene Reise zurückging. Die Schrift »Resistance to Civil Government« (auch bekannt als »Civil Disobedience«) entstand etwa zwei Jahre, nachdem Thoreau während seines Walden-Aufenthalts für eine Nacht ins Gefängnis gekommen war, weil er sich weigerte, Steuern für einen Staat zu zahlen, der die Sklaverei und den Aggressionskrieg gegen Mexiko zu verantworten hatte. Auch hier bildet das konkrete Ereignis den Ausgangspunkt für eine textuelle Verarbeitung, in der das ursprüngliche Erlebnis sowohl einbezogen als auch auf seine allgemeineren Implikationen hin durchleuchtet und in den größeren Zusammenhang des – uneingelösten – amerikanischen Demokratieanspruchs gestellt wird. Trotz des Bestehens auf der individuellen Gewissensinstanz als der höchsten moralischen Autorität und trotz der ins Anarchische getriebenen Infragestellung politischer Hierarchien – »That government is best which governs not at all«, so radikalisiert Thoreau Jeffersons Ausspruch »That government is best which governs least« – bleiben auch hier einem aktiven gesellschaftlichen Engagement Grenzen gezogen. Der moralische Appell zur Weltveränderung bricht sich an der Maxime je individueller Selbstverwirklichung: »I came into this world, not chiefly to make this a good place to live in, but to live in it, be it good or bad.« Der selbstbestimmte Vollzug des eigenen unverwechselbaren Lebensentwurfs gegenüber allen äußeren, fremdbestimmten Tendenzen der Zeit wird hier als Kern von Thoreaus alternativer, ›jenseits von Gut und Böse‹ angesiedelter Wertkonzeption erkennbar, die damit wie bei Emerson eine eigentümliche inhaltliche und moralische Unschärfe gewinnt und sich eher als offenes ethisch-ästhetisches Potential denn als festes, inhaltlich eingrenzbares Programm darstellt.

Diese unterschiedlichen und teilweise widerstrebenden Aspekte von Thoreaus Position kennzeichnen vor allem sein Hauptwerk *Walden*. In ihm ist der erwähnte Einfluß Emersons unübersehbar, der Thoreau zu Lebzeiten den Vorwurf einbrachte, ein bloßer Nachahmer seines übermächtigen Mentors zu sein. Wie bei Emerson werden Introspektion und Naturbeobachtung zur Quelle einer spirituellen Selbsterneuerung des Menschen, die exemplarisch für die Selbsterneuerung der Gesellschaft stehen soll. Wie bei Emerson wird die Natur in Korrespondenz zum menschlichen Geist gesehen, und erschließt sich in der Entdeckung des inneren Zusammenhangs ihrer vielfältigen Phänomene gleichzeitig das höhere Wirken einer alles durchwaltenden *Oversoul*. Emersons Bild des »transparent eyeball«, des in der mystischen Naturbegegnung sich selbst sehenden Auges, wird bei Thoreau am Korrespondenzverhältnis von See und sympathetischem Beobachter konkretisiert: »A lake is the landscape's most beautiful and expressive feature. It is earth's eye; looking into which the beholder measures the depth of his own nature.« Wie bei Emerson ist das hierin liegende Erkenntnis- und Sinnpotential nicht an sich gegeben, sondern vom einzelnen erst jeweils neu zu vergegenwärtigen. »But all these times and places and occasions are now and here. God himself culminates in the present moment . . .« Mit Emerson teilt Thoreau damit die Pragmatisierung einer

Anarchischer Individualismus

Einfluß Emersons

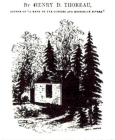

Titelseite der Erstausgabe

metaphysischen Denk- und Literaturtradition, insbesondere der der europäischen Romantik, von der auch er stark beeinflußt ist. Schließlich ist er ihm auch in der stilistisch und gattungsmäßig offenen, aus dem *lecture-essay* hervorgegangenen poetisch-philosophischen Literaturform und dem ihr eingeschriebenen Rollenentwurf des repräsentativen Dichter-Propheten verwandt, der der in materialistische Selbstentfremdung gefallenen Nation den Spiegel ihrer unrealisierten Möglichkeiten vorhält.

Gleichzeitig unterscheidet sich aber Thoreau so deutlich von Emerson, daß er trotz der Parallelen ein völlig eigenständiges Profil gewinnt. So ist die Naturbeziehung bei ihm ungleich anschaulicher, detailfreudiger und vielseitiger. Auf einer Ebene kann *Walden* geradezu als informatives Naturkundebuch über die Region Neuenglands gelesen werden, die Thoreau in ihrer Topographie, ihrer Flora, Fauna und ihren meteorologischen Verhältnissen mit präziser Beobachtungsgabe beschreibt. Dabei nimmt er teilweise eine wissenschaftlich-experimentelle Haltung gegenüber der Natur ein, die weder bei Emerson noch in der europäischen Romantik in dieser Weise vorkommt. Er rechnet nicht nur auf den Cent genau die Kosten seines Walden-Aufenthalts vor, um auch die Wirtschaftlichkeit seines alternativen Lebensentwurfs zu unterstreichen, sondern mißt den See mit pedantischer Genauigkeit in seiner Länge, Breite und Tiefe aus – um allerdings anhand der solchermaßen durch den Verstand (*understanding*) gewonnenen Daten zu verallgemeinernden Interpretationen im Sinn des transzendentalistischen Vernunftbegriffs (*reason*) zu kommen. So stellt er fest, daß die Linien der größten Länge und Breite des Walden Pond sich genau am Punkt seiner größten Tiefe überschneiden und folgert daraus eine allgemeinere Gesetzmäßigkeit der Schöpfung. Er beobachtet mit dem Mikroskop den Kampf zweier Ameisenvölker, den er in allen absurd-grausigen Details beschreibt, den er aber gleichzeitig als heroische Schlacht im Sinn eines homerischen Epos und mit Bezug auf den amerikanischen Unabhängigkeitskrieg überhöht. Es handelt sich hier also gewissermaßen um eine ›wissenschaftliche Romantik‹, in deren experimenteller Entdeckermentalität die brutalen und grausamen Züge der Natur nicht wie bei anderen Transzendentalisten ausgespart, sondern bewußt einbezogen werden: »I love the wild not less than the good.«

Ein weiterer Unterschied zu Emerson ist die größere Schärfe der Gesellschaftskritik, die sich vor allem im ersten Teil von *Walden* in einem satirischen Ton niederschlägt, der gewohnte Denkmuster auf den Kopf stellt und dadurch das auf Äußerlichkeiten fixierte Wertsystem der Gesellschaft lächerlich macht: »Dress a scarecrow in your last shift, you standing shiftless by, who would not soonest salute the scarecrow?« In ähnlicher Weise verfremdet und unterläuft er vorherrschende Denkweisen etwa zum Verhältnis von ›primitiven‹ zu ›zivilisierten‹ Kulturen oder von südstaatlicher und nordstaatlicher ›Sklaverei‹. *Walden* gewinnt sein Profil einerseits aus der provokativen Distanzierung vom vorherrschenden Zeitgeist und den politisch-sozialen Fehlentwicklungen der USA, andererseits aus der Absetzung von der implizit stets gegenwärtigen europäischen Tradition. Es bildet einen bewußt optimistischen Gegenpol zur europäischen Melancholie, wie bereits am vorangestellten Motto von *Walden* deutlich wird, das sich programmatisch von Coleridges »Ode to Dejection« absetzt: »I do not propose to write an ode to dejection, but to brag as lustily as chanticleer in the morning, standing on his roost, if only to wake my neighbors up.«

Dieser Aufbruchsgeist hat in seinem Appell an aktives, weltveränderndes Selbstbewußtsein durchaus auch heute noch etwas Ansteckendes. Er hat

Unterschiede zu Emerson

›*Wissenschaftliche Romantik*‹

Gesellschaftssatire

Widersprüche von Thoreaus Position

aber auch immer wieder etwas Undifferenziertes, das Gegensätze einebnet und die Konturen einer klar erkennbaren Position verschwimmen läßt. So beklagt Thoreau zwar die Mechanisierung des Menschen und seine Unterordnung unter eine Welt der Maschinen und des ökonomischen Kalküls, der die Natur unbedenklich geopfert werde. Gleichzeitig aber erscheint ihm die Lokomotive, die in der Nähe des Walden Pond vorbeifährt, wie eine mythologisch überhöhte Verkörperung und Fortentwicklung eben dieser naturhaften Kreativität. Während er einerseits die Natur zum gleichberechtigten Partner des Menschen aufwertet und so einer anthropozentrischen Überlegenheitsideologie entgegenwirkt, kehrt an anderen Stellen die alte Körper-Geist-Dichotomie wieder, ja wird eine an puritanische Selbstunterdrückung erinnernde Disziplinierung des Körpers gefordert. »If you would avoid uncleanness, and all the sins, work earnestly, so it be at cleaning a stable. Nature is hard to be overcome, but she must be overcome.« Thoreau ist hier beeinflußt von der puritanischen Arbeits- und Askesemoral, von der er sich ostentativ absetzt, ebenso wie er vom Geist eines *laissez-faire*-Individualismus mitgeprägt ist, wenn er »the making of poetry, the making of a crop, the making of money« als prinzipiell gleichwertige Ausprägungen amerikanischer Kreativität anerkennt. Das Projekt eines alternativen Lebens, das er in seiner Literatur verfolgt, ist also nicht so rein und widerspruchsfrei wie es manche, allzu unkritische Deutungen gesehen haben. Thoreaus Werk ist, noch in der millenaristischen Rhetorik eines grundsätzlichen Neuanfangs, nicht ein bloßer Gegenpol, sondern auch ein Teil des Diskurses seiner Zeit, in dessen charakteristischen Konfliktfeldern es sich erst definieren kann, den es aber gleichzeitig überschreitet, indem es seine Defizite im Licht fundamentaler menschlicher Bedürfnisse vor Augen führt, die dieser Diskurs vernachlässigt und die Thoreau in seinen Texten auf unüberhörbare Weise zur Geltung bringt.

Edgar Allan Poe: Romantische Autonomieästhetik und amerikanische Apokalypse

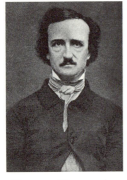

»Your eyes like agate lanterns – on and on .... / And Death, aloft – gigantically down / probing through you – toward me, O evermore« Hart Crane über seine Poe-Vision in der U-Bahn

Auf andere, aber nicht minder grundlegende Weise im Widerspruch zu seiner Zeit als die Transzendentalisten stand Edgar Allan Poe, der in vielem eine Gegenposition zu diesen einnahm, in manchem aber auch ihrem Denken verwandt war. Poe ist einer der umstrittensten, aber gleichzeitig bis heute faszinierendsten Autoren der *American Renaissance*. Seit seinem einsamen, skandalumwitterten Tod als Folge wirtschaftlicher Not und exzessiven Opium- und Alkoholkonsums gilt er als Prototyp des Schriftstellers als romantischen Außenseiters, der in der materialistisch eingestellten amerikanischen Gesellschaft keine Überlebenschance hat. Von Anfang an waren die Meinungen über ihn geteilt. Den einen erschien er als lebensuntüchtiger Einzelgänger, der unbewältigte Entfremdungsgefühle in sensationelle literarische Horrorszenarien umsetzte und seine Weltflucht zu einem morbiden ästhetischen Schönheitskult sublimierte. Den anderen, insbesondere den französischen Bewunderern Poes, erschien gerade diese Aura des Exzentrischen, Dämonischen und einer dem Wahnsinn verwandten Kreativität faszinierend, mit der Poe das Rollenmodell des Dichters für den Symbolismus und Ästhetizismus der zweiten Jahrhunderthälfte vorzeichnete. Gerade die Freisetzung der poetischen Imagination aus der Norm äußerer Wirklichkeitsabbildung, die radikale Erkundung der Nachtseiten des menschlichen Bewußtseins und die Nutzung einer magisch-symbolischen Traumsprache für die wirkungsbewußte Spannungsauflagung dichterischer Aussage, die Poe im viktorianisch geprägten kulturellen Klima der USA zur bizarren Randfigur machte, wurde in Frankreich als zukunftsweisend für eine literarische Ästhetik empfunden, die sich als provokative Gegeninstanz zur philisterhaften, moralisch domestizierten Kunstauffassung der bürgerlichen Gesellschaft verstand.

Poe galt daher lange als ›europäischster‹ der amerikanischen Romantiker. Dies trifft nicht nur auf seine Nachwirkung, sondern auch auf seine literarische Herkunft zu. Er war stark von Vorbildern der englischen Romantik wie Blake, Shelley, Keats und Byron beeinflußt – er stilisierte sich zeitweise selbst als *Byronic hero* –, ebenso von der phantastisch-grotesken Literatur E. T. A. Hoffmanns. Darüber hinaus betrachtete er Shakespeare und Pope als komplementäre Stilideale, wobei der eine für die ›Wildheit‹ und ungezähmte Imaginationskraft der Renaissance, der andere für klassizistische Klarheit und Formstrenge steht, die die beiden Pole von Poes Dichtung bilden. Eines der hervorstechendsten Merkmale seiner Texte ist, daß in ihnen die amerikanische Geschichte und Realität kaum vorkommt. Sie versetzen den Leser meist in ein zeitloses Niemandsland, in dem wie in surrealer Trance archetypische Wunsch- und Angstphantasien ausgelebt werden. Poes Insistieren auf der Autonomie der Kunst als einer Gegenwelt zur Gesellschaft und auf der Eigengesetzlichkeit der ästhetischen Sphäre mußte elitär wirken im Kontext der Forderung nach einer demokratischen Literatur, die auf der Agenda seiner Zeitgenossen stand. Auch politisch war Poe konservativ und stand dem Fortschrittsoptimismus seiner Zeit mit größter Skepsis gegenüber. Sein aristokratisches Künstlerverständnis verband er mindestens teilweise auch mit dem aristokratischen Selbstbild des amerikanischen Südens, in dem er aufgewachsen war und dem er in seinen Werken literarische Geltung verschaffen wollte. Trotz seiner Außenseiterposition hatte aber auch Poe am größeren geistig-literarischen Diskurs des zeitgenössischen Amerika Anteil. Er mokierte sich zwar über die Boston Brahmins und legte sich mit führenden Literaturkritikern an, war aber selbst einflußreicher Zeitschriftenherausgeber, v. a. des *Southern Literary Messenger*, und Berufskritiker, dessen zahlreiche Rezensionen mit Abstand den größten Teil seines Werks ausmachen.

Als Begründer verschiedener Neuentwicklungen der amerikanischen Literatur war Poe indessen so richtungsweisend, daß deren weitere Geschichte ohne ihn nicht denkbar wäre. Dies gilt zum einen für seine konsequente Umsetzung der europäischen Schauerromantik in ein Medium psychologischer Selbsterforschung, in die Dramatisierung innerseelischer Extremzustände. Die Tradition des Gotizismus, die seit Ch. B. Brown auch in Amerika Fuß gefaßt hatte, wird hier konsequent selbstreflexiv und für die literarische Erkundung der subjektiven Innenwelt genutzt. Die Motive des Doppelgängertums, des Lebendig-Begraben-Werdens, der Wiederkehr Verstorbener, des Abstürzens in Abgründe und Aufgesogenwerdens von tödlichen Strudeln, die Poes Texte durchziehen, werden zu Metaphern der Krise der modernen Subjektivität gerade an dem Punkt, an dem diese erstmals in ihrer vollen Souveränität hervorzutreten vermeint. Die menschliche Identität entzieht sich umso hartnäckiger der Festlegung, je mehr sie

Poes »Balloon Hoax« in der *New York Sun* (1844), mit dem er Scharen von Schaulustigen anlockte

Selbstreflexive Schauerromantik

Differenzierung der Erzählerrolle

sich authentisch nur noch auf sich selbst beziehen will. So führt in der Kurzgeschichte »William Wilson« (1840) der im Titel anklingende ›Wille‹ zur absoluten Selbstbestimmung zu Verfolgungsängsten durch eine dämonische *alter-ego*-Figur, die dem eigenen Identitätsentwurf auf sinistre Weise entgegenwirkt und, als sie vom Icherzähler in blutigem Zweikampf getötet wird, ihm als Zerrbild seiner selbst gegenübertritt und damit die Ungreifbarkeit des Ichs auf unheimliche Weise bestätigt. Die schauerromantisch verschlüsselte Darstellung einer hochdifferenzierten, aber zugleich pathologisch entfremdeten Subjektivität, die zwischen triumphaler Selbstaffirmation und unkontrollierbarer Selbstauflösung schwankt, wird von einer Differenzierung der Erzählerrolle begleitet, die bei Poe erstmals die Relativität und innere Vielgestaltigkeit einer radikal subjektiven Weltsicht narrativ umsetzt. Sie reicht von kühler, verstandesmäßiger Beobachtung über eine emotionale Intensivierung der Darstellung bis hin zu einer psychodramatischen Unmittelbarkeit des Erzählens, wie zu Beginn der *short story* »The Tell-Tale Heart« (1843):

> True! – nervous – very, very dreadfully nervous I had been and am; but why *will* you say that I am mad? The disease had sharpened my senses – not destroyed – not dulled them. I heard all things in the heaven and in the earth. I heard many things in hell. How, then, am I mad? Hearken! and observe how healthily – how calmly I can tell you the whole story.

Der Anspruch rationaler Selbst- und Situationskontrolle, der hier erhoben wird, wird durch Art und Inhalt des Gesagten selbst dementiert; der geleugnete Wahnsinn wird in der verzerrten Wahrnehmung und paranoiden Selbstüberschätzung des Erzählers nur allzu deutlich.

Groteskes und Arabeskes

Form und Stil dieser gotischen Erzählungen hat Poe mit den Begriffen ›grotesk‹ und ›arabesk‹ beschrieben, womit nicht nur eine Atmosphäre der Deformation und Irrationalität, sondern ein Zug des Exotisch-Orientalischen in den Texten bezeichnet ist, die in ihrer Mischung aus wilder Phantastik und fein ausziselierter Detailgestaltung, aus prachtvollem Dekor und innerer Desintegration, aus strenger Tektonik und labyrinthischer Verwirrung abgründige Ambivalenzen entstehen lassen. Manche von Poes Texten haben zweifellos etwas Konstruiertes, Überladenes. Die Rhetorik überlagert mitunter die Substanz, der sensationelle Effekt kann zum Selbstzweck werden. Andererseits hat die starke Innengerichtetheit vieler seiner Texte immer wieder einen autobiographischen Zugang nahegelegt, der, oft in psychoanalytischer Sicht, den frühen Tod der Eltern, die problematische Beziehung zum Adoptivvater Allan oder die Liebe zur jung verstorbenen Cousine und Gattin Virginia Clemm als Deutungsansatz für die Traumatisierung der Charaktere, die selbstdestruktiven Handlungsszenarien oder auch die Erhebung der Melancholie zur höchsten ästhetischen Emotion genommen hat, deren angemessenstes Thema, so Poes berühmter Ausspruch, der Tod einer schönen Frau sei.

Virginia Clemm Poe, Vorbild vieler Frauengestalten in Poes Werk

Ein allzu direkter biographischer Zugang hat jedoch seine Grenze sowohl an der inneren Komplexität der Texte, als auch an der Verschiedenartigkeit von Poes Werk insgesamt, das keineswegs auf seine ›gotischen‹ oder psychologischen Geschichten verkürzt werden kann. Relativ unbekannt ist etwa, daß Poe viele satirische, burleske und humoristische Erzählungen verfaßt hat; bekannter schon sind seine literarästhetischen Essays, etwa *The Philosophy of Composition* (1846) und *The Poetic Principle* (1848), in denen er seine Auffassung über die Musik als höchste Kunstform und über die Lyrik

Viele französische Maler illustrierten Poes Texte. Bei Gustave Doré (*The Raven*, 1883) ist der Rabe als Schicksalssymbol mit der idealisierten Gestalt der verlorenen Geliebten verschmolzen.

als die ihr nahestehendste und daher höchste Literaturgattung darlegte, welche nicht zuletzt auch eine eigene *Technik*, eine Kompositionsweise mit besonderen Regeln erfordere. Unbestritten bedeutend ist sein Beitrag zur Etablierung der *short story* als einer eigenständigen Gattung, zu der er wegweisende genrespezifische Überlegungen anstellte. Bahnbrechend ist weiter seine Begründung der modernen Detektivgeschichte, die er in *tales of ratiocination* wie »The Murders in the Rue Morgue« (1841) entwickelte und die mit ihrem analytischen Verfahren der Wahrheitsaufdeckung, der inkompetenten Überaktivität der Polizei, der überlegenen Verstandesschärfe des Meisterdetektivs sowie der Figur seines naiveren Freundes, der als Erzähler fungiert und so den unwissenden Leser im Text verkörpert, das Muster des Genres für die Zukunft vorgab. Hier zeigt sich die andere, rationale, an jeglicher wissenschaftlichen Erkenntnis interessierte Seite Poes, die seiner romantischen Seite gegenübersteht und ihn etwa von dem Engländer John Keats, mit dem er den poetischen Schönheitskult teilt, unterscheidet. Für Keats hatte Newtons wissenschaftliche Erklärung des Regenbogens noch dessen Entzauberung als dichterisches Symbol bedeutet; Poe nahm solche Erklärungen direkt und indirekt in seine Dichtung selbst mit auf. Allerdings gewinnt auch in den rationalen Geschichten wie »The Purloined Letter« (1844) in der Gegenüberstellung von Mathematik und Poesie schließlich letztere die Oberhand, da erst durch sie die entscheidende *Intuition* möglich wird, die dem Detektiv durch das empathetische Sichhineinversetzen in die Handelnden die Aufdeckung des inneren Zusammenhangs des Geschehens möglich macht, der der organisierten Rationalität des Polizeiapparats unzugänglich bleiben muß.

Poes Wissenschaftsbegriff ist also ein durchaus weiter, spekulativer. Er umfaßt neben naturwissenschaftlichen Erkenntnissen im engeren Sinn auch esoterische und parapsychologische Ansätze wie den Mesmerismus oder den kosmischen Spiritualismus eines Emanuel Swedenborg, die in seiner

Pionier der short story *und Detektivgeschichte*

Kosmologische Theorie

Zeit populär waren und auch auf andere Autoren wie Hawthorne oder Emerson – freilich weniger unmittelbar – gewirkt haben. Poe versuchte in seinem kosmologischen Prosagedicht *Eureka* (1848) eine Synthese seiner poetisch-philosophischen Weltanschauung zu geben, in der er unter Zuhilfenahme mathematischer Beweisführung eine spirituelle Grundstruktur des Kosmos zu entwerfen unternimmt. Das menschliche Schicksal wird zum Brennpunkt eines kosmischen Geschehens, das es sowohl spiegelt als auch aktiv mitvollzieht. Es ist unschwer erkennbar, daß hierin zugleich ein Strukturprinzip vieler Texte liegt. Man denke an »The Fall of the House of Usher« (1839), wo nicht nur die intensive Wechselbeziehung von Raum und Mensch, von belebter und unbelebter Natur, sondern auch die Selbstauflösung des überdifferenzierten Individuums – das hier zur Personifikation des Künstlers selbst wird – in die bedrohliche, aber letztlich auch erlösende kosmische Einheit den Textprozeß bestimmt; oder an eine Frauengeschichte wie »Ligeia« (1838), in der der Lebenswille einer liebenden Frau so starke geistige Intensität gewinnt, daß er sich über den Körper der Nachfolgerin wieder den Weg ins Leben zurück erzwingt. Die Grenzen zwischen Leben und Tod, zwischen Seele und Körper, zwischen Bewußtem und Unbewußtem werden bei Poe mit traumatischer Intensität spürbar; aber die getrennten Bereiche stehen nicht in bloßer Opposition, sondern in innerem, sich gegenseitig durchdringenden Zusammenhang – und unsere gewohnten Denkmuster hierzu radikal zu verfremden, ist sicherlich ein wichtiger Teil von Poes fortbestehender Faszinationskraft.

Poe und der Transzendentalismus

In seinem spekulativen Existenzentwurf, der in *Eureka* gipfelt, steht Poe in einer eigentümlichen Geistesverwandtschaft zu den Transzendentalisten, zu denen er sich ansonsten in polemischem Gegensatz sah. In der Tat wurde *Eureka* als Poes Gegenstück zu Emersons transzendentalistischem Manifest *Nature* gesehen. Gleichzeitig ist aber sein Ansatz ein ganz anderer. Von vornherein geht es ihm nicht um eine wenn auch noch so symbolische Faktographie, sondern um den Ausdruck seelischer Realitäten. Er ist einerseits wissenschafts- und technikbewußter als die Transzendentalisten, betont aber andererseits gleichzeitig weit stärker die Grenzen des Machbaren, der Erkenntnis und der individuellen Selbstbestimmung. Ihrem Optimismus stellt er ein Bewußtsein des Bösen, des Scheiterns und des Todes gegenüber. Ihre tagtraumhaften Allmachtsphantasien – die er mitunter durchaus teilt – konfrontiert er mit den alptraumhaften Ohnmachtserfahrungen und Auflösungsängsten, denen das individuelle Selbst ausgesetzt ist.

Apokalypse des American Dream

Die Apokalypse des Individuums, die Poe dessen zeitgenössischer Apotheose entgegensetzt, impliziert zugleich auch die Apokalypse des Amerikanischen Traums. Liest man die Texte in dieser Weise, so ist etwa die allegorische Erzählung »The Masque of the Red Death« (1842), die im zeitlosen Raum einer gotizistischen Phantasiearchitektur angesiedelt ist und den Einbruch der Pest in das vermeintlich sicher gegen die Außenwelt abgeriegelte Schloß des Prinzen Prospero zeigt, nicht nur als existentielle Parabel über die Unvermeidlichkeit des Todes und nicht nur als Studie eines wahnsinnigen Exzentrikers deutbar, sondern als Parodie und apokalyptische Umkehrung eines verabsolutierten *pursuit of happiness*, dem die Menschen, angeführt von ›Prince Prospero‹, und unter Verwandlung ihrer Persönlichkeit in leere Masken, nachjagen. Poes einziger Roman *The Narrative of Arthur Gordon Pym* (1838), der eine abenteuerliche Reise zum Südpol unter extremen Gefahren- und Gewaltsituationen einschließlich kannibalischer Erlebnisse bis hin zum Untergang der Expedition und des Erzählers beschreibt, die am Ende in einem surrealen weißen Abgrund verschwinden,

René Magritte, »Die Domäne von Arnheim« (1949). Magritte knüpft an die Irritation der Beziehung zwischen Zeichen und Bedeutung bei Poe an. Der Adlerkopf ist sowohl auf der zerbrochenen Fensterscheibe aufgemalt, als auch Teil einer imaginierten ›Außenwelt‹, ein surreales *mise en abyme* von Signifikant und Signifikat.

kann in diesem Sinn nicht nur als ein weiterer, besonders bizarrer Schauerroman, sondern als parodistische Umkehrung des amerikanischen Expansions- und Entdeckungsmythos interpretiert werden. Der Untergang des Erzählers, dessen angebliches Überleben des Desasters im Rückblick als reine Fiktion erkennbar wird, vollzieht diese Inversion noch einmal auf der Textebene nach, indem er den Roman, der unterschiedliche Gattungen mischt und parodiert (Entdeckungsbericht, Tagebuch, Initiationsgeschichte, Schauerroman), zum *self-consuming artifact* werden läßt. In diesem Mit- und Gegeneinander konstruktivistischer und dekonstruktivistischer Strukturkräfte, in dem die dargestellte Welt zum Spiegelkabinett der Psyche und der Text zum Medium selbstbezüglicher Zeichenprozesse wird, nimmt Poe hier und in anderen Werken eine poststrukturale Literaturauffassung vorweg, die ihm in letzter Zeit neue Aufmerksamkeit gesichert hat.

Einige der Gedichte Poes sind von magischer Schönheit. Stärker als in der Erzählprosa wird hier die musikalische Seite der Sprache betont, die »rhythmic creation of beauty« (»The Poetic Principle«). Sie sind oft dunkel und rätselhaft, wie »The City in the Sea«, »Dream-Land«, »The Sleeper« oder »The Raven«. Manche sind von bewußter, liedhafter Einfachheit und melancholischer Idealität, wie »To One in Paradise«. Auch hier aber entsteht Schönheit nicht allein durch Symmetrie, sondern durch eine Beimischung asymmetrischer Elemente, durch die Verbindung von *symmetry and strangeness*, wie Poe in »Ligeia« sagt. Erst durch die Verfremdung des idealisierten Schönen, die dieses in den Horizont der Vergänglichkeit rückt, findet Dichtung ihre existentielle Beglaubigung. Mit seinem poetischen Schönheitskult trat Poe den desintegrierenden Kräften entgegen, die von seinem Innern und von seiner amerikanischen Umwelt auf ihn einströmten.

Chaos und Kunstschönheit

Künstlerische Schönheit konnte für ihn nur überzeugend erreicht werden, wenn sie diese Erfahrung des Chaos, für die er in ungewöhnlicher Weise empfänglich war, konsequent in sich aufnahm. Anders als die Transzendentalisten, die sich mit ihrem pragmatischen Textbegriff bewußt der Diversität der Neuen Welt öffneten, hielt Poe an einer autonomen, ganzheitlichen Konzeption des Kunstwerks und der ästhetischen Erfahrung fest. Mit der Radikalität aber, mit der er diese gestaltete, setzte er dem Tagtraum Amerikas einen dunkleren Traum entgegen, der in apokalyptischen Bildern zur Sprache brachte, was jener auf seiner historischen Erfolgsbahn unbewältigt hinter sich ließ.

Formen der Prosa

Geschichtsschreibung zwischen Literatur und Ideologie

Einen diametralen, im doppelten Sinn ›prosaischen‹ Gegensatz zu den romantischen Höhenflügen poetischer Imagination scheint die Historiographie zu bilden, die eine oft vernachlässigte Ausprägung der *American Renaissance* darstellt. Doch erhielt auch die Geschichtsschreibung, die bereits seit Beginn der Unabhängigkeit eingesetzt hatte, in der Romantik entscheidende neue Impulse und wurde, bis zu einem gewissem Grad, selbst eine Form von imaginativer Literatur. Die Romantik hatte schon in Europa die Geschichte als identitätsprägende Vorbedingung der Gegenwart entdeckt und zur nationalen Selbstdefinition herangezogen. Die großen Vertreter der Historiographie der USA um die Mitte des 19. Jh.s, George Bancroft, William Prescott, John L. Motley und Francis Parkman, waren stark von romantischen Ideen beeinflußt, die sie z.T. direkt aus Europareisen, z.T. auch über die Vermittlung der Transzendentalisten und der literarischen Intelligenz Bostons bezogen. Sie gehörten zum Kreis der Boston Brahmins, waren dem unitarischen Geist Harvards verbunden und betrachteten die Schaffung einer eigenständigen literarischen Kultur der USA als eine vordringliche Aufgabe, der auch ihre Geschichtsschreibung dienen sollte. Zusammen verfaßten die vier, die sich alle auch in literarischen Genres im engeren Sinn versucht hatten, ca. 50 historiographische Werke. Zu den bedeutendsten gehören Bancrofts über 40 Jahre hinweg erschienene *History of the United States* (1834 ff.) über die Zeit von der Kolonisation bis zur Unabhängigkeit der USA, Prescotts *The Conquest of Mexico* (1843) und *The Conquest of Peru* (1847) über die spanische Eroberung Südamerikas, Motleys *United Netherlands* (1860–67) über den erfolgreichen Aufstand der Niederlande gegen die Vormacht Spaniens und Parkmans Serie von Bänden über die französisch-englischen Auseinander-

Vier bedeutende Vertreter

Francis Parkman

setzungen um die Vorherrschaft in Nordamerika (u. a. *The Conspiracy of Pontiac*, 1851). Sie behandelten also nicht nur die eigene Geschichte, die Indianerkriege und, wie Parkmans *Oregon Trail* (1839), die Frontier-Thematik, sondern die verschiedensten Aspekte der neuzeitlichen Weltgeschichte. Aber auch wenn sie über andere Nationen schrieben, blieb implizit der Bezug auf die Rolle Amerikas erkennbar. Eine gemeinsame thematische Grundlinie war die Entwicklung von der Reformation bis zur amerikanischen Unabhängigkeit, die als sinnhafter, der Vernunft einer höheren Vorsehung folgender Prozeß aufgefaßt wurde, deren Gipfelpunkt die Demokratie der USA darstellte. Mit dieser Annahme einer Vorsehung des Schicksals, die die durchaus bunte und breit ausdifferenzierte Vielfalt der dargestellten Ereignisse als größere Deutungsstruktur durchzieht, übertrugen diese Historiographen die *Manifest Destiny*-Idee ihrer Zeit auf die Interpretation der Vergangenheit. Der räumlichen Erschließung des Kontinents entsprach die zeitliche Erschließung der politisch-kulturellen Vorgeschichte, die einer vergleichbaren Ideologie anverwandelt wurde.

Manifest Destiny-Idee als Geschichtsideologie

Diese romantisch geprägten Historiker waren sich bewußt, daß die lebendige Vergegenwärtigung der Vergangenheit, die sie anstrebten, nicht allein durch die Rekonstruktion von Fakten, sondern nur unter Zuhilfenahme der Imagination möglich war. Historiographie war für sie eine Form von Literatur: »The historian was a romantic man of letters« (Levin). Ihre Werke sind stilistisch anspruchsvoll geschrieben und verwenden bewußt künstlerische Techniken. Dazu gehören die episodisch-anekdotische Erzählform, die Typisierung der Charaktere, die Verlebendigung der Darstellung durch Briefe und direkte Rede oder die Dramatisierung des Geschehens im Sinn exemplarischer Konflikte – wie z. B. in Prescotts *Conquest of Peru* in der Auseinandersetzung zwischen Pizarro und dem Inka-König Atahuallpa, die als tragisches Wert- und Beziehungsdrama gestaltet ist und als solches zur Vorlage für Peter Shaffers modernes multimediales Drama *The Royal Hunt of the Sun* (1975) wurde. In der Porträt- und Landschaftsmalerei, aber auch in den Historiengemälden der *Hudson River School* wie Thomas Coles *The Course of Empire* (1836) fand man ästhetische Anregungen. Besonders auch in der Darstellung ›wilder‹ Naturszenen zeigt sich die Nähe dieser Geschichtswerke zur romantischen Literatur: »Vegetable life and death were mingled hideously together. The horrors of corruption frowned on the fruitless fertility of uncultured nature.« Dies ist Bancrofts Beschreibung der amerikanischen Wildnis vor der Ankunft der Weißen (*History*, II). Der Eindruck des Unheimlichen, der durch die Grenzverwischung von Tod und Leben und die dumpfe Unbewußtheit der morbiden Szenerie erzeugt und durch die alliterierende Wortwahl verstärkt wird, erinnert hier geradezu an Poe. Allerdings wird das bedrohliche Chaospotential der Schauerromantik, das bei Poe die innere Krise der eigenen Kulturwelt aufdeckt, bei Bancroft auf den Urzustand Amerikas *vor* der Ankunft der weißen Zivilisation zurückprojiziert, das durch diese mittlerweile längst in eine höhere, vernunftgemäße Ordnung verwandelt wurde.

Literarische Gestaltungstechniken

Hier wird ein ungebrochener Fortschrittsglaube sichtbar, der bei aller Kritik an einzelnen Fehlentwicklungen – wie der Sklaverei oder dem Mexikanischen Krieg – den genannten Geschichtsschreibern gemeinsam ist. In den historischen Auseinandersetzungen, die sie behandeln, sehen sie stets denselben grundsätzlichen Konflikt zwischen progressiven und antiprogressiven Kräften am Werk. Die Vertreter letzterer – z. B. Katholizismus, Absolutismus, Indianer – weisen dabei erstaunliche Ähnlichkeiten auf. So sieht Parkman in der ausgeprägten Täuschungsfähigkeit eine Parallele zwischen katholischen Priestern und Indianern, während Prescott eine Vergleichbarkeit von Inkakultur und Katholizismus behauptet. Verbindendes Element der fortschrittsfeindlichen Mächte sind Sinnenverhaftetheit, Aberglaube, quasi-orientalischer Prunk und despotische Unterdrückung. Und mitunter kommt dabei ein rassistisches Element in die Argumentation hinein, indem der nordischen Rasse als Hauptträgerin von Protestantismus, Aufklärung und Demokratie eine naturgegebene Überlegenheit über die südlichen Rassen zuerkannt wird. Das romantische Darstellungsrepertoire, das die Historiographen verwenden, dient also mehr zur Wirkungsverstärkung als zu einer echten Literarisierung ihres Diskurses. Statt die dominierenden Fremd- und Selbstbilder ihrer Kulturwelt zu durchbrechen, halten sie an einem Muster kultureller Superiorität fest, das sie als Stimme in einem größeren Prozeß nationaler ›Konsensbildung‹ (Bercovitch) erweist.

Reisebericht, Autobiographie, Traktatliteratur

Eine weitere wichtige Variante zeitgenössischer Prosa ist die Reiseliteratur, die eine Nähe zur regionalen Historiographie aufweist, aber auch Übergänge zur fiktionalen Literatur, insofern sie die Möglichkeit der Subjektivierung, der abenteuerlichen Ausschmückung und metaphorischen Überhöhung des real Erlebten bietet. Die Erschließung des Kontinents weckte ein stetig wachsendes Informationsbedürfnis, das durch Reiseberichte wie Irvings *Tour on the Prairies*, Fullers *Summer on the Lakes*, Thoreaus *A Week on the Concord and Merrimack Rivers* oder Parkmans *Oregon Trail* befriedigt wurde. Auch solche überwiegend faktenorientierten Beschreibungen von Landschaften, Menschen und eigenen Erlebnissen werden vielfach in übergeordnete Deutungsmuster eingeordnet, so in die spirituelle Erfahrung der Natur als regenerativer Kraft bei Thoreau, in die pastorale Idealisierung des Frontier-Lebens bei Fuller, oder in die *Manifest Destiny*-Ideologie bei Parkman. Die Reiseliteratur verbindet dabei oft die Begegnung mit der unberührten Natur und die Erfahrung des Exotischen und Fremden. Dies trifft innerhalb der USA nicht nur auf die Indianer zu, sondern mit der zunehmenden Polarisierung zwischen Nord und Süd auch auf die sklavenhaltenden Südstaaten, so wenn in Frederick Law Olmsteds *The Cotton Kingdom* (1861) unter Zuhilfenahme soziologischer Beobachtungen die Unterlegenheit des Südens als einer rückständigen, halb barbarischen Gegenwelt zum modernen, demokratischen Norden gezeichnet wird.

Doch nicht nur das eigene Land wird Gegenstand von Reiseliteratur. Reisen ist eine Grundbedingung amerikanischen Lebens, die seit den kolonialen Anfängen zugleich ein literarisches Modell der Mobilität, des Übergangs vom Alten zum Neuen darstellt. Die ›Entdeckungsrichtung‹ wird immer wieder auch zur Alten Welt hin umgekehrt, die in den Berichten von Europareisen, die viele der führenden Literaten von Cooper und Irving bis Emerson unternehmen, sowohl bewundert als auch kritisiert wird. – Überhaupt sollte der Anteil der Literatur zum Westen nicht überschätzt werden; er betrug bis 1870 weniger als drei Prozent der von Amerikanern verfaßten Bücher. Eine mindestens ebenso wichtige Frontier wie die im Westen war das Meer im Osten, das zum Ausgangspunkt eines weiteren einflußreichen Zweiges von Reiseliteratur wurde, der auch die fiktionale Literatur mitprägte und in Richard H. Danas *Two Years Before the Mast* (1840), einem autobiographischen Bericht über die Schiffahrt im Zeichen von Sklavenhandel und militärischer Disziplin, eine populäre Ausprägung fand. Poes

Exotik des Fremden

Titelseite von Parkmans *California and Oregon Trail*

Gordon Pym oder Coopers Seeromane sind diesem Genre ebenso verpflichtet wie Melvilles *Typee*, *White-Jacket* oder *Moby Dick*.

Reisen und Mobilität implizieren aber nicht nur die Erfahrung des Anderen, sondern auch der eigenen Individualität. Indem der einzelne einer fremden Kulturwelt begegnet, begegnet er zugleich sich selbst; der Reise in die Außenwelt steht die Reise in die seelische Innenwelt gegenüber. Viele *travelogues* gehen aus Tagebüchern hervor, die auch private Erlebnis- und Reflexionsprotokolle der Autoren darstellen, und sind mithin in manchem der Autobiographie verwandt, die als weitere Textsorte der Zeit zu nennen ist. Zwar gehört sie seit jeher zum Grundbestand amerikanischer Literatur, ist aber nun durch verstärkte Subjektivierung, Variabilität und Erfahrungsoffenheit gekennzeichnet. Wie andere Gattungen kommt sie überdies in dieser Phase selten in Reinform vor, sondern in jeweils verschieden akzentuierter Gattungsmischung und in unterschiedlichen kulturellen Funktionen. Das Spektrum reicht von Bekehrungsberichten im Geist des *Religious Revivalism* über persönliche Erfolgsgeschichten im Sinn des bereits bei Franklin etablierten *self-made man*-Musters bis hin zur Darstellung der eigenen kulturellen Außenseiterrolle im Genre des *slave narrative*. Die Kluft zwischen der gattungsimmanenten Norm individueller Selbstbestimmung und der realen Erfahrung der Fremdbestimmung tritt an den verdrängten Konfliktzonen der offiziellen Kultur besonders deutlich hervor, und so ist es kein Zufall, daß insbesondere die Literatur marginalisierter gesellschaftlicher Gruppen wie der von Frauen, von Schwarzen oder von Indianern stark autobiographisch eingefärbt ist.

Autobiographie

Dabei ist die Darstellung des Privaten meist nicht nur Selbstzweck, sondern zugleich exemplarische Positionsbestimmung im öffentlichen Diskurs. Ziel in diesem *Age of Reform* ist die (Selbst-)Perfektionierung des Menschen, die in alle Problembereiche der Gesellschaft hineingetragen wird. Biographisches geht in Didaktisches über, wird zum Demonstrationsmaterial in Predigten, Reden, Essays und Traktaten, in denen solche Anliegen auf breiter Front verfolgt werden. In der Temperenzbewegung dienen Horrorgeschichten von Alkoholikern, die von dämonischer Sucht beherrscht ihre Familie und sich selbst zerstört haben, zur warnenden Abschreckung. Im Evangelikalismus wird an Sterbenden die tröstende Rolle und spirituelle Macht der christlichen Religion demonstriert. Angesichts der Tatsache, daß viele zu jener Zeit aufgrund von Armut und schlechten hygienischen Verhältnissen jung starben, war die Berufung auf eine höhere, spirituelle Welt in religiöser Traktat- und Romanliteratur keineswegs nur ideologische Schönfärberei, sondern half zur Bewältigung einer anders oft nicht erträglichen Realität.

Traktatliteratur

Frühe afro-amerikanische Literatur und das slave narrative

Im Umkreis des Abolitionismus als einer weiteren wichtigen Ausprägung des *Age of Reform* entwickelte sich in dieser Phase auch die erste charakteristische schriftliche Ausdrucksform der afro-amerikanischen Literatur, das *slave narrative*, zu einer verbreiteten Textgattung. Auch wenn deren Anfänge ins 18. Jh. zurückreichten, so hatte sich die schwarze Literatur doch bislang im Schatten der weißen Schriftkultur überwiegend als mündliche *folk literature* mit einer reichen Palette expressiver und performativer Darstellungs- und Ausdrucksformen behauptet, die auf vielfältige Weise die afrikanische Tradition und die Erfahrung der Neuen Welt miteinander

slave narrative
als Genre

verband, aber aufgrund des Lese- und Schreibverbots weitgehend auf schriftliche Repräsentation verzichten mußte.

Ab den 30er Jahren öffnete sich der literarische Markt durch das gestiegene Publikumsinteresse und die Sympathie für das Emanzipationsanliegen weit stärker als zuvor für schwarze Autoren. Im *slave narrative*, das Elemente der Autobiographie und der *captivity tale* mit der Erfahrung der Sklaverei verbindet, trug die afro-amerikanische Literatur ein eigenständiges Genre zur amerikanischen Literaturgeschichte bei. Von den etwa 6000 verfaßten Sklavenautobiographien ist das *Narrative of the Life of Frederick Douglass* (1845) das bekannteste und wird, obwohl Olaudah Equiano das elementare Muster vorgegeben hatte, aufgrund seiner enormen Nachwirkung oft als Grundtypus der Gattung betrachtet. »You have seen how a man was made a slave, you shall see how a slave was made a man« – so umreißt Douglass das Ziel der Schrift, die in der dreistufigen Struktur einer Initiationsgeschichte von *separation, transition* und *incorporation* seine Flucht aus der Sklaverei in den Norden als Entwicklung von der erzwungenen Unmündigkeit zur Mündigkeit, von der Fremdbestimmung zur Selbstbestimmung beschreibt. Dabei ist die heimliche, listenreiche Aneignung von Lesen und Schreiben durch Douglass selbst ein entscheidender Teil seines Befreiungskampfs. Sind in dieser Erzählung zum einen Anklänge an das individualistische, ›weiße‹ Erfolgsmodell des *self-made man* erkennbar, so trägt sie aber auch Züge der schwarzen *folk culture*, die zeigen, daß die afro-amerikanische Kultur in der Gefangenschaft der Sklaverei weit stärker und vielfältiger ausgeprägt war als lange Zeit angenommen. Unter den von Frauen verfaßten *slave narratives* ist Harriet Jacobs' *Incidents in the Life of a Slave Girl* (1861) am bedeutendsten, in dem über die Ausbeutung der Arbeitskraft hinaus die Ausbeutung des weiblichen Körpers als Skandalon der Sklaverei zum Thema wird.

Auch die etablierten Genres werden nun verstärkt von der afro-amerikanischen Literatur erschlossen. Stellvertretend für viele genannt seien Frances E. W. Harper, eine freie Schwarze, die wie Douglass durch eine ausgedehnte Vortragstätigkeit im Kampf für die Sklavenbefreiung, aber auch für die Frauenrechtsbewegung hervortrat und vor allem durch ihren Gedichtband *Poems on Miscellaneous Subjects* (1845) bekannt wurde, und Harriet E. A. Wilson, die mit *Our Nig* (1859), in dem die Lage der befreiten Schwarzen in den Nordstaaten kritisch beleuchtet wird, nach William Wells Browns *Clotel, or The President's Daughter* (1853) einen der ersten afroamerikanischen Romane veröffentlichte. Der Abolitionismus ist also das Umfeld, in dem sich die afro-amerikanische Literatur erstmals nachdrücklich als schriftliche Literatur artikuliert. Die Form dieser Artikulation aber ist von Beginn an durch eine doppelte, in sich spannungsvolle Kodierung gekennzeichnet, einerseits durch das bestehende Repertoire der weißen Literatur, andererseits durch die eigenständigen Traditionen schwarzer Populärkultur, die in der weiteren Entwicklung der afro-amerikanischen Literatur zunehmende Bedeutung gewinnen.

Verbindung ›schwarzer‹ und ›weißer‹ Literaturmuster

Populäre Massenliteratur *zwischen Konvention und Subversion*

Durch die explosionsartige Ausweitung des Buch- und Zeitschriftenmarkts in dieser Zeit wird Literatur zum Massenmedium. Es entsteht eine weit verbreitete Populärliteratur, die aus moralisch-reformerischen Bestrebungen hervorgeht, aber diesen oft auch kritisch zuwiderläuft und ebenfalls weit vielgestaltiger ist als oft angenommen. Die lange vertretene Auffassung eines relativ einheitlichen und vor allem überwiegend ›moralischen‹ Charakters dieser Literatur läßt sich so nicht aufrechterhalten.

Dabei ist vor allem während der 40er Jahre eine Zunahme des Imaginativen auch innerhalb der Prosaformen festzustellen, und zugleich ein Zurücktreten der Moral gegenüber dem Unterhaltsamen und Sensationellen. Die Populärliteratur der Zeit bewegt sich, wie Reynolds gezeigt hat, in einer extremen Bandbreite zwischen den Polen von Konvention und Subversion. Es gibt didaktische Pamphletliteratur und sentimentale Romane, die ihre Botschaft ungebrochen verkünden und anhand angeführter Fallbeispiele die moralische Ordnung bestätigen. Es gibt aber zunehmend auch die Verselbständigung der Geschehnisse entweder zur reinen, romanzenhaften Abenteuergeschichte, oder auch zum gezielt Sensationellen, Irrationalen und Grotesken, durch das die viktorianische Moral der Epoche unterlaufen wird. Das *Age of Reform* produziert seine eigene Gegenliteratur, die Kultur der Moral erweist sich, bei näherem Zusehen, als Kultur der Doppelmoral. Dabei scheint es durchaus eine paradoxe Verbindung zwischen den beiden Polen zu geben. So war es gerade die zunehmend militante Rhetorik der *Reform* und *Tract Societies*, die die moralische Aussage unterminierte, indem sie die Folgen der Normenüberschreitung in allen drastischen Details ausmalte. Die Reformer schienen auf eigentümliche Weise von den Lastern angezogen, vor denen sie warnten; ihr fanatischer Missionseifer offenbarte eine innere Nähe zu dem, was er bekämpfte. Der berühmt-berüchtigte Temperenz-Redner J.B. Gough, selbst früherer Alkoholiker und später rückfällig, erzählte Schauergeschichten über die entmenschlichenden Folgen des Alkohols – etwa von einem Betrunkenen, der über das Geschrei der zweijährigen Tochter so erbost war, daß er sie über dem offenen Feuer röstete. Temperenzliteratur gewann auf diese Weise eine unvermutete Nähe zur *gothic literature*. Ähnlich entwickelten sich die zunächst zur Abschreckung veröffentlichten Gerichtspamphlete zu sensationellen Darstellungen von Verbrechen, ja zur romantischen Heroisierung der Kriminellen. Literatur gegen die Prostitution schlug durch ungeschminkte Ausbreitung der Details selbst um in erotische Literatur und verkappte Pornographie. Gleiches galt für die antikatholische Agitationsliteratur, die den Katholizismus als Inbegriff von Rückständigkeit und moralischer Verworfenheit anprangerte und die doch, etwa in Maria Monks *Awful Disclosures* (1836), ihrerseits pornographieähnliche Züge annahm. Ein Medium dieser Selbstuntergrabung des Reformimpulses waren die sog. *penny papers*, täglich erscheinende Massenblätter, deren anfangs aufklärerische Ausrichtung zunehmend von Sensationsgeschichten über Sittenverfall, Korruption, Mord und Vergewaltigung verdrängt wurde, wie J.G. Bennetts notorischer *New York Herald* (1835ff.) demonstriert. Aber auch die Pamphlet-, Kurzgeschichten- und Romanliteratur werden von dieser Tendenz erfaßt und belegen damit, unter der Oberfläche puritanischer Moral und viktorianischen Fortschrittsoptimismus', den unkontrollierten Ausbruch regressiver Wunsch- und Angstphantasien. Die anarchisch wuchernde populäre Imagination bringt unterschwellig jene Widersprüche der Kultur zum Ausdruck, die in ihrer offiziellen Selbstinterpretation geleugnet werden.

Eine typische Artikulationsform dieser subversiven Tendenz, die gerade von solchen Diskrepanzen und Ungereimtheiten lebt, ist die humoristische Literatur der Zeit, die etwa in den beliebten Davy Crockett-Almanachen mit ihren phantastisch-grotesken *tall tales* und ihrem respektlos-derben *Western humor* Breitenwirkung erzielt und jeden moralischen Ernst unterläuft. In den Crockett-Almanachen und vergleichbaren Produkten werden

Kultur der Doppelmoral

Der *reverend rake* predigt, unter der Kanzel grinst eine Teufelsfratze

frontier humor

die Wertvorstellungen der viktorianischen Gesellschaft aus einer Verbindung von rauher Vitalität und anarchischer Phantasie durchbrochen und in ›karnevalesker‹ Manier (Bachtin) auf den Kopf gestellt. Crockett verkörpert, ins Übermenschliche gesteigert, den aus Hierarchien ausbrechenden, demokratischen *frontiersman*, den »self-reliant democratic man converted into a savage rascal god« (Reynolds), der mindestens teilweise auch an der Trickster-Gestalt der indianischen Mythologie orientiert sein dürfte. Auch Joseph C. Baldwins *Flush Times in Alabama and Mississippi* (1853) und George W. Harris' *Sut Lovingood Papers* (1854–58) sind Beispiele solcher, oft von Gewaltphantasien durchzogener, humoristischer Eskapaden. Neben diesen Varianten eines *frontier humor*, der durchaus auch in die östlichen Metropolen zurückwirkt, entstehen eigenständige Formen des *urban humor*, die sich oft explizit mit den Fehlentwicklungen, den Krisenpunkten und der Doppelmoral des Stadtlebens beschäftigen und in Zeitschriften wie *The Yankee Doodle*, *The Lantern* oder *New York Picayune* ihr Sprachrohr haben. Parodiert werden hier Politiker und Intellektuelle, Philanthropen und *Revivalists*, Frauenrechtlerinnen und Abolitionisten. Inhaltlich ist dieser Humor oft konservativ und zeigt, wie der Humor des Westens, teilweise rassistische und antifeministische Züge. Er drückt aber die Instabilität und die Chaosangst des Stadtlebens in einer karnevalesken Sprache aus, die neue Ausdrucksmöglichkeiten erschließt. Darüber hinaus gibt es auch radikal gesellschaftskritische Varianten eines *dark humor* wie in George Lippards Pamphletroman *The Quaker City* (1845), der hier im Kapitel »The Devil-Bug«, einer präsurrealistisch anmutenden Untergangsvision Philadelphias, einen bizarren Höhepunkt erreicht.

Diese vielgestaltige Kreativität, auch wenn sie oft hart an der Grenze zu Kitsch, Ideologie und zum schlicht Sensationellen angesiedelt ist, belegt, daß die Populärliteratur ein lebendiger Teil der literarischen Kultur der Zeit war. Sie stand darüber hinaus in vielfältiger Wechselwirkung mit den Meisterwerken der Epoche, die nicht in einer zeitenthobenen ästhetischen Sondersphäre existierten, sondern aus der populären kulturellen Imagination ihrer Zeit einen wichtigen Teil ihres Stoff- und Gattungsrepertoires bezogen. Whitman schrieb einen Temperenzroman und war, ebenso wie Melville und Hawthorne, vom Diskurs der Sozialreform beeinflußt, aber auch von Sensationsliteratur und groteskem Humor, die vor allem auch bei Poe ihre Spuren hinterließen, während Hawthorne und Dickinson u. a. Muster der populären Frauenliteratur assimilierten. Die Populärkultur bildet nicht einen bloßen Gegensatz, sondern ein Material der Hochliteratur, aus dem diese erst ihre breite, die gegensätzlichen Kräfte der Epoche zusammenführende Repräsentationskraft gewinnt.

Der Aufstieg der Kurzgeschichte

Nicht losgelöst von der Entwicklung einer Massenliteratur kann auch ein weiteres charakteristisches Phänomen der Epoche gesehen werden, nämlich der Aufstieg der kurzen Prosaerzählung, später allgemein *short story* genannt, zu einer besonders beliebten, künstlerisch produktiven und oft für typisch ›amerikanisch‹ gehaltenen Gattung. Die vorherrschende Publikationsform der Magazine, *gift annuals* und sonstigen Periodika, deren Verbreitung ab den 30er Jahren rapide anwächst, fördert literarische Kurzformen ebenso wie die Veränderung des Lesepublikums durch Einschluß arbeitender Bevölkerungsschichten. Die *short prose tale* etabliert sich als zentraler Teil des Angebots. Es gibt auch hier starke Wechselbezüge zwi-

urban humor

Wechselwirkung von Populär- und Hochliteratur

schen Populär- und Hochliteratur, die die gängigen Muster der phantastischen Sensations- und Horrorerzählung, der moralisch-sentimentalen Erbauungsgeschichte, der lokalen Volkslegende und humoristischen *tall tale* der Frontier aufnimmt und in verschiedener Weise verarbeitet. Auch die Grenzziehung zwischen Kurz- und Langform ist nie so definitiv möglich wie es, in mitunter absurder Wortzählerei, immer wieder versucht wurde. Wird mithin eine systematische Gattungsabgrenzung der *short story* schwierig, so wird auch ihre historische ›Neuheit‹ relativiert durch den Umstand, daß es kurzes Erzählen schon immer gab, ja daß es als Urform des Erzählens selbst gelten kann, wie sie in den Mythen archaischer Völker und deren mündlichen Literaturtraditionen ausgeprägt war. In Sagen, Fabeln, Legenden und Märchen hat diese Tradition durchaus bis in die Neuzeit fortgewirkt, wurde aber parallel in schriftlichen Kurzformen ausdifferenziert, die von den Lehrgeschichten der Antike, den Parabeln der Bibel, den mittelalterlichen Exempla und den Novellen und Rahmenerzählungen der Renaissance (Boccaccio, Chaucer) bis zum Sketch und Essay der Aufklärung reichen.

Worin bestehen also die Neuheit und die Modernität der amerikanischen *short story*, wie sie oft beansprucht werden? Ein wichtiger Aspekt liegt zweifellos in ihrer theoretischen Institutionalisierung als eigenständiger, ästhetisch anspruchsvoller Kunstform, für die programmatisch der Name Poes steht. In einer Rezension von Hawthornes *Twice-Told Tales* (1842) formulierte er Kriterien für eine gelungene Kurzgeschichte, die für die künftige Gattungsentwicklung maßgeblich wurden. Hierzu gehören vor allem Stringenz des Aufbaus, Suggestivität der Bedeutung und Einheitlichkeit der Wirkung – jener berühmte *single and unique effect*, auf den hin jedes Detail der Geschichte komponiert sein müsse. Vor allem dieser einzigartige und zugleich ganzheitliche Charakter der ästhetischen Erfahrung des Lesers macht für Poe die in einem Zug lesbare *short story* dem Roman überlegen. Seine Überlegungen wurden später zu mechanischen Regeln verengt, an die sich Autoren im ständig wachsenden Kurzgeschichtenmarkt zu halten versuchten. Immerhin hatte er eine Technik vorgegeben, die an *Wirkungskriterien* orientiert war und somit der Umsetzbarkeit in praktische Erfolgsanleitungen zugänglich war.

Gattungskriterien

Gleichzeitig ist aber unübersehbar, daß dieser Theorie romantische Vorstellungen von der organischen Einheit des Kunstwerks zugrundelagen, in der die Zerrissenheit der Psyche im Umbruch zwischen traditionaler und moderner Kultur symbolisch kompensiert werden konnte, die nicht nur bei Poe den Ausgangspunkt des Kurzgeschichtenschaffens darstellt. Die Entstehung der *short story* hängt in diesem Sinn offensichtlich sehr stark mit der Epoche der Romantik zusammen, die aus der Krise eines rationalen Weltbilds neue Synthesen aus dem Rückgriff auf prämoderne, mythische Literaturformen anstrebte. Das Neue an der Gattung aber ist, daß die magische Welt des Unbewußten und der kollektiven Vorstellungen, die in den mündlichen Literaturtraditionen beschworen wird, nicht mehr bruchlos wiederherstellbar ist, sondern in die Abschattung einer subjektiven Reflexionsinstanz rückt, die eine unhintergehbare Textpräsenz darstellt und die erzählte Geschichte von vornherein als künstlerischen Artefakt bewußt hält. Die frühe *short story* operiert so charakteristischerweise am Bruchpunkt zwischen Rationalem und Irrationalem, Bewußtem und Unbewußtem, Mythos und Moderne, Mündlichkeit und Schriftlichkeit, zwischen *story* und *metastory*.

Erstabdruck Hawthornes im April 1835

Wieder gewinnt der romantische Ansatz aber erst im historischen Kontext der USA sein besonderes Profil. Die *short story* wird zur exem-

Grenzerfahrungen kultureller Normalität

plarischen Darstellungsform nicht nur einer Bewußtseins-, sondern einer kulturellen Krise. Oft thematisiert sie Grenzerfahrungen kultureller Normalität, die aus Außenseiterpositionen (Einzelgänger, Jugendliche, Idealisten, Wahnsinnige, Kriminelle usw.) das optimistische Selbstbild der USA kritisch beleuchten. Dies gilt bereits für Irvings »Rip van Winkle«, wo der Antiheld Rip nicht nur die puritanische Arbeitsethik konterkariert, sondern mit seinem Zauberschlaf und dem Abstieg in die Unterwelt der kolonialen Vorgeschichte den vermeintlich radikalen Neuanfang der amerikanischen Demokratie als unbewältigt erscheinen läßt – ebenso das übermalte Wirtshausschild nach seiner Rückkehr, auf dem hinter den Konturen von George Washington noch immer die Züge von König George III. erkennbar sind. Die kulturkritische Funktion wird insbesondere in den für die frühe amerikanische *short story* typischen Initiationsgeschichten wie Hawthornes »Young Goodman Brown« (1835) oder »My Kinsman, Major Molineux« (1832) deutlich, die den Kontrast zwischen Jugend und Erwachsensein, zwischen Ideal und Wirklichkeit thematisieren und an krisenhaft zugespitzten Desillusionierungsmomenten einen Prozeß der Selbsterkenntnis wenn nicht für ihre Protagonisten, so doch für den Leser dramatisieren. In den Geschichten Poes ist, wie gesehen, dieser kulturelle Bezug weniger explizit, aber auf der psychologischen Ebene doch unübersehbar vorhanden. Und der weitere große Kurzgeschichtenautor Melville durchsetzt die Form bereits mit soviel Reflexion, daß sich nicht nur ihre Länge der Novelle, ja dem Kurzroman annähert, sondern sie sich auch nach innen zu teils kulturkritischen, teils kryptisch-existentialistischen Parabeln von höchster Komplexität weiterentwickelt. Steht dabei etwa in »Benito Cereno« (1855) das Verhältnis von eigener und fremder Kultur unter dem besonderen Gesichtspunkt der Sklaverei im Mittelpunkt, so geht es in »Bartleby the Scrivener« (1853) um das entfremdete Verhältnis des Menschen zur eigenen Gesellschaft, die in den labyrinthischen Mauern des New Yorker Finanzzentrums Wall Street das versteinerte Zerrbild des rasanten Modernisierungsprozesses findet, den die USA um die Jahrhundertmitte erlebt.

Humoristische Erzählungen

Es gibt aber nicht nur diesen Typus der Kurzgeschichte als hochreflektierte Form der Kulturkritik, sondern auch, vor allem von regionalen Autoren ausgehend, Ausprägungen humoristischen und frührealistischen Erzählens, die um die Jahrhundertmitte an Bedeutung gewinnen. Von ihnen haben T. B. Thorpe mit seinem »Big Bear of Arkansas« (1841), das den *tall tale*-Humor und das Lokalkolorit des Südwestens verwendet, und G. W. Harris mit seinen *Sut Lovingood*-Geschichten, die den Mundartstil zum Ausgangspunkt bestialisch-ausschweifender humoristischer Erzählungen machen, anhaltende Wirkung gehabt. Ab den 50er Jahren fließen, wie im Roman, die verschiedenen Entwicklungsstränge stärker zusammen und führen mit dem Bürgerkrieg zu einer Neuorientierung im Zeichen des Realismus – ohne daß damit die skizzierten romantischen Ursprünge der *short story* ganz verschwänden.

Zeitgenössische Illustration zu *The Big Bear of Arkansas*

Entwicklung des Romans

Revisionen des Grenzerromans

Die 30er und 40er Jahre sind auch im Bereich des Romans durch weitere Ausdifferenzierung und verstärkte Eigenständigkeit gegenüber der noch immer mächtigen europäisch-englischen Konkurrenz gekennzeichnet. Eine wichtige Variante ist dabei die *frontier novel*, in der die Grenze von Zivilisation und Wildnis als prägende Erfahrung einer neuen amerikanischen Identität inszeniert wird. Cooper hatte hier in seiner spezifischen Adaption von Scotts historischen Romanzen an die Verhältnisse Amerikas ein Modell vorgegeben, das er noch in den 40er Jahren mit *The Pathfinder* (1840) und *The Deerslayer* (1841) weiterführte. Vor allem aus südstaatlicher Sicht wird das von Cooper etablierte Muster modifiziert oder kritisch revidiert. So wirft ihm Robert M. Bird im Vorwort zu seinem Grenzerroman *Nick of the Woods* (1837) eine falsche Idealisierung der Indianer vor, die Bird durch eine ›realistischere‹ Darstellung zu ersetzen beansprucht. Der Roman ist vor allem durch seine Titelfigur von psychologischem Interesse, da in ihr der pazifistische Quäker und der blutrünstige Indianertöter zu *einer*, in sich gespaltenen Persönlichkeit verschmelzen und damit der innere Zusammenhang von idealisierenden und destruktiven Kultureigenschaften sichtbar wird, der die gesamte Epoche im Zwiespalt zwischen moralischem Perfektionsgebot und rücksichtslos-gewaltbereiter Expansion kennzeichnet. Das Indianerbild Birds ist aber keineswegs objektiv ›wahrer‹ als dasjenige Coopers, sondern mit eigenen Vorurteilen behaftet: Der *satanic savage* kehrt hier nicht mehr unter den Vorzeichen puritanischen Auserwähltheitsdenkens, sondern der Überlegenheit der aristokratischen Südstaatenkultur wieder, die von Birds positivem Helden Roland Forrester vertreten wird, in dem sich amerikanische Grenzerromantik und Scottsches Ritterlichkeitsideal zu einem fraglosen Identifikationsmodell verbinden.

Robert M. Bird

Der Grenzerroman entwickelt sich also nicht nur immanent weiter, sondern wird zum Mittel im eskalierenden ideologischen Kampf des Südens gegen den Norden um die eigene kulturelle Selbstinterpretation. Dies gilt in verstärktem Maß für J. P. Kennedy, der in seinem *Horse-Shoe Robinson* (1835) die Aristokraten von Scotts historischen Romanzen zu Virginia Cavaliers, und die schottischen Highlanders zu südstaatlichen Frontier-Helden werden läßt. Kennedy verfaßte mit der fiktionalen Essaysammlung *Swallow-Barn* (1832) auch eine erste Variante der *plantation novel*, die in der Präsentation des südstaatlichen Sklavensystems als einer benevolent-paternalistischen Gesellschaftsordnung, voll von anrührendem Charme und friedlich-bunter Lebensvielfalt, ein eigenes Genre begründete, das viele Nachahmer – bis hin zu Margaret Mitchells *Gone with the Wind* (1936) – fand. Insbesondere nach dem Erscheinen von Stowes *Uncle Tom's Cabin* 1852 diente es einer Reihe von Autoren dazu, der angeblich verzerrten Außensicht der Nordstaatler ein ›wahreres‹, d. h. positiveres Bild des Südens entgegenzusetzen. Der bedeutendste der südstaatlichen Romanciers in der Nachfolge Scotts und Coopers ist William G. Simms, der in seinem Hauptwerk *The Yemassee* (1835) stärker als Bird mit den Indianern sympathisiert und dem sehr lebendige, realistische Geschehensdarstellungen gelingen. Auch er aber zeigt eine ungebrochene Loyalität gegenüber der südstaatlichen Gesellschaftsstruktur, die die Explorationskraft seiner Romane deutlich bremst. Seine Helden werden teilweise zu unglaubwürdigen Stereo-

William G. Simms

typen, die naturgegebene Rassen- und Klassenhierarchien bestätigen – so im ›natürlichen Aristokraten‹ Gabriel Harrison, der zunächst inkognito seine angeborene Führungskraft beweisen darf, ehe er sich als tatsächlicher Aristokrat namens Lord Craven zu erkennen gibt. In den *border romances*, wie Simms sie nannte, wird also die Frontier-Thematik, die ein fester Topos amerikanischer Selbstdefinition geworden war, in spezifischer Weise auch für die Literatur der Südstaaten verfügbar gemacht.

Maskuliner Frontier-Mythos

Gemeinsam ist dieser Fiktionalisierung amerikanischer Geschichte, daß sie aus einer dominant männlichen Perspektive geschrieben ist. Darstellungen des Frontier-Lebens aus der Sicht von Frauen wie Sedgwicks *Hope Leslie* oder Caroline S. Kirklands *A New Home – Who'll Follow?* (1839) bleiben eher die Ausnahme. Wenn nach F. J. Turners berühmter These die Frontier der am stärksten wirksame Faktor für die Herausbildung eines spezifisch amerikanischen Charakters war, so blieben die Frauen aus der literarischen Repräsentation dieser Erfahrung weitgehend ausgeschlossen. Amerikanisierung durch individuelle Selbstbewährung in der Wildnis bedeutete nicht zuletzt auch die Maskulinisierung einer als übermäßig domestiziert und feminisiert empfundenen, vom dekadenten Europa überfremdeten Ostküstenkultur. Die weitergehende Verfestigung dieses maskulin eingefärbten Mythos des Westens zu einem nationalen Ideologem blieb späteren Epochen, nicht zuletzt auch den Zeiten des Films, vorbehalten. Vor allem ab den 40er Jahren des 19. Jh.s stand ihm im weitaus größeren Publikumserfolg der *sentimental-domestic fiction*, aber auch in der sonstigen vielgestaltigen Romanliteratur eine massive Gegentendenz gegenüber, die die – im Frontier-Mythos abgeschattete – eigenständige Erfahrungssphäre der Frau entschieden in den Mittelpunkt rückte.

Der Roman der American Women's Renaissance

Die verstärkte Aufmerksamkeit für die Rolle der Frau in der Literatur – als Protagonistin und als Autorin – ist Ausdruck ihrer veränderten Stellung in der kulturellen Öffentlichkeit. Die politisch-moralischen Reformanliegen, die die Debatten bestimmen, eröffnen den Frauen die Möglichkeit, ihre eigenen Interessen – etwa im Kampf der Temperenzbewegung gegen den familienzerstörenden Alkoholismus der Männer – deutlicher als früher zu artikulieren. Aus dem Umkreis des Abolitionismus kamen auch die Frauen, die sich 1848 zur Seneca Falls Convention trafen, mit der gewöhnlich der Beginn einer organisierten amerikanischen Frauenrechtsbewegung verbunden wird. Stärker als zuvor tritt nun die Differenz der Geschlechterrollen und ihre dem Demokratieanspruch des Landes zuwiderlaufende Ungleichheit als Problem hervor, das in der Literatur explizit oder implizit verhandelt wird. Die literarische Produktivität von Frauen in dieser Epoche ist mit ca. 23 Prozent der zwischen 1830 und 1860 publizierten Bücher schon rein quantitativ so beachtlich, daß sie ihnen eine gewichtige, eigene Stimme in der amerikanischen Renaissance verleiht. Die von Frauen verfaßte fiktionale Literatur ist dabei keineswegs auf sentimentale Romane beschränkt, sondern drückt sich in den unterschiedlichsten Genres und Stilrichtungen vom melodramatischen Erzählen (E. D. E. N. Southworth, *The Hidden Hand*, 1859) zum folkloristischen Humor (F. M. B. Whitcher, *The Widow Bedott Papers*, 1856), von der *frontier romance* (Sedgwicks *Hope Leslie*) zum frühen Realismus (Kirkland, *A New Home*) aus.

Seneca Falls Convention

Auch das Bild der Frau ist nicht auf ein vorherrschendes Stereotyp

Die *sensual woman*, Typ der unkonventionellen Frau in der Populärliteratur (Illustration zu George Thompsons *Venus in Boston*, 1849)

beschränkt, sondern in eine Vielfalt unterschiedlicher Rollen aufgefächert. Neben der Frau als exemplarischem, engelsgleichen Moralwesen, das den von weltlicher Verirrung bedrohten Männern den Weg zum spirituellen Heil weist und im sentimentalen Roman vorherrscht, stehen so unterschiedliche Typen wie die *adventure feminist* (Isabella Linwood in Sedgwicks historisch-politischem Roman *The Linwoods*, 1836); die Frau als Opfer männlicher Gewalt und Willkür (die Frauenfiguren in M.F. Victors Temperenzroman *The Senator's Son*, 1853); und, in der radikal-demokratischen Populärliteratur, die feministische Kriminelle (Lippards *Quaker City*) und die sexuell befreite Frau (Thompsons *Venus in Boston*, 1849) als Ikonen offener Normabweichung und des Ausbruchs aus gesellschaftlicher Repression. Die Arbeiterfrauen, die zu dieser Zeit einen beträchtlichen Teil der Industriearbeiterschaft, insbesondere in der Fabrikation und im Textilgewerbe, ausmachen und extrem unter den Belastungen von Mechanisierung und Selbstentfremdung zu leiden haben, sind literarisch deutlich unterrepräsentiert; immerhin ist auch hier, wie in der Darstellung der Sklavin als Extremfall der ausgebeuteten Frau, eine spürbare Steigerung des Problembewußtseins zur Jahrhundertmitte hin zu verzeichnen. Dieses wird allerdings nicht zuletzt auch von männlichen Autoren wie C. Burdett (*The Trials of New-York Seamstresses*, 1847) und Richard Hildreth (*The Slave: or Memoirs of Archy Moore*, 1836) mitgeweckt, so wie Lippard und Thompson subversive Reformliteratur mit frühfeministischem Einschlag verfassen und T.S. Arthur mit *Ten Nights in a Bar Room* (1854) einen Bestseller im Genre des Temperenzromans schreibt, das immerhin zwölf Prozent der gesamten Romanproduktion der 30er und fünf Prozent der 40er Jahre ausmacht und das nach dem Abschreckungsmuster der *first-glass-to-grave*-Struktur den Weg der Männer in den Abgrund von Sucht und Selbstzerstörung zeigt, in den diese ihre Frauen und Kinder als Opfer mitreißen.

Die Überschreitung und Auffächerung des konventionellen Frauenbildes findet mithin quer durch den literarischen Diskurs der Zeit statt, und geschlechtsspezifische Einteilungskriterien sind hier nicht umstandslos anwendbar. Die von Frauen selbst verfaßte Romanliteratur läßt sich um drei

Vielfalt des Frauenbildes

charakteristische Schwerpunktbereiche gruppieren, die sich neben einem breiten lyrischen und politisch-essayistischen Textkorpus als bevorzugte Domäne der *American Women's Renaissance* herauskristallisieren – den sentimentalen Roman, den frühfeministischen Roman und, gegen Ende der Periode, die *literature of misery*, in der der Übergang zum Realismus sich ankündigt.

Sentimentaler Roman

Den mit Abstand nachhaltigsten Erfolg beim Publikum hat der sentimentale Roman, der erstmals ein Medium der gesellschaftlich breit wahrgenommenen, wenn auch konventionell eingebundenen Darstellung spezifisch weiblicher Erfahrungsbereiche im Spannungsfeld von häuslicher Sphäre und gesellschaftlicher Außenwelt bereitstellt. Die unmittelbar erkennbare Absicht dieser Romane ist die Selbstreformierung und Perfektionierung des Menschen im Licht christlicher Ideale, die zwar offiziell von der Gesellschaft vertreten, aber zugleich eklatant mißachtet werden. Die häusliche Sphäre und die durch die zentrifugalen Tendenzen der rasant sich verändernden Außenwelt gefährdete Familie werden zum idealisierten Bereich einer Spiritualität, die den desintegrierenden Kräften der Zeit entgegengesetzt wird. Primäre Trägerinnen dieser ›Evangelisierung von innen‹ sind die Frauen, wobei aber statt des offenen Engagements das durch passive Standfestigkeit und innere Prinzipientreue gegebene Beispiel als Überzeugungsstrategie dient. In vielen der Romane wird dabei auf eine heute befremdlich anmutende Art das traditionelle Rollenbild der Frau als einer dem Mann untergeordneten, auf Küche, Kinder und Kirche beschränkten Funktionärin des ›privaten Bereichs‹ übernommen, ja metaphysisch überhöht. Die Texte erscheinen daher auf einer Ebene als Instrument der ideologischen Disziplinierung und ›Domestizierung‹ der Frauen durch sich selbst. Doch ist neuerdings, etwa durch J. Tompkins, darauf hingewiesen worden, daß im *Priorität spiritueller* Selbstverständnis der Autorinnen den spirituellen Werten durchaus Priorität
Werte vor den materiellen Werten zukam und somit die *ethic of submission* gegenüber weltlicher Autorität, die ihre Romane propagieren, durch die höhere Macht des Spirituellen kompensiert werde, die sie sich damit zugänglich machten. In seiner Verschmelzung von weiblicher und göttlicher Autorität untergräbt der religiöse sentimentale Roman in dieser Sicht die etablierten Machtstrukturen, die er zu bestätigen scheint. Auch wenn diese Deutung, die bisherige Sichtweisen revidiert und der offensichtlichen Aussage der Texte allzuoft entgegenläuft, überzogen wirkt, so sind diese doch brüchiger und in sich spannungsvoller, als es früher gesehen wurde.

Das Muster des sentimentalen Romans eignet sich für die Darstellung solcher Spannungen zwischen privater und äußerer Welt, zwischen Frauen- und Männerrolle, zwischen christlichem Anspruch und gesellschaftlichem Machtkalkül in besonderem Maß. Denn die seit dem 18. Jh. herausgebildete Rhetorik der Sentimentalität, auf der er aufbaut, enthält als konstituierende Bestandteile die Figur des unschuldigen Opfers – meist ein Waisenkind –, das die Empathie des Lesers weckt und gewissermaßen gegen eine vorgegebene Ungerechtigkeit der Welt mobilisiert; sie enthält eine zentrale Mutterfigur als ersehnte, aber immer wieder entzogene Instanz der Versöhnung des isolierten Selbst mit der Welt; sie enthält Höhepunktszenen, in denen in melodramatischer Form die Verarbeitung von Verlust- und Trennungserfahrungen möglich wird – etwa in den notorischen *deathbed scenes*, in denen die damals häufige Erfahrung des Todes junger Menschen

symbolisch bewältigt wird; und sie führt an den Wechselfällen und Gefährdungen weiblicher Selbstbehauptungsversuche die Instabilität menschlicher
Beziehungen unter dem Einfluß krisenhafter historischer Veränderungen
vor Augen. Indem sie sich auf die Opfer dieser Veränderungen konzentrieren und sie zu den eigentlichen Trägern der dominanten Moralan-
sprüche machen, zeigen die sentimentalen Romane Geltungsschwächen der
herrschenden kulturellen Selbstdeutungen auf, auch wenn sie diese im
ganzen bestätigen.

So wird in Susan Warners *The Wide, Wide World* (1850), einem der
erfolgreichsten Romane des 19. Jh.s, die 13jährige Protagonistin Ellen
durch eine Entscheidung des ständig abwesenden, auf Reisen befindlichen
Vaters aus ihrer symbiotischen Beziehung zur Mutter gerissen, die ihr
allerdings zugleich eine feste religiöse Rezeptur für die verschiedenen Prüfungen mit auf den Weg gibt, die sie in einer feindseligen Welt zu bestehen
hat. Trotz der klischeehaften Charakterzeichnung und Handlungsführung
liegen unbestreitbare Stärken in der Darstellung der psychologischen Spannungen und Paradoxien menschlicher Beziehungen und in der Beschreibung
der harten Lebensbedingungen der Figuren. Ähnliches gilt für Maria Cummins' *The Lamplighter* (1854), das nach Warners Roman modelliert ist und
wie dieser die Entwicklung der Heldin vom wilden, ungebändigten Kind zur
moralischen Vorbildfigur zeigt. Als solche bekehrt sie nicht nur andere zu
ihrer religiösen Überzeugung, sondern gelangt zugleich von Armut zu
Reichtum, vom *slum* zum *mansion*, vom Ausgestoßensein zur Integration in
die Gesellschaft. Es handelt sich hier um weibliche Initiationsgeschichten,
deren Ziel, anders als bei vielen der von Männern verfaßten, nicht Individualismus oder das Bewußtsein des (eigenen) Bösen ist, sondern die
moralische Selbstperfektionierung und Integration des individuellen Selbst
in die Gemeinschaft. Das Schicksal auf Erden ist dabei stets zugleich
Exempel eines überirdischen Sinngeschehens. So steht das Titelmotiv des
Lamplighter sowohl für den realen Anzünder der Straßenlampen, der der
väterliche Freund der Protagonistin wird, als auch für die spirituelle Erleuchtung, die ihr unter dem Einfluß des blinden Mädchens Emily als ihrem
guardian angel im Lauf des Romans zuteil wird. In einem stärker diesseits-
orientierten, teilweise sensationell ausgeschmückten Handlungsrahmen
spielt E. D. E. N. Southworths *The Hidden Hand* (1859), ein weiterer Bestseller des Genres, von dem es u. a. 40 verschiedene Dramatisierungen gab.
Hier agiert die Hauptfigur Capitola weitaus freier und rebellischer als bei
Warner und Cummins, ja ist teilweise mit ›maskulinen‹ Zügen ausgestattet
und durchbricht spielerisch vorgegebene Verhaltensmuster, indem sie etwa
eine konventionelle Liebeserklärung parodiert oder ein Duell, bei dem sie
mit Erbsen schießt, zur Farce werden läßt. Dennoch ist auch hier die Heldin
innerlich ›gut‹, und es fügt sich trotz einer verwirrenden Episodenfülle am
Schluß alles, einschließlich einer angemessenen materiellen Absicherung,
zum Happy End.

*Weibliche Initiations-
geschichten*

Harriet Beecher Stowes Uncle Tom's Cabin

Der erfolgreichste Roman im gesamten 19. Jh. war Harriet Beecher Stowes
Uncle Tom's Cabin (1851). Von der Literaturkritik lange als sentimentales
Machwerk abgetan, hat er inzwischen, obwohl nach wie vor kontrovers
diskutiert, einen festen Platz unter den Schlüsseltexten der *American Renaissance*. Die unmittelbare Wirkung dieses Buchs, das Stowe als Reaktion
auf das *Fugitive Slave Law* von 1850 schrieb, war ein Stimmungsum-

Gesellschaftssatire

Das Plakat für *Uncle Tom's Cabin* wirbt mit hohen Verkaufszahlen

Stereotyp des ›Uncle Tom‹

schwung in den Nordstaaten zugunsten des Abolitionismus, der zuvor lange als extrem und sektiererisch betrachtet worden war. Der Roman ist eine mit Erzählerkommentaren durchsetzte, aber zugleich alle Register literarischer Wirkungssteigerung ziehende Polemik gegen das Unrechtssystem der Sklaverei, das nicht auf die Südstaaten beschränkt, sondern als nationales Übel gesehen wird, welches dem demokratischen, noch mehr aber dem christlichen Anspruch Amerikas Hohn spricht. Die Verurteilung der Sklaverei ist zugleich Kritik eines Kapitalismus, in dem der Mensch selbst zur Ware wird, und einer christlich-humanistischen Ideologie, die diese pervertierte Praxis rechtfertigt bzw. überdeckt. Durchgängig wird in *Uncle Tom* die Scheinheiligkeit der Vertreter dieser Gesellschaft entlarvt – vom Sklavenhändler Haley, der sich als ›Humanist‹ bezeichnet, über die südstaatlichen Geistlichen, die die Sklaverei aus der Bibel rechtfertigen, bis hin zur aristokratisch-dekadenten Monstermutter Marie St. Clare, die ihren Egoismus mit dem moralischen Überlegenheitsanspruch der weißen christlichen Kultur maskiert. Betont werden darüber hinaus die familienzerstörenden Auswirkungen des Systems und seine in der sexuellen Ausbeutung der Sklavinnen institutionalisierte Unmoral, die den viktorianischen Wertvorstellungen der Epoche eklatant zuwiderlaufen. In der Aufdeckung dieser Selbstwidersprüche kommen starke Züge des Satirischen in den Roman hinein, der in der karikaturhaften Charakterzeichnung ebenso an Dickens erinnert wie in der Darstellung des sozialen Elends der Schwarzen – des im Untertitel genannten *life among the lowly* –, und u.a. durch Verwendung der Dialektsprache realistische Stilelemente einbezieht.

Das Bild der Schwarzen, das Stowe dabei zeichnet, ist allerdings von afro-amerikanischer Seite trotz aller Empathie als immer noch rassistisch empfunden worden, da es das Stereotyp des passiven, unterwürfigen und kulturell unmündigen Afrikaners festschreibe, der erst durch den Einfluß des Christentums zu wahrem Menschsein emporsteigen könne. Der Name ›Uncle Tom‹ wurde für schwarze Ohren zum Reizwort, das statt den Willen zur Freiheit das Sich-Abfinden mit der eigenen sozialen Unterordnung symbolisierte. Nun besteht der Roman in der Tat aus einem zweifachen *plot*, deren einer in den Norden nach Kanada, und deren anderer in den Süden führt, wobei der mit Hilfe der Underground Railroad erkämpfte Ausbruch von Eliza und George in die Freiheit weniger hoch bewertet scheint als das passive Sich-Ergeben in ein gottgewolltes Schicksal, das der in der Sklaverei verbliebene Tom an den Tag legt. Dabei ist allerdings zu bedenken, daß es Stowe weniger um eine politische als um eine spirituelle Antwort auf die gesellschaftliche Krise geht, die sie beschreibt. Die satirisch-realistische Ebene wird überlagert durch eine religiöse Sinnebene, die im wesentlichen durch die Muster des sentimentalen Romans getragen wird. Inkarniert wird diese zum einen in Eva(ngeline), deren Name Programm ist und ihre Rolle als engelhafte kindliche Erlöserfigur und Bekehrerin der Verblendeten – u.a. ihres Vaters und des Sklavenmädchens Topsy – vorgibt und deren höherer Auftrag, ganz im Stil der zeitgenössischen *deathbed scenes*, durch Tod und Verklärung besiegelt wird; zum anderen in Uncle Tom, der zum Märtyrer, ja zur Christusfigur wird und wie in einem archetypischen Seelendrama den Konflikt mit Satan in Gestalt des grausamen Sklavenhalters Legree austrägt und, obwohl sein Körper gefoltert und getötet wird, den spirituellen Sieg davonträgt. Tom stirbt im passiven Widerstand, weil er sich weigert, andere auszupeitschen und das Versteck zweier flüchtiger Sklavinnen preiszugeben – sein Tod hat also durchaus etwas Heroisches, und er entspricht in Stowes Weltbild dem höchsten denkbaren Ideal. Der Vorwurf des Rassismus, der durch bestimmte, mindestens mißverständliche Passagen des Buchs gerechtfertigt ist, relativiert sich in dieser grundsätzlicheren Hinsicht, da Stowe die obersten Werte der eigenen Kultur, die diese verrät, in deren Opfern und diskriminiertem Anderen verwirklicht sieht.

Opfer als moralische Wertträger

Die Lebendigkeit der Diskussion um *Uncle Tom* bestätigt die Aktualität des Textes, der keineswegs homogen, sondern von innerem Spannungsreichtum gekennzeichnet ist. Zwar werden die Figuren relativ klar in Gute und Böse eingeteilt, doch lassen sie sich keinem einsinnigen ideologischen Raster zuordnen – es gibt positiv und negativ gezeichnete Männer, Frauen, Schwarze, Weiße, Südstaatler und Nordstaatler. Und zwar ist die Gattung des sentimental-religiösen Romans dominant, doch mischen sich Elemente des Realismus, der Satire, des *mock gothic* (in der Überlistung Legrees durch seine Ex-Sklavin Cassy), ja der Burleske und der Farce hinein (in der Verfolgung Elizas durch Haley und seine schwarzen ›Gehilfen‹), die die Reduktion auf eine Stil- oder Aussageebene unmöglich machen und, bei allem unbestreitbaren Anteil an Konventionalität, die fortdauernde Bedeutung des Romans sichern.

Frühfeministischer Roman

Der Widerspruch der Frauen gegen ein ungerechtes Gesellschaftssystem und gegen die Beschränkungen ihrer eigenen Rolle, der sich im sentimentalen Roman eher indirekt und unterschwellig äußert, wird nachhaltig artikuliert und explizit thematisiert im frühfeministischen Roman. Zu nennen ist hier Caroline Chesebros *Isa. A Pilgrimage* (1852), wo die Religion als Orientierungsquelle weiblicher Selbstfindung vom Freidenkertum abgelöst wird und die Heldin für die Frauenrechte eintritt, die sie aus einem allgemeinen Fortschrittskonzept heraus einfordert und auf das Ideal einer egalitären Gesellschaft bezieht. Auch in dem autobiographisch eingefärbten *Ruth Hall* (1855) von Sara W. Parton (»Fanny Fern«) wird ein weiblicher Emanzipationsprozeß dargestellt, wobei unmittelbar das Heraustreten der Frau aus der Privatsphäre in die öffentliche Rolle der Schriftstellerin zum Thema wird. Zwar wird im ersten Romanteil das Muster des sentimentalen Romans aufgenommen, insofern Ruth erst ihr Kind, dann ihren Mann durch Tod verliert und anschließend der Willkür böswilliger Verwandter ausgeliefert ist; doch ändern sich Ton und Inhalt im zweiten Teil, wo die Protagonistin ihre Berufung als Schriftstellerin findet und gegen alle Widerstände zum literarischen – und finanziellen – Erfolg kommt. Das Sentimentale schlägt um ins Satirische, und der gewohnte Weg der Heroine in die Ehe wird umgekehrt und führt von der privaten in die öffentliche Sphäre, von der Ehe in die durch eigene Leistung erworbene Unabhängigkeit. Von emanzipatorischen Ideen getragen ist auch L.C. Bullards *Christine; or, Woman's Trials and Triumphs* (1856), das sowohl die Diskriminierung der Frau als auch ihre Kraft der Selbstbehauptung noch unter widrigsten Umständen gestaltet. Der frühfeministische Roman steht deutlich im Zusammenhang mit der erstarkenden Frauenrechtsbewegung, zu deren publizistischen Aktivitäten es vielfältige Wechselbeziehungen gibt – ohne daß hier immer eine nahtlose Entsprechung zwischen literarischem und politischem Engagement anzusetzen ist.

Sara Willis Parton
(›Fanny Fern‹)

Die Spätzeit der American Women's Renaissance; Übergang zum Realismus

Alice Cary

Im Lauf der 50er Jahre bricht sich der Optimismus der religiös oder politisch motivierten Weltverbesserung zunehmend an den eskalierenden Widersprüchen der Zeit, aber auch des eigenen öffentlichen Engagements. Hieraus resultiert eine Tendenz zur Depolitisierung des Frauenromans, die mit einem zunehmenden Komplexitätsbewußtsein zugleich ein gestiegenes Selbstbewußtsein der Frau als kreativer Künstlerin verbindet und in den Romanen demonstriert. An die Stelle linearer Progressionsmodelle tritt eine stärker gebrochene, widersprüchliche Geschichtsauffassung, der Kohärenz des Individuums steht seine innere Gespaltenheit gegenüber, Vererbung und Umwelteinflüsse gewinnen an Bedeutung. Der frühere Reformidealismus weicht einer *literature of misery*, in der Merkmale des naturalistischen Romans vorweggenommen werden.

So geht Alice Cary in *Hagar, A Story of To-day* (1852), das gewisse Parallelen zu Hawthornes *The Scarlet Letter* aufweist, am Beispiel einer ›gefallenen Frau‹ schonungslos den Schattenseiten weiblicher Existenz nach, ohne einen Ausweg zu eröffnen. In *Married, Not Mated* (1859) spielt sie unterschiedliche Standpunkte zur Frauenrechtsfrage gegeneinander aus, enthält sich aber eines Urteils und läßt die Widersprüche gesellschaftlichen Handelns im Licht eines deutlich desillusionierten Menschenbildes unaufgelöst. Lillie Devereux Blake schrieb, ehe sie sich nach dem Bürgerkrieg zunehmend direkt politisch betätigte und mit *Fettered for Life* (1874) einen frauenrechtlichen Thesenroman verfaßte, mit *Southwold* (1859) einen Roman in der *dark feminist mode* über eine Frau, die aus verletzter Liebe die Männer manipuliert und, da sie ihren ausgeprägten Intellekt und ihre leidenschaftliche Emotionalität nicht adäquat ausleben kann, in ein Labyrinth von Verbrechen, Wahnsinn und Selbstzerstörung gerät. Die Darstellung traumatischer Zustände weiblicher Selbstentfremdung, in denen sich zugleich ein unterdrücktes Element der Rebellion manifestiert, ist charakteristisch für diese Texte. Mit Romanen wie Elizabeth Stoddards *The Morgesons* (1862), der die Selbstbehauptung der Protagonistin Cassandra in einer desorientierenden Welt von bürgerlichen Normen- und sexuellen Rollenkonflikten zeigt, oder mit Erzählungen wie Rebecca Harding Davis' »Life in the Iron-Mills« (1861), die in eindringlicher Bildersprache und Handlungszuspitzung das die *gender*-Problematik übergreifende Elend der Arbeiterklasse vorführt, ist die Erzählliteratur der *American Women's Renaissance* an einem Punkt angelangt, wo sie die viktorianisch-affirmative Romantik, aus der sie entsprang, hinter sich läßt: » ... her eyes go no more in search of something beyond. A wall of darkness lies before her, which she will not penetrate.« (Stoddard, *The Morgesons*)

dark feminist mode

Lillie Devereux Blake

Romance zwischen Kulturkritik und Metafiktion: Nathaniel Hawthorne

Ist in der *American Women's Renaissance* vor allem ab Mitte der 50er Jahre ein zunehmend über die eigene künstlerische Kreativität definiertes Selbstbewußtsein spürbar, so ist diese Tendenz bereits früher und – zumal im Vergleich zur zeitgenössischen Populärliteratur – kompromißloser bei den beiden bedeutendsten Vertretern des amerikanischen Romans in dieser Epoche ausgeprägt, Nathaniel Hawthorne und Herman Melville. Obwohl auch sie populäre Konventionen verarbeiten, werden diese doch hier zum

Spielmaterial, das frei miteinander kombiniert und in den kulturellen Metadiskurs einbezogen wird, zu dem sich der Roman, im Zug der Bewegung zur Selbstbezüglichkeit des eigenen Mediums, entwickelt. Schon bei Poe ließ sich die Herausbildung einer künstlerischen Eigensphäre als indirekte Antwort auf den pragmatischen Zeitgeist, und die selbstreflexive Wendung der Schauerromantik als Negativgestalt des amerikanischen Optimismus entziffern. Bei Hawthorne und Melville wird diese kulturkritische Funktion der literarischen Imagination weit deutlicher und als solche in den Texten selbst inszeniert. Sie gehen auf radikale Distanz sowohl zum materialistisch geprägten Fortschrittsglauben der Zeit, als auch zu den idealisierten Antwortmodellen, die die christliche Orthodoxie der sentimentalen religiösen Romane, aber auch die heterodoxe, säkularisierte Heilsbotschaft der Transzendentalisten auf die dadurch ausgelöste spirituelle Krise zu geben versuchten. Bei ihnen lösen sich jedes feste Weltbild und jeder verläßliche Halt der Subjektivität auf, ohne in die geschichtsfernen labyrinthischen Innenwelten Poes abzustürzen.

Selbstbezüglichkeit des Mediums

Bei Hawthorne wird dieser innovative Zug nicht sofort so offensichtlich wie bei Melville. Vielmehr wirken seine Werke in ihrem umständlichen, am 18. Jh. geschulten Erzählstil, ihrem Hang zur allegorischen Abstraktion und ihrem pittoresken Romanzenstil zunächst eher rückwärtsgewandt, fast anachronistisch. Erst bei näherem Zusehen eröffnet sich ein unerhört dichtes Netzwerk von Bedeutungen, das die Texte von der Makro- zur Mikrostruktur durchzieht und eine radikale Infragestellung jedes einsinnig-affirmativen kulturellen Selbstbilds Amerikas beinhaltet. Ein hervorstechendes Merkmal ist dabei die Auseinandersetzung mit der amerikanischen Geschichte, v. a. in ihrer Prägung durch den Puritanismus. Gegen den Gegenwartskult der Transzendentalisten insistiert Hawthorne auf der bestimmenden Macht der Vergangenheit, auf ihrer unterschwelligen Kontinuität gerade dort, wo ihr Einfluß am stärksten geleugnet wird. Literatur wird bei ihm zur kulturellen Archäologie, die genau das betreibt, wovor Emerson in *Nature* gewarnt hatte: »Why should we grope among the dry bones of the past, or put the living generation into masquerade out of its faded wardrobe?« Gleichzeitig wird aber die Vergegenwärtigung des Vergangenen nur möglich durch die imaginative Überschreitung des Gegebenen. Die Kehrseite des Geschichtsbewußtseins bei Hawthorne ist der Entwurf hochgradig symbolischer, stets ins Phantastische hinüberspielender Fiktionswelten. Die Gattung, in der die Verbindung beider Aspekte stattfindet, ist die *romance*, die Hawthorne zu der den geistigen Bedürfnissen Amerikas angemessenen Literaturform erklärt. Die *romance*, die sich durch die Einbeziehung des Traumhaften, Imaginären und Übernatürlichen von der eher empirischen, an der sozialen Realität orientierten *novel* unterscheidet, erlaubt die Freisetzung der Imagination aus den Zwängen eingefahrener Weltbilder, bleibt aber gleichzeitig auf diese als ihr Material zurückgerichtet. Sie operiert im Zwischenbereich von Fiktion und Realität und löst deren eindeutigen Gegensatz auf, indem einerseits die historische Realität auf die sie tragenden Interpretationen, d. h. ihre implizite Fiktionalität, durchsichtig gemacht wird, während andererseits den fiktiven Handlungsmodellen ein anthropologischer Wahrheitswert im Sinn der Inszenierung des kulturell Verdrängten zugewiesen wird.

Nathaniel Hawthorne

romance als amerikanische Gattung

Ein eindrucksvolles Beispiel für diese kulturkritische oder ›kulturökologische‹ Funktionsweise der *romance* ist Hawthornes vieldiskutiertes Hauptwerk *The Scarlet Letter* (1850). Der Roman kann zunächst als Form fiktionaler Geschichtsschreibung gesehen werden, die die offizielle Selbst-

Roman als kritische Geschichtsschreibung

Szene aus *Scarlet Letter*: Hester Prynne tritt vor die versammelten Puritaner

deutung des frühen, puritanischen Amerika mit ihren Blindstellen und inneren Widersprüchen konfrontiert. Die ›City upon a Hill‹ als puritanisches Idealbild erscheint hier als *cultural prisonhouse*, das mit emotions- und naturfeindlicher Repression verbunden ist und in seiner theokratischen Gerichtsbarkeit alles vom eigenen Wahrheitsanspruch abweichende Denken und Verhalten mit symbolischer Gewalt ausgrenzt. Deren Opfer ist die Protagonistin Hester Prynne, die wegen Ehebruchs zusammen mit ihrem Kind drei Monate ins Gefängnis geworfen und zum lebenslangen Tragen des Buchstabens A – für »Adulteress« – verurteilt wird. Als Außenseiterin lebt sie mit ihrer Tochter Pearl sieben Jahre lang allein am Rand von Boston, ehe sich in der Höhepunktsszene am Schluß herausstellt, daß niemand anders als Arthur Dimmesdale, der Pastor des Orts, der zuvor noch eine große Predigt über Amerikas glorreiche Zukunft gehalten hat, der Vater des unehelichen Kindes ist. In seiner Todesstunde enthüllt er der versammelten Gemeinde, daß der scharlachrote Buchstabe, der das Zeichen von Hesters Stigmatisierung war, an seinem eigenen Herzen herangewachsen ist. Die Mittel der *romance*, die den historischen Kontext durch Einbeziehung des Phantastischen und Allegorischen überschreiten, dienen also ihrerseits zur Erhellung tieferer historischer Zusammenhänge – insbesondere des inneren Zusammenhangs des kulturell Ausgegrenzten und Verdrängten mit dem kulturellen Zentrum selbst, das symbolisch im Herzen des Pastors repräsentiert ist.

Nun reagiert Hawthorne aber in dem Roman nicht nur auf die Geschichte, sondern auf die Gegenwart, wie der Einleitungssketch »The Custom House« zeigt, der in satirisch-spielerischer Wechselbeziehung mit dem Haupttext steht und mit der bürokratischen Geistlosigkeit amerikanischer Institutionen abrechnet, wie aber auch die Einbeziehung von Elementen aus dem Populärroman der Zeit bestätigt, z. B. des Stereotyps des *reverend rake* in der Figur Dimmesdales, oder der ›gefallenen Frau‹ als emanzipatorischer Sympathieträgerin in Hester. Diese gehören ebenso zum Repertoire der populären Vorstellungswelt wie die gotizistischen, sentimentalen und erotisch-subversiven Stilmodelle, die Hawthorne verarbeitet und der *romance*-Form anverwandelt. Auch die starke Profilierung der Protagonistin als Trägerin eines femininen Ethos und einer feminin eingefärbten Ästhetik (wie sie in Hesters Nähkunst illustriert ist) wird durch eine Bildlichkeit getragen, die einer allgemeineren Metaphorik weiblicher Kreativität in der zeitgenössischen Literatur entspricht. »On the breast of her gown, in fine red cloth, surrounded with an elaborate embroidery and fantastic flourishes of gold thread, appeared the letter A.«

Kritik des Individualismus

Gleichzeitig impliziert *The Scarlet Letter* in seinem Menschenbild eine fundamentale Kritik jenes Individualismus, der einen Kernbestand der Ideologie seiner Zeit darstellte und sich philosophisch im Konzept der *self-reliance*, ökonomisch im Konzept des *self-made man* äußerte. *Innerpsychisch* betrachtet wird die tradierte Opposition von Geist und Körper, Spiritualität und Eros aufgehoben, ja in einen gegenseitigen Bedingungszusammenhang uminterpretiert – so wenn Dimmesdales Begegnung mit Hester im Wald, die seine verdrängte Sinnlichkeit neu aufflammen läßt, zur Voraussetzung seiner inspirierten Predigt wird (er schreibt sie die ganze Nacht über neu, nachdem er den ersten Entwurf unter dem Eindruck dieser Begegnung zerrissen hat). *Intersubjektiv* betrachtet, im Verhältnis der Figuren untereinander, sind diese nicht als autonome Individuen, sondern als auf Sozialisation und Kommunikation angewiesene Mit-Menschen entworfen, die in vielerlei Hinsicht füreinander zu *alter egos* werden. Dimmesdale verkörpert die puritanische Frühform dieses Individualismus, und bezeichnend ist hier eine Spiegelszene: »viewing his own face in a looking-glass, by the most powerful light he could throw upon it, he ... typified the constant introspection wherewith he tortured, but could not purify himself«. Aber im Spiegel erblickt er nicht nur sich selbst, sondern die schattenhaften Gestalten *anderer*, seine Jugendfreunde und Eltern, aber auch Hester und Pearl, die mit dem Finger auf den Buchstaben auf seiner Brust zeigen.

Hawthorne setzt mithin an die Stelle der individualistischen Anthropologie seiner Zeit eine kommunikative. Deren symbolische Agentin im Roman ist Hester, die gerade aus ihrer Außenseiterposition heraus zu sozialem, karitativem Handeln fähig wird, aber auch als Beraterin in zwischenmenschlichen Problemen eine überlegene innere Stärke erlangt und zur quasi-prophetischen Vorläuferfigur einer künftigen, auf Gleichberechtigung der Geschlechter aufgebauten Gesellschaft wird: »The angel and apostle of the coming revelation must be a woman, indeed ...« Gerade der *scarlet letter* als Zeichen öffentlicher, nicht zuletzt geschlechtsspezifisch bedingter Ausgrenzung und Ex-kommunikation wird für sie zum Medium eines intuitiven Zugangs zur Psyche anderer, durch den sie das Stigma sinistren Andersseins unterläuft und ihm eine gegensinnige, kreative Bedeutungsrichtung verleiht. In semiotischer Entsprechung hierzu nimmt der titelgebende Buchstabe A neben dem anfänglichen, negativ-ausgrenzenden »adultress« zunehmend positive Bedeutungen wie »able« oder gar »angel« an, wird aber auch mit »Arthur«, »America« oder »apocalypse« assoziierbar, womit das Zeichen des Anderen und Ausgegrenzten potentiell auf die gesamte Bedeutungskette der Kultur zurückreflektiert wird. Als Anfangsbuchstabe des Alphabets ruft das A den Prozeß der Schrift selbst als einer unendlich weiterverweisenden, nie mit sich identischen Grundlage der Kultur – und der Literatur – auf. Genau das Aufbrechen einer scheinbar eindeutigen kulturellen Zeichengebung, wie sie in der Zuschreibung des Letter A vorliegt, und deren Öffnung auf eine prinzipiell unabschließbare Pluralität möglicher Bedeutungen ist es, die den Prozeß von Hawthornes Roman kennzeichnet. Die Kunst der Literatur, die im »A« (für »Art«) zugleich mitthematisiert ist, entfaltet sich also in antithetischer und doch vielfältig rückbezüglicher Weise aus der größeren Textualität ihrer Kulturwelt.

Auch die anderen Romane Hawthornes sind von dieser Ästhetik der Kulturkritik geprägt. Wird sie in *Scarlet Letter* aus der Außenseiterposition einer stigmatisierten Frau entfaltet, so ist sie in *The House of the Seven Gables* (1851) um einen etablierten Repräsentanten der Gesellschaft zentriert, Judge Pyncheon, der einer erfolgreichen puritanischen Oberschichtfamilie entstammt und eine Bilderbuchkarriere als Politiker durchläuft, ehe er von den Schuldverstrickungen der familiären und persönlichen Vergangenheit eingeholt wird, die erst seine glänzende *success story* ermöglicht haben. Das Repertoire der *gothic fiction* wird hier zur Demonstration des Fortwirkens der verleugneten Vergangenheit eingesetzt, während die Mittel der *sentimental fiction* in der Liebesbeziehung der jüngeren Generation eine hoffnungsvollere Alternative andeuten. *Blithedale Romance* (1852) beschäftigt sich explizit mit einem gesellschaftlichen Thema, nämlich mit der transzendentalistischen Brook Farm-Kommune, der Hawthorne kurzzeitig angehörte. Erneut wird der historische Ausgangsstoff mit den Mitteln der *romance* in ein fiktionales Szenarium verwandelt, in dem die Vision gesellschaftlicher Idealität mit den Bedürfnissen und emotionalen Verstrickungen der einzelnen Individuen überblendet wird. Die Zerstörung der anfängli-

Kommunikative Anthropologie

›A‹ als plurales Zeichen

Fiktionalisierung von Brook Farm

chen Harmonie und Kooperation, die den Romanprozeß kennzeichnet und die im Selbstmord der weiblichen Protagonistin Zenobia endet, wird dabei nicht dem Projekt als solchem, sondern dem Fanatiker Hollingsworth zugeschrieben. Hawthorne betont die Kontinuität auch dieses ›modernen‹ Ideologen mit der puritanischen Vorgeschichte Amerikas, indem er die Höhepunkte der Handlung am *Eliot's Rock* spielen läßt, einer Felsenkanzel, von der einst der Puritaner John Eliot den Indianern das Christentum predigte und von der aus nun auch der Dogmatiker Hollingsworth seinen überlegenen Wahrheitsanspruch verkündet. In *The Marble Faun* (1860), der das Künstlerthema im Konflikt zwischen Moderne und Mythos, amerikanisch-optimistischer und europäisch-tragischer Weltsicht behandelt, nimmt Hawthorne das *international theme* von H. James vorweg, ebenso wie er in der interpersonalen, als komplexes Beziehungsgeflecht angelegten Konzeption seiner Charaktere den Weg für James' psychologische Beziehungsstudien bereitet.

Nachwirkung

Hawthornes Nachwirkung ist immens: In der bedeutungsoffenen Interaktion mit dem Leser, die seine Romane gegen feste Wirklichkeitsbilder in Anschlag bringen, wird er Vorbild für Realisten wie Howells oder Garland; in der tiefenpsychologischen Charakterzeichnung beeinflußt er Faulkner und die Moderne; in der Romanzenform und ihrer metafiktionalen Freisetzung der Imagination antizipiert er, wie besonders Jorge Luis Borges zeigt, Konzeptionen der Postmoderne.

Explorative Selbstüberschreitung der romance: Herman Melville

Kulturelles Krisenbewußtsein

Die unmittelbarste Wirkung hatte Hawthorne allerdings auf Melville, seinen jüngeren Zeitgenossen und Freund. Die *power of blackness*, die Melville an Hawthorne erkannte und bewunderte, die Fähigkeit, den Tagtraum Amerikas mit seinen dunkelsten Seiten zu konfrontieren, kommt jedoch mindestens ebensosehr Melville selbst zu. Offenkundiger und obsessiver als Hawthorne schreibt er aus einem tief empfundenen Bewußtsein der Krise moralischer und kultureller Werte, forscht er den Widersprüchen und Mehrdeutigkeiten menschlichen Handelns nach, thematisiert er die selbstzerstörerischen Tendenzen von Fortschritt und zivilisatorischer Machtexpansion, beschwört er in fast existentialistischer Manier die Paradoxien der Sinnsuche in einer Welt ›transzendentaler Obdachlosigkeit‹ (Lukács), sieht er den Zwiespalt des amerikanischen Schriftstellers zwischen demokratischem Auftrag und seiner einsamen Außenseiterrolle als Rebell gegen Geistlosigkeit und Konformismus. Melville ist aber nicht nur im Gestus extremer und radikaler als Hawthorne, sondern weist bei aller Geistesverwandtschaft ein deutlich anderes schriftstellerisches Profil auf. Wo Hawthorne die Problemstrukturen der amerikanischen Kultur stärker von innen her, von deren Vorgeschichte und repräsentativen Ausprägungsformen, aufdeckt, legt Melville sie stärker von ihren Grenzen nach außen her frei – in der Begegnung mit anderen Kulturen, mit der Natur, mit dem außermenschlichen Kosmos. Stärker als bei Hawthorne ist dabei der Reiz des Fremden und Exotischen wirksam, von dem etwa die frühen Südseeromane wie *Typee* (1846) oder *Omoo* (1847) leben, die teilweise ein romantisch-utopisches Bild der ›primitiven‹ Kulturen zeichnen. Melville, der anders als Hawthorne als Autodidakt zur Literatur kam – die See war für ihn sein »Harvard und Yale« –, begann mit autobiographischen Reiseerzählungen, die er mit den Mustern populärer Abenteuerromane der Zeit anreicherte, aber auch schon mit kulturkritischen Reflexionen von sarkastischer Schärfe

Herman Melville

Frühe Reiseromane

durchsetzte. Er distanzierte sich später von dieser Phase als einer Zeit der Anpassung an den öffentlichen Zeitgeschmack, dem er sich mit seinem Hauptwerk *Moby-Dick* (1851) endgültig entzog, auch wenn das früher verwendete Genre des See- und Abenteuerromans hier immer noch, etwa in der gigantischen Größe und singulären Kraft des Weißen Wals, fortwirkt. Ein wichtiger Faktor dieser Wandlung Melvilles war die nachgeholte Begegnung mit der Literatur, insbesondere mit Hawthorne und Shakespeare, aber auch mit der Bibel, der Antike und der europäischen Romantik.

Die Erfahrung der Grenzen eigener Identität durch die Begegnung mit fremden Kulturen bedingt einen weiteren, doppelten Grundzug von Melvilles Werken, der ihn von Hawthorne unterscheidet. Zum einen bringt sie eine weit größere Weltfülle mit sich, eine Einbeziehung von unterschiedlichsten Perspektiven des Wissens, der Wahrnehmung und Erfahrung in den fiktionalen Entwurf. Die pralle, von Detailfülle berstende Beschreibung der in *Moby-Dick* präsentierten Welt zeigt diese bis an die Grenze des Chaos geführte Pluralisierung der vermittelten Realität. Damit einher geht eine weit größere Vielfalt von Figuren und unterschiedlichen Menschentypen, die sich als Mikrokosmos der Weltgesellschaft und Vielvölkergemisch darstellen. – Zum anderen tritt mit der stärkeren Herauslösung der Charaktere aus den eigenen kulturellen Bindungen das Individuum als auf sich selbst zurückgeworfenes Einzelwesen stärker hervor und treten dessen soziale Verstrickungen und kommunikative Verfaßtheit stärker zurück gegenüber der isolierten Sinnsuche und Selbstbehauptung einzelner – auch wenn am Ende ein vergleichbares Ethos zwischenmenschlicher Solidarität als einzige Antwort auf die Vergeblichkeit der transzendenten Sinnsuche übrigbleibt. Melvilles fiktionales Personal ist zudem überwiegend männlich besetzt, seine Welt ist typischerweise eine maskuline, mit homoerotischer Spannung aufgeladene Welt, in der die Figuren größer und heroischer als bei Hawthorne, ja im Falle Ahabs geradezu titanisch gezeichnet sind. Ahab steht deutlich in der Tradition des großen Individuums der Renaissance und der Romantik, des prometheisch-satanischen Rebellen gegen die Autorität der Götter. Es entfaltet sich ein kosmisches Drama, in dem der Wal für ihn den Inbegriff all dessen darstellt, was seinem anthropozentrischen Sinn- und Machtwillen entgegensteht. Sein Kampf gegen das Monster der Tiefe wird zur Parabel der vollständigen Selbstermächtigung des Menschen über die Schöpfung.

Weltfülle

Ahab als großes Individuum

Trotz seiner biblischen und archaisch-mythischen Einkleidung erinnert dieser Kampf in seinem überdimensionalen Individualismus, seiner aggressiven Expansivität und seiner Unterwerfung der Natur unter den eigenen, verabsolutierten Sinnentwurf zugleich an die Entwicklung und Geisteshaltung Amerikas der Zeit. Ja für manche Kritiker ist das Schiff *Pequod* eine Allegorie der amerikanischen Gesellschaft auf ihrer Reise zur ungebremsten industriell-kapitalistischen Globalexpansion – hier veranschaulicht an der hochmodernen und gewinnträchtigen Walfangindustrie –, die unter der Tyrannei wahnhafter Allmachtsphantasien steht. Ahab ist auf dieser Ebene eine Personifizierung des *imperial self*, der machtpolitischen Variante der Amerikanischen Religion der *self-reliance*, die nichts über und außer dem Selbst gelten läßt. Melville zeigt, wie der Weg dieses übersteigerten Individualismus in Wahn und Selbstzerstörung führt. Und doch liegt in Ahabs Figur eine Faszinationskraft, die den Romanprozeß wesentlich mitträgt. Seine Sprache ist dieser episch-heroischen, wenn auch sinistren Größe angeglichen und erinnert in ihrer bildhaften Dichte und rhetorisch-poetischen Kraft an die einer Shakespeare-Figur:

I leave a white and turbid wake; pale waters, paler cheeks, where'er I sail. The envious billows sidelong swell to whelm my track; let them, but first I pass.

Yonder, by the ever-brimming goblet's rim, the warm waves blush like wine. The gold brow plumbs the blue. The diver sun – slow dived from noon, – goes down; my soul mounts up! she wearies with her endless hill. Is, then, the crown too heavy that I wear? this Iron Crown of Lombardy. Yet it is bright with many a gem; I, the wearer, see not its far flashings; but darkly feel that I wear that, that dazzlingly confounds. ›Tis iron – that I know – not gold. ‹Tis split, too – that I feel; the jagged edge galls me so, my brain seems to beat against the solid metal; aye, steel skull, mine; the sort that needs no helmet in the most brain-battering fight. (Kap. 37)

Die Spur verbrauchten Lebens, die Ahabs rücksichtsloser Machtweg zieht, kontrastiert hier wirkungsvoll mit der klangvoll durchrhythmisierten und fast rauschhaft intensivierten Wahrnehmung des Sonnenuntergangs; höchster Machtwille verbindet sich mit äußerster poetischer Sensibilität, die doch zugleich dem Wahnsinn verwandt ist. Ahabs Selbstvision als Nachfolger christlicher Herrscherfiguren, deren Eiserne Krone der Legende nach aus einem Nagel des Kreuzes Christi gefertigt war und deren autosuggestive Präsenz Ahab ›Kopfschmerzen‹ verursacht, als wäre er physisch mit ihr verwachsen, stellt ihn in Kontinuität zu einer Geschichte des Christentums, das von einer Opfer- zu einer Täterreligion, von einer Solidaritäts- zu einer

Machtwille und Dehumanisierung

Machtstruktur sich wandelte. Das historisch Neue ist die Verlagerung dieser Machtsymbolik in die eigene, ins Kosmische gesteigerte Individualität, mit der aber für Melville zugleich der Umschlag des Heroischen ins Groteske einhergeht – in die Selbstentmenschlichung, die das surreal anmutende Bild des ›stählernen Schädels‹ ausdrückt und die ihn als Gefangenen der vermeintlich selbstbestimmten Sinnziele zeigt, denen er nachjagt.

Die Gegenfigur zu Ahab, die eine demokratisch-humanistische Alternative zu dieser fanatischen Führergestalt verkörpert, ist der Erzähler Ishmael, der als einziger den Untergang des Schiffs überlebt. Nicht zuletzt in seiner Freundschaft mit dem Südseeinsulaner Queequeg, dem eindrucksvollsten *noble savage* in Melvilles Oeuvre, stellt er dem blanken Machtwillen ein Ethos der Toleranz gegenüber, durch das die monomane Binnenwelt der Schiffsgesellschaft relativiert wird. Dem Dogmatiker Ahab, der den Weißen Wal auf *eine* Bedeutung reduziert – nämlich auf das, was dem eigenen Machtwillen entgegensteht –, steht das Bewußtsein von Offenheit und

Ishmael als humane Gegenfigur

Mehrdeutigkeit gegenüber, das Ishmael sich auf dieser Initiationsreise erwirbt und das mit einer grundsätzlich anderen Haltung gegenüber der Schöpfung einhergeht, einer »boundless sympathy with all forms of being.« *Moby-Dick* ist in dieser Sicht ein Drama des Exorzismus, der symbolischen Austreibung eines inneren Dämons aus der eigenen Kultur.

Diese Überwindung einer kulturimmanenten Dogmatik, deren Sinnperversionen der Roman inszeniert, wird auch in seiner Form und Sprache deutlich. Die Grenzen etablierter Gattungen werden gesprengt und die

Amerikanisches Epos

romance-Form erweitert sich zum amerikanischen Epos, das mühelos zwischen Abenteuerroman, Bildungsroman, *gothic fiction*, Predigt, Drama, philosophischer Reflexion, essayistischer Prosa, Walfang-Enzyklopädie und lyrischer Dichtung wechselt. *Moby-Dick* erweist sich hierin als Metaliteratur, die stärker noch als bei Hawthorne das Repertoire der europäischen

Literaturgeschichte in sich aufnimmt, es aber gleichzeitig experimentell überschreitet und der Darstellung spezifisch amerikanischer Ideologeme und Erfahrungsmuster anverwandelt. So gewinnen Melvilles Werke, zumal *Moby-Dick*, jene literarische Neuheit und Eigenständigkeit gegenüber der Alten Welt, die Melville nicht weniger nachdrücklich als Emerson forderte. Mit den Gattungskonventionen werden dabei auch virtuos die Sprachregister gewechselt. *Moby-Dick* ist nicht zuletzt durch diese ungeheure Intensität und Variabilität seiner Sprache gekennzeichnet, die von deskriptiver Sachprosa zum ironischen *double-talk*, vom Dialekt zum Blankvers reicht und in veritablen »Wortgewittern« (Breinig) an die Grenzen ihres Ausdrucks- und Erkenntnisvermögens geführt wird. Wie der Weiße Wal selbst ist das Buch ein provokatives ›Monstrum‹, das traditionellen Einheitserwartungen zuwiderläuft und sich jeder beherrschbaren Bedeutungszuweisung entzieht, gerade weil es selbst einen unabschließbaren, alle verfügbaren Deutungs- und Erklärungsperspektiven einbeziehenden Interpretationsprozeß darstellt.

Grenzerkundungen der Sprache

Moby-Dick ist keineswegs der einzige bedeutende Roman Melvilles. *Pierre: Or, the Ambiguities* (1852) etwa verdient Beachtung als einziger Landroman und zugleich als vielschichtig angelegte Romanparodie; *The Confidence-Man* (1857) als Studie der undurchdringlichen Verflechtung von Maske und Identität, Vertrauen und Täuschung in menschlichen Beziehungen; das Spätwerk *Billy Budd* (1891) als politische Parabel über das Verhältnis von Disziplin und Willkür, von Rebellion und Konformität in einer Zeit des Imperialismus. Auch sind Melvilles Romane nicht sein einziger Beitrag zur Literatur. Die kürzeren Erzählungen wurden bereits erwähnt. Die bedeutende Dichtung, die er in den Jahrzehnten zwischen der amerikanischen Renaissance und seinem Tod schrieb und die in den Bürgerkriegsgedichten *Battle Pieces and Aspects of the War* (1866) und dem mystisch-reflektorischen *Clarel* (1876) beachtliche Höhepunkte erreichte, harrt noch einer angemessenen literaturkritischen Würdigung.

Die *Pequod* als Wortpyramide u. a. aus »chaos« und »whale« (von Margaret Espinosa-Gil)

Die Lyrik der Jahrhundertmitte zwischen Romantik und Prämoderne

Wenn die Entwicklung des amerikanischen Romans in der Jahrhundertmitte im Werk von Hawthorne und Melville kulminiert, so gilt diese Eruption literarischer Kreativität aus dem Zusammenstoß von romantischer und postromantischer Ästhetik in ähnlicher Weise auch für die Lyrik. Denn mit Walt Whitman und Emily Dickinson treten zwei Autor/innen auf den Plan, die die bis dahin stark konventionsbesetzte Dichtung der USA grundlegend erneuern und ihr erst vollgültige Eigenständigkeit verleihen. Die nach wie vor tonangebenden *Fireside Poets* beschränkten sich auf die Einkleidung amerikanischer Themen in traditionelle Formen. Die Dichtung der Transzendentalisten blieb, abgesehen von einigen Texten Emersons, Thoreaus und Jones Verys, ebenfalls formal eher konventionell. Einzelfiguren wie Frederick G. Tuckerman, der sich vom Transzendentalismus ab- und einer skeptisch-desillusionierten Sonettdichtung zuwandte, waren die Ausnahme.

Allerdings gab es auch in der Lyrik eine breite von Frauen produzierte Literatur, die in zahlreichen Einzelbänden und Zeitschriftenbeiträgen publi-

Lyrik von Frauen

ziert wurde und einen wichtigen Zweig der bildungsbürgerlichen Populärliteratur bildete. Eine fast allgegenwärtige Präsenz war dabei über Jahrzehnte hinweg Lydia Sigourney, die das typische Rollenmodell der weiblichen Autorin der Zeit mitprägte und jene *domestic sentimentality* im Bereich der Lyrik zum Ausdruck brachte, die Warner oder Cummins im Roman gestalteten. In ihrer meist elegischen, oft anläßlich von Begräbnissen verfaßten Trostdichtung und in der Kultivierung von Spiritualität und Emotionalität als obersten Frauentugenden geht Sigourney konform mit dem vorherrschenden Frauenbild der Zeit, auch wenn die Bedrohung dieses Ideals durch die realhistorischen Umstände in ihren Texten durchaus spürbar ist. Deutlicher betont wird die Geschlechterdifferenz bei der mit der Frauenrechtsbewegung assoziierten Elizabeth Oakes Smith, in deren meditativer Lyrik die Frauen als stärker seelisch bestimmte Wesen den materiell orientierten Männern gegenübergestellt werden. Frances Osgood schließlich, die hier Erwähnung verdient, bewahrt ihre fast stets um die Liebe kreisenden Gedichte dadurch vor der drohenden Trivialität, daß sie sie mit einem ironischen Unterton versieht. Sie war mit Poe bekannt und gehörte, wie der zu seiner Zeit vielbeachtete N.P. Willis, zum inneren Kreis der literarischen Intelligenz von New York, deren Bedeutung im Vergleich zu Poe jedoch begrenzt blieb.

Walt Whitman: Dionysisches Selbst als Quelle demokratischer Dichtung

Emersons Brief an Whitman, den dieser unautorisiert veröffentlichte

Herausforderung des Zeitgeschmacks

Der Ausbruch aus dem relativ fest umschriebenen Rahmen dessen, was im zeitgenössischen Literaturbetrieb als Dichtung gelten durfte, gelang auch Walt Whitman erst im zweiten Anlauf, dafür allerdings umso durchschlagender. Zunächst hatte er, der dem Handwerkermilieu entstammte und wie Melville keine formale Hochschulausbildung genoß und der neben seiner vielfältigen journalistischen Tätigkeit u. a. als Druckergehilfe und Zimmermann arbeitete, nur unbedeutende, herkömmliche Lyrik verfaßt. Erst unter dem Eindruck Emersons entdeckte er seine eigene poetische Stimme und trat 1855, mit der ersten Publikation seines später fortlaufend erweiterten und revidierten Lebenswerks *Leaves of Grass*, als selbststilisierte Inkarnation des von Emerson prophezeiten großen amerikanischen Dichters an die Öffentlichkeit. Seine auffälligste Neuerung war der ›freie Vers‹, der sich aus den Vorgaben fester metrischer und poetologischer Regeln löste und zum unbegrenzt variierbaren Ausdrucksfeld der dichterischen Subjektivität wurde. Was von Whitman als Paukenschlag beabsichtigt war, fand jedoch zunächst, abgesehen von einem anerkennenden Brief Emersons, keine Resonanz. Erst die zweite Auflage sorgte für eine spürbare, wenn auch durchaus gespaltenen Reaktion. *Leaves of Grass* mußte in seiner unverblümten Thematisierung von Sexualität, seiner Einbeziehung von Dialekt- und Vulgärausdrücken und seiner radikal subjektivierten Poetik als Skandalon und offene Herausforderung der neuenglischen Brahmanenkaste, ja des viktorianischen Zeitgeschmacks insgesamt erscheinen – während gerade aufgrund dieser Merkmale sein Werk in Frankreich und auch bei den Präraffeliten in England gefeiert wurde.

Whitman war von vielerlei Einflüssen geprägt – von den Ideen radikaler Demokraten seiner Zeit, mit denen er in Kontakt stand und deren Verbindung von Sozialkritik, Patriotismus und Solidaritätsethos sich auf sein Werk niederschlug; von seiner journalistischen Tätigkeit, die ihn wie im Reporterstil die heterogene Vielfalt der amerikanischen Realität gleich einer unversiegbaren, stets brandaktuellen ›Nachrichtenflut‹ in die Texte einbringen ließ, in denen in endlosen, teilweise katalogartig verdichteten Variationen das Alltagsleben des Durchschnittsmenschen beschworen wird, das gleichberechtigt neben die Geschäfte der Mächtigen tritt; von der Populärliteratur der Zeit, aus der er sensationelle Bilder und schockierende Szenen bezog wie in der Erzählung von Selbstmorden, Seeschlachten, Massakern oder heroischen Toden: »Again gurgles the mouth of my dying general, he furiously waves with his hand,/ He gasps through the clot *Mind not me – mind – the entrenchments*« (*Song of Myself*, 34). Beeinflußt ist er aber auch von einer imaginationsfreudigen Literaturtradition, v.a. von Shakespeare, Dante, den ›Ossian‹-Gedichten, Homer, der Bibel, dem idealistischen Denken Hegels und der europäischen Romantik.

Walt Whitman

Dennoch bleibt die poetische Imagination bei Whitman, stärker als bei Poe, Hawthorne oder Melville, stärker auch als bei Dickinson ans autobiographisch Erlebte und faktisch Gegebene zurückgebunden. Hierin erweist sich die Prägung durch Emerson und den Transzendentalismus als entscheidend für sein literarisches Profil, gewissermaßen als Filter, durch den er sich die anderen Einflüsse anverwandelte. *Leaves of Grass* ist, wie Thoreaus *Walden* und Emersons *Notebooks*, aus denen dieser seine Essays verfaßte, ein eng mit dem eigenen Leben verwobener, dem spontanen Erlebnis- und Reflexionsprozeß des souveränen Selbst entspringender Text. Es atmet, vielleicht noch emphatischer als bei jenen, den Geist eines unbegrenzten Optimismus und einer kosmischen Affirmation, obwohl oder gerade weil ringsum die desillusionierende Entwicklung der amerikanischen Wirklichkeit weit offensichtlicher geworden ist als in der Aufbruchsstimmung der 30er/40er Jahre. In ihm ist die grundlegende triadische Denkfigur des Transzendentalismus in der sinnstiftenden Wechselbeziehung von *self*, *nature* und *Oversoul* als durchgängige Tiefenstruktur präsent, aus der sich die Symbolik der literarischen Weltauslegung ergibt. Das Gras als zentrales Natursymbol wird zur Chiffre des poetischen Selbst, das wiederum in »nature without check with original energy« die Quelle der eigenen Kreativität aufsucht und in dieser Wechselbeziehung dieselbe göttliche Energie in sich entdeckt, die auch die Natur durchwaltet: »Divine am I inside and out.« Das Gras wird darüberhinaus, als Zeichen des Einfachen und Massenhaften, zum Signum des demokratischen Geistes, der durch den Dichter besungen und heraufbeschworen werden soll. Die Idee der Demokratie, die sich in Amerika verwirklicht, soll triumphal auch in der Literatur Einzug halten. Wie Emerson und Thoreau sieht Whitman im scheinbaren Chaos des Wirklichen, in den vermeintlich unauflöslichen Widersprüchen und brutalen Sinndestruktionen der Geschichte dennoch einen höheren Sinn: »Do you see O my brothers and sisters?/ It is not chaos or death – it is form, union, plan – it is eternal life – it is Happiness« (*SM*, 50). In ihrer teils hymnisch-orgiastischen, teils litaneihaft-deklamatorischen Rhetorik wird Whitmans Lyrik erst eigentlich zum poetischen Verkündungsmedium der Amerikanischen Religion, die Emerson entwarf. Der Dichter wird zum Propheten einer aus aller Fremdbestimmung befreiten *self-reliance*, für die letztlich auch der Tod keine determinierende Macht mehr darstellt. Die Welt ist ein Prozeß der ständigen Metamorphose, in dem das Selbst, da es allein aus ihm stammt, niemals wirklich untergehen kann: »All goes onward and outward, nothing collapses,/ And to die is different from what any one supposed, and luckier« (*SM*, 6).

Einfluß des Transzendentalismus

Zentrales Symbol des Grases

Ist so die innere Nähe Whitmans zu den Transzendentalisten unübersehbar, so bringt doch gerade die konsequente Ausweitung ihrer Ideen auf alle

Realitätsbereiche gleichwohl eine ganz andersgeartete Literatur hervor. Diese operiert nämlich, bei allem affirmativen Gestus, von vornherein an den Grenzen des idealistischen Weltbilds, von dem sie inspiriert ist. Zum einen, auf der objektiven Seite, nimmt sie eine weit größere, heterogenere Fülle von Erfahrungsmaterial samt dessen inneren Widersprüchen und samt seinen negativen, destruktiven Seiten auf, das sich dem Versuch der Sinnstiftung immer wieder entzieht und das poetische Integrationsbemühen von innen her zu sprengen droht. Die Atomisierung des Dargestellten stellt die Einheit des Gesamtentwurfs infrage, die momenthafte Gewißheit und Transparenz der Vision (»And I know that the hand of God is the promise of my own,/ And I know that the spirit of God is the brother of my own«) zerfällt in fragmentierte Wahrnehmungsdetails und verdichtet sich zu Clustern von opaker Undurchdringlichkeit (»And limitless are leaves stiff or drooping in the fields,/ And brown ants in the little wells beneath them,/ And mossy scabs of the worm fence, heap'd stones, elder, mullein and pokeweed«, *SM*, 5).- Zum anderen, auf der subjektiven Seite, ist Whitmans Dichtung weit stärker emotionalisiert und sinnlich konkretisiert als die eher intellektuell geprägten Texte der Transzendentalisten. Statt den gedanklichen Ausfaltungen einer diskursiven *reason* folgt seine Lyrik dem »inward Deity-planted law of the emotional soul«.

Einbeziehung des Körpers

Dem entspricht die volle und vorbehaltlose Einbeziehung des Körpers in den Text, der im Naturbegriff der Transzendentalisten ausgeklammert blieb – hierin zweifellos ein Erbe puritanischer Leibfeindlichkeit. Bei Emerson existiert der Körper kaum oder nur metaphorisch; bei Thoreau ist zwar körperliche Realität zu spüren, aber es ist der arbeitende, asketische Körper, der allenfalls in den Blick rückt. Bei Whitman hingegen wird der Körper aus seiner langen Domestizierung und Unterordnung unter Geist und Seele befreit und bewußt als Quelle der Dichtung aktiviert: »I sing the body electric/ ... That of the male is perfect, and that of the female is perfect.«

Eros

Diese dionysische Selbstbejahung bedingt die Einbeziehung des Eros mit einer bis dahin unerhörten Offenheit, die die unterschiedlichen Spielarten des Erotischen zwischen Homo- und Heterosexualität einbegreift und als Teil des göttlichen Potentials feiert, das dem Menschen eigen ist. Gleichzeitig bedingt es die Einbeziehung von Leiden und Tod in die gleichwohl positiv gedeutete Gesamtbestimmung der Existenz. Mitunter ist dabei trotz aller Euphorie ein melancholischer Zug durch die Texte hindurchzuspüren, der sich in späteren Gedichten wie »Out of the Cradle Endlessly Rocking« oder »When Lilacs Last in the Dooryard Bloom'd« unter dem Eindruck des Bürgerkriegs und der Ermordung Lincolns verstärkt. Whitmans Lyrik hat so mindestens teilweise auch den Charakter einer Therapie, einer Selbsttherapie des Autors und einer Therapie ihrer Leser, denen sie die krisenhaften Bereiche der amerikanischen Realität drastisch vor Augen führt und doch durch ihr poetisches Sinnangebot bewältigbar erscheinen läßt.

Selbst und Anderer

Besonders deutlich werden die widerstrebenden Tendenzen in Whitmans Dichtung am Verhältnis von Selbst und Anderem. Einerseits wirkt die Selbstdarstellung als Dichter-Prophet teilweise auftrumpfend und bombastisch, scheint die Apotheose des Individuums ins Gigantomanische gesteigert – »Magnifying and amplifying I come,/ ... Taking myself the exact dimensions of Jehovah« – wobei sich allerdings die Demontage des traditionellen Götterhimmels immer wieder auch salopp auf einen nüchtern-ökonomischen Yankee-Pragmatismus beruft: »Taking them all [d.h. die Götter der Weltreligionen] for what they are worth, and not a cent more« (*SM*, 41). Andererseits aber sind die Texte noch stärker dialogisch, auf die

Kommunikation mit dem Leser abgestellt als bei anderen Autoren der Zeit. Die zum Solipsismus tendierende transzendentalistische Triade von Selbst, Natur und Überseele wird bei Whitman zwar aufgegriffen, aber entschieden um die intersubjektive Dimension des Anderen, des *alter ego*, erweitert. »I celebrate myself, and sing myself,/ And what I assume you shall assume« – so beginnt der »Song of Myself«, der also von Anfang an zugleich ein »Song of Yourself« ist. Hierin liegt keine Dogmatik eines Sprechers, der blinde Gefolgschaft erwarten würde. Beabsichtigt ist vielmehr die Befreiung der Leser für ihren je eigenen Weg der Selbstrealisierung: »Not I, not any one else can travel that road for you,/ You must travel it for yourself.« Die Demokratisierung des Textes zeigt sich nicht zuletzt in dieser durchge- *Dialogischer Text* haltenen dialogischen oder polylogischen Struktur, in der sich das einzelne Selbst relativiert und in seinem expandierenden Bewußtseinsstrom mit den unterschiedlichsten Personen und Schicksalen identifiziert. »I am the houn- ded slave, I wince at the bite of the dogs,/ ... I do not ask the wounded person how he feels, I myself become the wounded person« (*SM*, 34). In dieser Struktur fortlaufender und stets wechselnder Identifikationen wird die Empathie zu einem textbestimmenden Prinzip. Gleichzeitig wird das Sprecher-Subjekt zu einem proteischen, pluralen Selbst erweitert. Diese *Metamorphosen* ständigen Metamorphosen des Selbst und der Welt werden in Whitmans *des Selbst* Gedichten in ungemein bildkräftiger Weise umgesetzt:

> The spotted hawk swoops by and accuses me, he complains of
> my gab and my loitering.
> I too am not a bit tamed, I too am untranslatable,
> I sound my barbaric yawp over the roofs of the world. (*SM*,
> 52)

Der Sprecher verschmilzt hier mit der Stimme der wilden Natur, aus der die neue amerikanische Dichtung, die er inauguriert, ihre Beglaubigung ge- winnt. Sein »Song of Myself« wird zum »barbaric yawp«, zu einer unge- formten, letztlich bedeutungsresistenten und doch machtvoll in die Welt hineingerichteten Ursprache der Dichtung, die, ganz im Sinn der amerikani- schen Romantik, die kulturelle Erneuerung der Menschheit – und die literarische Unabhängigkeit der USA – aus dem Rückgang auf eine vorkul- turelle Erfahrungs- und Bewußtseinsstufe anstrebt. Die Form der Texte in ihrer ungebändigten Expressivität, ihrem freien, der gesprochenen Sprache angenäherten Vers, ihrem musikalischen Rhythmus, ihren stakkatoartigen Wiederholungen und Variationen, ihrer dichten Bildlichkeit und ihrem vielgestaltigen Realismus gibt dieser neuen poetischen Stimme Amerikas eindrucksvolle ästhetische Gestalt.

In der höchst ambivalenten, zwischen Utopie und Apokalypse schwan- kenden Reaktion der romantischen Epoche auf die historischen Umwälzun- gen seiner Zeit steht Whitman wohl am stärksten für den utopischen Pol, auch wenn dieser hier, anders als etwa bei Thoreau, eher einen Stil und eine Rhetorik als einen konkret benennbaren Inhalt bezeichnet. Als uneinge- löstes Versprechen mußte die Poetik radikaler Selbstbefreiung und demo- *Poetik der Solidarität* kratischer Solidarität, die in die Appellstruktur seiner Texte eingeschrieben ist, im Licht der realgeschichtlichen Entwicklung allemal wirken. Von daher dürfte sich die enorme Nachwirkung erklären, die er im 20. Jh. u.a. auf W. C. Williams, die *Black Mountain*-Schule und insbesondere die Beat-Lyrik und ihre Poetik der *Counterculture* gehabt hat und die ihn zur Schlüs- selfigur einer wichtigen Entwicklungslinie der amerikanischen Dichtung werden ließ.

Emily Dickinson: Totentanz des Puritanismus und prämoderne écriture féminine

Eine herausragende Stellung in der Lyrik der Spätzeit der *American Renaissance* nimmt auch Emily Dickinson ein. Obwohl sie wie Whitman vom transzendentalistischen Geist Neuenglands beinflußt ist und die Subjektivität zur Grundlage einer hochgradig innovativen, bestehende Normen durchbrechenden Dichtung macht, könnte doch ihre Art des Schreibens kaum verschiedener sein. Zunächst wirken ihre Texte gleich im ersten Zugang ungleich schwieriger, sperriger und komplizierter. Statt zur empathetischen Leseridentifikation einzuladen, zwingen sie zur reflektierenden Distanz. Der Expansion der Lyrik zum autobiographisch-realitätsoffenen Langgedicht und organisch wachsenden Lebenstext steht hier ihre Kontraktion zur symbolisch verschlüsselten, aus unmittelbaren Realitätsbezügen gelösten Kurzform gegenüber; der spektakulär-extrovertierten Selbstdarstellung die eher unspektakuläre, introvertierte Selbstbeobachtung; dem spontan fließenden, klangbewußt-emotionalisierten Rhythmus ein meditativ-stockender, reflexiv gebrochener Rhythmus; der konkreten, an die Mündlichkeit angenäherten Sprache eine stärker abstrakte, an der Schriftlichkeit orientierte Kunstsprache; der Ästhetik der universellen Affirmation eine Ästhetik der Differenz, der Paradoxie, ja der Negation; der maximalistischen Poetik der Inklusion eine minimalistische Poetik der Reduktion.

Es scheint offensichtlich, daß sich in diesen Unterschieden geschlechtsspezifisch unterschiedliche Rollenmodelle von Autorschaft niederschlagen. Whitman tritt in der Rolle des repräsentativen Schriftstellers und kulturellen Propheten mit großer Selbstverständlichkeit – und mit einem beträchtlichen Aufwand an Selbstdarstellung – an die Öffentlichkeit. Dickinson, die von Shelleys *Defence of Poetry* beeindruckt war und also von einer ähnlich großen, kulturprägenden Aufgabe der Dichtung ausging, zieht sich gleichwohl von der Außenwelt zurück und lebt, nur noch in weiß gekleidet, in der oberen Etage ihres Elternhauses, wo sie, von kaum jemandem bemerkt, ihre Gedichte schreibt. Sie demonstriert gewissermaßen in diesem Rückzug in die Unsichtbarkeit die Ausgrenzung weiblicher Kreativität in einer Gesellschaft, in der die Rolle der Frau nach wie vor auf die häusliche, private Sphäre begrenzt und ihr Heraustreten an die literarische Öffentlichkeit – wenn es sich nicht innerhalb der anerkannten Konventionen bewegt – höchst problematisch ist. In ihrer angespannt-hypersensiblen, später in Nervenzusammenbrüchen sich äußernden Weltentfremdung erscheint sie als paradigmatischer Fall jener *madwoman in the attic*, die Gilbert/Gubar als doppelbödige Symbolfigur des viktorianischen Zeitalters gedeutet haben, welche sowohl die deformierende Ausgrenzung der Frau aus der patriarchalen Kultur, als auch die Manifestation der unterdrückten Wut und Rebellion gegen diesen Zustand bezeichnet. »My life had stood – A loaded gun«, so beginnt eines ihrer Gedichte, das eine solche Deutung nahezulegen scheint, allerdings bei näherer Betrachtung die für die Autorin charakteristische Bedeutungsverdunklung zeigt. Typischerweise ist die Rebellion bei Dickinson nämlich extrem zurückgenommen und gewissermaßen nach innen gelenkt, in die radikale Erforschung der Spannungsfelder zwischen Selbst und Welt und der traumatischen Zustände, in die deren gebrochene Beziehung immer wieder führt.

Das problematische Verhältnis zur eigenen Autorschaft, die *anxiety of authorship* als weibliches Pendant der männlichen *anxiety of influence*, zeigt sich bei Dickinson aber eher nach außen, im Zurückscheuen vor der

---

Lyrische Kurzform

Emily Dickinson
Daguerreotypie 1892

Rebellion und Bedeutungsverdunklung

anxiety of authorship

Publikation – nur sieben ihrer 1775 Gedichte wurden zu ihren Lebzeiten veröffentlicht. Im Verhältnis zu ihrer Dichtung selbst ist sie, wie die vielen Revisionen und oft widersprüchlichen Textvarianten zeigen, voll Ehrgeiz im Streben nach höchster künstlerischer Selbstverwirklichung. Ihre Texte sind somit keineswegs nur pathologische Dokumente unterdrückter Weiblichkeit. Sie eröffnen ihr vielmehr im Medium der Sprache jene Selbstfindung, die ihr die gesellschaftliche Realität verweigert. Dabei ist allerdings der oppositionelle Impuls gegenüber allen kulturellen und sprachlichen Konformitätszwängen als durchgängige Quelle der Kreativität spürbar. Charakteristisch dafür sind Bilder explosiver unterirdischer Energie, die eine extreme Spannungsaufladung zwischen Oberflächen- und Tiefenstruktur andeuten, wie die häufig wiederkehrende Vulkan-Metapher:

> A still – Volcano – Life
> A quiet – Earthquake – Style
> The solemn – Torrid – Symbol

Hier wird der elliptische, stenogrammartig konzentrierte, gegensätzliche Kräfte zusammenbindende Stil von Dickinson deutlich. Die aus vertrauten Kontexten herausgelösten Einzelwörter gewinnen dabei eine oft durch Großschrift unterstrichene Prominenz und fast kalligraphische Prägnanz. Dickinsons Umgang mit ihnen hat sowohl etwas Sakral-Zeremonielles wie etwas Respektlos-Spielerisches: »I lift my hat when I see them sit princelike among their peers on the page.« Indem sie aus jedem kohärenten Bezugsrahmen gelöst und in stets wechselnde semantische Konfliktfelder gestellt werden, gewinnen sie ständig neue Konturen. Sie werden zu quasi-allegorischen Aktanten verlebendigt, die wie in poetischen Miniaturdramen unterschiedliche Bedeutungsansprüche gegeneinander ausspielen, ohne sich zu einer eindeutigen Botschaft zusammenzufügen. Durch den Zusammenprall des sich wechselseitig Ausschließenden und kulturell Getrennten werden die Texte hochgradig mit Unbestimmtheit aufgeladen und zum potentiell unendlichen Erkundungsraum imaginativer Möglichkeiten, die der in eng umgrenzten kulturellen Bedeutungsvorgaben gefangenen Prosa verschlossen bleiben:

Poetische Miniaturdramen

> I dwell in Possibility –
> A fairer House than Prose –
> More numerous of Windows –
> Superior – for Doors –

Dickinsons Dichtung ist dezidiert antipragmatisch, gegenläufig zum didaktisch-moralischen Grundstil der viktorianischen Epoche, aber auch zur Pragmatisierung der Literatur bei den Transzendentalisten. Sie ähnelt hierin der romantischen Autonomieästhetik eines Keats, denn wie für diesen bilden Schönheit und Wahrheit einen paradoxen, von Vergänglichkeit überschatteten Zusammenhang, und wie für ihn gehört die *negative capability*, die Fähigkeit »of being in uncertainties, mysteries, doubts, without any irritable reaching after fact and reason«, zu den Bedingungen ihrer Dichtung. Im Aufbrechen herkömmlicher Syntax und in der experimentellen Unbedingtheit, mit der sie in den Grenzen der Sprache zugleich die Grenzen der eigenen kulturellen und persönlichen Existenz erforscht, geht sie jedoch entschieden über dieses romantische Erbe hinaus. Die Wahrheit ist ihr jeweils nur in paradoxaler Brechung zugänglich, der Akt des Zeigens ist zugleich ein Akt des Verbergens, die Momente der Einsicht offenbaren die eigene Blindheit – das »black light« ist die einzigartige Metapher, die sie

Metapher des ›black light‹

dafür verwendet. Darin kann sie einerseits als Vorläuferin der Moderne gesehen werden; andererseits wird sie als frühe Vertreterin einer *écriture féminine* gefeiert, die durch die konsequente Dekonstruktion logozentrischer Bedeutungssysteme und -hierarchien einen der männlichen Sprachkontrolle entzogenen, spezifisch weiblichen Literaturstil entwickelt habe.

Die umstandslose Reklamierung Dickinsons für ästhetische Konzepte des 20. Jh.s steht jedoch in Gefahr, den kulturellen Kontext aus den Augen zu verlieren, in dem sie schrieb. Das Bild der absoluten Einzelgängerin und singulären, aus allen Zeitverstrickungen gelösten Experimentalpoetin ist so nicht haltbar. In vielerlei Hinsicht sind vielmehr auch ihre Texte, wie die anderer Zentralfiguren der Epoche, durch ihre Kulturwelt mitgeprägt und erst aus der Reaktion auf diese verstehbar. So war sie mit der gotisierenden Gestaltung der Schattenseiten weiblicher Realität in der zeitgenössischen *literature of misery* ebenso vertraut wie mit den *deathbed poems* in der Art Sigourneys, mit denen sie nicht nur eines ihrer zentralen Themen gemeinsam hat, sondern auch die Bildlichkeit der marmornen Erstarrung und todesähnlichen Lähmung, die sie für paralysierte Gefühlszustände verwendet: »After great pain, a formal feeling comes – / The Nerves sit ceremonious, like Tombs.« Das andere große Thema Dickinsons ist die – unerfüllte – Liebe, und auch hier ist der kulturelle Kontext implizit präsent in der sentimentalen Liebesromanze, nach der sie ihr Verhältnis zu dem ungenannten »Master« modelliert, an den sie leidenschaftliche Briefe richtet und der als erotisch-spirituelles *alter ego* in den Gedichten erscheint.

Allerdings kann hier nirgends von einer direkten ›Beeinflussung‹ gesprochen werden; vielmehr handelt es sich um die kreative Verarbeitung eines kulturtypischen Repertoires, mit dem Dickinson vertraut ist, das sie aber der Parodie oder komplexen Verfremdung unterzieht. So wird das *deathbed poem* der sentimentalen Verklärung und authentischen Jenseitsvision beraubt und, wie in dem berühmten »I heard a Fly buzz – when I died«, zur parodistischen Antiklimax traditioneller Trostdichtung, deren pompöser Rhetorik (»that last Onset – when the King / Be witnessed – in the Room«) es die banalen Grenzen des Kreatürlichen gegenüberstellt (»– and then it was / there interposed a Fly -«), die im Bild der Schmeißfliege zugleich die körperliche Verwesung als Kontrast zur spirituellen Transzendenzhoffnung assoziiert. Was andererseits die populäre Liebesromanze anbelangt, so wird diese ihrer stereotypen Muster entkleidet und zum paradoxen Beziehungsdrama nach der Art *nec tecum, nec sine te* verdichtet, in dem die subjektive Leidenschaft in ihrem ekstatischen, teilweise ins Blasphemische gehenden Ausdruck (»You saturated Sight – / And I had no more Eyes / For sordid excellence / As Paradise«) dennoch immer wieder auf das Gefängnis des eigenen Selbst zurückgeworfen ist.

Ein ganz wesentlicher, bisher nicht genannter Kontext von Dickinsons Dichtung, und zugleich der am stärksten ›amerikanische‹, ist allerdings der Puritanismus, in dessen strengem Klima sie familiär aufwuchs, von dem aber auch ihre Literatur geprägt ist. Als Grundform ihrer Lyrik greift sie auf das Kirchenlied zurück, dessen abwechselnd vier- und dreihebige Jamben sie zwar variiert, aber dennoch wiederbelebt und das ihren Gedichten neben ihrer Modernität zugleich etwas Archaisches, eine wenn auch täuschende Einfachheit gibt. Auch die Thematik ist durch und durch religiös eingefärbt, stärker als bei den Transzendentalisten, deren sinngewisser Verschmelzung von spiritueller und materieller Welt bei ihr ein weit gespalteneres, problematischeres Verhältnis von Diesseits und Jenseits gegenübersteht. Auch hier ist ihr Ansatz ambivalent und selbstwidersprüchlich. Teilweise scheint

Beziehung zum kulturellen Kontext

»Eros als Jenseitsvision: Bergonzolis *Angelic Love*, Publikumsmagnet bei der Centennial Exhibition in Philadelphia 1876, illustriert eine kompensatorische Ambivalenz, von der auch Dickinson geprägt war«

Postpuritanismus

eine positive Gottes- und Jenseitsvorstellung erkennbar, wenn sie sich als himmlische Braut Christi imaginiert und die auf Erden entbehrte Erfüllung im Nachleben erwartet; teilweise wird die Gleichgültigkeit einer unpersönlichen Gottesinstanz gegen das menschliche Schicksal betont und etwa in der Metaphorik eines Katz-und-Maus-Spiels zwischen Schöpfer und Schöpfung veranschaulicht: »The Cat reprieves the Mouse / She eases from her teeth / Just long enough for Hope to teaze – / Then mashes it to death – .« Hierin wird nicht nur die Schöpfung als religiöser Sinnentwurf ironisiert, sondern auch der idealisierende Naturbegriff der Transzendentalisten. Extreme stehen sich gegenüber, ohne daß es letztgültige Antworten gäbe. Als Vertreterin der Spätromantik inszeniert Dickinson den Totentanz der puritanischen Kultur; als Vertreterin des Spätpuritanismus entlarvt sie die Selbsttäuschungen der romantischen Epoche, der sie angehört; als Vertreterin eines experimentellen Schreibstils distanziert sie sich von der sentimental-moralisierenden Tendenz zeitgenössischer Frauenliteratur. Gerade aus dieser exzentrischen Randposition, aus der heraus sie mit unbestechlicher Leidenschaftlichkeit an den sprachlichen Grenzen bestehender Weltbilder operiert, gelingt es ihr, die ideologische Verfestigung von Textualität aufzubrechen und die Literatur zu einer Form weiblicher Selbstbehauptung zu machen, die die Marginalisierung der Frau im kulturellen Diskurs zugleich spiegelt und kreativ übersteigt.

Exzentrizität und poetische Selbstbehauptung

Theater und Drama

Auch für die Geschichte von Theater und Drama in der Epoche der *American Renaissance* gilt, daß sie weit vitaler und vielfältiger war, als lange behauptet. Allerdings trifft dies vornehmlich auf das Theater als öffentliche Aufführungsform, weniger auf das Drama im engeren Sinn als Literaturform zu. Stücke vom Rang der großen Werke der Periode sucht man vergebens. Das Drama ist stärker als andere Gattungen von Konventionen geprägt, in kommerzielle Zwänge eingespannt und eher in bestimmten Seitensträngen als in der Hauptrichtung seiner Entwicklung innovativ. Dieser relative Mangel an künstlerischer Eigenständigkeit und Ernsthaftigkeit mag mit tiefsitzenden, vom Puritanismus ererbten Vorurteilen gegen das Theater zusammenhängen, das noch 1774 beim ersten Continental Congress zusammen mit Pferderennen, Glücksspiel und Hahnenkampf verboten wurde. Er mag auch zu tun haben mit dem Umstand, daß Drama und Theater lange als ›englische‹, aristokratisch und kolonial geprägte Formen gesehen wurden – der etablierte Theaterbetrieb war im Unabhängigkeitskrieg überwiegend auf Seiten der Loyalisten gestanden –, während dem demokratischen Geist Amerikas eher der Roman als repräsentative Form zu entsprechen schien. Eine weitere Ursache ist das bis 1891 fehlende internationale Copyright, das Theaterbesitzern die kostenlose Aufführung ausländischer Stücke erlaubte und die Aufführungschancen einheimischer Autoren minderte.

Angesichts solcher Widrigkeiten ist es erstaunlich, in welchem Maß das Theater in dieser Zeit dennoch zu einer der beliebtesten Formen der Massenunterhaltung wurde. Der innere Zwiespalt der Epoche zwischen Moral und Sensationsbedürfnis, zwischen Reformgeist und Lebensgenuß, zwischen Konvention und Subversion scheint auch im Verhältnis zum Theater

Theater als Massenunterhaltung

Der New Yorker Theaterkrieg vom 10. Mai 1849 (sog. Astor Place Riot), an dem ca. 15 000 Menschen beteiligt waren. Der Konflikt zwischen patriotisch gesonnenen, meist der Unterschicht entstammenden Anhängern des Amerikaners Forrest und den der Oberschicht zugehörenden Anhängern des Engländers MacReady eskalierte mit dem Eingreifen der Armee und 22 Todesopfern.

zu gelten. Dieses macht sich einerseits gegen puritanische Vorbehalte immun, indem es in der vorherrschenden Form des sentimentalen Melodramas selbst zum Vehikel des Moralanspruchs der Zeit wird; und es befriedigt andererseits eine bis dahin ungekannte, exzessive Schaulust beim Publikum, die sich in einer Tendenz der Aufführungen zum Spektakulären niederschlägt. Die Melodramen hatten als festen Bestandteil einen sensationellen Höhepunkt, der möglichst lebensecht auf der Bühne in Szene gesetzt wurde. Brennende Schiffe, echte Lokomotiven, lebende Tiere wurden zur Wirkungssteigerung einbezogen. Beliebt waren speziell die *equestrian melodramas*, in denen die Bühne den Rahmen für die Vorführung von Reiterstücken abgab, wie auch sonst zirkusartige und musikalische Elemente in die Theaterpraxis einflossen.

Der absolute Zwang zum finanziellen Erfolg verstärkte noch diesen Zug zur *extravaganza*, wie die Bühnenspektakel genannt wurden, und zum Theater als professionalisiertem Showbusiness, zu dem es vor allem im letzten Jahrhundertdrittel wurde. Ebenso verstärkte er den Sog hin zum Star-System, das in gewisser Weise bereits dem der modernen Filmindustrie ähnelte und den Erfolg eines Stücks allein aufgrund der Popularität eines Schauspielers programmierbar machte. Zwar gab es in England schon seit der Shakespeare-Zeit Bühnenstars; neu allerdings war in den USA die fanatische Begeisterung der Massen für ihre Idole, die dem gewöhnlichen Leben entrückt schienen und deren Einkünfte denen heutiger Filmstars oder Popmusiker vergleichbar waren. Viele dieser Publikumsmagneten waren um die Jahrhundertmitte noch Engländer, ebenso wie die meisten der aufgeführten Stücke aus England importiert waren. Allerdings setzten sich zunehmend auch einheimische Schauspieler durch, und der Kampf um ein eigenständiges amerikanisches Theater wurde teilweise auch auf dieser Ebene der Konkurrenz von Bühnenstars ausgefochten, wie im berühmten

Star-System

New Yorker Theaterkrieg von 1849, in dem es anläßlich einer *Macbeth*-Aufführung zwischen den Anhängern des von der eleganten Gesellschaft bewunderten Engländers W. C. MacReady und des von der Masse gefeierten Amerikaners Edwin Forrest zu gewalttätigen Auseinandersetzungen kam, in die schließlich die Armee eingriff und die 22 Tote und 35 Verletzte forderten. Das Interesse am Theatergeschehen war also außerordentlich lebhaft bis fanatisch, die Identifikationsbereitschaft groß; es war ein Ort öffentlicher Auseinandersetzungen und emotionalisierter Konflikte.

Im Schatten des übermächtigen englischen Dramas und unter dem zunehmenden ökonomischen Erfolgsdruck, dem amerikanische Autoren ausgesetzt waren, vollzieht sich dennoch auch im einheimischen Drama eine Weiterentwicklung und Ausdifferenzierung, die teils über die Adaption klassisch-europäischer Stoffe und Gattungen und d.h. über das Bemühen um übernationale Akzeptanz, teils über die Herausbildung eines spezifisch amerikanischen Themen- und Formenrepertoires und d.h. über die bewußte Abgrenzung zu Europa abläuft und die die seit Dunlap und Tyler erkennbaren Ansätze zu einem eigenständigen nationalen Drama weiterführt. Erstere Variante ist etwa in der Gattung der romantischen Verstragödie gegeben, die in Robert M. Birds *The Gladiator* (1831) und vor allem in George H. Bokers bis ins 20. Jh. wiederaufgeführtem *Francesca da Rimini* (1855), einem Blankversdrama nach der Vorlage von Dantes *Inferno*, beachtliche Resultate hervorbrachte. Charakteristischer ist allerdings eine Verbindung der beiden Reaktionsmuster, nämlich die Übernahme europäischer Gattungsformen, aber ihre gleichzeitige Anverwandlung an amerikanische Stoffe. So wird in der Gesellschaftskomödie eine europäische Gattungskonvention des 18. Jh.s in einem veränderten Kontext wiederbelebt – am bekanntesten in dieser Periode Anna C. Mowatts *Fashion, or, Life in New York* (1845), wo in Fortführung von Tylers *The Contrast* der Kulturgegensatz Europa-Amerika behandelt und die komische Demontage der New Yorker neureichen Gesellschaft betrieben wird, und wo der neue Charaktertypus des *stage Yankee* mit dem bezeichnenden Namen Adam Trueman zur Identifikationsfigur des *common man* gegen Prätention und Oberklassendünkel wird.

Anna Cora Mowatt

Auch die die Zeit beherrschende Gattung des Melodramas ist weniger eine nationale als eine internationale Erscheinung; sie ist eine charakteristische Dramenform der romantischen Ära allgemein, die in Europa entstand und in den USA assimiliert wurde. Dies gilt auch noch, als es um die Jahrhundertmitte unter dem Einfluß des Franzosen Eugène Sue Elemente eines sozialkritischen Stadtdramas aufnimmt und, wie in Dion Boucicaults enorm erfolgreichem *The Poor of New York* (1857), konkret amerikanische Verhältnisse zu behandeln scheint. Boucicaults Stück hat die typischen Ingredienzien des Melodramas – klare, identifikationsfördernde Einteilung der Charaktere in Gute und Böse (in diesem Fall zwischen Arm und Reich), sensationelle Handlungshöhepunkte (Brand einer Mietskaserne), Zurücktreten der Wahrscheinlichkeit zugunsten schaurig-sentimentaler Effekte, aufwendig-pathetischer Inszenierungsstil. Es ist aber damit trotz der spezifischen Ortsangaben und der verstreuten, Lokalkolorit vermittelnden Dialektpassagen in alle möglichen anderen Großstädte übertragbar, in denen dieselbe wirtschaftliche Unsicherheit und soziale Abstiegsangst der unteren Mittelschicht vorherrschen, an die das Stück appelliert. In der Tat schrieb Boucicault das Drama für je verschiedene Aufführungsorte um, und so wurde es wechselweise zu *The Poor of Liverpool*, *The Poor of Manchester*, *The Streets of Philadelphia* oder *The Streets of London*.

Melodrama

Indianerdramen

Ein unverwechselbar amerikanisches Sujet hatten allerdings die Indianer-Melodramen aufgegriffen, die seit Stones *Metamora* vor allem in den 30er Jahren die Bühnen überfluteten. In ihnen wird der *noble savage* zur ambivalenten Identifikationsfigur und zum Bestandteil der nationalen Mythologie – ambivalent, weil er trotz aller Größe eine kulturelle Vorstufe repräsentiert, die durch die überlegene weiße Kultur überwunden werden muß, weil er aber andererseits eine eigenständige, auf die Autorität der unverdorbenen Natur selbst gegründete Vorgeschichte Amerikas konstruieren läßt, die dem dekadent-überzivilisierten Europa entgegengesetzt werden kann. Es ging allerdings in diesen Dramen nicht so sehr um die Indianer selbst, als um die symbolische Verarbeitung kultureller Krisen- und Problempunkte der weißen Gesellschaft. Dies gilt, wie Sollors gezeigt hat, auch für die neue Form romantischer Liebe, die in diesen Stücken auftaucht und sich gegenüber früheren Melodramen durch die Verselbständigung der Beziehung zwischen den jugendlichen Liebespartnern gegenüber der elterlichen Verfügungsgewalt kennzeichnet. Die in einer agrarischen Gesellschaft noch traditionsbewußt feste Beziehung zwischen Eltern und Kindern lockert sich in einer zunehmend mobilen und industrialisierten, frühkapitalistischen Gesellschaft immer mehr auf. Der Verlust an Stabilität und das Auseinandergerissenwerden von Familien, die auch der sentimentale Roman der Zeit thematisiert, bedeuten nicht nur eine Krisenerfahrung, sondern eine größere Selbständigkeit der jungen Generation, die zu neuen, individuelleren Formen der Liebeswerbung und der Partnerschaftsrituale führt – so entsteht um die Jahrhundertmitte das *honeymooning* als allein von den Neugetrauten unternommene Hochzeitsreise, die die Herauslösung der exklusiven Zweierbeziehung aus den kommunalen Bindungen unterstreicht (und oft zu den Niagarafällen als dem Nationalheiligtum des amerikanischen Naturkults führt). In den Indianerdramen nun wird die größere, die europäische Familien- und Moraltradition sprengende Freiheit und Unabhängigkeit der jugendlichen Liebenden gegenüber ihren Eltern zum altüberlieferten Merkmal der Indianerkultur als gewissermaßen ›naturnäherer‹ Lebensform erklärt und so durch die Dignität einer langen, einheimisch-amerikanischen Tradition gerechtfertigt.

Das Innovationspotential, das das amerikanische Drama gerade aus der ästhetischen Aneignung der realhistorisch unterdrückten Minoritätenkulturen gewann, zeigt sich auch im Hinblick auf die afro-amerikanische Kultur. Diese wurde im Melodrama zunächst nur in stereotyper Verkürzung und im Sinn eines folkloristisch-unterhaltsamen Kontrasts zur ernsthaften Bühnenhandlung verwendet. Es entstand das Bühnenklischee des Schwarzen als tölpelhaft-gutmütigem Clown, dessen Aufgabe allein darin bestand, der weißen Herrenrasse durch unterwürfige Selbstveralberung seine naturgegebene Unterlegenheit zu bestätigen. Nun gehören Stereotypen zur Grundausstattung des Melodramas, und sie bilden eine wichtige Möglichkeit zur Herausbildung kultureller Fremd- und Selbstbilder. Neben dem Indianer als edlem Wilden gehörte zum Charakterrepertoire etwa der *stage Yankee*, der seine Bühnenkarriere zunächst als positives Autostereotyp des nüchtern-pragmatischen Durchschnittsamerikaners begann, aber bis zur Jahrhundertmitte zur Karikatur seiner selbst und damit zum arrogant-verschrobenen Heterostereotyp des demokratischen Publikums absank. Auch der *frontiersman* ging seit J. K. Pauldings *The Lion of the West* (1831) als humoristische Identifikationsfigur und Inkarnation amerikanischer Wesensart in die Dramenliteratur ein, während neu eingewanderte Minderheiten wie die Iren, wie schon im englischen Populärdrama, den undankbaren, abwertenden Part des *stage Irishman* zugewiesen erhielten.

Bühnen-Stereotypen

Ausgesprochen diskriminierend aber war, mit wenigen Ausnahmen, die Darstellung der Schwarzen, jedenfalls bis um die Jahrhundertmitte, als mit der Zuspitzung der Diskussion um die Sklaverei eine Umwertung einsetzte, die sich schon in der positiveren Gestaltung schwarzer Nebenfiguren wie des Dieners in Mowatts *Fashion* ankündigte und sich in der Bühnenadaption von Stowes *Uncle Tom's Cabin* durch G. L. Aiken (1852) fortsetzte, in dem erstmals ein Schwarzer zum Protagonisten wurde. Die Bühnenfassung arbeitet stärker noch als der Roman mit melodramatischen Mitteln – den Schurken Legree ereilt hier noch vor Toms eigenem Tod die gerechte Strafe –, wodurch sie zu einem der größten Theatererfolge der amerikanischen Geschichte wurde. Die Sympathie für den Abolitionismus in den 50er Jahren führt auch zur Aufführung von William W. Browns autobiographischem *The Escape* (1858), dem ersten afro-amerikanischen Drama, das bis in unsere Zeit überlebt hat. Angesichts der wachsenden Spannungen vor dem Bürgerkrieg bleibt das Melodrama jedoch insgesamt eher harmonisierend und beschwichtigend, wie Boucicaults populäres Mulattendrama *The Octoroon* (1859) zeigt, das zwar mit den unterdrückten Schwarzen Lousianas sympathisiert, ebensosehr aber mit der südstaatlichen Pflanzeraristokratie, die in ihrer noblen Benevolenz weniger für das Elend der Sklaven verantwortlich erscheint als ein skrupelloser nordstaatlicher Kapitalismus.

William W. Brown,
The Escape

Gleichzeitig mit der ungebrochenen Konjunktur des Melodramas entwickelte sich ab Mitte der 40er Jahre ein weiterer Innovationsschub des Dramas, der aus der ambivalenten Auseinandersetzung mit kulturellen Minoritäten entstand und sich in einer Tendenz zur Burleske äußerte. Die farcenhafte Demontage des melodramatischen Bühnenpathos richtet sich zunächst geballt gegen den Kult des *noble savage* in den Indianerdramen, und mit John Broughams *Metamora, or, the Last of the Pollywogs* (1847), einer Parodie von Stones' Prototyp der Gattung, wird der Mythos des erhabenen Indianers nachhaltig desillusioniert. Es handelt sich bei Broughams von witzigen *puns* überbordenden Burlesken keineswegs um antiindianische Stücke; vielmehr sind sie gegen die Stereotypen gerichtet, die eine romantisierende Kitschversion des edlen Wilden geschaffen hatten und die nichts mit der Wirklichkeit gemeinsam haben.

Tendenz zur Burleske

John Brougham als Metamora

Der burleske *ethnic humor*, der sich hier äußert, nimmt nicht nur Indianerfiguren zur Zielscheibe, sondern auch alle anderen Gruppen; er wird im Zeichen wachsender Einwandererströme zum urbanen, multiethnischen Humor, der durch spielerisch-aggressive Grenzziehungen bestehende Identitätsmuster verdeutlicht und zugleich zur Disposition stellt. In der karnevalesken Umkehrung des Erhabenen und in der Demontage des Bühnenillusionismus wird hier erneut eine subversive Gegenkraft zur moralisch-sentimentalen Ernsthaftigkeit der Epoche spürbar, zu der es Parallelen im neueren amerikanischen Drama bis hin zu Arthur Kopits *Indians* (1969) gibt.

ethnic humor

Die ambivalente Repräsentation von Minoritäten als eines kulturell Fremden, das jedoch gleichzeitig zur eigenen Kulturwelt gehört, steht auch als Impuls hinter der sog. *minstrel show.* Aus der improvisatorischen Unterhaltungskunst der fahrenden Musiker und Spielleute des frühen 19. Jh.s hervorgegangen, nahm sie mit T.D. Rices Schaffung der *Jim Crow*-Figur, einem stereotypen Schwarzen von kindlichem Gemüt und komisch-groteskem Auftreten, und unter Anlehnung an Rices *ethiopian operas* – Varieté-Shows mit mehreren Schauspielern und mit Lied-, Tanz- und Dialogeinlagen – feste Gestalt an und wurde durch Auftritte verschiedener Minstrel-Gruppen zu einer weit verbreiteten Unterhaltungsform, die die Kultur der Schwarzen im Süden zu zeigen vorgab. Ideologisch gesehen waren diese

minstrel show

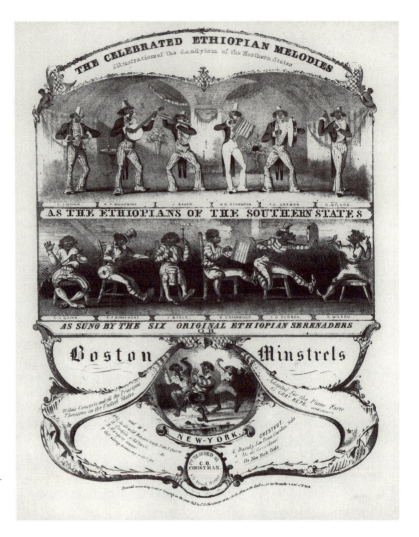

Titelblatt von *Ethiopian Melodies* der Boston Minstrels (1843) mit deutlich rassistischer Karikierung der Schwarzen

minstrel shows eine höchst fragwürdige Veranstaltung: Sie lebten von einer reduktiven, komödiantisch-abwertenden Darstellung der Schwarzen, die den Emanzipationsbestrebungen der Zeit zuwiderlief, und usurpierten die fremde Kultur, indem sie deren Ausdrucksformen als theatralisches Gestaltungsrepertoire übernahmen, das von Weißen mit rußgeschwärzten Gesichtern karikierend vorgetragen wurde. Theatergeschichtlich aber war die *minstrel show* zukunftsweisend. Sie ebnete nicht nur später schwarzen Schauspielern den Weg auf die Bühne, sondern trug mit zum Durchbruch des burlesken Elements im Theater der Jahrhundertmitte bei. Auch Übergänge zum Varieté, zur Revue, zum Vaudeville als populären Theaterformen sind hier vorgezeichnet, die sich mit der Westwärtsbewegung der Frontier und den ihr folgenden Theatertruppen über das Land ausbreiten und zum folkloristischen Repertoire einer plurimedialen Improvisationskunst der Bühne werden, aus dem später das Musical, aber auch das Drama des 20. Jh.s schöpfen können.

Im ganzen allerdings ist das weitere 19. Jh. eher durch einen Abbau der entstandenen Theatervielfalt und die Entwicklung hin zum Theater als Big Business gekennzeichnet. Die kommerziellen Erfolgszwänge und das Starsystem führen zur Verengung des Dramenangebots auf publikumswirksame Hits und zum Verschwinden der kleineren Theatertruppen durch die zunehmende Konzentration auf wenige, große Gesellschaften, die am Jahrhundertende konzernartige Ausmaße annehmen. Die äußere ›Modernisierung‹ von Bühne und Drama, die sich hierin vollzieht, spiegelt also relativ unmittelbar die explosionsartige Entwicklung technisch-ökonomischer Möglichkeiten in der Nach-Bürgerkriegszeit, die zugleich mit der Monopolisierung wichtiger Gesellschaftsbereiche einhergeht. Die ästhetische Modernisierung des Dramas findet erst im 20. Jh., und dann in expliziter Gegenbewegung zu seiner kommerziellen Vorgeschichte statt, von der es gleichwohl beeinflußt bleibt.

Entwicklung zum Big Business

REALISMUS, NATURALISMUS, VORMODERNE

›Das realistische Zeitalter‹: die Neuformierung des literarischen Systems nach dem Bürgerkrieg

In der Periode zwischen dem Ende des amerikanischen Bürgerkriegs 1865 und dem Beginn des 1. Weltkriegs durchlaufen die USA die wohl grundlegendsten Veränderungen ihrer Geschichte. Von einer agrarischen Gesellschaft entwickelt sich das anfangs als neuer Garten Eden verklärte Amerika zu einer hochindustrialisierten, ›modernen‹ Gesellschaft, die noch heute von jenen Strukturen geprägt ist, die sich im sogenannten *Gilded Age,* dem Zeitraum zwischen 1865 und etwa 1900, herausbilden. Das Ende des Bürgerkriegs erbringt die politische Wiedervereinigung des durch die Sklaverei gespaltenen Landes und begünstigt die Entstehung eines nationalen Marktes, der dem bereits vor dem Krieg eingeleiteten Industrialisierungsprozeß einen entscheidenden Entwicklungsschub verleiht. Damit verbunden sind weitreichende Folgen für das gesellschaftliche Zusammenleben: Ein nunmehr ›entfesselter‹ Kapitalismus mit neuen Monopolpraktiken führt zur Entstehung ›großer‹ Vermögen von bisher unbekanntem Ausmaß, denen am anderen Ende des sozialen Spektrums ein Industrieproletariat gegenübersteht, das die Armenviertel und Slums der neuen Industriestädte bevölkert. Die sich dramatisch vertiefende soziale Kluft provoziert erbitterte politische Proteste und oft gewalttätige Arbeitskämpfe. Der mit hohen Gewinnaussichten verbundene Kampf um Märkte und Marktmonopole verstärkt die politische Korruption. Der zunehmende Bedarf an Arbeitskräften begünstigt neue Einwanderungswellen vor allem aus Süd- und Osteuropa, beschleunigt die Gettobildung in den Großstädten und verleiht rassischen und ethnischen Konflikten eine neue Dimension. Zugleich erbringt dieser krisengeschüttelte Industrialisierungsprozeß aber auch einen Modernisierungsschub, der soziale Lebensformen durch den Siegeszug von Naturwissenschaft und Technik verändert, neue Möglichkeiten des Aufstiegs schafft und eine professionelle Mittelklasse hervorbringt, deren anfangs oft noch religiös inspirierte Gerechtigkeitsideale zu einem wichtigen Reservoir von Reformbewegungen und Reformerfolgen werden. Der spöttische Beiname *The Gilded Age,* den Mark Twain der Nachkriegsepoche gab, artikuliert die skeptisch-ironischen Vorbehalte dieser Schicht gegenüber der neuen Zeit. Er hat sich als sozial- und kulturgeschichtliche Epochenbezeichnung erhalten, weil mit ihm der Verdacht trefflich zum Ausdruck gebracht ist, die Ideale Amerikas seien ausgerechnet im Anbruch eines vermeintlich ›goldenen‹ Zeitalters in Gefahr, durch einen ungezügelten Materialismus ausgehöhlt zu werden.

Das Gilded Age

Fifth Avenue, nördlich der 65th Street, mit dem J. J. Astor House im Vordergrund (1898)

Die dramatischen ökonomischen und sozialen Veränderungen der Zeit treffen auf ein kulturelles System von Werten und Überzeugungen, das im Glauben an eine letztlich moralische Ordnung der Wirklichkeit, eine evolutionäre Gesetzmäßigkeit des zivilisatorischen Fortschritts und die Notwendigkeit moralischer Instruktion durch Religion und kulturelle Bildung anfangs im wesentlichen noch viktorianisch ist und für das die Möglichkeit einer ›materialistischen Wende‹ Amerikas als Bedrohung erscheinen muß. In diesem Kontext fungiert die Literatur als ein Bereich, in dem jene Konflikte artikuliert und verarbeitet werden können, die aus dem Zusammenprall unterschiedlicher Werte entstehen, in dem der Geltungsanspruch dominanter Wertvorstellungen probeweise zur Disposition gestellt werden kann und in dem im handlungsentlasteten Freiraum der Fiktion die Möglichkeiten und Gefahren eines Wertewandels durchgespielt werden können. Die literargeschichtlich gesehen neuen und interessanten Formen der Literatur des *Gilded Age*, die im Mittelpunkt dieses Kapitels stehen, bilden sich in solchen Versuchen heraus, mit Hilfe des Mediums Literatur auf das Selbst-

Literatur und Wertewandel

Mulberry Street um 1900

Strukturelle und thematische Grundmuster

verständnis der amerikanischen Gesellschaft Einfluß zu nehmen und dabei ›Materialismus‹ in Kultur zu überführen.

Bei aller Themen- und Formenvielfalt gibt es daher durchaus so etwas wie grundlegende Strukturen des fiktionalen Weltentwurfs, die die Werke ganz verschiedener Autoren, Genrezugehörigkeit und Qualitätsebenen miteinander verbinden. Die Geschichten, die in der Literatur des *Gilded Age* erzählt werden, sind zu großen Teilen solche der Inspektion, in denen Repräsentanten verschiedener Regionen, einander fremder ›Teilzivilisationen‹ (Nord/Süd) und unterschiedlicher sozialer Schichten zusammengeführt werden, um in wechselseitiger Perspektivierung auf ihre Zivilisationsfähigkeit befragt werden zu können. Die Handlungsmuster, die für die erzählerische Darstellung dieser Begegnungen benutzt werden, sind vor allem die der Reise, der Irrungen und Wirrungen der Paarbeziehung und des sozialen Auf- oder Abstiegs. Ein wiederkehrendes Thema ist das des Zivilisationsvergleichs von Alter und Neuer Welt im Reisebericht, Reiseroman und im ›internationalen‹ Gesellschaftsroman (*international novel*), ein zweites das der Begegnung zwischen Repräsentanten der zivilisatorischen Zentren des amerikanischen Ostens und solchen des amerikanischen Westens oder Südens in der sogenannten *local color*-Literatur, ein drittes das der Begegnung zwischen Vertretern einer gesellschaftlichen und zivilisatorischen Mitte und dem neureichen Geschäftsmann (*businessman*) im realistischen Gesellschaftsroman. Den Repräsentanten der Zivilisation stehen dabei Charaktere gegenüber, die der Zivilisierung bedürfen, sei es, weil sie in ihrem egoistischen Selbstverwirklichungsdrang maßlos geworden sind, sei es, weil sie noch nicht gelernt haben, ihre Wünsche und spontanen Handlungsimpulse zu kontrollieren.

Wo in der Literatur des *Gilded Age* auf solche Mängel an Zivilisationsfähigkeit verwiesen wird, werden diese in der Regel mit Assoziationen ungehemmter Selbstbezogenheit (*selfishness*) oder gar ungezügelter Triebhaftigkeit verbunden. Der Gegensatz von Zivilisation und noch ›wilder‹, zivilisatorisch unkontrollierter Natur (*savage nature*), bildet eine grundlegende Bedeutungsopposition fast aller literarischen Texte der Zeit. Das kulturelle Projekt, das sich daraus ergeben muß, ist das einer Zivilisierung des verbleibenden gesellschaftlichen Dschungels. Wo fortschreitende Zivilisierung vor allem durch eine noch unkontrollierte Triebstruktur des Menschen bedroht ist, können Fiktionen zu exemplarischen Testfällen gelungener oder mißlungener Zivilisierung werden.

Zivilisierungsauftrag der Literatur

Der für die Epoche charakteristische Versuch, den zivilisatorischen Geltungs- und Wirkungsbereich der Literatur auszuweiten und zum Bestandteil eines gesellschaftlichen Dialogs über das Selbstverständnis und den Entwicklungsstand der amerikanischen Gesellschaft zu machen, geht einher mit einem Ansehensgewinn der Literatur und der Herausbildung eines nationalen literarischen Marktes, der die Entwicklung einer eigenständigen amerikanischen Literatur entscheidend vorantreibt. In der Zeit nach 1850 war es der Bildungselite des Nordostens gelungen, ›Literatur‹ zu einem kulturellen Medium mit besonderem Zivilisierungsversprechen zu erklären und einen nationalen Kanon ›klassischer‹ amerikanischer Literatur zu etablieren. Insbesondere durch neue, national verbreitete Monatsmagazine, von denen *The Atlantic* (später *The Atlantic Monthly*), *Harper's Monthly Magazine* und *Scribner's Monthly* (später *The Century*) die wichtigsten wurden, ergeben sich regelmäßige Veröffentlichungsmöglichkeiten, die vergleichsweise ›verläßliche‹ Einkommensquellen bieten. Bis 1850 waren Washington Irving und James Fenimore Cooper die einzigen amerikanischen Autoren von Rang, die von ihrer schriftstellerischen Tätigkeit leben konnten. Mit dem Siegeszug der ›Qualitätsmagazine‹ in den 50er und 60er Jahren wird es im günstigsten Fall möglich, einen Text insgesamt dreimal zu verwerten: durch die Magazinvorveröffentlichung (drei ›klassische‹ Romane der Epoche, Mark Twains *Adventures of Huckleberry Finn*, *The Bostonians* von Henry James und *The Rise of Silas Lapham* von W.D. Howells, erscheinen beispielsweise 1884 gleichzeitig als Fortsetzungsromane in der Zeitschrift *The Century*), durch die nachfolgende Veröffentlichung in Buchform und schließlich, sofern das Buch hinreichendes Interesse findet, als Drittveröffentlichung in England. Waren Privatvermögen oder politische Patronage vor 1850 entscheidende Voraussetzungen für eine schriftstellerische Existenz, so sehen sich Autoren wie James, Howells oder Twain nunmehr in der Lage, von ihrer literarischen Tätigkeit eine komfortable Existenz im oberen Mittelklassenbereich zu etablieren. Aus der künstlerischen ›Beru-

Ausweitung des literarischen Markts

1874

1863

fung‹ wird ein Beruf, der in einer Zeit noch stark restringierter Berufstätigkeit insbesondere auch für Frauen neue Möglichkeiten eröffnet. Beides – das Interesse einer kulturellen Elite am zivilisationsbildenden Potential der Literatur wie auch das Versprechen neuer Möglichkeiten weiblicher Selbstdefinition und Selbstbehauptung – führt zu einer Literatur, die heute aus der Perspektive des modernen und postmodernen Experiments ›altmodisch‹ anmuten mag, aber für den von einer naiven Avantgardeeuphorie befreiten Leser erstaunliche Funde bereithält.

Literatur des Übergangs: Kriegsroman, politischer Roman und die Transformation der weiblichen Entwicklungsgeschichte

Im Ausgang des Bürgerkriegs ist das literarische System der USA durch die folgende Situation gekennzeichnet: Für eine an europäischen Vorbildern orientierte Bildungselite ist die Lyrik nach wie vor die angesehenste Form in der literarischen Gattungspyramide. In den wichtigen Monatsmagazinen ist sie unverzichtbarer Bestandteil und ›veredelt‹ das literarische Angebot. Diese besondere Stellung ist nicht zuletzt dadurch begründet, daß viele der Autoren der Vorkriegszeit, mit denen die amerikanische Literatur nach zeitgenössischer Einschätzung endlich eine eigene Dichtung von Rang entwickelt hatte, auch nach dem Bürgerkrieg weiter produktiv sind und das literarische Feld dominieren. Emerson erreicht den Höhepunkt seiner Popularität nach dem Bürgerkrieg, Longfellow, Bryant und Lowell werden wie er als nationale Institutionen verehrt. Weil die Lyrik der Zeit angesichts dieser übermächtigen Präsenz im Bann der großen Vorbilder bleibt, bringt sie aber auch keine nennenswerten neuen Formen hervor und ist im wesentlichen epigonal. Für das wachsende Interesse an einer zivilisationskritischen Funktion der Literatur empfiehlt sich dagegen zunächst der Reisebericht, der in den 50er Jahren eine Blüte erreicht hatte und bis zum Ende des Jahrhunderts ein vielbeachtetes Genre blieb. Von den Romantikern Emerson, Longfellow und Hawthorne über Vertreter eines viktorianischen Idealismus wie Charles Eliot Norton bis zu den Realisten John William De Forest, William Dean Howells, Henry James, Mark Twain und Henry B. Fuller fungiert das Genre als Form der zivilisatorischen Bestandsaufnahme und des Zivilisationsvergleichs, in dem insbesondere im Kontrast zwischen Alter und Neuer Welt nach dem Stand des amerikanischen Experiments und seinen verbleibenden Defiziten gefragt werden kann.

Die wichtigste Veränderung im literarischen System besteht jedoch darin, daß der Roman zunehmend an Bedeutung gewinnt. Dabei wird ein Ausdifferenzierungsprozeß fortgesetzt, der seit etwa 1820 die Entwicklung der Gattung prägt: Anfangs als literarisch minderwertige Form von der kulturellen Elite verachtet, beginnt man mit dem Siegeszug der Romane Walter Scotts das Potential der Gattung zur nationalen Selbstdefinition und nationalen Konsensbildung zu erkennen. Der *gentry*-Roman, der zunächst vor allem als Satire sentimentalischer Realitätsverkennung fungierte, weitet sich zum historischen Roman und verschafft der Gattung erste Respektabilität. Zugleich ermöglicht der Roman als literarisch vergleichsweise unelaborierte

Epigonale Lyrik

Reiseberichte

Zentrale Rolle des Romans

Form ohne klassische Bildungsanforderungen aber auch neuen Schichten und Gruppen, einen Zugang zum literarischen System zu finden, der ihnen bisher verwehrt war. Das gilt insbesondere für die literarische Produktion von Frauen, die mit der *domestic novel* ein eigenes, außerordentlich populäres Genre geschaffen hatten, das seit 1850 in offener Konkurrenz zum *gentry*-Roman steht.

Die *domestic novel* bleibt bis etwa 1870 eine marktbeherrschende Form des Romans, die mit Augusta Evans' *St. Elmo* (1867) und in gewisser Weise auch *The Gates Ajar* (1868) von Elizabeth Stuart Phelps noch einmal zwei der populärsten amerikanischen Romane des 19. Jh.s hervorbringt. Zugleich setzt die *gentry* ihre Versuche fort, den Roman zu einem Medium nationaler Selbstdefinition zu machen. Die damit verbundene, im Verlauf des amerikanischen Geisteslebens des 19. Jh.s fast rituelle, Klage über das Ausbleiben eines repräsentativen amerikanischen Romans wird 1868 in einem Beitrag des *gentry*-Autors und Bürgerkriegsveteranen De Forest wieder aufgenommen. Sein Artikel »The Great American Novel« liest sich wie ein Programm für seinen kurz zuvor erschienenen historischen Roman *Miss Ravenel's Conversion From Secession to Loyalty* (1867), in dem De Forest zwei Jahre nach dem Ende des Bürgerkriegs versucht, den Konflikt zwischen Nord- und Südstaaten zum Ausgangspunkt einer nationalen Bestandsaufnahme zu machen. Der Bürgerkrieg ist beendet, die Sklaverei, schlimmster moralischer Makel der amerikanischen Zivilisation, endlich beseitigt. In der Geschichte einer Südstaatlerin, Miss Ravenel, und eines Offiziers der Nordstaaten, Colburne, werden die Auseinandersetzung und der schwierige Annäherungsprozeß der beiden Regionen in einem breiten zeitgenössischen Kriegspanorama entfaltet und schließlich, nach einer Reihe exemplarischer Mißverständnisse, in der Verbindung der beiden abgeschlossen. Der Roman, der als erster genuin realistischer Roman der amerikanischen Literatur bezeichnet worden ist, besticht durch die psychologische Ausdifferenziertheit seiner Charakterisierung und durch schonungslose Schilderungen des Kriegsgeschehens und Kriegselends, integriert diese jedoch noch wie selbstverständlich in das umfassendere Erklärungsmuster eines epochalen zivilisationsgeschichtlichen Wendepunkts. In diesem Sinne bleibt die realistische Darstellung des Kriegsgeschehens bei De Forest letztlich in eine Geschichte des zivilisatorischen Fortschritts integriert, dem die abschließende Verbindung (*union*) des jungen Paares in einer für den historischen Roman charakteristischen Verklammerung von Besonderem und Allgemeinem zum Symbol einer möglichen Zusammenführung der beiden sich bisher feindlich gegenüberstehenden Teilzivilisationen wird.

Das Thema der Versöhnung von Nord- und Südstaaten läßt De Forest im folgenden nicht mehr los. In dem historischen Roman *Kate Beaumont* (1872) ist es das Motiv der Familienfehde, das ihm als Beispiel für einen scheinbar unversöhnlichen Konflikt dient, der sich schließlich doch als überwindbar erweist. Mit dem Bürgerkrieg ist nun allerdings jener Bezugspunkt weggefallen, der die historische Notwendigkeit einer Versöhnung am stärksten zu plausibilisieren vermag. Den Krieg kannte De Forest aus eigener Anschauung, die Konflikte der folgenden Romane hatte er herrschenden literarischen Konventionen entnommen, so daß das Versprechen eines neuen Realismus, das sich mit dem Erscheinen von *Miss Ravenel* für Howells und andere verband, uneingelöst blieb. Überhaupt kann gesagt werden, daß ausgerechnet der Bürgerkrieg als ein epochaler Konflikt der amerikanischen Geschichte in der Literatur der Zeit vergleichsweise geringe Spuren hinterläßt und keine neuen Darstellungsformen hervorbringt, die

John William De Forest

Bürgerkrieg und nationale Versöhnung

Ein Beispiel der Bürgerkriegsphotographie: Gardners *Photographic Sketch Book of the Civil War* (Schlachtfeld von Gettysburg, 1863)

sich beispielsweise mit der Erfahrungsintensität der Bürgerkriegsphotographie vergleichen ließen, auch wenn mit der überaus populären Erzählung »The Man Without a Country« (1865) von Edward Everett Hale eine nachdrückliche Dramatisierung der existentiellen Entwurzelung gelingt, die mit dem Bürgerkrieg verbunden war. Dagegen sind die Bürgerkriegsromane von Südstaatenautoren wie beispielsweise John Esten Cooke und Sidney Lanier durch weithin ungebrochene Romantisierung gekennzeichnet. Im Gegensatz zu De Forest, der den historischen Roman durch den Bürgerkrieg aktualisiert, geben sie diesem die Struktur des traditionellen historischen Romans.

Bereits in *Miss Ravenel* gibt es einen Handlungsstrang, der De Forests hoffnungsvolle Vision einer neuen Entwicklungsstufe der amerikanischen Zivilisation stört und am Ende nur mit Schwierigkeiten unter symbolische Kontrolle gebracht werden kann. Im Kontext seiner Sicht des Bürgerkriegs als dem Ausgangspunkt grundlegender nationaler Regeneration schafft die nicht zu leugnende Existenz massiver politischer Korruption eine besonders ärgerliche Dissonanz. In *Miss Ravenel* wird sie von der Vision eines zivilisationsgeschichtlichen Durchbruchs noch einmal zurückgedrängt. Angesichts einer schier endlosen Kette von Korruptionsfällen nach dem Bürgerkrieg schlägt De Forests Zuversicht (und die anderer *gentry*-Intellektueller) jedoch bald in Enttäuschung um. Die spöttischen Beinamen, die der Epoche anhaften sollten – Twains *The Gilded Age* (1873) oder E.L. Godkins *Chromo-Civilization* (1874) – werden in dieser Zeit geprägt, in der auch Walt Whitman mit *Democratic Vistas* (1871) eine Kritik des wachsenden Materialismus und der politischen Korruption vorlegt. In Reaktion auf diese Entwicklungen wendet sich der *gentry*-Roman Anfang der 70er Jahre zunehmend der politischen Satire zu. De Forests *Honest John Vane* (1875) und *Playing the Mischief* (1875) sind primär satirische Auseinandersetzungen, in denen die immer ungenierte politische Korruption der Nachkriegszeit mit zunehmender Bitterkeit kommentiert wird. Damit reihen sie sich ein

Politisierung des Romans

in eine Serie von politischen Satiren, von denen der von Charles Dudley Warner und Mark Twain gemeinsam verfaßte Roman *The Gilded Age* und der zunächst anonym veröffentlichte Roman *Democracy* (1880) von Henry Adams die literarisch interessantesten sind.

Alle diese Romane teilen eine charakteristische Perspektive. Obwohl man empört ist über den ›Verrat‹ der Politik an der amerikanischen Demokratie, erfolgt diese Verurteilung doch ›von oben‹ herab aus der Sicht einer *gentry*, die ihr Bild einer fortschrittlichen und vernunftgeleiteten demokratischen Gesellschaft von zwei Seiten gefährdet sieht: von einer neuen Plutokratie gewiefter Politiker und Profiteure einerseits und den unwägbaren Stimmungen eines nur allzu leicht manipulierbaren Mobs andererseits. Die Furcht vor sozialer Anarchie, die sich für die *gentry* mit dieser Prinzipienlosigkeit verbindet, ist am eindrücklichsten und polemischsten dramatisiert in dem ebenfalls anonym veröffentlichten Streikroman *The Breadwinners* (1884) von John Hay. Am anderen Ende des politischen Spektrums steht Albion Tourgées radikaldemokratische Behandlung der Politik der ›Rekonstruktionsphase‹ im amerikanischen Süden der Nachkriegszeit, *A Fool's Errand* (1879). In jedem Fall gilt, daß auch die bekannten politischen Romane der Zeit, die bei ihrem Erscheinen große Aufmerksamkeit fanden, so sehr auf die beißende Satire oder einen möglichst effektiven Beitrag zur politischen Debatte ausgerichtet sind, daß sie die Charakter- und Handlungsentwicklung vernachlässigen und ihre starke Diskursivität nur selten überwinden.

»Boss Tweed«, Thomas Nasts Karikatur des Parteibosses der New Yorker Demokraten William M. Tweed

Parallel zu den Versuchen der *gentry* verläuft die Entwicklung einer eigenständigen Frauenliteratur. Deren dominante Form ist zunächst weiterhin die *domestic novel*, in der ein junges Mädchen lernt, in heroischen Akten persönlicher Selbstüberwindung die Anerkennung ihrer Umwelt zu erringen. Doch wird dieses Genre aufgrund seiner oft evangelistisch inspirierten Religiosität, seiner märchenhaften Handlungsstrukturen (insbesondere in der immer neuen Variation des Cinderella-Motivs) und seiner in der Regel ausführlichen Beschäftigung mit häuslichen Angelegenheiten im offiziellen kulturellen System weithin als trivial angesehen und hat nur geringes Ansehen. Louisa May Alcott, in späterer Zeit nur noch als Autorin des klassischen amerikanischen Kinderbuches *Little Women* (1869) bekannt, vermag das Problem zu verdeutlichen, das aus dieser Situation für eine junge Schriftstellerin entsteht, deren Wunsch es ist, kulturelle Anerkennung zu erringen. Von den gelegentlich in angesehenen Zeitschriften wie *The Atlantic* veröffentlichten Erzählungen kann die Tochter des Transzendentalisten Bronson Alcott sich und die häufig auf ihre Einkünfte angewiesene Familie nicht ausreichend unterstützen. Unter verschiedenen Pseudonymen veröffentlicht sie daher Thriller und Melodramen unverhohlen sensationalistischer Machart, die von der Forschung erst kürzlich wiederentdeckt worden sind und die zur heilen Familienwelt von *Little Women* so gar nicht passen wollen. Als Alcotts erster Roman *Moods* (1864) nicht den ersehnten Durchbruch bringt und ihre Geschichten für *The Atlantic* immer häufiger abgelehnt werden, übernimmt sie die Arbeit an *Little Women* als Auftragsarbeit in einem Genre, über das sie in *Moods* bereits hinausgegangen war. Der Erfolg des zunächst von ihr selbst eher gering geschätzten Romans etabliert sie als erfolgreiche Autorin eines inzwischen stark konventionalisierten, aber im Vergleich zur sensationalistischen Massenliteratur immerhin respektablen Genres und erlöst sie aus dem prekären Balanceakt zwischen künstlerischer Ambition und Sensationalismus. Er legt sie aber zugleich auch auf eine Erzählform fest, die in der literarischen Öffentlichkeit als sentimental und infantil abgetan wird. Dabei verstellt der

Frauenliteratur

Louisa May Alcott, Little Women

Massenliteratur-»Thriller« von Louisa May Alcott

Louisa May Alcott

Elizabeth Stoddard, The Morgesons

populäre Erfolg von *Little Women* seine Qualitäten und seinen Beitrag zur Fortschreibung der weiblichen Entwicklungsgeschichte, denn der Roman erzählt nicht mehr die Geschichte eines verkannten und vermeintlich ›wertlosen‹ Aschenbrödels, sondern ›pluralisiert‹ die Entwicklungsgeschichte in der Hinwendung zur Kindheit und Adoleszenz von vier charakterlich sehr verschiedenen Schwestern, mit denen zugleich vier alternative Möglichkeiten weiblicher Identität und vier verschiedene Urteilsperspektiven gegeben sind, die sich wechselseitig kommentieren und relativieren.

Bereits in *Moods* hatte Alcott die für die *domestic novel* typische Ethik des Selbstverzichts und das Postulat der Unaufkündbarkeit ehelicher Bindung in Frage gestellt. In noch unkonventionellerer, zudem formal vorausweisender Form macht der Roman *The Morgesons* (1862) von Elizabeth Stoddard die Fesseln gesellschaftlicher Konvention zu seinem Thema, die weiblicher Selbstverwirklichung zu jener Zeit im Wege stehen. In der psychologischen Differenziertheit seiner Charakter- und Gesellschaftsdarstellung, aber auch in der kategorisch säkularen, anti-religiösen und anti-metaphysischen Urteilsperspektive kann der Roman als einer der ersten genuin realistischen Romane der amerikanischen Literatur gelten. Dazu paßt, daß es ihm darum geht, die Entwicklung seiner Heldin als einen Individualisierungprozeß zu beschreiben, der nunmehr ohne religiöse Anleitung und ohne väterlichen Mentor bewältigt werden muß und in dem Cassandra Morgeson lernen muß, im Konflikt zwischen neuengländischer Kleinstadtkonvention und vermeintlich ›unweiblicher‹ Leidenschaft einen Weg zu finden, der nicht mit der Aufgabe ihrer Unabhängigkeit verbunden ist. Stil und Aufbau des Romans sprengen zudem das Schema des bisherigen weiblichen Entwicklungsromans quasi von innen heraus. Stoddards Erzählweise ist durch Auslassungen, abrupte Übergänge und das Fehlen auktorialer Hilfen gekennzeichnet, ihr Stil mischt realistischen Detailreichtum mit elliptischen Beschreibungsformen, so daß die Wirkungsstruktur des Textes eine des schnellen Wechsels ist und im Aussparen emotionaler und dramatischer Höhepunkte eher distanzierend wirkt. Das allerdings hat seinen guten Grund: Bezieht *Little Women* seine liebevoll-nostalgische Selbstsicherheit (die an Twains *The Adventures of Tom Sawyer* erinnert) aus der Gewißheit, die Geschichte einer ›richtigen‹, zeitgemäßen Sozialisation zu erzählen, so ist *The Morgesons* auf der Suche nach Möglichkeiten einer Artikulation von Wünschen, die eigentlich unaussprechbar scheinen und lediglich kurzfristig an den Schnittstellen sozialer Interaktion – im jähen Übergang von einer Person zur anderen, im Verschweigen, im nachklingenden letzten Satz – als Möglichkeit aufscheinen oder in der Musik, der stimmungsvollen Landschaft und dem Anblick des Meeres Formen ersatzweiser Artikulation finden. Es bleibt das Hauptproblem der hier beschriebenen Individualität (und das der nachfolgenden weiblichen Entwicklungsgeschichten), ihre eigenen unbestimmten und ›unerhörten‹ Wünsche überhaupt erst kennen und artikulieren zu lernen.

The Morgesons war ein zu seiner Zeit u. a. auch von Hawthorne geschätzter Roman, der mit der fortschreitenden Maskulinisierung des Literaturbetriebs in Vergessenheit geriet und erst in den letzten Jahren wiederentdeckt worden ist. Dieses Schicksal teilt Stoddard mit einer dritten wichtigen Autorin des Übergangs, Rebecca Harding Davis, die mit ihrer 1861 in der Zeitschrift *The Atlantic* veröffentlichten Erzählung »Life in the Iron Mills« einen der ersten und immer noch eindrucksvollsten Texte der amerikanischen Literatur über die enthumanisierenden Arbeits- und Lebensbedingungen schafft, die mit dem Beginn der Industrialisierung verbunden

Rebecca Harding Davis

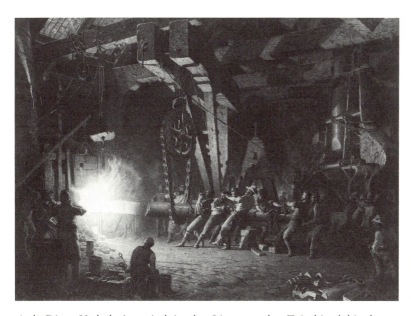

Industrialisierung als Inferno: John Ferguson Weir, »Forging the Shaft« (1877)

sind. Diese Verhältnisse sind in der Literatur der Zeit bis dahin kaum präsent, so daß der literarische Vorstoß in die neuen industriellen Realitäten einem Abstieg in eine ›infernalische‹ Unterwelt gleichkommt, der das Ziel hat, hinter der physisch wie moralisch ›schmutzigen‹ Fassade die verschüttete Menschlichkeit des Industriearbeiters zum Vorschein zu bringen. Die Skulptur einer Frau, die der Kohler Wolfe aus dem Abfall des industriellen Produktionsprozesses geformt hat, gibt eine Andeutung seiner verschütteten Kreativität und beeindruckt selbst eine Gruppe versnobter Fabrikbesucher der Oberschicht. Davis widersteht jedoch der Versuchung, die Kunst oder auch nur den Dialog zwischen den sozialen Schichten zum Ausgangspunkt einer möglichen gesellschaftlichen Regeneration zu verklären. Der von der vagen Ahnung einer anderen sozialen Existenz berauschte Wolfe verliert vielmehr die Selbstkontrolle über sich, endet im Gefängnis und nimmt sich das Leben.

Davis' folgender Roman, *Margaret Howth. A Story of To-Day* (1862) setzt das Projekt einer Bilanzierung der neuen industriellen Verhältnisse fort, allerdings steht in der praktischen Umsetzung zunehmend das Beziehungsdrama der Titelheldin im Vordergrund, so daß das anfängliche Versprechen eines sozialkritischen Industrieromans dem Buch schließlich abhanden kommt. Literarisch überzeugender realisiert ist die Transformation der weiblichen Entwicklungsgeschichte zu einem Industrieroman in Elizabeth Stuart Phelps' *The Silent Partner* (1871), die in einer überraschend souveränen Mischung aus Sozial- und Gesellschaftsroman die Geschichte eines zweifachen Erwachens erzählt: das der Heldin über ihre eigene, bloß dekorative und parasitäre Existenz und das über die Unwilligkeit ihrer Schicht, die neuen Verhältnisse zur Kenntnis zu nehmen. Auch Phelps kann, wie Davis, letztlich nur im Appell an das christliche Verantwortungsgefühl des gebildeten Lesers eine Hoffnung zur Veränderung der Verhältnisse sehen, weil die Idee einer gesellschaftlichen Mitverantwortung die Annahme einer Gemeinsamkeit zum Ausgangspunkt haben muß, die zu dieser Zeit vor allem das religiöse Denken zu liefern vermochte. Dennoch liefern die Romane von Stoddard, Davis und Phelps einen bisher unterschätzten Beitrag zur Herausbildung eines eigenständigen amerikanischen Realismus.

Elisabeth Stuart Phelps

Überschreiten kultureller Grenzlinien

Local Color Fiction *und literarischer Regionalismus*

Eine eigenständige Regionalliteratur beginnt sich in den USA verstärkt seit etwa 1830 im Schatten der dominanten literarischen Genres herauszubilden. Sie erreicht ihren Höhepunkt zwischen 1870 und 1900 und trägt mit ihrem regionalen Repräsentations- und Authentizitätsanspruch das ihre zu einer realistischen Wende der amerikanischen Literatur bei. In der Charakterisierung dieser Literatur als *local color* wird dementsprechend zumeist die Parallele zum Genrebild in der Malerei gezogen und die *local color*-Literatur auf die Funktion eines wirklichkeitsgetreuen, bis in die sorgfältige Dialektwiedergabe akkuraten Porträts von Land und Leuten festgelegt. Tatsächlich bezieht diese Regionalliteratur einen Gutteil ihrer Attraktion aus der Beschreibung ›ferner‹ Regionen und fremder Lebensweisen, wie denen der Goldgräberlager des amerikanischen Westens oder der vergangenen Pracht südstaatlicher Plantagenkultur vor dem Bürgerkrieg. Doch geht es dabei selten um das bloße und möglichst akkurate Porträt. Im Mittelpunkt steht vielmehr die Konfrontation zwischen verschiedenen kulturellen Perspektiven. Die Regionalliteratur der Nachkriegszeit wird auf diese Weise zum privilegierten Genre für die Darstellung kultureller Kontakte zwischen einander noch ›fremden‹ Welten (einschließlich der der afroamerikanischen Kultur, die auf diesem Weg Eingang in die Kultur der weißen Mittelschicht findet). Für die Leserschaft der führenden Monatsmagazine des Nordostens erfüllt sie die Funktion der Begegnung mit einer Welt jenseits des Geltungsbereichs viktorianischer Werte und fungiert damit potentiell als Gegenbild zu einer Zivilisation, die zunehmend nicht nur als Fortschritt, sondern auch als Zwang erfahren wird. Die *local color*-Literatur beschreibt ein auf den ersten Blick eigenwilliges, fremdartiges, ›farbenfrohes‹ Verhalten, aber sie richtet es zu auf die imaginären Bedürfnisse einer Leserschaft, die zumindest gedanklich auf der Suche nach Möglichkeiten einer Flucht vor dem strengen Reglement des viktorianischen Zivilisationsverständnisses ist. In diesem Sinne läßt sich sagen, daß jede der in der *local color*-Literatur besonders dominanten Regionen einen eigenen Raum imaginärer Verhaltensversuchung darstellt: Im Westen ist dies die Freiheit vor dem Gesetz, im Süden entweder die leidenschaftliche Impulsivität oder das tragische Verkanntsein, im Mittelwesten die listige Unabhängigkeit des exzentrischen Außenseiters und in New England die trotzige Bewahrung von Selbstwert im Zeichen des Mangels und der drohenden Bedeutungslosigkeit. Ihren erzählerischen Ausgangspunkt haben diese Geschichten im Überschreiten einer kulturellen Grenzlinie. Ein Repräsentant der Werte der Zivilisation – entweder ein gutwilliger, aber naiver und im neuen Terrain hilfloser, Grünschnabel oder die Erzählerstimme als jene übergeordnete Urteilsinstanz, die die Werte der Leserschaft vertritt – stößt in einen noch unzivilisiert anmutenden Bereich vor und wird dort mit Verhaltensweisen konfrontiert, die in ihrer Andersartigkeit der Erklärung bedürfen. Am Beginn steht dabei in der Regel das sprachliche und kulturelle Mißverständnis. Doch erweist sich gerade der scheinbare Mangel an ›Zivilisiertheit‹ als Ausdruck kultureller Unabhängigkeit und damit als möglicher Ausgangspunkt zivilisatorischer Regeneration. In diesem Sinne ist die *local color*-Literatur eine Literatur der kulturellen Vermittlung, in der die Inspektion einer fremden Welt zur Bereicherung der eigenen führen soll.

Der Tramp

In ihrer Konzentration auf eine exemplarische kulturelle Konfrontation drängt die *local color*-Literatur zur Kürze. Das handlungsarme Porträt eines exzentrischen Charakters oder die pointierte, auf ein überraschendes Ende ausgerichtete Erzählung dominieren. Wo möglich, werden diese Geschichten nach ihrer Magazinerstveröffentlichung in Büchern zusammengefaßt, die Titel wie *Old Creole Days*, *Bayou Folk*, *In Ole Virginia* oder *In the Tennessee Mountains* tragen und damit bereits die lose thematische Verbindung des Materials andeuten. Was ursprünglich zum minderen Status der *local color*-Literatur beitrug – die Kürze, episodische Struktur und thematische Beschränkung des erzählerischen Weltentwurfs, die im Vergleich mit dem umfassenden Repräsentationsanspruch des historischen Romans eine provinzielle Selbstbescheidung anzuzeigen scheinen – kann umgekehrt auch als Gewinn an Pointiertheit, Eindringlichkeit und Themenvielfalt gesehen werden, wobei insbesondere die Möglichkeit der Kurzgeschichte zur Konturierung einer existentiellen Grunderfahrung zur Geltung kommt. Zu den teilweise erstaunlichen Entdeckungen, die man mit dieser Literatur machen kann, gehören modern anmutende Beschreibungen des Lebens einsamer, geschlagener, gescheiterter und hoffnungsloser Existenzen, wie beispielsweise Constance Fenimore Woolsons »Peter the Parson« (1874), Rose Terry Cookes »How Celia Changed Her Mind« (1892), Mary Noailles Murfrees »The Romance of Sunrise Rock« (1884), Grace Kings »The Crippled Hope« (1893) oder Mary Wilkins Freemans »A Village Singer« (1891).

Humor und Melodrama sind die beiden bewährten Formen des Umgangs mit dem Fremden. Sie prägen auch die frühen Formen der *local color*-Literatur. Diese kann dabei auf eine Tradition des *southwestern humor* und insbesondere der sogenannten *tall tale* zurückgreifen, in der ein exzentrischer ›local character‹ einen gutwilligen Repräsentanten des zivilisatorischen Zentrums in einer fast unmerklichen Eskalation seiner Behauptungen so geschickt und listig hereinlegt, daß sich die kulturelle Hierarchie zwischen den beiden Welten zu verschieben beginnt. Nach dem Bürgerkrieg sind es zunächst Themen aus einem romantisierten Westen, die das Genre der *local color*-Literatur populär machen. Entscheidend ist dabei der Erfolg von Bret Harte, der in seinen Geschichten aus kalifornischen Goldgräberlagern wie »The Outcasts of Poker Flat« (1869), »The Luck of Roaring Camp« (1868), »The Iliad of Sandy Bar« (1870) oder »How Santa Claus Came to Simpson's Bar« (1872) eine gekonnte Mischung aus Humor und Melodrama nach dem Vorbild von Charles Dickens schafft, das Erzählmuster mit neuartigem Material von beträchtlichem Kuriositätswert anreichert und damit anfangs große Erfolge erzielt. Weil er in seiner bloß simulierten Regionalität letztlich formelhaft bleibt, erschöpft sich die Attraktion dieses Erzähltyps andererseits schnell. Authentischer ist die Übernahme einer Erzähltradition des Westens bei Mark Twain, der 1865 mit einer seiner berühmtesten Geschichten, der exemplarischen *tall tale* »The Notorious Jumping Frog of Calaveras County« seinen ersten nationalen Erfolg erzielt. Mit dem Reisebericht *Roughing It* (1872) wird Twain für ein Ostküstenpublikum endgültig zur Stimme des Westens, allerdings mit einer interessanten Verkomplizierung. Das imaginäre Versprechen des Westens bestand in der Vision einer freien Existenz, in der man das Gesetz und sein Glück in die eigenen Hände nehmen konnte. Bereits in *Roughing It* deutet sich jedoch auch die Kehrseite dieser Freiheit an, die ebenso zu sozialer Anarchie, individueller Ignoranz und sozialer Deklassierung führen kann.

Twains Antwort besteht darin, seine Lieblingsphantasie einer Flucht vor den als repressiv empfundenen Zivilisierungsinstanzen neu zu verorten:

Exemplarische kulturelle Konfrontationen

Illustration aus Georg W. Cable, *The Creoles of Louisiana* (1886)

Humor und Melodrama: Bret Harte

»No bar – but from somewhere a demijohn« (aus Hartes *Stories of the Old West*)

zunächst in *Life on the Mississippi* als Lotse auf dem Mississippi und dann, nostalgisch zurückversetzt, in eine unbeschwerte Kindheit an dessen Ufern. Mit *The Adventures of Tom Sawyer* (1876) schafft er einen Klassiker nostalgischer Zivilisationsflucht, mit der Fortsetzung *Adventures of Huckleberry Finn* (1885), die ihre Wurzeln in der Tradition der *tall tale* hat, authentisiert er die Kindheitserinnerung und antizipiert eine Form der amerikanischen Moderne, die aus der Regionalliteratur wichtige stilistische Anregungen bezog. Beide Bücher trugen zur Popularität des Genres der *bad boy*-Geschichte bei, das Thomas Bailey Aldrich mit seinem Roman *The Story of a Bad Boy* (1869) in einer Wendung gegen das engelsgleich brave Kind der viktorianischen Literatur begründet hatte und dessen amüsiert-nostalgischer Rückblick auf eine sorglose Jugendzeit der kleinen Streiche sich als ideales Genre für eine Phantasie moderater Zivilisationsflucht herausgebildet hatte. Die spielerische Herausforderung der Autorität ist auch das Thema von Edward Egglestons *The Hoosier Schoolmaster* (1871), der als früher Klassiker der *local color*-Literatur des Mittelwestens gilt. Mit Romanen wie *The Circuit Rider* (1874), *Roxy* (1878) und *The Faith Doctor* (1891) legt Eggleston im folgenden Beschreibungen der provinziellen Enge und engstirnigen Religiösität des mittelwestlichen Lebens vor, die als Wegbereiter einer realistischeren Form der Regionalliteratur gelten können, aber nie die Popularität von *The Hoosier Schoolmaster* erreichten.

Die Anfangserfolge von Autoren wie Harte und Eggleston begründeten Karrieren, die für viele *local color*-Autoren typisch werden sollten. Der ersten, oft enthusiastischen Anerkennung folgt der nahezu lebenslange Versuch, diesen frühen Erfolg unter der Anleitung der Herausgeber der literarischen Magazine der Ostküste zu wiederholen. Dieser Rückkoppelungsprozeß, in dem *local color*-Autoren versuchen, jene Erwartungen zu erfüllen, die sich in der kulturellen Öffentlichkeit um den Begriff gebildet haben, zeigt sich am deutlichsten am Beispiel der *local color*-Literatur des Südens, die in den 70er Jahren die populärste Form der Gattung wird. Neben der Inspektion einer fernen Welt von oft exotischem Reiz (beispielsweise in Lafcadio Hearns *Chita*, 1889), empfahl sich die *local color fiction* mit dem Versprechen, Vorurteile und Mißverständnisse gegenüber fremden Regionen abzubauen. Der amerikanische Süden schien in dieser Hinsicht nach dem Ende des Bürgerkriegs einen besonderen Nachholbedarf zu haben. Dieser Versuch einer Selbstrechtfertigung traf im Norden auf eine Politik der nationalen Aussöhnung. In den Geschichten, die schließlich unter dem Titel *Old Creole Days. A Story of Creole Life* (1879) als Buch veröffentlicht wurden, beschreibt George Washington Cable die kulturelle Andersartigkeit des Lebens in New Orleans und Louisiana aus der Perspektive des deutschen Neuankömmlings Koppig und verbindet sie in Geschichten wie »›Tite Poulette« (1874) mit melodramatischen Motiven wie dem der schönen Mulattin (*tragic mulatta*), die bereits zum festen Bestandteil der Südstaatenliteratur gehörten. Mit dem historischen Roman *The Grandissimes* (1880) reichert Cable diese exotische Welt mit dem in der Literatur der Zeit wiederkehrenden Motiv von Stiefgeschwistern verschiedener Rasse an und stellt die konfliktreiche Familiengeschichte in den Kontext eines Szenarios nationaler und familiärer Aussöhnung. In einer Geschichte in der Geschichte schafft er zudem eines der wenigen Porträts eines Sklaven von einem weißen Autor der Zeit, das nicht herablassend wirkt. Cables mutiges Engagement für eine Überwindung der Rassenschranken geht jedoch im malerischen Lokalkolorit seines Zeit- und Familienbildes immer wieder unter; je expliziter er es danach in anderen literarischen und nicht-

---

bad boy-*Geschichten*

»Riding the jumping frog to fame«

local-color-*Literatur des Südens*

literarischen Texten formuliert, um so größer werden seine Schwierigkeiten mit dem literarischen Establishment der Ostküste und um so mehr enttäuscht er die Erwartungen, die in ihn gesetzt wurden. Wie einige der Autorinnen der Regionalliteratur New Englands wird Cable zum Opfer seines eigenen Rufs als Spezialist in Sachen *local color*, bleibt die literargeschichtliche Anerkennung seines Werks von diesem Etikett begünstigt und begrenzt.

Andere füllen die Lücke, die Cable entstehen läßt. Motiviert von dem Wunsch, den Süden zu rehabilitieren, entsteht eine ›Plantagenliteratur‹, die dem Mythos eines ›Magnolia‹-Südens entscheidenden Auftrieb gibt. In den auch im Norden populären Geschichten von Thomas Nelson Page (gesammelt unter dem bereits fast alles aussagenden Buchtitel *In Ole Virginia*, 1887), James Lane Allen (*Flute and Violin and Other Kentucky Tales and Romances*, 1891) und Grace King (*Balcony Stories*, 1893) dominieren aristokratische Südstaatencharaktere, die ihren historischen Fall mit Würde und einer in der neuen Zeit nicht mehr zu findenden Integrität zu ertragen wissen. Dagegen steht im Mittelpunkt der Südstaatengeschichten von Kate Chopin, die in den Bänden *Bayou Folk* (1894) und *A Night in Acadie* (1897) veröffentlicht werden, die impulsive Lebensart der Kreolen und Cajuns in Louisiana, deren Leben sich im ständigen Kampf mit ihren eigenen starken Gefühlen und Wünschen entfaltet. In »Désirée's Baby« (1893), einer der populärsten *local color*-Geschichten der Zeit, verläßt der Gutsbesitzer Armand seine Frau Désirée, als ihr gemeinsames Kind negroide Züge zu zeigen beginnt, deren Herkunft der stolze Armand wie selbstverständlich ihrer Familie zuschreibt. Erst als sich Désirée das Leben genommen hat, enthüllt ein Brief seiner Mutter seine eigene ›Familienschuld‹. Chopins Geschichte ist eine von vielen um die Jahrhundertwende, in denen das Unrecht und der dramatische Selbstwertverlust zum Thema werden, die in einer Zeit ungebrochener rassischer Segregation mit nur einem Tropfen schwarzen Bluts verbunden sein können. Insgesamt ist die Welt von *French Louisiana* für Chopin jedoch eine, in der Akte rebellischer Selbstbehauptung und moralischer Grenzüberschreitung denkbar sind, die in der viktorianischen Kultur ansonsten nicht artikulierbar zu sein scheinen.

Zum Genre der Plantagenliteratur gehören in gewisser Weise auch die beliebten Erzählungen, die Joel Chandler Harris 1881 unter dem Titel *Uncle Remus: His Songs and His Sayings* veröffentlicht. Dabei wird mit Uncle Remus die auch von Page in seiner ersten und berühmtesten Geschichte »Marse Chan« (1884) benutzte Konvention eines schwarzen Rahmenerzählers und Ex-Sklaven fortgesetzt, der mit Wehmut auf die prinzipienfesteren Zeiten vor dem Bürgerkrieg zurückblickt. Allerdings geschieht das nunmehr mit neuem Akzent. Denn die Geschichten, die Uncle Remus mit immer wieder hervorgehobener Authentizität des Dialekts erzählt, sind die des Tricksters Brer Rabbitt, die der oralen Erzähltradition der afrikanischen und afro-amerikanischen Überlieferung entnommen sind und zu deren Grundkonstellationen die listige Überlebensstrategie und der immer neue Sieg des Schwachen über den Starken gehören. Wiederum schafft hier der *local color*-Rahmen die Möglichkeit einer Begegnung mit Elementen einer fremden Kultur, die sich dem zivilisierenden Zugriff entziehen, doch wiederum ist das nur möglich unter der Bedingung der Einrahmung durch eine Vermittlerfigur, die die rebellische Botschaft in der Vision einer neuen rassischen Harmonie entschärft.

Auch Charles W. Chesnutt, der erste schwarze Schriftsteller der Südstaaten, der nationale Anerkennung fand, schließt in seinen Geschichten in

Plantagenliteratur

Grace King

Charles W. Chesnutt

The Conjure Woman (1899) mit der Figur des Uncle Julius an die Erzählkonvention der Plantagenliteratur an. Diese fungiert nunmehr allerdings als eine Strategie des Rollenspiels und der Verstellung, mit der der Ex-Sklave regelmäßig die Pläne des weißen Plantagenbesitzers zu unterlaufen versucht. Chesnutts listige Inversion eines tradierten Erzählmusters bleibt indessen von der sympathisierenden Leserschaft, zu der auch Howells gehörte, weithin unbemerkt. Statt dessen lobt man ihn für das Bild einer vergangenen Epoche und für seine präzise Dialektwiedergabe. Seine folgenden Bücher beginnen sich daher aus dem *local color*-Schema zu lösen. In der Kurzgeschichtensammlung *The Wife of His Youth, and Other Stories of the Color Line* (1899) und den Romanen *The House Behind the Cedars* (1900), *The Marrow of Tradition* (1901) und *The Colonel's Dreams* (1905) wendet sich Chesnutt in stark melodramatisch akzentuierten Geschichten mit wachsender Bitterkeit der Rassenproblematik zu. Immer wieder wird dabei die Arbitrarität und Grausamkeit eines sozialen Ausschlusses auf der Basis rassischer Zuordnung zum Thema. In *The House Behind the Cedars* geschieht das am Beispiel von Charakteren, die aufgrund ihrer nahezu weißen Hautfarbe als weiß gelten könnten (*passing for white*) und daher als Testfall der Möglichkeit einer Integration dienen. Ihre Enttäuschung spiegelt die Chesnutts. In *The Marrow of Tradition* und *The Colonel's Dream* endet der Versuch einer Versöhnung und Normalisierung der Rassenbeziehungen daher in melodramatisch überhöhten Fehlschlägen. Die Bitterkeit und immer offenere Gewalttätigkeit, die auf spätere Südstaatenliteratur in der Tradition Faulkners vorausweist, führt dazu, daß Chesnutt sein weißes Publikum verliert und schließlich entmutigt mit dem Schreiben aufhört. Chesnutts Weg wiederholt sich in moderaterer Form bei Laurence Dunbar, der für seine Dialektgedichte (*Lyrics of Lowly Life*, 1896) gepriesen wird, sich anfangs auch in seinen Romanen den Erwartungen des weißen Literaturmarktes anpaßt, dem aber zumindest mit seinem letzten Roman *The Sports of the Gods* (1902), der Geschichte einer schwarzen Familie, die zwischen südstaatlichen Vorurteilen und dem Leben in New York zerrieben wird, ein Roman von bereits naturalistischer Kraft gelingt.

Regionalliteratur von Frauen

Auch für eine Generation von Schriftstellerinnen, die sich vom Erzählschema der *domestic novel* lösen will, schafft die Rubrik *local color* neue Möglichkeiten des Zugangs zur literarischen Öffentlichkeit der Zeit, aber hat auch die Festlegung auf eine Kategorie zur Folge, die kaum einen Begriff von der Spannweite und erstaunlichen Modernität ihres Werkes zu geben vermag. Steht an einem Ende des Spektrums der *local color fiction* das humoristische oder melodramatische Minidrama, so ist das andere durch das Bemühen um eine möglichst unidealisierte, authentische Darstellung gekennzeichnet, für die der Begriff *local color* nicht mehr als hinreichend erscheint. Diese Form der Regionalliteratur verzichtet auf den spektakulären kulturellen Kontrast, der das Werk eines Harte, Twain oder Cable charakterisiert. Sie wendet sich einem kargen ländlichen Bereich zu, wobei die entlegenen, von ihren jüngeren Bewohnern längst verlassenen Dörfer New Englands einen bevorzugten Ort bilden. Deren Welt des Mangels enthält kein Versprechen anarchischer Freiheit oder impulsiver Selbstverwirklichung, sondern nur die Aussicht auf ein Leben, dessen soziale Beziehungen durch Engstirnigkeit und Selbstversagung geprägt sind und das in den Bewohnern Spuren hinterläßt, die von der wunderlichen Eigenbrötelei bis zur schweren Persönlichkeitsdeformation reichen.

Die Schonungslosigkeit und Authentizität des literarischen Porträts dieser Welt macht die New England *women local colorists* zur ersten Generation

Rebellion und trotzige Selbstbehauptung – eine Grundfigur im Werk der *woman local colorists* (Illustration aus Mary Wilkins Freeman, *Understudies:* »Here's your ring«)

amerikanischer Schriftstellerinnen, die kritische Anerkennung fand. Man kann hier von einer eigenen Schule des amerikanischen Realismus sprechen, zu der im weiteren Sinn auch Autorinnen wie Mary Noailles Murfree gehören, die mit ihrer Kurzgeschichtensammlung *In the Tennessee Mountains* (1884) große Aufmerksamkeit fand, und Constance Fenimore Woolson, unter deren Geschichten aus Ohio, Florida, North Carolina und schließlich auch Europa sich immer wieder überraschende Entdeckungen machen lassen. Typischer für die Leistung der *women local colorists* ist jedoch die Literatur aus New England, die bereits in den 50er Jahren mit dem Werk von Harriet Beecher Stowe einsetzt. Die fast automatische Assoziation ihres Namens mit dem durchschlagenden Erfolg von *Uncle Tom's Cabin* läßt oft in Vergessenheit geraten, daß sie mit den Bänden *The Minister's Wooing* (1859), *Oldtown Folks* (1869), *The Pearl of Orr's Island* (1862) und *Poganuc People* (1878) zur Pionierin der Regionalliteratur New Englands wurde.

Diese Literatur erhält entscheidende Anstöße durch das lange vernachlässigte Werk von Rose Terry Cooke, die mit ihren eindringlichen Studien von drangsalierten und tyrannisierten Frauen in einem vom Calvinismus geprägten ländlichen Milieu Erzählmuster schuf, die im Werk nachfolgender Autorinnen der New England *women local colorists* immer wieder auftauchen. In ihrer eindrucksvollsten Geschichte »How Celia Changed Her Mind« (1892) entsteht in der Beschreibung der Ehe einer alternden Frau, die mit Macht den Ehestatus sucht, um nicht für immer als ›alte Jungfer‹ zu gelten, das Bild einer durch völlige Gefühlskälte gekennzeichneten Zweckverbindung, die den Tod des Ehemannes schließlich als Befreiung erscheinen läßt. Viele ihrer insgesamt über hundert Geschichten, wie beispielsweise »The Ring Fetter« (1859), »Too Late« (1875) oder »Mrs. Flint's Married Experience« (1880) veranschaulichen ohne jede Beschönigung das Problem, wie ein weibliches Selbstwertgefühl begründet werden kann, wenn Religion, Heirat und Ehe diese Funktion nicht mehr erfüllen. Ältere, unverheiratete, kinderlose, verlassene, scheinbar ›unnütze‹ Frauen nehmen in den Geschichten der weiblichen *local color*-Literatur New Englands eine überproportional große Rolle ein, weil auf diese Weise die Frage des weiblichen Selbstwerts von der bis dahin fast obligatorischen Bindung

Rose Terry Cooke

an das Motiv von *courtship and marriage* abgelöst werden kann. Zu literarischen ›Heldinnen‹ werden die weiblichen Charaktere dadurch, daß sie sich gegen gesellschaftliche Rollenerwartungen selbst dann noch zur Wehr setzen, wenn der Preis in Vereinsamung oder äußerster Armut der Lebensumstände besteht. Aus dem von der Anerkennung des Prinzen oder der gütigen Vaterfigur abhängigen Aschenbrödel wird auf diese Weise eine autarke, innengeleitete Person, für die das ›Überflüssigsein‹ die Chance der Freisetzung aus sozialer und psychischer Abhängigkeit eröffnet.

Schonungslose neuengländische Milieustudien und Gesten trotziger, rebellischer Selbstbehauptung kennzeichnen auch das Werk von Mary Wilkins Freeman und Sarah Orne Jewett, das als Höhepunkt der amerikanischen Regionalliteratur der Zeit gilt. Ihre Romane und Kurzgeschichtensammlungen können als eine Art erzählerisches Versuchsfeld angesehen werden, in dem in immer neuen Anläufen und in wechselnden erzählerischen Konstellationen dem Problem nachgegangen wird, unter welchen Bedingungen und zu welchem Preis weibliche Selbstbehauptung möglich erscheint. Dabei gehören zum weiten Spektrum der Möglichkeiten die zielstrebig und unbeirrt verfolgte Karriere, wie etwa in Jewetts Roman *A Country Doctor* (1884), die gegen die eigenen vagen Sehnsüchte erkämpfte Selbstbehauptung in Jewetts bekanntester Geschichte »A White Heron« (1886), die offene Rebellion in Freemans Kurzgeschichte »The Revolt of Mother« (1890), das Über-sich-Hinauswachsen des jungen Mädchens, wie in Freemans »A Humble Romance« (1887) oder »Louisa« (1891), und schließlich der bewußt gewählte Rückzug von der Welt in »A New England Nun« (1891). Beide Autorinnen setzen dabei allerdings sehr verschiedene Akzente in der literarischen Umsetzung.

Jewetts Kunst ist eine der Suggestion, die aus dem sozialen und landschaftlichen Raum bei aller Milieutreue immer auch einen Stimmungsraum macht. Derartige Stimmungen bleiben in Freemans möglichst direkter und pointierter Erzählweise Randerscheinungen. Die Transformation der weiblichen Entwicklungsgeschichte, die sie vornimmt, ist die einer schonungslosen Entheroisierung und Veralltäglichung des Geschehens. In beiden Fällen weist die Form in die weitere literargeschichtliche Entwicklung voraus und macht noch einmal deutlich, wie gerade aus der unelaborierten, vermeintlich ›kunstlosen‹ Erzählweise der Regionalliteratur wichtige Anstöße für die literarische Moderne entstehen konnten. Jewetts bekanntestes Buch *The Country of the Pointed Firs* (1896), von vielen als Höhepunkt des amerikanischen *local color movement* betrachtet, erscheint auf den ersten Blick wie eine beiläufige Sammlung von lose aneinandergereihten Eindrücken und Erlebnissen eines Sommergastes in einem kleinen Ort in New England – ein erzählerisches Verfahren, das Jewett bereits in ihrem ersten Buch *Deephaven* (1877) angewandt hatte. Jede der Episoden des Buches ist von Interesse, aber keine ist wirklich zentral für das Buch. Was sie verbindet, ist die Stimmung eines Sommers, zu der sie beitragen und die schließlich dazu führt, daß Besucher wie Leser gleichermaßen in eine Gemeinschaft und einen Stimmungsraum aufgenommen werden. Diese Stimmung wird nicht von einzelnen Objekten oder Ereignissen getragen. Sie entsteht vielmehr aus deren Einbindung in eine imaginäre Ganzheit, die nur die Literatur zu erschaffen vermag. Aus der vergessenen Region wird bei Jewett auf diese Weise ein Raum der Suggestion – ein Verfahren, mit dem sie die amerikanische Regionalliteratur an den literarischen Symbolismus und Impressionismus heranführt.

Gleichartige Stimmungsräume gibt es bei Freeman kaum. Der Haupt-

Formen weiblicher Selbstbehauptung

Sara Orne Jewett

akzent ihrer Geschichten liegt auf der Erfahrung eines sozialen Zwangs und der darauf folgenden unerwarteten Selbstbehauptung. Die Grundfigur ihrer Geschichten – die heroische Transformation vermeintlicher Überflüssigkeit und Wertlosigkeit in Selbstwert – kann sich nur vor dem Vorwurf der Sentimentalität und Idealisierung bewahren, wenn möglichst nüchtern, direkt und ohne Ausschmückung erzählt wird. Freemans Welt verlassener, vergessener und verkannter Individuen suggeriert starke Emotionen und heftige innere Konflikte, doch werden diese nicht selbst zum Darstellungsgegenstand, sondern lediglich in einsilbigen Antworten und demonstrativen Gesten evoziert, die als Korrelat heftiger Gefühlsbewegung dienen und in ihren besten Geschichten bereits auf die moderne Kurzgeschichte vorausweisen. Dieses Prinzip der Wirkungssteigerung durch Reduktion kommt in Freemans Kurzgeschichten am besten zur Geltung. Zu ihrem Gesamtwerk gehören aber auch drei Romane, *Jane Field* (1893), *Pembroke* (1894), und *The Portion of Labor* (1901), von denen *Pembroke* eine packende Studie neuengländischer Halsstarrigkeit und Gefühlsverriegelung darstellt und sich *The Portion of Labor* mit seiner Darstellung des harten Überlebenskampfes in einer neuengländischen Industriestadt in beeindruckender Weise an die von Davis und Phelps begründete Tradition des Sozialromans anschließt.

Die Entromantisierung der in der *local color fiction* imaginierten Region und deren Umdeutung als Bereich sozialer Enge und Zwanghaftigkeit kennzeichnet auch die weitere Entwicklung der Regionalliteratur vor allem des mittleren Westens, für die sich die Bezeichnung literarischer Regionalismus eingebürgert hat. Eines der eindringlichsten, in gewisser Weise auch kuriosesten Beispiele dieses ›grimmigen‹ Regionalismus stammt von dem Redakteur und Herausgeber eines Provinzblättchens in Kansas, der sich seine Bitterkeit über die Trostlosigkeit seiner Umgebung spontan und ohne jede literarische Vorbildung von der Seele schrieb. Man kann die Begeisterung, die Howells und Twain über Edgar W. Howes Roman *The Story of a Country Town* (1884) zeigten, noch heute nachvollziehen, denn was dem Buch an Struktur fehlt, macht der literarische Autodidakt Howe durch die Kompromißlosigkeit seines Kleinstadtporträts mehr als wett. Für Howe eignet dem Pionier ganz und gar nichts Heroisches. Vielmehr handelt es sich um jemand, der im Osten nicht zurecht gekommen ist und der somit das Ergebnis einer radikalen Negativauslese darstellt. Die Folge ist eine Welt emotionaler Selbstverstümmelung und neurotischer Gefühlsverriegelung, die in der Erzählerstimme des heranwachsenden Ned, ihrer Unfähigkeit zur Ordnung der eigenen Beobachtungen und ihrem auffälligen Wiederholungszwang unmittelbar erfahrbar wird. In diesem Sinne ist *The Story of a Country Town* einer der wenigen Texte der amerikanischen Regionalliteratur, in dem nicht über eine Region gesprochen wird, sondern diese selbst eine Stimme findet. Das wird deutlich im Vergleich mit einem anderen oft genannten Beispiel des Regionalismus, Joseph Kirklands Roman *Zury: The Meanest Man in Spring County. A Novel of Western Life* (1887), in dem die zusammenfassende und deutende Stimme des gebildeten Erzählers bewahrt ist, um die Geschichte des Pioniers als eine zwar egoistischer, aber letztlich doch erfolgreicher und in ihrer listigen Schrulligkeit sogar oft vergnüglicher Selbstbehauptung erzählen zu können.

Komplexer liegt der Fall bei dem wohl bekanntesten Regionalisten der Zeit, Hamlin Garland, der seine Geschichten über das Leben in einem trostlosen ländlichen Mittelwesten schrieb, nachdem er selbst diese Welt zugunsten des literarischen Lebens im Intellektuellenmilieu der Ostküste verlassen hatte. Sein Wunsch, die ganze Härte und Unversöhnlichkeit dieser

Mary Wilkins Freeman

›Grimmiger‹ Regionalismus

Hamlin Garland

Hamlin Garland

Welt darzustellen, bringt ihn dazu, zwischen 1887 und 1890 eine Reihe eindrucksstarker Geschichten zu schreiben, die in den Bänden *Main-Travelled Roads* (1891) und *Prairie Folks* (1892) veröffentlicht werden. In vielen von ihnen dominiert die Figur des stolzen, aber auch schuldbewußten Heimkehrers. Die Darstellung der Region erfolgt nicht wie bei Howe gleichsam von innen heraus, sondern mit dem frischen und um so betroffeneren Blick desjenigen, dem es gelungen ist, diese Welt hinter sich zurückzulassen und der nunmehr mit Schuldgefühlen, aber auch mit der nicht mehr zu leugnenden Distanz des im Osten avancierten verlorenen Sohnes, auf die Schäbigkeit und Hoffnungslosigkeit des Lebens seiner eigenen Familie blickt. In dem Roman *Rose of Dutcher's Cooly* (1895) erzählt Garland die Geschichte des spannungsvollen Verhältnisses zwischen beiden Welten noch einmal als Geschichte der jungen Rose Dutcher, die trotz unbeirrter Familienloyalität die heimische Farm verläßt, weil sie ihr keine intellektuellen Entwicklungsmöglichkeiten bietet. Ihre Aufstiegsgeschichte präsentiert den Konflikt, zu dem Garland immer wieder zurückkehrte, dementsprechend in umgekehrter Form, nicht als Heimkehr, sondern als Aufbruch in unverhoffte Möglichkeiten individueller Selbstverwirklichung in der neuen Metropole Chicago.

Der amerikanische Realismus

Probleme des Realismus-Begriffs

Mit dem Begriff Realismus verbinden sich Assoziationen besonderer Wirklichkeitstreue und ›Objektivität‹ in der literarischen Darstellung. Ein ›objektives‹ Abbild der Realität kann es jedoch nicht geben, weil jede Darstellung der Wirklichkeit zugleich auch deren Interpretation ist. Was in einer Generation als realistisch angesehen wird, erscheint daher der nächsten bereits als unwirklich und konventionell. Das Attribut ›realistisch‹ signalisiert somit einen ›Realitätseffekt‹, der dadurch zustande kommt, daß die literarische Darstellung einen kulturellen Konsens über das artikuliert, was jeweils als ›wahr‹ oder ›real‹ angesehen wird. Dieser Konsens ist jedoch selbst ständigem Wandel unterworfen und daher Gegenstand konstanter Redefinition. In diesem Sinne dient der realistische Roman auch als Erkundung der Möglichkeit einer neuen Bestimmung von Wirklichkeit, stellt er einen Versuch dar, Einfluß zu nehmen auf die Definition dessen, was als ›wirklich‹ angesehen wird, verspricht er ein ›Abbild‹ von Wirklichkeit, um diese in konsensstiftender Weise neu definieren zu können. Der realistische Roman des *Gilded Age* kann dafür als Beispiel dienen. Ohne daß der Begriff Realismus anfangs eine Rolle spielt, bildet sich eine neue Form des Romans in dem Versuch heraus, der Literatur eine verstärkt zivilisationsbildende und zivilisationskritische Bedeutung zu geben, bis sich das Konzept des Realismus an einem Punkt als nützlich erweist, um dem eigenen Projekt Autorität und Legitimation zu verleihen. Die amerikanischen Realisten der Zeit entwickeln mit anderen Worten nicht eine bestimmte Form des Romans, um ein Programm des Realismus in die Praxis umzusetzen, sondern sie entdecken die Brauchbarkeit eines solchen Programms, um ihre Form des Romans zu rechtfertigen.

Um Einfluß auf die Gesellschaft zu gewinnen, mußte sich die Literatur nach Meinung der späteren Realisten ›modernisieren‹. Für eine zivilisationskritische Darstellung, in der nicht wie in der Vergangenheit das heroische Einzelschicksal im Mittelpunkt stand, sondern das gesellschaftliche Leben der Gegenwart, bot der amerikanische Roman nach dem Bürgerkrieg jedoch aufgrund der Dominanz der Erzählmuster des historischen Romans so gut wie keine Vorbilder. Die Beschäftigung mit dem sozialen Alltag hatte man als ›trivial‹ im wesentlichen der *domestic novel* überlassen, die darin, wenn auch nicht in ihrem religiös geprägten Wirklichkeitsverständnis, als Vorläufer des Realismus angesehen werden kann. Die ersten Versuche der Nachkriegszeit verraten die Unsicherheit darüber, welches eine angemessene literarische Form gesellschaftlicher Inspektion sein könnte. De Forests Aktualisierung des historischen Romans in *Miss Ravenel's Conversion* bleibt an das epochale Ereignis des Bürgerkriegs gebunden. Brauchbarer erscheint der in der amerikanischen Kultur des 19. Jh.s allgegenwärtige Reisebericht als eine von Strukturzwängen freie Form des zivilisatorischen Vergleichs. Fast alle späteren Realisten beginnen ihre schriftstellerische Tätigkeit in diesem Genre. Der Reisebericht leidet jedoch unter dem Mangel, keine zusammenhängende Geschichte zu erzählen. In einem nächsten Schritt wird er daher zum Reiseroman bzw. zur *international novel* ausgeweitet, die es erlauben, Fragen des Kulturkontakts und des Kulturvergleichs zu behandeln und dabei die Paarbeziehung zum Testfall der Möglichkeit eines wechselseitigen kulturellen Lernprozesses zu machen. ›Realistisch‹ ist das Genre der Tendenz nach bereits darin, daß dabei die Geschichte kultureller Begegnung als die einer heilsamen Desillusionierung erzählt wird und zunehmend mit einer individuellen Entwicklungsgeschichte verbunden wird. Anfang der 80er Jahre beginnt Howells, dieser individuellen Entwicklungsgeschichte eine verstärkt zeitkritische Dimension zu geben. In *A Modern Instance* (1882) setzt er sich mit dem gesellschaftlichen Phänomen der Scheidung auseinander, in *The Rise of Silas Lapham* (1885) liefert er ein Porträt des neuen Typus des ›egoistischen‹, prinzipienlosen *businessman*. James wendet sich unter dem Einfluß des europäischen Realismus, den er als einzig ernstzunehmende Avantgardebewegung der Zeit betrachtet, in zwei für sein Gesamtwerk ansonsten ungewöhnlichen Romanen, *The Bostonians* (1886) und *The Princess Casamassima* (1886), zeitgenössischen politischen Bewegungen zu.

Bis etwa 1885 spielt der Begriff Realismus in diesen fortlaufenden Versuchen, dem Roman eine zivilisationskritische Funktion zu geben, keine besondere Rolle. Als Howells 1882 seinen viel diskutierten Aufsatz »Henry James, Jr.« veröffentlicht, vermittelt er den Eindruck gemeinsamer programmatischer Ziele, aber beschreibt die neue Form des Romans in bezeichnender terminologischer Vagheit als »new American school«, die er den seiner Meinung nach obsoleten Klassikern des englischen Romans von Richardson über Dickens bis Thackeray gegenüberstellt. Howells' respektlose Bemerkungen über die Unzeitgemäßheit der englischen Romantradition rufen einen Entrüstungssturm in englischen Zeitungen und Magazinen hervor und führen auf beiden Seiten des Atlantiks zu Attacken auf den ›wissenschaftlichen Vivisektionshunger‹ der amerikanischen Realisten. Was zuvor eine mehr oder minder vage Darstellungstendenz war, wird im Sperrfeuer des sogenannten ›Realismuskrieges‹ zu einer umkämpften Bewegung mit Avantgarde-Nimbus, zu deren Kennzeichnung Howells erst ab 1886 regelmäßig den Begriff Realismus verwendet. Er beginnt seine neue Kolumne in *Harper's Monthly*, »The Editor's Study«, dazu zu benutzen, die Konturen eines realistischen Programms zu entwerfen, das schließlich in einer überhastet und ohne Sorgfalt zusammengestellten Auswahl unter dem

Anfänge des realistischen Romans

»Howells und James bei der Betrachtung des modernen *plots*, in dem nichts passiert«

Der sogenannte ›Realismuskrieg‹

Titel *Criticism and Fiction* (1891) erscheint. Als einzig annähernd systematischer Versuch der Zeit, das Manifest eines eigenständigen amerikanischen Realismus zu entwerfen, hat der Band positive und negative Auswirkungen: Er liefert einen wichtigen Beitrag zur Autorisierung einer neuen Form des Romans, aber er verbindet die Definition dieser neuen Form mit Formulierungen und Thesen, die oft nur aus einer bestimmten polemischen Konstellation erklärlich sind und daher für ein Verständnis des amerikanischen Realismus nur begrenzten Aussagewert besitzen.

Howells' wiederholte Aufforderung, die Realisten sollten sich dem alltäglichen und »gewöhnlichen« Leben zuwenden, vermag beispielsweise nicht zu erklären, was James oder auch Twain mit diesem Realismus verbindet. Hilfreicher ist es, beim Wirklichkeitsverständnis anzusetzen: Geistesgeschichtlich gesehen, handelt es sich um den Versuch, ein neues, postmetaphysisches Wirklichkeitsverständnis zu etablieren und dabei Erfahrung im empirisch-positivistischen Sinn zur Basis einer intersubjektiven Erkenntnis- und Konsensfähigkeit zu machen. Was ansonsten sehr verschiedene

Erfahrung vs. romance

Autoren wie Howells, James und Twain miteinander verbindet, ist ihre Betonung der Notwendigkeit, der eigenen Erfahrung zu trauen und nicht den tradierten Erklärungsmustern der Religion und einer literarischen Konvention, für die Howells und Twain den polemischen Kampfbegriff *romance* benutzen. Die Popularität dieser *romance*, verstanden als eine infantile Tendenz zur Idealisierung, Romantisierung und zwanghaften Wirklichkeitsverkennung, wird zum Symptom für eine der Kultur inhärenten Schwäche, die ihrem Fortschritt im Wege steht. Das dominante Genre des amerikanischen Realismus ist dementsprechend zunächst das der Bildungs- und Entwicklungsgeschichte, in der repräsentative Charaktere, deren Wahrnehmung der Wirklichkeit durch kulturelle Konventionen und nicht zuletzt durch Bücher verstellt ist, mit den schmerzlichen Konsequenzen ihrer eigenen Wirklichkeitsverkennung konfrontiert werden. Spätere Kritiker des Realismus des *Gilded Age* haben auf der Suche nach einem kompromißlos-harten sozialkritischen Realismus vor allem daran Anstoß genommen, daß es immer wieder schwierige oder unglückliche Paarbeziehungen sind, die im

Paarbeziehung als Ort sozialer Erfahrung

Zentrum stehen. Das traditionelle Romanmotiv der *courtship and marriage* bleibt ein wichtiges Thema des realistischen Romans der Zeit, weil sich an ihm seine zentrale Frage – die nach den Möglichkeiten und Hindernissen einer angemessenen Wahrnehmung von Wirklichkeit – besonders einprägsam veranschaulichen läßt. Diese Wahrnehmungsproblematik muß sich im Verhältnis der Geschlechter intensivieren, weil die Wahrnehmung des anderen zunächst auf jene Eindrücke verwiesen bleibt, die durch die öffentliche Erscheinung geschaffen werden, und die Versuchung imaginärer Besetzung somit besonders stark ist. Für den realistischen Roman kann die Paarbeziehung daher als Paradebeispiel für einen Erfahrungsprozeß dienen, in dessen Verlauf die Beteiligten lernen müssen, sich von ihren imaginären Projektionen und emotionalen Fixierungen zu lösen. Das Gelingen oder Scheitern einer Verbindung wird zum Testfall der Wahrnehmungs- und Lernfähigkeit eines literarischen Charakters und die Paarbeziehung zum exemplarischen Ort sozialer Erfahrung.

Dialog über gesell-schaftliche Defizite

Wirkungsästhetisch gesehen, bietet die Annahme einer erkenntnisbildenden Kraft sozialer Erfahrung die Aussicht, die Literatur zum Medium eines gemeinsamen Dialogs über den Stand und die verbleibenden Defizite der amerikanischen Gesellschaft zu machen. Dementsprechend sind die Schlüsselbegriffe der Realismustheorie von Howells allesamt solche der Gemeinschaftlichkeit und der sozialen Verbundenheit: *complicity, fraternity, solida-*

rity, common vision, common experience, common sense, ordinary experience sind Varianten eines Vokabulars der Demokratisierung, mit dem auf immer neue Weise das Ideal einer gemeinschaftsstiftenden Erkenntnisfähigkeit beschworen wird. Stellt nun aber die Erfahrung eine im Prinzip allen gleichermaßen zugängliche Erkenntnisgrundlage dar und ist diese Erfahrungsfähigkeit andererseits noch durch kulturelle Tradition verstellt, so fällt dem Roman die Aufgabe zu, diese Erfahrungsfähigkeit zu sichern und zu verstärken. Dazu gehört vor allem, daß die Leser nicht bevormundet, sondern als gleichberechtigte Gesprächspartner angesehen werden.

Die meisten der erzähltechnischen Neuerungen des realistischen Romans haben hier ihren Grund. Das gilt vor allem für die Rücknahme der auktorialen Erzählerstimme, deren Urteile und Attribuierungen im Verlauf der Entwicklung ständig zurückgehen (am entschiedensten in Twains *Huckleberry Finn*). Dieser Prozeß hat eine paradoxe Wirkung: Durch die zunehmend ›dramatische‹ Methode der Präsentation, für die das Werk Turgenevs entscheidende Anregungen gibt, wird einerseits die 'Objektivität' der Darstellung verstärkt, weil der Eindruck, der Realität unmittelbar gegenüber zu treten, nicht mehr durch die Erzählereinrede gestört wird. Damit ist jedoch nur scheinbar Sicherheit in der Wirklichkeitswahrnehmung geschaffen. Denn da mit der Rücknahme der Erzählerstimme auch die Attribuierung zurückgeht, wird Lesen verstärkt zu einem aktiven Prozeß ständiger Hypothesenbildung (am deutlichsten bei Henry James), in dem der Leser auf der Basis einer prinzipiell vertrauten Lebenswelt Vermutungen anstellen muß, die sich – wie im Erfahrungsprozeß des Lebens selbst – bewähren oder enttäuscht werden. Dieser Prozeß der Hypothesenbildung wird durch einen für den realistischen Roman charakteristischen Detailreichtum (*verisimilitude*) im Aufbau der fiktiven Welt ständig neu entfacht, denn mit jedem neuen Objekt und jeder neuen Beobachtung wird der Leser gezwungen, Bezüge zu einem Gesamtzusammenhang herzustellen, die notwendigerweise auf Vermutungen aufgebaut sind. Dazu paßt die Entheroisierung und ›Veralltäglichung‹ der Charaktere, die dem Leser das Gefühl von Zuständigkeit geben sollen, die aber in ihrer Enttypisierung (die sie zu komplexen individuellen Charakteren macht) und in ihrer unsteten oder unfertigen Identität ebenfalls fortlaufender Interpretation bedürfen. Zum Realitätseffekt trägt auch die dezidierte Entpoetisierung der Sprache bei, zur immer neuen Hypothesenbildung eine antitraditionalistische ›Offenheit‹ der Form, die von der zeitgenössischen Kritik oft als Formlosigkeit empfunden wurde, in der aber die Unabschließbarkeit jeder Interpretation von Welt Gestalt angenommen hat. Zur Wendung gegen Strukturen emotionaler Festlegung gehören die gezielte Entmelodramatisierung und die oft demonstrative Ereignislosigkeit der Handlung, detaillierte, tendenziell ›endlose‹ Charakterisierungen, distanz- und nicht identifikationsfördernde Darstellungsstrategien, sowie die gelegentliche Verweigerung des traditionellen *happy ending*. Entgegen einer heute oft geäußerten Kritik an der ›polizeilichen Überwachungstendenz‹ des Realismus kann der realistische Roman somit in seiner klassischen Phase als ein fortlaufendes Experimentieren mit dem Abbau von (kultureller und erzählerischer) Vormundschaft und einer Freisetzung und Aktivierung des Lesers begriffen werden.

Erzähltechnische Neuerungen

Die Rolle des Lesers

William Dean Howells

William Dean Howells war die zentrale Figur des literarischen Lebens der Periode nach dem Bürgerkrieg. Als junger, literarisch interessierter Mann, der im Mittelwesten aufwächst, verfolgt er die Entstehung einer quasi-sakralen ›Institution Literatur‹ in New England mit großer Anteilnahme und Bewunderung. Seine fast ehrfürchtige Annäherung an die Literatur ist jedoch von Anfang an geprägt von der Suche nach einer genuin amerikanischen Form, die sich aus der Orientierung an europäischen Traditionen befreit und zu einer eigenen Stimme und Ästhetik findet. Die ersten Reisebücher, *Venetian Life* (1866) und *Italian Journeys* (1867), sind Auseinandersetzungen mit einer ästhetisch eindrucksvollen, aber dekadent anmutenden europäischen Kunst, deren Brauchbarkeit für das Selbstverständnis der jungen Nation in Frage steht. Mit seinem dritten Buch, *Their Wedding Journey* (1872), wendet sich Howells, ebenfalls im Genre des Reisebuches, einer Inspektion des zivilisatorischen Potentials des eigenen Landes zu. Obwohl der Begriff Realismus selbst noch nicht verwandt wird, sind Vorüberlegungen zu einer spezifisch amerikanischen Version des realistischen Projekts bereits präsent. Howells' Plädoyer für eine verstärkte Wirklichkeitszuwendung der Literatur ist eng mit der Funktion verbunden, die er ihr zuweist: In einer Gesellschaft, die ihr eigenes Potential bisher nicht hinreichend realisiert hat, fällt der Literatur die Aufgabe zu, dieses gerade in der unspektakulären Durchschnittlichkeit des amerikanischen Lebens sichtbar zu machen. Dem Schriftsteller, der weder auf heroische Abenteuer, noch herzzerreißende Melodramen, noch den verführerischen Glanz aristokratischer Umgangsformen zurückgreifen kann, muß es gelingen, die Poesie in der amerikanischen Alltagsexistenz herauszuarbeiten, um dem Leser zu helfen, sich auf das demokratische Versprechen des eigenen Landes zu besinnen. In demonstrativer ›Ereignislosigkeit‹ wird *Their Wedding Journey* allein durch die lose Chronologie einer zehn Jahre ›verspäteten‹ (und darin auf programmatische Weise entromantisierten) Hochzeitsreise zusammengehalten, die es dem Erzähler erlaubt, eine Vielzahl von Beobachtungen zum gegenwärtigen Stand und zu den verbleibenden Defiziten der amerikanischen Zivilisation in einer Form aneinanderzureihen, die dem Buch den Charakter eines fortlaufenden Gesprächs über das Selbstverständnis der amerikanischen Gesellschaft gibt. Diese ›Konversationsstruktur‹, in der Beobachtungen und Erfahrungen in einer Serie von Gesprächen retrospektiv diskutiert und interpretiert werden, bildet das zentrale Organisationsprinzip des Werkes von Howells. Es erklärt dessen Anleihen beim Gesellschaftsroman (*novel of manners*) und die damit verbundene Beschränkung des Personenspektrums auf einen überschaubaren Kreis von Charakteren, die sich im fortlaufenden Kommunikations- und Interaktionsprozeß um eine ›Sozialisierung‹ individueller Erfahrung bemühen.

Die Paarbeziehung bleibt das dominante Thema der Romane von Howells bis in die frühen 80er Jahre. In *A Chance Acquaintance* (1873) geht es im Zusammentreffen zwischen der selbstbewußten Kitty Ellison aus dem Westen und dem aristokratisch-steifen Gentleman Arbuton aus Boston um die Frage der Gesprächsfähigkeit zwischen beiden Regionen, in *A Foregone Conclusion* (1875) wird das Motiv auf die Frage nach der Kommunikationsfähigkeit zwischen europäischer und amerikanischer Zivilisation ausgeweitet und mit dem ›internationalen Thema‹ verbunden, das zu jener Zeit im Werk des Freundes Henry James dominiert. Als Redakteur des angesehensten literarischen Monatsmagazins der Zeit, *The Atlantic Monthly*, hatte

---

›Poesie‹ der amerikanischen Alltagsexistenz

Konversationsstruktur des Realismus

Howells James von Anfang an unterstützt, so wie er durchweg ein unbeirrter Förderer neuer Talente und literarischer Strömungen bleiben sollte. Parallel zu seinem zunehmenden Einfluß wachsen auch Howells' literarische Ambitionen. Die Form des Romans, die er in den 70er Jahren entwickelt hatte – die Geschichte einer Paarbeziehung mit starkem Akzent auf der ›Poesie‹ der amerikanischen Alltagsexistenz – hatte ihm Anerkennung und finanzielle Sicherheit eingebracht, aber war nicht mit dem Werk von europäischen Realisten wie Turgenev oder George Eliot auf eine Stufe zu stellen. »Henry James, Jr.«, der 1882 veröffentlichte Aufsatz über das Werk des Freundes, formuliert die Prioritäten einer neuen 'analytischen' Form des Romans: den Vorrang der Charakterisierung vor der (melo)dramatischen Handlung, die Rücknahme der Erzählereinrede zugunsten einer 'objektiven', 'dramatischen' Darstellungsweise, den Vorrang eines 'offenen' Endes vor den Scheinlösungen des *happy ending*.

Zeitgenössische Karikatur des realistischen Romans: Howells mit seinem Seziermesser

Howells' ›Entzauberung‹ der Fiktion löst eine heftige literarkritische Auseinandersetzung zwischen ›Idealisten‹ und ›Realisten‹ auf beiden Seiten des Atlantiks aus, in dem die englischen Kritiker bereits auf seinen bis dahin ambitiösesten Roman *A Modern Instance* (1882) Bezug nehmen können, in dem sie nur 'vulgäre Gestalten' erblicken. In der Geschichte von Marcia Gaylord und dem *self-made man* Bartley Hubbard geht es wiederum um die Frage nach der Gesprächs- und Entwicklungsfähigkeit der Charaktere – ein Thema, das Howells nunmehr allerdings durch die Ausweitung des Gesellschaftsausschnitts zu einem Test der Kommunikationsfähigkeit verschiedener sozialer Gruppen vertieft. Der Test verläuft negativ, im Zentrum des Buches steht eine für die Literatur der Zeit ›unerhörte‹ Scheidung. Howells glaubte, mit dem Motiv der Scheidung ein Thema von so zentraler nationaler Bedeutung gefunden zu haben, wie es das der Sklaverei vor dem Bürgerkrieg war.

A Modern Instance

The Rise of Silas Lapham (1885), Howells' wohl bekanntester Roman, setzt mit der Wahl des cleveren Geschäftsmannes und sozialen Aufsteigers Silas Lapham die Ausweitung des sozialen Wirklichkeitsausschnitts fort, etabliert mit dem *businessman* einen neuen Typus und Helden der amerikanischen Literatur und nutzt in einem zweiten Handlungsstrang das *courtship*-Szenario zur Diskussion der Möglichkeit einer Verbindung zwischen etablierter *gentry* und den sozial ungelenken Profiteuren des neuen Materialismus. Die anhaltende Popularität des Romans hat gewiß etwas mit der starken symbolischen Kontrolle seines Materials zu tun: In der nahezu symmetrischen Verbindung von ökonomischem Erfolg und moralischem Versagen wird eine Kausalität etabliert, die am Ende in Umkehrung des Schemas aus Laphams ökonomischem Mißerfolg die Möglichkeit moralischer Regeneration ableitet; in der Geschichte des Baus eines repräsentativen Hauses und dessen Zerstörung durch ein Feuer wird eine griffige Analogie für Laphams gesellschaftlichen Aufstieg und Niedergang gefunden; in den Mißverständnissen und kleinen emotionalen Dramen des *courtship*-Szenarios ist eine Möglichkeit gegeben, die Wirklichkeitsflucht populärer Liebesromane zu geißeln, die im Monolog des Pastors Sewell zur kategorischen Absage an die literarische Konvention des sentimentalen Selbstverzichts führt.

The Rise of Silas Lapham

Schon im Moment der Konsolidierung des realistischen Projekts deutet sich freilich dessen Radikalisierung an. Sie erhält im Fall von Howells wesentliche Anstöße durch eine Zuspitzung sozialer und politischer Konflikte, die im Jahr 1886 zu einem Todesurteil für neun Anarchisten aus Chicago führt (*Haymarket*), das Howells so sehr empört, daß er in öffentli-

Radikalisierung des realistischen Projekts

Jacob A. Riis, *How the other half lives* – das Elend der New Yorker Slums (1890)

chen Protesten seine gesamte Reputation aufs Spiel setzt. Seine anfangs zuversichtliche Sicht Amerikas beginnt sich einzutrüben. Wie für viele andere Intellektuelle der Zeit rückt die ›soziale Frage‹ ins Zentrum seiner Beschäftigung mit der amerikanischen Gesellschaft. Howells entdeckt die Romane und sozialkritischen Schriften Tolstois (insbesondere dessen Essay ›Was tun?‹) und erklärt sie zum Vorbild eines Realismus der schonungslosen Sozialkritik. Seine Romane beginnen über die Paarbeziehung und den kleinen Zirkel des Gesellschaftsromans hinauszugehen, sich im Wirklichkeitsausschnitt auf die neuen urbanen Realitäten auszuweiten und in der Darstellung politischer und sozialer Mißstände zu radikalisieren. Mit *The Minister's Charge, or The Apprenticeship of Lemuel Barker* (1886), *Annie Kilburn* (1889) und *A Hazard of New Fortunes* (1890) legt Howells drei Sozialromane vor, von denen *A Hazard of New Fortunes* heute als eines der wichtigsten und gelungensten Beispiele des amerikanischen Realismus gilt.

A Hazard of New Fortunes

Daß Howells sich mit der literarischen Umsetzung seiner nunmehr christlich-sozialistischen Überzeugungen schwer tut, läßt sich daran ablesen, daß er im Zuge der sozialkritischen Radikalisierung seines Werkes zunehmend zum erzählerischen Mittel der Predigt oder des Monologs greift, die zwar die Eindeutigkeit und Unmißverständlichkeit der Botschaft garantieren, aber zugleich auch die dialogische Struktur früherer Romane auflösen. Mit den sogenannten ›Altrurian Romances‹ *A Traveler from Altruria* (1894) und *Through the Eye of a Needle* (1907) übernimmt er unter dem Einfluß von Bellamys *Looking Backward* und der folgenden Welle utopischer Romane vorübergehend die Form der literarischen Utopie mit ihrem primär monologisierendem Darstellungsmodus. In all diesen Stufen der Radikalisierung wird zunehmend deutlicher, daß das realistische Projekt an die Grenzen seiner Möglichkeiten gestoßen ist. Im zuversichtlich begonnenen

Monologisierungstendenz

Versuch, Erfahrung im Sinne einer allen gleichermaßen zugänglichen Form der Erkenntnis zur Grundlage eines gemeinschaftlichen Dialogs über den Stand und die Entwicklung der amerikanischen Zivilisation zu machen, ist der realistische Gesellschaftsroman in Wirklichkeitsbereiche vorgedrungen, die dem anfänglichen Vertrauen in die konsensbildende Kraft sozialer Erfahrung in wachsendem Maße widersprechen.

Als 1904 die *American Academy of Arts and Letters* gegründet wird, wird Howells ihr erster Präsident. Seine Autorität ist auch nach 1900 groß, sein Ruf als ›Dean of American Letters‹ unangetastet. Zugleich beginnt er aber auch, für eine jüngere Generation zur Symbolfigur eines prüden Viktorianismus zu werden. Norris spricht von »teacup tragedies«, Sinclair Lewis in seiner Nobelpreisrede von 1930 vom Darling des Pfarrers und der alten Jungfer. Es bedurfte der geduldigen Arbeit einer Reihe von Howells-Spezialisten nach dem Zweiten Weltkrieg, dieses Bild zu korrigieren und gegen den Mythos vom hasenfüßigen Viktorianer in Erinnerung zu rufen, wie mutig und konsequent seine Haltung in jenen politischen und künstlerischen Fragen sein konnte, die ihm wichtig waren. Wo er kompromißbereit war, entsprang das seiner Überzeugung, daß sich das Individuum immer wieder der Herausforderung stellen muß, eigene Wünsche und soziale Anforderungen miteinander zu vermitteln. Das ist letztlich auch das Ziel seiner Form des Realismus. Dessen wichtigste Elemente haben allesamt die Funktion, eine Erfahrung von gemeinsam gelebter und erfahrener Wirklichkeit zu schaffen, die die Basis abgeben könnte für eine Realisierung des demokratischen Potentials der amerikanischen Gesellschaft.

Gegensätze der Howells-Rezeption

Henry James

Das beeindruckend vielschichtige Gesamtwerk von Henry James umspannt den gesamten Zeitraum der in diesem Kapitel behandelten Epoche. Die ersten Geschichten entstehen noch vor Ende des Bürgerkriegs, die letzten Texte während des Ersten Weltkriegs. Auch literarhistorisch gesehen könnte die Spannweite kaum größer sein. James' erster Roman *Watch and Ward*, 1871 in *The Atlantic Monthly* als Fortsetzungsroman und 1878 als Buch veröffentlicht, gehört noch zum Genre der *domestic novel*. Mit *The Portrait of a Lady* (1881) entsteht ein Roman, den viele Kritiker als den eigentlichen Höhepunkt des amerikanischen Realismus ansehen. Als sich die Erkenntniszuversicht der klassischen Phase des amerikanischen Realismus einzutrüben beginnt, schafft James mit Erzählungen wie »The Figure in the Carpet« (1896) und »The Turn of the Screw« (1898) wirkungsästhetisch raffiniert kalkulierte Erkenntnis- und Interpretationsfallen, die für die postmoderne Literaturkritik zu Gleichnissen des ›Geheimnisses‹ der Literatur geworden sind. In den beeindruckenden Spätwerken *The Wings of The Dove* (1902), *The Ambassadors* (1903) und *The Golden Bowl* (1904), die den Höhepunkt seines Schaffens bilden, wird der Erkenntniszweifel der 90er Jahre in einer neuen Kunst der bewußtseinsgeleiteten ›Konstruktion‹ von Wirklichkeit aufgefangen und in ein perspektivisches Wirklichkeitsverständnis überführt, das bereits moderne Züge trägt. In Rezensionen und literarkritischen Essays formuliert James Einsichten in die Wirkungsweise literarischer Darstellungsverfahren, die zu einem wesentlichen Ausgangspunkt der Theorie des Romans im 20. Jh. werden und James zum Wegbereiter einer Literaturwissenschaft machen, die Fragen der formalen Struktur des literarischen Werkes besondere Aufmerksamkeit schenkt.

Henry James um 1861. Porträt von John LaFarge

Probleme post-metaphysischer Wirklichkeitserkenntnis

Das Grundproblem, das sich aus der realistischen Wendung gegen das privilegierte Sehertum der Romantik und die Autorität religiöser Erklärungsmuster ergab, war das, wie denn Erkenntnis anders gewonnen werden könnte. Läßt sich Wirklichkeitserkenntnis nicht mehr durch religiöse oder andere Formen der Offenbarung begründen, dann wird das Individuum auf eigene Beobachtungen und Erfahrungen zurückverwiesen. Diese aber können sich nur als produktiv erweisen, wenn das Individuum in der Lage ist, Zusammenhänge zwischen einzelnen Phänomenen herzustellen. Dazu bedarf es zum einen eines geschärften Bewußtseins, das Erfahrungen bewußt aufzunehmen und sinnvoll miteinander zu verbinden vermag, zum anderen einer gewissen Selbständigkeit der Erfahrungsverarbeitung, denn jedes Leben erbringt andere und neue Erfahrungen. Die Fähigkeit zur selbständigen Erfahrungsverarbeitung kann daher auch nicht ›gelernt‹ werden. Sie kann bestenfalls als Modus des Umgangs mit einem unaufhörlichen Strom von Beobachtungen und Eindrücken anschaulich gemacht werden. Für James vermag die Literatur dazu auf zweierlei Weise beizutragen: Sie kann Charaktere zeigen, die mit eben jenem Problem einer selbständigen Erfahrungsverarbeitung konfrontiert sind, und sie kann dem Leser selbst Modelle der mentalen Verarbeitung von Erfahrung anbieten. Letzteres erklärt die außergewöhnliche Rolle, die Bewußtseinsprozesse im Werk von James einnehmen, ersteres macht verständlich, warum individuelle Entwicklungsgeschichten sein Werk lange Zeit dominieren.

Geschichten exemplarischer Bewußtwerdung

Geschichten exemplarischer Bewußtwerdung stehen im Zentrum des gesamten Werkes von James. Das junge – tatsächlich oder im übertragenen Sinne ›verwaiste‹ und erfahrungslose – Mädchen (*American girl*) ist zunächst die bevorzugte Figur, mit der James der Frage nach den Möglichkeiten und Konsequenzen einer Befreiung aus kultureller Vormundschaft nachgeht. In einer seiner berühmtesten Erzählungen, »Daisy Miller« (1879), sind die Folgen fatal. Die auch im sozialen Sinne ›unschuldige‹ amerikanische Heldin isoliert sich durch ihre unkonventionellen Kontakte mit einer nicht standesgemäßen Halbwelt Roms und stirbt an den Folgen eines ungebührlichen nächtlichen Besuchs im Colosseum, dessen tückische Bazillen sie unterschätzt. Daisy Miller – das macht die emotionale Wirkung der Geschichte aus – ist ›selbst schuld‹ und dennoch Opfer, weil die gute Gesellschaft ihren Erfahrungshunger abgeblockt hat. Auch die Titelfigur des Romans *Roderick Hudson* (1876) und Christopher Newman, der zupackende Geschäftsmann aus *The American* (1877), scheitern in der Begegnung mit einer europäischen Kultur und Gesellschaft, der sie letztlich nicht gewachsen sind. Alle diese Werke der 70er Jahre sind im Genre der *international novel* verfaßt. Es erlaubt James, die individuelle Entwicklungsgeschichte in den breiteren Kontext eines Zivilisationsvergleichs einzubetten, in dem der Mangel an sozialer Erfahrung, durch den die ›unschuldigen‹ Repräsentanten der Neuen Welt charakterisiert sind, mit der in Jahrhunderten gewachsenen, aber moralisch schuldbeladenen ›Zivilisiertheit‹ der Alten Welt konfrontiert werden kann. Im Gegensatz zu Twain geht es James bei diesem Vergleich jedoch nicht einfach um einen Kontrast von Unschuld und Korruption, sondern um die Suche nach wechselseitiger Komplementierung. Denn für James besitzt die Alte Welt etwas, was der amerikanischen Gesellschaft fehlt: *manners* im Sinne nicht von sozialer Etikette, sondern von sozialer Form, in der das zivilisatorische Potential des Amerikaners Gestalt annehmen und soziale Wirksamkeit erlangen könnte.

›Billiger‹ englischer Raubdruck des *American*

international novel

Das Problem einer Vermittlung von *morals and manners* ist in beeindruckender Komplexität verdeutlicht in *The Portrait of a Lady* (1881), einem internationalen Roman, in dem die Themen und Motive der frühen Schaffensperiode von James zusammenlaufen. Der Roman erzählt die Geschichte eines ›Erziehungsexperiments‹ mit neuer Zuversicht und offensichtlicher Freude am Schauspiel einer sozialen Exploration – im Gegensatz etwa zu dem kurz zuvor entstandenen Roman *Washington Square* (1880), in dem es der jungen Catherine Sloper nicht gelingt, sich aus der tyrannischen Vormundschaft ihres Vaters zu befreien. In *The Portrait of a Lady* ist die repräsentative amerikanische Heldin, Isabel Archer, dagegen sich selbst überlassen und muß in einem langen, schwierigen Erfahrungsprozeß lernen, die Welt sozialer Formen zu verstehen und zu durchschauen. Der Beginn ihrer Lehrjahre in Europa zeigt vor allem ihre Unfähigkeit, das wahre Wesen des europäisierten ›Mitgiftjägers‹ Osmond und seiner Komplizin Mme. Merle zu erkennen. Auf der Suche nach Richtung und Form für ihren Idealismus erliegt Isabel einer typischen Gefahr der James'schen Welt: *manners* in ihrer europäischen Version des formvollendeten Umgangs bereits als Ausdruck innerer menschlicher Substanz zu betrachten und sie unbedacht mit zivilisatorischer Reife gleichzusetzen. Die veränderte Sicht von Wirklichkeit, auf die James zielt, wird in einem Schlüsselgespräch zwischen Isabel und Mme. Merle verdeutlicht. Während die Amerikanerin Isabel Archer, der wir im Roman zuerst bei der Lektüre eines Werkes des deutschen Idealismus begegnen, anfangs noch eine quasi transzendentalistische Sicht des Individuums als einer autarken, nur jenseits von Vergesellschaftung zu sich selbst kommenden Entität vertritt, insistiert Mme. Merle darauf, daß das Individuum erst in der sozialen Form ›Gestalt‹ und Identität gewinnt.

The Portrait of a Lady ist, darin typisch für die klassische Phase des amerikanischen Realismus der 80er Jahre, die Veranschaulichung eines exemplarischen Lernprozesses, in dem sich eine zivilisatorisch unfertige Figur durch ein Labyrinth sozialer und kultureller Einflüsse bis zu jenem Punkt vorarbeiten muß, an dem sie sich in einem fortlaufenden Erfahrungsprozeß gleichsam selbst zivilisiert hat. Das Ende des Romans, in dem Isabel freiwillig zu Osmond zurückkehrt, scheint dieser neu gewonnenen Selbständigkeit zu widersprechen und ist doch gerade als deren Bestätigung gedacht. Denn die Rückkehr bleibt Isabels eigener, selbstbestimmter Entschluß, in dem sich die Einsicht in ihren eigenen Anteil am Geschehen niederschlägt. Mit *The Portrait of a Lady* ist daher in der Geschichte des amerikanischen Realismus jener Punkt erreicht, an dem der viktorianische Glaube an die Notwendigkeit moralischer Vormundschaft durch die Zuversicht in das inhärente Zivilisierungspotential individueller Erfahrungsprozesse ersetzt wird. Wie auch bei Howells beginnt diese Zuversicht jedoch ab etwa 1885 einem verstärkten Bewußtsein der sozialen Determination solcher Erfahrungsprozesse zu weichen. Mit dem Beginn seiner ›mittleren Periode‹ wendet sich James vom internationalen Gesellschaftsroman ab und legt in bewußter Anknüpfung an den französischen Realismus und insbesondere den Sozialroman eines Zola zwei im Gesellschaftsausschnitt breit angelegte Romane vor, die »charakteristisch für unsere gegenwärtige soziale Lage« sein sollen. *The Bostonians* (1886) ist, in seinen Worten, ein Roman über »die Situation der Frauen ... wie auch die Agitation für ihr Anliegen«, *The Princess Casamassima* (1886) ein Roman über eine Gruppe politischer Terroristen in London. Beide Romane verdeutlichen, daß diese auf Veränderung zielenden politischen Bewegungen aus der Perspektive eines auf selbst-

The Portrait of a Lady

Selbstzivilisierung durch Erfahrung

Einfluß des französischen Sozialromans

Henry James um 1895

»*The Turn of the Screw*«

bestimmte Erfahrung und Gesprächsfähigkeit ausgerichteteten Realismus lediglich als Formen neuer Vormundschaft und Vereinnahmung verstanden werden können, denen James letztlich nur mit ironischer Distanz gegenübertreten kann. Beide Romane, wie auch der zu dieser Schaffensperiode zählende Theaterroman *The Tragic Muse* (1890), sind forcierte Versuche eines Neubeginns und werden zu Mißerfolgen, durch die James sein mit »Daisy Miller« und *The Portrait of a Lady* gefundenes Publikum wieder verliert. Sein mit großen Hoffnungen verbundener Versuch, als Dramenautor zu reüssieren, erbringt in den Jahren 1890 bis 1895 weitere deprimierende Mißerfolge und die wahrscheinlich größte Enttäuschung seiner gesamten schriftstellerischen Karriere.

Der Moment der Krise führt zur Rückbesinnung auf die ›Kunst der Fiktion‹ und zu neuen Themen, die die 90er Jahre zu einer der produktivsten und interessantesten Perioden im Schaffen von James machen. Was die Erzählungen und Romane dieser Zeit verbindet, ist die endgültige Transformation des realistischen Erfahrungsbegriffs, die in seiner wohl bekanntesten Erzählung aus dieser Zeit, der Geistergeschichte »The Turn of the Screw« (1898), eine eindringliche Form gefunden hat. Weil die Hauptfigur und Ich-Erzählerin der Geschichte, eine Gouvernante, die ihre beiden Schützlinge vor ›moralischen Gefahren‹ schützen will, weithin von tatsächlicher Erfahrung abgeschnitten ist, wird sie verstärkt auf ihre Vorstellungstätigkeit verwiesen, zu deren Gefangener sie dadurch aber auch zu werden droht. James' Kunst besteht darin, beide Möglichkeiten der Interpretation der Geschichte – die gespenstischen Erscheinungen sind ›real‹ und signalisieren ein ›skandalöses‹ Geheimnis, oder: die Erscheinungen sind bloße Projektionen der Gouvernante und damit Symptom einer Neurose – so in der Schwebe zu halten, daß sich Generationen von Kritikern und Lesern immer wieder auf das letztlich vergebliche Spiel eingelassen haben zu entscheiden, welche dieser beiden möglichen Interpretationen der Geschichte die richtige sei. In diesem vielfach dokumentierten Interpretationsstreit ist die neuere Literaturwissenschaft schließlich zu der Einsicht gelangt, die unauflösliche Mehrdeutigkeit des Textes als eine wirkungsästhetische Strategie zu beschreiben, durch die auf geschickte Art mit dem Imaginären eines Lesers gespielt wird, der vergeblich hinter das Geheimnis des Geschehens zu kommen versucht und sich gerade deshalb immer wieder aufs Neue ködern läßt. Bereits in »The Figure in the Carpet« (1896) hatte James vorgeführt, daß es eine voyeuristisch zu nennende Neugier ist, das ›Geheimnis‹ einer Person oder Geschichte zu ergründen, die den Leser zu immer neuen Interpretationsanstrengungen treibt. James' geheimnisvoll-enigmatische Geschichten der 90er Jahre spielen auf gekonnte Weise mit diesem paradoxen Effekt der Leseraktivierung und nehmen dabei wirkungsästhetische Strategien der literarischen Moderne und Postmoderne voraus. Denn die Verweigerung einer Auflösung des Geheimnisses oder gar einer erfahrungsstiftenden Synthese im Sinne Isabel Archers führt gerade nicht zu einem Verlust des Interesses, sondern umgekehrt zu einer erhöhten Interpretationsaktivität und nicht selten zu einem ausgesprochenen Lesehunger. Die Suche nach der Auflösung eines Geheimnisses, das sich dieser Auflösung jedoch immer wieder entzieht, prägt daher die wichtigsten Werke von James in den 90er Jahren. Dabei ist eine Einschränkung der Wahrnehmungs- und Erfahrungsfähigkeit der Hauptfigur durch die Perspektive eines unzuverlässigen Ich-Erzählers eine der Wirkungsvoraussetzungen. In *What Maisie Knew* (1897) ist es die Erzählperspektive eines kleinen Mädchens, das zwischen ihren geschiedenen Eltern hin und hergeschoben wird,

Henry und William James um 1908

die den Leser zwingt, Maisies aus dem Zusammenhang genommene Beobachtungen zu ergänzen. In *The Sacred Fount* (1901) erweitert James seine ironischen Spekulationen über die psychischen Grundlagen des menschlichen Erkenntnis- und Lesehungers um die Metapher des Vampirismus, durch die Leben und Lesen als Akte der gewaltsamen Vereinnahmung eines anderen erscheinen.

Droht die Komplementarität von Wirklichkeitsanschauung und Vorstellungstätigkeit in den Werken der 90er Jahre auseinanderzubrechen, so wird sie in den drei großen Romanen der Spätphase auf der Basis einer verstärkten Wechselseitigkeit neuerlich bekräftigt. In *The Ambassadors* kehrt James zu einer wiederkehrenden Figur seines Werkes zurück, dem Vormund, der im Verlauf der Entwicklung seines Werkes zunehmend in die Rolle des passiven Beobachters gedrängt wurde. Doch nunmehr wird der alternde Junggeselle Lambert Strether, der einen jungen Amerikaner in Paris aus den ›Fängen‹ einer Französin retten soll, selbst zur Hauptfigur und damit zum potentiellen Entwicklungssubjekt des Romans. Seine persönliche Revitalisierung in einem Europa, das aus neuenglischer Perspektive als unmoralisch und dekadent erscheint, kommt jedoch nicht dadurch zustande, daß Strether seine Beobachterrolle aufgibt und selbst zu ›leben‹ beginnt, sondern dadurch, daß er sich der Fülle der Eindrücke öffnet, die auf ihn einstürmen, so daß der Prozeß des Sehens selbst zu dem des Lebens wird. Der Roman ist der einer Erziehung zum Sehen und der einer überquellenden Bewußtseinstätigkeit, die auch und gerade durch den scheinbar nichtigsten Anlaß ausgelöst werden kann, so daß sich nunmehr das Verhältnis zwischen Erfahrung und Bewußtseinsaktivität radikal verschiebt. Strethers ›Drama des Bewußtseins‹, das den prozessualen, nie abschließbaren Charakter jeder Wahrnehmungs- und Interpretationstätigkeit illustriert, wird zum eigentlichen Darstellungsgegenstand und Helden des Buches. Mehr noch: Um Strethers mentale Prozesse selbst anschaulich machen zu

James' Spätphase

The Ambassadors

Distanziert-personale
Erzählsituation

können, entwickelt James eine neuartige Erzählperspektive. Diese ›personale‹ Erzählsituation bleibt an die Bewußtseinsvorgänge der Hauptfigur gebunden, präsentiert sie jedoch nicht aus der Perspektive eines Ich-Erzählers, sondern aus auktorialer Distanz, damit die Wahrnehmung von Wirklichkeit und ihre Verarbeitung im Bewußtsein zugleich dargestellt werden können.

Es ist diese radikal interaktionistische Komponente des Wirklichkeitsverständnisses, die *The Wings of the Dove* und *The Golden Bowl* von allen anderen Werken von James unterscheidet. Indem eine gesteigerte Bewußtseinstätigkeit aus Einzelbeobachtungen neue Handlungshypothesen bildet, verändert sie das Verhalten gegenüber den anderen Charakteren und schafft eine neue Situation, die die anderen Charaktere ihrerseits zu neuerlicher Bewußtseinsaktivität und Verhaltensänderung zwingt, so daß alle Beteiligten durch die permanente Einwirkung aufeinander in ständiger Bewegung und Veränderung zu sein scheinen. In diesem Prozeß definieren sich Charaktere wechselseitig, verändern sie in der ständigen Reflexion des Verhaltens des anderen auch ihr eigenes Verhalten und finden sich dementsprechend in den wechselnden Positionen von Opfer und Manipulateur. Am

The Golden Bowl

konsequentesten geschieht das in *The Golden Bowl*, in dem die getäuschte Amerikanerin die europäischen Manipulateure durch die bloße Andeutung eines möglichen Wissens dazu zwingt, ihr Verhalten nach ihrer eigenen Interpretation dessen auszurichten, was Maggie wissen und vorhaben mag. Verhalten entsteht so aus der Vorstellung der Vorstellungsfähigkeit des anderen, die auf diese Weise zur realitätsbildenden Kraft wird. James geht es nicht nur darum, zu zeigen, wie sehr jede menschliche Beziehung auch ein Versuch der Beeinflussung und der Machtausübung ist. Vielmehr vermag der Roman zu verdeutlichen, wie aus der unabschließbaren Wechselseitigkeit dieser Prozesse die Chance einer sozialen Ordnung entsteht, die in der fortlaufenden Readjustierung auch die Chance ständiger Erneuerung und wechselseitiger ›Zivilisierung‹ enthält.

Die Fülle der vom Bewußtsein zu registrierenden Eindrücke ist in diesen Interaktionsprozessen noch einmal gesteigert. Die Darstellung der Bewußtseinsaktivität bleibt dementsprechend zentral. Doch ist damit nun nicht mehr, wie etwa in »The Turn of the Screw«, die Gefahr des Solipsismus verbunden, sondern das Versprechen gesteigerter Erfahrungs- und Interpretationsfähigkeit. Für diese Bewußtseinstätigkeit kann es kein Modell oder Vorbild in der Wirklichkeit geben. Statt dessen wird die Literatur zu jenem Ort, an dem die Komplexität des Prozesses anschaulich und als Modus der Wirklichkeitsverarbeitung erfahrbar wird. Die Literatur aber kann diese Funktion nur erfüllen, wenn sie selbst als komplexes, vielschichtiges und multiperspektivisches Beziehungsgefüge auftritt, das eben jene Strukturierungs- und Relationierungsleistungen erfordert, die die Charaktere im Text erbringen. In diesem Sinne kann gerade die ästhetische

Ästhetische Form
und Wirklichkeit

Struktur zu einem Modell von Wirklichkeit werden. Es ist dies der Grund, warum die ästhetische Dimension für James schließlich zentral werden mußte – nicht als Zurückweichen vor der Wirklichkeit, sondern als Endpunkt eines fortlaufenden Reflexionsprozesses über die Bedingungen, unter denen wir sie wahrnehmen, vorstellen und repräsentieren. Daß die dargestellte Welt im Werk von James dabei immer eingeschränkter und ›preziöser‹ wurde, heißt in diesem Zusammenhang nur, daß er sich in der ›experimentellen Isolation‹ des Kunstwerks zunehmend auf diese Bedingungen konzentrierte. Um so mehr mußte es ihn anläßlich eines neuerlichen Besuchs in den USA treffen, daß eben dieser ästhetische Sinn angesichts der fortschreitenden Kommerzialisierung der amerikanischen Gesellschaft verloren zu gehen schien. Seine Enttäuschung registriert er in dem Buch *The American Scene* (1907), das, teils Reisebericht, aber mehr noch kulturkritische Inspektion, eins unter vielen Büchern der Jahrhundertwende ist, in dem die anfängliche Zuversicht des realistischen Zeitalters, Kunst und Literatur könnten eine zivilisationsbildende gesellschaftliche Führungsrolle übernehmen, fraglich zu werden beginnt.

Mark Twain

In der amerikanischen Literatur des realistischen Zeitalters stellt Mark Twain eine Ausnahmeerscheinung dar. Ohne jede literarische Vorbildung und anfangs auch ohne jede Anbindung an die Bildungselite des Nordostens findet er als Autodidakt über den Journalismus zur Literatur und wird zu einem der angesehensten und international bekanntesten Schriftsteller seiner Zeit. Sein Werk läßt sich letztlich keiner Schule oder literarhistorischen Richtung zuordnen. Von seinem Schriftstellernamen Mark Twain (der der Welt der Mississippilotsen zugeschrieben wird und dort zwei Faden Wassertiefe bedeutet) über sein unverwechselbares Erscheinungsbild bis hin zur ebenso unverwechselbaren Form seiner Werke erschafft sich der junge Samuel Clemens als Schriftsteller sozusagen selbst. Für viele ist er in seiner humorvollen Respektlosigkeit gegenüber europäischen Kunstidealen, der unbekümmerten Spontaneität seiner Werke und dem stolz und liebevoll gepflegten Hang zur Selbstinszenierung zum Inbegriff des amerikanischen Schriftstellers geworden.

Twains Lehrjahre im Westen erbringen die Begegnung mit einer spezifischen Erzählform der Region, der sogenannten *tall tale*. In ihr erzählt ein kultureller Repräsentant des amerikanischen Westens mit todernster Miene (*deadpan*) eine haarsträubende Geschichte (*tall tale*) in regionaler Mundart (*vernacular*) und läßt den Zuhörer, oft einen unerfahrenen Neuankömmling der Ostküste (*tenderfoot*), im Niemandsland zwischen Fiktion und Wirklichkeit buchstäblich verhungern. Die *tall tale* vereint mehrere Aspekte, die für den Schriftsteller Twain bedeutungsvoll werden sollten: Sie lebt vom Zusammenprall zwischen zwei kulturellen Stilen und Welten, dem einer kulturgläubigen Zivilisation der Ostküste und einer respektlos selbstbewußten Welt des Westens, die sich dem Osten als Quelle demokratischer Regeneration empfiehlt und dabei aus dem Selbstbewußtsein einer egalitären Grenzgemeinschaft schöpft; sie entwickelt eine Form der Illusionskritik, die vom unmerklichen Ausbau der Illusionsbildung ins Maßlose und Absurde lebt, um sie am Ende um so effektvoller in sich zusammenfallen zu lassen. Schließlich pflegt sie eine Kunst der Pointe und des burlesken Effekts, die in Twains Werk immer Vorrang haben sollte vor Fragen der literarischen Form und Struktur. »The Notorious Jumping Frog of Calaveras County« oder »Jim Blaine and His Grandfather's Ram« (Kap. 53 des Reisebuches *Roughing It*) sind Paradestücke dieses Genres.

tall tale

Mark Twain um 1900

Diese Erzählformen haben auf den ersten Blick wenig gemein mit realistischen Darstellungsverfahren. Obwohl ihn eine enge Freundschaft mit Howells verband, zeigte Twain in der Tat nie besonderes Interesse an der realistischen Bewegung und ihren Romanen. Dennoch verbindet ihn ein wesentliches Element mit dem Realismus seiner Zeit: die Wendung gegen konventionelle Religiosität und romantizistische Literatur (*romance*) als den wichtigsten Quellen von Illusionen, mit denen sich Menschen ihren

Illusionskritik

gesunden Menschenverstand verstellen. Twain war von den fatalen Folgen dieser Illusionen überzeugt. Um so empörter und gelegentlich maßloser waren seine Attacken auf sie. In *Life on the Mississippi* führt Twain die ›Feudalisierung‹ des amerikanischen Südens, die seiner Meinung nach zum Bürgerkrieg führte, auf den schädlichen Einfluß der Ritterromane Walter Scotts zurück. In einem seiner wenigen literarkritischen Essays mit dem Titel »James Fenimore Cooper's Literary Offenses« macht er das Werk des ›amerikanischen Walter Scott‹ zur Zielscheibe seines beißenden Spotts. In *The Adventures of Tom Sawyer* und *Adventures of Huckleberry Finn* ist das Genre des historischen Romans endgültig zur überhitzten Jungensphantasie abgesunken. Wie für andere Realisten auch, war diese Literatur für Twain ›infantil‹. In der Konfrontation mit einem unbeirrten *common sense* wird sie daher ein ums andere Mal ins Lächerliche gezogen und als kindisches Phantasiegebäude entlarvt. Es ist diese kompromißlose Illusionskritik, die seine ansonsten thematisch und genremäßig sehr verschiedenartigen Romane und Kurzgeschichten miteinander verbindet.

Die Befreiung aus jenen Illusionen und kulturellen Traditionen, die den Menschen in seiner Entwicklung hemmen, ist ein zentrales Vorhaben des Realismus. Im realistischen Roman ist es die eigene Erfahrung, die dem falschen Ideal seine Glaubwürdigkeit entzieht. Auch Twain setzte seine Hoffnung auf die illusionssprengende Kraft der Erfahrung. Doch verbindet er diese vor allem mit der Erfahrung einer radikal zugespitzten Diskrepanz, wie sie insbesondere den Humor kennzeichnet. Twains Amerikaner muß seinen gesunden Menschenverstand und seine Realitätstüchtigkeit nicht erst erlernen. Er besitzt sie sozusagen als Geburtsrecht. Um zu verhindern, daß er unmerklich in das Netz unbefragter kultureller Traditionen eingesponnen wird, fällt der Literatur die Aufgabe zu, dieses Netz in der humoristischen Überdehnung immer wieder zu zerreißen. Twains Kunst ist daher eine der humoristischen Szene, des absurd zugespitzten *tall tale*-Monologs und des ständigen burlesken Exzesses. Das bleibt auch für seine Romane charakteristisch und führt immer wieder zu beträchtlichen Kompositions- und Strukturproblemen. Die durchweg episodische Form seiner Romane, aber auch eine Fülle unabgeschlossener Romanmanuskripte, die bei Twain schon fast ein eigenes Genre darstellen, belegen den Vorrang, den der spontane Einfall, der komische Effekt und die gelungene Pointe in seinem Werk vor Fragen formaler Integration haben.

Twains Humor

Twains erstes Buch, *The Innocents Abroad* (1869), ist typisch für seine Ästhetik der spontanen, unverstellten Erfahrung und der humoristisch zugespitzten kulturellen Konfrontationen. Aus Zeitungsberichten des Journalisten Twain über eine Europareise zusammengestellt, verdeutlicht der Band schon auf der formalen Ebene dessen allmählichen Übergang vom Journalismus zur Literatur. In seinem zweiten Reisebuch *Roughing It* (1872) wendet sich Twain nach der zunehmend irritierten Inspektion der Alten Welt seinen eigenen Lehrjahren im amerikanischen Westen zu, einer Region, die für ihn zunächst das Versprechen eines von zivilisatorischen Zwängen freien Lebens enthielt. Auch dieses Buch lebt von der geschickten Verknüpfung einzelner erzählerischer Schaustücke, reiht *tall tale*, Landschaftsbeschreibung und die verlockend-verführerische Phantasie einer ungebundenen Existenz im ›Wilden Westen‹ in lose episodischer Form aneinander, bis diese Aneinanderreihung schließlich ziellos und monoton zu werden beginnt. Zu den wiederkehrenden Strukturproblemen von Twains Büchern gehört vor allem dasjenige, wie ein Buch zum Abschluß gebracht werden kann, wenn die besten Einfälle verbraucht sind. Auch das Reisebuch *A*

Reisebücher

Buchwerbung, 1880

Die Mississippi-Welt Twains – Kreidelithographie von Francis F. Palmer, 1866

Tramp Abroad (1880) zeigt in der Aneinanderreihung von humoristischen Paradestücken und relativ unverbundenen Reisebeobachtungen den für das Twainsche Reisebuch typischen Mischcharakter, enthält aber für den deutschen Leser amüsante Beschreibungen der deutschen Gesellschaft und mit dem Anhang »The Awful German Language« das wohl klassische Dokument des Kampfes eines Ausländers mit der deutschen Sprache.

Mit *Life on the Mississippi* (1883) wendet sich Twain der Region seiner Kindheit und Jugend zu. Das Buch ist interessant, weil es in der Beschreibung der Lehrjahre des Flußlotsen ein Modell für ein quasi realistisches Programm des Wissenserwerbs etabliert, der durch kein Buchwissen, sondern nur durch eigene Erfahrung gelingen kann. Zugleich findet Twain mit der Rückkehr zum Ort seiner Kindheit ein Thema, das er in *The Adventures of Tom Sawyer* (1876) wiederaufnimmt und nunmehr zum ersten Mal zur Basis eines Romans macht.

Kindheit als Phantasiequelle

Der Erfolg des Buches brachte Twain auf die Idee einer Fortsetzung, in der er ganz in der Tradition der *tall tale* die humoristische Illusionskritik durch einen erzählerischen Perspektivwechsel noch verstärken wollte. Die Erzählperspektive von *Adventures of Huckleberry Finn* (1885) ist nunmehr die von Toms Gefährten Huck Finn, einem jugendlichen Nichtsnutz jenseits jedes viktorianischen Erziehungseinflusses, den der Reiz des Abenteuers und des freien Lebens umgibt. Huck lebt ohne Eltern, ohne Religion, ohne Schule, kurz: ohne Erziehungsinstanzen. Genau das macht ihn für Twain interessant. Denn ›ungebildet‹ zu sein, heißt für Twain auch, un*v*erbildet zu sein. Aus Mangel an erzieherischer Anleitung muß sich Huck auf seinen eigenen gesunden Menschenverstand und seine ›instinktive‹ Menschlichkeit verlassen, und die spontane Art, in der ihm das gelingt, belegt das quasi naturgegebene Vernunftpotential des einfachen Amerikaners. Auf diese Weise wird *Huck Finn* zum raffiniert gearbeiteten Text einer ironischen Verkehrung, denn gerade durch seinen Mangel an Zivilisiertheit wird der ›ignorante‹ Huck zum Maßstab wahrer zivilisatorischer Werte.

The Adventures of Huckleberry Finn

In seiner sprunghaften, ›planlosen‹ Kompositionsweise verkörpert Twains Roman selbst jene an Huck bewunderte Unabhängigkeit und Spontaneität, die sich Prinzipien viktorianischer Ordnung entzieht. Wenn es für

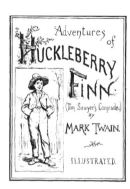

Cover ...

... und Frontispiz der ersten amerikanischen Ausgabe der *Adventures*

Neue Erzählperspektive

Ein Yankee am Artushof

die Komposition des Romans einen Plan gab, dann hatte er jedenfalls nie lange Bestand. Das lose Handlungsgerüst eines auf einem Floß den Mississippi hinabtreibenden jugendlichen Ausreißers und seines schwarzen Begleiters Jim erlaubt es Twain, sich von Einfall zu Einfall und von Genre zu Genre voranzutasten: Jugend- und Abenteuerbuch, Reisebuch nach dem Vorbild von *Life on the Mississippi*, *slave narrative* (Jims Flucht vor der Sklaverei) und eine beißende sozialkritische Satire der Südstaaten lösen einander ab, bis der Roman sogar, und zwar ausgerechnet nach Hucks Entschluß, für Jims Freiheit notfalls zur Hölle zu fahren, zur Wiederbegegnung mit Tom Sawyer und damit zu einer burlesken, klamauk- und effektorientierten Befreiung Jims führt. Nach einem anrührenden Lernprozeß, in dem Jim als Gefährte Hucks ›vermenschlicht‹ worden war, wird dieser wiederum zu einem stereotypen ›Plantagenneger‹. Der Roman, aufgrund längerer Unterbrechungen in einem Zeitraum von insgesamt sieben Jahren entstanden, entfaltet sich in der Exploration der vielfältigen Möglichkeiten, die die Floßfahrt auf dem Mississippi eröffnet, ohne diese Möglichkeiten je einem Gesamtplan oder einheitlichem Strukturprinzip unterzuordnen.

Und dennoch empfinden wir *Adventures of Huckleberry Finn* nicht als einen uneinheitlichen oder mißlungenen Text, denn der Roman wird durch die Konsistenz von Hucks Stimme zusammengehalten. Twains Wahl dieser Erzählperspektive stellt die eigentliche literarhistorische Leistung des Romans dar, die Ernest Hemingway zu der berühmten Feststellung veranlaßte, alle moderne Literatur könne von einem einzigen Buch, Mark Twains *Huck Finn*, hergeleitet werden. Twains Entscheidung, Huck zum Erzähler zu machen, stellt einen für die damalige Zeit bemerkenswerten Akt des Abbaus kultureller Hierarchien dar. Wie bereits die ständig abschweifende, grammatikalisch eigenwillige Umgangssprachlichkeit der ersten Sätze des Romans erweist, ist Huck, im Gegensatz etwa zu James' Isabel Archer, zu einer kohärenten Einordnung und Synthese seiner Beobachtungen unfähig. Was auf diese Weise an Urteilsfähigkeit und Verständnishilfe für den Leser verlorengeht, wird andererseits durch die Unverstelltheit, Direktheit und Authentizität von Hucks Wahrnehmung aufgewogen. Weil Huck beispielsweise die wechselnden Stimmungen des Mississippi nicht mit Kategorien des Kunstschönen beschreiben kann, muß Twain sprachliche Mittel und Wege finden, diese Schönheit in der Einfachheit und Anschaulichkeit von Hucks oft lautmalerischem Stil selbst erfahrbar zu machen. Das Ergebnis ist eine radikale Enttrümpelung der englischen Sprache von viktorianischem Ballast, die das Ringen des literarischen Modernismus um sprachliche Authentizität vorwegnimmt. Mit dem Aufbau einer erzählerischen Welt aus der Perspektive Hucks hatte Twain eine Erzählform gefunden, die es ihm erlaubte, Illusionskritik aus scheinbar naiver, aber um so effektiverer Perspektive zu betreiben und in der Autorität einer unverbildeten Menschlichkeit zu verankern.

Twains Glaube an die inhärente Vernunftfähigkeit und Menschlichkeit des *common man* ist allerdings schon in *Huck Finn* keineswegs ungebrochen. Neben dem Glücksfall Huck gibt es auch jenen südstaatlichen Mob, der von einem außergewöhnlichen Einzelnen (Sherburn) zur Ordnung gerufen und im letzten Moment am Lynchmord gehindert wird. Die Spannung zwischen diesen beiden möglichen Erscheinungsformen des einfachen Mannes taucht in Twains zweitem großen Roman der 80er Jahre, der ›umgekehrten‹ Utopie *A Connecticut Yankee in King Arthur's Court* (1889), wieder auf und bildet den interessantesten Aspekt des Buches. Auch dabei ist eine unvorhergesehene innere Entwicklung zu beobachten. Der Roman beginnt damit, daß Twain mittels einer literarischen Zeitreise einen repräsentativen Amerikaner, den Yankee und *common man* Hank Morgan, zu humoristischen Aufräumungsarbeiten in ein mittelalterliches Europa schickt, das nichts vom Glanz der Ritterromanze hat, sondern Inbegriff feudaler Despotie und Rückständigkeit ist. In *A Connecticut Yankee* benutzt Twain die Figur eines repräsentativen amerikanischen Demokraten, um diese zurückgebliebene Welt zu reformieren. Ausgestattet mit dem *common sense* des Amerikaners und dem technologischen *know-how* des 19. Jh.s, macht sich Hank Morgan daran, die mittelalterliche Monarchie in eine aufgeklärte, fortschrittliche Demokratie nach amerikanischem Vorbild zu überführen.

Aufklärer oder »Boss«? (*Life*, Dezember 1903)

Reformprojekt und Machthunger

Morgans radikaler Reformversuch lebt zunächst ganz vom Gefälle zwischen dem ›tiefsten‹ Mittelalter und dem technologischen Wissensvorsprung des praktisch veranlagten Yankee. Anfangs steht dieses Wissen im Dienst der Reform, doch erweist es sich für den Yankee zunehmend auch als unverhoffter Wettbewerbsvorteil im Ringen um Macht und Ansehen. Die Geschichte des engagierten Reformers wird auf diese Weise unversehens zur Erfolgsgeschichte des Geschäftsmannes Morgan, der zum »boss« und zweitmächtigsten Mann des Königreiches aufsteigt. Wiederum entdeckt Twain unerwartete Möglichkeiten seines erzählerischen Plans, wiederum kann und will er der Versuchung nicht widerstehen, einen spektakulären Überraschungseffekt nach dem anderen auszukosten, bis das anfängliche Reformprojekt hinter einer grandiosen Allmachtsphantasie zu verschwinden droht. Beide Identitäten, die des Reformers und die des Stars, kommen sich jedoch zwangsläufig in die Quere: Aus der Sicht des Demokraten ist die Menge aufklärungsbedürftig, aus der Sicht des Geschäftsmannes ist ihre Ignoranz Voraussetzung für die Wirksamkeit der eigenen Pläne. Der mit unbekümmerter Reformzuversicht begonnene Roman spiegelt diese Zerrissenheit in seinem schockierenden Ende, in dem die Technik vom Garanten des Fortschritts zum Instrument der Zerstörung wird, als sich der Yankee mit einigen Getreuen vor den Kräften der Reaktion hinter einem elektrischen Zaun verschanzt und eine anstürmende Ritterschar in ihrer Rüstung buchstäblich ›verschmort‹.

Mit dem zunehmenden Geschichtspessimismus Twains wird der Gegensatz zwischen Alter und Neuer Welt von der Reflektion über die Zufälligkeit menschlicher Existenz verdrängt. Für sie wird ihm in seinem letzten wichtigen Roman *Puddn'head Wilson* (1894) ein Babytausch und die damit verbundene ›Determination‹ des Lebensschicksals zu einem Gleichnis, das seine melodramatische Intensität nicht zuletzt daraus bezieht, daß mit dem Identitätswechsel zugleich einer der Rassenzugehörigkeit verbunden ist, durch den Herrschaft und Sklaverei neu begründet werden. Dem Melodrama wird durch die Farce ›Those Extraordinary Twins‹, in der die beiden charakterlich völlig verschiedenen Hälften eines siamesischen Zwillingspaars die moralische Verantwortung für den Gesamtkörper im Wochenturnus rotieren lassen, eine weitere Illustration der Zufälligkeit von ›Identität‹ hinzugefügt. Gegen den damit verbundenen Identitätsverlust seiner Charaktere greift Twain in einem sensationalistisch inszenierten Gerichtsprozeß auf einen mechanischen Identitätsnachweis mit Hilfe der gerade erfundenen Fingerabdrucktechnik zurück und entzieht damit der These des Realismus, die Identität eines Menschen werde in einem unverwechselbaren Erfahrungsprozeß erworben, endgültig den Boden. In einem jener Fragmente, die von Twains literarischen Nachlaßverwaltern 1916 zu dem Ro-

Zunehmender Geschichtspessimismus

Karikatur zu Twains *Yankee in King Arthur's Court*

man *The Mysterious Stranger* zusammengestellt wurden (ohne diese unzulässige Verschmelzung als solche zu erkennen zu geben), wird die Nichtigkeit menschlicher Existenz noch einmal zugespitzt, wenn der eigentliche ›Held‹ des Textes, Satan, Menschen erschafft und gleich wieder zerdrückt. In den letzten Jahren bis zu seinem Tod im Jahr 1910 stellt Twain die Unterscheidbarkeit von Realität und Phantasie, auf der ein großer Teil seines Gesamtwerkes beruhte, zunehmend in Frage (»Which Was the Dream«, 1897), engagiert sich mit anti-imperialistischen Schriften (*King Leopold's Soliloquy*, 1905) und verkleinert den sich selbst überhöhenden Menschen zur bloßen Mikrobe (»Three Thousand Years Among the Microbes«, 1905). Die radikale, respektlose Illusionszerstörung, die seine interessantesten Bücher prägt, erfaßte schließlich auch die Vision, in deren Dienst sie ihr Werk tun sollte.

Sozialroman und utopischer Roman

Indem Autoren wie Howells und James ihre zivilisationskritischen Bestandsaufnahmen wie auch ihre Suche nach einer zeitgenössischen ›demokratischen‹ Literatur als eine Form des Realismus konzipierten, hatten sie nicht nur einen Weg gefunden, ihr Werk mit der Autorität und dem Avantgardeanspruch einer internationalen Bewegung zu verbinden. Sie hatten dieses Projekt auch mit Ansprüchen einer schonungslosen Zeitdiagnose verbunden, der sich vorübergehend sogar ein Autor wie James nicht entziehen konnte. Das hatte bereits im realistischen Gesellschaftsroman dazu geführt, Charaktere wie den des skrupellosen Geschäftsmannes oder den des prinzipienlosen Journalisten in das Personenspektrum aufzunehmen. Doch geschah das noch ganz im Vertrauen auf die Integrationskraft eines gesellschaftlichen Dialogs, der auch und gerade mittels des realistischen Romans geführt werden sollte. Je programmatischer jedoch das Prinzip realistischer Wirklichkeitstreue beschworen wird, um so stärker müssen auch jene Folgeerscheinungen des Industrialisierungsprozesses wie beispielsweise wachsende soziale Ungleichheit, Gettobildung oder teilweise brutal geführte Arbeitskämpfe ins Blickfeld treten, die das Versprechen eines eigenen amerikanischen Weges radikal in Frage zu stellen beginnen. Unter dem Einfluß europäischer Vorbilder wie Tolstoi und Zola wendet sich der amerikanische Realismus der ›sozialen Frage‹ zu, wird der realistische Gesellschaftsroman, dessen Programm ursprünglich auf das Vertrauen in das Transformationspotential individueller Erfahrungsprozesse gegründet war, zum sozialkritischen Reformroman. Angesichts des Elends der Arbeits- und Obdachlosen kann es nicht mehr um die Entwicklungsgeschichte eines repräsentativen Individuums gehen. Vielmehr muß dieses Individuum zur Wahrnehmung der neuen sozialen Realitäten hingeführt werden. Melodramatisierung und ›Theoretisierung‹ sind die beiden Strategien, durch die das erreicht werden soll. Die melodramatische Zuspitzung, etwa in der Darstellung gewaltsamer Arbeitskämpfe, unverschuldeter Armut oder unbarmherziger Arbeitsbedingungen, versucht, das Leid eindrücklich erfahrbar zu machen; der theoretische Exkurs, oft in Form einer Predigt oder als programmatischer Monolog eines der Aktivisten des Buches, soll jene unter-

Negativfolgen der Industrialisierung

Kinder als Minenarbeiter in S. Pittston, Pa (Photographie von Lewis Hine, 1911)

liegenden Wirkungsmechanismen des Systems erklären, die das Leid verursachen und die von vielen offensichtlich noch nicht durchschaut sind.

Auch in den vom Howells'schen Vorbild beeinflußten Stadtromanen von Henry B. Fuller, *The Cliff-Dwellers* (1893), einem der ersten Romane über das Phänomen des Wolkenkratzers als Symbol einer neuen sozialen Ordnung, und *With the Procession* (1896), einem weiteren wichtigen Roman über die neue Metropole Chicago, oder auch in *Social Strugglers* (1893) von Hjalmar Boyesen, in dem ein Ausflug in die aufregend-›abenteuerliche‹ Welt des Gettos (*slumming party*) beinahe bitter bezahlt werden muß, bleibt eine unüberwindbare Trennlinie zwischen dem Leben der Unterschicht und dem oberer Schichten bestehen, die auf das soziale Elend oft voller Mitleid und Anteilnahme, aber immer aus sicherer Distanz herabblicken.

Von allen Romanen von Howells ist *Annie Kilburn* derjenige, in dem Howells unter dem Einfluß Tolstois am konsequentesten versucht, diese Trennlinie zu überschreiten und das neue städtische Proletariat in seinen Entwurf einer demokratischen Ordnung einzubeziehen. Mitleid und Wohltätigkeit (*charity*) werden dazu nicht mehr als hinreichend angesehen. Das Ziel muß soziale Gerechtigkeit sein (*justice*). Diese kann jedoch nur erreicht werden, wenn der Repräsentant der Mittelklasse bereit ist, seine privilegierte Position aufzugeben und mit den Arbeitern auf einer Ebene zu leben. Das ›American girl‹ Annie Kilburn, das im letzten Moment vor diesem missionarischen Heroismus zurückschreckt, wird als Hoffnungsträgerin von der Figur des Pastors abgelöst, der diese Forderung als einziger glaubwürdig einzulösen vermag. Wie *Annie Kilburn* machen auch andere *social gospel*-Romane der Zeit wie William T. Steads *If Christ Came to Chicago* (1894), Edward Everett Hales *If Jesus Came to Boston* (1895) und Sidney Sheldons enorm erfolgreicher Roman *In His Steps* (1896) den Bezug auf die unbestechliche Integrität von Jesus Christus zum Ausgangspunkt eines radikalen, christlich fundierten Reformanspruchs. Für den Roman hat diese Perspektivverlagerung Folgen: Da das Postulat sozialer Gerechtigkeit ein

social gospel-Romane

Utopischer Roman

Ideal ist, kann es auf ›realistische‹ Weise nicht veranschaulicht werden. Statt dessen werden Predigten und Reden zur primären Quelle der Plausibilisierung und oft auch zum dramaturgischen Höhepunkt des Romans. Damit aber kommt der realistische Roman an die Grenzen seiner Möglichkeiten. In einem nächsten Entwicklungsschritt wird die Konsequenz gezogen. Zu jenen Formen des Romans, die in den 80er Jahren den ›klassischen‹ amerikanischen Realismus ablösen, gehört der utopische Roman, der sich der Frage gesellschaftlicher Veränderung nicht mehr mit einem Reformprogramm der kleinen Schritte, sondern mit dem radikalen Versprechen grundlegender Systemveränderung zuwendet. Der politische und literarische Einfluß des Genres war außerordentlich. Als Katalysator kann dabei der enorme Erfolg von Edward Bellamys Utopie *Looking Backward: 2000–1887* (1888) angesehen werden, die nicht nur zu einem der erfolgreichsten amerikanischen Romane aller Zeiten wurde, sondern auch zur Herausbildung einer zumindest vorübergehend äußerst schlagkräftigen politischen Reformbewegung sozialistischen Zuschnitts führte (*The Nationalist Movement*) und in der internationalen sozialistischen Bewegung eine begeisterte Resonanz fand.

Edward Bellamy, Looking Backward

Edward Bellamy

Der utopische Roman hat die Geduld mit der Mühsal und Unzuverlässigkeit zivilisatorischer Entwicklungsprozesse verloren. An ihre Stelle setzt er den Sprung in die schöne neue Welt. *Looking Backward* hält sich nicht lange mit der Beschreibung dieses Übergangs auf. Worum es Bellamy geht, ist die möglichst detaillierte und überzeugende Beschreibung einer besseren Welt, ihrer effizienten Organisation und technischen Fortschritte. Effizienz und Kooperation sind die Eckpfeiler dieser Welt. Weil eine staatlich gelenkte Wirtschaft weniger Ressourcen verschwendet, ist sie effizienter; weil sie effizienter ist, hat sie die Vernunft auf ihrer Seite und bedarf keines Klassenkampfes oder revolutionärer Aktivitäten, um sich durchzusetzen. Der alle Erwartungen übertreffende Erfolg des Romans läßt sich wohl auch darauf zurückführen, daß es Bellamy gelingt, die Frage der sozialen Gerechtigkeit auf quasi organisatorischem Wege zu lösen: Da aufgrund der fortgeschrittenen Technologie, vor allem aber aufgrund der effizienten Ressourcenverteilung, genug für alle Gesellschaftsmitglieder da ist, gibt es keine Verteilungskämpfe. Die Gesellschaft kann sich in zwangloser Kooperation reorganisieren (für deren effizientes Ineinandergreifen paradoxerweise das Militär zum organisatorischen Vorbild wird); die eigentliche Utopie besteht in einem Leben wohlgeordneter Konfliktlosigkeit und dem gefälligen Konsum in den von Bellamy weitsichtig antizipierten Warenhäusern und Supermärkten.

Utopien und Dystopien

Bellamys Utopie konnte an eine Traditionslinie des utopischen Romans anschließen, die auch in den USA bereits interessante Beispiele hervorgebracht hatte. Doch war es der außerordentliche Erfolg von *Looking Backward*, der den Stellenwert des Genres radikal veränderte. Man schätzt heute, daß zwischen 1888, dem Erscheinungsjahr des Romans, und 1900 etwa 160 bis 190 utopische Romane erschienen, von denen viele dem Vorbild Bellamys oft bis in die Titelanalogie nacheiferten. Von einem eher marginalen Genre entwickelte sich der utopische Roman vorübergehend zu einer der einflußreichsten und populärsten Formen der amerikanischen Literatur. Neben die Utopien einer staatlich gelenkten, kooperativen neuen Ordnung, in der erhöhte Effizienz radikale Egalität ermöglicht, tritt dabei ein breites Spektrum utopischer Romane, das von populistischen über radikalchristliche bis zu pastoralen und theosophischen Versionen reicht. Den stärksten Kontrast bilden jedoch jene Dystopien, in denen die Zukunft nicht mit einer besseren Welt, sondern mit apokalyptischen Katastrophen-szenarios eines zivilisatorischen Zusammenbruchs verbunden wird. Dazu zählt der nach *Looking Backward* erfolgreichste utopische Roman der Zeit, *Caesar's Column. A Story of the Twentieth Century* (1890) von Ignatius Donnelly, dem Mitbegründer der *Populist Party*. Konzentriert sich Bellamys Darstellung der neuen Ordnung auf eine handlungsarme und immergleiche Sequenz von ungläubiger Frage und stolzer Belehrung, so bietet Donnelly einen Kolportageroman mit ungeniert sensationalistischen Effekten, in dem sich eine skrupellose Plutokratie und ein rachlüsternes Proletariat wechsel-seitig anstacheln; verspricht Bellamy die Entstehung einer neuen Ordnung als Ergebnis eines Prozesses vernünftiger Evolution, so spielt Donnellys flammender melodramatischer Appell mit der Angst der Mittelklasse vor einem totalen Zusammenbruch sozialer Ordnung; sieht Bellamy technologi-schen Fortschritt als Garant einer effizienten Verteilung gesellschaftlicher Ressourcen, so wird er für Donnelly (wie auch in Twains *Connecticut Yankee*) zum Ausgangspunkt eines nicht mehr reversiblen Zerstörungs-prozesses von epochalen Ausmaßen, vor dem sich am Ende von *Caesar's Column* nur eine kleine Schar von Auserwählten in die pastorale Idylle des afrikanischen Hochlandes retten kann.

Eine solche pastorale Ausdeutung prägt auch die bekannteste feministi-sche Utopie der Periode, *Herland*, die Charlotte Perkins Gilman 1915 in der von ihr herausgegebenen Zeitschrift *The Forerunner* veröffentlichte. Dabei wird durch den Vorstoß von drei Männern in eine nur von Frauen be-wohnte matriarchalische Gesellschaft ein Prozeß der Umerziehung und Einsicht in die Prinzipien einer anderen, besseren Welt in Gang gesetzt. Auch in diesem Fall ist das Leitbild das einer ›maßvollen‹ Kultivierung aller gesellschaftlichen Bereiche in einer harmonischen, vorindustriellen Park- und Gartenlandschaft, in deren friedfertiger ›schwesterlicher‹ Kommunali-tät Leidenschaften oder sexuelle Versuchungen gar nicht mehr entstehen können, so daß das Matriarchat zum Modell einer quasi-sozialistischen Gesellschaftsordnung werden kann.

Feministische Utopie

Das Scheitern der viktorianischen Entwicklungsgeschichte im Ausgang des 19. Jahrhunderts

Die viktorianische Entwicklungsgeschichte war Ausdruck einer grundlegen-den, alle kulturellen Formen des *Gilded Age* durchdringenden Überzeu-gung: der Konzeptualisierung von Geschichte als Prozeß fortschreitender Zivilisierung. Dieser Glaube an eine moralische Entwicklung der Geschichte kann als eine Art säkulare Ersatzreligion des amerikanischen Viktoria-nismus angesehen werden. Er war bereits im *Gilded Age* durch den Dar-winismus und die zunehmende Autorität des naturwissenschaftlichen Den-kens in Frage gestellt worden, doch läßt sich im amerikanischen Viktoria-nismus auch eine Tendenz zur Domestizierung insbesondere des Darwinis-mus erkennen, durch die dieser unversehens zur Bekräftigung eines Modells des vernunftgeleiteten evolutionären Fortschritts wird. Nachhaltiger wird der viktorianische Fortschrittsglaube durch gesellschaftliche Entwicklungen

Verlust des Fortschrittsvertrauens

Algers »Western Boy« mit dem Wahlspruch »ready to adopt a rich father«

Abraham Cahan

Geschichten sozialen Aufstiegs

unterminiert, die der Erwartung eines unaufhaltsamen zivilisatorischen Fortschritts immer stärker widersprechen.

Der Verlust des Vertrauens in die Fortschrittsidee erfaßt auch jene Geschichten, die sie exemplarisch veranschaulichen sollen. Diese Auflösungserscheinungen nehmen verschiedene Formen an. Sie umfassen Entwicklungsgeschichten, die nicht mehr gelingen wollen oder die, wie beispielsweise Henry B. Fullers Chicago-Roman *With the Procession* (1895), Identitätsbildung nicht mehr als Ergebnis individueller Entwicklung beschreiben, sondern als erfolgreiche Strategie planvoller öffentlicher Selbstinszenierung. Formal ist Fullers Roman noch dem Modell des realistischen Gesellschaftsromans verhaftet, inhaltlich stellt er dessen Arbeitsprämisse einer zivilisationsbildenden Wirkung individueller Erfahrungsprozesse bereits radikal in Frage und nimmt Thorstein Veblens beißende Analyse neuer Formen der kulturellen Wertbildung durch ostentativen Konsum (*conspicuous consumption*) in dessen *The Theory of the Leisure Class* (1899) vorweg. In Howells' *The Landlord at Lion's Head* (1897), in dem von der Anlage her noch einmal der Versuch einer exemplarischen Bildungsgeschichte zu erkennen ist, wendet sich der Roman zu einer fast schon naturalistischen Redefinition des realistischen Entwicklungsmodells. Dabei erweist sich die grobschlächtige ›Urwüchsigkeit‹ der Hauptfigur Jeff Durgin als immun gegenüber allen kulturbildenden Institutionen des amerikanischen Viktorianismus, von der Kunst über die europäische Tour, vom Harvard College bis zur Religion.

Die Helden der Romane von Howells und Fuller sind Vertreter des amerikanischen *businessman*. Im Protest gegen die Gefahr einer materialistischen Redefinition Amerikas hatte der realistische Roman den *businessman* neben dem *American girl* zum exemplarischen Erziehungssubjekt erklärt und dabei den amerikanischen Traum eines spektakulären Aufstiegs ›vom Tellerwäscher zum Millionär‹ (*from rags to riches*) kritisch revidiert. Noch in seiner fingierten Autobiographie *The Rise of David Levinsky* (1917) dient das Erzählschema dem jüdischen Immigranten Abraham Cahan zur kritischen Beschreibung des ›Amerikanisierungsprozesses‹ eines jüdischen Einwanderers (eine Verbindung von sozialem Aufstieg und Entfremdung, die Cahan bereits in *Yekl. A Tale of the New York Ghetto*, 1896, verwandt hatte). Doch während materieller Erfolg und moralische Integrität im klassischen amerikanischen Realismus in einem Konflikt stehen und der Held seine zivilisatorische Reife schließlich dadurch beweist, daß er der moralischen Integrität den Vorzug gibt, bleibt diese Konversion in den Romanen nach 1890 nunmehr aus. Statt dessen wird die Entwicklungsgeschichte – etwa in Robert Herricks *The Memoirs of an American Citizen* (1905) – zur Geschichte eines charakterlich ›unverdienten‹ Aufstiegs, für den als Preis ein Persönlichkeitsverlust gezahlt werden muß, den die Figuren selbst aber nicht als Mangel, sondern eher als Befreiung empfinden. Und während dieser ›Erfolg‹ von den Realisten noch kritisch, wenn auch mit zunehmender Hilflosigkeit, registriert wird, wird er in der populären Literatur bereits ungeniert in Szene gesetzt. Am nachdrücklichsten geschieht das in den immens populären Jugendbüchern von Horatio Alger, die in der amerikanischen Kultur zum Inbegriff eines unbeirrten Glaubens an den *American Dream* geworden sind, obwohl sie bei näherer Betrachtung den Erfolg ihrer Helden nicht als Ergebnis harter Arbeit darstellen, sondern als Belohnung moralischer Selbstdisziplin durch ein wohlmeinendes Schicksal. Die Transformation der klassischen Bildungsgeschichte des 19. Jh.s zu einer quasi therapeutischen Form des Erfolgsratgebers und der Selbsthilfeliteratur, die sich hier andeutet, wird noch offensichtlicher in einem weiteren Bestseller der Zeit, Russell Conwells *Acres of Diamonds* (1888), dessen Verbindung von Erfolgsmaximen und anschaulichen Exempla auf seine Herkunft als Predigt verweist. Diese Herkunft ist um so erstaunlicher, weil der Pastor in den sozialkritischen Romanen des ausgehenden 19. Jh.s ansonsten als unbestechlicher Kritiker des neuen Materialismus auftritt. Zugleich wird aber auch er verstärkt zur Hauptfigur von Geschichten, in denen Selbstfindung mißlingt.

Romane religiöser Krisen bilden in den USA fast schon ein eigenes Genre. Sie haben in Hawthornes *The Scarlet Letter* eine klassische Manifestation gefunden und werden im *Gilded Age* mit Romanen wie Henry Adams' *Esther* (1884) und Margaret Delands beeindruckendem *John Ward, Preacher* (1889) zu einem eigenen Subgenre der Krise der viktorianischen Entwicklungsgeschichte. Darin spiegelt sich ein dramatischer Autoritätsverlust des religiösen Denkens im Zuge der darwinistischen Problematisierung des Schöpfungsgedankens. In Harold Frederics *The Damnation of Theron Ware* (1896), einem der eindrucksvollsten Beispiele des Genres und einem der interessantesten amerikanischen Romane der Jahrhundertwende, stellt sich der vermeintliche Selbstfindungsprozeß der Hauptfigur schließlich als ein Akt der Selbstsuggestion heraus, in dem sich die Glaubenskrise des methodistischen Pastors Theron Ware als Effekt seiner Ich-Schwäche erweist.

Romane religiöser Krisen

Harold Frederic

Das Gefühl einer grundlegenden moralischen und intellektuellen Krise prägt auch das Werk von Henry Adams, der mit seiner Autobiographie *The Education of Henry Adams* (Privatdruck 1907, postum veröffentlicht 1918) die Konvention der Bildungsgeschichte des 19. Jh.s noch einmal aufruft, um ihr eine um so programmatischere Absage erteilen zu können. Adams' selbstgrüblerische und selbstironische Präsentation eines Generationsschicksals wird heute als repräsentatives Fazit der geistes- und kulturgeschichtlichen Entwicklungen des *Gilded Age* gelesen. Die Nähe zur politischen und sozialen Elite des Landes macht den Enkel des sechsten Präsidenten der USA, John Quincy Adams, zu einem besonders vielversprechenden Zeitzeugen, der persönliche Lebensweg des *gentry*-Sprößlings, der sich nach dem Scheitern politischer Ambitionen der wissenschaftlichen und literarischen Tätigkeit zuwendet, ist typisch für viele Intellektuelle des *Gilded Age*, die kulturelle Tätigkeiten als eine alternative Quelle sozialer Anerkennung und des gesellschaftlichen Einflusses entdecken. Mit den Romanen *Democracy. An American Novel* (1880) und *Esther. A Novel* (1884) versucht Adams, den Roman als eine Form der politischen und ideengeschichtlichen Zeitdiagnose zu nutzen; mit seiner neunbändigen *History of the United States during the Administrations of Thomas Jefferson and James Madison* (1889–1891) legt er eine historische Analyse vor, die ihm fachliche Anerkennung einbringt. Als aus der zunehmend kritischen Distanz zur zeitgenössischen Gesellschaft ein tiefer Zivilisationspessimismus wird, entdeckt Adams die mittelalterliche Welt des Katholizismus als eine, in der soziale Autorität noch nicht fragmentiert und gefährdet ist, sondern durch die sinnstiftende Kraft einer alle Lebensbereiche prägenden religiösen Überzeugung zusammengehalten wird. In *Mont-Saint-Michel and Chartres* (1904) beschreibt er den Zusammenhang dieser Welt am Beispiel der Kathedrale von Chartres auf eine Weise, die noch heute als Musterbeispiel einer kulturwissenschaftlichen Studie gelten kann.

The Education of Henry Adams

Die Zuflucht zur Fiktion einer mittelalterlichen Ganzheit, die *Mont-Saint-Michel* seinen Zusammenhang verleiht, ist in der radikalen Erkennt-

Henry Adams

Mark Twains Kommentar zur Evolutionstheorie in *A Connecticut Yankie*

Radikale Fortschrittsskepsis

nisskepsis, die The Education of Henry Adams prägt, nicht mehr zu finden. Das Buch kann als ideengeschichtliche Bilanz des 19. Jh.s gelten, weil es die Frage nach den kulturellen und erzählerischen Ordnungsmustern stellt, die übrig bleiben, wenn sich die Idee des zivilisatorischen Fortschritts als nicht mehr haltbar erweist. Adams' Autobiographie nimmt im Titel auf die Idee eines exemplarischen Bildungsprozesses Bezug, um diese im Durchgang durch die Stationen seines eigenen Lebensweges als untaugliches biographisches und erzählerisches Erklärungsmodell zu entlarven. Auf der Suche nach möglichen Alternativen langt er zunächst bei darwinistischen Erklärungsmustern an. Doch sind auch diese letztlich noch teleologisch. Adams zeigt, wie das darwinistische Denken vom viktorianischen Zivilisationsverständnis assimiliert werden konnte, weil es sich als naturwissenschaftlicher Beleg für den Gedanken einer in aufsteigender Linie verlaufenden Evolution benutzen läßt. Die geistes- und kulturgeschichtliche Bedeutung des Buches besteht jedoch darin, daß es nicht bei dieser Kritik stehen bleibt, sondern die Erwartung der Existenz eines sinnvollen Ordnungszusammenhanges selbst in Frage zu stellen beginnt. Indem die eigene Bildungsgeschichte zur Ansammlung zufälliger Faktoren wird, wird sie als Fiktion menschlicher Selbstfindung kenntlich.

Die Frauenliteratur der Jahrhundertwende: Kate Chopin und Edith Wharton

Weibliche Selbstbestimmung als Selbstwertdrama

Die dominante Form weiblicher Romanproduktion nach 1850 blieb zunächst die *domestic novel* mit ihrem Ideal der Formierung weiblicher Identität durch moralische und emotionale Selbstdisziplinierung. Die zumeist junge Heldin findet in jenem Moment soziale Anerkennung, in dem es ihr gelingt, ihre eigenen Ansprüche, spontanen Impulse und geheimen Wünsche zu disziplinieren, um auf diese Weise schließlich zur ›würdigen‹ Gefährtin einer zumeist gütigen Vaterfigur zu werden. In der Welt der *domestic novel* ist ›Selbstbezogenheit‹ (*selfishness*) der schlimmste Vorwurf, der eine Frau treffen kann. Wo andererseits der Versuch der Befreiung aus einem derartigen Rollenverständnis unternommen wird, muß das zu einem Selbstwertdrama führen, in dem der Wunsch nach weiblicher Selbstbestimmung und der gesellschaftliche Vorwurf der ›Selbstsucht‹ in immer neuen fiktionalen Bearbeitungen miteinander verhandelt werden. In diesem Sinne stellt die Frauenliteratur um die Jahrhundertwende den faszinierenden Kampf um die Konturen einer neuen weiblichen Identität dar, in dem der Fiktion eine

The Gibson Girl – das neue sportliche Frauenideal um 1900

besondere Rolle zukommt: Sie eröffnet die Möglichkeit einer Artikulation von oft noch unbestimmten Wünschen nach sozialer und sexueller Selbstbestimmung.

Der Artikulation eines Wunsches nach Selbstbestimmung waren durch das viktorianische Frauenbild enge Grenzen gesetzt. Die erst in den 60er Jahren wiederentdeckte Kurzgeschichte »The Yellow Wallpaper« (1899) von Charlotte Perkins Gilman dramatisiert diese Erfahrung völliger Unselbständigkeit in der Geschichte einer Frau, die von ihrem Arzt und von ihrem Ehemann durch die gefängnisartige Abgeschlossenheit einer zu ›ihrem eigenen Besten‹ verordneten Bettruhe in den Wahnsinn getrieben wird. Dagegen bietet die *local color fiction* in gewisser Weise eine Alternative zum viktorianischen Rollenideal der ganz auf ihre häusliche Sphäre ausgerichteten Frau. Weil es zum Versprechen dieser Literatur gehört, regionale Eigenheiten außerhalb des zivilisatorischen Zentrums der Ostküste darzustellen, lebt sie vom Lokalkolorit des Exzentrischen und vermag Charaktere im Grenzbereich oder gar außerhalb des Geltungsbereichs viktorianischer Werte zu ihren Hauptfiguren zu machen. Mit ihren kurzen, auf einen überraschenden Effekt ausgerichteten Geschichten über die exotische Welt von *Louisiana French* in den Bänden *Bayou Folk* und *A Night in Acadie* findet Kate Chopin eine literarische Form, in der sie im Schutz der *local color*-Konvention Möglichkeiten weiblicher Auflehnung und Selbstverwirklichung zu erproben vermag. In »Wiser Than a God« (1889) geschieht das noch durch die traditionelle Figur der Künstlerin, die nur für ihre Kunst lebt. In der kurzen, nur vierseitigen Geschichte »The Story of an Hour« (1894), einer der bemerkenswertesten amerikanischen Kurzgeschichten des 19. Jh.s, wird eine Ehefrau mit der Nachricht vom Tod ihres Mannes konfrontiert und scheint getreu kultureller Konvention vom Schmerz überwältigt zu sein. Doch erweist sich der vermeintliche Verlust im Fortgang der Geschichte tatsächlich als Befreiung. Als der totgeglaubte Mann das Haus betritt, stirbt sie daher an einem Schock – aus Freude über das unverhoffte Wiedersehen, wie ihre Umwelt zu wissen meint. »The Storm« (1898) schließlich, Chopins sexuell expliziteste Kurzgeschichte, ist ganz auf die

Charlotte Perkins Gilman, Karikatur von 1895

Chopins local color-*Geschichten*

auch in der Beschreibung gewagte Darstellung eines ›spontanen‹ Ehebruchs ausgerichtet, der in Analogie zu einem reinigenden Gewitter gesetzt wird, das letztlich allen, ›Betrügenden‹ wie Betrogenen, gut tut. Damit ist eine Grenze viktorianischer Schicklichkeit endgültig überschritten. Wie einige andere von Chopins Geschichten, konnte »The Storm« zu ihren Lebzeiten nicht veröffentlicht werden und wird erst 1969 mit der Erstveröffentlichung ihrer gesammelten Werke zugänglich, mit der die Wiederentdeckung ihres lange in Vergessenheit geratenen Werkes beginnt.

Alle diese literarischen ›Probehandlungen‹ laufen in Chopins wichtigstem Werk, ihrem Roman *The Awakening* (1899), zusammen, mit dem der weibliche Entwicklungsroman der Selbstdisziplinierung in eine neue Phase des sinnlichen und sexuellen Erwachens (*story of awakening*) eintritt (die in Stoddards *The Morgesons* eine Vorreiterin hat). Der realistische Gesellschaftsroman weitet sich zum literarischen Impressionismus, der individuelle Entwicklungsprozeß wird im Regenerationspotential unmittelbarer sinnlicher Erfahrung neu verankert. Für die Konturierung des sozialen Konflikts, durch den die Suche nach einer neuen weiblichen Identität in Gang gesetzt wird, bieten sich Darstellungsformen des realistischen Romans an. Die Suche von Chopins Heldin Edna Pontellier nach individueller Selbstverwirklichung entfaltet sich innerhalb des Personenspektrums eines realistischen Gesellschaftsromans und insbesondere im Kontrast zu zwei dominanten sozialen Rollen, der der selbstlosen viktorianischen Mutter und der der unabhängigen, aber ›egoistischen‹ Künstlerin, die ihre künstlerische Selbstverwirklichung über alle anderen Belange stellt. Beide Optionen erweisen sich für Edna Pontellier als unzureichend: Die unabhängige Künstlerin, die nur für ihre Berufung lebt, muß auf ein privates Glück verzichten, der 'Engel im Haus' auf seine Unabhängigkeit. Beide sind gleichermaßen von weitergehenden Wünschen sinnlicher und sexueller Art abgeschnitten. Diesen nähert sich die Ehefrau und Mutter Edna in einem Prozeß des Experimentierens mit den Möglichkeiten einer Form weiblicher Unabhängigkeit, die nicht von vornherein durch Verzicht definiert wäre. Der Roman entfaltet ihre Suche in mehreren Stationen und in einer Logik der Eskalation sozialer und moralischer Transgression vom unschuldigen Flirt bis zum Ehebruch, die schließlich sogar zur Absage an eine Beziehung führt, die lange Zeit als romantisches Gegenbild zur konventionellen Eheroutine fungierte. Letztlich erbringen alle diese Stationen für Edna dasselbe Fazit: das Gefühl, eine soziale Rolle lediglich durch eine andere zu ersetzen und darin immer noch Gefangene einer sozialen Definition des Ichs zu bleiben. Das muß zu einer radikalen Zuspitzung des Wunsches führen, sich endlich selbst zu besitzen und scheint schließlich mit der Einsicht in die Unrealisierbarkeit einer derartigen Form radikaler Individualität innerhalb gesellschaftlicher Rollenzuweisung zu enden. So jedenfalls ist der unerwartete, in der Literaturkritik heftig umstrittene Schluß des Romans oft verstanden worden, in dem Edna ins weite Meer hinausschwimmt und im Freitod vor der Unmöglichkeit einer neuen Form individueller Selbstverwirklichung zu kapitulieren scheint. Doch ist dieses Ende im Kontext des Versuchs, einer sozialen Rollenfestschreibung zu entrinnen, gerade nicht als Verzicht oder Niederlage zu sehen, sondern auch mit unverkennbaren Konnotationen einer kompromißlosen (und darin ›geglückten‹) Selbstfindung versehen. Ednas Eintauchen ins Meer beschreibt einen Moment, in dem sich das Individuum schließlich doch noch von allen äußeren Zwängen zu befreien und in der Verschmelzung mit einer allumfassenden Natur zu ›entgrenzen‹ vermag. Eine solch paradoxe Version von Selbstbestimmung als Selbstentäußerung,

The Awakening

Weiblicher Rollenkonflikt

Kate Chopin

Selbstaufgabe als Selbstfindung

von Selbstaufgabe als Ich-Expansion, hatte sich vorbereitet in Emerson- und Whitman-Zitaten, die auf die transzendentalistischen Wurzeln dieser Definition von Individualität verweisen. Daß Edna in einem symbolischen Akt der Befreiung ihre Kleidung ablegt und damit ihr ›eigentliches Wesen‹ von ihrer sozialen Identität trennt, steht ganz in dieser Tradition.

Aus der Perspektive von *The Awakening* wäre die in einem langwierigen Lernprozeß erworbene Reife der Heldin des realistischen Romans lediglich als Übernahme einer anderen sozialen Rolle zu sehen und damit als ein weiteres Gefängnis des Ichs. Das muß Konsequenzen für die literarische Form haben. Der Stellenwert des Gesprächs und des Bewußtseinsvorgangs als Quellen der Selbsterforschung und Selbsterkenntnis geht zurück. Der Roman lädt sich auf mit sinnlichen Eindrücken, die das Individuum jenseits sozialer Konvention wieder mit sich selbst und den eigenen Sehnsüchten in Einklang bringen und auf diese Weise Ednas ›Erwachen‹ stimulieren. Er zelebriert, dem Impressionismus in der Malerei gleich, die sinnlichen Aspekte und Freuden eines unbeschwerten Sommers am Meer. Er ist angefüllt mit Beschreibungen zwangloser Geselligkeit, Spaziergängen und Picknicks, Bootsausflügen und Landpartien, Feriendomizilen und Ferienstimmungen. Auf diese Weise wird eine Dimension des sinnlichen Erlebens evoziert, die sich als Stimmungsraum ›realistischer‹ Darstellung entzieht – ja entziehen muß, denn sonst wäre sie sogleich der sozialen Vereinnahmung ausgeliefert. Die Bedeutungsbildung des Romans verläuft dementsprechend über ein reiches Netzwerk assoziativer Bildlichkeit. Die Lyrik und vor allem das referentiell unbestimmteste, semantisch offenste und darin suggestivste aller Medien, die Musik, werden zu neuen Vorbildern des Romans. Je weiter Ednas ›Erwachen‹ voranschreitet, um so mehr Raum nehmen daher paradoxerweise auch der Schlaf und der Traum ein. Beides sind Formen, in denen das Ich dem Imaginären nicht nur Raum gibt, sondern von diesem überflutet und vereinnahmt wird. Während ein Autor wie James Selbstbestimmung mit einer Steigerung der Bewußtseinstätigkeit verbindet, versucht Chopins Edna diesem Prozeß ständiger Selbstreflexion in der Regression in halb- oder vorbewußte Zustände gerade zu entrinnen, um sich dem sinnlichen Anregungspotential jener Welt außerhalb der sozialen Konvention möglichst weit öffnen zu können. In diesem Sinne zielt *The Awakening* nicht mehr auf die Formierung einer Fähigkeit zur Selbstdisziplinierung, die sich in einem Rhythmus von Wunschartikulation und Enttäuschungsverarbeitung herausbilden soll, sondern auf die Suggestion ›transzendentaler‹ Möglichkeiten des Individuums, das in der Sensibilisierung der eigenen Sinne und unter ihrer Führung die Erfahrung einer Einheit mit sich selbst zurückgewinnt, die keiner sozialen Bestätigung und Anerkennung bedarf.

Einen anderen Weg beschreitet Edith Wharton, die als Mitglied einer alteingesessenen New Yorker Familie der Oberschicht die Welt sozialer Formen und subtiler sozialer Differenzierungen von innen heraus kannte. Am eindrucksvollsten und nachdrücklichsten gelingt die für Wharton charakteristische ›Modernisierung‹ des realistischen Entwicklungsromans in *The House of Mirth* (1905), in dem das viktorianische Zivilisationsverständnis nunmehr als Fessel des Individuums erscheint und der Bewältigung einer gesellschaftlichen Realität im Wege steht, die sich in demonstrativem Konsum veräußerlicht hat. In einer Welt, in der sich die Zuschreibung von individuellen Werten zunehmend nach Marktmechanismen bildet, ist die Geschlechterbeziehung nicht mehr, wie im Realismus, Metapher notwendiger ›Sozialisierung‹, sondern wird zur *marketing*-Herausforderung. Das Ideal viktorianischer Selbstdisziplinierung kann dabei nur hinderlich sein.

Impressionismus

Frauenrolle und Verweigerung – Thomas Eakins, »Miss Amelia C. Van Buren«

Edith Wharton

Der Markt der Geschlechterbeziehungen

Mary Cassatt, »Lydia in a Loge, Wearing a Pearl Necklace« (1879) – vgl. *House of Mirth:* »the light from the great central lantern overhead shed a brightness on the women's hair and struck sparks from their jewels as they moved«

Kunst der Selbstinszenierung

The Custom of the Country

Worauf es ankommt, ist die Fähigkeit zur gekonnten Selbstinszenierung. Lily Bart, die Heldin des Romans, die auf der Suche nach einer ihrem Marktwert angemessenen Partie ist, beherrscht diese Fähigkeit in Perfektion und scheitert schließlich dennoch, weil sie sich in entscheidenden Momenten immer noch als zu impulsiv und darin ›menschlich‹ erweist. Wharton widersteht der Versuchung, diesen spontanen Rest des ›Sich-treu-Bleibens‹ als Resultat eines Selbstfindungs- oder Lernprozesses nach dem Muster des realistischen Gesellschaftsromans zu verklären. Ihre Heldin ist vielmehr den gesamten Roman hindurch als eine Art Identitätsvakuum charakterisiert. Weil sie als Persönlichkeit ›leer‹ ist, besitzt sie jene Anpassungsfähigkeit, die neben ihrer Schönheit die Voraussetzung für ihren anfänglichen gesellschaftlichen Erfolg bildet. Ihr Problem bleibt es, daß ihr gelegentlich impulsives und darin oft unerwartet widerspenstiges Verhalten einer nahtlosen Anpassung immer wieder in die Quere kommt. In dieser ›Schwäche‹, die in Lily Barts melodramatischem sozialen Abstieg und Tod zur trotzigen Stärke wird, dramatisiert Wharton eine gesellschaftliche Entwicklung, die den Ausgangspunkt fast aller ihrer wichtigen Werke bildet: Als Ergebnis des neuen materiellen Reichtums des Industriezeitalters hat sich in der feinen New Yorker Gesellschaft, die zumeist den Schauplatz ihrer Romane abgibt, eine Arbeitsteilung zwischen den Geschlechtern ergeben, in der der Mann das Geld verdient und der Frau die Aufgabe zufällt, es mit möglichst hohem Statusgewinn auszugeben. Das macht die Frau zur Expertin in Fragen der wirkungsvollen öffentlichen Selbstinszenierung und verleiht ihr eine fast seismographische Sensibilität für alle Fragen sozialer Einschätzung und Distinktion. Doch schafft diese Pionierrolle und eine damit verbundene Gabe zur subtilen sozialen Manipulation, die an James erinnert, eine neue Abhängigkeit. Sie bindet Anerkennung und Status an ein diszipliniertes *impression-management,* das sich, dem Spekulanten an der Börse gleich, keine Fahrlässigkeit erlauben darf, um nicht einen jähen Absturz in der Notierung hinnehmen zu müssen.

Wohl kein anderer Roman der Zeit dramatisiert diese Analogie von individueller und ökonomischer Wertbildung unmißverständlicher als Whartons *The Custom of the Country* (1913), der sich im Titel (und im Kontrast zu den noch patriarchalischen europäischen Verhältnissen) auf jenen amerikanischen Brauch bezieht, der Frau die Kunst des statusträchtigen Konsums zu überlassen. Darin erweist sich die junge Undine Spragg aus dem Mittelwesten als willige und begabte Schülerin. Ihren raschen Aufstieg verdankt sie ganz und gar ihrer inneren ›Leere‹ und der damit verbundenen Anpassungsfähigkeit an das neue soziale Regelwerk der Selbstdarstellung, durch das sich ihr einziges ›Kapital‹, ihre Schönheit, schnell verzinst. Selbst als sie sich mit der Scheidung von ihrem ersten Mann selbst um ihren Erfolg gebracht zu haben scheint, erweist sich das letztlich als wohlkalkuliertes Risiko der erfolgreichen Spekulantin, der mit der nächsten Verbindung ein nochmaliger sozialer Aufstieg von der feinen New Yorker Gesellschaft in die französische Aristokratie gelingt. Weil dieser jedoch finanzielle Grenzen gesetzt sind, bleibt auch dies eine Zwischenstation. Als Undine am Ende des Romans in einer passenden symbolischen Verbindung den erfolgreichen Spekulanten und Milliardär Moffatt heiratet und damit endgültig unbeschränkte Möglichkeiten der Selbstdarstellung erworben zu haben scheint, wird ihre Imagination von einer weiteren Möglichkeit des Statusgewinns gepackt, der eines Botschafterpostens, der ihrem Mann jedoch verwehrt ist, weil sie bereits geschieden ist. Indem sie am Ende des Romans auf der Höhe ihres Erfolges gezeigt wird und dennoch ›unbefriedigt‹ bleibt, wird die

Unabschließbarkeit jenes Wunsches nach Selbstbestätigung durch demonstrative Selbstinszenierung deutlich, der die Antriebskraft ihrer Entwicklung darstellt.

Es ist diese Gefangenschaft in sozialen und ökonomischen Strukturen, die das Werk Whartons von dem von James unterscheidet, mit dem sie ansonsten das erzählerische Grundmuster des Gesellschaftsromans (*novel of manners*) teilt – wie im übrigen auch ein Bewußtsein für Formen subtiler Manipulation noch in intimsten Formen zwischenmenschlicher Beziehungen. Doch während den Jamesschen Geschichten zwischenmenschlicher Instrumentalisierung ein Element von Wechselseitigkeit innewohnt, durch das zugleich ein Adjustierungs- und Zivilisierungspotential gegeben ist, sind Whartons Werke durch eine Schonungslosigkeit der Bestandsaufnahme gekennzeichnet, die ihren Werken bei aller Meisterschaft der Perspektivierung und intrikaten Psychologisierung einen starken melodramatischen Subtext verleihen. Bei James wird die Grausamkeit, die auch zivilisierten menschlichen Beziehungen innewohnen kann, durch die Gegenwehr des aktiven Bewußtseins neutralisiert, bei Wharton bleibt oft keine Hoffnung.

›Maßvoller‹ erscheint die Verhandlung zwischen Unschuld und Erfahrung, Selbstverwirklichung und den Fesseln der Tradition dagegen in Whartons bekanntestem Roman *The Age of Innocence* (1920). Im Konflikt zwischen einer traditionsgeleiteten Existenz in der guten New Yorker Gesellschaft und der Verlockung einer Äffäre mit der unkonventionellen, scheinbar von europäischer Dekadenz ›verdorbenen‹ Ellen Olenska, entscheidet sich die Hauptfigur Newland Archer schließlich gegen das Abenteuer und für die Loyalität zu einer sozialen Schicht, an deren Konventionalität und intellektueller Leere er andererseits leidet. Wie zumeist bei Wharton ist auch diese Entscheidung ambivalent besetzt: Zum einen signalisiert Archers Klassenloyalität eine Resignation und Schwäche, die Ellen Olenskas Brüskierung letztlich doch in Kauf nimmt, zum anderen erscheint der Entschluß Jahre später im Rückblick als richtig, weil mit ihm die Verantwortung für die eigene Familie und Schicht anerkannt wird – ein Bekenntnis, das allerdings die Bereitschaft einer ›diskreten‹ Akzeptanz der Schwächen anderer voraussetzt. Whartons ›Zeitalter der Unschuld‹, das macht ihr unbestechlicher Blick auf das soziale Regelwerk der Wertbildung deutlich, ist ein durch Konvention und selbstverordnete Diskretion geprägtes, und dennoch wendet sich der Roman nie zur Absage an diese gesellschaftliche Einbindung, sondern sucht nach Möglichkeiten eines eigenen Umgangs mit ihr. Mit *The Age of Innocence* wird eine Versöhnung im Werk von Wharton signalisiert, die auch ein Merkmal ihrer Romane der Nachkriegszeit ist. Das trug mit dazu bei, daß ihre Bedeutung lange Zeit im Porträt einer bestimmten Epoche und Gesellschaftsschicht gesehen wurde. Tatsächlich handelt es sich um eindringliche Studien der Möglichkeit individueller Selbstverwirklichung, die sich zugleich dem Problem sozialer Abhängigkeit stellen. Es war wohl Whartons Pech, daß Henry James den Platz als Autor dieser Vergesellschaftungserfahrung mit allen ihren sozialen, psychischen und ästhetischen Konsequenzen bereits besetzt hatte.

Um Geschichten weiblicher Selbstfindung, allerdings nicht in einer gleichsam überzivilisierten Welt sozialer Konventionen, sondern in der Begegnung mit der vorzivilisatorischen Gegenwelt einer sinnhaft erfahrenen amerikanischen Natur, geht es auch bei Willa Cather, deren Werk noch weiter als das von Wharton ins 20. Jh. hineinreicht, aber gleichzeitig regionalliterarische Traditionen des 19. Jh.s fortführt. In Romanen wie *O Pioneers!* (1913) und *My Antonia* (1918) stellt sie vor dem Hintergrund der

Unterschied zu James

The Age of Innocence

Edith Wharton
mit ca. 22 Jahren

Willa Cather

Prärielandschaft Nebraskas, in der sie aufwuchs, das Leben von Siedlern und Einwandererfamilien mit psychologischer Eindringlichkeit dar. Dabei gelingt ihr trotz unverkennbarer Idealisierung der Vergangenheit und des amerikanischen Pioniergeistes die Schaffung von starken, zur Selbstbehauptung auch unter harten Frontier-Bedingungen fähigen Frauencharakteren, die gleichberechtigt neben die Porträtierung männlicher Helden in Romanen wie *Death Comes for the Archbishop* (1927) treten.

Protest- und Konsumliteratur: die Ausdifferenzierung des literarischen Systems in der Progressive Era (1890–1914)

Massenkonsum von Literatur

Um 1890 setzt eine Entwicklung ein, durch die das gesamte literarische System neu geordnet und von dem noch ›gentlemanesken‹ Literaturbetrieb des viktorianischen Zeitalters in eine neue professionelle Zeit überführt wird. Verbilligte Herstellungstechniken führen zu einem dramatischen Anstieg der Buchproduktion und leiten eine Phase des Massenkonsums von Literatur ein. Allein zwischen 1890 und 1900 verdoppelt sich die Anzahl der jährlich erscheinenden Romane und Erzählungen. Es entsteht eine neue Pluralität von Stilen, literarischen Genres und Leserschaften, die in vielem bereits ›modern‹ anmutet. Standardformen der populären Literatur wie der Western, der Science Fiction-Roman oder eine neue, bewußt ›spektakuläre‹ Form des historischen Romans konsolidieren sich als Genres. Eine unterhaltsame, mit Photographien und Werbung angereicherte Form des Massenmagazins (*McClure's, Collier's, Cosmopolitan, Saturday Evening Post, Ladies Home Journal*) beginnt die ›Qualitätsmagazine‹ des *Gilded Age* zu verdrängen und eine Form der Literatur zu fördern, die wie die naturalistische Abenteuergeschichte oder die sozialkritische Enthüllungsgeschichte mit starken Effekten operiert, den ›primitiven‹, unzivilisierten Charakter zum Helden erhebt und auf mögliche *genteele* Sensibilitäten der Leserschaft keine Rücksicht mehr nimmt.

Randstellung von Lyrik und Drama

In diesen Magazinen verliert die Lyrik als Gattung weiter an Boden und wird praktisch in eine literarische Subkultur abgedrängt (die wiederum eine Voraussetzung für ihre modernistische Renaissance als eine privilegierte Form des literarischen Experiments schafft). Mit dem lyrischen Werk von Edwin Arlington Robinson und Robert Frost werden dem verwässerten Romantizismus der *genteel tradition* regional beeinflußte Formen von prosaischer Einfachheit und Direktheit gegenübergestellt, die diesen Funktionswandel vorbereiten. Dagegen verharrt das amerikanische Drama vor O'Neill im wesentlichen in einer Tradition des effektorientierten Melodramas, die sich im Verlauf des 19. Jh.s als populäre Konvention etabliert hatte. Am stärksten profitiert die Kurzgeschichte von den Möglichkeiten des neuen literarischen Marktes, der durch die Magazinrevolution der 90er Jahre neue kommerzielle und künstlerische Möglichkeiten eröffnet werden.

Siegeszug der Kurzgeschichte

Die wachsende Popularität drängt die nun so genannte *short story* zur verstärkten Pointierung, die sowohl in den cleveren Überraschungseffekten der populären Geschichten O. Henrys (William Sidney Porter) Ausdruck findet, als auch in den existentiellen Momentaufnahmen Stephen Cranes, die bereits an Hemingway erinnern. Sie haben ihre Vorläufer in den bitter-fatalistischen Bürgerkriegsgeschichten von Ambrose Bierce, die in *Tales of Soldiers and Civilians* (1891) und *Can Such Things Be?* (1893) gesammelt sind. Von ihnen gehört ›An Occurrence at Owl Creek Bridge‹ (1891), die Geschichte einer heroischen Flucht, die sich am Ende als letzter Gedankenstrom eines exekutierten Soldaten erweist, neben Stephen Cranes »The Open Boat« (1897) und Jack Londons »To Build a Fire« (1899) zu jenen heute klassischen amerikanischen Kurzgeschichten der Zeit, durch die der *short story* neue Funktions- und Wirkungspotentiale erschlossen werden.

Für die Autoren und Autorinnen der sogenannten *Progressive Era* erhöhen die neuen Magazine, Verlage und Vertriebsformen die Veröffentlichungs- und Verdienstmöglichkeiten, die sich für amerikanische Autoren zudem durch das *International Copyright Law* von 1891 verbessern, weil amerikanische Verleger nun auch englischen Autoren Honorare zahlen müssen. Doch wird dieser Gewinn erkauft mit einem Verlust der Kontrolle und der Meinungsführerschaft in einem zunehmend diversifizierten literarischen Markt, so daß insgesamt von einem neuerlichen Demokratisierungsschub im Vergleich zum letztlich immer noch paternalistischen kulturellen System des *Gilded Age* gesprochen werden kann. War der allseits gebildete Gentlemanautor noch das kulturelle Leitbild des *Gilded Age*, so beginnt nun der antiviktorianische, unsentimental-zynische Professionalismus des marktorientierten Journalisten zum neuen Ideal zu werden. Das dazu notwendige Durchsetzungsvermögen (*toughness*) billigt man vor allem dem Manne zu. Professionalisierung und Maskulinisierung des Literaturbetriebs gehen daher Hand in Hand. Mit dem abfälligen Begriff »genteel tradition« führt der Philosoph George Santayana 1903 eine Charakterisierung für die Literatur und Kultur des *Gilded Age* ein, die sich festsetzt. Dabei braucht Santayana nicht mehr zwischen verschiedenen Formen und Bewegungen zu unterscheiden, denn aus der Perspektive einer kompromißlos-männlichen Zuwendung zur Wirklichkeit erscheinen sie alle als gleichermaßen ›weibisch‹: »Eine Hälfte des amerikanischen Denkens, und zwar die, die nicht mit unmittelbar praktischen Dingen befaßt ist, befindet sich, wenn nicht auf dem Trockenen, so doch in einer Flaute: sie treibt sanft in einem Seitenarm des Gewässers, während, im Bereich der Erfindungen, dem Aufbau von Industrien und der sozialen Organisation, die andere Hälfte gleichzeitig einen Riesensatz gemacht hat, so als gelte es, die Niagarafälle im Sprung zu überwinden. Dieser Unterschied kann am Beispiel der amerikanischen Architektur verdeutlicht werden: auf der einen Seite steht die adrette Nachahmung des kolonialen Herrenhauses – wenn auch verstohlen mit einigem modernen Komfort angereichert – auf der anderen Seite der Wolkenkratzer. Der amerikanische Wille zum Handeln bewohnt den Wolkenkratzer, der Intellekt in Amerika die koloniale Imitation. Der eine ist die Sphäre des amerikanischen Mannes; die andere die der amerikanischen Frau. Der eine ist ganz und gar aggressiver Unternehmergeist, die andere nichts als verwässerte Überlieferung (*genteel tradition*).« (m.Ü.)

Wo die bisherige kulturelle Tradition Amerikas als schwächlich und obsolet erscheint, stellt sich die Frage nach möglichen Alternativen. War das *Gilded Age* durch eine grundlegende Opposition von Zivilisation und Wildnis (*savagery*) gekennzeichnet, so verkehren sich nunmehr die Hierarchien: Das Naturhafte, noch nicht Zivilisierte, ist nicht mehr das Bedrohliche, das der Zivilisierung bedarf, sondern wird zur Quelle möglicher Revitalisierung. Als 1890 der amerikanische Historiker Frederick Jackson Turner das Ende der *frontier* verkündet, verbindet sich damit die Sorge, die Nation

Professionalisierung und Maskulinisierung

genteel tradition

Dime Novel Western

Populäre literarische Formen

Der ›moderne Pionier‹: Roosevelt in den Bergen, 1905

Rassistische Tendenzen

könne eine wichtige Quelle ihrer eigenen unverwechselbaren Identität und Regenerationskraft verlieren. Am unmittelbarsten kommen diese Tendenzen der populären Literatur zugute, die etwa ab 1890 neue Formen wie den Western und die science fiction story entwickelt, die mit Bestsellern wie Anthony Hopes *The Prisoner of Zenda* (1894), Henryk Sienkiewicz' *Quo Vadis?* (1896), Charles Majors *When Knighthood Was in Flower* (1898) oder Francis Marion Crawfords *In the Palace of the King* (1900) das Genre des historischen Romans zum imperialen historischen Spektakel (*historical romance*) transformiert und die im Anschluß an die vielgelesenen Abenteuergeschichten von Robert Louis Stevenson und Rudyard Kipling eigene populäre Varianten im Werk von Jack London, Edgar Rice Burroughs (*Tarzan of the Apes*, 1914) und Harold Bell Wright (*The Winning of Barbara Worth*, 1911) hervorbringt. Damit werden populäre Genres geschaffen, die seither in den Massenmedien des 20. Jh.s zirkulieren. Eine erfolgreiche Form populärer Literatur hatte sich bereits im *Gilded Age* mit der *dime novel* etabliert, doch hatte diese im wesentlichen den Status einer minderwertigen Literatur für Jugendliche. Am deutlichsten wird der Wandel am Beispiel des Western, der in den Groschenheften über Buffalo Bill oder andere Helden des ›Wilden Westens‹ noch schlichten Abenteuermustern physischer Bedrohung und Selbstbehauptung folgte, in einem Buch wie Owen Wisters *The Virginian* (1902) jedoch nunmehr zu einer spezifisch amerikanischen Form des historischen Romans ausgeweitet wird, dessen Grundlage die zivilisationsmüde Sehnsucht nach einem außerzivilisatorischem Bereich und die damit verbundene Nobilitierung des ›Cowboy‹ zum modernen Ritter bilden. Für den schwächlichen Ostküsten- und *gentry*-Autor Wister, der selbst in den Westen zog, um dort von seinen nervösen Zivilisationskrankheiten befreit zu werden, ist damit nicht nur ein Programm persönlicher Revitalisierung verbunden. Wie sein Freund, der spätere Präsident Theodore Roosevelt, sieht auch Wister das ›strenuous life‹ als Quelle nationaler Wiedergeburt und den Western als kulturellen Beitrag zu diesem überfälligen Regenerationsprozeß. Es beginnt eine Anhebung des Western zu einem Schlüsselgenre amerikanischer Selbstdefinition, die durch die Popularität der Romane von Zane Grey, allen voran seinem Bestseller *The Riders of the Purple Sage* (1912), verstärkt wird.

Wister kann den ›cowpuncher‹ idealisieren, weil er in ihm den Nachkommen des angelsächsischen Kriegers und Ritters sieht. Damit nimmt er auf einen Diskussionskontext der Zeit Bezug, in dem ein latenter Darwinismus die Furcht vor dem zivilisatorischen Niedergang der angelsächsischen Rasse nährt und zu neuen, verstärkten Manifestationen eines unverhohlenen Rassismus führt. Die Tendenz kommt am deutlichsten zum Ausdruck im Werk eines anderen Bestsellerautors der Zeit, Thomas Dixon Jr., der mit seinem Roman *The Clansman. An Historical Romance of the Ku Klux Klan* (1905) eine schamlose Apologie des Ku Klux Klan als Retter des weißen Amerika schreibt (und damit eine Vorlage liefert für den berühmtesten amerikanischen Film der Stummfilmzeit, D. W. Griffiths *The Birth of a Nation*). Auch das kann im Zusammenhang mit der Aufkündigung des viktorianischen Zivilisationsbegriffs gesehen werden: Wird menschliche Entwicklung nicht mehr als Ergebnis moralischer Selbstdisziplinierung konzipiert, sondern als Resultat ›natürlicher‹ biologischer Gesetze, so ist damit nicht nur Freiheit vom ›repressiven‹ Diktat moralischer Verhaltensregeln gewonnen, sondern es wird auch die Furcht genährt, man könnte sich nach biologischem Gesetz nicht als stark genug erweisen. So entsteht als ein Nebenprodukt der Herauslösung des Wirklichkeitsverständnisses aus zivilisationsgeschichtlichen und moralischen Kontexten eine verstärkte Form des Rassismus.

Gegen diesen Rassismus wehren sich afro-amerikanische Autorinnen und Autoren mit neuem Selbstbewußtsein, das sich vor allem in W. E. B. Du Bois' kritischer Auseinandersetzung mit dem Anpassungskurs manifestiert, den Booker T. Washington in seiner Autobiographie *Up From Slavery* (1901) propagiert. In *The Souls of Black Folk* (1903), das politische und historische Essays, Kurzgeschichten und Verweise auf das afro-amerikanische musikalische Erbe miteinander vereint, gelingt ihm eine klassische Formulierung der inneren Zerrissenheit des Afro-Amerikaners: »Es ist eine Empfindung ganz eigener Art, dieses doppelte Bewußtsein, dieses Gefühl, sich selbst immer nur durch die Augen anderer zu sehen, das eigene Wesen mit dem Maß einer Welt zu messen, die dem mit einer Mischung aus amüsierter Herablassung und Mitleid zusieht. Man lebt ständig im Bewußtsein dieser Doppelheit, – als Amerikaner und als Schwarzer; mit zwei Seelen, zwei Formen des Denkens, zwei unvermittelbaren Ambitionen, zwei Idealen, die ständig im Konflikt miteinander liegen, in einem schwarzen Körper, dessen verbissene Zähigkeit ihn allein davor bewahrt, innerlich zerrissen zu werden.« (m. Ü.) In den sogenannten ›novels of passing‹, in denen schwarze Charaktere aufgrund ihrer hellen Hautfarbe auch als Weiße auftreten können (*passing for white*), wird diese doppelte Identität für Autoren wie Chesnutt (*The House Behind the Cedars*) und James Weldon Johnson (*The Autobiography of an Ex-Colored Man*, 1912), aber auch für Twain (*Pudd'nhead Wilson*) und Howells (*An Imperative Duty*) zur Metapher der Irrationalität rassischer Segregation. Dagegen entstehen mit Romanen wie Dunbars *The Sports of the Gods* (1901), Chesnutts *The Marrow of Tradition* (1901) und DuBois' *The Quest of the Silver Fleece* (1911) die Konturen eines neuen afro-amerikanischen Romans und eines neuen Selbstbewußtseins, mit Romanen wie Frances E. W. Harpers *Iola Leroy, or Shadows Uplifted* (1892) und Pauline Hopkins' *Contending Forces. A Romance Illustrative of Negro Life North and South* (1900) Beispiele einer ersten ›Black Woman's Era‹ in der amerikanischen Literatur.

Wenn Entwürfe sozialer Ordnung nicht mehr durch die moralische Autorität einer zivilisatorischen Norm begründet werden können, bedarf es anderer Handlungsprinzipien wie beispielsweise dem der Effizienz, auf die sich ein neuer Professionalismus beruft. Wo Reform nach wie vor sein Ziel ist, wird diese nunmehr als Herausforderung an den Spezialisten und Fachmann begriffen, der möglichst nüchtern und unsentimental an seine Aufgabe herangehen soll. In *How the Other Half Lives* (1890) dokumentiert der Schriftsteller und Reporter Jacob Riis das Leben der Einwanderer in den Gettos New Yorks in nüchternen Reportagen und eindringlichen Photographien, um die Stadt zu baulichen und sanitären Auflagen zu bewegen. Das paßt zu einer neuen Art der Reformliteratur, die nicht als grundlegende Systemkritik auftritt, sondern sich in problembezogener Weise besonders krassen gesellschaftlichen Mißständen zuwendet. Am deutlichsten kommt diese neue, ›professionelle‹ Einstellung in der Gesellschaftskritik der sogenannten ›Muckraker‹ zum Ausdruck, die ihren anfangs abfälligen Beinamen von Theodore Roosevelt erhalten, der ihre Form des investigativen Journalismus mit Bunyans ›man with the muck-rake‹ vergleicht. In sorgfältig recherchierten Artikeln nehmen sich Journalisten vor allem des Magazins *McClure's* die politische Korruption in den Städten (Lincoln Steffens, *The Shame of the Cities*, 1904) oder Monopolpraktiken der Öl- und Eisenbahnindustrie vor (Ida Tarbell, *The History of the Standard Oil Company*,

Die Muckrakers

1904). Die aufsehenerregenden Artikelserien rufen Empörung über die neuen ›amerikanischen Zustände‹ hervor, haben Einfluß auf Reformgesetzgebungsinitiativen zur Begrenzung der Macht der Trusts und tragen mit all dem nicht nur zur Auflagensteigerung der Magazine bei (von denen sie daher gegen Angriffe der ökonomischen und politischen Elite verteidigt werden), sondern auch zu einem Reformklima, in dem der Literatur neue Aufgaben zuwachsen.

Die sozialkritische Reorientierung in der Literatur der Zeit schlägt sich nieder in den Spätwerken des Naturalisten Frank Norris, der in *The Octopus* die Monopolpraktiken einer Eisenbahngesellschaft beschreibt und in *The Pit* die Spekulationspraktiken der Börse zur Metapher des modernen Amerika macht. Jack London wendet sich nach seinen Wolfsgeschichten verstärkt Analysen der amerikanischen Gesellschaft zu und schafft mit *The Iron Heel* einen Klassiker des internationalen Sozialismus, dem sich auch Ernest Pooles Streikroman *The Harbor* (1915) zurechnen läßt. Beide Traditionslinien – die problem- und lösungsbezogene Sozialkritik und eine Perspektive, die ihre Hoffnung auf gesellschaftliche Veränderung aus den Utopien der sozialistischen Bewegung bezieht – kommen im wohl eindringlichsten – und wirkungsvollsten – Protestroman der *Progressive Era* zusammen, in Upton Sinclairs *The Jungle* (1906), einer aufwühlenden Beschreibung des Schicksals einer litauischen Einwandererfamilie, die in der Fleischindustrie Chicagos Arbeit findet. Sinclairs Beschreibung der Zustände im fleischverarbeitenden Gewerbe war dermaßen abstoßend, daß der Roman in bester *muckraking*-Tradition zu einer Gesetzesreform führte. Die Ziele Sinclairs gingen freilich über solche Reformerfolge hinaus (resignierend soll er später das Fazit gezogen haben: »Ich zielte auf das Herz Amerikas und traf seinen Magen«). Noch während der Arbeit am Roman trat Sinclair der sozialistischen Bewegung bei und entwickelte den Ehrgeiz, den ersten proletarischen Roman Amerikas zu schreiben. Entsprechend ›gespalten‹ präsentiert sich der Roman, der in der Darstellung der Zustände in den Fleischhöfen wie eine naturalistische Milieustudie des hoffnungslosen Ausgeliefertseins beginnt und sich im zweiten Teil in langen Reden zum sozialistischen Pamphlet wendet. Analog dazu verändert sich auch die Rolle der Hauptfigur, des in seiner Körperkraft an einen naturalistischen Helden erinnernden Jurgis Rudkus, der im ersten Teil eine Geschichte des Abstiegs und der hilflosen Auflehnung gegen ein übermächtiges Milieu durchläuft und dem im zweiten Teil durch seine Konversion zum Sozialismus eine Stärke zuwächst, die dem Sozialismus eine Dimension christlicher Heilserwartung gibt. Was Sinclair von Norris unterscheidet, ist die zunehmende Politisierung seines Naturalismus; was ihm nicht gelingt, ist, die programmatischen Erörterungen des zweiten Teils über ihre Thesenhaftigkeit hinauszuheben.

Es gehört zur fortschreitenden Ausdifferenzierung des literarischen Systems der Zeit, daß neben der Politisierung des realistischen und naturalistischen Romans zugleich eine populäre Konsumliteratur entsteht, die ungeniert eskapistisch ist. Beide Entwicklungstendenzen stehen jedoch bei näherer Betrachtung in einem Zusammenhang. Zum einen war die neue Protestliteratur nur deshalb marktfähig, weil sie – wie etwa David Graham Phillips' Prostituiertendrama *Susan Lenox: Her Fall and Rise* (geschrieben 1908, postum veröffentlicht 1917) oder auch die Romane von Norris, Sinclair und London – Sozialkritik und Tendenzen des Sensationsjournalismus miteinander verband. Die Leichtigkeit des Übergangs von einem Bereich zum anderen belegen Bestsellerautoren wie Paul Leicester Ford und

Upton Sinclair,
The Jungle

Protest
und Konsumliteratur

Winston Churchill, die sowohl politische Romane (*The Honorable Peter Stirling*, 1894 und *Coniston*, 1906) als auch historische Romanzen (*Janice Meredith*, 1899 und *Richard Carvel*, 1899) schreiben. Insofern ist hier eher an ein Verhältnis der Komplementarität zu denken: Was im realistischen Gesellschaftsroman noch untrennbar aufeinander bezogen ist – Gesellschaftskritik und die Utopie einer besseren Welt – fällt nunmehr in die Bereiche Protest- und Konsumliteratur auseinander; eben diese Spezialisierung ermöglicht es andererseits, das jeweils verengte Funktionspotential in einer Weise zu optimieren, wie es der im Vergleich dazu ebenso ›langweilige‹ wie gesellschaftskritisch ›zaghafte‹ Realismus nie vermochte. Insofern signalisiert die Radikalisierung der Literatur der *Progressive Era* den Beginn einer Arbeitsteilung im kulturellen System, die sich in der Moderne und Postmoderne weiter vertiefen wird.

Der amerikanische Naturalismus

In der Neuorientierung der 90er Jahre stellt die Herausbildung einer eigenständigen amerikanischen Form des Naturalismus die literaturgeschichtlich einschneidendste und interessanteste Entwicklung dar. Romane wie Stephen Cranes *Maggie: A Girl of the Streets* (1893) und *The Red Badge of Courage* (1895), Frank Norris' *Vandover and the Brute* (geschrieben 1894/1895, erschienen 1914) und *Mc Teague* (geschrieben etwa in demselben Zeitraum, 1899 erschienen), Theodore Dreisers *Sister Carrie* (1901), sowie Jack Londons *The Call of The Wild* (1903) und *The Sea Wolf* (1904) bringen eine provokativ ›andere‹ Thematik, Erzählweise und, damit verbunden, auch ein neues Wirklichkeitsverständnis in die amerikanische Literatur ein, für die sich mit dem Wort Naturalismus einer jener literargeschichtlichen Epochenbegriffe eingebürgert hat, die sich einer verbindlichen definitorischen Festlegung immer wieder zu entziehen scheinen. Dabei wiederholen sich Probleme, die bereits die Definition des Realismus kennzeichneten: Im Versuch einer möglichst programmatischen Definition wird der naturalistische Roman auf eine biologische oder soziologische Theorie festgelegt (wie etwa den Darwinismus, Spencers Sozialdarwinismus oder Taines Milieutheorie), die die Texte selbst nur unzureichend zu veranschaulichen vermögen, so daß sich die Frage stellt, inwieweit überhaupt von einem genuin amerikanischen Naturalismus die Rede sein könne. Tatsächlich fehlt dem amerikanischen Naturalismus die programmatische Konsequenz europäischer Formen. Er ist weder konsequenter Ausdruck einer Philosophie des Determinismus, noch in einer auch nur annähernd systematischen Weise einem bestimmten literarischen oder gesellschaftskritischen Programm verbunden. Dennoch ist der Begriff auch in der Anwendung auf die amerikanische Literatur sinnvoll. Er vermag ein neues Wirklichkeitsverständnis zu markieren und auf die beträchtliche Distanz zum realistischen Roman hinzuweisen, die sich daraus auch in formaler und funktionsgeschichtlicher Hinsicht ergeben mußte.

Definitionsprobleme

In literaturgeschichtlichen Darstellungen gibt es eine Tendenz, den naturalistischen Roman als nochmalige Intensivierung eines realistischen Darstellungsanspruchs zu begreifen. Während sich der klassische amerikanische Realismus selbst Grenzen des Darstellbaren auferlegt und insbesondere in

Naturalismus und Realismus

Georg Bellows, »Stag at Sharkey's« (1909)

der Zuwendung zu noch nicht ausreichend zivilisierten Seiten der amerikanischen Gesellschaft zurückhaltend, wenn nicht prüde erscheint, sei der naturalistische Roman durch eine ungeschönte Darstellung des menschlichen Überlebenskampfes gekennzeichnet, die bisher tabuisierte soziale und sexuelle Bereiche einschließe. Tatsächlich stehen diese beiden literarhistorischen Phasen jedoch nicht einfach in einer Kontinuität der fortlaufenden Ausweitung des Wirklichkeitsbereichs, sondern unterscheiden sich grundlegend in ihrem Wirklichkeitsverständnis: Während der klassische amerikanische Realismus Wirklichkeit als einen Bereich begreift, der rational einsichtig und kausal erklärbar ist, in dem soziale Erfahrung daher potentiell erkenntnisbildend ist und individueller wie nationaler Zivilisierung den Weg bereitet, bildet sich der Naturalismus in der Absage an ein derartiges viktorianisches Wirklichkeitsverständnis, so daß gerade jene Phänomene und Wirklichkeitsbereiche, die sich zivilisatorischer Kontrolle entziehen, zu den eigentlich bedeutungsvollen werden. Im amerikanischen Naturalismus der Jahrhundertwende geht das viktorianische Vertrauen in eine inhärente Rationalität und Moralität geschichtlicher und gesellschaftlicher Prozesse endgültig verloren.

Wenn die menschliche Existenz in weitaus stärkerem Maße durch Vererbung, das Milieu, biologische Gesetze der Evolution oder ein unstillbares Begehren des Menschen bestimmt ist als im viktorianischen Fortschrittsglauben konzediert, dann stellt sich die Frage, was der Gesellschaft überhaupt noch ihren Halt zu geben vermag. In der Sicht des Naturalismus bezeichnet das Wort Zivilisation bestenfalls eine stabilisierende Gewohnheit (*habit*), die als dünner Firnis über einem Untergrund elementarer, übermächtiger Kräfte liegt und diese Kräfte nur mühsam oder gar nicht zu disziplinieren vermag (wobei die Quellen des Kontrollverlusts keineswegs immer ›primitiver‹ Art sein müssen, sondern beispielsweise auch in der Komplexität des modernen Lebens liegen können oder in einem von der modernen Konsumwelt angestachelten ›endlosen‹ Begehren). Es gehört zur melodramatisch überhöhten Instabilität der naturalistischen Romanwelt, daß diese Kräfte jederzeit die Oberhand gewinnen können. Der Zufall – und

Übermacht elementarer Kräfte

nicht mehr die moralische Entscheidung des einzelnen – wird zu einem konstitutiven Handlungselement. Das Erzählmuster, in dem dieses Geschehen präsentiert wird, kann nicht das der viktorianischen Entwicklungsgeschichte sein. Der naturalistische Roman lebt vielmehr von der Dramatisierung jenes ebenso faszinierenden wie furchterregenden Moments, in dem die Hauptfigur aus ihrer stabilisierenden Gewohnheit ›fällt‹, und dem damit verbundenen Vorstoß oder ›Abstieg‹ in eine Welt außerhalb des zivilisatorischen Geltungsbereichs, durch den sich der Blick auf die Wirkungsmacht ›außerzivilisatorischer‹ Elemente öffnet.

Der – oft jähe und gewaltsame – Durchbruch dieser übermächtigen Elemente eröffnet zwei grundlegende Möglichkeiten kultureller Deutung und literarischer Umsetzung. Er kann Ausgangspunkt sein für Melodramen des Kontrollverlusts, aber auch für Geschichten der Befreiung aus zivilisatorischer Verweichlichung. Beides ist im amerikanischen Naturalismus zu finden. Er erzählt Geschichten des moralischen und sozialen Abstiegs, aber auch triumphale ›success stories‹, Melodramen unaufhaltsamer Selbstzerstörung, aber auch Romanzen heroischer, oft übermenschlicher Selbstbehauptung. Der Spannweite zwischen Bestie und Übermenschen entspricht dabei wirkungsästhetisch die zwischen Furcht und Versprechen: Der naturalistische Roman kann seine starken Wirkungen sowohl aus dem Vorstoß in bisher tabuisierte Bereiche beziehen als auch aus der effektiven Dramatisierung einer Furcht vor unaufhaltsamem Selbstverlust. Lebt der klassische Realismus von der Suche nach der Möglichkeit einer Identität, die in der Lage wäre, widerstreitende Ansprüche miteinander zu vermitteln und sinnvoll zu integrieren, so erklärt der Naturalismus diese Integration zur zufällig gelungenen, jederzeit gefährdeten Gewohnheit und wendet sich der Darstellung jener ›unkontrollierbaren‹ Elemente zu, die – wie etwa die Sexualität, die Fetischisierung des Geldes, der Macht- und Erfolgshunger, oder einfach nur die Zufälligkeit einer Wirklichkeit ohne moralische Struktur – Identität in Zwanghaftigkeit arretieren. Der Verlust eines viktorianischen Persönlichkeitsideals der Selbstdisziplinierung kann andererseits aber auch Ausgangspunkt einer Revitalisierung sein. Hinter dem Melodrama des sozialen und moralischen Falls tritt der Wunsch nach einer Befreiung aus zivilisatorischen Fesseln oder nach einer Readjustierung des Verhältnisses zwischen ›natürlicher‹ und zivilisatorischer Existenz hervor. Während sich die zivilisierten Charaktere des naturalistischen Romans in der Begegnung mit der Natur zunächst als schwach und ›unfit‹ erweisen, werden die starken, aber ›primitiven‹ Charaktere andererseits von der Komplexität der sozialen Welt überwältigt. Die naturalistische Erweiterung des Wirklichkeitsausschnitts hat ihre normative Basis somit im Versuch der Revitalisierung einer überzivilisierten sozialen Ordnung, doch hat diese die symbolische Austreibung des Archaischen zur Voraussetzung.

In dieser riskanten Suche nach ›natürlichen‹ Quellen individueller und gesellschaftlicher Regeneration, die zugleich mit der Furcht vor der Freisetzung eines Elements verbunden ist, das nicht mehr kontrollierbar sein könnte, müssen die Hauptfiguren durch die Außergewöhnlichkeit ihres Schicksals hervorgehoben sein. Sie folgen nicht, wie im Realismus, dem Ideal einer repräsentativen Durchschnittsexistenz, denn an der ›Normalität‹ einer derartigen Existenz ließe sich das Spiel elementarer Kräfte gerade nicht studieren. In polemischer Überspitzung markiert Frank Norris in seinem Aufsatz »Zola as Romantic Writer« die Distanz zum Realismus: »Terrible things must happen to the characters of the naturalistic tale. They must be twisted from the ordinary, wrenched out from the quiet, uneventful

Kontrollverlust und Revitalisierung

Außergewöhnliche Schicksale

round of every-day life, and flung into the throes of a vast and terrible drama that works itself out in unleashed passions, in blood, and in sudden death.« Die menschenleeren Weiten Alaskas oder des Meeres, Schneestürme und Taifune, Slums und Alkoholismus, die Sexualität, die Geldgier und der Krieg bieten derartige Extremerfahrungen des Kontrollverlusts. Für die Darstellung solcher Erfahrungen ist die Form des realistischen Gesellschaftsromans ungeeignet. Als, im positiven wie im negativen Sinne, ›primitive‹ sind die literarischen Charaktere des Naturalismus nicht hinreichend bewußtseins- und gesprächsfähig. Statt dessen gewinnt die Erzählerstimme neuerliche Bedeutung, um den Lesern zu verdeutlichen, was den Charakteren selbst nicht einsichtig sein kann. Die charakteristische Erzählsituation des naturalistischen Romans ist daher durch eine Doppelstruktur gekennzeichnet, die durch einen Erzähler entsteht, der je nach Bedarf die Wahrnehmung der Hauptfiguren übernimmt (und sich dabei oft nicht vor melodramatischem Bombast scheut) oder in (oft ironische) Distanz zu dieser geht – etwa, wenn von McTeague berichtet wird, daß er ein Bild des Hofes von Lorenzo de Medici für seine Zahnarztpraxis gekauft habe, weil er damit für sein Geld besonders viele Menschen bekommen habe. Fast in jedem naturalistischen Roman präsentieren sich auf diese Weise melodramatische Theatralik und erzählerische Distanz nebeneinander und gehen nicht selten fast unmerklich ineinander über; nahezu jeder der wichtigsten naturalistischen Romane verlangt daher die sorgfältige Beachtung der immer wieder wechselnden Erzählperspektive.

Melodrama vs. erzählerische Distanz

Weil es um die Darstellung einer von den Charakteren selbst nicht artikulierbaren Erfahrung geht, lädt sich die Sprache des naturalistischen Romans metaphorisch auf. Dabei fungiert insbesondere die Tiermetaphorik als rhetorisches Register zur Intensivierung von Bedrohung und Selbstverlustängsten. In dieser Funktion kann sie durch Maschinenmetaphern abgelöst werden, so wie die Maschine andererseits wiederum als Monster ›animalisiert‹ werden kann. In allen Fällen ist die Brauchbarkeit der Metapher für die hyperbolische Dramatisierung einer Überwältigungsangst das verbindende Element. Schließlich muß sich auch das Verhältnis von Charakterisierung und Handlung verschieben: Um die volle melodramatische Wirksamkeit jenes Spiels zu demonstrieren, das elementare Kräfte mit einem überforderten Menschen treiben, wird die Ebene akzidenteller Handlungsverknüpfung zentral. In Essays und Zeitungsartikeln, die 1903 unter dem Titel *The Responsibilities of the Critic* veröffentlicht werden, setzt sich Norris vom Howells'schen Realismus ab, der für ihn an der Oberfläche der Wirklichkeit bleibt, und erklärt wiederum die vom Realismus vielgeschmähte *romance* zum zentralen Genre des naturalistischen Romans, weil diese ihr Ziel darin habe, zu einer tieferen Wahrheit menschlicher Existenz vorzustoßen. Ein ›Realitätseffekt‹, der sich aus der detailgesättigten realistischen Darstellungsmethode ergibt, bleibt dabei allerdings auch für Norris unverzichtbar, um diese Wahrheit zu plausibilisieren. So bildet sich der naturalistische Roman in der Kombination zweier literarischer Traditionen: als Vorstoß in einen bisher literarisch tabuisierten Wirklichkeitsbereich im Genre der *romance*, doch dies im Modus einer wirklichkeitsgetreuen, realistischen Darstellungsform.

Tier- und Maschinenmetaphern

Rehabilitierung der romance

Als erstes Werk des amerikanischen Naturalismus kann Stephen Cranes Roman *Maggie: A Girl of the Streets* (1893) gelten, der zunächst kaum beachtet wird. Die Geschichte des moralischen Falls eines jungen Mädchens aus der irischen Unterschicht ist bei genauerer Betrachtung halb naturalistische Milieustudie, halb moralisches Traktat. Um den Einfluß des Milieus zu

Maggie:
A Girl of the Streets

zeigen, beschreibt Crane die Slumexistenz einer irischen Familie als erbarmungslosen, pathetischen Überlebenskampf; um Maggie zu einer Figur zu machen, die unser Mitleid verdient, läßt Crane sie letztlich nicht an ihrer Sexualität, sondern an der moralischen Heuchelei ihrer sozialen Umwelt scheitern. So kann diese erste Heldin des amerikanischen Naturalismus vom Slummilieu in die Prostitution und schließlich in den Selbstmord getrieben werden und dennoch von jenem Milieu gänzlich unberührt und innerlich ›rein‹ bleiben.

Bereits in *Maggie* ist Cranes Stadt nicht primär ein sozialkritisch konturierter Raum, sondern einer der Bars, Theater und des prallen Straßenlebens, d. h. vor allem ein Stimmungsraum, der die naive, welterfahrene Maggie überwältigt. Diese Redefinition von Wirklichkeit als primär sinnlich zugänglichem Eindruck intensiviert sich in Cranes Meisterwerk *The Red Badge of Courage. An Episode of the American Civil War* (1895), einem der eindrucksvollsten Romane nicht nur des amerikanischen Naturalismus, sondern der amerikanischen Literatur überhaupt. Daß der Krieg hier an die Stelle des Slummilieus tritt, ist bereits Programm. Crane ersetzt den Schauplatz eines möglichen moralischen Fehltritts durch den einer existentiellen Grunderfahrung. Seine Darstellung des Bürgerkriegs ist nicht mehr, wie für den historischen Roman charakteristisch, die eines epochalen Konflikts zwischen verschiedenen zivilisatorischen Entwicklungsstufen, sondern die der intensiven, hautnahen Sinneswahrnehmung des Gefreiten Fleming, der im unübersichtlichen Kampfgetümmel jede Orientierung verliert, auf der Flucht verwundet wird und so zu jenem ›Ehrenmal‹ kommt, auf das der Titel ironisch Bezug nimmt. Crane gelingt es, durch die erzählerisch mit bemerkenswerter Konsequenz umgesetzte Reduktion des Kriegsgeschehens auf die subjektive Sinneswelt eines Soldaten die Übermächtigkeit des Krieges hautnah erfahrbar zu machen. Das realistische Konzept der Erfahrung wird dabei durch den flüchtigen, situativen, weithin dekontextualisierten Sinneseindruck abgelöst, durch den sich Wirklichkeit ständig verändert und daher auch ständig neu ›aufgebaut‹ werden muß. Crane verstärkt diese Dekontextualisierung, indem er jede Orts- und Zeitangabe streicht. Weil ein derartiger Strom von Sinneseindrücken nicht mehr sinnvoll mit einem übergreifenden Erklärungszusammenhang verbunden werden kann, muß er die ganze Last der Bedeutungsbildung selbst tragen und wird daher zwangsläufig überscharf akzentuiert. Die ›Geschichte‹ der Hauptfigur entfaltet sich auf diese Weise als Sequenz von einzelnen Impressionen eines situationsgebundenen Ichs, die sich lange Zeit zu keiner ›großen Erzählung‹ zu fügen scheinen und sich im Akt des Registrierens und der mentalen Verarbeitung selbst zum Gegenstand werden. Der Roman stellt auf diese Weise den wohl konsequentesten Versuch der Umsetzung eines impressionistischen Programms der Wirklichkeitswahrnehmung im amerikanischen Roman dar und verdeutlicht, wie ein radikal zu Ende gedachter Naturalismus – die detaillierte Darstellung ›determinierender‹ Faktoren – unmittelbar zum Impressionismus führen kann. Da eine übergreifende Sinnbildungsinstanz nicht mehr gegeben ist, kann auch das Ende des Romans umstritten bleiben, in dem Fleming seine Angst überwunden hat und zum Manne gereift scheint. Dennoch bleibt offen, ob damit das Ende einer Initiationsgeschichte erreicht ist oder die akzidentelle Form, in der diese Initiation zustande gekommen ist, dieser eine ironische Dimension verleiht.

Cranes literarische Produktion zwischen der Publikation von *Maggie* und seinem frühen Tod im Jahr 1900 umfaßt neben einem weiteren Slumroman, *George's Mother* (1896) – in dem Crane mit gnadenloser Ironie den unauf-

Stephen Crane

The Red Badge of Courage

Vom Naturalismus zum Impressionismus

*Cranes
Kurzgeschichten*

haltsamen sozialen Abstieg des jungen George als Resultat seiner eigenen pathetischen Realitätsverkennung beschreibt – vor allem Kurzgeschichten, die zu den besten der amerikanischen Literatur gehören und in ihrer lakonischen Hartgesottenheit den existentiellen Modernismus eines Hemingway vorwegnehmen. Die besten dieser Geschichten verbindet die eindringliche Darstellung einer existentiellen Grenzerfahrung, bei der der Journalist und Kriegsberichterstatter Crane von eigenen Erfahrungen zehren kann.

Von allen Autoren des amerikanischen Naturalismus kommt neben Jack London Frank Norris den Erwartungen am stärksten entgegen, die sich mit dem Begriff verbinden. Die beiden ersten Romane des aus wohlhabendem Hause stammenden Harvardabsolventen, *Vandover and the Brute* und *McTeague*, sind Werke eines sensationalistisch zugespitzten Naturalismus der unaufhaltsamen Selbstzerstörung. In *Vandover and the Brute* führt das in Dr. Jekyll-and-Mr. Hyde-Manier zu einem noch vergleichsweise konventionellen Kampf zwischen der besseren und der ›niederen‹ Seite der Hauptfigur, deren Persönlichkeitsverfall sich als Walten einer Art poetischen Gerechtigkeit für moralische Haltlosigkeit verstehen läßt. Der Durchbruch und die Dominanz biologischer Faktoren ist dabei noch Indiz eines moralischen Zustands. Das ändert sich in *McTeague*. Mit dem ungeschlachten ›Biest‹ McTeague führt Norris einen Helden in die amerikanische Literatur ein, an dem der Vorwurf mangelnder moralischer Selbstdisziplin abprallt: McTeague ist das von zivilisatorischen Konventionen nur vorübergehend gezügelte Monster (*the brute*), das sich jederzeit von seinen zivilisatorischen Fesseln losreißen kann. Bereits McTeagues ungewöhnliche Größe und Körperkraft zeigen an, daß er mit mehr ›Natur‹ ausgestattet ist als andere und daß die zivilisatorische Decke dementsprechend dünn ist. Der Roman bezieht seine Spannung daraus, ob diese Decke halten wird oder nicht. Solange McTeagues Leben, wie zu Beginn des Romans, ganz von elementaren physischen Vorgängen wie denen des Essens, Schlafens und Rauchens beherrscht wird, ist das der Fall. Es ist der Zufall eines Lotteriegewinns, der das durch Gewohnheit etablierte zivilisatorische Gleichgewicht aus dem Lot bringt. Der unverhoffte Reichtum führt McTeagues Frau Trina zu einer Fetischisierung des Geldes, durch die sie ihr Bedürfnis nach Sicherheit auf eine leblose Materie verschiebt, die sich immer wieder zählen, putzen und betrachten läßt. Als McTeague seine Lizenz als Zahnarzt und damit den Halt einer gewohnheitsgeleiteten Existenz verliert, erweist er sich der Komplexität der sozialen und psychischen Folgen nicht mehr gewachsen, beginnt zu trinken und ermordet schließlich seine Frau auf der Suche nach ihrem Geld. In einer unerbittlichen Logik des Abstiegs endet seine Flucht in der Salzwüste Nevadas. Gekettet an seinen Rivalen, der ihm das geraubte Geld streitig gemacht hat und den er in einem gnadenlosen Kampf ums Überleben getötet hat, ist McTeague am Ende Täter und Opfer zugleich.

Nach dem anfänglichen Desinteresse an seinen naturalistischen Romanen beschloß Norris auf Nummer sicher zu gehen. Sein nächster Roman, *Moran of the Lady Letty: A Story of Adventure off the California Coast* (1898), eine wilde Abenteuer- und Piratengeschichte, wie man sie eher mit Jack London assoziiert, bietet Gewalt, Sex, sowie die erfolgreiche Remaskulinisierung seines anfänglich überzivilisierten Helden. Durch den Erfolg des Buches wird es möglich, *McTeague* zu veröffentlichen. In Essays und Zeitungsartikeln, die ihn zum literarkritisch interessantesten der Naturalisten machen, taucht das Thema eines amerikanischen Epos auf, das der Dynamik Amerikas Ausdruck geben soll und »so heroisch, elementar, wichtig

McTeague

Frank Norris

Logik des Abstiegs

Amerikanisches Epos

und eindringlich« sein könnte »wie das Epos der Vergangenheit«. In einem Brief beschreibt Norris sein Vorhaben: »Mein Ziel ist es, drei Romane zu schreiben, die alle das Thema des Weizens zum Inhalt haben. Zuerst, eine Geschichte, die in Kalifornien spielt (dem Ort der Produktion); zweitens, eine Geschichte, die in Chicago spielt (dem Ort des Vertriebs); drittens, eine Geschichte, die in Europa spielt (dem Ort des Konsums); und in jedem der drei Romane dem alles mitreißenden Niagarafall aus Weizen zu folgen, der sich von Westen nach Osten ergießt.« Mit *The Octopus* (1901) und dem 1903 erscheinenden *The Pit* gelingt es Norris, die ersten beiden Bände zu realisieren. Sein Tod im Jahr 1902 im Alter von 32 Jahren verhindert die Durchführung des Gesamtplans. Der dritte Band mit dem Arbeitstitel *The Wolf* bleibt ungeschrieben.

In naturalistischer Hyperbolik bezieht sich der Titel des ersten Bandes der Weizentrilogie, *The Octopus*, auf ein Thema, das die *Progressive Era* beherrschte, das des übermächtigen Einflusses der Trusts, der neu entstehenden wirtschaftlichen Monopole. In *The Octopus* kommt er im Preisdiktat einer Eisenbahngesellschaft zum Ausdruck, von der kalifornische Farmer abhängig sind, um ihren Weizen im Osten verkaufen zu können. Doch entgegen erstem Anschein (und gelegentlicher kritischer Verkürzung) ist Norris' Roman kein populistisches Traktat für den entrechteten Farmer. Viel eher ergibt sich eine überraschende Parallele zwischen Trust und Farmern: Die einen beuten den Boden aus, die anderen monopolisieren den Vertrieb des natürlichen Guts. Beide machen die Natur zum Gegenstand ihrer Spekulation. Die Natur ist jedoch für Norris keineswegs ›wehrlos‹, denn im unablässig wiederkehrenden Zyklus von Wachstum, Reife und Verfall zeigt sie sich letztlich den menschlichen Akteuren überlegen und geht über sie hinweg. Insofern erweist sich *The Octopus* bei näherer Betrachtung als Roman über das elementare Phänomen Natur. Das Drama des Romans ergibt sich aus der Unfähigkeit des Menschen, dieses Phänomen zu respektieren, und dem immer neuen Versuch, es zu eigenen Zwecken zu instrumentalisieren. Dabei geht es Norris jedoch keineswegs um einen naiven Pastoralismus und eine Idealisierung der Natur als Quelle von Tugendhaftigkeit. Das würde ihre historische Vorzeitlichkeit trivialisieren. Der Roman nimmt für keins der beiden ideologischen Systeme, deren Auseinandersetzung er schildert, Partei, weder für den Kapitalismus noch für einen kämpferischen Populismus. Was ihn beschäftigt, ist, welche selbstzerstörerischen Folgen das mangelnde Naturverständnis beider hat. Dagegen vermögen sich jene Figuren am Ende aus ihrer Selbstverhaftetheit zu lösen, die die zyklische Regenerationskraft der Natur akzeptieren. Der Roman des naturalistischen Abstiegs wird zum Roman einer Revitalisierung im Angesicht und in der Akzeptanz einer elementaren Dimension der Natur, die soziale und moralische Kategorien transzendiert.

Mensch und elementarer Naturzyklus

Mit dem zweiten Band der Weizentrilogie, *The Pit*, geht Norris' Weizenepos ins Zentrum der kapitalistischen Spekulation, die Chicagoer Getreidebörse, die die weltweiten Weizenströme im täglichen Kampf um Profit und Marktdominanz lenkt. Norris nähert sich dem brisanten Thema überraschenderweise in der Form des realistischen Gesellschaftsromans im Stil eines Howells. Wie Silas Lapham, der zu den literarischen Lieblingsfiguren von Jadwin, dem über alle Maßen erfolgreichen Geschäftsmann des Romans, gehört, ›verliert‹ sich der *businessman* in der Maßlosigkeit seines Erfolgsrausches und findet sich wieder in der heilsamen Ernüchterung seines Scheiterns; ebenfalls wie bei Howells wird zudem die Paarbeziehung zum Test und Indiz des Entwicklungsstandes der beiden Hauptfiguren und

The Octopus

The Pit

Börse als Moloch

ihrer Fähigkeit, von sich selbst abzusehen. Doch im Kontrast zu Howells hat der Roman auch andere, unpersönliche ›Helden‹, die ihn mit dem Naturalismus verbinden und vor denen das Schicksal seiner Charaktere an Bedeutung verliert. Dazu gehört neben dem Weizen die Börse, deren Beschreibungen erzählerische Höhepunkte des Romans darstellen. Norris beschreibt sie als Moloch, der unaufhörlich Menschen aufsaugt und wieder ausspuckt, als »Blutsverwandten des Erdbebens und der Gletscher«. Beides macht den *businessman* zum modernen Krieger eines heroischen Epos und hebt ihn positiv von der lebensfremden Existenz des Ästheten und Künstlers ab, der sich vor dieser Welt zurückzieht. Indem Norris den Roman für die neue Wirklichkeit öffnet, versucht er der Literatur eine Funktion des Brückenschlags zu jenen Elementen des Lebens zu geben, die er für die eigentlichen hält.

Businessman *als epische Figur*

Jack London

Dagegen bildet in dem stabiler, aber auch einfacher strukturierten Werk von Jack London die Natur durchweg den Gegenpol zur Überzivilisierung. Mit den beiden Wolfsbüchern *The Call of the Wild* (1903) und *White Fang* (1906) wird der junge Mann aus dem Armenviertel von Oakland, dem seine uneheliche Herkunft Quelle von Scham und einem gelegentlich maßlosen Anerkennungsdrang war, zum international bekanntesten amerikanischen Autor seiner Zeit. Beide Romane verhalten sich komplementär zueinander. Im ersten fungiert die Wildnis Alaskas als unerbittliche Lehrmeisterin für einen Hund, den das Leben in Kalifornien dem Überlebenskampf längst entwöhnt hatte. Unverkennbar entspringt diese in den Kampfszenen oft spektakulär-sensationalistische Version des darwinistischen Überlebenskampfes einer Kritik an zivilisatorischer Verweichlichung und dem damit verbundenen Instinktverlust, für die die Erfahrung der Grausamkeit und Indifferenz der Natur einen heilsamen Revitalisierungsprozeß einleitet. (In Londons bester Kurzgeschichte »To Build a Fire« stirbt ein Neuling in der Schneewüste Alaskas, weil es ihm an Instinkt mangelt, nicht aber an Selbstüberschätzung.) In *White Fang* durchläuft ein wilder, scheinbar undomestizierbarer Wolfshund dagegen im ›zivilisierten‹ Kalifornien einen Lernprozeß, durch den schließlich Überlebens- und Gemeinschaftsfähigkeit in neuer Form zusammengeführt werden. Beide Geschichten beziehen ihre Wirkung daraus, daß sie einfach und direkt, ja fast parabelhaft erzählt sind. Sie leben von der Darstellung der Härte eines Überlebenskampfes auf Leben und Tod, die an Gewalttätigkeit und roher Aggression alle Register ziehen kann, weil der Kampf ›unter Bestien‹ stattfindet. Aber zugleich dokumentieren beide Geschichten auch einen sentimentalen Wunsch nach bedingungsloser Loyalität und Liebe, durch die das unerbittliche Gesetz der Natur (*the law of club and fang*) suspendiert werden könnte.

Überlebenskampf und Instinktverlust

Jack London an Bord des »Roamer« 1914 (Foto von Charmian)

Diese Ambivalenz prägt auch Londons ambitiösesten und literarkritisch angesehensten Roman *The Sea Wolf* (1904), in dem sich ein menschlicher ›Wolf‹, der an Stärke (*primitive strength*) und Intelligenz (*spiritual strength*) allen überlegene Kapitän Wolf Larsen selbst zum Übermenschen in der Tradition Nietzsches erklärt und damit ein gnadenloses Regime auf seinem Schiff rechtfertigt. Erzählt wird diese Geschichte allerdings aus der Perspektive des Ich-Erzählers und Schriftstellers Humphrey Van Weyden, eines verweichlichten, an nervösen Zivilisationskrankheiten leidenden und der körperlichen Arbeit entwöhnten Schriftstellers, den der Zufall eines Schiffsunglücks in die demütigende Rolle eines herumgestoßenen Küchenjungen zwingt. Auch hier kreuzen sich im melodramatischen Auf und Ab des naturalistischen Abenteuers Aufstieg und Fall. Während der allmählich erblindende Larsen Opfer eben jenes Rechts des Stärkeren wird, auf das er seine Macht gegründet hat, durchläuft der Ästhet Van Weyden einen heilsamen Abhärtungsprozeß. Als das Schiff sinkt (und damit jenes Unglück wiederholt wird, das den Schriftsteller anfangs aus seiner privilegierten Existenz geworfen und in eine Situation völliger Abhängigkeit versetzt hatte), erlauben ihm die Erfahrungen seiner harten Lehrzeit auf dem Schiff, mit seiner Gefährtin in einer Robinson Crusoe-Existenz zu überleben und im gesellschaftsfreien Raum einer einsamen Insel eine Ganzheit der Existenz zurückzugewinnen, die in der Zivilisation abhanden gekommen war. Was als naturalistische Illustration eines biologischen Gesetzes begann, endet als Bildungsroman. Londons Ästhetisierung ›primitiver‹ Stärke erweist sich bei näherer Betrachtung als Ausdruck einer Faszination, für die der erzählerische Vorstoß in die Welt des Rechts des Stärkeren erst in der Rückwendung auf die Zivilisation sinnvoll wird und daher letztlich nicht eine Absage an diese Zivilisation enthält, sondern das Versprechen individueller und zivilisatorischer Wiedergeburt.

Regenerationskraft des ›Primitiven‹

Im Werk von London, der seit 1896 Mitglied der *Socialist Labor Party* war, gibt es jedoch in zunehmendem Maße eine zweite Hoffnung: Neben die Revitalisierungskraft der Natur tritt das gesellschaftliche Erneuerungsversprechen des Sozialismus, neben den Autor der letzten großen Abenteuer der proletarische Schriftsteller. Für diese Seite Londons steht insbesondere *The Iron Heel* (1908), sein nach den drei frühen Abenteuerromanen bekanntestes und insbesondere in den kommunistischen Ländern vielbeachtetes Buch (Trotzki, Bucharin, Radek lobten die revolutionäre Weitsichtigkeit des Textes), das zu einem internationalen Klassiker sozialistischer Literatur wurde. Der Roman lebt im ersten, thesenhaften Teil ganz von der theoretischen Analyse des kapitalistischen Systems und vor allem vom triumphierenden Nachweis der Unvermeidlichkeit eines gewaltsam ausgetragenen Klassenkonflikts, im zweiten vom Umschlag der sozialistischen Utopie in die Schreckensutopie eines von beiden Seiten brutal geführten Untergrundkampfes gegen eine allmächtige Oligarchie, in deren Kennzeichnung London weitsichtig spätere Herrschaftsstrukturen des Faschismus antizipiert. Ebenso bemerkenswert (aber in der Literaturkritik seltener hervorgehoben) ist Londons Beschreibung von revolutionären Zellen, die über die eigenen Genossen zu Gericht sitzen und auch nicht davor zurückschrecken, die Liquidation von Familienangehörigen in Auftrag zu geben. Ohne kritische Distanz, sondern eher mit Stolz über die Diszipliniertheit des eigenen Lagers, nimmt London hier Entwicklungen des Stalinismus vorweg. Noch erstaunlicher sind seine Beschreibungen jener, deren Unterdrückung die Legitimation für den revolutionären Kampf liefert. London nennt sie, in Anlehnung an ein Buch über die Londoner Slums, das er 1903 veröffentlicht hatte, *The People of the Abyss,* und schildert sie als gewalttätigen Mob, der alles zerstört, was sich ihm in den Weg stellt. Auf diese Weise entwickelt sich das Buch vom sozialistischen Thesenroman, in dem die rhetorisch machtvolle Rede zum ›richtigen‹ Bewußtsein verhelfen soll, zum sensationalistischen Kolportageroman, der mit Gewalt, Mord und apokalyptischen Visionen prall gefüllt ist und dem der Sozialismus zunehmend zum willkommenen Vehikel einer Allmachtsphantasie wird.

The Iron Heel

Erzählt aus der Perspektive der Ehefrau des Revolutionärs Everhard, die anfangs die Realität des Klassenkampfes nicht wahrhaben wollte, stellt auch *The Iron Heel* die Geschichte einer Initiation in einen Überlebenskampf dar, der die Chance einer Wiedergeburt des Individuums enthält. Es ist dies eine Geschichte, die London im folgenden in immer neuer Version, aber mit wachsender Monotonie präsentiert. Mit *The Call of the Wild* war

Theodore Dreiser
um 1940

das erzählerische Grundmuster so erfolgreich etabliert worden, daß nachfolgende Romane und Kurzgeschichten als zunehmend schwacher Aufguß empfunden wurden. Londons schriftstellerische Karriere gilt daher als eine, die furios begann und im folgenden nur noch bergab gehen konnte. Mit *Martin Eden* (1909), für das Londons eigener Aufstieg aus dem Arbeitermilieu zum gefeierten Schriftsteller die Basis abgibt, gelingt noch einmal eine interessante, ironisch angereicherte Variation des Erzählmusters. Als er 1916 an den Folgen seines Alkoholismus stirbt, hinterläßt London ein Werk, das in seinen naturalistischen Tierparabeln heute eher oberflächlich wirkt, dann aber doch wieder in seiner inneren Zerrissenheit fasziniert.

Die eigenständigste und originellste Interpretation des naturalistischen Projekts liefert Theodore Dreiser. Mit seiner Einordnung in die naturalistische Bewegung hat die Literaturkritik daher bis heute die größten Schwierigkeiten. Das Werk des Sohnes einer armen deutschen Einwandererfamilie, der sich mit Gelegenheitsarbeiten durchschlägt, bis er im Journalismus Fuß faßt, ist abwechselnd als deterministisch, pessimistisch, aber eigentlich auch überraschend optimistisch beschrieben worden und geht doch in keiner dieser Kategorisierungen auf. Dreisers Charaktere sind ›getriebene‹, aber nicht von einer kausal zuzuordnenden, determinierenden Macht, sondern von einer unabschließbaren Prozessualität des Lebens und der Zufälligkeit des Schicksals, die sich aus ihr ergibt. Die oft minutiöse Rekonstruktion des Bündels von akzidentellen Faktoren, das ein Geschehen begründet, verleiht seinen Romanen eine Überlänge, die von der Literaturkritik lange Zeit als Unfähigkeit zur Strukturierung mißverstanden wurde. Der Zweifel an Dreisers künstlerischen Fähigkeiten wurde verstärkt durch Dreisers nicht immer souveränen Gebrauch des Englischen. Nachdem er eine Konversion zum Sozialismus durchlief und in den 30er Jahren zum angesehensten ›linken‹ Schriftsteller Amerikas wurde, war sein Ruf in der vom Formalismus beherrschten Literaturwissenschaft der Nachkriegszeit endgültig ruiniert, bis in den 70er und 80er Jahren die überraschende Modernität insbesondere seiner beiden Meisterwerke *Sister Carrie* (1900) und *An American Tragedy* (1925) erkannt wurde.

Im Gegensatz zu *Maggie* (und vielen ›working class-novels‹ der Zeit) erzählt *Sister Carrie* den moralischen ›Fall‹ eines jungen Mädchens nicht als Geschichte eines Abstiegs, sondern unerwarteten Aufstiegs. Die Eigenschaft, die Carrie dabei besonders erfolgreich macht, ist ihre Aufnahme- und Anpassungsfähigkeit. Die Heldin des realistischen Romans mit ihrem festen, ›innengeleiteten‹ Charakter würde an Carries Schicksal zerbrechen. Dagegen ist das persönlichkeitsmäßig leere, nach alten viktorianischen Kriterien ›substanzlose‹, Wesen Carries besonders geeignet, sich immer wieder neu zu definieren, um jene Wünsche realisieren zu können, die die Großstadt als Ort öffentlicher Selbstinszenierung in ihr weckt. Passenderweise ist ihr Metier das des Theaters, in dem sie zum gefeierten Star wird. ›Umwelt‹ ist daher in *Sister Carrie* nicht ›Milieu‹, sondern ein urbaner Raum ständiger Selbstdefinition. Als erster Autor der amerikanischen Literatur wendet sich Dreiser der neuen Konsumkultur der Kaufhäuser und Einkaufspassagen, der *lobster-palaces* und prachtvollen Hotellobbies, der Massenpresse und Theater zu, die er aus seiner Reportertätigkeit kannte und die er als Orte des Entfachens immer neuer Wünsche – aber damit auch: immer neuer Entwürfe des Selbst – begreift. Es ist diese ›unschuldige‹, nahezu beiläufige Aufkündigung des viktorianischen Glaubens an eine moralische Struktur der Wirklichkeit, die *Sister Carrie* neben *The Awakening* zum interessantesten Roman der Jahrhundertwende macht.

Urbane Konsumkultur

In *Jennie Gerhardt* (1911) nimmt Dreiser die Geschichte der ›gefallenen‹ Frau (die die einer seiner Schwestern war) wieder auf und rückt vorsichtig von der radikal ›situativen Ethik‹ *Sister Carries* ab, um seine Heldin von einem Schicksal freisprechen zu können, das eindeutig ›unverdient‹ ist. Diese konventionellere Version der Geschichte eines ›Aufstiegs und Falls‹ läßt die Einzigartigkeit *Sister Carries* um so deutlicher hervortreten. Dagegen gelingt Dreiser mit dem Roman *An American Tragedy* (1925) noch einmal eine eindrückliche Version des Schicksals eines außengeleiteten Charakters und eine interessante Fortschreibung des Themas.

An American Tragedy

Neben die Versionen des ›Falls‹ setzt Dreiser ab 1912 eine zweite ›Trilogy of Desire‹, die Geschichte des skrupellosen Geschäftsmannes Frank Algernoon Cowperwood, dessen Lebensweg er durch die Romane *The Financier* (1912), *The Titan* (1914) und *The Stoic* (1947 postum veröffentlicht) verfolgt. Dazu kommt 1915 der Roman eines anderen ›außergewöhnlichen‹ Menschen, *The Genius*, dessen Held, der Künstler Eugene Witla, sich wie Cowperwood über moralische und soziale Regeln stellt, die für andere gelten. Die Romane, die im weiteren Sinne zum ›Superman-Genre‹ des Naturalismus gehören, beschreiben ihre Helden mit jener Bewunderung für den ›starken‹, außergewöhnlichen Menschen, die sich auch bei Norris und London findet, machen als umfassende Zeitdiagnosen der amerikanischen Gesellschaft jedoch auch kein Hehl aus dem Preis, der mit dieser Selbstermächtigung verbunden ist und vereinen auf diese Weise Bewunderung und Kritik in unaufgelöster Ambivalenz. Einerseits sind viktorianische Moralvorstellungen auf die Wirklichkeitsbereiche, die Dreiser nun erschließt, nicht mehr anwendbar, andererseits sind die Konsequenzen nicht wünschenswert. Wie im Fall Jack Londons treibt diese Ambivalenz Dreiser schließlich in die Arme des Sozialismus, der zum Auffangbecken eines Naturalismus wurde, der mit der radikalen Absage an die viktorianische Idee zivilisatorischer Selbstdisziplinierung auch eine Norm sozialen Zusammenlebens aufgegeben hatte, obwohl diese angesichts der Realitäten, die der naturalistische Roman freilegte, um so dringlicher erschien. In diesem Dilemma verhieß der Sozialismus, der London, Sinclair, Dreiser und andere anzog, die Möglichkeit einer Verbindung jener beiden Elemente, die im Naturalismus von Anfang an nebeneinander standen: der Konzeptualisierung von Wirklichkeit als gnadenlosen Überlebenskampf (der nun als Klassenkampf redefiniert werden konnte) und einer Regeneration und Wiedergeburt des zivilisatorisch gefesselten Individuums. Der Literatur bekam diese ›Lösung‹ allerdings nicht. Es verwundert daher nicht, daß die neuen, ideologisierten Formen des Realismus und Naturalismus nach dem 1. Weltkrieg an Autorität verloren und von einer literarischen Moderne abgelöst wurden, die ihre Hoffnungen nunmehr primär auf das Regenerationspotential ästhetischer Erfahrung zu gründen begann.

Superman-Genre

Sozialismus

DIE AMERIKANISCHE MODERNE

Einführung

Definitionen der Moderne

Wie viele literaturhistorische Epochenbegriffe legt auch der Begriff ›Moderne‹ eine Geschlossenheit nahe, die durch die Texte selbst keineswegs bestätigt wird. Er bezeichnet (und verdeckt) nicht nur die Vielzahl sehr unterschiedlicher und zum Teil auch antagonistischer Theorien und Praktiken, sondern verwischt auch die zeitliche Entwicklung der modernen Kunst und Literatur, ihre deutliche Gliederung in verschiedene Phasen. Insofern wäre es wohl richtiger, die Moderne von vornherein als Plural zu verstehen. Als Singular ist sie bereits ein Produkt hierarchisierter Wahrnehmung, ein Konstrukt der Kritik.

Diese terminologische Unschärfe hat jedoch auch damit zu tun, daß die Moderne nicht nur als literatur- und kunsthistorischer, sondern auch als kulturhistorischer Begriff fungiert. Als solcher markiert er ein breites Bezugsfeld kultureller und gesellschaftlicher Phänomene und Erfahrungen, die auf ganz andere und weniger spezifische Weise ›modern‹ sind als die der Kunst, Literatur und Musik: Phänomene aus den Bereichen der industriellen und städtischen Kultur, der Technologie, der Wissenschaft, der Populärkultur. Dies hat zu einer weiteren terminologischen Differenzierung geführt: Denn die Kritik pflegt die ›Moderne‹ zugleich im Kontrast zu und aus dem Zusammenhang von ›Modernisierung‹ und ›Modernität‹ zu verstehen – Begriffen also, die selbst wiederum der Definition bedürfen.

Modernisierung, Modernität, Moderne

›Modernisierung‹ bezeichnet die Prozesse gesellschaftlicher Umstrukturierung im Verlaufe und in der Folge der industriellen und technologischen Revolution seit Ende des 18. und, um ein Vielfaches beschleunigt, in der zweiten Hälfte des 19. Jh.s. ›Modernität‹ bezieht sich dagegen auf die individuelle und kollektive Erfahrung der Modernisierung. Jedenfalls konnotiert ›Modernität‹ ein kulturelles Bewußtsein des Neuen, das aus diesen Umbrüchen entsteht oder mit ihnen verbunden ist: ein Bewußtsein der Erwartung, aber auch der Fremdheit, der Bedrohung und der Krise. ›Moderne‹ schließlich verweist auf jene literarische und künstlerische Praxis, die sich ganz der Idee des Neuen verschrieben hat oder die im Versuch, das Bewußtsein von Modernität auszudrücken, mit herrschenden Darstellungskonventionen und Kunstvorstellungen radikal bricht oder im Namen des Neuen vergessene Traditionen wiederentdeckt und zu neuen Ausdrucksformen entwickelt.

Drei Phasen der Moderne

Zunächst ist freilich festzuhalten, daß das Wort ›modern‹ eine lange Geschichte hat und nicht erst durch die Moderne in Umlauf kam. Der Streit zwischen den *ancients* und den *modernes* ist ein literarischer Topos, der sich bis in die Antike zurückverfolgen läßt. Er dreht sich um die immer neue

Auseinandersetzung zwischen denen, die an der Vorbildlichkeit des Klassischen festhielten und denen, die den Wert des Zeitgenössischen propagierten. Insofern bedeutet das Wörtchen ›modern‹ für sich genommen noch nichts Neues (weder als Wort noch als Inhalt). Selbst in Zeitschriften des späten 19. Jh.s bedeutet ›modern‹ häufig noch nicht mehr als ›zeitgemäß‹. Erst mit Charles Baudelaire – mit dem, zumindest in Europa, die moderne Lyrik ihren Anfang nimmt – erhielt das Attribut des Modernen und der Modernität (*modernité*) eine Radikalität und Unbedingtheit (im Sinne des absolut Neuen und der Hingabe an das Prinzip einer radikalen Innovation der Darstellungsform), die es bis dahin noch nicht hatte.

Baudelaires Vorstellung des Modernen versteht sich zugleich aus dem Bewußtsein der Modernität seiner Zeit (einer Periode intensiver Modernisierung) und aus dem Widerstand gegen sie. Diese Ambivalenz kennzeichnet die Moderne insgesamt: Selbst wo sie sich nicht explizit modernisierungsfeindlich gibt, versteht sie sich als Korrektiv zum Bestehenden, weil sie mit neuen Ausdrucksmitteln das *geistige Potential* der Zeit (und damit das eigentliche Wesen des Modernen: »the other modernity«) zu erschließen glaubt.

Ausdruck und Kritik von Modernität

Insofern sind die Grenzen zwischen Ästhetik und Politik zumindest in dieser frühen Phase durchaus fließend. Die Avantgarden der frühen Moderne sehen das Ästhetische keineswegs als gegenüber dem Geschichtlichen abgeschirmten Raum; vielmehr ist es gerade der symbolische Handlungsraum der Kunst, in dem sich über die Revolution der künstlerischen Form die Möglichkeit des wahrhaft Neuen (als Erneuerung in allen Lebensbereichen) ankündigt. Daher die Faszination dieser frühen Moderne mit Umbruch und *tabula rasa*, die fast ekstatische Bejahung (etwa Marinettis und der Futuristen) von Chaos, Krieg und Revolution als Formen des Ausbruchs aus den Fesseln einer repressiven Kultur.

Ästhetische und politische Avantgarde

Dieses Selbstverständnis kennzeichnet die frühe Moderne insgesamt (auch wenn die Kriegsbegeisterung Marinettis keineswegs ein gemeinsames Merkmal ist) und läßt sie mit den Avantgarde-Bewegungen des frühen 20. Jh.s so gut wie identisch werden. Zwar unterscheidet die Historiographie der Moderne zwischen der Avantgarde mit ihren vielfältigen und sich gegenseitig bekämpfenden Gruppierungen (Dada, Futurismus, Konstruktivismus, Surrealismus etc.) auf der einen und den singulären Meistern und Meisterwerken der Moderne auf der anderen Seite. Doch zumindest für die Anfangsphase sind solche Unterscheidungen künstlich: Avantgardisten und spätere Meister stehen in einem Netzwerk des wechselseitigen Austauschs, verbunden – wenn auch in heftiger Rivalität – durch das gemeinsame Projekt der Zerschlagung des Bestehenden und der Antizipation des Neuen. Pound ist ein gutes Beispiel: Er beginnt als Verfasser vieler Manifeste, die denen des Futurismus parallel laufen, zum Teil auch von diesen profitieren. Er fungiert als Gründer mehrerer Bewegungen (Imagismus, Vortizismus) und als Vermittler zwischen verschiedenen Tendenzen und Strömungen der Avantgarde – bis er sich schließlich selber zur Bewegung wird: besessen von der Weiterentwicklung des eigenen Stils, von Fragen nach Form und Struktur des eigenen Werks.

Die zweite Phase der Moderne – etwa ab 1920, also nach der apokalyptischen Erfahrung des Ersten Weltkriegs – ist die der Meisterwerke (*Ulysses*, *The Waste Land*). Sie ist insgesamt geprägt durch die Abkehr von den Zielsetzungen der Avantgarde. Hatte diese mit der Auflösung vorgegebener Form (der Gattung, des Genres, der Syntax) und der Integration kunstfremden Zeichenmaterials den tradierten Kunstbegriff in Frage gestellt und

›high modernism‹ – *Abkehr von der Avantgarde*

Marcel Duchamp,
»Nu descendant
un escalier no. 2«, 1912

die Distanz zwischen Kunst und Leben einzuebnen versucht, so leben die großen Texte der Moderne in den 20er Jahren und danach von einem experimentell erweiterten Kunst- und Werkbewußtsein. Das heißt, sie beziehen ihre schöpferische Energie aus dem Versuch, die ebenso bedrohliche wie erregende Erfahrung der Modernität durch die innovative Transformation des Genres sprachlich und formal zu meistern. (Wobei ›Meisterschaft‹ zum Aspekt einer Ästhetik wird, die den Antikunst-Bestrebungen der Avantgarde geradezu entgegenläuft.) Die Romane von Joyce, Döblin, Dos Passos, Musil, Faulkner, die Langgedichte von St. John Perse, Eliot, Pound, Crane oder Williams stehen in der Kontinuität von Genrekonventionen, auch wenn sie diese Konventionen zu sprengen oder aufzulösen scheinen.

Diese Balance zwischen Experiment und Tradition, Ordnung und Offenheit hängt wohl auch damit zusammen, daß nach dem Bildersturm der Avantgarden das Neue bald selbst zur Konvention wird. Das hat einerseits zur Folge, daß die Innovationen immer schneller wechseln, weil die Logik der Innovation die rigorose Erforschung der Möglichkeiten von Medium und Genre geradezu zwingend macht. Vielleicht nimmt jedoch gerade deshalb die Moderne in dieser Phase – und in der Folge immer mehr – das Experiment zurück und integriert es in traditionelle Weisen des Erzählens, Malens, Komponierens. (Es ist die Zeit der ›klassischen‹ Periode nicht nur Eliots, sondern auch Stravinskys und Picassos.) Diese Tendenz verstärkt sich in den 30er Jahren unter dem Druck modernefeindlicher Entwicklungen in Deutschland, Italien und der Sowjetunion. Aber auch in den Vereinigten Staaten drängt das Verlangen nach einer demokratischen Kunst die Moderne in die elitäre Ecke eines realitätsfernen Ästhetizismus, aus der sie sich durch die Rückkehr zu vertrauteren Formen des Schreibens lösen will.

Die dritte Phase der Moderne fällt mit ihrer Institutionalisierung durch einen kritischen Formalismus zusammen, der sich eine literarische Tradition nach dem eigenen Bilde schafft. Es ist die Zeit der Alterswerke und der Kanonisierung der großen Meister sowie ihrer lang verdienten Ehrung. (Nobelpreise der Nachkriegsjahre gehen an Hesse, Mann, Eliot, Faulkner, Hemingway.) Nach der Barbarei des Faschismus und der Katastrophe des Zweiten Weltkriegs repräsentiert diese neukritisch wiederentdeckte Moderne das überdauernde humanistische Erbe. In ihrer dem Chaos der modernen Welt gleichsam abgerungenen ästhetischen Ordnung überlebt der Gedanke einer abendländischen Kulturtradition, und ihre nun vorwiegend akademisch betriebene Exegese wird zu einem Prüfstein kritischer Sensibilität und literarischer Intelligenz.

Spätmoderne – die Moderne als Institution

Denn es war eine solchermaßen formalistisch reduzierte Moderne, die der *New Criticism* in den Rang einer neuen Klassik erhob und deren Maximen und ästhetische Strukturen an den English Departments amerikanischer Universitäten lange als erlernbares Regelwerk unterrichtet wurden. (Das bahnbrechende *Understanding Poetry* von Cleanth Brooks und Robert Penn Warren aus dem Jahre 1938 und die kaum minder einflußreiche *Theory of Literature* von René Wellek und Austin Warren, 1949, formten das Literaturverständnis mehrerer akademischer Generationen.) Sie erstarrte zunehmend zur restriktiven Tradition, gegen die Mitte der 50er Jahre und danach eine neue Generation von Dichtern und Schriftstellern rebellierte. Sie tat dies – in ironischer Wiederholung der Geschichte – unter Berufung auf den ästhetischen Anarchismus der alten Avantgarden, den sie (gegen spätere Entwicklungen und gegen das Bild, das der *New Criticism* entworfen hatte) als das eigentliche Erbe der Moderne verstand. Mit ihrer Rebellion begann nicht nur die Revision der neukritischen Moderne-Deutung, sondern auch die Post-Moderne, die vielleicht eine letzte Phase der Moderne ist – oder auch auch nur die Wiederkehr ihrer ursprünglichen revolutionären Impulse als Pastiche.

Die Moderne – ein internationales Phänomen

Daß die Moderne zuallererst als ein internationales Phänomen verstanden werden muß, steht außer Frage. Sie war einmal das Ergebnis eines außerordentlich kulturproduktiven Generationskonflikts: des radikalen Bruchs der vom Willen zum Neuen besessenen Söhne mit der Kultur ihrer viktorianischen Väter. Sie war ein Produkt der modernisierenden Gesellschaften des Westens (unter Einschluß des westlich beeinflußten Rußland), und ihr bevorzugtes Umfeld war der Ort *par excellence* aller Modernisierungsprozesse: die moderne Metropole.

Das Unbehagen in der Kultur

Sie war jedoch auch Ausdruck jenes »Unbehagens in der Kultur«, das Freud fast zur gleichen Zeit in der Begrifflichkeit der Psychoanalyse theoretisch artikulierte. Die Moderne bezieht ihre kreative Energie aus der Freisetzung (und symbolischen Zähmung) des bis dahin kulturell Unterdrückten – des dunklen, abgründigen, primitiven, identitätsbedrohenden ›Andern‹ der westlichen Zivilisation. Die Ambivalenz dieser Faszination treibt sie zu höchst unterschiedlichen und oft auch widersprüchlichen und fragwürdigen Praktiken, Ideologisierungen und politischen Allianzen. Sie sucht das dunkle ›Andere‹ in der Integration des ›Weiblichen‹ und gebärdet sich zugleich als eine Art künstlerisch-intellektueller Männerbund. Sie gibt sich anarchisch-revolutionär gegenüber den dominanten Konventionen und den Erwartungen der Bourgeoisie; aber auch form- und ordnungsbesessen, auf der Suche nach Ganzheit und Tradition im geistigen Ödland der modernisierenden und immer weiter fragmentierenden Gesellschaft. Sie betreibt vehement den Verfall überholter bürgerlicher Werte und steht so in heimlicher oder auch offener Allianz mit jenen gesellschaftlichen Kräften, die diesen Verfall vorantreiben: mit den Energien und Produkten der Modernisierung, den Verführungen der Konsumgesellschaft, den neuen Erkenntnissen der Wissenschaft, den linken oder rechten Propheten einer neuen Zeit. Aber sie beklagt mit gleicher Intensität den Verlust einer Werteordnung, die dem Materialismus des bloßen Konsums entgegenwirken könnte. Sie ist demokratisch gegenüber der institutionalisierten Hochkultur des Viktorianismus, doch in ihrem Formbewußtsein aristokratisch-elitär gegenüber der geist- und formlosen Massenkultur u. a. m.

Widersprüchlichkeit als Merkmal

Diese Widersprüchlichkeit ist vielleicht das einzige gemeinsame Merkmal dieser internationalen Moderne, deren Besonderheiten dann erst aus den literatur-, kultur- und sozialgeschichtlichen Zusammenhängen der jeweiligen nationalen Erfahrung faßbar werden. So wäre die amerikanische Moderne als ein bloßer Ableger der europäischen mißverstanden. Sie ist vielmehr das Produkt eines interkulturellen Austauschs höchst unterschiedlicher Vorstellungen von Innovation.

Die amerikanische Moderne – ›a homemade world‹?

In einem ebenso klugen wie einfallsreichen Buch hat Hugh Kenner die amerikanische Moderne eine ›homemade world‹ genannt – eine Metapher, die wohl auf die unabhängigen Formbildungen und Entwicklungen der modernen amerikanischen Literatur verweist, diese jedoch zugleich als hausgemachte und damit auch als provinzielle kennzeichnet. Denn für Kenner ist die literarische Moderne zuallererst europäisch (genauer: irisch-angelsächsisch), selbst da, wo sie von Amerikanern wie Pound und Eliot vorangetrieben wurde. Sie war zudem klassisch-archaisch und kosmopolitisch, weil sie zur Reinigung der dichterischen Sprache vom Ballast viktorianischer Rhetorik die Sprach- und Ausdrucksformen der Antike, der Dichtung des späten Mittelalters und der Renaissance sowie der chinesischen und japanischen Lyrik wiederentdeckte.

Das Land der Modernisierung *par excellence* dagegen, Amerika, dessen technologische Wunderwerke die Phantasie der europäischen Avantgarden beflügelten, war allenfalls bereit, den idealisierenden Kunstbegriff einer von der Bildungselite der Ostküste getragenen spätviktorianischen Hochkultur (der viel geschmähten *genteel culture*) zu honorieren. Für die brotlosen Experimente der neuen Avantgarden in Literatur und Malerei hatte es dagegen nicht das geringste übrig: Es war – und blieb für lange Zeit – eine ästhetische Diaspora. Die diese Einöde nicht ertrugen, gingen nach Europa (nach Paris oder London) – zuerst Gertrude Stein, dann Ezra Pound und T. S. Eliot. Die zurückblieben (Robert Frost, Wallace Stevens, William Carlos Williams, Marianne Moore, E. E. Cummings z. B.), entwickelten mit der Besessenheit von Autodidakten und Einzelgängern ihre eigene Moderne – gewiß immer mit Blick auf Europa, aber vor allem entschlossen, so Kenner, die »amerikanische Sprache neu zu formen«: ohne Rückgriff auf klassische Traditionen und im Vertrauen auf das eigene Ohr und Auge (»without Greek and Latin but with bare hands«, wie Williams später schrieb) – eben ›a homemade world‹. Diese ›hausgemachte Welt‹ sieht Kenner auch durch die gemeinsame Orientierung am Handwerklichen und Praktischen charakterisiert: »... writers were grouping together under the banner of Dedalus [womit er sowohl den mythologischen Träumer vom Fliegen meint wie auch die tatsächlichen Erfinder des Flugzeugs, die Gebrüder Orville und Wilbur Wright] to practice art as though its moral commitments were like technology's.«

Das Attribut ›homemade‹ läßt nun freilich auch eine Deutung zu, welche die ›hausgemachte‹ Moderne zur eigentlichen Moderne macht: die Vorstellung nämlich, daß im Prozeß der Aneignung der Formensprache der europäischen Avantgarden und durch ihre Verschmelzung mit einer eigenen ›Tradition‹ von Ursprung und Neuanfang (wie sie etwa durch die Philosophie Emersons und die Dichtung Whitmans schon herausgebildet war) die Moderne in Amerika auch ihr natürliches Zuhause finden könnte. Dieser Überzeugung war Gertrude Stein von Anfang an gewesen. Für sie war die literarische und künstlerische Moderne nur die notwendige und schon längst fällige ästhetische Umsetzung eines Modernisierungsprozesses, mit dem Amerika bereits im 19. Jh. das zwanzigste begonnen hatte. (Deshalb hat sich auch Stein – im Gegensatz zu Eliot, der sich zunehmend von Amerika ablöste – bis zu ihrem Tode als Vertreterin der amerikanischen Moderne in Paris verstanden.)

Ähnlich identifizierte der Philosoph George Santayana Anfang dieses Jahrhunderts Amerika schlechthin mit der Moderne: »Americanism, apart from the genteel tradition, is simply modernism – purer in America than elsewhere because less impeded and qualified by survivals of the past ...« Auf vergleichbare Weise hatte 70 Jahre vorher Ralph Waldo Emerson eine neue amerikanische Kultur gefordert, die nicht auf der Kontinuität überlieferter Tradition gegründet sei, sondern auf der schöpferischen Tat des Einzelnen aus der Erfahrung des Hier und Jetzt: »Build, therefore, your own world.« Whitman hatte in diesem Sinne den Gedichtzyklus *Leaves of Grass* als demokratischen Selbst- und Weltentwurf verstanden, für den es in der europäischen Dichtung kein Vorbild gab und auch nicht geben konnte.

Diese Forderung nach einer originären, wahrhaft amerikanischen Kultur zieht sich wie ein roter Faden durch die amerikanische Literaturgeschichte –

Amerika als ästhetische Diaspora

Amerika als ›Heimat‹ der Moderne

als Gegenmelodie zur beredten Klage der Traditionalisten von James Fenimore Cooper über Nathaniel Hawthorne zu Henry James und T. S. Eliot, daß Amerika zu wenig Tradition habe, um eine eigenständige Kultur/Kunst/Literatur hervorbringen zu können. Die Forderung der kulturellen Nationalisten geht entsprechend Hand in Hand mit dem Protest, daß die amerikanische Kultur der eigenen Erfahrung der Modernität hinterherhinke; daß Amerika zwar politisch und ökonomisch unabhängig sei, kulturell jedoch nach wie vor von Europa abhänge. Santayana selbst hatte dafür die *genteel tradition* verantwortlich gemacht, d. h. jenes vor allem von der Bildungselite der Ostküste propagierte Ideal einer Hochkultur, das sich weitgehend am englischen Viktorianismus orientierte. Es war ein Kulturideal, das sowohl vom Bildungsanspruch der alten Elite lebte wie vom Geld der *nouveaux riches*. Es enthielt jedoch auch Elemente eines reformerischen Idealismus und generierte einen progressivistischen Gegendiskurs, der die Entwicklung der amerikanischen Kultur im Übergang in die Moderne nachhaltig prägte.

Moderne und progressivism

Die Stimmen, die – wie die des Historikers Henry Adams – in den Prozessen der Modernisierung und der Erfahrung der Modernität Symptome des Zerfalls sahen, Zeichen eines unaufhaltsamen Abgleitens in die Dekadenz, waren ebenso prominent wie zahlreich. Die Vertreter des *progressivism* versuchten dagegen die neue Erfahrungswelt in ein evolutionäres Geschichtsmodell einzubauen. Sie hielten einerseits zwar an den paternalistischen Denk- und Verhaltensstrukturen der viktorianischen Kultur fest, wollten sie aber zugleich durch die Öffnung nach ›unten‹, durch die Wahrnehmung des bis dahin ausgeschlossenen ›Anderen‹ relativieren und dynamisieren. Intellektuellen wie Van Wyck Brooks und Randolph Bourne wurde freilich immer deutlicher bewußt, daß eine wirklich neue und moderne kulturelle Ordnung, ein neues »geistiges und kollektives Leben«, nur durch die radikale Infragestellung der etablierten Hierarchien möglich würde. Es war notwendig, Ordnung als Paradox zu denken: als zugleich homogen *und* heterogen, als Struktur *und* Prozeß, als zugleich fest *und* in einem Zustand der Verflüssigung.

Zwei literarische Diskurse kultureller Modernität

Zwischen Viktorianismus und Moderne

Die Kultur der amerikanischen Moderne ist daher von zwei literarischen Diskursen geprägt, die zwar auf der einen Seite in deutlichem Gegensatz zueinander stehen, andererseits aber auf komplexe Weise miteinander verschränkt sind. Der eine (sagen wir: der progressivistische) steht in der Kontinuität der Aufklärung, beruft sich auf den Geist der Wissenschaft wie auch auf den der Modernisierung selber und macht sich die widersprüchliche Erfahrung der Modernität, die Spannung zwischen Ordnung und Erfahrungsfluß, zwischen dem Bedürfnis nach Hierarchie und der Sehnsucht nach Enthierarchisierung, nach Grenzüberschreitung und chaotischer Lebensvielfalt zum Gegenstand. Ihm verdanken wir eine Fülle realistischer und naturalistischer Romane von Kate Chopins *The Awakening* über Theodore Dreisers *Sister Carrie* zu Ernest Pooles *The Harbor* oder James Weldon Johnsons *The Autobiography of an Ex-colored Man*. Es sind Romane, die in Zonen der Vermischung angesiedelt sind (zwischen Klassen, Rassen, ethnischen Kulturen, zwischen Hochkultur und Populärkultur) und deren Protagonisten in der Hingabe an Augenblick und Wahrnehmungsfluß die Möglichkeiten eines neuen Selbst- und Weltverstehens gleichsam testen. Diese Literatur der Übergangszeit zwischen Viktorianismus und Moderne ist fasziniert von den tabuisierten Zonen der dominanten kulturellen Ord-

The Awakening und Sister Carrie

nung, fasziniert vom ausgeklammerten ›Anderen‹. Das ›Andere‹ ist demzufolge das Instinkthafte, das Unbewußte, das ›Weibliche‹ oder auch das ›Schwarze‹ – kurz, das verabscheute und doch zugleich begehrte andere Leben unterhalb der Tabuschwelle des Rationalen. Afrika wird zur Metapher für die unbekannten Zonen der Gesellschaft wie für die des Selbst. Insofern implizierte die symbolische Erforschung des dem bürgerlichen Leser Unbekannten sowohl die Öffnung des gesellschaftlichen Horizonts nach unten als auch die imaginative (und imaginäre) Teilhabe am Abenteuer grenzüberschreitender Erfahrungen. (Die Analogiekette des kulturell Stigmatisierten läßt sich entsprechend mühelos erweitern: auf das ethnisch ›Andere‹, auf die Großstadt mit ihren Massen ebenso wie auf die Formen einer neuen Populärkultur.)

Dieser erste Diskurs der Modernität erforscht die Spannungen und Risse in der kulturellen Ordnung des Viktorianismus – allerdings meist ohne die viktorianischen Ordnungsschemata zu verlassen, über die er tendenziell hinausdrängt. In *Sister Carrie* läßt er sie freilich hinter sich, und insofern ist dieser Roman auch der ›modernste‹ dieses Diskurses, obwohl Dreiser unverkennbar an traditionellen Formen des Erzählens festhält und das Neue allein im Inhaltlichen und Stofflichen sucht.

Jedoch ist erst der zweite der genannten Diskurse der eigentliche Diskurs der literarischen Moderne. Er macht aus der kulturellen eine textuelle Kategorie, d.h. er übersetzt gewissermaßen Bournes Vorstellung einer verflüssigten kulturellen Ordnung in die einer offenen, enthierarchisierten Textstruktur. So will etwa Williams im zeitgenössischen Erfahrungsfeld, in dem sich ständig alles verändert, in dem alles in Bewegung ist, ein sprachliches Medium entwickeln, das Bewegung und Veränderung von Dingwelt, Selbst und Sprache in einem immer wieder neu zu erfahrenden Jetzt erfaßt. In ähnlicher Nähe zum amerikanischen Pragmatismus (etwa zu William James' Konzept des Bewußtseinsstroms, in dem sich vieles wiederholt, doch niemals auf die gleiche Weise und in immer anderen Zusammenhängen) entwickelt Stein in einer Folge schnell einander ablösender experimenteller Phasen offene, dezentrierte Kompositionssysteme. In »Melanctha« und in den Portraits von Cézanne und Picasso z.B. erprobt sie eine kompositorische Ordnung der Wahrnehmung, die ihren Gegenstand in der Wiederholung und Veränderung sprachlicher Muster als dynamische Form-in-Bewegung erfaßt: »beginning again and again and again.« Es sind Sprach- und Reflexionsräume »filled with moving«, die wie die filmische Sequenz fast-identischer Einstellungen Bewegung in ›kontinuierlicher Gegenwart‹ hält.

»Melanctha« z.B. – die zweite Geschichte des 1909 veröffentlichten *Three Lives* - setzt die Identitätsproblematisierungen und Grenzüberschreitungen des ›progressivistischen‹ Diskurses zwar fort, überträgt diese jedoch zugleich auch auf die Form der Darstellung selber. In einer ersten (»Q.E.D.« genannten) Fassung handelt der Text von einer lesbischen Beziehung zwischen drei Frauen. Die publizierte Version nimmt das Dreiecksverhältnis zurück (ohne es jedoch ganz aufzulösen) und stellt eine zweigeschlechtliche Liebesbeziehung in den Vordergrund. Gleichzeitig ersetzt Stein jedoch die eine Grenzüberschreitung durch eine andere, denn sie macht ihre ursprünglich weißen Figuren schwarz und verlagert ihre Geschichte ins schwarze Getto von Baltimore. Das Verfahren erinnert nicht zuletzt an das der *minstrel show*, in der weiße Akteure ihre Gesichter schwärzen und schwarze Rollen spielen. Die extremen Formen ihrer Stereotypisierung verbinden diese Populärkunst unauflöslich mit dem virulenten Rassismus der

Gertrude Stein, Porträt von Picasso, 1906

Gertrude Steins »Melanctha«

Jahrhundertwende. Sie integrierten jedoch zugleich – wie krude auch immer – Elemente schwarzer Kultur in die dominante weiße.

Stein macht von rassistischen Stereotypen in der Tat reichlich Gebrauch (etwa von dem des ›happy‹ und ›carefree Negro‹ oder der immer wiederkehrenden Phrase des »warm Negro sunshine«), und sie läßt sie nicht nur von der auktorialen Erzählstimme sprechen, sondern auch von ihren schwarzen Protagonisten, Melanctha und Jeff. Jeff ist Arzt und Vertreter der schwarzen Bourgeoisie, der seine schwarzen Brüder und Schwestern aus dem Bereich des ›Primitiven‹ herausführen und in verantwortliche, arbeitsame und selbstdisziplinierte Bürger verwandelt sehen möchte. Insofern geht es auch hier um den Konflikt zwischen Ordnung und Erfahrungsfluß: Jeff repräsentiert den männlichen Pol der kulturellen Ordnung (Vernunft, Disziplin, Form), Melanctha dagegen den weiblichen Gegenpol unstrukturierter Erfahrung – von Gefühl, Leidenschaft und unkontrollierter Sexualität. (Man beachte, daß der Name Melanctha Erde, Körper, Schwärze und Weiblichkeit konnotiert.) Dem stabilen und bedächtigen Jeff steht eine ›wandering‹ Melanctha gegenüber. Aber während Jeff sich gleichsam aus der Begegnung mit Melanctha regeneriert, verfällt ›reckless‹ Melanctha immer mehr der Unstabilität. Das Attribut ›wandering‹ verweist auf Melancthas sexuelle Neugierde, ihren Erfahrungshunger, auf ihre Hingabe an den Augenblick. Insofern erinnert es an das ›drifting‹ der Protagonistinnen Chopins und Dreisers. Aber obwohl Melanctha am Ende stirbt, signalisiert der Text keineswegs die Überlegenheit der Ordnung (Jeff) gegenüber ihrem chaotischen Anderen (Melanctha). Vielmehr setzt sich der Bruch zwischen den Protagonisten auch im formalen Auseinanderbrechen des Textes fort. Überspitzt könnte man sagen, daß im Bild der ›wandering Melanctha‹ Person und Text kongruent werden.

Dezentrierte Kompositionsform

William James, Steins Lehrer und Mentor, dem sie eine Kopie von *Three Lives* geschickt hatte, nannte »Melanctha« eine neue Form des Realismus – wohl deshalb, weil Stein die Sprache und Alltagserfahrung von (im Sinne des Realismus) gewöhnlichen Menschen darzustellen scheint. Richard Wright schrieb später sogar, er habe von ihr die Darstellung mündlicher Rede, des »black colloquial speech«, gelernt. Tatsächlich wirkt jedoch gerade die Rede der Personen in hohem Maße künstlich und durchkomponiert. Dies hängt damit zusammen, daß Stein ihre Figuren weder von außen noch von innen beschreibt, sondern nur durch das, *was* und vor allem durch die Art, *wie* sie sprechen: durch ständig wiederholte syntaktische Muster oder Phrasierungen, die den spezifischen Rhythmus ihrer Rede wie auch den inneren Rhythmus ihres Wesens markieren sollen. Ähnlich ungewöhnlich und konventionssprengend ist Steins Umgang mit der Erzählperspektive. Zwar scheinen wir es auf den ersten Blick mit einem auktorialen Erzähler zu tun zu haben, doch ist die Perspektive alles andere als konsistent. Nicht nur, daß die Erzählstimme häufig ihre Position wechselt (und mit ihr die Erzähldistanz) – Formulierungen, Phrasen, stereotyp wiederholte Wortverbindungen wandern aus der Rede des Erzählers in die der Personen. Weiter scheint die Erzählstimme nicht in der Lage, zwischen Wichtigem und Unwichtigem zu unterscheiden. Die Folge ist nicht nur ein im doppelten Sinne gleich-gültiges und gleich-betontes Erzählen, sondern in eben dieser Unwilligkeit oder Unfähigkeit, hierarchische Unterscheidung zu treffen, wirkt die Erzählstimme naiv und kindlich. (Die Assoziation mit der stilisierten Naivität moderner Malerei drängt sich dabei auf.) Schließlich ist die zeitliche Ordnung des Textes mehrfach durchbrochen. So scheint die Erzählerin gleich am Anfang in die Vergangenheit zurückzublenden, die sie

John Sloan, »A Woman's Work« (1912)

dann als Gegenwart erzählt, aber nicht wieder in die gleiche Zeitebene zurückführt, die sie anfangs verlassen hat u.ä.m. Mit anderen Worten, Steins ›Realismus‹ ist dezentriert und aufgebrochen. Er zerstört die Illusionsbildung, die realistischen Texten zugrunde liegt. Er ebnet Vergangenheit und Gegenwart ein, macht sie zu einem zeitlichen Kontinuum und behandelt den Text als durchkomponierte Sprachoberfläche, die gleichsam durch die dargestellte Wirklichkeit hindurch auf die eigene Kompositionsstruktur verweist. Auf den Einfluß der neuen Malerei, vor allem auf den Cézannes, hat Stein selber mehrfach hingewiesen. Während des Schreibens habe sie ständig eines seiner Bilder im Blickfeld gehabt, denn Cézanne habe ihr ein neues Gefühl für Komposition gegeben: »... he conceived the idea that in composition one thing was as important as another thing. Each part is as important as the whole, and that impressed me enormously.«

Die beiden Diskurse der Modernität und ihre Avantgarden

Vor Ausbruch des Ersten Weltkriegs fanden in New York zwei Ausstellungen statt, die in diesem Zusammenhang eine gewisse symbolische Bedeutung haben. Die erste wurde im Jahre 1908 von einer Gruppe von Malern organisiert, die in die Geschichte der amerikanischen Malerei als »die Acht« eingegangen sind: Maler wie John Sloan, George Luks, William Glackens, die die Großstadt zum Gegenstand ihrer Malerei gemacht hatten. Die Ausstellung verstand sich als Affront gegen die geltenden ästhetischen Ideale der Kunstakademie. Die offizielle Kritik war entsprechend schlecht, die Reaktion des Publikums jedoch mehr als zufriedenstellend.

Die Armory Show

Fünf Jahre später, 1913, dann die weitaus berühmtere Armory Show, welche die amerikanische Öffentlichkeit zum ersten Mal mit der Malerei der europäischen Moderne (Cézanne, Matisse, Picasso, Picabia und natürlich Duchamp) konfrontierte. Interessant, daß es in diesem Fall die Vertreter der *Ash Can-School* waren, die in die Rolle der klassizistischen Kritiker schlüpften. (John Sloan spricht in seinem Tagebuch sogar von »strange freaks« – so unterschiedlich manifestierte sich das Bewußtsein und das Verständnis von Modernität.) Für andere war die Ausstellung dagegen eine augenöffnende Erfahrung. Williams schreibt in seiner Autobiographie, er habe noch stundenlang über Duchamps »Nude Descending a Staircase« lachen müssen und zum ersten Mal verstanden, mit wieviel schöpferischer Energie und mit wieviel Bewußtsein von Befreiung das Aufbrechen von vertrauten Formen der Repräsentation verbunden war.

Die Unterschiedlichkeit dieser beiden Diskurse der Modernität sollte jedoch nicht verdecken, wie sehr sie – wenigstens in dieser frühen Phase – überlappen. Zumindest bis zu Beginn des Ersten Weltkriegs standen ›progressivistische‹ und ›modernistische‹ Avantgarden im Dialog miteinander, verkehrten in den gleichen Zirkeln oder lieferten Beiträge zu den gleichen Zeitschriften. Dies hing gewiß auch damit zusammen, daß sie sich gleichsam als anarcho-literarische Koalition gegen das *genteel establishment* verstanden – im Widerstand gegen den Puritanismus und gegen alles, was sich mit ihm in Verbindung bringen ließ: Sie waren (wenn auch mit gewiß unterschiedlicher Emphase) gegen Prüderie, sexuelle Verdrängung, die Unterdrückung der *life spirits*; gegen *gentleman manners*, *correct speech* und die Prätentionen der gebildeten Oberschicht; gegen die repressiven gesellschaftlichen Strukturen des neuen industriellen Kapitalismus und gegen die überholten ästhetischen Konventionen der *genteel culture*. Das Wort ›Revolution‹ hatte viele Konnotationen und erlaubte viele kurzfristige Allianzen. Im Salon von Mrs. Mabel Dodge Luhan z. B. verkehrte die politische *und* die künstlerische Avantgarde, und die Zeitschrift *The Masses* veröffentlichte Beiträge von John Reed wie auch von Williams.

Der Stieglitz-Kreis

Diese Heterogenität und ideologische Offenheit der frühen Avantgarde läßt sich am Beispiel des Kreises um Alfred Stieglitz verdeutlichen. Neben dem Salon von Walter und Louise Arensberg (in dem Duchamp und die Anhänger des New York Dada verkehrten) war er das intellektuelle Zentrum der frühen Moderne in New York und Stieglitz selbst deren wichtigste Figur – als Photograph, aber mehr noch als Vermittler. Er hatte in Berlin studiert und war schon früh auf die französische Avantgarde (Matisse, Picasso, Braque u.a.) aufmerksam geworden. Die Ausstellungen ihrer Werke (wie auch der Werke amerikanischer Modernisten wie Marsden Hartley und Arthur Dove) in »291«, seinem Studio auf der New Yorker Fifth Avenue, waren die ersten ihrer Art in den USA. Obwohl er die Armory

Show nicht organisierte, betrachtete er sie mit Recht als sein geistiges Kind. In seiner Zeitschrift *Camera Work* veröffentlichte er theoretische und experimentelle Texte der europäischen und amerikanischen Avantgarde (u.a. Steins Portraits von Matisse und Picasso). »291« wurde zu einem Treffpunkt der Avantgarde im weitesten Sinne. Da waren einmal die Maler Arthur Dove, Charles Demuth, Charles Sheeler und vor allem Marsden Hartley; dann die Dichter William Carlos Williams und Hart Crane; dann Waldo Frank, Schriftsteller und Kulturkritiker, der zusammen mit Van Wyck Brooks und Bourne die kurzlebige, aber einflußreiche Zeitschrift *The Seven Arts* herausgab. Sie waren, wie auch Stieglitz selber, *cultural nationalists*, das heißt, sie hofften auf die Entstehung einer genuin amerikanischen Kunst und Kultur im Zeichen der Moderne. Aber auch der Architektur- und Kunstkritiker Lewis Mumford sowie der progressivistische Journalist Walter Lippmann, der später dem Herausgeberstab der *New Republic* angehörte, verkehrten in Stieglitz' Galerie.

Alfred Stieglitz
Selbstporträt 1910

Erst die Auseinandersetzungen um den Eintritt der USA in den Ersten Weltkrieg, die Erfahrungen dieses Krieges, die Oktoberrevolution und in ihrer Folge die Deportation prominenter Radikaler – Sozialisten, Anarchisten – in die Sowjetunion, die politischen Manöver der KPUSA, aber auch die zunehmende Tendenz zur Spezialisierung und Professionalisierung, die auch die rebellische Bohème erfaßte, machten der naiv-revolutionären Phase der Avantgarde in den USA ein Ende, ließen die ideologischen Konflikte während der 20er und 30er Jahre immer schärfer werden und führten zu einer immer strikteren Ausdifferenzierung der Positionen. Aber selbst in den 30er Jahren riß der Austausch zwischen den beiden Diskursen der Modernität nicht ganz ab – das zeigen sowohl das Beispiel von John Dos Passos wie die frühen Experimente Richard Wrights (*Lawd Today*) wie auch James Agees Warnung (ausgesprochen in der kommunistischen *New Masses*), die Linke könne nicht ungestraft die Form- und Sprachexperimente der Avantgarde ignorieren oder mit dem Bannstrahl des Nur-Ästhetischen belegen.

Mit anderen Worten, beide Diskurse tragen das Zeichen ihrer Modernität auf unterschiedliche Weise. Der erste durch die Darstellung neuer Erfahrungsinhalte und Wahrnehmungsweisen, der zweite durch die Übertragung neuer Wahrnehmung auf neue Formen und Techniken ihrer künstlerischen Gestaltung. Beide entstehen zwar zeitlich nacheinander, aber man kann nicht sagen, daß der zweite (der modernistisch-innovative) den ersten (gesellschafts- und wirklichkeitsbezogenen) ablöst. Dieser rückt vielmehr in den 30er Jahren im Erfahrungszusammenhang der wirtschaftlichen Depression wieder in den Vordergrund. Die Literatur der kulturellen Moderne in Amerika entfaltet sich aus der Spannung und im Wechselspiel zwischen beiden Diskursen, und der eine ist ohne die Folie des anderen nicht wirklich zu verstehen. Denn einmal wird der realistische Diskurs durch den problematischen Status des Realen selber zur formalen Innovation getrieben. Zum andern durchbricht der literarische Diskurs der Moderne zwar die Verfahrensweisen des Realismus, doch bleibt ihm der Bezug auf eine außertextliche Welt auf vielfältige Weise eingeschrieben, wie sich sowohl am Beispiel von Williams wie auch von Dos Passos zeigen läßt.

Das Wechselspiel der Diskurse

Die amerikanische Moderne und die ›Tradition des Neuen‹

Dies hängt möglicherweise damit zusammen, daß die Literatur der amerikanischen Moderne kulturkritisch dekonstruktiv *und* rekonstruktiv ver-

Das Ursprüngliche und das Neue

fährt: Sie sucht in der Erfahrung der Modernität (aber auch kulturkritisch gegen sie) Kontinuität mit einer Tradition des zugleich Ursprünglichen *und* Neuen, die mit Amerika (dem Kontinent wie auch der Gesellschaftsform) immer schon gegeben war. »Ich habe versucht« – so beschreibt Williams die kulturelle Aufgabe, die mit dem Faktum Amerika dem Dichter vorgegeben ist – »die wahrgenommenen Dinge neu zu benennen, die jetzt verloren sind in einem Chaos geborgter Namen, von denen viele falsch sind und unter denen das wahre Wesen verborgen liegt.« Die Formulierung »wahres Wesen« weist auf die Idee eines Ursprünglichen, das im »Chaos geborgter Namen« immer wieder verloren geht und daher auch immer wieder zu neuer Entdeckung und Benennung herausfordert. In diesem Sinne ist die Moderne ein unabschließbarer Prozeß (»ungefähr alle zehn Jahre müßte es eine Revolution geben«, meint Williams an anderer Stelle.) Denn in der Tat sucht dieser modernistische Diskurs nicht primär Distanz zur Erfahrungswelt; er sucht auch keineswegs Zuflucht in einem selbstgenügsamen Formalismus, sondern postuliert ganz im Gegenteil »Kontinuität zwischen den Energien der Kunst und den Prozessen des täglichen Lebens«; und er macht den Gedanken einer demokratischen Kunst zum wesentlichen Impuls seiner strukturellen und sprachlichen Innovationen. Für Williams ist daher die Entdeckung des Neuen identisch mit der Entdeckung des Wirklichen:

> To Americans the effort to appraise the real through the maze of a cut-off and imposed culture from Europe has been a vivid task, if very often too great for their realizations. Thus the new and the real, hard to come at, are synonymous. (»The American Background«)

Diese vielleicht doch überraschende Gleichsetzung ist gewiß weder ein spezifisches noch ein universales Merkmal der amerikanischen Moderne, aber dennoch einer ihrer stärksten Impulse. Sie erklärt sich (nicht nur bei Williams) aus dem Glauben an die Kontinuität amerikanischer Werte: an den Wert des demokratisch Gewöhnlichen oder auch den des handwerklich sauber Gefertigten, der Kunst- und Industrieprodukt, Kunst- und Gebrauchsgegenstand miteinander verbindet. Das läßt die amerikanische Moderne insgesamt moderater als die europäische erscheinen. (Die Ausnahme, welche die Regel bestätigt, ist Gertrude Stein.) Auch dies ist sicher ein Aspekt des ›Hausgemachten‹ der amerikanischen Moderne. Ob es auch ein Zeichen ihrer Provinzialität ist, sei dahingestellt. Gerade weil Amerika sich als wesentlich modern verstand, konnte es sich durch den Prozeß seiner Modernisierung zwar bedroht, doch nicht wirklich in Frage gestellt sehen. Die Artikulation des Neuen setzte zwar die Zerschlagung alter Strukturen voraus (den Bruch mit der *genteel culture*). Sie verstand sich jedoch vor allem als (Wieder-) Entdeckung eines Neuen-Ursprünglichen, das mit Amerika (als Idee und Fakt) zwar immer schon gegeben war, aber das *aus* der Erfahrung der Modernität und *durch* sie noch künstlerisch Gestalt werden mußte.

Ist die Moderne ›weiblich‹? Das Beispiel von H. D.

Moderne und feministische Kritik

Die feministische Literaturkritik der nachsechziger Jahre betrachtete die Moderne mehr oder weniger als Männerangelegenheit. Nicht nur, daß im modernistischen Kanon so gut wie keine Frauen vertreten waren (die Ausnahme, Marianne Moore, hatte den Segen Eliots, Pounds und Williams'), – die Einstellung zu Frauen, die sich im persönlichen Verhalten wie auch in den Texten und Theorien modernistischer Autoren manifestierte, erschien vielen Kritikerinnen problematisch. Hemingways *machismo*, Faulkners Frauenfeindlichkeit, Pounds gönnerhafte Patronage, Fitzgeralds mögliche Ausbeutung des Talents von Zelda, die vom Futurismus proklamierte »Verachtung des Weibes«, schließlich T. E. Hulmes, Pounds und Eliots Theorien des sprachlichen Bildes, die streng zwischen männlicher Genauigkeit und weiblicher Verschwommenheit des Ausdrucks unterschieden – das alles gibt der Zurückweisung der Moderne durch den frühen Feminismus ein gewisses Maß an Plausibilität. Ganz gleich, ob Hochmoderne oder Avantgarde, es waren immer die Vertreter eines elitären Patriarchats, die nicht nur den Frauen, sondern auch den ethnischen Minderheiten die Zugehörigkeit verweigerten. Zwar wurde in den 70er Jahren auch endlich Stein von männlicher Kritik entdeckt, – doch stand nicht auch ihr Sprachexperiment im Zeichen des Patriarchats? Stein selbst war dieser Gedanke durchaus nicht fremd. In ihrem Notizbuch findet sich der Eintrag: »...Pablo & Matisse have a maleness that belongs to genius. Moi aussi perhaps.«

Spätere Rezeptionen orientieren sich an den Theorien französischer Feministinnen im Umkreis des Poststrukturalismus (Kristeva, Cixous, Irigaray), die linguistische, semiotische und psychoanalytische Ansätze miteinander verbinden: Das symbolische System der Sprache (und mit ihr jede symbolische Ordnung) fällt zusammen mit den Anfängen der Sozialisierung des Kindes durch ›le nom/non du père‹ (Name/Verbot des Vaters) und der Unter/Scheidung in der (Selbst)Wahrnehmung des Kindes zwischen Ich und dem Anderen, vor allem von der Mutter, mit der es bis dahin in chaotisch/glückselig/instinkthafter Unterscheidungslosigkeit symbiotisch verbunden war (Lacans ›imaginary‹, Kristevas ›sémiotique‹). In den Theorien Kristevas und Irigarays ist dieser Bereich des Vorsymbolischen, Vorsprachlichen und Vorsozialen gleichsam eine anarchische Ressource für den Angriff auf die sprachliche und symbolische Ordnung des Patriarchats und zugleich der Bereich einer neuen, nicht-symbolischen Sprache – ein Konzept, wie geschaffen für die Avantgarde. Wenn die symbolische Ordnung ›männlich‹ ist (Schrift, Gebot, Macht, Phallus), dann ist das Semiotische/Vorsymbolische ›weiblich‹. Damit hat sich freilich die Bedeutung der Begriffe etwas verschoben, denn sie können nun nicht mehr ohne weiteres biologisch verstanden werden. Die Revolution gegen die sprachliche und symbolische Ordnung des Patriarchats ist das Geschäft der modernen Avantgarde – was einerseits bedeutet, daß die *écriture féminine* nicht notwendigerweise nur von Frauen betrieben wird (einer von Kristevas Kronzeugen ist Mallarmé); doch wird andererseits die Vorstellung einer weiblichen Moderne fest in der der Avantgarde verankert. Dies ist die Basis für die feministische Entdeckung Gertrude Steins als der radikalsten Vertreterin einer sowohl weiblichen wie avantgardistischen Infragestellung der symbolischen Ordnung.

Die beiden Ansätze gehen wohl von unterschiedlichen Prämissen aus und widersprechen sich insofern, aber sie ergänzen sich auch und haben insgesamt das Bild der literarischen Moderne differenziert und aufgebrochen. Antwort auf die Frage, ob es eine spezifisch ›weibliche Moderne‹ gibt, können, wenn überhaupt, nur die Texte selber geben. Etwa die von H. D., einer Autorin, die lange Zeit vergessen war oder nur als Verfasserin imagistischer Gedichte literaturgeschichtlich von Bedeutung schien. Tatsächlich aber ist es ihre Prosa, die sie zu einer bedeutenden Autorin der amerikanischen Moderne macht.

Sie gehört der gleichen Generation wie Pound und Williams an, und ihre

H. D.

Zum Beispiel H. D.

Mina Loy, Porträt von Man Ray, 1920

Freundschaft mit beiden (vor allem mit Pound, den sie beinahe geheiratet hätte) geht in ihre Studienzeit zurück. Sie paßt ebenso wenig wie Stein oder Mina Loy in das Weiblichkeitsbild der Zeit. »Avantgarde im ersten Drittel des 20. Jahrhunderts bedeutete eben nicht nur eine bestimmte Position innerhalb der Künste, sondern auch eine Lebensform.« (Ecker) Sie war verheiratet mit dem Imagisten Robert Aldington und ging eine stabile lesbische Beziehung mit Winifred Ellerman (genannt Bryher) ein, der Ehefrau von Robert McAlmon, der Gedichte von Loy und Williams in seiner kleinen Presse in Paris verlegte: Es ist ein enger Kreis von Protagonisten, der die Literaturgeschichte dieser Epoche prägt. Wie Stein und Djuna Barnes ist H.D. expatriate: zuerst in London, dann in der Schweiz – ein Leben in Hotels (später auch in Kliniken), immer mit Texten beschäftigt, an denen sie lange feilt, die sie akribisch überarbeitet.

»H.D., Imagiste«, dieses Etikett, das ihr lange anhaftete, ist eine Erfindung Pounds. Aber sie praktizierte die Forderungen des Imagismus, besonders die der sprachlichen Ökonomie und des klaren und präzisen Bildes, mit eindrucksvoller Konsequenz, wie etwa ihr oft anthologisiertes Gedicht »Sea Rose« deutlich macht. Die begrenzte literarische Reputation, die sie genießt, stützt sich auch heute noch vor allem auf diese frühe Phase. Ihre großen epischen Gedichte *Trilogy* und *Helen in Egypt* (die sie in den 30er und 40er Jahren schrieb) waren nicht unbekannt, aber kaum jemand beschäftigte sich ernsthaft mit ihnen. Ihre experimentelle Prosa wurde zum größten Teil erst nach ihrem Tod veröffentlicht (*Palimpsest*, *HERmione*, *Bid Me to Live*, *Tribute to Freud*, ein Bericht ihrer Therapie bei Freud), und ihre Wiederentdeckung verdankt sich dem neuen Interesse, das ihr Werk im Laufe der letzten zehn Jahre durch den Einfluß des Feminismus und der feministischen Kritik gewonnen hat.

HERmione

HERmione – 1927 geschrieben, aber erst 1981 veröffentlicht – ist autobiographische Fiktion und Schlüsselroman. Er schildert eine Krise der Ichfindung, des unsicheren Sichherausbildens sexueller und dichterischer Identität und dreht sich um H.D. (alias Her Gart) und Ezra Pound, der im Roman George Lowndes heißt. Aber die Kenntnis der biographischen Information ist letztlich unerheblich, denn es ist durchaus möglich, den Text als Roman und nicht als Autobiographie zu lesen. Es gibt kaum Umrisse eines Handlungszusammenhangs, weil sich das eigentliche Romangeschehen aus einer Folge von Wahrnehmungen und Bewußtseinszuständen zusammensetzt. HERmiones unstabile Identität destabilisiert auch die Erzählperspektive. Der Name HERmione allein erlaubt eine eigenartige Vermischung: Das Ich wird sich ständig selbst zum Objekt und erzählt von sich selbst als she/her. Die Erzählstimme ist gleichzeitig extrem subjektiv und sieht sich distanziert als subjektiv erzählende: Es ist ein Blick von innen, der sich zugleich im Prozeß der Selbstanalyse von außen betrachtet. Das heißt, H.D. benutzt den Bewußtseinsstrom weder im Sinne kontrollierter Reflexion (wie etwa James) noch in dem des unkontrollierten Assoziationsstroms des Vorbewußten (wie etwa Joyce im Monolog der Molly Bloom), sondern als bewußte und doch unmittelbare Transformation des Erfahrenen und sinnlich Wahrgenommenen durch den Bildstrom der Phantasie: Sinnliche Wahrnehmung ist zugleich inneres Gesicht, eine Art erlebte Rede mit stark verringerter Erzähldistanz und einer Erzählstimme, die gleichzeitig Ich ist und als Fremdes neben sich steht.

vision of the womb

Der Text fasziniert vor allem durch die halluzinatorische Klarheit und sinnliche Konkretheit seiner Sprache – ganz gleich ob diese innerlich oder äußerlich Wahrgenommenes registriert. In ihren posthum veröffentlichten

»Notes on Thought and Vision« (1919) vergleicht H.D. diese spezifische Weise visionärer Wahrnehmung mit einem Sehen wie durch Wasser:

> Sometimes when I am in that state of consciousness, things about me appear slightly blurred as if seen under water... That over-mind seems a cap, like water, transparent, fluid, yet with definite body, contained in a definite space. It is like a closed sea-plant, jelly-fish or anemone .... I first realized this state of consciousness in my head. I visualize it just as well, now, centered in the love region of the body or placed like a foetus in the body... The majority of dream and of ordinary vision is vision of the womb. The brain and the womb are both centres of consciousness, equally important.

Die Vorstellung einer »vision of the womb« nimmt Überlegungen Cixous vorweg und rückt die Frage nach einer biologisch bestimmten oder beeinflußten *écriture feminine* wieder in den Vordergrund. Womb=uterus=hyster: der weibliche Bewußtseinszustand, den die Männer bei Frauen als besonders fremd und unverständlich empfanden und den sie deshalb als Krankheit ausgrenzten, ist der der Hysterie. Vielleicht könnte man auch sagen, daß H.D. in *HERmione* Hysterie, einen aus dem Zusammenhang der gewöhnlichen Erfahrung herausgenommenen Zustand des inneren und äußeren Wahrnehmens, bewußt zu einer Form weiblichen Schreibens macht: als hellsichtig-exaltierte Gegenposition am Rande und gegen das kulturelle System geschlechtsspezifischer Rollenzuweisung – als Form subversiver Selbstfindung und Selbstbehauptung. Mit anderen Worten, es gibt Texte, die unzweifelhaft in der Kontinuität eines weiblichen Schreibens stehen (man denke an die semantisch dichten und stilistisch-überspannten Briefe Emily Dickinsons oder an die ›ver-rückten‹, dezentrierten Texte von Gertrude Stein). Was aber nicht heißen kann, daß sie nur über diese Kontinuität zu verstehen wären oder ganz in ihr aufgingen.

Die amerikanische Avantgarde in Europa: Stein, Pound und Eliot

Kein(e) Autor/in der amerikanischen Moderne hat die Prinzipien der Avantgarde so konsequent vertreten wie Gertrude Stein. Weil sie keiner literarischen Clique angehörte, war sie ihre eigene Avantgarde, von deren Experimenten eine ganze Generation von Modernisten zehrte. Man muß sich immer wieder vor Augen führen, daß Stein lange bevor Pound, Joyce und Eliot ihren Stil fanden, die experimentelle Erforschung ihres Mediums 1914 mit der Veröffentlichung von *Tender Buttons* so gut wie abgeschlossen hatte. Doch gehört sie weder zu den ›Meistern‹ der Moderne, noch gelten ihre Bücher als ›Meisterwerke‹ (so wie *The Waste Land* oder *Ulysses* unbestritten Meisterwerke der Moderne sind). Sie galt lange Zeit als exzentrische Randfigur, d.h. sie hatte Reputation, aber kein Publikum. Auf der anderen Seite wurden Aussagen wie »a rose is a rose is a rose« zum geflügelten Wort (das Richard Wright seine schwarzen Arbeiter-Protagonisten in *Lawd Today* kopfschüttelnd zitieren läßt). Man konnte gut gegen sie polemisieren und sich trefflich über ihre Texte lustig machen, aber es gab

Die Bedeutung Gertrude Steins

kaum einen der ›Meister‹(von Sherwood Anderson bis Williams und Hemingway), der sich nicht mit ihnen auseinandergesetzt oder ihren Einfluß
zugegeben hätte. In realistischer Selbsteinschätzung meinte sie daher von
sich selber, sie sei »a writer's writer.«

Gertrude Stein

*Herkunft und
Entwicklung*

Stein, 1874 als Tochter deutsch-jüdischer Immigranten geboren, war die
älteste der amerikanischen Modernisten. Sie studierte ohne großen Erfolg
an der Harvard Universität bei Hugo Münsterberg und William James
Psychologie, später an Johns Hopkins Medizin. William James war, wie sie
sagt, »my big influence when I was at college. He was a man who always
said: ›Never reject anything. Nothing has been proved. If you reject anything, that is the beginning of the end as an intellectual‹«. 1903 beginnt sie
zu schreiben und zieht zu ihrem älteren Bruder Leo nach Paris in die 27, rue
Fleurus, die sie in den folgenden Jahren zur berühmtesten Adresse der
amerikanischen Moderne in Europa macht. 1906 ist *Three Lives* abgeschlossen (wird aber erst drei Jahre später veröffentlicht). Sie stand lange im
Schatten des intellektuellen Bruders Leo, des Kunstliebhabers und -kriti-
kers, mit dem zusammen sie die moderne Malerei entdeckte. Die Entwicklung Steins war lange vom Versuch geprägt, gegen den Widerstand Leos ihr
eigenes Selbstwertgefühl zu entwickeln und zu behaupten. Sie fühlte sich
groß, zuweilen sogar übergroß, aber auch isoliert und übergangen.

*The Making
of Americans*

Diese Periode des persönlichen und literarischen Selbstfindens läuft parallel mit der Entstehung von *The Making of Americans*, das sie 1903
begann und an dem sie von 1906 bis 1911 weiterschrieb, ohne es wirklich
zum Abschluß zu bringen. In diese Zeit fallen: die Begegnung mit Picasso
und Matisse, der Beginn ihrer Beziehung zu Alice B. Toklas, der Bruch mit
der Vaterfigur Leo, ein substantieller Teil ihres sprachlichen Experimentierens von *Three Lives* über die frühen Portraits (»Matisse«, »Picasso«) zu
Tender Buttons (1912/13, publiziert 1914), das den Beginn einer neuen
Phase ihres Schaffens markiert. Insofern ist *The Making of Americans* ein
Schlüsseltext und, wie sie selber meinte, ihr wichtigstes Werk. Es ist in
jedem Fall ihr längstes. Obwohl der Roman im allgemeinen ihrer ersten
experimentellen Phase zugerechnet wird, kann von einem einheitlichen Stil
nicht die Rede sein. Eher könnte man das Buch als ein stilistisches Kompen-
dium betrachten, in dem die verschiedenen Krisen und Verwandlungen
Steins während der neun Jahre seiner Entstehung ihren Niederschlag gefunden haben.

Ob es sich um einen Familienroman handelt, wie der Untertitel behauptet, oder überhaupt um einen Roman, ist also durchaus zweifelhaft.
Denn *plot, character*, konsistente Erzählperspektive – die *sine qua non* der
traditionellen Bestimmung des Genres – verlieren im Verlaufe des Erzählens
zunehmend an Verbindlichkeit. Stein geht von einer grandiosen Konzeption
aus. Sie will nicht weniger als die Geschichte ihrer Familie als exemplarische
Geschichte Amerikas, ja als Universalgeschichte erzählen: »In trying to
make a history of the world my idea here was to write the life of every
individual who could possibly live on earth ... My intention was to cover
every possible variety of human type in it.«

Bemerkenswert ist hier zunächst ihr rigoroser Universalismus, der *eine*
menschliche Natur in vielen, aber keineswegs unerschöpflichen Variationen
postuliert. Er fungiert als eine Art demokratisches Prinzip, das sie – nach
dem Vorbild Cézannes – zu einem Kompositionsprinzip macht: »that in

composition one thing is as important as another thing« und »the evenness of everybody having a vote«. Im dehierarchisierten Text entspricht die Gleichheit der Personen einer Gleichheit der kompositorischen Emphase. Wiederholung ist insofern Merkmal demokratischen Lebens wie auch Kompositionsprinzip.

Man kann sich leicht vorstellen, welche Konsequenzen dies für das Erzählen hat: Steins Charaktere sind nur Variationen von Typen. Diese Typen wiederholen sich, auch wenn sie andere Namen tragen. Aber da das Buch mehrere Generationen erzählt, tragen verschiedene Typen oft die gleichen Namen, doch dann auch gleiche Typen die gleichen Namen. Zudem gibt es bei aller essentiellen Gleichheit durchaus individuelle Differenz, und die Gleichgewichtigkeit von Differenz und Universalismus bringt Stein in immer größere kompositorische Verlegenheit. Sie beginnt mit einem klassifikatorischen Impuls: der systematischen Erfassung aller »human types« (was zu kruden Generalisierungen führt), aber die Notwendigkeit einer individuellen Differenzierung zieht klassifikatorischen Wirrwarr nach sich. Entsprechend sieht sich die auktoriale, Objektivität beanspruchende Erzählstimme zunehmend überfordert: »Sometimes there are so many ways of seeing each one that I must stop looking«.

Die Folge ist eine immer stärkere Subjektivierung der Erzählinstanz. Die Erzählerin reflektiert nun häufiger über Probleme ihres Erzählens. Vor allem nimmt sie vom Versuch quasi-wissenschaftlicher Klassifikation Abstand und beginnt ihre Figuren zu verinnerlichen, sich, wie sie sagt, mit ihnen zu füllen und im Erfühlen des Rhythmus' ihres Sprechens ihr Wesen zu erfassen. Sie nennt dies »loving repeating and completed understanding«. Jede der porträtierten Personen hat ihren eigenen inneren Rhythmus, »his bottom nature revealed in speech«, den sie in sich selber »liebend« wiedererzeugt. Damit aber wird die objektiv-klassifikatorische Intention immer problematischer.

Gertrude Stein

Dennoch: je mehr Stein den Anspruch klassifikatorischer Objektivität zurücknimmt, desto mehr findet sie ihre eigene Stimme. »Psychologically liberating« hat Richard Bridgman den Roman genannt. Die feministische Kritik sieht mit etwas anderer Akzentuierung die zunehmende Entmachtung des patriarchalen, logozentrischen Prinzips in Szene gesetzt. In »Melanctha« war Jeff Campbell Repräsentant vernünftiger Ordnung – Melanctha (die weibliche ›schwarze Erde‹) stand dagegen für das Chaotische, Sexuelle, das Unordentliche der Erfahrung. Die Geschichte oszillierte zwischen diesen beiden Polen. In *The Making of Americans*, so das feministische Argument, inszeniert Stein die allmähliche Wendung zum ›Schwarzen‹, Erdbezogen-Weiblichen – und damit auch die Abkehr vom väterlichen Ordnungsprinzip; wodurch nicht nur das (wenn auch noch immer verschleierte) Bekenntnis zur eigenen *queerness* – der eigenen ›Differenz‹ in ihrer Beziehung zu Alice B. Toklas – möglich wird, sondern auch die kompositorische Differenz und *queerness* von Steins zweiter experimenteller Phase.

Entmachtung des logozentrischen Prinzips

Bis dahin hatte sie vor allem mit dem Stilmittel der Wiederholung operiert – der Wiederholung von Wörtern, Wortgruppen, Sätzen, Paragraphen. Zentral waren Verb (vorzugsweise in der Gerundivform) und Satz (oder auch Paragraph) als eine Art Kompositionsblock, in dem Wörter und Wortfelder gleichsam durchkonjugiert wurden. Die Porträts und *The Making of Americans* sind aus solchen Blöcken zusammengesetzt, in denen die ›Qualität‹ der porträtierten Person im Rhythmus ihrer »wesenhaften« Wiederholungen zur Darstellung kommt.

Steins Sprachexperiment

In der nun folgenden zweiten Phase gibt sie die Wiederholung als Stilprinzip völlig auf; entsprechend werden Satz und Paragraph als Kompositionselemente unwichtig. In den Mittelpunkt rückt das einzelne Wort (vor allem das verpönte Substantiv, das sie bis dahin durch Demonstrativpronomina wie »this one« und »that one« ersetzt hatte), genauer: die körperlich-klangliche Materialität des Wortes, die seine semantische Qualität überlagert, in jedem Fall aber in den Hintergrund treten läßt. Die Texte vermitteln eine bloße Ahnung von Sinn in einem semantisch reichen, aber chaotischen Umfeld möglicher Konnotationen und der sinnlich-stofflichen Konkretheit gleichgewichtiger Wörter. »I began to play with words then. I was a little obsessed by words of equal value ... I took individual words and thought about them until I got their weight and volume complete and put them next to another word ... I found myself plunged into a vortex of words, burning words, cleansing words, liberating words, feeling words, and the words were all ours, and it was enough that we held them in our hands to play with them; whatever you can play with is yours, and this was the beginning of knowing.« Das Hauptwerk dieser zweiten Phase ist *Tender Buttons* (1914).

Tender Buttons

Der Titel verdeutlicht bereits die Methode: Er assoziiert Häusliches aus dem Alltag der ›weiblichen Sphäre‹ (*tender buttons* = weiche Knöpfe); aber auch Erotisches (*tender buttons* = zarte Brüste); oder auch Dichtungstheoretisches (wenn *tender* nicht als Adjektiv, sondern als Verb verstanden wird; dann wären *tender buttons* zugleich auch Medium des lustvollen Austauschs zwischen Autorin und Leser/in). Der Text, dessen drei Teile: »Objects«, »Food«, »Rooms« zumindest einen thematischen Zusammenhang nahelegen, verweigert sich jedem Versuch konsistenter Sinnbildung. Die jüngere Kritik deutet ihn als konsequente Sabotage des linguistischen Patriarchats, als – im poststrukturalistischen Sinne – dezentrierten Text, der dem Leser im freien Spiel der Assoziationen, im lustvollen Akt des Lesens, die Möglichkeiten des sprachlichen Mediums erschließt: »Act so that there is no use in a centre«; »... the teasing is tender and trying and thoughtful«. *Tender Buttons* betreibt dieses erotische Spiel (»teasing«) auf mehrfache Weise: Einmal ist der Text durchsetzt mit sexuellen Anspielungen (auf den weiblichen Körper: »box«, »purse«, »cup«, »rose«, oder auf den männlichen: »jack«, »pole«, »piece«, »mounted umbrella«); zum andern verweist er im spielerisch herausfordernden Fluktuieren zwischen Sinn und Nichtsinn auf die eigene Körperlichkeit. Steins textueller *tease* operiert vor allem mit verschiedenen Formen der Substitution und dem strikten, doch subversiven Gebrauch der Logik der Syntax. Wörter oder Silben, die ein konventioneller Sinnzusammenhang erwarten läßt, werden ersetzt durch andere, die in ihrem semantischen, grammatischen oder auch nur klanglichen Paradigma stehen: »This makes sand«; oder: »Out of kindness comes redness«. Zugleich untergräbt sie mit solchen Techniken der Substitution und Kombination die sprachliche Ordnung des Satzes, obwohl (oder gerade weil) sie die Logik der syntaktischen Struktur nicht durchbricht: »A sentence of a vagueness that is violence is authority and a mission and stumbling and certainly also a prison.«

Differenz statt Ähnlichkeit

Über die Entstehung des ersten Teils, »Objects«, schreibt sie: »I used to take objects on a table, like a tumbler or any kind of object and try to get the picture of it clear and separate in my mind and create a word relationship between the word and the thing seen.« Im Wort erhält das wahrgenommene Ding unabhängig von seiner konventionellen Bezeichnung eine eigene Existenz als Sprachobjekt. Wie für ihre kubistischen Malerfreunde kam es für sie vor allem darauf an »that looking was not confusing itself with remembering«. Das heißt, es ging ihr darum, den Akt des Wahrnehmens jeweils neu zu fassen, um ihn so vor seiner Konventionalisierung als bereits Gewußtes zu bewahren. Wenn die Sprache aber ein System ist, das durch die Bezeichnung der Dinge deren Wahrnehmung verdeckt, dann muß für das wahrgenommene Objekt eine neue Weise sprachlicher Repräsentation gefunden werden – nicht auf der Basis von »resemblance« (der Ähnlichkeit des Spiegelbildes), sondern von metonymischer Differenz (der blinde Spiegel, »a blind glass«, »not unordered in not resembling«).

Ist Steins Betonung von Differenz ein Ausdruck von Sprachskepsis? Gewiß nicht im poststrukturalistischen Sinne, sondern eher im Sinne einer kreativen Sprachskepsis spezifisch amerikanischer Provenienz. In »Poetry and Grammar« nennt Stein ihr Sprachexperiment ein Neubenennen der Dinge, das die existierenden Namen dekonstruiert, die den Gegenstand verdecken, den sie bezeichnen, und ihnen in einer neuen Sprache neue Gestalt gibt. Sie bezieht sich dabei auf den Urakt des Benennens: der sprachlichen Weltaneignung durch Adam und Eva; aber auch auf den Urakt eines spezifisch amerikanischen Benennens durch Walt Whitman.

Die Tradition des Neubenennens

Es ist in jedem Fall eine Tradition der Nicht-Tradition und somit auch weniger eine Tradition der Traditionszerstörung als des Neuanfangs in der Erfindung selbstautorisierter Formen des Selbst- und Weltausdrucks. Daß dies durchaus auch die Erfindung einer Tradition einschließen kann, welche die Autorität des Selbst skeptisch in Frage stellt, verdeutlicht das Beispiel Pounds und Eliots. Anders als Stein (aber dennoch im Sinne einer »homemade modernity«) legitimieren sie die Innovationen ihrer dichterischen Sprache aus der Autorität einer Tradition, die, wenngleich sie der Autorität des Selbst mißtraut, dennoch eine selbst-gemachte ist.

Ezra Pound

Stein war die kühnste der amerikanischen Modernisten und vertrat am konsequentesten, was Williams »the principal move in imaginative writing today« nennt, nämlich die Tendenz »weg vom Wort als Symbol zum Wort als (eigener) Wirklichkeit«. Dennoch blieb sie nur Randfigur – im Zentrum der Bewegung standen andere: zunächst Pound, dann Eliot. Pound war nur wenig später als Stein nach Europa gekommen (1908). Er hielt sich zunächst in London auf (wo er u. a. Sekretär von William Butler Yeats war), siedelte dann Anfang der 20er Jahre nach Paris über, bis er sich 1924 an der italienischen Riviera niederließ. Stein orientierte sich an Cézanne, Matisse und vor allem an Picasso. Sie suchte ihre Vorbilder nicht in der Literatur (mit der möglichen Ausnahme von Henry James), schon gar nicht in der Literatur vergangener Epochen. Pound dagegen – obwohl mit den Strömungen auch der künstlerischen Avantgarde wohl vertraut – verfolgt die Reinigung der zeitgenössischen Dichtungssprache im Rückgriff auf eine Vielzahl literarischer Traditionen, »to get back to something *prior* in time even as one is MAKING IT NEW«. Er ›entdeckt‹ die griechische Klassik, die Liebeslyrik des Catull, japanische Haikus und chinesische Ideogramme, die großen Italiener des 14. Jh.s: Cavalcanti und Dante, die provencalischen Troubadours, die Franzosen Francois Villon, Théophile Gautier, Tristan Corbière, Jules Laforgue und Arthur Rimbaud, die er zum Teil auch übersetzt. Das Übersetzen ist für Pound eine Tätigkeit von geradezu symbolischer Bedeutung, weil hier Entdecken und Erfinden im Sinne des »make it new« zusammenfallen und Pound in der kreativen Auseinandersetzung

Ezra Pound
in seinem Pariser Studio

mit den Verfahren der ›alten‹ Texte seine eigene Stimme und das Idiom der Moderne herausbildet. Interessant ist freilich, daß in Pounds Liste Mallarmé fehlt: Die reine Abstraktion einer nur auf sich selbst verweisenden Sprache war nicht nach seinem Geschmack. »Les paradis ne sont pas artificiels«, heißt in einem seiner späteren *Cantos*. In der Tat ist seine Dichtung dezidiert unmystisch, konkret auf Dinge und Fakten bezogen – Ausdruck eines intensiven In-der-Welt-seins.

In der Konstruktion einer eigenen Tradition verfährt Pound ebenso eklektisch wie idiosynkratisch. Das Resultat ist die sehr eigenwillige Kultur-Collage, die Pound aus Materialien abendländischer, chinesischer und japanischer Literatur- und Kulturgeschichten zusammensetzt. Insofern erfüllt er das Emersonsche Postulat der Selbstsetzung (»Build, therefore, your own world«) auf ganz besondere Weise. Denn auf der einen Seite steht Pound in der Kontinuität romantischer Selbstautorisierung, auf der anderen versteht er sein Sprachexperimentieren und die (Re-)Konstruktion einer Tradition des ›Klassischen‹ als Angriff auf die Romantik und auf die sprachlichen Folgen ihrer falschen Kultivierung des Subjekts.

T.E. Hulme

Seine Mentoren sind Ford Madox Ford, vor allem aber T.E. Hulme, dessen 1913 geschriebener (aber erst 1923 postum veröffentlichter Essay) »Romanticism and Classicism« Pounds ästhetische und politische Einstellung nachhaltig prägt. Hulme betrachtet das ›Klassische‹ und ›Romantische‹ nicht primär als literarische, sondern als grundlegende Kategorien des menschlichen Denkens und Verhaltens. Die ›Romantik‹ verabscheut er als ›weiches‹ Denken, das er mit liberaler wie auch sozialistischer Fortschrittsgläubigkeit und dem Glauben an die mögliche Vervollkommnung des Menschen in Verbindung bringt. Das ›Klassische‹ geht dagegen von der Begrenztheit des Menschen aus und von der Notwendigkeit seiner Begrenzung in allen Bereichen. Gegen die weiche Rhetorik der Romantik setzt Hulme das harte, klare und präzise Bild. Diese Ästhetik des harten Bildes findet (zumindest für Hulme, aber auch für Pound und auf andere Weise für Eliot) zwingende Analogie in einer Politik der Zucht und Ordnung. Entsprechend war er Anhänger der präfaschistischen *Action Francaise*.

Imagismus und Vortizismus

Pound nimmt die Stichworte Hulmes auf und erfindet den Imagismus mit der Forderung nach äußerster sprachlicher Präzision und Ökonomie zunächst eher spielerisch, um die Dichtung seiner Freundin H.D. zu lancieren. Aus der Bezeichnung »imagiste« und dem Postulat des »direct treatment of the thing« entsteht dann nachfolgend die Legende einer Bewegung, die vor allem von Amy Lowell betrieben wurde und mit der Pound schon bald nichts mehr zu tun haben wollte. Aber das Bild (›image‹) rückt von jetzt an ins Zentrum seiner theoretischen Überlegungen wie auch seiner dichterischen Praxis (als zentraler Aspekt dessen, was Pound als wesentliche Funktion der Dichtung bezeichnet, nämlich: »to strengthen the perceptive faculties«). Pound hat das »Imagist Manifesto« (1913) in nachfolgenden Essays erweitert und präzisiert. Er nennt dort das poetische Bild »that which presents an intellectual and emotional complex in an instant of time.« Das heißt, er versteht das Bild dynamisch, als Augenblick der Erleuchtung und als ein Energietransfer, der das Bewußtsein des Lesers in einen Strudel des Erkennens zieht. Daher wird aus ›image‹ schon sehr bald ›vortex‹ (Wirbel, Strudel) und aus ›Imagism‹ die kurzlebige Bewegung des ›Vorticism‹ (um Pound, Wyndham Lewis, Gaudier-Brezska und die Zeitschrift *Blast*).

Das einfachste (und daher auch oft anthologisierte) Beispiel des Pound-

Wyndham Lewis, Porträt von Ezra Pound (1939)

schen »vortex« ist der Zweizeiler »In a Station of the Metro«, der durch Juxtaposition auf engstem Raum zwei entlegene Bedeutungsbereiche zusammenzwingt und in einem ›Schock der Erkennens‹ Assoziationen freisetzt:

> IN A STATION OF THE METRO
> The apparition of these faces in the crowd;
> Petals on a wet, black bough.

Das Verfahren gleicht im Prinzip dem der Metapher – nur daß hier Bildspender und Bildempfänger gleichermaßen an die visuelle Phantasie des Lesers appellieren. Entsprechend ist ›perception‹ ein Schlüsselwort der Poundschen Ästhetik. Es bezeichnet Erkenntnis als Akt der visuellen Wahrnehmung: Aus ihr geht er hervor, durch sie wird er sprachlich vermittelt. Was Pound in seinem Metro-Gedicht im kleinen vorführt, erweitert er in seinen *Cantos* zum dominanten Strukturprinzip der ›phanopoeia‹, einer Collage mehrerer visueller Bilder und Anspielungen, die so als sinnlich-konkrete Chiffrensprache, als Idiogramme eines sich ständig fortschreibenden Reflexionsprozesses fungieren.

Sehen als Erkennen

Die *Cantos* sind Pounds Lebenswerk. Er beginnt es 1917 und schreibt mehr als fünfzig Jahre an ihm, ohne es zuende zu bringen. Die 109 »Gesänge« sind unter anderem eine kulturkritische Reflexion über die Korruption der modernen Welt durch den Sündenfall des ›Wuchers‹, gegen den Pound die permanenten Werte einer universalen Klassik setzt (vor allem den Wert des ›rechten Maßes‹). Zugleich umkreisen sie privilegierte Augenblicke des sich sinnlich-konkret in den Dingen offenbarenden Welterkennens (›periplum‹), aus dem nicht nur das klassische Maß hervorgeht, sondern auf das sich auch Pounds Konzept der Sprachreinigung und Spracherneuerung beruft.

Die »Cantos«

Insofern stehen die *Cantos* durchaus in der Tradition von Whitmans *Leaves of Grass*. Sie zeugen in jedem Fall von einer vergleichbaren Vorstellung von der Rolle des Dichters in der Gesellschaft. Entsprechend definiert Pound 1928 diese Rolle auf eine Weise, die das symbolistische Konzept des ›purifier la langue du tribe‹ mit dem Whitmanschen Anspruch des Dichters als ›representative man‹ verbindet. Denn die Dichter sind die Sachwalter der kreativen Substanz des Volkes; wenn sie versagen, »when their very medium, the very essence of their work, the application of word to thing goes rotten«, dann zerfällt auch die »ganze Maschinerie des individuellen und gesellschaftlichen Denkens.«

Diese Gleichsetzung des Ästhetischen mit dem Gesellschaftlichen und Politischen war die Basis seines dichterischen Schaffens, aber auch der Grund zumindest seines politischen Versagens. Ähnlich wie Williams und Crane sah er die private Stimme des Dichters nur durch ihre kollektive Relevanz legitimiert. Die quasi-utopische Vorstellung einer organischen *communitas*, in der die Rolle des Dichters als deren Sprecher gleichsam festgeschrieben wäre, ist allerdings nur die Kehrseite der tatsächlich fortschreitenden Reduktion seines Status in den Gesellschaften des 20. Jh.s. Daß Pound die Hoffnung auf eine mögliche Einheit von ästhetischer und gesellschaftlicher Ordnung, die er ursprünglich mit der neuen Ordnung einer künftigen amerikanischen Renaissance verbunden hatte, dann ausgerechnet in Mussolinis Italien erfüllt und vorweggenommen sah, ist freilich grotesk – allein schon deshalb, weil Mussolini gegen alles verstieß, was Pound sich in der Poetik des harten und klaren Bildes zum Programm gemacht hatte.

T. S. Eliot

Pound als Geburtshelfer der Moderne

So umstritten Pound in seinen Vorurteilen und politischen Überzeugungen war, so unbestritten ist seine Rolle als Geburtshelfer der modernen amerikanischen Dichtung in den 20er Jahren. Obwohl seine selbstherrlichen Posen und die scheinbare Arroganz seines kritischen Urteils oft Bitterkeit hervorriefen, hatte er einen untrüglichen Blick für literarisches Talent. Von seiner Kritik und seinem Zuspruch profitierten u.a. Marianne Moore, H.D., Mina Loy, William Carlos Williams, E.E. Cummings und vor allem T.S. Eliot. Seine kritischen Schriften – zusammen mit denen Eliots – etablierten Standards, kreierten eine kritische Sprache und schufen damit überhaupt erst die Voraussetzungen für die Rezeption der Moderne in den nachfolgenden Jahren. Eliot war 1915 nach Europa gekommen, nachdem er sein Studium der Philosophie an der Harvard Universität in rebellischer Zurückweisung des väterlichen Willens abgebrochen und die geplante akademische Karriere aufgegeben hatte.

T. S. Eliot

»Prufrock«

Sein »Lovesong of J. Alfred Prufrock« – bereits 1911, also noch in seiner Harvard-Zeit, entstanden, aber erst 1915 auf Drängen Pounds veröffentlicht – etablierte ihn mit einem Schlage als neue und vielleicht originellste Stimme der zeitgenössischen Lyrik. Die berühmten ersten Zeilen dieses Gedichts – »Let us go then, you and I, when the evening is spread out against the sky« – stehen zwar unverkennbar unter dem Einfluß des französischen Symbolisten Jules Laforgues (mit dessen Lyrik sich Eliot ausgiebig beschäftigt hatte), aber ihre ironisch-kühle Demontage romantischer Naturmetaphorik wirkte kühn, ja revolutionär. Einmal inszenierte Eliot in der Figur des Prufrock eine Sensibilität, in deren weltmüder Selbstbezogenheit sich die Generation des *fin de siècle* wiedererkannte; zum andern wurden die ironisch-satirische Tonlage des Gedichts, seine dunkel-suggestive Metaphorik und die dissonantische Fügung seiner Bilder als (zumindest im Bereich der englischsprachigen Dichtung) noch nie gehörte lyrische Sprache rezipiert.

Nicht zuletzt unter dem Einfluß Pounds erweitert Eliot in den folgenden Jahren das Spektrum seiner Ausdrucksmöglichkeiten mit stilistisch sehr unterschiedlichen Gedichten (»Sweeney Among the Nightingales«, »Whispers of Immortality«, »Gerontion«) und macht sich zugleich in einer Reihe grundlegender und einflußreicher Essays zum theoretischen Sprecher der angelsächsischen Moderne. Seine kritischen Positionen sind dabei denen Pounds durchaus ähnlich, aber wo Pound polemisch und programmatisch formuliert, argumentiert Eliot als akademisch gebildeter *man of letters* und legt so den Grundstein für die spätere Akademisierung der Moderne im theoretischen Diskurs der *New Critics*. Sein berühmtester Essay, »Tradition and the Individual Talent« (1919), verfolgt insgesamt ein anti-Emersonsches Argument, ist aber unverkennbar aus der Position des (amerikanischen) Außenseiters gedacht, der Tradition nicht erbt, sondern sich erst mühsam erwerben muß. Wo Emerson Tradition und individuelle Kreativität in einen Gegensatz stellt, sieht Eliot gerade umgekehrt die eine durch die andere vermittelt: Das Neue kann sich erst aus dem Bezug zum Tradierten begreifen, und Tradition ist ein ideales organisches Ensemble (›order‹) von Werken, das durch jedes neue Werk verändert wird. In diesem Dialog zwischen dem Alten und dem Neuen hat die Tradition Priorität, weil das kollektive kulturelle Bewußtsein das private bei weitem übersteigt. Entsprechend ist der dichterische Akt kein Akt der Selbstsetzung, sondern der Selbstaufgabe im Hinblick auf ein Größeres. Eliots anti-romantische Rhetorik kulminiert in einem berühmten Satz, der die angelsächsische Dichtung und ihre Kritik bis in die 60er Jahre beeinflußt hat: »What happens is a continual surrender of himself as he is at the moment to something which is more valuable. The progress of an artist is a continual self-sacrifice, a continual extinction of personality.«

Das Neue und die Tradition

Dichtung als Selbstaufgabe

Ein zweiter, ebenfalls sehr einflußreicher Essay Eliots, der nur wenig später entstanden ist, setzt sich mit Shakespeares *Hamlet* auseinander (»The Problem of Hamlet«). In ihm, wie in keinem anderen Drama Shakespeares, hatte sich die Romantik wiedererkannt. Daher war es nur logisch, daß Eliot versucht, es kritisch zu demontieren. Er glaubt die ästhetische Schwäche des Stücks darin zu erkennen, daß Hamlet von einem Exzeß des Gefühls gepeinigt wird, dem Shakespeare keine objektivierende Form zu geben vermochte: Es bleibt ein unerklärbarer Rest, der die Form bei weitem überschießt. Daraus leitet Eliot die Regel ab, die ebenfalls für die amerikanische Lyrik und Prosa (für Hemingway z. B.) lange Zeit prägend war und deren Kernsatz so lautet: »The only way of expressing emotion in the form of art is by finding an ›objective correlative‹; in other words, a set of objects, a situation, a chain of events which shall be the formula of that particular emotion; such that when the external facts, which must terminate in sensory experience, are given, the emotion is immediately evoked.«

›objective correlative‹

Die Forschung hat lange Zeit beide Forderungen Eliots (die im übrigen Pounds imagistische Grundsätze nur variieren) in seinem Langgedicht *The Waste Land* exemplarisch eingelöst gesehen. Die jüngere Eliot-Kritik neigt dagegen zur durchaus naheliegenden Vermutung, daß Eliot ›Selbstaufgabe‹ und ›Objektivierung‹ deshalb so rigoros eingefordert hat, weil das Problem der Subjektivität für ihn selber dringlich war; mit anderen Worten, daß *The Waste Land* Eliots *Hamlet* ist.

The Waste Land

Es ist das mit Abstand berühmteste Gedicht der literarischen Moderne und in seiner Wirkung nur mit dem ebenfalls im Jahre 1922 erschienenen *Ulysses* zu vergleichen. Pound nannte es »the justification of the ›movement‹ of our modern experiment since 1900« und »enough ... to make the rest of us shut shop«. Für andere – wie etwa für Williams – war Eliots Gedicht, bei aller Anerkennung seiner sprachlichen und formalen Virtuosität (die in den Augen Williams' allerdings kein Neuanfang war, sondern vorgefundene Tradition nur variierte), Verrat am Projekt einer amerikanischen Moderne. Eliot freilich wurde durch *The Waste Land* (wie auch durch eine Reihe fast zeitgleich erschienener kritischer Essays) zur zentralen Figur der literarischen Szene Londons – was Pound, trotz heftigen Bemühens, nie gelungen war. Die Aura der technischen Brillanz und formalen Perfektion, die das Gedicht umgibt, erstaunt umso mehr, als wir heute wissen, wieviel sie dem Hebammendienst von Pound verdankt. Er hat das ursprüngliche Manuskript, das Eliot in einer Phase tiefer Depression verfaßt hatte, um die Hälfte gekürzt und ihm durch die formale Gliederung in fünf Teile zumindest den Anschein einer Struktur gegeben.

Der Text als Collage

Es beeindruckt jedoch gewiß weder durch seine strukturelle noch durch seine thematische Kohärenz, sondern eher durch seine rätselhafte und extrem diskontinuierlich-dissonantische Sprachoberfläche. Versform und rhythmische Struktur verändern sich ständig im Rahmen einer Grundform, die Eliot subtil variiert, von der er abweicht, zu der er immer wieder zurückkehrt: dem Blankvers. Es gibt kein konsistentes lyrisches Ich, dagegen eine Vielzahl wechselnder Stimmen und Soziolekte. Entsprechend steht der Sprachgestus des elisabethanischen Dramas neben Londoner Straßenjargon. Aber nicht nur verschiedene Sprachebenen werden aneinandergefügt (bzw. gegeneinandergesetzt), sondern auch Sprachen verschiedener Kulturen. Eliot collagiert Anspielungen oder wörtliche Zitate aus fast vierzig mehr oder weniger bekannten Texten der englischen, französischen, deutschen und italienischen Literatur sowie aus dem Sanskrit des Bhagavadgita. Bilder und Motive ganz unterschiedlicher Herkunft sind in freier Assoziierung aneinandergereiht: Bilder aus dem Erfahrungszusammenhang der modernen Metropole mit ihren hastenden Menschenmassen, ihrem Unrat und ihrem industriellen Abfall; aber auch Bilder und Figuren aus Wagner-Opern, der griechischen, ägyptischen und christlichen Mythologie (Hyazinthos, Osiris, Orpheus, Tiresias, der Fischerkönig) sowie der Karten des Tarot (der Gehängte, das Glücksrad). Sie ziehen sich leitmotivisch durch alle Teile des Gedichts, ohne daß deutlich würde, ob sie dieses zu einer kohärenten Sinnstruktur zusammenfügen oder nur den Trümmerhaufen zerbrochener Kultur vor Augen führen. (»These fragments have I shored against my ruin.«)

Ist *The Waste Land* mehr als eine prätentiöse Zurschaustellung von Gelehrsamkeit? Ist es mehr als Eliots mißglückter Versuch der Objektivierung seiner eigenen seelischen Verzweiflung? Ist es die heimliche (und ihm möglicherweise unbewußte) Klage über die Katastrophe seiner Ehe? Oder über den Tod des geliebten Pariser Studienfreundes Jean Verdenal, der 1915 in den Dardanellen ums Leben kam? Dramatisiert Eliot in der unerfüllten Suche nach geistiger und kreativer Erneuerung die desolate innere Verfassung der modernen Welt? Oder inszeniert er nicht doch – wenn auch *ex negativo* - ein Drama möglicher Verwandlung und Erlösung?

Mit seinen Annotationen und den Hinweisen auf Sir James Frazers *The Golden Bough* und Jessie Westons *From Ritual to Romance* hat Eliot selbst die Spuren gelegt, denen die Kritik lange Zeit gefolgt ist, ohne daß sie

Einigung darüber erzielen konnte, wie denn nun sein Gebrauch von Regenerationsthematik und mythologischer Queste zu verstehen sei. Das hängt sicher auch damit zusammen, daß sich – wie Wolfgang Iser bereits vor Jahren gezeigt hat – die vielfältigen Assoziationsmöglichkeiten der Eliotschen Bilder gegenseitig blockieren, d. h. gleichzeitig in mehrere Richtungen lesbar sind. Das Motiv der Verwandlung (»sea-change«) z. B. wird von der Wahrsagerin, Madame Sosostris, schon früh mit einem Zitat aus Shakespeares *The Tempest* eingeführt (»These are pearls that were his eyes«). Doch der vierte Teil des Gedichts, »Death by Water«, entbehrt jeder Bildlichkeit regenerativer Verwandlung. (»Fear death by water« hatte Madame Sosostris in ihrer rätselhaften Auslegung der Karten ebenfalls warnend vorausgesagt.)

Deutlich ist dagegen, daß gerade die unentscheidbare Bedeutung der Bilder, ihre assoziative und prälogische Aneinanderfügung, von ihrer phantasmagorisch-traumhaften Qualität nicht abzulösen ist. Tatsächlich wird das Gedicht von Strukturen des Dazwischenseins und einer Bildlichkeit des Verfließens dominiert: von unstabilen Identitäten, Oppositionen und Geschlechterrollen (Tiresias). Nicht nur daß die Figuren sich duplizieren oder miteinander verschmelzen (Tiresias mit dem Fischerkönig und beide mit dem lyrischen Ich), sie fluktuieren – wie das Gedicht selbst – zwischen Wachen und Träumen, zwischen Erinnerung und Prophetie, zwischen den Polen des Männlichen und Weiblichen, zwischen Leben im Tod und Tod im Leben, zwischen Verzweiflung und dem Verlangen nach Erlösung. Insofern liegt die Vermutung nahe, daß die Bildlichkeit mythologischer Queste und Regenerationsrituale ins Leere stößt, daß die fünf Teile des Gedichts nur die Struktur eines Dramas suggerieren, das am Ende gar nicht stattfindet.

Unentscheidbarkeit der Bildbedeutung

Andererseits wäre es sicher töricht zu behaupten, daß das Gedicht von Anfang bis Ende nur in den Bildern einer widersprüchlichen Befindlichkeit zirkuliert und so gleichsam auf der Stelle tritt. Die Tonlage des lyrischen Ich ist im Schlußteil eine deutlich andere: Was der Donner mit den Worten Buddhas spricht, ist der Rat zur Gelassenheit und zu einem Gleichmut, der aus der Selbstüberwindung kommt. Dies scheint auf einen Aspekt der Verwandlung zu verweisen, der im Text präsent ist, ohne im eigentlichen Sinne strukturbildend zu sein. Die weiße Magie des Prospero, die sterbliche Augen in unzerstörbare Perlen verwandelt, oder das Klagelied der Philomela, das die Götter im Gesang der Nachtigall unsterblich machten, sind Motive, die *The Waste Land* mit Eliots Dichtungstheorie verbinden. In »Tradition and the Individual Talent« hatte er von der notwendigen Transformation persönlichen Leidens durch die Objektivierung des schöpferischen Prozesses gesprochen; und in der Tat sind die Spuren solcher Verwandlung nicht nur überall im Text zu finden, sie wird – wie indirekt auch immer – in diesem auch thematisch. In seinem Essay war freilich nicht von Spuren, sondern von Tilgung die Rede, d. h. von einer Verwandlung, deren Ergebnis zwar das Gedicht ist, die ihm jedoch selbst nicht zum Thema werden darf: »the more perfect the artist, the more completely separate in him will be the man who suffers and the mind which creates; the more perfectly will the mind digest and transmute the passions which are its material.« Vielleicht ist es dieser ungetilgte Rest romantischer Subjektivität, der Eliots selbstkritische Distanz zu *The Waste Land* erklärt (»a piece of rhythmical grumbling«), der aber vielleicht auch – wie etwa im Fall des von Eliot kritisierten *Hamlet* - das Faszinosum dieses Textes ausmacht.

Die nachfolgende Entwicklung Eliots hat die amerikanische Lyrik kaum noch beeinflußt, obwohl er als Herausgeber der einflußreichen Zeitschrift

Criterion und auf Grund seiner literatur- und kulturtheoretischen Schriften immer mehr zum Literaturpapst der Moderne wurde. Aber mit seiner Konversion zur Anglikanischen Kirche 1927, mit seiner Annahme der britischen Staatsbürgerschaft im gleichen Jahr und mit seinem Bekenntnis zum Royalismus rückte er aus dem Gesichtskreis der amerikanischen Modernisten – obwohl sein Einfluß als Autor des *Waste Land* noch lange Jahre ungebrochen war.

Moderne Lyrik in Amerika: Robert Frost, E. E. Cummings, Marianne Moore, Wallace Stevens und William Carlos Williams

Paris vs. Bindung an das ›Lokale‹

Der Versuchung, dem Beispiel Steins, Pounds und Eliot zu folgen, hatten in den Jahren vor und noch mehr in den Jahren nach dem Ersten Weltkrieg nur wenige widerstanden. H.D. war auf den Spuren Pounds schon 1911 nach London gegangen und kehrte nicht wieder nach Amerika zurück. Die Engländerin Mina Loy, die während der wichtigsten Jahre ihres kurzen literarischen Lebens mit dem Futuristen Marinetti, dann mit der New Yorker Avantgarde assoziiert war, wanderte – wie ein großer Teil der amerikanischen Modernisten – zwischen zwei Welten. Zwar verschlug es in den Wirren des Weltkriegs auch einige europäische Avantgardisten nach New York (Duchamp, Picabia, Varèse z.B.), aber der Sog Europas, vor allem der Sog von Paris verstärkte sich eher noch in den 20er Jahren: Die legendären *expatriates* (Hemingway, Fitzgerald, Djuna Barnes, Robert McAlmon, Kay Boyle) bildeten eine amerikanische Avantgarde im freiwilligen (und in den meisten Fällen auch nur vorübergehenden) Exil mit eigenen Verlagen und Zeitschriften.

Die zurückblieben (oder die, wie E. E. Cummings, nach kurzem Aufenthalt nach Amerika zurückkehrten), taten dies aus Überzeugung. Einmal, weil sie (wie Stevens und Williams) in feste berufliche Bindungen und Lebenszusammenhänge eingebettet waren und die Entwicklung der eigenen dichterischen Stimme nur aus solcher Einbettung im Lokalen möglich schien; zum andern (und dies gilt vor allem für Williams), weil das Stimmefinden im Kontext des Lokalen vom Projekt, eine Moderne aus dem Geist Amerikas zu entwickeln, nicht zu trennen war.

Alle standen lange Zeit im Schatten Eliots; am wenigsten Marianne Moore, deren Status als ›major minor poet‹ Eliot selber durch ein Vorwort zu ihren *Selected Poems* (1935) garantiert hatte. Frost, der wie Robinson Jeffers eigene Wege ging und keinem Zirkel der literarischen Moderne angehörte, genoß Respekt, fand aber kaum kritische Beachtung. Der populäre Jeffers galt nicht nur als überzeugter Antimodernist, sein deklamatorischer Sprachgestus und sein romantischer Nihilismus verstießen vielmehr in besonderem Maße gegen die ästhetischen Prinzipien des *New Criticism*. E. E. Cummings, obwohl von seinen Zeitgenossen als Protagonist der modernistischen Bewegung geschätzt, zog sich ebenfalls, wenn auch aus anderen Gründen, den Unwillen der *New Critics* zu; – ähnlich wie im Fall von Jeffers beeinflußt ihr Urteil seine kritische Rezeption auch heute noch. Stevens und Williams schließlich – obwohl nie ganz vergessen – fanden lange Zeit kaum Beachtung, doch wurden sie in den 50er Jahren zunächst von einer neuen Avantgarde, danach von einer neuen akademischen Kritik entdeckt, die sie in ihrer kritischen Aufarbeitung der Moderne vom Rand ins Zentrum rückte.

Robert Frost und E. E. Cummings

Obwohl Robert Frost weder nach eigenem Selbstverständnis noch nach dem seiner Zeitgenossen der Moderne angehörte (die Avantgarde war ihm verhaßt), drängt sich sein Name im Zusammenhang mit Kenners Formel einer ›homemade world‹ unmittelbar auf. Er war, wie John Crowe Ransom meinte, »evidently influenced by modernism without caring ›to go modern‹ in the sense of joining the revolution.« In den letzten Jahren haben Kritiker wie Richard Poirier ihn gar zum Vertreter einer amerikanischen Gegentradition zur Moderne gemacht, die auf die (sprach)skeptische Lebensbejahung eines spezifisch Emersonschen Pragmatismus zurückgehe. Frost (1874, im gleichen Jahr wie Gertrude Stein, geboren) ist in jedem Fall verwurzelt im Lokalen – und nichts war ihm fremder als der Kosmopolitismus Eliots oder Pounds. Er gilt – wie Dickinson und Edwin Arlington Robinson – als Dichter Neuenglands. (Wiewohl ihm später, wie bei der Inauguration John F. Kennedys augenfällig wurde, die Rolle des nationalen *poeta laureatus* zufiel.) *North of Boston* (1914), *New Hampshire* (1923) sind die charakteristischen Titel früher Gedichtbände, denen er seine Popularität verdankt. In seiner bodenständigen Lyrik – man denke etwa an die oft anthologisierten Gedichte »Mending Wall« und »The Death of the Hired Man« – verbindet sich die souveräne Handhabung klassischer Dichtungskonventionen mit der Integration des Umgangssprachlichen, vor allem des gesprochenen Wortes seiner ländlichen Nachbarschaft. Sie war daher – trotz ihrer skeptisch-abgründigen Ironie (»The play's the thing ... All virtue in ›as if‹«) – auf eine Weise volkstümlich wie die der Avantgarde es nie sein wollte oder konnte. Den Modernisten erschien er, der vormoderne Dichter der Provinz (und hier am ehesten Edgar Lee Masters vergleichbar), in der Landschaft der modernen Lyrik wie ein erratisches Relikt des späten 19. Jhs. Dabei entging ihnen, daß Frost – sprachbesessen wie sie, doch leidenschaftlich einer Erneuerung ›altmodischer‹ (Vers)Form verpflichtet – mit seiner dramatisch-meditativen, konkret auf ›Ereignis‹ und ›Handlung‹ bezogenen ›traditionellen‹ Lyrik, der Erfahrung des Modernen auf andere Weise Sprache gab und so die Ausdrucksmöglichkeiten zeitgenössischen Dichtens offenhielt.

Frost als innovativer Traditionalist

Robert Frost

E. E. Cummings, zwanzig Jahre nach Frost in New Hampshire geboren, doch intellektuell eher von Harvard als von Neuengland geformt (und so in allem das Gegenteil von Frost), war wie Stein, Williams und Stevens von der Malerei der Avantgarde beeinflußt. Prägend war auch in seinem Fall die augenöffnende Erfahrung der Armory Show. Ähnlich wie Stein in der Prosa versuchte er das kubistische Aufbrechen von Oberflächenstrukturen auf die sprachliche Textur seiner Lyrik zu übertragen. Cummings, der selber malte, nannte seine Gedichte ›Poempictures‹ und signalisierte damit, daß die Verfremdung der Textoberfläche nicht nur grammatisch und semantisch (»what if a much of a which of a wind«), sondern auch visuell gemeint war: Was immer sonst, Gedichte waren für ihn *auch* typographische Designs (»essentially pictures«, wie er an seinen Verleger schrieb). Nachdem er zunächst durch seinen kontroversen Antikriegsroman, *The Enormous Room* (1922) bekannt geworden war, veröffentlichte Cummings ein Jahr

E. E. Cummings

E. E. Cummings, »Self-Portrait with Blue Tie«

später seinen ersten Gedichtband, *Tulips and Chimneys*, und zwei Jahre danach *& /And* und *LXI Poems* (beide 1925), deren »kalligraphische Tricks« (Hart Crane über Cummings) ihm den Ruf des radikalen Spracherneuerers einbrachten. Cummings' typographische Innovationen sind freilich nicht ›Bilder‹ (wie etwa die Apollinaires), sondern eher Partituren für die Versinnlichung des Sprachlichen und Verbildlichungen der klanglich-rhythmischen Gedichtstruktur. Mit anderen Worten, Cummings will – ähnlich wie Pound, wenn auch auf andere Weise – eine ideographische Ursprünglichkeit von Sprache (»when drawing was language«) evozieren:

> ... when over my head a
> shooting
> star
> Bur s
> (t
> into a stale shriek
> like an alarm-clock)

Daß Crane typographische Spielereien wie diese ›Tricks‹ nannte, ist ein Hinweis darauf, daß auch Cummings' modernistische Mitstreiter in ihm zwar einen Erneuerer der Oberfläche, aber dann auch einen oberflächlichen Erneuerer sahen. Viele seiner Gedichte – wie etwa das schwerelose »in Just spring« oder das präzise »the cambridge ladies who live in furnished souls« – erscheinen jedoch auch heute noch bemerkenswert frisch und beeindrucken durch ihre sprachliche Leichtigkeit und Eleganz.

Marianne Moore

Imaginäre Gärten und wirkliche Kröten

Es ist nicht unplausibel, in Marianne Moore eine Vermittlerin zwischen den Gruppierungen zu sehen: Als Herausgeberin der Zeitschrift *The Dial* veröffentlichte sie die Vertreter der ›hausgemachten‹ Moderne, hielt aber auch Kontakt zu Pound und Eliot. Gleichwohl stand sie Williams näher. Williams bewunderte sie und glaubte in ihrer Dichtung – bei aller Unterschiedlichkeit – vergleichbare Interessen und Verfahrensweisen zu entdecken. In der Tat verbindet sie mit Williams die Hingabe an das präzis gefertigte Bild sowie an eine demokratische Ästhetik des Gewöhnlichen, die jede Privilegierung des ›poetischen‹ Gegenstands ablehnt. In diesem Sinne beginnt sie ihr berühmtes Gedicht »Poetry« lapidar mit: »I, too, dislike it« und listet nachfolgend die ›harten‹ Fakten und Materialien auf – vom Baseball- bis zum Börsenbericht – deren sich die dichterische Imagination bedienen kann. Entsprechend sind Gedichte »imaginary gardens with real toads in them«. Diese poetologische Spannung zwischen der Bindung sowohl an eine Wirklichkeit des Alltäglichen wie auch an die transformierende Kraft der dichterischen Imagination kennzeichnet die Lyrik der amerikanischen Moderne insgesamt. Dennoch ist Moores Dichtung aus mehreren Gründen unverwechselbar: nämlich witzig, trocken, umgangssprachlich, prosaisch, sprachlich komplex und doch Bild-präzise. Sie greift kaum auf Variationen konventioneller Versform zurück, sucht nur selten Befreiung im ›free verse‹, sondern findet ihre eigene strenge Form im ›syllabic verse‹, einer der französischen Tradition nachgebildeten Versstruktur aus Zeilen mit je gleicher Silbenzahl. Zudem ist die Metapher von den ›imaginary toads‹ insofern durchaus wörtlich zu verstehen, als Moore (wie später Elizabeth Bishop) vorzugsweise Tiere, bekannte und unbekannte (»The Fish«, »The Buffalo«, »The Paper Nautilus«), zum Gegenstand ihrer Gedichte macht. Sie erscheinen dort konkret-stofflich, optisch scharf und im Detail, wie unter dem Mikroskop betrachtet, gleichzeitig aber auch sprachlich so verdichtet, daß sie auf mehreren Ebenen (der sinnlichen wie auch der symbolischen) lesbar werden. Sie sind zugleich ›real‹ und ›faktisch‹ wie auch sprachlich komplexe Konstrukte der dichterischen Phantasie.

Wallace Stevens

Als Wallace Stevens 1923 seinen ersten Gedichtband, *Harmonium*, veröffentlichte, war er bereits 44 Jahre alt und seit sieben Jahren Angestellter bei einer Versicherungsgesellschaft, deren Vizepräsident er später wurde. Dennoch trägt *Harmonium* keineswegs die Merkmale eines Erstlingswerks, vielmehr etablierte es Stevens mit einem Schlag als eigene, wenn nicht gar einzigartige Stimme in der Dichtung der amerikanischen Moderne: meditativ-abstrakt und doch ironisch, sprachverliebt und extravagant in ihren Wortspielen und Wortschöpfungen, virtuos in der Beherrschung poetischer Konventionen. Wie Eliot war Stevens von den französischen Symbolisten beeinflußt (vor allem von Jules Laforgue); gefiel sich wie Eliot in der Pose des Kosmopoliten und Dandy, liebte wie dieser Klang und Flair des exotischen Wortes und verband Dichtung mehr mit dem Klangreichtum der Musik – *Harmonium* ist insofern ein programmatischer Titel – als mit der harten Gravur des visuellen Bildes. (Obwohl Pound und die Imagisten selbst auf ihn nicht ganz ohne Einfluß waren.) Doch die negative Religiosität der frühen Eliotschen Lyrik (einschließlich des *Waste Land*) war ihm fremd. *Harmonium*, insbesondere das sinnenfreudige »Sunday Morning«, weist den »holy hush of ancient sacrifice« zurück zugunsten einer lebensbejahenden Sinnlichkeit, eines Jetzt der Erfahrung, das aus dem Bewußtsein des Todes hervorgeht. Diese Betonung des Jetzt verbindet ihn einerseits mit Emerson und Whitman (auf den er sich in mehreren Gedichten ironisch-spielerisch bezieht), andererseits mit William Carlos Williams, der wie er die Imagination ins Zentrum seiner dichtungstheoretischen Überlegungen stellt. (»Reality and the Imagination« ist der Titel eines wichtigen Stevens-Essays.) Aber wenn sich ihre theoretischen Positionen auch berühren, so ist ihre dichterische Praxis doch eine deutlich andere. »Not Ideas About the Thing But the Thing Itself« ist der Titel eines späten Stevens-Gedichts, der fast wörtlich eine Zeile aus Williams' *Paterson* aufgreift. Aber während Williams im Prozeß einfühlender Wahrnehmung ›das Ding‹ in die konkrete Bild- und Dinghaftigkeit des Sprachobjekts übersetzt, ist es für Stevens überhaupt nur abstrakt im (als) Sprach- und Reflexionsprozeß faßbar. In »Nuances of a Theme by Williams«, das eine Kritik an Williams' Verfahren des einfühlenden Sehens zumindest impliziert, versteht Stevens das ›Ding‹ (die Natur) als das ganz Andere, das durch die Imagination des Dichters eine eigenen Existenz erhält. In »The Idea of Order at Key West« ist es die schöpferische Kraft der Imagination, die einer Welt, die sich entzieht, Stimme gibt, sie so erst reflektierend schafft und schaffend ordnet: »Then we,/ As we beheld her striding there alone,/ Knew that there never was a world for her/ Except the one she sang and, singing, made.«

»I want man's imagination to be completely adequate in the face of reality«, schrieb Stevens in einem Brief über ein anderes seiner poetologischen Gedichte, »The Man With the Blue Guitar«. Es ist dieser zwar auf die Wirklichkeit verweisende, aber dann doch selbstreflexiv auf die Dichtung und den Akt des Dichtens zurückbezogene Sprachgestus, der Wallace Ste-

Realität vs. Phantasie

Wallace Stevens

William Carlos Williams

Williams vs. Eliot

Im Gegensatz zu den Gedichten Eliots oder Stevens' scheinen die von Williams kaum nach Exegese zu verlangen. »As in certain traditions of Chinese literary criticism«, meint etwa J. Hillis Miller, »the critic is reduced to saying something like ›Wow‹!« Tatsächlich hat die Kritik natürlich wesentlich mehr als nur Laute des Erstaunens und des Lesevergnügens von sich gegeben, wie die vielen Bände über seine Dichtung demonstrieren. Aber ohne Zweifel ist Williams als Mensch wie auch als Dichter viel faßbarer als Eliot. Mehr noch als Moore und Stevens verkörpert er die ›hausgemachte‹ amerikanische Moderne, von der Hugh Kenner gesprochen hatte. Er fühlte sich mehr als andere (mit Ausnahme Hart Cranes) von Eliots Beispiel herausgefordert, und entsprechend wurde er in den 60er Jahren zur Vaterfigur einer amerikanischen Gegentradition zur eliotschen Moderne, an der sich Olson, Ginsberg, die Beats und die Dichter des Black Mountain College orientierten.

In der Tat könnten die Unterschiede zwischen Williams, dem überzeugten Verfechter des Lokalen, und dem gelehrten und kosmopolitischen Eliot kaum größer sein. Williams, der 1883 in Rutherford, N.J., unweit von New York City, geboren wurde und dort auch achtzig Jahre später starb, war Kinder- und praktischer Arzt und übte diesen Beruf mehr als vierzig Jahre aus. In dieser Zeit hat er – nach eigenen Angaben – über eine Million Patienten behandelt und über 2000 Babies in die Welt gezogen. Daneben und danach (d.h. zwischen Patienten und nach Visiten) schrieb er 49 Bücher, darunter 600 Gedichte, Theaterstücke, Kurzgeschichten, Romane, Essays und eine Autobiographie. »Time meant nothing to me« – schreibt er – »I might be in the middle of some flu epidemic, the phone ringing day and night, madly, not a moment free. That made no difference ... Five minutes can always be found. I had my typewriter in my office desk ... « Daß diese Arbeitsweise Williams' Auffassung von Dichtung wie auch seine poetische Praxis beeinflußt hat, liegt auf der Hand: Das vollkommene und in sich abgeschlossene Meisterwerk interessierte ihn wenig, vielmehr war Schreiben für ihn eine lebensnotwendige, aber dennoch alltägliche Verrichtung, und wie die Verrichtungen seines ärztlichen Alltags lebte es von ›Kontakt‹, der sinnlichen Wahrnehmung der Präsenz des Anderen.

William Carlos Williams

Vor allem in den 10er und 20er Jahren pendelte er zwischen Beruf und Avantgarde. Er verkehrte in Stieglitz' Galerie »291« (wo er seinen Malerfreunden Demuth und Sheeler begegnete) und pflegte den Kontakt zu Walter Arensbergs New York Dada. Wie Stevens brauchte er relativ lange, um einen eigenen Stil zu finden, und er brauchte das Beispiel der Dadaisten und Gertrude Steins, um sich von den Resten der Romantik und des *fin de siècle* zu befreien. Dies geschah in zwei experimentellen Texten, *Kora in Hell* (1918) und *Spring & All* (1923), die McAlmon in einer Auflage von 300 Exemplaren in Paris herausbrachte. Beide Titel unterstreichen die auffallend häufige Beschäftigung der Moderne mit Themen und Motiven der Regeneration. (Eliots *The Waste Land* ist nur ein weiteres Beispiel unter vielen.) Kora (*Koré, die griechische Göttin der Fruchtbarkeit*) in der ›Hölle‹ der modernen Wirklichkeit verweist auf einen durchaus angstbesetzten Zustand des Übergangs, in dem die Frühlingsthematik die Hoffnung auf Durchbruch zur eigenen Kreativität mit der Erwartung eines literarischen

Die Frühlingsthematik

und kulturellen Neuanfangs verbindet. Das Sprachexperiment dient dabei ähnlich wie bei Pound und Stein der Reinigung der Sinne (insbesondere des Auges), die in den Konventionen tradierter Bezeichnungen gefangen sind. Die Dinge zugleich durch die Sinne wie auch durch die Einbildungskraft wahrnehmen, heißt – wie bei Stein – die Dinge sowohl ›ähnlich‹ als auch anders sehen und benennen. Das Gedicht ist nicht Spiegel und Abbild, sondern schafft die Dinge in der Sprache neu als zugleich sinnlich und imaginativ wahrgenommene (Sprach-)Objekte.

Spring & All, das sich sehr wohl als Williams' Antwort auf Eliots *The Waste Land* verstehen läßt, ist eine Mischung aus Prosa und Lyrik und verbindet dichtungstheoretische Reflexionen mit ihrer praktischen Einlösung in einer Reihe sehr unterschiedlicher Gedichte. Es ist ein anarchisch-spielerisches Buch, das Williams seinem Freund, dem amerikanischen Kubisten Charles Demuth, gewidmet hat. Es besteht aus 27 über das Buch verstreuten Gedichten und einer ungefähr gleichen Anzahl sehr locker gefügter Prosafragmente, deren Reihenfolge willkürlich erscheint. (Sie sind zwar numeriert, aber die Zahlen sind vertauscht oder verdoppelt oder stehen auf dem Kopf u.ä.m.). In immer neuen Anläufen und Varianten reflektiert und konkretisiert es das Verhältnis von Sprache und Wirklichkeit, von Abstraktion und Dingbezug.

Spring & All

Das erste Gedicht des Buches, »By the road to the contagious hospital«, demonstriert den Prozeß des imaginativen Wahrnehmens in der sprachlichen Gestalt des scharf konturierten imagistischen Bildes:

> . . .
> They enter the new world naked,
> cold, uncertain of all
> save that they enter. All about them
> the cold, familiar wind –
>
> Now the grass, tomorrow
> the stiff curl of wildcarrot leaf
>
> One by one objects are defined –
> It quickens: clarity, outline of leaf
>
> But now the stark dignity of
> entrance – Still, the profound change
> has come upon them: rooted, they
> grip down and begin to awaken

Es ist wichtig, die sprachliche Darstellung des wahrgenommenen Objekts nicht als symbolische zu verstehen, sondern als die eines (Sprach-)Gegenstands, an dem sich der wirkende Regenerationsprozeß vollzieht. »The word must be put down for itself, not as a symbol of nature but a part, cognizant of the whole ...« Das heißt, Williams sieht »das Werk der Imagination« nicht in einem metaphorischem, sondern in einem metonymischen Bezug zur Welt, »co-extensive«, »transfused with the same forces which transfuse the earth« und insofern als Teil der Wirklichkeit und nicht als ihr mimetisches Abbild und Gegenüber. (»Reality is not opposed to art but apposed to it«).

Dieses poetologische Konzept erlaubt Williams ein breites Spektrum sprachlicher Ausdrucksmöglichkeiten zwischen Abstraktion (dem konstruktivistisch aufgebrochenen Bild) und imagistischem ›Image‹. Seine Dichtung bewegt sich von jetzt an zwischen diesen Polen, ohne dabei ihre dichtungstheoretischen Prämissen zu verlassen. »The rose is obsolete BUT each petal

Abstraktion und Gegenständlichkeit

extends ...«: Williams' sprachliche Rekonstruktion eines kubistischen Still-
lebens von Juan Gris dekonstruiert die Rose als abgegriffenes Symbol und
rekonstruiert sie als präzis wahrgenommenes (und in der Wahrnehmung
transformiertes) Objekt, das mit dem Kraftfeld des Raums dynamisch
interagiert. Diese energetische Rose steht im Paradigma von Rosen aus ganz
verschiedenen Materialien: Rosen aus Porzellan, Rosen aus Stahl – alle mit
Kanten und scharfen Konturen, die dynamisch den Raum durchschneiden.
Die Rose als Symbol der Liebe macht der Rose als Objekt wirkender
Lebensenergie Platz – die freilich auch eine Art Liebe ist, wie umgekehrt
Liebe Energie. Am anderen Ende dieses Spektrums steht das vielleicht
bekannteste aller Williams-Gedichte: »The Red Wheelbarrow«, das mit
dem demonstrativen »So much depends« seiner ersten Zeile den Blick
freigibt auf einen wahrgenommenen Gegenstand, den es der reflektierenden
Wahrnehmung des Lesers anempfiehlt. Auch dieses Gedicht gibt sich durch
seine Versgestaltung und durch die äußerste Sparsamkeit seiner Wortwahl
als Sprachkonstrukt zu erkennen – als klares visuelles Bild eines Gegenstands, der seine Realität zuallererst der Sprache verdankt. (»The same
things exist, but in a different condition when energized by the imagination.«) Der programmatische Charakter des Gedichts ist, wenn auch verdeckt, dennoch kaum zu übersehen, und es ist sicher auch hier nicht
abwegig, Eliot als Folie mitzudenken: Das einfache demokratische Objekt
wird Gegenentwurf zum komplexen elitären Kunstgegenstand der Eliotschen Dichtung. Zugleich impliziert es eine Demokratisierung und Desa-
kralisierung des Dichtens selbst. Jedenfalls scheint »The Red Wheelbarrow«
den ›objets trouvés‹ eines Duchamp durchaus analog – und damit Vorbe-
reiter jener beiläufig-vorläufigen Antikunst, die mit Beginn der 50er Jahre
das Dichtungskonzept der Moderne ablöst.

In the American Grain   Aber auch Williams fühlt sich dazu gedrängt, seine Ästhetik des Neuanfangs und seinen Status als Dichter durch die Berufung auf eine Tradition
zu legitimieren. Die Tradition, die er – ähnlich wie Pound und Eliot –
zugleich entdeckt und konstruiert, ist freilich keine Tradition überlieferter
kultureller Meisterwerke, sondern die eines *möglichen* Ursprünglich-Neuen,
die insofern eher eine Tradition gescheiterter Einlösungen ist. *In the American Grain* (1925) – Williams' Entwurf einer Alternativgeschichte Amerikas – rekonstruiert die unglückselige Geschichte weißer (europäischer)
Begegnungen mit der ursprünglichen Wildheit des amerikanischen Kontinents. Es ist für Williams vor allem die Geschichte eines Versagens vor der
Herausforderung des Neuen und dessen ängstliche Kontrolle durch das aus
Europa Mitgebrachte und Vertraute, das den Blick verstellt, die Berührung
mit dem Andern unmöglich macht. Gegen diese Unterwerfung des Neuen
aus Berührungsangst (»fear of touch«), für die Williams vor allem die
Puritaner verantwortlich macht, setzt er die nur gelegentlich geglückte
Möglichkeit einer anderen Besiedlung aus dem Geist des Kontinents, die er
mit Attributen des Berührens und Grenzüberschreitens belegt: »to marry, to
touch, to give because one has, to create, to hybridize, to crosspollenize –
not to sterilize, to draw back, to fear, to dry up, to rot.« Daraus ergibt sich
die Notwendigkeit der Einverleibung des bis dahin ignorierten Anderen und
des Abstiegs (»descent«) ins Primitive und Ursprüngliche, des Wurzelschla-
gens im Lokalen: »We must go back to the beginning; it must all be done
over; everything that is must be destroyed.«

Insofern scheint es sinnvoll, *Spring & All* und *In the American Grain* als
komplementäre Bücher zu betrachten: Sie verbinden Williams' bittere Kritik
an Amerika (»The pure products of America go crazy«) mit einer moder-

nistischen Poetik der Erneuerung von Sprache und Kultur. »They come into the world naked«, heißt es im ersten Gedicht von *Spring & All*. Es ist die ›Nacktheit‹ des kulturell unverstellten Blicks, die, in Williams' Deutung, die Puritaner dem Kontinent verweigerten, und die Williams im Schlußgedicht des Buches (»Black-eyed Susan«) mit den psychischen Energien des Unterdrückten, des Ursprünglichen und Imaginativen verbindet: »the white daisy/ is not/ enough . . . But you/ are rich/ in savagery/Arab/ Indian/ dark woman.«

Damit sind die Grundstrukturen seiner Poetik wie auch seiner Dichtung festgelegt. Sein in fünf Teilen und über einen Zeitraum von zwölf Jahren (1946–58) veröffentlichtes Gedicht *Paterson* versucht die ästhetischen und geschichtlichen Dimensionen seines Werks vielleicht in einem letzten großen Gegenargument zu Eliot zusammenzufügen. Es kollagiert verschiedene Textsorten und Fragmente privater und kollektiver Geschichte, will im ›Abstieg‹ in die soziale und naturmythologische Vergangenheit der Industriestadt Paterson verschüttete Kontinuitäten aufdecken und verlorene Ursprünge wiedergewinnen – wobei im Bild des Wasserfalls die Ursprungsenergien von Natur, Imagination und Sprache ineinanderfließen.

Dieses Motiv des ›descent‹ – der Öffnung nach ›unten‹ zu den ›primitiven‹ Energien der Imagination wie auch deren bildhafte Gleichsetzung mit dem Wilden, Dunklen und Weiblichen – das Williams in seiner Dichtung immer wieder aufgreift, steht gewiß im Zusammenhang persönlicher Bedürfnisse und Bedeutungen. Es verweist freilich auch über diese hinaus auf einen Exotismus, der dem Projekt der Moderne von Anfang an eingeschrieben ist.

Paterson

Die Sehnsucht nach dem primitiven Anderen und die Harlem Renaissance

Vor dem American Museum of Natural History in New York an der Central Park Avenue steht ein bemerkenswertes Reiterstandbild Theodore Roosevelts. In der Pose des Vaters und Beschützers sitzt er kolossal und majestätisch »between two ›primitive‹ men, an American Indian and an African, both standing and dressed as ›savages‹ . . .« (Haraway) Die Statue verkörpert in geradezu verblüffender Einfachheit das imperiale Kulturmodell des Spätviktorianismus: die zivilisatorische Ordnung als Herrschaft eines weißen Vaters, zu dem die wilden Kinder vertrauensvoll aufblicken, obwohl er seine Macht auf ihre Ohnmacht stützt. Daß sich die Statue auch als freudsche Variante dieses Kulturmodells lesen läßt, liegt auf der Hand: Dann wäre sie Sinnbild der ›Zügelung‹ des zügellosen Unbewußten durch ein väterliches Überich.

Die Sehnsucht nach dem ›Primitiven‹ als dem unterdrückten Bereich der eigenen Psyche ist diesem Modell als Unbehagen in der Kultur eingeschrieben. (Wenn auch im Roosevelt-Standbild die väterliche Ordnung idealisiert und daher fraglos ist.) Der Anthropologe Stanley Diamond betrachtet Modernisierung und die Sehnsucht nach dem Ursprünglichen als zwei Seiten der gleichen Münze. Unter den sozialen und kulturellen Umbrüchen des Modernisierungsprozesses und den psychischen Zwängen und Verdrängungen, die mit ihm einhergingen, verstärkt sich das Verlangen nach dem unterdrückten Anderen der weißen Seele: Indianer und Afrikaner

Die Moderne und das ›Primitive‹

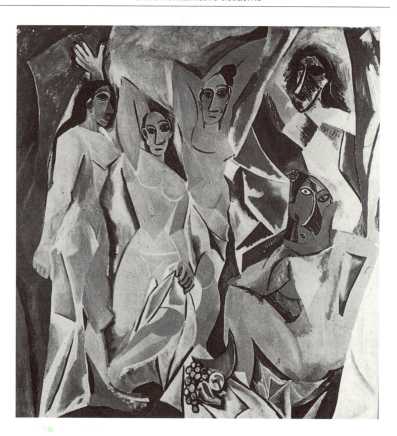

Pablo Picasso, »Les Demoiselles d'Avignon«, 1907

werden zu Objekten lustvoller Phantasien psychischer Befreiung. Sie können dies allerdings gerade deshalb werden, weil sie exotisch ›anders‹ sind und es sein müssen: Ideale Identifizierung und reale Diskriminierung schließen sich nicht aus.

Die Rebellion der Moderne gegen die kulturelle Ordnung des Patriarchats vollzieht sich daher in der kreativen Auseinandersetzung mit ›ursprünglichen‹ Kulturen und zwar – analog den weiter oben diskutierten beiden Diskursen der Modernität – sowohl inhaltlich wie ästhetisch und formal. Jüngere Forschungen datieren nicht nur den Anfang der Moderne mit Picassos Besuch einer Ausstellung afrikanischer Plastiken im Pariser Trocadero (der in »Les Demoiselles d'Avignon«, 1907, kunstrevolutionierenden Niederschlag fand), sie sprechen – in einer wohl doch überzogenen Argumentation – von der Moderne als einem ›hybriden‹ Phänomen. Ann Douglas glaubt gar bei einer ganzen Reihe amerikanischer Autoren (Hemingway, Hart Crane u.a.) die symbolische Revision ihrer Genealogie zu erkennen – weg von realen weißen Vätern und Müttern zu erträumten oder phantasierten schwarzen: »the Negro ... has become the father, even a Founding Father, of modern American culture«.

In Europa vollzieht sich die Begegnung mit dem ›Primitiven‹ aus offensichtlichen Gründen anders als in den USA, nämlich primär als ästhetische Aneignung ursprünglicher Kunstformen. In Amerika macht dagegen die reale Gegenwart der Afro-Amerikaner und der Rassismus der dominanten Kultur (die 20er Jahre sind auch eine Blütezeit des KuKluxKlan) die Auseinandersetzung ungleich problematischer, wenn auch nicht unbedingt ästhetisch fruchtbarer als in Europa. Harlem ist soziale Realität und zugleich Ort, an dem sich weiße Phantasien vom ›Schwarzen‹ und schwarze Lebenswirklichkeit aneinander reiben. Die Grenzzonen der Begegnung sind auch Orte intensivster Klischeebildung: rassistischer Klischees auf der einen, positiver Gegenbilder des ›Primitiven‹ auf der anderen Seite. Die Begegnung mit dem Andern (so real sie sein mag) ist Begegnung mit dem eigenen Selbst und verbleibt so im Bereich der weißen Phantasie, – weshalb Michael North von der Moderne als einer »racial masquerade« spricht. Auf der anderen Seite scheinen die Weißen, die das Primitive bei den Schwarzen suchen, den Schwarzen über und durch die Bilder, die sich Weiße von ihnen machen, einen Weg in die amerikanische Kultur zu öffnen, der ihnen bis dahin verschlossen war. Insofern ist die Harlem Renaissance das schwarze Echo der weißen Moderne.

sheet music (1901)

Die *Harlem Renaissance*

Die (Wieder-)Entdeckung des Primitiven als Konfrontation mit den verschütteten Bereichen der individuellen und kollektiven Psyche findet in der (weißen) Literatur der 20er Jahre vielfältigen und vielfach auch grotesken Ausdruck. Vachel Lindsays Versuch, in seinem Gedicht »Congo: A Study of the Negro Race« afrikanisches Ritual und afrikanische Rhythmen zu adaptieren, vermag sich von den Stereotypisierungen der *minstrel show* nicht zu lösen und verläuft kläglich. Aber auch Sherwood Andersons wohlmeinendes *Dark Laughter* (1925) verdeutlicht, daß der von Williams geforderte ›Abstieg‹, wenn er als Begegnung mit dem Anderen inszeniert ist, von klischeebesetzter Herablassung nicht zu lösen ist. Auch Carl Van Vechten, Freund von Gertrude Stein und Langston Hughes und sicher der wichtigste Vermittler zwischen weißer und schwarzer Avantgarde in den zwanziger Jahren, demonstriert mit seinem Roman *Nigger Heaven* (1927), daß auch das angestrengte Bemühen eines Weißen, ›schwarz‹ zu werden (»Ain't it hell to be a Nordic when you're struggling with Ethiopian psychology«), dem ›blacking up‹ der *minstrel show* zumindest analog bleibt.

Stereotypisierung des ›Schwarzen‹

Für die Afro-Amerikaner, die keine Metaphern und keine Inkarnationen weißer Phantasie sind, aber mit diesen Phantasien leben müssen, ist der ›Primitivismus‹ der Moderne zugleich Möglichkeit und Falle. Zwischen rassistischen Klischees und avantgardistischen Gegenklischees fühlen sich die Dichter der Harlem Renaissance gefangen. Rimbaud, ein Gott auch der amerikanischen Avantgarde, kann lustvoll von sich selber sagen: »I am a beast, a Negro«. Aber was für ihn oder für Van Vechten Befreiung und Entgrenzung bedeutet, ist z. B. für Claude McKay qualvolle Stereotypisierung: Die Afro-Amerikaner bewegen sich im Minenfeld eines janusköpfigen Rassismus. McKay war in Jaimaca als Kind einer schwarzen Mittelklasse aufgewachsen, die stolz darauf war, reines Englisch zu sprechen. Sein weißer Gönner liebt jedoch die ›primitive‹ Sprache der Unterschicht, will daher, daß McKay Dialektgedichte schreibt und bringt ihn dazu, den Reichtum dieser Sprache zu entdecken. In den USA trifft McKay dann auf eine andere Tradition schwarzer Dialektdichtung, die – hierin der *minstrel show* durchaus vergleichbar – unter dem Etikett der *local color* schwarze Inferiorität festschreibt. (Dialektdichtung öffnete afro-amerikanischen Autoren lange Zeit den einzigen Weg zur Publikation.) James Weldon Johnson attackiert sie daher heftig im Versuch, weißer Stereotypisierung zu entkommen. Insofern ist McKays Rückkehr zu den Konventionen weißer Dichtung (etwa dem Sonett) ein Akt der Verweigerung gegenüber dem

Claude McKay

Winold Reiss, «African Fantasy: Awakening»

weißen Stereotyp vom Schwarzen, aber eben zugleich auch eine Bindung an die Konventionen einer weißen Ästhetik, die er allerdings mit schwarzen Inhalten füllt (vgl. etwa sein berühmtes Sonett: »If We Must Die«). Zugleich war ihm durchaus bewußt, daß sein formaler Traditionalismus im Kontext der Moderne obsolet war. Doch sein Traum vom Finden einer eigenen anderen Sprache (des gesprochenen Worts aus dem Bewußtsein des afrikanischen Erbes) verlor sich im Dilemma des Klischees.

Dieses Dilemma war nicht nur das McKays, sondern symptomatisch für den prekären Status der Harlem Renaissance insgesamt. Wie das schwarze Harlem ein Produkt der Modernisierung war (der jahrzehntelangen ›großen Migration‹ von Afro-Amerikanern aus dem ländlichen Süden in die Städte des Nordens), so war die Harlem Renaissance ein Produkt der Moderne. Sie entstand im Schnittpunkt weißer wie auch schwarzer Träume. Dem Bedürfnis nach Revitalisierung der weißen Kultur durch Vermischung und die grenzüberschreitende Öffnung nach ›unten‹ entsprach auf der anderen Seite die Hoffnung einer neuen schwarzen städtischen Elite von Künstlern und Intellektuellen, sich durch die Entwicklung einer eigenen afro-amerikanischen Kultur in eine gemeinsame amerikanische Kultur einzuschreiben.

Harlem und ›the new Negro‹

Im einleitenden Essay seiner bahnbrechenden Essaysammlung *The New Negro* (1925), die erst die Harlem Renaissance ins öffentliche Bewußtsein brachte, nennt Alain Locke Harlem »a race capital«, Hauptstadt und intellektuelles Zentrum aller Afrikaner, somit ein neues Faktum im Bewußtsein Schwarzamerikas und die Basis für eine schwarzamerikanische Kultur im Zeichen der Moderne. Der Zeitpunkt sei günstig, weil es eine Konvergenz gebe zwischen einer Moderne, die nach ihren nationalen Wurzeln suche, und dem Interesse einer neuen Generation (wie auch eines neuen Typus) von Afro-Amerikanern für »Negro materials and Negro idioms of speech and emotion as artistic experience.« Die ästhetische Entdeckung Afrikas läßt Locke eine eigene afro-amerikanische Kunst fordern, die durch die Vermittlung der weißen Moderne ihre Wurzeln in der Kunst Afrikas (wieder)findet.

Insofern war Lockes ›new Negro‹ wie auch seine Vision einer neuen afro-amerikanischen Kultur das Produkt eines transgressiven Austauschs zwischen Schwarz und Weiß auf allen Ebenen, wie ihn das experimentelle Bewußtsein der Modernität und das spezifische Ambiente der Metropole New York in den 20er Jahren möglich machte. Dieser Austausch war dennoch nur temporär, weil er von ungleichen Bedingungen ausging. Denn obwohl die Autorinnen und Autoren bereit waren, »to accept the white modernists even if they often played a blackface role« (North), so war doch auf die Dauer nicht zu übersehen, daß die Harlem Renaissance nicht nur literarisch, sondern auch ökonomisch vom Interesse und Wohlwollen weißer Patronage abhing. Die weiße Phantasie und die schwarze Wirklichkeit von Harlem überlappten nur zeit- und auch nur stellenweise, und mit dem Beginn der Wirtschaftskrise brachen sie vollends auseinander. Die schweren Rassenkrawalle von 1934 ließen den Traum von einer Harlem Renaissance wie eine Seifenblase zerplatzen.

Langston Hughes und Jean Toomer

Langston Hughes war der sichtbarste, eigenwilligste und gewiß auch produktivste Autor der Harlem Renaissance: Er war Dichter, Dramatiker, Geschichtenschreiber und Satiriker, der sich (wie Zora Neale Hurston) über weiße Phantasien von Schwarzen lustig, aber nie von ihnen unabhängig machen konnte. Er versuchte den demokratischen Sprachgestus Whitmans und Sandburgs mit den Themen und Rhythmen des Blues zu verbinden.

Seine Gedichte setzen sich ironisch oder klagend, aber auch rebellisch mit schwarzer Erfahrung im weißen Amerika auseinander. Sie sind einfach, volkstümlich und kunstlos – und damit möglicherweise nicht das, was sich Alain Locke unter einer neuen afro-amerikanischen Kunst der Moderne vorgestellt hatte.

Der Autor, der Lockes Ideal vielleicht am nächsten kam, war Jean Toomer mit seinem genreübergreifenden Textzyklus *Cane* aus dem Jahre 1923, der die mündliche Tradition der afro-amerikanischen Kultur verschriftlicht und zu einem ästhetischen Objekt der literarischen Moderne macht. Er gehörte zur Avantgarde des Stieglitzkreises und war mit Waldo Frank und Hart Crane befreundet, deren Vorstellungen von ursprünglicher Ganzheit er teilte. Die Suche nach solcher Ganzheit (»spiritual wholeness«) war in seinem Fall besonders obsessiv, da er, der nahezu weiße Afro-Amerikaner, sich in besonderer Weise mit einem geteilten kulturellen Erbe konfrontiert sah. *Cane* ist das Ergebnis eines längeren Aufenthalts im Süden, seiner Entdeckung schwarzer Tradition wie auch seiner eigenen Identität. Seine Identifikation mit dem schwarzen Erbe setzte ihn freilich massiver Stereotypisierung selbst durch seine Freunde aus, der er sich – wie auch später der Zuordnung zur schwarzen Literatur – heftig widersetzte: »As near as I can tell, there are seven race bloods within this body of mine. French, Dutch, Welsh, Negro, German, Jewish, and Indian ... One half of my family is definitely colored. For my own part, I have lived equally among the two groups. And, I alone, as far as I know, have striven for spiritual fusion analogous to the fact of racial intermingling ...«

Jean Toomer

Das Streben nach »fusion« steht in der Tat im Zentrum des Buches – wobei Toomer der individuellen Suche nach Identität und ›Ganzheit‹ kollektive Bedeutung gibt. Dem Text vorangestellt ist das eher kryptische Motto: »Oracular, redolent of fermenting syrup, purple of the dusk, deep-rooted cane«. Es macht das »Zuckerrohr« zum Sinnbild der afro-amerikanischen Kultur des Südens, mit der es historisch durch die Sklaverei verbunden ist: Diese Tradition ist mündlich (»oracular«) und sinnlich, verwachsen mit dem Boden wie auch mit der leidvollen Erfahrung der Sklaverei, aber – wie die Ökonomie des Zuckerrohrs – vergangen und lebendig nur noch als erzählte und gesungene Erinnerung. *Cane*, schreibt Toomer, war Abgesang auf eine unwiderruflich vergangene Welt, aber zugleich auch ihre schriftliche Aufbewahrung *für* eine »wüste« städtische und industrielle Gegenwart, welcher der »folk spirit« verlorenging. Insofern ist »cane« (die Tradition wie auch das Buch) die geistige Nahrung, die den kulturellen Hunger des entwurzelten Lebens in der Welt der Metropole stillen könnte.

Cane

Das Buch besteht aus drei Teilen: Im ersten stellt Toomer in sechs emotional dichten, fast lyrischen Geschichten und 12 Gedichten die Liebes- und Leidensgeschichte schwarzer Frauen im ländlichen Süden dar, d.h. Stoff, aus dem der Blues gemacht ist. Dieser Teil hat in »Blood Burning Moon« seinen dramatischen (und sprachlichen) Höhepunkt – der Geschichte eines *lynching*, in der Toomer die sinnliche und emotionale Intensität des Blues und die *call-and-response* Muster des Spirituals mit der sprachlichen Ökonomie modernen Erzählens verbindet. Der zweite Teil, der im städtischen Norden spielt, dreht gegenüber dem ersten das Verhältnis von Prosa und Lyrik um. Den isolierten, sich selbst und ihrem Körper entfremdeten Figuren dieser Welt fehlt die Sprache, die ihrem sinnlichen Verlangen Ausdruck geben könnte. Doch ihr emotionaler Hunger läßt zumindest die Möglichkeit einer künftigen ›Fusion‹ erkennbar werden. Der dritte, Waldo Frank gewidmete Teil (eine Mischung aus Prosa und dramatischem Sketch), gilt der spirituellen Queste des Dichter-Intellektuellen Kabnis, der im Süden nach den Wurzeln seiner Identität sucht. Er findet sie – vielleicht, Toomer läßt das Ende offen – in der geheimnisvoll rituellen Begegnung mit dem uralten Father John, der Verkörperung des schwarzen Erbes, das über die Erfahrung der Sklaverei bis nach Afrika zurückreicht.

Verschriftlichung mündlicher Tradition

Im Rückblick erscheint *Cane* als ein Schlüsseltext der afro-amerikanischen Literatur, weil er die schriftliche Darstellung mündlicher Tradition als ästhetische Aufgabe ernstnimmt und damit die ethnische Stimme nicht als Gegendiskurs, sondern im Diskurs der Moderne selber etabliert. Es ist diese literarische Bewußtheit im Umgang mit der ›primitiven‹ Tradition des Mündlichen, mit der Toomer insbesondere Zora Neale Hurston ermutigt haben mag, die, wie er, den *folk spirit* der mündlichen Kultur des Südens für ein städtisches Publikum wiederentdeckt. Wo freilich Toomer die Poesie des Mündlichen in eine Poesie des Schriftlichen übersetzt, zielt Hurston in *Their Eyes Were Watching God* (1937) auf die Vermündlichung des schriftlichen Textes oder genauer: auf die schriftliche Darstellung mündlicher Performanz – das heißt, des Mündlichen als sozialer und kultureller Handlung, die dem Schriftlichen im doppelten Sinne vorausgeht, aber doch nur als Schrift Literatur werden kann. Es ist Hurstons Innovation einer mündlichen Schriftlichkeit, die, in einem ganz anderen Sinne als bei den weißen Verfechtern des ›Primitiven‹, das Ursprüngliche zum Bestandteil der Moderne macht.

Großstadt und Maschine: die Darstellung New Yorks in den Bildern und Texten von Joseph Stella, Hart Crane und John Dos Passos

Moderne und Großstadt

Die Moderne ist die Kunst der Metropole. Sie lebt vom Sog und vom Impuls der Stadt auch da noch, wo sie sich ihr thematisch entzieht oder sich als Gegendiskurs entwirft. Die atemberaubende Expansion der Städte Ende des 19. und Anfang des 20. Jh.s (zwischen 1910 und 1930 verdoppelte sich z. B. die Bevölkerung New Yorks) und die Kunstrevolte der Moderne verlaufen mehr oder weniger zeitgleich. Die Großstädte sind die Orte des Umbruchs (neuer Medien, neuer Technologien), an denen die Kultur der Modernität zum sinnfälligen Ereignis wird: Die berühmte Skyline von Manhattan erhält mit den Wolkenkratzern des Empire State- und des Chrysler Building während des wirtschaftlichen Booms der 20er Jahre ihre prägnantesten Konturen. Und mit diesem architektonisch neuen New York entsteht eine neue städtische Gesellschaft der kulturellen und ethnischen Vermischung und Grenzüberschreitung (›mongrel Manhattan‹). Wie in Umberto Boccionis futuristisch-visionärem »La città que sale«(›Die Stadt im Aufbruch‹) ist hier die Metropole nicht nur Schauplatz von Revolution – sie *ist* die Revolution.

Am Anfang fast aller Romane Dreisers steht die Verzauberung des landflüchtigen Helden durch die Stadt, sein gleichsam mythisches Staunen über sie: »Here was life; he saw it in a flash. Here was a seething city in the making. There was something dynamic in the very air ... The world was

Umberto Boccioni, »La città che sale«, 1910–11

young here!« (Dreiser, *The Titan,* 1914), und Fitzgerald erinnert sich 1932 rückblickend in seinem Abgesang auf »My Lost City«: »New York had all the iridescence of the beginning of the world«. Selbst der bedächtigere Pound schreibt über New York: »My City, my beloved, my white!, Ah slender,/Listen! Listen to me, and I will breathe into thee a soul ... And thou shalt live forever«.

Gewiß, nicht alle Autoren der Moderne fühlen sich so eng mit der Stadt verbunden, aber die meisten von ihnen kommen aus der Provinz und strömen in die Stadt (über Chicago nach New York und in vielen Fällen von da weiter nach London oder Paris): Anderson, Crane, Dos Passos, Scott und Zelda Fitzgerald, Hemingway, Hughes, Hurston, Pound, Toomer u.v.a. Als Ort des Neuen war die Metropole auch Ort *par excellence* der Avantgarde: Die neuen Ausdrucksformen gehen Hand in Hand mit ihrem experimentellen Lebensstil.

Aber von Anfang an ist die Stadt doppelt besetzt: Ihre Anonymität befreit und isoliert; ihre sinnliche Reizung stimuliert und zerstreut; ihre Dynamik überwältigt und bedroht. Frank Lloyd Wright nennt die Metropole ein »ungeheuerliches Ding«, »die größte aller Maschinen« – sinnlich, dynamisch, übermächtig – der »die Kunst noch die Erregung der Vergeistigung einhauchen muß«. Überdeutlich ist hier wie in fast allen künstlerischen Dokumenten die Ambivalenz der Stadt: ihre offenbare zerstörerische, entfremdende Kraft, die aber zugleich auch als latente geistige Energie gedeutet werden kann.

Ähnlich ambivalent wie die Erfahrung der Stadt und die künstlerische Auseinandersetzung mit ihr verläuft die Rezeption der Maschine, die im gleichen Zusammenhang der Modernisierung steht und daher häufig metaphorisch mit ihr gleichgesetzt wird. Grob gesprochen läßt sich zwischen zwei Deutungen der Maschine unterscheiden, die auf unterschiedliche Weise ihre künstlerische Verarbeitung beeinflussen: Die eine sieht die Maschine als Instrument und Sinnbild der Mechanisierung des Menschen und die neue Wirklichkeit der Technologie und Rationalität, die sie verkörpert, als gezeichnet vom Verlust einer vermuteten ursprünglichen Einheit mit der Natur. Entsprechend wäre Aufgabe einer wahrhaft zeitgenössischen Kunst, die

Die Ambivalenz von Stadt und Maschine

Ralph Walker, Studie zum Barclay-Vesey Building (1922)

Stella, Crane und die Brooklyn Bridge

Maschine zu einem Faktum des Bewußtseins zu machen und so zu transformieren, oder auch durch die Aufdeckung ihres verborgenen geistigen und kreativen Potentials verlorene Einheit symbolisch wiederherzustellen.

Eine zweite Richtung nimmt in ihrer künstlerischen Darstellung von Stadt und Maschine die romantische Deutungstradition zurück und stützt sich eher auf eine konstruktivistisch-handwerkliche: Sie versteht die Rede von einer neuen ›Industrie- und Stadtlandschaft‹ relativ wörtlich und sieht in Stadt und industrieller Welt eine zweite, d.h. eine gemachte, Natur. Folglich thematisiert sie nicht Bruch, sondern Kontinuität mit amerikanischen Werten: mit einer intakten Ethik des Handwerklichen, mit der Meisterschaft des präzis und sorgfältig Gefertigten (›craftsmanship‹). Auf dieser Ebene steht die Maschine in einer Analogie zum Kunstwerk und der Künstler in der zum Handwerker-Techniker und Ingenieur.

Spuren beider Sichtweisen lassen sich in den berühmten New York-Darstellungen des Malers Joseph Stella finden, obwohl in seinen dämonisierenden und verklärenden Darstellungen der Stadt die erste überwiegt. Stella war Futurist (aber auch Romantiker und – vorübergehend – Sozialist), und er sah in den technischen Wunderwerken New Yorks (in der Dynamik und dem nächtlichen Glanz seiner Wolkenkratzer, insbesondere aber in der Brooklyn Bridge) den Ausdruck eines neuen Bewußtseins, die Offenbarung einer neuen Religion der Energie. Daß sich diese Vision für ihn wie auch für Hart Crane vor allem mit der Brooklyn Bridge verband, lag möglicherweise auch daran, daß die Brücke ihre Entstehung selber einer religiösen Vision verdankte, nämlich der des thüringer Ingenieurs und Swedenborgianers John Augustus Roebling, für den das Bauen von Brücken die Einlösung eines göttlichen Auftrags der Weltenvereinigung bedeutete. Er starb bei der Vermessung der Brückentürme. Sein Sohn Washington Roebling verunglückte wenige Jahre später ebenfalls und kämpfte danach als Krüppel elf Jahre lang gegen Korruption und Skandale um die Fertigstellung ›seiner‹ Brücke. Sie wurde schließlich nach vierzehnjähriger Bauzeit 1883 eingeweiht und hatte in den Augen Stellas wie auch Cranes nicht zuletzt durch ihre Baugeschichte die Aura des Kunstwerks. In der Wohnung, durch deren Fenster Washington Roebling ihre Konstruktion verfolgte, schrieb Hart Crane vierzig Jahre später sein großes zyklisches Gedicht *The Bridge*.

Crane ist der Dichter New Yorks und der Brooklyn Bridge wie Joseph Stella ihr Maler. Ihre sehr ähnliche und fast zeitgleiche Interpretation der Brücke als religiöses und nationales Symbol, als Präsenz quasi-transzendenter Schöpfungsenergie auch in der technologischen Gegenwart, bestärkte beide – wenn auch nur vorübergehend – im Glauben an die Wahrheit ihrer Deutung. Stella hat die Brooklyn Bridge mehrmals gemalt, am eindrucksvollsten als Teil eines fünfteiligen ›Altarbilds‹ (er spricht an anderer Stelle von einer Symphonie in fünf Sätzen), *The Voice of the City of New York Interpreted*, an dem er von 1920 bis 1922 arbeitete.

In seinen später veröffentlichten Arbeitsnotizen entwirft er eine extrem stilisierte Sicht der Brücke, in der die Materialität von Stahl und Stein aufgelöst und in Licht und Bewegung übersetzt ist: »the shrine containing all the efforts of the new civilization of AMERICA – the eloquent meeting point of all the forces arising in a superb assertion of powers, in Apotheosis.«

Joseph Stella
Selbstporträt 1929

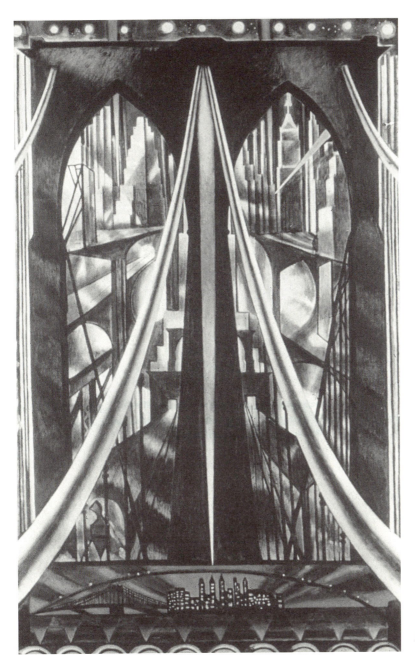

Joseph Stella, »Brooklyn Bridge«

Hart Crane: The Bridge

1923 beginnt Hart Crane mit den ersten Entwürfen und Gedichten seines Gedichtzyklus *The Bridge*, den er erst sieben Jahre später – nach vielen Krisen und Selbstzweifeln – fertigstellt und publiziert. Wie Williams empfand er Eliots *The Waste Land* als Verrat an der Idee einer amerikanischen

Hart Crane

Moderne und konzipierte *The Bridge* als positive Antwort auf Eliots, wie er meinte, weltverneinenden Pessimismus. Aber anders als Williams war er von der Brillanz der Eliotschen Metaphernsprache nachhaltig beeindruckt, die er jedoch nicht in der ironisch-reflexiven Manier Eliots gebrauchte, sondern zu einem dynamischen und semantisch extrem verdichteten Ausdrucksmedium weiterentwickelt. Nur wenn sich der Dichter den sinnlichen Reizungen der Großstadt öffne und ihr energetisches Umfeld in sprachliche Dynamik übersetze, könne er der Aufgabe der Dichtung, »representing the most complete synthesis of human values«, gerecht werden. »[U]nless poetry can absorb the machine, i.e. acclimatize it as naturally as ... all human associations of the past, then poetry has failed of its full contemporary function.«

Das Eröffnungsgedicht (»Proem«) ist ein Gebet, das sich an die Brooklyn Bridge richtet. Sie erscheint dem Betrachter als moderne Inkarnation des Göttlich-Erhabenen, weil in ihrem Bogen der Fluß flüchtiger Wahrnehmungen durchbrochen und als Augenblick, der bleibt (als »moment made eternal«), verewigt wird. Auf dieser ›Logik‹ der Bewegung errichtet Crane die mythische Bedeutung seiner Brücke:

> And Thee, across the harbor, silver-paced
> As though the sun took step of thee, yet left
> Some motion ever unspent in thy stride,
> Implicitly thy freedom staying thee!

Cranes Zyklus ist auf der einen Seite als Suche strukturiert, die das lyrische Ich zurück in die Vergangenheit des Kontinents und zur Wiederentdeckung des ›primitiven‹ indianischen Erbes führt (»The Dance«). Auf der anderen Seite – und hier erinnert *The Bridge* an Stellas New York-Zyklus – ist es der Versuch einer symbolischen Versöhnung dramatisch gegeneinandergesetzter Dualismen der Großstadterfahrung: von subterran-dämonischen (»The Tunnel«) und himmelaufstrebenden Energien (»Atlantis«). In der danteksen Höllenfahrt seines Protagonisten im New Yorker Subway glaubt Crane Eliots dunkle Deutung der modernen Welt zu integrieren und in der neoplatonischen Bildlichkeit seiner abschließenden Paradies-Vision dann auch zu überwinden: » – One Song, One Bridge of Fire! ...«

Das einleitende »Proem« und das abschließende »Atlantis«, die Crane bereits 1923 verfaßt hatte, waren die ersten Gedichte des Zyklus. Als *The Bridge* dann sieben Jahre später endlich erschien, hatte Crane den Glauben an die Möglichkeit einer Synthesis moderner Erfahrung verloren. Wie im Falle Whitmans – auf den er sich berief und in dessen Kontinuität er sich stellte – setzte die Vision im Grunde die Einheit schon voraus, die sie erst stiften sollte. »Emotionally« – schreibt er in einem selbstquälerischen Brief an einen Freund – »I should like to write *The Bridge*, intellectually judged the whole theme & project seems more and more absurd«; und: »... the bridge as a symbol today has no significance beyond an economical approach to shorter hours, quicker lunches, behaviorism and toothpicks.« Sein spektakulärer Tod – er sprang 1932 von einem Passagierschiff in den Golf von Mexiko – fügte dem Glanz seiner ebenso schwierigen wie faszinierenden Dichtung die Legende eines unglücklichen Lebens hinzu. Er hatte die Funktion des Dichters als öffentliche verstanden und mit dem prophetischen Gestus Whitmans gleichgesetzt. Entsprechend verbindet sein letztes Gedicht, »The Broken Tower«, die Bescheidung ins Private mit dem Abgesang auf seine Rolle als Dichter-Prophet.

John Dos Passos: *Manhattan Transfer*

Für Dos Passos sind Stadtvisionen wie die Cranes oder Stellas nur subjektive Ansichten von New York, nur – wie viele andere – Facetten in der Totale seiner eigenen Darstellung der Großstadt, *Manhattan Transfer* (1925). Dos Passos' Roman läßt die Konventionen realistischen Stadterzählens von Howells bis Dreiser weit hinter sich. Einerseits scheint es die Größe des Gegenstands Stadt selbst zu sein, die sich den Verfahren realistischer Repräsentation entzieht; andererseits öffnen Techniken der Abstraktion, die Betonung des kompositorischen gegenüber dem mimetisch-abbildenden Prinzip neue Möglichkeiten der künstlerischen Kontrolle über ihn.

Ähnlich wie Stella und Crane sucht Dos Passos die Analogie der Musik, wenn er die Struktur seines Werks beschreibt. Er nennt *Manhattan Transfer* ›symphonisch‹, wohl weil es verschiedene Bild- und Themenstränge durchkomponiert und in einem polyphonen Nebeneinander verarbeitet. Weitere Analogien sieht er in der sequenzverkürzenden Technik der filmischen Montage (wie sie von Sergej Eisenstein praktiziert wurde) oder in der kubistischen Collage, die Materialien verschiedener Herkunft gegeneinandersetzt oder auch zusammenfügt. Der Roman besteht aus drei Teilen von unterschiedlicher Länge: insgesamt aus 18 symmetrisch verteilten Kapiteln (5–8–5). Obwohl Dos Passos an einer linearen Grundstruktur des Erzählens durchaus festhält, bricht er die Textoberfläche konstruktivistisch auf. Der Roman erzählt 30 Jahre New York-Geschichte (von ca. 1890 bis 1920) als ›simultane Chronik‹, als zugleich nach- und nebeneinander erzählte Stadtgeschichte, die sich aus den Lebensgeschichten unübersichtlich vieler Protagonisten zusammensetzt.

Der Roman als ›simultane Chronik‹

John Dos Passos. Zeichnung von Adolf Dehn

Der immer wieder erhobene Vorwurf der Kritik, Dos Passos habe keine ›realistischen‹ Charaktere geschaffen, geht daher am Roman vorbei. Denn die Stadt ist der eigentliche ›Protagonist‹ des Buches. Sie bildet ein bewußtseinsformendes und -verformendes System, in dem der individuelle Charakter (zusammen mit dem ›realistischen‹ Konzept eines solchen Charakters) aufgerieben wird. Obwohl sich die Lebensgeschichten kreuzen und verflechten, ist die Stadt eine atomisierende Welt, die den Einzelnen – so lange er in ihrem Bannkreis bleibt – in die Isolation treibt. Entsprechend scheitern alle Beziehungen zwischen den Hauptfiguren (Ellen, Stanley, Jimmy Herf), die – obwohl sie nie ganz begreifen, was ihnen widerfährt – verstehen, daß die Stadt ihr Fluch ist (»this goddam town!«). Alle Protagonisten sind Figuren der Oberfläche: Die Stadt nimmt ihnen Besinnung, Tiefe und Distanz. Sie sind ständig in hektischer Bewegung und Auge, Geruchssinn und Gehör dem Trommelfeuer sinnlicher Eindrücke ausgesetzt. Vom überwältigenden Stimulans der Großstadt aufgesogen, sind sie – bis auf Jimmy Herf, der die Stadt verläßt – am Ende nur noch Karikaturen eines möglichen tieferen Selbst (»puppets«, »mechanical toys«).

Dos Passos hat *Manhattan Transfer* sowohl aus Diskursen über die Stadt als auch aus einer Vielzahl städtischer Diskurse zusammengesetzt. So ist die Stadt durchgehend Schlachtfeld des Kapitals, aber auch utopischer Entwurf und Architektentraum; Ort der Korruption, an dem sich die Prophezeiung apokalyptischen Zusammenbruchs vollziehen wird und schon vollzieht. Entsprechend ist das Netzwerk des Textes aus Stadtbildern geknüpft, die sich leitmotivisch wiederholen: die Stadt als Dampfwalze, Achterbahn, Fließband – als riesige Maschine, die ihr (Menschen)Material verarbeitet und dann ausscheidet, auf der von Anfang an der Fluch biblischer Bilder

Die Stadt als Sprachkonstrukt

und Analogien lastet: Babylons, Sodoms und Gomorrhas, von Sintflut und Feuersbrunst. Die Sirene der Feuerwehren verfolgt die Protagonisten im Wachen wie im Träumen – Stanley stirbt im Feuer, andere werden vom Feuer gezeichnet, das historische Triangle Fire von 1912 steht im Mittelpunkt des dritten Teils. Zugleich collagiert der Roman aus einer Reihe spezifisch städtischer Diskurse ein Idiom, das zwar sicher Joyces *Ulysses* viel verdankt, aber dennoch als neues sprachliches Medium literarischer Stadtdarstellung gelten kann. Zusammengesetzt aus Schlagzeilen, Reklamesprüchen und -bildern, den Namen von Markenartikeln, Schlagertexten u. ä. m. markiert es die Stadt als Ort wuchernder Zeichen und somit auch als eigene Textwelt.

Die Träume der Moderne sind Stadtträume, die zwischen Utopie und Apokalypse oszillieren. Die neue Stadtkultur ist dynamisch, aber inhaltsleer, insofern bedarf sie der künstlerischen Transformation entweder im prophetischen Vorgriff auf eine neue Ordnung des Bewußtseins (Stella, Crane) oder aber in der Übersetzung von materieller Energie in die Dynamik des künstlerischen Ausdrucks. Der dargestellte Werteverlust ist in jedem Fall sprachlich und formal ein Wertgewinn. Daher ist selbst Dos Passos' Darstellung der Stadt als menschenfressende Maschine eine Huldigung an sie. In der Metapher der Maschine ist sie immer auch schon Artefakt und ihr sinnliches Chaos aufgehoben in der geordneten Anarchie ihrer Komposition, kurz: in der Stadt als Sprachkonstrukt, das jedoch auch Kunstmaschine ist, betrieben durch die Energie des Wortes und konstruiert vom Künstler-Ingenieur Dos Passos.

Unter dem Eindruck der Wirtschaftskrise in den 30er Jahren zerbricht auch die Vorstellung von der ästhetisch produktiven Dynamik materieller (›leerer‹) Energie; oder besser: Diese Dynamik erweist sich selbst als Illusion. Der Zusammenbruch der Fata Morgana Stadt (»my splendid mirage«), den Fitzgerald 1932 im Rückblick konstatiert, aber im Zusammenbruch Gatsbys um Jahre vorweggenommen hatte, findet beredten künstlerischen Ausdruck in einer neuerlichen Darstellung der Brooklyn Bridge, deren Türme nun zerbrochen und deren Kabel geborsten sind. Das Bild des Surrealisten O. Louis Guglielmi, *Mental Geography* (1938), markiert das Ende einer Epoche – so wie die futuristische Vision Stellas ihren Beginn hoffnungsvoll begleitet hatte.

Louis Guglielmi, »Mental Geography« (1938)

Die Moderne im Roman: zwischen Sprachexperiment und Bestseller

Der Experimentalismus der literarischen Moderne bediente sich zumindest in seiner frühen Phase mehr der Lyrik als des Romans – auch wenn die Prosa Steins und vor allem Joyces *Ulysses* einer solchen Behauptung zu widersprechen scheinen. Aber im Vergleich mit dem Roman war die Lyrik ein privates Medium, dessen Publikum im Umkreis kleiner und kurzlebiger Zeitschriften zu suchen war (*The Little Review*, *The Dial*, *Others*, *Contact* u. v. a.) – das heißt in jenen, die auch die Prosatexte Steins und Joyces zum ersten Mal veröffentlichten. Der durch den literarischen Markt vermittelte Roman ist dagegen auf den Dialog mit einem breiteren Publikum angewiesen und geht aus der Verhandlung zwischen dem ästhetischen Interesse des Autors am Medium und seinem (und des Verlegers) Verlangen nach Publikumserfolg hervor. Anfang des Jahrhunderts war es überhaupt nur der Roman, der einem Autor der Moderne hätte erlauben können, das Métier der Literatur nicht nur aus Berufung, sondern auch als Beruf zu betreiben. Selbst Henry James, der ›Vater‹ des modernen amerikanischen Romans, träumte davon, »to be the American Balzac«, d.h. von einem Werk, das sowohl kommerziell erfolgreich wäre als auch dem eigenen literarischen Anspruch gerecht würde. So stellte Hemingway seinem Verleger Horace Liveright mit *In Our Time* ein Buch in Aussicht »that will be praised by highbrows and can be read by lowbrows. There is no writing in it that anybody with a high-school education cannot read.« Neben Sinclair Lewis, der mit seiner satirischen Abrechnung mit dem engstirnigen Konformismus der amerikanischen Mittelklasse in Romanen wie *Main Street* (1920) und *Babbitt* (1922) große, wenn auch kontroverse Publikumserfolge errang, kamen Hemingway und Fitzgerald der Einlösung des Jamesschen Traums von ›fame and fortune‹ von allen modernen Autoren vielleicht am nächsten; sie waren freilich ständig von der Angst geplagt, von ihrem Erfolg auch korrumpiert zu werden.

Der literarische Ruhm beider ist freilich von der Legende ihres Lebens nicht abzulösen, die schon zu ihren Lebzeiten Reklame für ihr Schreiben war: Hemingway, der Inbegriff des männlichen Autors und der *lost generation* amerikanischer *expatriates* in Paris; der trinkfeste Stierkampfnarr, der Sportangler und Großwildjäger; der tragische, todbesessene Held, der sich 1961 eine Kugel durch den Kopf jagt. Oder Fitzgerald: *glamour boy* und Wunderkind einer neuen amerikanischen Literatur, der in seinen frühen Romanen *This Side of Paradise* (1920) und *The Beautiful and the Damned* (1922) einer jungen post-viktorianischen Generation Bild und Stimme gibt; der Chronist des *Jazz Age*, der Romantiker mit der unseligen Liebe zur unglücklichen Zelda; der selbstzerstörerische Alkoholiker, der sein großes literarisches Talent verschwendet und 1944, knapp vierundvierzigjährig, in Hollywood stirbt.

1924 kreuzen sich ihre Wege zum ersten Mal. Hemingway ist mit der Arbeit an seinem ersten Buch, *In Our Time*, beschäftigt, Fitzgerald schreibt an *The Great Gatsby*, dem Roman, mit dem er sich vom Geruch des Bestseller-Autors befreien und einen Platz in der Geschichte der amerikanischen Literatur verschaffen will: »I think my novel is about the best American novel ever written«, schreibt er an Maxwell Perkins. Beide Bücher erscheinen 1925, einem *annus mirabilis* der amerikanischen Literatur. Fitzgerald ist zu diesem Zeitpunkt bereits berühmt, wenn auch nicht als Vertreter der literarischen Avantgarde. Er betreibt Schreiben als Karriere und hat zumindest in seiner frühen Phase keine Skrupel, sein literarisches Talent gewinnbringend zu vermarkten: Seine schnell geschriebenen Kurzgeschichten werden in populären Zeitschriften wie dem *Ladies Home Journal* oder der *Saturday Evening Post* veröffentlicht. »I am going to make a fortune yet«, verspricht er Zelda. Mit seinen beiden Bestseller-Romanen *This Side of Paradise* und *The Beautiful and the Damned* scheint ihm dies auch zu gelingen, und so vermag er selbst den neuen Stil der städtischen Konsumkultur zu leben, den er beschreibt und kritisiert. Hemingway steht dagegen 1925 noch am Anfang seiner Karriere. Er kommt wie Fitzgerald aus dem Mittleren Westen, aber er überspringt die Ostküste und geht als Reporter gleich nach Europa. Als Sanitäter erfährt er den Ersten Weltkrieg am eigenen Leib (und wird verwundet). Sein stilistisches Bemühen um lakonisch-präzise Darstellung erklärt sich gewiß zum Teil aus der Not-

Hemingway und Fitzgerald

wendigkeit des knappen Zeitungsberichts, aber mehr noch aus seinem Widerwillen gegen jede idealisierende Rhetorik. Die Erfahrung des Krieges, die seiner Generation die kulturellen und moralischen Werte der *genteel culture* absurd werden ließ, verlangte vor allem nach einer Reinigung der Sprache. Hier treffen sich seine Interessen mit denen Pounds und Steins, denen er viel zu verdanken hat. (».. . but isn't writing a hard job«, schreibt er an Stein. »It used to be so easy before I met you.«) Mit anderen Worten, der frühe Hemingway steht der Avantgarde viel näher als Fitzgerald. Entsprechend ist sein erstes Buch, *In Our Time*, auch am deutlichsten von ihr beeinflußt. Seine Karriere verläuft daher anders als die Fitzgeralds. Erst nach dem Publikumserfolg von *The Sun Also Rises* (1926) beginnt mit der Meisterschaft (*A Farewell to Arms*, 1929) auch der Sog des Bestsellers.

Ernest Hemingway

Vorbilder und Einflüsse

Hemingway, der zusammen mit dem dreizehn Jahre älteren Sherwood Anderson die amerikanische *short story* revolutionierte, hat seine literarischen Vorfahren nie verheimlicht: allen voran Mark Twain als Meister in der literarischen Darstellung des gesprochenen Wortes, dessen *The Adventures of Huckleberry Finn* er als den größten Roman der amerikanischen Literatur pries; aber dann auch den sprachökonomisch bewußten und scharf beobachtenden Stephen Crane sowie – mit einigem Abstand – Anderson, dessen einflußreicher Kurzgeschichtenzyklus über die psychischen Verkrüppelungen des Lebens in der amerikanischen Provinz, *Winesburg, Ohio* (1919), die formale Konzeption auch von *In Our Time* angeregt haben könnte. (Obwohl Andersons sentimentale Klage über den Verlust ursprünglicher Ganzheit und Natürlichkeit, die weniger in seinen Kurzgeschichten als in seinen Romanen zum Ausdruck kommt, Hemingway nie ganz geheuer war.) Sprachökonomie, das scharfe visuelle Bild und Genauigkeit im Umgang mit dem gesprochenen Wort sind stilistische Tugenden Hemingways, die ihn nicht nur in die Tradition des Realismus stellen, sondern auch in die Nähe der sprachreinigenden Experimente Steins und Pounds. Steins Einfluß ist besonders in den Wiederholungsmustern seiner frühen Kurzgeschichten erkennbar (etwa in »Up in Michigan« oder in »Hills Like White Elephants«), die abstrakte Sprachmuster mit den Mustern umgangssprachlichen Redens verbinden. Mindestens ebenso wirksam war jedoch die Kritik Ezra Pounds, der Hemingway in seinen Briefen die imagistische Doktrin sprachlicher Präzision und Sparsamkeit geradezu einbleute: »keep your eye on the objek<sic> MORE, and be less licherary <sic> ... ANYTHING put on top of the subject is BAD ... The subject is always intersting <sic>enough without the blankets.«

Hemingway in seiner Finca Vigia auf Kuba, um 1945

Die Eisberg-Theorie

Für Hemingway ist die Pflicht zur sprachlichen Präzision Aspekt einer Ethik des Handwerklichen und der Aufrichtigkeit, die seiner Version des imagistischen Bildes und des Eliotschen ›objective correlative‹ ein besonderes Pathos verleiht. Es ging ihm – wie er am Ende seines Stierkampfbuchs *Death in the Afternoon* schreibt – um die Vermittlung von authentischer Empfindung durch deren präzise Bindung an das »wirkliche Ereignis, die Sequenz von Bewegung und Fakt«, aus der sie hervorgeht, so daß sie auch noch Jahre später Wirklichkeit besitzt und nachvollzogen werden kann. Er tut dies nicht über den Versuch einer direkten Beschreibung von Gefühl, sondern durch die genaue Wiedergabe von Gegenständen oder Handlungsabläufen, die so zu Chiffren von Gefühlen werden, die sie evozieren, aber nicht aussprechen. Tony Tanner spricht von Hemingways »profundity of unseen detail«, Hemingway selbst vergleicht in einer berühmt gewordenen Analogie sein Verfahren mit der Bewegung eines Eisbergs: »The dignity of movement of an ice-berg is due to only one-eighth of it being above water.« Die Einfachheit der Sprache Hemingways ist insofern nur trügerische Oberfläche. Es sind die Leerstellen und Ellipsen, in denen sich seine Texte – unter intensiver Mitarbeit des Lesers – erst entfalten.

Was Hemingways Kurzgeschichten und Romane dabei an sprachlicher Genauigkeit und sinnlicher Konkretheit gewinnen, verlieren sie – wie die Moderne insgesamt, wenn man sie mit der vorausgegangenen Epoche des Realismus vergleicht – an Wissen über soziale und historische Zusammenhänge, obwohl sie durchaus vom Bewußtsein ihrer Geschichtlichkeit geprägt sind. Darauf verweist Hemingways erstes Buch allein schon in seinem Titel. Eine frühe Version von *In Our Time* bestand aus 18 Prosastücken, in denen Hemingway Krieg und Stierkampf gegenüberstellte – als Momentaufnahmen unterschiedlichen Umgangs mit dem Tod und unterschiedlicher Weisen des Sterbens. Sie fungieren in der ein Jahr später erschienenen Buchfassung als einleitende Vignetten zu den 15 Geschichten, um die das Buch erweitert wurde. Diese Geschichten berühren die Thematik der Vignetten auf verschiedene Weise. Während jene Krieg und Stierkampf als kollektive bzw. ritualisierte Konfrontationen mit dem Tod vor Augen führen, sind die Geschichten eher privater Natur: Sie erzählen von einer ersten Begegnung mit dem Tod (»Indian Camp«), von Augenblicken individueller Feigheit oder auch des kommunikativen Versagens. In der zweiteiligen Schlußgeschichte, »The Big Two-Hearted River« – in der er, wie er an Stein schrieb, versucht habe, »to do a landscape like Cézanne« – kommen beide Erzählstränge zusammen: Ihr Held, Nick Adams, der in der ersten Geschichte des Buches als Kind zusammen mit der Geburt auch den Tod eines Menschen erlebt hatte, regeneriert sich am Ende – in einer Landschaft, die noch deutliche Spuren der Verwüstung trägt – im heilenden Ritual des Fischens. So könnte man diese Kurzgeschichte verstehen, muß es aber nicht. Denn Hemingway konzentriert sich, so scheint es, auf nichts anderes als die minutiöse Darstellung der wahrgenommenen Objekte (der Forellen etwa, die im klaren Wasser Schatten werfen) oder des genauen Ablaufs von Nicks Handlungen und Verrichtungen. Aber es ist diese geduldige Genauigkeit, in der nicht nur Nicks Expertise zum Ausdruck kommt, sondern auch die Intensität seiner Empfindung, die lustvolle Konzentration auf jedes Detail seiner Tätigkeit.

Das nachfolgende Buch, *The Sun Also Rises* (1926), sein erster Roman, hat das von Stein eher beiläufig gebrauchte Bild der *lost generation* zu einem Terminus der Literaturgeschichte gemacht. Denn es stellt den Lebensstil einer Gruppe amerikanischer *expatriates* dar, die der Provinzialismus der USA, die Erfahrung des Ersten Weltkriegs, das Nachtleben von Paris und die lockere Lebensweise der Pariser sowie, *last not least*, der überaus günstige Wechselkurs des Dollars in Europa und vor allem in Paris halten. Sein Held, Jake Barnes, gehört diesem Kreis zwar an, steht aber in innerer Distanz zu ihm, weil er in einer auch ihm sinnleer erscheinenden Welt wissen will »how to live in it«. Dies ist für ihn keine Frage moralischer oder metaphysischer Inhalte, sondern einer Ethik des Stils. Er, der durch eine Kriegsverwundung impotent geworden ist, inszeniert seine Männlichkeit nach einem unausgesprochenen Code der Authentizität von Einstellungen, Wahrnehmungs- und Verhaltensweisen. Der wortkarge Stil der Authentizität wird daher auch zu einem Kriterium sozialer Akzeptanz. Robert Cohen, der diesen Code nicht versteht, der nicht wirklich ›sehen‹ kann, sondern sich

In Our Time

Hemingway beim Angeln, 1928

The Sun Also Rises

Antonio Ordonez

Die Suche nach dem Authentischen

in seinen romantischen Gefühlen verliert und anders als Barnes nicht lernt, mit seiner unglücklichen Liebe zu Lady Brett zu leben, bleibt Außenseiter und wird schließlich aus der Gruppe hinausgedrängt. Dagegen gibt der Stil des Stierkämpfers Romero, der ästhetische Eleganz mit Präzision und Risikobereitschaft verbindet, Barnes Antwort auf die Frage »what [life] was all about«.

Die geographische Verlagerung der Handlung von Paris nach Pamplona entspricht insofern einer Suche nach Ursprünglichem, wie sie in vielen andern Texten der Moderne zu erkennen ist. Sie war Hemingway durchaus suspekt, und er war sich ihrer latenten Sentimentalität, der Gefahr des Unauthentischen, bewußt. Vielleicht ist für ihn deshalb – nicht nur in diesem Roman – der Stil von zentraler Bedeutung, und die Verfälschung dieses Stils nimmt Hemingway zum Anlaß erbarmungslos parodistischer Demontage (vgl. etwa seine bösartige Parodie Sherwood Andersons in *The Torrents of Spring*). Der Stierkampf repräsentiert für ihn jedoch die Möglichkeit eines zugleich ursprünglichen *und* authentisches Stils, weil dieser sich in der Auseinandersetzung mit dem Tod stets neu bewähren muß: als Meisterschaft, die immer bedroht, immer korrumpierbar ist und daher immer auch verloren werden kann. Er wird deshalb zur Metapher für sein Schreiben, weil er den Willen zum Risiko mit der Notwendigkeit präziser Kunstbeherrschung verbindet. In der Darstellung der rituellen Begegnung mit dem Ursprünglichen thematisiert Hemingway so auch die regenerierende Disziplin, die beherrschte handwerkliche Fertigkeit seiner Kunst.

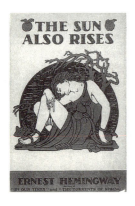

Doch die eskapistischen ›unauthentischen‹ Aspekte dieser Suche nach dem Authentischen sind bereits in diesem Roman nicht zu übersehen. Hemingways sprachliche Konstruktionen des Natürlichen sind – ähnlich wie Jake Barnes' periodische Reisen nach Pamplona – gegen eine zivilisatorische Vereinnahmung gerichtet, der sie sich selber nicht entziehen können, die sie sogar selbst betreiben. Einzelne Passagen in *The Sun Also Rises* – seien es die Fahrten durch die Straßen von Paris, die Beschreibungen der Bars und Restaurants von Montmartre oder die detaillierten Schilderungen der Fiesta in Pamplona – stehen stilistisch in der Nähe des *tourist guide* (verfaßt, versteht sich, von einem intimen ›Kenner‹ der Szene). Der Stierkampf, von Hemingway zu einem der letzten authentischen Rituale erklärt, wird nicht zuletzt gerade auch durch ihn zur Touristenattraktion. So wird Hemingways Ethos des authentischen Stils sich zunehmend selbst zur Reklame und seine vielgepriesene stilistische Integrität selbst Teil der Korruption, die sie bekämpft. Daher konnte Stein schließlich nicht ganz zu Unrecht vom späteren Hemingway behaupten: »Hemingway looks like a modern and he smells of the museum«.

F. Scott Fitzgerald

Fitzgeralds Chiffrensprache

The Great Gatsby

Fitzgerald teilt diese Sehnsucht nach dem Authentischen und Ursprünglichen, stellt aber die historische Möglichkeit ihrer Einlösung zugleich in Frage. Auch seine literarischen Vorbilder und Verfahrensweisen sind deutlich andere. Während Hemingway sich an Pound und der visuellen Präzision des imagistischen Bildes orientiert, steht Fitzgerald eher in der Nähe Eliotscher Symbol- und Metaphernbildung. In *The Great Gatsby* verbindet Fitzgerald Verfahren der *romance* mit denen der realistischen *novel of manners*, das heißt er entwirft einen sozialen und geographischen Raum, dessen Figuren typisch und dessen Objekte und Landschaften symbolisch verdichtet sind. (Die Silhouette Manhattans, das »valley of ashes«, die

The Great Gatsby als Theaterstück von Owen Davis, 1926 mit großem Erfolg am Broadway produziert.

leeren Augen des Dr. Eckleburg, das grüne Licht, nach dem Gatsby die Arme ausstreckt etc.). Gesten, Kleider, Interieurs, die Dinge, mit denen sich die dargestellten Personen umgeben und in denen sie sich ausdrücken, entfalten ihre tiefere Bedeutung nicht (wie im realistischen Roman) durch breite und detaillierte Beschreibung, sie sind vielmehr Elemente einer Chiffrensprache, die ein Mehr an Wirklichkeit konnotiert, ohne es ›wirklich‹ darzustellen. Daher der verblüffte Kommentar seines Verlegers Maxwell Perkins, der Roman erscheine ihm viel länger, als er tatsächlich sei.

Der Text entwirft mit dieser Technik der symbolischen Raffung eine Gesellschaft, die geographisch, gesellschaftlich und moralisch in Bewegung ist. Gatsby repräsentiert sie, aber in der exemplarischen Verdichtung ihrer Hoffnungen und Träume übersteigt er sie auch. Seine Selbst(er)findung durch die Identifikation mit fiktionalen und historischen Figuren des amerikanischen Erfolgsmythos verbindet ihn jedoch nicht nur mit der Figur des *self-made man* und Parvenus, dem notorischen Grenzüberschreiter des realistischen Romans. Sein Namenswechsel von James Gatz zu Jay Gatsby und das Maskenspiel, das er betreibt (das klassische ›Spiel‹ des Immigranten), verweisen vielmehr auf die gravierenden Grenzverletzungen ethnischer Durchmischung. Dies wird in Gatsbys gesellschaftlicher Assoziation mit dem jüdischen Mafioso Wolfsheim ebenso deutlich wie in der Begegnung mit »three modish negroes«, die, mit weißem Chauffeur und großer Limousine (»their eyeballs rolled toward us in haughty rivalry«), wie er über die Queensboro Bridge nach Manhattan fahren. Vertritt Gatsby in diesem Sinn die neue, Grenzen auflösende Stadtkultur, so ist sein Gegenspieler Tom Buchanan verbal (in der inartikulierten Wiedergabe zeitgenössischer Rassentheorien) und brachial (in der brutalen Verteidigung der Privilegien seiner sozialen Klasse) eher mit Grenzziehungen beschäftigt. Obwohl auch er – wie Gatsby und der Erzähler selbst – als »restless«, »drifting« und »forever seeking« geschildert wird.

F. Scott Fitzgerald

Denn die erzählte Welt des Romans ist nicht nur gesellschaftlich aus jener Verankerung gelöst, die feste Grenzziehungen erst möglich macht. Wenn sie zunächst auch in der Augenzeugen-Perspektive Nicks zentriert und durch die Solidität seiner moralischen Prinzipien abgesichert scheint, so gerät doch

Erzählte als projizierte Welt

»The Final Pot Shot« im *Great Gatsby*, Zeichnung von Covarrubias (1926)

die Zuverlässigkeit des Erzählers wie auch des Erzählten zunehmend in Zweifel. Denn einmal ist Nicks Charakter Teil der Perspektive und geht daher in seine Darstellung Gatsbys ein. Zum andern ist sein Wissen über Gatsby aus anderem Erzählen zusammengesetzt: aus Geschichten, die andere über ihn erzählen oder solchen, die Gatsby selbst erzählt (und auch erfindet). Aber nicht nur die Figur, auch die Welt, die sie verkörpert, ist essentiell eine erfundene und projizierte. Die Menschen, die sie bevölkern, inszenieren und reproduzieren sich in einstudierten Gesten und Posen oder in den Gegenständen, die sie haben oder haben möchten. Entsprechend ähneln sie Reklamebildern oder Photocovers (verweisen gelegentlich auch selber auf diese Ähnlichkeit). Fitzgerald absorbiert diese neue Kultur der öffentlichen Bilder im idealisierenden Sprachgestus der schönen Oberfläche sowie in Sequenzen photo- oder filmähnlich gestellter Szenen, aber er ironisiert sie zugleich aus der kritisch distanzierten Perspektive Nicks. So verbirgt die ›weiche‹ Romanze von Geld, Schönheit und Begehren eine ›harte‹ Wirklichkeit der Korruption: Die Schönheit Daisys ist auf den

brutalen Schützer ihrer Privilegien, ihren Ehemann Tom Buchanan angewiesen; Gatsby läßt sein »extraordinary gift for hope« von der New Yorker
Unterwelt finanziert; die Stadt (»the first wild promise of all the mystery
and the beauty of the world«) schafft faktisch aus ihren Abfällen, metaphorisch aus dem Verfall ihres ursprünglichen Versprechens die Gegenwelt
des »valley of ashes«, das Schattenreich zerstörter Pastorale.

Auf der einen Seite zielt somit der Roman ganz im Sinne realistischen
Erzählens darauf ab, Illusionen zu entlarven und eine Welt der Lüge, der
Legende und der bloßen Oberfläche (»a promise that the rock of the world
was founded on a fairy's wing«) wieder im Boden des Realen zu verankern.
Hier erzählt Nick, bei aller Abneigung, dann doch in heimlicher Allianz mit
Buchanan gegen Gatsby. Auf der anderen jedoch baut er in einer idealisierenden Gegenbewegung des Erzählens den demontierten Gatsby wieder auf.
Es ist die grenzüberschreitende Energie seines Wünschens, die dessen Inhaltsleere übersteigt und Gatsby ›besser‹ macht als andere. Es ist die schöpferische Kraft von Gatsbys Illusion, die ihn, den geschmack- und traditionslosen Außenseiter (»he represented everything for which I have an un-
affected scorn«), zu einer Figur macht, in der sich selbst der betuliche Nick
wiedererkennt. Wenn alle materiellen Erfüllungen trivial und unauthentisch
sind, ja bleiben müssen (»weil«, wie es am Ende heißt, »mit der Entdeckung
Amerikas der Mensch zum letzten Mal in der Geschichte etwas erblickte,
was seiner Fähigkeit zu staunen angemessen war«), dann kann nur noch das
unbedingte Wünschen selbst authentisch sein.

*Produktive Kraft
der Illusion*

Fitzgeralds Roman bleibt daher in einem Zustand der Schwebe: Er ist
›Komplize‹ des Traums wie auch der Traumzerstörung. Er demythisiert und
remythisiert ein Begehren, dem sich der amerikanische Traum verdankt und
in dem sein Scheitern immer schon enthalten ist. Dies wird auch in der
Thematisierung von Zeit und Geschichte augenfällig: Gatsbys Illusion impliziert die Vorstellung von Zeit, die zwar abläuft, aber wie im Film immer
wieder zurückgespult und wiederholt werden kann: »Can't repeat the
past?... Why of course you can.« Es ist gerade die Wiederholbarkeit des
Vergangenen oder die immer neue Möglichkeit des Anfangs, welche die
»orgiastische Zukunft« garantiert, von der er träumt. Nick dagegen versteht Zeit als nicht umkehrbares Strömen, so daß der Sog einer nostalgisch
verklärten unwiederbringlichen Vergangenheit immer mächtiger wird. Daher ist es allein Gatsbys Hoffnung, die dem Fluß der Zeit, dem Sog der
Erinnerung, dem fortschreitenden entropischen Verfall entgegenwirkt: »So
we beat on, boats against the current, borne back ceaselessly into the past«.
Fitzgerald stellt den Roman (wie auch das kollektive »we«, an das er sich
am Ende wendet) zwischen eine inhaltleere städtische Zukunft und eine
schnell entschwindende ›ursprüngliche‹ Vergangenheit, die nur noch die
Dynamik des Begehrens in einem Jetzt zusammenhält.

Im Rückblick auf den eigenen Zusammenbruch, der sich fast zeitgleich
mit dem einer ganzen Epoche ereignete, bemerkt Fitzgerald in *The Crack-
Up*: »Of course, all life is a process of breaking down ... Life ten years ago
was largely a personal matter. I must hold in balance ... the contradiction
between the dead hand of the past and the high intentions of the future. If I
could do this through the common ills ... then the ego would continue as
an arrow shot from nothingness to nothingness with such force that only
gravity would bring it to earth at last.« Wie persönlich Fitzgerald diesen
Satz auch immer gemeint haben mag, er wirft ein Licht nicht nur auf *The
Great Gatsby*, sondern auch auf die Moderne insgesamt. Denn die geistige
Leere der Epoche wird kritisch aufgedeckt und doch auch aufgehoben in

der Identifikation ihrer materiellen Dynamik mit schöpferischer Energie – so wie der Roman die neue ›käufliche‹ Kultur der Großstadt zugleich entlarvt und sich in seiner Sprache und Ästhetik einverleibt. Denn Fitzgeralds Roman verwischt die Grenzen zwischen *high* und *low*, zwischen Kunst und Käuflichkeit in einer kulturell durchmischten Mitte des Erzählens. Ähnlich wie Dos Passos' *Manhattan Transfer* lebt er von dem, was er verwirft.

William Faulkner

William Faulkner hat weder in diesem Kreis kosmopolitischer *expatriates* einen Platz, noch kann er sich in den 20er und 30er Jahren mit ihrer literarischen Reputation messen. Zwar ist er nach seinen ersten mäßig erfolgreichen Romanen kein Unbekannter, aber mit *The Sound and the Fury* (1929), seinem vierten Buch, nimmt er sich für längere Zeit aus dem literarischen Geschäft – auch wenn er mit diesem Roman den Grundstein für seine spätere Berühmtheit als Meister der Moderne legt. Im Jahre 1933 schreibt er über jene frühe Phase seiner Entwicklung: »... One day I seemed to shut a door between me and all publishers' addresses and book lists. I said to myself, Now I can write. Now I can make myself a vase like that which the old Roman kept at his bedside and wore the rim slowly away with kissing it.« *The Sound and the Fury* war Faulkners Lieblingsroman, nicht nur wegen Caddy Compson (»my beautiful one, my heart's darling«), die freilich am Ende nur im Bewußtsein seiner Figuren präsent sein wird, sondern weil er im ästhetischen Objekt auch sein Autorenselbst entdeckte.

Wie viele seiner späteren Romane und Erzählungen (so etwa *As I Lay Dying*, das 1931 erschien, und der Kurzgeschichtenband *Go Down, Moses* aus dem Jahre 1942) spielt *The Sound and the Fury* in einem imaginären Süden: dem Yoknapatawpha County mit seiner Hauptstadt Jefferson. Das Buch schildert den Zerfall einer Familie (der wiederum den Niedergang des Südens konnotiert): die Geschichte der Compsons, die Faulkner auch in seinem großen historischen Roman von 1936, *Absalom, Absalom*, beschäftigen wird. Faulkner berichtet, daß der Roman aus zwei Urszenen entstanden sei: Spielende Kinder, die miteinander raufen und in einen Bach fallen; der kleine Bruder, der weint und von seiner Schwester getröstet wird. Das ist die eine Szene. In der anderen klettert Caddy auf einen Baum und beobachtet durch das Fenster den Tod der Großmutter, während die übrigen Kinder – ihre Brüder Quentin, Jason und Benjy sowie die Kinder der schwarzen Haushälterin Dilsey – von unten ihr beschmutztes Höschen betrachten. Aus diesen Bildern und ihrer Symbolik habe sich die Geschichte wie von selbst entfaltet: Caddy, die mutige und warmherzige, die schon früh ihre Unschuld verliert und aus dem bürgerlichen Leben herausfällt; der schwachsinnige Benjy, der die Trennung von Caddy nie verwinden kann; Quentin, der Älteste, der vom Inzestverlangen nach der Schwester geplagt wird und als Student in Harvard Selbstmord begeht; Jason, der berechnende und gefühlskalte jüngere Bruder; der Vater, der sich zu Tode säuft, die egozentrische Mutter; und dann vor allem Dilsey, die schwarze Haushälterin und eigentliche Mutter »who stands above the fallen ruins of the family«.

Faulkner erzählt diese Geschichte in vier Episoden, an vier Tagen, durch vier verschiedene Erzähler: Die erste, Benjys Geschichte, spielt am 7. April 1928 (dem Tag seines 33. Geburtstags); die zweite, Quentins, achtzehn Jahre früher am 2. Juni 1910 (dem Tag seines Selbstmords); die dritte,

The Sound and the Fury

William Faulkner

Erzählstruktur

Jasons, einen Tag früher am 6. April 1928 (dem Tag, an dem Jason von Caddys Tochter bestohlen wird). Die vierte, Dilseys (die diese aber nicht selbst erzählt), ist die chronologisch letzte und spielt am 8. April 1928 (einem Ostersonntag). Besonders die ersten beiden Teile stellen den Leser vor Probleme. Denn die Benjy-Episode geht von der Fiktion eines schwachsinnigen Erzählers aus, der weder denken noch sprechen kann. Infolgedessen ist in der Abfolge seiner Assoziationen und Empfindungen jede logische Ordnung (Zeit, Kausalität) außer Kraft gesetzt: Benjy assoziiert über alle fünf Sinne quer durch die dreißig Jahre seines Lebens. Der zweite Teil (die fiktive Erzählung eines Selbstmörders) ist ein ungegliederter Reflexions-, Assoziations- und Erinnerungsstrom des intellektuellen Quentin. Mit den letzten beiden Teilen – der Erzählung des rationalen und pragmatischen Jason und dem auktorialen Erzähler der Dilsey-Episode – kehrt Faulkner, so scheint es, zu konventionelleren Formen des Erzählens zurück. Allerdings wurde die Unstabilität dieser Erzähl- und Wahrnehmungsordnung in den vorausgegangenen Kapiteln Benjys und Quentins irreversibel aufgedeckt. Wenn am Ende Luster, der schwarze Betreuer Benjys, mit diesem links statt wie gewohnt rechts um den Friedhofsplatz herumfährt, schreit Benjy so lange, bis alles wieder seine gewohnte Ordnung hat.

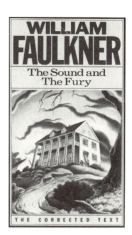

Cover von Faulkners *The Sound and the Fury*

Die Zerbrechlichkeit dieser künstlich geordneten Wirklichkeit alltäglicher Gewohnheiten und Rituale inszeniert Faulkner auf der thematischen wie auch der formalen Ebene. Thematisch im Ordnungszerfall der Familie, im sozialen und biologischen Niedergang der Compsons, der sich am augenfälligsten in Benjy zeigt. Doch Benjys Schwachsinn impliziert auch mehr: »He bellowed slowly, abjectly, without tears; the grave hopeless sound of all voiceless misery under the sun.« Gegen diesen trostlosen Schmerz über die Abwesenheit eines über alles Geliebten (für das Caddy steht) setzt Faulkner behutsam eine Ahnung von Ordnung: Mit Dilsey und dem Ostergottesdienst der schwarzen Gemeinde verweist er auf die Möglichkeit von zumindest ›dort‹ noch immer gelingender Kommunikation. »Christianity« – schreibt André Bleikasten – »seems to beckon us like a receding horizon of truth.« Ähnliches gilt für die Form des realistischen Erzählens, auf die Faulkner im Schlußteil zurückzugreifen scheint: Sie markiert den verschwindenden Erzählhorizont einer für immer verlorenen Realitätsgewißheit.

Faulkners nächster Roman, *Light in August* (1932), ist besonders deshalb interessant, weil er nicht nur den Süden, sondern den transgressiven Diskurs der Moderne selbst thematisiert. Er setzt sich mit dem Phänomen des *passing* auseinander, jener Form der Grenzüberschreitung, die die soziale und symbolische Ordnung weißer Zivilisation am radikalsten unterläuft. Denn der segregierte Süden ist nur die extreme Variante eines symbolischen Systems, das seine Hierarchien durch Oppositionen und Ausgrenzungen konstituiert. *Passing* ist deshalb so bedrohlich, weil es Oppositionen aufhebt (›weiß‹ kann nicht mehr von ›schwarz‹ unterschieden werden und umgekehrt) und so das Prinzip solcher Ordnungsbildung selbst in Frage stellt: »He watched his body grow white out of the darkness like a kodak print emerging from the liquid.«

Light in August

Der Protagonist, Joe Christmas, sieht aus wie ein Weißer, aber glaubt zu wissen, daß er schwarz ist. Wie sich später herausstellt, ist er das uneheliche Kind von Milly Hines und dem Mitglied einer Zirkustruppe, von dem es heißt, er sei Mexikaner. Doch Millys Vater, Doc Hines, ein fanatischer Rassist, hält ihn für schwarz und bringt ihn um. Der alte Hines setzt den verhaßten Enkel an Weihnachten vor einem Waisenhaus aus. Joe, den die

Erzählstruktur

andern Kinder wegen seines fremdländischen Aussehens »nigger« nennen, wird von dem Farmer McEachern adoptiert, einem strengen Puritaner, der Joe zusammen mit dem Katechismus die Prinzipien der protestantischen Ethik einprügelt. Joe schlägt ihn schließlich nieder und irrt fünfzehn Jahre lang durch die USA bis er, 33jährig, nach Jefferson kommt und dort mit der älteren Joanna Burden eine Liebesbeziehung beginnt, die in wechselseitiger Erschöpfung endet. Er bringt sie um, wird dann tagelang gejagt, bis er sich seinen Verfolgern stellt, erneut flieht und am Ende von Percy Grimm, einem Fanatiker von Ordnung und *white supremacy*, erschossen und kastriert wird.

In einem zweiten Handlungsstrang erzählt der Roman die Geschichte von Lena Grove, die sich, hochschwanger, zu Fuß nach Alabama aufmacht, um Lucas Burch, den Vater ihres Kindes zu suchen. Nach Wochen kommt sie nach Jefferson und wird an einen Mann verwiesen, der jedoch nicht Lucas Burch, sondern Byron Bunch heißt. Hier beginnen sich der komische Handlungsstrang um Lena Grove mit dem tragisch-melodramatischen um Joe Christmas zu verschränken. Lenas Niederkunft und Christmas' Tod ereignen sich fast zeitgleich. Am Ende sehen wir Lena mit ihrem Neugeborenen und Byron auf dem Weg nach Tennessee: »My, my. A body does get around. Here we aint been coming from Alabama but two months, and now it's already Tennessee.«

Perspektivierung der Zeit

Lenas Geschichte umrahmt die von Joe Christmas und ist zugleich ihr Kontrapunkt. Ihre Ankunft in Jefferson am Endes des ersten Kapitels erfolgt am Tage der Ermordung Joanna Burdens. Im letzten Kapitel verläßt sie – ungefähr zehn Tage später – Jefferson in Richtung Tennessee. Diese zehn Tage bilden die erzählte Gegenwart des Buches. Eingeschoben sind in ungewöhnlich langen Rückblenden die Lebensgeschichte von Joe Christmas wie auch die anderer Figuren (etwa die des Geistlichen Hightower). Dieses Mißverhältnis zwischen Gegenwart und Vergangenheit führt häufig zu Verdoppelungen im Erzählen: so wenn etwa im 13. Kapitel die Lebensgeschichte Joes die erzählte Gegenwart einholt, oder wenn der Sheriff im 14. Kapitel die Ankunft Lenas in Jefferson beobachtet, die der Leser bereits aus dem ersten kennt. Daraus ergibt sich nicht nur eine eigenartige Perspektivierung der Zeit (sie läuft auf verschiedenen Ebenen ab und vergeht für unterschiedliche Protagonisten unterschiedlich schnell), sondern auch ein seltsamer *slow-motion*-Effekt, der sich auf andere Weise ebenfalls im Roman wiederholt (etwa in den vielen Bildern einer Bewegung, die nicht vom Fleck kommt).

Die Rhetorik des ›Schwarzen‹

Strukturen der Kontrastierung wie auch der Verdoppelung kennzeichnen das Verhältnis der Figuren zueinander: so etwa der Gegensatz zwischen denen, die im Namen der *community* agieren (McEachern, Doc Hines, Percy Grimm) und den aus ihr Ausgegrenzten (Joe Christmas, Hightower, Joanna Burden). Bei genauerer Betrachtung wird diese Opposition jedoch von einer Rhetorik aufgehoben, die beide Gruppen miteinander verbindet. Es ist dies die Rhetorik eines protestantischen Fundamentalismus, eines Fanatismus der ›Heiligen Schrift‹, der rigoros zwischen gut und böse, schwarz und weiß, männlich und weiblich unterscheidet. Er durchzieht das Denken, Sprechen und Verhalten aller Figuren – mit Ausnahme von Byron und Lena. Mit anderen Worten, der Roman kennzeichnet den Gegensatz zwischen Schwarz und Weiß vor allem als rhetorischen, als Aspekt der kulturellen Phantasie. Anders als in *The Sound and the Fury* spielen in diesem Roman schwarze Figuren daher keine Rolle: Sie entziehen sich weißer Wahrnehmung, werden von Rhetorik gleichsam zugedeckt: Joe

Christmas ist die Fläche, auf welche die kulturellen Phantasien von ›Rasse‹ projiziert werden, die sein Leben geprägt haben. Woher weißt du, daß du schwarz bist? fragt Joanna Burden, und er antwortet: »I don't *know* it ... If I'm not, damned if I haven't wasted a lot of time.«

In der Bildlichkeit dieses Diskurses überlappen Rassismus und Sexismus: Das Schwarze ist auch das Weibliche, Körperliche, Unreine – die ordnungsbedrohende Sexualität, die mit Schmutz, Wasser, Dunkelheit, animalischer Fruchtbarkeit, Chaos und Tod assoziiert wird. Die fanatischen Hüter der sozialen und moralischen Ordnung sind besessen von Ängsten der Verunreinigung (von denen die der Rassenmischung die größte ist) und versuchen sie durch die gewalttätige Unterdrückung des Körperlichen zu meistern. Es sind Fanatiker der Repression, die sich als Instrumente Gottes betrachten, beauftragt, das Böse auszumerzen: »womanabomination«, »bitchery and abomination«. Dieser Zwang zur Repression kommt konzentriert in der perversen Haß/Liebe zum ›Schwarzen‹ zum Ausdruck, die Joe Christmas teilt, weil er die Antagonismen seiner Gesellschaft auslebt, deren Opfer er ist. Entsprechend sieht André Bleikasten Joes Mord an Joanna (er durchschneidet ihr die Kehle mit dem Rasiermesser) verdoppelt in seiner späteren Kastration durch Percy Grimm: Es sind beides zwanghafte Akte lustvollgewalttätiger Reinigung.

Diese Rhetorik durchzieht das ganze Buch – was in den 70er Jahren selbst kluge Kritiker verleitet hat, den Roman rassistisch zu nennen. Dies ist jedoch nur möglich, wenn man, unter Mißachtung von Grundregeln der Textanalyse, die Erzählstimme mit der des Autors gleichsetzt. Wer aber erzählt diesen Roman? Es ist nur scheinbar ein auktorialer Erzähler. Tatsächlich ist das Erzählen jedoch perspektivisch, verschiebt sich der Erzählstandpunkt in das Bewußtsein bzw. in die Wahrnehmungsweise verschiedener Personen. Insofern ist es unmöglich, zwischen subjektiven und objektiven Formen des Erzählens zu unterscheiden, oft handelt es sich auch um eine kollektive Erzählstimme, in der die Stimmen der beobachtenden *community* zusammenklingen. (Von etwa der Mitte des Buches an, wird das Geschehen überhaupt nur noch als von Augenzeugen vermitteltes erzählt.) Gerade weil die Identität von Joe Christmas nicht entscheidbar ist (»He don't look any more like a nigger than I do«), wird er sich und seiner Umgebung ein Rätsel, das nur gewalttätige Lösungen zuläßt. Insofern stellt der Roman ›Rasse‹ gerade nicht als physische Differenz dar, sondern als Fiktion, als Aspekt eines Diskurses, den er in Christmas demontiert.

Es ist der Diskurs einer weißen patriarchalen Ordnung, den Faulkner in diesem Roman auch dann noch hinterfragt, wenn er letztlich eine andere Männerphantasie an seine Stelle setzt: Lena, die Urmutter, oder auch Lena, Byron und das Kind als ordnungs- und gesellschaftsstiftende, als ›heilige‹ Familie. Die starre Ordnung der strafenden Väter (Hines, McEachern, allesamt Fanatiker der Schrift) wird im Bild eines Matriarchats aufgehoben, das wohl selber patriarchaler Phantasie entspringt – wenn auch als deren ›weicher‹ Gegentext, der sich dem ›Schwarzen‹, ›Chaotischen‹, ›Weiblichen‹, dem ›Flüssigen‹ (und damit auch der mündlichen ›Verflüssigung‹ der Schrift) geöffnet hat.

Philip Evergood, »American Tragedy« (1937)

Die Antimoderne in der Moderne: die kulturelle Wende der 30er Jahre

Kulturelle Wende

»In 1930«, schreibt Malcolm Bradbury, »all the book titles changed, and it was clear that a great literary corner had [been] turned.« Damit ist nicht nur eine Ideologisierung der Literatur gemeint, sondern auch ihre Rückbindung an spezifische Kontexte individueller und gesellschaftlicher Erfahrung. Sie erfaßt die Lyrik ebenso wie die Prosa, die Autoren der Moderne ebenso wie die der Populärliteratur. So wird etwa der Kriminalroman – nicht zuletzt unter dem Einfluß Hemingways – nicht nur lakonischer, härter, kurz: ›männlicher‹ (Dashiell Hammett), er entdeckt mit Raymond Chandler auch sein soziales Gewissen. Diese kulturelle Wende der 30er Jahre ist keineswegs nur ein amerikanisches Phänomen, sondern kennzeichnet auch die europäische Kunst- und Kulturentwicklung der späten 20er und frühen 30er Jahre. Aber sie erhält in den USA besondere Aspekte, ist facettenreich und widersprüchlich. Entsprechend hat sie auch zu widersprüchlichen Interpretationen geführt.

Sie ist geprägt einmal von einer Rückbesinnung auf ›Amerika‹: auf Land und Boden, auf die Erfahrung seiner ›common people‹, auf gemeinsame Werte wie Demokratie und Arbeitsethik, kurz, von der Zurückweisung der Metropole und von allem, was diese in der vorausgegangenen Dekade repräsentierte; zweitens, von der Abkehr vom Formexperimentalismus der Moderne (der nun einem Experimentalismus der Erfahrung Platz macht) und der Neubelebung bzw. Weiterentwicklung von Repräsentationsformen des Realismus und Naturalismus. Sie ist weiter gekennzeichnet durch die Politisierung der Intellektuellen, der Künstler und Literaten – was die 30er Jahre fälschlicherweise insgesamt in den Ruf einer ›roten Dekade‹ gebracht hat. Feststellbar ist in jedem Fall, viertens, eine Demokratisierung der Institution Literatur durch die Integration einer neuen Generation von Intellektuellen ethnischer und daher (in den 30er Jahren) auch proletarischer Herkunft, das heißt eine grundlegende Erweiterung der Teilhabe am Prozeß der künstlerischen Produktion und Rezeption. »The Thirties in literature«, schreibt Alfred Kazin in seiner Autobiographie, »were the age of the plebes – of writers from the working class, the lower class, the immigrant class, the non-literature class from Western farms and mills – those whose struggle was to survive.«

Dies hat Markus Klein zu der These veranlaßt, das wirklich Neue in der amerikanischen Literatur verdanke sich keineswegs der »displaced intellectual gentry elite« der Moderne, sondern den Figuren am Rande: den Afro-Amerikanern und den Kindern der Immigranten, von denen die eigentlichen Impulse für eine zeitgenössische amerikanische Literatur im 20. Jh. ausgingen. Diese Neuorientierung wurde zumindest von einigen der Beteiligten als Abkehr und fundamentale Infragestellung der Moderne betrachtet und als Kampf gegen ihre elitäre Kunstauffassung. Dennoch ließe sich eher von einer Polarisierung der literarischen Debatte als von einem allgemeinen Linksruck, von Umbruch, Abkehr oder Rückfall in den Realismus sprechen. »What young writers of the Thirties wanted«, schreibt Kazin, »was to prove the literary value of our experience, to recognize the possibility of art in our own lives, to feel that we had moved the streets, the stockyards, the hiring halls into literature – to show that our radical strength could carry on the experimental impulse of modern literature.« Zwar nannte der extremste Verfechter linker Positionen, Michael Gold, Gertrude Stein »a literary idiot«, aber nur wenige der jungen Autoren teilten seinen rabiaten Antimodernismus. Richard Wright lernte nach eigenen Angaben von Steins *Three Lives*, James T. Farrell korrespondierte mit Pound, alle lasen Joyce und Dos Passos (dessen monumentale Trilogie *U.S.A.* als Paradebeispiel einer ›linken‹ Moderne galt). Zwar treten die beiden Diskurse der Modernität in rivalisierende Opposition zueinander (der eine innovativ im Hinblick auf die Inhalte, der andere innovativ im Hinblick auf die Formen der Darstellung); doch unter dem rhetorischen Deckmantel des Antimodernismus geht die Moderne weiter und verändert sich im Dialog zwischen Positionen, die sich gegenseitig in Frage stellen: Die Moderne wird ›realistischer‹ (wie die Entwicklung von Faulkner, Hemingway oder auch Dos Passos in den 30er Jahren und danach zeigt), und der Realismus absorbiert die Moderne (was sich am Beispiel von James T. Farrells *Studs Lonigan*-Trilogie, Henry Roths *Call It Sleep*, 1934, oder Richard Wrights *Lawd Today* demonstrieren ließe). Bei Nathaniel West schlägt der realistische Impuls um in beißende Satire, die – wie in *The Day of the Locust* (1939) – eine von Illusionen zerfressene und von Fiktionen aufgezehrte Wirklichkeit mit prophetischer Emphase apokalyptischen Feuern überläßt.

Ablösung der literarischen Elite

Dokumentarismus und Partizipation

Alfred Kazin und William Stott sehen die 30er Jahre vor allem von einem kollektiven Drang zur Dokumentation beherrscht, d.h. vom Bedürfnis, durch die Aufzeichnung erlebter und dokumentierbarer Fakten verborgene/vergessene/unterdrückte Wirklichkeit aufzudecken oder – ganz allgemein – zur Veränderung von Wirklichkeit beizutragen. Dieser Glaube, daß durch das Wissen der Fakten Realität verändert wenden könnte, führt zur Bestandsaufnahme amerikanischer Wirklichkeit in den Arbeits- und Reform-

Die Bedeutung des Dokumentarischen

Schlange an der Nothilfestation im Schwarzenviertel von Louisville nach der Flutkatastrophe 1937: Margaret Bourke-Whites berühmtes Foto »At the Time of the Louisville Flood«

projekten des New Deal: Er findet Niederschlag in den Reiseführern des Federal Writers' Project mit ihrer Beschreibung amerikanischer Staaten, Städte und Regionen (samt ihrer jeweiligen Geschichte), den Photographien der Farm Security Administration (FSA), die das Leben der verarmten Landbevölkerung im Süden und Westen dokumentieren sollen, den *oral history*-Projekten, welche die Erfahrung der schwarzen Bevölkerung in der Nachbürgerkriegszeit für die Nachwelt festhalten u. ä. m. – Versuche, durch die Erschließung von bisher unbekannten geographischen wie auch gesellschaftlichen Räumen ein Bewußtsein von nationaler Solidarität zu schaffen.

Das Verlangen nach Zugehörigkeit

Vielleicht ebenso ausgeprägt wie die Neigung zur Dokumentation ist der Drang nach Partizipation, das Verlangen nach Zugehörigkeit, nach einem Bewußtsein von *community*. Noch dreißig Jahre später erinnert sich der Philosoph und Kritiker Kenneth Burke an seine Bindung an die KP: »Emerging from a sense of complete isolation into a sense of participation in a movement, *that* was tremendous.« Alle genannten Autoren von Agee bis Wright standen der KP zumindest nahe. Insofern kommt es in vielen Werken der 30er Jahre zu einer Spannung zwischen Dokumentation (den Fakten, die ja bekanntlich für sich selber sprechen) und Botschaft, die den Fakten eindeutige Sprache gibt und den Leser zum Handeln bewegen soll.

Spannung zwischen Fakt und Fiktion

Andere Spannungen sind jedoch ebenfalls deutlich. Wie verhält sich Dokumentation zum realistischen Roman? Wie die ›Wahrheit‹ der Fakten zur ›Lüge‹ der Fiktion? Das Mißtrauen gegenüber der Fiktion ist in der Tat ein Merkmal der 30er Jahre, obwohl diese andererseits auch als eine Blütezeit des Romans gelten. Offenbar war das Bedürfnis der Autoren übermächtig, ihrer schriftstellerischen Tätigkeit durch die Berufung auf die Wahrheit des Dokumentarischen gesellschaftliche Legitimation zu geben. »I for one« – schreibt einer der führenden Vertreter des proletarischen Romans, Jack Conroy – »considered myself a witness to the times rather than a novelist. Mine was an effort to obey Whitman's injunction to ›vivify contemporary fact‹«. Das heißt, im Genre des Romans etabliert sich der dokumentarische Gestus als eine besondere Weise ›authentischen‹, nicht-fiktionalen Erzählens. Dennoch gibt es eine latente Spannung zwischen Fakt und Fiktion, zwischen dem was James Agee doppeldeutig »unimagined existence« nannte (d.h., eine noch nie vorgestellte Existenz ebenso wie eine, die jeder Vorstellung vorausgeht) und einem Leben, das gerade *durch* die Vorstellung vermittelt und so erst existent wird. Mit anderen Worten, der Roman der 30er Jahre proklamiert zwar Objektivität, kommt jedoch mit ihr allein nicht aus. Er versucht die Spuren seiner Fiktionalität zu verwischen und greift doch immer wieder auf die Mittel der Fiktion zurück. Drei Beispiele sollen dies verdeutlichen.

James T. Farrell: Studs Lonigan

Als dokumentarischer Roman *par excellence* kann James T. Farrells Trilogie *Studs Lonigan* (1929–35) gelten. Farrell, der heute fast vergessen ist, wurde Anfang des neuen Jahrhunderts geboren (1904), wuchs in der irischen South Side von Chicago auf, schrieb über 40 Romane und Essaybände und war einer der bekanntesten Autoren der Periode. Seine Romantrilogie ist weniger die Studie eines spezifischen Charakters als einer ganzen gesellschaftlichen Gruppe, die dieser Charakter repräsentiert: Immigrantenkinder, geprägt von den ungelösten Konflikten ihrer Eltern im kleinbürgerlichen Milieu der irischen South Side. Studs' fehlgeleitete Energie sucht in den Exzessen einer Chicagoer *street gang* Ausfluß und Ausdruck. Naturalistische und realistische Handlungsmuster stehen nebeneinander. Einerseits dominiert das naturalistische Muster des Niedergangs, aber andererseits besteht Farrell, in der Manier des Realisten, auf Studs' möglicher Entscheidung für ein anderes, bewußteres Leben. Farrell hat den überschaubaren Stoff auf über 850 Seiten ausgebreitet: in einer überwältigenden Materialfülle beobachteten und recherchierten Details. Und doch wäre es falsch, den Roman nur als Wiederauflage des Naturalismus zu bezeichnen. Farrell hat Joyce gelesen und offensichtlich auch *Manhattan Transfer*. Die Trilogie ist fast zeitgleich mit Dos Passos' Trilogie *U.S.A.* entstanden und verwendet durchaus vergleichbare Techniken: Farrell konfrontiert den Leser in mehreren Kapiteln mit einer Collage aus Filmausschnitten, Wochenschauen, Schlagzeilen, Radionachrichten, Schlagertexten, Zeitungsausschnitten, Stellenanzeigen sowie mit dem katholischen Sterberitual der letzten Ölung (auf lateinisch!). Aber anders als bei Dos Passos ist die Collage kein Aspekt der Erzählstruktur, sondern Erzählmaterial, das die Authentizität der dargestellten Wirklichkeit untermauern soll.

James T. Farrell

Unverkennbar, daß sich Farrell am Modell der Soziologie orientiert. Wie Richard Wright für *Native Son* (1940) ist auch Farrell für seinen Roman bei den Soziologen der Chicago School in die Lehre gegangen. Was er der Soziologie hinzufügt, ist gleichsam die Innenseite der Fakten. Denn Farrells Fakten sind nicht einfach soziologische Daten, sondern auch ›Fakten‹ subjektiven Erlebens. Durch sie wird die Lebensgeschichte von Studs Lonigan gleichsam zur ›Fallstudie‹ einer kollektiven Pathologie. Daher kann der Soziologe Rolf Lindner sogar sagen, »die Trilogie [sei] ein eigener Beitrag zur Chicago School of Sociology.« Es ist aber ebenfalls nicht unplausibel, wenn Carla Cappetti Farrells quasi-wissenschaftlich distanzierte Registrierung der subjektiven Stimmungslagen sowie der Sprach- und Verhaltensmuster Chicagoer Jugendbanden als eine Form experimentellen Schreibens betrachtet.

Soziologie und Roman

Tillie Olsen: Yonnondio

Ein proletarischer Roman, der seine Authentizität auf ganz andere Weise inszeniert, ist Tillie Olsens *Yonnondio*, den sie bereits in den 30er Jahren unter ihrem Mädchennamen Tillie Lerner verfaßt hatte, doch erst 1974 veröffentlichte. Tillie Lerner schrieb Streikreportagen u. a. für die *Partisan Review*, die auch das erste Kapitel des Romans in ihrer ersten Nummer publizierte. Lerner galt als hoffnungsvolle Vertreterin einer entstehenden proletarischen Literatur im Umkreis der John Reed-Clubs, hat aber den Roman – aus nicht ganz eindeutigen Gründen – nie fertig geschrieben.

Yonnondio bezieht seinen Titel von einem gleichnamigen Gedicht Walt Whitmans: einer Totenklage für die Geschichts- und Namenlosen, die unbesungen aus der kollektiven Erinnerung verschwinden. Die Namenlosen, denen Olsen Namen und Stimme gibt, sind Menschen, für die der amerikanische Traum nie Gültigkeit hatte – vor allem Arbeiterfrauen, die doppelt (ökonomisch und sexuell) Ausbeutung erfahren. Insofern geht es ihr einmal um die ›unimagined existence‹ der am Rande der Gesellschaft Lebenden, um die Leiden des Proletariats. Doch sie erzählt auch (und dies ist vielleicht sogar ihre eigentliche Geschichte) die soziale Unterdrückung der schöpferischen Phantasie der Ausgebeuteten. Olsen behandelt dies auf der inhaltlichen Ebene im intensiven Erleben der jungen und phantasievollen Mazie Holbrook, deren Sinn für das Schöne in ihrem Überlebenswillen fest verankert ist. Dem entspricht auf der Ebene der Sprachgestaltung subjektive Expressivität, welche die Schrecken der Erfahrung (»the reality of nightmares«) aufbewahrt und transzendiert.

Das Ästhetische als Problem

Mit der Aufwertung des Ästhetischen gerät Tillie Olsen jedoch in Konflikt mit dem dominanten Diskurs des Realen und Authentischen ebenso wie mit der politischen Zielsetzung des Textes. D. h. sie stellt sich die Frage, die auch Agee in seinem Buch immer wieder reflektiert: Wie läßt sich das Leben der Ärmsten der Armen und ihr unterdrücktes Verlangen nach dem Schönen zum Gegenstand der Kunst machen, ohne ihre Erfahrung zu verraten, ohne ihr Leiden ästhetisch aufzulösen? Dazu unterbricht sie die vorwiegend personale Erzählweise mit auktorialen Interventionen, die offenbar die Absicht verfolgen, ihrem eigenen Verfahren der ästhetischen und expressiven Überhöhung von Erfahrung (und damit auch einer ästhetischen Rezeption des Textes) durch eine Rhetorik der Anti-Kunst und des Anti-Ästhetischen entgegenzuwirken. Ein zweiter Grund für auktoriale Kommentierung steht im Zusammenhang mit der pragmatischen Funktion des Textes. Olsen erzählt ihren Roman im Wechsel zwischen auktorialer und personaler Erzählperspektive, aber vorwiegend aus dem Bewußtsein Mazies und ihrer Mutter Anna. Aber die auktoriale Erzählstimme fühlt sich zu massiven Eingriffen verpflichtet, wenn es um kollektive Belange geht. Dann wird die Erzählstimme zur kollektive Stimme des politisch bewußten Proletariats. Daß Olsen sich gezwungen sieht, in so massiver Anrede des Lesers die pragmatische Intention des Textes ins Bewußtsein zu rufen, weist darauf hin, daß auch die in der Intensität subjektiven Erlebens zum Sprechen gebrachten Fakten immer noch nicht politisch genug sprechen und das Gewicht des Ästhetischen und Subjektiv-Expressiven ideologisch austariert werden muß.

James Agee/Walker Evans: *Let Us Now Praise Famous Men*

Abschließend ein Text, der die skizzierten Widersprüche und Spannungen auf besonders eindringliche Weise thematisiert; der durch völligen Verzicht auf Fiktionalität die Wahrheit der Realität erfassen will und gerade dadurch gezwungen wird, die Grenzen des Realen wie auch des Ästhetischen und Imaginativen immer wieder neu zu reflektieren: *Let Us Now Praise Famous Men* (1941) von James Agee und Walker Evans.

Das Buch verdankt seine Entstehung dem dokumentarischen Impuls der Epoche. Die Zeitschrift *Fortune* hatte Agee und Evans beauftragt, schriftlich und bildlich von den Arbeits- und Lebensbedingungen der Pachtfarmer im Süden des Landes zu berichten. Was das Magazin erwartete, war eine Reportage, illustriert mit den Bildern eines berühmten amerikanischen Photographen. Was es bekam, war allerdings etwas ganz anderes – so anders, daß es die Veröffentlichung verweigerte. Nicht Fiktion, nicht Autobiographie, nicht Reportage, entzieht sich das Buch strikter Genredefinition. Es ist eine fast ununterbrochene Reflexion über den Status des wahrgenommenen Objekts, über die notwendige Subjektivität jeder Wahrnehmung sowie über Probleme der Darstellung und Darstellbarkeit.

Schwierigkeit der Genrebestimmung

Während er mit Walker Evans im Staate Alabama bei drei Pächtern und ihren Familien wohnte – als intensive Beobachter ihres Alltagslebens, das sie mit ihnen teilten – war sich Agee immer bewußt, daß der Akt der Darstellung implizit auch ein Akt der Ausbeutung war. (Er gebraucht ›observe‹ auch als Synonym von ›spy‹.) Über das Leben der Armen zu schreiben, bedeutet Eingriff in und Verfügung über ihr Leben. Insofern wiederholt der Akt des Schreibens nur den Akt der gesellschaftlichen und ökonomischen Ausbeutung. Die Reportage konnte daher nur politisch werden, wenn sie die immanente Herrschaftsbeziehung durch die kritische Selbstreflexion des observierenden Bewußtseins offenlegte. Aber gerade damit entzog Agee auch der Faktengläubigkeit von Realismus und Dokumentarismus jede Basis. Zugleich war er jedoch so erfüllt von der »Würde« und »Schönheit«, die im ärmlichen Leben der drei Pächterfamilien vorgegeben waren, daß er seiner Darstellung doppelt mißtraute. Denn einmal hatte er Angst, dieses Leben an einen bürgerlichen Kunstbegriff zu verraten (»Above all else: in God's name don't think of it as art«); zum andern war ihm stets deutlich, daß sich die Realität ihrer Existenz (jeder Existenz) der sprachlichen Darstellung entzog.

Die Heiligkeit des Wirklichen

Photographie von Walker Evans

Tatsächlich ist Agee so durchdrungen vom Bewußtsein der ›Heiligkeit‹ des Wirklichen, von einer Metaphysik der Präsenz (nämlich der einer demokratischen Wirklichkeit des Gewöhnlichen und Alltäglichen), daß er minutiös, sorgfältig-liebevoll die materielle Kultur der Familien beschreibt: die Beschaffenheit ihrer Häuser, die Objekte des alltäglichen Gebrauchs, die Materialien und die Textur ihrer Kleider, die Objekte, mit denen sie ihre Lebenswelt verschönern etc. Und so bewußt ist er sich der Unfähigkeit ›bloßer Worte‹, diese Gegenstände darzustellen, und so bewußt der Unfähigkeit der Kunst, deren innere Wahrheit zu erfassen, daß er im unermüdlichen Versuch, Gebrauch, Beschaffenheit und Wert der vor Augen liegenden Dinge gerecht zu werden, die Nichtdarstellbarkeit des Realen zum Thema der Darstellung macht. Gerade der Glaube an die Vorgängigkeit des Wirklichen stellt die Möglichkeit des Realismus in Frage – so wie das unbedingte Festhalten an der Lebendigkeit und Ursprünglichkeit der Erfahrung (»of pure existence«) sich ihrer Überführung in Kunst und dem Sog des Ästhetischen widersetzt. Es sind diese Paradoxien, die das Buch zu

Problematisierung der Repräsentation

einem zentralen ästhetischen Dokument der Epoche wie auch der amerikanischen Moderne machen.

Ausblick auf die Nach-Moderne

James Agee

Der Zweite Weltkrieg markiert einen tiefen Einschnitt in der amerikanischen Literatur, aber noch nicht das Ende der amerikanischen Moderne: Zwar stirbt gleich nach Kriegsende mit Gertrude Stein ihre vielleicht glühendste Verfechterin. Aber Eliots religiöse *Four Quartets,* die er während der deutschen Luftangriffe auf London im Rundfunk verlesen hatte, sind nicht nur ein später Höhepunkt der modernen Lyrik, sondern zeigen zugleich exemplarisch die neue Rolle der modernen Literatur als Stimme des Humanen und Hüterin des humanistischen Erbes. William Carlos Williams arbeitet unterdessen, kaum beachtet, an seinem Langgedicht *Paterson;* Pound schreibt sich – trotz seiner unseligen Allianz mit dem Faschismus und trotz zwölf Jahren Irrenhaus – mit den *Pisan Cantos* wieder in die Literaturgeschichte zurück. Mina Loy lebt in New York, vergessen. H.D. schreibt, so gut wie vergessen, ihre *Trilogy* und *Helen in Egypt*. Hemingway und Faulkner haben Ende der 40er und Anfang der 50er Jahre zwar den Höhepunkt ihrer Schaffenskraft längst überschritten, aber sie verbinden in ihren späten Werken die Moderne explizit mit der Botschaft positiver menschlicher Werte, die alle Katastrophen überdauern. Ähnliches gilt für Autoren wie Thomas Wolfe und John Steinbeck, die ebenfalls ihre wichtigsten Texte schon in den 20er und 30er Jahren verfaßt hatten – Wolfe seine ins Universale ausgeweiteten Autobiographien (v.a. *Look Homeward, Angel,* 1929), Steinbeck seine anklagenden sozialkritischen Romane, die gleichwohl den Glauben an die Fähigkeit des Menschen zur Selbstbehauptung gegenüber einem noch so widrigen Schicksal verkünden (v.a. *The Grapes of Wrath,* 1939) –, aber nicht zuletzt auch im Deutschland der Nachkriegszeit zu vielgelesenen Autoren werden.

Amerika als Zentrum der Moderne

In dieser Altersphase vollzieht sich in den 50er Jahren die Institutionalisierung der Moderne sowohl auf der Ebene der Literaturkritik als auch im Bewußtsein einer breiteren Öffentlichkeit (am sichtbarsten durch die Nobelpreise für Eliot, Hemingway und Faulkner). Diese Institutionalisierung geht Hand in Hand mit der Integration der Moderne in die amerikanische Kulturtradition: Nach den Schrecken des Krieges, nach der Barbarei Nazi-Deutschlands und des Stalinismus scheinen beide, Liberalismus wie Moderne, die einzigen noch verbleibenden Garanten von Humanismus und Aufklärung zu sein. Die USA konnten während des Krieges und danach zu Recht als Refugium der abendländischen Kultur gelten. In den 50er Jahren werden sie zunehmend auch zu einem Zentrum neuer kultureller Entwicklungen. Galt bis dahin Europa als Heimat der Moderne, so begannen sich von nun an die Einflußströme umzukehren: zunächst in der Malerei, wenig später auch in der Literatur. Für die Europäer, die ohnehin dazu neigten, die amerikanische Malerei nur als Abklatsch der europäischen zu betrachten, signalisierte erst der Abstrakte Expressionismus der 50er Jahre den eigentlichen Beginn der modernen Kunst in Amerika.

Die Moderne als Tradition

Im Roman verschmelzen die beiden Diskurse der Modernität nun endgültig im Werk einer neuen Generation von Autoren, die, wie Saul Bellow und Ralph Ellison, ihre schriftstellerische Karriere im Umfeld des Federal Writers' Project des New Deal begannen, sich aber zugleich in einer literarischen Ahnenreihe sahen, die Dostojewski, Melville, Flaubert, James, Kafka, Thomas Mann und Joyce umfaßte. Die Moderne ist Teil einer großen Tradition geworden, die – wie die Erfahrung der Modernität selbst – weit ins 19. Jh. zurückreicht. Mit Bellow und Ellison setzt sich zugleich verstärkt eine Tendenz fort, die sich bereits in den 30er Jahren abzuzeichnen begann: die Integration der in den 20er Jahren noch marginalisierten ethnischen Literatur in den *mainstream* der amerikanischen Literaturgeschichte. Die Romane beider Autoren verbinden ein modernistisches Bewußtsein von *craftsmanship*, ethnische Erfahrung und das Ethos des liberalen Humanismus in einem formbewußten Realismus, der zwischen dem Anspruch des Selbst und dem der Gesellschaft vermittelt und die Erfahrung von Marginalität zur existenziellen Erfahrung des modernen Menschen macht.

Die Lyrik ist geprägt vom überlangen Schatten Eliots, dessen Erbe noch zu Lebzeiten von Dichter-Theoretikern wie Allen Tate und John Crowe Ransom verwaltet wurde. Sein Thronfolger schien aber – zumindest in den 50er Jahren – Robert Lowell zu sein, dessen religiöse, leidenschaftlich-selbstquälerische Meditationslyrik mit ihrer extrem verdichteten Metaphorik sich in die von Eliot propagierte Tradition der *metaphysical poetry* stellte. Bellows Humanismus wie auch Lowells religiös-tragische Interpretation von Welt und Geschichte bilden gleichsam die kritische Gegenmelodie zum Materialismus und den konformistischen Zwängen der Eisenhower-Jahre, obwohl sie, als Konvention gewordene Moderne, längst der offiziellen Kultur eingegliedert sind.

Die verspätete Gattung: das amerikanische Drama der Moderne

Die Ambivalenz gegenüber dem gesellschaftlichen Modernisierungsprozeß, die sich als prägendes Merkmal in modernistischer Erzählliteratur und Lyrik zeigte, läßt sich auch für das Drama feststellen. Allerdings konnte dieses, im Unterschied zu den anderen Gattungen, nicht auf eine vergleichbar lang zurückreichende und vielfältig ausdifferenzierte Geschichte zurückgreifen. Vielmehr mußte es gegen eine kommerziell bestimmte Theatertradition fast aus dem Stand den Anschluß an die internationale Moderne bewerkstelligen, die sich auf den Bühnen Europas bereits seit dem letzten Drittel des 19. Jh.s mit Naturalismus, Symbolismus und Expressionismus massiv bemerkbar gemacht hatte, deren Innovationen aber am amerikanischen Drama und Theater weitgehend vorbeigegangen waren. Die Konturen der Herausbildung eines künstlerisch eigenständigen amerikanischen Dramas sind daher schärfer und konfliktorischer gezogen als in anderen Genres. Der Gegenspieler ist klar definiert: Es ist der kommerzielle Theaterbetrieb, der, mit dem Broadway als Mittelpunkt, durch ein Netz fester und mobiler Theater zum die Nation überspannenden Big Business geworden war und die einheimische Dramenproduktion auf erfolgsträchtige Melodramen, Komödien und bestenfalls sozialkritisch untermalte *well-made plays* festlegte. Auch die Quelle der dramatischen Erneuerung ist klar identifizierbar. Sie kommt nicht aus dem professionellen Zentrum, sondern

Little theatres

von den amateurhaften Rändern der existierenden Theaterkultur, von den experimentellen Kleintheatern, die sich in den 1910er Jahren mit dem ausdrücklichen Ziel bildeten, den Anschluß an Europa zu finden und ein an künstlerischen, nicht kommerziellen Kriterien orientiertes Drama zu schaffen.

Unterstützt wurde diese Hinwendung zu einer modernistischen Ästhetik durch Bemühungen von akademischer Seite. So gibt es in Harvard mit George P. Bakers »47 Workshop« erstmals Dramenkurse, die auch zum eigenen Verfassen von Bühnenstücken anregen sollen; es entstehen erste, eigene Drama-Departments wie am Carnegie Institute of Technology in Pittsburgh; und vor allem entstehen immer mehr Universitätstheater, die ebenfalls ohne Zwang zum kommerziellen Erfolg arbeiten können und durch das gesamte 20. Jh. hindurch eine wichtige Quelle dramatischer Kreativität darstellen. Dennoch sind die unabhängigen *little theaters* oder *community theaters* weit stärker und unmittelbarer an der Geburt des modernen amerikanischen Dramas beteiligt. Neben den Washington Square Players, die ab Winter 1914/15 in dem in avantgardistischer Aufbruchsstimmung befindlichen Greenwich Village auftreten, sind die berühmteste dieser Theatergruppen die Provincetown Players, die ab 1915 zunächst in dem neuenglischen Seeort, dann ebenfalls in New York bevorzugt Stücke einheimischer Autoren zur Aufführung bringen – innerhalb von acht Spielzeiten immerhin insgesamt 93 Bühnenwerke von 47 bis dahin weitgehend unbekannten amerikanischen Autoren. Insbesondere ihr Leiter George Graham Cook betonte dabei die polemische Opposition zum etablierten Unterhaltungstheater, dessen Quintessenz der Erfolgsdramatiker Eugene Walter mit den Worten umrissen hatte: »In essence, play writing is a trade.« Diesem setzte Cook aber nicht, wie entsprechende Theatergruppen in Europa, ein bestimmtes dramenästhetisches Programm entgegen, sondern das inhaltlich offene Prinzip von Qualität und Innovation als solches – womit auch hier eine Kontinuität zur amerikanisch-pragmatischen ›Tradition des Neuen‹ erkennbar wird, wie sie auch in anderen Literatur- und Kunstgattungen sich zeigt. Mit den Provincetown Players sind die Anfänge des modernen Dramas in den USA ebenso eng verknüpft wie mit den Namen von Eugene O'Neill und Susan Glaspell, deren frühe Stücke von der Gruppe zur Aufführung gebracht wurden und die ihrer Zielsetzung erst künstlerische Substanz verliehen. Die typische Form dieser Stücke war der Einakter, der zum einen die Möglichkeit des Experiments eröffnete, da er von den Konventionszwängen der traditionellen Dramenform entbunden war und einen ›minimalistischen‹ Gegenpol zum Monumentaldrama des Broadway bildete, und der zum anderen mehreren Nachwuchsautoren an einem Abend gleichzeitig Aufführungschancen gab. Die Herausbildung unterschiedlicher Dramenstile, die sich binnen weniger Jahre bei den Provincetown Players beobachten läßt, kann dabei geradezu als »Grundmuster für die Entfaltung des amerikanischen Dramas zwischen 1915 und 1925« (G. Bach) gelten. Sie verläuft von einem sozialkritischen *kitchen-sink realism* über eine stärker symbolistisch eingekleidete Behandlung amerikanischer Themen bis hin zum expressionistischen Radikalexperiment.

Die ›Modernisierung‹ des amerikanischen Dramas vollzog sich also in expliziter Absetzung von der ökonomisch-technischen Modernisierung, wie sie sich, fast im Stil eines *scientific management*, im herrschenden Theaterbetrieb in der Professionalisierung, technischen Perfektionierung und kommerziellen Optimierung der Unterhaltungsfunktion der Bühne manifestiert hatte. Das Durchbrechen der Konventionen ging dabei einher mit einer

Provincetown Players

Einakter

Eine Aufführung im Provincetown Playhouse 1917

Suche nach neuer Authentizität gegenüber einer zunehmend unüberschaubaren, von anonymen Korporationen beherrschten und alte Gemeinschafts- und Identitätsmuster auflösenden Massengesellschaft. Der modernistische Impuls des ›Make it New!‹ verbindet sich auch hier mit dem Rückgriff auf vormoderne, vorindustrielle Werte und Ausdrucksformen, die mit der Regeneration der Kunst symbolisch die Regeneration des modernen Menschen bewirken sollen. Das Theaterkonzept Cooks und der Provincetown Players beruft sich auf einen Geist der Kooperation und des »creative communal spirit« (Cook), der nicht nur einer progressiv-demokratischen, sondern gleichzeitig einer archaisch-rituellen, ja quasi-religiösen Theaterauffassung entspricht. Angesichts der bedrohlich erfahrenen Auflösungserscheinungen von Religion, Gesellschaft und persönlicher Identität wird das Theater zum Ort der Re-Integration des Mythos in die Moderne. Ihre theoretische Fundierung hat diese Auffassung in Nietzsches dionysischem Tragödienbegriff, der die Wiedergeburt einer neuen, vitalen Kunst als Wegbereiterin kultureller Erneuerung aus dem Rückgang auf eine präindividuelle Kultur- und Bewußtseinsstufe beschwor und der Cook, ebenso wie O'Neill, zentral beeinflußte.

Einfluß Nietzsches

Diese Suche nach einem neuen, authentischen Drama bringt allerdings dramenästhetisch nicht immer jenen totalen Bruch mit dem Bestehenden, den sie beansprucht. Neben starken Einflüssen des europäischen Dramas der Zeit wirken vielmehr in vielfältiger Weise die Bühnenkonventionen uneingestanden fort, insbesondere die Muster des sentimentalen Melodramas, von denen selbst O'Neill bis in seine Spätphase beeinflußt blieb. Im Fall O'Neills ist der ambivalente Konflikt zwischen ›neuem‹ und ›altem‹ Drama gleichsam im Verhältnis zu seinem Vater James O'Neill personalisiert, der einer der Star-Schauspieler des späten 19. Jhs. war und in der Sicht des Sohnes seine Seele als Künstler an den Kommerz verkauft hatte. Durch ihn aber konnte Eugene O'Neill gleichzeitig von Kindheit an ein enges Verhältnis zum Theater entwickeln und sich dessen Formen- und Darstellungsrepertoire aneignen, von dem er durchaus, gerade auch in der wirkungsbewußten Durchbrechung gängiger Bühnenklischees, zehrte. Darüber

James O'Neill als Edmond Dantès in *The Count of Monte Christo*, eine Rolle, die er über 6000mal spielte

Ambivalenz der künstlerischen Moderne

hinaus birgt der Schritt zu einem magisch-rituellen oder expressionistischen Dramen- und Aufführungsstil eine geradezu explosive Weiterentwicklung formaler und bühnentechnischer Möglichkeiten, d. h. er hat selbst am modernen Geist von Fortschritt und evolutionärer Höherentwicklung teil und ist so zuinnerst von der grundlegenden Ambivalenz der künstlerischen Moderne geprägt. Gerade aus dieser Spannung scheint sich dabei das kreative Potential dieser Dramatik zu ergeben, das seine bedeutendste Ausprägung in den Bühnenwerken O'Neills findet.

Das Drama bis zum Ende der 20er Jahre: Durchbrechen des Konventionellen

Trotz der notwendigen Relativierung eindeutiger Abgrenzungen und Entgegensetzungen gibt es zwei Grundlinien der Entwicklung des amerikanischen Dramas bis zum Ende der 20er Jahre, die eine Grobeinteilung in ein kulturkritisch-experimentelles und ein eher konventionsgebundenes, traditionelle Ansätze weiterführendes Drama zulassen. Die drei wichtigsten Vertreter der ersten Kategorie sind Glaspell, O'Neill und Elmer Rice.

Susan Glaspell

Susan Glaspell war, wie ihr zeitweiliger Ehemann Cook, in ihrer Suche nach einer Alternative zwischen entfremdeter Moderne und konservativer Nostalgie stark von Nietzsche beeinflußt und übernahm von ihm eine vitalistische Lebensaffirmation, die, mit Elementen eines einheimischen Optimismus und Sozialidealismus angereichert, zum Ausgangspunkt ihrer gesellschaftskritischen Dramatik wurde. Stilistisch war sie einerseits kontrollierter und zurückhaltender als O'Neill und näherte sich einer symbolistischen Reduktion der Sprache und des Bühnengeschehens an; andererseits war sie expliziter und in ihrer lyrisierenden Selbstaussprache mitunter relativ direkt in der Verkündung ihrer Botschaft. Formal sind ihre Stücke daher teilweise unausgeglichen und an der Grenze zwischen Experiment und Sentiment angesiedelt. Dennoch stellen sie einen eigenständigen Beitrag zum amerikanischen Drama dar. Ihr hervorstechendes Merkmal ist, daß sie die Absicht, das Drama zum Ausdrucksmittel einer kulturerneuernden dionysischen *life force* zu machen, mit der Frage nach der Möglichkeit weiblicher Selbstbehauptung in einer Gesellschaft verbinden, in der die Kreativität von Frauen entweder in einengenden Konventionen erstickt wird oder sich in der verzerrten Form von Wahnsinn und Destruktion ausdrückt. Ihr bekanntestes frühes Stück, noch am Wharf Theater uraufgeführt, ist *Trifles* (1916), das an kleinen Dingen und Gesten rückblickend eine Situation der Verzweiflung aufdeckt, aus der heraus die – abwesende – weibliche Hauptfigur einen Mord an ihrem Mann beging. In der Spurensuche der Nachbarn werden ein Singvogel mit gebrochenem Hals und eine unordentlich gewebte Decke zu Zeichen einer unterdrückten weiblichen Kreativität, die allerdings nur von den weiblichen Besuchern als solche verstanden werden und in ihnen nachträglich ein Bewußtsein der zuvor verweigerten Solidarität wecken. In *The Outside* (1917) symbolisieren riesige Sanddünen nahe einem Haus am Meerufer, die das angrenzende Waldland zu verschlingen drohen, den Kampf zwischen Todes- und Lebensprinzip, der auch in den beiden Protagonistinnen personifiziert ist. Formal und inhaltlich am radikalsten ist *The Verge* (1921), das von einer geistreichen Komödie à la Wilde zunehmend zu einer expressionistischen Erforschung der Grenzen von Normalität und Wahnsinn, Selbstbestimmung und Selbstzerstörung wird. Die Protagonistin Claire Archer ist eine romantisch exaltierte ›New Woman‹, die sich gegen die Beschränkungen der traditionellen Frauenrolle auflehnt

Die Frau als Trägerin der life force

The Verge

und aus der Vision einer neuen Ordnung der Dinge heraus ihre bisherigen Bindungen – zum Ehemann, zur Tochter, zur Schwester – bewußt zerstört, aber damit zugleich in Wahnsinn und Selbstzerstörung stürzt. Die hier ins Groteske verzerrte weibliche ›Kreativität‹ wird in *Alison's House* (1930) positiver gesehen und auf die Dichtung verlagert. Alison Stanhope, deren Haus dem Stück den Namen gibt und die zum Zeitpunkt der Handlung seit 15 Jahren tot ist, ist eine an Emily Dickinson modellierte Dichterin, die einst ihre Liebe zu einem verheirateten Mann zugunsten von Familienrücksichten unterdrückt und aus dieser Selbstverleugnung heraus Gedichte voll untergründiger Leidenschaft geschrieben hatte. Die Frage, ob diese immer noch brisanten, konventionssprengenden Texte posthum veröffentlicht werden sollen, führt zum Konflikt der Hinterbliebenen, der schließlich positiv entschieden wird. Alisons Dichtung wird zum doppelten Vermächtnis für eine moderne Zeit, indem sie einerseits das blind konventionsgläubige Pflichtdenken ihrer Zeit, andererseits aber auch den amoralischen Materialismus des 20. Jh.s übersteigt. Obwohl Glaspell für *Alison's House* 1931 den Pulitzerpreis erhielt, schrieb sie fortan keine Stücke mehr und verlegte sich, jedenfalls zeitweise, auf die Unterstützung des Federal Theater Project. Ihre Bedeutung für die prägende Anfangsphase des modernen amerikanischen Dramas ist unbestritten.

Drama über Emily Dickinson

Eine Ausnahmestellung in der Entstehung des modernen Dramas der USA nimmt jedoch ein Autor ein, der ihm erstmals und dauerhaft Weltgeltung verschaffte, Eugene O'Neill. Von Strindberg, Dostojewski, Ibsen und Shaw beeinflußt und von der Aufbruchstimmung der einheimischen Theaterszene ermutigt, schrieb O'Neill in mehr als drei Jahrzehnten eine Vielzahl von Stücken unter Verwendung unterschiedlichster Dramenstile, die fast die ganze Bandbreite moderner Dramenästhetik abdecken. Gemeinsam ist ihnen ein eigentümlich doppelbödiger Ansatz, den er selbst als *unreal realism* umschrieben hat. Im Spannungsfeld zwischen innerer und äußerer Welt, Traum und Wirklichkeit, Symbolismus und Realismus, das in je verschiedener Gewichtung seine Stücke kennzeichnet, verdichten sich die archetypischen Muster des Unbewußten und die Maschinerie der modernen Gesellschaft zu einer magischen Überwirklichkeit. Die an rituelle Trance grenzende emotionale Intensität, die dadurch erzeugt wird, ist aber nicht Selbstzweck, sondern hängt unmittelbar mit dem Grundanliegen O'Neills zusammen, das Theater zum Medium radikaler kollektiver Sinn- und Selbstvergewisserung zu machen in einer säkularen Zivilisation, »(an) answer to the meaning of life after God's death«, wie er es in Anlehnung an Nietzsche formuliert. O'Neills dionysisch-ganzheitliche Dramenauffassung schließt ein Bewußtsein extremer Gegensätze ein, einen Sinn für mystische Momente wiederhergestellter Lebenseinheit ebenso wie für die abgründigen Widersprüche und Selbstzerstörungszwänge menschlichen Handelns – Gegensätze, die in keiner Begrifflichkeit oder Moral aufgehen und für deren Darstellung O'Neill namentlich auch nichtsprachliche Mittel der Symbolik, der Musik, der Maske und des Rituals einsetzt. Durch die Dramatisierung des verdrängten Unbewußten und des Schicksals von Randgruppen, Außenseitern und Gescheiterten der Gesellschaft, deren »seemingly most ignoble, debased lives« O'Neill mit der »transfiguring nobility of tragedy« ausstatten will, setzt er der offiziellen Erfolgsgeschichte Amerikas eine Geschichte ›von unten‹, eine Geschichte der sozialen, vor allem aber der seelischen Katastrophen entgegen, die diesen Aufstieg begleitet haben.

Der frühe O'Neill

Eugene O'Neill

Emperor Jones als Kaiser (Paul Robeson 1939; links) und nach seinem Sturz im Urwald verirrt (Charles Gilpin in der Uraufführung 1920)

The Emperor Jones:
Expressionistisches
Experiment

Das wohl eindrucksvollste Beispiel aus dem Frühwerk ist das noch von den Provincetown Players uraufgeführte Stück **The Emperor Jones** (1920), in dem erstmals ein Schwarzer zum Protagonisten eines tragischen amerikanischen Dramas wird, der mit seiner Slang-Variante des *Black English* die Bühnensprache bestimmt. Doch geht es nur auf einer Ebene um das Rassenproblem. Brutus Jones ist nach dem Mord an einem brutalen weißen Aufseher aus einem amerikanischen Gefängnis geflohen und hat sich auf eine Südseeinsel abgesetzt, wo er es innerhalb kurzer Zeit, inspiriert von der amerikanischen Erfolgsideologie und unterstützt von dem schleimig-opportunistischen Engländer Smithers, zum kapitalistischen Ausbeuter und selbsternannten ›Kaiser‹ der Eingeborenen gebracht hat. Im Stück nun wird Jones von den Widersprüchen seines nachgeahmten Imperialismus eingeholt: Die Eingeborenen rebellieren gegen seine Unrechtsherrschaft, und Jones sieht sich zur Flucht gezwungen. Doch entgegen seiner anfänglichen Zuversicht hat er sich bald verirrt, und die Reise in den Dschungel seines Unbewußten läßt ihn in halluzinatorischer Trance nicht nur Stationen seiner persönlichen Biographie erleben, sondern führt ihn in die Sklaverei des 19. Jh.s und schließlich nach Afrika, ins kollektive Unbewußte seiner Stammesgeschichte, zurück. Die Dekonstruktion des autonomen Individuums und des *American Dream* – Jones' Aufstieg ist nicht zuletzt eine exportierte Version des *from-rags-to-riches*-Musters – schlägt sich unmittelbar auf die dramatische Form nieder. Aus dem anfänglichen Dialog wird ein zunehmend inkohärenter Monolog von Jones, in dem die Dominanz der Wörter zugunsten nonverbaler Ausdrucksmittel schwindet, die vor allem im Rhythmus der bereits zu Anfang einsetzenden und sich ständig verstärkenden Trommeln, welche zugleich Jones' Herzschlag wiedergeben, eine suggestive Wirkung auf die Zuschauer ausüben. Insbesondere in dem magischen ›Theater im Theater‹, in dem ein *Congo witch doctor* einen pantomimischen Tanz aufführt, der die Verfolgung eines einzelnen durch alptraumhafte Mächte darstellt, wird dabei die Suche O'Neills nach den vorsprachlichen Ursprüngen des Theaters sichtbar. Gegenüber dieser archetypischen Binnenhandlung tritt das Verhältnis der Rassen eher in der Rahmenhandlung hervor,

Umkehrung von
Rassenstereotypen

und hier fällt die Umkehrung gängiger Stereotypen als Teil von O'Neills Strategie der Durchbrechung von Konventionen ins Auge, insofern der Schwarze Jones jene Tugenden der *self-reliance*, der Willensstärke, des Mutes und des ›Herrenmenschen‹ verkörpert, die im Klischeedenken der Zeit den Weißen zugeordnet wurden, während der Weiße Smithers die entgegengesetzten Klischees des unterwürfigen, hinterhältigen, arbeitsscheuen und feigen Negers in sich vereint.

Ebenso wie das Verhältnis zur Gesellschaft ist bei O'Neill auch das Verhältnis des Menschen zu sich selbst zutiefst gespalten. Die undurchdringliche Verflechtung von Maske und Gesicht, Rolle und Person wird dabei teilweise durch die explizite Verwendung der Maske illustriert, wie vor allem in dem surrealistischen *The Great God Brown* (1926). Beispielhaft wird hier sichtbar, wie der Rückgriff auf ein dionysisch-archaisches Dramenmodell zur Erhellung und symbolischen Überwindung moderner Entfremdungsstrukturen eingesetzt wird. Es gibt zwei symmetrische, in Haßliebe aufeinanderbezogene Hauptfiguren, die im Lauf des Stücks miteinander verschmelzen – Dion Anthony, der gesellschaftlich gescheiterte, aber kreativ inspirierte Künstler, der bereits in seinem Namen den Konflikt zwischen dionysischer Lebensbejahung und christlicher Askesekultur (Anthony) verkörpert; und der titelgebende ›Große Gott Brown‹, der gesellschaftlich erfolgreiche Geschäftsmann, der den amerikanischen Macht- und Karrieregott verkörpert, aber auf der Suche nach seiner verlorenen Seele ist, die er in Dion zu finden hofft. Die abwechselnd aufgesetzten und abgenommenen sowie zwischen den beiden vertauschten Masken erlauben dabei sowohl eine mythische Bedeutungsaufladung des Geschehens, als auch eine Analyse moderner Identitäts- und Beziehungsprobleme – das Selbst wird nicht ›als solches‹, sondern erst in seiner semiotischen Verdopplung als Maske, d.h. in seiner zeichenvermittelten Sekundärform, wahrgenommen und intersubjektiv ›wirklich‹. In diesen Jahren legt O'Neills auch seine erste voll ausgestaltete Tragödie *Desire under the Elms* (1924) vor, in der, wie später in *Mourning Becomes Electra*, Elemente der griechischen Tragödie und der Freudschen Psychoanalyse zur Dramatisierung des neuenglischen Puritanismus herangezogen werden. Ebenso experimentiert er mit der epischen Psychologisierung des Theaters in *Strange Interlude* (1928), einem überlangen und daher selten aufgeführten Drama von neun Akten, in dem der Dialog immer wieder durch Sequenzen unterbrochen wird, die durch eine Art *interior monologue* auf der Bühne das äußerlich beobachtbare und intersubjektiv mitteilbare Geschehen kontrapunktieren.

Die verschiedenen Experimente, die O'Neill in dieser ersten, eminent produktiven Phase seines Schaffens unternahm, zeigen die Tendenz, unter Verwendung verschiedener Dramenstile eine Archäologie der westlichen Kultur zu betreiben, die sowohl deren fundamentale Defizite thematisiert als auch das unausgeschöpfte Kreativitätspotential freisetzt, das im Schatten ihrer dominanten Wertsetzungen nur unterirdisch fortlebte. Indem er diesen Ansatz in Anknüpfung an Entwicklungen des modernen Dramas in Europa weiterführte und auf die spezifischen Bedingungen der amerikanischen Kultur anwandte, verlieh er dem modernen Drama in den USA erstmals vollgültige Eigenständigkeit und künstlerischen Rang.

In den Zusammenhang der experimentellen Frühphase des modernen amerikanischen Dramas gehört auch Elmer Rice, der zwar bis in die 60er Jahre Stücke verfaßte, dessen bedeutende Werke aber in den 20er Jahren entstanden. Schon 1914 hatte der Sohn einer deutsch-jüdischen Familie in New York mit dem melodramatischen *On Trial* einen Erfolg verbucht, der

Maskentechnik in The Great God Brown

Szenenfoto aus *The Great God Brown* (Greenwich Village Theatre 1926): die Maske als vermittelndes und zugleich trennendes Medium

The Adding Machine: *Satirischer Expressionismus*

Elmer Rice

auf der dem neuen Medium des Films nachvollzogenen Rückblendetechnik aufbaute. Den Durchbruch zur dramatischen Avantgarde schaffte er 1923 mit *The Adding Machine*, einer satirisch-expressionistischen Parabel über die Fremdbestimmtheit des Menschen in einer Welt bürokratisch-ökonomischer Abstraktionen. Hauptfigur ist Mr. Zero, dessen Leben sich als ebenso nichtig erweist wie seine Person, die im Betrieb und im Privatleben nur eine leere Rolle ausfüllt. Neben Mr. und Mrs. Zero gibt es Mr. und Mrs. One, Two, Three usf., die in ihrer Durchnumerierung die Mechanisierung des Bewußtseins illustrieren, wie sie in der Arbeitswelt durch die Einführung von Addiermaschinen vorangetrieben wird. Ein spektakulärer Höhepunkt ist der Moment, an dem Zero nach 25 Jahren Tätigkeit im Betrieb durch eine *adding machine* ersetzt und entlassen wird und in einem völlig untypischen Wutrausch seinen Chef umbringt. Durch die Verbindung und Steigerung optischer und akustischer Bühneneffekte wird, ganz im Sinn des Expressionismus, die innere Explosion von Zeros Gefühlswelt unmittelbar auf die Bühne projiziert: »The noise is deafening, maddening, unendurable. Suddenly it culminates in a terrific peal of thunder. For an instant there is a flash of red and then everything is plunged into blackness.« Mit Zeros Verurteilung und Hinrichtung ist jedoch nicht alles vorüber; vielmehr entsteigt er in einer ironisch-schauerromantischen Friedhofsszene seinem Grab und wird in eine zauberhaft schöne Jenseitswelt namens ›Elysian Fields‹ versetzt, in der sich die Möglichkeit bietet, das auf Erden versäumte Glück nachzuholen. Die Pointe des Stücks ist aber nun, daß Zero auch im Jenseits hierzu nicht in der Lage ist, da die Programmierung dieses amerikanischen Everyman durch die puritanische Arbeitsethik so weit geht, daß sie ihm zum innersten Bedürfnis geworden ist und er am Ende auch im Himmel freiwillig an einer *adding machine* arbeitet. Es handelt sich um eine zivilisationskritische Satire, in der die Ideologie individueller Selbstverwirklichung mit den Mitteln grotesker Komik und phantastischer Realitätsumkehrung *ad absurdum* geführt wird.

Ein weiteres erwähnenswertes Stück von Rice ist *Street Scene* (1929), das eine naturalistische Milieustudie des Lebens in einem New Yorker Miethaus darstellt. Eine große Anzahl von Charakteren aus der unteren Mittelklasse und den verschiedensten ethnischen Gruppen wohnt hier in spannungsreicher Disharmonie zusammen, doch setzt sich trotz der multikulturellen Vielfalt der nivellierende Eindruck einer Massengesellschaft fest, aus der sich die einzelnen nur undeutlich als Individuen abheben.

folk drama

Gegen das kommerzielle Theater des Broadway gerichtet war auch der Versuch, ein an die regionale Populärkultur anknüpfendes amerikanisches *folk drama* zu schaffen, wie dies in Irland im Drama der *Irish Renaissance* seit Jahrhundertbeginn vor allem durch Yeats gefördert worden war, dessen Einfluß sich auch in Amerika bemerkbar machte. Geistiger Mentor dieser Tendenz in den USA war Frederick Henry Koch, der ähnlich wie Baker universitäre Dramenkurse abhielt und sie als Keimzelle für die Entwicklung neuer Theaterformen betrachtete. Ziel der von ihm gegründeten Carolina Playmakers, die sich als kommunales, rein künstlerischen Zielen verpflichtetes Amateurtheater verstanden, war es, »folk subject matter, with the legends, superstitions, customs, environmental differences, and the vernacular of the common people« (Koch) auf die Bühne zu bringen. Hierin sollte sowohl amerikanische Eigenständigkeit deutlich werden, als auch eine Alternative zur entfremdeten Großstadtkultur in der Hinwendung zur naturhaften Konkretheit des Landlebens gesucht werden, das der Kompliziertheit der gesellschaftlichen Moderne die authentische Alltagswirklichkeit der einfachen Menschen entgegensetzte. Bevorzugte Form der auch von anderen Studententheatern aufgenommenen Richtung war der Einakter. Thema war das Leben der Fischer, Farmer und kleinen Pächter, aber auch der Außenseiter, Verarmten und Gesetzlosen, das der im *folk drama* stets drohenden Gefahr der Idyllisierung durchaus immer wieder die realen Härten amerikanischer Alltagsexistenz entgegensetzte. Allerdings erschöpft sich der ohnehin niemals radikale Innovationsimpuls mit der Wende zu den 30er Jahren, als das *folk drama* zunehmend zum patriotisch-affirmativen Unterhaltungstheater wird. Aus der Opposition zum Broadway-Theater wird die Kooperation, und aus einem bewußt alternativen *art theater* wird ein folkloristisch eingefärbter Bestandteil des *mainstream theatre*.

Hauptvertreter des *folk drama* ist Paul Green, der Lokalkolorit, Dialektsprache und folkloristische Elemente wie den *negro spiritual* einbezieht und gleichzeitig mit sozialem Problembewußtsein verbindet. In Greens bestem Drama, *In Abraham's Bosom* (1926), ist der Mulatte Abe der tragische Protagonist, der, nachdem er mit seinem Versuch der Gründung einer Schule für Schwarze gescheitert ist, auf der Plantage seines weißen Halbbruders arbeiten muß und, als er diesen im Affekt erschlägt, vom weißen Mob gelyncht wird. Der *negro spiritual*, der als titelgebendes Leitmotiv fungiert, stellt dabei sowohl eine atmosphärische Untermalung als einen ironischen Kontrast zum Geschehen dar. Neben dem von Brecht inspirierten Antikriegsdrama *Johnny Johnson* (1936), dessen musikalische Begleitung von Kurt Weill stammt, schrieb Green ab 1937 eine Reihe höchst populärer Stücke in der Form des *symphonic drama*, einer Weiterentwicklung der historischen Festspielform (*pageant*) auf großen Freilichtbühnen, in der das Wort gegenüber den Elementen des Tanzes, der Pantomime, des Massenaufzugs und der Musik zurücktritt. Dies sind Bühnenspektakel, die kaum mehr zur Dramenliteratur zu rechnen sind, sondern zu Formen multimedialer Massenunterhaltung mit einem Einschlag von Patriotismus und nationalem Pathos werden.

Das Interesse des *folk drama* für die afro-amerikanische Kultur wird auch in dem 1927 auf der Grundlage von DuBose Heywards Roman von der Theatre Guild aufgeführten *Porgy* deutlich, das im Schwarzenviertel von Charleston, S. C. angesiedelt ist und im Milieu von Glücksspiel, Gewalt und schwarzer Musik die romantische Liebe des behinderten Porgy zur schönen Bess erzählt, die trotz größter Widrigkeiten und trotz Bess' Absinken ins Rauschgift- und Dirnenmilieu nicht zerbricht. Die Mischung aus folkloristischem Slumrealismus und Melodrama wird in ihrer Wirkung noch gesteigert in George Gershwins Opernfassung *Porgy and Bess* (1935), die mit bekannten Melodien wie *Summertime* und ihrer Verbindung von Jazzrhythmus und Opernstil zum immer noch vielgespielten Welterfolg wurde. Auch Marc Connellys *The Green Pastures* (1930), das auf der Basis südstaatlicher Prediger-Folklore die ›naiven‹, auf das Alte Testament aufbauenden Jenseitsvorstellungen der Schwarzen humoristisch darstellt, hatte am Broadway Erfolg.

Dieser trotz aller Sympathie dennoch oft stereotypen Außensicht standen im Drama der Harlem Renaissance erste Versuche gegenüber, eine authentische Innensicht der schwarzen Kultur auf die Bühne zu bringen, die durch Betonung des afrikanischen Kulturerbes und kommunitärer statt individualistischer Werte gekennzeichnet war. Unvermeidlich waren diese Versuche von dem allgemeineren Klima der Zeit und der Tendenz zum ›Primitivismus‹ in der modernistischen Ästhetik generell mitgeprägt. Die kulturelle Entdeckung des ›New Negro‹, die sich in der weißen Literatur äußerte,

Paul Green

Programmzettel von Greens *In Abraham's Bosom* im Provincetown Playhouse

Frank Wilson und Rose McClendon in *Porgy*, 1927

Drama der Harlem Renaissance

hatte auch Auswirkungen auf Formen und Inhalte der breiten Manifestation literarischer Kreativität in den 20er Jahren, die die *Harlem Renaissance* darstellte und die sich, allerdings weniger als in anderen Gattungen, auch im Drama manifestierte (vgl. u.). Dabei wurde zum einen an die
Tradition der *minstrel shows* angeknüpft und in virtuos-unterhaltsamen
Lied- und Tanzvorführungen das Exotische der afroamerikanischen Kultur
betont wie in dem Broadway-Erfolg *Shuffle Along* (1921); zum anderen
wurde in teils realistischen, teils experimentellen Dramen die spezifische
Erfahrung von Schwarzen in der US-Gesellschaft thematisiert, wobei allerdings nur wenige Stücke sich auf der Bühne durchsetzten. Ein Erfolgsstück
wie *Appearances* (1925) von Garland Anderson, das ihm als erstem schwarzen Dramatiker eine abendfüllende Broadway-Produktion einbrachte, blieb
die Ausnahme. Immerhin wurde in dieser Phase mit einer zunehmenden
Zahl von Theatergruppen, die ihre Stücke auf kleinen Bühnen zur Aufführung brachten, auch im Drama der Grundstein einer eigenständigen afro-
amerikanischen künstlerischen Selbstdarstellung gelegt, die sich in den 30er
Jahren mit vom Federal Theatre herausgebrachten Produktionen wie William DuBois' *Haiti* (1932) oder Theodore Wards *Big White Fog* (1938),
wenn auch immer noch eher sporadisch, fortsetzte.

Fortentwicklung des Konventionellen

Realistisches Drama

Stärker innerhalb eines konventionellen Rahmens bewegten sich einige der
großen Bühnenerfolge der 20er Jahre, die zum einen dem Bereich des
realistischen Dramas, zum anderen dem der Gesellschaftskomödie entstammten. Zu ersterer Kategorie ist Maxwell Andersons und Laurence
Stallings *What Price Glory?* (1924) über das Leben amerikanischer Soldaten im Frankreich des Ersten Weltkriegs zu rechnen, das jedoch weniger ein
engagiertes Antikriegsstück ist als vielmehr die ungeschminkte Wiedergabe
des Überlebenskampfs von Menschen in der Grenzsituation ständiger To-
desgefahr. Vermieden werden einerseits Heroisierung und Romantisierung,
andererseits aber auch ein blanker Pessimismus im Stil der *lost generation*.
Der Krieg wird zum Hintergrund einer Studie über die Menschennatur
unter extremen Belastungsbedingungen. Zu nennen ist hier auch Sidney
Howards *They Knew What They Wanted* (1924), das von der konventionellen Situation einer Frau zwischen altem Ehemann und jungem Liebhaber ausgeht, aber eine unkonventionelle, zwischen den Beteiligten ein-
vernehmlich erzielte Lösung findet. Es geht hier um private Beziehungsprobleme ohne soziales oder politisches Anliegen, und der Realismus liegt eher
in der Milieu- und Charakterzeichnung als in dem tragikomischen Grundton, in dem insgesamt die humoristische Komponente vorherrscht und der
das Stück am Schluß unweigerlich auf seinen glücklichen Ausgang zu-
steuern läßt. Auch George Kelly setzt die vor O'Neill zurückgehende Theatertradition fort, die im *well-made play* auch in England und Frankreich des
ausgehenden 19. Jh.s ihre effiziente, bühnenwirksame Form gefunden hatte.
In *The Torchbearers* (1922), einer satirischen Posse, polemisiert er gegen
den avantgardistischen Anspruch der experimentellen Theatergruppen der
Zeit und setzt diesem Stücke wie *The Show-Off* (1924) über einen Hoch-
stapler, der aufgrund seiner menschlichen Qualitäten dennoch belohnt wird,
entgegen, die zwar handwerklich gekonnt gemachte Bühnenunterhaltung
bieten, aber inhaltlich einem moralisierenden Ton verhaftet bleiben und sich
auf moderate Variationen des Konventionellen beschränken.

Gesellschaftskomödie

Daneben wurde in den 20er Jahren die *comedy of manners*, die zum festen Bestandteil des europäischen und amerikanischen Dramas vor der modernistischen Wende gehört hatte, in unterschiedlicher Weise weitergeführt. Philip Barry setzte bei seiner Darstellung eines großbürgerlichen Oberschichtmilieus auf geschliffenen *wit* und die ausgeprägte sprachliche Artikulationsfähigkeit der Charaktere, betonte aber gleichzeitig den Wert familiärer und ehelicher Beziehungen. Immerhin zeigte er, wie in *Hotel Universe* (1930), Zustände metaphysischer und zwischenmenschlicher Desillusionierung, die erst in einer Art gruppentherapeutischem Psychodrama überwunden werden. In *Here Come the Clowns* (1938) läßt er grotesk deformierte Menschen auftreten, die auf das absurde Theater vorausweisen, allerdings durch den christlichen Optimismus des Autors in einen tragfähigen Sinnzusammenhang zurückgeholt werden. Samuel N. Behrman vermeidet stärker als Barry jede Sentimentalität zugunsten des Intellekts und entzaubert, wie in *The Second Man* (1927), in gekonnten Dialogen die romantische Idealisierung menschlicher Beziehungen durch die Darstellung kühl berechnender Lebensplanung – ohne dabei je die virtuose Abgründigkeit eines Oscar Wilde zu erreichen. Einer einheimischen Traditionslinie des Komischen wie der *minstrel show* und des Vaudeville folgt George S. Kaufman, der, oft in Zusammenarbeit mit anderen, über 50 Broadway-Komödien verfaßte, deren Markenzeichen neben raschem Handlungstempo, aktuellem Tagesbezug und einem gedämpft satirischen, nie verletzenden Ton der sog. *wisecrack* war, die witzige Populärform des Aphorismus (»satire is what closes on Saturday night«). Mit *Once in a Lifetime* (1930) parodiert er Hollywood, indem er einen Tölpel zum Erfolgsregisseur aufsteigen läßt, und bringt in dem von Gershwin vertonten und bis heute gespielten Musical *Of Thee I Sing* (1931) die Farce ins Weiße Haus, indem er die Turbulenzen des Präsidentschaftswahlkampfs karikiert, allerdings den Präsidenten selbst als sympathischen Durchschnittsamerikaner präsentiert, der aufgrund seiner Nähe zu den natürlichen Empfindungen des *common man* den Ränkespielen des politischen Establishments enthoben ist.

Philip Barry

Hier wird der fließende Übergang des Unterhaltungstheaters zur Gattung des Musicals sichtbar, das sich in dieser Zeit einen festen Platz auf der amerikanischen Bühne erobert und in seiner Verbindung aus Drama, Show, Tanz und Populärmusik eine spezifisch amerikanische Form des Musiktheaters darstellt. Parallel dazu findet eine Verschiebung des Mediums auch in anderer Hinsicht statt, nämlich in der zunehmenden Ablösung des Theaters als Massenunterhaltungsmittel durch Stumm- und Tonfilm, der vor allem das publikumswirksame, das 19. Jh. beherrschende Melodrama zu seiner bevorzugten Domäne macht und dessen Starsystem als Erfolgsrezept übernimmt. Drama und Theater haben zunehmend mit der Konkurrenz dieser neuen, die Nation umspannenden Unterhaltungsindustrie zu rechnen. Daraus entsteht einerseits eine verstärkte Anpassung des Dramas an den Massengeschmack, ein Rückkopplungseffekt zwischen Hollywood und Broadway; andererseits aber verschärft sich in den 30er Jahren die Abgrenzung von der Unterhaltungsideologie im Zug einer allgemeinen Politisierung der Gesellschaft in der Nach-Depressions-Ära, die sich massiv auch auf der Bühne bemerkbar macht und dort zu einer Wende des Dramas unter den Vorzeichen eines sozialkritischen, teilweise sozialistisch beeinflußten Realismus führt.

Übergänge zu Musical und Film

Szene aus *Waiting for Lefty* (New York, 1935)

Politisierung des Dramas in den 30er Jahren

Das Group Theatre und Clifford Odets

Wichtiger Träger dieser Politisierung des Dramas war das Group Theatre, das sich von der Theatre Guild abspaltete und, teilweise von osteuropäischen Neuerungen des Theaters (Stanislawski) beeinflußt, einen kollektiv-kooperativen Produktionsstil pflegte. Nach dem Beginn 1931 mit Greens *The House of Connelly* wurde der erfolgreichste Autor der Gruppe Clifford Odets, der bekannteste Vertreter eines gesellschaftlich engagierten, proletarischen Theaters in den 30er Jahren. Neben dem in naturalistischer Milieuschärfe gezeichneten *Awake and Sing!*, dem Anti-Nazi-Stück *Till the Day I Die* und dem die amerikanische Mittelklasse kritisierenden *Paradise Lost*, alle 1935 uraufgeführt, ist insbesondere *Waiting for Lefty* aus dem gleichen Jahr ein Markstein des linken Dramas, das von den vielen seit der Depression entstandenen Arbeitertheatern über das ganze Land hinweg aufgeführt wurde. Es zeigt die charakteristische Struktur des Agitprop-Stücks mit der Typisierung der Figuren, der Konfrontation zwischen Arbeiter- und Kapitalistenklasse, zu der hier auch der korrupte, falsche Kompromisse vertretende Gewerkschaftsführer gehört, und dem ans Publikum gerichteten Streikaufruf, mit dem das Stück endet. Odets schafft indessen zugleich immer auch Sympathie für individuelle Schicksale; er zeigt Grenzsituationen, in denen Charaktere sich, oft gerade im Moment des Scheiterns, finden und bewähren können. Mit Odets zunehmender Arbeit auch in Hollywood traten die melodramatischen Züge seines Werks, die schon zuvor erkennbar waren, verstärkt hervor. Es ging ihm nicht nur um Zukunft, sondern um Verlust, um die Zerstörung von Kommunikation und persönlichem Lebensraum in einer entfremdeten Großstadtwelt.

Clifford Odets

Ein politisch revolutionäres Theater hatten schon seit den 20er Jahren Autoren wie Dos Passos und Michael Gold gefordert, die mit Stücken wie Dos Passos' *The Garbage Man* (1925) oder Golds *Strike!* (1926) an entsprechende Tendenzen des europäischen Theaters anknüpften. Nationale Ausstrahlung gewann diese Bewegung zwischen 1935 und 1939 mit dem Federal Theatre Project, einem staatlich subventionierten, das ganze Land umspannenden Projekt der Unterstützung neuer Autoren, Inhalte und For-

Federal Theatre Project

men des Theaters, das sich an die unterprivilegierten Bevölkerungsschichten richtete, mit den verschiedensten Formen sozial engagierten Dramas experimentierte und insgesamt über 300 Stücke zur Erstaufführung brachte. Eine wichtige Präsentationsform war das *living newspaper*, eine bereits in Rußland entstandene Form lebendiger Nachrichteninszenierung, die in einer montageartigen Abfolge kurzer, episodischer Szenen und mit Hilfe von Lautsprecherstimme und Leinwandprojektionen aktuelle Ereignisse aus der Perspektive des *little man* den Zuschauern näherzubringen versuchte, wie z.B. in Arthur Arents *Ethiopia* (1936) über Mussolinis Überfall auf Äthiopien, oder in seinem berühmt gewordenen *One Third of A Nation* (1938) über das Slumleben in Amerikas Städten.

living newspaper

Die Tendenz der Literatur in der *red decade* der 30er Jahre zur verstärkten Sozialkritik war aber auch außerhalb des Federal Theatre unübersehbar. Zu nennen ist hier Robert Sherwood, der die Krisensituation zwischen dem Zusammenbruch alter Werte und dem Triumph eines neuen, szientifisch-amoralischen Fortschrittsglaubens darstellt und in *Idiot's Delight* (1936) die Gefahr des heraufziehenden Faschismus behandelt, der er in *Abe Lincoln in Illinois* (1938) mit Abraham Lincoln eine nationale Identifikationsfigur entgegenstellt in einer Zeit, in der die Doktrin des amerikanischen Isolationismus durch den Aufstieg der europäischen Diktaturen zunehmend fragwürdig wird. Zu nennen ist ferner Sidney Kingsley mit seinem melodramatischen Gangsterstück *Dead End* (1935), in dem in der Mischung aus Abenteuer, Slang und Slum-Lokalkolorit eine publikumswirksame Form der Gesellschaftskritik gefunden wird.

Sozialkritische Problemstücke

Zu nennen ist vor allem Lillian Hellman, die ein entschiedenes politisches Engagement mit großem Bühnenerfolg verband, allerdings nach dem Krieg in der McCarthy-Ära geächtet wurde und nicht mehr an die frühere Anerkennung anknüpfen konnte. In ihrer vierteiligen Autobiographie, insbesondere in *Scoundrel Time* (1976), rechnete sie später mit der antikommunistischen Hexenjagd der 50er Jahre ab. Trotz ihrer sozialistischen Sympathien waren ihre Dramen nie bloße Propaganda. Statt anonyme gesellschaftliche Mächte anzugreifen, heben sie den freien Willen und die Verantwortung des Individuums hervor und stellen Gut und Böse als zwei Möglichkeiten des Menschen gegenüber, deren Realisierung von jedem einzelnen abhängt. Ohne erklärte Feministin zu sein, stellt Hellman Frauen in den Mittelpunkt ihrer sozialpsychologisch angelegten, formal eher konventionellen Stücke. *The Children's Hour* (1934) transponiert einen historischen Fall in die Gegenwart. Zwei Lehrerinnen werden von einer Schülerin der lesbischen Beziehung beschuldigt, damals ein existenzbedrohender Vorwurf, der in der Tat das Leben der beiden zerstört. Die Schülerin Mary ist mit Zügen von Shakespeares Jago als dem Inbegriff des unmotiviert Bösen ausgestattet, dem sich hier allerdings die vermeintlich ›gute‹ Gesellschaft anschließt. Immerhin findet am Schluß Martha, eine der Lehrerinnen, den Mut zum offenen Bekenntnis zu ihrer Zuneigung, womit sie dem Druck gesellschaftlicher Anpassungszwänge die Kraft persönlicher Entscheidungsfreiheit gegenüberstellt, durch den moralischer ›Fortschritt‹ erst möglich wird. Zusammen mit ihrem politisch gleichgesinnten Lebensgefährten, dem Schriftsteller Dashiel Hammett, verfaßte Hellman neben ihren Dramen auch Drehbücher für Hollywood.

Lilian Hellman

Szene aus Hellmans *The Children's Hour* (New York, 1934/35)

Erwähnung verdient hier schließlich Maxwell Anderson, der mit *Both Your Houses* (1933) eine Komödie politischer Desillusionierung im Bild eines zum Kongreßabgeordneten gewählten College-Professors auf die Bühne brachte und in *Key Largo* (1939), wie Hemingway in seinem im

Maxwell Anderson

Ben Shahn, »Die Passion von Sacco und Vanzetti« (1931/32)

selben Jahr verfaßten Roman *For Whom the Bell Tolls*, den spanischen Bürgerkrieg behandelte. Dazwischen lag mit *Winterset* (1935) eine Verstragödie als Dramatisierung des Sacco/Vanzetti-Falls der 20er Jahre, in deren ausländerfeindlichem Klima zwei politisch unliebsame Italiener wegen angeblichem Raubmord zum Tod verurteilt und hingerichtet wurden. Anderson verbindet hier Naturalismus und poetisches Drama, Gangsterjargon und Shakespeare-Sprache zu einer Tragödie, die an zeitgeschichtlichen Verstrickungen die zeitlosen moralischen Grundprobleme des Menschen aufsucht. Dies tut er verstärkt in den am Broadway höchst erfolgreichen Geschichtsdramen, etwa in *Mary of Scotland* (1933) oder in *Joan of Lorraine* (1946), in dem er den Jeanne D'Arc-Stoff aufgreift und die Protagonistin zur Gegenspielerin kirchlicher Macht werden läßt, die in ihrer selbstbestimmten Konsequenz ein Exempel der potentiellen Größe des Menschen setzt, wenn sie sagt: »there is no authority in the whole world except one's own soul.« Das Vertrauen in die seelische Kraft des Individuums wird, ganz im Sinn einer spezifisch amerikanischen Tradition, zur sinnstiftenden Gegeninstanz in einer Zeit, in der das Anpassungsverhalten des Massenmenschen in die Katastrophe des Zweiten Weltkriegs geführt hat.

Anderson geht mit seiner tragisch-poetischen Dramenkonzeption, mit der Wiederbelebung des Versdramas und mit der universalisierenden Rückwendung zur Geschichte auf Distanz zum sozialkritisch-realistischen Dramenstil seiner Zeit. Er zeigt damit Affinitäten zu einer eher affirmativ-patriotischen Gegentendenz im Drama der 30er Jahre, die durch Autoren wie William Saroyan vertreten wird. Saroyan ist von einem tiefgreifenden Optimismus über die Möglichkeiten des Menschen erfüllt, der sich auch in den Problemsituationen bestätigt, in die er seine Figuren stellt. Sein Werk lebt aus der Bejahung des *American Dream*, der sich noch in den extremsten Notlagen einzelner als Weg zum moralischen Überleben bewährt. In Stücken wie *The Time of Your Life* (1939) werden soziale Außenseiter zu Helden, die die wesentlichen Charakteristika des ›wahren‹ Amerika, gegen die korrumpierenden Einflüsse der Moderne, personifizieren. Die Bar in San Francisco wird hier zum Rückzugspunkt unentfremdeter amerikanischer Existenz, zum Ort, an dem starke Individuen den widrigsten Umständen zu trotzen vermögen und so die Idee der Humanität aufrechterhalten.

William Saroyan

Episches Theater und anthropologische Universalität: Thornton Wilder

Einen noch stärkeren Gegenpol zum politisch engagierten und realistisch ausgerichteten Drama der 30er Jahre stellt Thornton Wilder dar, der Hauptvertreter eines epischen Theaters in den USA in der ersten Jahrhunderthälfte. In Deutschland wurde er nach dem Krieg als bedeutender Dramatiker gefeiert, erhielt 1957 den Friedenspreis des deutschen Buchhandels und wurde mit Stücken wie *The Skin of Our Teeth* (1942), *The Matchmaker* (1954) und vor allem *Our Town* (1938) zum vielgespielten Bühnenautor. Wilders Schaffen hatte zwei Gesichter: formal war er innovativ und ›modernistisch‹; inhaltlich war er eher vormodern in seinem harmonistischen Weltbild, in dem die Konflikte der Zeit und die persönlichen Nöte der Menschen in einem überzeitlichen kosmischen Sinnzusammenhang aufgehoben waren. In seiner Durchbrechung der Bühnenillusion und seiner Einführung des epischen Spielleiters erinnert er an Brecht, dessen Dramenkonzeption er auf einer Europareise Ende der 20er Jahre ebenso kennenlernte wie die Piscators und Pirandellos. Gleichzeitig ist aber die Absicht eine

Zwischen Experiment und Traditionalität

Alltagsgeschichte vor dem Hintergrund der Great Depression und des heraufziehenden Zweiten Weltkriegs: Wilders *Our Town*, das zum Publikumsrenner im Deutschland der Nachkriegszeit wurde.

völlig andere als bei Brecht, der mit Illusionszerstörung und direkter Publikumsansprache historisch-gesellschaftliches Bewußtsein wecken wollte. Bei Wilder wenden sich die spielerische Konventionsdurchbrechung und reflektierende Publikumseinbeziehung hingegen ins Allgemeintypische und anthropologisch Universale. Seine Antwort auf die tagespolitischen Turbulenzen der Nach-Depressionsjahre ist der Rückzug auf die gleichbleibend wiederkehrenden Grundmuster menschlicher Existenz, in denen sich das Amüsante und das Melancholische, das Idyllische und das Bedrohliche, das Komische und das Tragische auf letztlich tröstende Weise die Waage halten. Für linksgerichtete Intellektuelle wie M. Gold war Wilder daher der Vertreter einer bürgerlichen Kunstauffassung, die die Probleme der Zeit verdrängte und die Kunst zur Ideologie machte, indem sie sie zur gehobenen Publikumsunterhaltung verharmloste.

Wilders Dramen sind virtuos gemacht und verarbeiten nicht nur moderne europäische, sondern chinesische, japanische, antike und mittelalterliche Theatermodelle, ebenso wie das Marionettenspiel und die einheimische Tradition des Revuetheaters mit seiner Figur des Conferenciers. Damit wird die Absicht der Universalisierung auch auf der Ebene der dramatischen Form erkennbar. In *Our Town* ergibt sich diese Absicht durch die den drei Akten zugeordneten thematischen Schwerpunkte von Geburt, Heirat und Tod, mit denen archetypische Grundsituationen menschlichen Lebens am Beispiel einer amerikanischen Kleinstadt in den Mittelpunkt gerückt werden. Es geht nicht um Außergewöhnliches, sondern um den Alltag der kleinen Menschen, der in exemplarischen Szenen aus der durch den *stage manager* vermittelten Rückblende rekonstruiert und in seinen das Publikum belehrenden Grundmustern erhellt wird. Spektakulärer ist allerdings *The Skin of Our Teeth*, das eine weltzeitliche Kultursynopse darstellt, die die archetypisch-menschliche Familie Anthrobus nacheinander die Katastrophen der Eiszeit, der Sintflut und eines Weltkriegs erfolgreich überstehen läßt und so, trotz des Hintergrunds des Zweiten Weltkriegs, die Hoffnung auf ein Überleben der Menschheit vermittelt. Wilder schrieb mit *The Matchmaker* auch eine bühnenwirksame Komödie, die auf Nestroys *Einen Jux will er sich machen* aufbaut und in ihrer Musical-Fassung als *Hello, Dolly!*

Thornton Wilder

Our Town

The Skin of Our Teeth

(1963) ein Welterfolg wurde. Mit *The Alcestiad* (1957) legte er die Adaption eines antiken griechischen Stoffes aus christlich-humanistischer Perspektive vor. Auch mit seinem Romanwerk, etwa mit *The Bridge of San Louis Rey* (1927) oder *The Ides of March* (1948), wurde Wilder weltweit rezipiert, ohne allerdings auf die Romanentwicklung in den USA prägenden Einfluß zu nehmen.

Amerikanische Tragödie als kulturkritisches Projekt: Der mittlere und späte O'Neill

Die bisher genannten Phasen übergreift das Schaffen O'Neills, der mit seinem experimentellen Frühwerk als Begründer der Moderne im Drama der USA bereits seit den 1910er Jahren hervorgetreten war, dessen Werke der mittleren Schaffensperiode einen Höhepunkt in der Adaption der klassischen Tragödienform an eine amerikanische Thematik darstellten und dessen späte Stücke in ihrer Verbindung von Naturalismus und autobiographischer Reflexion, von Gesellschaftssatire und Absurdität auf die 50er Jahre vorausweisen. Nach dem Erfolg seiner großangelegten Trilogie in 13 Akten, *Mourning Becomes Electra* (1931), hatte O'Neill sich, bedingt durch persönliche und politische Desillusionierung, in den 30er Jahren zunehmend in die Isolation zurückgezogen und gewann trotz des Nobelpreises von 1936 erst nach der Jahrhundertmitte, als das Spätwerk posthum von einer von Existentialismus und absurdem Theater geprägten Epoche entdeckt und gefeiert wurde, die zuvor genossene Anerkennung als bedeutendster amerikanischer Dramatiker zurück.

Mourning Becomes Electra

Mourning Becomes Electra war der Versuch, den Geist der griechischen Tragödie in die moderne Welt zu übersetzen. Statt wie zunächst geplant reale Masken einzusetzen, stattete O'Neill die Figuren mit maskenhaften Zügen aus, um einerseits den exemplarischen Charakter des Geschehens, andererseits aber auch die kultur- und familiengeschichtliche Erstarrung ihrer Lebenseinstellung zu betonen. Die im Mittelpunkt stehende Mannon-Familie erscheint in ihrer Vorgeschichte, ihrer gegenwärtigen Machtposition und ihrem inneren Verfall als repräsentativ für das puritanische Erbe Neuenglands, das nicht zuletzt für die psychischen Deformationen und die daraus resultierenden Aggressionen der Figuren verantwortlich gemacht wird. Der Puritanismus stellt gewissermaßen die Schicht eines kollektiven Über-Ichs dar, die zu den sinnlich-emotionalen Lebensbedürfnissen der Charaktere, also dem Freudschen Es, im Widerspruch steht. Mit dieser

Anlehnung an Freud

Anlehnung an Freud versucht O'Neill eine moderne, psychologisierte Fassung der tragischen Konfliktkonstellation zu erreichen, wie sie im antiken Drama aus dem Zusammenprall zwischen dem Schicksal und dem Willen der einzelnen entstand. Die Parallelen zur Orestie des Aischylos, die als Vorlage diente, bleiben dabei deutlich genug, um die Kontinuität zum klassischen Modell und damit eine anthropologische Ebene als Teil der Gesamtaussage zu etablieren. Gleichzeitig wird aber durch die Einbeziehung des historischen Kontexts der USA in Gestalt von puritanischer Ideologie und Bürgerkrieg, in dessen krisenhafter Umbruchzeit das Drama spielt, diese Anthropologie als eine *historische*, je nach kulturellen Bedingungen sich wandelnde kenntlich gemacht.

Die Trilogie wirkt in einigen ihrer Züge überkonstruiert, allzu deutlich schimmert der Ödipus-Komplex durch das Handlungsgerüst. Der Mechanismus der Ereignisse scheint manchmal zu genau zu funktionieren, um noch plausibel zu sein. Dennoch besitzt *Mourning Becomes Electra* als psychohistorische Studie große Intensität und Überzeugungskraft, weil O'Neill die heterogenen Ebenen des Dramas zu integrieren versteht. Auch als Antikriegsstück ist das Drama lesbar, wobei nicht nur Christine (Klytämnestra) zur sinnlich-dionysischen Gegenfigur des militaristischen Ezra Mannon (Agamemnon) wird, sondern auch der Sohn Orin (Orest) durch seine im Krieg erlittene Kopfwunde einer *madness* verfällt, die ihn zuerst zur Rebellion gegen den Vater und dann zur selbstzerstörenden Anpassung an dessen Ethos der Lebensverleugnung führt.

Den Schrecken von Krieg, Gewalt und sexueller Frustration steht der Traum eines besseren Lebens gegenüber, wie er im Motiv der ›glücklichen Inseln‹ symbolisiert ist, dem alle Charaktere zu irgendeinem Zeitpunkt des Stücks nachhängen. Der Konflikt zwischen Aggression und Glücksbedürfnis, puritanischer Todeskultur und dionysischem Lebensprinzip stellt den Grundriß der Tragödie dar, der sich durch deren verschiedene Stufen in wechselnden Variationen verfolgen läßt. Die Hauptfigur Lavinia (Elektra) muß diesen Konflikt als einzige mit vollem Bewußtsein in sich selbst austragen und setzt am Schluß, in ihrem demonstrativen Rückzug von der Welt, noch im Akt totaler Negation ein symbolisches Zeichen der verweigerten Selbstbestimmung.

Puritanische Todeskultur und dionysisches Lebensprinzip

Noch desillusionierter und gleichzeitig noch fiebrig-illusionärer in ihren *pipe dreams* wirkt die Welt der Spätwerke. So wird in *The Iceman Cometh* (1946), in dem O'Neill auf reale Erfahrungen zurückgreift, eine Gruppe heruntergekommener Saufkumpane, die in der New Yorker Spelunke *Jimmy the Priest's* von ihrem Kater erwachen, zur parodistischen Verkörperung der zwölf Apostel. Und der *iceman*, der als verzerrte Christusfigur hereinkommt und sie – letztlich vergeblich – aus ihren *pipe dreams* zu reißen versucht, ist kein Erlöser, sondern ein Mörder, vor dessen Wahrheitsfanatismus es für die Wirtshausapostel nur die Flucht zurück in die tröstende Welt ihrer Tagträume – oder den Weg in Verzweiflung und Selbstmord – gibt. In *Long Day's Journey into Night* (1956), seinem bedeutendsten Spätwerk, behandelt O'Neill den Konflikt von Realität und Illusion unmittelbar an einem autobiographischen Stoff. Das Stück greift zentrale Probleme auf, die O'Neill und seine Familie im Jahr 1912 durchzustehen hatten – die Drogensucht der Mutter, den Alkoholismus der männlichen Familienmitglieder, die Diagnose von Tuberkulose bei Eugene selbst –, und läßt sie an einem Augusttag zwischen Morgen bis Mitternacht auf ihre Krise zutreiben. Diese offenbart schlaglichtartig die wichtigsten Charaktermerkmale, Bedürfnisse und Lebenswünsche, die Täuschungen und Selbsttäuschungen, die Versuche der Kommunikation und die fortbestehende Isolation der Figuren. Schon vom Titel her geht es um eine metaphorische Reise vom Tag in die Nacht, d.h. um eine ständige Verdunklung und wachsende Ungreifbarkeit der Realität, die durch den um das Haus herum sich ständig verdichtenden Nebel unterstrichen wird. Nicht nur das Nebelhorn allerdings erinnert an die aus der Illusionswelt der Familie ausgegrenzte Wirklichkeit, sondern auch in den Dialogen bricht momenthaft die Oberfläche automatisierter Kommunikationsspiele zu Augenblicken schmerzhafter Selbstaufklärung und geradezu bekenntnishafter Enthüllung verschwiegener Wahrheiten auf. Davon ausgeschlossen ist allein die Mutter Mary, die sich zunehmend in eine halluzinatorische Traum- und Drogenwelt zurückzieht. Die Deformation ihrer Lebensträume – als Nonne und Pianistin – ist in ihren nervösen, verkrüppelten Händen symbolisch veranschaulicht, und ihr Auftritt am Schluß, als sie ungelenk Chopin spielt und mit dem Hochzeitskleid über dem Arm wie ein Geist in die Vergangen-

Alice Brady (sitzend) als Lavinia Mannon in *Mourning Becomes Electra* am Guild Theatre

Long Day's Journey into Night

Marys paradoxe Selbstbehauptung

heit entrückt scheint, verbindet auf eigentümliche Weise den Eindruck gespenstischer Regression mit dem Eindruck visionärer Kraft, einer für O'Neill charakteristischen, wenn auch bizarren Form der Selbstbehauptung durch die Imagination.

Als Studie moderner Entfremdung nähert sich *Long Day's Journey into Night* ebenso wie *The Iceman Cometh* dem absurden Drama an, das in den 50er Jahren vor allem in Europa Triumphe feierte. Doch heben es die wenn auch kurzen Augenblicke der Verständigung und der wiedergewonnenen Lebenseinheit, und vor allem die Haltung eines empathetischen Verstehens, die es beim Publikum gegenüber *allen* Figuren weckt, von den nihilistischen Sprach- und Bühnenexperimenten des absurden Theaters ab.

Das Spätwerk O'Neills stellt bereits den Übergang zum Drama nach dem Zweiten Weltkrieg dar, mit dem das amerikanische Drama stärker als je zuvor über die Grenzen der USA hinaus wirkte und auf die Spielpläne auch europäischer Theater einen bestimmenden Einfluß gewann. Neben Wilder und O'Neill galt dies vor allem für zwei Autoren, die zum Inbegriff der Moderne im amerikanischen Drama wurden, Tennessee Williams und Arthur Miller, die bis heute zu den meistgespielten Theaterautoren der zweiten Jahrhunderthälfte gehören.

Das Nachkriegsdrama: Tennessee Williams und das psychologisch-symbolische Drama

Tennessee Williams

Brutale Desillusionierungstechnik

Williams war der erste Südstaatenautor, der als Bühnenschriftsteller zu Ruhm gelangte. Die Thematik des amerikanischen Südens im Krisenzustand des Untergangs einer dekadenten alten Kultur und des Aufstiegs einer neuen, aggressiv-materialistischen Kultur beherrscht denn auch in vielerlei Hinsicht die Handlung und Atmosphäre seiner Stücke. Sie wird zum Hintergrund psychologischer Probleme und Konfliktsituationen, die mit großer emotionaler Spannungsaufladung gestaltet werden. Williams schafft intime Psychodramen, die den inneren Kern der Charaktere gegenüber ihren äußeren Masken und Rollen mit teilweise brutaler Desillusionierungstechnik enthüllen. Stärker noch als bei O'Neill rückt dabei das Thema der Sexualität in den Mittelpunkt, und zwar sowohl als Antriebskraft für die Lebensträume der Figuren, als auch als Ursache destruktiver Verhaltensweisen aufgrund ihrer kulturellen Unterdrückung. Williams war schon früh ein Außenseiter der Gesellschaft, und seine literarische Imagination entwickelte sich im Gegenzug zur Welt der Normalität, zu der er keinen angemessenen Zugang fand. Die schweren Traumata, Krankheiten und Nervenkrisen, die sein Leben überschatteten, hinterließen unübersehbare Spuren in seinem Werk.

Der Durchbruch gelang ihm 1944 mit seinem fünften Stück, der *Glass Menagerie*, das deutliche Parallelen zur engen, problematischen Beziehung zwischen Williams und seiner Schwester enthält. Aus der epischen Technik von Vergegenwärtigung und erinnernder Rückblende bezieht dieses *memory play* seine im Vergleich zu späteren Werken wenig spektakuläre, dennoch aber höchst spannungsreiche, fast lyrisch nach innen gerichtete Dramatik. Hauptfigur des Stücks ist Laura, die leicht körperbehinderte und menschenscheue Schwester des ›Erzählers‹ Tom, die vor den Anforderungen des Alltags in die Illusionswelt ihrer Glastierchensammlung geflohen ist und dort den fragilen Traum eines künstlichen, gewissermaßen die Poesie selbst verkörpernden Ersatzlebens hegt. In dieser Symbolik der Zerbrechlichkeit, der Künstlichkeit und der Traumwelt, die die Glasfiguren beinhalten, besteht ein zentraler Bildbereich des Dramas, der die zerbrechlichen Lebens-

Jane Wyman als Laura mit dem gläsernen Einhorn in einer Verfilmung von *The Glass Menagerie* (1950)

hoffnungen aller Beteiligen illustriert. Der in *Glass Menagerie* nur angedeutete Realitätsbezug wird in den nachfolgenden Werken weitaus direkter gestaltet, wenn auch nie auf die symbolistische Verdichtung und Durchgestaltung dieser Realität verzichtet wird. *A Streetcar Named Desire* (1947) spielt in einem schäbigen Stadtteil von New Orleans und stellt der dekadenten, hypersensiblen Aristokratin Blanche DuBois den zur Arbeiterschicht gehörenden polnischen Einwanderer Stanley Kowalski als Extremform des ›männlichen‹ Prinzips gegenüber, der voll animalischer Vitalität und als brutaler Macho gezeichnet ist, während Blanche in ihrer ›delicate beauty‹ und ihren weißen Kleidern an eine Motte erinnert, die sich zwanghaft dem tödlichen Feuer nähert. Die Zerstörung ihrer Persönlichkeit durch Stanley kompensiert Blanche damit, daß sie sich – ähnlich wie Mary in O'Neills *Long Day's Journey* – vollständig in die Wahnwelt ihrer Einbildungen zurückzieht und, als sie am Ende in eine Anstalt eingeliefert wird, sich wieder als aristokratische Südstaatenlady empfindet. Noch in der Hartnäckigkeit der Illusion, mit der sie ihre Opfer- und Außenseiterrolle überspielt, gewinnt sie eine beeindruckende dramatische Statur.

Der episodischen, eher psychologisch-assoziativen als logisch-kausalen Handlungsfolge entspricht die Auflösung der traditionellen Aktstruktur in eine Abfolge von elf Szenen, die jeweils für sich kleine Miniaturdramen darstellen, aber dennoch auf die Gesamtaussage bezogen sind. Dem Stück eignet so eine besonders ausgeprägte Bühnenhaftigkeit, die es für die bekanntesten Regisseure attraktiv gemacht hat und seine Beliebtheit auch bei kleineren Theatern erklärt. Eine wichtige Rolle spielt die Musik, wobei der für New Orleans typische Jazz, repräsentiert durch das ›Blue Piano‹, ständig mit dem Rhythmus der Polka abwechselt, die Blanches gescheiterte Vergangenheit zurückruft. Die Lautkulisse nimmt mitunter dämonische Züge an (»The night is filled with inhuman voices like cries in a jungle«), die klare Trennung zwischen Innenraum und Außenraum verschwimmt, die Lichtregie wird zur Wirkungsverstärkung eingesetzt – alles Aspekte von Williams' Versuch, nicht nur ein Worttheater, sondern ein an die konkreten Sinneserfahrungen des Publikums appellierendes *plastic theatre* zu schaffen.

Dies gilt auch für *Cat on A Hot Tin Roof* (1955), in dessen Vorwort Williams noch einmal seine Absicht betont, den Zuschauer unmittelbar anzusprechen und dabei nicht nur »the surface aspects of their lives« zu behandeln, auch wenn dies auf Kosten leichterer Konsumierbarkeit geht. Die Oberfläche, die Williams in diesem Stück durchbricht, ist die Fassade intakten sozialen und familiären Lebens auf einer reichen Plantage im Mississippi-Delta. Trotz der durchaus starken Individualisierung geht es Williams wiederum nicht allein um das Schicksal einzelner, sondern um eine gewissermaßen gruppendynamische Situation, um die emotionalen Spannungen und Interaktionsbeziehungen in einer eng aufeinander bezogenen Gruppe von Charakteren, von denen jeder eine verschiedene Rolle und ein verschiedenes Selbstbild verkörpert. Im Verlauf des Stücks werden diese Selbstbilder gleichsam einem gegenseitigen Wahrheitstest unterworfen und in der für Williams typischen, schockartigen Konfrontationstechnik mit der desillusionierenden Realität in Beziehung gesetzt. Das bisher gültige Familiensystem wird radikal in Frage gestellt und zu einer Krise geführt, die die bisherigen Voraussetzungen des Zusammenlebens und Selbstverständnisses der Familienmitglieder zerstört, gleichzeitig aber wie ein reinigendes Gewitter ein bisher verborgenes Potential der Selbsterkenntnis und der vitalen Charakterstärke zutage fördert. Das Thema von Erfolg und Scheitern ist insbesondere im Sohn Brick angelegt, der einst wie sein Freund Skipper ein

A Streetcar Named Desire

Straßenbahnwagen *Desire*, New Orleans

Cat on a Hot Tin Roof

Familienkrise und Selbsterkenntnis

umjubelter Football-Star gewesen war und aus dieser frühen Erfolgsrolle nicht mehr den Weg ins Normalleben zurückgefunden hat. Andererseits erinnert die vitale Kraft seiner Frau Maggie, der weiblichen Titelfigur, an die auch bei O'Neill und, weiter zurück, bei G.B. Shaw erkennbare Konzeption einer *life force*, die neben dem gemeinsamen Bezug auf Nietzsche Williams' literarische Verwandschaft mit D.H. Lawrence belegt.

Spätwerke zwischen Sensation und Selbstreflexion

Gegenüber diesen großen Erfolgen verblaßten die nachfolgenden Werke in der öffentlichen Einschätzung des Autors. Als Beispiele, die der mitunter erkennbaren Gefahr der Selbstwiederholung entgehen und die Weiterentwicklung seiner Dramenkunst belegen, seien *Suddenly Last Summer* (1958) und *The Two-Character Play* (1967) erwähnt. Ersteres treibt die eine Tendenz in Williams' Werk, nämlich die ins Sensationelle gehende Darstellung von Sinnlichkeit und Gewalt, zum Extrem, während *The Two-Character Play* die andere Tendenz, nämlich die zur Reflexion, zur sprachlich-poetischen Selbstbewußtheit und zur Thematisierung der dramatischen Kunst selbst radikalisiert. Dominieren im ersteren Drama spektakuläre Szenerie und üppig wuchernde Symbolik, so im letzteren das Spiel der Wörter, ein fast handlungsloser Dialog und eine an Beckett erinnernde Auflösung aller tragfähigen Kategorien des herkömmlichen Dramas. In *Suddenly Last Summer* bildet ein exotischer, dschungelähnlicher Garten den Ort des Geschehens, der von Schreien und Geräuschen erfüllt ist und mit seinen fleischfressenden Pflanzen der bizarren, von Wahnsinn und Kannibalismus gekennzeichneten Handlung entspricht. In *The Two-Character Play* bleiben Ort und Zeit ebenso unbestimmt wie die Richtung des Geschehens, die sich allein aus dem Akt des Schauspielens selbst und den über dieses reflektierenden Dialogen ergibt. Handlungsort ist ein geschlossener Theaterraum, aus dem es kein Entrinnen gibt und der sowohl für das Geschehen auf der Bühne wie auch für die Zuschauer, die in den Aufführungsvorgang hineingezogen werden, als lebensbestimmendes *prisonhouse of fictions* erscheint. Der Versuch, in eine unmittelbare, sinnlich nachvollziehbare Realitätserfahrung auszubrechen, und der Versuch, die Mittel des Dramas und des Theaters selbst als ein Medium zu begreifen, durch das der Zugang zu jeglicher Realitätserfahrung allererst möglich und damit wesentlich mitstrukturiert wird, bilden zwei Pole, innerhalb derer Williams' dramatisches Schaffen sich abspielt. Aus dessen späterer Phase sticht *Clothes for a Summer Hotel* (1980) hervor als Studie des Zusammenhangs von Literatur und Wahnsinn, der hier an der in einer Anstalt untergebrachten Zelda Fitzgerald dargestellt wird, der Frau F. Scott Fitzgeralds, aber zweifellos auch autobiographische Bezüge zur eigenen, von Selbstzweifel und Wahnsinn bedrohten Situation von Williams gegen Ende seines Lebens aufweist.

Arthur Miller, 1956

Arthur Miller und das social domestic drama

Miller teilt mit Williams den Ruf, der bedeutendste amerikanische Dramatiker der Nachkriegszeit zu sein. Während bei Williams stärker die Psychologie der Figuren im Vordergrund steht, auch wenn sie vor dem Hintergrund der Südstaatengesellschaft konturiert werden, so steht bei Millers *social domestic drama* stärker die Wechselbeziehung zwischen häuslich-familiärer und allgemein gesellschaftlicher Sphäre im Mittelpunkt. Die Dynamik und realitätsbestimmende Macht kulturell vermittelter Selbst- und Fremdbilder in ihrem gebrochenen Verhältnis zu den persönlichen Lebensinteressen der einzelnen Menschen herauszustellen, ist ein zentrales Anliegen seiner Werke. Der *American Dream,* der ja das Sinnziel der Gesamtgemeinschaft vom erfolgreichen individuellen Glücksstreben ihrer einzelnen Mitglieder her bestimmt, liefert dabei den zentralen Mythos, dem Arthur Miller in seinem bekanntesten Drama *Death of A Salesman* (1949) ein ebenso eindrucksvolles wie kritisches Denkmal gesetzt hat.

Für den Sohn einer relativ wohlhabenden deutsch-jüdischen Familie wurde die Weltwirtschaftskrise 1929, in der auch der Betrieb seines Vaters bankrott ging, zur prägenden Erfahrung. Konnte sich Williams' psychologische Sensibilität und poetische Phantasie gewissermaßen im Treibhausklima einer hauptsächlich über Bücher ablaufenden Sozialisation entfalten, so ergab sich das Interesse Millers an Literatur erst, nachdem er in der Realität mit den verschiedensten Problembereichen amerikanischen Lebens vertraut geworden war. Shakespeare, Shaw und O'Neill, vor allem aber Ibsen und Strindberg prägten seine Auffassung vom Drama. Zeitweise war er Schüler des in die USA emigrierten Piscator und arbeitete für das Federal Theatre Project. Der erste große Theatererfolg gelang ihm mit *All My Sons* (1947), das in der Nachfolge Ibsens steht und in rückblickend rekonstruierten Gesprächen und Begegnungen, dem Ansatz des *social domestic drama* entsprechend, an der privaten Vater-Sohn-Beziehung eine allgemeinere moralisch-gesellschaftliche Problematik aufzeigt.

Trauma der Weltwirtschaftskrise

Millers bedeutendstes Stück *Death Of A Salesman*, das rasch zum Welterfolg und zu einem der meistgespielten Stücke des amerikanischen Dramas überhaupt wurde, traf den Nerv der neuen Prosperität und des nationalen Selbstbewußtseins der USA nach dem Ende des Weltkriegs. Explizit wird hier die tagtraumhafte Qualität des Erfolgsmythos herausgestellt; die Anpassungsmechanismen und psychischen Zwangsstrukturen werden freigelegt, die dieser Mythos hervorbringt und die den amerikanischen Traum zum Alptraum werden lassen. Willy Loman (der sprichwörtliche *low man*) ist ein alternder und erfolglos gewordener Handlungsreisender, der dennoch das Charisma des *salesman* – gewinnendes Lächeln, unterhaltsamen Witz, joviales Wesen – nach außen hin aufrechtzuerhalten versucht.

Death of a Salesman *und der Erfolgsmythos*

Willy ist teils wie ein sympathischer Normalmensch, der die Tragödie des *common man* in seiner Abhängigkeit von undurchschaubaren Veränderungsprozessen der Gesellschaft illustriert; teils ist er wie ein Suchtkranker, dessen Droge die Welt seiner Illusionen ist, die ihn allein den Druck der Wirklichkeit aushalten läßt. Als er keinen Ausweg mehr sieht, begeht er einen als Autounfall getarnten Selbstmord, um damit der Familie die Versicherungssumme zukommen zu lassen. Heroische Größe und wahnhafter Eigensinn sind hier auf eigentümliche Weise miteinander vermischt, wie die Reaktion seiner Frau Linda zeigt, die Willys Verhalten verständnislos gegenübersteht, da gerade an diesem Tag alle Schulden für ihr Haus abbezahlt sind. Der ursprüngliche Titel des Stücks lautete *The Inside Of His Head*, und Miller gelingt es in der Verbindung von realistischen Mitteln und einer *stream-of-consciousness*-Technik, die durch Bühnenbild, Beleuchtungseffekte und musikalische Leitmotive unterstützt wird, Innen- und Außenwelt in ihrem gebrochenen Verhältnis zu zeigen. Der Bewußtseinszustand eines einzelnen, der sich angesichts nur halb verstandener Herausforderungen seiner Umwelt in seiner persönlichen Würde zu behaupten versucht, wird unmittelbar auf die Bühne gebracht, aber gleichzeitig mit einer objektiveren Außenansicht konfrontiert, in der die subjektive Sinnkonstruktion als Symptom einer paranoiden, ja schizophren gestörten Persönlichkeit erscheint – ohne daß einer der beiden Sichtweisen eine klare Dominanz oder ein überlegener Wahrheitsanspruch zukommt.

Tragik und kulturelle Pathologie

Millers historisches Drama *The Crucible* (1953) über die Hexenver-

The Crucible

Dustin Hoffmann als Willy Loman in einer Verfilmung von *Death of a Salesman* (1984), mit John Malkovich (r.) und Stephen Lang

Politische Implikationen

folgungen des Jahres 1692 in Salem, Massachusetts ist eine sozialpsychologische Studie des Sündenbockmechanismus, durch den eigene Schwächen und Ängste auf andere projiziert werden. Die Sündenbockrolle, die hier von den ›Hexen‹ erfüllt wird, wurde im Lauf der Geschichte abwechselnd von den verschiedensten Minoritäten und Randgruppen der Gesellschaft eingenommen. Die McCarthy-Ära der 50er Jahre in ihrem hysterischen Anti-Kommunismus war eine vergleichbare Zeit, zu der Miller, der selbst vor das Committee on Un-American Activities zitiert wurde, in seinem Stück deutliche Parallelen herstellt. Das Drama zeigt an der Ausnahmesituation der Hexenverfolgung die Strukturen auf, die der Alltagssituation gesellschaftlichen Zusammenlebens zugrunde liegen. Gleichzeitig bringt die Zuspitzung der Verhältnisse auch den Charakter der individuellen einzelnen stärker zum Vorschein, der im Normalleben in den äußerlichen, formalisierten Ritualen des Umgangs eher verschwindet. So wird der eitle Pastor Parris, dem alles an der äußeren Aufrechterhaltung seines Ruf und seiner Autorität liegt, in seiner ganzen Angst und Schwäche vorgeführt, die ihn am meisten gegen die Angeklagten hetzen und, als er am Schluß die Unterstützung für seine Position auseinanderbröckeln sieht, jede Würde und Selbstkontrolle verlieren läßt. So wird an den Richtern Danforth und Hathorne – einem Vorfahren von Nathaniel Hawthorne – die Selbstgerechtigkeit der Amtsinhaber deutlich, die menschliche Regungen unterdrückt und die Richter selbst zur Inkarnation jener ›finsteren‹ Mächte macht, die sie zu bekämpfen meinen. So wird der Intellektuelle Hale, der als Experte für *witchcraft* zum Gericht hinzugezogen wird und zunächst im Glauben an seine »precise science« voll Enthusiasmus seine Aufgabe aufnimmt, durch den Ablauf des Geschehens zum Gegner der Prozesse geläutert, der allerdings nun vergeblich gegen den Mechanismus anzukämpfen versucht, den er mit in Gang gesetzt hat. Sind Pastor Parris eher grotesk und die Richter eher satirisch gezeichnet, so trägt die Entwicklung des Intellektuellen Hales bereits tragische Züge, die dem Titel des Dramas, *The Crucible*, entspricht, also dem Gedanken einer ›Feuerprobe‹, in der die wahren Charaktereigenschaften eines Menschen zum Vorschein kommen und mit seinen bisherigen Selbsttäuschungen und Trugbildern konfrontiert werden, wodurch er gleichzeitig eine höhere Entwicklungsstufe erlangt. Letzteres gilt vor allem für John Proctor, einen Farmer und selbständig denkenden Mann, der im Mittelpunkt des dramatischen Konflikts steht. Indem er aus Solidarität mit den anderen Opfern den eigenen Tod akzeptiert, hält er symbolisch jene Werte aufrecht, die das selbstgerechte Ordnungssystem der dargestellten Gesellschaft, gerade indem es sie mit allen Mitteln aufrechtzuerhalten beansprucht, zerstört. Das Drama zeichnet sich durch hohe Spannung und kompositorische Dichte aus und ist thematisch bis in unsere Zeit aktuell. Der klassischen Tragödienform angenähert, ist es zwar formal nicht so experimentell wie *Death of A Salesman*, aber dennoch enorm bühnenwirksam und stellt eines der besten Stücke der amerikanischen Dramenliteratur dar.

Menschlicher Reifungsprozeß

In den auf *The Crucible* folgenden Jahren wurde Millers Produktivität durch die McCarthy-Untersuchungen und die Manager-Tätigkeit für seine neue Ehefrau Marilyn Monroe beeinträchtigt. Nach Einaktern wie *A View From The Bridge* (1955) und dem Drehbuch für *The Misfits* (1961) mit Monroe in der Hauptrolle kam erst 1964 mit *After The Fall* ein neues abendfüllendes Drama zur Aufführung. Das Stück lebt von seinem Bezug zu der 17 Monate vor der Uraufführung aus dem Leben geschiedenen Star-schauspielerin, die kaum verschlüsselt in der Rolle der Maggie fiktional gestaltet ist. *Incident at Vichy* aus demselben Jahr beschäftigt sich mit der Frage von Widerstand und Ohnmacht bei Opfern des Nazi-Regimes. Unter den späteren Werken sind *The Price* (1968) zu nennen, in dem der Autor sein zentrales Thema der moralischen Verantwortung des einzelnen in Familie und Staat abhandelt, und *The American Clock* (1980), wo die Zeit der 30er Jahre aus einer fast nostalgischen Sehnsucht nach deren klar konturierten sozialen Konfliktmustern wiederbeschworen wird. Nach Theateressays und einer Autobiographie, *Timebends* (1987), hat Miller in den 90er Jahren als Dramatiker mit dem Einakter *The Last Yankee* (1991) und vor allem mit dem abendfüllenden Stück *Broken Glass* (1994) erneut nachdrücklich auf sich aufmerksam gemacht. *Broken Glass* greift den für den Autor schon seit *All My Sons* wichtigen Zusammenhang von privater und öffentlicher Sphäre, von zwischenmenschlicher und politisch-mora-lischer Verantwortung auf. Dieser wird hier an den unterschiedlichen Re-aktionen eines jüdischen Ehepaars in New York im Herbst 1938 auf den heraufziehenden Holocaust gezeigt, der auf sinistre Weise mit den Bezie-hungsproblemen der Figuren zusammenzuhängen scheint.

Broken Glass

Anders als bei Sartre, mit dem Miller verglichen wurde, fehlt bei Miller die satirisch-entlarvende Aggressivität des französischen Existentialisten. Stattdessen ist wie bei O'Neill eine Verstehenshaltung des Autors noch gegenüber seinen negativsten Figuren erkennbar, die zwar für die schlimm-ste Pervertierung menschlicher Werte anfällig sind, aber niemals ganz aus dem Ethos der Solidarität ausgeschlossen werden, das die Stücke vermitteln. Millers Dramatik ist zutiefst humanistisch und verbindet klassische und modernistische Dramenform zur Etablierung menschlicher Sinn- und Wert-perspektiven in einer Zeit, die als zunehmend unvereinbar mit solchen Perspektiven erscheint. Wie bei Williams wird bei ihm das Drama gerade in seinem tragischen Potential zum Medium einer Kulturkritik, das zentrale Defizite und Krisenpunkte der amerikanischen Gesellschaft aufgreift und symbolisch inszeniert. Damit steht es in Kontinuität zum modernen ame-rikanischen Drama seit seinen Anfängen bei Eugene O'Neill.

Ethos der Solidarität

POSTMODERNE BIS ZUR GEGENWART

Die zweite Hälfte des 20. Jh.s wird gemeinhin als das Zeitalter der Postmoderne bezeichnet, das auf die je verschieden datierte und definierte Moderne folgt. Es ist von der raschen Abfolge und Interrelation einschneidender Entwicklungen auf politischem, kulturellem und gesellschaftlichem Gebiet geprägt. Diese Entwicklungen scheinen einer doppelten Grundtendenz zu folgen. Zum einen ist gegenüber den eher kollektiven gesellschaftlichen Orientierungen der ersten Jahrhunderthälfte, insbesondere der 30er Jahre, eine deutliche Individualisierung der Weltsicht und ein verstärktes Bewußtsein der Relativität und Partialität von Selbst- und Weltbildern zu beobachten. Zum anderen vollzieht sich in verschärftem Tempo die schon in der Moderne eingeleitete Ablösung traditioneller Vorstellungen von Gesellschaft und Kultur, sowohl im entfremdenden Sinn der fortschreitenden Anonymisierung von Lebensbezügen und des oft traumatisch erfahrenen Verlusts gesicherter Werte und Identitätsmuster, als auch im befreienden Sinn des Entwurfs neuer, alternativer Lebens- und Gemeinschaftsformen auf der Grundlage pluralistischer, zunehmend auch ökologisch orientierter Formen des Denkens und des künstlerischen Schaffens. Entsprechend der Vielgestaltigkeit dieses Übergangs reicht die seit der Jahrhundertmitte entstandene amerikanische Literatur von konventionellen realistischen Darstellungsformen bis zu radikalen Experimenten des Postmodernismus. Sie spiegelt einerseits die positiven wie negativen Auswirkungen eines elektronischen Zeitalters und entwirft andererseits Möglichkeiten eines hierarchiefreien Zusammenlebens in einer multikulturellen Gesellschaft. In diesem emanzipatorischen Sinn ist die Literatur der Postmoderne von der allmählichen Ablösung modernistischer Ideen durch einen Kultur- und Textbegriff gekennzeichnet, der tradierte Konzepte von Struktur, Subjekt und Sprache negiert und der im Spannungsfeld zwischen sozialkritischer Intention, experimenteller Innovation und existentieller Erneuerung steht.

Die Fortführung der Moderne unter geänderten gesellschaftlichen Bedingungen (50er und 60er Jahre)

Umbrüche nach dem Zweiten Weltkrieg

Ebenso wie der Erste Weltkrieg, so stellt auch der Zweite Weltkrieg eine markante Zäsur in der Entwicklung moderner Gesellschaften dar und bringt neben den durch militärische Aktionen geschaffenen politischen Realitäten zahlreiche Veränderungen auf kulturellen und wissenschaftlichen Gebieten mit sich. Thomas Kuhns Begriff des Paradigmenwechsels (*The Structure of Scientific Revolutions*, 1962) steht für die Ablösung der seit der Aufklärung bestimmenden rationalistischen Denkmuster durch skeptischere, den veränderten historischen Bedingungen und der Relativität von Erkenntnisansprüchen Rechnung tragende Konzepte. Die schon nach dem Ersten Weltkrieg deutliche, von E. Husserl beschriebene ›Krise des europäischen Bewußtseins‹ sowie der in diesem Kontext entstandene Existentialismus (Heidegger, Sartre) setzen sich in der literarischen Kultur nach dem Zweiten Weltkrieg radikalisiert fort oder werden durch neue Darstellungskategorien modifiziert, die den aus den Kriegen erwachsenen grotesken und absurden Erlebniskategorien entsprechen. Die schon bei Max Weber bzw. Georg Lukács für die Moderne kennzeichnende ›Entzauberung der Welt‹ oder ›transzendentale Obdachlosigkeit‹, der Verlust einer metaphysisch garantierten Wirklichkeit, verschärft sich nach 1945 im Fehlen klar definierter Leitbilder und führt zu einer zunehmend an Orientierungslosigkeit und Entfremdung leidenden anonymen Massengesellschaft. Eine bislang als kontinuierlich begriffene Geschichte der progressiven Entwicklung zum Besseren erscheint nun von Diskontinuitäten und Brüchen gekennzeichnet.

An die Stelle einer linear fortschreitenden Geschichte der Lebenswelt tritt die Dominanz technologischer Entwicklungen, die zu der technokratisch alle Verwaltungsbereiche menschlichen Lebens beherrschenden Computerisierung des elektronischen Zeitalters führt. Die Verlagerung konkret wahrnehmbarer realer Abläufe in unsichtbare Mechanismen, bzw. die von Marshall McLuhan als *extensions of man* bezeichnete Übertragung menschlicher Fähigkeiten an Maschinen, findet ihren Höhepunkt in der drohenden Ersetzung des Menschen durch Computer und Roboter, wie die Wahl des Computers zum ›Man of the Year‹ auf dem Titelbild von *Time Magazine* im Jahre 1982 zeigt. Die damit einhergehende Verunsicherung kann zwar vorübergehend noch durch ideologische und kulturelle Konsensprogramme überdeckt werden, kommt jedoch zunehmend in irrationalen Strukturen zum Durchbruch.

Computerisierung

Dieser zwischen manifesten und latenten Strukturen oszillierende Sachverhalt spiegelt sich in den Wissenschaftsdiskursen der Zeit, die sich mit den geänderten Verhältnissen in der Gesellschaft, der Konzeption des Individuums und der Analyse von Kunst und Kultur in der Nachkriegszeit befassen: Soziologie, Psychologie und Literatur- bzw. Kulturwissenschaft. Im Zuge der neuen Entwicklungen sind in den USA vor allem Soziologie und Psychologie bedeutend geworden, während neue literatur- und kulturwissenschaftliche Methoden sich erst allmählich gegen den Einfluß des werkimmanente Interpretationen pflegenden *New Criticism* durchsetzen konnten. Die ursprünglich noch positivistischen Methoden verpflichtete Soziologie widmet sich seit den 50er Jahren schwerpunktmäßig der Analyse der mit der Massengesellschaft einhergehenden Anonymität der Menschen (D. Riesman, *The Lonely Crowd*, 1950), der zunehmenden Bürokratisierung (W. Whyte, *The Organization Man*, 1956) und dem wachsenden Reichtum der Gesellschaft (J. K. Galbraith, *The Affluent Society*, 1958).

Zeitgenössische Wissenschaftsdiskurse

Soziologie

Gleichzeitig werden aber auch die verborgenen Mechanismen aufgedeckt, die das Verhalten der Menschen zwischen gesellschaftlicher Rollenerwartung, Rollenübernahme oder Rollenverweigerung steuern (V. Packard, *The Hidden Persuaders*, 1957). Auf dem Gebiet der Psychologie erweist sich der Einfluß Freuds als prägend, dessen Erkenntnisse über die menschliche Psyche im Laufe der Nachkriegszeit adaptiert, modifiziert und transformiert werden. Dabei reicht die Spannbreite der Untersuchungen von behavioristischen Modellen (B. F. Skinner, *Walden Two*, 1948) über psychotherapeutische Theorien zur Identitätsbildung (Erik Erikson, *Identity and the Life Cycle*, 1959) bis zur Rezeption der post-Freudianischen Positionen

Psychologie

Edward Hopper,
»Western Motel« (1957)

der englischen bzw. französischen Psychoanalytiker R. D. Laing (*The Divided Self*, 1969) und Jacques Lacan (*Ecrits*, 1966). Sexuelle und erotische Aspekte werden zunehmend Gegenstand wissenschaftlicher Untersuchungen: einerseits in Studien zum Sexualverhalten (Kinsey Report, William Masters/Virginia Johnson, *Human Sexual Response,* 1966), andererseits in den Arbeiten der deutschen Exil-Psychoanalytiker Wilhelm Reich und Erich Fromm. Die kulturpsychologischen Arbeiten Freuds werden von Norman O. Brown und Herbert Marcuse mit Bezug zur Geschichte (*Life Against Death*, 1959) bzw. zum Marxismus (*Eros and Civilization,* 1955) fortgesetzt, die die Rebellion der amerikanischen Jugend gegen hierarchische und vereinnahmende Strukturen der Gesellschaft prägen.

Kultur- und Geisteswissenschaften

Auf dem Gebiet der Kultur- und Geisteswissenschaften schließlich vollzieht sich ein Wandel von den eher philologischen Interpretationen hin zu kulturwissenschaftlich untermauerten Analysen. So wird der in F. de Saussures *Cours de linguistique générale* (1916) zuerst entwickelte Strukturalismus zur Erfassung sprachlicher Strukturen ab den 50er Jahren als methodisches Konzept für die Anthropologie (C. Lévi-Strauss), die Psychologie (J. Piaget), die Philosophie (J. Derrida) und die Literaturwissenschaft (R. Barthes, G. Genette, T. Todorov) fruchtbar gemacht. Strukturalistische Methoden der Literaturwissenschaft erreichen den amerikanischen Kontinent Ende der 60er Jahre, als in Europa das rigide methodische Konzept des Strukturalismus allmählich vom Poststrukturalismus abgelöst wurde. In rascher Folge werden diese neuen methodischen Ansätze an den amerikanischen Universitäten übernommen und weiterentwickelt.

Von Konsens zu Dissens, von Konformität zu Differenz

Die 50er und 60er Jahre sind politisch vom Kalten Krieg sowie den verlorenen Kriegen in Korea und Vietnam, kulturell von individuellem Protest, alternativen Lebensformen und der Revolte der Jugend und Minoritäten geprägt. In teilweiser Fortführung der formalen Entwürfe der Moderne und im Kontrast zum gesellschaftlichen Konformismus der Zeit dient die Literatur der 50er Jahre primär der Identitätsfindung und der Reflexion über das Verhältnis von Individuum und Gesellschaft. Der bestimmende Einfluß der modernen Lyrik auf die Nachkriegszeit durch das Spätwerk T. S. Eliots etwa sowie die literaturkritische Dominanz des *New Criticism* werden am radikalsten durch die Leben und Kunst verbindenden Aktivitäten der Beat Generation zurückgewiesen. Dabei handelt es sich um eine Gruppe von Schriftstellern, die sich als Außenseiter der Gesellschaft und Vertreter einer neuen Literatur verstanden.

Die Beat Generation

Die wichtigsten dieser auch als Beatniks bezeichneten Autoren, Lawrence Ferlinghetti, Jack Kerouac, Gary Synder und Philip Whalen, waren an der Dichterlesung beteiligt, die im Herbst 1955 in dem City Lights Buchladen der Six Gallery in San Francisco stattfand und deren Höhepunkt der Vortrag von Allen Ginsbergs Gedicht *Howl* war. Dieses literarische Ereignis kann als Orientierungspunkt für die neue Nachkriegsliteratur gelten und bringt die in der Bedeutung von *beat* als ›niedergeschlagen‹ bzw. *beatific* als ›glückselig‹ (Kerouac) enthaltene doppelte Konzeption zum Ausdruck. *Howl* steht sowohl für das Gefühl der von der Gesellschaft verstoßenen Außenseiter als auch für die aus der Marginalisierung gewonnene mystische Vision: »I saw the best minds of my generation destroyed by madness, starving hysterical naked, / dragging themselves through the negro streets at dawn looking for an angry fix.« Das nach seiner Demission von der Columbia University wegen Obszönität und nach dem Umzug von New York nach San Francisco verfaßte Gedicht ist ein Aufschrei der sich den Konventionen der Gesellschaft widersetzenden Intelligenz, wirbt um Verständnis für alternative Lebensformen und Homosexualität und beschreibt die vielfältigen Versuche der Bewußtseinserweiterung durch Drogenkonsum, aber auch durch mystische Elemente der jüdischen, christlichen und buddhistischen Religionen. Durch diese mystische Erweiterung des Bewußtseins, Ginsberg spricht von »Bhudda consciousness«, wird auch eine in dem Gedicht »America« (1956) zum Ausdruck kommende Öffnung des Verständnisses von Amerika möglich, das einerseits die Identifizierung des Sprechers mit dem Land trotz aller Negativa ermöglicht (»It occurs to me that I am America. / I am talking to myself again.«), andererseits die geistige Annäherung von Amerika und Asien über ideologische Konflikte des Kalten Krieges hinweg ermöglicht. In dieser Öffnung nach dem Osten und dem Wunsch nach einem kosmopolitischen Amerika steht Ginsberg – wie andere Beatniks – seinem großen Vorbild Walt Whitman nahe, der in einem von Ginsbergs besten Gedichten, »A Supermarket in California« (1955), den Beat-Dichter durch die kommerzielle Gegenwart des amerikanischen Alltags begleitet. Mit den katalogartigen Aufzählungen seines in freien Versen verfaßten Langgedichtes stellt sich Ginsberg auch formal gegen die Konventionen der Zeit in Gesellschaft und lyrischer Praxis. Dabei sind die freie Verszeile und die Performanz des Gedichts der Improvisation des Jazz vergleichbar, eine Nähe zur Musik, die allen Beats eigen war. Später pflegt der Dichter den von buddhistischen *chants* abgeleiteten Sprechgesang beim Vortrag. Neben den politischen Themen wandte sich Ginsberg auch persönlichen Themen zu, wie etwa dem Leben und Sterben seiner Mutter Naomi in einer psychiatrischen Klinik in der Elegie »Kaddish« (1958–60), die jedoch über den persönlichen Bezug hinaus auch eine bedeutende Phase jüdisch-amerikanischer Existenz und als Elegie die Haltung des Dichters zur amerikanischen Nation zum Ausdruck bringt, wie sie sich später unter dem Eindruck des Vietnamkrieges verstärkt in dem Gedichtband *The Fall of America: Poems of These States, 1965–1971* (1972) ausdrückt.

Mystische Einflüsse

Allen Ginsberg

Einfluß des Jazz

Die politische Komponente als Wesenszug der Leben und Werk verbindenden Dichtung der Beatniks zeigt sich besonders im Werk von Greg-

Gregory Corso

Lawrence Ferlinghetti

Beat Poets und japanische Literatur: Kenneth Rexroth

ory Corso und Lawrence Ferlinghetti. Wie Ginsberg und die später als Romanciers zu behandelnden Jack Kerouac, William Burroughs und John Clellon Holmes gehören Corso und Ferlinghetti ebenfalls zu den aus New York stammenden befreundeten Dichtern der Beat Generation. Während Corso, der seine oft bewußt schockierende, destruktive Lyrik als Satire und Zeitkritik begreift und in der poetischen Imagination eine moralische, gesellschaftsverändernde Kraft sieht, zwischen New York und San Francisco wandert, wird Ferlinghetti neben seinen eigenen Dichtungen vor allem mit der Organisation der neuen Lyrik an der Westküste identifiziert. Einerseits schuf er mit dem 1953 gegründeten City Lights Bookshop in San Francisco ein Forum für Dichterlesungen und avantgardistische Künstler, andererseits verlegte er die neuen Gedichtbände in seiner Pocket Poets Series und der Zeitschrift *Beatitude*, auch wenn – wie im Falle von Ginsbergs *Howl* – der ästhetische Wert der neuen Dichtung erst gerichtlich gegen den Vorwurf der Obszönität verteidigt werden mußte. In seiner eigenen Dichtung, deren bekanntester Band *A Coney Island of the Mind* (1958) noch dem gleichnamigen, vom Realitätsdruck befreiten Amusement Park in New York verpflichtet ist, wendet sich Ferlinghetti gegen die politischen und gesellschaftlichen Auswüchse des kapitalistischen Systems zur Zeit des Kalten Krieges und ruft zu einer Veränderung der Gesellschaft durch eine Counterculture auf. Wie bei Ginsberg und anderen Beats sind die Parameter für die Neudefinition seines Amerika die an Whitman erinnernden romantischen Visionen von Freiheit und östlicher Mystik.

Das allen Schriftstellern der Beat Generation gemeinsame Interesse für östliche Philosophie wird zu einer tragenden Komponente in den Gedichten der von der Westküste stammenden, sich zur San Francisco Renaissance zählenden Dichter Kenneth Rexroth und Gary Snyder. Rexroths Gedichte, die durch ihre sozialkritische Intention zum Aufbau einer alternativen, auf anarchistischen Prinzipien basierenden Gesellschaft führen sollten – wie es beispielhaft in dem als Nachruf auf den walisischen Dichter Dylan Thomas verfaßten Gedicht »Thou Shalt Not Kill« (1956) deutlich wird –, wurden schließlich durch seine Kenntnis der asiatischen Literatur und Philosophie stilbildend für die Beschäftigung der Beats mit nicht-westlichen Kulturen. Besonders ins Auge fällt der Einfluß der klassischen japanischen Literatur, die er einfühlsam übersetzt und in seine eigenen Gedichte integriert, wie etwa in dem nach dem ersten Japanaufenthalt entstandenen, Landschaftsbeschreibungen darstellenden Band *The Heart's Garden, The Garden's Heart* (1967). Der japanische Einfluß und das Interesse an der Natur (*In Defence of the Earth,* 1956) bei Rexroth ist auch zu den prägenden Merkmalen der Dichtung Gary Snyders geworden, der von 1956–64 fast ausschließlich in Japan lebte. Die in den 50er Jahren verfaßten Gedichte, *Riprap* (1959) und *Myths & Texts* (1960), die er bei der denkwürdigen Dichterlesung in der Six Gallery 1955 in San Francisco vortrug, belegen seine aus japanischen Quellen, der Beschäftigung mit indianischen Mythen des Nordwestens und der Literatur der amerikanischen Romantik gespeiste, die kosmische Interdependenz allen Seins harmonisch verbindende Vision.

> Lay down these words
> Before your mind like rocks
>   placed solid, by hands
> In choice of place, set
> Before the body of the mind
>   in space and time:
> Solidity of bark, leaf, or wall
>   riprap of things:
>   ...
> The worlds like an endless
>   four-dimensional
> Game of *Go*.
> (»Riprap«, 1959)

Gary Snyder

Auch hier wirken die romantischen Vorbilder von Poe, Thoreau und Whitman nach und werden in der Einbeziehung des japanischen *Go*-Spiels mit östlichen Denkfiguren verbunden. Wie diese verschiedenen Einflüsse für ein verändertes, ökologisch gesinntes Amerika nutzbar gemacht werden können, zeigt der Gedichte und Prosa mischende Band *Turtle Island* (1974), dessen Titel, die Übersetzung eines indianischen Namens für den amerikanischen Kontinent, programmatisch die Wiedergeburt eines vergangenen Amerika anspricht, ein Thema, das bereits Gegenstand der Aufsatzsammlung *Earth House Hold; Technical Notes & Queries to Fellow Dharma Revolutionaries* (1969) war.

Die bei den Dichtern der Beat Generation – als Dichterin wird lediglich Diane di Prima genannt (*Selected Poems 1956–1975*, 1975) – deutlichen Anliegen zeigen sich ebenso bei den zu dieser literarischen Avantgarde-Bewegung gezählten Romanciers: Jack Kerouac, William Burroughs und John Clellon Holmes. Obwohl Kerouac mit dem während seines Aufenthaltes in Mexiko 1955 entstandenen Langgedicht *Mexico City Blues* (1959), das mit seiner Würdigung des im gleichen Jahr verstorbenen *bebop*-Saxophonisten Charlie Parker als eines der besten Jazz-Gedichte gilt, formal und inhaltlich den poetischen Prinzipien der Beats vergleichbar ist, ist er doch durch die in zwei Aufsätzen, »Essentials of Spontaneous Prose« und »Belief and Technique for Modern Prose«, grundgelegte narrative Ästhetik seiner autobiographischen Romane bekannt geworden, die, zwischen den 40er und 60er Jahren entstanden, gewissermaßen ein fiktionales Dokument der Beat Generation darstellen. Besonders der in den Jahren 1949–51 verfaßte, aber erst 1957 veröffentlichte Roman *On the Road* ist zu einem die Epoche kennzeichnenden und die antibürgerliche Haltung einer Gegenkultur spiegelnden Klassiker geworden. Die beiden Protagonisten, der autobiographische Ich-Erzähler Sal Paradise und sein Freund Dean Moriarty (Kerouacs Freund Neal Cassady), umspannen durch ihre Herkunft aus dem Osten bzw. dem Westen, ihre Fahrten über den Kontinent und den gemeinsamen Aufenthalt in Mexico City die gesamte nordamerikanische Wirklichkeit. Sal gerät in New York in den Bann des aus einer Erziehungsanstalt im Westen entlassenen Dean, der in seiner auf Erlebnisintensität gerichteten Suche die Ziele und Lebensweise der Beatniks repräsentiert. Beide sind unterwegs zu neuen Ufern jenseits der engen Grenzen der amerikanischen Realität als Tramps auf der Straße zwischen Ost und West, in der Ekstase von Sex, Drogen und Alkohol, in der Illegalität. Die aus diesen zum Teil auch destruktiven Erlebnissen geschöpfte Kreativität fasziniert den Ich-Erzähler, der sie für seine schriftstellerischen Ambitionen fruchtbar zu

Romanciers der Beat Generation

Kerouacs On the Road

Jack Kerouac

The Dharma Bums

William S. Burroughs

machen sucht. Erst in dem gleichzeitig mit *On the Road* entstandenen *Visions of Cody* (1960; vollst. Fassung 1972) aber wird der der Performanz einer Jazz-Session vergleichbare, assoziative Schreibstil von Kerouacs ›spontaneous prose‹ eingesetzt und in dem danach verfaßten *The Dharma Bums* (1959) voll entfaltet. Offenbar entspricht dieser innovative Schreibstil der in den beiden Romanen vollzogenen Hinwendung zum Buddhismus, den Kerouac – im Unterschied zu seinen Beat-Freunden – mit dem Katholizismus in Einklang zu bringen sucht. Wie in *On the Road* ist in *The Dharma Bums* der autobiographische Protagonist Ray Smith mit seinem Reisegefährten Japhy Ryder (alias Gary Snyder) unterwegs, hauptsächlich in Kalifornien und Mexiko, auf der Suche nach dem buddhistischen ›dharma‹ (Wahrheit). Diese Wahrheit wird einerseits in der als Reisemotiv angelegten Queste angestrebt, andererseits im Gespräch mit den gleichgesinnten Freunden, den ›Dharma Bums‹ des Titels, gesucht, wobei erneut bewußtseinserweiternde Verfahren wie Drogen, Musik oder Sexorgien einbezogen werden. Diese oft esoterische, nur schwer nachzuvollziehende Darstellungsweise entsprach in den 50er und 60er Jahren dem sich bildenden Jugendkult alternativer Lebensvorstellungen, erscheint aber aus heutiger Sicht in vielerlei Hinsicht überholt.

Eine ähnliche Kultfigur der Beat Generation ist William S. Burroughs. Auch er beginnt seine Schriftstellerkarriere damit, sein rastloses Leben und seine Drogenabhängigkeit (von 1944–57) in dem autobiographischen Roman *Junkie* (1953) darzustellen, der teilweise in das 1959 veröffentlichte, bis 1962 mit Zensur belegte Kultbuch mit dem von Kerouac angeregten Titel *The Naked Lunch* einging. In einer Intensivierung des schon bei Kerouac behandelten Drogenkonsums konzentriert sich Burroughs in seinem Roman auf die selbsterfahrenen Höhen und Tiefen im Leben eines Rauschgiftsüchtigen. Da der Roman – nach Aussagen des Autors – weitgehend unter Drogeneinfluß oder während Entziehungskuren entstanden ist, spiegelt sich das Auf und Ab der psychischen und physischen Verfassung in der zwischen Realität und Halluzination, Sucht und Alpträumen ständig hin- und herwechselnden realistischen und surrealistischen Darstellungsform. Obwohl die von Kerouac bekannte Reisestruktur noch in Fragmenten als Westbewegung nach Chicago und Mexiko vorhanden ist, ist hier die Reise nach innen gewendet und bewegt sich unvermittelt zwischen den fiktiven Staaten Freeland, Annexia und Interzone. Das Geschehen, das so zwischen der durch Drogen induzierten Freiheit und Abhängigkeit oszilliert, erschöpft sich in apokalyptischen Visionen von menschlicher Degeneration und universellem Chaos. Besonderes Aufsehen erregten die bei den geschilderten homosexuellen Orgien auftretenden Formen von brutaler Gewalt und die daran gekoppelten Gewaltphantasien und Vorstellungen totalitärer Machtausübung. Norman Mailer, der neben Mary McCarthy den Roman enthusiastisch feierte, erkannte das in den destruktiven Tendenzen angelegte kreative Potential des Autors, das er später ebenfalls in anderer Form nutzen sollte. Über die für den Schriftsteller wichtige ästhetische Dimension hinaus erhält der Roman gerade in der Schilderung der miserablen Lebensbedingungen der Drogensüchtigen auch eine mit der grotesken Darstellung und der satirischen Absicht gekoppelte moralische Komponente. Als extremes Kontrastbild zur konformistisch ausgerichteten amerikanischen Gesellschaft der 50er Jahre fordert er ex negativo ein anderes Amerika ein, in dem neue Werte einer alternativen Lebenskultur anerkannt werden.

The Naked Lunch

Burroughs' *The Four Horsemen of the Apocalypse*. Illustration von Christoph Kohlhöfer

Jackson Pollock, »Ohne Titel«

Schließlich macht sich die Kunst und Leben übergreifende Ästhetik der Beat Generation auch auf dem Gebiet des Theaters bemerkbar, besonders durch die enge Zusammenarbeit zwischen Dramatikern und neuen Theaterensembles. Jack Gelbers Drama *The Connection* (UA 1957), in dem die auf ihre nächste Heroinlieferung wartenden Drogenabhängigen als Gegenbild einer optimistisch gesinnten amerikanischen Wirklichkeit erscheinen, schließt thematisch und formal an die Vorstellungen der Beatniks an. Mit den an Pirandellos Metatheater und Becketts Theater des Absurden erinnernden Techniken sowie den eingebauten Jazz-Improvisationen schafft Gelber die Voraussetzungen für avantgardistische Aufführungen am Off- und Off-Off-Broadway, wie sie von dem von Julian Beck und Judith Malina gegründeten *Living Theatre* ab den 50er Jahren in Vorwegnahme des postmodernen Theaters praktiziert wurden.

Theater in der Beat Generation: Jack Gelber

Neben dem Einfluß des Jazz ist auch die Malerei des *Abstract Expressionism* der Nachkriegszeit für die neue Literatur nicht nur der Beat Generation bedeutend geworden. Die gewissermaßen mit dem Material ihrer Kunst, Leinwand und Pinsel, verschmelzenden Maler wie etwa Jackson Pollock in seinen Drip Paintings oder Willem de Kooning, Mark Rothko, Robert Motherwell und Franz Kline, lösen den Kunstbetrieb der Studios hin zum Alltagsleben auf, ebenso wie die Beats mit ihrer Kunst auf der Straße unterwegs sind. Mit dieser neuen ästhetischen Konzeption in Musik, Malerei, Theater und Literatur wird die Kunst der 50er Jahre zur wesentlichen Voraussetzung für die Entstehung einer Counterculture und des Postmodernismus in den 60er Jahren.

Einfluß der bildenden Kunst

Individuum, Rolle, Gesellschaft

Die bei den Künstlern der Beat Generation der 50er Jahre deutliche Auseinandersetzung mit der Konformität der amerikanischen Gesellschaft, die Neudefinition der Freiheit des Individuums gegen gesellschaftliche Rollener-

Black Mountain School

Charles Olson

San Francisco School

New York Poets

wartungen, verbunden mit einer neuen ästhetischen Konzeption, werden in je verschiedener Ausgestaltung zu typischen Merkmalen in Lyrik, Drama und Roman der ausgehenden 50er und der 60er Jahre. Im Unterschied zu dem nomadenhaften Leben der Beatniks bevorzugen andere Schriftsteller der Zeit eine eher seßhafte Existenz und die lockere Anbindung an eine Schule. Besonders im Bereich der Lyrik sind solche Phänomene ausgeprägt. So ist die für die Lyrik der Gegenwart bestimmende poetische Basis von den Dichtern der Black Mountain School, der New York School und der schon im Zusammenhang mit den Beats erwähnten San Francisco Renaissance gelegt worden. Das 1933 in den Blue Ridge Mountains bei Black Mountain (NC) gegründete Reform-College, das Gemeinschaftsleben, interdisziplinäre und praxisnahe Ausbildung sowie die Förderung künstlerisch-kreativer Anlagen zum Ziel hatte, versammelte in seiner Blütezeit nach dem Krieg einige der bedeutendsten amerikanischen Künstler, u.a. den Bauhausarchitekten Josef Albers, den Designer Richard Buckminster Fuller, den Komponisten John Cage, den Tänzer und Choreographen Merce Cunningham, die Maler De Kooning, Kline und Rauschenberg und die als Black Mountain Poets bekannt gewordenen Dichter Charles Olson und dessen Schüler Robert Creeley, Robert Duncan, Denise Levertov und John Wieners. Ihre Gedichte erschienen, ebenso wie die von ihnen geförderten avantgardistischen Zeugnisse der Beats, in der von Olson und Creeley edierten Zeitschrift *Black Mountain Review* (1954–57), und nahmen bedeutenden Einfluß auf die Entwicklung der amerikanischen Lyrik. Am bekanntesten und einflußreichsten ist das dichterische und poetologische Werk Olsons. In dem programmatischen Aufsatz »Projective Verse« (1959) lehnte er die von den Modernisten gepflegten, festen metrischen Schemata ab und forderte eine vom Atem- und Sprechrhythmus des Dichters bestimmte dynamische Prosodie sowie offene Dichtungsformen, die die Kommunikation mit dem Leser herzustellen vermögen. Diese formalen Neuerungen basieren auf einer als ›objectivism‹ bezeichneten Form der individuellen Erfahrung, nach der der Dichter sich als eines der Objekte der Phänomenwelt begreift. Neben den die Theorie exemplifizierenden Gedichten *In Cold Hell, in Thicket* (1953) ist Olson besonders durch den epischen Gedichtzyklus der *Maximus Poems* bekannt geworden, der von Pounds *Cantos* und W.C. Williams' *Paterson* beeinflußt ist und der, wie die Dichtung der Beat Poets, in der Tradition Whitmans steht. Die von 1953 bis 1975 veröffentlichten drei Bände stellen eine auf mystische und mythologische Quellen zurückgreifende, an Olsons Heimatstadt Gloucester an der Küste von Massachusetts aufgezeigte Geschichte Amerikas dar, in der das Gemeinschaftsethos der Vergangenheit gegen den Kommerz der Gegenwart beschworen wird. Aufgrund seiner avantgardistischen Dichtung und Dichtungstheorie, die aus der amerikanischen Literaturtradition entwickelt ist, ist Olson häufig als erster Vertreter des amerikanischen Postmodernismus auf dem Gebiet der Lyrik gesehen worden.

Nach dem Scheitern des Black Mountain Experiments im Jahre 1956 schlossen sich Creeley, Duncan, Levertov und Wieners zunächst der San Francisco School an, während sich an der Ostküste zeitgleich die New York School of Poetry entwickelte. Die Affinität zu den anderen Künsten scheint ein schon an der Verbindung der Beats zum Jazz deutliches, gemeinsames Stilmerkmal dieser Dichtung zu sein. Während der San Francisco Dichter Duncan von den musikalischen Formprinzipien I. Strawinskis und A. Schönbergs beeinflußt ist, haben die New York Poets (Frank O'Hara, Kenneth Koch, William S. Merwin, John Ashbery) vor allem die Verbindungslinien zwischen Malerei und Dichtung entdeckt und fruchtbar gemacht. Frank O'Hara, zeitweilig Kurator am Museum for Modern Art, und John Ashbery, Kunstkritiker im Dienste verschiedener Zeitschriften, sind exemplarisch. Formbildend und richtungsweisend ist für sie die Maltechnik der *Abstract Expressionists*, die eine Abkehr von realistischen Darstellungsweisen bedeutet und den prozessualen Charakter von Kunst analog den *action paintings* betont. Diese Neuorientierung deckt sich mit den aus Frankreich importierten surrealistischen Techniken und der Musik John Cages, in der Sequenzen der Stille und Zufallselemente zu den Kompositionsprinzipien zählen. Die schon von den Abstrakten Expressionisten her bekannte persönliche Implikation in der Kunst legt O'Hara in dem Aufsatz »Personism: A Manifesto« (1959) dar, in dem zugleich die Ironie über die Manifeste der anderen Dichterschulen mitschwingt und in dem der ästhetischen Distanz moderner Künstler zu ihrem Kunstwerk und Publikum eine klare Absage erteilt wird. Die selbstreflexive Beschäftigung mit dem Kunstmedium der Sprache und seiner Nähe zu anderen künstlerischen Ausdrucksformen zeigt sich zum einen in der metafiktionalen Thematisierung des künstlerischen Schaffensprozesses, zum anderen in der autobiographischen Thematisierung des eigenen Selbst. O'Haras »Why I Am Not a Painter« und Ashberys frühes Gedicht »The Painter« sowie sein wohl bekanntestes, als postmodern bezeichnetes Langgedicht »Self-Portrait in a Convex Mirror« (1975) belegen dies nachdrücklich. Das in intertextueller Anlehnung an W. H. Audens »Musée des Beaux Arts« verfaßte Gedicht »The Painter« (1949) stellt den Schöpfungsprozeß aus der Perspektive des Sujets des Künstlers dar und gibt ihm ein Eigenleben:

> Sitting between the sea and the buildings
> He enjoyed painting the sea's portrait.
> But just as children imagine a prayer
> Is merely silence, he expected his subject
> To rush up the sand, and, seizing a brush,
> Plaster its own portrait on the canvas.

Der Unterschied zwischen dem den Flug des Ikarus darstellenden Gemälde Brueghels in dem Bildgedicht von Auden und der Verselbständigung des Bildinhaltes bei Ashbery markiert gleichzeitig den Übergang von den modernistischen zu den mit den ästhetischen Vorstellungen der Beat Generation eingeleiteten Kunstprinzipien. In einer surrealistisch anmutenden Szenerie wird das Sujet zum handelnden Subjekt (»Imagine a painter crucified by his subject!«), bis schließlich die experimenteller Kunst abholden Hausbewohner sich des Malers mit seinem Sujet entledigen und sie vom Gebäude in die See stoßen. Der Sturz des Ikarus ist zum Bildersturz geworden. Zwar wird in diesem Gedicht formal noch die aus sechs sechszeiligen Strophen bestehende Bauform der Sestina, ergänzt durch die Koda, beibehalten, die Seriosität des Inhalts hat sich aber gewandelt. Angesichts dieser bestürzenden Wandlungsprozesse bleibt als einzige Orientierung die Hinwendung zur eigenen Person, die bei Ashbery zunehmend deutlich, etwa in dem an William Wordsworths autobiographische Dichtung *Prelude* erinnernden Band *Flow Chart* (1991), hervortritt. Zum bewußten thematischen Programm wird die Beschäftigung mit dem eigenen Leben bei den *Confessional Poets*: Robert Lowell, W.D. Snodgrass, Sylvia Plath und Anne Sexton.

Im doppelten Sinne lehnen die Vertreter der *confessional poetry* die an sie gestellten Rollenerwartungen ab: einerseits poetologisch in ihrer Absage an die formalistischen Konventionen der Modernisten und *New Critics*, an-

John Ashbery

Confessional Poets

Robert Lowell

dererseits thematisch in der Ablehnung der konventionellen Familienbande und der traditionellen Geschlechterzuweisung. Bei keinem dieser *Confessional Poets* ist der Bruch mit der Tradition so ausgeprägt wie bei Robert Lowell. Seine Ablehnung der puritanischen Werte seiner angesehenen Neuengland-Familie ebenso wie der poetischen Vorstellungen seiner Vorfahren James Russell und Amy Lowell zeigt sich in seiner Konversion zum Katholizismus und seiner Anlehnung an die Techniken moderner Dichter im Süden, besonders Allen Tate, wie sie in den frühen Gedichtbänden, *Lord Weary's Castle* (1946), in dem die Funktion der Religion in der amerikanischen Entwicklung untersucht wird (»The Quaker Graveyard in Nantucket«, »At the Indian Killer's Grave«, »Mr. Edwards and the Spider«), und *The Mills of the Kavanaughs* (1951) zum Ausdruck kommt. Im Sinne der *Confessiones* von Augustinus stellt der Dichter in dem zwischen 1954 und 1959 geschriebenen Zyklus *Life Studies* (1959) die negativen Aspekte seiner Vergangenheit dar und bekennt sich zu seinem neuen Leben und Werk. Das aus Gedichten und Prosa bestehende, vierteilige Werk schließt zunächst an die religiöse Thematik der frühen Gedichte an, schildert historische Entfremdungsprozesse (I) und skizziert den prägenden Einfluß des englischen Romanciers Ford Madox Ford, des aus Spanien stammenden Harvard-Philosophen Santayana sowie der amerikanischen Dichter Delmore Schwartz und Hart Crane (III), die ihrerseits schwierige psychologische Situationen in Leben und Werk zu meistern hatten. Die Teile II und IV wenden sich konkret der Privatsphäre zu. Während der zweite Teil eine in Prosa verfaßte Erinnerung an die unglückliche Kindheit in Boston enthält, versucht der Dichter in dem mit »Life Studies« betitelten vierten Teil eine psychoanalytische Interpretation seiner familiären Beziehungen zu leisten. Die Gedichte sind vor allem eine Auseinandersetzung mit dem ungeliebten Vater als Vertreter der Neuengland-Tradition und eine Aufarbeitung der aus dem ödipalen Konflikt um seine Mutter resultierenden psychischen Störungen, die zum Teil mit Ironie und groteskem Humor perspektiviert werden. Auch in der Verwendung der Sprache beschreitet Lowell neue Wege, indem er den Duktus der Umgangssprache reproduziert und den fließenden Übergang zwischen Prosa und Lyrik u. a. durch den Einsatz der freien Verszeile gestaltet.

W. D. Snodgrass

Lowells bekenntnishafte Lyrik fand eine Entsprechung im autobiographischen Werk von Snodgrass, Sexton und Plath, deren Lehrer er am Writer's Workshop der University of Iowa bzw. an der Boston University war. Snodgrass' Band *Heart's Needle* (1959) beschäftigt sich ebenfalls mit familiärer Problematik in Zeiten des Kalten Krieges. Als Teilnehmer des Zweiten Weltkrieges durchlebt er in der Zeit des Koreakrieges (1950–53) das Scheitern seiner Ehe, destabilisierende Erfahrungen, die durch die Geburt und die anteilige Erziehung seiner Tochter im Unterschied zu Lowell kompensiert werden. Die in Lowells psychoanalytischer Interpretation der Geschlechterbeziehungen und Snodgrass' Analyse des Männlichkeitsideals schon vorgegebene *gender*-Problematik wird dominant bei Sexton und Plath. Als schreibende Frauen mußten sie sich einerseits mit den in der Gesellschaft und dem Literaturbetrieb vorherrschenden patriarchalischen Strukturen auseinandersetzen, andererseits die ihnen als Hausfrau und Mutter zugeteilte Rolle durch kreative ästhetische Strukturen zu überwinden versuchen. Daß ihnen die Selbstverwirklichung nach verschiedenen Selbstmordversuchen letztlich nur im Freitod gelingt, ist antizipatorisch Thema der Gedichte. Sexton, die auf den Rat ihres Psychiaters hin mit dem Schreiben als Therapie zur Überwindung ihrer seelischen Depressionen beginnt, stellt in ihrem ersten

Anne Sexton

Gedichtband, *To Bedlam and Part Way Back* (1960), ihre zwischen Wahnsinn und Selbstmord sich bewegenden Gedanken und den Aufenthalt in der Psychiatrie dar, wobei das Mutter-Tochter-Verhältnis in dem letzten Gedicht »The Double Image«, in dem die Mutter der vierjährigen Tochter ihre lange Abwesenheit erklären will, besondere Relevanz erhält. Als Inbegriff der *confessional poetry* gilt allgemein der Band *Live or Die* (1966), in dem die Dichterin in freier Versgestaltung über die sie beherrschenden Themen wie Leben und Tod, Liebe und Einsamkeit mit einer letztlich positiven Einstellung zum Leben reflektiert. Aspekte der *gender*-Problematik werden in den folgenden Gedichtbänden angesprochen, die sich mit dem Körper der Frau, der weiblichen Sexualität und Identität auseinandersetzen (*Love Poems*, 1969) oder Märchenstoffe für die Verwandlung der Frau nutzen (*Transformations*, 1971).

Ähnliche Themen bestimmen das Werk von Sylvia Plath, die in dem kurz vor ihrem Freitod erschienenen autobiographischen Roman *The Bell Jar* (1963) in dem Werdegang der autobiographischen Persona Esther Greenwood angelegt sind. Der dreiteilige Roman beginnt mit dem Aufenthalt der Protagonistin in New York, wo Esther im Sommer 1953 auf Einladung einer Modezeitschrift als preisgekrönte Studentin des renommierten Smith College ein Volontariat verbringt. Die gleichzeitige Exekution von Julius und Ethel Rosenberg wegen Spionage, die Esther äußerlich kalt läßt, verbindet sich leitmotivisch mit ihren Todesphantasien. Getrieben von ihrem ambitiösen Wunsch einer Schriftstellerkarriere, zieht sie die instabilen Verlockungen des Großstadtlebens dem sicheren Ehedasein mit ihrem Freund, dem Medizinstudenten Buddy Willard, in der Provinz vor. Das Hochgefühl der neuen Bestimmung weicht allerdings jäh einer Depression und einem Nervenzusammenbruch, als sie im zweiten Teil nach ihrer Rückkehr zur verwitweten Mutter den ablehnenden Bescheid über ihre Aufnahme in die Harvard University erhält. Trotz psychiatrischer Behandlung empfindet sie ihre Situation ausweglos wie unter einer Glasglocke und nimmt Schlaftabletten. Der dritte Teil behandelt schließlich ihre Rettung und allmähliche Wiederherstellung durch Therapie in Nervenkliniken, so daß sie nach der lange verzögerten ersten sexuellen Erfahrung und dem Miterleben des Selbstmordes ihrer Freundin wieder an ihr College zurückkehren kann. Kritiker haben diesen Entwicklungsroman als Plaths Gegenbild gegen den Optimismus und den Fortschrittsglauben der Nachkriegszeit gesehen, als Demonstration des letztlichen Versagens der Psychotherapie vor der Selbstverwirklichung des weiblichen Individuums.

Die zunehmende Verbitterung und Desillusionierung Plaths über die ihr von der Gesellschaft und ihrem Ehemann, dem britischen Dichter Ted Hughes, insbesondere nach der Trennung als alleinerziehende Mutter zweier Kinder zugewiesene Rolle und die im Tod endende Befreiung lassen sich an ihrer Entwicklung als Dichterin ablesen. Die in dem Band *The Colossus* (1960) abgedruckten frühen Gedichte verraten in Diktion und Versifikation sowie mythischen Verweisfunktionen noch den Einfluß modernistischer Dichtung, Stilelemente, die sie in der Schilderung ihrer persönlichen Lage als *Confessional Poet* aufgibt. Die Sammlung *Ariel* (1965), die ihre bekanntesten Gedichte enthält, spiegelt in gewaltsamen und drastischen Bildern das Leiden einer Persona, die ihre weibliche Identität (auch durch Selbstmord) zu verwirklichen sucht und bis zuletzt daran gehindert wird. So verwendet sie in »Daddy« und »Lady Lazarus« die Folie des Nazi-Terrors und des Holocaust, um ihr Leiden an der (männlichen) Wirklichkeit in surrealistischer Übersteigerung glaubhaft zu machen. Die destruktive

Sylvia Plath, The Bell Jar

Sylvia Plath

Poetische Entwicklung

» ...
Dying
Is an art, like everything else.
I do it exceptionally well. ...«
»Lady Lazarus«

John Berryman

Der Roman der 50er und 60er Jahre

Außenseiter als Protagonisten

J. D. Salinger, The Catcher in the Rye

Fragmentierung des weiblichen Körpers in »Lady Lazarus«, die mit der Verwertung jüdischer Körperteile in den Konzentrationslagern verglichen wird, wird schließlich mit Bezug auf die Bibel und die griechische Mythologie transzendiert. Die Auferstehung der Lady Lazarus als ein weiblicher Phönix aus der Asche bedeutet den Sieg des Weiblichen über das Patriarchat: »Out of the ash / I rise with my red hair / And I eat men like air.« Als letzter Vertreter der *Confessional Poets* sei noch John Berryman genannt, der seine eigene schwierige familiäre Situation in *77 Dream Songs* (1964) behandelt, später durch *The Dream Songs* (1969) ergänzt, und der ebenfalls die im Leben gescheiterte Selbstverwirklichung im Selbstmord sucht. Den Optimismus seines Vorbilds Whitman schien seine viele verschiedene Rollen annehmende und leidende Persona nicht zu teilen.

Der amerikanische Roman der 50er und 60er Jahre ist vor dem politischen Hintergrund der Nachkriegszeit, des Kalten Krieges, der Verfolgung (linker) Intellektueller durch das House Committee of Un-American Activities in der Zeit des McCarthyism und der damit einhergehenden Ideologie des Konformismus in vielfältiger Weise der Bestimmung einer eigenständigen Identität des Individuums gegenüber den Rollenerwartungen und Rollenzuweisungen der Gesellschaft gewidmet. Meist sind die Hauptfiguren dieser Romane bereits durch ihre Herkunft von der Gesellschaft abgehoben als Außenseiter, Angehörige einer Minorität oder Vertreter einer bewußt gewählten alternativen Lebensform. Den jeweiligen Rahmenbedingungen dieser so individualisierten Figuren entsprechen auch die Darstellungskategorien, die von Naturalismus, dokumentarischem und symbolischem Realismus bis zu surrealistischen und mythischen Techniken reichen. Als Ausgangspunkt kann der inzwischen zum Klassiker avancierte, auf allen Lektürelisten vertretene Roman J. D. Salingers, *The Catcher in the Rye* (1951) gelten, in dem der wegen schlechter Zensuren bereits viermal vom Internat verwiesene 16jährige Held Holden Caulfield seine Ablehnung der als ›phony‹ empfundenen Erwachsenenwelt und der dazu gehörenden gesellschaftlichen Institutionen inszeniert. Seine dem Freiheitsdrang und der Zivilisationsflucht Huck Finns vergleichbare ›pikareske Reise‹ führt ihn vom Internat in Pennsylvania nach New York City und schließlich in den Westen, wobei der Freiraum nun nicht mehr die Weite der unbesiedelten Landschaft, sondern die Enge eines Sanatoriums unweit von Hollywood ist. Hier findet er als Ich-Erzähler seiner Geschichte retrospektiv die Freiheit, die ihm die Gesellschaft verwehrt. So wie der Klinikaufenthalt ihn von der Außenwelt abschirmt, ihn aber paradoxerweise gerade für die Rückkehr dorthin therapeutisch wiederherstellt, so glaubt er, die utopische Vorstellung einer dauerhaften unbeschwerten und unschuldigen Kinderwelt verwirklichen zu können, die ihn vor dem Übertritt in die Welt der Erwachsenen bewahrt. Folglich fühlt er sich besonders seinem verstorbenen Bruder Allie sowie seiner Schwester Phoebe verpflichtet, die er während des dreitägigen Aufenthaltes in New York in der elterlichen Wohnung besucht. Bei einem heimlichen nächtlichen Gespräch entwickelt Holden mit Bezug auf Robert Burns' Gedicht »Coming Through the Rye« seine Vision vom Fänger im Roggen, der Kinder vor dem Absturz über eine Klippe bewahrt, die letztlich den Verlust der kindlichen Unschuld bedeutet. Es handelt sich also nicht eigentlich um eine Initiationsgeschichte, sondern um die aus einer pubertären Stimmung heraus geborene Beschreibung der Krise der Adoleszenz, zumal auch die radikale Ablehnung der falschen Werte der Gesellschaft angesichts der oft obszönen Wortwahl und des explizit geäußerten Hangs zum Lügen (»I'm the most terrific liar you ever saw in your life«) des unzuverlässigen Erzählers wenig glaubhaft wirkt.

Ethnische Identität und kosmopolitisches Bewußtsein

Dagegen sind die aus einer ethnischen Perspektive heraus dargestellten Entwicklungsromane afro-amerikanischer, jüdisch-amerikanischer, mexikanisch-amerikanischer oder indianischer Autoren der 50er und 60er Jahre notwendigerweise anders gelagert, insofern als die Charaktere existentiell in das Geschehen eingebunden sind. Besonders drastisch trifft dies auf den afro-amerikanischen Helden in Ralph Ellisons unübertroffenem Chef-d'oeuvre *Invisible Man* (1952) zu. Der namenlose und unsichtbare Protagonist erzählt von der Warteposition in einem Untergrundloch in New York City seinen Werdegang vom jungen und unerfahrenen, aber intelligenten High-School-Absolventen im Süden zu einem erfolgreich die verschiedenen Rollenangebote der Großstadt New York sondierenden, seine eigene Position reflektierenden Intellektuellen. Der Erzählzeitpunkt in New York bildet den Rahmen für das Geschehen, das, wiederum einer pikaresken Handlungsstruktur folgend, im Süden beginnt und in den Straßen New Yorks endet. Das teilweise autobiographische Geschehen beginnt mit der Abschlußrede des Protagonisten »The virtues of humanity« vor einem weißen Publikum, das ihm ein Stipendium zum Studium an einem Negro College gewährt, folglich botmäßiges Verhalten erwartet und erbost auf seinen schüchternen Hinweis auf soziale Gleichheit und Gerechtigkeit reagiert. Getreu dem Rat seines Großvaters: »I want you to overcome 'em with yeses, undermine 'em with grins, agree 'em to death and destruction, let 'em swoller you till they vomit or bust wide open«, erduldet er zunächst die ungerechte Behandlung der Weißen. Doch als er den Unmut eines weißen Mitglieds des Aufsichtsrats erregt, wird er vom College verwiesen und geht nach New York, wo er sein Glück in einer Farbenfabrik versucht. War der erste Teil des Romans im Süden weitgehend naturalistisch dargestellt, wechselt der Erzähler nun zu symbolisch-surrealistischer Darstellungsweise. Die Erfahrung, daß zehn Tropfen schwarzer Farbe zur Herstellung von weißer Farbe gebraucht werden, ebenso wie die nach einer Explosion in der Fabrik vorgenommene Schocktherapie, bei der er sein Gedächtnis verliert, deuten hin auf den Versuch der weißen Gesellschaft, Schwarzen eine eigene Identität und damit ein eigenes Leben zu verweigern. Die Erkenntnis des Protagonisten im Krankenhaus, »When I discover who I am, I'll be free«, motiviert seine Suche nach Selbstbestimmung im dritten Teil des Romans. Dazu schließt er sich zunächst der von Weißen geführten, leicht als kommunistische Partei identifizierbaren Brotherhood an, die ihn für ihre politischen Ziele ausnutzt, und lernt dabei verschiedene Personentypen kennen, die ein Angebot von Rollenverhalten vorführen: den militanten Führer Ras the Exhorter aus der Karibik, der mit den an die Harlem Race Riots von 1936 erinnernden gewaltsamen Aktionen eine Art apokalyptisches Finale für das Romangeschehen kreiert; den existentielle Ziele als einzelner verfolgenden Tod Clifton, der seine Individualität mit dem Tod durch seine schwarzen Brüder bezahlen muß; und schließlich den Rev. B.P. Rinehart, eine Harlem Hipster und Trickster Figur, der in verschiedene Rollen schlüpft und sich durch seine »multiple personalities« eine »world of possibilities« schafft. An dieser proteischen Figur erkennt der Protagonist, daß die Rollendefinition jeweils nur von Äußerlichkeiten wie Kleidung abhängt, daß dadurch viele Möglichkeiten eröffnet werden, und er begreift seine eigene Unsichtbarkeit als ein wichtiges Kriterium für die eigene Identitätsstiftung: »I'm invisible, not blind«. In dem von äußeren Zwängen unbeschwerten Freiraum des Kellerlochs entwickelt er auf der Basis dieses

Ralph Ellison,
Invisible Man

Ralph Ellison

neuen Selbstverständnisses eine Strategie für ein gesellschaftlich verant-
wortliches Handeln. Fraglich bleibt allerdings, wie und wann die Umsetzung in die Tat erfolgt, wie lange der symbolische Zustand des Über-
winterns tatsächlich dauert. Durch die zirkuläre Anlage des Rahmens endet
der Roman, wie er begonnen hat. Die durch Reflexion des Erzähler-Prot-
agonisten über das Geschehen erreichte quasi postmoderne Position einer
multiplen Persönlichkeit mit universeller Relevanz stellt jedoch die Identität
als Afro-Amerikaner letztendlich wieder in Frage. Durch diese bewußte
Anlehnung an amerikanische und europäische Autoren wie Melville, Dostojewski und Kafka zur Darstellung der Identitätsproblematik unterscheidet sich Ellison von späteren afro-amerikanischen Autoren, die die ethnische Komponente eindeutig in den Vordergrund stellen.

Der jüdisch-
amerikanische Roman

Eine ähnliche, die ethnische Herkunft ins Universelle transzendierende
Haltung zeigt sich bei den jüdisch-amerikanischen Schriftstellern der 50er
und 60er Jahre. Saul Bellow, Norman Mailer, Bernard Malamud und Philip
Roth präsentieren verschiedene Formen jüdisch-amerikanischer Existenz in
ihren Romanen und Kurzgeschichten, die von emotional-synthetischen und
rational-analytischen bis zu komisch-satirischen Auseinandersetzungen mit
dem Judentum reichen, insgesamt sich aber der Malamud zugeschriebenen,
heute vielfach kritisierten Devise »all men are Jews« verpflichtet wissen.

Saul Bellow

Bellow, der Mitte der 40er Jahre mit dem Schreiben begann und bis heute
zahlreiche bedeutende Erzählwerke vorgelegt hat, kann mit Malcolm Bradbury als der führende amerikanische Romancier der Nachkriegszeit angesehen werden, der zu Recht 1976 den Nobelpreis erhielt. Nach den dem
Zeitgeist entsprechenden, existentialistischen frühen Romanen *Dangling
Man* (1944) und *The Victim* (1947) hat Bellow mit *The Adventures of
Augie March* (1953) das erste seiner Hauptwerke vorgelegt. Ellisons *Invisible Man* vergleichbar, handelt es sich hier um einen von dem Protagonisten Augie March erzählten Entwicklungsroman mit einer pikaresken
Handlungsstruktur. In drei Stationen bewegt sich der Roman von der
Adoleszenz des Protagonisten in Chicago (Kap. 1–13) über die Begegnung
mit der Natur in Mexiko (Kap. 14–20) zur allmählichen Identitätsfindung
in New York und Europa (Kap. 21–26), die dem Versuch der Realisierung
eines von Anfang an angelegten Persönlichkeitskerns entspringt: »I have
always tried to become what I am.« Während *Invisible Man* erst aus der
reflektierenden Warteposition des Kellerlochs eine Strategie des Handelns
entwirft, kann Augie March aus der Energie seines persönlichen Selbstbe-
hauptungswillens frühzeitig Widerspruchsgeist entwickeln (»I did have opposition in me, and great desire to offer resistance and to say ›No!‹«) und
die unterschiedlichen Rollenangebote seiner Umwelt ablehnen bzw. für
seine Zwecke modifizieren. Am Schluß versucht er als Ergebnis seines
Erfahrungsprozesses eine Synthese aus urbanem Kommerzleben in Chicago
und dem ungezähmten Naturleben in Mexiko zu finden und erkennt die
Notwendigkeit, analytischen Verstand durch emotional ganzheitliches Erleben zu ergänzen.

Bellows Herzog

Ebenso mit dem Problem der eigenen Identitätsbestimmung wie Augie
March ist der Titelheld von Bellows wohl wichtigstem Roman *Herzog*
(1964) befaßt, ein 45jähriger jüdischer Philosophie- und Geschichtspro-
fessor, der seine Midlife-Krise durch das Schreiben von oft unvollendeten,
nie abgesandten Briefen an lebende und tote Adressaten, selbst an Gott, zu
bewältigen versucht. Die in der Abgeschiedenheit eines Landhauses in
Massachusetts gelebte geistige Isolation unterstreicht die extreme Innen-
orientierung Herzogs, sein Gefangensein in theoretischen Wissenschaftsdis-

kursen, deren Spannbreite durch seine Beschäftigung mit den Titelbegriffen seiner bedeutendsten Publikation *Romanticism and Christendom*, deren zweiten Band er abzufassen versucht, umrissen ist. Erst bei einem Besuch seiner Tochter in Chicago gerät er durch einen Verkehrsunfall in die Mühlen der Gerichtsbarkeit und erfährt eine solch demütigende Behandlung, daß sein wissenschaftliches Denkgebäude erschüttert und ihm nach der Rückkehr in sein Landhaus eine neue Selbstzufriedenheit und Ausgeglichenheit beschert wird, die einen Neuanfang gerade im privaten Lebensbereich erlaubt. Angesichts des Fehlens allgemeingültiger theoretischer Positionen und Verhaltensanweisungen wirkt das private Glück des liberalen und humanen Herzog überzeugend, wenn auch nicht universell verbindlich.

Diese universelle Verbindlichkeit jüdischer Existenz scheint nach eigenen Aussagen das Anliegen Bernard Malamuds zu sein, insofern als seine Charaktere exemplarisch für die existentielle Befindlichkeit des modernen Menschen stehen. Seine Romane und Kurzgeschichten, die mit der Evozierung mythischer Dimensionen modernistische Formprinzipien fortsetzen, sind als symbolische Romanzen, moralische Allegorien, komische und politische Satiren bzw. apokalyptische Visionen angelegt. So stellen die frühen Romane jeweils Beispiele für ein von Lesern leicht nachvollziehbares, individuelles Fehlverhalten dar, das durch eine jüdische Sinndimension korrigiert wird. *The Natural* (1952) führt in einer für Malamud typischen Mischung aus realistischen und symbolistischen Darstellungsformen die Bestechlichkeit des Baseballspielers Roy Hobbs unter Anspielung auf den historischen Korruptionsfall der Chicago White Sox bei den Endspielen 1919 sowie auf die mythische Vorlage der Gralssuche vor, während *A New Life* (1961) mit Bezug auf Malamuds eigene Lehrtätigkeit am Oregon State College den letztlich aufgrund eigenen Fehlverhaltens gescheiterten Kampf des liberalen jüdischen Professors Seymour Levin gegen verstaubte Lehrpläne und Intrigen darstellt. In *The Assistant* (1957), dem zweifellos besten der frühen Romane, wird die moralische Erneuerung des italienischen Einwanderers Frank Alpine an seinem Verhältnis zum jüdischen Kolonialwarenbesitzer Morris Bober in New York gezeigt, bei dem er sich nach einem Überfall auf den Laden als Angestellter verdingt, um seine Schuld abzuarbeiten. Alpines bewußte Übernahme der nahezu archetypischen Rolle des Dulders Hiob in der Gestalt des Morris Bober bedeutet über die konkrete fiktionale Situation hinaus eine Affirmation des Menschseins und betrifft alle Menschen gleichermaßen. Ebenso weist Yakov Boks Schicksal in *The Fixer* (1966), der das Thema der Judenverfolgung anhand des Mendel Beiliss-Prozesses von 1913 im zaristischen Rußland aufgreift, auf historische und metaphysische Dimensionen des menschlichen Lebens hin. Gegen Ende des Romans bekennt sich Yakov zu diesem »Jewish nightmare. What was being a Jew but an everlasting curse?« und tröstet sich mit der Erkenntnis, »Behind this world lies another world«, in der die menschliche Gerechtigkeit durch eine höhere Gerechtigkeit ausgeglichen werde. Bei der für die Malamudschen Romane typischen Verknüpfung des Alltäglichen mit dem Erhabenen wird allerdings auch die Problematik einer solchen Darstellungsweise deutlich, insofern als Komik und Ironie die strukturierende Wirkung der mythischen Sinndimension wiederholt unterlaufen. Mit den Romanen der 70er Jahre wendet sich Malamud der Thematik der Schriftstellersituation zu, der Interdependenz von Kunst und Leben, die in *The Tenants* (1971) mit der Gegenüberstellung der grundsätzlich verschiedenen Schreibsituation eines schwarzen und eines weißen Schriftstellers mit der Rassenfrage verbunden wird, eine sozialkritische Dimension, die in dem

Bernard Malamud

»What was being a Jew but an everlasting curse?«

weniger gelungenen *Dubin's Lives* (1979) der privaten Dreiecksgeschichte weicht. Mit *God's Grace* (1982) schließlich kehrt Malamud zur religiösen Bedeutungsdimension zurück und schildert die apokalyptische Vision einer durch eine nukleare Katastrophe ausgelösten zweiten Sintflut und des Untergangs der Menschheit, die moralische und humanistische Werte aufgegeben hat.

Die Rolle der orthodoxen Religion für amerikanische Jugendliche aus jüdischen Familien ist das zentrale Thema der Erzählungen Philip Roths. Die respektlose Art, mit der er jüdische Religionspraktiken in seinem grandiosen Erstlingswerk, der Kurzgeschichtensammlung *Goodbye, Columbus* (1959), der Lächerlichkeit preisgab und die ihren Höhepunkt in dem oft als pornographisch bezeichneten Adoleszenz-Roman *Portnoy's Complaint* (1969) erreichte, hat ihm die vehemente Kritik der jüdischen Gemeinde, aber auch das Lob der Literaturwissenschaft eingetragen. So muß die einseitige Kritik an den rebellierenden Jugendlichen und ihren oft von sexuellen Obsessionen geleiteten zwischenmenschlichen Beziehungen auch dadurch relativiert werden, daß deren Verhalten als eine Auswirkung des Assimilationsdrucks bei der beruflichen Selbstverwirklichung und ihrer ambivalenten, zwischen bloß ethnischer Zugehörigkeit und orthodox-religiösem Glauben schwankenden Einstellung zum Judentum gesehen werden. Mit seiner realistische und surrealistische Gestaltungsformen verbindenden Erzählweise, die im konkreten Detail mit oft autobiographischem Bezug allgemeinmenschliche Phänomene symbolisiert, vermag Roth trotz aller komischen Verfremdung das Bewußtsein für religiöse Einstellung zu schärfen. So wird die jeweils thematisierte Abkehr von der jüdisch-orthodoxen Religion bereits durch den Titel *Goodbye, Columbus* auf die amerikanische Gesellschaft ausgeweitet, insofern als das auf die Aufgabe eines moralisch verantwortlichen Verhaltens des Individuums zurückzuführende Fehlverhalten auf Amerika insgesamt zutrifft, das von den mit Kolumbus' Entdeckung verbundenen Wertvorstellungen abgerückt ist. Hinter der komischen Perspektive steht aber Roths hoffnungsvoller Glaube, daß das individuelle, ethnische wie nationale Fehlverhalten korrigiert werden kann. Die letztendlich unhinterfragbare Instanz der Bewertung bildet die von Juden leidvoll erlittene Holocaust-Erfahrung, die für den sich autobiographisch in die Geschichten einschreibenden Philip Roth zum zentralen Ausgangspunkt der Auseinandersetzung des Schriftstellers mit der jüdisch-amerikanischen Existenz und der postmodernen Literatur der 70er und 80er Jahre in den USA wird.

Eine andere religiöse Minderheitenperspektive, die der krebskranken katholischen Schriftstellerin im protestantischen Süden, präsentiert die mit 39 Jahren verstorbene Flannery O'Connor in ihren ausdrucksstarken Kurzgeschichten und zwei Romanen. Im Unterschied zu Roths komischer und satirischer Perspektivierung der jüdischen Religion wird die Darstellung bei O'Connor von einer grotesken Weltsicht getragen. Bereits vor dem Krieg war im Zug der *Southern Renaissance* verstärkt eine Literatur hervorgetreten, die die Rückbesinnung auf regionale Eigenarten und auf die seit dem amerikanischen Bürgerkrieg schwer erschütterte Identität der Südstaatenkultur mit einer Ausrichtung auf universale menschliche Themen verband und deren Bewußtsein eines fundamentalen Bruchs der eigenen Geschichte und Identität sich in der Neigung zu einer tragisch-grotesken, stark imaginationsbetonten Schreibweise niederschlug. Neben William Faulkner als herausragendem Vertreter ist dabei Katherine Anne Porter zu nennen, die einerseits weibliche Initiations- und Selbstfindungsgeschichten mit regionalen Bezügen schrieb (z. B. in der Sammlung dreier Kurzromane, *Pale Horse, Pale Rider*, 1939), andererseits allgemeinere, politisch eingefärbte Themen wie die Beziehung von Liebe und Gewalt im Kontext des mexikanischen Revolutionskampfes in ihrer bekanntesten Geschichte »Flowering Judas« (1930) oder das Verhältnis von Normalität und Faschismus in dem Roman *The Ship of Fools* (1962) behandelte. Regionale, historisch-politische und allgemein-moralische Anliegen verbindet auch Robert Penn Warren, der als Literaturkritiker, Lyriker und Romanautor hervortrat und zusammen mit Dichtern wie John Crowe Ransom und Allen Tate zur Gruppe der *Fugitives* gehörte, die bereits seit den 20er Jahren die Rückbesinnung auf die agrarisch-antimodernistische Tradition des Südens eingeleitet hatten und von denen die Kunstauffassung des *New Criticism* maßgeblich mitinspiriert war. In Warrens Romanwerk stehen schmerzhafte Erkenntnisprozesse unter tragischen Vorzeichen im Mittelpunkt, die, wie in *All the King's Men* (1946), den moralischen Preis politischen Erfolgs, aber auch die unentrinnbare Verstrickung des Menschen in Schuld und historisches Schicksal vorführen.

Bei Flannery O'Connor findet eine Zuspitzung der moralischen Fragestellung insofern statt, als bei ihr in verzerrender Übertreibung die Notwendigkeit einer religiösen Dimension gerade in den Bereichen gezeigt wird, wo sie am meisten abgelehnt wird, etwa denen der Gewalt und Kriminalität, wie in einer ihrer bekanntesten Kurzgeschichten »A Good Man Is Hard to Find« (1955). In dem mit einem Bibelzitat (Matt. 11, 12) betitelten Roman *The Violent Bear It Away* (1960) wird dagegen der bei dem 84jährigen Old Tarwater einsam auf dem Land aufwachsende, elternlose Francis Tarwater, der die fundamentalistische Religionsausübung des sich als Prophet sehenden alten Mannes ablehnt und nach dessen Tod zu seinem rationalitätsgläubigen Onkel Rayber in die Stadt zieht, wider seinen Willen zum Glauben bekehrt. Paradoxerweise erfüllt er, durch die Erfahrung von Gewalt und der Zwangsmechanismen der modernen Gesellschaft umgestimmt, die Prophezeiung Old Tarwaters, daß er den geistig zurückgebliebenen Sohn des Onkels taufen werde, wobei er in dem gegen den Onkel gerichteten gewalttätigen Akt das Kind im See ertränkt, um Old Tarwaters Nachfolge als Prophet anzutreten. Die Verbindung dieser oft sehr widersprüchlichen Vorstellungswelten, die einerseits die Bedeutung religiösen Glaubens in einer säkularen Welt unterstreicht, ist andererseits in ihrer Ausdruckskraft von Autoren wie John Hawkes als wichtige Vorstufe für die eigene postmoderne Vision begriffen worden (vgl. »Flannery O'Connor's Devil«, 1962).

Flannery O'Connor

Alternative Lebensformen und der Entwurf neuer Welten (Utopien)

Die schon bei den Dichtern der Beat Generation ersichtliche Kombination von Gewaltdarstellung und Sexualität wird – angewandt auf viele verschiedene Themenbereiche – das Markenzeichen für Norman Mailers Erzählwerk. Obwohl seine eigene Person direkt oder indirekt mit in die Texte eingeht, dient sie selten der Thematisierung seiner jüdisch-amerikanischen Herkunft. Mailers bewegtes Leben ist von aktivem politischen Engagement und existentialistischer Einstellung geprägt. Sein umfassendes Werk sprengt bei der Darbietung seiner scharfsinnigen und oft polemisch abgefaßten Analysen der amerikanischen Gegenwartskultur konventionelle Gattungsgrenzen, um sein Ziel einer radikalen Bewußtseinsveränderung zu verwirkli-

Norman Mailer als Leitfigur der 60er Jahre

Norman Mailer

white negro *und* hipster

chen. Nach Mailer ist die amerikanische Gesellschaft von destruktiver Gewalt und Sexualität bestimmt, die der Künstler allerdings auch kreativ zum Wandel nutzen kann. Damit wird Mailer insgesamt zu einer der Leitfiguren der 60er Jahre, in denen sich die von den Beatniks eingeleiteten Veränderungen der Gesellschaft zu den alternativen Lebensformen einer Counterculture weiterentwickeln und Formen des massiven politischen Protests in der Bürgerrechtsbewegung und den Anti-Vietnam-Demonstrationen annehmen.

Der in beiden Bereichen engagierte Mailer hat eine philosophische Bestimmung seiner eigenen Position in dem Aufsatz »The White Negro« (1957) vorgenommen, der wiederum bezeichnenderweise in dem autobiographischen *Advertisements for Myself* (1959) abgedruckt ist. Nach dem aufsehenerregenden Erstlingsroman, dem auf eigenen Erfahrungen im Pazifikkrieg beruhenden, naturalistischen *The Naked and the Dead* (1948) sowie einer Darstellung radikaler politischer Anschauungen in *Barbary Shore* (1951) und einer Satire auf den Hollywood-Betrieb in *The Deer Park* (1955) stellt Mailer mit dem Konzept des *white negro* die Verbindung einer existentialistischen Anschauung mit avantgardistischer Lebensweise vor. Angesichts der Bedrohung des Lebens durch Konzentrationslager und Atombomben befindet sich der moderne Mensch in der ständigen Präsenz des Todes, eine mortale Situation, die Teil der alltäglichen Existenzweise schwarzer Amerikaner ist. Eine weitere Verbindung zu den Afro-Amerikanern besteht durch die mit Jazz und Drogenkonsum schon seit der Beat Generation bekannte Affinität. Insgesamt ergibt sich für den als Hipster bezeichneten *white negro* eine Kombination aus Bohemien (Kreativität), jugendlichem Kriminellen (Gewalttätigkeit), Schwarzen (Spontaneität) und Psychopathen (Sich-Ausleben), die in der Figur des Stephen Rojack in dem

An American Dream

Roman *An American Dream* (1965) paradigmatisch vorgeführt wird. Der Harvard-Student, Kriegsheld, Politiker und Professor für ›Existentielle Psychologie‹ überwindet sein Todesverlangen in dem orgiastischen Mord an seiner Ehefrau Deborah, der ihm eine neue Vitalität und Kreativität für die Auseinandersetzung mit dem durch seinen Schwiegervater Kelly repräsentierten Bösen verleiht. In der spannenden, Elemente des Kriminal- und Schauerromans verarbeitenden Handlung, in der die Krankheit des Psychopathen Rojack exemplarisch für die Psychose der kapitalistischen Gesellschaft steht, kann sich letztlich der Protagonist durch den erfolgreichen Balanceakt auf der Balkonbrüstung eines New Yorker Wolkenkratzer-Appartements selbst heilen, indem er sowohl den Einflüsterungen des durch Kelly repräsentierten korrupten Systems als auch der Gefahr des Absturzes in die Tiefe widersteht. Dieser symbolische Freiraum auf der Balkonbrüstung zwischen Gesellschaft und Abgrund ist u.a. von Tony Tanner als paradigmatisch für Mailers Werk und für einen Großteil der amerikanischen Literatur der 60er Jahre gesehen worden. An Brutalität in der hauptsächlich gegen Frauen gerichteten sexuellen Gewalt und Perversion gleicht

Hubert Selby,
Last Exit to Brooklyn

Hubert Selbys aus verschiedenen Episoden bestehender, im Arbeitermilieu von Brooklyn angesiedelter Roman *Last Exit to Brooklyn* (1964) dem Mailerschen Werk, wobei allerdings das für Mailer sich aus der Darstellung destruktiver Kräfte ergebende kreative Potential bei Selby durch eine moralische Komponente ersetzt ist, die schon aus den den Kapiteln vorgeschalteten Bibelzitaten ersichtlich wird.

Mailers Verarbeitung
des Vietnamkrieges

Die militärischen Aktionen des Vietnamkrieges stellen schließlich einen weiteren Schauplatz von Gewalt, Brutalität und sexueller Perversion dar, dessen Auswirkungen über die Kampfhandlungen in Asien hinaus vor allem

Vietnam 1968

die wehrfähigen amerikanischen Jugendlichen, aber auch die amerikanische Realität insgesamt erfassen. Mailer widmet diesem Thema zwei Romane, die indirekte Spiegelung des Kriegsgeschehens in dem in der freien Natur Alaskas spielenden *Why Are We in Vietnam?* (1967) sowie die direkte Wiedergabe der politischen Aktivitäten in *The Armies of the Night* (1968) während des Marsches auf Washington bei der größten Anti-Vietnam-Demonstration im Oktober 1967. In ersterem Text, der im Erlebnis der Wildnis und der Jagd das menschliche Gewalt- und Destruktivitätspotential in grotesken Bildern aus der Erinnerung des 18jährigen Ich-Erzählers und in einer dem Gegenstand adäquaten brutal-obszönen Sprache ausdrückt, ist die am Ende erwähnte Einberufung der beiden als »killer brothers« bezeichneten jugendlichen Helden nach Vietnam der einzige konkrete Hinweis auf den Krieg; in letzterem Text verlagert Mailer die Problematik des Krieges und seiner Auswirkungen auf die amerikanische Wirklichkeit auf die Darstellungsproblematik und die Rolle des Individuums in geschichtlichen Prozessen. Dabei praktiziert er eine als *new journalism* oder auch als Faktographie bezeichnete, in den 60er und 70er Jahren sehr produktive Darstellungsweise, die konkrete Fakten der Wirklichkeit fiktionalisiert wie Truman Capotes Nachzeichnung eines brutalen Familienmordes im mittleren Westen (*In Cold Blood*, 1966) oder die Essaysammlungen von Tom Wolfe, in denen Zeitgeschehen aufgegriffen und verarbeitet wird (z.B. in dem die Drogenkultur und Schriftsteller der Beat Generation wie Ken Kesey darstellenden *The Electric Kool-Aid Acid Test*, 1968).

New Journalism

Bei Mailers *The Armies of the Night* kommt diese faktographische Vertextung schon im Untertitel des Romans: *History as a Novel. The Novel as History*, zum Ausdruck. Die in der Zeit von Donnerstag abend bis Sonntag (19.–22. Oktober 1967) ablaufenden Ereignisse, die aus Reden, Podiumsdiskussionen, Interviews, Fernsehaufnahmen, Auseinandersetzungen zwischen Demonstranten und Polizisten, der Verhaftung Mailers vor dem Pentagon, seiner Freilassung und der Rückkehr nach New York bestehen, werden im ersten Teil (»The Steps of the Pentagon«) aus der

The Armies of the Night

subjektiven Erfahrung des Hipster Norman Mailer, Held und Erzähler in einer Person, und unter dem je wechselnden Blickwinkel der verschiedenen Genres wiedergegeben. Es versteht sich von selbst, daß durch Mailers schillernde Figur, seinen proteischen Charakter, die fiktionale Komponente in diesem Teil auch breiten Raum einnimmt. In dem kürzeren zweiten Teil (»The Battle of the Pentagon«) werden dieselben Ereignisse der Demonstration aus der vermeintlich objektiven, distanzierten Sicht des Historikers vermittelt, wobei die kollektive Erfahrung der amerikanischen Nation im Vordergrund steht und das demokratisch-existentielle Moment hervorgehoben wird. Die durch die zwei Teile angedeutete Doppelperspektive und die damit einhergehende Auflösung des Protagonisten in verschiedene Versionen des Ich machen nachdrücklich auf die durch eine Perspektive bzw. ein Medium nur unvollständig zu leistende Wiedergabe der Wirklichkeit aufmerksam. Es deutet sich hier schon die für die postmoderne Literatur typische Aufhebung einer klar bestimmbaren Grenze zwischen Faktum und Fiktion an, bzw. die von Mailer vertretene Auffassung, die amerikanische Wirklichkeit sei schizophren und wahnsinnig. Dies deckt sich mit Philip Roths in »Writing American Fiction« schon 1961 verkündetem Eingeständnis, daß die faktische Wirklichkeit in ihrer Brutalität die Möglichkeiten der schriftstellerischen Imagination bei weitem überbiete. Ein weiteres sehr einprägsames Beispiel der faktographischen Darstellungsform ist Mailers *The Executioner's Song* (1979).

Das in Mailers Werk deutliche politische Engagement für eine aus der ästhetischen Perspektive des *white negro* und Hipster gewonnene alternative Gesellschaft trifft natürlich ebenso auf die politisch engagierte Literatur der ethnischen und künstlerischen Minoritäten der 60er Jahre zu, wobei das gemeinsame politische Interesse eine Basis für die Zusammenarbeit der Schriftsteller/innen bildet. Allerdings verstärkt sich in den 60er Jahren auch der Wunsch nach einer eigenständigen Ästhetik der ethnischen Gruppen. Bei den afro-amerikanischen Schriftstellern führt dieser Übergang von der weitgehend noch dem westlichen Bildungserbe verpflichteten Darstellung afro-amerikanischen Lebens, wie es James Baldwin aus seinem religiösen Hintergrund heraus (*The Fire Next Time,* 1963) mit Bezug auf die Bibel in dem Roman *Go Tell It On the Mountain* (1953) und auf die Religionsausübung in der schwarzen Gemeinde in dem Drama *The Amen Corner* (1968), oder Gwendolyn Brooks in ihren das Alltagsleben der Schwarzen schildernden Gedichten (*The Bean Eaters*, 1960) beschreiben, zur bisweilen militanten Absetzung von der Welt der Weißen im Zusammenhang mit der Politisierung des afro-amerikanischen Widerstands. Die von linken Ideologien geleiteten Black Panthers und die von religiösem Eifer getragenen Black Muslims, deren Geschichte aus dem persönlichen Erleben in den Autobiographien Eldridge Cleavers, *Soul on Ice* (1968), bzw. der in Kollaboration mit Alex Haley verfaßten und postum nach seiner Ermordung veröffentlichten *The Autobiography of Malcolm X* (1965) wiedergegeben wird, fungieren als primäre Träger des Widerstandes z.B. gegen die Abschaffung von Sozialprogrammen in der Nixon-Regierung Ende der 60er Jahre. Dieser Wandel zeigt sich häufig schon in der Aufgabe des Sklavennamens und der Annahme eines afrikanischen Namens etwa bei LeRoi Jones / Amiri Baraka, in dessen Werk auch der Wandel von der Assimilation an die weiße Ästhetik zu einer eigenständigen afro-amerikanischen Ästhetik deutlich ist. Die Radikalisierung des Standpunkts zeigt sich etwa in den Theaterstücken Ed Bullins', in denen zum offenen Kampf gegen die Weißen mobil gemacht wird. Der Neuansatz der afro-amerikanischen Literatur der 80er Jahre wird eine grundsätzlich neue Ästhetik präsentieren.

Perspektivische Wirklichkeitsauffassung

Literatur von Minoritäten

Hair, das »american tribal love rock musical« (so der Untertitel), kam im New Yorker Public Theatre im Oktober 1967 heraus (Text: Gerome Ragni und James Rado; Musik: Galt MacDermot). Szene aus der Berliner Premiere am 3. 10. 1969

Politisch motiviert sind auch die in Kalifornien als Straßentheater aufgeführten *Actos* des von dem Chicano-Dramatiker Luis Valdez geleiteten *Teatro Campesino*, das die Ausbeutung mexikanischer Gastarbeiter und der in Südkalifornien lebenden Chicanos thematisiert, oder die Agitprop- und Guerilla-Stücke der *San Francisco Mime Troupe* und des *Bread and Puppet Theatre*, die die Anliegen der Unterprivilegierten avantgardistisch zur Anschauung bringen. Bester Ausdruck der in diesem kalifornischen Kontext der 60er Jahre aus politischem Widerstand und dem Wunsch nach alternativem Leben entstandenen, von Flower Power und Hippie-Kultur getragenen Jugendbewegung ist Galt MacDermots Rock-Musical *Hair* (UA 1967), das weltweit zum Inbegriff einer neuen, nicht mehr vom Konsens der Gesellschaft getragenen multiformen amerikanischen Kultur wurde.

Postmodernismus (60er und 70er Jahre)

Die sich in den literarischen Aktivitäten der Beat Generation andeutende Auflösung der Konformität der amerikanischen Gesellschaft durch die Perspektive der am Rande der Gesellschaft lebenden Außenseiter und die sich in den 60er Jahren formierende Gegenkultur, bestehend aus ethnischen Gruppen, politischer Protestbewegung und Jugendrevolte, sind wesentliche

Periodisierungs- und Definitionsprobleme

Anfänge im späten 19. Jahrhundert

Voraussetzungen für die Entstehung des postmodernen Zeitalters und der postmodernen Literatur. Eine genaue Periodisierung erscheint aufgrund der sehr unterschiedlichen Definitionskriterien kaum sinnvoll, doch kann analog der Einteilung in Moderne und Modernismus zunächst zwischen dem Zeitalter der Postmoderne und der künstlerisch-kulturellen Bewegung des Postmodernismus unterschieden werden, die beide durch die Vorsilbe ›post‹ mit den Vorläuferbegriffen und der dafür stehenden Epoche bzw. Bewegung in Beziehung gesetzt sind. Läßt sich das Zeitalter der Moderne in einem weitgefaßten Sinn, nämlich als historische Ausprägung eines vernunft- und technologiegläubigen Fortschrittsdenkens, bis zur Renaissance zurückdatieren, so erscheint das späte 19. Jh. mit den Neuansätzen in Nietzsches Philosophie, Freuds Psychologie und Marx' politischer Ökonomie als erster entscheidender Einschnitt für den Beginn der Postmoderne. Zum einen legt die erste 1917 bei Rudolf Pannwitz in seiner Studie *Die Krise der europäischen Kultur* belegte Erwähnung des Begriffes ›postmodern‹ mit Bezug auf Nietzsches Menschenbild dies nahe, zum anderen datieren unabhängig voneinander der britische Historiker Arnold Toynbee und der amerikanische Dichter der Black Mountain School Charles Olson den Beginn auf das Jahr 1875. Für beide markiert dieser Zeitpunkt das allmähliche Schwinden eines ungebrochenen Fortschrittsglaubens, an dessen Stelle ein Bewußtsein der Schattenseiten des Modernisierungsprozesses und eine von Skeptizismus und Subjektivismus bestimmte Haltung tritt. Am Ende des Jahrhunderts der großen Erzählungen der Hegelschen Philosophie, des viktorianischen Romans, der historischen Welterklärungen durch Tocqueville, Macaulay, Ranke und Burckhardt steht die durch neue wissenschaftliche Erkenntnisse wie den Darwinismus eingetretene Erschütterung fester Glaubensinhalte und – in Max Webers Worten – die Entzauberung der Welt.

Leon Krier: Haus in Seaside, Florida. Postmodern ist das Spiel mit unterschiedlichen Stilformen wie dem griechischen Tempel auf dem schlichten Wohnhaus mit Säulenveranden im Kolonialstil

Das Phänomen des Postmodernismus in einem engeren Sinn dagegen als eine klar abgrenzbare, in sich geschlossene ästhetische Bewegung ist viel schwieriger festzumachen. Immerhin läßt sich eine zeitliche Grobeinteilung dahingehend vornehmen, daß der Modernismus als künstlerisch-literarische Epoche in den USA etwa die Zeit vom Ersten bis nach dem Zweiten Weltkrieg umfaßt, während der Postmodernismus in den 60er und 70er Jahren seine Blütezeit erlebte. Erste Erscheinungen einer postmodernen Gestaltungsweise zeigten sich in der Architektur, wo Mies van der Rohes funktional-modernistisches Prinzip *form follows function* seit Mitte des Jahrhunderts durch spielerische Formen, Zitate früherer Stile und das Dekorative abgelöst wurde (vgl. das Bonaventure Hotel in Los Angeles, Ieoh Ming Pei, Robert Venturi). Inzwischen sind alle Bereiche von den postmodernen Stilprinzipien erfaßt, von den schon bei den Abstrakten Expressionisten zu beobachtenden improvisatorischen Experimenten in der bildenden Kunst über radikale Neuansätze in Literatur, Philosophie (Jacques Derrida, Jean-François Lyotard), Theologie (Marc C. Taylor), Theater (Performance Group), Musik (John Cage, Punk, New Wave) und Film (Stanley Kubrick, Steven Spielberg), bis hin zu Video- und Computerspielen, die als neue Formen der Medienkultur auch ästhetische Relevanz beanspruchen. Die theoretische Auseinandersetzung mit dem Postmodernismus, die in den 60er Jahren weitgehend beschreibend war oder durch die Aufhebung der Grenze zwischen Literatur und Literaturkritik die postmodernen Elemente in einer von Malcolm Bradbury als *critifiction* bezeichneten Schreibweise zu imitieren suchte, hat sich zu Nachbardisziplinen geöffnet und ist kritischer geworden. So erkennt Fredric Jameson aus seiner marxistischen Perspektive im Postmodernismus die reinste Ausprägung eines multinationalen Konsumkapitalismus, David Harvey und Steven O'Connor dehnen ihre ebenfalls politisch-kulturell orientierten Analysen auf die menschliche Umwelt, Geographie und Stadtgeographie aus. Inzwischen werden die ursprünglichen Bemühungen, den Postmodernismus als einen Epochenbegriff mit kategorialen Unterschieden zum Modernismus zu etablieren, als überholt erachtet, und ein Konsens hat sich insofern herausgebildet, als man mit Lyotard postmoderne Kunst- und Kulturformen als eine besondere ästhetische Sensibilität und eine Attitüde begreift.

Kennzeichen der postmodernen Erscheinungen, die in den USA im Anschluß an die kulturelle Jugendrevolution der 60er Jahre alle Bereiche der Kunst, Wissenschaft, Kultur und des Lebens erfassen, ist ein Bewußtsein der Unbestimmtheit und Unbestimmbarkeit der Realität wie des Subjekts. Im Zusammenhang damit steht die Abwendung von strengen, elitären Formen hin zu offenen, pluralen Formen der Kunst, die die konventionellen Strukturierungsmittel spielerisch auflösen und den Zeichen- und Performanzcharakter des ästhetischen Kommunikationsprozesses betonen, der auch die Rezipienten in den Kunstakt mit einbezieht. In dieser Übergangsphase sind die nicht mehr eindeutig unterscheidbaren Bereiche von Kunst und Leben von der innovativen Verwendung von Kitsch, Klischee, Parodie, Pastiche und Zitat, oder allgemeiner von Intertextualität bestimmt.

Parallel zum Postmodernismus entwickelt sich das Methodenkonzept des Poststrukturalismus, das den veränderten Bedingungen der gesellschaftlich-kulturellen Entwicklung insofern Rechnung trägt, als es den bislang als statisch und ahistorisch begriffenen Strukturalismus durch ein dynamisches, die politischen Machtverhältnisse analysierendes Instrumentarium ablöst. Literatur und Literaturkritik werden zu Medien eines subversiven, Autorität und Macht dekonstruierenden Diskurses, der die schon von der Beat Generation und den Autoren der 60er Jahre in Frage gestellten Vorstellungen von einer ganzheitlichen Persönlichkeit und von der ästhetischen Totalität des Kunstwerks durch die Konzeption von ständig in Bewegung befindlichen Strukturierungsprozessen ersetzt. Vor dem Hintergrund eines solchen dekonstruktivistischen Weltbildes, bei dem die Grenzen zwischen Wirklichkeit und Fiktion notwendigerweise fließend sind, sind auch die anderen Konstanten des literarischen Sinnbildungsprozesses instabil geworden. Angesichts der revolutionären Veränderungen eines elektronischen Zeitalters verwundert es nicht, daß Phänomene der Fiktionalisierung und Performanz in den Vordergrund der literarischen Beschäftigung gerückt sind.

Poststrukturalismus

Kontinuität und Diskontinuität mit der Moderne:
Exhaustion *und* Replenishment

Da eine kategoriale Abgrenzung zwischen Modernismus und Postmodernismus schwierig, wenn nicht unmöglich ist, fällt es auch schwer, manche der Autoren und Autorinnen eindeutig zuzuordnen. Zudem gehört es zum Selbstverständnis von Gegenwartsautoren, das Etikett ›postmodern‹ wahlweise zu akzeptieren oder abzulehnen. Je nach Schaffensphase trifft dies auch auf John Hawkes und John Barth zu, die heute als postmoderne Großväter gelten. Dennoch haben gerade diese beiden Schriftsteller ihre dem eigenen künstlerischen Selbstverständnis entsprechende Ambivalenz gegenüber dem Postmodernismus literaturtheoretisch untermauert. Hawkes hat bereits in einem Interview 1965 »plot, character, setting, and theme« als »true enemies of the novel« erkannt und durch seine »totality of vision or

Postmoderne Literaturtheorie

structure« ersetzt. Und Barth, dessen literaturkritische Aufsätze in *The Friday Book* (1984) und *Further Fridays: Essays, Lectures, and Other Nonfiction, 1984–94* (1995) erschienen sind, hat sich in zwei Essays mit entgegengesetzten Positionen des Postmodernismus auseinandergesetzt. Während er in »The Literature of Exhaustion« (1967) eine Erschöpfung der Themen und formalen Gestaltungsmöglichkeiten der modernen Literatur konstatierte, schlug er mit dem für die Postmodernismus-Tagung deutscher Amerikanisten verfaßten »Literature of Replenishment« (1980) als Überwindung der Krise des literarischen Mediums die parodierende Wiederholung und damit eine paradoxe Form der Innovation und der kreativen Erneuerung vor. Bei beiden Autoren ergibt sich damit zumindest ex negativo ein Rückbezug auf die moderne Literatur, wobei dieser Bezug zwischen Kontinuität und Diskontinuität schwanken kann.

Kontinuität der Moderne: Romanautoren

Auf dem Gebiet des Romans können den seit den 60er Jahren entstandenen Werken von John Updike, John Irving und Joyce Carol Oates primär Aspekte zugeordnet werden, die den kontinuierlichen Bezug zum Modernismus betonen. Updike befaßt sich in seinen zahlreichen Romanen und Erzählungen in traditionellem, durch realistisch-satirische Darstellung gesellschaftskritisch wirkenden Erzählstil mit dem Verfall christlicher Werte in der von ihm als nachchristliche Zeit gesehenen amerikanischen Gegenwart und besonders im Alltagsleben des Mittelstandes. Beispielhaft für sein vier Jahrzehnte überspannendes Werk sind die vier ›Rabbit‹-Romane, in denen Updike anhand des Protagonisten Harry Angstrom die Entwicklung eines Durchschnittsamerikaners aus der Provinz in Pennsylvania beschreibt. Der erste Band dieser Tetralogie, *Rabbit, Run* (1960), schildert die sexuellen

Updikes Rabbit-*Romane*

John Updike

Ausbruchsversuche des in Ehe und Beruf frustrierten 26jährigen Familienvaters. Die weiteren Bände beschreiben die Beziehung des inzwischen 36jährigen zu einem 18jährigen Hippiemädchen inklusive Drogenkonsum und Bekanntschaft mit einem schwarzen Vietnamveteranen und Revolutionär (*Rabbit Redux*, 1971), den beruflichen Aufstieg in die obere Mittelklasse als Toyotahändler im Geschäft seines Schwiegervaters (*Rabbit is Rich*, 1981), bis zu seinem vorzeitigen Rentnerleben in Florida und dem nach zwei Herzinfarkten gewissen Tod (*Rabbit at Rest*, 1990). Die jeweils im Abstand von zehn Jahren vorgenommene punktuelle Beschreibung des familiären und beruflichen Werdegangs des Protagonisten geschieht vor der kontinuierlich gesehenen desolaten Entwicklung der politischen, ökonomischen, gesellschaftlichen und kulturellen Verhältnisse in den USA von den 50er bis zu den 90er Jahren. Dem Ausbruch aus der Konformität der Eisenhower-Regierung in den 50er Jahren folgen die im Zusammenhang mit Vietnamkrieg und Bürgerrechtsbewegung initiierte Mobilisierung der amerikanischen Jugend zum Aufstand gegen die bürgerliche Gesellschaft, schließlich die wirtschaftliche Rezession im Anschluß an die Ölkrise in den 70er Jahren und die verminderte Konkurrenzfähigkeit amerikanischer Produkte angesichts der veränderten wirtschaftlichen Lage in der Bush-Administration. Gleichbleibend sind die an dem Spitznamen ›Rabbit‹ ablesbare ängstliche, von egoistischen Trieben bestimmte Natur des Helden, der wie sein literarischer Vorgänger aus Sinclair Lewis' Roman *Babbitt* in Konflikt mit Familie und Gesellschaft gerät, sowie der ironisierte und parodierte Glaube an die Verwirklichbarkeit des *American Dream*, der als Queste auch die Ebene sexueller Begierden und metaphysischen Verlangens einschließt.

Es gehört zu einem der Updikeschen Kompositionsprinzipien, den oft banalen Geschehnissen der Alltagswelt durch eine übergeordnete mythologische Dimension Sinn zu verleihen, selbst wenn dieser Bezug ironisiert bzw.

ambivalent gestaltet ist. Hat man in der Flucht Harry Angstroms von Frau und Familie in *Rabbit, Run* zum Beispiel eine allegorische Anspielung auf Bunyans *Pilgrim's Progress* erkannt, so wird in *The Centaur* (1963) diese allegorische Verweisform zum durchgängigen Prinzip. Demnach ist die amerikanische Kleinstadt Olinger, in der die Beziehung zwischen dem Lehrer George Caldwell und seinem später in New York als abstrakter Expressionist lebenden Sohn Peter mit teilweise autobiographischer Reminiszenz geschildert wird, gleichzeitig der Olymp der griechischen Götter. Im Unterschied zu der strukturbildenden Funktion mythologischer Verweise im modernen Roman wird hier das Ineinanderblenden von Fiktion und Mythologie vorgeführt. Zusammen mit den durch das Sujet der Malerei gegebenen surrealistischen und kubistischen Passagen wird damit die Zwischenstellung Updikes zwischen Modernismus und Postmodernismus deutlich. In den Romanen der 80er Jahre scheint das postmoderne Element stärker hervorzutreten, etwa bei der Darstellung der magischen Kräfte dreier feministischer Hexen in *The Witches of Eastwick* (1984), die Updike mit wenig Erfolg bemüht, um die Vietnamzeit auch mit Bezug auf die puritanische Hexenverfolgung aufzuarbeiten, oder bei der Vertextung des per Computer geführten mathematischen Gottesbeweises in *Roger's Version* (1986).

Eine ähnliche Zwischenstellung zwischen Moderne und Postmoderne kommt den komisch-grotesken Romanen des populären Schriftstellers John Irving zu, der ein Bild der amerikanischen Gegenwartsgesellschaft entwirft, das die durch Sexualität, Gewalt und exzentrisches Verhalten gestörte Harmonie in Familie und Beruf zum Thema hat. Der Auftakt zu dem 1982 erfolgreich verfilmten, besten Roman *The World According to Garp* (1978), in dem die feministische Krankenschwester Jenny Fields zur Zeugung ihres Sohnes sich eines hilf- und ahnungslosen Bordschützen kurz vor dessen Tod bedient, signalisiert bereits die bizarren Vorgänge der Romanhandlung. Die *ab ovo* konzipierte Entwicklung der an Laurence Sternes Tristram Shandy erinnernden Titelfigur Garp von Kindheit, Jugend und Adoleszenz bis zur Ehe ist begleitet von der Entwicklung Garps als Schriftsteller, dessen Imaginationsfähigkeit zuallererst durch die Begegnung mit seiner späteren Frau Helen geweckt wird. Am Ende wird er, wie seine politisch-aktive Mutter vor ihm, von Feministinnen ermordet. Das Schlußkapitel stellt eine Art metafiktionalen Kommentar zum Roman dar und macht die schon vorher vorgeführte Verschiebung der Grenze zwischen Faktum und Fiktion zum Thema.

Die Auswirkungen von irrationaler, unmotivierter Handlung auf die menschliche Physis und Psyche in der amerikanischen Gegenwart sind eines der zentralen Themen von Joyce Carol Oates, die seit ihrem ersten Roman, *With Shuddering Fall* (1964), im jährlichen Rhythmus populäre Romane und Kurzgeschichten publiziert hat. Diese zusätzlich durch pseudonyme Veröffentlichungen unterstrichene Produktivität der als Writer in Residence an der Princeton University lehrenden Schriftstellerin, die sie in der Kurzgeschichtensammlung *The Hungry Ghosts: Seven Allusive Comedies* (1974) und dem Roman *Unholy Loves* (1979) parodiert, hat ihr auch den Ruf einer Vielschreiberin eingebracht, die aktuelle Themen und modische Formen aufgreife. Dennoch hat sie eine Reihe beachtlicher Werke vorgelegt, die von realistisch-naturalistischen Erzählungen bis zu fabulierenden postmodernen Texten reichen und ihre Zwischenstellung deutlich machen. Als kreatives Prinzip ihres imposanten Erzählwerks kann die in *The Edge of Impossibility: Tragic Forms in Literature* (1972) geäußerte Auffassung gelten: »Art is built around violence, around death; at its base is fear. The

The Centaur

John Irving

The World According to Garp

Joyce Carol Oates

Oates' Kunstauffassung

Suburbia. Photographie von Bill Owens

Joyce Carol Oates

absolute dream, if dreamed, must deal with death, and the only way toward death we understand is the way of violence.« Gegenpol zu dieser Welt von Gewalt und Tod bildet die oft nur nostalgisch oder ex negativo anzitierte Vorstellung eines irdischen Paradieses, wie es in dem ländlichen, in späteren Romanen erneut evozierten Schauplatz »Eden County« des ersten Romans schon anklingt.

Paradigmatisch für das Schaffen der Autorin ist die als lose Trilogie begriffene Romanfolge, *A Garden of Earthly Delights* (1967), *Expensive People* (1968), und *them* (1969). Während der erste Teil, dessen Titel auf Hieronymus Boschs gleichnamiges allegorisches Gemälde anspielt, das Eindringen des Bösen in das Paradies der hier ebenfalls »Eden County« genannten ländlichen Idylle durch Gewalt, Mord und Selbstmord realistisch vorführt, wird in Teil zwei und drei das Geschehen in die Vorstadt bzw. Großstadt Detroit verlagert und formal experimentiert. So satirisiert Oates in *Expensive People* die sich aus dem verfälschten Wirklichkeitsbild suburbanen Lebens ergebende amoralische Haltung des elfjährigen Jungen Richard, der aus unerwiderter Mutterliebe in seiner Imagination zum Mörder seiner Mutter wird. Aus der Sicht des 18jährigen unzuverlässigen Ich-Erzählers bleibt allerdings unklar, ob er selbst oder ein Unbekannter die Tat begangen hat. Die hier offensichtliche, als Spannungselement bewußt angewandte Vermischung von Realität und Fiktion scheint Oates' Versuch zu sein, Aspekte postmodernen Erzählens auszuprobieren. *them* schließlich bietet eine Variante der von Mailer in *Armies of the Night* popularisierten *non-fiction* oder Faktographie. Anhand eines authentischen Falles aus den Slums in Detroit gestaltet Oates eine naturalistische Milieustudie, in der eine Mutter und ihre beiden Kinder sich der Übermacht gesellschaftlich-ökonomischer Determination gegenübersehen. Die je verschiedenen Versuche, aus diesem Milieu auszubrechen, führen zu einem Reigen der Gewalt, aus dem sich einzig die Tochter durch privates Glück am Ende befreien zu können scheint, indem sie den Rest der Familie (»them«) ausschließt.

Eine neue Dimension des Erzählwerks von Oates machen die Romane der 80er Jahre deutlich. Mit der Hinwendung zu stärker feministischen Anliegen gibt Oates einerseits ein sehr eindrückliches Beispiel des als *new feminine gothic* bezeichneten Genres des Schauerromans. *Bellefleur* (1980) ist eine in Erzählvirtuosität und Phantasie eingekleidete Generationengeschichte, die auf die französischen Ursprünge einer aus Frankreich im 18. Jh. eingewanderten adeligen Familie zurückreicht und über sechs Generationen die von Macht- und Besitzdenken, Korruption und Konfrontation mit Indianern und Schwarzen geprägten Aktivitäten der Familienmitglieder begleitet. Speziell der schon von John Barth in *The Sot-Weed Factor* gekonnt genutzten Parodierung der Romanze dient *A Bloodsmoor Romance* (1982), die in der zweiten Hälfte des 19. Jh.s angesiedelt ist und anhand der fünf Töchter der Familie Zinn eine Serie von unglaublichen Geschichten darstellt. Dabei geht es Oates darum, die vordergründige Ordnung der allwissenden Erzählperspektive durch Ironisierung und Komisierung als eine fiktionale zu entlarven. *Solstice* (1985) und *Marya: A Life* (1986) schließlich widmen sich mit der Darstellung einer lesbischen Beziehung bzw. des Aufstiegs eines einsamen und mißhandelten Kindes zur erfolgreichen Literaturprofessorin in New York zeitgemäß feministischen Themen.

Der Einfluß des in Petersburg geborenen, zunächst 1919 vor der sowjetischen Revolution nach Berlin, dann vor dem Nazi-Terror nach Frankreich und schließlich in die USA geflohenen Schriftstellers Vladimir Nabokov auf den amerikanischen Postmodernismus ist unbestritten. Sein literarisches Beispiel prägt nicht nur die unmittelbar bei ihm in Cornell in den 50er Jahren studierenden Autoren wie Thomas Pynchon, Ronald Sukenick oder Steve Katz, sondern eine ganze Generation junger Nachwuchsschriftsteller. Die Methoden, die seinen beiden Leidenschaften der Lepidopterologie (dem Sammeln und Klassifizieren von Schmetterlingen mit Hilfe des Mikroskops) und dem Schachspiel (das unendliche Kombinationsmöglichkeiten mit einem genau festgelegten Regelinventar zuläßt) zugrundeliegen, lassen eine Verbindung der formalen modernistischen sprachlichen Konstruktionen mit der postmodernen Vorliebe für freie Entfaltung der Imagination und Fabulierkunst erkennen. In den während des Exils im Berlin der 30er Jahre entstandenen, meist in der Pariser exilrussischen Literaturzeitschrift erschienenen und erst spät übersetzten Romanen ebenso wie in den ab 1938 englischsprachig verfaßten Erzählungen zeigt sich diese aus genauer wissenschaftlicher Observation und geschickten Schachzügen bestehende Figuren- und Handlungskonstruktion, die in einer von dem Nicht-Muttersprachler erstaunlich souverän praktizierten, innovativen und humorvollen Sprachverwendung präsentiert wird. Der Übergang von der europäischen zur amerikanischen Welt läßt sich an zwei politischen Romanen ablesen, die die brutale Vorgehensweise totalitärer Staaten zum Thema haben. Während *Invitation to a Beheading*, der achte von neun russischen Romanen (Paris, 1935/36, in Buchform 1938; engl. 1959), ein eher unspezifisches Regime schildert, das den sich von den gleichgeschalteten geistlosen Menschenattrappen durch Gefühl und Verstand absetzenden Protagonisten Cincinnatus C. wegen seines Eigenlebens zum Tode durch Enthaupten verurteilt hat, führt der erste in Amerika erschienene englischsprachige Roman, *Bend Sinister* (1947), mit konkretem Bezug auf Sowjetkommunismus und Nationalsozialismus das tragische Schicksal des Philosophieprofessors Adam Krug vor, der sich der geistigen Vereinnahmung durch das Regime zu widersetzen versucht. Obwohl beide Romane auf der Handlungsebene mit dem gewaltsamen Tod der Protagonisten enden, wird die Fiktion in einer für Nabokov und später für den Postmodernismus typischen Manier metafiktional durchbrochen und der Tod durch Rück-

Vladimir Nabokov

Von der russischen zur englischen Sprache

Sue Lyon als Lolita

Nabokovs Stil

bindung der Charaktere an ihren Schöpfer aufgehoben. Damit unterstreicht Nabokov die für ihn besonders durch Shakespeares *Hamlet*, dem das zentrale siebte Kapitel von *Bend Sinister* gewidmet ist, verkörperte Manifestation individuellen Bewußtseins, das jeder totalitären Unterdrückung Widerstand leistet.

Bleibender Ruhm und die einflußreiche Stellung in der amerikanischen Nachkriegsliteratur beruhen auf dem inzwischen zum Klassiker avancierten Roman *Lolita* (Paris, 1955), der aufgrund des Pornographievorwurfs erst 1958 in den USA erscheinen durfte. Er erzählt die bekannte Geschichte des aus Frankreich in die USA eingewanderten Literaturwissenschaftlers Humbert Humbert, der sich unsterblich in die zwölfjährige, ihn letztlich verführende Dolores Haze, genannt Lolita, verliebt. Rastlos reist H.H. mit Lolita ein Jahr lang als Vater und Tochter durch das Land aus Angst vor der Entdeckung seiner Liebe. Ein Verfolger des Liebespaares erweist sich als der Nebenbuhler Clare Quilty, den der von Lolita verlassene Humbert schließlich erschießt. Neben der Nabokovs Schreibweise eigenen stilistischen und sprachlichen Virtuosität und seiner in Sprache umgesetzten Passion für Observation und Schachspiel enthält der Roman eine Reihe von Techniken, die für die postmoderne Schreibweise prägend geworden sind. So parodiert er einschlägige Liebesgeschichten und nimmt intertextuellen Bezug auf die kindliche Frauenfigur in Poes Gedicht »Annabel Lee« sowie auf die Figur der *femme fatale* in Mérimées *Carmen* und Sades *Justine*. Die leidenschaftliche Beziehung des Dichters zu Annabel Lee wird explizit zitiert, um die auf ein Kindheitserlebnis des Protagonisten zurückgehende Fixierung Humberts auf Kindfrauen, den »nymphets«, zu erklären, die sich als dämonische Mädchen zwischen neun und vierzehn Jahren in Künstler und Wahnsinnige verlieben. Die zweifache Kommentierung des Romangeschehens durch ein »Foreword« des fiktiven Herausgeber John Ray, Jr., Ph.D., und durch ein Nachwort Nabokovs »On a Book Entitled *Lolita*« verweist einerseits auf die Entstehung des Manuskripts, das Humbert in der Untersuchungshaft, wo er kurz vor Prozeßeröffnung starb, als autobiographische Konfession verfaßt hat, andererseits auf die angebliche pornographische Komponente des Textes, die Ray aufgrund seines didaktisch-moralischen Literaturverständnisses rechtfertigt, während für den Autor nur der »aesthetic bliss« zählt. Der Roman *Ada or Ardor: A Family Chronicle* (1969) weitet die von *Lolita* her bekannte erotische Problematik auf ein ganzes Leben aus, indem der fast neunzigjährige Van Veen die inzestuösen Irrwege seiner leidenschaftlichen Liebe schildert, die seit seinem 14. Lebensjahr zu der damals zwölfjährigen Kindfrau Ada besteht, der vermeintlichen Kusine, die sich aber als seine Schwester erweist.

Intertextuelles Spiel in Pale Fire

Das Spiel mit der Form der Darstellung, insbesondere der Künstlerbiographie, das in dem ersten englischsprachigen Roman *The Real Life of Sebastian Knight* (1941) über den Halbbruder des Schriftstellers zuerst parodistisch vorgeführt wurde, erfährt in *Pale Fire* (1962) einen postmodernen Höhepunkt. Dieser experimentelle Roman besteht aus einem vierteiligen 999zeiligen Gedicht des 61jährigen amerikanischen Dichters John Shade, das von dessen Freund Charles Kinbote herausgegeben und mit einem Vorwort, einem über 200seitigen Anmerkungsapparat und einem Namensregister versehen wird. Neben der schon in anderen Werken Nabokovs deutlichen Persiflage auf den Literaturbetrieb thematisiert *Pale Fire* die für den Postmodernismus typische Wechselbeziehung zwischen Kunst und Wirklichkeit, die sich hier in Reflexionen über den Tod und in der Auseinandersetzung mit den im Titel und im Namen des Dichters angedeuteten

Szene aus dem Film *Catch-22* (Drehbuch: Buck Henry) nach dem Roman von Joseph Heller. Colonel Cathcart (Martin Balsam) gibt fröhlich-selbstgewiß den nächsten Einsatzbefehl für die Bomberpiloten.

Schattenseiten des Lebens widerspiegelt. Gleichzeitig wird das intertextuelle Spiel mit Bezügen zu Shakespeares *Timon of Athens*, dem der Titel des Romans entstammt, zu Popes *Essay on Man*, Swift und Goethe fortgeführt. Intratextuelle Bezüge zum eigenen Werk sowie die Parodierung der eigenen Romane sind in Nabokovs letztem Roman *Look at the Harlequins!* (1974) Gegenstand der Darstellung. Postum schließlich erschienen die Aufzeichnungen seiner Vorlesungen über europäische und russische Literatur, *Lectures on Literature* (1980/81), mit denen seine literarische Karriere in den USA begann.

Der im Werk Nabokovs und anderer deutliche Übergang zwischen Modernismus und Postmodernismus tritt in der Behandlung der Kriegsthematik durch verschiedene Autoren offen zutage. Dabei wird die etwa noch in Mailers *The Naked and the Dead* dominante naturalistische Darstellung des Kriegsgeschehens durch eine in *Why Are We In Vietnam?* sichtbare Konzeption des Krieges als Metapher für unkontrollierbare, chaotische Verhältnisse und sinnlose Gewalt abgelöst, die Spiegelbild der Gegenwartsgesellschaft sind. Beispielhaft für diese metaphorische Verbindung der Kriegsthematik mit dem amerikanischen Alltag sind die auch durch ihre Verfilmung besonders bekannt gewordenen Romane von Joseph Heller, *Catch-22* (1961), und von Kurt Vonnegut, *Slaughterhouse-Five* (1969). Die imaginäre Mittelmeerinsel Pianosa südlich von Elba ist in Hellers Roman Stützpunkt einer amerikanischen Luftwaffenstaffel und Ausgangspunkt für militärische Operationen gegen deutsche Truppen. Sie ist zugleich Schauplatz für die Marotten exzentrischer Befehlshaber wie Lieutenant Scheisskopf oder die absurden Aktivitäten des Kasino-Offiziers Milo Minderbinder, der in einem ausgeklügelten Handels- und Tauschsystem mit Deutschen und Italienern alles zu Geld macht und dafür auch den eigenen Flugplatz bombardieren

Kriegsromane

Joseph Heller, Catch-22

oder die amerikanischen Bomber von der von ihm finanzierten deutschen Flak abschießen läßt. Gegenstand der Darstellung ist also nicht das Kampfgeschehen an der Front, sondern sind die absurden Begleiterscheinungen der militärischen Maschinerie. Einzig der Bomber-Pilot Hauptmann Yossarian durchschaut nach dem während eines Einsatzes traumatisch erlebten Tod seines Kameraden Snowdon die in dem »Catch-22« (Trick 17) des Titels gefaßte absurde Logik der militärischen Kommando-Struktur und versucht, sich ihr durch gespielten Wahnsinn zu entziehen. Dies gelingt ihm allerdings erst, als er aus dem organisierten Wahnsinn des Militärs durch Desertieren mit einem Schlauchboot nach Schweden ausbricht. Obwohl viele der proteischen Figuren und der sinnlosen Aktionen des Romans postmodern anmuten, bleibt Hellers *Catch-22* – wie seine späteren, in Amerika angesiedelten Romane – vor allem durch seine groteske Darstellungsweise modernistischer Technik und satirischer Intention verpflichtet. Denn trotz aller komischen Elemente führt die absurde Logik von Militäreinsätzen zum Tod von Menschen, wie die leitmotivartig wiederholte Szene des grausam an seiner Verwundung sterbenden Snowdon zeigt. Die als Mikrokosmos der Gesellschaft gesehene Mittelmeerinsel dient als Negativfolie für die Vereinnahmung des Individuums durch vorgeprägte Rollenmuster, gegen deren Destruktivität und Unmenschlichkeit Einzelwesen wie Yossarian revoltieren.

Einen anderen Ausweg aus der menschenvernichtenden Kriegsmaschinerie wählt Vonnegut für seinen Helden Billy Pilgrim in *Slaughterhouse-Five*. Die in der persönlich erlebten Bombardierung Dresdens 1945 gebündelten Kriegsereignisse, die traumatisch im Roman wiederkehren, dienen als Ausgangspunkt für die Wirklichkeit und Fiktion vermischende Darstellung von autobiographischem Erlebnis und metafiktionalen Kommentaren des Autors, biographischen Stationen des Optometristen Billy Pilgrim, Science-Fiction-Reisen auf den Stern Tralfamadore und Zeitereignissen, die vom Zweiten Weltkrieg über den Vietnamkrieg bis zu den Morden an Martin Luther King und Robert Kennedy 1968 reichen. Ebenso wie Vonnegut 1945 die Bombardierung überlebt hat und sie den Ausgangspunkt seines Romans bildet, so überlebt Pilgrim – allerdings als einziger – einen Flugzeugabsturz im Jahre 1968 und kann sich vom Krankenbett aus an Episoden seines Ehelebens erinnern, wobei seine schweren Verletzungen die mangelnde chronologische Koordination sowie seine Zeitreise zu den Tralfamadorianern erklären. Auf diesem Stern, wo er den außerirdischen Bewohnern in einem Zoo nackt zur Schau gestellt wird und mit der Sexdarstellerin Montana Wildhack verkuppelt werden soll, wird die auf der Erde aufgrund des Unfalls empfundene Verwirrung des Zeitspastikers (»Billy Pilgrim has come unstuck in time«) zum Prinzip erhoben. Chronologische Zeitenfolge und kausale Verbindungen existieren nicht. Durch den übergangslosen und unmotivierten Szenenwechsel zwischen historischen Schauplätzen, dem fiktiven Ilium, dem Geburtsort Pilgrims im Staat New York, und Tralfamadore sowie durch die radikale Aufhebung der Zeit werden die für den postmodernen Roman typischen Kriterien von Ubiquität und Simultaneität erfüllt. Ebenso wie bei Heller bleibt indessen der Tod als letzte Sinndimension bestehen, auch wenn jeder Todesfall nur mit der stereotypen Formel »So it goes« kommentiert wird, die allerdings nur oberflächlich unbeteiligt wirkt. Ganz im Gegenteil wird auch hier – wie in Vonneguts zahlreichen Erzählungen – der Roman zur Parodie auf die Konventionen der Science-Fiction-Literatur und zur Satire auf die gewalterfüllte amerikanische Wirklichkeit genutzt, die stellvertretend für die gottlose westliche Zivilisation steht.

Kurt Vonnegut,
Slaughterhouse-Five

Kurt Vonnegut

Die bei Heller und Vonnegut noch deutliche Orientierung an der letztlich nicht disponiblen Bedeutungsdimension des Todes ist in John Hawkes' Kriegsroman *The Cannibal* (1949) ganz dem postmodernen Credo des Autors gewichen. In diesem ersten, als genuin postmodern angesehenen Roman ist die Auflösung der Strukturen der narrativen Situation so weit fortgeschritten, daß nur noch die Hawkesschen Visionen eines im Unbewußten angesiedelten Kreislaufs von Gewalt und Chaos den Text generieren und steuern. Dies wird durch die Parallelisierung der Ereignisse der beiden Weltkriege mit dem Geisteszustand der Patienten einer psychiatrischen Klinik in Deutschland befördert. Die zeitliche Abfolge der historischen Ereignisse wird durch die Anlage des Romans aufgehoben, wonach der Zweite Weltkrieg den Ersten Weltkrieg gewissermaßen umrahmt und über die Figuren sich ein Bogen der militärischen Gewalt vom Deutsch-Französischen Krieg 1870/71 bis zu dem visionär geschauten Dritten Weltkrieg zieht. Handlungssequenzen und Figuren lösen sich in von unkontrollierten Trieben beherrschte Prozesse auf, Liebe wird zur destruktiven Lust, Menschen werden zu rücksichtslosen Führern oder sie erkranken und sterben. Den Höhepunkt stellt der den Titel des Romans bildende kannibalische Akt dar, bei dem ein junger Mann waidmännisch mundgerecht wie ein Stück Wild zerlegt wird, was nach Hawkes auf eine wahre Begebenheit in Bremen zurückgeht. Der durch das Ineinanderblenden der Weltkriege angedeuteten zyklischen Struktur des Romans entspricht das Schrumpfen der Welt auf den Ort *Spitzen-on-the-Dein*, der von den historischen Ereignissen in Nazi-Deutschland symbolisch auf eine überzeitliche Bedeutungsdimension des Romans und damit auf politische Zustände in anderen Ländern verweist. So dienen die postmodernen Techniken letztendlich der Darstellung einer Zivilisationsgroteske. Am Ende des Romans kehren die Menschen wieder in die psychiatrische Anstalt zurück, aus der sie am Anfang entlassen worden waren.

Der erste genuin postmoderne Roman

Visionen von Eros und Thanatos bestimmen insgesamt das erzählerische Werk von Hawkes. Dabei ist er aber jeweils bestrebt, die Paradoxa des Lebens unter den Leitbegriffen von Ordnung und Chaos, »design« und »debris«, ästhetisch zu versöhnen. In den als Triade konzipierten Romanen *The Blood Oranges* (1971), *Death, Sleep and the Traveler* (1974) und *Travesty* (1976), werden zunächst der Einbruch des durch sexuelle Begierde ausgelösten Todes in die pastorale Idylle in *The Blood Oranges* sowie die Auswirkung der zerstörerischen psychischen Triebkräfte des Es-Bereichs in *Death, Sleep and the Traveler* geschildert, bevor der von seinem Schwiegersohn betrogene Ehemann monologartig das Szenarium einer Todesfahrt in *Travesty* imaginiert. In diesem Albert Camus' *La Chute* parodierenden Meisterwerk rächt sich der das Fahrzeug steuernde Vater und Erzähler an seiner alleine überlebenden Frau Chantal, indem er mit Schwiegersohn Henri und Tochter Chantal gegen eine Mauer zu fahren beabsichtigt. Die Paradoxie des Romanschlusses (wer erzählt den Roman, wenn nach der Fiktion niemand überlebt?) erlaubt es dem Erzähler, den geplanten Aufprall seines Autos und den unweigerlichen Tod aller Fahrzeuginsassen bereits vor dem tatsächlichen Eintreffen in sein ästhetisches Konzept zu integrieren und, unter Verletzung aller zeitlich gebundenen narrativen Gesetze, die aus dem Unfall resultierende zukünftige Symmetrie von Chaos und Ordnung in den Erzählakt zu projizieren. Die konventionelle, an moralischen Gesichtspunkten orientierte Ästhetik des Schwiegersohns und Poeten wird durch eine dialektische Imagination überwunden, die die Koexistenz paradoxer Zustände ermöglicht. Die für die Leser durch postmoderne Imagination

Symmetrie von Chaos und Ordnung

John Hawkes

erzielte Bewußtseinserweiterung schließt hier die Erfahrung des Todes mit ein. Für die oft überstrapazierte Fähigkeit der Leser, den Tiefen der Hawkesschen Visionen zu folgen, greift er auf die beliebte Technik der parodierenden Verwendung bekannter Strukturmuster wie des Western (*The Beetle Leg*, 1951), des Kriminalromans (*The Lime Twig*, 1961) oder auf literarische Anspielungen an Kafka (*The Passion Artist*, 1979) und de Sade (*Virginie: Her Two Lives*, 1982) zurück.

Der aufgrund der Verbindung von modernen und postmodernen Elementen oft mit Hawkes assoziierte Schriftsteller John Barth hat nach zwei der existentialistischen Philosophie verpflichteten Romanen (*The Floating Opera*, 1956; *The End of the Road*, 1958) in den folgenden Romanen die im konventionellen Erzählen angelegten und ungenutzten Möglichkeiten des Schelmen- und Abenteuerromans des 18. Jh.s in *The Sot-Weed Factor* (1960), des Universitätsromans in *Giles Goat-Boy* (1966) und des Bildungs- und Entwicklungsromans in *Lost in the Funhouse* (1968) – von Barth selbst als »a Künstlerroman with a twist« bezeichnet – ausgestaltet. Neben dem gattungsspezifischen Bezug besteht jeweils auch ein intertextueller Bezug zu literarischen und mythologischen Quellentexten. So nimmt *The Sot-Weed Factor* das gleichnamige Gedicht des zunächst für einen Engländer, heute für einen Amerikaner gehaltenen Dichters Ebenezer Cook aus dem frühen 18. Jh. auf, in dem ein Engländer seine Reise nach Maryland zur satirischen Beschreibung der amerikanischen Lebensart nutzt. Barths Roman stellt eine postmoderne Auffüllung der spärlichen Fakten über den Schriftsteller und eine Art metafiktionale Biographie im Kontext der amerikanischen Kolonialgeschichte dar. Demnach bricht Ebenezer zusammen mit seiner erfundenen Zwillingsschwester Anna und seinem Tutor Henry Burlingame nach gescheitertem Studium in Cambridge nach Maryland auf, um dort eine ererbte Tabakplantage zu verwalten. Das mit der Kolonie Maryland in Verbindung gebrachte Ideal des *American Dream*, die naive Unschuld des Dichters sowie sein Wunsch, eine *Marylandiad* zu verfassen, werden durch ständige Parodierungen unterlaufen. In dem als Dreiecksbeziehung konzipierten Verhältnis der Hauptfiguren repräsentieren die beiden Männer das für postmoderne Charaktergestaltung häufig angewandte Prinzip der Reduktion auf einen wesentlichen Kern bzw. der Expansion im ausufernden Rollenspiel.

Eine weitere Steigerung der Vielfalt von Kodes und Deutungsrahmen liegt in *Giles Goat-Boy* in der von dem Computer WESCAC (West Campus Automatic Computer) beherrschten Universität, die wiederum als Medium der Wissensvermittlung für das gesamte Universum steht. Einzig der als Findling in diesem Computer ausgesetzte, unter Ziegen und Böcken aufgewachsene George Giles vermag als Grand Tutor es mit dem Computer aufzunehmen und ihm den im Untertitel des Romans verheißenen »Revised New Syllabus« einer neuen Philosophie einzuprogrammieren. Dabei soll das digitale System der Computerwelt, das einerseits auf die Abfolge des Alten und Neuen Testaments, andererseits auf den ideologischen Wettbewerb zwischen East Campus und West Campus anspielt, durch ein dialektisches System ersetzt werden, das allerdings zu keiner synthetischen Lösung führt, sondern in einer unauflöslichen Widersprüchlichkeit, der Farce endet. Sowohl die biblische Parallelisierung von Giles mit Messias, als auch die literarische Beziehung zu der tragischen Figur des Oedipus sowie zur Mythologie der Bocksmenschen trägt farcenhafte Züge. Formal entspricht diesem digital-dialektischen Konzept der postmodernen Imagination à la Barth die Zweiteilung des Romans in »Volume One« und »Volume

John Barth,
The Sot-Weed Factor

Metafiktionale Biographie

Giles Goat-Boy

John Barth

Two«, wobei jeder Band aus je drei Computerspulen besteht und das ganze Computerregelwerk von der Publikationswirklichkeit des Autors mit einschlägigen Vor- und Nachworten (»Posttape«, »Postscript to the Posttape«, »Footnote to the Postscript to the Posttape«) eingerahmt wird.

Die Faszination für das Medium der (literarischen) Vermittlung ist in *Lost in the Funhouse* sowohl im Untertitel dieser Sammlung von 14 kurzen Erzählungen (»Fiction for Print, Tape, Live Voice«) als auch in der den Zyklus eröffnenden »Frame-Tale« zu sehen. Den Bändern als Datenträger für Computer entspricht hier das die menschliche Stimme aufnehmende und abspielende Tonband bzw. die eingangs demonstrierte Anwendung des Möbius-Bands auf die Erzählliteratur. Der entlang der perforierten Linie der beiden Seiten der »Frame-Tale« abzuschneidende Text »Once Upon a Time There Was a Story That Began« wird durch die mathematische Operation von einer chronologischen Erzählung in eine unendliche Geschichte transformiert. Die von Barth genutzte Verbindung von Mathematik und Literatur scheint durch die mit der Postmoderne gegebenen Prämissen favorisiert zu werden. Spätestens mit der Publikation des Kultbuches *Gödel, Escher, Bach* (1979) des Computerspezialisten Douglas R. Hofstadter, das mit dem Untertitel *A Metaphorical Fugue on Minds and Machines in the Spirit of Lewis Carroll* auf das Natur-, Kunst-, Musik- und Literaturwissenschaft übergreifende Programm verweist, ist ein die Postmoderne bezeichnendes allumfassendes Kunstprinzip sedimentiert worden. Die teilweise explizit in der Literatur behandelten und metaphorisch verwendeten Gesetze der Naturwissenschaft, wie Einsteins Relativitätsgesetz, das Heisenbergsche Unbestimmtheitsprinzip oder das Gesetz der Entropie haben bei Hofstadter eine erste interdisziplinäre Bearbeitung erfahren. Die Tatsache, daß die Erkenntnisse des Mathematikers Möbius und dessen Umsetzung des zweidimensionalen rechteckigen Bandes in eine einseitige kontinuierliche Oberfläche in der zweiten Hälfte des 19. Jh.s zeitgleich mit den Erkenntnissen der theoretischen Vorläufer der Postmoderne, Nietzsche, Freud und Marx gemacht wurden, kann als Anzeichen für einen Paradigmenwechsel zwischen moderner (Natur)Wissenschaft und postmodernen mathematisch-physikalischen Gesetzen angesehen werden.

Lost in the Funhouse

Moebius-Band

Durch diese Transformation einer chronologisch angelegten Erzählung in eine kontinuierliche Erzähloberfläche kann die in Barthes' Text anzitierte Struktur des Künstlerromans in Anlehnung an James Joyces *A Portrait of the Artist as a Young Man* zwar noch formal zur Umsetzung des Wunsches des Protagonisten Ambrose, Schriftsteller zu werden, führen, muß aber mit der Reduktion von Charakter und Erzähler auf eine Stimme erkauft werden. Analog dem Strukturmodell verläuft die Entwicklung Ambroses von seiner Zeugung in »Night Sea Journey« über Stadien der Adoleszenz (»Ambrose His Mark«, »Water-Message«, »Lost in the Funhouse«) und der Selbstreflexion über sein Leben (»Autobiography«, »Title«, »Life-Story«) zu Adaptationen mythischer Erzählungen, in denen das Subjekt allmählich ausgeblendet wird. Nach einer Reflexion über Abbildformen in der Geschichte »Echo«, »in der Narzissus sich in Echo, sein in Sprache übertragenes Spiegelbild, verliebt und sich in ihr verliert«, endet der Text bezeichnenderweise mit der Geschichte »Anonymiad«. Obwohl letztendlich nach Barths Auffassung nur die »absurd, unending possibility of love« bleibt, ist sie, wie andere menschliche Qualitäten, nur als vielfach eingeklammerte oder als Zitat möglich, wie Barth in »Menelaid« zeigt:

» › « ‹ » › «Love!» ‹ « › » ‹ «

Chimera

Das Spiel mit Formen der Liebe und der Mythen als Ausdruck einer postmodernen Befindlichkeit, die Barth auf den Nenner bringt, »the truth of fiction is that Fact is fantasy; the made-up story is a model of the world«, ist Gegenstand des aus drei kurzen Erzählungen (»Dunyazadiad«, »Perseid«, »Bellerophoniad«) bestehenden Romans *Chimera* (1972). Die Geschichte der Scheherazade aus *1001 Nacht* bietet dem Autor die Basis für seinen Glauben an den Zusammenhang von Erotik und Erzählen. Der den Sexualakt aufschiebende Erzählakt wird damit zur Überlebensstrategie, das Medium ist wichtiger als das Ziel: »The key to the treasure is the treasure«. Den Höhepunkt von Barths Experimentierkunst und zugleich den Inbegriff für die vermeintlich nur von Literaturprofessoren lesbare *English department novel* stellt das Werk *LETTERS* (1979) dar. Schon durch die Schreibung des Titels und die nach den sieben Buchstaben, aus denen er besteht, benannten Kapitel erinnert der Roman an das aus Nabokovs *Ada* bekannte Buchstabenlegespiel Scrabble, das hier mit der Form des Briefromans verbunden wird. In einem Prozeß der Selbstlektüre führen sieben Charaktere (»*seven fictitious drolls & dreamers*«) aus Barths Romanwerk einen Dialog untereinander und mit dem Autor, den sie für einige folgenreiche Entwicklungen verantwortlich machen und dessen Geschichten sie teilweise fortschreiben. Diese von Barth als Reorchestrierung bezeichnete Wiederaufnahme und Fortführung des eigenen Werks zeigt, daß auch seine Erzählung dem doppelten Prinzip der Erschöpfung und Auffüllung unterliegt. Anstelle der zeitlosen Dauer von Kunst und Literatur setzt er die spiralenförmige Aszendenz zu den Sternen: »Escalation of echoing cycles into ascending spirals = *estellation*: the apotheosis of stories into stars«. Nach diesem postmodernen Höhenflug kehrt Barth mit den Werken der 80er und 90er Jahre wie sein Schriftstellerfreund Hawkes zum experimentierfreien Geschichtenerzählen, teilweise auf autobiographischer Grundlage, zurück. Eine ähnliche Entwicklung durchlaufen die meisten der postmodernen Autoren.

Die Fiktionalisierung, Mediatisierung und Theatralisierung der Welt

Drama seit 1960

Edward Albee

Barths Neudefinition der seit Aristoteles' *Poetik* an einen Kausalnexus gebundenen Plot-Dramaturgie: »...the incremental perturbation of an unstable homeostatic system and its catastrophic restoration to a complexified equilibrium« (*LETTERS*), mag als Ausgangspunkt für die veränderte Situation des amerikanischen Dramas und Theaters seit den 60er Jahren gelten. Nach den modernistische Techniken und formale Innovationen auf die Bühne bringenden Dramen Tennessee Williams' und Arthur Millers ist das amerikanische Theater der 60er Jahre vor allem mit dem Namen Edward Albee, das der 70er und 80er Jahre mit David Mamet und Sam Shepard verknüpft. Während Albee mit seiner amerikanischen Variante des absurden Theaters Strömungen der europäischen Avantgarde aufnimmt, verarbeiten Mamet und vor allem Shepard in ihren Stücken die neuen Entwicklungen der amerikanischen Kultur. Bezeichnenderweise verdankt Albee seinen Theatererfolg der Berliner Uraufführung seines Einakters *The Zoo Story (1959)*, durch die der Dramatiker auch in den USA bekannt wurde, so daß seine vorher abgelehnten Stücke zunächst Off-Broadway (*Zoo Story* 1960 zusammen mit Samuel Becketts *Krapp's Last Tape*), dann am Broadway gespielt wurden. Sinnsuche in einer als sinnlos erachteten Welt, in der die konventionellen Strukturen sich als illusionär erweisen, unterliegt Albees bekanntesten Stücken, *The Zoo Story* und *Who's Afraid of Virginia*

Postmodernismus (60er und 70er Jahre)

Woolf? (1962). Die auf ein Minimum an Personal reduzierte und von Kommunikationslosigkeit gezeichnete Handlung führt die hoffnungslose Verstrickung der Figuren in ihre selbstgemachten Geschichten vor. Auf einer Bank im Central Park von New York City trifft Jerry in *The Zoo Story* an einem sonnigen Sommernachmittag den in ein Buch vertieften Peter, beide im mittleren Alter, und will ihm seine Zoogeschichte erzählen. Im Verlauf des meist einseitigen Dialogs erweisen sich beide als ähnlich gefangen in ihren jeweiligen Lebenssituationen. Durch zunehmende Aggression fordert Jerry den Banknachbar im Park zu einer seine nur floskelhafte, oberfläch-liche Kommunikation durchbrechenden Reaktion heraus und zwingt ihn nach mehreren vergeblichen Anläufen schließlich gegen seinen Willen, das ihm offerierte Messer so zu halten, daß Jerry sich darauf stürzen und seine Selbstmordabsicht verwirklichen kann. In diesem Schlußtableau liegt der Schlüssel zu dem Erlebnis im Zoo (»what happened at the zoo«), nämlich zur Erkenntnis, daß die Menschen ebenso wie die Zootiere, die sie am Sonntag besuchen, hinter Gittern leben und folglich die Kommunikation zwischen ihnen nur auf unnatürliche und gewaltsame Weise ablaufen kann.

The Zoo Story

In dieser Schlußszene gestaltet Albee auch seine besondere Variante des Theaters des Absurden, die sich in der Andeutung einer übergeordneten Sinndimension mit einer christlichen Erlösungsthematik verbindet. Nicht nur erinnern die Namen Peter und Jerry an den biblischen Peter und Jesus. Auch der Verrat Peters an Jesus, der seinen Opfertod einleitet, wird deutlich inszeniert, und schließlich endet das Stück mit der von beiden Figuren immer häufiger wiederholten Formel: »Oh my God«. In *Who's Afraid of Virginia Woolf?* rezitiert George in dem »Exorcism« betitelten dritten Akt Passagen aus dem lateinischen Requiem »Dies irae, dies illa«, die Marthas Schmerz über den Verlust des fiktiven Sohns korrespondieren. Gleichzeitig wird diese religiöse Dimension durch das Ritual des Exorzismus relativiert, das anknüpft an die im zweiten Akt zelebrierte heidnische »Walpurgis-nacht« und an die frivolen Partyspiele »Fun and Games« des ersten Aktes, die auf der psychologischen Ebene dem im Titel des Dramas intendierten Pun auf das Kinderspiel »Who's Afraid of the Big Bad Wolf?« entsprechen. Darüber hinaus verweist der von Albee an einer Wand in einer Bar im New Yorker Greenwich Village gelesene Titel auch auf die psychische Situation der Frau und die von Virginia Woolf praktizierte, in seinem Stück ange-wandte Technik der Bewußtseinsdarstellung.

Who's Afraid of Virginia Woolf? gilt als Albees Meisterwerk und ver-einigt alle seine Themen und Techniken. Wie bei dem Einakter *The Amer-ican Dream* (1961) handelt es sich in dem abendfüllenden Stück um Albees Variante des amerikanischen Familiendramas, dessen Handlungskern die reale oder illusionäre Existenz eines Sohnes ist. Überwiegen in *American Dream* noch die komödienhaften Elemente mit dem Auftauchen eines jungen Mannes, der für die Eltern und Grandma die Rolle des nach körperlicher Verstümmelung verstorbenen, adoptierten Sohnes annimmt und American Dream genannt wird, so dominiert in *Virginia Woolf* die tragische Komponente mit kathartischer Wirkung, die in der Zerstörung der Illusion des fiktiven Sohnes der Hauptfiguren Martha und George ihren psychodramatischen Höhepunkt hat. Das Dilemma der Verstrickung in illusionäre Welten liegt auch den meisten anderen Dramen Albees zugrunde (*Tiny Alice*, 1965; *A Delicate Balance*, 1966; *Seascape*, 1975; *The Lady from Dubuque*, 1980), wobei der Dramatiker in dem kontrovers rezipierten Stück *Tiny Alice* durch die Anwendung des Verschachtelungsprinzips nach

Who's Afraid
of Virginia Woolf?

Szene aus der Verfilmung von *Who's Afraid of Virginia Woolf* mit Elizabeth Taylor und Richard Burton (Regie: Mike Nichols)

David Mamet

Mamets American Buffalo

Art der russischen Puppe postmoderne Elemente in der Figurenvielfalt und im Aufheben der Trennlinie zwischen der Wirklichkeit außerhalb und innerhalb des unwirklichen Schlosses vorwegnimmt. In *Box; Quotations from Chairman Mao-Tse-Tung* (1969) und *Counting the Ways* (1976) experimentiert Albee mit der menschlichen Sprache.

Auch in David Mamets Dramen, in denen er sich amerikanischen Themen der aktuellen Gegenwart zuwendet, sind Einflüsse des absurden Theaters, besonders des von ihm geschätzten Harold Pinter, sowie die bei Albee inszenierte Verstrickung der Charaktere in ihre illusionären Welten spürbar. Darüber hinaus verfolgt Mamet jedoch durch den Einsatz satirischer Elemente eine sozialkritische Absicht, die zuallererst beim Verfall der Sprache als Kommunikationsmittel in einer fortgeschrittenen kapitalistischen Gesellschaft ansetzt. Basierend auf seiner Erfahrung des urbanen Milieus der Stadt Chicago, wo er die Saint Nicholas Theatre Company begründete und leitete (1973–76), nutzt er sein Theater einerseits zur Entlarvung der Mythen des amerikanischen Alltags wie des Machokults im sexuellen Umgang zweier Männer und Frauen in *Sexual Perversity in Chicago* (1978) oder der nur vermeintlich problemlosen heterosexuellen Liebe in *The Woods* (1979), andererseits zur Aufdeckung von Klischeevorstellungen im Showbusineß (*A Life in the Theatre*, 1977) und im realen Leben (*Mr. Happiness*, 1978; *Shoeshine*, 1981). In seinen bekanntesten Stücken bringt er die fatalen Auswirkungen kapitalistischen Erfolgsstrebens (*American Buffalo*, 1977; *Glengary Glen Ross*, 1984) sowie ideologischer Sprachregelung (*Oleanna*, 1992) auf die Bühne. Die Auswirkungen des kapitalistischen Wirtschaftssystems auf das menschliche Verhalten werden in *American Buffalo* anhand einer alten Münze mit einer Büffelabbildung vorgeführt, wobei das auch kriminelle Handlungen einschließende Wettbewerbsdenken ad absurdum geführt wird, getreu dem einer Folk Tune entstammenden Motto des Stücks: »Mine eyes have seen the glory of the Lord: He is peeling down the alley in a black and yellow Ford.« Der Indianerkopf auf der anderen Seite

Szene aus David Mamets *American Buffalo*, 1976

der Münze evoziert die mit der Besiedlung des Kontinents durch weiße Europäer verbundene Ungerechtigkeit der Landenteignung und zieht eine Linie von der Pionierleistung europäischer Siedler in Amerika zur amerikanischen Gegenwartsgesellschaft. Dem Ganovenmilieu des Stücks entspricht die inhaltsleere Sprachverwendung der Figuren, deren mangelnde sprachliche Kompetenz durch unmotivierte Gewalt kompensiert wird. Selbst auf der vermeintlich gehobenen Ebene einer Immobilienfirma in *Glengary Glen Ross* finden sich die gleichen Geschäftspraktiken, ebenso wie die mit dem Sprachverfall einhergehende Degeneration zwischenmenschlichen Verhaltens. Der inhumane Konflikt entzündet sich hier an dem von der Firmenleitung inszenierten Wettbewerb unter vier Immobilienverkäufern, bei dem der Sieger ein Auto, der zweite einen Trostpreis und die anderen beiden ihre Entlassung erhalten. In einer Steigerung des in Millers *Death of a Salesman* von Willy Loman vertretenen Modells fehlt den Verkäufern bei Mamet jede Form des Idealismus. Stattdessen handeln sie selbst nach den an ihnen praktizierten korrupten Verhaltensweisen.

Die verstärkt in den 90er Jahren hervortretenden Auswüchse der *political correctness*-Bewegung bilden die Basis des erfolgreichen Reality-Dramas *Oleanna* (1992), das die mit ideologischer Sprachregelung verbundenen Verhaltensweisen auf dem Campus einer Universität darstellt. Dabei stehen sich die junge, scheinbar unbedarfte Studentin Carol sowie der kurz vor der Übernahme in eine Dauerstellung als Englischprofessor stehende John gegenüber. Die von dem Professor im ersten Akt für die Abfassung einer Arbeit geleistete Hilfestellung, die einen freundlichen Klaps auf die Schulter zum Abschied einschließt, sowie die aus dem Telefongespräch mit seiner Frau mitgehörten Informationen bezüglich des Hauskaufs angesichts der bevorstehenden Verbeamtung dreht die Studentin im zweiten Akt für ihre eigenen Belange um. Als Sprachrohr einer für *political correctness* eintretenden Gruppe auf dem Campus bezichtigt Jane den Professor diskriminierender Äußerungen und der versuchten Vergewaltigung. Im dritten Akt sind die Rollen vertauscht, insofern als der Professor der unterlegene Dialogpartner ist und nun seine Lektion erhält, die letztlich zur Zerstörung

Oleanna: political correctness

seiner beruflichen und privaten Existenz führt. Das Gespräch selbst hat sich – ähnlich den Gewaltausbrüchen als Ersatz für die Kommunikationslosigkeit in den frühen Stücken – in gewalttätiges Geschrei gewandelt. Wie in diesem Stück nimmt Mamet insgesamt eine Art Zwischenstellung ein, indem er Sympathie für seine Figuren aufbringt, aber die von ihnen praktizierten Wertvorstellungen nie ungebrochen teilt. Mit Christopher Bigsby kann man ihn als einen ›conservative radical‹ bezeichnen, der diese Zwischenstellung auch formal zwischen postmodernen und aristotelischen Theatertechniken einnimmt.

David Rabes Vietnam-Trilogie

Mamets Theater ist auch vor dem Hintergrund der politischen Ereignisse der 70er Jahre, vor allem des Vietnam-Krieges und der die unmoralischen Praktiken der Politiker offenbarenden Watergate-Affäre zu sehen, die jeweils den Glauben an das amerikanische System noch fundamentaler erschütterten als die punktuellen Ereignisse des McCarthyism der 50er oder des Civil Rights Movement der 60er Jahre. Eine der ersten literarischen Reaktionen auf das mit dem militärischen Engagement in Vietnam verbundene psychologische Trauma für Soldaten, ihre Familien und darüber hinaus die ganze amerikanische Nation sind die von Kritikern als Trilogie gewerteten Dramen David Rabes, die auf eigener Vietnam-Erfahrung (1965–67) beruhen: *The Basic Training of Pavlo Hummel* (UA 1971), *Sticks and Bones* (UA 1969), *Streamers* (UA 1976). Allen gemeinsam ist eine zwischen expressionistischen und naturalistischen Techniken schwankende Darstellungsweise, um anläßlich der grausamen Ereignisse in Vietnam die menschliche Neigung zu irrationaler Gewalt auszuloten. Nur das erste der drei Dramen spielt konkret in Vietnam, die beiden anderen in den USA. In *The Basic Training of Pavlo Hummel* durchlebt der von einer Handgranate tödlich verwundete Titelheld die Stationen seines Lebens, wobei der schwarze Soldat Ardell als interaktives Medium seiner Erinnerungen fungiert. Aus einem Minderwertigkeitsgefühl heraus versucht Pavlo, seine ungewisse Abstammung als vaterlos aufwachsender Sohn einer verwitwen Frau durch den Heldenmythos in der Armee zu kompensieren. Unfähig, zwischen seinen eigenen Möglichkeiten und den realen Gegebenheiten zu unterscheiden, reagiert er seinem Namen gemäß wie ein Pavlovsches Wesen nur mechanisch und glaubt trotz gegenteiliger Erfahrungen, wie ein Filmheld alle Situationen zu bestehen. Während er verschiedene Verwundungen an der Front überlebt, wird er allerdings Opfer eines Streits mit einem Kameraden über eine Prostituierte in einer Bordellbar, wo er die in die Bar geworfene Granate opferbereit kniend in Händen hält. Seine illusionäre Welt zerbricht mit der Explosion, ohne daß er dies bewußt realisiert hätte.

Cover von David Rabes *Streamers*

Sticks and Bones sowie *Streamers* zeigen Soldaten nach bzw. vor ihrem Vietnam-Einsatz. Während *Sticks and Bones* mit der Heimkehr eines erblindeten Kriegsveteranen die seherischen Kräfte des Blinden mit den blinden Reaktionsweisen seiner sehenden Familienmitglieder konfrontiert, führt Rabe in *Streamers* mit der in einer Kaserne im Staat Virginia auf ihren Vietnam-Einsatz wartenden Soldatengruppe das außerhalb des Kriegsgeschehens mögliche Arsenal von Gewalt vor Augen. So wie die Gruppe der Soldaten den im Titel des Dramas angesprochenen *streamers*, d. h. sich beim Absprung nicht öffnenden Fallschirmen gleichen, so scheinen die Menschen der amerikanischen Gesellschaft haltlos und ohne jede Kontrolle auf dem Fall ins Verderben. Den schon zur Gewohnheit gewordenen Bildern des Kriegs auf dem Fernsehgerät im Wohnzimmer setzt Rabe durch die gezeigte Brutalität des Geschehens im eigenen Land schockierende Bilder entgegen, um zu einer Bewußtseinsveränderung und schließlich zu gesellschaftlicher Veränderung beizutragen. Einen ähnlichen Zweck erfüllt die in dem erfolgreichen Stück *Hurlyburly* (1985) an dem Zusammenleben dreier homosexueller Männer gezeigte Veränderung der Geschlechterrollen und deren Auswirkungen auf zwischenmenschliche Beziehungen.

Die Ausübung von Gewalt in der Beziehung von Mann und Frau und deren Auswirkungen auf die Familie sind die zentralen Themen Sam Shepards, der mit mehr als 40 Theaterstücken zu den bedeutendsten Gegenwartsdramatikern zählt. Beeinflußt von der Rockmusik der 60er Jahre (Janis Joplin und Jimi Hendrix), Science Fiction, von Film (Humphrey Bogart und Marlene Dietrich) und Cowboymythos stellen seine Stücke eine Mischung aus mythischer Nostalgie, Destruktion, neurotischen Zwangsvorstellungen und pervertierter Liebe dar. Eine im Stil Eugene O'Neills auf teilweise autobiographischer Grundlage konzipierte Familientrilogie zeigt in der Konfrontation der nostalgischen Sehnsucht nach dem Mythos des Westens mit der ernüchternd grausamen und gewalterfüllten Realität die Zerstörung menschlicher Beziehungen: *Curse of the Starving Class* (1977), *Buried Child* (1978) und *True West* (1979). Diese Trilogie sowie die ähnlich angelegten Dramen der 80er Jahre, *Fool for Love* (1983) und *A Lie of the Mind* (1986), stellen wohl die bekanntesten und auch besten seiner Theaterstücke dar. Darüber hinaus hat sich Shepard zunehmend selbst in den Theaterbetrieb eingeschaltet und sein multimediales Talent entwickelt. So war er vorübergehend Musiker in einer Rockband, schrieb früh Drehbücher wie das für Antonionis *Zabriskie Point* (1965), übernahm seit den 80er Jahren Rollen als Bühnen- und Filmschauspieler und begann mit Regiearbeiten seiner eigenen Stücke.

In der Trilogie werden in Anlehnung an die Familiendramen bei O'Neill und Albee drei Varianten der Degeneration einer amerikanischen Familie im Spannungsfeld der widersprüchlichen Impulse der Flucht aus bedrückender Enge und des gleichzeitigen Wunsches nach Geborgenheit dargestellt. Autobiographische Reminiszenzen zeigen sich auch an dem jeweiligen Schauplatz der Stücke: Westen, mittlerer Westen, Kalifornien. Während in *Curse of the Starving Class* die aus dem alkoholabhängigen Vater Weston, der emotionslosen Mutter Ella, dem idealistischen Sohn Wesley und der pubertierenden Tochter Emma bestehenden Familienmitglieder unabhängig voneinander versuchen, entweder die heruntergekommene Farm im Westen zu verkaufen oder zu erhalten, streiten sich die in *True West* als Oppositionspaar angelegten Brüder, der in einem Vorort von Los Angeles seßhafte Austin und der in der Wüste vagabundierende Lee, um die Definition des ›wahren Westens‹, den eigentlich nur der vor der Familie geflohene Vater in seiner Wüstenexistenz lebt und den die auf den Drehbuchvarianten der Brüder basierenden filmischen Versionen nie erreichen können. Es gehört zu der ambivalenten Anlage der Shepardschen Dramen, die die ambivalente Einstellung zur Familie spiegeln, daß die Hauptfiguren im Laufe des Stückes eine radikale Entwicklung durchmachen und am Ende eine ihrer anfänglichen Haltung diametral entgegengesetzte einnehmen, ohne allerdings eine tatsächliche Veränderung der desolaten Verhältnisse herbeiführen zu können. Ebenso wie der Alkoholiker Weston und sein Sohn Wesley in *Curse* die Rollen tauschen, indem der ursprünglich den Besitz der Farm verteidigende Sohn am Ende das Vagabundenleben des Vaters wählt und dieser sich nun – allerdings zu spät für eine positive Lösung – mit der Farm identifiziert, so tauschen die Brüder Austin und Lee in *True West* die Rollen, indem jeder der Brüder jeweils die Existenz des anderen anstrebt, wobei über diesem

Das Multitalent Sam Shepard

Sam Shepard mit Brooke Adams in dem Film *Days of Heaven*

Shepards Familientrilogie

Szene aus Shepards *Curse of the Starving Class*

Bruderkampf das elterliche Erbe verkommt und zum Schluß durch die Gewalttätigkeiten einem Schrotthaufen gleicht. *Buried Child*, das in Illinois spielende zweite Stück der Trilogie, steigert die Familienproblematik durch die Thematisierung geistiger und physischer Defizienz, sexueller Gewalt sowie durch die für die späteren Stücke typische Aufdeckung eines Familiengeheimnisses.

Ähnliche Familiengeschichten unter dem Gesichtspunkt der Geschlechterbeziehung liegen auch den bekannten Stücken der 80er Jahre, *Fool for Love*, *A Lie of the Mind*, sowie dem nach Shepards Drehbuch von Wim Wenders gedrehten Film *Paris, Texas* (1984) zugrunde. Führt die bisweilen melodramatische Handlung von *Paris, Texas* mit der Suche des Mannes und seines Sohnes nach Frau und Mutter, die sie in Houston, Texas, hinter der halbdurchsichtigen Glasscheibe in einer Peep Show wiederfinden, die Aussichtslosigkeit eines gemeinsamen Familienglücks vor, so gestaltet *Fool for Love* die Haßliebe des heruntergekommenen Rodeoreiters Eddie und der Angestellten May in einem verlassenen Hotel am Rande der Wüste Kaliforniens. Die für die Erklärung der gewalttätigen Liebesbeziehung der beiden rekonstruierte Geschichte erhellt, daß beide Kinder des in einem Wohnwagen lebenden Motelmanagers sind, allerdings von verschiedenen Müttern. Was bleibt, ist eine ausweglose Situation, in der die Leidenschaft der beiden tatsächlich nur noch Leiden schafft. Die mit dem Westen sowie der Familie verbundenen Werte von männlicher Freiheit und Individualität bzw. weiblicher Geborgenheit und Liebe relativieren sich dabei gegenseitig. Shepards eigene ambivalente Einstellung mag ihn bewogen haben, die Rolle des Eddie in dem von Robert Altman mit Kim Basinger und Harry Dean Stanton gedrehten Film (1986) zu übernehmen.

Die von Männern ausgehende brutale Gewalt und die damit – freilich vergeblich – angestrebte Kontrolle über die Frau ist der zentrale Aspekt in *A Lie of the Mind*. Durch die Ehe von Jake und Beth sind zwei Familien im Westen miteinander verbunden, von denen die des Mannes in einer Stadt in Kalifornien, die der Frau auf einer Farm in Montana wohnt. Ausgangspunkt des Stückes ist die Einlieferung Beths in eine Klinik aufgrund der ihr von Jake zugefügten schweren Verletzungen, so daß er zunächst annimmt, sie sei tot. Anlaß für Jakes körperliche Züchtigung war seine Eifersucht auf Beths Übernahme einer Theaterrolle mit einer Liebesszene. Jakes Mutter ist froh über die Rückkehr ihres Sohnes von der ungeliebten Schwiegertochter, ebenso wie Beths Eltern den Zustand der Tochter gefühllos akzeptieren. Lediglich Jakes Bruder Frankie scheint mit der geschlagenen Frau zu fühlen, und es entwickelt sich eine emotionale Bindung, so daß Beth, die ihr Gedächtnis verloren hat und auch ihren von Gewissensbissen getriebenen Ehemann nicht mehr erkennt, ihn heiraten will. Jakes späte Reue und Verzweiflung über diese Situation steht der quasi revolutionäre Akt seiner Mutter und seiner Schwester gegenüber, die einen neuen Anfang bei Verwandten in Irland wagen wollen und ihr Haus mitsamt der an die Familie erinnernden Habe abbrennen. Shepard hat bei seiner Inszenierung des Stückes in New York die Interaktion der beiden Familien, die gleichzeitig auf der Bühne anwesend waren und durch Lichteffekte akzentuiert wurden, mit der Musik einer Bluegrass Band unterlegt und diesen multimedialen Einsatz für weitere Aufführungen empfohlen. Auch damit unterstreicht er die für seine Stücke bestimmende Ambivalenz zwischen Sehnsucht nach den Mythen des Westens und festen Wertvorstellungen und deren Unmöglichkeit in einer sie umfassenden postmodernen Wirklichkeit. Entsprechend dieser Haltung mischen sich auch in Shepards Familiendramen – ebenso wie

Postmodernismus (60er und 70er Jahre)

bei Albee – Elemente des absurden Theaters mit realistischen, naturalistischen, expressionistischen und postmodernen Darstellungsmitteln. Diese Mischung scheint ein Garant für Erfolg in Film und Theater gewesen zu sein, der Shepard in den Stücken der 90er Jahre, wie dem einen Wettschwindel beim Pferderennen in Kentucky retrospektiv aufrollenden *Simpatico* (1994), nicht beschieden war.

Lanford Wilson, ein ebenso produktiver Dramatiker wie Shepard, läßt die Figuren seiner Stücke auf die vermeintlich bessere Vergangenheit der eigenen Geschichte sowie der amerikanischen Nation zurückblicken. So versammeln sich in dem heruntergekommenen Hotel Baltimore in *The Hot l Baltimore* (UA 1973), dessen fehlendes ›e‹ in der Reklametafel auf den allgemeinen Verfall verweist, am Veterans Day (amerikanischer Heldengedenktag, 30. Mai) Außenseiter der amerikanischen Gesellschaft – Prostituierte, physisch und psychisch Kranke –, die den Wandel der Zeit nicht verkraftet haben und das Unbehagen an der defizitären Gegenwart durch romantische Nostalgie zu kompensieren versuchen. Die Erinnerung an Wilsons eigene Jugend im mittleren Westen ist in *The Rimers of Eldritch*, (1965) sowie in der das Schicksal der Familie Talley in Missouri durchleuchtenden Dramenserie (*Fifth of July*, 1978; *Talley's Folly*, 1979; *A Tale Told*, 1981; *Talley and Son*, 1986) verarbeitet.

Lanford Wilson

Neben den genannten Dramatikern ist aufgrund der veränderten politischen Landschaft das engagierte Theater ethnischer Minoritäten markant in Erscheinung getreten. Dabei reicht die Palette des afro-amerikanischen Theaters von dem modernistischen, Assimilationsprobleme behandelnden Drama Lorraine Hansberrys (*A Raisin in the Sun*, 1959) und den experimentellen Stücken Amiri Barakas/LeRoi Jones – z. B. dem tödlich endenden Verführungsversuch eines jungen Afro-Amerikaners durch eine weiße Frau in der New Yorker Subway in *Dutchman* (1964) – über die der weißen Gesellschaft gegenüber aggressiv und militant eingestellten Dramen Ed Bullins' (*The Electronic Nigger*, 1969; *Four Dynamite Plays*, 1971) zu den postmodernen, aus Gedichten bestehenden, mit surrealistischem und expressionistischem Sing-Tanz-Theater durchsetzten *choreopoems* der afroamerikanische und feministische Anliegen verbindenden Schriftstellerin Ntozake Shange (*For Colored Girls Who Have Considered Suicide / When the Rainbow is Enuf*, 1975). Politisch motiviert sind die im Arbeiterkampf der Chicanos in Kalifornien eingesetzten Agitprop Stücke des von Luis Valdez begründeten Teatro Campesino (*The Two Faces of the Boss*, 1965), während die Dramen des Hanay Geiogamah die kulturelle Situation der Native Americans zwischen Assimilation und Stammesleben darstellen.

Theater ethnischer Minoritäten

In den 60er und 70er Jahren sind aufgrund der vielfältigen politischen und kulturellen Emanzipationsbewegungen auch neue Theaterformen entstanden, die die konventionellen Grenzen des Theaters aufheben und Bühnenwirklichkeit und Zuschauerraum einander annähern bzw. integrieren. Die Idee einer Aktionseinheit von Dramatiker, Schauspieler, Bühne und Zuschauer im Sinne der Theatralisierung des Lebens bzw. der Konzeption des Lebens als Theater bildet die Basis des von Julian Beck und Judith Malina begründeten *Living Theatre*, das dezidiert antikapitalistische Absichten verfolgt mit dem Ziel der Entwicklung einer freien Gesellschaft auf der Grundlage individueller Anarchie, wie sie in den Produktionen von Jack Gelbers *The Connection* (1959) oder *Paradise Now!* (1968) exemplarisch vorgeführt wurde. Eine noch stärker sozialkritische Dimension liegt der von Ronny Davis geleiteten *San Francisco Mime Troupe* und dem Agitpropund Straßentheater des von Peter Schumann gegründeten *Bread & Puppet*

Neue Theaterformen

Living Theatre

Szene aus Ntozake Shanges Stück *For Colored Girls Who Have Considered Suicide/When the Rainbow is Enuf* (1975)

Theatre zugrunde, in dem das Auftreten der Schauspieler in Puppenverkleidung und mit überdimensionalen Masken die Nähe zum mythischen Ritual und zur Magie spürbar machen soll. Über die subtile, indirekt didaktische Wirkung hinaus soll hier ein politisch funktionales Gemeinschaftsgefühl geschaffen werden, das zur Überwindung der Trennung von Kunst und Leben beiträgt, wie dies schon in der Hippie-Bewegung in den Happenings oder in Rockmusicals wie MacDermots *Hair* praktiziert wurde. Das Zelebrieren einer Leben und Bühne verschmelzenden Aktionseinheit ist auch das Ziel des u. a. von dem früheren *Living Theatre*-Mitglied Joseph Chaikin und der Dramatikerin Megan Terry 1963 gegründeten *Open Theatre*, das vor allem mit der Inszenierung von Jean-Claude Van Itallies *The Serpent* (1968), das den Mythos des Paradieses im Kontrast zu der Ermordung John F. Kennedys und Martin Luther Kings darstellt, und von Terrys experimentellem Vietnam-Stück *Viet Rock* (1966) bekannt wurde. Eine Ausweitung des Theaterbetriebs auf eine globale Dimension kann in der auf J. Grotowskis Regiearbeiten aufbauenden *Performance Group* von Richard Schechner gesehen werden, die über den Rahmen einer eng gefaßten Ästhetik hinaus anthropologische, psychologische und soziologische Bereiche einbezieht und sich als *Environmental Theater* versteht.

Diese Konzeption einer allumfassenden Theaterarbeit verwirklichen Lee Breuer und vor allem Robert Wilson, die durch Regiearbeiten auch ihrer eigenen avantgardistischen Stücke hervorgetreten sind. Nach seiner Tätigkeit als Regisseur beim San Francisco Actors Workshop hat Breuer ab 1970 bei den Aufführungen des multimedialen Theaters der Mabou Mines in New York Regie geführt und seine eigenen Stücke wie die Beckett-Adaptation *The Lost Ones* (1976) oder die die moderne Kultur parodierenden *Shaggy Dog Animation* (1978) und *Animations. A Trilogy for Mabou Mines* (1986) inszeniert. Seine in *A Prelude to Death in Venice* (1980) begonnene Ausweitung des Theaters auf eine visuelle Performanz im Sinne eines *total theatre* ist von Robert Wilson zu einem *theatre of vision* verfeinert worden. Beeinflußt von Malerei (Malunterricht bei George McNeil) und Musik (Zusammenarbeit mit Philip Glass), aber auch von seiner therapeutischen Arbeit mit Behinderten, gilt der in den 80er Jahren durch seine Regiearbeiten an deutschen Bühnen geschätzte Wilson als einer der originellsten Erneuerer des Theaters der Gegenwart. Das an die experimentellen Happenings der 60er Jahre erinnernde, konventionelle Vorstellungen von Handlungslogik, Charakteren, Sprach-, Raum- und Zeitgestaltung durch nonverbale, visuell verknüpfte Aktionsbilder und Toncollagen ersetzende postmoderne Theater Wilsons stellt an die Zuschauer, die zugleich Agierende des Schauspiels werden, große Anforderungen. So werden die Grenzen zwischen Zuschauerrealität und Bühnenfiktion in surrealistischen, durch Zeitlupe und Wiederholung extrem verlangsamten Bildern aufgehoben. Das Monumentalspektakel *the CIVIL warS*, das 1983/84 in verschiedenen Stückteilen in Rotterdam, Tokio, Köln (unter Beteiligung von Heiner Müller) und Rom aufgeführt wurde, sollte als Ganzes als Theateroper der ›Menschheitsgeschichte‹ 1984 in Los Angeles beim Olympic Arts Festival über Tage hin uraufgeführt werden, was aus finanziellen Gründen scheiterte. Insgesamt leben Wilsons Stücke nicht vom Text, sondern, wie auch die historischen Figuren gewidmeten *The Life and Times of Sigmund Freud* (1969) oder *Einstein on the Beach* (1976) zeigen, von dem durch eine mythographische Zeichensprache des Theaters freigesetzten Assoziationsspielraum des Zuschauers sowie von den Inszenierungen.

Robert Wilsons theatre of vision

Stilmittel der Postmoderne

Intertextualität, Metafiktion, Parodie, Performanz und Spiel sind einige der im Postmodernismus bewußt eingesetzten Stilmittel. Schon in den Romanen Nabokovs, Barths und Hawkes' oder den Dramen Mamets, Albees und Wilsons waren diese Verfahren Ausdruck einer Krise des Darstellungsmediums in Umbruchzeiten der Literatur. Bei der zweiten Generation postmoderner Autoren wird der Einsatz dieser Stilmittel einzeln und in Kombination intensiviert, so daß die Texte entweder als rein metafiktionales Spiel und Akte selbstreferentieller Performanz erscheinen, oder durch die Betonung intertextueller Bezüge zur Geschichte eine neue referentielle Dimension gewinnen. Die vor allem als Verfasser von Kurzgeschichten oder Kurzromanen bekannten Donald Barthelme und Richard Brautigan sind bedeutende Vertreter der ersten Gruppe, die Romanciers Walter Abish, Robert Coover, E. L. Doctorow und Thomas Pynchon gehören zur zweiten Gruppe.

Am konsequentesten scheint der aus Angst vor seinem 50. Geburtstag freiwillig aus dem Leben geschiedene Brautigan das postmoderne Konzept empiriefreien Spiels zu verwirklichen. In einer typischen Genremischung von Poesie und Prosa entwirft der Gedichte und Erzählungen schreibende Kultautor der Jugend der 60er und 70er Jahre alternative Welten, die einerseits die Ängste der Jugendlichen vor einer allumfassenden Kommerzialisierung und Technologisierung des Lebens und andererseits utopische

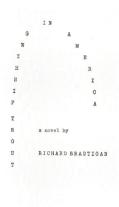

Cover mit typographischem Spiel

Ökologische Kritik in Trout Fishing in America

Vorstellungen kommunitärer Lebensformen einer Flower Power-Generation verarbeitet. Die collageartigen und fragmentarischen Romane *Trout Fishing in America* (1967) und *In Watermelon Sugar* (1968) stehen stellvertretend für die beiden Bereiche. Mit indirektem Bezug auf die Idylle einer unberührten Natur in den Gründerjahren der USA oder auf den etwa in Hemingways Erzählungen thematisierten und therapeutisch heroisierten Fischfang werden in *Trout Fishing in America* Formen der Umweltzerstörung aufgezeigt, die ihren Niederschlag in der denaturierten sprachlichen Wiedergabe finden. Natur wird zur leblosen Materie degradiert und erscheint von der urbanen Kultur vergewaltigt, etwa wenn tote Fische auf dem See treiben, in dem Menschen baden. Eine weitere Nivellierung der kategorial verschiedenen Bereiche besteht darin, daß die Grenze zwischen Subjekt- und Objektwelt aufgehoben ist, so daß ein Changieren zwischen den beiden Bereichen problemlos möglich ist. So kann der Titel des Romans *Trout Fishing in America* als Zeichen für eine ganze Reihe von Bedeutungen stehen, wie z. B. für eine Person, ein Hotel, ein Kleidungsstück, ein Buch oder eine Ware. In dem mit »The Cleveland Wrecking Yard« überschriebenen Abschnitt wird die Natur im wahrsten Sinne des Wortes zum Ausverkauf angeboten: »We're selling the waterfalls separately of course, and the trees and birds, flowers, grass and ferns we're also selling extra. The insects we're giving away free with a minimum purchase of ten feet of stream.«

In Watermelon Sugar

Richard Brautigan

Ähnlich grundlegende Bedeutungsverschiebungen liegen dem Roman *In Watermelon Sugar* zugrunde. Dieses Werk stellt eine alternative Kommune dar, die an der Grenze zwischen Gesellschaft und freier Natur sowie an der Grenze zwischen individueller und kommunitärer Identität angesiedelt ist. Schon die Schreibung des Namens der Kommune »iDEATH« macht den Verlust der Subjektivität deutlich, dem sich der Ich-Erzähler dadurch entzieht, daß er eine Hütte außerhalb der Kommune bewohnt. Als Schriftsteller beteiligt er sich auch nicht an der mit »iDEATH« und »Watermelon Sugar« symbolisierten Idylle, die sich zwischen dem ungebrochenen Erleben der Kindheit und einer realitätsabgewandten Traumwelt bewegt. Diese heile Welt erweist sich jedoch als illusionär. Denn destruktive Akte, die von dem Repräsentanten des Bösen inBOIL, von einer Gruppe von Tigern und der durch »The Forgotten Works« vertretenen Industrie ausgehen, untergraben die Vorstellung von der idyllischen Gemeinschaft einer Counterculture. Somit kann der Roman auch als eine Parodie auf solche alternativen Kommunen gelesen werden, die den Glauben an die Verwirklichung derartiger Vorhaben als naives Wunschdenken entlarvt. Diese Lesart könnte durch die Analogie zu anderen Romanen bestätigt werden, die wie *A Confederate General from Big Sur* (1964) oder *The Hawkline Monster. A Gothic Western* (1974) die Omnipräsenz des Bösen als historisches Phänomen anhand des Bürgerkrieges oder als literarisches Phänomen anhand der intertextuellen Wiederaufnahme von Poes »The Fall of the House of Usher« und der Gattungsmischung von Schauerroman und Western schildern. Brautigans Spätwerk ist von seinen Aufenthalten in Japan und seinem für die Zeit typischen Interesse für Zen-Buddhismus inspiriert und zeigt das Bestreben, westliche und östliche Vorstellungen miteinander zu verbinden (*Sombrero Fallout. A Japanese Novel*, 1976; *The Tokyo-Montana Express*, Prosagedicht 1980).

Donald Barthelmes sozialkritische Kurzprosa

Entschiedener als bei Brautigan kommt eine sozialkritische Dimension in der Kurzprosa Donald Barthelmes zum Ausdruck, die sich vor allem auf die mit dem Großstadtleben verbundene Problematik von Abfall und Müll bezieht. Der Kurzroman *Snow White* (1967) kann stellvertretend für sein

Werk und seine ästhetische Konzeption stehen. Zuallererst ist der Roman ein gelungenes Beispiel für die intertextuelle Aufnahme einer Vorlage, hier des Märchens *Schneewittchen und die Sieben Zwerge*, das Barthelme postmodern fortschreibt. So verlagert er den Schauplatz des Geschehens nach Manhattan in das Dachstudio des Künstlerviertels Greenwich Village, wo Schneewittchen mit sieben geschäftstüchtigen Männern in einer Art Kommune wohnt. In die Parodie auf die Kommune sind auch die Themen urbaner Kommerz und Sexualität miteingeschlossen. Weiterhin wird die Märchenwelt durch die Realität dahingehend entzaubert, daß die böse Stiefmutter überlebt und der Prinz stirbt. Die am Schluß gewaltsam wiederhergestellte Unschuld der Märchenwelt wirkt aufgesetzt und unglaubwürdig. Dies zeigt aber auch, daß die Märchenform gewissermaßen nur als Schablone für Barthelmes kritisches Anliegen dient. Die mit der spätkapitalistischen Gesellschaft verbundene Produktion von Müll und Abfall erkennt der Schriftsteller ebenfalls auf dem Gebiet der Sprache und der Sprachverwendung (»language ... as a model of the trash phenomenon«). Diese Verlagerung eines potentiell satirischen Effekts der Sozialkritik auf die ontologische Ebene der Sprachkritik vollzieht Barthelme durch die bewußte Nutzung von Klischees und sprachlichen Leerformeln der Umgangssprache, die somit zum Ausgangspunkt einer neuen sprachlichen Kreativität werden. In diese Bewußtmachung sind notwendigerweise auch die Leser eingeschlossen, die mittels metafiktionaler Signale in den kreativen Prozeß einbezogen werden. So wird die Lektüre in der Mitte des Buches durch einen Fragenkatalog zum Geschehen des Romans unterbrochen, in dem die Leser ihre Antworten ankreuzen können.

Getreu dem in der Kurzgeschichte »See the Moon?« verkündeten Motto: »fragments are the only form I trust« (*Unspeakable Practices, Unnatural Acts*, 1968) verwendet Barthelme radikale formale Mittel, um den fiktionalen Prozeß bewußt zu machen. So wird die Konvention des kontinuierlich diskursiven Leseprozesses, der in der Geschichte »At the Tolstoy Museum« durch Bilder unterbrochen wird, in der sich über drei Seiten erstreckenden, aus einem einzigen unüberschaubaren Satz bestehenden Kurzgeschichte »Sentence« ad absurdum geführt. Darüber hinaus werden historische (»The Indian Uprising«), kulturelle (»City Life«) und tagespolitische Ereignisse der 60er Jahre (»Robert Kennedy Saved From Drowning«) in die Fiktion einbezogen, um die Reduktion sprachlicher Kommunikation auf den Zeichencharakter der Sprache zu demonstrieren. Daraus resultiert nicht nur eine gestörte zwischenmenschliche Kommunikation, sondern auch der Verlust einer sprachlichen Selbstdefinition. Selbst utopische Entwürfe scheitern an diesem sprachlichen Unvermögen und reproduzieren die Zeichenhaftigkeit der kritisierten Gegenwartskultur (»Paraguay«). Der Entsemantisierung der Sprache entspricht eine Enthierarchisierung und ein Abbau von Autoritätsstrukturen, wie er in dem Roman *The Dead Father* (1975) präsentiert wird, in dem die allmähliche Demontage des Vaters durch seine Kinder Thomas und Julie in Form einer Reise geschildert wird, bei der der Vater im wahrsten Sinne des Wortes zu Grabe getragen wird. In seinen letzten beiden Romanen scheint Barthelme – ebenso wie Barth und Hawkes – das Erzählen wiederentdeckt zu haben. So beschreibt er in *Paradise* (1986) die erotischen Träume eines 53jährigen Architekten nach gescheiterter Ehe vom Zusammenleben mit drei jungen Frauen, während er in dem postum veröffentlichten *The King* (1990) die schon in Kurzgeschichten und *The Dead Father* inkorporierten mythischen Fragmente nun zu einer Geschichte über König Arthur und dessen Kampf gegen die Nazis im Zweiten Weltkrieg ausbaut.

Formale Mittel

**Raymond Federmans
›sur(vival) fiction‹**

Formale Experimente einer *paginal syntax* (R. Federman) bestimmen die von ihren Autoren als *surfiction* oder *new fiction* bezeichneten Romane Raymond Federmans und Ronald Sukenicks. Ihre jüdische Abstammung und die Holocaust-Erfahrung setzen dem postmodernen Spiel allerdings auch genealogische und historische Grenzen, die die Schriftsteller letztendlich anerkennen. So haben ihre Texte meist autobiographischen Charakter. Federman erzählt in immer neuen Anläufen seine Geschichte als einziger Überlebender einer jüdischen Familie in Frankreich, seine Übersiedlung in die USA, die Militärzeit und das Literaturstudium, das seinen Niederschlag in einer Studie zu Samuel Beckett und in seiner Beschäftigung als Literaturprofessor findet. Während die beiden ersten Romane, *Double or Nothing* (1971) und *Take It or Leave It* (1976), die schwierigen Anfänge einer Schriftstellerkarriere und die Erinnerung an die Militärzeit mit bizarren sexuellen Exzessen und typographischen Extravaganzen präsentieren, schildert das geometrisch strenge Arrangement des französisch-englischen Textes in *The Voice in the Closet* (1979) am eindringlichsten sein jüdisches Schicksal und das Überleben in einer Dachkammer in Paris. In späteren Werken entdeckt auch Federman die Vorzüge des linearen Geschichtenerzählens (*The Twofold Vibration*, 1982; *Smiles on Washington Square*, 1985; *To Whom It May Concern*, 1990).

Ronald Sukenick

Sukenicks formale Experimente sind weniger aufwendig. OUT (1973) ist ein Zahlenspiel von 10 bis 0. Jedes der zehn Kapitel besteht aus Absätzen mit einer identischen Zeilenanzahl, wobei die Druckzeilen abnehmen und der leere Raum zunimmt, bis »this way out« als letzter Eintrag auf Seite 294 erscheint, der zu Kapitel »0« überführt, das lediglich 5 leere Blätter aufweist und der Leserimagination freien Lauf läßt. In *Long Talking Bad Conditions Blues* (1979) ist der Text als Analogon zu Reflektionspassagen spiegelbildlich in Kolumnen angeordnet. Lediglich in *The Endless Short Story* (1986), das wie Sukenicks erster Roman *UP* (1968) auf einer autobiographischen Matrix aus bestimmten Stadien des Lebens, der Situation des Schriftstellers sowie der amerikanischen Kultur vor dem Hintergrund der westlichen Zivilisation beruht, werden radikale typographische Formexperimente vorgenommen, die auch die syntaktische und semantische Struktur der Sprache beeinträchtigen. In diesem seinem besten Roman begreift Sukenick seine Fiktion nicht mehr als eine chronologische Erzählung in diskursiv-kontinuierlichem Schriftbild, sondern plastisch/synästhetisch als »eye music« bzw. explosiv/dekonstruktivistisch als Abfolge von »word bombs«, »[which] explode into meaning«. Diese Augenmusik ist auch ein Analogon für das dem Kompositionsprinzip des Jazz nachempfundene freie Spiel der Sprache, das Federman und Sukenick verwirklichen wollen und das Improvisation, Zufall und Spiel anstelle von vorkonzipierten Strukturen setzt. In der Kurzgeschichtensammlung *The Death of the Novel and Other Stories* (1969) vertextet Sukenick sein Credo einer antimimetischen Fiktion. Neben ihren als Beispiele von ›critifiction‹ und ›laughterature‹ (Federman) bezeichneten Romanen haben beide Autoren mit *Surfiction* (Federman, 1975) und *IN FORM* (Sukenick, 1985) auch eine ihre postmoderne Position untermauernde Literaturtheorie vorgelegt, die sie zusammen mit einer Gruppe gleichgesinnter Schriftsteller (Jonathan Baumbach, Steve Katz u. a.), auch gegen die kommerziellen Interessen der Verlage, in ihrer eigenen Verlagsgruppe des Fiction Collective und in dem von ihnen als Kontrast zum übermächtigen *New York Review of Books* gegründeten eigenen Rezensionsmagazin *American Review of Books* vertreten.

Sukenicks Augenmusik

Postmodernismus (60er und 70er Jahre)

Über die eigene Lebensgeschichte hinaus nutzen viele Autoren ihre Texte zu einer Auseinandersetzung mit der Geschichte und vor allem mit der Geschichte des Zweiten Weltkriegs. Auch der aus Österreich stammende, vor den Nazis geflohene jüdische Schriftsteller Walter Abish zelebriert formal die Selbstbezüglichkeit der Sprache in seinen postmodernen Fiktionen. So beruht in seinem ersten Roman *Alphabetical Africa* (1974) das Strukturierungsprinzip auf der Reihenfolge des Alphabets (A-Z/Z-A), wobei in den 52 Kapiteln der jeweilige Buchstabe des Titels dominant verwendet wird. Weniger radikal sind die die amerikanische Gegenwartskultur thematisierenden Kurzgeschichtensammlungen *Minds Meet* (1975) und *In the Future Perfect* (1977) oder die intertextuelle Collage mit Auszügen aus Werken moderner Schriftsteller 99. *The New Meaning* (1990). Sein Hauptwerk *How German Is It* (1980) ist allerdings eine originale Auseinandersetzung mit der Vision des vermeintlich ›neuen Deutschland‹ nach dem Weltkrieg. Der Roman kontrastiert die Nazi-Vergangenheit Deutschlands mit seiner bundesrepublikanischen Gegenwart in der auf dem ehemaligen Konzentrationslager Durst errichteten neuen Stadt Brumholdstein, die nach einem an Heidegger erinnernden Philosophen benannt ist. Zentrale Erzählinstanz ist der Schriftsteller Ulrich Hargenau, der sich von seiner der terroristischen »Einzieh«-Gruppe angehörenden Frau Paula getrennt hat und nach vorübergehendem Aufenthalt in Paris zu Beginn des Romans nach Brumholdstein zurückkehrt. Ulrichs Bruder Helmuth ist ein erfolgreicher Architekt, der die Aufträge für wichtige Gebäude der Stadt wie das Postamt, das Polizeirevier und das Museum u.a. auch dem Andenken seines Vaters verdankt, einem wegen seiner Teilnahme an der Verschwörung von 1944 gegen Hitler hingerichteten, nun als Held gefeierten Widerstandskämpfer. Der vertikalen Verflechtung von Vergangenheit und Gegenwart entspricht die horizontale Verflechtung der zahlreichen Figuren. Somit wird einerseits eine Beziehung zwischen dem Widerstand gegen die Hitlersche Diktatur durch Ulrichs Vater und den terroristischen Anschlägen auf die Bundesrepublik durch Ulrichs Frau hergestellt, andererseits werden die konventionellen familiären Bindungen der Vergangenheit als brüchig dargestellt. Der eigentliche Einbruch erfolgt jedoch, als bei Bauarbeiten eine Straßendecke einbricht und ein Massengrab zum Vorschein kommt, dessen Leichen allerdings nicht eindeutig identifiziert werden können. Bei den Toten könnte es sich um die jüdischen Opfer des Konzentrationslager Durst handeln oder um die dort hingerichteten deutschen, amerikanischen oder russischen Soldaten. Die Symbolik dieses Ereignisses ist eindeutig und steht für das plötzliche Auftauchen der verdrängten Vergangenheit in der Gegenwart. Sie steht aber darüber hinaus auch für das Anliegen des Autors, das vermeintlich Vertraute und Bekannte als das Unvertraute und Unbekannte herauszustellen. Dies betrifft neben der Verdrängung der Nazi-Vergangenheit in Deutschland auch das Deutschlandbild der Ausländer. Abish, der vor der Abfassung des Romans Deutschland noch nie gesehen hatte, befindet sich in der Lage der Schulkinder in seinem Roman, die anhand eines Malbuches die Regionen Deutschlands kennenlernen. Diesem Prozeß des Kennenlernens des Vertrauten durch Ausmalen der Konturen entspricht auch die Erinnerungsarbeit in bezug auf das Verdrängte. Ähnlich der Freudschen Konzeption des Heimlichen als des Unheimlichen wird das verdrängte Familiäre erst durch seine Entfamiliarisierung bewußt.

Geschichte und die Interaktion von Geschichte und Fiktion spielen in den Romanen Thomas Pynchons eine wesentliche Rolle. Ebenso wie Sukenick und Katz studierte Pynchon bei Nabokov an der Cornell Universität, bevor

Verarbeitung des Zweiten Weltkriegs

Walter Abish, How German Is It

Thomas Pynchon

er eine Beschäftigung als Schriftsteller bei Boeing Aircraft in Seattle ausübte und anschließend zeitweilig in Mexiko lebte. Der Aufenthaltsort des von vielen als Enigma gesehenen Schriftstellers ist unbekannt. Seine mysteriöse Biographie entspricht den biographischen und historischen Prozessen seiner vier Romane und der in *Slow Learner* (1984) gesammelten Kurzgeschichten. Geschichte wird dabei im Einklang mit postmoderner Konzeption nicht mehr als kontinuierliche, chronologische Entwicklung oder als Darstellung der *res gestae* gesehen, sondern als das undurchschaubare Ineinandergreifen chaotischer Ereignisse, deren Wahrheitscharakter zumindest fraglich ist. An die Stelle einer folgerichtigen Entwicklung von Charakteren und Handlungen tritt – wie schon bei Barth gesehen – eine Proliferation von Figuren und zufälligen Aktionen. Der noch für den modernen Roman gültige Plot wird zumeist durch das konspirative Plotting ersetzt, die Hierarchisierung von Figuren und Handlungen fehlt, statt dessen walten dominante übermenschliche Kräfte, die meist technologischer Natur sind. In Pynchons erstem Roman *V.* (1963) stehen sich mit dem Außenseiter der Gesellschaft Benny Profane und dem Historiker Herbert Stencil zwei Figuren gegenüber, deren Einstellung und Motivation die postmoderne Situation exemplifizieren. Während Profane als typischer Repräsentant eines willenlosen, von äußeren Mächten getriebenen Menschen im New York der 50er Jahre erscheint, der entfernt an Lebensformen der Beat Generation erinnert, ist Stencil von seiner historischen Leidenschaft besessen, das Tagebuch seines Vaters, eines Ex-Geheimagenten der britischen Regierung, zu entschlüsseln, wobei besonders der Buchstabe ›V‹ ihn vor unlösbare Probleme stellt. Ebenso wie Profane den Leser durch die Straßen und das Untergrundsystem von New York leitet, so folgt der Leser Stencil auf seiner weltweiten Tour, die ihn zur Lösung seiner Aufgabe nach Europa und Afrika führt, wobei historische Szenen vom Beginn des Ersten Weltkriegs in Paris, aus Deutsch-Südwestafrika, Malta im Zweiten Weltkrieg bis zur Suez-Krise 1956 evoziert werden. Doch so wie eine Entschlüsselung des Zeichens ›V‹, das nach Stencils Recherchen für verschiedene Frauennamen wie Victoria, Virginia, Veronica, Vera, Viola, für eine Spionin und Anarchistin bzw. für die Hauptstadt Maltas, La Valetta, stehen kann, letztendlich nicht möglich scheint, sondern immer mehr Bedeutungsangebote generiert werden, so entzieht sich die dargestellte Geschichte – und damit Pynchons Roman – einer unzweifelhaften Deutung.

Gravity's Rainbow –
Klassiker
der Postmoderne

In dem als postmodernes Meisterwerk bezeichneten *Gravity's Rainbow* (1973) konzentriert Pynchon seine Erzählung auf die Darstellung destruktiver Kräfte, die von technologischen Errungenschaften und historischen Ereignissen im Zusammenhang mit dem Zweiten Weltkrieg ausgehen. Das sich auf über 800 Seiten entfaltende Panorama von Paranoia und Schizophrenie, das am Ende des Weltkriegs 1944/45 in England, Frankreich und Deutschland situiert ist, wird durch die im Titel des Romans angedeutete Flugbahn einer V-2 Rakete zusammengehalten, die anfangs von Holland aus abgeschossen wird und am Ende des Romans auf Kinobesucher in Kalifornien niedergeht, die zugleich die Leser des Romans sind. Über den amerikanischen Soldaten Tyrone Slothrop wird eine Verbindung zwischen dem historischen Einsatz der deutschen Geheimwaffe und dem fiktionalen Geschehen hergestellt. Seine Erfahrung, daß er auf ankommende Raketen jeweils mit einer Erektion reagiert, wird von einem deutschen Wissenschaftler des IG-Farbenkonzerns für militärische Zwecke umgesetzt, so daß diese besondere Fähigkeit ihn zu einem begehrten Objekt für die Strategen feindlicher Abwehr macht. Auf der Flucht vor den Geheimagenten der beiden Kriegsseiten landet er schließlich im V-2-Hauptquartier in Nordhausen, wo er auf Oberst Enzian, den Führer einer Gruppe afrikanischer Hereros mit dem bezeichnenden Namen Schwarzkommando trifft. Hier ergibt sich wiederum die schon aus *V.* bekannte Verbindung zur ehemaligen deutschen Kolonie Südwestafrika, die bis vor den Ersten Weltkrieg zurückreicht. Enzians Geschichte, der seinen Stamm vor den zivilisatorisch degenerativen Übergriffen der nördlichen afrikanischen Regionen bewahrt hat, verbindet sich mit der von Major Weissmann, seinem Liebhaber in Afrika und dem jetzigen Einsatzleiter der Raketenzentrale in Nordhausen. Slothrops Flucht, auf der er proteisch ständig seine Identität wandelt, führt ihn über die politische Arena der Potsdamer Konferenz zur Selbstentsorgung durch den Sprung in eine Toilette. Die perverse Verbindung einer todorientierten Technik mit Liebe stellt die Liebesbeziehung zwischen Weissmann und dem Artilleriesoldaten Gottfried dar, der eingebettet in die Rakete auf das Ziel abgefeuert wird. Dieses absurd anmutende Szenarium illustriert Pynchons Geschichtsverständnis, das er von dem schon in *V.* häufig zitierten kulturkritischen Historiker Henry Adams ableitet. Nach Adams' dynamischer Konzeption von Geschichte sind durch den allmählichen Verlust einer religiösen Dimension geschichtliche Abläufe einer zunehmenden Akzeleration unterworfen, die nach Aufgabe der »divine unity« in einem »supersensuous chaos« endet (*The Education*, Kap. 33). Pynchons Ansatz der Kulturkritik führt zwar zum gleichen Resultat wie bei Adams, hat allerdings eine andere Argumentationslinie. So sieht der von einer bekannten puritanischen Familie (Pyncheon) abstammende Autor einen direkten Zusammenhang zwischen der auf dem Christentum aufbauenden westlichen Zivilisation und einer rationalistischen Abstraktion, die kühle Kalkulation und menschenvernichtende Technologien schafft. Anstelle dieser todbringenden logischen Ordnungen bevorzugt er die durch Oberst Enzians Verteidigung authentischer afrikanischer Werte verbundene heidnische und primitive Weltsicht. Somit kann Pynchons Entwurf eines postmoderne Spielformen praktizierenden Textuniversums als formales Analogon zu den in primitiven Stammesmythen vorhandenen, dem Zufallsprinzip und zyklischer Ordnung folgenden Strukturen gesehen werden.

Henry Adams und Pynchons Kulturkritik

Der kurze Klassiker *The Crying of Lot 49* (1966) kann als Vorstufe sowohl für *Gravity's Rainbow* als auch für den nach langer Schreibpause erschienenen Roman *Vineland* (1990) gelten. Mit *Gravity's Rainbow* verbinden ihn die von Adams abgeleitete religiöse Komponente und dynamische Geschichtsauffassung, mit *Vineland* der kalifornische Schauplatz und die kalifornische Lebensweise. Die mit Mucho, dem DJ eines kalifornischen Radiosenders, verheiratete Oedipa Maas ist als Nachlaßverwalterin des soeben verstorbenen, reichen Immobilienmaklers Pierce Inverarity, eines ihrer Liebhaber, eingesetzt. Dem mythischen Rätsellöser Ödipus gleich, begibt sie sich auf eine Erkundungsreise, um den Besitz zu inspizieren. Dabei stößt sie auf eine konspirative Untergrundorganisation, ein mysteriöses und undurchschaubares Kommunikationssystem namens »Tristero« mit dem Logo eines gedämpften Posthorns. Das Logo verweist auf den Ursprung der Organisation im Europa des 13. Jh.s und das Monopol des Postwesens von Thurn und Taxis. Viele der Spuren erweisen sich als falsche Fährten und führen letztlich zu einer Auktion, bei der Inveritys Briefmarkensammlung versteigert werden soll. Während Oedipa auf den Aufruf für Objekt 49 wartet, von dem sie sich die Auflösung ihres Rätsels erhofft, geht der Roman mit mehr Fragen als am Anfang zu Ende. Diese von Tony Tanner als Anti-Detektivroman bezeichnete Suche Oedipas entspricht

Anti-Detektivroman: The Crying of Lot 49

Pynchons Posthorn-Logo

der Suche der Leser nach dem Sinn des Romans, der ebenso nur annäherungsweise zu erstellen ist. Amerikanische Religion und Geschichte sowie die Kommunikationsproblematik sind die im Text thematisierten Parameter einer solchen Sinnsuche. Dem von den Puritanern verkündeten göttlichen Heilsplan stehen geschichtliche Kontingenz und menschliche Unzulänglichkeit gegenüber. Die Wahrheit göttlicher Hieroglyphen steht im Kontrast zu den willkürlichen Zeichen menschlicher Sprache, das Wort des neuenglländischen Gottes (Logos) ist durch die profusen Wörter der Medienwirklichkeit Kaliforniens, Transzendenz durch Paranoia abgelöst. Über diese *Geschichtskonzeption* amerikanische Dimension hinaus, die durch die Bezeichnung Inveraritys als *und Entropie* »Founding Father« und den Hinweis, daß es sich bei seinem Erbe um Amerika handelt, nachdrücklich betont wird, führt Pynchon in *The Crying of Lot 49* die Anwendung der schon von Adams mit der Entropie in Verbindung gebrachten Geschichtskonzeption im Bereich sprachlicher Kommunikation vor. Bereits in der 1960 erschienenen Kurzgeschichte »Entropy« hatte Pynchon mit Bezug auf Henry Adams das Zweite Thermodynamische Gesetz der Physik und seine Anwendung auf die Informationstheorie fiktional gestaltet. Der mit diesem Gesetz formulierte Hitzetod als Folge von Wärmeausgleich zwischen zwei Gasen unterschiedlicher Temperatur in einem geschlossenen System und die mit diesem Ausgleich einhergehende Zunahme von Unordnung und Chaos wird an zwei Mietparteien in einem Wohnhaus in Washington, D. C., vorgeführt. In der oberen Etage lebt ein Paar in einem hermetisch nach außen abgeschlossenen Treibhaus (»hothouse«), das am Ende der Geschichte durch die gewaltsame Zerstörung des Fensters zur kalten Außenwelt (37° F) seine Schutzfunktion für das Überleben gefährdeter Spezies verliert, während auf der unteren Etage eine tagelange Party mit lauter Musik viele verschiedene Menschen zusammenführt und der Verlust der Kommunikation durch Störfaktoren bei der Übermittlung deutlich wird: »Ambiguity. Redundance. Irrelevance, even. Leakage. All this is noise. Noise screws up your signal, makes for disorganization in the circuit« (*Slow Learner*). Analog hierzu erlangt in *The Crying of Lot 49* auf der Basis der Gegenüberstellung von göttlichem Logos und menschlichen Zeichensystemen Oedipa Maas auf ihrer Suche zwar immer mehr Informationen, die jedoch nicht zu Erkenntnissen führen, sondern das Rätsel vergrößern und die Auflösung gewissermaßen unmöglich machen. Pynchon demonstriert den kontinuierlichen Bedeutungsverlust der Zeichen von der unmittelbaren Evidenz der alten Hieroglyphen über eindeutige symbolische Bilder wie das mittelalterliche ›Posthorn‹ zu den polyvalenten arbiträren Zeichen unserer Informations- und Mediengesellschaft. Ein beliebtes Mittel ist die Verwendung bekannter Wörter als Akronyme für Codenamen wie »W. A. S. T. E.« (=We Await Silent Tristero's Empire), »NADA« (=National Automobile Dealers' Association), »DEATH« (=Don't Ever Antagonize The Horn). Diese Abkürzungen und ihre neuen Bedeutungsinhalte erinnern auch an den Jugendjargon der amerikanischen Gegenwartskultur und die Tendenz zu kodeartigen Kürzeln wie L. A., CIA oder den Radiosender KCUF.

Bezug auf Medien   Diese kalifornische Lebensart und Jugendkultur steht im Zentrum des von der Kritik weniger enthusiastisch rezipierten Romans *Vineland*, wobei die geschichtliche Dimension auf den Aspekt persönlicher Reminiszenzen verkürzt ist. Die schon in den vorangegangen Romanen integrierte Medienwelt in Form von Radio, Film und Fernsehen gewinnt hier bei dem Rückblick einer Gruppe von Kaliforniern mittleren Alters auf ihren exzessiven Lebensstil der 60er Jahre als *popular culture* besondere Relevanz. Diese

Einflußreiches Beispiel der Popkultur: Frank Zappas »Mothers of Invention« mit dem Album *Ruben and the Jets* (1968)

Medienwirklichkeit ist neben Religion und Geschichte einer der wesentlichen Bezugspunkte für Pynchons literarisches Schaffen.

Mit wechselnder Akzentuierung spielen Religion, Geschichte und Medien in den USA auch eine bedeutende Rolle in den Romanen von William Gaddis, Don DeLillo, Stanley Elkin, Robert Coover und E. L. Doctorow. Während William Gaddis schon früh mit enzyklopädischer Themenbreite Formen der Religion (*The Recognitions*, 1955) bzw. korrupte Geschäftspraktiken (*JR*, 1975) postmodern verarbeitete, wandte sich Don DeLillo nach der Thematisierung populärer Themen wie der amerikanischen Football-Begeisterung (*End Zone*, 1972) der fiktionalen Analyse zeitgeschichtlicher Ereignisse wie der möglichen nuklearen Zerstörung der Welt im Anschluß an den Holocaust (*White Noise*, 1985) bzw. der Ermordung John F. Kennedys (*Libra*, 1988) zu. Stanley Elkins Fiktionen zeigen die sich aus der Konsumgesellschaft und Popkultur ergebenden Kommunikationsschwierigkeiten auf (*The Dick Gibson Show*, 1971), thematisieren aber auch seine jüdische Abstammung und sein Leiden an multipler Sklerose (*The Magic Kingdom*, 1985). Die Entstehung religiösen Eifers und seiner Auswirkungen von einer kleinen Bergarbeitergemeinde auf das ganze Land behandelt Coover in seinem als ›realistisch‹ eingestuften Erstlingsroman, *The Origin of the Brunists* (1966), in dem Giovanni Bruno als einziger Überlebender eines Grubenunglücks in West Pennsylvania die Sekte der »Brunists« gründet, um den Bewohnern angesichts der ausweglosen Situation eine neue Sinndimension zu verleihen. Eine ähnliche Passion steht auch hinter den phantastischen Spielen des Protagonisten in *The Universal Baseball Association, Inc., J. Henry Waugh, Prop.* (1968), der als Schöpfer und Besitzer seine eigenen Spieler und Spiele imaginiert und schließlich genauso wenig wie die von ihm kreierten Figuren zwischen Wirklichkeit und Spiel unterscheiden kann. Vorlagen aus der Welt der Märchen und *popular culture* nutzt Coover in dem Kurzgeschichtenband *Pricksongs & Descants* (1969) zu Experimenten, bei denen – wie in »The Elevator« – eine auf mathematischem Rechenspiel beruhende rationale Logik ad absurdum geführt wird und anhand eines nach oben fahrenden bzw. eines nach unten in die Katastrophe abstürzenden Fahrstuhls in 15 durchnumerierten Absätzen die schier endlosen Möglichkeiten des Geschichtenerzählens durchgespielt werden. Diese sich ständig wiederholende Spielroutine liegt auch dem Erzählprinzip des kurzen Romans *Spanking the Maid* (1981) zugrunde, in

Robert Coover

Robert Coover

The Public Burning

Politische Bezüge

E. L. Doctorow, Ragtime

E. L. Doctorow

dem die von Sex und Gewalt geprägte gegenseitige Abhängigkeit eines Herren und seiner Dienstmagd täglich auf dem nackten Hinterteil durchexerziert wird. Coovers verschiedene ästhetische Anliegen kommen in dem oft mit Pynchons *Gravity's Rainbow* verglichenen großen Wurf *The Public Burning* (1977) am besten zur Entfaltung. Wie bei Pynchon bilden konkrete geschichtliche Ereignisse den Ausgangspunkt der Fiktion, in der rivalisierende Diskursformen über Geschichte zu einem Spektakel dramatisiert werden. Coover greift den Fall von Julius und Ethel Rosenberg auf, die wegen vermeintlicher Atomspionage am 18. Juni 1953 auf dem elektrischen Stuhl hingerichtet wurden. Diese historische Hinrichtung im Gefängnis Sing Sing inszeniert Coover als eine öffentliche Verbrennung auf dem Times Square in New York, an der historische Figuren wie Richard Nixon, die Marx Brothers, der Tabernakel-Chor der Mormonen sowie die zentrale Symbolgestalt Uncle Sam stellvertretend für die ganze Nation teilnehmen. Trotz der vielen gewagten, als Verletzung guten Geschmacks und ethischer Konventionen kritisierten Szenen ist der Roman ein großer Erfolg, auch weil sein Autor die von ihm verwendeten Darstellungsformen als Stellungnahme zur amerikanischen Gegenwart intendiert. Im Unterschied zu E. L. Doctorows *The Book of Daniel* (1971), in dem der Doktorand Daniel Rosenberg an der Columbia University die Geschichte seiner exekutierten Eltern im Kontext der ideologischen Auseinandersetzung zwischen USA und Sowjetunion zu verstehen versucht, ist Coovers öffentliche Darstellung im Kontext der Verwicklung des Präsidenten Nixon in den Vietnam-Krieg und die Watergate-Affäre der 70er Jahre zu sehen. Damit wird dieser postmoderne Entwurf auch ein eminent politischer Text. In späteren Romanen experimentiert Coover mit dem Kriminalgenre, wie z. B. in *Gerald's Party* (1986), und greift das Märchenmotiv in *Pinocchio in Venice* (1991) wieder auf. Die Vorliebe des Autors für das filmische Medium verbindet sich in *A Night at the Movies; or, You Must Remember This* (1987), in dem u. a. der Filmklassiker *Casablanca* in ein sexuelles Abenteuer zwischen Rick und Ilse umgeschrieben wird, mit seinem Inventar avantgardistischer Techniken, das in Coovers besten Werken jedoch immer an die amerikanische Wirklichkeit angebunden ist.

Stufen der amerikanischen (Kultur)Geschichte beleuchtet der New Yorker Schriftsteller E. L. Doctorow, allerdings ohne Coovers formale Experimentierfreude oder exzessive Sexszenen, wie schon die jeweils verschiedene Behandlung des Rosenberg-Falles deutlich macht. Am besten verwirklicht der Roman *Ragtime* (1975) Doctorows Versuch, amerikanische Vergangenheit in ihren jenseits der offiziellen Geschichtsschreibung liegenden Facetten zu rekonstruieren. Dabei läßt er in einem spannenden Zusammenspiel verschiedener Handlungsstränge und einer Mischung aus Fakten und Fiktion verborgene geschichtliche Ereignisse erstehen und führt mit dem Ineinandergreifen verschiedener Diskurse einer Zeit schon vor dem Auftauchen des *New Historicism* eine literarische Variante dieser in den 80er Jahren praktizierten Kulturkritik vor. Das Geschehen des Romans ist an drei Familien festgemacht, die repräsentativ für bedeutende Entwicklungen in der amerikanischen Gesellschaft um die Jahrhundertwende stehen. Einer aus Vater, Mutter und kleinem Jungen bestehenden intakten Familie der weißen Mittelschicht stehen eine von Not und Armut geprägte jüdische Einwandererfamilie sowie eine unter den rassistischen Verhältnissen leidende schwarze Familie gegenüber. Es ist bezeichnend, daß sowohl die weißen wie die jüdischen Familienmitglieder als Typen namenlos und nur der schwarze Jazzpianist Coalhouse Walker, Jr. sowie seine Verlobte Sarah mit unehelichem Kind als Charaktere individualisiert sind. Die vielfältigen Verbindungen zwischen den Familien – Sarah und ihr Kind werden von der weißen Mutter in die Familie aufgenommen, die Mutter heiratet am Ende den jüdischen Vater Tateh – kontrastieren mit den eher gewalttätigen Auseinandersetzungen zwischen den Schichten. Die gesellschaftliche Turbulenz und die demographischen Veränderungen, die durch die Migration der Schwarzen aus dem Süden in die Industriestädte sowie durch die erhöhte Einwanderung um die Jahrhundertwende ausgelöst wurden, führen zu Konflikten zwischen der ihre Stellung verteidigenden weißen Klasse und den Afro-Amerikanern sowie Einwanderern, die mit ihren neu erworbenen Kenntnissen auch ein neues Selbstbewußtsein aufbauen. Der Anlage des weitgehend aus der Perspektive des kleinen weißen Jungen erzählten Romans entspricht es, daß die beiden namentlich bezeichneten Charaktere Opfer einer rassistischen Gesellschaft werden – Sarah wird versehentlich, Coalhouse (ein amerikanischer Nachfahre von Kleists Michael Kohlhaas) absichtlich erschossen – und daß die neue Familie am Ende des Romans eine Zusammenführung der eingangs getrennten Elemente darstellt. Der Wechsel von New York nach Kalifornien, wo der jüdische Einwanderer Tateh mit seiner neuen Frau Verantwortung für seine eigene Tochter, seinen Stiefsohn und das schwarze Kind der Getöteten übernimmt, legt den Grundstein für seine große Karriere als Filmemacher. Diese neue Form der Unterhaltungskultur steht gleichbedeutend neben der im Titel des Romans angesprochenen und von Coalhouse ausgeübten Musikperformance des Ragtime, dessen improvisatorische Technik Doctorow für die narrative Darstellung übernommen hat.

Ethnische Spannungen

Unterhaltungskultur

Neben den umwälzenden demographischen Veränderungen wirken diese neuen Künste der Afro-Amerikaner und der Einwanderer revolutionierend auf die *mainstream-Kultur* des weißen Amerika ein. Aus der heutigen Perspektive erscheint *Ragtime* sowohl in technischer als auch in thematischer Hinsicht als Bindeglied in Doctorows Schaffen zwischen der Behandlung des Zerfalls familiärer Bindungen am historischen Geschehen anhand der New Yorker Weltausstellung 1939 in *World's Fair* (1985) und der Darstellung des Ineinandergreifens von Korruption und Erfolg in Politik und Wirtschaft in der zweiten Hälfte des 19. Jh.s in *Waterworks* (1994).

Neorealismus – Multikulturalismus – Postkolonialismus (80er und 90er Jahre)

Politisch waren die 80er Jahre von den radikalen Veränderungen durch die republikanischen Präsidenten Ronald Reagan (1981–89) und George Bush (1989–93) bestimmt, bevor mit dem demokratischen Präsidenten Bill Clinton 1993 ein Wandel angekündigt, aber nur teilweise realisiert wurde. Die von Reagan lancierte Rückkehr zu den amerikanischen Werten der individuellen und eigenstaatlichen Selbstverwirklichung bei gleichzeitiger Einschränkung der bundesstaatlichen Macht sowie von Sozialprogrammen führte zu einer Polarisierung der Gesellschaft nach Klassen und Rassen. Außenpolitisch wurde die ideologische Polarisierung zwischen Kommunismus und Kapitalismus neu belebt und zur Grundlage einer militärischen Nachrüstung gemacht mit dem Ziel, die von Reagan als *empire of evil* bezeichnete Sowjetunion zu destabilisieren. Der Fall der Mauer in Berlin und der wirtschaftliche und politische Zusammenbruch des Ostblocks gingen einher mit der militärischen Überlegenheit der Vereinigten Staaten, die Reagan in Grenada (1983) und Bush im Golfkrieg (1991) demonstrierten. Der daraus abgeleitete politische Status eines *new exceptionalism* der USA wurde im Rückgriff auf tradierte amerikanische Wertvorstellungen in anderer Weise auch von Kulturkritikern wie George Kateb, Stanley Cavell und Richard Poirier für die amerikanische Kulturwissenschaft reklamiert. Auf die Übernahme europäischer Theorien folgte eine Rückbesinnung auf eigenständige amerikanische Positionen wie den Transzendentalismus Emersons, Thoreaus und Whitmans oder den Pragmatismus William James'. Vor diesem Versuch einer *new synthesis* lag jedoch die Phase der Auseinandersetzung mit der amerikanischen Gegenwartskultur, die unter dem Einfluß jener europäischen Theorien Phänomene des Pluralismus und der Differenz betonte.

Die mit der Reagan-Ära eingeleitete Verschlechterung der ökonomischen und politischen Situation der Minoritäten korrespondierte einer u. a. durch die akademische Rezeption von Poststrukturalismus und Dekonstruktivismus in den USA ermöglichten Debatte um *race, class* und *gender,* die zu Schlagworten des öffentlichen Diskurses avancierten. Das geschärfte Bewußtsein für Pluralismus und Differenz als Erweiterung und Bereicherung des eigenen Erfahrungshorizontes fand einerseits in der neuen Orientierung ethnischer Autoren und Autorinnen an historischen Ereignissen ihrer vergessenen Traditionen, andererseits in der gesellschaftspolitischen Situation reale Grundlagen für die theoretische Beschäftigung mit der nicht-weißen amerikanischen Literatur, die außerhalb des akzeptierten Kanons oder des kommerziellen *mainstream* steht. Die im Zusammenhang mit dieser neuen Orientierung entwickelten literarischen Strategien und methodologischen Verfahren zielen insgesamt auf eine Repolitisierung und Rehistorisierung von Kunst und Literatur sowie von Literatur- und Kulturkritik. Im Rückgriff auf linksliberale und marxistische Positionen der 60er Jahre entstanden so in Verbindung mit poststrukturalistischen Konzepten die Methoden des *New Historicism,* der *American Culture Studies* und der *New American Studies,* während analog ethnische Kursprogramme und feministische Ansätze unter diesen neuen Gesichtspunkten weiterentwickelt wurden. Die Entwicklung im Bereich der feministischen Interpretationsmethoden ist besonders instruktiv für die rasante und radikale Veränderung von den primär von weißen Frauen an den Universitäten getragenen *Women's Studies* über die umfassenderen, geschlechtsspezifische Kriterien untersuchenden *Gender Studies* zu der Beschäftigung mit der besonderen Situation der *women of color* und der sexuellen Präferenz in den *Gay* und *Lesbian Studies.* Außerhalb des akademischen Diskurses wurden diese Veränderungen der Gesellschaft als ideologische Positionen des Multikulturalismus, Postkolonialismus und der *political correctness* wahrgenommen und diskutiert, vor allem unter dem Eindruck solcher Ereignisse wie der gewalttätigen Rassenunruhen in Los Angeles/Watts 1992, der sexuelle Diskriminierung und Rassismus vermischenden Debatte um die Ernennung des von seiner früheren Mitarbeiterin Anita Hill sexueller Belästigung bezichtigten Obersten Richters Clarence Thomas (1991) oder der Gerichtsverhandlung gegen den Football-Star O. J. Simpson (1995).

Allen Ansätzen und gesellschaftspolitischen Ereignissen gemeinsam scheint eine Verankerung in der je spezifisch gesehenen amerikanischen Wirklichkeit und eine Rückbesinnung auf ureigene Werte. Die pragmatische

Komponente des Literatur- und Kulturbetriebs der 80er und 90er Jahre speist sich einerseits aus der engen Verbindung zwischen ethnischer Abstammung oder geschlechtlicher Orientierung und dem literarischen Schaffen, andererseits aus der Tradition der amerikanischen Philosophie. Der von Charles Sanders Peirce und William James in der Auseinandersetzung mit Kants Metaphysik entwickelte amerikanische Pragmatismus, der die je individuelle sinnliche Erfahrung einer konkreten Situation gegenüber abstrakten Denkhaltungen betont, ist in der Gegenwart von Richard Rorty zu einem philosophischen System ausgebaut worden, dessen ästhetisch-fiktionale Komponenten in der Analyse an einen pragmatisch-sozialen Kontext zurückgebunden werden. Ähnlich bemühen sich die Vertreter des *New Historicism* wie Stephen Greenblatt oder Walter Benn Michaels um die historische Kontextualisierung eines in ein kulturelles Umfeld eingebetteten literarischen Werks. Dieses kann als gesellschaftliches Konstrukt sowohl Ausdruck der Machtinteressen einer Zeit sein als auch seinerseits diese beeinflussen, also gleichzeitig repräsentativ und subversiv sein. Durch die wechselseitige Durchdringung und gleichrangige Vernetzung von Diskursen über historische Ereignisse mit literarischen Diskursen ergeben sich potentiell innovative kulturhistorische Interpretationen einer gesamtkulturellen Situation. Insgesamt haben diese neuen Ansätze die öffentliche Diskussion um die Vorzüge einer multikulturellen Kultur und Gesellschaft sowie die Überwindung kolonialer Verhältnisse durch postkoloniale Existenz angeregt und bereichert. Ihr theoretischer Ursprung in den spielerischen und zweckfreien Formen von Postmodernismus und Poststrukturalismus hat Entwicklungen der Literatur ermöglicht, die zwar von postmodernen Techniken profitieren, diese aber in einem emanzipatorischen Sinne einsetzen. Einerseits erlaubt die Befreiung von modernistischen Formzwängen neue Experimente, wie sie in Minimal Art und neorealistischen Tendenzen vorliegen, andererseits wird mit der Hinwendung zu ethnischen Traditionen und den vergessenen Autorinnen der Geschichte eine Renaissance des Erzählens eingeleitet. Postmoderne Lust am Erzählen wird zur existentiell motivierten Erzählnot gefährdeter Autor/innen. Die für den Postmodernismus konstatierte Grenzüberschreitung führt schließlich auch zu einer Ausweitung der Literatur auf die multimediale Welt von Cyberspace und Hypertext.

Neuer Pragmatismus: Richard Rorty

New Historicism: *Stephen Greenblatt*

Minimal Art und Neorealismus

Die schon in der Kurzprosa von Donald Barthelme teilweise praktizierte Form des *minimalism* wird in den Kurzgeschichten seines Bruders Frederick sowie der ebenfalls für die Zeitschrift *The New Yorker* schreibenden Ann Beattie und Raymond Carver zum bevorzugten Darstellungsmedium. Die veränderten gesellschaftspolitischen Verhältnisse eines sich immer stärker manifestierenden Medienzeitalters sowie die Veröffentlichungen im *New Yorker* haben die mit der minimalistischen Methode verbundene, auch als neorealistisch bezeichnete Darstellungsform bedingt. In diesen an Hemingways reduktionistischen Stil erinnernden Geschichten wird das Schicksal von hilflosen Charakteren gezeigt, die an ihrer eigenen Unfähigkeit zur Kommunikation mit anderen und mit sich selbst in ihrer Alltagswelt scheitern. Die in solchen Sammlungen wie F. Barthelmes *Moon Deluxe* (1983) oder Beatties *Secrets and Surprises* (1979) und *Love Always* (1985) vornehmlich thematisierten zwischenmenschlichen Beziehungen der gehobenen weißen Mittelschicht finden in Carvers *What We Talk About When We*

Ann Beattie und Raymond Carver

Raymond Carver

Talk About Love (1981) ihren besten Ausdruck. Wie die meisten Kurzgeschichten des Autors handelt die Titelgeschichte von einem vermeintlich sehr trivialen Alltagserlebnis. Zwei zum Abendessen verabredete Ehepaare unterhalten sich beim Drink über Formen der Liebe und des menschlichen Zusammenlebens. Dabei geht es vornehmlich um die kalte, zu Indifferenz pervertierte Einstellung des in zweiter Ehe mit Terri verheirateten Kardiologen Mel McGinnis zur Liebe und partnerschaftlichen Beziehung. Während das zweite Paar, Nick und Laura, der sich Mel u. a. zu nähern versucht, liebevoll nonverbal kommuniziert, erscheint die Beziehung von Mel und Terri von abgründiger Oberflächlichkeit. Dem entspricht auch die oberflächenhafte Darstellungsweise des Minimalismus, die durch die Reduktion der Erzählung auf wenige Details und auf ein Minimum an Personen auf die eigentlichen Beweggründe der Handelnden, nämlich Aggression und Selbstsucht verweist. Marc Chénetier bezeichnet deshalb Carvers Geschichten als »studies in embarrassment« und spricht von »the violent economy of his short stories«. Es wird also keine psychoanalytische Studie angestellt, sondern die psychischen Aspekte sind neorealistisch in die Aspekte des Alltagslebens verlagert.

Tom Wolfe,
The Bonfire
of the Vanities

Tom Wolfe

Als realistisch im Sinne Balzacs und Zolas versteht sich Tom Wolfe mit seinem Roman *The Bonfire of the Vanities* (1987). Der in den 60er und 70er Jahren in seinen Essaysammlungen im Stil des *New Journalism* noch innovativ arbeitende Wolfe folgte dem Beispiel seines Schriftstellerkollegen Gore Vidal, der durch realistische Romane meist über die amerikanische Geschichte (*Burr*, 1976; *Lincoln*, 1984; *Empire*, 1987) und seine Attacken gegen postmoderne Fiktion, die er als *plastic fiction* bezeichnete, bekannt wurde, und legte mit dem kämpferischen Essay »A Literary Manifesto for the New Social Novel« (1989) eine Antwort auf die Angriffe gegen seinen eigenen New York-Roman vor. Darin nimmt Wolfe sich der seiner Meinung nach von den Kollegen nicht erkannten Herausforderung einer veränderten Großstadt, des New York der 80er Jahre, an und versucht, dem Großstadtleben im Stil des realistisch-naturalistischen Stadtromans des 19. Jh.s formal zu entsprechen. Von einer mit der Vorlage der realistischen Meister gegebenen moralischen Warte aus schildert er die emotionslose abstrakte Gesellschaftsschicht der Neureichen anhand des Schicksals des reichen Börsenmaklers Sherman McCoy, der mit Frau und Tochter in einem luxuriösen Apartment in der Park Avenue wohnt. Bei einem von seiner heimlichen Geliebten Maria verursachten Unfall in der Bronx, für den er die Verantwortung auf sich nehmen muß, stirbt einer der beiden Schwarzen, die den Zwischenfall provoziert hatten, vermutlich um den Mercedesfahrer auszurauben. Wolfe nutzt die Gerichtsverhandlung gegen McCoy, um die durch die Finanzgeschäfte pervertierten menschlichen Verhaltensweisen und die heimlichen Motive der Vertreter von Gesetz, Kirche und Presse bloßzustellen. So bestimmt die ambivalente Einstellung des Staatsanwalts zur Gruppe der Neureichen, die er zugleich verabscheut und um ihre Möglichkeiten beneidet, sein juristisches Vorgehen ebenso wie der Druck des Vorgesetzten, der für die Wiederwahl in sein Amt strenge Urteile fordert. Desgleichen glaubt der in New York lebende englische Journalist, mit einer sensationellen Berichterstattung über diesen Fall seinen gefährdeten Posten bei der Zeitschrift halten zu können. Und der schwarze Geistliche erklärt das Opfer zu einem Märtyrer im Kampf gegen die weiße Rasse. Obwohl Wolfe mit diesem Fall ein nahezu alltägliches Vorkommnis in der Stadt New York aufgreift und wie die von ihm kritisierten Charaktere publikumswirksam vermarktet (s. die Verfilmung unter der Regie von Brian de Palma,

1991), gelingt es ihm nicht, eine Analyse der veränderten Cityscape der 80er Jahre zu leisten. Der Übergang der Großstadt New York von einem industriellen Zentrum zu einem postindustriellen Dienstleistungs- und Finanzzentrum hat zusammen mit der Zunahme der Migration von Menschen aus der sogenannten Dritten Welt die ehemals Hoffnung und Fortschritt verheißenden geordneten Strukturen der Stadt in Chaos und apokalyptische Unordnung verwandelt und eine Polarisierung der Gesellschaft in extreme Armut und großen Reichtum gefördert. Das mit dieser Entwicklung einhergehende Verschwinden einer Mittelklasse, die Gegensätze vermitteln könnte, hat das soziale Gleichgewicht zusätzlich erschüttert. Anders als Wolfe gelingt es solchen Autoren wie Paul Auster, Jay McInerney und Bret Easton Ellis, dieses veränderte Bild der Stadtlandschaft fiktional zu gestalten.

Der von österreichischen Einwanderern abstammende, besonders von der modernen französischen Literatur beeinflußte Paul Auster hat mit seiner New York-Trilogie *City of Glass* (1985), *Ghosts* (1986) und *The Locked Room* (1987) einen dem veränderten Stadtbild adäquaten Text entworfen und zugleich postmoderne Schreibweisen innovativ zu einem neorealistischen Stil weiterentwickelt. Die dem Stadtroman – etwa von Dos Passos – Stabilität verleihenden Techniken der modernen Architektur sind in Austers New York-Romanen in der Auflösung begriffen und affizieren die Bauelemente des Romans mit dieser allgemeinen Verfallserscheinung. Einzig formgebendes Element ist die narrative Struktur des Detektivromans, die der New York-Trilogie unterliegt, allerdings in dem schon in Pynchons *The Crying of Lot 49* deutlichen antidetektivischen Sinne. Die Unmöglichkeit des detektivischen Unterfangens ergibt sich aus der auf allen Ebenen herrschenden Konfusion, die letztlich aus einer apokalyptischen Sprachverwirrung resultiert. So wird Quinn, der Autor von Detektivgeschichten, für einen Detektiv gehalten und von Peter, dem Sohn eines aus psychiatrischer Behandlung entlassenen Theologen, mit der Observation des psychisch kranken Professors beauftragt, weil der Sohn um sein Leben fürchtet. Professor Stillman hatte Peter während seiner Kindheit sprachlich von der Außenwelt isoliert, um über die unverdorbene Kindersprache die sprachliche Einheit vor der mit dem Turmbau von Babel eingetretenen Sprachverwirrung zurückzugewinnen. Durch diese Rückkehr zu einem eindeutigen sprachlichen Referenzsystem könnte die mit dem Turmbau von Babel verglichene Horrorerscheinung der Metropole New York wieder in einen paradiesischen Zustand verwandelt werden. Die doppelte Suche des fanatisierten Religionswissenschaftlers nach der Zeit vor dem sprachlichen Sündenfall wie des passionierten Detektivschriftstellers nach den Motiven des Professors läuft ins Leere. Durch die verwirrende Vielfalt der Fährten wird Quinn zu seinem eigenen Objekt der Suche. Als er schließlich die Spur des Professors verliert, kann er sich nicht mehr von dem Fall lösen und wird zur Personifikation seiner eigenen Fiktionen, da er nicht länger zwischen den erfundenen und den realen Geschichten unterscheiden kann. Am Ende hat er schließlich die Rolle des Stadtstreichers angenommen, die er ursprünglich nur als Verkleidung gewählt hatte.

Aus dieser Konfusion der Sprache und Wahrnehmung resultieren die Gefahren der Stadt. Die Objekte der Stadt erscheinen wie sprachliche Chiffren, die wie alle sprachlichen Äußerungen nur noch Fiktionscharakter haben ohne realen Hintergrund. Damit sind aber auch die Charaktere und ihre Aktionen ebenso fiktional und von dem aus der Verwirrung resultierenden allgemeinen Verfall und Identitätsverlust betroffen. Die Furcht vor

Paul Austers New York-Trilogie

Paul Auster

Die Stadt als Sprachchiffre

dem Kollaps der Identität geht einher mit dem augenscheinlichen Kollaps der Stadtlandschaft. An diesem auch in den anderen Romanen thematisierten Verlust jeder Stabilität und Sicherheit läßt sich auch Austers Kritik an den durch die postmoderne und postindustrielle Gesellschaft verursachten dehumanisierenden Aspekten festmachen, die mit neorealistischen Techniken herausgestellt werden. So können die Beobachtungen in der Stadt und die Beschreibung des psychischen Leidens auch als eine realistische Schilderung eines bizarren postmodernen Stadtlebens gelesen werden, die in den beiden anderen Romanen der Trilogie, *In the Country of Last Things* (1987) und *Moon Palace* (1989), zu apokalyptischen Endzeitvisionen einer sterbenden Großstadt ausgebaut sind.

Postmodernismus und Realismus

Autobiographie und Roman

Ein Kennzeichen neuerer Romane wie denen von Paul Auster besteht darin, daß in ihnen postmodernistische und realistische Darstellungstechniken ineinandergreifen. Dies zeigt sich auch bei den nicht seltenen autobiographischen Bezügen zu der Persona des Autors oder der Autorin, die oft als letzte Instanz Realität garantieren kann. Auster hatte in seinem ersten Roman, *The Invention of Solitude* (1982), der in zwei Teilen seine Beziehung zu seinem Vater sowie zu seinem Sohn mit zahlreichen intertextuellen Bezügen zur französischen Kultur darstellt, diese autobiographische Note bewußt angewandt. Sie ist darüber hinaus Kennzeichen vieler Erstlingswerke von Autoren und Autorinnen, die aufgrund ihrer ethnischen Abstammung, Geschlechterzugehörigkeit oder Geschlechterpräferenz sich in einer bedrängten Lage befinden und sich gegen unterdrückende Dominanzstrukturen durch Rückbesinnung auf die eigene Person behaupten müssen. Dies trifft in je verschiedener Ausprägung zu auf afro-amerikanische Autorinnen wie Paule Marshall (*Praisesong for the Widow*, 1983), Nikki Giovanni (*My House*, 1972) oder Rita Dove (*Thomas and Beulah*, 1986), auf Chicanas wie Sandra Cisneros (*The House on Mango Street*, 1984) oder Alma Villanueva (*The Ultraviolet Sky*, 1988), auf Indianerinnen wie Joy Harjo oder Paula Gunn Allen, Amerikanerinnen asiatischer Abstammung wie Maxine Hong Kingston (*The Woman Warrior*, 1976) oder Amy Tan (*The Joy Luck Club*, 1989), auf die eingebürgerten Schriftstellerinnen aus der Karibik wie Michelle Cliff (*Abeng*, 1984, *No Telephone to Heaven*, 1987) oder Jamaica Kincaid (*Annie John*, 1986, *The Autobiography of My Mother*, 1996), oder auf die sich zu ihrer sexuellen Präferenz bekennenden Schriftsteller/innen wie Audre Lorde, Adrienne Rich, Oscar Hijuelos oder Armistead Maupin. Postmoderner Praxis entsprechend nutzen die Autoren und Autorinnen in diesen Texten die die Gattungsgrenzen überschreitenden bzw. gattungsmischenden Möglichkeiten zur Darstellung ihres instabilen Lebens mit dem Ziel, über die ästhetische Vertextung eine existentielle Stabilität zu erreichen. Besonders innovativ für das Genre und die damit bezweckte Absicht, über eine ethnische Gruppenidentität eigene Stabilität zu erreichen, sind Audre Lordes *Zami: A New Spelling of My Name* (1982), das sie selbst als *biomythography* bezeichnet, sowie Gloria Anzaldúas zweisprachiges *Borderlands / La Frontera: The New Mestiza* (1987), das zur Situierung der eigenen Position als lesbische Chicana in einer patriarchialischen Macho-Gesellschaft die mexikanisch-amerikanische Geschichte seit der Annexion von Texas (1845) und der Abtretung mexikanischer Gebiete im Friedensschluß von Guadalupe-Hidalgo (1848) aufarbeitet.

Alternative Lebensformen und innovative Texte

Der bei den *Confessional Poets* der 60er Jahre besonders stark ausgegeprägte autobiographische Aspekt, der sich in der Lyrik der 70er Jahre mit der Thematisierung der Dichterexistenz fortsetzte, führte zu einem mit dieser Selbstfindung eingeleiteten konservativen Trend der jüngeren Generation bei Frank Bidart, Robert Pinsky, Louise Glück und Dave Smith. Neue Impulse in der Gegenwartslyrik gingen seit Mitte der 70er Jahre von den Vertretern der sogenannten ›L=A=N=G=U=A=G=E poetry‹ wie Bruce Andrews, Charles Bernstein, Clark Coolidge, Susan Howe, und Ron Silliman aus. Beeinflußt von der avantgardistischen Dichtung Gertrude Steins, Charles Olsons, William Carlos Williams' sowie der Objektivisten Charles Reznikoff und Louis Zukofsky versuchen diese Dichter eine Erneuerung der modernen Lyrik, die der mit Eliot und Pound eingeleiteten Tradition eine eigenständig amerikanische gegenüberstellt und sich demnach auch in Opposition zu den oft an Universitäten lehrenden akademischen Lyrikern der Gegenwart begreift. Hauptkriterium dieser die Schriftlichkeit gegenüber der Mündlichkeit der Sprache betonenden Dichtung ist die Konzentration auf Sprache als Zeichensystem, um von der in gewohnten Bedeutungsmustern verfestigten, referentiellen Verweisfunktion der Sprache absehen zu können. Dies kann jedoch nicht die Aufgabe der Repräsentationsfunktion der Sprache bedeuten, sondern nur deren Problematisierung, wie Ron Silliman in dem häufig zitierten Aufsatz »Disappearance of the Word, Appearance of World« (1984) ausführt. Die durch Ausnutzung besonderer Klangelemente der Wörter sowie durch graphische Arrangements gekennzeichneten Gedichte betonen den kreativen Prozeß der persönlichen Erfahrung über Sprache. Sprache wird verstanden als »research«, wie Charles Bernstein formuliert: »I mean this literally as searching for new – in the sense of uncharted or undiscovered (unarticulated) – worlds within language«. Neben minimalistischen Texten bevorzugen die L=A=N=G=U=A=G=E-Poets das Prosagedicht, in dem die assoziativen Wort- und Klangelemente entfaltet werden können. Daß letztlich die Referenz der Sprache nicht ausgeschaltet werden kann oder soll, versteht sich auch von den mit dem poetischen Programm verbundenen politischen Zielen her. So geht es den teilweise marxistisch oder feministisch orientierten Dichtern gerade um die mit Sprache performativ vorgeführten Umdenkprozesse auch im Bewußtsein der Rezipienten.

Insgesamt lassen sich drei Generationen unterscheiden, deren Dichtung in unterschiedlichem Maße von Zeitereignissen geprägt war. Bedeutendste Repräsentantin der ersten Generation ist Susan Howe, die die Wortcollagen, die sie ursprünglich als bildende Künstlerin entworfen hatte, für die formale Gestaltung ihrer Gedichte nutzt, die sich schwerpunktmäßig mit dem Puritanismus der Kolonialzeit und dem 19. Jh. beschäftigen. Mit der Verarbeitung von William Byrds Tagebuch über seine Tätigkeit als Surveyor an der Grenze zwischen Virginia und North Carolina anfangs des 18. Jh.s in *Secret History of the Dividing Line* (1978), mit der Anverwandlung des Fremden an den bekannten eigenen Horizont bei der Eroberung des Westens in *The Western Borders* (1979) oder dem Aufgreifen der Randnotizen in Melvilles Bibliotheksbüchern (»Melville's Marginalia« in *The Nonconformist's Memorial*, 1993) versucht Howe, einerseits den Kontakt zwischen verschiedenen Kulturen zu gestalten, andererseits das Ausgegrenzte und Unterdrückte darzustellen. Im Unterschied zur offiziellen Geschichtsschreibung verleiht Howes Lyrik den Besiegten und Marginalisierten eine Stimme. Wie die Vertreter des *New Historicism* geht sie davon aus, daß die neuzeitliche Konzeption der Identität im Zeitalter der Renaissance entstand, allerdings unter Ausschluß einer weiblichen Identität. Diese explizit in der Essaysammlung *My Emily Dickinson* (1985) behandelte Geschlechterdiffe-

L=A=N=G=U=A=G=E poetry

Susan Howe

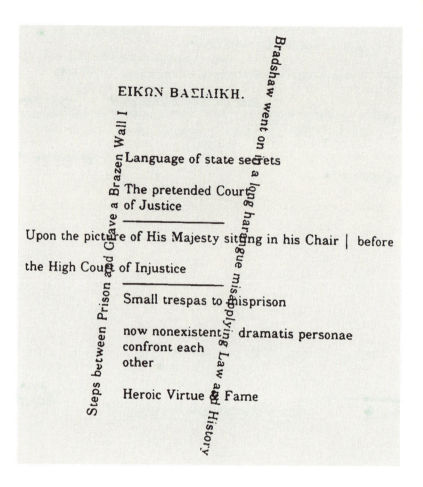

Eikon Basilike
von Susan Howe

language realism
und Post-Language
Poets

renz wird in *A Bibliography of the King's Book, or, Eikon Basilike* (1989) im Ineinandergreifen verschiedener Machtdiskurse poetisch bewußt gemacht. Anhand des King Charles I zugeschriebenen, am Tag seiner Hinrichtung durch Cromwell 1649 veröffentlichten *Eikon Basilike* problematisiert sie das Phänomen der Autorschaft und der königlichen und göttlichen Autorität in der Auseinandersetzung mit Politikern wie Thomas More oder Puritanern wie John Milton.

Auch die Dichter/innen der zweiten Generation wie Andrews, Bernstein, Silliman, aber auch Kathleen Fraser oder Rosmarie Waldrop greifen die von Howe behandelten Themen auf, wobei sie schon durch ihre Vorliebe für das Prosagedicht anstelle der formalen Experimente die für ihre Vertextung konstitutive Form des *language realism* unterstreichen. Neben der Darstellung marginalisierter Menschen, Obdachloser, AIDS-Kranker oder sexuell Diskriminierter, dient die Sprache zur Erforschung neuer Wirklichkeitsbereiche. Als Vertreter der dritten, stark mystisch orientierten Generation, der sogenannten *Post-Language Poets*, sei schließlich Lew Daly genannt, der in dem Band *e. dickinson on / a sleepwalk with the / alphabet prowling around her / (a poem for two voices)* (1990) einen intertextuellen Dialog mit Dickinson unterhält. Dabei alterniert jeweils eine aus Fragmenten von Dickinson-Gedichten bestehende Zeile mit einer Zeile, in der Buchstaben des Alphabets und einzelne Wörter unverbunden nebeneinanderstehen und auf das Material der Sprache verweisen. Die wiederholt gestellte kritische Frage, ob die Texte der *language poetry* noch zur Gattung der Lyrik zu rechnen seien, läuft angesichts der Gattungsgrenzen überschreitenden Intention postmoderner Literatur ins Leere.

Diese von einem formalistischen Literaturverständnis aus vorgenommenen Kategorisierungen verlieren auch ihre Gültigkeit bei der Bewertung kultureller Ausdrucksformen ethnischer Gruppen. Vielmehr argumentieren heute vor allem indianische Autoren, daß die in der mündlichen Tradition ihrer Stammeskulturen existierenden literarischen Formen immer schon postmoderne Züge getragen haben. Aus dieser Sicht scheint die Faszination der *Language Poets* für die besonders von Jerome Rothenberg praktizierte *ethnopoetry* ebenso verständlich wie ihre vorgenommene Annäherung an avantgardistische Bewegungen, insofern als die von Rothenberg gesammelten, im Sprechgesang vorgetragenen Gedichte (*Shaking the Pumpkin*, 1972) eine Form postmoderner Performanzpoesie darstellen. Jüngere indianische Schriftsteller/innen wie Gerald Vizenor oder Louise Erdrich haben Rothenbergs Bemühen um schriftliche Fixierung der mündlichen Kulturgüter ihres Stammes aufgegriffen und aus dieser Rekonstruktion eine postmodernen Praktiken entsprechende, aber doch gleichzeitig auch darüber hinausgehende Darstellungsform für die amerikanische Gegenwartsliteratur gewonnen.

Jerome Rothenberg

Die Rekonstruktion von Geschichten und die Überwindung postmoderner Literatur

Im Unterschied zu dem schon von postmodernen Autoren thematisierten Ineinandergreifen von Geschichte und Fiktion nutzen zahlreiche Autoren der 80er und 90er Jahre Literatur zur Revision offizieller Geschichtsschreibung durch die Rekonstruktion von Geschichten oder wenden sich der Darstellung neuer, bislang ignorierter Welten zu. Dabei handelt es sich vornehmlich um Schriftsteller/innen, die aufgrund ihres Geschlechts, ihrer ethnischen Abstammung oder regionalen Herkunft am Rande des *mainstream* schreiben. Da diese Texte oft auch die Rekonstruktion eigener Geschichten beinhalten, sind sie trotz der postmodernen Strukturen jeweils auch an eine erkennbare Realität zurückgebunden. So läßt die auch von deutschen und französischen Vorfahren abstammende Chippewa-Indianerin Louise Erdrich die vergessene Geschichte ihres Stammes anhand zahlreicher von verschiedenen Figuren erzählten Geschichten wiedererstehen, die von 1912 (*Tracks*, 1988; *The Beet Queen*, 1986; *Love Medicine*, 1984) bis in die unmittelbare Gegenwart (*Bingo Palace*, 1994) reichen und in der Auseinandersetzung zwischen weißer Gesellschaft und Reservat für einen kulturellen Synkretismus optieren. In einem ähnlichen Vorgehen findet der Chippewa Gerald Vizenor über Sammlungen von Stammesmythen zur Vertextung eigener Romane wie *Griever, an American Monkey King in China* (1987) oder *The Heirs of Columbus* (1991), einer Parodie auf die Entdeckung Amerikas zur 500jährigen Gedenkfeier.

Aus einer vergleichsweise ähnlichen Randlage haben sich neuere Vertreter/innen der Südstaatenliteratur als bedeutende Interpreten regionaler Ausdrucksformen erwiesen und das Spektrum der amerikanischen Gegenwartsliteratur wesentlich bereichert. Dabei geht es jedoch weniger um die grotesk-mythische Dimension der Tradition des Südens wie bei William Faulkner und Flannery O'Connor oder ihre postmoderne Parodierung wie

Neuere Südstaaten-literatur: ›Sun Belt‹ vs. ›Old South‹

Eudora Welty

in John Barths *The Sot-Weed Factor*, sondern um die Darstellung der neuen Realität des Südens, die die populären Formen einer Massenkultur ebenso einschließt wie die traditionell ausgeklammerten Bereiche und das neue Selbstverständnis emanzipierter Frauen und Afro-Amerikaner. Die Grande Old Dame des Südens Eudora Welty evoziert mit der Schilderung des Lebens in ihrer Heimat Mississippi in ihren frühen Erzählungen wie *The Delta Wedding* (1946) noch die aristokratische Familientradition des Südens, stellt in dem mit dem Pulitzerpreis ausgezeichneten Roman *The Optimist's Daughter* (1972) die konfliktreiche Beziehung zwischen der zweiten Frau eines Richters in New Orleans und dessen Tochter dar und verfaßt schließlich Geschichten über die Ereignisse der Bürgerrechtsbewegung (*The Demonstrators*, 1980). Dagegen haben sich die nachfolgenden Generationen, obwohl oft von ihr beeinflußt, vom prägenden Erbe des Südens befreit und nutzen die gewonnene Freiheit zur Darstellung des durch die technologischen und demographischen Entwicklungen im Sun Belt entstandenen neuen Südens. Dabei werden heterogene Bedeutungsbereiche in Verbindung gesetzt, aber im Unterschied zu postmoderner Beliebigkeit von einem klar formulierten Standpunkt aus perspektiviert.

Walker Percy: Katholizismus und Krimi im Süden

Der nach Tuberkuloseleiden vom Medizinstudenten zum katholischen Schriftsteller konvertierte Walker Percy deutet mit diesem Wandel von der Natur- zur Geisteswissenschaft seine zeitkritische Einstellung an, die seinen Romanen und Essays zugrunde liegt und die letztendlich zu einer Korrektur der gesellschaftlichen Fehlentwicklungen durch philosophische und religiöse Ganzheitsvorstellungen führen soll. Die teilweise autobiographischen Romane erinnern an die von den alltagsorientierten Charakteren abgelehnte aristokratische Vergangenheit des Südens, dem diese allerdings durch den Schauplatz des meist auf wenige Tage konzentrierten Geschehens in Louisiana verhaftet sind, und bieten im Epilog ein über eingelagerte Reflexionen christlicher Anschauungen vorbereitetes harmonisches Ende für entfremdete Menschen an. In diesem Sinne entwickelt sich der 30jährige Erzähler-Protagonist Binx Bolling des ersten preisgekrönten Romans *The Moviegoer* (1961) von einem in einem Vorort von New Orleans lebenden, als Finanzmakler tätigen Außenseiter der Gesellschaft, der sowohl die überkommenen Ideale seiner aristokratischen Familie als auch die leeren Versprechungen einer konsumorientierten Gesellschaft zurückweist, zu einem von Kierkegaards religiösem Existenzialismus bestimmten Ehemann und Medizinstudenten. Programmatisch vertritt der nach Thomas More benannte Protagonist in den beiden aufeinander bezogenen Romanen *Love in the Ruins* (1971) und *The Thanatos Syndrome* (1987) Percys auf die Heilung gesellschaftlicher Krankheiten abzielendes Konzept. Ausgangspunkt beider Romane ist eine besondere gesellschaftliche Ausnahmesituation, in der sich die von dem Psychiater Dr. Thomas More erzählte Geschichte seiner Familie und seiner Arbeit mit Patienten sowie seiner Beziehung zu dem römisch-katholischen Father Rinaldo Smith entfaltet. In beiden Romanen durchleben der Psychiater und der Priester Krisensituationen, die Klinik- und Gefängnisaufenthalte wegen Alkoholismus oder Drogenmißbrauch einschließen. So wie der Psychiater von der Sorge um die geistige Verfassung seiner Familie wie seiner Patienten, so ist der Priester von der Sorge um die seelische Verfassung seiner immer kleiner werdenden katholischen Kirchengemeinde getrieben. Die Erschütterung im persönlichen und beruflichen Bereich wird jeweils vor dem gesellschaftlichen Hintergrund der amerikanischen Wirklichkeit und darüber hinaus im Kontext des mit Descartes institutionalisierten Rationalismus der westlichen Zivilisation gesehen. So

Walker Percy

gipfelt das auf vier Tage fokussierte Geschehen in *Love in the Ruins* symbolträchtig am 4. Juli, dem amerikanischen Nationalfeiertag, in der Rebellion der Schwarzen gegen die Weißen und einer Demonstration der Gefahren, die von dem falschen Gebrauch eines von Dr. More erfundenen medizinischen Geräts ausgehen. Dieses Lapsometer genannte Gerät soll idealiter den ›prälapsarischen‹ Zustand des Menschen, d.h. den idealen Zustand vor dem Sündenfall, wiederherstellen. Bezeichnenderweise endet der Roman mit Dr. Mores religiöser Wiedergeburt am Fest der Geburt Christi. In der als spannender Thriller angelegten, im Jahr 1997 spielenden Dystopie *The Thanatos Syndrome* bekämpfen Dr. More und Father Smith die Auswüchse der Gentechnologie und des *social engineering*, die hier zur systematisch betriebenen Manipulation am Menschen führen. Über Father Smith, der in den 30er Jahren Verwandte in Deutschland besuchte und nun die Kanzel seiner Kirche mit einem 30 m hohen Feuerturm im Wald vertauscht hat, wo er symbolisch Feuerwache hält, wird die historische Perspektive auf die medizinischen Experimente in der psychiatrischen Klinik in Haar und darüber hinaus auf das durch zwei Weltkriege gekennzeichnete, todbringende 20. Jh. verlagert. Diesem aus einem post-religiösen Geist entstandenen Todessyndrom des modernen Zeitalters setzt Percy seine den Tod überwindende hoffnungsvolle Vision entgegen, deren geistige Grundlagen allerdings in einer prämodernen, religiösen Welt liegen. Die wiederholte Anspielung auf den Namenspatron Thomas More, der zum Beginn der Neuzeit gegen Henry VIII. für die Einheit des katholischen Glaubens eintrat, verrät, daß der mit More ebenfalls aufgerufene Gedanke der *Utopia* rückwärts gewandt ist.

Thomas Mores Utopia und der Süden

Katholischer Wertwelt und Louisiana ist auch Shirley Ann Grau verpflichtet. Die Tradition des Südens kann für sie aber nur noch in den Aspekten relevant sein, die die Selbstverwirklichung der Frau unterstützen. So entwickelt sich Abigail, Enkelin des Plantagenbesitzers William Howland, der in zweiter Ehe mit seiner Hausangestellten Margaret afro-amerikanischer und indianischer Abstammung verheiratet ist, in Graus bekanntestem Roman *The Keepers of the House* (1964) von einer traditionell ihrem Mann untergeordneten Südstaatenfrau zu einer selbstbewußten, die Geschicke des Familienerbes allein gegen alle Angriffe verteidigenden Frau. Obwohl die drei Teile des Romans die Geschichte dieser drei Hauptcharaktere gleichermaßen darstellen, betont die Anordnung des Abigail-Teils in einem kurzen Vorwort und im abschließenden Teil die übergeordnete feministische Perspektive, die in *Nine Women* (1985) dominant wird.

Shirley Ann Grau

Diese feministische Sicht des Südens mag auch die veränderte Einstellung zur Geschichte bei der dritten Generation der Südstaatenschriftsteller erklären. An die Stelle der Thematisierung der durch den Bürgerkrieg beendeten Südstaatenaristokratie tritt nun die Betonung familiärer Beziehungen und die Einbindung in eine menschliche Einzelschicksale mittragende Gemeinschaft, wie sie Anne Tyler in ihren meist in Baltimore angesiedelten Romanen schildert. Einschneidende Ereignisse wie das Begräbnis naher Verwandter und Freunde dienen als Ausgangspunkt für die Aufarbeitung der Lebensgeschichte starker Frauen, wie der von ihrem Mann verlassenen Pearl in *Dinner at the Homesick Restaurant* (1982), die ihre drei Kinder allein erziehen muß, oder der optimistischen Maggie Moran in *Breathing Lessons* (1988), die ihre Beziehung zu ihrem jüngeren Mann auf dem Weg zur Beerdigung neu regelt. Neue Formen kommunitären Zusammenlebens schildert auch Jill McCorkle, die an die Stelle der traditionell nur aus Weißen bestehenden Südstaatengemeinde in *Tending to*

Anne Tyler: Südstaatenalltag

Virginia (1987) eine konventionelle Grenzen ignorierende Frauengemeinschaft setzt.

Bobbie Ann Mason

Die Aufarbeitung der unmittelbaren Familiengeschichte und die dazu zur Verfügung stehenden Methoden sind das Anliegen von Bobbie Ann Mason und Lee Smith. Während Mason in ihren in minimalistischem Stil verfaßten Kurzgeschichten (*Shiloh*, 1982) vornehmlich das durch Fernsehen und den Kommerz der Popkultur geprägte Leben der Generation der 30- und 40jährigen im neuen Süden erfaßt, stellt sie mit der Protagonistin Samantha Hughes in dem Roman *In Country* (1985) ein Produkt dieser veränderten Verhältnisse dar, die nach dem Tod des Vaters in Vietnam bindungslos sich auf die Suche nach ihren Wurzeln begibt. Dabei nimmt der Vietnamkrieg – unbewußt für die Protagonistin – bisweilen die Dimension des Bürgerkriegs in der Gegenwart an. Auch die Protagonistin Jennifer in Lee Smiths Roman *Oral History* (1983) ist auf der Suche nach ihren Wurzeln, die sie gleichzeitig mit einem ›oral history project‹ für ihr Studium bei den Vorfahren in den Appalachen verbindet.

Postmoderner Südstaatenhumor

Die satirische Entlarvung solcher wissenschaftlicher Verfahren in einem oft zu künstlichen Schaubildern, zu *Theme Parks* als Entertainment für Touristen umgestalteten Süden ist auch eine der Intentionen in Josephine Humphreys' Romanen. Anhand des der Popkultur verhafteten Ehepaares Will und Alice Reese, eines Gynäkologen und einer Mathematikerin mit zwei Töchtern in *Dreams of Sleep* (1984) werden die Dissonanzen der verschiedenen Welten in Charleston deutlich. Am weitesten in der Schilderung der nach einer billigen Kaufhauskette bzw. einem beliebten Südstaatenessen ›K-Mart Realism‹ oder ›Grit Lit‹ benannten Literatur geht Barry Hannah, dessen Romane *Ray* (1980) und *The Tennis Handsome* (1983) den negativ affizierten ›postmodernen‹ Süden zeigen und anders als Tyler oder McCorkle die durch Sex und Gewalt, Drogen und Wahnsinn herbeigeführte Auflösung kommunitärer Bindungen vorführen. Mit seiner satirischen Komisierung knüpft Hannah an die seit Mark Twain popularisierte Tradition des Südstaatenhumors an, der sich auch in Clyde Edgertons Romanen (*Raney,* 1985; *In Memory of Junior,* 1992) findet, ebenso in Kaye Gibbons' Gestaltung einer weiblichen Variante des Huck Finn (*Ellen Foster,* 1987).

Richard Ford

Sonderformen der aktuellen Südstaatenliteratur stellen die Romane des Mississippi-Schriftstellers Richard Ford dar, der in den Norden zieht und nach dem im Süden spielenden *A Piece of My Heart* (1974) sich der allgemeinen Thematik der amerikanischen Gegenwartskultur zuwendet. Dennoch kann sein bislang bekanntester Roman, *The Sportswriter* (1986), als Prototyp einer »postsouthern, post-Christian southern novel« (F. Hobson) bezeichnet werden, insofern als der im Süden geborene Protagonist Frank Bascombe nach gescheiterter Ehe und dem Tod des Sohnes als Vertreter einer von der Vergangenheit abgeschnittenen, in der Gegenwart der Massenkultur lebenden Generation erscheint. Die verlorene gute Zeit und die heile Welt des Südwestens werden dagegen in den Romanen Larry McMurtrys und Edward Abbeys beschworen. Während McMurtrys publikumswirksame, oft mit dem Gedanken der Verfilmung geschriebenen Texte nostalgisch die mythische Tradition des Westens mit der Welt der Cowboys evozieren bzw. die psychische Verfassung frustrierter Menschen in den einsamen Städten von Texas beschreiben (*The Last Picture Show,* 1966; *Terms of Endearment,* 1975; *Texasville,* 1987), greift Abbey vom ökologischen Standpunkt die Zerstörung der Umwelt in New Mexico durch Industrialisierung auf und läßt seine Figuren im Stil der einsamen Westernhel-

Edward Abbey: Ökologie im Südwesten

den für die Rechte der Natur kämpfen (*The Monkey Wrench Gang, 1975*). Bei John Nichols ist die Kritik an der Ausbeutung der Natur und die Unterdrückung des Einzelnen durch Machtkonzerne, wobei Perversionen und Psychopathien entstehen, mit grotesker Komik und makabrem Humor gemischt (New Mexico-Trilogie: *The Milagro Beanfield War*, 1974).

Im Zuge der Neuorientierung und Neubewertung der Südstaatenliteratur ist auch das Werk afro-amerikanischer Schriftsteller/innen aus dem Süden verstärkt beachtet worden. Dies trifft auf Margaret Walkers in den Rhythmen von Jazz und Blues geschriebene Gedichte und auf ihren Bürgerkriegsepos, historischen Roman und Sklavenerzählung vereinenden Roman *Jubilee* (1966) ebenso zu wie auf die populären Gedichte Nikki Giovannis und Sonia Sanchez' und vor allem auf Alice Walker, die mit dem von Steven Spielberg erfolgreich verfilmten Roman *The Color Purple* (1982) und dessen Fortsetzung *Possessing the Secret of Joy* (1992) eine auch von Toni Morrison und Gloria Naylor vertretene neue Form der afro-amerikanischen Frauenliteratur praktiziert. Der von Kritikern und Morrison selbst hergestellte Bezug ihrer Romane zu Faulkner ist für den in Louisiana geborenen Ernest Gaines thematisch geworden durch seine Betonung der aus dem Rassenkonflikt entstehenden Verhaltensweisen seiner Figuren. Durch die Verankerung des fiktionalen Schauplatzes seiner Romane (*The Autobiography of Miss Jane Pittman*, 1971; *A Gathering of Old Men*, 1983) im ländlichen Louisiana schafft er eine Faulkners mythischem Yoknapatawpha vergleichbare Lebenswelt, ebenso wie er die Techniken etwa William Styrons und dessen Verarbeitung der Sklavenexistenz im Süden (*The Confessions of Nat Turner*, 1967; *Sophie's Choice*, 1978), allerdings aus afro-amerikanischer Sicht, aufgreift. Ohne Übertreibung läßt sich sagen, daß die Erneuerung der amerikanischen Gegenwartsliteratur der 80er und 90er Jahre, die Überwindung einer spielerischen Postmoderne, wesentlich von der afro-amerikanischen Rückbindung an die erzählerische Tradition der Südstaatenliteratur ausgegangen ist, wie sie neben dem monumentalen Opus Morrisons im Werk der jüngeren Autoren wie Charles Johnson, John Wideman, August Wilson oder Gloria Naylor zum Ausdruck kommt.

Diese Erneuerung wird – wie gesehen – durch die je spezifische ethnische und/oder geschlechtliche Abstammung zusätzlich nuanciert und weitet sich neben der epischen und lyrischen auch auf die dramatische Gattung aus. Das Theater bietet sich als Bühne für die Rekonstruktion von verborgenen Geschichten an, deren Notwendigkeit sich gerade für Gruppen am Rande einer patriarchalischen Gesellschaft wie Frauen und ethnische Minoritäten stellt. So nutzt der afro-amerikanische Dramatiker August Wilson in seinem Drama *The Piano Lesson* (UA 1987) die Geschichte eines anfangs des Jahrhunderts vom Süden in den Norden, von weißen Plantagenbesitzern auf schwarze Sklaven übergegangenen Klaviers, um das Ineinandergreifen der verschiedenen Welten und die internen Rivalitäten um den Wert des an den Füßen mit afrikanischen Schnitzereien verzierten Musikinstruments darzustellen. Dabei wird im Kampf zwischen ideellen und materiellen Werten dem besitzgierigen Boy Willie mit der am Ende des Stücks exorzistisch gestalteten ›Piano Lesson‹ eine doppelte Lektion erteilt. Damit weist die in Pittsburgh wohnende Besitzerin des Klaviers Berniece die Versuche ihres aus Mississippi angereisten Bruders zurück, mit dem Verkauf des Klaviers Grundstückserwerb zu finanzieren.

Ebenso dient dreien der bedeutendsten Dramatikerinnen der Gegenwart, Beth Henley, Marsha Norman und Wendy Wasserstein, die Bühne zur Aufarbeitung verdrängter Frauengeschichten sowie zur Analyse der Frauen-

Afro-amerikanische Südstaatenliteratur: Wiederbelebung der Erzähltradition

Ernest Gaines

Drama der 80er und 90er Jahre

August Wilson: Geschichte eines Klaviers

Frauendramen:
Beth Henley

Marsha Norman

Wendy Wasserstein

Hwang, M. Butterfly

bewegung. Henleys preisgekröntes Stück *Crimes of the Heart* (1980) vereint drei Schwestern einer durch Freitod aus dem Leben geschiedenen, von ihrem Mann verlassenen Mutter, um die in der Vergangenheit erlittenen psychischen Blessuren zu heilen. Ausgangspunkt des Stücks ist das durch den Attentatsversuch der jüngsten 24jährigen Schwester Babe auf ihren Mann ausgelöste Zusammentreffen der drei Magrath-Schwestern in der Kleinstadt Hazlewood in Mississippi. Im Laufe des Stücks werden die jeweiligen Probleme enthüllt, deren die Psyche belastender Charakter durch ihr Zur-Sprache-Bringen abgebaut wird. Mutet die Harmonie der schwesterlichen Bindung des Schlußbildes hier illusorisch an, so führt Marsha Norman eine pessimistischere Lösung in dem mit dem Pulitzerpreis ausgezeichneten und verfilmten *'night Mother* (1983) vor. Hier vollzieht die 38jährige Jessie den am Anfang des Zweipersonen-Stückes ihrer Mutter Thelma angekündigten Selbstmord am Ende tatsächlich. Dazwischen liegen die schonungslose Darlegung der psychischen Zerstörung durch menschliche Isolation und Mangel an Kommunikation sowie der verzweifelte Versuch der Mutter, die Tochter von ihrem Vorhaben abzubringen. Ironischerweise entwickelt sich in dieser extremen Situation der Wahrheit angesichts des Todes zum erstenmal eine bedeutungsvolle Beziehung zwischen Mutter und Tochter. Jessies Verzweiflung ist allerdings zu groß, um ihren Entschluß noch einmal zu ändern. Eine ebenso sympathisierende wie kritische Darstellung der verschiedenen Stadien der Frauenemanzipation geben die Dramen Wendy Wassersteins, in denen sie die Frauenbewegung insgesamt Revue passieren läßt. Das an Mary McCarthys Kultroman *The Group* (1963) erinnernde *Uncommon Women and Others* (1977) vergleicht anläßlich eines Jahrgangstreffens die private und berufliche Entwicklung von fünf graduierten Frauen des Mt Holyoke College mit ihren Hoffnungen und Träumen im College 6 Jahre zuvor. Die erwartbare Bandbreite von der erfolgreichen Rechtsanwältin über allmählich aufgegebene lesbische und radikal feministische Positionen bis zur Hausfrau und werdenden Mutter entspricht den Möglichkeiten der Entfaltung zwischen eigener Selbstverwirklichung und der Entscheidung für familiäre Verantwortung. Weniger hoffnungsvoll ist die an 13 Episoden aus Heidi Hollands Leben festgemachte Entwicklung der Frauenbewegung in *The Heidi Chronicles* (UA 1988) von deren Anfängen in den 60er Jahren über die öffentlichen Aktivitäten der 70er bis zu den postfeministischen Tendenzen der 80er Jahre, die schließlich zu einem etwa in Michael Crichtons *Disclosure* (1993) thematisierten und von Susan Faludi analysierten *backlash movement* der 90er Jahre führen.

Als konsequenter nächster Schritt erscheint die Aufgabe einer genauen Geschlechterdifferenzierung und damit die Absage an essentialistische Zuordnungen sowie die Entlarvung der Geschlechterrollen als gesellschaftliche Konstrukte. Der amerikanische Autor chinesischer Abstammung David Henry Hwang führt dieses Phänomen anhand seiner dekonstruktivistischen Variante des Madame Butterfly-Stereotyps in *M. Butterfly* (UA 1988) vor. Die in Hwangs Stück thematisierte Verquickung von sexueller Manipulation und politischer Macht nutzt Tony Kushner für den nationalen Kontext der USA. Mit Bezug auf historische Figuren der amerikanischen Nachkriegsgeschichte, wie dem in den Rosenberg-Prozeß verwickelten Politiker Roy M. Cohn, präsentiert Kushner in zwei Teilen seines spannenden Dramas unter dem Titel *Angels in America* (Part I: *Millenium Approaches*, 1991; Part II: *Perestroika*, 1993) eine »gay fantasia on national themes«, die allerdings durch die Wirklichkeit des AIDS-Leidens kontrastiert wird.

Szene aus
Isn't it romantic
von Wendy Wasserstein
(mit Cristine Rose und
Lisa Banes)

Das elektronische Zeitalter der Literatur: Science Fiction, Horror Fiction, Punk, Cyberpunk, Hypertext

Das elektronische Zeitalter, das mit dem Einsatz des Computers begann, dessen vielfältige Möglichkeiten heute von individuellen Benutzern ausgeschöpft werden können, hat alle Bereiche des Lebens und damit auch der Literatur erfaßt. Die postmoderner Imagination vergleichbare Darstellung virtueller Realität auf dem Bildschirm und die im kommerziellen Bereich vielfältig genutzten Simulationsmechanismen wirklicher Zustände haben auch die Darstellungsmöglichkeiten fiktionaler Welten verändert. Traditionell waren solche jenseits der Wirklichkeit liegenden Vorstellungswelten die Domäne von Utopie bzw. Anti-Utopie und Science Fiction und zielten auch im kommerziellen Interesse auf ein allgemeines Publikum. Neben der Übernahme utopischer Konzepte in eine populäre Version des postmodernen Romans etwa bei Vonnegut und Brautigan werden solche ›ambige Utopien‹ (U. Le Guin) vor allem von Vertretern alternativer Lebensweisen zur Projektion neuer Welten genutzt, so für ökologische Belange in Ernest Callenbachs *Ecotopia* (1975), für die Gewinnung einer afro-amerikanischen Identität in Samuel R. Delanys *Triton* (1976) oder im besonderen Maße für feministische Emanzipation. Diese richtet sich zunächst auf eine Korrektur des patriarchalisch bestimmten politischen Weltbildes und die Schaffung eigenständiger Entfaltungsmöglichkeiten für Frauen, wie sie Ursula Le Guin mit der von einer Frau auf dem Mond Anarres eingeleiteten Revolution des Staatswesens in *The Disposessed: An Ambiguous Utopia* (1974) entwirft, wo im Unterschied zu den rivalisierenden sozialistischen und kapitalistischen Systemen auf anderen Planeten ein anarchistisches Gemeinwesen eingeführt wird. Ähnlich konstruiert Marge Piercy in *Woman on the Edge of Time* (1976) eine hierarchiefreie alternative, allerdings nicht dauerhaft zu realisierende Welt. Von einem militant feministischen Standpunkt aus entwirft Joanna Russ schließlich in *The Female Man* (1975), wie Sally Miller

Ursula K. Le Guin

Feministische Utopien

*Postmoderne
Science Fiction*

Illustration
zu *The Shattered Chain*
von Zimmer Bradley

*Horror Fiction /
Horror Film*

Stephen King

Stephen King

Gearhart nach ihr in *The Wanderground: Stories of the Hill Women* (1979), eine nur von Frauen bewohnte Welt und deutet die Transzendierung der herkömmlichen Geschlechtergrenzen an.

Autoren der traditionell erfolgreich vermarkteten Science Fiction Romane verlagern das Geschehen in galaktische Sphären oder fremde Welten mit totalitären politischen Systemen, wie in Ray Bradburys *Fahrenheit 451* (1953) oder Robert Heinleins Kultbuch der Hippiebewegung *Stranger in a Strange Land* (1961), um durch diese Verfremdung und Distanz eine Basis für die gesellschaftskritische Intention zu gewinnen. Die Aktualisierung des populären Genres zeigt sich in Marion Zimmer Bradleys zahlreichen Texten. Hatte sie zunächst in der bekannten Darkover-Serie die Bewohner des Terran Empire mit den auf dem mittelalterlichen Planeten Darkover lebenden, technologiefeindlichen, nur auf ihre geistigen Kräfte vertrauenden Wesen kontrastiert, so läßt sie unter dem Eindruck der Zeitereignisse die Protagonistinnen ihrer Texte, die literarische und musikalische Vorlagen wie die Artus-Sage oder *Die Zauberflöte* aufnehmen, feministische Thesen vertreten. Die Popularität des Genres wird zusätzlich durch die Affinität dieser Literatur zur Verfilmung bzw. die Übernahme des Musters für Filme potenziert, wie der Erfolg solcher Serien wie *Star Trek* (Robert Wise, 1979) oder der *Star Wars*-Triologie (George Lucas: *Star Wars*, 1977, *The Empire Strikes Back*, 1980, *The Return of the Jedi*, 1983) belegen.

Eine Steigerung solcher populärer Genres und des Changierens zwischen Buch und Film stellen Horror Fiction und Horror Film dar, wobei die Chronologie oft umgedreht ist, so daß nach dem Erfolg eines Filmes das Buch zum Film erscheint. Im Unterschied zu der gesellschaftskritischen Funktion von Utopie und Science Fiction können die meist für die jugendliche Psyche programmierten artifiziellen Horror-Produkte in Film und Fiktion neben eindeutig kommerziellen Zwecken auch eine therapeutische Funktion im Sinne der aristotelischen Katharsis verfolgen (N. Carroll). Deshalb sind die Manifestationen von Angst und Schrecken auch nicht weltfern, sondern gewinnen gerade durch ihre Alltäglichkeit an Intensität und Realität. Nach solchen Kultfilmen wie *Rosemary's Baby* (Roman Polanski, 1968) und *The Exorcist* (William Friedkin, 1973) demonstrieren vor allem Stephen Kings zahlreiche Romane und Kurzgeschichten das Walten ungeahnter Mächte im vertrauten häuslichen oder schulischen Bereich. Der plötzliche Einbruch des Phantastischen in die amerikanische Alltagswelt versetzt Figuren wie Leser durch dämonische Geister, blutsaugende Vampire und grauenhafte Monster in Angst und Schrecken. In den bekanntesten Romanen greift King auf das gotische wie puritanische Inventar Poes und Hawthornes sowie auf Märchenmotive zurück, um in *Carrie* (1974) die destruktive telekinetische Macht einer von ihrer bigotten Umgebung ausgeschlossenen, besessenen Gymnasiastin zu schildern, die im Konflikt zwischen sexueller Begierde und religiöser Furcht gewaltsam einen Ausweg aus dem häuslichen Gefängnis ihrer psychopathischen Mutter sucht. Der Einbruch des Unheimlichen trifft aber auch den fiktionalen Schriftsteller Paul Sheldon, der in *Misery* (1987) nach einem Unfall von seinem »number-one fan« Annie Wilkes in der Gestalt einer übermächtigen Ex-Krankenschwester zunächst gepflegt, dann aber malträtiert wird, als sie das ihrer Leseerwartung widersprechende Ende eines soeben abgeschlossenen Manuskripts des Autors liest. Nur mit Hilfe der zur Verfügung gestellten Schreibmaschine, auf der er eine dem Fan kommode historische Romanze schreiben will, kann sich der Schriftsteller gewaltsam befreien. Schließlich gestaltet der Autor auch autobiographisch seine metafiktionale Heimsuchung durch sein diabolisches Pseudonym in *The Dark Half* (1989). Die eher genretypischen Mittel der Schauergeschichten, wie das Wirken des nach Neuengland versetzten Dracula in einer Kleinstadt in Maine (*Salem's Lot,* 1975) oder das makabre Treiben von Untoten in *Pet Sematary* (1983), tauchen auch in den Bestsellern von Anne Rice auf. Besonders effektvoll ist die Vampir-Trilogie: *Interview with the Vampire* (1976, verfilmt 1994 von Neil Jordan), *The Vampire Lestat* (1985) und *The Queen of the Damned* (1988), die nur vermeintlich eine Feminisierung des Genres darstellt, da das den beiden Vampiren Louis und Lestat zur Erziehung überlassene fünfjährige Mädchen Claudia bald zum Vampir-Kind mutiert, aber in der homoerotischen Männerwelt zum Scheitern verurteilt ist und stirbt. Neuere Romane wie *The Witching Hour* (1990) oder *Lasher* (1993) ergänzen und ersetzen die Welt der Vampire durch die der Hexen, eine Thematik, die angesichts des vielfach propagierten New Age der Jahrtausendwende das Wiedererstehen von Hexerei und Hexenkult in den USA aufgreift, Phänomene, denen sich auch John Updike in *The Witches of Eastwick* (1984) nicht verschließen konnte. Rices in einer ersten Rezeption als ansatzweise feministisch eingeschätzte Horrorromane erweisen sich jedoch bei kritischer Betrachtung als konservative, postfeministische Produkte einer kommerziellen Massenkultur, eine Bewertung, die auch King für seine eigenen Werke teilt: »The horror story, beneath its fangs and fright wig, is really as conservative as an Illinois Republican in a three-piece pinstriped suit; ... its main purpose is to reaffirm the virtues of the norm by showing us what awful things happen to people who venture into taboo land. Within the framework of most horror tales we find a code so strong it would make a Puritan smile.«

Wenn man den Autoren der Yuppie Fiction glauben darf, die das Leben der Young Urban Professionals, meist in New York, schildern, sind auch ihre fiktionalen Entwürfe von einer moralischen Intention bestimmt. In Jay McInerneys Roman *Bright Lights, Big City* (1984) wird diese innere Umkehr des in der zweiten Person ›you‹ erzählenden, namenlosen Protagonisten einerseits durch die nicht verkraftete Trennung von seiner als erfolgreiches Model arbeitenden Frau Amanda White, andererseits durch den Tod der eigenen Mutter und durch die tägliche Berichterstattung über eine klinisch tote Mutter, die nur noch für die Geburt ihres Kindes künstlich am Leben gehalten wird, dargestellt. Durch diese ihn persönlich tangierenden Geschichten von Leben und Tod werden seine mechanische Tätigkeit als Korrekturleser im »Department of Factual Verification« eines Verlags, seine Ambitionen als Schriftsteller und sein sinnloser Lebensstil nachhaltig erschüttert, so daß er am Ende zu der Einsicht gelangt: »You will have to learn everything all over again«. Während dieser Wandel des Protagonisten nachvollziehbar erscheint, fällt es schwer, eine moralische Grundhaltung in Bret Easton Ellis' Roman *American Psycho* (1991) auszumachen, da die retrospektive Erzählung der Erlebnisse des Protagonisten Patrick Bateman das Vorstellungsvermögen der meisten Leser übersteigt. Als Sohn einer reichen Familie und Absolvent der Harvard Business School lebt der durch Börsenhandel zum Multimillionär avancierte Yuppie in New York. Seine menschlich-psychische Degeneration zu einem »fucking evil psychopath« vollzieht sich in einer Serie von im genauen Detail beschriebenen Gewaltszenen, die er aus einer perversen Neigung zur sexuellen Befriedigung inszeniert. Das postmoderne Spiel der Dekonstruktion scheint hier eine mißverstandene, traurige Realisierung gefunden zu haben, insofern als die meisten Figuren namenlos sind und stattdessen über ihre Firmen identifiziert wer-

Anne Rice

Anne Rice

Horrorromane: konservative Massenprodukte

Yuppie Fiction

Bret Easton Ellis, American Psycho

Tama Janowitz:
New York-Romane

den. Individuelle Charakteristika der Figuren werden lediglich mit den Namen der Designerkleidung bezeichnet, ebenso wie jede sprachliche Kommunikation durch die endlose Wiederholung von Markennamen auf bedeutungslose Chiffren reduziert ist. Dem letzten Satz des Romans: »THIS IS NOT AN EXIT« ist nur beizupflichten.

Anspruchsvoller und überzeugender gelingt es Tama Janowitz in ihren New York-Romanen (*Slaves of New York*, 1986; *A Cannibal in Manhattan*, 1987; *The Male Cross-Dresser Support Group*, 1992) das Leben gestrandeter Obdachloser am unteren Spektrum der Werteskala darzustellen. Im Unterschied zu Ellis' männlichen Sex- und Gewaltphantasien zeichnet Janowitz ein erkennbares, nahezu realistisches Bild der veränderten Großstadt und nutzt die entworfene Handlung, um einerseits Entwicklungen transsexuellen bzw. transvestiten Verhaltens zu ironisieren, andererseits aber auch um neue Formen des Zusammenlebens letztendlich zu akzeptieren, so wie die alleinstehende Pamela Trowel in *The Male Cross-Dresser Support Group* schließlich den ihr zugelaufenen Waisenjungen Abdhul zu sich aufnimmt und eine Art Mutterrolle für ihn übernimmt.

Punk-Fiction:
Kathy Acker

Kathy Acker dagegen ist in ihrer Punk-Fiction nicht zu solchen Kompromissen bereit. Mit der gleichen radikalen Einstellung und Konsequenz, mit der sie in ihrem eigenen Leben die Stadien von der Philosophiestudentin über die Kunstdozentin am San Francisco Art Institute zum vorübergehenden Auftreten in einer Peep Show am Times Square in New York durchlaufen hat, verfolgt sie in ihren avantgardistischen Punk-Romanen ihre sozialkritischen Ideen als Feministin und Pop-Künstlerin. Getreu ihrem künstlerischen Schaffensprinzip lehnt sie wie die postmodernen Autoren sinnstiftende Strukturen konventionellen Erzählens ab, und kreiert ein aus Pornographie, Plagiaten und Punk-Provokation bestehendes, durch Zeichnungen angereichertes, intertextuelles Beziehungsgeflecht. Dabei wird das intertextuelle Spiel jeweils schockartig neu angestoßen, um die durch historische und literarische Machtstrukturen ausgeübte Kontrolle über die Frau aufzubrechen und ihr eine eigenständige Stimme zu verleihen. So durchbrechen die als Erzählfragmente in *Blood and Guts in High School* (1978) fungierenden Beziehungen, das Eifersuchtsdrama zwischen Vater und Tochter ebenso wie die Liebesaffäre mit Präsident Carter, die konventionellen Vorstellungen, ein Prozeß, der durch intertextuelle Bezüge zu Freud, Hawthorne und Boccaccio insofern verstärkt wird, als etwa die Protagonistin Janey das Schicksal von Hawthornes Hester Prynne mit ihrer eigenen Situation in Beziehung setzt und die puritanische Stigmatisierung und Ausgrenzung im Hinblick auf Sexualität als Mittel der Machtausübung interpretiert. Die Dekonstruktion männlicher Texte wird zum tragenden Prinzip in Ackers weiblicher Variante des Don Quixote, *Don Quixote Which Was a Dream* (1986) und erhält in *Empire of the Senseless* (1988) eine postkolonialistische Note insofern, als die Autorin ihre Version der Befreiung des Sklaven Jim in Mark Twains *Huckleberry Finn* nicht als die edle Tat zweier gereifter Jugendlicher darstellt, sondern als Teil gesellschaftlicher Unterdrückungsmechanismen, so daß die Scheinbefreiung zur Ausgrenzung wird. Ebenso wie durch die patriarchalische, westliche Gesellschaft direkt Zwang ausgeübt wird, so auch indirekt durch deren sprachliche Ausdrucksmittel. Folglich versucht Acker, dem linear-rationalen Diskurs einerseits durch die Inkorporation des Arabischen in ihre Romane eine nicht-westliche Sprache entgegenzusetzen, andererseits fiktional durch die Rückkehr in die vorödipale und vorsymbolische Phase des Imaginären eine weibliche Sprache zu gestalten und dadurch die strukturellen Zwänge der

Kathy Acker

symbolischen Ordnung zu umgehen. Die hier deutlich werdenden engen Beziehungen zwischen poststrukturalistischen Theorien und Punk-Romanen, zwischen Lacan, Kristeva und Acker, sind auch ein Kennzeichen der als Cyperpunk und Hypertext bezeichneten Fiktionen.

Während Ackers Punk-Romane auch aufgrund ihres feministischen Ansatzes noch erkennbare Welten und realistisch anmutende Situationen darstellen, bewegen sich die Cyberpunk- und Hypertext-Fiktionen in einer vollständig simulierten Welt. Nach dem von Jean Baudrillard vertretenen Konzept der Simulation kann Literatur keine eigenen Fiktionen mehr entwickeln, sondern nur noch die simulierte Technologiewelt abbilden. Die Romantrilogie des kanadischen Cyberpunk-Schriftstellers William Gibson, *Neuromancer* (1984), *Count Zero* (1986), *Mona Lisa Overdrive* (1988), gilt als Paradebeispiel für die Möglichkeiten dieser Fiktion, in der menschliche Handlungen maschinellen Vorgängen subsumiert werden. Der nächste technologische Schritt sind Formen des *electronic book* und des *electronic storytelling*. Mit dem Wechsel von der Buchseite zur Benutzeroberfläche des Computers werden die in postmodernen Texten problematisierten Rollen von Autor und Leser sowie die konventionellen Konstanten einer linear-progressiven Erzählung von Raum und Zeit durch die Möglichkeiten mit dem elektronischen Medium ersetzt: »flipping, grazing, zapping, browsing, surfing«. Der Computer selbst wird zur Metapher und der Bildschirm zum Bildgeber und Eingang zu den fiktionalen Hypertexten, wie dies exemplarisch in Rob Swigarts e-fiction *Portal: A Database Retrieval* (1988) demonstriert wird. Dadurch daß der Hypertext in der virtuellen Welt des Computers interaktiv verändert werden kann und der Text ständig Veränderungen unterworfen wird, nimmt der Rezeptionsvorgang ebenfalls neue Formen an. So präsentiert sich der wohl bekannteste Hypertext, Stuart Moulthrops *Victory Garden* (1991), auf dem Bildschirm als metaphorischer Garten mit labyrinthartigem Charakter, den Robert Coover allerdings als »a very conventional academic novel, easy to follow, easy to read« klassifiziert. Den positiven, Kreativität auf allen Ebenen dieser interaktiven Textproduktion freisetzenden Aspekten, steht auch die Auffassung vom Computer als Feind eines unantastbaren ästhetischen Textes gegenüber, wie sie etwa an William Gibsons *Agrippa (A Book of the Dead)* (1993) ablesbar ist. Bei dieser extremen Form elektronischer Textverarbeitung stellt Gibson den Text auf einer Diskette zur Verfügung, auf der das mitgelieferte Virus das Programm bei der Ausführung löscht. Daß diese elektronische Selbstzerstörung durch Hacker sofort unwirksam gemacht wurde, versteht sich von selbst. Der Konstruktion eines subjektiv sinnvollen Textes durch den Benutzer aus den Textfragmenten steht also die Unüberschaubarkeit des letztlich nicht zu realisierenden gesamten Textsystems gegenüber. In einer Weiterung kann schließlich das gesamte Internet als ein virtueller Roman begriffen werden, der nicht so sehr als geschriebener Text, sondern als interaktiv zu nutzendes Megamaterial zur Verfügung steht. Trotz der immensen Vorteile einer solchen narrativen Informationsfülle steht zu erwarten, daß die Praxis der e-fiction auch wieder zum Buch zurückführt.

Cyberpunk und Hypertext

Vom Buch zum Computer

Vom Computer zum Buch

MULTIKULTURALITÄT

Indianische Literatur

›Indianische‹ Identität

Amerikanische Literatur beginnt mit den verbalen Ausdrucksformen der ersten Amerikaner. Was wir heute als ›indianische Literatur‹ (*American Indian literature, Native American literature*) bezeichnen, umfaßt sowohl die seit dem 18. Jh. von Indianern in englischer Sprache schriftlich verfaßte Literatur als auch die bis heute mündlich überlieferten Traditionen der indigenen Stammeskulturen in Nordamerika. Die Bestimmung des ›Indianischen‹ in der indianischen Literatur ist zudem untrennbar verbunden mit der Definition des ›Indianischen‹ in der amerikanischen Kultur. Denn seit dem ersten europäisch-amerikanischen Kulturkontakt lag dessen Benennung und Bestimmung in europäischen Händen. Was als indianisch gilt, ist damit letztendlich ein Produkt euro-amerikanischer Politik und Gesetzgebung, Kunst, Literatur und Populärkultur und reflektiert weder die Diversität und Heterogenität der mehr als dreihundert noch existierenden Stammeskulturen noch die Existenz gemischtrassiger *mixedblood*-Identitäten. Die Definition der indianischen Literatur als der von Indianern produ-

Die weiße Frau als Opfer ›wilder‹ Männer: John Vanderlyn, »The Death of Jane McCrea« (1804)

zierten Literatur basiert deshalb notwendigerweise auf oft zweifelhaften biographischen Kriterien (wann ist ein/e Autor/in indianisch?) und impliziert die Erwartung, daß diese Literatur indianische Themen behandelt. Indianische Autoren laufen damit immer Gefahr, auf anthropologische und historische Authentizität reduziert und festgelegt zu werden.

Die Art und Weise, wie nordamerikanische Indianer in Politik, Wissenschaft und Kultur dargestellt werden, macht einen wichtigen Teil der US-amerikanischen nationalen Selbstdefinition aus und bestimmt bis heute die indianische literarische Produktion. Wie R.H. Pearce und R. Slotkin dargelegt haben, basiert die Bestimmung der US-amerikanischen nationalen Identität nicht allein auf der Abgrenzung gegenüber Europa, sondern auch auf der Auseinandersetzung mit dem indianischen ›Anderen‹. Indianerbilder fungieren in der amerikanischen Kultur als Abgrenzungs- und Identifikationsinstrumente, als Konstrukte, die zur Erklärung euro-amerikanischer Geschichte und Gegenwart herangezogen werden. Von den Anfängen weißer Besiedlung repräsentierten Indianer ›wilde Natur‹ im Gegensatz zur ›zivilisierten Kultur‹, ob nun in der Figur des bewundernswerten, aber vom Aussterben bedrohten ›edlen Wilden‹ oder als teuflische, blutrünstige ›wilde‹ Massen, deren Ausrottung als für das Überleben des (weißen) Gemeinwesens unabdingbar galt. Dieses geschichtliche Erbe der Fremdbestimmung beeinflußt bis heute indianisches Leben, indianische Politik, Kultur und Literatur. Die Problematik der indianischen Identität kann daher nicht gedacht werden ohne die Geschichte der indianisch-weißen Beziehungen, einer Geschichte der inneren Kolonisierung, Unterdrückung und Zerstörung ehemals unabhängiger, vielfältig gearteter Stammeskulturen. Die schriftlich verfaßte indianische Literatur reflektiert diese Geschichte in ihren Entstehungs- und Entwicklungsbedingungen, in ihrer Auseinandersetzung mit Fremdbestimmung und in der Suche nach einer eigenbestimmten Identität. Die enge Beziehung zwischen indianischer Geschichte und Literatur durchbricht damit die Chronologie, die für die euro-amerikanische Literatur aufgestellt werden kann. Gleichzeitig wäre es ein großer Fehler, Berührungen zwischen kulturell-literarischen Diskursen in der Gesamtkultur und in der schriftlich verfaßten indianischen Literatur zu vernachlässigen.

Indianerbilder

So sah Karl Bodmer 1833 den Indianer Mahchsi Karehde (Mandan)

Wie der Kiowa-Autor N. Scott Momaday es formuliert hat, beginnt die amerikanische Literatur »with the first human perception of the American landscape expressed and preserved in language«. Mit Ausnahme einiger Beispiele indigenen Schrifttums (u.a. Felsmalereien, piktographischer Geschichtsaufzeichnungen, Hieroglyphen, des Schriftsystems der Cherokee) erfolgte die Vermittlung kulturellen Wissens in den Stammeskulturen Nordamerikas traditionell überwiegend auf mündliche Weise. Was wir heute als *oral literatures* bezeichnen, umfaßt einen reichen, diversen und immer noch vitalen Fundus an stammesbezogener, kulturerhaltender Sprachkunst, die sich nicht nur durch Traditionsbewußtsein, sondern auch durch Kreativität und Innovationsfreude auszeichnet. Die Erzählungen, rituellen Dramen (Gesänge, Zeremonien, Rituale), Lieder sowie die Redekunst indianischer Kulturen überschreiten zudem die in den abendländischen Kulturen gesetzten Grenzen zwischen literarischen Gattungen. Es handelt sich hierbei um kulturelle Überlieferungen mit einer ihnen eigenen Dynamik, deren Fortleben durch ihre Abhängigkeit von Gedächtnisgrenzen und unmittelbarer, mündlicher Präsentationsform – und seit der Ankunft der Europäer durch Krankheit, Seuchen und Kriege, durch die Ausrottung ganzer Nationen und durch den Zwang zur Assimilierung – ständig gefährdet war bzw. ist. Wir wissen heute, daß diese Traditionen nie in einem geschichtlichen Vakuum

Mündlich überlieferte Traditionen

Schriftlich verfaßte Literatur

Ursprung im religiösen Umfeld

existierten, sondern schon immer durch Einbezug des (u. a. europäischen) Neuen und durch Bereitschaft zur Veränderung ihre Überlebensfähigkeit unter Beweis stellen mußten. Bis heute werden Mythen, Erzählungen und Zeremonien nicht Wort für Wort erinnert, sondern ständig neu komponiert und interpretiert. Insbesondere dadurch üben sie einen nicht zu unterschätzenden Einfluß auf die von Indianern in englischer Sprache verfaßte Literatur, besonders des 20. Jh.s, aus.

Die Entstehung der frühen, von Indianern in englischer Sprache schriftlich verfaßten Literatur ist noch eng verbunden mit der Geschichte der indianisch-weißen Beziehungen und der Entwicklung einer amerikanischen Indianerpolitik und -gesetzgebung. Neben den Bemühungen, indianische Stämme zu vertreiben und auszurotten, gab es seit dem 17. Jh. immer wieder Versuche, Indianer durch Konvertierung zum christlichen Glauben sowie durch Unterweisung in der englischen Sprache, in Lesen und Schreiben in die euro-amerikanische Gesellschaft einzugliedern (und sich damit auch ihre Loyalität in den Kriegen gegen andere europäische Mächte zu sichern). So war das Harvard Indian College 1656 zur Ausbildung indianischer Missionare gegründet worden. Die ersten Beispiele einer von nordamerikanischen Indianern verfaßten Literatur reflektieren ihren Ursprung in diesem religiösen Umfeld, denn es handelt sich hierbei insbesondere um Predigten, Briefe, Tagebücher und Lebensgeschichten konvertierter Indianer. Der Beginn dieser Literatur wird allgemein mit dem Erscheinen von Samson Occoms (Mohegan) Predigt *A Sermon Preached at the Execution of Moses Paul, an Indian* (1772) festgesetzt, einem Text, der sich mit den katastrophalen Konsequenzen des Alkoholkonsums unter Indianern auseinandersetzt. In seinen unveröffentlichten autobiographischen Schriften prangerte Occom, der Musterschüler von Eleazar Wheelocks Indian Charity School (später Dartmouth College), allerdings insbesondere die Diskriminierung und Ausbeutung indianischer Missionare durch die protestantische Kirche an, die diesen weder Gehalt zahlte noch ihnen eine Genehmigung zum Predigen erteilte.

Samson Occom

Stammesgeschichten und Reiseberichte

Indianische Literatur des 19. Jahrhunderts: Anpassung und Protest

Neben Predigten und religiösen Texten verfassen Indianer im 18. und beginnenden 19. Jh. auch Stammesgeschichten, Reise- und Lebensberichte sowie Protestliteratur, die in Zusammenhang mit der wachsenden Entrechtung indianischer Lebens- und Gesellschaftsformen, mit Landnahme und Umsiedlung (insbesondere durch die unter der Präsidentschaft Andrew Jacksons 1830 verabschiedete *Indian Removal Bill*, auf die in den 1850er Jahren die zunehmende Einrichtung von Indianerreservaten folgte) stehen. Die erste von einem Indianer auf der Basis mündlicher Überlieferungen verfaßte Stammesgeschichte stammt von dem Tuscarora David Cusick, dessen *Sketches of the Ancient History of the Six Nations* (1825–1827) auf Landverlust und Umsiedlungsdruck reagieren und traditionelle Lebensformen als Teil sozialer und kultureller Strukturen beschreiben und verteidigen. Der Mahican Hendrick Aupaumut verfaßt neben historischen Texten einen Reisebericht, *A Short Narration of My Last Journey to the Western Country* (1827), der ebenfalls in Zusammenhang mit der Umsiedlungspolitik steht. Publikationsmöglichkeiten für Indianer außerhalb der christlich orientierten Medien bleiben allerdings noch äußerst begrenzt, was einige Autoren durch die Gründung eigener Zeitschriften zu ändern suchen. Der Cherokee Elias Boudinot gibt zwischen 1828 und 1835, während der

Umsiedlung der ›fünf zivilisierten Stämme‹ (Cherokee, Creek, Choctaw, Chickasaw, Seminole) in das ›indianische Territorium‹ (heute Oklahoma), die zweisprachige Cherokee-Wochenzeitung *Cherokee Phoenix* heraus, in der die Umsiedlung diskutiert und für die rechtliche Gleichstellung von Weißen und Indianern plädiert wird. Boudinot ist auch der Autor einer (wiederum in Englisch und Cherokee verfaßten) Kurzgeschichte über eine modellhafte konvertierte Cherokee-Frau, »Poor Sarah, or, The Indian Woman« (1833), in der die Notwendigkeit von Schulbildung für Indianer etabliert wird. Der Seneca Maris Bryant Pierce leistet weitere politische Aufklärungsarbeit in seiner *Address on the Present Condition and Prospects of the Aboriginal Inhabitants of North America, with Particular Reference to the Seneca Nation* (1838).

Der Cherokee Phoenix

Eine der wichtigsten Ausdrucksformen schreibender Indianer im 19. Jh. ist die Form der noch größtenteils christlich orientierten Autobiographie, einer Gattungsform, die in traditionellen indianischen Kulturen kein Äquivalent hat. Das in diesen ersten Autobiographien präsentierte ›indianische‹ Ich spiegelt dabei die Realitäten des Kulturkontakts wider und ist damit gewissermaßen ein bikulturelles Produkt. Denn nach dem amerikanisch-englischen Krieg von 1812 erreicht das Interesse des amerikanischen Publikums an ›seinen‹ Indianern einen ersten Höhepunkt. Während nun die im Osten und Südosten der USA angesiedelten Stämme mit militärischer Gewalt aus der Region vertrieben werden, paradieren aristokratisch anmutende Indianerfiguren auf amerikanischen Theaterbühnen, in Romanen und Gedichten wie auch in Malerei und Geschichtsschreibung als edle Wilde (James F. Cooper, Lydia M. Child) oder werden von den Gegnern der ›Indianerfreunde‹ (W.G. Simms, Robert M. Bird, später Mark Twain) als ignorante Heiden persifliert. In beiden Varianten des zeitgenössischen Indianerbildes liegt der Schwerpunkt auf der Idee, daß Indianer zum Aussterben verurteilt seien. Zu dieser Zeit erscheinen auch die ersten Übersetzungen indianischer Lyrik im Rahmen von Henry Rowe Schoolcrafts ethnographischen Arbeiten zur Geschichte und Tradition indianischer Stämme (1839, 1851–57), die von Henry Wadsworth Longfellow in seinem *Hiawatha* (1855) aufgegriffen werden.

Indianische Autobiographien

Maris Bryant Pierce

Dieser historische Kontext ist bestimmend für die Produktion und Rezeption der ersten indianischen Autobiographien, die zwei unterschiedliche Formen annehmen. Zum einen finden wir die meist mündlich erzählte, von Weißen als historisches bzw. ethnographisches Dokument übersetzte und niedergeschriebene Lebensgeschichte (›as told to‹-Autobiographie), die z.B. durch *The Life of Ma-ka-tai-me-she-kia-kiah or Black Hawk* (1833) repräsentiert wird. In diesem Text, der das Zugeständnis einer indianischen Niederlage darstellt, beschreibt und verteidigt der Sauk-Krieger Black Hawk seinen Widerstand gegen die Vertreibung seines Volkes.

Zwei Formen der Autobiographie

Eine zweite Form ist die von Indianern selbst verfaßte Lebensgeschichte, als deren erstes Beispiel William Apes' (Pequot) *A Son of the Forest* (1829) gilt. Dieses Werk, in dessen Titel sich die zeitgenössische Identifikation von Indianern mit Natur und Natürlichkeit spiegelt, erzählt die Geschichte eines von Gewalt und Kulturverlust gezeichneten Lebens, die der Struktur einer religiösen Heilsgeschichte folgt. Apes' Autobiographie begründet ein Muster für spätere Autoren, indem sie die Notwendigkeit von Schulbildung und Konvertierung zum Christentum als einzige Möglichkeit für das Überleben der indianischen Zeitgenossen betont. Sie verbindet die Tradition der spirituell-religiösen Lebensgeschichte mit politischer Kritik an der amerikanischen Indianergesetzgebung (u.a. an der *Indian Removal Bill*) und an

*Der Ojibwa
George Copway*

»Manner of Instructing the Indians« – aus Apes' *Indian Nullification of the Unconstitutional Laws* (1835)

Andrew J. Blackbird

Chronik eines indianisch-weißen Konflikts

der Rechtlosigkeit der indianischen Bevölkerung der USA. Sie verweist zudem paradigmatisch auf den ambivalenten Status des indianischen Autobiographen zwischen den Welten: Apes' Leben als gebildeter Christ entfernt ihn von der Mehrzahl seiner Zeitgenossen, ohne ihm die Rechte und Privilegien der weißen Gesellschaft zuzugestehen.

Indianische Autobiographien der Zeit zeichnen sich insbesondere dadurch aus, daß der Schwerpunkt des Erzählens weniger auf dem individuellen Leben liegt, als auf der Erklärung und Verteidigung kultureller Strukturen, die z.T. mit der nostalgischen Verklärung einer verlorenen Vergangenheit einhergehen. Die Autobiographie des kanadischen Ojibwa (Chippewa) George Copway, *The Life, History, and Travels of Kah-ge-ga-gah-bowh* (1847), folgt diesem Muster, indem sie die persönliche Erbauungs- und Aufstiegsgeschichte des Autors mit der Geschichte seines Stammes (auf der Basis mündlicher Überlieferungen) verbindet. Copway ist auch der Autor einer Stammesgeschichte, *The Traditional History and Characteristic Sketches of the Ojibway Nation* (1850). Er veröffentlichte zahlreiche Artikel im *American Review* und in dem von ihm gegründeten *Copway's American Indian* (1851). Andere Ojibwa-Autoren, die ihre persönlichen Erfahrungen in Verbindung mit der Geschichte ihres Stammes niederschrieben, waren die Missionare Peter Jacobs (1853) und Peter Jones (1860) sowie William Whipple Warren (1852). Weitere Autoren, die diesen Beispielen folgten, waren Peter Dooyentate Clarke (Wyandot, 1870), Chief Elias Johnson (Tuscarora, 1881) und Chief Andrew J. Blackbird (Ottawa, 1887). Zielsetzung all dieser Stammesgeschichten war die Erhaltung des überlieferten Wissens indianischer Stämme, das durch die auf Kulturzerstörung zielende offizielle Indianerpolitik in Vergessenheit zu geraten drohte. Ojibwa-Autoren treten auch als Verfasser von Berichten über Europareisen auf, so z.B. Maungwudaus (*An Account of the Chippewa Indians, Who Have Been Traveling Among the Whites*, 1848) und Copway (*Running Sketches of Men and Places in England, France, Germany, Belgium, and Scotland*, 1851).

In der zweiten Hälfte des 19. Jh.s sind die indianisch-weißen Beziehungen insbesondere durch militärische Auseinandersetzungen und indianischen Widerstand (›Indianerkriege‹) im amerikanischen Westen gekennzeichnet. Die Expansion der Nation nach Westen hatte ein Ausmaß angenommen, das die militärische Unterwerfung und Internierung von Indianern in abgeschlossenen Reservaten über Jahrzehnte zur Hauptstütze der amerikanischen Indianerpolitik werden ließ. Eine der wenigen indianischen Autobiographien aus dieser Zeit stammt von Sarah Winnemucca Hopkins (Paiute), deren Lebensgeschichte durch die insbesondere im Westen der USA vorherrschende Atmosphäre der Gewalt sowie der rassistischen und sexistischen Diskriminierung gegenüber der indianischen Bevölkerung geprägt ist. Ihr *Life among the Piutes: Their Wrongs and Claims* (1883) ist nicht nur Chronik eines indianisch-weißen Konflikts, in dem Winnemucca die Rolle einer Vermittlerin übernahm, sondern ist auch eine Auseinandersetzung mit euro-amerikanischen Konzeptionen von Kultur und ›Zivilisation‹ sowie von ›Rassen-‹ und Geschlechterbeziehungen, die der Indianerpolitik der Zeit und dem ungemein gespannten Verhältnis zwischen Indianern und Weißen zugrundelagen. In Winnemuccas Sprache scheinen zudem noch die Entstehungsbedingungen dieser (Ethno-)Autobiographie durch, die in Reden und Selbstdramatisierungen der Erzählerin auf Bühnen im amerikanischen Osten und Westen ihren Anfang nahm und die in Zusammenarbeit mit einer als Herausgeberin fungierenden weißen Frau publiziert wurde. Winne-

Der Apache-Krieger Geronimo und seine Leute kurz vor der Deportation aus ihrer Heimat nach Florida, 1886

muccas Buch kehrt der Tradition der religiös-spirituellen Lebensgeschichte den Rücken. Es steht eher in Zusammenhang mit der zeitgenössischen Diskussion um die Reformierung der amerikanischen Indianerpolitik, an der weiße Frauen (wie z.B. die Schriftstellerin Helen Hunt Jackson) großen Anteil hatten. Diese Reformbestrebungen mündeten schließlich im *General Allotment Act* (1887), einem Gesetzeswerk, das die totale Assimilation der indianischen Bevölkerung anstrebte (durch Aufteilung von Reservatsland in private Parzellen und schließliche Auflösung von Reservaten, durch Schulzwang für Indianerkinder und deren Deportation in weit entfernte Internate, Verbot indianischer Sprachen, Religionen und Traditionen usw.) und das von indianischen Reformer/innen wie Winnemucca oder der Medizinerin Susan LaFlesche (Omaha) als letzte Möglichkeit indianischen Überlebens und der Erhaltung einer indianischen Landbasis befürwortet wurde.

Sarah Winnemucca

Frühe Lyrik und Romane

Von Indianern verfaßte Gedichte, Kurzgeschichten und Romane bleiben bis zum Ende des 19. Jh.s eine Seltenheit. Als erster von einem Indianer verfaßter Gedichtband gilt Copways *The Ojibway Conquest* (1850), als erster Roman John Rollin Ridges (Yellow Bird, Cherokee) *Life and Adventures of Joaquin Murieta* (1854). Ridges Fiktionalisierung der Lebensgeschichte des mexikanischen Banditen, den er zum Volkshelden machte, steht im Kontext der sich nun herausbildenden Regionalliteratur, die den Lokalkolorit des amerikanischen Westens einzufangen sucht (u.a. Bret Harte, Joaquin Miller, Mark Twain). Offenbar diente Murieta dem Autor als eine Figur, durch die er indirekt die Situation der indianischen Bevölkerung kommentieren konnte. Ridge schrieb regelmäßig für Zeitschriften in San Francisco und war zudem auch Lyriker, dessen Gedichte – zum großen Teil romantische Liebesgedichte und patriotische Loblieder auf die ›Eroberer‹ des amerikanischen Westens – allerdings noch unbeeinflußt von indigenen Modellen oder Themen blieben. Seine gesammelten *Poems* wurden 1868 posthum veröffentlicht.

Ein weiterer im 19. Jh. verfaßter Roman, *Queen of the Woods* (1899), wird dem Potawatomi Simon Pokagon zugeschrieben, den Zeitgenossen den ›indianischen Longfellow‹ getauft hatten. Pokagon hatte anlässlich der

Ein ›indianischer Longfellow‹

1892/93 in Chicago abgehaltenen Weltausstellung eine Rede mit dem Titel »The Red Man's Greeting« (später umbenannt in »The Red Man's Rebuke«) gehalten, die im Namen der gesamten indianischen Bevölkerung Nordamerikas die Weigerung aussprach, an den Feierlichkeiten anläßlich der Wiederkehr der ›Entdeckung‹ Amerikas teilzunehmen und damit den eigenen Untergang zu feiern. *Queen of the Woods* thematisiert den indianisch-weißen Kulturkonflikt durch die Schilderung des idyllischen, naturverbundenen Lebens einer isolierten Potawatomi-Familie, das durch die Negativeinflüsse der Berührung mit der euro-amerikanischen Kultur (Entfremdung durch Schulbildung im Internat, Alkoholismus) gewaltsam zerstört wird. Die Verfasserschaft Pokagons wird allerdings neuerdings bezweifelt.

Indianische Literatur 1900–1960: Von den Red Progressives zur Red Power

Carlos Montezuma, bedeutender pan-indianischer Politiker im frühen 20. Jahrhundert

Die von Indianern im beginnenden 20. Jh. verfaßte Literatur reflektiert immer noch sehr direkt den Zwang zur Assimilation, der in der Indianerpolitik bis in die 30er Jahre vorherrscht. Die Situation und die Probleme der indianischen Bevölkerung bleiben Hauptthemen dieser Literatur. Viele Autoren publizieren weiterhin im Kontext christlicher oder reformorientierter Medien, wie z. B. in den Publikationen indianischer Schulen (Carlisle, Haskell u. a.). Wie begrenzt diese Publikationsmöglichkeiten sind, zeigt sich u. a. daran, daß kaum eine/r der frühen indianischen Lyriker/innen ihr Werk zu Lebzeiten veröffentlicht sieht. Allerdings werden die Publikationsmöglichkeiten zunehmend erweitert durch die von Indianern selbst herausgegebenen politischen Zeitschriften (u. a. *American Indian Magazine*, *Wassaja*). Ein großer Teil der Autoren des frühen 20. Jh.s steht nun auch in Verbindung mit pan-indianischen Reformorganisationen wie der 1911 gegründeten Society of American Indians, die für die Gleichberechtigung von Indianern und Weißen (durch Zugang zu höherer Bildung und Abkehr von ›archaischen‹ Traditionen) eintritt und die ein wichtiges Forum für indianische Intellektuelle (die *Red Progressives*) darstellt.

Wiederentdeckung mündlicher Dichtung

Zu dieser Zeit läßt sich ein neues Publikumsinteresse für die traditionellen Literaturen der ersten Amerikaner erkennen, was sicherlich auch in Zusammenhang mit primitivistischen Strömungen in der europäischen und amerikanischen Hoch- und Populärkultur steht. Ein Ausdruck dieser Strömungen findet sich in der poetischen Ethnographie (u. a. Mary Austin, die Gruppe um Harriet Monroes Zeitschrift *Poetry*) und der modernistischen Lyrik (u. a. William Carlos Williams), die sich an den Impulsen nährt, welche aus der Beschäftigung mit dem mündlichen Ursprung von Dichtung entstehen. In dieser Zeit finden wir auch die zunehmende Anthologisierung indianischer Lyrik (d. h. von Ethnologen übersetzte und niedergeschriebene Versionen indianischer Lieder und Erzählungen) als einem Bestandteil der amerikanischen Literatur. Indianische Anthropolog/innen wie Francis LaFlesche (Omaha), William Jones (Fox), Ella Deloria (Sioux), John N. B. Hewitt (Tuscarora) und Arthur Parker (Seneca) tragen in großem Maße zur Sammlung indianischen Kulturguts in schriftlicher Form bei, das in den 70er Jahren dann wieder von der indianischen Literatur aufgegriffen wird.

In der Indianerpolitik setzt sich in den 1920er Jahren eine stärker kulturpluralistische Haltung durch, die einen größeren Schwerpunkt auf die Verteidigung indianischer Rechte, auf die Gesundheitsversorgung und auf die Erhaltung indianischer Kulturen und Ressourcen legt. 1924 erhalten alle

Indianer/innen die amerikanische Staatsbürgerschaft. 1928 wird Charles Curtis (Kaw/Kansa) US-Vizepräsident unter Hoover. 1934 wird der *Indian Reorganization Act* verabschiedet, der der Aufteilung von Reservatsland in private Parzellen ein Ende setzt und indianischen Stämmen ein größeres Maß an Selbstverwaltung zugesteht. Indianische Stämme werden nun offiziell als Kulturen anerkannt, deren Praktiken für erhaltenswert erachtet werden. Allerdings hat die neue Gesetzgebung in der Praxis negative Auswirkungen auf die indianische Landbasis und auf den Status traditioneller Stammesregierungen. Die sozialen und ökonomischen Angelegenheiten der Stämme unterliegen weiterhin der Bundesregierung und die begrenzte Selbstverwaltungspolitik erfährt in den 1950er und 60er Jahren einen Rückschlag durch die Versuche, den speziellen Status indianischer Stämme völlig aufzuheben (*termination policy*).

Im beginnenden 20. Jh. treten indianische Intellektuelle, insbesondere aus den Stämmen der Großen Ebenen, mit ihren Lebensgeschichten an die Öffentlichkeit, in denen sie stereotype Indianerbilder zu korrigieren und die Anpassungsfähigkeit sowie die Intelligenz von Indianern unter Beweis zu stellen suchen, die ihre Angelegenheiten selbst in die Hände nehmen und im indianisch-weißen Kulturkonflikt Vermittlerpositionen übernehmen können. Damit verbunden ist eine zunehmend kritischere Auseinandersetzung mit der Bevormundung durch eine Indianerpolitik, die weiterhin von Indianern die bedingungslose Assimilation an die US-Gesellschaft fordert – eine Gesellschaft, welche ihrerseits ihrem eigenen Wertesystem untreu geworden ist. Zitkala-Sa (Gertrude Bonnin, Sioux) publiziert zwischen 1900 und 1903 autobiographische Essays im *Atlantic Monthly* (1921 neu aufgelegt als *American Indian Stories*), in denen sie das Internatssystem anprangert, das indianischen Kindern nicht nur ihre kulturelle Prägung, sondern auch ihre Individualität gewaltsam nimmt.

Lebensgeschichten indianischer Intellektueller

Der Sioux Charles Alexander Eastman, ein Arzt, der an der Boston University studiert hat, schreibt *Indian Boyhood* (1902), in dem er sich liebevoll an eine Kindheit voller Naturverbundenheit und hoher moralischer Prinzipien erinnert. Allerdings stellt er Naturverbundenheit, Disziplin und Traditionsbewußtsein nicht als ›natürlichen‹ indianischen Charakterzug heraus, sondern als Ergebnis von Erziehung und spezifischen Lebensbedingungen. Erst in einem zweiten autobiographischen Werk, *From the Deep Woods to Civilization* (1916), bringt er die Geschichte seiner Umerziehung und seiner Erfolge in der weißen Welt zur Sprache, die in zunehmenden Zweifeln am Sinn dieser Erfahrungen münden. Seine Desillusionierung wurde aber bereits eingeleitet durch Eastmans Miterleben des von US-Soldaten an den Sioux begangenen Massakers am Wounded Knee (1890/91), mit dem der militärische Widerstand indianischer Stämme gegen die amerikanische Indianerpolitik sein Ende findet, und in dem sich für Eastman die Hilflosigkeit des gebildeten, gläubigen Indianers manifestiert: »All this was a severe ordeal for one who had so lately put his faith in the Christian love and lofty ideals of the white man. Yet I passed no hasty judgment.« In seinem ethnographischen *The Soul of the Indian* (1911) untersucht er kulturvergleichend die Grundlagen indianischer und christlicher religiöser Gebräuche und Glaubensvorstellungen und kommt zu dem Schluß, daß indianische Religion den Prinzipien des Christentums und der Demokratie näher kommt als die moderne christliche Praxis. In *The Indian To-day* (1915), einem historisch-politologischen Werk, tritt er für eine humanitäre Indianerpolitik ein, die Wert auf Privateigentum, US-Staatsbürgerschaft und Schulbildung legt. Jedoch sollten Indianer nicht gezwun-

Charles Eastman, wie er sich seinem Publikum präsentierte

gen werden, alle Aspekte der modernen US-Gesellschaft zu übernehmen. Vielmehr sollte es ihnen ermöglicht werden, nach den religiösen und spirituellen Prinzipien der indianischen ›Rasse‹ zu leben, die der modernen, durch Materialismus überlagerten Praxis des Christentums überlegen seien. Eastman spricht dabei noch nicht von indianischen Kulturen, deren Traditionen er für überlebensfähig hält, sondern ist von einer primitivistischen, panindianischen Idee des Indianertums geleitet, das sich insbesondere durch spirituelle Praktiken des Individuums – Einklang und Zwiegespräch mit der Natur, Suche nach Einsamkeit im Gebet, Freiheit von gesellschaftlichem Zwang – definiert. Gemeinsam mit seiner Frau, der weißen Lehrerin und Schriftstellerin Elaine Goodale Eastman, verfaßte Eastman zudem Erzählungen über das traditionelle Leben der Sioux, die sich insbesondere an Kinder wandten.

Pan-indianische Idee

Der Sioux Luther Standing Bear, einer der ersten Schüler der Indianerschule von Carlisle, der 1902 mit Buffalo Bill's Wild West Show durch Europa tourte und später in Hollywood-Filmen mitspielte, verfaßte neben seinen *Stories of the Sioux* (1934) drei autobiographische Bücher: *My People the Sioux* (1928), *My Indian Boyhood* (1931) und *Land of the Spotted Eagle* (1933). Insbesondere *My People* und *Land* tragen den Charakter politischer Manifeste. Sie stellen zudem frühe Beispiele einer revisionistischen Geschichtsschreibung zur amerikanischen *frontier* und Westexpansion dar und setzen sich kritisch mit dem Zivilisationsbegriff auseinander: »I am going to venture that the man who sat on the ground in his tipi meditating on life and its meaning, accepting the kinship of all creatures, and acknowledging unity with the universe of things was infusing into his being the true essence of civilization. And when native man left off his form of development, his humanization was retarded in growth.« Standing Bears Diskussion der Geschichte der indianisch-weißen Beziehungen trägt schon die Züge postkolonialer Kritik, indem sie den Schwerpunkt nicht nur auf die Konsequenzen kolonialistischer Praktiken für die indianische Bevölkerung legt, sondern aufzeigt, wie der indianisch-weiße Konflikt auch die euro-amerikanische Gesellschaft geprägt hat. Wie Eastman setzt sich Standing Bear kritisch mit stereotypen Indianerbildern und mit der Politik der totalen Assimilation auseinander. Neu ist das Eintreten des Autors für den Wert traditioneller kultureller Praktiken der Lakota, für die Forderung nach Selbstbestimmung und für die Etablierung eines bikulturellen Erziehungssystems, das die zeitgenössische Wende in der Indianerpolitik, den sogenannten ›Indian New Deal‹ der 30er Jahre, reflektiert. Im Gegensatz zu Eastman, der noch kein Konzept indianischer Kultur vertritt, zeichnet Standing Bear das Bild einer komplexen Stammesgesellschaft. Wie dieser legt er allerdings ein ähnliches rhetorisches Gewicht auf die individualistischen und ökologischen Aspekte der Kultur der Lakota.

Indianische Geschichtsschreibung

Der ›Indian New Deal‹ der 1930er Jahre

Weitere Autobiographien der Zeit, die den persönlichen Lebensbericht mit politischem Kommentar verbinden, stammen u. a. von dem Anthropologen Francis LaFlesche (Omaha, *The Middle Five*, 1900) und dem indianisch-afroamerikanischen Buffalo Child Long Lance (Sylvester Clark Long, Lumbee, *Long Lance*, 1928). Daß diese Lebensgeschichten vom amerikanischen Publikum so wohlwollend aufgenommen wurden, steht sicherlich auch in Zusammenhang mit der zeitgenössischen ›Wiederentdeckung‹ des amerikanischen Westens in Literatur, Populärkultur und Film sowie mit den primitivistischen Vorlieben der modernistischen Hochkultur. In den 1940er und 50er Jahren scheinen dann Autoren wieder gegen ein erneutes Desinteresse an der indianischen Problematik ankämpfen zu müssen.

Julius Meyers Indian Wigwam Store in Omaha, Nebraska, 1875. Julius Meyer dolmetschte für die Indianer und begleitete sie auf vielen Reisen nach Washington zu Vertragsunterzeichnungen.

Parallel zu diesen von Indianer/innen selbst verfaßten Autobiographien, die mit der Herausbildung einer Schicht indianischer Intellektueller und einer politischen Indianerbewegung in Zusammenhang stehen, entwickelt sich die anthropologisch orientierte Gattung der ›as told to‹-Lebensgeschichten weiter, die weniger durch Entwicklungen innerhalb der indianischen Bevölkerung als durch Entwicklungen innerhalb der amerikanischen Gesamtkultur, insbesondere aber der akademischen Kultur, stimuliert wurden. Ethnolog/innen hatten schon seit einiger Zeit die Bedeutung indianischer Lebensgeschichten als Mittel zur ethnographischen Geschichtsschreibung und zum Verständnis indigener Kulturen erkannt. Der Einfluß indianischer Lebensgeschichten auf die Entwicklung der amerikanischen Kulturanthropologie ist dabei nicht zu unterschätzen. Zwar waren und sind die Aufzeichnung und Erhaltung indigenen Kulturgutes vom Erkenntnisinteresse der Forscher bestimmt. Gleichzeitig kann jedoch nicht ausgeschlossen werden, daß indianische Lebensgeschichten dieses wissenschaftliche Erkenntnisinteresse in gewissem Maße selbst kontrollieren und manipulieren.

Autobiographie als Kulturanthropologie

Einer der ersten im 20. Jh. veröffentlichten ›as told to‹-Lebensberichte steht noch im Kontext der Indianerkriege des 19. Jh.s. Er stammt von dem Apache-Krieger Geronimo, der während seiner Kriegsgefangenschaft die Macht des geschriebenen Wortes erkannt hat und diese in Form einer Verteidigungsschrift zur Wendung der Geschicke seines Volkes einzusetzen sucht. Gleichzeitig ist *Geronimo's Story of His Life* (1906) das Produkt der Zusammenarbeit zwischen einem indianischen Erzähler und einem weißen Verfasser, der den Text als soziologisches Dokument strukturiert hat.

Ein weiteres Beispiel ist der von dem Anthropologen Paul Radin verfaßte Lebensbericht eines Winnebago, *Crashing Thunder: The Autobiography of an American Indian* (1926). Der Text begründet das klassische Muster eines anthropologischen Typs indianischer Lebensgeschichten, die den Schwerpunkt auf die alltäglichen Erfahrungen und die psychische Struktur eines außerordentlichen, aber dennoch repräsentativen Individuums legen, durch das sich der Charakter einer ganzen Kultur eröffnen soll. Diese Art der Autobiographie spiegelt in ihren Produktionsbedingungen – als in Schrift gefaßtes mündliches Erzählen, dessen Struktur und Interpretation dem Ermessen und Interesse des der Schrift Mächtigen unterliegen – die Realitäten des Kulturkontakts, in dem sich die Asymmetrie kultureller Machtbeziehungen niederschreibt. Gleichzeitig darf der Einfluß der mündlichen Erzähler/innen nicht unterschätzt werden, so daß hier u. U. von einem bikulturellen Produkt gesprochen werden kann. Die sicherlich einflußreichste Lebensgeschichte dieser Art ist John G. Neihardts *Black Elk Speaks, Being the Life Story of a Holy Man of the Oglala Sioux* (1932), die bis heute nicht an Popularität verloren hat. Ähnlich wie *Crashing Thunder*, *Two Leggings*, *Plenty Coups* und die Lebensgeschichte des Hidatsa Edward Goodbird, *Goodbird the Indian* (1914), ist *Black Elk* durch die gescheiterte Suche nach einer visionären Offenbarung strukturiert, in der sich der Autoritätsverlust indianischer Kulturwerte und der extreme Druck zur Anpassung an die US-amerikanische Kultur spiegelt. Gleichzeitig lassen sich geschlechtsspezifische Unterschiede in den Autobiographien feststellen. Während die Lebensgeschichten von Männern durch männliche Initiationsrituale (oder deren Aufgabe) strukturiert sind, legen die weiblichen Autobiographen (womöglich auch durch den Einfluß der anthropologischen Gesprächspartner/innen) das Gewicht auf das Alltagsleben in Stamm und Familie.

Autobiographie als bikulturelles Produkt

Ähnlich wie Sarah Winnemucca trat Emily Pauline Johnson (kanad. Mohawk) zuerst mit dramatischen Lesungen in Kanada, USA und Europa an die Öffentlichkeit, in denen sie ihre Gedichte und Kurzgeschichten vorführte. Ihre Kurzgeschichten, in denen insbesondere Frauen im Mittelpunkt stehen, orientieren sich an den *domestic novels* des 19. Jh.s und erschienen in gesammelter Form als *The Moccasin Maker* (1913). In ihnen wird das Thema der *mixedblood*-Identität und die Problematik des gemischten Erbes eingeführt. Johnson schrieb auch Erzählungen für Jungen (*The Shagganappi*, 1913) und veröffentlichte mehrere Gedichtbände: *The White Wampum* (1895), *Canadian Born* (1903), *Flint and Feather* (posthum, 1917).

Alexander Posey (Creek) war wie Ridge Journalist und Lyriker. Als Herausgeber des *Indian Journal and Muskogee Times* nahm er in seinen im Dialekt der Creek-Indianer (für ein Creek-Publikum) verfaßten »Fus Fixico Letters« die Indianerpolitik im *Indian Territory* humoristisch unter die Lupe. In seinen Gedichten, die 1910 posthum veröffentlicht wurden, wandte er sich im Gegensatz zu Ridge den in Stammestraditionen enthaltenen ästhetischen Mustern (z. B. Rhythmus, Wiederholung, spezifische Wortbilder) zu und verarbeitete Themen aus der Geschichte der Creek. Gleichzeitig schrieb er patriotische Loblieder auf die expansionistischen Aktivitäten der USA in Kuba und den Philippinen. Posey und Bertrand N. O. Walker (Wyandot) sind zudem für ihre Dialektgedichte bekannt, die ihre zeitgenössische Parallele in den Gedichten des Afro-Amerikaners Paul Laurence Dunbar haben.

Der Cherokee Will Rogers gehört wohl zu den bekanntesten indianischen Persönlichkeiten der Zeit. Er machte sich als Cowboy-Entertainer auf den Vaudeville-Bühnen und im Film einen Namen und trat mit den Ziegfeld Follies auf. Sein vielzitierter Spruch »All I know is what I read in the papers« wurde zum geflügelten Wort, das Rogers' humoristischen Kolumnen in amerikanischen Zeitungen voransteht, in denen der Autor die Rolle des ›wise innocent‹, eines zur Übertreibung neigenden, halbgebildeten Cow-

Der Indianer als Cowboy-Philosoph

boys, annimmt. Seine ersten beiden Bücher, *Rogers-isms: The Cowboy Philosopher on the Peace Conference* und *Rogers-isms: The Cowboy Philosopher on Prohibition* erschienen 1919. Ab 1922 schrieb Rogers wöchentliche Kolumnen für die *New York Times* und entwickelte die Form des Kurztelegramms für seine Berichte aus dem Ausland, die als *Letters of a Self-Made Diplomat to His President* (1926), *There's Not a Bathing Suit in Russia* (1927) oder *Ether and Me* (1929) gesammelt erschienen.

Der einzige indianische Dramatiker der Zeit, der sich auch als Lyriker einen Namen machte, war (Rolla) Lynn Riggs (Cherokee). Sein *Green Grow the Lilacs* (1931), in dem er die Folklore und den Dialekt der Bewohner Oklahomas porträtiert, bildete die Grundlage für das erfolgreiche Broadway-Musical *Oklahoma!* (1943). Auch sein *Borned in Texas*, aufgeführt als *Roadside* (1930) wurde zu einem Broadway-Erfolg. In einem weiteren, allerdings weniger erfolgreichen Drama, *The Cherokee Night* (1936), steht die indianische Bevölkerung Oklahomas im Mittelpunkt.

Drama

Mourning Dove (Hum-ishu-ma/Christine Quintasket, Colville) schreibt als erste indianische Frau einen Roman, der allerdings aufgrund seiner Entstehungsweise (in Zusammenarbeit mit einem weißen Förderer) Probleme der Autorschaft aufwirft. *Cogewea, the Half-Blood: A Depiction of the Great Montana Cattle Range* (1927) ist ein melodramatischer Western, der das bereits von Johnson aufgegriffene Thema des gemischten Erbes anhand einer Dreiecks-Liebesgeschichte bearbeitet: Eine Halbblut-Indianerin und vermeintliche Erbin einer Ranch steht zwischen einem Halbblut-Cowboy und einem kultivierten, weißen Verehrer aus dem Osten, der es allerdings nur auf ihr Vermögen abgesehen hat. Sie entscheidet sich schließlich für den weniger gebildeten Halbindianer und für eine Lebensform, die den Wert traditioneller Stammeskultur anerkennt. Die Figur der Halbindianerin reflektiert hier nicht, wie oft vermutet, die Autobiographie der Autorin, sondern steht vielmehr für den liminalen Status der zeitgenössischen indianischen Bevölkerung. Der Roman diskutiert zudem die Bedeutung der mündlichen Überlieferung für das kulturelle Überleben von Indianern. Mourning Dove, die ihren Lebensunterhalt als Wanderarbeiterin verdiente, sammelte indianisches Kulturgut, das 1933 in ihrer Sammlung *Coyote Stories* erschien.

Problematik des gemischten Erbes

Mourning Dove

Der Journalist John Milton Oskison (Cherokee) orientierte sich wie Mourning Dove an der zeitgenössischen Populärliteratur. Während er sich als aktives Mitglied der Society of American Indians in Artikeln und Essays kritisch zur zeitgenössischen Indianerpolitik äußerte, schrieb er Kurzgeschichten und Romane im Stile von *frontier romances*, die zwar im *Indian Territory* angelegt sind, sich aber scheinbar nur marginal mit ›indianischer‹ Thematik beschäftigen. *Wild Harvest* (1925) und *Black Jack Davy* (1926) unterstreichen den positiven Einfluß weißer Siedler im Territorium auf die indianische Bevölkerung, die zur Aufnahme von Land- und Viehwirtschaft angehalten wird. *Brothers Three* (1935) zeichnet das Leben einer Halbblutfamilie während der *Great Depression* auf, die in Gefahr gerät, das ererbte Land durch Streben nach schnellem Reichtum zu verlieren. Letztendlich befassen sich alle Romane Oskisons mit der Bedeutung von Landbesitz für Indianer. Sie suggerieren die Notwendigkeit der Entwicklung eines neuen indianischen Verhältnisses zum Land, das sich an euro-amerikanischen Modellen orientiert.

frontier romances im indianischen Territorium

Der Naturwissenschaftler John Joseph Mathews (Osage) führt in seinem Roman *Sundown* (1934) einen Protagonisten ein, der für die indianische Literatur bis in die 1980er Jahre hinein prototypisch bleiben sollte: ein

Typische Romanprotagonisten

junger, relativ passiver und orientierungsloser Halbindianer zwischen zwei Welten, der in einer tiefen Identitätskrise steckt und sich nach einer Zeit der Abkehr (bedingt durch Schulzeit und Kriegsdienst) letztendlich wieder für die indianische Kultur entscheidet. Wie die späteren Autor/innen thematisiert und dramatisiert Mathews in der Figur seines Protagonisten die Konsequenzen einer kolonialistischen Indianerpolitik, die in indianischem Selbsthaß, dem Verlust des Respekts für die Werte traditioneller Stammeskulturen und in übermäßiger Orientierung an den materiellen Werten der euro-amerikanischen Kultur resultiert. Mathews' autobiographisches *Talking to the Moon* (1945) erinnert an die Naturessays von Thoreau und John Muir.

Revitalisierung von Stammeskulturen

Auch die Romane und Kurzgeschichten von D'Arcy McNickle (Cree/Salish/Flathead) setzen sich kritisch mit den Assimilationsangeboten der euro-amerikanischen Kultur auseinander. Sie gehen noch einen Schritt weiter, indem sie die Revitalisierung der Stammeskulturen als notwendige Alternative zur Assimilationspolitik und dem daraus resultierenden Kulturverlust präsentieren. In *The Surrounded* (1936) finden wir einen Halbblutindianer, der aus der weißen Welt in das Flathead-Reservat zurückgekehrt ist, gefangen in einer zerstörerischen Konfrontation, die die Abhängigkeit der indianischen Bevölkerung von weißem Recht und Gesetz und ihre hilflose Unterordnung unter eine von Weißen bestimmte Autoritätsstruktur demonstriert. In einem zweiten Roman, *Runner in the Sun* (1954), wendet sich McNickle dann dem Leben prähistorischer Indianer zu, das durch stammesbezogene Identitäten geleitet ist. Aus seiner Arbeit als Historiker, Anthropologe und Direktor des Center for American Indian History an der Newberry Library in Chicago ging zudem eine Vielzahl an historisch-anthropologischen Werken hervor, in denen McNickle zur zeitgenössischen Indianerpolitik Stellung nimmt.

Sprachlosigkeit und die Aneignung der Macht der Worte

Sowohl in Mathews' als auch in McNickles Romanen ist es insbesondere ihre Sprachlosigkeit, die die Protagonisten hemmt und deren Überwindung den Weg zu einer neuen indianischen Identität freigeben könnte. In McNickles *Wind from an Enemy Sky* (1978 posthum veröffentlicht) stehen Sprache und auf Sprache aufbauende Weltbilder sogar im Mittelpunkt der Handlung. Mathews und McNickle legen damit die Basis für Diskussionen um Identität und Kultur in der heutigen indianischen Literatur, die um die Notwendigkeit kreisen, sich wieder die in mündlichen Kulturen vorherrschende Macht der Worte anzueignen und gleichzeitig eine neue Sprache zu finden, die der zeitgenössischen indianischen Situation gerecht werden kann.

Indianische Literatur von 1960 bis zur Gegenwart: Storytellers und Tricksters

Nach dem Zweiten Weltkrieg, an dem indianische Staatsbürger überproportional als Soldaten beteiligt waren, setzt eine Welle der Abwanderung von Reservatsindianern in die Städte ein, die von der Indianeradministration durch Relokationsprogramme und durch Bemühungen zur Auflösung von Reservaten und Einstellung sämtlicher Dienstleistungen der Bundesbehörden stimuliert und unterstützt wird. Insbesondere die Terminierungspolitik der 50er Jahre, die praktisch eine Neuauflage der Assimilationspolitik des 19. Jh.s darstellt, gibt den Anstoß für viele der Aktivitäten einer neuen Indianerbewegung (u.a. *Red Power*-Bewegung), die gegen die Beschneidung der speziellen, durch historische Verträge (*treaties*) zugesicher-

Red Power

ten Rechte protestiert und Selbstbestimmung für Indianer über ihre eigenen Angelegenheiten fordert. Seit den 60er Jahren üben diese mehr oder weniger spektakulären Aktivitäten (u.a. *sit-ins, fish-ins*, Marsch nach Washington, Besetzung von Alcatraz, Wounded Knee) Druck auf eine Indianerpolitik aus, die sich seither zunehmend, wenn auch mit periodischen Rückschlägen, zur Erhaltung indianischer Kulturen und Religionen und zur Erweiterung der immer noch begrenzten Selbstverwaltungsrechte bekennt.

Die indianische Literatur erfährt gegen Ende der 60er Jahre einen ›Boom‹, der durch Lyriker wie Simon J. Ortiz, Duane Niatum und James Welch und durch die Auszeichnung von N. Scott Momadays Roman *House Made of Dawn* (1968) mit dem Pulitzer-Preis eingeleitet wird. Begleitet wird diese literarische *Native American Renaissance* (K. Lincoln) durch politische Manifeste wie den Bestseller des Sioux Vine Deloria, Jr., *Custer Died For Your Sins: An Indian Manifesto* (1969), die in der Öffentlichkeit das Bewußtsein für die Belange der indianischen Bevölkerung fördern. Das Jahr 1973 wird sogar zum ›Year of the Indian‹ erklärt. Zudem werden in diesen Jahren zunehmend Institutionen und Medien gegründet, die für die Entwicklung eines Teiles der indianischen Literatur von Bedeutung sind. Dazu zählen u.a. die American Indian Historian Press mit ihrem Organ *The Indian Historian*, das American Indian Movement mit seiner Zeitschrift *Akwesasne Notes* sowie die Gründung von Community Colleges auf Reservatsland. In den 70er Jahren wird die Entwicklung insbesondere des Romans durch die Gründung von Harper and Rows Native American Publishing Program unterstützt. Zudem entsteht nun auch eine ständig wachsende Anzahl von Anthologien, in denen die Lyrik und Prosa indianischer Autor/innen vorgestellt werden. Parallel dazu erscheinen neue Interpretationen und Übersetzungen traditioneller indianischer Sprachkunst (D. Tedlock, D. Hymes). Allerdings bleibt die Setzung einer Zäsur in den 60er Jahren angesichts der zuvor beschriebenen literaturgeschichtlichen Entwicklung problematisch, insbesondere in Anbetracht der Einflüsse, die frühe Autor/innen wie Mourning Dove, Mathews und McNickle auf die zeitgenössische indianische Literatur ausüben.

Die Autobiographie bleibt weiterhin ein wichtiges Ausdrucksmedium für Indianer. Neben bereits erschienenen, wieder neu aufgelegten ›as told to‹-Lebensgeschichten wird eine ständig wachsende Anzahl von diktierten und selbst verfaßten Lebensberichten veröffentlicht. Viele Autoren greifen nun auch ein Muster von Autobiographie auf, das Mythos und Geschichte, Autobiographie und Fiktion vermischt. Momaday überarbeitet sein autobiographisches Frühwerk *The Journey of Tai-me*, das 1969 als *The Way to Rainy Mountain* veröffentlicht wird. Mit seiner modernistischen Collage von Mythos, Stammes- und Familiengeschichte und autobiographischem Essay etabliert *The Way*, das die historische Reise des Kiowa-Stammes nach Oklahoma nachvollzieht, ein Muster nicht nur für indianische Autobiographien, sondern auch für den indianischen Roman. Momaday folgt selbst diesem Modell in seinem autobiographischen *The Names* (1976). Elizabeth Cook-Lynns (Sioux) *Then Badger Said This* (1977) und Leslie Silkos (Laguna Pueblo) *Storyteller* (1981) verweben ebenfalls unterschiedliche Gattungen und Textsorten und sprengen die Grenzen zwischen Autobiographie, Mythos und Lyrik. Wie der Titel von Gerald Vizenors (Chippewa) *Interior Landscapes: Autobiographical Myths and Metaphors* (1990) erwarten läßt, spielt dieser Autor mit der fiktionalen Qualität traditionell-westlicher Identitätsfindung und stellt Träume, Visionen und Einbildung als Elemente des ›autobiographischen Mythos‹ heraus. Ray A. Young Bear (Mesquakie)

Die Native American Renaissance

Dennis Banks (Ojibwa), ein Führer des American Indian Movement, während der Besetzung des Bureau of Indian Affairs in Washington

Autobiographien und Mischformen

N. Scott Momaday

schreibt mit *Black Eagle Child: The Facepaint Narrative* (1992) eine kollektive Autobiographie in Form von Prosagedichten. William Least Heat Moon (William Lewis Trogdon, Osage) vermischt Autobiographie, Reiseerzählung und Naturessay in *Blue Highways* (1982), der Chronik einer Reise durch das ländliche Amerika, gefolgt von *PrairyErth: A Deep Map* (1991). Zwei der neuesten Autobiographien sind *Bloodlines: Odyssey of a Native Daughter* (1993) von Janet Campbell Hale (Coeur d'Alene/Kootenai) und *Lightning Bolt* (1994) von Hyemeyohsts Storm (Cheyenne).

Zeitgenössisches Drama

Die Anzahl indianischer Dramatiker ist nach wie vor gering. Gerald Vizenor, Leslie Silko, James Welch und Linda Hogan schreiben u. a. auch für Bühne und Film, haben aber ihren künstlerischen Schwerpunkt in Erzählprosa und Lyrik. Der wohl bekannteste Dramatiker ist Hanay Geiogamah (Kiowa/Delaware), dessen *New Native American Drama* (1980) seine Werke *Foghorn, 49* und *Body Indian* enthält. *Body Indian* beschreibt von Armut und Alkoholismus gezeichnete Stadtindianer. *Foghorn* ist eine beißende Satire auf herrschende Indianerbilder in der Geschichte der indianisch-europäischen Beziehungen. Geiogamah ist Mitbegründer und künstlerischer Direktor des American Indian Dance Theater. Tomson Highways (kanad. Cree) Dramen *The Rez Sisters* (1988) und *Dry Lips Oughta Move to Kapuskasing* (1989) thematisieren die Versuche kanadischer Reservatsindianer, ihrem hoffnungslosen Alltagsleben zu entfliehen, um schließlich die positive Bedeutung ihrer Beziehungen zueinander zu erkennen.

Der zeitgenössische indianische Roman

Historischer Roman als Geschichtsrevision

In den 60er Jahren setzen Versuche ein, das Medium des historischen Romans zur Geschichtskorrektur zu nutzen. Dies führt dazu, daß die bisherige Schwerpunktsetzung indianischer Romane auf dem Kulturkonflikt in einem Individuum zumindest teilweise durch die Orientierung an kollektiven Erfahrungen und an starken, integrierten Persönlichkeiten ersetzt wird. Dallas Chief Eagle (Sioux) beleuchtet in seinem *Winter Count* (1967) den Widerstand der Teton Sioux gegen die US-Armee zwischen 1868 und 1890. Der Historiker Denton R. Bedford (Minsee) befaßt sich in *Tsali* (1972) mit dem Widerstand einer Cherokee-Familie gegen ihre Umsiedlung im Jahre 1838. Hyemeyohsts Storms unter den Cheyenne kontroverser Roman *Seven Arrows* (1972) verfolgt die Geschichte der Cheyenne von den 1840er Jahren bis in das 20. Jh. hinein unter Berücksichtigung mehrerer möglicher Blickwinkel. George Pierres (Okanogan) *Autumn's Bounty* (1972) ist in der Zeit der Terminierungspolitik angelegt, die innerhalb des Okanogan-Stammes enorme Konflikte zwischen den Generationen auslöst.

Politische Satire

Andere Autoren greifen zum Medium der politischen Satire. Nasnagas (Roger Russell, Shawnee) *Indians' Summer* (1975) zeichnet ein fiktiv-utopisches Szenario für die 200-Jahrfeier der USA im Jahre 1976, die indianische Stämme ihrerseits zu einer pan-indianischen Unabhängigkeitserklärung nutzen und damit einen Bürgerkrieg und eine internationale Krise einleiten, welche die Abhängigkeit der US-Wirtschaft von indianischen Ressourcen verdeutlichen. Damit verbunden ist die Aufklärung über die Belange der zeitgenössischen Indianerbewegung und eine ironische Auseinandersetzung mit klischeehaften Indianerbildern.

(Re-)Konstruktion kultureller Identität

Indianische Autoren von heute versuchen wie viele ihrer Vorgänger – und wie andere amerikanische Minderheitenautoren – nicht nur kulturelle Stereotypen zu berichtigen, sondern auch eine kulturelle Identität zu rekonstruieren und neu zu schaffen, die bisher kontinuierlich durch eine fremde

Storyteller-Figuren aus dem Cochiti Pueblo

Sprache definiert wurde und in ihrer Existenz bedroht war und ist. Wie es Vizenor ausdrückt, sind Indianer selbst euro-amerikanische Erfindungen: »we're all invented as Indians«. Einer der destruktivsten Mythen, gegen die indianische Künstler auch heute noch anzukämpfen haben, ist die Idee, daß indianische Kulturen (und damit indianische Menschen) der Vergangenheit angehören. Auch versuchen sie, gegen die Idee einer ›reinen‹ indianischen Identität anzugehen, indem sie die Existenz von gemischten, hybriden Identitäten betonen. Dabei sind sie wie ihre Vorgänger auf das Medium des schriftlichen Englisch, gewissermaßen die Sprache der Kolonialherren, angewiesen und suchen wie afro-amerikanische Schriftsteller nach dem Wort zwischen Schriftlichkeit und Mündlichkeit. In ihrem Bemühen um eine neue Sprache, die zugleich auch eine alte ist, stehen sie in einem Spannungsverhältnis zwischen kulturellen Ausdrucksformen und Identitäten, welches die indianische Literatur heute zu einer der vitalsten und produktivsten amerikanischen Literaturen macht. Indianische Künstler verstehen sich dabei nicht nur als Übersetzer und Vermittler, sondern im Sinne der traditionellen *storyteller* als *Interpreten* einer Tradition, die immer wieder neu zugänglich gemacht werden muß. Durch ihr Insistieren auf den Bezügen zwischen Vergangenheit, Gegenwart und Zukunft stellen sie sich, oft sehr direkt und bewußt, gegen den amerikanischen Mythos vom kontinuierlichen Neubeginn. Durch ihr Bestehen auf der Notwendigkeit kultureller und individueller Verantwortung kommentieren sie kritisch den amerikanischen Mythos der Unschuld. Durch ihr zunehmendes Verweisen auf die globale Vernetzung der amerikanischen Erfahrung setzen sich indianische Autoren insbesondere der 90er Jahre zudem auch mit der Ideologie des amerikanischen Exzeptionalismus auseinander. Nicht zuletzt sollte außerdem auf die humoristische Komponente der indianischen Literatur verwiesen werden, die durchaus (z.B. in Poseys und Rogers' Werken) ihre Tradition hat und die auf ›insiders' jokes‹ aufbaut, welche einem weißen Publikum oft verschlossen bleiben. Damit wird einem indianischen Publikum z.T. eine Priorität zugestanden, die bisher in der schriftlich verfaßten indianischen Literatur kaum existierte.

Künstler/innen als ›storyteller‹

Priorität eines indianischen Publikums

Der Autor, dem ein großer Anteil an der literarischen ›Renaissance‹ der 70er Jahre zugeschrieben wird, ist der Kiowa Momaday. Sein experimentell-modernistischer Roman *House Made of Dawn* (1968) setzte die Zeichen für eine indianische Literatur, die aus der identitätsstiftenden und kreativen Kraft traditioneller mündlicher Überlieferungen schöpft und die Mythos und Geschichte, Gedächtnis und Vorstellung als gleichberechtigte

Identitätsstiftende Kraft traditionellen Erzählens

Mittel zur ästhetischen Wahrheitsfindung einsetzt. So greift bereits der Beginn des Romans mit der Formel *Dypaloh* den Anfang traditioneller Erzählungen der Pueblo-Indianer auf und entwirft aus dem Navajo-*Night Chant*, dem das titelgebende »house made of dawn« entstammt, ein mythopoetisches Bild ursprünglicher Natureinheit:

> *Dypaloh.* There was a house made of dawn. It was made of pollen and of rain, and the land was very old and everlasting. There were many colors on the hills, and the plain was bright with different-colored clays and sands. Red and blue and spotted horses grazed in the plain, and there was a dark wilderness on the mountains beyond. The land was still and strong. It was beautiful all around.

Gleichzeitig ist Momadays Werk in extremer Weise durch die Auseinandersetzung mit der europäisch-amerikanischen Moderne (Symbolismus/Postsymbolismus, Joyce, Eliot, Pound) und durch die Einflüsse von amerikanischen Autoren wie Melville und Faulkner geprägt. Die Konstruktion des Bezugs zwischen Tradition und Moderne, zwischen Individuum und Kultur wird in Momadays Werk zur permanenten Aufgabe des (indianischen) Künstlers.

Erzählen, Erinnern und die Suche nach Ganzheit

Wie Mathews und McNickle thematisiert Momaday in Charakterzeichnung und Handlungsführung die Zurückweisung assimilatorischer Angebote und die symbolische Rückkehr zu indianischen Lebensweisen und Glaubenswelten. Im Mittelpunkt von *House Made of Dawn* steht ein Protagonist, der im Verlaufe von Schulbesuch und Kriegsdienst den Bezug sowohl zu seiner Stammeskultur als auch zur weißen Welt verloren hat und der diesen Bezug nun in einer Serie von Erinnerungen, Assoziationen und zeremoniellen Akten wiedergewinnen muß, um nicht nur die disparaten Elemente seines Lebens zusammenzusetzen, sondern um wieder zu einem ganzen Menschen zu werden (›re-member‹ wird zum vieldeutigen Motiv, das die physische und psychische Heilung bedingt; der Bezug zwischen Sprache und körperlich-geistiger Heilung/Erneuerung wird durch Navajo-Heilungsgesänge hergestellt, die in das Erzählen einbezogen werden). Die Leser nehmen an diesem Akt des Zusammensetzens teil, indem sie Kontinuität und Sinn in eine fragmentarisch und multiperspektivisch erzählte Geschichte voller chronologischer Brüche bringen. In seinem bisher letzten Roman *The Ancient Child* (1989) verfolgt Momaday eine ähnliche rituelle Heilreise eines Protagonisten, wobei er sowohl indianische als auch nicht-indianische Mythen des amerikanischen Westens einbezieht. Er hat sich auch als bildender Künstler einen Namen gemacht.

Leslie Silko (Laguna Pueblo) erzählt in ihrem Roman *Ceremony* (1977) eine ähnliche Geschichte von kulturellem Verlust und physisch-geistiger Regenerierung. Die Autorin präsentiert ihren Text als eine Erzählung, die nicht von ihr selbst stammt, sondern die von Thought-Woman, einer traditionellen Schöpferfigur der Pueblos, erdacht wurde und die eine ursprüngliche Verbindung von Wort und Weltschöpfung nachvollzieht: »Thought-Woman, the spider,/ named things and / as she named them / they appeared.« Silko kommentiert damit kritisch eine westliche Tradition, die Autorschaft und Autorität von Konzeptionen individueller Genialität und Originalität ableitet. Wieder haben wir einen desorientierten, physisch und geistig gebrochenen Protagonisten, dessen Geschichte nun ihre Entsprechung in traditionellen Erzählungen der Pueblos findet. Die Erzählung um den modernen, von Kriegserfahrung und Kulturverlust gezeichneten Protagonisten wird als Teil einer alten Geschichte vorgestellt, welche die menschliche Verantwortung für das Gleichgewicht in der Welt unterstreicht. Diese Geschichte muß kontinuierlich neu erinnert und an eine veränderte Welt angepaßt werden. Erzählen stellt sich als eine unerläßliche Aufgabe dar, durch die Menschen aktiv an der Ordnung ihrer Welt beteiligt sind, als ein Prozeß des Verstehens und Heilens. Viele von Silkos zahlreichen Kurzgeschichten, insbesondere ihre »Yellow Woman«-Erzählungen, suggerieren diese Verbindung zwischen traditionellem Erzählgut und moderner Erfahrung.

In ihrem jüngsten Roman *Almanac of the Dead* (1991) hat Silko eine Moralgeschichte der beiden Amerikas geschrieben, eine prophetische Geschichte von maßloser Korruption, Gewalt und Gewissenlosigkeit, die im Südwesten der USA konvergiert und die, unterstützt durch den globalen Widerstand von Minderheitenkulturen, ihrem eigenen Ende entgegengeht. Wie viele der Autoren der 80er und 90er Jahre bricht Silko hier mit dem Muster des indianischen Romans, der kulturellen Konflikt anhand des Identitätskonflikts in einem repräsentativen Individuum zu beschreiben und analysieren sucht. Sie führt statt dessen eine Vielzahl von Figuren, Stimmen und Handlungsebenen ein, die sich durch ihre Beziehung zueinander definieren. Die lose Struktur des Romans ist dem *Popol Vuh*, dem hieroglyphischen Geschichtswerk der Mayas, nachempfunden. Silko hebt insbesondere die Bezüge zwischen Nord- und Südamerika (Mexiko erscheint als indianische Diaspora) und den unterschätzten Einfluß indigener Kulturen auf die Weltgeschichte hervor. Identitätspolitik tritt hinter einer Analyse globaler Bezüge zurück.

Moralgeschichte der beiden Amerikas

Leslie Silko

James Welch (Blackfoot/Gros Ventre) zeichnet in seinem ersten Roman *Winter in the Blood* (1974) einen jungen, namenlosen Erzähler, in dessen emotionaler Leere sich zunächst die scheinbare Sterilität seiner Reservatsumgebung in Montana spiegelt. Nach bizarren, surrealen Erlebnissen in der Stadt am Rande des Reservats stellt sich der Protagonist seinen Verlust- und Schuldgefühlen in Zusammenhang mit dem Tod seines Vaters und Bruders. Die notwendige Auseinandersetzung mit der Vergangenheit der eigenen Familie nach dem Tod der Großmutter führt zu Einsichten in die eigene Herkunft und Identität. Es bleibt jedoch unklar, welche Konsequenzen sich daraus für das weitere Leben des Protagonisten ergeben. Welchs Prosa zeichnet sich durch bizarren, schwarzen Humor und durch eine Tragikomik aus, die den Blick sowohl auf Verlust als auch auf die Kraft zum Überleben lenkt. *Winter in the Blood* spielt in Motivik und Symbolik (Sterilität, Regenlosigkeit und menschliche Schuld) auf die Gralssage und T. S. Eliots *The Waste Land* an. Im Kontext der Geschichte und Traditionen der Blackfeet werden diese Symbole zunehmend umgewertet zu positiven, produktiven Möglichkeiten des Wachsens aus der Erfahrung des Verlusts.

James Welch

In *The Death of Jim Loney* (1979) beleuchtet Welch die Problematik eines Halbindianers ohne Mentoren und ohne positives Rollenmodell, dessen Weg unausweichlich in die Selbstzerstörung führt. Im Gegensatz zu den selbstzerstörerischen Helden z. B. Hemingways, in deren Geschichte Gewalt den Weg zur Regenerierung freigibt, verweist Welchs Protagonist jedoch auf die Unmöglichkeit eines Neubeginns und die Notwendigkeit zur Konfrontation mit der Vergangenheit. In seinem dritten Roman, *Fools Crow* (1986), rekonstruiert Welch die traditionelle Welt eines jungen Blackfoot in den 1860er und 70er Jahren, die die Möglichkeit zur Erlangung einer kohärenten, ganzheitlichen Identität bietet, jedoch durch das Auftreten der euroamerikanischen Siedlerkultur aus den Angeln gehoben wird. In seiner Spra-

Sprachliche Rekonstruktion der Blackfeet-Kultur

che, die die Syntax und traditionellen Bezeichnungen der Blackfeet für die Aspekte ihrer Lebenswelt (Volksgruppen, Orte, Tiere, Pflanzen) rekonstruiert, reproduziert Welch gewissermassen von innen heraus den begrifflichen Horizont der Blackfeet-Kultur, in dessen Rahmen die euro-amerikanische Fremdkultur, die sich selbst kontinuierlich als Zentrum versteht, an den Rand verwiesen wird. Welchs historischer Roman kehrt damit das Schema des Western um. In seinem bisher letzten Roman, *The Indian Lawyer* (1990), wendet sich Welch einer weiteren Komponente des modernen indianischen Amerika zu. In dieser spannungsreichen Geschichte um Liebe und Politik, Kriminalität und Gewalt, Indianerbilder und ethnische Diskriminierung steht ein erfolgreicher indianischer Rechtsanwalt im Mittelpunkt, dessen politische Karriere durch ein kriminelles Komplott ein jähes Ende findet. In allen vier Romanen beleuchtet Welch unterschiedliche Facetten indianischer (zumeist männlicher) Erfahrung und rückt das scheinbare ›Scheitern‹ indianischer Männer in der zeitgenössischen amerikanischen Gesellschaft in eine neue Perspektive, die durch die Rekonstruktion der Geschichte und traditionellen Werte der Blackfeet- und Gros Ventre-Kulturen gefiltert ist.

Feministische Perspektive

Paula Gunn Allen (Laguna/Sioux) beleuchtet das Motiv der Suchreise unter einer feministischen Perspektive. Während Momaday, Silko und Welch die Problematik männlicher Protagonisten in den Mittelpunkt stellen, zeichnet sie in *The Woman Who Owned the Shadows* (1983) den Weg einer Halbindianerin nach, die sich, geleitet von Pueblo-Erzählungen und Mentoren, aus ihrer Heimatlosigkeit zwischen den Welten befreit und zur Schamanin wird. Allen ist insbesondere als Lyrikerin und Literaturwissenschaftlerin bekannt, die feministisches Denken in die Studien zu indianischer Literatur und Kultur eingebracht hat. In der Zeichnung ihrer Protagonistin thematisiert sie die spezielle Komplexität einer weiblichen Mischidentität, wie sie auch von Lyrikerinnen wie Joy Harjo, Mary TallMountain, Wendy Rose und Linda Hogan problematisiert wird. Janet Campbell Hale beleuchtet die Problematik der indianischen Identität ebenfalls aus der weiblichen Perspektive. Im Mittelpunkt von *The Jailing of Cecelia Capture* (1985) steht eine zur Alkoholikerin gewordene Stadtindianerin, die nach der Trennung von Ehemann und Kindern wieder die Kontrolle über ihr Leben zu übernehmen sucht.

Paula Gunn Allen

Die Werke der Chippewa-Autorin Louise Erdrich brechen mit dem bisher im indianischen Roman vorherrschenden Muster des Bildungsromans, der sich auf den Kulturkonflikt innerhalb eines Individuums konzentriert. *Love Medicine* (1984), *The Beet Queen* (1986), *Tracks* (1988) und *The Bingo Palace* (1994) erzählen alle die Geschichte(n) mehrerer verwandter Familien seit Beginn des 20. Jh.s und erreichen eine um einiges größere Mehrstimmigkeit als z. B. Momadays und Welchs Werke. Sie präsentieren eine Reihe von Erzähler/innen und Protagonist/innen, die die unterschiedlichen Facetten ihrer Welt beleuchten, sich gegenseitig kommentieren, widersprechen oder diskreditieren und damit unterschiedliche, gleichberechtigte Versionen einer ›Wahrheit‹ entwickeln. Geschichte wird damit zu einem interaktiven Konglomerat von Geschichten und Episoden. Erdrichs Erzähltechnik erinnert dabei insbesondere an William Faulkners Experimente mit Erzählperspektivik und Erzählzeit.

Geschichte als Interaktion von Geschichten

Im Gegensatz zu den bereits besprochenen Werken bieten sich Erdrichs Romanfiguren keine zeremoniellen Strukturen an. In ihrer Suchreise zu sich selbst sind diese Menschen auf sich gestellt und haben keinen Zugang zum Heiligen, Ritualen. Der Ernst der Dinge wird durch Ironie und Humor heruntergespielt; selbst Todesfälle präsentieren sich als profane, tragikomische Ereignisse. Hier klingen Echos von Faulkners *As I Lay Dying* oder von John Irvings und Raymond Carvers tragikomischen Portraits der amerikanischen Unter- und Mittelschicht an. Der Bezug zu einer indianischen kulturellen Tradition wird zum einen durch Anspielungen auf mythische Figuren und auf magische Fähigkeiten einzelner Figuren hergestellt; zum anderen wird er durch die mündliche, alltagssprachliche und dialogische Qualität des Erzählens vermittelt. Alle von Erdrichs Protagonist/innen, ob indianisch, weiß oder ›gemischt‹ (in *The Beet Queen* haben die Romanfiguren, wie Erdrich selbst, deutsche Vorfahren) sind auf ihre Weise Überlebende, marginale Menschen, von denen einige die Werte der dominanten Kultur verinnerlicht haben und ihre eigene Machtlosigkeit in der Verleugnung ihres indianischen Erbes zum Ausdruck bringen. Wie Erdrichs Romanfiguren werden ihre Leser mit einer Reihe von konfligierenden religiösen und kulturellen Codes konfrontiert. Dabei wird Marginalität kontinuierlich relativiert, denn es ist letztendlich die euro-amerikanische Kultur, die in der Romanwelt eine Randposition einnimmt.

Mündliches, dialogisches Erzählen

Wie Erdrich selbst erklärt hat, sind ihre Romane Koproduktionen mit ihrem Ehepartner Michael Dorris (Modoc), Literaturkritiker und Autor des Romans *A Yellow Raft in Blue Water* (1987). Wie in den Romanen, für die Erdrich verantwortlich zeichnet, stehen in *A Yellow Raft* Menschen im Mittelpunkt, die aufgrund ihres gemischten Erbes eigene Identitäten für sich erfinden müssen und deren ›indianische‹ Identität sich nur noch auf fragmentierte Überreste einer kulturellen Einheit beziehen kann. Der Roman erzählt die Familiengeschichte dreier Generationen von Frauen in ihrem Bezug zueinander. In allen drei Geschichten wird die komplexe und notwendigerweise konstruierte Qualität kultureller Identitäten (die jüngste der drei Frauen hat z. B. eine Chippewa-Mutter und einen afro-amerikanischen Vater) kommentiert. Dies ist auch eine der Botschaften des von Erdrich und Dorris gemeinsam verfaßten *The Crown of Columbus* (1991), einem akademischen Kriminalroman, der sich mit der Kontroverse um die Interpretation der ›Entdeckung‹ Amerikas anläßlich des Kolumbus-Jahres 1992 auseinandersetzt. Wie in allen Romanen Erdrichs und Dorris' werden unterschiedliche Versionen historischer Wahrheit und Methoden der Wahrheitsfindung gegenübergestellt, die die Konstruiertheit und Fiktionalität von Geschichte und Identität entlarven. Dabei wird die Präsentation der Vielzahl unterschiedlicher Interpretationen zur ›Entdeckung‹ Amerikas nicht zum postmodernen Spiel mit der Willkürlichkeit von Bedeutung und Wahrheit. Denn wie die Protagonistin, die Professorin Vivian Twostar, erkennt, hat die Interpretation dieser Geschichte enorme Auswirkungen auf den zeitgenössischen indianischen Rechtsstatus. *The Crown of Columbus* ist wie Silkos neuester Roman ein Beispiel für eine globalistische Perspektive in der indianischen Literatur.

Louise Erdrich

Identität als Erfindung

Geschichtsaufarbeitung

Wie in Erdrichs und Dorris' Romanen ist es in Linda Hogans (Chickasaw) *Mean Spirit* (1990) fast unmöglich, zentrale Protagonisten zu lokalisieren. Im Mittelpunkt steht eine indianische Gemeinschaft in Oklahoma, deren Rechte nach dem Fund von Öl auf ihrem Land durch weiße Geschäftemacher und Politiker mit Füßen getreten werden. Hogans Roman basiert auf den historischen Ereignissen der 1920er Jahre im Territorium der Osage, die schon den Hintergrund für Mathews' *Sundown* bildeten. Die Geschichte einer von maßloser Gewalt und Skrupellosigkeit bedrohten Gemeinschaft, die sich im Stadium kultureller Enteignung befindet, dient Hogan zur Geschichtsaufarbeitung und zur Rekonstruktion des Alltags-

Linda Hogan

lebens der Osage zu Beginn des 20. Jahrhunderts. Dem Prozeß der scheinbar unaufhaltsamen kulturellen Desintegration läuft dabei zunehmend ein
zweiter Erzählstrang entgegen, der die regenerierenden Kräfte in Natur, Tier
und Mensch betont. Der Geschichte des Auseinanderbrechens wird nun die
Rückkehr einer zunehmenden Anzahl von Menschen, ob indianisch oder
weiß, zu den ›old ways‹ gegenübergestellt. Frauen sind in besonderem Maße
von Gewalt betroffen und an der kulturellen Regenerierung beteiligt. Im
Gegensatz zu Erdrichs Romanen, in denen Leser aktiv an der Wahrheitsfindung beteiligt werden, nimmt *Mean Spirit* diese an der Hand und versucht, unter vielen Erklärungen ein historisch authentisches Bild einer Zeit
zu zeichnen. Der Roman hat sowohl eine anthropologisch-historische als
auch eine ökologische Komponente.

Louis Owens   Auch Louis Owens' (Choctaw/Cherokee) erster Roman *Wolfsong* (1991)
enthält eine ökologische Botschaft in der Geschichte eines jungen Indianers,
der in die Fußstapfen seines Onkels tritt und sich militant gegen die Rodung
eines Waldstückes einsetzt – und dies in einer vornehmlich weißen, kalifornischen Gemeinde, die von der Holzwirtschaft lebt und auf ökonomische
Revitalisierung angewiesen ist. Wie *Mean Spirit* zeichnet *Wolfsong* ein
Postkoloniale   postkoloniales Szenario in der Porträtierung einer indianischen Bevölke-
Szenarien   rung, die unsichtbar und unauffällig geworden ist und ihre kulturelle Differenz in Anbetracht der gegen sie gerichteten Diskriminierung herunter-
spielen muß. Owens' zweiter Roman, *The Sharpest Sight* (1992), beginnt
als Kriminalroman und setzt sich z.T. äußerst humorvoll mit den fließenden
Grenzen kultureller Identitäten und den ideologischen Grundlagen der
amerikanischen Literatur auseinander. Wie in Silkos Romanen präsentiert
sich Kulturkonflikt als ein Aufeinandertreffen verschiedener Geschichten
über die Welt: Die Romanfiguren sind Teil von Geschichten, die erzählt
werden müssen, um die Welt unter Kontrolle zu bringen bzw. zu halten.
Owens' neuester Roman, wiederum in Form eines Kriminalromans verfaßt,
trägt den Titel *Bone Game* (1994).

Der Literaturwissenschaftler Owens, der u.a. Bücher zu Steinbeck und
eine Studie zum indianischen Roman, *Other Destinies* (1992), veröffentlicht hat, formuliert in seinen Romanen wichtige Aussagen zur Verbindung
von Sprache und Realität, die z.T. Erkenntnissen zur indianischen Erzähltradition entstammen und die sich programmatisch in die zeitgenössische literatur- und kulturwissenschaftliche Diskussion um die Postmoderne
Postmoderne   einordnen lassen. Definiert die postmoderne bzw. poststrukturalistische
und Tradition   Diskussion die menschliche Realität als ›nur‹ auf Sprache basierende Konstruktion, identifizieren Autor/innen wie Momaday, Silko und Owens dieselbe Verbindung zwischen Sprache und Realitätsschöpfung bereits im traditionellen Wertesystem indianischer mündlicher Kulturen. Sie präsentieren
die Handlungen ihrer Romane als Teile einer durch Sprache (Schöpfungser-
zählungen und -gesänge) existierenden Welt, deren Fortleben weiterhin vom
verantwortungsbewußten Umgang mit Sprache und Wissen abhängt. In
ihrem Insistieren auf der menschlichen Verantwortung widersetzen sie sich
implizit dem postmodernen freien Spiel von Sprache und Weltinterpretation. Gleichzeitig nimmt sich die indianische Literatur die Freiheit, sich
Freiheit   selbst zu widersprechen und sich dem unverantwortlichen Spiel hinzugeben.
des Selbstwiderspruchs Auch hier kann sie auf Vorbilder in traditionellen Erzählungen zurückgreifen, in deren Mittelpunkt die Figur des *trickster* steht, eine Figur, die in
den Kulturen des Südwestens z.B. in der Form eines Kojoten auftritt, jedoch
unterschiedliche, wechselnde Formen und Geschlechter annehmen und zugleich Clown und Kulturheld sein kann. Es handelt sich hierbei um eine

Figur, die in der ständigen Übertretung kultureller Tabus die Freiheit des Sprechens und Handelns vertritt und gleichzeitig deren Gefahren vor Augen führt. Die Aufnahme von ›trickster-Diskursen‹ bietet indianischen Autoren eine Möglichkeit des kreativen, oft äußerst humorvollen Spiels und Selbstwiderspruchs, die ihre direkte Quelle nicht (nur) in postmodernen Diskursen hat, sondern überraschenderweise in einer jahrhundertealten Tradition der kulturellen Selbstinterpretation. Indianische Autoren, denen beide Diskurse zur Verfügung stehen, kommentieren damit kritisch die kontinuierliche Selbstüberschätzung der euro-amerikanischen Kultur, die bis heute gerne die Kräfte der intellektuellen Innovation und Selbstkritik alleine für sich in Anspruch nimmt.

›trickster-*Diskurse*‹

Thomas Kings (Cherokee) erster Roman *Medicine River* (1990) befaßte sich mit einer Gruppe von Indianern in einer kanadischen Kleinstadt, die für sich selbst Geschichten und Identitäten erfinden. Sein neuester Roman *Green Grass, Running Water* (1993) präsentiert sich als eine Reihe von Handlungen, die den Geschichten eines Tricksters, des verantwortungslosen Kojoten, entsprungen sind und nur mit Mühe durch einen Erzähler unter Kontrolle gebracht werden können. Wie in *The Sharpest Sight* werden die Geschicke von Romanfiguren durch (ebenfalls fiktionale) Geschichtenerzähler in den Händen gehalten, die sich hier in ihrem Versuch, die aus den Fugen geratene Welt zu reparieren, allerdings ständig in die falschen (d. h. euro-amerikanischen) Geschichten verirren. *Green Grass, Running Water* ist ein literatur- und kulturwissenschaftlicher Schlüsselroman, dessen Humor sich insbesondere den Lesern erschließt, die die Anspielungen sowohl auf die euro-amerikanische Literatur als auch auf eine indianische Tradition erkennen. Mit Owens' und Kings Romanen hat die indianische Literatur eine Ebene erreicht, die ihre Leser in einer Weise intellektuell fordert und belohnt, daß kulturelle Mehrsprachigkeit zu einer selbstverständlichen Voraussetzung des Lektüreprozesses wird.

Harry Fonseca, »Coyote – Cigarstore Indian« (1985)

Kulturelle Mehrsprachigkeit

Der Autor, der seinen Lesern diese intellektuelle Mehrsprachigkeit in höchstem Maße abverlangt, ist der Chippewa Vizenor. In seinen Werken (Romane, Kurzprosa, Lyrik, Autobiographien, Essays, Literaturkritik) stellt er sich gegen verknöcherte Konzepte des ›Indianischen‹ (auch innerhalb der indianischen politischen Bewegung) durch provokativen, respektlosen *trickster*-Humor und durch neue Wortschöpfungen wie *crossbloods* und *postindian*, die die jahrhundertealten Fehlbenennungen zu korrigieren suchen. Dabei mischt er indianische Mythen und Traditionen auf bizarre Weise mit euro-amerikanischen Literaturstilen und favorisiert avantgardistisches, gebrochenes Erzählen. Sein erster Roman, *Darkness in Saint Louis Bearheart* (1978), beschreibt die rituelle Suchreise eines schamanischen Tricksters und einer Reihe von Weggenossen durch eine ökologisch zerstörte Welt. In *Wordarrows* (1978) und *Earthdivers* (1981), einer Mischung aus Erzähl- und Sachprosa, analysiert Vizenor die Wunden, die Indianer aus einer langen Geschichte kolonialistischer Fremdbestimmung davongetragen haben – und von denen sie sich viele selbst zugefügt haben. In vielen seiner Werke stehen *mixedblood*-Trickster im Mittelpunkt, die als Beobachter, Befreier, oder clevere Unternehmer fungieren. Der Roman *Griever: An American Monkey King in China* (1987) folgt z. B. einem *mixedblood*-Indianer nach China, wo dieser sich in einen chinesischen Trickster verwandelt und zum Befreier Chinas wird. *The Trickster of Liberty: Tribal Heirs to a Wild Baronage at Petronia* (1988) versammelt eine ganze Familie moderner *mixedblood*-Trickster, die sozialen Konventionen widerstehen und eigene Formen von Leben und Arbeit entwickeln. Auch in seinem

Respektloser trickster-*Humor*

Mixedblood-*Trickster*

Gerald Vizenor

Parodie, Satire, ›insiders' jokes‹

Diversität und Heterogenität

Kriminalromane

Historische Romane

unveröffentlichten Filmskript *Harold of Orange* (1983) entwickelt Vizenor die Figur des Tricksters als eines Unternehmers. In seinem Roman *Heirs of Columbus* (1991) beteiligt er sich wie Erdrich und Dorris an der Kontroverse um die Entdeckung Amerikas und stellt einen Trickster-Protagonisten und angeblichen Nachfahren von Columbus vor, der behauptet, der Entdecker Amerikas stamme von den Mayas ab, die Generationen zuvor die Alte Welt entdeckt hatten. In *Manifest Manners: Postindian Warriors of Survivance* (1994) zeigt Vizenor auf, wie Indianer in der amerikanischen Geschichtsschreibung kontinuierlich als ›Simulationen‹ fungieren, und setzt sich mit dem kolonialistischen Erbe der Sozialwissenschaften, insbesondere der Anthropologie, auseinander. Als Literaturwissenschaftler hat Vizenor insbesondere die Auseinandersetzung mit postmoderner Literatur und Theorie in die Studien zur indianischen Literatur eingeführt. Er hat auch eine Reihe von Sammlungen mit traditionellen Ojibwa-Erzählungen und Liedern veröffentlicht. Sein Einfluß ist unverkennbar in *The Light People* (1994), dem Roman des Chippewa Gordon Henry, Jr., der wie Vizenor Diskurse und literarische Formen vermischt und parodiert. In der gesamten indianischen Erzählliteratur, insbesondere aber in Welchs, Owens', Kings und Vizenors Werken haben Humor, Parodie und Satire sowie indianische ›insiders' jokes‹ einen wichtigen Stellenwert. Dasselbe gilt für Kurzgeschichten z. B. von Carter Revard (Osage) und Ralph Salisbury (Cherokee).

Selbst wenn hier die ›akademischen‹ Werke Vizenors, Owens' und Kings als Beispiele für wichtige Entwicklungen innerhalb der indianischen Literatur vorgestellt wurden, soll dies nicht darüber hinwegtäuschen, daß der zeitgenössische indianische Roman weiterhin ein Bild der stilistischen und thematischen Diversität und Heterogenität bietet. Anna Lee Walters' (Otoe/Pawnee) Roman *Ghost Singer* (1988) nimmt z. B. ein Thema auf, das schon von McNickle in seinem *Wind from an Enemy Sky* eingeführt worden war und für die indianische Bevölkerung bis heute nicht an Brisanz verloren hat. Es geht hier um die anthropologische Praxis der Sammlung indianischer Skelette und Kulturgegenstände in Museen und Archiven. Walters' Protagonist, der die Geschichte seines Volkes in einem Museum in Washington, D. C. recherchiert, deckt dabei neben der wissenschaftlichen Verstrickung in unmenschliche Praktiken auch die noch nach dem Verbot der Sklaverei gängige Versklavung von Navajos auf. Auch in Elizabeth Cook-Lynns *From the River's Edge* (1991), der Chronik eines Gerichtsverfahrens, steht die indianische Beziehung zur US-Gesetzgebung im Mittelpunkt.

Bereits in den 1930er Jahren hatte der Choctaw Todd Downing Kriminalromane verfaßt, und wie einige bereits besprochene Werke verdeutlichen, ist diese literarische Form auch für zeitgenössische indianische Autoren interessant. Beispiele dafür sind die Kriminalromane und Spionagethriller von Martin Cruz Smith (Senecu del Sur/Yaqui), u. a. *Nightwing* (1977), *Stallion Gate* (1986), *Polar Star* (1989), *Red Square* (1992) und der insbesondere durch seine Verfilmung bekannte Roman *Gorky Park* (1981). Smith schreibt auch unter den Pseudonymen Nick Carter, Jake Logan, Martin Quinn u. a. Wie die Werke Downings werden seine Thriller nicht als ›indianische‹ Literatur rezipiert und lassen sich nicht leicht in diesen Bereich einordnen, wenn auch die indianischen Romanfiguren von *Nightwing* und *Stallion Gate* an die Protagonisten der Romane Momadays und Silkos erinnern.

Mittlerweile haben sich indianische Autoren auch wieder dem Medium des historischen Romans zugewandt. Beispiele sind Robert J. Conleys

(Cherokee) *Mountain Windsong: A Novel of the Trail of Tears* (1992) und Joseph Bruchacs (Abenaki) *Dawn Land* (1993), das im prähistorischen Amerika spielt. Weitere neuere, von Indianern verfaßte Romane sind Ron Querrys *The Death of Bernadette Lefthand* (1993) und Betty Louise Bells *Faces in the Moon* (1994).

Robert J. Conley
Selbstporträt

Zeitgenössische indianische Lyrik und Kurzprosa

Selbst wenn hier ein Hauptgewicht auf die Entwicklung des indianischen Romans gelegt wurde, soll nicht vergessen werden, daß die literarische ›indianische Renaissance‹ in besonderem Maße durch Autoren von Lyrik und Kurzprosa bzw. Mischformen zwischen Lyrik und Prosa eingeleitet wurde. Seit den 60er Jahren ist eine wachsende Zahl indianischer Lyriker/innen in Erscheinung getreten, deren Arbeit durch von Indianern gegründete Kleinverlage unterstützt wird. Das Bild der Dominanz der Romangattung ist allerdings nicht zufällig, da die Romane indianischer Autoren aufgrund ihrer besonderen Art der Vermarktung eine ungleich größere Sichtbarkeit auf dem amerikanischen (und internationalen) Buchmarkt erreicht haben. Ein großer Teil der hier vorgestellten Romanautoren hat jedoch besondere literarische Wurzeln in der Lyrik und Kurzprosa, die weniger Beachtung finden. So trat Momaday zuerst mit Gedichten in Erscheinung, die aufgrund ihrer Konzentration auf kleinste Details, auf Perspektivik und Wahrnehmung von seinem Mentor Yvor Winters einer ›postsymbolistischen‹ Tradition (u.a. Frederick Goddard Tuckerman, Emily Dickinson, Wallace Stevens) zugeordnet wurden.

Dominanz des Romans

Grundsätzlich lassen sich in der Lyrik ähnliche Entwicklungen beobachten wie in der Romanliteratur. So lehnen sich Gedichte in Inhalt und Form an traditionelle Kunstformen (Heilungsgesänge, Ursprungsmythen, Trickster-Erzählungen) an und vollziehen die Bewegung zur gesprochenen oder gesungenen Sprache. Peter Blue Cloud (Mohawk) betont z.B. in seiner Lyrik die Unterscheidung zwischen »mind poems on paper, & aloud poems/or songs«. Wie der Roman ringt auch die indianische Lyrik um eine neue Sprache, die gleichzeitig ihre Quelle in alten Traditionen hat. Sie sucht nach der Position, von der aus zwischen Individualität und ethnischer Zugehörigkeit vermittelt werden kann. Auch hier stehen traditionelle Sänger Modell, durch die Kultur gleichzeitig spricht und gesprochen bzw. interpretiert wird: »She learned to speak for the ground/ the voice coming through her like roots that/ have long hungered for water« (Joy Harjo, »For Alva Benson«). Dabei können wie im Roman spannungsreiche Verbindungen zwischen traditioneller mündlicher Dichtkunst und modernen bzw. postmodernen Stilen entstehen.

Bewegung zur gesprochenen Sprache

Gleichzeitig versteht sich insbesondere die indianische Lyrik als ein Medium des historischen Gewissens, in dem politischer Protest, Aggression, persönliche Wut und Trauer um das indianischen Menschen angetane Leid ungleich stärker, weil intensiver, zum Ausdruck kommen als im Roman. Dies ist besonders auffällig in den Werken von Lyrikerinnen wie Paula Gunn Allen, Joy Harjo, Wendy Rose und Linda Hogan, die in ihrem Gedicht »To Light« schreibt:

Medium des historischen Gewissens

We remember it all.
We remember, though we are just skeletons
whose organs and flesh
hold us in.
We have stories
as old as the great seas
breaking through the chest
flying out the mouth,
noisy tongues that once were silenced,
all the oceans we contain
coming to light.

Die bedrückende Situation der indianischen Bevölkerung in Reservaten und Städten, die nach wie vor geprägt ist von Alkohol- und Drogenmißbrauch, hohen Selbstmordraten und großer Arbeitslosigkeit, ist auch Gegenstand von Welchs Gedichten, deren pessimistisch-realistischer Ton durch Humor und Ironie entschärft wird. Barney Bush (Shawnee/Cayuga) singt den indianischen Blues in *My Horse and a Jukebox* (1979), *Petroglyphs* (1982) und *Inherit the Blood* (1985), wobei er oft der bitteren Realität der Stadtindianer Erinnerungen an die indianische Vergangenheit oder an das Leben im Reservat gegenüberstellt. Auch der Paiute Adran C. Louis beschreibt die Folgen zeitgenössischer indianischer Selbstzerstörung durch Alkohol und Drogen.

Mehrstimmigkeit

Kultureller Verlust und seine Bewältigung, das Weiterleben danach, die Regenerierung durch die Kraft alter Erzählungen: dies sind nur einige der vielen Themen indianischer Lyrik und Kurzprosa. Wie viele indianische Romane zeichnet sich diese Lyrik durch ihre Mehrstimmigkeit aus, durch die Präsenz von Stimmen aus der Vergangenheit oder von mythischen Figuren, welche die Grenzen zwischen Vergangenheit und Gegenwart, zwischen ›Mythos‹ und ›Realität‹ aufbrechen. Die Orientierung an traditionellen Kunstformen wie z.B. dem rituellen Lied führt zu Versuchen, die Ereignishaftigkeit von Sprache und das Verschwimmen von Erfahrungsebenen in der Sprache nachzuvollziehen. So bricht Allens »Taku Skanskan« völlig mit syntaktischen Regeln. Andere Gedichte, wie z.B. Harjos »She Had Some Horses«, vollziehen den Rhythmus von Tanz und Gesang in ihrer Struktur nach. Silkos Gedichte erzählen Geschichten, die auf alten Erzählungen basieren und neue, einer Zeit der Veränderung entsprechende Wendungen nehmen. Vizenors Lyrik experimentiert mit dem japanischen Haiku und porträtiert die kulturellen Opfer der modernen Gesellschaft. Erdrichs Gedichte drehen sich um Chippewa-Mythen oder setzen sich mit der Problematik des Heranwachsens als Indianer/in oder *mixedblood*, u.a. auch aus einer historischen Perspektive, auseinander. In ihrem *Baptism of Desire* (1989) stehen religiöse und visionäre Erfahrungen und die menschliche Beziehung zum Göttlichen im Mittelpunkt. Andere Gedichte verarbeiten weibliche Erfahrungen der Schwangerschaft, Geburt und Mutterschaft.

Joy Harjo

Auch Joy Harjo (Creek) wirft eine spezifisch weibliche Perspektive auf indianisches Leben in Vergangenheit und Gegenwart und beleuchtet Mutter-Tochter-Beziehungen, Ehe, Mutterschaft wie auch die von Selbstzerstörung gezeichnete Welt von Stadtindianern in *What Moon Drove Me to This?* (1979). *She Had Some Horses* (1983) richtet dagegen den Blick auf das Überleben von Indianern. Dabei rekurriert Harjo wie viele andere Dichter/innen auf die Strukturen (Wiederholung, beschwörende Formeln) traditioneller Lieder. *In Mad Love and War* (1990) enthält Prosagedichte, die den Opfern und Überlebenden rassistischer Gewalt Tribut zollen. Andere erklären die Liebe zur schwarzen Jazzmusik oder verarbeiten persönliche Erlebnisse, oft mit dem sarkastischen Humor einer Überlebenden. Wendy Rose (Hopi/Miwok) verbindet sanfte, private Töne mit harter politischer Kritik in *Lost Copper* (1980), einer Serie von Gedichten, die die Suche nach Heimat, Verwurzelung und Identität zum Thema haben. Werke wie *Academic Squaw: Reports to the World from the Ivory Tower* (1977) sind zudem bittere Kommentare zur Haltung weißer Akademiker zu Indianern in ihren Reihen und zur mehrfachen Marginalität von *mixedblood*-Indianerinnen.

Simon J. Ortiz

Zu den wohl bekanntesten Autoren von Gedichten und Kurzgeschichten zählt Simon Ortiz (Acoma). Viele seiner Werke vollziehen eine physische und geistige Reise vom Pueblo in die verschiedensten Teile der USA und thematisieren die komplexe Beziehung zum eigenen kulturellen Erbe, die sich oft erst durch Erinnerungen und räumliche Distanz klärt. Und doch gründet sich Ortiz' Schreiben auf ein unumstößliches kulturelles Selbstvertrauen, das auf der Sicherheit seiner Identität und Zugehörigkeit als Acoma beruht. In anderen Gedichten erinnert er an die Opfer des Massakers am Sand Creek im Jahre 1864 oder zollt den vielen Indianern Respekt, die sich in der langen und schmerzhaften Geschichte der indianisch-weißen Beziehungen ihrer kulturellen Zerstörung und Enteignung widersetzt haben.

Komplexe Beziehung zum Erbe

Auch die Gedichte von Ray A. Young Bear (Mesquakie), der als Sänger traditioneller Mesquakie-Lieder auftritt, drehen sich um sein indianisches Erbe. Dabei beleuchtet er insbesondere die menschliche Beziehung zu Natur und Landschaft, die u.a. durch Wahrnehmung, Visionen und Träume geformt wird. Wie in den Prosawerken von Momaday, Silko und Owens bieten traditionelle (in Mythen und Erzählungen enthaltene) Interpretationen der Ordnung der Welt in den Gedichten und Kurzgeschichten von Blue Cloud, Nora Dauenhauer (Tlingit), Geary Hobson (Cherokee/Quapaw/Chickasaw), Robert Conley (Cherokee) und Beth Brant (kanad. Mohawk) Möglichkeiten der Orientierung. Auch hier spielen mythische Figuren, Kulturbringer und Trickster eine wichtige Rolle. Dichterinnen, die seit den 1980er Jahren an die Öffentlichkeit getreten sind, sind u.a. Roberta Hill Whiteman (Oneida), Luci Tapahonso (Navajo) und Nia Francisco (Navajo). Tapahonso und Francisco schreiben aus dem Stammesleben heraus über enge familiäre Bindungen, persönliche Erfahrungen des Verlusts, die Kraft von Frauen. Ähnlich wie Silko betten sie dabei oft moderne Erfahrungen in traditionelle Erzählungen ein. Vor allem Tapahonso experimentiert dabei mit Zweisprachigkeit.

Traditionelle Weltinterpretation

Luci Tapahonso

Wie insbesondere das Beispiel Momadays verdeutlicht, muß die indianische Erfahrung nicht immer im Mittelpunkt der Lyrik indianischer Autoren stehen. Jim Barnes' (Choctaw) Gedichte, gesammelt in *The American Book of the Dead* (1982), *A Season of Loss* (1985), *La Plata Cantata* (1989) und *The Sawdust War* (1992), konzentrieren sich mehr auf die Beziehung zu spezifischen Orten als auf die zu einer Kultur, obwohl auch sie die Position historischer Zeugenschaft einnehmen. Der vorherrschende Ton seiner Gedichte ist bestimmt durch Gefühle des Verlusts, des Exils, des Wiederfindens einer Heimat. Erinnerung und die Beziehung zu einem Ort sind wichtige Elemente der Herstellung von Permanenz. Maurice Kenny (Mohawk) wiederum, dessen *The Mama Poems* (1984) mit dem American Book Award für Lyrik ausgezeichnet wurden, rekonstruiert Ton und Haltung der Briefe und Tagebücher jesuitischer Missionare des 17. Jh.s in *Blackrobe: Isaac Jogues* (1982).

Weitere indianische Autor/innen von Gedichten und Kurzprosa, die hier Erwähnung verdienen, sind Gloria Bird (Spokane), Joseph Bruchac (Abenaki), Diane Burns (Ojibwa/Chemehuevi), Elizabeth Cook-Lynn (Sioux), Anita Endrezze (Yaqui), Connie Fife (Cree), Diane Glancy (Cherokee), Janice Gould (Maidu/Konkaw), Lance Henson (Cheyenne), Daniel Lopez (Tohono O'odham), Judith Minty (Mohawk), Felipe S. Molina (Yaqui), Nora Naranjo-Morse (Santa Clara Pueblo), Carter Revard (Osage), Gregg Sarris (Pomo-Coast Miwok), Vickie Sears (Cherokee), Gail Tremblay (Onondaga/MicMac), Elizabeth Woody (Wasco/Navajo) und viele, viele mehr.

Afro-amerikanische Literatur

Alice Walker stand am Anfang ihrer Karriere – *The Third Life of Grange Copeland* war 1970 erschienen, *In Love and Trouble* und *Revolutionary Petunias & Other Poems* 1973 –, als sie ihr Selbstverständnis als afro-amerikanische Schriftstellerin wie folgt charakterisierte: »I am preoccupied with the spiritual survival, the survival *whole* of my people.« Sichtbarma-

Selbstrepräsentation

chen der zur Unsichtbarkeit Verdammten; Inbesitznahme des Wortes durch die zum Schweigen Verurteilten; Selbstrepräsentation der Nicht- oder Fremdreprästentierten. Wie nötig dieser Akt der Befreiung war, erlebte Walker, als sie nach Fort Pierce, Florida reiste, um das Grab der Schriftstellerin und Anthropologin Zora Neale Hurston ausfindig zu machen. Sie wurde auf den segregierten Garden of Heavenly Rest verwiesen, in dem individuelle Gräber nicht identifizierbar waren, und sie hat seither dafür gesorgt, daß Hurston der ihr gebührende Platz in der amerikanischen Literaturgeschichte ebenso wie in der Geschichte der Anthropologie zugestanden wurde.

Das Schicksal Hurstons ist beispielhaft für die Art und Weise, in der das schwarze Amerika aus der Repräsentation der Geschichte der Neuen Welt ausgeklammert wurde, beispielhaft aber auch für die Art und Weise, in der die Nicht-Repräsentierten das Wort ergriffen, um sich als Subjekt in diese Geschichte einzuschreiben. Unabhängig davon, wie bunt die amerikanische Geschichte und Kulturlandschaft, dieser von E. L. Doctorow gepriesene »crazy quilt of humanity« war – eine konsequente Blindheit gegenüber allem Nicht-Weißen erklärte sie für weiß. Ralph Ellison faßt 1952 in

Unsichtbarkeit

Invisible Man diese Willkür in seiner Unsichtbarkeitsmetapher, als er klagt: »I am invisible, understand, simply because people refuse to see me. That invisibility ... occurs because of a peculiar disposition of the eyes of those with whom I come in contact. A matter of the construction of their *inner* eyes, those eyes with which they look through their physical eyes upon reality.«

Dieses Ausklammern aus dem *white master narrative* wurde untermauert durch die Weigerung des weißen Amerika, das Bemühen Afro-Amerikas um inhaltliche und ästhetische Selbstrepräsentanz wahrzunehmen. »Among the blacks is misery enough, God knows, but no poetry«, stellte Jefferson in *Notes on the State of Virginia* fest; die Gedichte der Sklavin Phillis Wheatley, die ihn Lügen straften, ignorierte er, denn sie waren für ihn »below the dignity of criticism«. Das Leid der Schwarzen wurde benutzt, das Deprivationstopos gesetzt, um die angebliche Nicht-Existenz schwarzer ästhetischer Aktivität zu begründen. Sklaverei wurde als totalitäres System gedeutet, das seine Opfer zu Instrumenten degradierte, sie in einem Vakuum dahinvegetieren ließ, jede afrikanische Bindung zerstörte, ohne ihnen den Zugang zur westlichen Kultur zu öffnen. Dieses Argument wurde gestützt durch eine hierarchisierend und evolutionär eurozentrische Sicht von Kultur und damit Literatur, die Weigerung, Kulturen, die der Mündlichkeit verbunden waren, überhaupt als Kulturen zu begreifen und mündlich Überliefertem das Qualitätsmerkmal Literatur zuzugestehen. Wesen, die aus Un-Kulturen kamen und die darüber hinaus in der Sklaverei weiter brutalisiert worden waren, konnten einfach keine authentische Literatur produzieren. »In the beginning was slavery, and it prevented the word from becoming flesh«, klagte noch 1958 R. A. Bone in *The Negro Novel in America*.

Doch das schwarze Amerika war nicht stumm. Der Prozeß der Aneignung der neuen Sprache und ihre Transformation in Texte beginnt an Bord der Sklavenschiffe; Sklaven und Sklavinnen singen und erzählen *folk tales*. Im 18. Jh. setzt der Erwerb der westlichen Kulturtechniken des Lesens und Schreibens ein, und afro-amerikanische Autor/innen benutzen das geschriebene Wort, um anzuklagen und aufzuklären; sie schenken Amerika eine der wenigen genuinen Textsorten, das *slave narrative*; sie schreiben, um ihrem Zorn Ausdruck zu verleihen, oder aus Freude am Schöpferischen, am Schönen. Es gibt kein Genre, das sie nicht kreativ besetzen. »Anyone who analyses black literature must do so as a comparatist«, fordert daher H. L. Gates, Jr. 1988 in *The Signifying Monkey*, »... because our canonical texts have complex double formal antecedents, the Western and the black.« In ihren unterschiedlichen Ausprägungen aber ist afro-amerikanische Literatur stets eine Literatur, die sich aus dem Spannungsverhältnis von dominanter euro-amerikanischer Schriftkultur und den heterogenen ethnischen, ursprünglich afrikanischen mündlichen Kulturen, zwischen kanonisierten westlichen Formen und der Suche nach der eigenen Stimme herauskristallisiert, eine Literatur, die ästhetischer und politischer Respons auf die Herausforderungen der Neuen Welt ist, eine Literatur zudem, die sich dem Streben Afro-Amerikas nach Selbstrepräsentation stellt.

Ladeplan für Schiffe im transatlantischen Sklavenhandel

The Pen in the Gashes: Aneignung des geschriebenen Wortes

Die Bedingungen für die Entwicklung einer eigenständigen Literatur, mit denen sich Afro-Amerikaner/innen zwischen der Landung des ersten Sklavenschiffes und dem Ende des Bürgerkriegs konfrontiert sehen, sind denkbar ungünstig: Um Rebellionen zu verhindern, trennt man Angehörige gleicher Sprachgruppen bereits an Bord der Schiffe und später auf den Plantagen, so daß die geraubten Menschen nicht nur Heimat und Freiheit verlieren; sie sind zur Sprachlosigkeit verdammt, einer Sprachlosigkeit, die verstärkt wird durch die Weigerung der Weißen, ihnen von der Sprache der Neuen Welt mehr zu vermitteln, als zur Erfüllung ihrer Funktion als Arbeitstiere und ihrer Christianisierung nötig ist. Die Aneignung des Englischen als einer gemeinsamen Sprache, in der die Angehörigen verschiedener afrikanischer Nationen in Nordamerika kommunizieren können, und die Transformation dieser Sprache gemäß ihren linguistischen Traditionen zu dem, was im Begriff des *Black English* gefaßt wird, geht primär von den Schwarzen selbst aus.

Entstehungsbedingungen

Die Fisk Jubilee Singers machten die afro-amerikanische Musik, vor allem Spirituals, über die Grenzen der USA hinaus bekannt. Die Einnahmen aus ihren Tourneen dienten dem Erhalt der Fisk School in Nashville und ermöglichten die Gründung der Fisk University

Afrikanisches Erbe und amerikanische Gegenwart

Spirituals

Entgegen der Vakuumshypothese aber kann Entwurzelung, Neuorientierung, Transformation keinesfalls mit ästhetischer Abstinenz gleichgesetzt werden. Diese Menschen kommen aus Kulturen mit hochentwickelten literarischen Traditionen, die sie nach Amerika mitbringen, am Leben erhalten, gemäß den Bedingungen ihres neuen Lebens weiterentwickeln und mit Ausdrucksformen, die sie hier vorfinden, verbinden. Wie in Afrika dichten und singen sie bei der Feldarbeit Arbeitslieder; das in Afrika populäre Rätsel unterhält sie in ihrer Freizeit; ältere Sklavinnen und Sklaven übernehmen die Funktion des *griot*, des traditionellen Erzählers, indem sie ihre Erinnerungen an Afrika ebenso wie ihre individuelle Lebensgeschichte an ihre Nachfahren weiterreichen und so deren Einbindung in eine individuelle und kollektive Geschichte garantieren; sie schaffen *folk tales*, in denen afrikanische Mythen und narrative Strukturen verschmelzen mit der Erfahrung der Sklaverei, Erzählungen, die über das Lachen das Leid erträglich machen, die Überlebenstechniken vermitteln. Grundlegend für die Entwicklung dieser Formen ist dabei die in Afrika hochentwickelte Technik des Wortspiels, des spielerischen Umgangs mit Texten, die Gates in *Signifying Monkey* in ihrer Bedeutung für die afro-amerikanische Literatur gewürdigt hat: *signifying*, *boasting*, *playing the dozens*, Spiele mit Worten, um soziale Beziehungen zu definieren, Machtstrukturen zu beschreiben, v. a. aber ironisch zu hinterfragen.

Mit der Einbindung in die christliche Religion gewinnen religiöse Gesänge, v.a. das Spiritual, an Bedeutung. Musik und Text der Spirituals dokumentieren in beispielhafter Weise, in welchem Maße es den versklavten Schwarzen gelang, nicht nur afrikanische Traditionen in der Begegnung mit euro-amerikanischen zu bewahren bzw. zu transformieren, sondern Literatur in ihren Kampf um Menschenrechte einzubringen: Der entrückte christliche Gott, die Messiasgestalt werden im Sinne afrikanischer religiöser Praxis anthropomorphisiert, werden zu Leidensgefährten, direkten Ansprechpartnern. Der Bezug auf Moses und den Exodus, Reisemetaphern, Bilder eines Neuen Jerusalem, die eine weiße Zuhörerschaft als Ausdruck der Sehnsucht kindlich naiver Schwarzer nach einem besseren Jenseits deuten, haben neben der christlichen Symbolik nur zu oft subversive Qualität. Nicht nur werden die Lieder von ihren Sänger/innen als Versprechen der

Befreiung verstanden, sie sind auch Träger verschlüsselter Informationen, die nur Eingeweihte, d.h. Mitglieder der eigenen kulturellen Matrix, dekodieren können. So werden »Cross Over Jordan« und »Go Down Moses« als Signal verstanden, daß Agenten der Underground Railroad in der Gegend sind; der Jordan repräsentiert die Grenze zwischen Süden und Norden; das Gelobte Land ist der Norden, Kanada. Hier zeigt sich die kreative Kunst des *signifying*.

In vergleichbarer Weise findet sich ein Weiterleben mündlicher Traditionen, besonders dieses Jonglieren mit Texten, in der schwarzen Predigt. Auch hier verbindet sich christliche Doktrin mit afrikanischer Exegese, Mythen, Bildern, wird das Bibelwort als Legitimation im Kampf um Menschenrechte eingesetzt; werden rhetorisches Formelgut und narrative Muster wie Wiederholung, Frage und Antwort, rhythmisches Sprechen und dramatisierender Vortrag zur Kunstform entwickelt. James Weldon Johnson setzt dieser Volkspredigt 1927 in den freirhythmischen Versen seines Gedichtbandes *God's Trombones* ein Denkmal.

Predigt

Ist die Entwicklung einer mündlichen afro-amerikanischen Literatur einerseits als eine kreative Fortführung schwarzer Traditionen zu würdigen, muß andererseits gesehen werden, daß Anbindung an Mündlichkeit da zu einer Form kultureller Verbannung pervertiert, wo sie erzwungen wird – in den Südstaaten u.a. durch eine Gesetzgebung, die die Vermittlung der westlichen Kulturtechniken des Lesens und Schreibens unter Strafe stellt. Aus den *slave narratives* wissen wir, daß sich die Sklav/innen des ideologischen Zirkelschlusses bewußt waren, der sie fesselte: Durch legislative Maßnahmen wird ihnen der Zugang zur Schrift verwehrt, während gleichzeitig ihr Analphabetismus als Beweis ihrer Minderwertigkeit benannt wird. Die Aneignung dieser Kulturtechniken wird damit zum Akt des Widerstands und der Selbstemanzipation; die Fähigkeit zu lesen und schreiben repräsentiert den Sprung in die Freiheit.

Ausklammerung aus der Schriftkultur

Im 18. Jh. treten die ersten Schwarzen als literarische Subjekte in die geschriebene Literatur Nordamerikas ein, und sie überwinden damit eine der wichtigsten gegen sie errichteten kulturellen Barrieren. Es ist aber zugleich ein Schritt, der sie mit neuen Zwängen konfrontiert – den Zwängen eines von Weißen beherrschten Marktes: Verlagswesen, Buchhandel, Leserschaft. Dies bedeutet, daß ihre schriftlichen Äußerungen nur dann veröffentlicht und rezipiert werden, wenn sie das weiße Plazet finden, wenn sie sich den formalen und inhaltlichen Normen des dominanten Diskurses anpassen – woraus dann wiederum der Vorwurf einer epigonalen Literatur konstruiert wird. Ein neuer Zirkelschluß, Zwänge, die viele Schriftsteller/innen jedoch in ihrem *signifying*, im subtilen Einflechten afro-amerikanischer Inhalte und Strukturen hinterfragen und unterminieren.

Imitationsvorwurf

Das Werk Phillis Wheatleys ist hierfür beispielhaft. Phillis wird ca. 1753 in Gambia geboren und als Kind entführt. 1761 kaufen die Wheatleys das Mädchen in Boston. Sie erkennen ihre Begabung und lehren sie Lesen und Schreiben ebenso wie klassische Sprachen. Die Gedichte, die Wheatley zu schreiben beginnt, erregen weit über Neuengland hinaus Aufmerksamkeit, und ihre *Poems on Various Subjects, Religious and Moral* erscheinen 1773. Insgesamt sind 46 ihrer Gedichte erhalten. Obgleich die Dichtkunst der Sklavin Be- und Verwunderung auslöst, bezeugt ihre Rezeptionsgeschichte die Weigerung der euro-amerikanischen Literaturwissenschaft, in der schwarzen Poetik mehr zu sehen als die Imitation des Eigenen durch das Andere. Der Imitationsvorwurf gegenüber Wheatley basiert auf der Tatsache, daß sie Milton und Pope und die Dichtung des englischen Klassizis-

Frontispiz in Wheatleys *Poems*

mus als ihre Vorbilder benennt. Die Gedichte, mit denen sie ihre größten Erfolge feiert, sind Elegien – »On the Death of the Rev. Mr. George Whitefield. 1770«, »To His Excellency General Washington« –, sowohl formal als auch in der Setzung religiöser Bilder perfekte Adaptionen der im 18. Jh. populären Form. Die Anlehnung an die euro-amerikanische Dichtung kann also keinesfalls verleugnet werden. Im Gegenteil ist zu sehen, daß afro-amerikanische Dichter/innen bis in die Gegenwart hinein mit kanonisierten westlichen Formen wie Elegie, Ode und Sonett arbeiten, zum einen, um den Gleichheitsbeweis zu führen, um zu dokumentieren, daß sie mehr als *folk poetry* schaffen können, zum anderen, um über anerkannte Formen kritische, ja radikale Inhalte zu vermitteln. Claude McKays Sonett »If We Must Die« (1919) ist hierfür ein beredtes Beispiel. Und auch Wheatley warnt in ihrem Lobgesang »To the University of Cambridge, in New-England« die Harvard-Elite vor der Sünde der Hybris, vor dem Mißbrauch von Privilegien, beschuldigt in »On Being Brought from Africa to America« das Christentum des Rassismus:

> Some view our sable race with scornful eye,
> »Their colour is a diabolic die.«
> Remember, *Christians, Negroes*, black as *Cain*,
> May be refin'd, and join th' angelic train.

Vertraute Form – kritische Botschaft

Vertraute Formen und Bilder werden gesetzt, um etablierte rassistische Wahrnehmungsmuster, das Janusgesicht des christlichen Amerika zu hinterfragen.

Wheatleys Gedichte sind aber auch beipielhaft für den Synkretismus der afro-amerikanischen Kultur. Das Potpourri von Lob, Ironie, Kritik und Warnung, von Flehen und Dankbarkeitsbezeugung, das die oben genannten Gedichte charakterisiert, erinnert an den moralisierenden Tenor populärer afrikanischer Dichtung. Auffällig ist die Vorliebe für Lobeshymnen und Elegien in Wheatleys Dichtung. Aus R. Finnegans *Oral Literature in Africa* (1970) wissen wir jedoch, daß politische Lobgesänge zu den Aufgaben afrikanischer Dichtung gehören, und Frauen sind in vielen westafrikanischen Gesellschaften zuständig für den Vortrag von Elegien. Gestützt wird die Annahme, daß die Parallelen zu afrikanischen Strukturen nicht zufällig sind, durch die Häufung von Sonnenmetaphern in Texten einer Dichterin, die wahrscheinlich einer die Sonne verehrenden Kultur entstammt. In ihren Hymnen an den Morgen und den Abend folgt sie dem triumphalen Tagesablauf der Sonne, und in »On Imagination« findet die Sehnsucht der Dichterin nach Freiheit Bestätigung im Bild des Sonnenwagens, »Soaring through air to find the bright abode ...« Hinter scheinbar konventionellen Formen und Bildern wird eine Poetik der Befreiung sichtbar, die die afro-amerikanische Dichtung von Wheatley bis in unsere Gegenwart prägt.

Poetik der Befreiung

Der Dualismus von Einbindung in weiße Vorgaben und Streben nach Selbstrepräsentanz kennzeichnet auch die einflußreichste afro-amerikanische Textsorte vor dem Bürgerkrieg, das *slave narrative*. Im Normalfall handelt es sich dabei um diktierte oder selbst geschriebene autobiographische Erinnerungen ehemaliger Sklav/innen, von Abolitionist/innen in Auftrag gegeben. Im *slave narrative* verbindet sich in der Autobiographie, in Anlehnung an die religiöse Autobiographie und die säkularisierte Erfolgsgeschichte im Sinne Franklins, eine Textsorte, die zu den angesehendsten im calvinistisch geprägten Nordamerika gehört, mit Elementen des *captivity narrative*. Da die Auftraggeber dezidierte Vorstellungen davon entwickeln, wie ihr weißes Publikum zu gewinnen sei, unterwerfen sie die Autor/innen

slave narratives

strikten Auflagen, die die Formelhaftigkeit der Textsorte erklären. Sie fordern die Darstellung von physischer Gewalt und extremen Arbeitsbelastungen, der Zerstörung von Familien und des sexuellen Mißbrauchs; die Lebensweisen der Protagonist/innen enthalten die Stadien Sklaverei = Hölle = ägyptische Gefangenschaft; Flucht = Wanderungen der Israeliten = Suche nach Erlösung und Erkenntnis; und Freiheit im Norden = Gelobtes Land = Erlösung. Themen, die als kontraproduktiv für die politische Zielsetzung gelten, etwa gewaltsame Formen des Widerstands, werden unterbunden. Da um der Durchsetzung von Menschenrechten willen der Gleichheitsbeweis geführt werden muß, werden Darstellungen religiöser oder kultureller Praktiken vermieden, die mit Andersartigkeit assoziierbar sind. Faktizität, das Dokumentarische sind von prägender Bedeutung, und einleitende Briefe weißer Honoratioren garantieren die Authentizität des schwarzen Wortes. Doch obwohl diese Texte in hohem Maße fremdbestimmt sind, geben sie ihren afro-amerikanischen Verfasser/innen, die das Gesetz als Sachgut definiert, die Möglichkeit, ihr Recht auf Subjektivität gestaltend sichtbar zu machen. Und trotz aller Bindung an weiße Vorgaben gelingt es, narrative Strukturen, die in ihrer Kultur dominieren, beispielsweise den das Publikum involvierenden mündlichen Vortrag, in den schriftlichen Text einzubringen und ihm so eine spezifisch afro-amerikanische Dynamik zu verleihen: Bevor sie ihre Erinnerungen niederschreiben, erzählen viele der Ex-Sklav/innen ihre Geschichte auf unzähligen Versammlungen, und sie übernehmen Strategien des performativ dramatisierenden Vortrags – Rede- und Antwortmuster, Wiederholung, rhythmisches Sprechen – in die Autobiographien. Ebenso wichtig wird die Kunst des *signifying*, beispielsweise das Jonglieren mit Farbmetaphern, aber auch das beredte Schweigen, Auslassen.

Jarena Lee. Mit ihrem Text *Life and Religious Experience of Jarena Lee* (1836) beginnt die afro-amerikanische autobiographische Frauenliteratur. Lee forderte als erste Frau von der methodistischen Kirche das Recht zu Predigen.

Vortrag und Autobiographie

Die ersten *slave narratives* erscheinen bereits im 18. Jh. – 1760 die Erinnerungen Briton Hammons, 1785 die John Marrants, schließlich 1789 das genreprägende *Narrative of the Life of Olaudah Equiano, or Gustavus Vassa, the African*. Etwa 1745 in Benin geboren und als Kind geraubt, überlebt Equiano nicht nur das Trauma von Entwurzelung und Atlantiküberquerung, sondern wird mit Formen von Sklaverei in der Karibik, den Südstaaten und England konfrontiert. Er schreibt seine Lebensgeschichte rückblickend als freier Christ in London, eine schwarze Kolumbiade, in deren Zentrum die erschütternde Begegnung des schwarzen Menschen Equiano als Repräsentant von Zivilisation mit den hautlosen Un-Menschen als Repräsentanten von Barbarei steht – eine genuine Umkehrung des westlichen Diskurses –, die Aneignung der Neuen Welt, ihrer Sprache, ihrer Religion, ihrer Kultur. Dieser Publikumserfolg wird in der christlichen Orientierung des Autors und seinem hohen Bildungsgrad, v. a. aber dem Streben Equianos nach persönlicher Freiheit zum Vorbild für das *slave narrative* des 19. Jh.s.

Zur Massenliteratur avancieren *slave narratives* ab ca. 1830 unter der Schirmherrschaft des Abolitionismus. Zwei repräsentative Texte sind *Narrative of the Life of Frederick Douglass, an American Slave, Written by Himself* (1845) und Harriet Jacobs' *Incidents in the Life of a Slave Girl, Written by Herself* (1861). Beide Erzählungen gestalten eine Lebensreise aus der Knechtschaft in die Freiheit, doch wählen sie unterschiedliche Schwerpunktsetzungen: Für Douglass sind Streben nach persönlicher Freiheit und nach Bildung identisch. Seine Herrin beginnt, ihn Lesen und Schreiben zu lehren, ihre Bemühungen werden jedoch von ihrem Mann unterbunden. Douglass begreift, daß die Macht der Weißen über Schwarze mit ihrem Alleinbesitz des geschriebenen Wortes zusammenhängt. Dieses Wissen

Frederick Douglass

macht ihn zum innerlich freien und rebellischen Mann, den selbst der Sklavenbrecher nicht mehr unterwerfen kann. Douglass faßt seine Entwicklung vom Sklaven zum Bürger, die zugleich eine Emanzipation aus geistiger Unmündigkeit ist, in eine großartige Metapher, in der Sklave und Bürger/ Dichter im Text eins werden: »My feet have been so cracked with the frost, that the pen with which I am writing might be laid in the gashes.«

Harriet Jacobs

Jacobs' Autobiographie konzentriert sich auf den Aspekt der Sklaverei, der in dem durch Männer geprägten Genre vernachlässigt wird – die sexuelle Ausbeutung der Sklavin. Die Ex-Sklavin, geschützt in der Persona von Linda Brent, wird von ihrem Herrn sexuell belästigt. Sie versteckt sich sieben Jahre auf einem Dachboden und flieht schließlich in den Norden. Der Text arbeitet mit Motiven des sentimentalen Romans, um über vertraute Strukturen das Leiden der Sklavin v. a. weißen Leserinnen begreifbar zu machen, um gegen das Fremdbild der schwarzen Frau als dem gewissenlosen Triebwesen anzuschreiben, aber auch, um die Doppelbödigkeit viktorianischer Moralvorstellungen zu dekuvrieren. Noch in einem weiteren Punkt unterscheiden sich die beiden Texte: Douglass porträtiert sich als Sklave und v. a. in der Fluchtphase als schwarze Verkörperung des in der weißen Literatur populären *loner* und gibt damit den Typus Held in der von Männern geschriebenen afro-amerikanischen Literatur von Charles W. Chesnutt über Richard Wright bis Charles Johnson vor. Jacobs hingegen sieht sich – wie später die Protagonistinnen Hurstons, Walkers, Toni Morrisons und der afro-amerikanischen Frauenliteratur, als soziales Wesen, dessen Flucht und Überleben nur durch die Solidarität anderer Schwarzer und weißer Frauen möglich wird.

Trendsetter

Struktur und Inhalt des *slave narrative* haben paradigmatische Qualität für die afro-amerikanische Autobiographie – für Hurston, Wright, Malcolm X, Maya Angelou. Mehr noch: Sie beeinflussen lange das weiße Bild von der Sklaverei; sie gehen mit *Uncle Tom's Cabin* (1852) in die euro-amerikanische Literatur ein, und sie bestimmen auch die Themensetzung des afro-amerikanischen Romans, der Kurzerzählung und des Dramas vor dem Bürgerkrieg. Viele Autorinnen und Autoren nutzen jedoch den relativen Freiraum, für den das Fiktionale steht, um Themen zu gestalten, die die Autobiographie ausklammern muß. Der Ex-Sklave William Wells Brown, dessen *Narrative* 1847 zum Bestseller avanciert, veröffentlicht 1853 den ersten afro-amerikanischen Roman, *Clotel, or The President's Daughter*, in dem er das Gerücht um Jeffersons Beziehung zu einer Sklavin aufarbeitet und in Clotel eine Mulattin das Schicksal erleiden läßt, dem Stowes Eliza entgeht. Sexuelle Beziehungen zwischen weißen Männern und schwarzen Frauen, das Leid der Kinder aus diesen Beziehungen stehen im Zentrum der Romanhandlung. Das Tabuthema des *slave narrative* – Gewalt gegen Weiße – wird 1853 in der Kurzerzählung »The Heroic Slave« von Douglass aufgegriffen, die Planung eines Sklavenaufstandes, der Haß des Sklaven gegen seine Unterdrücker 1859 in Martin R. Delanys Roman *Blake, or The Huts of America*. Der freie Norden, Ort der Erlösung im *slave narrative*, ist in Harriet E. Wilsons *Our Nig* (1859), dem ersten von einer Frau geschriebenen Roman der afro-amerikanischen Literatur, der Elemente des sentimentalen Romans mit denen des *slave narrative* verbindet, ein Straflager, in dem die nur formalrechtlich freie Protagonistin schamlos ausgebeutet wird, und in Frank J. Webbs *The Garies and Their Friends* (1857) erleben freie Schwarze in Philadelphia in Rassenunruhen den Haß der Weißen, wird einem gemischten Paar die Trauung verweigert, werden Mulatt/innen zur Flucht in die weiße Rasse getrieben. Wie die mündlich

slave narrative und andere Gattungen

überlieferte Literatur des schwarzen Amerika, wie die Dichtung Wheatleys und Moses Hortons, wie das *slave narrative* leben also auch Kurzerzählung und Roman aus dem Konnex ästhetischer und politischer Funktion, stellen sie sich der Herausforderung, in einem von Weißen dominierten literarischen Umfeld die Erfahrungen, die Forderungen, die Vorstellungen von Literatur, so wie sie innerhalb ihrer kulturellen Matrix existieren, zu repräsentieren, auch wenn sie dies häufig nur verwirklichen können, indem sie die von Paul Laurence Dunbar beklagte Maske der Unterwerfung tragen.

We Wear the Mask. Vom Bürgerkrieg zur Harlem Renaissance

Das Versprechen von Freiheit, die Hoffnung, für die Emanzipation und Rekonstruktion stehen, enden für die afro-amerikanische Bevölkerung mit dem Hayes-Kompromiß 1877. Die folgenden Jahrzehnte sind gezeichnet durch die die Segregation betreibende Jim Crow-Gesetzgebung, Ku Klux Klan, Entrechtung und Ausbeutung, Ausgrenzung und Demütigung, schließlich die Festschreibung des Prinzips Rassentrennung durch den Obersten Gerichtshof. Unterstützt werden diese Entwicklungen durch einen revisionistischen öffentlichen Diskurs. U. a. in den Erzählungen der Plantagen-Schule (T. N. Page, J. Ch. Harris) wird der Vorkriegssüden als Cavalier-Gesellschaft idealisiert, in der paternalistische Weiße für Horden glücklicher Sambos – das von Weißen geschaffene Stereotyp des sozial inkompetenten Clowns – sorgten; und in den Haßtiraden von T. Dixons *The Leopard's Spots* (1902) und *The Clansman* (1905), oder in Filmen wie D. W. Griffith' *The Birth of a Nation* wird das Bild vom Schwarzen als der nicht zivilisierbaren Bestie verfestigt – eine Re-vision amerikanischer Geschichte, angesichts derer Ch. H. Nichols 1949 resignierend eingesteht, der Bürgerkrieg sei ideologisch vom Süden gewonnen worden.

Es ist nicht verwunderlich, daß auch die afro-amerikanische Literatur von diesem virulenten Rassismus geprägt wird. Um so mehr ist die Leistung derjenigen Schriftsteller/innen zu würdigen, die sich angesichts dieser gewaltsamen Ausgrenzung, angesichts der erdrückenden Verfügungsgewalt des weißen Amerika über das Wort um Repräsentation afro-amerikanischen Erlebens, eines afro-amerikanischen Ethos bemühen. Wie vor dem Krieg ist eine solche Selbstdarstellung nur möglich durch scheinbare Anpassung an weiße Normen, durch Praktizierung des von Dunbar in seinem bekanntesten Gedicht besungenen »We wear the mask«.

In einer Zeit, in der Jim Crow die Herrschaft übernommen hat, produziert das schwarze Amerika einen integrationistischen Gegendiskurs. Bindeglied auf der literarischen Ebene zwischen Sklaverei, Rekonstruktion und Segregationsjahren ist Frances Ellen Watkins Harper, 1825 als Freie in Baltimore geboren. Sie schreibt Zeitungsartikel, Gedichte, Kurzgeschichten, Romane – ein umfangreiches, heterogenes Werk, gekennzeichnet durch das Bemühen Harpers, ihre politischen und ästhetischen Intentionen in Übereinstimmung zu bringen: Kanonisierte Formen verbinden sich mit sozialkritischen und -reformerischen Inhalten. Wie ihre Auseinandersetzungen mit *Uncle Tom's Cabin* zeigen, ist es ihr Anliegen, die falsche Repräsentanz schwarzen Erlebens im weißen Text zu korrigieren. So reagiert sie prompt auf die melodramatische Fluchtepisode der Eliza, indem sie in ihrem Gedicht »Eliza Harris« (1853) die Perspektive Elizas ins Zentrum des dichterischen Interesses rückt und sie als eine Frau porträtiert, die eine bewußte Entscheidung trifft, statt instinktiv zu reagieren. In den sechs Aunt Chloe Gedichten, 1872 in *Sketches of Southern Life* veröffentlicht, wird Stowes

Jim Crows Herrschaft

Die Skulptur der afroamerikanischen Bildhauerin Edmona Lewis *Forever Free* (1867) feiert Abraham Lincolns Proklamation der Sklavenbefreiung.

Frances E. W. Harper

Ein gelynchter Schwarzer. Südstaaten in den 30er Jahren

treue Seele Chloe wiedergeboren als die starke, durch ihren Heroismus des Überlebens charakterisierte Frau, die Kontinuität von Familie und Dorf garantiert, die Lesen lernt, die ihre Hütte nicht als Geschenk empfängt, sondern mit ihrem selbstverdienten Geld kauft: »Then I got a little cabin / A place to call my own – / And felt as independent / As the queen upon her throne.« Damit wird sie zum Prototyp der Frau in der afro-amerikanischen Frauenliteratur von Hurstons Janie bis Morrisons Pilate.

Iola Leroy

Auch Harpers Prosa ist ganz ihren reformerischen Intentionen verbunden. »Minnie's Sacrifice« antizipiert 1869 als politische Aussage, was Harpers 1892 veröffentlichter Roman über das Schicksal einer Mulattin während Sklaverei, Bürgerkrieg und Rekonstruktion, *Iola Leroy*, prägt: Die Lösung der Rassenproblematik liegt nicht im Entkommen einzelner – im Eintauchen der hellhäutigen Minnie und Iola in die weiße Rasse –, sondern in der Identifizierung mit den Ausgeschlossenen im Kampf um Bürgerrechte. »I must serve the race which needs me most«, begründet Iola ihre Entscheidung für das schwarze Amerika.

Charles W. Chesnutt

Charles W. Chesnutt kann seine ersten Kurzerzählungen nur veröffentlichen, weil der Verlag seine ethnische Identität verschweigt und weil die Erzählungen mit der Plantagen-Schule assoziierbar sind. Aus Tagebucheinträgen geht jedoch hervor, daß Chesnutt diese Anlehnung praktiziert, nicht um den Alten Süden zu verklären, sondern um über das populäre Genre etablierte Wahrnehmungsmuster zu revidieren. »The object of my writings would be not so much the elevation of the colored people as the elevation of the whites -« verkündet er in radikaler Umkehrung des kultur- und rassenhierarchischen WASP-Diskurses, »for I consider the unjust spirit of caste ... a barrier to the moral progress of the American people.« In *The Conjure Woman* und *The Wife of His Youth and Other Stories of the Color Line* (1899) schreibt Chesnutt an gegen die Sambo-Stereotype der Plantagen-Schule, indem sich sein Erzähler Uncle Julius McAdoo zum einen über seine teils komischen, teils melodramatischen Erzählungen die Sympathie seines weißen Gegenübers aus dem Norden und persönliche Vorteile sichert, zum anderen eine Welt von der Bedrohlichkeit des Schauerromans schildert, in der Sklav/innen sich durch Einsatz von Intelligenz und Voodoo gegen die weiße Übermacht wehren und Rache an denen nehmen, die sie mißhandeln. In der Bedeutung, die er schwarzen Volksmythen, religiösen Praktiken und damit einem eigenständigen afro-amerikanischen Ethos einräumt, stellt Chesnutt zentrale ästhetische und soziale Annahmen des dominanten literarischen Diskurses der Zeit, des Realismus, infrage.

Erst der Erfolg dieser Erzählungen ermöglicht es Chesnutt, seinen Roman *The House Behind the Cedars* (1900) zu veröffentlichen. Protagonistin ist die Mulattin Rena, die für einige Zeit als Weiße lebt, als Lehrerin in das schwarze Amerika zurückkehrt und schließlich an ihrem Identitätskonflikt zugrundegeht. Chesnutt thematisiert hier das in der Literatur der Zeit populäre Motiv des tragischen Mulatten: Ein Mitglied der afro-amerikanischen Intelligentsia wird angesichts eines ausweglosen Rassismus verleitet, in das weiße Amerika hinüberzuwechseln; es ist jedoch eine Entscheidung, die als Verlust bzw. Verrat gedeutet, eine Metamorphose, die als tragisch empfunden wird. In unzähligen Varianten wird in den folgenden Jahrzehnten dieses Grundmuster von fließender Identität und Grenzüberschreitung rezipiert – in J.W. Johnsons *The Autobiography of an Ex-Colored Man* (1912), in Nella Larsens *Quicksand* (1928) und *Passing* (1929) bis hin zu Ch. Johnsons *The Oxherding Tale* (1982) und John Edgar Wideman. 1901 erscheint der Roman *The Marrow of Tradition*, in dem Chesnutt unter Bezugnahme auf Rassenunruhen in Wilmington 1898 die Auswirkungen des Rassismus ohne jeden Versuch der Beschönigung gestaltet und sogar Formen bewaffneten schwarzen Widerstands darstellt. Trotz des Versöhnungsendes ist die Kritik an der furchtbaren Allianz von Kommerz und Demagogie in solcher Schärfe formuliert, daß Chesnutt der Vorwurf gemacht wird, Haßliteratur zu schreiben. 1905 erscheint sein pessimistischster Roman, *The Colonel's Dream*, der angesichts des vergeblichen Bemühens eines aufgeklärten Südstaatlers, die Rassenbeziehungen in seiner Gemeinde zu verbessern, die ausweglose Situation des Südens entlarvt.

Tragische Mulatt/innen

Haßliteratur

Basiert Chesnutts Erfolg v. a. auf seiner Anlehnung an die Plantagentradition, wird Dunbar vom weißen Publikum gefeiert als Dialekt- und Volksdichter. Als 1896 seine *Lyrics of Lowly Life* erscheinen, preist ihn W.D. Howells als »the first instance of an American Negro who has evinced innate distinction in literature«. Zwei Themen bestimmen diese Dialektgedichte, die das zeitgenössische Publikum annimmt, da sie sein Bild vom Schwarzen zu bestätigen scheinen, und die die gegenwärtige Literaturkritik aufgrund seiner Setzung eines schwarzen Idioms als seine überzeugendste ästhetische Leistung wertet – Pathos und Humor. Dunbar vermeidet hier ebenso wie in seinen Kurzerzählungen und Romanen politisch brisante Themen. Obgleich sein Erfolg auf diesen Dialektgedichten basiert, ist seine Haltung zu dieser Form der Dichtung jedoch äußerst ambivalent. Wie viele andere afro-amerikanische Dichter/innen vor und nach ihm, wie J.W. Johnson, Sterling A. Brown, William Stanley Braithwaite, Countee Cullen, Gwendolyn Brooks, Margaret Walker, Robert Hayden, F.E.W. Harper u.a., wehrt er sich verzweifelt dagegen, daß seine Wertschätzung auf diesen »jingles in a broken tongue«, wie er es in »The Poet« nennt, basiert, auf einer Dichtung, die Weiße als »coon songs« im »nigger dialect« der *minstrel show* belächeln. Nur wenige seiner Texte können dem Bereich Protestliteratur zugeordnet werden – seine »Ode to Ethiopia«, in der er sich mit

Paul Laurence Dunbar

Paul Laurence Dunbar

William E. B. DuBois

dem Schicksal seiner »Mother Race« identifiziert: »I know the pangs which thou didst feel«; sein gegen die Lynchjustiz gerichtetes Gedicht »The Haunted Oak«; schließlich das berühmte »We Wear the Mask«. Verbundenheit mit Afro-Amerika, die Liebesgedichte an schwarze Frauen wie »Dinah Kneading Dough« und »Dely« trägt, und Protest gegen die von außen aufgezwungene Bindung kennzeichnen das Werk dieses innerlich zerrissenen Schriftstellers.

1903 erscheint die intellektuelle Unabhängigkeitserklärung Afro-Amerikas, William E. B. Du Bois' *The Souls of Black Folk*, eine Mischung aus wissenschaftlichen Analysen, Biographie, Autobiographischem, Fiktion. Angesichts einer weißen Welt, die glaubt, im Segregationsentscheid des Obersten Gerichtshofs das Rassenproblem gelöst zu haben, formuliert Du Bois den Einspruch des ausgeklammerten Anderen, das nicht ruhen wird, bis es in seine Rechte eingesetzt ist: »The problem of the twentieth century is the problem of the color line.« Er hat Recht behalten.

Lips Like a Honeycomb. Die Harlem Renaissance

Das Streben des schwarzen Amerika nach Selbstrepräsentanz kulminiert in der Harlem Renaissance, einer Phase des kulturellen Nationalismus zwischen dem Ersten Weltkrieg und der Weltwirtschaftskrise. In den *Roaring Twenties* wird Harlem zur Hauptstadt Afro-Amerikas, in der Künstler und Intellektuelle zusammenströmen, um ein neues schwarzes Selbstbewußtsein, den *New Negro*, zu zelebrieren. Eine Reihe von Ereignissen tragen dazu bei,

Nigger Heaven

Harlem zu dem von C. Van Vechten besungenen *Nigger Heaven* (1926) zu machen – die schwarze Massenmigration in den Norden; die europäische Kriegserfahrung schwarzer G.I.s und ihre Verbitterung angesichts des fortbestehenden Rassismus im eigenen Land; die Suche eines in seinem Selbstverständnis erschütterten weißen Amerika, der *lost generation*, nach alternativen Lebensformen; die Prosperität der Coolidge-Ära und die Blütezeit der Unterhaltungsindustrie. Kultur-*slumming* wird zur Modeerscheinung: Weiße füllen – segregierte – schwarze Nachtclubs und tanzen auf Harlemer Hausparties; die dominante Kultur öffnet sich Ragtime und Frühformen des Jazz; Picasso ›entdeckt‹ afrikanische Malerei und Skulptur; Paris betet Josephine Baker an; P. Greens, E. O'Neills und R. Torrences ›schwarze‹ Dramen sind Kassenschlager; S. Anderson, W. Frank, D. Heyward und Van Vechten schreiben ›schwarze‹ Romane; der Westinder Marcus Garvey mobilisiert mit seinen separatistischen Thesen Millionen. »America«, schreibt der Theoretiker Harlems, Alain Locke, in *The New Negro* (1925), »had to reckon with a fundamentally changed Negro, a new Negro.«

Alain Locke

Programmatik

1922 formuliert J. W. Johnson im Vorwort zu *The Book of American Negro Poetry* Programmatik und Selbstverständnis dieser kulturellen Renaissance, als er den »colored poet« auffordert, »to find a form that will express the racial spirit by symbols from within rather than by symbols from without ... a form that is freer and larger than dialect, but which will still hold the racial flavor; a form expressing the imagery, the idioms, the peculiar turns of thought, and the distinctive humor and pathos, too, of the Negro, but which will also be capable of voicing the deepest and highest emotions and aspirations, and allow of the widest range of subjects and the widest scope of treatment.« Nur drei Jahre später benennt Locke in *The New Negro* Selbstrepräsentation und Ausformung authentischer Ausdrucksformen als einzig legitime Norm einer schwarzen Ästhetik, die er als Beitrag zur kulturellen Regeneration Amerikas feiert.

Doch die Dichtung der Zeit ist zurückhaltend, voller Zweifel: Der gebildete New Yorker Countee Cullen beruft sich auf die englische Klassik und Keats, um über diese etablierten Formen und Bilder die Brüche poetisch zu fassen, die zwischen Euro- und Afro-Amerika existieren, um, wie in »Heritage«, über das verzweifelte »What is Africa to me?« die Exilqualität eines gespaltenen afro-amerikanischen Seins zu thematisieren, denn »Not yet has my heart or head / In the least way realized / They and I are civilized.«

Countee Cullen

Der aus Jamaika stammende Claude McKay hat dort bereits zwei Gedichtbände im westindischen Dialekt veröffentlicht, bevor er in die USA auswandert. Seine in den Harlemer Jahren unter dem Einfluß der experimentellen Literaturwelt von Greenwich Village und aus seinem Interesse an sozialistischen Ideen geschriebenen Gedichte aber verbinden eine gehobene poetische Diktion und das klassische Sonett mit Aufrufen zu militantem Widerstand gegen die Gewalt, die vom amerikanischen Alltagsrassismus ausgeht. Beispielhaft für diese Kopplung kanonisierter Form mit radikalem Inhalt ist das Sonett »If We Must Die«, geschrieben 1919 in Reaktion auf Rassenunruhen, das nach dem flehenden Auftakt eines »If we must die, let it not be like hogs« in dem Reimpaar gipfelt: »Like men we'll face the murderous, cowardly pack, / Pressed to the wall, dying, but fighting back!«

Claude McKay

Alberta Hunter

Erst Langston Hughes gesteht den in der mündlichen Tradition und der afro-amerikanischen Musik entwickelten Formen, v.a. dem gesprochenen Idiom des ländlichen Südens ebenso wie des urbanen Nordens, einen gleichwertigen Platz neben der Hochsprache zu, und er ist der Dichter, der in seinen Bänden *The Weary Blues* (1926) und *Fine Clothes to the Jew* (1927) das Musik-Idiom, Elemente von Spiritual und Ballade, Blues und Jazz konsequent in die Dichtung überträgt, um, wie er in seinem programmatischen »The Negro Artist and the Racial Mountain« (1926) erklärt, die Literatur über »The tom-tom cries and the tom-tom laughs« von fremdbestimmenden Formzwängen und Inhalten zu befreien. Im »Bound No'th Blues« heißt es dazu:

> Road's in front o' me,
> Nothin' to do but walk,
> Road's in front o' me,
> Walk … an' walk … an walk.
> I'd like to meet a good friend
> To come along an' talk.

Duke Ellington

Hughes ist es auch, der sich wie kein anderer um eine Weiterentwicklung des Dramas bemüht. Trotz der Aufmerksamkeit, die afro-amerikanische Kultur in diesen Jahren erregt, sind die Bühnenerfolge Texte weißer Autoren mit schwarzem Gegenstand. Nur wenige schwarze Schriftsteller/innen wenden sich dem Drama zu, und nur wenige ihrer Stücke, meist Einakter, gelangen zur Aufführung – Angelina Grimkés *Rachel* (1916,1920), Hurstons und Hughes' *Mule Bone*, Garland Andersons *Appearances*, Hall Johnsons *Run, Little Chillun*, Wallace Thurmans *Harlem*. Afro-Amerikaner/innen haben bis zu diesem Zeitpunkt kaum Zugang zur Welt des Theaters; sie sind weder auf der Bühne noch im Publikum erwünscht, und so ist es kaum verwunderlich, daß auch Schriftsteller/innen – von Ausnahmen wie W.W. Brown mit seinem Fluchtmelodram *The Escape, or A*

Drama und Theater

Langston Hughes

Jean Toomer

The folk!

Claude McKay

Leap for Freedom (1858) abgesehen – kaum Interesse an diesem Genre entwickelt. Hughes versucht, diese offensichtliche Lücke zu schließen, indem er, allerdings in den 30er Jahren, mit *Mulatto, Little Ham, Troubled Island, Joy to My Soul* und *Don't You Want to Be Free* nicht nur Volksstücke bzw. sozial engagierte Dramen schreibt, sondern nach dem Vorbild der *little theater*-Bewegung Gesellschaften ins Leben ruft, die Texte schwarzer Dramatiker/innen aufführen – in Harlem das Suitcase Theatre, in Los Angeles das Negro Art Theatre, schließlich die Skyloft Players in Chicago. Das hier sichtbar werdende Interesse findet Niederschlag auch in den Dramenwettbewerben, die Zeitschriften wie *Crisis* und *Opportunity* veranstalten, ebenso wie in der Anthologie *Plays of Negro Life*, die Locke und Montgomery Gregory 1927 herausgeben.

Ein avantgardistisch experimentelles Miteinander von Prosa- und Gedichtformen mit dramatischen Passagen verbindet sich in Jean Toomers *Cane* (1923) mit dem Versuch des Intellektuellen aus Washington, D.C., das Lebensgefühl der Menschen Georgias einzufangen, die Landschaft des Südens zu erfühlen, vermittelt v.a. im ersten Buch aus der Perspektive instinktbetonter, erdgebundener, vitaler Protagonistinnen wie Louisa in »Blood-Burning Moon«. In krassem Kontrast zu diesem ersten Teil des Bandes steht im zweiten die Darstellung eines häufig gequälten, fragmentarisierten städtischen Bewußtseins in Erzählungen, deren Protagonist/innen in ihrer Mehrheit Intellektuelle sind. Eine Zusammenführung dieser beiden Ebenen erfolgt im dritten Buch in »Kabnis«, in der Begegnung des aus der Stadt kommenden Lehrers Kabnis mit einem im Wandel befindlichen ländlichen Georgia. Eingestreut finden sich Arbeitslieder wie der »Cotton Song« mit seinem emphatischen »Nassur; nassur,/ Hump./ Eoho, eoho, roll away! / We aint agwine t wait until the Judgment Day!«, impressionistisch geprägte Freiverse, Gedichte, die in Bildlichkeit und Rhythmus der *folk poetry* entlehnt sind und das Lebensgefühl des schwarzen Südens vertreten sollen. In seinem spielerischen Experimentieren mit Formen und Inhalten im Sinne der Moderne ist *Cane* ein erster Bruch mit der afro-amerikanischen Protestliteratur.

Das Ziel der Ästhetik der Harlem Renaissance, das Lebensgefühl des anderen, des auch in der schwarzen Literatur kaum repräsentierten Afro-Amerika – der Landbevölkerung des Südens, der Menschen in den Gettos – unter Würdigung ihres eigenen Idioms zu gestalten, formt die Prosaliteratur dieser Zeit, v.a. den Roman. In Rudolph Fishers *The Walls of Jericho* (1928) trifft die schwarze Bourgeoisie mit Protagonist/innen aus dem Arbeiter- und Unterhaltungsmilieu zusammen – keinesfalls Sambogestalten, sondern in ihrer Gettosprache, in ihrer Gestik und Mimik, in der Dynamik ihres Miteinanders differenziert herausgemeißelte Individuen. Bar und Kitchenette, Straßenleben, Hausparties, Prostitution und Kartenspiel, Humor, Spontaneität und Gewalt, miserable Arbeitsbedingungen, Streiks und eine entspannte Arbeitsethik charakterisieren die Atmosphäre Harlems in McKays *Home to Harlem* (1928), so wie sie von seinem Helden, dem Gelegenheitsarbeiter Jake, und dessen Freund, dem Intellektuellen Ray, erlebt wird. Es sind die »easy, simple things«, die Vitalität des Gettos, die Harlem zur Heimstatt des Gefühlsmenschen Jake machen, die aber McKay den Vorwurf einbringen, dem Primitivismuskult zu huldigen. In seinem zweiten Roman, *Banjo* (1929), erweitert McKay, der diese Romane während eines mehrjährigen Exils schreibt, das Blickfeld über Harlem hinaus, indem er die Frage nach den Beziehungen von Angehörigen farbiger Völker aus aller Welt, v.a. aber nach der Rolle des schwarzen Intellektuellen im internationalen Kontext thematisiert. Das Gefühl einer tragenden Verwurzelung aber stellt sich erst in Texten ein, in denen McKay nach Jamaika zurückfindet, in einigen Kurzerzählungen von *Gingertown* (1932) und dem Roman *Banana Bottom* (1933), bezeichnenderweise vermittelt über eine Frau, die schwarze Intellektuelle Bita. McKay selbst findet keine wirkliche Heimat in der Harlem Renaissance.

Die Vollendung ihres ästhetischen Anspruchs erfährt die Prosaliteratur der Zeit erst in den 30er Jahren, im Werk von Hurston, deren Kurzerzählungen bereits in den 20ern u. a. in *Opportunity* erscheinen. Ihr autobiographischer Roman *Jonah's Gourd Vine*, in dem sie die Geschichte ihres Prediger-Vaters unter Einflechten von Voodoo-Motiven aufarbeitet, wird 1934 publiziert, gefolgt von den Ergebnissen ihrer Feldforschung, *Mules and Men* (1935) und *Tell My Horse* (1938). Ihr historischer Roman *Moses, Man of the Mountain* (1939) porträtiert Moses als Voodoo-Priester. Der Glanzpunkt ihres Schaffens aber ist *Their Eyes Were Watching God* (1937), ein Roman, der wie kein anderer Text der zeitgenössischen Literatur das weiße Amerika an die Peripherie verweist, um sich ganz dem Lebensgefühl, der Perspektive, dem Ethos, dem Idiom des schwarzen Südens zu widmen. Protagonistin und Erzählerin ist die sinnlich vitale Janie. Nach dem Tod ihres dritten Mannes, des Musikers und Landarbeiters Tea Cake, kehrt sie in ihre Gemeinde zurück, um ihrer Freundin und über sie der schwarzen Gemeinschaft als weiblicher *griot* – die traditionelle afrikanische Erzählerfigur – ihre Lebensgeschichte zu erzählen. Emanzipation als Frau und Inbesitznahme des Wortes gehören zusammen. In diesem Bekenntnis zu einer weiblichen schwarzen Perspektive, zu einem eigenständigen Ethos antizipiert Hurston, was die afro-amerikanische Literatur der letzten Jahrzehnte unseres Jahrhunderts kennzeichnet – den von Rechtfertigungs- und Anpassungszwängen befreiten literarischen Diskurs innerhalb der eigenen kulturellen Matrix. Hurston wird zur Mutterfigur der afro-amerikanischen Frauenliteratur der folgenden Jahrzehnte, deren Ästhetik im Sinne einer Intertextualität afro-amerikanischer Literatur, besonders aber Frauenliteratur in Dorothy Wests *The Living Is Easy* (1948), Brooks' *Maud Martha* (1953), A. Walkers *Meridian* (1976) und *The Color Purple* (1982), Gloria Naylors *Linden Hills* (1985), Toni Cade Bambaras »My Man Bovanna« (*Gorilla, My Love*, 1972), Paule Marshalls *Brown Girl, Brownstones* (1981), in Morrisons Romanwerk, schließlich in den Gedichten von Audre Lorde und den Dramen Ntozake Shanges und Adrienne Kennedys von Generationen von Frauen rezipiert und weiterentwickelt wird.

Die Harlem Renaissance ist Höhepunkt eines sich über Jahrhunderte erstreckenden Strebens des schwarzen Amerika nach Selbstrepräsentation, gleichzeitig aber soll nicht geleugnet werden, daß auch die Literatur dieser Epoche durch eine von Weißen dominierte Kulturlandschaft fremdbestimmt ist, einen Literaturmarkt, der die spezifischen Ausdrucksformen Afro-Amerikas nicht nur toleriert und fördert, sondern sie, etwa im Primitivismuskult, einfordert und pervertiert. Das Interesse erstirbt mit dem wirtschaftlichen Zusammenbruch. Das weiße Amerika zieht sich aus einem Harlem, das einen zu starken Gettogeruch auszuströmen beginnt, zurück. Nicht alle afro-amerikanischen Teilnehmer/innen sind überrascht: Der Journalist Thurman entlarvt schon 1929 in seinem Roman *The Blacker the Berry* den Rassismus innerhalb Afro-Amerikas, den auch das Selbstbewußtsein des *New Negro* nicht übertünchen kann, und George S. Schuyler bestätigt Thurman 1931 in seiner Satire *Black No More* im freiwilligen kollektiven Erbleichen des schwarzen Amerika. Und 1932 gibt Thurman in *Infants of*

Zora Neale Hurston

Zora Neale Hurston

Scheitern

William H. Johnson, »Sowing« (um 1940)

Auswirkungen

the Spring die ›Niggerati‹ von Harlem – von Cullen über Du Bois bis Hurston – der Lächerlichkeit preis. Dennoch: die Harlem Renaissance ausschließlich in Bilder des Versagens zu kleiden, heißt, ihren Beitrag zum Prozeß der afro-amerikanischen Selbstfindung und -repräsentation verleugnen. Ihre Bereitschaft, tradierte Wahrnehmungsmuster zu hinterfragen und zu durchbrechen, eröffnet neue Möglichkeiten, auf denen die folgenden Generationen künstlerisch und literarisch aufbauen können.

A Dream Deferred. Von der Weltwirtschaftskrise zur Bürgerrechtsbewegung

Die Depression setzt der Euphorie der Goldenen Zwanziger ein bitteres Ende, Harlem wird vom ›Nigger Heaven‹ zum Slum, dem auch viele Literaten desillusioniert den Rücken kehren – u. a. Hurston und Hughes. Das modische Interesse am exotischen Anderen erstirbt, nicht jedoch der Wille dieses Anderen, seine Ansprüche zu formulieren. Eine neue literarische Generation mit neuen politischen Orientierungen macht sich zum Sprachrohr, und sie findet neue Alliierte auch unter Weißen. Desillusionierung und Not machen diese Generation in den 30er und 40er Jahren aufnahmefähig für das politische Gedankengut der Linken. Für einige Jahre gehen viele von ihnen Verbindungen ein, die ihnen nicht nur helfen, neue Perspektiven zu entwickeln und ihre Isolation zu überwinden, sondern in denen ihnen über Zeitschriften wie *The New Masses* zudem interessante Publikationsmöglichkeiten geboten werden. Breitenwirksame Förderung erfährt die afro-amerikanische Literatur aber erstmals auch von regierungsoffizieller Seite im Federal Writers Project (FWP), das ihnen ein Einkommen gewährt und sie mit anderen Intellektuellen zusammenbringt. Die Texte, die in dieser politischen Atmosphäre entstehen, sind schonungslose Gestaltungen der amerikanischen Misere, scharfe Anklagen gegen Rassismus und Ausbeutung im Sinne des sozialen Realismus. Dieser Protestschrei löst das Hohelied der vitalen afro-amerikanischen Volkskultur ab. Trotz der Schärfe der Anklage aber ist diese Literatur noch immer bestimmt von einer integrationistischen Botschaft, der Hoffnung, über das *J'Accuse* aufklären und öffnen zu können.

Die Auswirkungen dieser Reorientierung werden scheinwerferartig erhellt in der Metamorphose, die Richard Wright McKays sinnlichem Helden Jake zumutet: Der Lebenskünstler aus *Home to Harlem* wird in *Lawd Today* (1935–37; posthum 1963) als ein entfremdeter Postarbeiter wiedergeboren, der die Monotonie der Arbeitswelt, das Elend des Gettos in seiner Vergnügungssucht und in Gewaltausbrüchen gegen seine Frau sublimiert. In seiner Kurzgeschichtensammlung *Uncle Tom's Children* (1938) überwindet Wright, der sich in dieser Phase der KP anschließt, die Perspektivelosigkeit seines ersten Romans. Bereits 1937 formuliert er in »Blueprint for Negro Writing« sein Bekenntnis zu einem sozialen Realismus, der die Grundannahmen der proletarischen Literatur mit einem bewußten Rekurs auf das kollektive Wissen des schwarzen Amerika verbindet, so wie es sich in seiner Folklore artikuliert, und *Uncle Tom's Children* steht für den Versuch, dieser neuen Ästhetik gerecht zu werden. Thema der vier Erzählungen, die Elemente der mündlichen Tradition – Spiritual, Arbeitslied, Blues, *playing the dozens* – organisch einbinden, sind die Rassenbeziehungen im Süden während der Wirtschaftskrise, und Wright spielt verschiedene Formen der Auseinandersetzung von Flucht und Märtyrertum über individuelle Militanz bis hin zu rassenübergreifend klassenbewußten Protestaktionen durch. In der fünften, 1940 hinzugefügten Erzählung »Bright and Morning Star« gestaltet Wright den Heroismus schwarzer Kommunisten und Kommunistinnen.

Richard Wright

In seiner Darstellung von Gewalt als definitorischer Grundkonstante amerikanischen Lebens, in seiner Absolutsetzung von Beraubtsein (*deprivation*) und Leiden ist *Native Son* (1940) eine der kompromißlosesten Gestaltungen der Rassenproblematik in der afro-amerikanischen Literatur. Held des Romans ist der Jugendliche Bigger Thomas, der, von einer Welt der Gewalt geformt, nur mit blinder Gewalt reagieren kann. Er mordet und wird dafür wie ein wildes Tier gehetzt und in einem Schauprozeß zum Tode verurteilt. Obgleich Wright Bigger zwei Kommunisten zur Seite stellt, die ihm helfen, sich als Opfer gesellschaftlicher Verhältnisse zu erkennen, steht am Ende das radikal existentialistische Bekenntnis Biggers zu seiner Tat als Sinnstiftung seines Lebens und damit eine Distanzierung Wrights von der marxistischen Doktrin. Diese existentialistische Grundhaltung charakterisiert auch *Black Boy* (1945), eine der bewegendsten Autobiographien der afro-amerikanischen Literatur, und findet Vollendung in dem im französischen Exil geschriebenen Roman *The Outsider* (1953).

Native Son *und* Black Boy

Richard Wright

Das Spätwerk Wrights umfaßt Romane, Kurzprosa, Gedichte, Schriften über seine Begegnung mit Europa, Afrika, Asien. Zur Vaterfigur eines afro-amerikanischen sozialen Realismus, zum Begründer der Wright-Schule, der mit William Attaway, James Baldwin, Brooks, Ellison, Chester Himes, John Oliver Killens, Ann Petry, M. Walker u.a. zumindest für begrenzte Zeit eine ganze Schriftstellergeneration nahesteht, aber wird Wright mit »Blueprint«, *Uncle Tom's Children* und *Native Son*.

Wright-Schule

Nach Wrights Emigration sind es zwei seiner Schüler, denen die Romanliteratur eine Wende weg vom Deprivationstopos und hin zu affirmativen Gestaltungsansätzen verdankt: Ellison und Baldwin. Ralph Ellisons *In-*

Ralph Ellison visible Man ist eine Umkehrung des Entwicklungsromans. Der namenlose Held, der nach Schulabschluß und einem traumatischen Schaukampf in den Norden geht, durchläuft in seinem individuellen Leben die wichtigsten Stadien der Auseinandersetzung mit dem weißen Amerika – vom subversiven *acting* der Großelterngeneration über das Bündnis mit der Linken bis hin zur Anarchie innerhalb des Gettos –, um schließlich aus einem Kelloch heraus als von allem ideologischen Ballast Befreiter Ambivalenz und Paradoxon als alleinige Denkfigur zu setzen, den Universalismus der »absurd diversity«. Die Gewaltgestik Wrights wird ersetzt durch das Bekenntnis zu einem amerikanischen ›Wir‹ aus der Position innerer Emigration. Der Roman arbeitet im Sinne des Ellisonschen Affirmationspostulats, das in der Aufsatzsammlung *Shadow and Act* (1956) in dem Bekenntnis zur »American Negro experience« als »a source of creative strength as well as a source of wonder« formuliert ist, mit Kompositionsprinzipien der afroamerikanischen Musik, v. a. dem Blues- und Jazz-Idiom, schreibt ihnen aber in ihrer mythischen und symbolischen Überhöhung zugleich universale Qualitäten zu, um so zur Affirmation eines nicht mehr spezifisch ethnischen, sondern amerikanischen Selbstverständnisses zu gelangen.

Auch James Baldwin legt vehement Einspruch gegen Wrights Protestfixierung ein, die, so der Vorwurf, Repräsentationen erzwingt, die lediglich die Vorurteile der Weißen bestätigen. Es gelingt ihm jedoch nur bedingt, eine ästhetisch überzeugende Alternative zu entwickeln. Gegenüber den aufrüttelnden Essaysammlungen *Nobody Knows My Name* (1961), *The Fire Next Time* (1963) und *No Name in the Street* (1972) wirkt das von Baldwin im europäischen Exil geschaffene Romanwerk konventionell in seinem ans Pathologiemodell angelehnten Klagemodus. *Go Tell It on the Mountain* (1953), *In Another Country* (1962) und *Tell Me How Long the Train's Been Gone* (1967) gestalten afro-amerikanisches Sein als ausweglose Leidenserfahrung, porträtieren sensible schwarze Männer, häufig mit homosexueller Orientierung, die am Rassismus zerbrechen. In den 70er Jahren wird Baldwin aufgrund der diesen Texten trotz aller Anklage immanenten transkulturellen Versöhnungsethik von der jüngeren Generation mit E. Cleaver als »Onkel Tom« denunziert. Beginnend mit *If Beale Street Could Talk* (1974) zeugt das Spätwerk von den Bemühungen Baldwins, unter dem Eindruck der neuen schwarzen Ästhetik positive Selbstbilder zu entwerfen, seine ausschließliche Deutung der schwarzen Musiktradition, v. a. des Gospel und des Spiritual, als Ausdruck von Leid und Schmerz, die im Zentrum von *Just Above My Head* (1980) steht, beweist jedoch, daß ihm diese Reorientierung nur ansatzweise gelingt.

James Baldwin

Lyrik Die Lyrik dieser Jahrzehnte beruft sich noch immer auf Hughes als ihren geistigen Vater, dem allerdings zwei Frauen zur Seite zu stellen sind, die ihre literarische Arbeit ganz in den Kampf um Bürgerrechte stellen. 1942 veröffentlicht Margaret Walker ihr Liebesgedicht an das schwarze Amerika, *For My People*. In whitmanesker Manier besingt sie »my people lending their strength to the years, to the gone years and the now years and the maybe years«, um im Angesicht des Zweiten Weltkriegs, aber auch des andauernden Krieges der Rassen zum Neubeginn als heroischen Akt aufzurufen: »Let a new earth rise. Let another world be born .... Let a race of men now rise and take control.« Gwendolyn Brooks gestaltet, beginnend mit *A Street in Bronzeville* (1945) und *Annie Allen* (1949) über *In the Mecca* (1968) bis hin zu *Blacks* (1987), das sisyphusartige Streben der Menschen in den Slums um Bildung, wirtschaftlichen Erfolg, soziale Anerkennung, um ein Leben in Würde, v. a. aber um die Fähigkeit, in ihrer

Fantasie »a streak or two streaks of sun« zu schaffen, wie sie es in *The Bean Eaters* (1960) formuliert. Der Anklage nach außen läuft die Bitte um ein Bekenntnis zum Leben an diejenigen innerhalb der schwarzen Gemeinschaft parallel, die aufgegeben haben:

> We real cool. We
> left school. We
> Lurk Late. We
> Strike straight. We
> Sing sin. We
> Thin gin. We
> Jazz June. We
> Die soon.

Die Selbstcharakterisierung Brooks', »My religion is ... PEOPLE. LIVING«, setzt sich in ihrer Dichtung in bewegende Bilder um.

Integrationistisches Denken kennzeichnet auch das Drama dieser Jahre, das in Lorraine Hansberrys *A Raisin in the Sun* (1959) seine typischste Ausdrucksform erfährt. *Raisin* schildert die Konflikte, die innerhalb der Younger-Familie ausbrechen, als sie ein Haus in einem weißen Vorort kauft, um Enge und Gewalt des Gettos zu entkommen. Neben der einfühlsamen Dramatisierung des Wunsches nach sozialer Akzeptanz und ökonomischem Erfolg aber steht gleichberechtigt und, personifiziert durch den Afrikaner Asagai, die Antizipation einer zunehmenden Militanz von Menschen, die sich nicht mehr vertrösten lassen. – Als Seifenoper für Black Muslims wurde Baldwins *Blues for Mr. Charlie* (1964) beschimpft. Sein erstes Drama, *The Amen Corner* (1955), das die Krise aufarbeitet, die seine Karriere als Prediger beendet, war aus kommerzieller Sicht uninteressant und von der Kritik ignoriert worden. *Blues* aber wird kontrovers diskutiert: In Reaktion auf den Emmett Till-Fall – die Ermordung eines schwarzen Jugendlichen, der angeblich einer weißen Frau nachgepfiffen hatte – bringt Baldwin Protagonist/innen auf die Bühne, die in ihrer Flachheit erschüttern, um damit seiner Überzeugung Ausdruck zu verleihen, daß eine rassistische Gesellschaft ihre Mitglieder zu Stereotypen verformt.

Die Ermordung von Malcolm X, Martin Luther King, Jr. und den Kennedy-Brüdern, brennende Slums und Vietnam ersticken die Hoffnung auf Umkehr, die die Bürgerrechtsbewegung repräsentiert, schließlich gar den Wunsch nach Integration in ein Haus, das als kontaminiert empfunden wird. Das radikal nationalistische Bewußtsein, das Kings Politik ablöst, findet Niederschlag auch in der Literatur – in der Programmatik von *The Autobiography of Malcolm X* (1964), Cleavers *Soul on Ice* (1968), Huey Newtons *Revolutionary Suicide* (1973) und dem feministisch lebensbejahenden Gegendiskurs von A. Walkers *Revolutionary Petunias* (1973), in dem also, was Addison Gayle, Jr. in seiner 1972 erschienenen Anthologie als *The Black Aesthetic* bezeichnet. In Anlehnung an Frantz Fanon wird die Entwicklung von Normen gefordert, die in bewußter Opposition zu denen der westlichen Welt stehen, von positiven Selbstbildern, die die negativ stereotypen Fremdbilder ersetzen. Schwarze Ästhetik heißt Bruch mit dominanten Form- und Bilddiktaten, Hinwendung zum Idiom des Gettos, Einheit von Dichtung und Performanz, Bekenntnis zu einer radikalen politischen Rhetorik, zu einer kollektiven, funktionsbezogenen Literatur. »The artist and the political activist are one ...« erklären Amiri Baraka (LeRoi Jones) und Larry Neal 1968 im Vorwort von *Black Fire*. »Both are warriors, priests, lovers and destroyers.«

Drama:
Lorraine Hansberry

Baldwins Blues

Amiri Baraka,
d.i. LeRoi Jones

Wie *Black Fire* dokumentiert, setzt sich diese neue Ästhetik, dieses spezifisch schwarze Idiom am konsequentesten in der Lyrik durch, gefördert durch *workshops*, die sich überall im Land zusammenfinden. Ist Barakas *Preface to a Twenty Volume Suicide Note* (1961) noch eine Adaption der Beat Dichtung und lebt *The Dead Lecturer* (1964) aus dem Bewußtsein des schwarzen Dichters, als Gefangener weißer Bilder seine Kreativität verloren zu haben – »I have lost even the act of poetry« –, glaubt er schließlich, sich in seiner Haßdichtung gefunden und befreit zu haben. Er fordert »Assassin poems. Poems that shoot guns«, wobei Gewalt allerdings stets reinigende Wirkung attestiert wird: »Let there be no love poems written / until love can exist freely and / cleanly«, schreibt er in »Black Art«. Bezugspunkt dieser Lyrik ist die als revolutionär und authentisch empfundene Musik des Bebop. Aus der Experimentierfreudigkeit der Dichter/innen, der Ironie und dem Sarkasmus, mit dem sie Vorgegebenes hinterfragen, entsteht jedoch eine Heterogenität der Dichtkunst, für die Namen wie Mari Evans, Nikki Giovanni, June Jordan, Etheridge Knight, Don L. Lee, Audre Lorde, Neal, Sonia Sanchez, Lorenzo Thomas, A. Walker und Al Young stehen und die sich schematischen Klassifizierungsversuchen widersetzt.

Barakas Haßdichtung

Militantes Drama

Dramen, die unter dem Einfluß der *Black Aesthetic* entstehen, sind kollektiv, didaktisch und rituell. In seinem Zweiakter *Dutchman* (1964) läßt Baraka es noch zu, daß sein Protagonist, ein in weißen Bildern befangener schwarzer Dichter, von einer Weißen dazu getrieben wird, sich zu seinem verleugneten revolutionären Potential zu bekennen, nur um von ihr hingerichtet zu werden. Bereits in *The Slave* (1964) gelingt es jedoch dem Dichterhelden, über das Ritual des *playing the dozens* seine authentische Stimme zu finden und poetische Diktion und politische Aktion miteinander zu verschmelzen. 1965 begründet Baraka die Black Arts Repertory Theater School, die zum Vorbild des schwarzen militanten Theaters der späten 60er Jahre wird. »We wanted an art that was as black as our music«, erinnert er sich.

Literature For My Village. Die afro-amerikanische Gegenwartsliteratur

Village-Leserschaft

Die Bürgerrechtsbewegung der Nachkriegsjahrzehnte und die sie ablösenden separatistischen Bewegungen sind ebenso wie die heterogenen politischen Bestrebungen der 80er und 90er Jahre Versuche Afro-Amerikas, sich aus seiner Objektrolle zu befreien, und diese Emanzipation spiegelt sich im Bereich der Literatur in einer Neubestimmung des Selbstverständnisses von Schriftsteller/innen auf der einen und einer Reorientierung der Funktionsbestimmung von Literatur auf der anderen Seite. Vergleichbar der Entwicklung auf der politischen Szene, die sich zunehmend von der Konfrontation mit dem weißen Amerika ab- und den Aufgaben innerhalb des schwarzen zuwendet, befreit sich die afro-amerikanische Literatur weitgehend von ihrer Fixierung auf eine primär euro-amerikanische Leserschaft und den damit verbundenen Aufklärungs- und Rechtfertigungszwängen und beginnt, eine Leserschaft aus der eigenen kulturellen Matrix – »my village«, wie Morrison es nennt – als implizite Zielgruppe zu setzen. Die Autorinnen und Autoren sehen also ihre Aufgabe nicht mehr darin, ein weißes Publikum über die Erfahrungen und Bedürfnisse des anderen Amerika aufzuklären. Ihre impliziten Adressat/innen sind Schwarze, mit denen sie vor dem Hintergrund gemeinsamen Erlebens die Diskussion um die kontinuierliche Entwicklung von afro-amerikanischer Identität unter Einbeziehung der komplexen rassischen, geschlechter- und schichtenspezifischen Aspekte, um die Multidimensionalität von Identität führen und mit denen sie über die Literatur in einen dynamisch konstruktiven Dialog eintreten wollen.

Diese Orientierung auf eine afro-amerikanische Leserschaft aber beinhaltet nicht nur eine Befreiung von konventionellen Erklärungsformeln; sie ermöglicht zugleich die Verwirklichung dessen, was Ellison in *Shadow and Act* als die Herausforderung »to explore the full range of American Negro humanity and to affirm those qualities which are of value beyond any question of segregation, economics or previous conditions of servitude« umschreibt. Es ist eine Neubesinnung, die, so Morrison, dazu auffordert, im literarischen Text aufzuarbeiten, »not just what black people do but the way we look at it«. Die Bereitschaft, euro-amerikanische Konzeptionen von Wirklichkeit, Zeit und Raum in Frage zu stellen, wird angesichts dieser Entschlossenheit, diejenigen Aspekte afro-amerikanischen Lebens zu en- und dekodieren, die nicht von diesen Begrifflichkeiten erfaßt werden, ebenso zentral für die ästhetische Rekonstruktion dieses Erfahrungsraums wie die Bereitschaft, Alternativen zu kanonisierten narrativen Ordnungsstrategien zu entwickeln. »If my work is to confront a reality unlike that reality of the West, it must centralize and animate information discredited by the West«, konstatiert Morrison in »Memory, Creation, and Writing«, und sie bekennt sich damit zu einer Weltsicht, die diskreditiert wird, »because it is information held by a discredited people, information dismissed as ›lore‹ or ›gossip‹ or ›magic‹ or ›sentimental‹.« Information aber auch, die dieser impliziten Zielgruppe nahegebracht wird unter Rückbesinnung auf eine afro-amerikanische Ästhetik, auf die narrativen Strukturen, die Idiomatik, die Erfahrungshintergrund und Definitoren dieser Zielgruppe sind. Damit soll für die Literatur das erreicht werden, was für die Musik längst selbstverständlich ist, nämlich integraler Bestandteil afro-amerikanischen Lebens zu sein. Diese Ablösung der An-/Klage durch Affirmation läßt sich exemplarisch in dem Bemühen erkennen, die eigene Geschichte im Sinne dieser Ästhetik literarisch aufzuarbeiten, sie vom Stigma der Verlierergeschichte zu befreien und sich diese Geschichte im Akt der Selbstrepräsentation anzuzeigen. Die Gestaltung der Sklaverei, so wie sie sich in der zweiten Hälfte des 20. Jh.s herauskristallisiert, ist beispielhaft für diesen Ansatz.

Aneignung von Geschichte

Eine ausschließlich auf das Opfer- und Deprivationsmotiv konzentrierte Interpretation der Sklaverei hat über ein Jahrhundert eine lähmende Wirkung auf afro-amerikanische Schriftsteller/innen: Von wenigen Ausnahmen wie Arna Bontemps in *Black Thunder* (1936) abgesehen, ziehen sie es vor, über ihre wohl prägendste historische Erfahrung zu schweigen, statt eine Geschichte zu gestalten, die sie nur im Sinne der *shame-culture*-Konzeption fassen zu können glauben. In ihrem Bedürfnis nach Selbstrepräsentation aber entdecken sie seit den 60er Jahren – nicht zuletzt ermöglicht durch die wissenschaftliche ›Ausgrabungstätigkeit,‹ die im Bereich *African American Studies* in der Rehabilitation bisher unbekannten bzw. diskreditierten Quellenmaterials wie *folk tales* und *slave narratives* geleistet wurde – eine Vergangenheit, die eben nicht nur als Geschichte des Leidens und des Ausgeliefertseins, sondern v.a. auch als Geschichte im Sinne eines Heroismus des Überlebens und damit von Stärke und Kreativität gezeichnet werden muß – eine Geschichte, die in ihrer Grausamkeit sprachlos zu machen droht, die aber das Wort rehabilitiert, indem sie, so Morrison, beweist, »that bestial treatment of human beings never produced a race of beasts«.

Szene aus der Fernsehverfilmung von Ernest Gaines' Roman *The Autobiography of Miss Jane Pittman* aus dem Jahre 1974. Cicely Tyson erhielt für ihre Darstellung der Jane Pittmann zwei Emmy Awards

»Middle Passage« Bereits 1940 veröffentlicht Robert E. Hayden die erste Fassung des epischen Gedichts »Middle Passage«, das er in seiner Endfassung 1962 in *A Ballad of Remembrance* publiziert. Es ist der anspruchsvolle Versuch des experimentierfreudigen Dichters, die gesamt Ära des Sklavenhandels in einem literarischen Text zu repräsentieren, der Dokumentarisches – Logbucheinträge, Auszüge aus Gerichtsakten – neben Gebete weißer Seeleute um sichere Überfahrt, neben den Schrei der vergewaltigten Sklavin, neben den Haß Cinguez' stellt und so das scheinbar Unvereinbare in seiner fürchterlichen Verbundenheit offenbart. Blindheit, Gier, Seuche, Tod, Hölle sind die Metaphern, die poetische Einheit stiften; doch Hayden eröffnet und schließt den Text mit einer Formel, die in ihrer Ambivalenz die Möglichkeit des Hoffens, einer Zukunft andeutet, indem er die ›Middle Passage‹ charakterisiert als »voyage through death / to life upon these shores«. Bereits in der Auswahl des literarischen Gegenstandes wird erkennbar, welche Relevanz in diesem Prozeß der Aneignung von Geschichte der Besinnung auf eine afro-amerikanische Ästhetik und hier besonders dem Bekenntnis zur Tradition mündlicher Überlieferung zukommt.

Margaret Walker M. Walker publiziert 1968, angeregt durch Erzählungen über ihre Großmutter, den Roman *Jubilee*. Am Beispiel ihrer Protagonistin Vyry, Tochter einer Sklavin und ihres Besitzers, gestaltet Walker das Leben der Schwarzen vor und während des Bürgerkriegs ebenso wie ihren sisyphusartigen Kampf, sich nach der Emanzipation unter unsäglichen Mühen und gegen den Widerstand der Weißen eine menschenwürdige Existenz aufzubauen. Vyrys Leben ist Knechtschaft, Vergewaltigung, Hunger, Zerstörung persönlicher Bindungen, Vertreibung, aber diese Frau hat in sich auch die Kraft zum Widerstand; sie liebt; als Hebamme ist sie dem Leben verschrieben. Und sie weiß, daß ihr Leben wert ist, in Erinnerung zu bleiben, denn sie reicht es als Erzählung an die nachfolgende Generation weiter.

Ernest Gaines Ernest Gaines wird sich der unaufhebbaren Verbindung von Erfahrung und mündlicher Performanz als Grundlage einer afro-amerikanischen Ästhetik bereits als Kind bewußt, als er an den Gesprächsrunden in der Küche seiner Tante teilnimmt. Und es ist diese genuine Verknüpfung von Kreativität mit einem schwarzen Ethos, die die Geschichte vom Bürgerkrieg bis zur Bürgerrechtsbewegung als ›folk autobiography‹ in seinem 1971 erschienenen Roman *The Autobiography of Miss Jane Pittman* lebendig werden läßt. Obgleich der Roman in die Bücher »The War Years«, »Reconstruction«, »The Plantation« und »The Quarters« untergliedert ist, läßt Gaines Miss Jane in eigenen Worten erzählen und ordnen, nicht chronologisch und hierarchisierend, sondern in Fragmenten, so wie sie im Augenblick des Erinnerns für sie von Bedeutung sind – Geschichte aus der Sicht der ›ungebildeten‹ Greisin, gestaltet in der Sprache dieser Frau. Auch hier werden wir konfrontiert mit Rassismus, Gewalt, Vertreibung. Wichtiger aber als Leid und Demütigung ist die Frage, woraus sich die Kraft Janes zum Hoffen nährt – die Kraft, ein Kind anzunehmen und zum schwarzen Moses zu formen, obgleich sie weiß, daß sich ein Lynchmob für ihn finden wird; die Kraft, aus einem ›weißen‹ Brunnen zu trinken, nicht weil ›weißes‹ Wasser besser schmeckt, sondern das »Whites only«-Schild unerträglich ist; die Freude am Schöpferischen, die im Erzählen des eigenen Lebens zum Ausdruck gelangt.

Es sind Erinnerungen seiner Großmutter und Tanten an eine Familiengenealogie, die bis zu ›dem Afrikaner‹ zurückreicht, der in die Sklaverei entführt wurde und dort die amerikanische Familientradition begründete, die Alex Haley, Ghostwriter der *Autobiography of Malcolm X*, bewegt, nach Afrika zu reisen, um nach seinen Ursprüngen zu forschen. 1974 publiziert er die fiktionale Gestaltung der Chronologie, den Roman *Roots*, in dem er das Schicksal Kunta Kintes und seiner Nachfahren bis in die Kindheit Haleys hinein nachvollzieht. *Roots* bezeugt die Relevanz von Intertextualität innerhalb der afro-amerikanischen Literatur, denn der Roman erhält sein spezifisches Profil nicht zuletzt in seiner kreativen Auseinandersetzung mit dem Textmodell *slave narrative*, in diesem Fall v.a. mit der Odyssee, die Equiano 1789 beschreibt. In paradigmatischer Weise läßt sich am Beispiel dieses Textes das Insistieren der afro-amerikanischen Literatur auf Inbesitznahme von Geschichte über das gesprochene und geschriebene Wort dokumentieren: Kunta Kintes Lebensgeschichte ist ein programmatischer Gegendiskurs zur Vakuumshypothese. Sie schreibt in der einfühlsamen Gestaltung des kulturellen Kontextes, aus dem der Protagonist herausgerissen wird, nicht nur gegen das falsche Bild von Afrika als dem geschichts- und kulturlosen Kontinent an; und sie macht nicht nur die qualvollen, aber erfolgreichen Bemühungen des entwurzelten, atomisierten und zur Sprachlosigkeit verurteilten Helden um Aneignung der Neuen Welt und sein Hineinwachsen in einen neuen gesellschaftlichen und kulturellen Kontext begreifbar; sondern sie schildert v.a. den Kampf dieser Menschen, sich aus ihrer Objektrolle zu befreien, um als Subjekte formend in die amerikanische Geschichte einzutreten. Trotz ihrer formalrechtlichen Definition als *chattel*, also bewegliches Eigentum, sind sich diese Sklaven und Sklavinnen ihres Menschseins bewußt, sind sie sich auch bewußt, daß ihre Erfahrung wert ist, als Teil der Menschheitsgeschichte erhalten zu bleiben, und sie lassen nicht nach, ihre Geschichte der nächsten Generation zu vermitteln, sie zum Bewahren und Weiterreichen aufzufordern.

Verbindendes Anliegen dieser Texte ist die Aneignung von Geschichte, der Schritt von der Fremd- zur Selbstrepräsentation, die Wende vom Deprivationstopos zur Affirmation afro-amerikanischer Erfahrung, und zweifellos ist auch Ishmael Reeds 1976 publizierter Roman *Flight to Canada* dieser Tradition zuzuordnen. Zugleich aber unterminiert, hinterfragt der

Alex Haley

Ishmael Reed

Parodist und Satiriker Reed, das *Enfant terrible* der afro-amerikanischen Literatur, dieses Anliegen. Bewußter als andere bekennt sich Reed zur Intertextualität afro-amerikanischer Literatur. Alle seine Texte – das postmoderne *Mumbo Jumbo* (1972), ein Feuerwerk von Inter- und Intratextualität, eine Parodie auf Harlem Renaissance und Jazz Age, ist hierfür ein beredtes Beispiel – schreiben an gegen die ›Big Lie‹ der Vakuumshypothese, aber sie gehen weiter: In der spielerischen Auseinandersetzung mit Texten der afro-amerikanischen Literatur entlarvt Reed nämlich zugleich die Tatsache, daß diese Tradition ebenso von Konventionen ge- und verformt und damit paralysiert ist wie die euro-amerikanische Tradition. Auch im Zentrum von *Flight* steht die Frage nach auktorialer Kontrolle. Wie, so fragt Reed in seinem parodistischen Spiel mit dem *slave narrative*, mit den Erinnerungen von Douglass, Henry Bibb, Josiah Henson auf der einen, mit *Uncle Tom's Cabin* und den Schriften von E. A. Poe auf der anderen Seite, kann ich Besitz erlangen über meine individuelle und kollektive Geschichte; wie kann ich sie denen entreißen, die sie, aus welchen Gründen auch immer, verformen wollen? Reeds Protagonist ist der ›loyale‹ Uncle Robbin, der sich weigert, nach Kanada zu fliehen; als aber sein Herr Swille stirbt, eignet er sich durch Fälschung des Testaments dessen Besitz an, weist Stowes Versuche zurück, seine Lebensgeschichte zu kaufen, und ruft den entlaufenen Raven Quickskill, Swilles Geschäftsführer – »That venerable mahagony (who, so Swille) took all my guns, slaughtered my livestock and shot the overseer« – aus Kanada zurück, damit dieser seine Geschichte niederschreibt. Bereits diese verkürzende Skizze verdeutlicht die Konsequenz, in der Reed eines der Paradigmen der afro-amerikanischen Literatur hinterfragt – das schwarze Subjekt, das seine moralische Integrität und Ganzheit bewahrt. Gegen dieses statisch konzipierte Bild setzt der Satiriker Identität als dynamischen, konfliktbeladenen Wandel in Texten, die Dissonanz, Spannung und Bruch bewußt als künstlerisches Gestaltungsprinzip annehmen; gegen die Geschlossenheit des afro-amerikanischen Kanons setzt er Spiel, Offenheit und Unbestimmtheit als ästhetisches Gegenprogramm.

Sherley Anne Williams

Sherley Anne Williams' »Meditations on History« (1980) ist der ironische Gegendiskurs einer schwarzen Frau zu W. Styrons *The Confessions of Nat Turner*, ein eloquenter Protest gegen das, was D. McDowell »the betrayal of blacks by the written word« nennt. Williams kontrastiert die Erinnerungen der an einem Aufstand beteiligten Sklavin Dessa mit der Mis-Repräsentation der Ereignisse durch einen weißen Historiker, die Autorität der authentischen schwarzen Stimme mit der linguistischen Inkompetenz, dem kulturellen Analphabetismus, dem hermeneutischen Scheitern des Herrenmenschen. In ihrem *signifying* wehrt sich die Sklavin erfolgreich gegen den Versuch des Weißen, sie zum stummen Objekt seines Buches, zu seinem Text zu pervertieren. Am Ende steht das triumphale »Nigga can do« der Befreiten, die ihre Stimme bewahrt und sich so als Subjekt ihrer Geschichte gesetzt hat. »Meditations« ist Ausgangstext für den Roman *Dessa Rose* (1986), der Dessas Schicksal nach ihrer Flucht weiterverfolgt und die freie Frau eine Verbindung zwischen Mündlichkeit und Schriftkultur herstellen läßt.

Affirmation

Trotz ihrer Unterschiede, trotz ihrer affirmativen Inbesitznahme von Geschichte sind alle Texte Gestaltungen von Leid, Anklage gegen die Verbrechen von Sklaverei und Rassismus, denn an keinem Punkt kann es darum gehen, eine Vergangenheit nostalgisch zu verklären, die für den Versuch steht, Schwarze aus der Menschheit hinauszudefinieren. Doch statt die Klage am Beispiel von Märtyrergestalten zu verselbständigen, steht im Zentrum dieser Literatur die Darstellung eines Heroismus des Überlebens, des Kampfes um Ganzheitlichkeit und Integrität, ein Aufzeigen von Kraft, die diese Menschen aus einer komplexen, heterogenen und keinesfalls idealisierten Gemeinschaft schöpfen, eine Verbeugung vor dem Wissen und der Hoffnung, die ihnen aus ihrer *folk culture*, ihrem *folk wisdom* erwachsen.

Welche emotionalen, intellektuellen und ästhetischen Konsequenzen diese Auseinandersetzung mit Vergangenheit für das Individuum hat, verdeutlicht Morrison 1977 in *Song of Solomon*: Morrison distanziert sich von jedem Verklärungsversuch, aber sie insistiert um der Formung einer die Gegenwart wie die Zukunft tragenden afro-amerikanischen Identität willen auf dem Imperativ, »to recognize and rescue those qualities of resistance, excellence and integrity that were so much part of our past and so useful to us and to the generations of blacks now growing up« (»Rediscovering«, 1974). Ihr Held Macon Dead, Spitzname Milkman, wächst in einer Unternehmerfamilie im Norden auf und hat die hier herrschende Praxis einer Verleugnung schwarzer Geschichte internalisiert. Unter dem Einfluß seiner Tante Pilate jedoch, die ebenso selbstverständlich Geschichten erzählt wie sie Voodoo praktiziert, lernt Milkman, sich mit dieser Geschichte kritisch auseinanderzusetzen, individuelle und kollektive Geschichte in ihrer Verbundenheit zu erkennen. Nach einer Reise in die schwarzen Südstaaten und in der Akzeptanz dieses Erbes begründet er seine Identität frei von Fremddefinitionen als integralen Bestandteil einer konfliktbeladenen schwarzen Gemeinschaft, eine Identität, die in seinem neuen, aber historisch legitimen Namen Solomon – Erfüllung, Vollendung – Ausdruck findet. Innerhalb des umfangreichen Werks von Morrison steht *Song* für eine konsequente Reorientierung von Deprivation zu Regeneration, von Überleben zu Leben. Morrison gelingt eine dynamische Verwebung von Vergangenheit und Gegenwart, und indem sie die Grenzlinien zwischen persönlicher Erfahrung, Geschichte und Mythos transzendiert, ermöglicht sie es ihrem Protagonisten, seine Isolation und Entfremdung zugunsten eines Bekenntnisses zum Ich zu überwinden, das das historische schwarze Ich als Teil des Ganzen, wie es das Bild des afrikanischen nahtlosen Gewebes umschreibt, versöhnt mit einer afro-amerikanischen Gegenwart von Individualität, die zum Fragment pervertiert ist.

Aber auch der Mißbrauch von Geschichte und *folk culture* in ihrer Reduzierung zum statischen politischen Formelgut, zum modischen Dekor wird in der Gegenwartsliteratur thematisiert. A. Walker entlarvt in »Everyday Use« (*In Love and Trouble*, 1973) die Entfremdung junger Nationalist/innen von einer Volkskultur, die die von ihnen als ›Onkel Toms‹ belächelte ältere Generation noch lebt, während die Jugend sie zum schicken Accessoire verformt. Und in Bambaras »My Man Bovanna« wird mittels der Darstellung des Generationenkonflikts die separatistische *grass roots*-Politik mit der tatsächlichen Ignoranz und Intoleranz der nationalistischen Aktivist/innen gegenüber dem *folk wisdom* der Alten konfrontiert: »the old folks is the nation«. Erst wenn das gegenwärtige schwarze Amerika dies begriffen hat, wird es, so Bambara, in der Lage sein, aus dem Wissen um eine in der Geschichte gewachsene Volkskultur und der organischen Verbundenheit mit diesen Traditionen der Zukunft formend zu begegnen.

Alle diese Bemühungen um Aneignung von Geschichte und Selbstrepräsentation, all dieses Suchen nach dem Wort zwischen Schriftlichkeit und Mündlichkeit kulminieren 1987 in Morrisons *Beloved*. Der Roman thematisiert Vergessen als Überlebensstrategie: Nach ihrer Flucht wird die Ex-

Schmerz der Erinnerung

Alice Walker

Toni Morrisons Beloved

Toni Morrison

Erinnern und Heilen

Sklavin Sethe von ihrem Herrn aufgespürt, und sie tötet eines ihrer Kinder, um es vor der Verklavung zu bewahren. 18 Jahre später nimmt Sethe eine junge Frau auf, die Züge und Verhaltensmerkmale der Getöteten trägt, und in einem qualvollen Ringen um Verstehen – »rememory« nennt es Sethe – erarbeitet sich Sethe ihre Geschichte und befreit sich damit für eine Begegnung mit der Zukunft. Geschichte wird nicht chronologisch geordnet, sondern in Fragmenten ausgeworfen, denn Erinnern ist so unerträglich, daß die Betroffenen immer wieder zurückschrecken. Morrison stellt keinen geschlossenen Zusammenhang zwischen diesen Fragmenten her, sondern bekennt sich zur Rolle des *griot*, indem sie das Publikum an der Erzählung partizipieren und zu deren integralem Betandteil werden läßt – ein Versuch des Brückenschlags zwischen Mündlichkeit und Schriftlichkeit.

Morrisons Roman ist, wie die Schriftstellerin betont, geprägt von der Entschlossenheit »to rip that veil drawn over ›proceedings too terrible to relate‹«, von der Bereitschaft, auch die Tabuzonen offensiv anzunehmen, die die afro-amerikanische Literatur aus Selbstschutz oder Scham errichtete, von der Entschlossenheit, eiternde Wunden zu öffnen, um einen Heilungsprozeß zu ermöglichen. Die Funktionsbestimmung der Literatur ist in *Beloved* paradigmatisch gefaßt im Bild der schwarzen Frau, die verstreute Bruchstücke aufsammelt und liebevoll zusammenfügt, um zu einer neuen Form, einer neuen Ordnung zu gelangen: »She is a friend of my mind. She gather me, man. The pieces I am, she gather them and give them back to me in the right order. It's good, you know, when you got a woman who is a friend of your mind.«

Jüdisch-amerikanische Literatur

Jüdisch-amerikanische Literatur und Mainstream

Der 1955 verstorbene Romancier L. Lewisohn hat ein jüdisches Buch als einen Text bezeichnet, der von einer Person verfaßt wurde, die weiß, daß sie ein Jude ist. Dieser Aussage, die schwierige Definitionsprobleme elegant vermeidet, ist hinzuzufügen, daß dieser Sachverhalt dem Leser über sprachlich-stilistische, motivgeschichtliche und thematische Zeichen mitgeteilt werden muß. Als zusätzliches Erkennungsmerkmal muß jüdisch-amerikanische Literatur überwiegend in englischer Sprache geschrieben worden sein. Wie bei allen von der Literaturkritik aufgestellten Kategorien haben sich einzelne Autoren vehement gegen einengende Etikettierungen dieser Art ausgesprochen. Die Stimmen des Widerspruchs verstummten weitgehend, als die jüdisch-amerikanische Literatur nach einer Phase der Zugehörigkeit zur Einwandererliteratur in den 50er und 60er Jahren, in denen Marginalität und Identitätssuche zu zentralen Themen avancierten, in den Mainstream rückte. Ohne die Vielfalt und den dynamischen Charakter jüdisch-amerikanischer Welterfahrung und ihrer Spiegelung in der Literatur einschränken zu wollen, können einige wiederkehrende besondere Züge herausgefiltert werden, wie etwa die Sicht menschlicher Existenz im Spannungsverhältnis zwischen rationaler Lebensgestaltung und überraschenden Einbrüchen der Erinnerung oder die Rückbezüge auf jiddische Erzähltraditionen.

Amerikanische Juden begrüßen ihre einwandernden Glaubensbrüder und -schwestern. Naives Gemälde Anfang des 20. Jahrhunderts mit dem Psalmspruch »Im Schatten Deiner Fittiche verbirg mich«

Alte und Neue Welt in Einwandererautobiographie und Einwandererroman, 1912–1937

Aus der historischen Tatsache, daß 1654 dreiundzwanzig sephardische Juden aus Brasilien nach New Amsterdam flohen, denen vier Jahre später eine weitere Gruppe nach Newport, R.I. folgte, leitet sich die Berechtigung ab, von einer langen Geschichte jüdischer Kultur in Nordamerika zu sprechen. Dieses in der Kolonialzeit gelegte Fundament wurde im 19. Jh. durch die Zuwanderung zentraleuropäischer Juden verstärkt und ausgebaut, die überwiegend einem aufgeklärten Reformjudentum angehörten, während mit der um 1880 einsetzenden Masseneinwanderung aus Osteuropa ein wachsender Einfluß eines von dort importierten orthodoxen Judentums einherging. Daß die erste bedeutende jüdisch-amerikanische Lyrikerin Emma Lazarus mit ihrem Sonett »The New Colossus« (1883) die Aufschrift für den Sockel der 1885 errichteten Freiheitsstatue lieferte, weist eindrücklich auf den jüdischen Anteil am amerikanischen Bevölkerungswachstum hin. Der Willkommensgruß an alle Neuankömmlinge stellt wie Mary Antins Autobiographie *The Promised Land* (1912) dem negativen Bild der Alten die Verheißungen einer idealistisch gesehenen Neuen Welt gegenüber,

Jüdische Kultur in Nordamerika

die erst von den nächsten Autorengenerationen durch ihre Bilanzierung von Gewinn und Verlust im Assimilierungsprozeß relativiert werden sollten.

1896, in einer Periode erhöhter Fremdenfeindlichkeit, veröffentlichte der in Rußland geborene Abraham Cahan den Kurzroman *Yekl: A Tale of the New York Ghetto*, der 1974 als Buch zum Film *Hester Street* neue Popularität erlangte. Er schildert den Konflikt zwischen alter und neuer Identität des Einwanderers Yekl, der in Selbstzweifel und Ungewißheit über die eigene Zukunft tragikomisch endet. Allerdings stellt Cahan mit dem Talmudgelehrten und Englischlehrer Bernstein eine Person vor, welche die unvereinbar erscheinenden kulturellen Gegensätze aus einer kritisch-distanzierten Perspektive miteinander versöhnen kann. Im Unterschied zu seinen späteren Publikationen versucht der Autor in diesem Kurzroman, zur Unterstützung seiner Milieuschilderungen charakteristische Merkmale des Jiddischen in das Englische hinüberzuretten. In der fiktionalen Autobiographie *The Rise of David Levinsky* (1917) steigt der eingewanderte Titelheld bald in die Hierarchie der New Yorker Bekleidungsindustrie auf. Dabei verwandelt sich der orthodoxe russische Talmudstudent in den überangepaßten amerikanischen ›allrightnik‹, der in der Rückschau Spannungen und Dualitäten zwischen Vergangenheit und Gegenwart, innerer und äußerer Identität sowie die daraus entstandenen Defizite erkennt. Physische und psychische Distanz zur europäischen und jüdischen Heimat führen schließlich zu Selbstentfremdung und Orientierungslosigkeit, die durch die Konventionen des Klageliedes als charakteristischer amerikanischer Darbietungsform und die Nostalgie der Erinnerung des Erzählers teilweise überdeckt werden. Cahans kunstvolle Perspektivgestaltung baut so zu der geschilderten Erfahrung eine ironische Distanz auf.

Anzia Yezierska in ihren stark autobiographisch gefärbten Kurzgeschichten und Romanen erhält eine solche Distanz nicht aufrecht. Eines von Yezierskas typischen Themen, das der sensiblen, intelligenten Einwanderin, deren Sehnsucht nach Erfüllung ihrer materiellen und ideellen Träume in Amerika enttäuscht wird, schlägt bereits ihre erste Kurzgeschichte »The Fat of the Land«, die in *Hungry Hearts* (1920) wiederveröffentlicht wurde, an. »God from the world! Here I was with so much richness in me, but my mind was not wanted without the language. And my body, unskilled, untrained, was not even wanted in the factory. Only one of two chances was left open to me: the kitchen, or minding babies.« Auch in *Bread Givers: A Struggle Between a Father of the Old World and a Daughter of the New* (1925) gelingt es der Protagonistin Sara Smolinsky nicht, reibungslos in ein alternatives Leben überzuwechseln. Als sie nach ihrer Rebellion gegen den tyrannischen, orthodoxen Vater und einer Collegekarriere in die Familie und die Lower East Side zurückkehrt, stellt sie nach mehrfachem Rollenwechsel fest, daß Distanzierung einen schmerzhaften Identitätsverlust mit sich bringt. In Yezierskas Romanen und Kurzgeschichten wird das Bild einer amerikanischen Gesellschaft gezeichnet, die materiellen Erfolg und individuelle Verwirklichung bietet, die emotionale Geborgenheit der Alten Welt jedoch vermissen läßt. In diesen Zwiespalt werden von der Autorin zunächst junge, in den späteren Werken ältere Einwandererfrauen versetzt. Soziale Brücken schlägt für sie häufig eine Freundschaft oder Heirat mit einem Amerikaner, der noch an die Ideale der Staatsgründung glaubt.

Das von Cahan und Yezierska eingeführte Muster der anfänglich enthusiastisch angestrebten und später problematisierten Amerikanisierung wird von einer Reihe jüdisch-amerikanischer Romanciers aufgenommen, etwa von Ludwig Lewisohn in *The Island Within* (1928). Sie reflektieren

Amerikanische Ideale und die Einwandererfahrung

Anzia Yezierska

Die Synagoge von Charleston, S.C., 1795 gebaut, 1838 durch Feuer zerstört

Hester Street im jüdischen Viertel von New York, Lower East Side

die in Literatur und Kritik dieser Periode gängige Thematisierung der Diskrepanz zwischen Ideal und Wirklichkeit der USA. Allerdings findet sich daneben auch die Variante des von Mary Antin etablierten, die Neue Welt affirmierenden Modells, z.B. in *Haunch Paunch and Jowl: An Autobiography* (1923) von Samuel Ornitz. Dort blickt ein der zweiten Einwanderergeneration zugehöriger Pikaro Meyer Hirsch, genannt Ziegelle, nur selten in die Vergangenheit zurück. Tut er es dennoch, schreitet sofort die Gegenwart ein. So paßt er sich insgesamt problemlos in das kriminelle Großstadtmilieu ein und steigt schnell in die Spitze der New Yorker Richterschaft auf. Ornitz weist mit Erzählweise und dem gewählten Realitätsausschnitt auf Michael Golds autobiographischen politisch-engagierten Roman *Jews Without Money* (1930) voraus.

Vertrautheit mit dem Leben der Ober- und Unterschichten, den Folgen von Bruch und Versöhnung mit der Vergangenheit und mit der ambivalen-

Anzia Yezierska

*Anpassung
als Gewinn-
und Verlustrechnung*

ten Perspektive des Neuankömmlings, der seine Umwelt genau erforschen muß, um dort einen Platz für sich erobern zu können, erwiesen sich für den jüdisch-amerikanischen Schriftsteller als günstige Voraussetzungen, um in der Literatur der Krisenzeit der Great Depression eine gewichtige Rolle zu spielen. Trotz ihrer ausgesprochenen Gegenwarts- und Zukunftsbezogenheit sowie ihrer Einsicht in die Hinfälligkeit und Fragmentarisierung der Tradition können deshalb die Charaktere der Romane von Michael Gold, Charles Reznikoff und Edward Dahlberg nicht ihre Erinnerung an jüdische Bräuche, die Rhetorik der Klage und die Themen Exodus, Exil und Entfremdung unterdrücken.

*Persönliche Integrität
in einer kriminellen
Umwelt*

In Daniel Fuchs' Williamsburg-Trilogie *Summer in Williamsburg* (1934), *Homage to Blenholt* (1936) und *Low Company* (1937) sehen sich die handelnden Figuren gezwungen, ein Wertesystem zur Bewahrung ihrer persönlichen Integrität in einer Welt, die durch Armut, eklatante Gegensätze und die Unmöglichkeit der Veränderung gekennzeichnet ist, außerhalb der jüdischen Überlieferung zu suchen. Gegenseitige kriminelle Ausbeutung, ausgelebte primitive Instinkte und allgemeiner Egoismus gestatten einigen wenigen Personen nicht mehr als eine bewußte Distanzierung. Nur in *Low Company* gelingt es punktuell, die Verbindung zwischen eigenem Schicksal und der Gesellschaft mit minimalen Restbeständen jüdisch-christlicher Traditionen neu zu bestimmen. Fuchs entdeckt im zerbrochenen sozialen Umfeld ständig Stoff für humorvolle Szenen, die ihn mit den jiddischen und den jüdisch-amerikanischen Autoren der 60er Jahre verbinden.

Henry Roths Roman *Call It Sleep* von 1934, der erst 30 Jahre später breite Anerkennung fand, verknüpft einige der schon angeschlagenen Themen, ganz besonders den Generationenkonflikt und die Einwandererproblematik, zu neuer Deutung. Roth hat nach langem Schweigen zwei weitgehend essayhafte kritisch-autobiographische Werke, *Nature's First Green* (1979) und *Mercy of a Rude Stream: Vol.1, A Star Shines Over Mt. Morris* (1994), veröffentlicht. Die erste Szene von *Call It Sleep*, in der Genya und David Schearl im Jahr 1907 in Amerika ankommen, wo sie von dem Familienoberhaupt Albert erwartet werden, führt in die zentralen Motive des Romans, Undurchschaubarkeit der Realität, Identitätssuche und die zwiespältigen Verheißungen der Neuen Welt ein:

Henry Roth

> And before them, rising on her high pedestal from the sealing swarmy brilliance of sunlit water to the west, Liberty. The spinning disk of the late afternoon slanted behind her, and to those on board who gazed, her features were charred with shadow, her depths exhausted, her masses ironed to one single plane. Against the luminous sky the rays of her halo were spikes of darkness roweling the air; shadow flattened the torch she bore to a black cross against flawless light – the blackened hilt of a broken sword, Liberty. The child and his mother stared again at the massive figure in wonder.

*Symbolische Kon-
struktion einer neuen
Wirklichkeit*

Der zu Beginn der Haupthandlung sechsjährige David, aus dessen Perspektive erzählt wird, sucht im krassen Gegensatz zu den Anpassungsstrategien seines Vaters in einer Abfolge von Initiationsreisen durch eine ihm feindselige Welt nach Orientierungspunkten. Obwohl seine Erlebnisse vielversprechende Andeutungen enthalten, kann er diese erst in einem visionären Schlaf zu einem transzendentalen, mystischen Konzept verbinden, das ihm die Hoffnung gibt, den weiteren Verlauf seines Lebens zumindest mitbestimmen zu können. Wie James Joyce wendet Roth bei der Methode der Wirklichkeitserfassung seiner Charaktere und ihrer Darstellung psychoanalytische Erkenntnisse an. Daneben versucht er mit größerem Erfolg als viele seiner Kollegen, im Englischen die Eigenheiten des Jiddischen zu bewahren. Nur Meyer Levins kunstvoll strukturierter realistischer Roman *The Old Bunch* (1937), der die Assimilierung dreier Generationen in Chicagos West Side verfolgt, und Yezierskas *Bread Givers* weisen einen ähnlich hohen Grad sprachlicher Authentizität auf. Noch eindeutiger als Ornitz' *Haunch Paunch and Jowl* widmet sich der bereits durch seinen Umfang an John Dos Passos erinnernde Roman von 1937 dem Schicksal einer ganzen Gruppe von Mittelklasseaufsteigern in den Jahren zwischen 1921 und 1934. Bereits 1931 hatte Levin mit *Yehuda*, dem ersten Palästinaroman in englischer Sprache, Neuland betreten.

Die orthodoxe jüdische Yeshiva University in New York

Marginalität und Werteverfall in der amerikanischen Gesellschaft

Isaac Rosenfelds Roman *Passage from Home* (1946) weist zwar Parallelen zu *Call It Sleep* und anderen Vorgängerwerken auf, paßt jedoch Bekanntes in neue Zusammenhänge ein. Der 14-jährige Bernard Miller rebelliert gegen das von ihm als banal empfundene Familienleben, um schließlich desillusioniert von den Freiheiten eines Bohemienlebens heimzukehren. Die eingetretene Entfremdung kann aber nicht rückgängig gemacht werden, denn die Bindung an überlieferte spirituelle Werte erweitert zwar die enge Wirklichkeit, bleibt aber für Miller ein eher zufällig gefundenes und vorläufiges Asyl in einer sinnentleerten Welt. Eindeutiger als Roth leitet Rosenfeld eine Tendenz ein, die jüdisch-amerikanische Erfahrung der Marginalität exemplarisch, als Metapher für die allgemeine Befindlichkeit des entfremdeten, unbehausten Menschen zu verstehen. Der Kritiker und Romancier Leslie A. Fiedler faßt dies in der Formel vom »breakthrough« (1958) und in die Kapitelüberschrift »Zion as Main Street« (1964). Diese Entwicklung wurde sicherlich durch den erweiterten Toleranzrahmen gefördert, der jüdisch-amerikanischen Themen und Autoren als Reaktion auf den Holocaust zugestanden wurde.

Entfremdung als universale Erfahrung

In seinem Essay »The Lost Young Intellectual: A Marginal Man, Twice Alienated« (1946) stellt der Kritiker Irving Howe fest, daß die ambivalente Haltung gegenüber der Einwanderervergangenheit und die Krise alternativer Ideologien den jüdisch-amerikanischen Autor daran hindern, sich einen Stammplatz in der amerikanischen Gesellschaft zu sichern. Diese Situation wird bereits 1937 in der Kurzgeschichte des Dichters Delmore Schwartz »In Dreams Begin Responsibilities« beschrieben. Dort träumt der Protagonist vor seinem 21. Geburtstag eine Szene aus dem Leben seiner Eltern, in die er vergeblich einzugreifen versucht. Im Gegensatz zu Henry Roths David hat Schwartz' Erzähler nicht einmal mehr die Hoffnung auf eine aktive Rolle.

Plakat der Hebrew Sheltering and Immigrant Aid Society mit einem Spendenaufruf zur Rettung europäischer Juden

Eine mögliche Antwort auf diese ernüchternden Einsichten, welche die persönliche Integrität bewahrt, besteht in dem Erdulden aller Widerwärtigkeiten, wie dies Isaac Bashevis Singers »Gimpel the Fool« (1957), des Literaturnobelpreisträgers von 1978 bekannteste, von Saul Bellow aus dem Jiddischen übersetzte Kurzgeschichte demonstriert. Obwohl Gimpel am Ende sogar die Tröstungen des Jenseits vorenthalten werden, behält der Leser diese Figur als eine Mischung aus Narr und Heiligem in einer korrupten Welt im Gedächtnis. Singer hat diese Weltsicht in vielen Kurzgeschichten und Romanen, von denen nur *Enemies, A Love Story* (1972) als englisches Original erschien und *Shadows by the Hudson* (1957) sowie *A*

Narren und Heilige als jüdische Prototypen

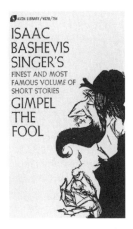

Singers *Gimpel the Fool*, 1965

Bernard Malamud

Geschichten vom Überleben

Ship to America (1958) in den USA spielen, beibehalten und weiter ausgebaut. In *Enemies* wird übrigens das Muster des irritierten Einwanderers wiederbelebt, der eine Assimilation strikt verweigert, aber auch keinen Rückhalt in der jüdischen Gemeinschaft findet. Viele der Texte von Singer widersprechen paradoxerweise dem oben angedeuteten Trend der thematischen Universalisierung, indem sie ihre Figuren in eigenartig geschlossenen jüdischen Enklaven in der Alten oder Neuen Welt agieren lassen. Daraus entsteht der Eindruck der nostalgischen Rekonstruktion einer verlorenen Welt, die notwendigerweise mit erfolgter Assimilierung untergeht. Leslie Fiedlers Argumentation zielt in die gleiche Richtung, wenn er mit dem Aufgehen der jüdisch-amerikanischen Literatur im Mainstream ihr Ende als Bestandteil einer besonderen, marginalen Kultur prognostiziert. Für ihn bleibt Singer eine kuriose Ausnahmefigur, ein ausschließlich der Vergangenheit verhafteter *emigré*. Es ist zu fragen, ob der Kritiker hier nicht leichtfertig ein gängiges Vorurteil gegen jede Literatur mit alternativem Wertesystem und notwendigerweise nostalgischer Perspektive bestätigt.

Die Titelerzählung von Bernard Malamuds erster Geschichtensammlung *The Magic Barrel* (1958) wird mit der Märchenformel »Not long ago there lived« eröffnet und erzählt dann von der Brautschau des zukünftigen Rabbi Leo Finkle, die dieser mit dem Heiratsvermittler Pinye Salzman in einem Winter unternimmt. Die Konfrontation mit den Kandidatinnen zerstört schrittweise die Grundlagen von Finkles bisheriger Existenz, zwingt ihn zum Eingeständnis seiner Menschen- und Gottesferne, seiner spirituellen Abgestumpftheit und Einsamkeit. Eine Ahnung von den unterdrückten Welten zwischenmenschlicher ekstatischer Gefühle gibt die Frühlingsszene mit Salzmans Tochter Stella. Das abschließende *kaddish*, das vom Vater gesungene Totengebet, läßt den Ausgang von Finkles Initiation und möglicher Wiedergeburt offen.

In Geschichten wie »The Magic Barrel« wechselt Malamud übergangslos vom realistischen zum phantastischen Detail, eine für ihn typische Technik, die er z. B. auch in den allegorischen Geschichten »The Angel Levine«, »Take Pity« und »The Jew Bird« einsetzt. Auf seine erste Sammlung folgten vier weitere, *Idiots First* (1963), *Pictures of Fidelman* (1969), *Rembrandt's Hat* (1977) und *Two Fables* (1978). Viele Prosatexte verbindet die Sehnsucht ihrer Protagonisten nach einem Wertesystem, das ihnen in einer deprimierenden Wirklichkeit eine substantielle Überlebenschance gibt.

Malamuds Werk wurde von der Kritik immer wieder in die Tradition des klassischen amerikanischen Romans eingeordnet. Es ist allerdings auch den Konventionen der jiddischen Literatur verpflichtet. Ganz deutlich wird dies in Malamuds umfangreichem Romanschaffen. In *The Assistant* (1957) kann sich der Kolonialwarenhändler und Philanthrop Morris Bober durch die Adoption und Erziehung seines moralisch zunächst ambivalenten Gehilfen Frank Alpine die Kraft für seinen selbstlosen, von seiner Umgebung häufig nicht anerkannten Einsatz für den Nächsten erhalten. Dabei besitzt Bober nur einen recht diffusen Einblick in die religiösen Elemente seiner Ethik, obwohl er sich ständig auf sein Judentum beruft. Nach seinem Tod fällt Alpine die Rolle des Menschenfreundes und an der Wirklichkeit Leidenden zu. Wie schon in »The Magic Barrel« bleibt der Ausgang dieser Weitergabe von Verantwortung ungewiß. Malamuds eher pessimistische Einschätzung der Realität, die nur durch eine fast übermenschliche Opferbereitschaft ertragen werden kann, findet sich auch in seinen Romanen über die Probleme künstlerischer Existenz und gipfelt in dem weitgehend didaktisch-allegorischen *God's Grace* (1982), das eine apokalyptische Vision einer total korrumpierten Welt enthält.

Saul Bellows Karriere spiegelt den schon bei H. Roth, Rosenfeld und Malamud sichtbaren Weg aus der Marginalität in das Zentrum. Die Auszeichnung mit dem Literaturnobelpreis 1976 bestätigt diese Einschätzung. Bellow debütiert 1944 mit dem existentialistischen Tagebuchroman *Dangling Man*, dem drei Jahre später *The Victim* folgt, eine subtile psychologische Studie der Beziehung zwischen dem Juden Asa Leventhal und dem Antisemiten Kirby Allbee in den wechselnden Rollen von Opfer und Täter. Mit *The Adventures of Augie March* (1953) verschafft sich Bellow Zugang zum pikaresken Roman, in dem ein lebenshungriger Held unterschiedliche Existenzformen erprobt und sich so deutlich von den passiven, brütenden Figuren aus den früheren Texten absetzt. Am Ende des wiederum recht beklemmenden Kurzromans *Seize the Day* (1956) erlebt Tommy Wilhelm – wie der Titelheld von *Henderson the Rain King* (1959) – eine spirituelle Wiedergeburt, die sich auf die spontane Hinwendung zum Nächsten gründet. Allerdings enthält der phantastische, tragikomische Abenteuerroman von 1959 eine ernsthafte Warnung vor den schlimmen Folgen allzu großer Naivität.

Saul Bellow

Tragische und tragikomische Helden

Saul Bellow

Bellows neben *The Victim* künstlerisch gelungenstes und auch kommerziell erfolgreichstes Buch *Herzog* (1964) nimmt Darbietungsformen der früheren Texte auf und verknüpft sie mit neuen Inhalten. Professor Moses E. Herzog, der sich nach dem Scheitern seiner zweiten Ehe und tiefer Enttäuschung über seinen besten Freund an der Schwelle eines psychischen Kollapses befindet, versucht die Fragmente seines Lebens, darunter seine Kindheit im jüdischen Getto von Montreal, zu sammeln und auf ihre Verwertbarkeit für eine Neubestimmung seiner Gegenwart und Zukunft zu überprüfen. Dieser Versuch äußert sich u. a. darin, daß er Serien von Briefen an Lebende und Tote, an allgemein bekannte und fiktive Personen verfaßt. Auf diese Weise nimmt der Leser an einer geistigen Bestandsaufnahme der Zeit teil, die mit der Entscheidung Herzogs gegen den von den sog. »reality instructors« propagierten modischen Nihilismus endet. Bellows Helden plädieren auch in den beiden folgenden Romanen, *Mr. Sammler's Planet* (1970) und *Humboldt's Gift* (1975), einem nur wenig verschlüsselten Porträt des Autors Delmore Schwartz, für einen 'romantischen Humanismus'.

Geistige Bestandsaufnahme der Zeit

The Dean's December (1982) bietet mit Albert Corde Bellows ersten nichtjüdischen Protagonisten an, der auf die Krisenerscheinungen in den USA und in Rumänien mit einer Analyse und 'Verdichtung' der Realität antwortet, ohne eine Rezeptur zur Besserung verschreiben zu können. Immer wieder suchen die Figuren nach ihren Jeremiaden bei fragmentarischen Einsichten aus dem Existenzialismus, den Traditionen des osteuropäischen Judentums und des Christentums Schutz, öffnen sich den vielfältigen Phänomenen der Wirklichkeit und vertrauen auf die erstaunliche menschliche Leidensfähigkeit. Ähnlich wie in Malamuds Spätwerk werden jedoch in *More Die of Heartbreak* (1987) und *The Bellarosa Connection* (1989) die in Ironie verpackten Zweifel an solchen Selbstheilungsversuchen immer größer. Bellows große stilistische Begabung und sein untrüglicher Blick für das Komische im Alltag, die er in weiteren Romanen, Kurzgeschichten, Essays und Theaterstücken unter Beweis gestellt hat, überspielen stellenweise den zunehmenden Pessimismus.

Selbsttherapie mit fragwürdigem Ausgang

Jüdische Traditionen als Irritation und als Ausweg aus der Krise

Philip Roth

Im umfangreichen Werk von Philip Roth lassen sich verschiedene Phasen der Nähe und Distanz zu traditionell jüdischen Themen und ihrer Einbettung in die allgemeinere Problematik der Schriftstellerexistenz erkennen. Die frühen, in *Goodbye, Columbus* (1959) gesammelten Erzählungen sind ebenso wie die ersten Romane *Letting Go* (1962), *When She Was Good* (1967) und *Portnoy's Complaint* (1969) fest im jüdischen städtischen Mittelklassemilieu verwurzelt. Titel wie »The Conversion of Jews« und »Defender of the Faith« künden bereits an, daß hier weitgehend assimilierte Protagonisten aus den zweiten und dritten Einwanderergenerationen nach einer meist unerwünschten Konfrontation mit Resten ihrer jüdischen Identität in Loyalitätskonflikte geraten. In extremer Form wird dies in der komischen Variante der Jeremiade in *Portnoy's Complaint* geschildert, wo der 33jährige narzißtische Held in einer Art Beichte bei seinem Psychiater Dr. Spielvogel alle seine Unzulänglichkeiten mit seiner Herkunft erklärt, die er jedoch nur in Klischeebegriffen und als Karikatur erinnert. Nach diesem kontrovers aufgenommenen Buch kehrte der Autor zu dem Grundmuster des Themas von Assimilation und Herkunft zurück, zu den Irritationen, die das plötzliche Bewußtwerden des jüdischen Erbes erzeugt. Eindeutiger historischer Bezugspunkt ist der Holocaust und seine Bedeutung für den in den USA lebenden Juden. Als repräsentative Figur fungiert häufig eine schon in »Eli, the Fanatic« eingeführte Schriftstellerpersönlichkeit, die ihre Neigung zu komischen Texten ständig durch die Pflicht, bestimmte Themen aufgreifen zu müssen, eingeschränkt sieht. Diese Person mit autobiographischen Zügen wird in dem Essay »'I Always Wanted You to Admire My Fasting'; Or Looking at Kafka« in die literarische Tradition eingebunden.

Unerwünschte Loyalitätskonflikte

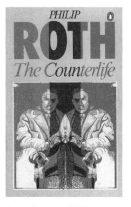

Ausgabe von 1988

Die Zuckerman-Bound-Trilogie

Roth konstruiert hier ein Modell für seine nächsten Romane, indem er sein eigenes Leben, seinen Beruf sowie historische Persönlichkeiten in ein Spiel mit Realität und Fiktion einbezieht. Nathan Zuckerman, der Protagonist der Zuckerman-Bound-Trilogie, *The Ghost Writer* (1979), *Zuckerman Unbound* (1981) und *The Anatomy Lesson* (1983) mit dem Epilog *The Prague Orgy* (1985), erlebt paradigmatisch die Höhen und Tiefen des jüdisch-amerikanischen Autors und die Geschichte seiner Literatur. In *The Anatomy Lesson* tritt er als 'ausgebrannter' Autor auf, der die Einwandererthematik erschöpft hat und eine Bilanz der Rezeption seines Werkes zieht. Da er die an ihn gestellten Forderungen nicht erfüllen kann und sich deshalb ständig schuldig fühlt, gibt er schließlich das Schreiben auf, um Arzt zu werden. Allerdings gelingt ihm der Sprung in ein anderes Leben nicht völlig. Vielmehr schlüpft er zeitweise in die Rolle seines schärfsten Kritikers, den er aus Rache zum Pornographen verkommen läßt. Am Ende leidet der heimatlose Klinikpatient sowohl an der Realität als auch an seinen Fiktionen. Ein anderer 'Heilungsprozeß' wird in *The Prague Orgy* erprobt. Zuckerman begibt sich auf die Suche nach der jüdischen Vergangenheit und ihren literarischen Zeugnissen. Bereits in *The Ghost Writer* und in *The Anatomy Lesson* persifliert Roth seine Kollegen Malamud und Howe und liefert so praktische Beispiele postmoderner Intertextualität, die eng mit den Themen des Identitätstausches und der Spurensuche verbunden sind, die den Roman *The Counterlife* (1986) beherrschen. In ständigem Perspektivenwechsel wird hier das Verhältnis zur jüdischen Tradition zwischen postmoderner Entwurzelung und neuem Fundamentalismus anhand von kontrastiven Gegenentwürfen (›counterlives‹) der Brüder Nathan und Henry Zuckerman, des Schriftstellers und des Zahnarztes, in Israel und in

England erforscht. Das detektivische Element, die Sehnsucht nach dem großen Alternativentwurf und die Relevanz des Schauplatzes Israel verstärken sich noch in Operation Shylock. A Confession (1993), einem auffällig redseligen Roman, der fast alle für Roth typischen Darbietungsformen und Motive in sich vereint. Der Epilog enthält die ebenfalls charakteristische Selbstaufhebungsgeste: »Words Generally Only Spoil Things.«

Die Kurzgeschichten, Romane und Essays von Cynthia Ozick erkunden die Möglichkeiten jüdischer spiritueller Existenz in der modernen Welt. Sie zeigen mit aufklärerischer Intention, wie die selbstzerstörerischen Gefühle von Entfremdung, die auch den Einwandererroman bestimmen, überwunden werden können. Die sehr variablen Texte, die stilistisch und thematisch an H. James, Yezierska, H. Roth und Malamud erinnern, wenden sich gegen das unbedachte Aufgehen in einer säkularen Kultur und plädieren für eine Rückkehr zu moralischen Konzepten, die sich aus den lebendigen und komplexen jüdischen Traditionen ableiten lassen und die ihre Wertigkeit aus ihrem Spannungsverhältnis zur Realität beziehen. Ozick verheimlicht nicht die Schwierigkeiten, die solch ein Leben mit zwei Kulturen mit sich bringt. »Usurpation (Other People's Stories)« aus der bisher besten Sammlung von Kurzgeschichten *Bloodshed and Three Novellas* (1976) und der Roman *The Cannibal Galaxy* (1983) fordern diese Synthese vom Künstler, der zum Ketzer wird, sobald er seine Kunst monomanisch als eine Art Ersatzreligion praktiziert. *The Messiah of Stockholm* (1987) verbindet dieses Thema des klassischen Romans des 19. Jh.s, das Thema der Selbstüberhebung des Menschen und des Künstlers (das an Hawthornes ›unpardonable sin‹ erinnert), mit der Rekonstruktion von Leben und Werk des von der Gestapo 1942 erschossenen polnischen Autors Bruno Schulz, des Übersetzers von Kafka. Das Buch ist Philip Roth gewidmet, der in *The Ghost Writer* (1979) Fakten und Fiktionen über Anne Frank ineinander und darüberhinaus mit der Identitätsfindung des Nathan Zuckerman verwoben hat. Bei Ozick sucht der schwedische Literaturkritiker Lars Ademening, der vorgibt, der Sohn des verschollenen Autors Schulz zu sein, sich selbst und den Vater. Aus dieser Situation entwickelt sich eine Kriminalgeschichte und ein Bildungsroman mit eindeutigen metaphorischen Markierungen, die auf die stellvertretende Trauerarbeit von Ademening verweisen. Das wiederaufgefundene *Messiah*-Buch von Schulz führt mit einer Parabel von der Zerstörung einer Stadt voller Götzen aus einer surrealistischen Traumwelt in die Wirklichkeit zurück, in der schließlich die von ihrer Leidenschaft erlöste Hauptfigur auf die bescheidene Rolle eines Kritikers von Trivialliteratur herabgestuft worden ist.

Ozick schreibt experimentelle Prosa, welche z.B. die Grenzen zwischen Kurzgeschichte und Essay verwischt, greift aber auch jiddische Darbietungsformen und Themen auf, parodiert zeitweise Eigenarten ihrer Autorenkollegen und versteht Literatur als ›liturgisch‹. Ihr Werk nimmt in einer säkularisierten Umwelt eine konservativ-bewahrende Position ein, aus der heraus wachsende moralische Gleichgültigkeit und Fremdenhaß attackiert und jüdische spirituelle und literarische Überlieferung als Zufluchtsstätte angeboten werden. Sie widerspricht so einem zeitweise modischen Trend zur Assimilierung, der ausschließlich soziologischen und nicht auch spirituellen Definition des jüdischen Erbes und seiner bloßen Funktion als Gegenstand nostalgischer Erinnerung. Allerdings muß darauf hingewiesen werden, daß die Vertreter orthodoxer Religiosität häufig als unsympathische Personen und das Leben in zwei Kulturen als äußerst prekär dargestellt werden. Der Grund für die verstärkte Rückwendung zur Tradition bei

Gefahren radikaler Säkularisierung

Rekonstruktion jüdischer literarischer Kultur

Cynthia Ozick

Ozick ist nicht zuletzt die intensivierte Auseinandersetzung mit dem Holocaust, die eindrucksvoll etwa in *The Shawl* (1989) geleistet wird.

Jüdisch-amerikanisches Drama

Diese doppelte Grundbefindlichkeit zwischen Tradition und Moderne prägt auch die Anfänge des jüdisch-amerikanischen Dramas. Es geht einerseits auf eine folkloristische Tradition jiddischen Theaters zurück, das seit dem ausgehenden 19. Jh. vor allem in New York zu Hause war. Andererseits entwickelt es sich aus der Antwort auf die Moderne, insbesondere seit der Zeit der Great Depression, auf die die Literatur mit dem sozialen Realismus reagierte. Elmer Rices *Street Scene* (1929) zeichnet eine jüdische Familie als Bestandteil einer multiethnischen städtischen Wohngemeinschaft, sein *Councellor-at-Law* (1931) stellt einen jüdischen Rechtsanwalt vor, der zwischen den Werten der Alten und der Neuen Welt hin- und hergerissen ist. Clifford Odets nimmt sich ebenfalls der aktuellen Einwandererprobleme in den verschiedenen Generationen einer jüdischen Familie an. In seinem Stück *Awake and Sing!* (1935) versucht der 22jährige Ralph Berger, mit seinem Glauben an sozialen Wandel nicht an der von Unsicherheit, ständigem Mangel, Frustration und Entfremdung geprägten Situation seiner städtischen proletarischen Familie zu verzweifeln. Außer seinem Großvater, der noch angesichts des Todes den Sinn selbstbestimmten Lebens affirmiert, lassen sich alle Familienmitglieder, vor allem die der älteren Generation, ihre Träume bei der Konfrontation mit der Wirklichkeit abkaufen bzw. zerstören.

Arthur Miller beginnt seine Karriere mit *No Villain* (1936), der Geschichte eines jüdischen Geschäftsmannes im Kampf gegen unlautere Gewerkschaftsstrategien. In dem 89jährigen Gregory Solomon hat er in *The Price* (1968) eine Figur aus der jüdischen Erzähltradition geschaffen, die dem Materialismus ihrer Umgebung standhält und ihm den Wert zwischenmenschlicher Beziehungen entgegensetzt. *Incident at Vichy* (1964) und *Playing for Time* (1980) enthalten eine Neudefinition des Begriffes 'Jude' als das Andere und verarbeiten wie *Broken Glass* (1994) den Holocaust, der auch in einigen Stücken von David Mamet zumindest eine Nebenrolle spielt. Mamets *The Disappearance of the Jew* (1982) beschäftigt sich mit den Träumen zweier assimilierter Freunde von einem Leben näher an den jüdischen Wurzeln. Ihre Mittelmäßigkeit, die Gleichgültigkeit und Ignoranz der Gesellschaft, die wider Erwarten nicht diskriminiert und so keinen Anlaß zur bewußten Identifizierung mit der Gruppe gibt, verhindern jedoch deren Verwirklichung.

Jüdisch-amerikanische Lyrik

Jüdisch-amerikanische Literatur erreicht zunächst als Poesie ein breiteres Publikum. Emma Lazarus' Gedichtsammlung *Songs of a Semite* (1882) und ihr Essayband *An Epistle to the Hebrews* (1882–83), dessen Titel an den Brief George Washingtons an die jüdische Gemeinde in Newport, R.I. von 1790 erinnert, rufen zur Verbrüderung der Juden aller Länder auf und nähren die Hoffnung auf eine Wiedergeburt jüdischer Kultur in den USA und in Palästina. Lazarus' akkulturierte Nachfolger, wie Charles Reznikoff, haben einen intensiven Dialog mit dem Modernismus über die Quellen und Gegenstände poetischer Inspiration geführt. Neben vielen anderen Traditionen nennt Reznikoff Talmud und Torah. *Testimony. The United States,*

Die jüdische Familie in der Krise

Jiddisches Theaterplakat, 1918

Emma Lazarus

1885–1915 (1978–79) benutzt als faktische Grundlage die amerikanische Einwanderungsgeschichte, *Holocaust* (1977), ein episches Gedicht über Widerstand und Überleben in der Nazi-Todesmaschinerie, die Akten des Nürnberger und des Eichmann-Prozesses. Beide Zyklen empfehlen die jüdische Leidensgeschichte als ein Erbe, das nicht durch vorschnelle Assimilation aufgegeben werden sollte.

Jüdische Geschichte als Thema

Der bereits in anderem Zusammenhang genannte Schwartz in *Summer Knowledge: New and Selected Poems, 1938–1958* (1959) und Karl Shapiro in *Poems of a Jew* (1958) führen dieses Ringen um poetische Form und die Suche nach einer Rezeptur gegen die Entfremdung eindrücklich fort. In seinen literaturkritischen Essays und in der Gedichtsammlung *Apples from Shinar* (1959) versucht Shapiro darüberhinaus, die Ursachen für den Antisemitismus der Väter der Moderne, T. S. Eliot und Ezra Pound, zu ergründen. Als Beispiel für Shapiros ironisch-bildkräftige Sprache kann dieser Auszug aus »Teasing the Nuns« dienen:

Karl Shapiro

>Up in the elevator went the nuns
>Wild as a cage of undomestic ducks,
>Turning and twittering their unclipped hats,
>Gay in captivity, a flirtatious flock
>Of waterfowl tipped with black
>Above the traffic and its searing suns.

Jerome Rothenberg vertritt mit seinen mehr als 25 Gedicht- und Übersetzungssammlungen die Avantgarde. Seine intensive Beschäftigung mit der Folklore vieler Völker hat ihn den Terminus ›Ethnopoetik‹ prägen lassen. Seine Gedichte in *Poland/1931* (1974) und *Vienna Blood* (1988) erforschen seine polnisch-jüdischen Ursprünge, am subtilsten und poetischsten in »Esther K. Comes to America« und »Abulafia's Circles«, die europäische Vergangenheit und amerikanische Gegenwart vielfältig aufeinander beziehen.

Diese und andere moderne Dichter teilen das besondere Interesse an dem zentralen Thema der jüdisch-amerikanischen Identität als einer schwierigen Doppelexistenz mit Prosaschriftstellern wie Ph. Roth und Ozick. Eine allgemeine Tendenz zur Wiederbelebung alternativer kultureller Werte, z. B. in Irena Klepfiszs *A Few Words in the Mother Tongue. Poems Selected and New, 1971–1990* (1991), als Abgrenzung von den eher universalistischen Konzepten von Bellow und Malamud ist in den 80er und frühen 90er Jahren deutlich sichtbar.

Chicanoliteratur

Die Chicanoliteratur als eine künstlerische Ausdrucksform der Amerikaner mexikanischer Abstammung entwickelte sich aus dem Bewußtsein eines besonderen Gruppenschicksals und als Rückbesinnung auf ein eigenständiges kulturelles Erbe im großen Rahmen der Bürgerrechts- und Emanzipationsbewegungen der 1960er und 1970er Jahre. Ihre Bezeichnung leitet sie von der historischen Aussprache des Wortes ›Mexicano‹ her.

Ursprünge

Etwa 60% der ca. 20 Millionen Hispanics in den USA stammen aus Mexiko, der Rest vor allem aus Mittel- und Südamerika, Puerto Rico und

Emblem der Chicano-Bürgerrechtsbewegung

Kuba. Mit einer gewissen Zeitverzögerung haben auch die kleineren hispanischen Gruppen spezifische Literaturen aufgebaut, so daß sich der spanischsprachige Kulturraum schnell einen beachtlichen Anteil an der amerikanischen Buchproduktion eroberte. Wegen der hohen Produktionskosten zweisprachiger Ausgaben, weil viele Autoren das Spanische nur unzureichend beherrschen und weil ein möglichst breites Lesepublikum angesprochen werden soll, erscheinen allerdings diese Texte immer häufiger als englisches Original oder in englischer Übersetzung. Ohne die kommerziellen Erfolge einiger weniger Titel zu übersehen, muß eingeräumt werden, daß die Chicanoliteratur nur ein begrenztes Publikum, hauptsächlich im Universitätsumfeld, erreicht.

Aus ihrer engen Verflechtung mit der Protest- und Emanzipationsbewegung ergibt sich die Identitätsproblematik als das für einen langen Zeitraum zentrale Thema der Chicanoliteratur. José Antonio Villarreals *Pocho* (1959), der Vorläuferroman der sogenannten *Chicano Renaissance*, beschreibt die Anpassungsschwierigkeiten einer mexikanischen Einwandererfamilie an die amerikanische Zivilisation mit dem angestrebten Ziel der Integration. Der unterschiedlich ausgeprägte Wille, Differenzen und Konvergenzen zwischen Chicano- und Mainstreamkultur zu betonen, charakterisiert viele Werke der ersten Autorengeneration.

Identitätssuche in der Chicanopoesie der ersten Generation

Als Aufruf zur Selbstfindung wurde Rodolfo ›Corky‹ Gonzales' episches Gedicht *I Am Joaquín/Yo Soy Joaquín* (1967) verstanden. Auf einer Reise in die Vergangenheit und wieder zurück in die Gegenwart werden die Epochen bis in die Zeit vor Kolumbus nach brauchbaren Werten für eine moderne Chicanoidentität durchforscht. Dabei gilt es vor allem, die eklatanten Widersprüche der mexikanischen und amerikanischen Geschichte miteinander zu versöhnen. Dies vollzieht sich in der Person des Rebellen Joaquín Murieta aus der Periode nach der amerikanischen Übernahme des vormals mexikanischen Südwestens und in der Verschmelzung der indianischen und christlichen Muttergottheiten Tonantzin und der Jungfrau von Guadelupe.

Aluristas politische Lyrik

Emblem der Chicano Press Association

Eine kurz danach einsetzende erstaunliche Blüte der Poesie kann als Antwort auf die Forderungen dieses politischen und kulturellen Manifestes interpretiert werden. In seinen mehrsprachigen Texten definiert der in Mexiko geborene Alurista seit 1969 immer wieder die archetypischen Erfahrungsorte und das kulturelle Erbe der Chicanos. Unter dem Eindruck der Proteste der Landarbeiter und Studenten organisiert er in den 70er Jahren das jährliche Festival Floricanto, zu dem sich Chicano-Autoren, Kritiker und interessierte Zuhörerschaft zu Vortrag und Diskussion künstlerischer Produkte treffen. Aluristas eigene Beiträge sind in den Gedichtbänden *Floricanto en Aztlán* (1971) und *Nationchild Plumaroja, 1969–1972* (1972) gesammelt. ›Aztlán‹, die Heimat der Chicanos, die in dem bereits 1970 publizierten ›El plan espiritual de Aztlán‹ deutliche Konturen erhält, verweist, ähnlich wie *I Am Joaquín* auf die historischen Wurzeln und den Anspruch auf Ebenbürtigkeit gegenüber der dominanten Gesellschaft.

Barrio, Raza und Aztlán

Entsprechend ihrer Bestimmung für den mündlichen Vortrag nennt Alurista die Gedichte in seinem ersten Band ›cantos‹, die durch Wiederholungen, das Nebeneinander mehrerer Sprachen, Neologismen, typographische Experimente und die präkolumbianische Bilderwelt gekennzeichnet sind. Schon das einleitende »when raza?« fordert den modernen kolonialisierten Landarbeiter und Gettobewohner auf, sich dem anglo-amerikanischen Materialismus zu verweigern, sich durch alternative Kulturgüter neu zu bestimmen und sich so aus entfremdenden Abhängigkeiten zu lösen.

>when raza?
when ...
yesterday's gone
and
mañana
mañana doesn't come
for he who waits
no morrow
only for he who is now
to whom when equals now
he will see a morrow [...]

Alurista

Ganz systematisch hat Alurista seinen zweiten Gedichtband, *Nationchild Plumaroja*, nach einem Mayavorbild in 5 Zyklen von 20 Gedichten in jeweils einer Stimmungslage unterteilt. Zu den schon bekannten Themen gesellen sich jetzt der Tod und das Bemühen, die Chicanos im Protest zu vereinen. Dieses Ziel wird in der dritten Gedichtsammlung *Timespace Huaracán* (1976) weniger emphatisch und direkt vertieft. Eine Stimmung gelassener Reflexion, die sehr stark durch die Natur als Gegenstand und Vermittlerin von Sprachbildern geprägt ist und die politische Situation nach den Jahren des Protestes widerspiegelt, ist auch in *A'nque* (1979) zu erkennen, das 21 Gedichte und drei Kurzgeschichten enthält. In beiden Gattungen experimentiert der Autor mit Sprachen bzw. mit der Schrift und fixiert die wiederzugewinnenden kulturellen Werte als Grundlage für die kreative Veränderung der Gegenwart.

Experimente mit Form und Sprache

Der Maler, Musiker, politische Aktivist und Lyriker José Montoya ist Alurista durch seine Meisterschaft des bilingualen Ausdrucks und die vielschichtige Darstellung des typischen Lokalkolorits verbunden. Seine populäre Elegie auf »El Louie« (1972) zelebriert, vergleichbar mit Gonzales' Portrait von Joaquín, den nonkonformistischen jugendlichen Pachuco, der in den 40er und 50er Jahren aus der Gettosituation einen eigenen Kleidungs-, Verhaltens- und Sprachstil entwickelte. El Louie stirbt zwar als Drogenabhängiger, aber seine konsequente Zurückweisung aller Integrationsangebote und sein Beharren auf einer eigenen Persönlichkeit werten ihn zu einer Identifikationsfigur auf. Montoya hat in autobiographisch geprägten Texten wie »La Jefita« und »The Resonant Valley« andere für die Chicanos typische Handlungsräume, Aktivitäten und Gesellschaftsstrukturen beschrieben. Die besondere Aufmerksamkeit gehört in seiner Poesie den sog. ›vatos locos‹, den von Freund und Feind ungeliebten Rebellen, wie der Titel der Sammlung von 24 Gedichten *El sol y los de Abajo* (1972) schon andeutet.

Montoyas Chicano-erfahrung

Typische Pachuco-Ausstattung

Wichtige poetische Aussagen zur Definition einer Chicanoidentität, die Aluristas und Montoyas Grundlegungen bestätigen und erweitern, finden sich in den didaktisch ausgerichteten, politisch und sozial engagierten Gedichten von Abelardo Delgado. Wie seine verschiedenen beruflichen Aktivitäten läßt Delgados erste Gedichtsammlung *Chicano: 25 Pieces of a Chicano Mind* (1969) eine starke Ausrichtung auf gesellschaftliche Defizite erkennen. Die Texte fordern die Chicanos sehr direkt auf, sich ihrer Benachteiligung bewußt zu werden und mit aller Macht sozialen Wandel anzustreben. Wie Montoya widmet sich Delgado den Lebens- und Arbeitsbedingungen der Landarbeiter, der Illegalen und der Barriobewohner. Für

Delgados Pieces of a Chicano Mind

Eine mexikanische Einwandererfamilie vor den Symbolen des *American Dream*

sie baut er eine Gegenwelt mexikanischer Werte und Rituale auf, in der, wie in seinem bekanntesten Gedicht »Stupid America«, der alltägliche Rassismus zurückgewiesen und der Anspruch auf Ebenbürtigkeit erhoben wird.

Gedichtzyklen und Prosatexte als Erkundung des Chicano-Kulturerbes

Elizondos Lyrik und Prosa des Kulturkontaktes

Sergio Elizondo untersucht wie Delgado in seinen Gedichten und Prosatexten Manifestationen einer eigenständigen Kultur. In einer Art Unterrichtsstunde baut er in seiner Sammlung *Perros y antiperros; una epica chicana* (1972) immer neue Kontraste zwischen den Anglo-›perros‹ und den Chicano-›antiperros‹ auf. Aus dieser recht einseitigen Abwägung gehen die naturnahen, familienorientierten und positiv naiven Chicanos, die indianische, spanische und amerikanische Elemente in sich vereinen, als eindeutige Sieger über ihre Unterdrücker hervor. Trotz dieser ideologischen Überlegenheit bleibt der Chicano ein Opfer, das jedoch seinen besonderen Erfahrungen künstlerischen Ausdruck geben kann. Elizondos Gedichte nutzen traditionelle spanische literarische Konventionen, die vor allem durch ihre Nähe zur Umgangssprache revitalisiert werden. Eine bedeutende Rolle spielt das ständige ›code-switching‹, das Umschalten zwischen verschiedenen Kodes, in dem stark autobiographischen *Libro para batos y chavalas chicanas* (1977), dessen Texte Ratschläge geben, persönliche Gefühle beschreiben und über Identität reflektieren. Es enthält in »She« einen Hymnus an das emotionale Spanisch als Gegensatz zum rationalen Englisch.

Salinas' Poetisierung des Barrio

In seinen beiden Gedichten »A Trip Through the Mind Jail« (1970) und »Journey II« (1974) versetzt sich Raúl Salinas aus einer Gefängniszelle in das Barrio seiner Kindheit und Jugend zurück. Eine geschlossene Welt vielfältiger archetypischer und scheinbar widersprüchlicher Erfahrungen bietet eine ganze Serie nostalgischer Bezugspunkte an, die in der Realität längst von Baumaschinen weggeräumt wurden. Über die künstlerische Verarbeitung des Gettoerlebnisses, das Brutalität und Geborgenheit beinhaltet, ist das lyrische Ich fähig, sein Leben als Krimineller und Strafgefangener zu bewältigen, sein begrenztes Umfeld zu universalisieren und sich mit allen Unterprivilegierten zu solidarisieren.

Die Fähigkeit, die Grenzen des Subjektiven zu überschreiten, beweist Ricardo Sánchez in *Canto y grito mi liberación* (1971), das 1973 zweisprachig als *I Cry and Sing My Liberation* veröffentlicht wird. In Gedichten und Prosatexten, die immer die Musikalität der Umgangssprache bewahren, bildet er die eigentümliche Welt der Chicanos vor allem in visuellen Eindrücken ab. Wie Salinas ergreift er im Gefängnis die Gelegenheit, seine Identität mittels Erinnerung und Imagination festzuschreiben und daraus eine Warnung vor der Assimilation in den Mainstream und einen Aufruf zu gesellschaftlicher Veränderung abzuleiten. In der Einleitung und in den sieben Essays seines zweiten Gedichtbandes *Hechizospells: Poetry/Stories/Vignettes/Articles/Notes on the Human Condition of Chicanos & Pícaros, Words & Hopes within Soulmind* (1976) bestätigt sich Sánchez als politischer Autor, der zur Befreiung aus menschenunwürdigen Verhältnissen beitragen möchte. Vergleichbar mit Alurista und Montoya wechselt er dabei mühelos vom Englischen ins Spanische über, erzeugt Ironie und überraschende Effekte durch Neologismen: »we are free in soul – indian-spanish soul./like fire-passion beating the harmonic/music of mestizage.«

Sánchez' lyrische Aufrufe zur Befreiung

Milhuas *Blues and Gritos Norteños* (1980) verbindet abermals die persönliche mit der universalen Perspektive, obwohl er hier neben seinem ungebrochenen Glauben an die befreiende Wirkung der Kunst seine Enttäuschung über Politik und Literatur der Chicanobewegung äußert. Diese negative Erfahrung beeinflußt zweifellos die persönliche und introspektive Atmosphäre der *Amsterdam Cantos y Poemas Pistos* (1983), in denen der Autor fern der Ängste der Heimat seine Person neu konstituiert und sich Kraft für eine weitere Etappe des Befreiungskampfes mit den Instrumentarien der Kunst holt.

Den gleichen Zielen widmet Tino Villanueva sein *Hay otra voz: Poems* (1972), ein Titel, der an das Gedicht des Afro-Amerikaners Langston Hughes, »I, too, Sing America« erinnert. Wie Sánchez glaubt er, daß Kunst sowohl für den Poeten als auch den Leser Rettung aus der chaotischen Realität bringen kann. Die englischen, spanischen und bilingualen Gedichte sind im ersten Teil der Sammlung zunächst persönlich und dann sozial orientiert wie z.B. »Jugábamos/We Played«. Das mehrstimmige »Day-Long Day« schildert die mit den Wachstumszyklen wiederkehrenden Frondienste der Wanderarbeiter in Texas, wobei die Natur als Verbündete der Ausbeuter die Situation noch trostloser erscheinen läßt. Fast zwangsläufig ergeben sich daraus die Themen von Villanuevas zweiter Gedichtsammlung *Shaking Off the Dark* (1984). Der Autor setzt sich selbst als Sprecher für seine Gruppe ein und trotzt den Versuchungen, ein selbstgenügsames Leben zu führen. Typische Beispiele für das Ausgreifen in die politisch-soziale Wirklichkeit sind die Gedichte »History I Must Wake to« und »Speak Up, Chicano, Speak Up«. Wie andere Autoren konzentriert sich Villanueva in seiner Chronik in 18 Gedichten *Crónica de mis años peores* (*Chronicle of My Worst Years*) (1987) auf seine frühe Kindheit. Als zentrales Thema durchzieht dieses Buch die Aneignung der Sprache als Medium der Befreiung aus Armut und Rechtlosigkeit, die, wie in den Gedichten Aluristas, vor allem durch die staubigen, ungepflasterten Barriostraßen symbolisiert werden.

Tino Villanuevas Gedichte

Tino Villanueva

Das politische Theater von Luis Valdez

Ein gelungenes Beispiel des Zusammenwirkens von Politik und Kunst stellt zweifellos das Theater von Luis Valdez im Rahmen der 1965 von César Chavez organisierten Landarbeiterstreiks dar. Zur Unterhaltung und Unterweisung der Streikenden schreibt und inszeniert er mit El Teatro Campesino sog. ›actos‹, in denen er typische Szenen aus der Gegenwart und Vergangenheit der Chicanos auf die Bühne bringt. Diese kurzen und flexibel einsetzbaren Skizzen in der Umgangssprache mit einer eindeutigen politischen Botschaft sollen den ursprünglich agierenden Laienschauspielern und den Zuschauern gesellschaftliche Zusammenhänge erläutern und sie dann zur Aktion auffordern. Im Idealfall ist diese Theaterform ein kollektives Produkt der Truppe. In *Las dos caras del patroncito* (*The Two Faces of the Owner*) (1965) wird der Profiteur und Grundbesitzer durch ständigen Rollen- und Maskentausch stufenweise auf das Niveau des verletzlichen lohnabhängigen Arbeiters gebracht. Umgekehrt verläuft die Handlung von *La quinta temporada* (*The Fifth Season*) (1966), wo die von Kirche, Gewerkschaft, Bürgerrechtsbewegung und Gerechtigkeit dominierten Jahreszeiten den Arbeiter in eine fünfte befördern, in der er angemessen entlohnt und geachtet wird.

Nach Ende der Streikbewegung entwickelt Valdez in seinem Centro Campesino Cultural stärker allegorisch und mythologisch ausgerichtete Stücke, von denen *Los Vendidos* (1967) das populärste wird. In *Bernabé* (1970) beginnt er, sein Interesse auf die präkolumbianischen Epochen auszudehnen. Mit diesem Stück und anderen, die auf die Rolle der Chicanos in Vietnam aufmerksam machen, gewinnt er auf Tourneen durch das ganze Land ein erstaunlich großes Publikum für ein progressives Drama. In seiner nächsten künstlerischen Phase verbindet er überlieferte mexikanische Themen und Darbietungsformen, wie die der ›corridos‹, mit von ihm selbst entwickelten und denen des epischen Theaters, so z.B. in *La gran carpa de la Familia Rascuachi* (1971) und *Zoot Suit* (1978). *Zoot Suit*, das auf den

El Teatro Campesino

Luis Valdez

Mexikanische Geschichte und Kulturtradition

Aufführung von *La Carpa de los Rasquachis* mit Luis Valdez (Mitte)

Pachuco als heroische Identifikationsfigur zurückgreift, wird 1981 von ihm selbst als Regisseur erfolgreich verfilmt. Valdez sieht offensichtlich in den 80er Jahren in Film und Fernsehen der Bühne überlegene Medien, um einen besonderen Gesellschaftsausschnitt einem breiteren Publikum zugänglich machen und Stereotypen unterminieren zu können. Trotz solcher Experimente bleibt Valdez der Begründer eines eigenständigen Theaters, das viele Aspekte der Chicanoerfahrung und -kultur thematisiert und mit neuen Kombinationen von Darstellungsmitteln dramatisiert. Valdez hat viele Theatergruppen im amerikanischen Südwesten, wie das Teatro de la Esperanza (seit 1973), zu Nachahmung und Weiterentwicklung seiner Stücke angeregt.

Kalifornische Landarbeiter und Barriobewohner als Romanthemen

Poesie, Drama und Essay unterstützen offensichtlich besonders gut die politisch-emanzipatorische Agitation der Bürgerrechtsbewegung. Nur so ist zu erklären, daß sich der Roman mit Ausnahme des Vorläufers von José A. Villarreal und John Rechys *City of Night* (1963) erst mit einer Zeitverzögerung entfaltet. Zehn Jahre nach *Pocho* (1959) erscheint Raymund Barrios *The Plum Plum Pickers* (1969), das, wie César Chavez' Gewerkschaft, gegen die Ausbeutung der Wanderarbeiter durch Aufseherkaste und Landeigentümer in Kalifornien protestiert. Die Grenzen zwischen Tätern und Opfern sind aber nicht ausschließlich ethnisch bestimmt. Der Roman entwirft in einer losen Folge von Fragmenten mit unterschiedlichen Erzählformen und zusätzlichem dokumentarischem Material, ähnlich wie ein Dos Passos-Roman, ein Tableau des Lebens der Arbeiter, die in poetischen Bildern immer wieder in Relation zu den reifenden Pflaumen gesetzt werden.

Acostas Reisen durch die Chicano-Wirklichkeit

Als typische Produkte der politischen Ereignisse der 60er und 70er Jahre können die Romane von Oscar Zeta Acosta gelesen werden. *The Autobiography of a Brown Buffalo* (1972) fiktionalisiert das Leben des Autors, seinen Aufstieg aus Armut und Drogenabhängigkeit zu einem Aktivisten, der sich jedoch langfristig mit dieser Rolle nicht abfinden kann. Auf einer Entdeckungsreise durch den Westen und Südwesten der USA zieht er Bilanz und definiert eine neue ethnische Identität aus Sprache und Kultur. Acosta nutzt für diese fiktionalisierte Autobiographie literarische und folkloristische Traditionen europäischer, anglo-amerikanischer, mexikanischer und indianischer Kulturen. *The Revolt of the Cockroach People* (1973) setzt diesen ersten Lebensbericht fort und verwischt ebenfalls die Grenzen zwischen Fiktion und Wirklichkeit. Das Buch schildert das Leben im multikulturellen Los Angeles aus der Sicht des Bürgerrechtsanwalts Buffalo Zeta Brown, der Militanz als Antwort auf den politisch-sozialen Druck der dominanten Gesellschaft und eine neuentwickelte Identität nach Prüfung aller angebotenen Modelle als Überlebensstrategie empfiehlt.

Riveras gemeinschafts-stiftender Bildungs-roman

Einen fragmentarischen Erzählstil verwendet Tomás Rivera in seinem Roman *... y no se lo tragó la tierra/ ... and the Earth Did Not Part* (1971), der wie *The Plum Plum Pickers* dem Leben der Wanderarbeiter in den 40er und 50er Jahren gewidmet ist, aber diese begrenzte Erfahrung zum universellen Thema der Suche nach stabilen Werten in einer scheinbar unveränderbaren Situation der Benachteiligung ausweitet. Familien- und Gemeinschaftssinn, die Bereitschaft, sich gegen das Unrecht zu wehren, und Verbundenheit mit dem Land werden als Bausteine für eine bessere Zukunft benannt. Die Ereignisse erzählt der Sohn eines der Wanderarbeiter, der nicht

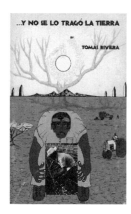

Ausgabe von 1977

alles versteht, aber doch über ein so ausgeprägtes Erinnerungsvermögen verfügt, daß er im letzten Kapitel »Under the House« das vergangene Lebensjahr vollständig rekapitulieren kann. So strukturiert er den Roman auf eine Weise, die es dem Leser gestattet, die emblematischen Episoden einander zuzuordnen und als Bildungsroman eines sich entwickelnden Autors zu verstehen. Rivera hat u. a. mit kurzen Einleitungen zu den einzelnen Abschnitten und dem Einsatz von Leitmotiven ein ganzes Netz von Bezügen aufgebaut, die dem äußerlich als Kurzgeschichtensammlung auftretenden Buch Einheit und die Qualitäten eines modernen und zugleich postmodernen Textes geben, in dem Realität dekonstruiert und rekonstruiert wird. Der früh verstorbene Rivera ist auch als Verfasser von Gedichten, bedeutenden kritischen Aufsätzen und Kurzgeschichten hervorgetreten, die in Übereinstimmung mit dem überragenden Roman von 1971 den Chicano als ganzheitliche Persönlichkeit und integralen, gleichberechtigten Teil des modernen Amerika qualifizieren.

Romanzyklen aus New Mexico und Texas als literarische Porträts des Umbruchs

Ein Jahr nach ... *y no se lo tragó la tierra* publiziert Rudolfo A. Anaya *Bless Me, Ultima* (1972) als ersten Teil einer Romantrilogie, die er 1976 mit *Heart of Aztlán* fortsetzt und 1979 mit *Tortuga* abschließt. Stärker als die Werke von Barrio und Rivera ist *Bless Me, Ultima* regional verwurzelt. Im Roman schildert der siebenjährige Antonio Márez sein Leben in einer ländlichen Kleinstadt New Mexicos von der Geburt bis zum Tode seiner Mentorin, der ›curandera‹ Ultima. Sein Heranwachsen ist von der Auseinandersetzung zwischen einer christlich-katholischen und einer magisch-heidnischen Weltsicht, in die ihn Ultima und ›Jason's Indian‹ einführen, geprägt. Traumatische Erlebnisse und Katastrophenträume werden durch die Heilkräfte der Natur und die Einbettung des Einzelschicksals in die Welt der Legenden neutralisiert und so in Stationen eines Reifungsprozesses umgewandelt. An entscheidenden Stellen löst sich das von Menschen verursachte Chaos in fast surreale Bilder einer unberührten Natur auf, die dem hingebungsbereiten Individuum ihre Segnungen, vor allem die Einbindung in die großen Lebenszyklen anbietet. Der rückblickende distanzierte Erzähler zeigt das magische Wirken solch positiver Kräfte an Antonios selbstbestimmter Einordnung in soziale Gruppen wie Familie und Freundeskreis auf.

Heart of Aztlán (1976) versetzt eine Familie aus ihrer ländlichen Heimat in das Barrio von Albuquerque, wo sie sich in einer feindlichen Umgebung mit ihr bisher unbekannten Gefährdungen ihres traditionellen Lebensstils auseinandersetzen muß. Vergleichbar mit Ultima übernimmt hier der blinde Dichter und Prophet Crispín die geistige Führung der entfremdeten Gruppe. Indem er Clemente Chávez' Erfahrung in der Welt von Technologie, Kapitalismus und falscher Religion auf die Legende von Aztlán, des mythischen Heimatlandes der Chicanos, zurückbezieht, bringt er ihn dazu, die Führung der streikenden Arbeiterschaft zu übernehmen. Viele der Elemente aus den zwei ersten Büchern kehren in dem die Serie abschließenden *Tortuga* (1979) wieder, das die mit vielen Symbolen befrachtete Reise des verkrüppelten 16-jährigen Tortuga von der Unwissenheit zur Erkenntnis erzählt. Wie Clemente hat er am Ende einen sozialen Lebenszweck gefunden und kann diesen auch mit eigener Stimme zum Ausdruck bringen.

In den frühen 70er Jahren beginnen die Karrieren von drei anderen

Kultur- und Generationenkonflikt in New Mexico

Aztlán als mythisches Heimatland

Autoren, die bis weit in die 80er kontinuierlich publizieren, weitere regionale Schwerpunkte im amerikanischen Südwesten setzen und, wie schon Anaya, die erste Autorengeneration mit der zweiten verbinden. 1973 veröffentlicht Rolando Hinojosa-S. mit *Estampas del valle y otras obras/ Sketches of the Valley and Other Works* den ersten Teil seiner »Klail City Death Trip Series«, in der bis 1995 sieben Romane und ein Gedichtband erscheinen. Der erste Text führt in das im texanischen Rio Grande-Tal gelegene Belken County als zentralen Schauplatz für alle weiteren Teile ein. *Estampas del valle* präsentiert sich als eine Sammlung von Skizzen mit einem ganzen Ensemble von Erzählern, die ein umfassendes Bild einer Chicano-Gemeinschaft zeichnet. Einzelne wiederkehrende Personen wirken als einheitsstiftende Elemente in einem zunächst nur ungenau in Zeit und Raum fixierten Kollektiv, das aber im Laufe des Erzählens durch Rituale, Traditionen, eine gemeinsame Vergangenheit und durch die Sprache sehr genau bestimmt wird.

Überlebenskampf von Chicanos in Texas

Rolando Hinojosa-S.

Hinojosas zweites, ebenso aus Fragmenten konstruiertes Werk, *Klail City y sus alrededores* (1976), erhält im Erscheinungsjahr hohe Anerkennung durch die Verleihung des kubanischen Premio Casa de las Américas-Preises. Aus der überwältigenden Fülle von Charakteren ragen die beiden Jugendlichen Rafa Buenrostro und Jehú Malacara heraus, deren weiteren Lebensweg Hinojosa in den Folgebänden darstellt. Sie weisen allerdings nicht dem Kollektiv, das immer stärker unter den Einfluß des von außen hereingetragenen sozio-politischen Wandels gerät, eine bloße Nebenrolle zu. Entfremdung und Desillusionierung einzelner Charaktere sind deshalb Themen von *Mi querido Rafa* (1981), in dem zunächst Jehú Malacara seinen Neffen Rafa Buenrostro, der in einem Krankenhaus seine Verwundung aus dem Koreakrieg auskuriert, in 22 Briefen über das Leben in der Heimat unterrichtet. Im letzten Brief verläßt Jehú plötzlich »the Valley«, eine Entscheidung, über die im zweiten Teil des Romans spekuliert wird. Nach und nach erhält dort der Leser ein facettenreiches Bild von Jehús prekärer persönlicher und professioneller Position zwischen der traditionellen Chicanogemeinschaft und den Kräften des Fortschritts. Hinojosa hat in den folgenden Romanen mit vielen Darbietungsformen experimentiert, wobei die vielstimmige Orchestrierung und die Nähe zum mündlichen Erzählen aus den ersten beiden Romanen zugunsten von Briefform, Reportage, Dialog, Monolog oder den Konventionen des Detektivromans zurückgedrängt werden.

Ausschnitt aus dem Cover von Hinojosas *Belken County*

Wandel und Neudefinition spielen auch in Nash Candelarias New-Mexico-Trilogie, *Memories of the Alhambra* (1977), *Not By the Sword* (1982) und *Inheritance of Strangers* (1985), eine gewichtige Rolle. Der erste Band illustriert den in der Familie Rafa bestehenden Konflikt zwischen spanischem und indianischem Erbe. Jose Rafa reist kurz vor seinem Tode auf der Suche nach seinen Vorfahren nach Mexiko und Spanien, wo er, ohne seine stereotype heroische Vergangenheit gefunden zu haben, stirbt. Sein Sohn Joe profitiert von den Erfahrungen des Vaters und akzeptiert New Mexico mit einem gemischten kulturellen Vermächtnis aus Siegen und Niederlagen als seine Heimat. *Not By the Sword* erforscht den historischen Hintergrund zum ersten Teil der Serie. Dabei steht das Bemühen der Familie Rafa, die überlieferten Werte während des spanisch-amerikanischen Krieges zu bewahren, im Vordergrund. Der abschließende Band *Inheritance of Strangers* knüpft chronologisch an den vorhergehenden an und konzentriert sich auf die Auseinandersetzungen zwischen Chicanos und Anglos. Wie Hinojosa beobachtet Candelaria den gesellschaftlichen Wandel, interessiert

Spurensuche in Mexiko und Spanien

sich aber dabei stärker für die historischen Wurzeln einer bestimmten Konzeption der Gegenwart. Er sympathisiert mit einer gegenseitigen Durchdringung verschiedener ethnischer Gruppen und einer originären hybriden Kultur als Ergebnis dieses Prozesses.

Historischer und magischer Realismus diesseits und jenseits der Grenze

Historischer Revolutionsroman

José Antonio Villarreal, Autor des Vorläuferromans *Pocho* (1959), veröffentlicht mit *The Fifth Horseman* (1959) einen gelungenen historischen Roman über die mexikanische Revolution mit einer gut entwickelten Handlung. Hauptfigur ist der Landarbeiter Heraclio Inés, der sich den Truppen Pancho Villas anschließt, aber schließlich seine Heimat verläßt, um nicht mehr an ihrer Zerstörung teilhaben zu müssen. Villarreals ambivalente Bewertung der Revolution und sein Versuch, die syntaktischen Strukturen des Spanischen im Englischen zu bewahren, haben eine Reihe von Chicanokritikern zu negativen Kommentaren veranlaßt, obwohl *The Fifth Horseman* als erster Text 1984 in die Reihe der Chicanoklassiker der Bilingual Press aufgenommen wurde. Unter einer bisher nur zögerlichen kritischen Rezeption leiden die Romane von Alejandro Morales, der sich von einem Chronisten des Barriolebens in *Caras viejas y vino nuevo* (1975) zu einem Autor historischer Fiktionen mit postmodernen Inhalten und Darbietungsformen entwickelt hat. Dabei liegt sein Hauptaugenmerk, am auffälligsten in *Reto en el paraíso* (1983) und *The Brick People* (1988), auf den Konfliktfeldern zwischen Chicanos und den Herrschaftsstrukturen der Anglos.

Das Barrio im postmodernen Text

Arturo Islas

Vor einem bikulturellen Hintergrund der ariden Landschaft der amerikanisch-mexikanischen Grenze erzählt Arturo Islas in *The Rain God. A Desert Tale* (1984) die Geschichte der Familie Angel, die vor der mexikanischen Revolution in die USA geflohen ist. Bereits der Titel weist auf Dualitäten in der Familiengeschichte hin, denen sich die einzelnen Familienmitglieder, die alle als ›Sünder‹ eingestuft werden, stellen müssen. In den sechs symbolhaften Geschichten über Familie und Tod erinnern sich neben dem Erzähler verschiedene andere Romanfiguren an die Vergangenheit, so daß ein mehrfacher Spiegelungseffekt entsteht. Ein Nebenthema ist die Entfremdung des Chicano-Intellektuellen von seinen Wurzeln, obgleich er eigentlich besser als andere erinnern und schriftlich bewahren kann. Islas' zweites Buch *Migrant Souls* (1990) gibt sich weniger experimentell und enthält eine tiefschürfende Untersuchung der Sprache christlicher Herrschaftsstrategien. Beide Romane, von denen der erste bereits 1976 fertiggestellt ist, verweisen mit ihren intertextuellen und fantastischen Elementen auf andere Chicano- und lateinamerikanische Autoren.

Die Grenze als Kriegszone

Weil seine Werke erst relativ spät aus dem Spanischen übersetzt wurden, blieb Miguel Méndez M. unverdientermaßen lange ein ziemlich unbekannter Autor, obwohl *Peregrinos de Aztlán* (1974) und *El sueño de Santa María de las Piedras* (1986) zu den innovativsten Chicanoromanen zu zählen sind. Das 1992 als *Pilgrims in Aztlán* erschienene Buch von 1974 präsentiert in drei Teilen die Erinnerungsfragmente des alten und kranken Loreto Maldonado, eines Autowäschers in den Straßen von Tijuana, an die Erzählungen seiner Kunden, die alle unter den gesellschaftlichen Verhältnissen leiden. Die Grenzregion wird dabei zur Kriegszone, in der sich zwei Kulturen und wirtschaftliche Systeme bekämpfen. *The Dream of Santa María de las Piedras* (1989) porträtiert eine Kleinstadt in der mexikani-

schen Sonorawüste aus der Perspektive alter Männer, die sich über die
Höhepunkte ihrer Geschichte unterhalten. Ein zweiter Handlungsstrang
erzählt die fantastische Reise Timoteo Noraguas durch die USA, wo extremer Materialismus und Fortschrittsglaube alles Leben auf unserem Planeten bedrohen. In seinen Visionen gelingt es Timoteo, Auswege aus dieser Situation anzudeuten. Méndez nutzt in diesem Roman die Darstellungsformen des magischen Realismus und schlägt so eine Brücke zur lateinamerikanischen Literatur.

Fantastische Reisen und Visionen

Als erster Chicanoautor macht Ron Arias in seinem Roman *The Road to Tamazunchale* (1975), der ein Jahr vor Orlando Romeros ebenfalls magisch-realistischem *Nambé-Year One* (1976) erscheint, auf diesen ausbaufähigen interkulturellen Aspekt aufmerksam. Arias Roman schildert in 13 Kapiteln die letzten Lebenstage des heruntergekommenen Lexikonverkäufers Fausto Tejada aus East Los Angeles, der in seiner tragischen Situation eine ganze Welt der Imagination errichtet, in der die konventionellen Grenzen zwischen Leben und Tod, Realität und Illusion sowie die logische Sequenz von Zeit und Ort nicht mehr gelten. Nachdem Fausto die Schwächen christlicher Lehren im Zusammenspiel mit einem teuflischen Pachuco und einem peruanischen Schäfer aufgedeckt hat, vergißt er das Sterben und bietet seinen Mitmenschen seine neuentwickelte Überlebensstrategie an, die auf dem Einssein mit der Natur und der Kontinuität von Vergangenheit und Gegenwart beruht. Ohne jeden Bruch folgt auf seinen Tod ein Kapitel, das die transzendentale Reise in das spanische Schilda Tamazunchale als Rezept für ein erfülltes Leben und einen Tod ohne Furcht propagiert. Der Roman enthält eine ganze Serie fantastischer, symbolträchtiger und komischer Szenen, die ihn von den realistischen und sozialkritischen Texten der Zeitgenossen deutlich absetzen und auf eine Qualitätsstufe mit Tomás Riveras *... y no se lo tragó la tierra* und den beiden Romanen von Miguel Méndez heben.

Ron Arias: Durchbrechen von Konventionen

Kurzgeschichten in der ›cuentos‹-Erzähltradition

In der Prosaproduktion der ersten Generation fällt der relativ bescheidene Anteil von Kurzgeschichten, trotz einer reichhaltigen mündlichen ›cuentos‹-Überlieferung von Geschichten, Mythen und Legenden im hispanischen Südwesten, auf. Die Romanautorin und Dramatikerin Estela Portillo Trambley veröffentlicht mit *Rain of Scorpions* (1975) eine Sammlung von Geschichten, in denen sich Frauen gegen die ihnen zugewiesenen Opferrollen zur Wehr setzen. Rudolfo Anayas *The Silence of the Llano* (1982) ergänzt sein Romanwerk vor allem durch seine Erkundung des Vorgangs der Mythenbildung und der Funktion des Schriftstellers. Anaya hat traditionelle ›cuentos‹ herausgegeben, jedoch in weitaus geringerem Maße als Sabine R. Ulibarrí deren Konventionen übernommen und weiterentwickelt. Ulibarrís bereits 1964 publizierte Sammlung *Tierra Amarilla: Cuentos de Nueva México*, die 1971 in einer zweisprachigen Ausgabe wiederaufgelegt wurde, gibt einen tiefen Einblick in das Leben einer in sich geschlossenen, traditionsbewußten Chicanogemeinschaft in New Mexico und handelt in Geschichten wie »Caballo mago« und »Man Without a Name« universale Themen vor einem lokalen Hintergrund ab. Ulibarrí profitiert von dieser Konstellation in drei weiteren Geschichtensammlungen, *Mi abuela fumaba puros y otros cuentos de Tierra Amarilla/My Grandma Smoked Cigars and Other Stories of Tierra Amarilla* (1977), *Primeros encuentros /First Encounters* (1982) und *El Cóndor and Other Stories* (1989), in denen über-

Rückgriff auf regionale Erzähltraditionen

wiegend Beispiele des harmonischen Zusammenlebens in einer multikulturellen Gemeinschaft beschrieben werden. Sein Gesamtwerk hält scheinbar mühelos die Verbindung zwischen Chicanoliteratur und ihren Wurzeln in der regionalen Folklore aufrecht.

Neubestimmung der Chicano/a-Literatur aus einer feministischen Perspektive

Kritische Bestandsaufnahme der ersten Phase

Auf die erste Phase der Entfaltung der Chicanoliteratur folgt seit Mitte der 70er Jahre eine Periode der Erweiterung der Themenpalette durch die weiterhin publizierenden Autoren der ersten und durch eine neue Generation, die sich häufig im Nachvollzug der Entwicklung dieser Literatur zunächst in der Lyrik etabliert und sich dann auch andere Gattungen aneignet. Als ein Merkmal der zweiten Phase fällt die große Zahl von Autorinnen auf. Diese Periode der Kontinuität und Expansion wird durch die Herausgabe von Anthologien, die Gründung eigener Zeitschriften und durch die ersten Bibliographien und Sammlungen kritischer Aufsätze vorbereitet und begleitet. Bereits 1969 veröffentlichen O. Romano und H. Ríos mit *El Espejo/The Mirror* die erste Anthologie, der in den Jahren 1972–74 vier weitere folgen. Seit 1967, als die Zeitschrift *El Grito* begründet wurde, nehmen in kurzen Abständen u. a. *Aztlán* (1970), *Revista Chicano-Riqueña/ The Americas Review* (1972), *De Colores* (1973) und *Caracol* (1974) ihr Erscheinen auf. Mit unterschiedlicher Schwerpunktsetzung schärfen sie mit literatur- und kulturkritischen Beiträgen das Auge von Autoren und Lesern für Qualitätsstandards sowie für den gesellschaftlichen Kontext. 1976 legen F. A. Lomelí und D. Urioste mit *Chicano Perspectives in Literature* (1976) die erste Bibliographie vor, der 1979 die ersten beiden Sammlungen kritischer Aufsätze folgen. Juan Bruce-Novoas *Chicano Authors: Inquiry by Interview* (1980) konsolidiert diese erste Phase der Bestandsaufnahme.

Anfänge der Literaturkritik

El Grito, Bd. 3 (1970)

Lyrik der zweiten Autorengeneration

Eine typische Vertreterin der zweiten Autorengeneration ist Alma Luz Villanueva, die 1977 ihre erste Gedichtsammlung *Blood Root* (1977) und ein Jahr später *Mother, May I?* (1978) publiziert, in denen sie feministische Themen anschlägt, die sich in ihren Romanen und Kurzgeschichten bis in die erste Hälfte der 90er Jahre finden. Die Frau wird dabei als naturnah, traditionsbestimmt, geheimnisvoll und somit als Gegenbild zu einer durch männliche Prinzipien entfremdeten modernen Welt gesehen. Ihre Gedichte und Prosatexte schildern schwierige Situationen, die durch den weiblichen Überlebenswillen, das Mitleiden, ein tiefes Vertrauen in die Natur und eine spontane Freude über alles Lebendige ertragen und überwunden werden. Themen wie Familie, Geburt und Tod, Liebe und Körperlichkeit werden in sehr konkreten Bildern und in eindeutiger Sprache dargeboten. In *Blood Root* verweist das ständig wiederkehrende ›Blut‹ auf das weibliche Lebenselement, welches das lyrische Ich mit der gesamten Schöpfung verbindet; ein Konzept, das Villanueva in die Nähe indianischer Vorstellungen rückt. *Mother, May I?* analysiert in einem langen, stark autobiographischen Gedicht das Hineinwachsen eines Kindes in die Erwachsenengesellschaft und stellt gleichzeitig seine Entwicklung zu einer Poetin dar, die sich über Protest und liebevolle Annäherung eine eigene Sphäre in einer männlich dominierten Welt einrichtet. Solche selbstbestimmte Enklaven schaffen sich auch die Protagonistinnen der beiden Romane Villanuevas, *The Ultraviolet Sky* (1987) und *Naked Ladies* (1994) sowie der Geschichten von *Weeping Woman. La Llorona and Other Stories* (1994). Die neuesten Gedichte *Planet with Mother, May I?* (1993) bestätigen diese feministische Perspektive, die eine präzise Beobachtungsgabe und die Bereitschaft, Gegensätze miteinander zu versöhnen, einschließt.

Pat Mora teilt viele Aspekte dieses Frauenbildes, das sie vor allem in den sehr kurzen und prägnanten Texten ihrer *Chants* (1984), *Borders* (1986) und *Communion* (1991) noch stärker mit einer Landschaft, der Wüste, im Gegensatz zu Villanuevas Meeresküsten, und noch enger mit indianischen Traditionen verbindet:

Meeresküsten und Wüste

> Secretly I scratch a hole in the desert
> by my home. I bury a ballpoint pen
> and lined yellow paper. Like the Indians
> I ask the Land to smile on me, to croon
> softly, to help me catch her music with words.

Das Heranwachsen zu einer kreativen Autorin, um die Diskrepanzen zwischen Realität und erstrebenswerter Utopie aushalten und überwinden zu können, ist ein Thema, das Alma L. Villanueva mit der Poetin Lorna Dee Cervantes verbindet. Der dreiteilige Gedichtband *Emplumada* (1981) baut zunächst den gesellschaftlichen Kontext des lyrischen Ichs auf und betont die Beschränkungen, die soziale Klasse und patriarchalische Strukturen den Frauen auferlegen, zeigt jedoch auch, etwa in »Beneath the Shadow of the Freeway« und »For Virginia Chávez«, wie Frauen sich durch ihre Bindung an die Natur und die Flucht in die Poesie Freiräume schaffen. Im zweiten Teil werden die Mängel durch eine Hinwendung zur mexikanischen Kultur als Identitätsanker in den Gedichten »Barco de Refugiados«, »Poemas para los Californios Muertos« und »Visions of Mexico While at a Writing Symposium in Port Townsend, Washington« ausgeglichen. Als eine Steigerung feiert Cervantes im abschließenden Teil des Gedichtbandes die neugefundene Identität als Frau, als Chicana und als Poetin. In allen Sektionen beeindruckt sie mit ihrer Sprachpräzision, dem an Alurista und Montoya erinnernden Einsatz des bilingualen Idioms, ihrer originellen Bilderwelt und der Fähigkeit, Gegensätze dialogisch miteinander zu verbinden. »I feel I am a captive / aboard the refuge ship. / The ship that will never dock. / *El barco que nunca atraca.*« Die Hauptthemen von *Emplumada* kehren in den vier Teilen von *From the Cables of Genocide: Poems on Love and Hunger* (1991) wieder, jedoch wesentlich erweitert durch neue literarische Bezüge, andere Konfliktfelder und eine Aussöhnung von privater Existenz mit dem sozio-kulturellem Umfeld.

Bilingualität

Eine ähnliche Entwicklung wie bei Villanueva und Cervantes vollzieht sich im Werk Lucha Corpis, die mit *Palabras de mediodía/Noon Words* (1980) ein vielbeachtetes Debut gibt. Ihre Gedichte befassen sich mit der Frau als politischer Aktivistin und als Außenseiterin der Gesellschaft. Den lokalen Hintergrund liefern amerikanische und mexikanische Landschaften und Städte. Am bekanntesten sind »The Marina Poems« geworden, eine Folge von vier Gedichten über die Figur der Malinche, der Indianerin, die nach einer Version ihrer Geschichte ihr Volk an Cortez verraten haben soll. Lucha Corpi revidiert dieses Bild, indem sie Marina als ein entwurzeltes Opfer des Zusammenstoßes zweier Kulturen schildert, die in ihrer tragischen Situation erstaunliche Fähigkeiten beweist. So endet auch der Zyklus mit einer Frau, die noch im Tode Kraft und Fruchtbarkeit, Erde und Sonne symbolisiert. Frauen in ausweglosen Lagen hat sich Lucha Corpi in vielen Kurzgeschichten, in ihrem Roman *Delia's Song* (1989), der u. a. einen Rückblick auf die Bürgerrechts- und Antivietnamdemonstrationen in Berkeley enthält, und in den Detektivromanen *Eulogy for a Brown Angel* (1992) und *Cactus Blood* (1995) gewidmet.

Die Jungfrau von Guadelupe: Für die Rechte der Xicanos (Ester Hernández)

Cover von Sandra Cisneros' *The House on Mango Street*

Ana Castillo

Moderne Themen in traditioneller Form

Weibliche Rollenmodelle

Einen Höhepunkt der Chicanoliteratur der zweiten Generation stellt zweifellos die Prosa von Sandra Cisneros dar, vor allem ihr Roman *The House on Mango Street* (1983). Sie publiziert nach ihrem erfolgreichen Erstlingswerk zwei Gedichtbände, *My Wicked Wicked Ways* (1987) und *Loose Woman* (1994) sowie den Erzählungsband *Woman Hollering Creek and Other Stories* (1991). In *The House on Mango Street* erzählt Esperanza Cordero in 44 Skizzen die Geschichte(n) ihrer Kindheit und Jugend bis zu dem Zeitpunkt, an dem sie sich ihrer Umgebung entwachsen fühlt, Abstand gewinnen und mit eigener Stimme sprechen und schreiben kann. Die sich daraus ergebende Kreisform wird durch die Absicht Esperanzas bestätigt, durch ihre künstlerische Aktivität in das vertraute Umfeld zurückzukehren und stellvertretend für alle ›Sprachlosen‹ tätig zu werden. Die Sprache entspricht der Perspektive einer heranwachsenden Erzählerin und geht gleichzeitig weit über sie hinaus, indem sie sehr akkurat den mexikanischen sprachlichen Hintergrund in einem vielstimmigen Milieu einfängt. Als zentrale Metapher dient das Haus als materieller Besitz und als imaginierter, selbstgefundener Freiraum. Obwohl *The House on Mango Street* ausdrücklich »A las Mujeres/To the Women« zugeeignet ist, enthält es wenige explizite feministische Positionen im Gegensatz zu einigen Gedichten in *My Wicked Wicked Ways* und *Loose Woman*, die sich einer sexuell eindeutigen Sprache bedienen und provozieren wollen. Die Geschichten in *Woman Hollering Creek and Other Stories* (1991) machen mit einer Vielzahl von Erzählern und Themen bekannt, die an die des ersten Romans anknüpfen, sie weiterentwickeln und immer eine solide Verwurzelung in der Chicanaerfahrung erkennen lassen, die Gegensätze hinterfragt und überbrückt.

Wie Villanueva und Corpi macht sich Ana Castillo zunächst als Lyrikerin einen Namen, ehe sie sich der Prosa zuwendet. Zwischen 1976 und 1978 publiziert sie drei kleine Gedichtsammlungen, die auszugsweise in *Women Are Not Roses* (1984) mit neuen Texten vereint wurden. Castillos *The Mixquiahuala Letters* (1986), ein Briefroman, verleugnet die Nähe zur Poesie nicht. Er schildert Episoden aus der Reise einer Chicana-Dichterin und einer New Yorker Künstlerin durch Mexiko und reflektiert dabei unterschiedliche Einstellungen der beiden Frauen zu einer anderen Kultur, zu Arbeit und Sexualität. Aus den vielen Meinungen und Erfahrungen entwickelt sich als zentrales Thema, auch für die beiden folgenden Romane, die bi- oder multikulturelle Existenz in der heutigen und in einer utopischen Gesellschaft. Eine zunehmende Vorliebe für Darstellungsmittel des magischen Realismus zeigt sich in *So Far From God* (1993), der Geschichte von Sofia aus New Mexico und ihren vier Töchtern. In der zweisprachigen, volkstümlichen Perspektive werden Formen mündlichen Erzählens bewahrt, die zur Authentizität von Zeit und Ort beitragen. In diesen folkloristischen Rahmen fügt die Autorin sehr geschickt Kommentare zu hochpolitischen Themen wie Krieg, die ökologische Krise und den Ausbruch neuer Epidemien ein. Wie viele ihrer Zeitgenossinnen widersetzt sich Ana Castillo erfolgreich allen Versuchen, sie gattungsmäßig und thematisch festzulegen. Sie selbst plädiert z. B. in ihrem Essayband *The Massacre of Dreamers. Essays on Xicanisma* (1994) eindeutig für eine politisch-emanzipatorische Zielsetzung der Literatur.

Helena María Viramontes' Kurzgeschichten in *The Moths and Other Stories* (1985) prangern patriarchalische Verhaltensweisen an und verbinden dieses Thema mit dem des Kulturkonfliktes in den großstädtischen Barrios und den Kleinstädten der amerikanisch-mexikanischen Grenzregion. Viramontes Protagonistinnen sind vorzugsweise Heranwachsende oder Großmütter, die sich in einigen Geschichten zu einer starken Allianz verbünden. In »The Cariboo Cafe« stellt die Autorin die Profiteure der illegalen Einwanderung auf beiden Seiten der Grenze bloß. Der weiße Eigentümer des Restaurants wird dabei zum rassistischen Sprachrohr des kapitalistischen Uncle Sam, der mit der Einwanderungsbehörde kollaboriert und eine Flüchtlingsfrau aus El Salvador bewußt zu Tode kommen läßt. Viramontes' Erzählungen und ihr erster Roman *Under the Feet of Jesus* (1995), der im Landarbeitermilieu spielt, überzeugen durch die politischen Aussagen, ein Gespür für tragische Situationen im Leben junger und alter Protagonistinnen, das Ineinander von Realität und Legende sowie eine sehr variable Erzählperspektive.

Wie Viramontes ist Denise Chávez einer breiteren Öffentlichkeit durch eine Kurzgeschichtensammlung, *The Last of the Menu Girls* (1986), bekanntgeworden, obwohl sie seit den frühen 70er Jahren kontinuierlich als Dramatikerin in der Tradition von Valdez' Teatro Campesino tätig ist. Die kompetente Dialoggestaltung von *The Last of the Menu Girls* baut sicherlich auf dieser Theaterpraxis auf. In lose miteinander verbundenen Geschichten erinnert sich die siebzehnjährige Rocío Esquibel an Szenen aus ihrer Kindheit und Jugend, die das Vergehen von Zeit, den Wandel und das Erproben weiblicher Rollenmodelle illustrieren. Erst ihr allmähliches Hineinwachsen in die Schriftstellerrolle verwandelt sie, ähnlich wie Cisneros Protagonistin, in eine Person, die sich in Zeit und Raum orientieren und mehr als dienende Funktionen ausfüllen kann. Denise Chávez' umfangreicher Roman *Face of an Angel* (1994) zeichnet die Lebenswege der Kellnerin Soveida Dosamantes, ihrer Familie, Freunde, Ehemänner und Arbeitskollegen nach, die sich zu einem vielschichtigen Portrait einer Kleinstadt in New Mexico fügen. Auch hier stellt Chávez ihre Beherrschung sprachlicher und erzählerischer Mischformen eindrücklich unter Beweis.

Kindheit und Jugend einer Schriftstellerin

Gary Soto und Richard Rodriguez: Rückzug aufs Private und verschärfte Assimilationsdebatte

Anders als Chávez zieht sich Gary Soto, der wie viele seiner Zeitgenossinnen als Lyriker mit privaten und öffentlichen Anliegen beginnt, in seinem erzählerischen Werk immer mehr in die Privatsphäre zurück. Im ersten Teil seines Gedichtbandes *The Elements of San Joaquin* (1977) entwirft er zunächst ein mehrschichtiges Porträt des Lebens in einer unfreundlichen, ärmlichen, multikulturellen städtischen Umgebung und zeigt darin Universelles auf. Im Mittelteil überhöht er dann das San Joaquin Valley zu einer archetypischen Lokalität, zusammengesetzt aus Erde, Luft, Feuer und Wasser, die sich wiederum in auf die Menschen einstürzenden Sinneseindrücken manifestieren. In dieser Umgebung müssen die Chicanos, die nie die Früchte ihrer Arbeit ernten dürfen, existieren. Sotos bilderreiche und doch ökonomische Sprache und seine ausgeprägte Fähigkeit, Hintergründiges durchscheinen zu lassen, bewähren sich besonders im dritten Teil des Gedichtbandes, der sich mit sehr persönlichen Situationen befaßt. *The Tale of Sunlight* (1978) erweitert noch einmal die Ausdruckspalette des Autors, vor allem in einer Serie von Gedichten des Mittelteils, die deutlich vom lateinamerikanischen magischen Realismus beeinflußt sind und die positive Kraft poetischer Imagination und der Sprache in einer Welt von Armut betonen. Nach zwei weiteren Gedichtbänden wendet sich Soto mit *Living Up the Street: Narrative Recollections* (1985), *Small Faces* (1986) und *Lesser Evils:*

E. C. Vasquez, »Meine Eltern bei der Arbeit« (1980)

Vorrang des Stils

Identität und Assimilation

Ten Quartets (1988) der autobiographischen Kurzgeschichte zu, allerdings ohne die Poesie ganz aufzugeben. In seiner Prosa demonstriert er einmal mehr sein fein ausgebildetes Sprachgefühl und fügt ihm einen gut entwickelten Sinn für Ironie hinzu. Obwohl Soto alltägliche Konfrontationen beschreibt, die in einem kunstvoll arrangierten Zusammenspiel eine einheitliche Weltsicht formen, die subjektive und ethnische Grenzen überschreitet, vermißt man die in den Gedichten so präsente soziale Komponente.

Sotos Entwicklung wirft Fragen zur Definition und Zukunft der Chicanoliteratur auf, die in radikaler Form durch die zwei Bücher von Richard Rodriguez und vor allem durch ihre kontroverse Aufnahme in verschiedenen Kritikerkreisen gestellt werden. *Hunger of Memory: The Education of Richard Rodriguez: An Autobiography* (1981) wird als Rechtfertigung einer Politik mißbraucht, die ausschließlich die Assimilation fördert und alle Versuche, eigenständige kulturelle Werte zu bewahren, wie durch die zweisprachige Erziehung, strikt ablehnt. Als Reaktion haben viele Kritiker eine Diskussion der Argumentationsstrategie und des künstlerischen Rangs dieses Buches sträflich vernachlässigt. In *Hunger of Memory* entfernt sich Rodriguez durch ein privilegiertes Bildungsprogramm, in dem das Englische das Spanische konsequent ausschaltet, von seinen mexikanischen Wurzeln und damit von seiner Familie. Im letzten Kapitel »Mr. Secrets« reflektiert er, ähnlich wie die Protagonistinnen von Cisneros, Viramontes und Chávez, über die Interdependenz der öffentlichen und privaten Funktionen der Erinnerung und ihrer Niederschrift. Was er als »radical self-reformation« bezeichnet, ist ein kompliziertes und ständig Unsicherheit auslösendes Ineinander von Entfremdung und Anpassung, das er sich selbst und seinen Lesern in einer Fülle höchst poetischer Bilder zu erläutern versucht.

Rodriguez' origineller Umgang mit den Konventionen der amerikanischen spirituellen Autobiographie sichert der Chicanoliteratur langfristig einen festen Platz in diesem Genre und regt eine neue Diskussion über die Beziehung zwischen gesellschaftlichem Zentrum und den Rändern an. *Days of Obligation: An Argument with My Mexican Father* (1992), Rodriguez' zweites Buch, antwortet teilweise auf die Kritik an *Hunger of Memory*, indem es abermals das schmerzliche Bewußtsein des Verlustes der mexikanischen Wurzeln konstatiert und eine aus der Not geborene Strategie zur Bewältigung dieses Zwiespaltes in einem gewachsenen Bedürfnis nach Erinnerung an die in der anerzogenen amerikanischen Welt fehlenden emotionalen Werte erkennt. *Days of Obligation* überzeugt darüberhinaus durch die Einbindung der Chicanoerfahrung in die multikulturelle amerikanische Szene.

Kontinuität und Weiterentwicklung in der neuesten Chicano-Literatur

Die wichtigsten Werke und die Entwicklung einzelner Autoren zeigen etwa seit Mitte der 80er Jahre eine ausgesprochene Mannigfaltigkeit der Themen und Darbietungsformen sowie eine sehr unterschiedliche Nähe bzw. Ferne zum Mainstream und zu anderen Nachbarliteraturen. Allerdings lassen sich in der Vielfalt einige Grundtendenzen unterscheiden. Um die Eigenständigkeit der Chicanoliteratur zu untermauern, wird seit Ende der 80er Jahre verstärkt versucht, zum einen auf die multikulturellen Anfänge Nordamerikas zurückzugehen und zum anderen Vorläufer der *Chicano Renaissance* in der mexikanisch-amerikanischen Literatur zwischen 1848 und 1959 zu entdecken. Neuere Anthologien der amerikanischen Literatur enthalten die Texte spanischer Eroberer und Geschichtsschreiber wie Columbus, Cabeza de Vaca, Marcos de Niza, de Castañeda oder Pérez de Villagrá sowie mündliche Legendenüberlieferungen. Als eine frühe individuelle poetische Stimme ist Miguel de Quintana (1671–1748) aus einer spanischen Siedlung nördlich von Santa Fe anerkannt worden.

(Re-)Konstruktion eines literarischen Erbes

Die über 100 Jahre zwischen dem Ende des amerikanisch-mexikanischen Krieges und der *Chicano Renaissance* werden schrittweise durch die mühsame Erschließung von Manuskripten oder vergessenen Publikationen ausgefüllt. Neben bisher unveröffentlichten autobiographischen Schriften und einer reichen *corrido*-Tradition erhalten Eusebio Chacón (1869–1948), der Verfasser zweier Kurzromane, die Poeten aus New Mexico Vicente J. Bernal (1888–1915) und Felipe M. Chacón (1873-?), der Satiriker Julio G. Arce (1870–1926), der Romancier Daniel Venegas (*Las aventuras de don Chipote o Cuando los pericos mamen*, 1928), die Poetin, Romanautorin und Dramatikerin Josefina M. Niggli (1911-), der Autor realistischer Kurzgeschichten Mario Suárez (1925-) und der Poet, Essayist und Kurzgeschichtenautor Fray Angélico Chávez (1910-) den Status von Vorläufern. Darüberhinaus wird eine sehr lebendige hispanische Theatertradition rekonstruiert, an die Valdez mit seinem Teatro Campesino anknüpft. In die 30er Jahre dieses Jahrhunderts gehen die Anfänge einer literaturkritischen Praxis zurück. Seit etwa 1940 ist die englische Sprache das vorherrschende Ausdrucksmittel.

Vorläufer der Chicano-Literatur

In der dramatischen Produktion ist das Agitationstheater der 60er Jahre immer noch präsent, gleichzeitig läßt sich jedoch eine Hinwendung zu poetisch-absurden Darstellungsformen, vor allem in den Werken von Carlos Morton, Denise Chávez und Cherríe Moraga, beobachten. In der Prosa wird in autobiographisch-dokumentarischen Büchern wie Ramón ›Tianguis‹ Pérez' *Diary of an Undocumented Immigrant* (1991), Arcadia H. López' *Barrio Teacher* (1992) und Luis J. Rodriguez' *Always Running. La Vida Loca: Gang Days in L. A.* (1993) eine Tendenz erkennbar, auf die von der ersten Autorengeneration der *Chicano Renaissance* thematisierten archetypischen Erfahrungen zurückzugreifen. In dieses Bild paßt, daß Alurista

Autobiographisch-dokumentarische Literatur

»Last Supper of Chicano Heroes« von José Antonio Burciaga

Kulturelle Neubestimmung der Grenzregion

Kanonbildung und Außenseiterfiguren

mit *Z Eros* (1995) einen neuen Gedichtband vorlegt, der ganz bewußt an die erste Phase der *Chicano Renaissance* erinnert.

Eine zweite Form der Standortbestimmung deutet sich in den Texten einer Reihe von Autorinnen an, die Grenzen zwischen Kulturen und Gattungen aufdecken und dann freizügig überschreiten. Gloria Anzaldúas *Borderlands/La Frontera: The New Mestiza* (1987), eine mehrsprachige Mischung aus Prosa und Poesie, sowie die von ihr und Cherríe Moraga herausgegebene Anthologie *This Bridge Called My Back: Writings by Radical Women of Color* (1981) haben Aztlán als Heimatland der Chicanos und Chicanas neu definiert, indem sie kulturelle Hybridität, Marginalität und die weibliche Sensitivität als ein Gesamtkonzept begreifen, das neue interkulturelle und intertextuelle Bindungen herstellt. Andererseits beschreiben Autoren wie Anaya, Hinojosa und Candelaria weiterhin geschlossene Chicanowelten, die allerdings immer dann, wenn sie zeitnah fixiert sind, Auflösungserscheinungen aufweisen. Dabei fällt auf, daß außer in der neueren Frauenliteratur die Erfahrungen anderer ethnischer Gruppen oder der Außenseiterfiguren im literarischen Mainstream erstaunlich selten rezipiert werden.

Solche gegenläufigen Strömungen, die dadurch noch irritierender werden, daß einige Autoren andere Kunstformen für effektiver als die Literatur halten, andere wie Villarreal nicht als Chicanoautoren rubriziert werden möchten und wieder andere wie Cecile Pineda, die Autorin der experimentellen Romane mit universalen Themen, *Face* (1985), *Frieze* (1986) und *The Love Queen of the Amazon* (1992), von der Kritik bisher weitgehend übersehen werden, lassen nur sehr vage Zukunftsprognosen zu. Auch die Bemühungen, die Chicanoliteratur durch Übersetzungen in andere Sprachen und als Gegenstand europäischen akademischen Interesses zu fördern, können in ihren Auswirkungen noch nicht beurteilt werden. Viele Autoren scheinen in der ersten Hälfte der 90er Jahre zwischen Annäherung an den Mainstream und Distanz zu schwanken. Selbst die Tatsache, daß sich einige große Verlagshäuser für die qualitativ überzeugenden Arbeiten von Anaya, Soto, Cisneros, Chávez und Castillo öffnen, ist umstritten. Die Einbeziehung von Chicanoautoren und -autorinnen in Anthologien, welche die amerikanische Literatur als Produkt vieler Kulturen begreifen, ist jedenfalls ein ermutigendes Zeichen. Und die Versuche, die Chicanoliteratur als Brücke nach Lateinamerika und als eine Station auf dem Weg zu einer panamerikanischen Identität zu interpretieren, weisen sie in enger Verbindung zu den sich entfaltenden puertorikanischen und kubanisch-amerikanischen Literaturen als eigenständigen und signifikanten Beitrag zu den Kulturen der Amerikas aus.

Brückenfunktion der Chicano-Literatur

Asiatisch-amerikanische Literatur

Historische Voraussetzungen literarischer Produktion und ihrer Rezeption

Publikation und Aufnahme der vor 1950 geschriebenen Texte asiatisch-amerikanischer Autoren wurden in besonderem Maß von der Politik beeinflußt. Als herausragende historische Ereignisse sind der Chinese Exclusion Act von 1882, der noch weitergehendere Asian Exclusion Act von 1924 und die Internierung von ca. 110 000 amerikanischen Bürgern japanischer Abstammung ab 1942 zu nennen, welche die bereits vorhandenen Ressentiments gegen die seit 1860 im Lande befindlichen und bis 1990 auf einen Anteil von drei Prozent der Amerikaner angewachsenen Bevölkerungsgruppen asiatischer Herkunft verstärkten. Als auffällige Konsequenz aus den dem Wandel unterliegenden politischen Bedingungen ergab sich ein kontinuierliches Gegeneinanderausspielen der sehr diversen Untergruppen (aus China, Japan, den Philippinen, Korea oder Indien), dem nur durch die bewußte Konfrontation und selbstbestimmte Definition des eigenen Platzes in der amerikanischen Gesellschaft entgegnet werden konnte. Die scheinbare Homogenität der asiatisch-amerikanischen Bevölkerung ist deshalb eine Folge der Stereotypisierung und eine Erfindung der 1970er Jahre als Abwehrstrategie gegen die Fremdbestimmung. Ein wichtiger Bestandteil des Stereotyps ist die *sojourner*-These, die den asiatischen Neuankömmling als einen zur Assimilation total unfähigen vorübergehenden Besucher sieht. Dadurch erhält der Einwandererroman eine besondere Nuance. Eine weitere Besonderheit ergibt sich aus der Neigung, die literarischen Texte als soziologisch-anthropologische Dokumente aufzufassen.

Restriktive Einwanderungspolitik; Internierung

Autobiographien und erste Erzählungen als Korrektur des negativen Stereotyps

Wie in anderen Ethnien strebt die erste Generation asiatisch-amerikanischer Einwanderer enthusiastisch die Aufnahme in die neue Gesellschaft an und versucht, zuweilen durch Überanpassung, den negativen Stereotypen zu widersprechen. Die Literatur unterstützt diese Bemühungen in stark autobiographisch ausgerichteten, seit etwa 1890 erscheinenden Büchern meist privilegierter Autoren, die ausschließlich ihr Vorleben in ihrer für amerikanische Leser exotischen fernöstlichen Heimat beschreiben. Erst Younghill Kang wird um 1930 das zunächst bestehende Vakuum Amerika, das in den älteren Texten nur als Metapher vom ›Beautiful Country‹ oder ›Gold Mountain‹ präsent ist, füllen, indem er die Situation der Einwanderer schildert, die bleiben wollen, denen aber als unsicheren Kantonisten ein

Frühe Autobiographie Diskriminierung

Chinesen beim Bau der transkontinentalen Eisenbahn (Zeichnung von E. Laning, 1935)

Identitätssuche in der neuen Heimat

ihren Pionierleistungen entsprechender Platz verweigert wird. Allerdings hat Sui Sin Far (Edith Maud Eaton) bereits 1912 in ihrer Kurzgeschichtensammlung *Mrs. Spring Fragrance*, darunter «In the Land of the Free», ein realistisches Bild vom Alltag chinesischer Einwanderer, der wesentlich von rassistischen Einstellungen bestimmt ist, gezeichnet.

Eine noch intensivere Hinwendung zu den Problemen der Einwanderer vollzieht der 1930 von den Philippinen eingewanderte Carlos Bulosan, der in seiner Autobiographie *America Is in the Heart* (1946) seine aus der Gewerkschaftsarbeit erwachsene Kritik am Schicksal der Wanderarbeiter im Rahmen seiner grundsätzlichen Zustimmung zu den amerikanischen Grundwerten äußert. Als angemessene Darbietungsform entwickelt er eine Mischung aus folkloristischen Erzählweisen, Biographie und Roman. Seiner erfolgreichen Autobiographie, die Parallelen zu Richard Wrights Roman *Native Son* aufweist, geht der Gedichtband *Letter From America* (1942) voraus. Bulosans Abhängigkeit von der momentanen Popularität seiner ehemaligen Landsleute als Verbündete im Kampf gegen Japan zeigt sich an den nachlassenden Verkaufszahlen seiner späteren Werke, welche die Themen Exil und Heimkehr, Einsamkeit und Entfremdung einkreisen:

> I bought a bottle of wine when I arrived in San Luis Obispo. I rented a room in a Japanese hotel and started a letter to my brother Macario, whose address had been given to me by a friend. Then it came to me, like a revelation that I could actually write understandable English. I was seized with happiness. I wrote slowly and boldly, drinking the wine when I stopped, laughing silently and crying. When the long letter was finished, a letter which was actually a story of my life, I jumped to my feet and shouted through my tears:
> »They can't silence me any more! I'll tell the world what they have done to me!«

Trotz solcher außerliterarischer Einflüsse findet die asiatisch-amerikanische Literatur bereits in den 30er und 40er Jahren ein, wenn auch kleines Publikum, was etwa daran zu erkennen ist, daß damals japanisch-amerikanische Autoren in eigenen Zeitschriften veröffentlichen konnten. Ein weiteres Beispiel liefert der 1921 aus Korea eingewanderte Younghill Kang, der 1928 in Englisch zu schreiben beginnt. Sein Roman *The Grass Roof* (1931) schildert eine Jugend in Korea und endet mit dem Entschluß des Helden auszuwandern. *East Goes West: The Making of an Oriental* (1937)

Carlos Bulosan

Die Dämonisierung der Chinesen: Karikatur in *The Wasp*, 1893

spinnt diesen Faden weiter und stellt das Leben in den USA mittels dreier zentraler Figuren und eines Erzählers dar. Die Koreaner begnügen sich nicht mehr mit der Gast- oder Botschafterrolle, sondern fordern einen dauerhaften Platz.

Als thematisches Grundmuster der bis in die 50er Jahre veröffentlichten, stark autobiographisch geprägten chinesisch-amerikanischen Romane, etwa Pardee Lowes *Father and Glorious Descendant* (1942), Jade Snow Wongs *Fifth Chinese Daughter* (1945) oder Virginia Lees *The House That Tai Ming Built* (1943), ergibt sich ein Plädoyer für die schrittweise Auflösung patriarchalischer Familienstrukturen und eine Übernahme amerikanischer Wertvorstellungen in einer zwar feindseligen, häufig aber im werbenden Märchenton beschriebenen Umwelt. Weil diese Autoren die Erwartungen ihrer Leser erfüllen, stoßen sie auf ein relativ großes Interesse. Ihre Ideologie wird sogar anderen Gruppen als Vorbild empfohlen, obwohl die vorherrschende Er-Perspektive durchaus als verstecktes Signal für die Distanz zwischen Autor und akkulturierten Hauptfiguren interpretiert werden kann.

Als Kontrast fällt jedenfalls auf, daß zur gleichen Zeit die Texte japanisch-amerikanischer Autoren, wie Toshio Moris zuweilen stark romantisierende Kurzgeschichten aus der Vorkriegszeit in *Yokohama, California* (1949) und Monica Sones *Nisei Daughter* (1953) weniger Popularität erzielen. Sones Buch berichtet über einen Lebensabschnitt im Internierungslager. Beide Autoren nennen den Preis, den die zweite, amerikanisierte Generation zu entrichten hat. Dies gilt ebenso für die Romane von Diana Chang, z. B. *The Frontiers of Love* (1956) und *Eye to Eye* (1974), die sich mit dem Problem der Identität im Rahmen eines existentialistischen Weltbildes auseinandersetzen. Ihre kunstvolle Perspektivgestaltung widersetzt sich dem Trend, diese Texte als Autobiographien oder soziale Fallstudien zu lesen.

Alte und neue Wertvorstellungen

»Die Gelbe Gefahr«, 1876

Die Fiktionalisierung der Einwanderererfahrungen in der Nachkriegszeit

Als erste japanisch-amerikanische Autorin findet Hisaye Yamamoto begrenzte Anerkennung mit ihren schon in der Nachkriegszeit einzeln veröffentlichten, aber erst 1988 als *Seventeen Syllables and Other Stories* gesammelten Erzählungen. Sie befassen sich vor allem mit den Spannungen zwischen den Einwanderergenerationen sowie den traditionellen und modernen Geschlechterrollen. Dabei werden sowohl Männer als auch Frauen als Opfer der neuen Lebensbedingungen dargestellt. Yamamotos Perspektive ist erstaunlich modern, da ihre Texte das breite multikulturelle Spektrum in der asiatisch-amerikanischen Bevölkerungsgruppe spiegeln. Gleichermaßen originell wirken kontrapunktische Struktur und ironische Erzählweise.

Traditionelle und moderne Geschlechterrollen

Die gegensätzliche Bewertung der Einwanderererfahrung läßt sich in den wenigen Texten der 50er und 60er Jahre weiterverfolgen. Von Romanen wie Lin Yutangs *Chinatown Family: On the Wisdom of America* (1948) und Chin Yang Lees *Flower Drum Song* (1957), die positive Stereotypen bestätigen, unterscheidet sich John Okadas *No-No Boy* (1957), der erst in den 70er Jahren wiederentdeckt wird, erheblich. Der Titel bezieht sich auf die den internierten Amerikanern japanischer Abstammung 1943 abverlangte Loyalitätserklärung, ein Kapitel der Kriegsgeschichte, das seit 1969 dokumentiert und öffentlich diskutiert wird. Der Romanheld Ichiro, der einer Regierung, die ihn zuvor ausgegrenzt hat, nicht willfährig sein möchte, wird für sein doppeltes Nein mit zwei Jahren Gefängnis sowie der Zerstörung von Familie und Freundeskreis bestraft, so daß Ichiro danach ohne sozialen Rückhalt und feste Identität auskommen muß. Sein Freund Kenji, der den Loyalitätseid ablegt, wird im Krieg schwer verwundet, kann sich aber dann auf Familie und amerikanische Institutionen verlassen. Individuelle Schuld wird auch kollektiv gedeutet, da Einzelschicksale die Zerrissenheit der japanisch-amerikanischen Bevölkerung repräsentieren und Identität aus rassistischen Wertsetzungen gegenüber anderen Gruppen abgeleitet wird. Der Roman endet in einer ganzen Serie von Gewalt und Tod, die Ichiros pessimistische Einstellung noch verschärfen.

Loyalitätskonflikte in Kriegszeiten

Japanische ›Picture Brides‹, von Amerikanern nach Foto ausgesucht, geheiratet und ins Land gebracht (1919)

Aufstand gegen das Patriarchat

Viele dieser Einzelheiten findet man in Louis Chus schonungslos realistischem Roman *Eat a Bowl of Tea* (1961) wieder. Die Kontroversen innerhalb der ethnischen Enklave werden nicht verschwiegen. Allerdings werden sie hier nicht durch politische Ereignisse, sondern durch die Rebellion der Hauptfiguren, Ben Loy und Mei Oi, gegen die von den Eltern gesetzten und sich als realitätsfern erweisenden Normen ausgelöst. Der Roman enthält dem Leser Ben Loys neue Rolle vor, weil er ihn hauptsächlich als Opfer der selbstzerstörerischen und absurden Aktionen seines Vaters zeigt. Die Proteste der weniger passiven, jedoch nicht immer glaubwürdigen Mei Oi stellen die festgefügten Muster in der männlich dominierten New Yorker Chinatown in Frage, können aber in einer in sich geschlossenen, zutiefst unmoralischen und entwurzelten Umwelt weder für sich noch für die Gemeinschaft Positives erreichen. Das Gefühl der Entfremdung in der Nachkriegsgeneration, die sich des Rassismus der neuen Heimat und der kulturellen Dominanz der alten erwehren muß, bleibt bestehen. Die im Roman künstlerisch gelungene Fusion zweier Kulturen kann dieses Dilemma nicht überdecken.

Internierungslager Manzanar, Kalifornien, 1942

Identitätssuche zwischen Fakten und Fiktionen:
Vom Generationenkonflikt zum Rollenspiel

Eat a Bowl of Tea, Crossings (1968) von Chuang Hua und der Roman *Farewell to Manzanar* (1973) von Jeanne W. und James D. Houston künden einen sich verstärkenden Trend zur tiefschürfenden Auseinandersetzung mit den noch zu bestimmenden Inhalten einer asiatisch-amerikanischen Identität an, die in den nächsten Jahrzehnten fortgesetzt und präzisiert wird. Zudem kennzeichnet die Literatur dieser beiden Jahrzehnte eine große Diversität von Themen und Darbietungsformen. Erstaunlich häufig werden Gattungsgrenzen überschritten. Darüberhinaus fällt schon bei der Durchsicht der drei zwischen 1972 und 1975 erschienenen Anthologien asiatisch-amerikanischer Literatur ein Übergewicht von Autorinnen auf. Die Einleitungen zu diesen Publikationen spiegeln allerdings auch die weitverbreiteten Unsicherheiten bei der Konstruktion von Gruppen-und Einzelidentität. Äußerst pessimistisch werden in dem Roman *Farewell to Manzanar*, der auch als Film große Aufmerksamkeit erregte, die Aussichten bewertet, das japanische Erbe und die amerikanische Gegenwart miteinander auszusöhnen. Papa, der Protagonist, wird nach seiner Heimkehr aus dem Internierungslager zum Familientyrann, vor allem für seine Tochter, die durch ihn ihre mühsam gefundene amerikanische Identität durch Überanpassung aus Notwehr wieder verliert. Die tragische Ironie liegt im Rollentausch von Täter und Opfer.

Autorinnen dominieren

Acht Jahre vor Maxine Hong Kingstons *The Woman Warrior* veröffentlichte Hua ihren experimentellen Prosatext *Crossings* (1968). Die Festung einer traditionellen chinesischen Familie verliert in den USA durch die Heirat des Sohnes mit einer Nichtchinesin den Mythos ihrer Uneinnehmbarkeit. Zusätzlich verläßt die Schwester Fourth Jane ihre Heimat und beginnt in Paris eine Affäre, die sie ständig auf die Quellen ihrer Identität, die USA und China, verweist. Auf einer Reise nach China erfährt sie, daß die Betonung der ethnischen Wurzeln sie von ihrer Umwelt entfremdet und

Individuum und familiäre Bindungen

Anthologie, Ausgabe von 1983

Neue Erfahrungen

Nähe und Distanz zu zwei Kulturen

Die Geschichte(n) der Väter

Maxine Hong Kingston

dies somit kein Modell für ihr nur in den USA mögliches Leben liefert. Die Handlung wird häufig durch die Intervention der Vergangenheit, durch Erinnerung, Träume, Visionen, Alpträume, intertextuelle Bezüge sowie das Überschreiten räumlicher und zeitlicher Grenzen unterbrochen und erweitert. Auch in ihren Gedichten, Essays und weiteren Romanen bleibt die Instabilität kultureller und ethnischer Identitäten das zentrale Thema Huas.

Die Schwierigkeit, mehr als einer Kultur anzugehören, beeinflußt in Kingstons *The Woman Warrior: Memoirs of a Girlhood Among Ghosts* (1976) die Darbietungsform. Wie in Huas *Crossings* nutzt die Autorin die Konventionen von Roman, Autobiographie, Essay und Gedicht sowie die verschiedenen Ausdrucksformen, die sich aus den unterschiedlichen Möglichkeiten, Vergangenheit zu vergegenwärtigen, ergeben, um eine chinesisch-amerikanische Kindheit zu konstruieren, die von dem Konflikt und der schließlichen Versöhnung zwischen Mutter und Tochter bestimmt ist. Über die zunächst mysteriösen und ängstigenden ›talk stories‹ der Mutter treten traditionelle restriktive Normen als ›ghosts‹ in das Leben der Tochter, deren Emanzipationsprozeß durch das Fehlen einer Alternative erschwert wird, denn die Gesellschaft von San Francisco bietet nur weitere ›ghosts‹ in Form von Maschinen und Stereotypen, d. h. kein Heilmittel für Heimatlosigkeit, Entfremdung und Werteverlust an.»Chinese-Americans, when you try to understand what things in you are Chinese, how do you separate what is peculiar to childhood, to poverty, insanities, one family, your mother who marked your growing with stories, from what is Chinese? What is Chinese tradition and what is the movies?«

Die durch hartnäckigen Widerstand und Sinn für das Komödiantische schrittweise erworbene Fähigkeit, Fakten von Fiktionen zu trennen, sowie überlieferte und eigene Geschichten weiterzugeben, beweist den Erfolg dieses Prozesses in einer von der Erzählerin eingehaltenen spezifischen Perspektive von selbstbestimmter Nähe und Distanz zu ›stories‹ und den in ihnen tradierten Werten. Sowohl Autorin als auch Erzählerin meistern grundlegende Probleme der Intertextualität, indem sie z.B. durch die Konfrontation von Vorgeformtem neue Bedeutungen erzeugen. Besonders eindrucksvoll gelingt dies in dem Schlußkapitel »A Song for a Barbarian Reed Pipe«.

Nachdem Kingston eine Familiengeschichte aus der Sicht von Mutter und Tochter rekonstruiert hat, wendet sie sich in *China Men* (1980) den Vätern und Großvätern zu. Da diese die Kunst der ›talk stories‹ weniger beherrschen, wird die Authentizität des Erzählten durch Zeitungsartikel, Tagebücher und Dokumente angestrebt. Lücken füllt die Folklore aus. Diese vielgestaltige Materialgrundlage erzeugt stellenweise zwei Versionen des gleichen Ereignisses. Die Eingangskapitel führen in die Hauptziele des Romans ein: Das parabelartige »On Discovery« kündet die Rekonstruktion der prototypischen Geschichte einer Auswanderung aus China und Einwanderung in die USA an. Darin eingeschlossen sind die historischen Leiden der chinesischen Arbeiter, die in epischer Breite und einer charakteristischen sprachlichen Mischform erzählt werden. Das zweite Ziel des Romans ist die subjektive Darstellung einer fast nichtexistenten Vater-Tochter-Beziehung, die im zweiten Kapitel »On Fathers« begonnen und in »The Father from China« und »The American Father« fortgesetzt wird.

Kingstons dritter Roman *Tripmaster Monkey. His Fake Book* (1989) unterscheidet sich durch das Fehlen des direkten autobiographischen Bezugs deutlich von den vorangegangenen Werken. Allerdings bleibt das

Zusammenspiel von Mythos und Realität, Vergangenheit und Gegenwart, von chinesischer und amerikanischer Kultur ein beherrschendes Thema und Aufbauprinzip. Protagonist ist Wittman Ah Sing, ein Dramatiker der Beat-Generation im Berkeley der bewegten 60er Jahre. Viele humorvolle Situationen entstehen durch Bezüge der Romanhandlung auf einen chinesischen Klassiker des 16. Jh.s, in dem ein Affe, der ›tripmaster monkey‹, einen buddhistischen Mönch auf seiner Pilgerreise nach Indien begleitet und alle Situationen durch schnelle Verwandlungskunst meistert. Dieses Rollenspiel wendet auch Wittman in seinem Überlebenskampf gegen die ihn ständig bedrohende Stereotypisierung an.

Asian-American Literatures *als Spiegel komplexer Wirklichkeit mit unverläßlichen Kategorien*

Die als Autorin komisch-ironischer Geschichten bekanntgewordene Gish Jen veröffentlicht 1991 ihren ersten Roman *Typical American*, in dem die Familie Chang versucht, für sich den *American Dream* zu verwirklichen. Dabei werden vor allem die tragikomischen Aspekte dieses Prozesses dargestellt. Der Roman beginnt mit der Ankündigung »It's an American story« und impliziert, daß die amerikanische Identität eigentlich ebenso ungesichert ist wie die chinesisch-amerikanische.

Einen Schritt weiter entfernt sich Amy Tan von vertrauten Positionen in ihrem Roman *The Joy Luck Club* (1989), der aus acht Monologen von vier Müttern der ersten Einwanderergeneration und ihren in den USA geborenen Töchtern besteht. Die monologische Struktur mit nur geringen dialogischen Qualitäten, die sich zudem nur beim Leser bemerkbar machen, betont die Unvereinbarkeit der Einzelschicksale, obwohl die Tatsache, daß eine der Töchter nach dem Tod ihrer Mutter deren Rolle im Joy Luck Club übernimmt und besuchsweise nach China zurückkehrt, eine Aussöhnung der Generationen andeutet. Die zentrifugalen Kräfte dominieren, zumal die ethnische Identität nicht als stabile Komponente, sondern als funktionaler und dynamischer Prozeß begriffen wird. So bleibt die Chinareise nur eine vorübergehende Heimkehr einer Fremden: »It's my fault she is this way. I wanted my children to have the best combination: American circumstances and Chinese character. How could I know these two things do not mix?« Tans zweiter Roman *The Kitchen God's Wife* (1991) setzt die Suche nach einer chinesisch-amerikanischen Identität in der Auseinandersetzung zwischen den Generationen fort, beschränkt sich aber auf eine einzelne Mutter-Tochter-Beziehung. Der Aspekt einer besonderen Sensibilität für die Wechselbeziehungen zwischen Gegenwart und Vergangenheit, Amerika und China sowie Rationalität und ›ghosts‹ wird in *The Hundred Secret Senses* (1995) in einer Dreierbeziehung weiter erforscht.

Monologe von Müttern und Töchtern

Amy Tan

Das von Amy Tan entwickelte dynamische Konzept ethnischer Identität entfernt sich in David Muras *Turning Japanese: Memoirs of a Sansei* (1991) weiter von der Konvention. Nach einem Japanbesuch plädiert der Protagonist gegen alle nationalistischen Inhalte und für ein multikulturelles bzw. bikulturelles Persönlichkeitsbild. Diese Auflösungstendenzen verstärken sich noch durch die Zurückweisung regionaler Festlegungen bei anderen Autoren. Wie schon die Titel von Eleanor Wong Telemaques Autobiographie *It's Crazy to Be a Chinese in Minnesota* (1978) oder Cynthia Kadohatas Roman *The Floating World* (1989) andeuten, sind sich die Autoren und Autorinnen der postmodernen Unbestimmtheit konventioneller Begriffe bewußt. Allerdings darf nicht unerwähnt bleiben, daß in

Kulturnationalismus und Multikulturalität

vielen Romanen, z.B. in Shawn Wongs *Homebase* (1979) oder in Gus Lees *China Boy* (1991), die Identitätssuche weiterhin mit bekanntem Ergebnis, wenn auch in neuen Darbietungsformen abgehandelt wird.

Die Zurückweisung von Stereotypen setzt sich auch in den Publikationen von Autoren fort, deren Familien nicht aus den traditionellen fernöstlichen Ländern, sondern aus Regionen mit langer europäischer Kolonialerfahrung stammen. So machte 1988 eine Anthologie auf eine bereits etwa hundertjährige Geschichte arabisch-amerikanischer Poesie aufmerksam. Und der sehr erfolgreiche Roman *Jasmine* (1989) und die in *The Middleman and Other Stories* (1988) gesammelten Erzählungen von Bharati Mukherjee, einer Autorin mit indischem Hintergrund, verlangen eine dynamische Weiterentwicklung selbst neuester literaturgeschichtlicher Kategorien.

Asiatisch-amerikanisches Theater: Die Inszenierung des Fremden und des Vertrauten

Frank Chin:
The Chickencoop Chinaman

Chinatown, San Francisco

Dekonstruktion von Stereotypen

Schon aus ökonomischen Gründen hinkt in allen ethnischen Literaturen das Drama hinter den anderen Gattungen her. 1972 wird Frank Chins *The Chickencoop Chinaman* (1971) als erstes asiatisch-amerikanisches Theaterstück in New York produziert. Es schickt den Protagonisten Tam Lum auf die Suche nach männlichen Rollenmodellen, die ihm von der dominanten Kultur verweigert werden: »I am the natural born ragmouth speaking the motherless bloody tongue. No real language of my own to make sense with, so out comes everybody else's trash that don't conceive.« Erst in der totalen Isolation findet Tam Lum in der Leidensgeschichte seiner Familie einen positiven Ansatzpunkt, von dem aus er Kontinuität zur nächsten Generation herstellen möchte. Dieses relativ optimistische Schlußbild hat in *The Year of the Dragon* (1975) keinen Bestand, denn dort schaffen nur der Bruch mit der Vergangenheit und die Desintegration der Familie die Voraussetzungen für eine noch aufzubauende Identität.

Der inhaltlich und formal sehr flexible Dramatiker David Henry Hwang befaßt sich in *The Dance and the Railroad* (1982), ähnlich wie Kingston in *China Men*, mit der überfälligen Geschichtsrevision und in *Family Devotions* (1982) mit dem aus vielen Prosatexten vertrauten Konflikt zwischen der älteren und der in Amerika geborenen jüngeren Generation. Er setzt dabei Humor und Satire, fantastische und realistische Darstellungsmittel ein, die er in *M. Butterfly* (1988) zu einem bizarren Spiel um Rollentausch, Täuschung und Selbstbetrug verbindet. Die aus der Oper bekannte Geschichte von stereotypem Verhalten mit tragischem Ausgang wird in dem Theaterstück dekonstruiert, in vielen Einzelheiten in ihr Gegenteil verkehrt und als Plattform für eine Botschaft gegen den institutionalisierten Rassismus und das Fortbestehen von stereotypen Vorstellungen auf allen Seiten benutzt. Nachdem sich die Chinesin Song Liling dem französischen Diplomaten René Gallimard als Mann offenbart hat, verwandelt sich dieser plötzlich, wie ein Schmetterling, in eine Frau, um durch diese Illusion den Zusammenbruch seiner Wirklichkeit zu verdrängen. Bereits in seinem Erstlingswerk *FOB* (1979), in dem FOB = ›Fresh-Off-the-Boat‹ und ABC = ›American-Born Chinese‹ miteinander streiten, baut Hwang intertextuelle Bezüge zu Werken von Kingston und Chin auf und bindet sich so ganz bewußt in die Tradition der neuen asiatisch-amerikanischen Literatur ein.

Asiatisch-amerikanische Lyrik: Das Überschreiten von Grenzen

Die Dominanz des stark autobiographisch geprägten Romans wird erst Ende der 80er und in den frühen 90er Jahren in Frage gestellt, obwohl Lyrik durchaus schon früher in Verbindung mit Prosatexten publiziert wird. So enthält etwa Jessica Tarahata Hagedorns *Dangerous Music* (1975) beide Gattungen, und auch Mei-mei Berssenbrugge ergänzte in *Summits Move With the Tide* (1974) ihre Gedichte mit einem Theaterstück. Auffällig ist, daß nicht nur diese beiden Autorinnen mehr als eine Gattung beherrschen.

Die Lyrik schlägt 1970 mit der Entdeckung und späteren Veröffentlichung (1980 und 1991) von Gedichten, die chinesische Einwanderer zwischen 1910 und 1940 an den Wänden der Gebäude auf Angel Island, dem pazifischen Ellis Island, gekritzelt haben, eine erste Brücke zwischen den Kulturen. Die im klassischen chinesischen Stil geschriebenen über 130 publizierten Gedichte beschäftigen sich mit typischen Einwandererthemen wie den Motiven für die Emigration, der Überfahrt in die USA, ersten Eindrücken von den Amerikanern, Heimweh, Einsamkeit und Rache für die diskriminierende Behandlung.

›Spontane Lyrik‹ der Einwanderer

香山許生勉客題
説去花旗喜溢顏，
千金羅掘不辭艱。
親離有話喉先哽，
妻別多情淚對潸。

浪大如山頻駭客，
政苛似虎備嘗蠻。
毋忘此日君登岸，
發奮前程莫懶閒。
大平洋週報作 "種"

Chinesisches Gedicht von Angel Island

Weitere Impulse empfängt eine ganze Lyrikergeneration von der Bürgerrechtsbewegung und den unterschiedlichsten feministischen Aktivitäten. Erste Konsequenzen zieht die auch als Kurzgeschichtenautorin bekannte Janice Mirikitani in ihren beiden programmatischen Gedichten »Breaking Silence« und »Breaking Tradition« aus *Awake in the River* (1978), wo sie enge nationale Grenzen überschreitet und für eine Solidarität aller Unterdrückten plädiert. Hier setzt auch David Mura in *After We Lost Our Way* (1989) an, entwickelt sich dann aber über die Anerkennung vieler asiatisch-amerikanischer Identitäten zu einem Dritte-Welt-Konzept von multikulturellen Zugehörigkeiten weiter. Dieses Ziel erreicht auch die aus Malaysia stammende Shirley Geok-lin Lim, wenn sie in *Crossing the Peninsula* (1980), *No Man's Grove* (1985) und *Modern Secrets* (1989) im Rahmen ihrer Selbsterforschung Elemente aus vielen Kulturen und Erfahrungsbereichen versammelt. Beherrschende Gefühle sind dabei Nostalgie und Entfremdung, die wie in den Texten Muras einen immer gefährdeten Zustand zwischen Hoffnung und Verzweiflung hervorrufen.

Alle bisher genannten Autoren weisen die Mythen des amerikanischen Mainstream vehement zurück. Ganz deutlich ist dies bei Lawson Fusao Inada in *Before the War: Poems as They Happened* (1970) und Hagedorn in *Petfood and Tropical Apparition* (1981), *Yellow Light* (1982), *The River of Heaven* (1987) und in *Danger and Beauty* (1993) spürbar. Bezeichnenderweise greifen beide Autoren auf poetische Ausdrucksmittel von Blues und Jazz sowie auf Versatzstücke aus der *popular culture* zurück, um Einsamkeit, Sterilität und Paranoia in Amerika zu beschreiben und auf Alternativen hinzuweisen. Dieser Zugriff auf Produkte mehrerer Kulturen ist neben dem Überschreiten der Gattungsgrenzen eines der auffälligsten Merkmale der neuesten asiatisch-amerikanischen Poesie. Marylin Chin entnimmt in *Dwarf Bamboo* (1987) und *The Phoenix Gone, The Terrace Empty* (1994) ihre Bilder und Darbietungsformen den Bereichen Jazz, buddhistische Religion, chinesische Geschichte und Literatur, aber auch amerikanischen Quellen. Dabei äußert sie eine tiefe Skepsis gegenüber Ideologien und Identitätsmodellen jeder Art: »Oh God, where have we gone wrong? We have no inner resources!«

Der Abschied sowohl von vertrauten Stereotypen als auch von ihren Gegenbildern erweitert die lyrischen Ausdrucksmöglichkeiten und stellt

Erweiterung der lyrischen Ausdrucksmittel

gleichzeitig hohe Ansprüche an den Leser. Dies läßt sich an den Sammlungen *Random Possessions* (1979), *The Heat Bird* (1983) und *Empathy* (1987) der seit 1971 kontinuierlich publizierenden Berssenbrugge und an Diana Changs *What Matisse Is After* (1989) überprüfen. Chang setzt visuelle Eindrücke mit äußerster Ökonomie der Mittel in sprachliche Bilder um und überrascht mit unvermuteten inhaltlichen Wendepunkten.

> Sometimes I dream in Chinese.
> I dream my father's dreams.
>
> I wake, grown up.
>   And someone else.

Erkundung dualer Identitäten

Auf ähnlich hohem sprachlichen Niveau vermittelt Geraldine Kudaka in *Numerous Avalanches at the Point of Intersection* (1979) in literarischen Mischformen ihre Erkundung dualer Identitäten: »in america/did the vastness/of camps/feed/myopic vision?« Cathy Song, die in Hawaii geborene Tochter einer chinesischen Mutter und eines koreanischen Vaters, vereint die verschiedenen thematischen Richtungen in ihren mit vielen organischen Metaphern durchsetzten Gedichten in *Picture Bride* (1983), *Frameless Windows, Squares of Light* (1988) und *School Figures* (1994), die den künstlerischen Traditionen Asiens, Amerikas und Europas verpflichtet sind. Sie befassen sich mit Familie, Geschichte, Landschaft, Rollenverhalten und der Hinfälligkeit eindeutiger ethnischer Festlegungen in immer neuen Kombinationen und Variationen. Die asiatisch-amerikanische Poesie vollzieht so im Vergleich zur Prosa eine ähnliche, aber wesentlich raschere Entwicklung zur Polyvalenz von Bedeutungen.

Ob das Überschreiten von Grenzen in der Literatur positive gesellschaftspolitische Entwicklungen vorausdeutet, bleibt abzuwarten. Die demoskopischen Fakten jedenfalls fordern dringend eine intensive kulturelle und soziale Debatte. 10% der Bevölkerung Kaliforniens und eine noch höhere Quote unter den kalifornischen Universitätsstudenten sind asiatisch-amerikanischer Abstammung. Gruppen wie die Amerikaner koreanischer Herkunft gelangten relativ schnell in selbständige Stellungen. Ökonomischer Aufstieg in der neuen Heimat und die Einbindung in den immer wichtiger werdenden transpazifischen Handel haben Asian-Americans in die Position von *model minorities* gehoben. Solche Exponiertheit führte zu neuen Konfrontationen, vor allem mit anderen ethnischen Enklaven. Die gewalttätigen Auseinandersetzungen zwischen Asian-Americans und Afro-Amerikanern in Los Angeles nach dem Rodney-King-Urteil müssen deshalb als Warnung vor einem kaum abschätzbaren sozialen Konfliktpotential verstanden werden.

LITERATURKRITIK UND LITERATURTHEORIE

Auch eine Geschichte der Literaturkritik und der Literaturtheorie unterliegt den allgemeinen Spielregeln der Historiographie. Wie sie geschrieben wird, d.h. wie die Daten und Fakten, die Personen und Hinterlassenschaften, die sie ausmachen, ausgewählt, miteinander in Beziehung gesetzt, erklärt, gewertet und so zu einer Geschichte zusammengefügt werden, das hängt von dem jeweils gewählten Blickwinkel und der diesen Blickwinkel bestimmenden Interessenlage ab. Diese liefert nicht nur den ›roten Faden‹, die innere Logik der Darstellung, sondern setzt auch die entscheidenden Prioritäten bei der Auswahl der relevanten Quellen und beim Abwägen des Verhältnisses von individuellen und kollektiven Anteilen an der Entwicklung. Nicht zuletzt entscheidet sie auch darüber, wie der gewählte Gegenstand eingegrenzt wird, wann seine Geschichte beginnt und was zu seiner Vorgeschichte gehört.

Darstellungsprobleme

Es ist daher kaum überraschend, daß die bislang vorliegenden Geschichten der amerikanischen Literaturkritik eine kaleidoskopartige Vielfalt der Ansätze und Bewertungen bieten. Je nachdem, ob die Darstellung der vielschichtigen Beziehungen zur Kultur Europas oder die Rekonstruktion einer eigenständigen nationalen Praxis in den Vordergrund gestellt wurde, ob sie in ihrer kulturkritischen oder in ihrer integrativen, Identität stiftenden Rolle beleuchtet wurde, ob sie als Prozeß der Entwicklung und Wandlung ästhetischer Normen oder unter der Perspektive ihrer schrittweisen Akademisierung untersucht wurde, jedesmal ist das Ergebnis solcher Versuche rekonstruktiver Sinnstiftung ein ganz anderes.

Kulturelle Identitätssuche

Dennoch lassen sich in diesen so unterschiedlich komponierten Geschichten Gemeinsamkeiten ausmachen, die jenseits der Vielfalt der Standpunkte Akzeptanz genießen. Diese Gemeinsamkeiten beziehen sich auf die Festlegung der Hauptepochen bzw. -phasen der Entwicklung, auf die wichtigsten Vertreter der für diese Phasen typischen Positionen und auf die wiederkehrenden Konfliktkonstellationen, die sie prägen. Demnach entwickelt sich die Literaturkritik in Amerika – von der Literaturtheorie wird später zu reden sein – trotz wiederholter Aufrufe zu kultureller Eigenständigkeit und trotz der beachtlichen poetologischen Anstöße, die Poe und Hawthorne, Emerson und Whitman gegeben haben, im 19. Jh. in enger Anlehnung an die europäischen Vorbilder und an die die Entwicklung in Europa in dieser Epoche prägende Abfolge literarischer Strömungen (Klassizismus, Romantik, Realismus, Naturalismus). Ein größeres Maß an Eigenständigkeit gewinnt sie erst durch ihre Aufwertung zur Universitätsdisziplin im 20. Jh. Sie steht dabei kontinuierlich im Spannungsfeld von Identitätssuche und Fremdbestimmtheit, von *elite culture* und *popular culture*, von Reaffirmation und Revitalisierung humanistischer Grundwerte und einer von hoher kommerzieller Dynamik und sozialer Mobilität bestimmten Konsumkultur, von *mainstream* und *margins* in regionaler, ethnischer, politischer und religiöser Hinsicht. Literaturkritik als Reflex und Reflexion kultureller Praxis in einer sich formierenden Gesellschaft steht somit immer schon im Kreuzungspunkt der intellektuellen Debatten um die jeweils herr-

Entwicklungslinien

Literaturkritik und American Studies

schenden Bildungs- und Gesellschaftsideale. Darin erweist sie sich als ein hervorragender Seismograph für die verschlungenen Pfade, auf denen Amerika in den vergangenen zweihundert Jahren sich selbst zu verstehen und zu finden versucht hat.

Vielschichtigkeit und die gewählte Optik

Ziel der folgenden Darstellung kann und soll nicht sein, die Geschichte der Literaturkritik im Lichte neuester Erkenntnisse einmal mehr auf einen vermeintlich aktuellen Stand zu bringen oder sie einem der gängigen ›revisionistischen‹ Interessen unterzuordnen. Literaturkritik und Literaturtheorie sollen vielmehr als Praxis angesehen werden, in der sich unterschiedliche und je zeitspezifische Interessenlagen kreuzen, in der ideologische, moralische, ästhetische und institutionelle Herausforderungen zu immer wieder anderen Problemkonstellationen und Lösungsangeboten führen. Literaturkritik dient vielen Herren und hat entsprechend vielfältige Funktionen. Die gewählte bewegliche Optik soll sicherstellen, daß dies trotz der hier unvermeidlich stark verkürzenden Darstellung angemessen komplex in Erscheinung tritt. Zum besseren Verständnis seien noch einige Erläuterungen vorausgeschickt:

Amerikanische Literaturkritik und englische Literatur

1. Literaturkritik in Amerika war und ist niemals ausschließlich oder auch nur vornehmlich Kritik der amerikanischen Literatur. Ein beträchtlicher Teil der Auseinandersetzung mit Literatur vollzieht sich vielmehr nicht an der eigenen, sondern vor allem an der englischen und in geringeren Anteilen auch an der kontinentaleuropäischen Literatur. Die meisten Institutionen, an denen *literary criticism* und *literary theory* betrieben wird, heißen auch heute noch ›Department of English‹, in manchen Fällen auch ›Department of English and Comparative Literature‹. Bis in die 30er Jahre dieses Jahrhunderts lieferte der Kanon der (meist englischen) Meisterwerke das kritische Hauptbetätigungsfeld und seine Maßstäbe. Elitekultur und Fremdorientierung spielen einander lange in die Hände. Sie stellen ein ums andere Mal ein europäisch inspiriertes Bildungs- und Menschenverständnis gegen die ihrer Meinung nach vulgären und materialistischen Präferenzen der amerikanischen Gesellschaft und errichten damit eine Demarkationslinie zwischen Kultur- und Lebenswelt, die die Ausbildung einer amerikaspezifischen kritischen Praxis lange Zeit behindert.

American Studies als kulturwissenschaftliches Projekt

Seit dem Beginn unseres Jahrhunderts gibt es Versuche, mit den *American Studies* ein breiter kulturgeschichtlich angelegtes Projekt der Rekonstruktion amerikanischer Kulturgeschichte zu fördern und damit sowohl die Trennung zwischen Elitekultur und Massenkultur aufzuheben als auch die Orientierung an der europäischen Kultur durch eine stärker amerikabezogene zu ersetzen. Bis in die 60er Jahre hinein wird dieses Bemühen aber durch das sich durchsetzende Paradigma des *New Criticism*, das Literatur und Lebenswelt gegeneinander isoliert, in den Hintergrund gedrängt. Seitdem hat sich die Situation wesentlich geändert. Das wachsende Bedürfnis nach einer grundsätzlichen kritischen Revision der amerikanischen Kulturgeschichte aus feministischer, multikultureller und poststrukturalistischer Sicht hat die Operationsgebiete der ›Kritik‹ neu definiert und eigene Anliegen stärker als bisher in das Zentrum der Literaturkritik gerückt.

Literaturtheoretische Importe

Die transatlantische Orientierung ist weit über die Zeit hinaus, in der Amerika zum ökonomischen und politischen Leitideal für Europa geworden ist, wirksam gewesen. Bis auf den heutigen Tag saugt das intellektuelle Amerika Ideen, Traditionen, Theoreme, kurz intellektuelles Kapital aus Europa an, erwirtschaftet aus ihnen aber in zunehmendem Maße im Prozeß der Anpassung an die eigenen Bedürfnisse eigene charakteristische Erträge. Zugleich ist Europa in seinen materiellen und kulturellen Lebensformen unter massiven Einfluß Amerikas geraten, so daß man heute von komplexen Wechselwirkungen ausgehen muß. Diese Situation macht es notwendig, hinter dem Schein der Konvergenz zwischen den amerikanischen und den europäischen kritischen Kulturen und Terminologien im späten 20. Jh. die tatsächlichen Unterschiede in den Funktionen nicht aus den Augen zu verlieren. Der unterschiedliche Stellenwert von Feminismus, Multikulturalismus, Dekonstruktion und Poststrukturalismus kann dafür als Beleg dienen.

Transatlantische Wechselwirkungen

2. Wichtig für eine deutsche Geschichte der amerikanischen Literaturkritik sind auch die Unterschiede in den Bewertungen dieser Praxis in den beiden Kulturen. In den angelsächsischen Ländern trägt diese Disziplin nicht die negativen Konnotationen von ›Feuilleton‹ und ›Journalismus‹ wie im deutschsprachigen Bereich, d. h. sie ist nicht mit dem Makel fehlender wissenschaftlicher Gründlichkeit und modischer Wankelmütigkeit behaftet. Angelsächsischer Pragmatismus im Verein mit der amerikaspezifischen Notwendigkeit, auch die Literatur von Anfang an zum Erziehungsinstrument einer weitgehend traditionslosen Gesellschaft zu machen, hat die Literaturkritik dort vor der Verachtung der kulturellen Eliten bewahrt. Hinzu kommt im 20. Jh. eine Konstellation innerhalb der Universitäten, in der *literary criticism* einen Teil der Funktionen übernehmen muß, die in Europa Philosophie und Theologie besetzt hielten. In Theorie und Praxis hat die Literaturkritik in Amerika von Anfang an eine Orientierungsleistung zu erbringen, die ihre Möglichkeiten oft überfordert und sie zum Austragungsort von Konflikten macht, mit denen ihr eigentlicher Gegenstand, die Literatur, nur sehr indirekt etwas zu tun hat.

Rolle der Literaturkritik

3. Literaturkritik findet in Amerika wie auch in Europa sehr spät Eingang in die pädagogische Routine der Colleges und Universitäten. Bis weit ins 20. Jh. hinein hat sie ihren institutionellen Ort in den kritischen Journalen, Wochenblättern, Gazetten sowie in den programmatischen Äußerungen von Literaten. Sie ist dadurch näher am Literaturbetrieb und auch näher an den aktuellen Bedürfnissen der Gebildeten und des bildungsbeflissenen Publikums, aber meist unsystematisch im Ansatz, vorurteilsbehaftet und oft unscharf im kritischen Urteil. Einen Platz unter den wissenschaftlichen Disziplinen gewinnt die Literaturkritik erst auf dem Umweg über die Etablierung des Faches Englisch als neusprachlicher Philologie und zugleich gegen deren positivistische Praktiken im Umgang mit Literatur. Erst im sogenannten *New Criticism* kann sie sich ganz darauf konzentrieren, ihren Gegenstand klar als ästhetische Struktur zu definieren und ihre Interpretationspraxis vom Ballast der Faktenhuberei und des platten moralischen und pädagogischen Urteilens zu befreien. Dadurch manövriert sie sich aber in eine Situation, in der sie sich bewußt und explizit von den aktuellen Bedürfnissen der Gesellschaft isoliert. Dieser durch die Institutionalisierung der Kritik geförderte Widerspruch zwischen den Erfordernissen disziplinärer Selbstbehauptung und der legitimen Frage nach ihrer gesellschaftlichen Relevanz provoziert seit den 60er Jahren immer wieder neue Auseinandersetzungen und begleitet die Literaturkritik bis auf den heutigen Tag.

Sich wandelnder Status

Heute steht die Praxis, die sich immer noch *literary criticism* und *critical theory* nennt, von mehreren Seiten her unter Legitimationsdruck. Sie muß gegenüber einer in ihren Wertorientierungen tief gespaltenen Öffentlichkeit ihre Stellung als kritische Instanz behaupten. Je nach politischer oder weltanschaulicher Position versucht sie dies entweder durch ein Insistieren auf einem durch Literatur zu vermittelnden Kernbestand humanistischer Grundwerte, den es gegen den Ansturm einer alles relativierenden Post-

Literary criticism *und* critical theory

moderne zu bewahren und zu vermitteln gilt, oder durch eine radikale Kritik an den logo-, ethno- und phallozentrischen Vorurteilen der Tradition. Sie muß darüber hinaus ihren Status als wissenschaftliche Disziplin sichern. Auch an dieser Front geht es nicht ohne tiefgreifende Widersprüche ab. Entweder sie behauptet weiterhin den (ästhetischen) Sonderstatus ihres Gegenstands gegen den wachsenden Chor an Stimmen, die ihn bestreiten, oder sie opfert ihn dem Nachweis gesellschaftlicher und kritischer Relevanz, indem sie sich mit der im weitesten Sinn politischen Komplizenschaft von Literatur auseinandersetzt. Literatur verschwindet dann in der endlosen Zirkulation der Diskurse und wird zu einem Instrument kultureller Machtausübung unter anderen. So unklar der Ausgang dieser Debatten ist, so deutlich wird durch sie, daß Literaturkritik auch heute noch eine privilegierte Arena für intellektuelle Auseinandersetzungen ist.

Wachsende Vielfalt der Ansätze

Es ist leicht einzusehen, daß die Disziplin nur schwerlich all diese divergierende Ansprüche, die in allen wesentlichen Aspekten ein Erbe ihrer Tradition sind, in Geschlossenheit überleben kann. Dies ist einer der wesentlichen Gründe für eine zunehmende disziplinäre Aufsplitterung und für die in den letzten Jahrzehnten stark gewachsene Bedeutung der Literaturtheorie. Wenn die Kultureliten widerstreitende Forderungen stellen, wenn die Konturen des Faches zunehmend zu verschwimmen drohen und wenn eine Öffentlichkeit der Gebildeten als homogener Ansprechpartner nicht mehr existiert und damit nicht einmal mehr ein Minimalkonsens über Charakter, Wert und Funktionen von Literatur hergestellt werden kann, dann bieten sich Theorien, die diesen Zustand reflektieren, erklären und vielleicht sogar die ästhetische Struktur des literarischen Werks als Paradigma eines solchen vielstimmigen Zustandes präsentieren können, als Aktionsfeld gemeinsamen Handelns im Namen des Faches an.

Die Anfänge der Literaturkritik in Amerika

Literaturkritik als Kind der europäischen Aufklärung

Literaturkritik ist wie Kritik allgemein ein Kind der europäischen Aufklärung und der sich mit ihr vollziehenden politischen wie kulturellen Emanzipation des Bürgertums. Die Aufklärung hatte mit ihrer Absage an traditionelle Wahrheiten und Autoritäten ein Orientierungsvakuum erzeugt, in das sie in der optimistischen Annahme, alle Menschen seien prinzipiell zu vernünftigem Denken und Handeln fähig, die *public opinion* und den *common sense* als oberste Urteilsinstanzen einsetzte. Diese öffentliche Meinung stellt sich nach Auffassung der Aufklärer als ›consent of private men‹ her und bildet sich schließlich zum ›law of censure‹ (John Locke) aus. Das, was gemeinhin Geltung haben soll, ist nun nicht mehr aus sogenannten ewigen Wahrheiten ableitbar und durch Autoritäten wie das Gottesgnadentum des Herrschers und die Kirche garantiert, sondern muß im vernünftigen Widerstreit der Meinungen erarbeitet werden. Dafür schuf sich die aufgeklärte Gesellschaft eigene Orte und Institutionen. Es ist die Zeit der Salons, der Clubs und der Kaffeehäuser, aber auch die Zeit der Entstehung öffentlicher Medien wie Zeitungen, Zeitschriften und Magazine, in denen die Kontroversen und Meinungen über den engen Zirkel der vertrauten Gesprächspartner hinaus in die Öffentlichkeit hineinwirken können. Auch und gerade die Literatur wird in den öffentlichen Widerstreit der Meinungen einbezogen, damit dem ›law of censure‹ der kritischen Gemeinschaft unterworfen und so den pädagogischen Zielen der Aufklärung nutzbar gemacht. Das heißt aber auch, daß die Literaturkritik in dieser Phase vornehmlich moralischen und pädagogischen Absichten dient und nicht der Erziehung zu ästhetischer Sensibilität.

Literatur als öffentlicher Diskurs setzt aber die Existenz einer ›kritischen Masse‹ von literarisch interessierten, gebildeten Bürgern in urbanen Kontexten mit einem Potential für die Entwicklung eines Zeitschriftenmarktes und mit einem funktionierenden Verteilersystem voraus. Diese Voraussetzungen entstehen in den Vereinigten Staaten erst an der Wende vom 18. zum 19. Jh., und dies zuerst einmal nur in den ehemaligen Zentren der Kolonien wie Philadelphia, New York, Baltimore und Boston.

Frühe Zentren des literarischen Lebens

Das oben Gesagte heißt nun aber nicht, daß es vor dem Unabhängigkeitskrieg kein Interesse an Literatur und ihren erzieherischen Wirkungen gegeben hat. Hier ist vor allem der Einfluß der sogenannten *belles-lettres*- oder *polite letters*-Tradition zu nennen, die sich von Schottland und England aus auch in der höheren Gesellschaft der Kolonien ausbreitete und im Erziehungssystem Amerikas noch weit in das 19. Jh. hinein wirksam war. Diese Tradition, die sich mit den Namen Lord Kames und Hugh Blair und damit der schottischen *common sense*-Philosophie verbindet, hatte sich in den Clubs und Salons von London und Edinburgh als Leitorientierung für gesellschaftlich angemessenes Verhalten der Literatur gegenüber festgesetzt und wurde später in den inzwischen modisch gewordenen Badeorten Bath und Tunbridge Wells zur Konversationskunst verfeinert. Der für sie zentrale Begriff der ›politeness‹ als höchstes Ziel der Erziehung und Selbsterziehung des Menschen spiegelt den für die englische Gesellschaft zentralen Wunsch nach Harmonisierung von politischen, ästhetischen und moralischen Wertvorstellungen mit den Grundsätzen der Aufklärung und der Sicht der Welt als bester aller möglichen Welten wider.

Kritik im kolonialen Amerika

belles-lettres-Tradition

Es ist verständlich, daß viele von denjenigen, die ihre Bildung in England genossen hatten und mit diesem Ideal aufgeklärt toleranter Gesellschaftlichkeit in Berührung gekommen waren, in den kulturell rückständigen Kolonien einen besonderen Bedarf an solchen Leitideen gegeben sahen. Im gepflegten, meist von einer kleinen Gruppe Gleichgesinnter initiierten und getragenen Gespräch über Literatur und Kunst, Geschichte, Philosophie und Politik versucht man, *politeness* in die harte Realität der kolonialen Gesellschaft zu tragen.

Auch in den Colleges faßten *polite letters* im Kontext des Lehrfaches Rhetorik Fuß und wurden bald zum Inbegriff humanistischer Bildung. Die Tatsache, daß Hugh Blairs *Lectures on Rhetoric and Belles-Lettres* (1783) neben Lord Kames' *Elements of Criticism* (1762) am Ende des 18. Jh.s und noch deutlicher im frühen 19. Jh. zu einem der wichtigsten Lehrbücher der höheren Bildungsinstitutionen werden, dokumentiert die Stärke des Einflusses dieser Tradition, vor allem aber ihre Aktualität für eine Gesellschaftsschicht, die ihren Führungsanspruch durch ein mit ihren Vorstellungen konformes Modell von Kultiviertheit untermauern möchte.

Auch Clubs etablierten sich in den Kolonien nach britischem Vorbild. Sie waren nach dem Muster der schottischen Freimaurerlogen als verschworene Gemeinschaften oder nach dem Modell von Ben Jonsons geselligen Debattiergesellschaften organisiert und darin ganz auf die Pflege der englischen Kultur in der sonst kulturlosen Landschaft der Kolonien abgestellt. Frühes Beispiel ist hierfür der von Gouverneur Robert Hunter (1666–1734), der ein Freund Joseph Addisons war, in New York organisierte Club, der dem

Clubs im kolonialen Amerika

Vorbild des Londoner Kitkat Club nacheiferte. Ein nicht minder bekanntes Beispiel ist der *Tuesday Club* von Anapolis in Maryland (1745–1756), von dessen Transaktionen Dr. Alexander Hamilton umfangreiche Protokolle hinterlassen hat.

Literatur und Bildungsauftrag

Die Breitenwirkung der Diskussionskultur in diesen Clubs war jedoch aufgrund ihres privaten Charakters und ihrer kurzen Lebensdauer sehr beschränkt. Innovative literaturkritische Impulse oder gar Anregungen zur Produktion einer eigenständigen amerikanischen Literatur gingen von ihnen nicht aus. Wie überhaupt die gesamte *belles-lettres*-Tradition sind sie auf den Kanon klassizistischer Werke und Poetiken fixiert und billigen deren Wertmaßstäben uneingeschränkt Autorität zu. Ihre kultivierende Wirkung und erzieherischer Wert werden für selbstverständlich genommen. Während sich in der zweiten Hälfte des 18. Jh.s im politischen Bereich kritische Öffentlichkeit immer deutlicher zu Wort meldet, das Projekt ›Neue Welt‹ immer klarere Konturen gewinnt und neue demokratische Ideale und Strukturen Gestalt annehmen, kann von einer eigenständigen Literaturkritik bis zu den Befreiungskriegen und noch lange darüber hinaus nicht die Rede sein.

Suche nach kultureller Eigenständigkeit

Selbst nach dem erfolgreichen Abschluß des Unabhängigkeitskrieges und trotz der sich mehrenden Aufrufe, sich nun auch kulturell von der englischen Dominanz zu lösen, bleibt diese bestimmend. Erstaunlicherweise finden die durch die notwendige Neuorganisation des Gemeinwesens freigesetzten Energien vorerst kein Betätigungsfeld in einer Neuformulierung von Bildungsidealen. Erklären läßt sich dies vor allem mit dem ausgeprägten Konservatismus der Bildungsinstitutionen und der aus ihnen hervorgehenden und sie tragenden Eliten. Scheinbar unbeeindruckt von den patriotischen Forderungen nach Vollzug der kulturellen und literarischen Unabhängigkeit, halten sie am europäischen Bildungsprogramm des 18. Jh.s fest, bauen weiterhin auf die formende Kraft der Begegnung mit klassischen Sprachen und erziehen weiterhin bibelfeste Christen und *gentlemen* nach englischem Vorbild. Darüber hinaus sorgt die übermächtige Präsenz englischer Publikationen aller Art auf dem amerikanischen Buchmarkt für einen Sättigungsgrad, der es einheimischer literarischer Produktion von vornherein schwer macht.

Puritanismus und Literatur

Zwischen der Fixierung der Bildungsambitionen auf Europa und der auf Seelenheil und Lebenspraxis konzentrierten Bibelgelehrsamkeit der Puritaner hatte es das literarische Leben in Amerika schwer, eigenes Profil zu entwickeln. Darüber hinaus waren die einzelnen Initiativen und Aktivitäten noch zu sporadisch und lokal begrenzt, als daß sich daraus eine nationale Eigendynamik hätte entwickeln können. Das Fehlen einer kulturellen Metropole, in der die verschiedenen Ansätze eine Bündelung und die Diskussionen Kontinuität hätten erfahren können, macht sich um die Jahrhundertwende vom 18. zum 19. Jh. nachteilig bemerkbar. Sie entsteht erst Jahrzehnte später im Umfeld der prestigeträchtigen Bildungsstätte Harvard, die denn auch das intellektuelle Leben Amerikas bis zum Ende des Jahrhunderts prägt.

Konservatismus des Bildungssystems

Abhängigkeitsbewußtsein, Beharrungsvermögen und Bildungsdünkel haben auch dazu geführt, daß sich das amerikanische Bildungssystem – und mit ihm natürlich auch die Literaturkritik – in eine Oppositionsstellung zu der sich mit wachsender Geschwindigkeit entwickelnden und verändernden Gesellschaft manövriert. Immer wieder legitimiert es seinen eigenen Konservatismus mit der Bollwerkfunktion, die das Festhalten an humanistischen Bildungsidealen gegenüber dem sich ausbreitenden kulturlosen Mate-

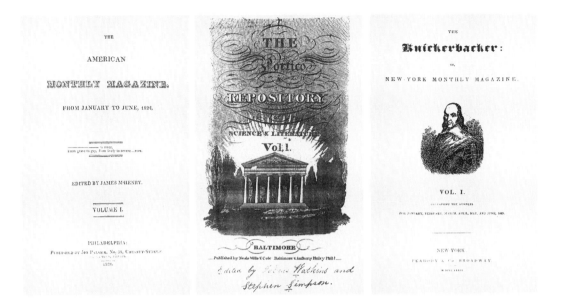

Titelseiten früher amerikanischer Magazine

rialismus der industriellen Massengesellschaft zu erfüllen hat. Immer wieder beklagt man den Verlust traditioneller humanistischer Werte, verklärt die idealistischen Aspirationen der Gründerväter der *American Renaissance* zu fortgeltenden Orientierungen und dokumentiert damit den Unwillen und die Unfähigkeit, den Wandlungsprozeß, den die Gesellschaft durchmacht, als radikalen Bruch mit der europäisch geprägten Tradition mitgestaltend zu begleiten. Inzwischen haben diese Klagen selbst schon Tradition. Periodisch erheben sie sich gegen die herrschenden intellektuellen Moden, die angeblich den Prozeß des Verfalls traditioneller Werte beschleunigen. Die sogenannten *New Humanists* am Anfang des 20. Jh.s und die *New New Humanists* an seinem Ende legen beredt Zeugnis ab von der Dynamik dieses kulturellen Erbes.

Literaturkritik im 19. Jahrhundert

Ein früher Chronist der Literaturkritik in Amerika, George E. De Mille, läßt seine Geschichte mit dem Erscheinen der ersten Nummer des Bostoner *North American Review and Miscellaneous Journal* im Jahr 1815 beginnen. De Milles Feststellung spiegelt die noch in den 30er Jahren unseres Jahrhunderts für amerikanische Literaturhistoriker selbstverständliche These, daß Harvard/Boston, wenigstens aber die Neuengland-Staaten, die Wiege einer eigenständigen literarischen Kultur in Amerika seien. In einer Hinsicht hat De Mille gar nicht so unrecht, denn die *North American Review* ist im Ansatz und im Themenspektrum typisch für die in den ersten Jahrzehnten des 19. Jh.s sich häufenden Versuche, sich mit solchen Publikationsorganen ein eigenes Meinungsforum zu schaffen, das gegen die Übermacht der ebenfalls zirkulierenden und in Amerika oft nachgedruckten englischen Magazine bestehen kann.

Durch ihre Lebensdauer und das intellektuelle Potential und Renommee ihrer Beiträger ragt die *North American* weit über die meisten anderen Journale hinaus. Aber sie ist dennoch nicht der erste und einzig bedeutsame

Die frühen Wochenschriften

Dennie, der ›American Addison‹

Versuch dieser Art am Anfang des 19. Jh.s. Das erste *critical journal* mit überregionaler Verbreitung ist das von Joseph Dennie (1768–1812) in Philadelphia herausgegebene Wochenblatt *Port Folio* (1801–12; 1809 geht es zu einem monatlichen Erscheinungsrhythmus über), zu dem der sogenannte *Tuesday Club* Beiträge liefert, der auch die Linie des Magazins mit beeinflußt. Die Mitglieder des Clubs teilen Dennies Positionen, vertreten wie er ein ständisches Gesellschaftsideal und sind ausgesprochen englandfreundlich. Dennie, der durch seine publizistische Tätigkeit schon zu Lebzeiten den Ruf eines ›American Addison‹ genießt, setzt in seinem Blatt die Tradition der *polite letters* des 18. Jh.s fort, in der sich die politisch-gesellschaftlichen und ästhetischen Präferenzen der feinen Gesellschaft harmonisch vereint hatten. Er repräsentiert damit eine Haltung, die das ganze Jahrhundert hindurch für wesentliche Teile der amerikanischen Kritik Geltung haben sollte: Literatur wird nicht geschätzt wegen ihrer intrinsischen Qualitäten, sondern als Feld, in dem sich moralische Sensibilität und vornehme Lebensart festigen können. Nach diesen Kriterien wird Literatur beurteilt.

Entstehung eines Marktes für Zeitschriften

Neben Philadelphia waren Baltimore, Boston, New Haven und natürlich New York die Zentren der entstehenden Zeitschriftenkultur. Die meisten der in dieser Zeit gegründeten *critical journals* gingen allerdings nach ein bis zwei Jahrgängen wieder ein; nur wenige überdauerten ein Jahrzehnt, und nur die *North American Review* schaffte es bis ins 20. Jh. Zusammenfassend läßt sich über diese Phase der Versuche, in Amerika auf dem Weg über *critical journals* eine Öffentlichkeit für die Gebildeten herzustellen, sagen, daß ein Großteil der Artikel entweder aus englischen *Reviews* und *Miscellanies* übernommen oder von ihnen inspiriert ist; daß die Mehrheit der Artikel nichts mit Amerika zu tun hat (von den etwa 60 im Inhaltsverzeichnis des ersten Bandes der *North American Review* aufgeführten Themen beziehen sich ganze 10% auf Amerika, jeweils mehr als doppelt so viele aber auf England und Frankreich); daß die Literaturkritik im engeren Sinn von der Vielfalt anderer Themen gänzlich in den Hintergrund gedrängt wird und amerikanische Literatur in den wenigen Fällen, in denen es überhaupt um Literatur geht, dazu noch eine ganz untergeordnete Rolle spielt. Eigene, originelle, spezifisch amerikanische kritische Positionen sind kaum zu entdecken. Die Gründe dafür werden immer einmal wieder in den kritischen Organen mit erstaunlicher Offenheit thematisiert. William Channing z.B. fragt in seinem denkwürdigen Beitrag »Essay on American Language and Literature« zum ersten Band der *North American Review*:

Channings Plädoyer für eine nationale Literatur

> Is there not something besides our youthfulness on which we may charge our literary delinquency? Is it because so much has been done by others, that we withhold our assistance from the common wealth of letters? Is it because we are a commercial people, and the mind of the nation thus necessarily diverted from the pursuits of literature?

Channing schlägt damit Töne an, die sich leitmotivisch in den Selbstbestimmungen amerikanischer Kulturkritiker bis hin zum ›Jungen Amerika‹ des frühen 20. Jh.s wiederholen sollten.

Die von Channing so kraftvoll vorgetragene Mischung aus Kulturpatriotismus und durchdringender Kulturkritik findet ein Echo in vielen zeitgenössischen Publikationen. Angesichts der immerhin vorhandenen Scharfsicht der Selbstanalysen und der häufigen Ermutigungen zur Verwirklichung der kulturellen Unabhängigkeit, die in Emersons berühmtem Vortrag von 1837 *The American Scholar* gipfeln, stellt sich die Frage, warum es insbesondere die Literaturkritik im ganzen 19. Jh. so schwer findet, eigenes Profil zu gewinnen. Die Antwort darauf läßt sich aus den gleichen Quellen herauslesen, die diese Frage selbst gestellt haben. Die Bildungsideale und die kritischen Standards schotten die literarische Kultur weitgehend gegen die Besonderheiten der amerikanischen Wirklichkeit ab. Mit ›correct taste‹ als oberstes Ziel literarischer Erziehung benennt z. B. das *Portico* ein Ideal des 18. Jh.s, in dem sich klassizistische Poetik und die *belles-lettres*-Tradition vereinigen. Berührungsängste gegenüber der als vulgär empfundenen amerikanischen Lebenswelt zeigen sich auch darin, daß den *standards of taste* universelle Geltung zugesprochen wird und daher die Forderung nach einer nationalen Literatur und nach kultureigenen kritischen Standards unangemessen erscheint.

Der hier skizzierte Grundkonsens bleibt auch dann noch bestehen, als romantische Positionen an Einfluß gewinnen. Naturliebe und Emotionalität werden oft einfach auf die klassizistischen Normen aufgesattelt und nicht, wie bei den englischen Romantikern, als absolute Gegensätze zu diesen Normen begriffen. Trotz ihrer Bewunderung für Scott, Wordsworth und Byron halten amerikanische Kritiker in ihren Grundprinzipien am poetischen Credo des 18. Jh.s fest. Ihr Selbstverständnis als kulturelle Diaspora und ihre durch die enge religiöse Bindung gegebene Selbststilisierung als moralische Autoritäten befestigen offenbar auch ihren kritischen Konservatismus. Die Kontroversen innerhalb der amerikanischen Literaturkritik des 19. Jh.s entstehen deshalb auch selten aus Differenzen im Grundsätzlichen, sondern drehen sich meist darum, wieviel und welche Aspekte neuer literarischer Richtungen als den alten pädagogischen Zielen und poetischen Wertvorstellungen angemessen einbezogen werden dürfen. Ein Literat und Kritiker wie Poe, der Ästhetik und Moral zu trennen sucht, hat es daher auch noch am Ende des 19. Jh.s in Amerika schwer, Gehör zu finden. W. Irving möchte zwar in seinen »Desultory Thoughts on Criticism« von 1839 die Literatur und die Leserschaft ungestört vom Gezetere der Kritiker ins Gespräch kommen lassen, aber die Kritikergilde sieht das anders; sie versucht in immer wieder neuen Anläufen, diese Zweisamkeit dem Regulativ der kritischen – und das heißt in dieser Zeit moralisierenden – Zensur zu unterwerfen.

1826 hält W. C. Bryant, der sich als Dichter und Übersetzer einen Namen gemacht hat, vor der Athenaeum Society in New York vier Vorlesungen über Poesie. Es ist der erste systematische Versuch eines Amerikaners, sich diesen Fragen zuzuwenden. Bryant kontrastiert darin auf geschickte Art romantische Vorstellungen von Poesie mit traditionell klassizistischen Wertvorstellungen. Er definiert Poesie als »a suggestive art« und führt die ihr eigene Sprachgewalt auf ihren andeutungshaften Charakter zurück. Dieses für seine Zeit ungewöhnlich tiefgreifende Verständnis von den Funktionen ästhetischen Sprachgebrauchs (und die damit ins Spiel gebrachte, im klassizistischen Horizont noch unmögliche Lösung der Poesie aus dem Mimesis-Konzept) führt nun aber nicht zu der erwartbaren Befreiung von den üblichen moralischen Postulaten, sondern mündet in der zweiten Vorlesung *On the Value and Uses of Poetry* wieder in diese zurück: »It is the dominion of poetry over the feelings and passions of men that gives it its most important bearing upon the virtue and the welfare of society. Everything that affects our sensibilities is a part of our moral education . . . .« Trotz des sich verstärkenden Einflusses der englischen und deutschen Romantik bleibt die Kritik bei ihren Präferenzen für die moralische Funktion der Dichtung.

Einfluß der Romantik

Poe als Außenseiter

Bryants Vorlesungen über Poesie

H. W. Longfellow

H. W. Longfellow, der zu seiner Zeit über die Grenzen Amerikas hinaus bekannteste amerikanische Dichter, rezensiert in der *North American Review* von 1832 Philip Sidneys *A Defense of Poesy* (1595) und nimmt diese Gelegenheit zum Anlaß, seinen Landsleuten den erzieherischen Wert der Poesie eindringlich ans Herz zu legen. Poesie ist als Gegenmittel gegen den kruden Materialismus nötig, weil sie erbaut und läutert, weil sie ein »instrument for improving the condition of society, and advancing the great purpose of human happiness« sein kann. Wie genau das vor sich gehen kann und genau womit die Poesie das erreicht, läßt Longfellow im dunkeln. Obwohl er Professor für Literatur ist und Kritiken schreibt, bleibt er seinen Lesern die Antwort auf diese zentrale Frage schuldig.

J. R. Lowell

J. R. Lowell, ursprünglich Jurist und ab 1855 Nachfolger Longfellows als Professor für Literatur und moderne Sprachen in Harvard, gab sein kritisches Debüt als Mitherausgeber des (kurzlebigen) *Pioneer* (1842), in dem er sich für die Lösung der amerikanischen Literatur und Kritik vom englischen Einfluß einsetzt. Dennoch beschäftigt sich der weitaus größte Teil seiner Kritiken mit englischer Dichtung. Anfangs wie R. H. Dana ein Verfechter romantischer Dichtungsauffassungen, wird er schrittweise zum Verfechter poetischer Normen, die den klassizistischen sehr nahestehen. Die Kritiken, die er in der *North American*, im *Atlantic Monthly* (dessen Herausgeber er vier Jahre lang war) und in *Harper's Magazine* unter den bezeichnenden Titeln »Among my Books« und »My Study Windows« veröffentlicht, dokumentieren durchgängig Skepsis gegenüber dem realistischen Roman (insbesondere in der sozialromantischen Manier Dickens') und ein Abrücken von den Idealen seiner Frühphase. Seine Ablehnung des literarisch Neuen (u. a. Poe und Dickens) und seine Überzeugung, in der Nähe der großen Dichter der Tradition läutere sich der Geist zu seiner wahren Bestimmung, kennzeichnet ihn als Protagonisten jener *genteel tradition*, die sich in der zweiten Hälfte des 19. Jh.s in Amerika, insbesondere aber im Umfeld von Boston etabliert.

Howells' Aufwertung des Realismus

Während sich Lowell mehr und mehr aus dem kritischen Tagesgeschäft zurückzieht, übernimmt W. D. Howells das Amt des Doyens der amerikanischen Kritik. Howells ist in mehr als einem Sinne typisch für die Literaturkritik im Amerika des späten 19. und des frühen 20. Jh.s. Er wird dadurch zu einer profilierten kritischen Stimme, daß er das Publikum auf die Höhe der Entwicklungen in Europa hebt – er ist nämlich der erste und prominenteste Fürsprecher des realistischen Romans (am bekanntesten ist *Criticism and Fiction*, 1891). Dies erreicht er gegen die etablierte Meinung, daß Dichtung läutern und erbauen soll und deshalb nichts mit der Alltagswirklichkeit zu tun haben kann. Zugleich aber glaubt er weiterhin fest an die Einheit von Kunst und Moral, des Schönen und des Guten. Poe und E. C. Stedman hatten diese zwar schon aufgekündigt, aber ihre Stimmen blieben weitgehend ohne Gehör. Henry James' ›Romanpoetik‹ und seine Kritiken zeugen von einem Verständnis der Konstruiertheit literarischer Texte, das in Amerika, ja auch in Europa zu dieser Zeit seinesgleichen sucht, aber wie im Falle Poes kommt seine Bedeutung erst im Kontext der Moderne voll zur Geltung. Howells ist demgegenüber ein Kritiker, der Altes und Neues miteinander harmonisiert, indem er der realistischen Schreibweise die traditionellen Leistungen von Literatur zuspricht.

Die Harvard-Brahmanen

Die Dominanz der Brahmanenkultur um die *North American Review* und das *Atlantic Monthly* hat offenbar ihren Preis. Sie schafft die kritische Masse für ein kulturelles und intellektuelles Leben, aber sie bleibt im Elfenbeinturm intellektueller Distanz zum Alltagsleben und verschließt sich

Harvard Seniors, 1857 – das Ideal eines Clubs von *gentlemen*

damit auf lange Zeit dem Spezifikum einer Erfahrung, aus der sie Originalität hätte gewinnen können. Möglichen Artikulationsformen für dieses Spezifikum hatten Emerson in seinen *Essays* (insbesondere »The Poet«), Thoreau in *Walden* (1854) und Walt Whitman in seinen Gedichten und seiner anonymen Selbstrezension von 1855 den Weg gewiesen, aber zur vollen Wirkung kamen diese Ansätze erst am Anfang des 20. Jh.s. Bis dahin herrschte im kritischen Establishment weitgehende Einigkeit darüber, daß Distanz zu der Besonderheit dieser Erfahrungswelt das Gebot der Stunde ist. Das ist auch der Angriffspunkt für die radikale Kritik an der amerikanischen Kultur, wie sie in den ersten Dekaden des 20. Jh.s laut wird. Van Wyck Brooks wird diese Kritik in seinem *The Critics and Young America* (1917) auf den Begriff bringen: ›Young America‹ braucht eine Situation, in der die ›critical power‹ voll zur Entfaltung kommen kann. Die Kritikergilde habe dies bis dahin verhindert – warum?

Impulse der American Renaissance

Das Junge Amerika

Van Wyck Brooks

Die Reaktion der New Humanists

Because it was never a living, active culture, releasing the creative energies of men. Its function was rather to divert these energies, to prevent the anarchical, sceptical, extravagant, dynamic forces of the spirit from taking the wind out of the myth of »progress«, that myth imposed by destiny upon the imagination of our forebears in order that a great uncharted continent might be subdued to the service of the race.

Van Wyck Brooks beschwört hier den Aufbruch zur modernen Revolte gegen die Tradition, aber auch gegen die Macht des Fortschrittsmythos. Trotzdem sollte es noch einige Zeit dauern, bis die Macht der Traditionalisten gebrochen war.

Zunächst einmal melden sich in heftiger Reaktion die *New Humanists* zu Wort, indem sie die fortschreitende Aktualisierung der Literaturkritik beklagen und die alten humanistischen Kulturwerte mit neuen Argumenten gegen den Ansturm der Moderne zu verteidigen suchen. Das Wechselspiel zwischen Neuerern und Traditionalisten nimmt seinen Lauf und bestimmt in zunehmendem Ausmaß die Veränderungen im höheren Bildungswesen, in den Curricula der Liberal Arts Colleges und vor allem in der Rolle der neueren Philologien, die mit ganz anderen Argumenten die althergebrachten Erziehungsziele, gebildete *gentlemen* zu formen, in den Hintergrund gedrängt haben.

Die Professionalisierung der Literaturkritik

Das Lehrprogramm der Colleges

Auf diesem Hintergrund wird verständlich, daß der Ruf nach Professionalisierung der Beschäftigung mit Literatur nicht nur eine institutionelle Aufwertung der Literaturkritik fordert, sondern auch eine tiefgreifende Veränderung in der Einstellung zur Literatur und zu ihrer Rolle im Bildungssystem zur Voraussetzung hat. Die Colleges, die vor dem Unabhängigkeitskrieg in Amerika gegründet wurden (Harvard 1636, The College of William and Mary 1693, Yale 1701) sind dem englischen College-System von Oxford und Cambridge nachgebildet. Ihr Ziel ist es, Seelsorger und im christlichen Sinn erzogene geistige Führer auszubilden. Auch nach der Unabhängigkeitserklärung ändert sich daran nichts. Erst in der zweiten Hälfte des 19. Jh.s kommt es zu einem – im wesentlichen von deutschen Vorbildern inspirierten – Um- und Ausbau der Colleges zu Universitäten und d. h. Forschungsstätten.

Die Studienprogramme der alten Colleges waren auf Allgemeinbildung ausgerichtet. Alle Studenten hatten klassische Sprachen, Logik, Rhetorik, antike Geschichte und Mathematik zu belegen. Krönender Abschluß war das Studium der *moral philosophy*, das allen Einzelaspekten des Studiums einen christlichen Interpretationsrahmen gab. Naturwissenschaften, moderne Geschichte oder lebende Fremdsprachen spielten keine oder eine sehr marginale Rolle – auf jeden Fall waren sie nicht Teil der Ausbildungssystematik. Die Begegnung mit Literatur war gewissermaßen ein Abfallprodukt des Studiums der klassischen Sprachen, an denen neben Grammatik und Metrik vor allem Redekunst geübt wurde. Noch 1828 bekräftigt der ›Yale Report‹ die Vorrangstellung der klassischen Sprachen bei dem pädagogischen Bemühen, geistige Disziplin anzuerziehen.

Literatur und Rhetorik

Das Auswendiglernen spielte im traditionellen Bildungskonzept eine zentrale Rolle; es geriet im Laufe des 19. Jh.s in die Kritik

Schematisches Auswendiglernen steht im Zentrum des Unterrichts. Wiedergegeben werden mußte – möglichst wörtlich – das, was in den vorgeschriebenen Lehrbüchern stand (›Recitation‹). Daran änderte sich auch kaum etwas, als Englisch als Fach in den zu Universitäten umgewandelten Colleges Fuß faßte. Fred Lewin Pattee, später erster Inhaber eines Lehrstuhls für amerikanische Literatur, erinnert sich an seine College-Zeit, als er in den frühen 1880er Jahren am New Hampton Institute studierte. Gebrütet wurde über Homer, Vergil und Xenophon. Dabei kam auch nicht der leiseste Verdacht auf, daß es sich dabei um große Werke der Literatur handelte. Von der ersten bis zur letzten Zeile waren sie nämlich nichts anderes als Ansammlungen von grammatischen Formen, Zäsuren, Konjugationen, Deklinationen, irregulären Verben etc.

An dieser Situation hat die Etablierung der modernen Fremdsprachen als Fächer an den Universitäten zunächst einmal wenig geändert. Der Siegeszug der Philologie war ein Siegeszug nach dem Muster der klassischen Philologie, die an den deutschen Universitäten Triumphe feierte und den Rest der gebildeten Welt nach sich zog. Grammatik als ›Alphabet des Geistes‹ (Max Müller) und Sprachgeschichte als Zugang zur Geschichtlichkeit der eigenen Kultur waren nicht dazu angetan, der Literatur eine bedeutende Rolle an den Universitäten zuzumessen. ›To make English as hard as Greek‹ war das Motto, unter dem die eigene Sprache akademische Weihen erhielt. Zwar wurden in zunehmendem Maße literarische Texte, d.h. Klassiker der englischen Literatur, in den Unterricht als Demonstrationsobjekte eingeführt, aber es erging ihnen dort meist nicht anders als den Werken Homers. Das philologische Paradigma verbot geradezu eine Zuwendung zum spezifisch Literarischen der Literatur als unseriös. Die Auseinandersetzung mit Literatur bleibt so weiterhin in die akademischen Verbindungen (›Greek letter societies‹) und in die Debattierclubs der Gebildeten sowie die kritischen Journale verbannt.

Siegeszug der Philologie

In dem Maße, in dem Amerika in den Sog der industriellen Revolution geriet und der massive Anstieg der Einwanderungsquote die soziale Struktur in Bewegung brachte, in dem Maße verschärfte sich der Konflikt zwischen

Bildungsideal versus Praxis

den Bildungsidealen der Liberal Arts Colleges und den Anforderungen des Berufslebens in einer zunehmend technisierten Welt. Darauf reagierten die Institutionen in doppelter Weise. Zum einen fühlten sie sich in ihren ideellen Bildungszielen bestärkt nach der Formel: Mehr Materialismus verlangt nach intensiverer Gegensteuerung. Zum anderen öffneten sie sich, wenn auch zögerlich, den Naturwissenschaften und den technischen Fächern.

College-Reform nach deutschem Vorbild

So sehr auch die in der zweiten Hälfte des 19. Jh.s einsetzende Reform der Colleges und der Universitäten die Professionalisierung insgesamt förderte und Forschung zur Prestigeangelegenheit machte – die Gründung von Johns Hopkins im Jahr 1875 und die Einrichtung von Graduate Schools sind hier Schlüsselereignisse –, so wenig profitierte zunächst einmal die Literaturkritik von diesen Veränderungen. Auch führte die zentrale Rolle, die die klassische Philologie in diesem Prozeß für die Geisteswissenschaften spielte, zu einem fortschreitenden Auseinanderdriften zwischen den professionellen Anforderungen des Arbeitsmarktes im industriellen Zeitalter und den hehren Bildungsidealen humanistischer Erziehung. Deshalb stellte sich bald immer ernsthafter die Relevanzfrage, und diese Frage setzt auch die Philologien unter Druck, die sich gerade erst mit einer den klassischen Philologien abgeschauten positivistischen Strenge einen Platz unter den akademischen Disziplinen erobert hatten.

Diese Relevanzfrage läßt von da ab auch den Umgang mit Literatur nicht mehr los. Die Situation am Anfang des 20. Jh.s, an der Schwelle zur Moderne, ist mithin dadurch gekennzeichnet, daß Literaturkritik als Sprachrohr humanistischer Bildungsideale und einer intellektuell konservativen Kaste unter Begründungszwang gerät. Angriffe auf die *genteel tradition*, das Suchen nach einer eigenen disziplinären Strenge der Kritik, die ihr das Prestige einer akademischen Disziplin sichern helfen würde, eine Lösung der Kritik von ihren moralischen Verpflichtungen gehören ebenso zur Tagesordnung wie die heftige Gegenreaktion gegen diese Tendenzen. *New Criticism* und *New Humanism* benennen die Parteien, deren Auseinandersetzungen das literaturkritische Geschehen in den ersten Dekaden des 20. Jh.s wesentlich prägen werden.

Die genteel tradition *unter Beschuß*

Widerstände gegen die Professionalisierung

In den Universitäten ist die Zeit von ca. 1890–1920 geprägt von der Dominanz der philologischen und der positivistisch-literaturhistorischen Paradigmen. Sprachgeschichte, Faktengeschichte und Einflußgeschichte beherrschen aufgrund ihres wissenschaftlichen Prestiges das Feld. Philologische Qualifikationen waren für die Besetzung der Professuren in englischer Literatur entscheidend. Klassische Bildung oder die moralische Qualifikation eines Theologiestudiums reichen nun nicht mehr aus, an der Universität in diesem Fach Karriere zu machen. Es ist deutlich, daß in einem solchen Kontext ›Kritik‹ als akademische Disziplin keine Chance hat. Sie war nicht wissenschaftlich und folglich eine Praxis, die in Lehre und Forschung nichts zu suchen hatte. Auf diesem Hintergrund wird einsichtig, warum die Ansprüche der *New Critics*, denen der Einbruch in die Phalanx der Philologen und der literarhistorisch interessierten *scholars* schließlich doch gelang, großen Wert darauf legten, wegen ihrer disziplinären Strenge und spezifischen Analysemethoden in den Kreis der akademischen Fächer aufgenommen zu werden.

Wenn der Nachweis wissenschaftlicher Strenge die eine treibende Kraft der Entwicklung von Literaturkritik und Literaturtheorie im Amerika des 20. Jh.s ist, so ist die Rückgewinnung und Erhaltung der sozialen Relevanz der Kritik ein zweiter, nicht minder folgenreicher Antrieb. Zwar hatte der erfolgreiche Versuch, Englisch so schwer wie Griechisch zu machen, dem

Die Praxisferne der traditionellen humanistischen Bildungskonzeption stößt bei Wirtschaftsführern zunehmend auf Unverständnis

Umgang mit der eigenen Sprache wissenschaftliches Prestige verschafft, aber die schon im alten Universitätsverständnis angelegte radikale Trennung zwischen humanistischer Bildung und Alltagsleben bzw. berufspraktischer Kompetenz war dadurch nicht behoben. Im Gegenteil, das Bild des deutschen Gelehrten, das modellgebend in dieser Phase der amerikanischen Universitätsgeschichte ist, ist geradezu durch Weltfremdheit definiert. Dagegen wandten sich die *New Humanists* unter Führung von Irving Babbitt. Sie polemisieren gegen das philologische Spezialistentum und suchen dem Konzept einer notwendigen Allgemeinbildung durch den Umgang mit den großen Werken der Vergangenheit Gehör zu verschaffen. Dabei greifen sie auch das altbekannte Argument wieder auf, daß die ›Humanities‹ dem vulgären Materialismus der Gesellschaft gegensteuern müssen.

Schlüsseltexte sind Babbitts *Literature and the American College* (1908), *The New Laokoon* (1910) und *Rousseau and Romanticism* (1919), Paul Elmer Mores *Shelburne Essays* (1904–10; 1913–21), Gorham B. Munsons *Destinations* (1928), in dem der Versuch unternommen wird, Babbitts Humanismus zur Basis literaturkritischer Praxis zu machen, und Stuart Pratt Shermans *Matthew Arnold: How to Know him* (1917) und *On Contemporary Literature* (1917). Sherman verläßt allerdings bald die Phalanx der konservativen Humanisten und schlägt sich als ›literary editor‹ des New Yorker *Herald Tribune* auf die Seite der Literaten und Demokraten.

Irving Babbitt

Der New Humanism *und seine Kritiker*	In den 20er Jahren entwickelt sich ein Schlagabtausch zwischen den *New Humanists* und einer Fraktion von Gegnern, die eine zeitgemäßere, technikfreundlichere Position vertreten. Diese Auseinandersetzungen gipfeln in zwei 1930 erschienenen Aufsatzsammlungen. Die neuhumanistische wurde von Norman Foerster herausgegeben, der wie Munson die neuhumanistische Doktrin auf die Literaturkritik anzuwenden versucht (*Nature in American Literature*, 1923, *American Criticism*, 1928, *Towards Standards*, 1930). Neben Beiträgen von Foerster, Babbitt und More enthält dieser Band auch einen Beitrag von T. S. Eliot.

Die Gegenkräfte versammeln sich in einem von C. Hartley Grattan unter dem Titel *The Critique of Humanism* herausgegebenen Band. Die dreizehn Beiträger attackieren die Position der Neohumanisten mit drei unterschiedlichen Schwerpunkten: 1. Sie kritisieren deren Feindseligkeit gegenüber den Naturwissenschaften und insgesamt der modernen Kultur. 2. Sie stellen die Partialität und Widersprüchlichkeit ihrer philosophischen und moralischen Theorie bloß, und 3. Sie wollen sich nicht mit ihrer Vernachlässigung des Ästhetischen zufriedengeben. In seinem Beitrag *The New Humanism and the Scientific Attitude* charakterisiert Grattan die Gruppe um Babbitt als doktrinäre Coterie mit überholten Vorstellungen von elitärer Bildung. Edmund Wilson stellt in seinem Beitrag die einseitige und moralistische Basis der humanistischen Literaturkritik bloß. Allen Tate kritisiert Babbitts Konzept einer institutionellen ›ethical imagination‹ und weist nach, daß die geistige Disziplin, auf die Babbitt sich beruft, nichts anderes ist als eine »infinite regression to authoritative judgement«. R. P. Blackmur konzentriert sich ebenfalls auf die Konsequenzen des *Neohumanism* für die Literaturkritik und wirft seinen Vertretern einen repressiven Moralismus vor, der das Wesen der Kunst völlig verfehlt, Malcolm Cowley gar behauptet, daß das Interesse der Neohumanisten an moralischen Fragen sie blind gemacht habe gegenüber der wahrhaft humanisierenden Funktion der Kunst, während ihre Antipathie gegenüber der zeitgenössischen Literatur ihnen den Weg zu einem Verständnis der modernen Welt verbaut habe. Yvor Winters und Lewis Mumford schließlich unterstreichen die Bedeutung der zeitgenössischen Literatur und Technik für die moderne Kultur und ihr Verständnis.

Siegeszug der Moderne	Die Namen der ›Anti-Humanisten‹ und das Spektrum ihrer Argumente weisen auf eine Entwicklung, innerhalb derer sich die Literaturkritik endgültig als akademische Disziplin etablieren sollte. Sowohl in Hinsicht auf die Besonderheiten des Gegenstandes Literatur wie auch in der Frage der kulturellen Relevanz von Literatur und Literaturkritik scheinen die Gegner des traditionalistischen Humanismus die zeitgemäßeren Antworten zu haben. Die große Depression der 30er Jahre und das Ableben der Hauptvertreter des Neohumanismus tragen dazu bei, daß die der Gegenwart gegenüber aufgeschlossenere Fraktion das vorerst letzte Wort hat.

Literary Criticism *und* Critical Theory *im 20. Jahrhundert*

Expansion des Bildungssystems	Die Wandlung der Literaturkritik zur akademischen Disziplin und die parallel laufenden Bemühungen um die Konstruktion einer theoretischen Basis für sie vollzieht sich nicht plötzlich, sondern in mehreren Schüben und unter sehr heterogenen Einflüssen. Zu diesen Einflüssen gehören die enorme

Expansion der universitären Bildung und der damit einhergehende Verlust der sozialen Homogenität der Studentenpopulation; die moderne Literatur mit ihrem ausgeprägten Hang zum Traditionsbruch und infolgedessen zur Reflexion ihrer eigenen Voraussetzungen und Ziele; das veränderte intellektuelle Klima, das von Wissenschaftsgläubigkeit geprägt ist und in der Wahrnehmungspsychologie und der Psychoanalyse, der Archetypenforschung und dem linguistischen Strukturalismus, den Sozial- und Gesellschaftstheorien unterschiedlicher Provenienz auch für die Literaturkritik verlockende Perspektiven einer wissenschaftlichen Grundlegung ihrer eigenen Praxis eröffnet – all dies führt schließlich auch in Amerika zu einem grundsätzlich neuen Verständnis von den Methoden und Zielen der akademischen Beschäftigung mit Literatur.

Einer der für die Entwicklung der Literaturkritik in der ersten Hälfte des 20. Jh.s entscheidenden Einflüsse kommt aus der Psychologie. Bei allen Unterschieden in den theoretischen Annahmen und Zielsetzungen leisten die Arbeiten von Freud und Jung, der Behavioristen und der Gestaltpsychologen der Überzeugung Vorschub, daß nun begründete Hoffnung besteht, man werde in absehbarer Zeit die komplexen Strukturen mentaler Prozesse wissenschaftlich exakt analysieren können. Insbesondere jüngere und innovationshungrige Mitglieder von ›English Departments‹ konnten der darin liegenden Versuchung offenbar nicht widerstehen, mit Hilfe der neuen psychologischen und psychoanalytischen Theorien und Interpretationsverfahren die noch herrschenden philologischen Wissenschaftsparadigmen und das altbacken-geschmäcklerische Rezensionswesen abzulösen und zugleich der Literaturkritik den Status einer akademisch anerkannten Disziplin (und sich selber ungeahnte Karrierechancen) zu sichern.

Einfluß der Psychologie

I.A. Richards' Arbeiten, insbesondere seine *Principles of Literary Criticism* (1924) gehören zu den einflußreichsten der Versuche, die Analyse von Charakter und Funktion von Literatur mit Hilfe psychologischer Theorien auf eine neue systematische Grundlage zu stellen. Richards, der seine akademische Laufbahn in Cambridge beginnt (F.R. Leavis war sein Kollege, William Empson sein Schüler), läßt sich nach einem Zwischenaufenthalt in Peking in Harvard nieder, wo er sich drei Jahrzehnte lang für eine Reform des Literaturstudiums einsetzt und die Etablierung von Literaturkritik als akademisches Fach vorantreibt.

I.A. Richards, 1933

Ausgangspunkt für Richards' *Principles of Literary Criticism* ist die Unterscheidung zwischen referentiellem und emotivem Sprachgebrauch, die er zusammen mit C.K. Ogden im 1923 publizierten *The Meaning of Meaning* erarbeitet hat. Charakteristisch für den referentiellen Sprachgebrauch ist sein Wahrheitsanspruch und dessen Überprüfbarkeit. Leitorientierung für den emotiven Sprachgebrauch ist die erfolgreiche Evokation von ›Impulsen‹ und ›inneren Einstellungen‹. Dieser Unterscheidung, die Richards in *Science and Poetry* (1926) weiter ausgearbeitet hat, entspricht die zwischen Wissenschaft und Dichtung. Wissenschaftlicher Sprachgebrauch produziert eine Folge direkter Bezugnahmen, die den Kriterien der empirischen Überprüfbarkeit und der Deckung durch objektive Wirklichkeit unterliegen. Literatur hingegen präsentiert eine Folge indirekter Bezugnahmen, die durch Kohärenz, Wahrscheinlichkeit und Aufrichtigkeit legitimiert sind. So wie Wissenschaft das Reich der Außenbezüge organisiert, so organisiert Dichtung das innere Reich der Impulse und Einstellungen. An solchen Aussagen wird deutlich, daß Richards mehr im Sinn hat als eine bloße Applikation der behavioristischen Psychologie auf die Literatur. Er verschiebt die Aufmerksamkeit nämlich auf den Interpretationsakt – eine

Theoretische Grundlegung

Bewegung, die er in seinem *Practical Criticism* (1929) untermauert, einer Studie, in der er die Ergebnisse von Interpretationsexperimenten mit seinen Studenten zum Anlaß für die Entwicklung von Interpretationsstrategien nimmt. Damit räumt er dem Rezeptionsakt eine entscheidende Bedeutung ein. Er erhebt das Interpretieren literarischer Texte zugleich zu einer Aktivität, die den Geist in die Lage versetzt, komplexe Außenreize und ihnen korrespondierende Einstellungen zu koordinieren, und offeriert damit eine mit dem Prestige der Wissenschaftlichkeit ausgestattete Begründung für den unschätzbaren pädagogischen Wert, den die Beschäftigung mit Literatur haben kann.

Literatur als hoch-komplexe Organisation von Impulsen

Um der Literatur diese besondere Leistung zusprechen zu können, kombiniert Richards den für seine Kommunikationstheorie aus der behavioristischen Psychologie entlehnten Ansatz mit gestaltpsychologischen Erkenntnissen über die Organisationsleistung des menschlichen Wahrnehmungsapparates. Dem Nervensystem wohnt eine Tendenz zur Systematisierung und Organisation von Impulsen inne. Kein Mensch kann, so Richards, auch nur eine einzige Minute ohne eine hochkomplexe, aber möglichst vollständige Koordination von Impulsen leben. Die Optimierung solcher Koordinationsleistungen erfolgt nach einem Ökonomieprinzip: Jene Organisation, die am wenigsten verschwenderisch mit den menschlichen Möglichkeiten umgeht, ist die beste. Und solche optimalen Weisen der Koordination komplexer Impulse und Einstellungen übt die Begegnung mit literarischen Kunstwerken ein. »Kunstwerke sind Protokolle der besten Erfahrungen der besten Köpfe.« Sie sind damit das wichtigste Mittel, den chaotischen Ansturm äußerer Reize unter Kontrolle zu bekommen. Darüber hinaus tragen sie dazu bei, die Sphäre menschlicher Sensibilität zu erweitern, indem sie neue Formen der Organisation und Systematisierung nacherlebbar machen. Literatur ist nach Richards eine Möglichkeit der Selbstvollendung des geistigen Potentials, das Menschen zur Verfügung steht. Sie ist aber auch eine unverzichtbare Ordnungsmacht, die dadurch einmal mehr – und nun auf wissenschaftlich scheinbar gesicherter Basis – die Aufgabe der Bewahrerin der Menschlichkeit in sozialer Harmonie übernehmen kann.

Theorie der Kritik und Moderne

In diesen Vorstellungen schließt sich der Kreis zwischen den neuhumanistischen Forderungen nach intensivierter Pflege des Menschlichen und der Programmatik moderner Poetiken wie der von T. E. Hulme, Ezra Pound und T. S. Eliot, die einer neuen ›klassischen‹ Kunstkonzeption und damit einem ästhetischen Ordnungsideal den Vorrang einräumen vor dem, was sie als subjektivistisches Romantisieren ablehnen. Auch die theoretischen Schriften, die die moderne englischsprachige Poesie begründet haben, zielen in diese Richtung. T. E. Hulme und die Amerikaner Pound und Eliot, die wie schon Henry James in Europa ein ihnen kongenialeres kulturelles Umfeld finden, beschwören einen neuen Geist, der sich ›klassisch‹ nennt und der dem emotionalen Subjektivismus der Spätromantik und des Ästhetizismus ein Ende setzen soll.

Babbitts
New Classicism

I. Babbitt hatte in seinem *Rousseau and Romanticism* den falschen Naturalismus und die Subjektivitätsduselei des 19. Jh.s gegeißelt und die Klarheit, Stabilität und Zucht des klassischen Denkens beschworen. Eliot setzt ganz in diesem Sinne gegen die traditionalistische Verklärung des schöpferischen Ich seine Theorie von der ›Unpersönlichkeit der Poesie‹ als Voraussetzung großer Dichtung und untermauert damit den Anspruch der Literatur, als Resultat und Anstoß zu intellektueller Anstrengung und nicht mehr als geheimnisvolle Kommunikation artverwandter Seelen verstanden zu werden. Ezra Pound schließlich beschreibt die Funktion der Poesie mit der Feststellung, sie erlaube es dem Menschen weiterzuleben; sie befreie den Geist vom Druck der Alltagsroutine und fördere seine Kreativität, indem sie besondere Impulse in ihm auslöse. Nach Pound hat die Funktion der Literatur in der Gesellschaft zu sein, Klarheit der Gedanken und die Kraft der Worte zu erhalten, denn diese hygienische Leistung ist für das Denken so wichtig wie »in der Wundmedizin das Fernhalten der Tetanusbazillen aus dem Verband«, ein Vergleich, den Richards in den *Principles* aufgreift. Bei ihm ist aber der eigentliche Wundarzt des Geistes der Kritiker, nicht der Dichter, denn die hochkomplexen Strukturen, die Dichtungen sind, bedürfen des pädagogisch geübten Mittlers, damit sie ihre optimale Wirkung erzielen können.

Obwohl der psychologische Ansatz, den Richards wählt, keine Schule macht, ist sein Verständnis von Literatur und Literaturkritik doch für die weitere Entwicklung von kaum zu überschätzender Bedeutung gewesen. Er hat demonstriert, daß und wie Literaturkritik eine wissenschaftliche Disziplin sein kann. Er hat den Nachweis geführt, daß Literatur lebenswichtig für das Gedeihen einer Kultur ist, und er hat diese Leistung als das Ergebnis eines Wirkungsverhältnisses zwischen der hochkomplexen Ordnung, die ein literarischer Text ist, und dem aufnahmewilligen Rezipienten definiert. Damit ist der Interpretationsakt das Resultat einer intellektuellen Anstrengung und nicht mehr das eines anverwandelnden Einfühlens, die Interpretation das Geschäft akademischer Spezialisten und eine Sache hochformalisierter Methoden, nicht mehr das von Amateuren und Moralwächtern.

Critics, scholars, theoreticians

Obwohl Richards' *Principles* im Kern schon wichtige Elemente des *New Criticism* enthält, setzt sich dieses Paradigma erst in den 40er Jahren durch: institutionell gegen die *scholars* alter Schule; intellektuell gegen eine Reihe von Konkurrenzmodellen mit ähnlichem wissenschaftlichen und disziplinären Anspruch. Freuds Traumdeutung und seine Theorie der Sexualität lagen in englischer Übersetzung schon vor dem Ersten Weltkrieg vor und übten große Faszination auf ambitionierte Literaturspezialisten auch in Amerika aus. Frederick C. Prescott versucht sich in seinem *The Poetic Mind* von 1922 an einer Übertragung der Freudschen Traumtheorie auf die Poesie. Neben solchen Versuchen, mit Hilfe psychoanalytischer Konzepte eine theoretische Basis für ein neues Verständnis von Literatur zu erarbeiten, kommen auch literarische Biographien auf psychoanalytischer Basis sehr in Mode. Beispiele dafür sind Van Wyck Brooks' *The Ordeal of Mark Twain* (1920), in dem eine kausale Beziehung zwischen der Charakterstruktur und dem Werk dieses Schriftstellers hergestellt wird, oder Joseph Wood Krutchs *Edgar Allan Poe: A Study in Genius* (1926), in dem frühkindliche Konflikte als Schlüssel zum Werk konstruiert werden. Ludwig Lewisohns *Expression in America* (1932) stellt den vorläufigen Kulminationspunkt in der ersten Welle der Freudianer dar. Lewisohn verbindet das Interesse an der Psyche der Schriftsteller mit den in den 30er Jahren infolge der großen Depression immer stärker werdenden sozialkritischen Fragestellungen und konstruiert die amerikanische Literaturgeschichte dementsprechend.

Freuds Einfluß

In den Jahrzehnten vor und nach dem Ersten Weltkrieg rückt zum ersten Mal in der Geschichte der amerikanischen Literaturkritik die eigene Gesellschaft ins Zentrum des Interesses. Diese Entwicklung hat in dem *Muckraking Movement* des frühen 20. Jh.s und in den verschiedenen Anläufen sozialistischer und kommunistischer Bewegungen, in Amerika Fuß zu fassen, Vorläufer. Die *Muckrakers* übten scharfe Kritik an den politischen, sozialen und kulturellen Mißständen der amerikanischen Gesellschaft und schufen sich in Zeitschriften wie *Arena*, *McClure's* und *Appeal to Reason* propagandistische Sprachrohre.

Sozialkritische Ansätze	Auch die Literaturkritik bleibt nicht unbeeinflußt davon und findet in John Macy, Randolph Bourne und Van Wyck Brooks sprachgewaltige Vertreter. Macys *The Spirit of American Literature* (1913) und Van Wyck Brooks' *America's Coming of Age* sind Klassiker dieser Bewegung. Sie finden ihre Fortsetzung in der Gruppe von Schriftstellern, die sich um das in Greenwich Village 1911 gegründete Magazin *The Masses* (gefolgt von *The Liberator* 1918–24) scharen. Zu ihnen gehören Max Eastman und Floyd Dell, John Reed, Michael Gold, Upton Sinclair und andere. In Baltimore wird mit ähnlicher Zielsetzung das *Modern Quarterly* (1923) gegründet. In ihm finden marxistische und Freudsche Positionen ein Forum. Diese Aktivitäten münden in den 30er Jahren in solch groß angelegte, marxistisch inspirierte Projekte wie Granville Hicks' *The Great Tradition* (1933) und die von ihm mitedierte Anthologie *Proletarian Literature in the United States* (1935).
Gegenreaktionen	Zugleich sind aber die 30er Jahre auch die Zeit, in der sich die Geister scheiden, in der die vom Marxismus inspirierten Positionen an Boden verlieren und der *New Criticism* mit seiner Trennung von Literatur und Geschichte seinen Siegeszug antritt. Die Geschichte der *Partisan Review* ist ein vielsagendes Beispiel für diesen Prozeß. 1934 als Organ des John Reed Clubs in New York unter der Herausgeberschaft von Philip Rahv und William Phillips gegründet, präsentiert sie sich als Sprachrohr des revolutionären Proletariats. Viele der Beiträge zu den ersten Nummern betonen ihre Loyalität der kommunistischen Bewegung gegenüber und unterstreichen die Rolle des ›revolutionären‹ Kritikers als Mentor der proletarischen Schriftsteller. 1936 organisieren die Herausgeber ein Symposium zu der Frage, ob die revolutionäre Literatur dem ›American Spirit‹ kongenial ist oder zu ihm in Widerspruch steht. Schon diese Fragestellung impliziert eine Neugierde,
Sozialkritik und nationale Identität	ja Skepsis, die für kommunistisch inspirierte Gruppen damals ungewöhnlich war. Die meisten Beiträger, unter ihnen auch Theodore Dreiser, halten die ideologische Grundlinie, äußern sich aber doch differenziert und versuchen, den orthodoxen Marxismus den amerikanischen Verhältnissen anzupassen. William Carlos Williams jedoch konstatiert, daß die amerikanische demokratische und von individueller Freiheit geprägte Tradition im grundsätzlichen Gegensatz zum Marxismus stehe und »that our revolutionary literature is merely tolerated by most Americans, that it is definitely in conflict with our deep-seated ideals«. Die von Williams angesprochene Toleranz ist nicht von langer Dauer und auch nicht weit verbreitet. Als Reaktion auf die Nachrichten über die stalinistischen Säuberungswellen der 30er Jahre, auf den Stalin-Hitler-Pakt, insbesondere aber auf den Kalten Krieg, fristen explizit marxistische Positionen in der amerikanischen Literaturwissenschaft nach den 30er Jahren ein Schattendasein.

Die *Partisan Review* dokumentiert diese Klimaveränderung dadurch, daß sie, nach einjähriger Unterbrechung, Ende 1937 mit einer neuen Leitlinie erscheint. Das Magazin versteht sich fortan als unabhängiges Forum. Während die Herausgeber die Sache der revolutionären Literatur weiterhin vertreten, räumen sie ein, daß auch das nicht-politische, ästhetische Revoltieren einen gesellschaftlichen Wert haben kann. Darin läßt sich aber schon der Weg erkennen, den die *New Critics* gehen werden.

American Studies

Die Zeit nach dem Ersten Weltkrieg ist die Epoche in der amerikanischen Kritikgeschichte, in der Amerika selbst und seine Kultur ins Zentrum des

Interesses rückt. Die marxistische Literaturkritik hat hieran Anteil insofern, als sie sich bewußt von der traditionellen Elitekultur abwendet und die amerikanische Massenkultur in den Blick nimmt. Getragen von einer Woge des Patriotismus, setzt eine intensive Selbstbefragung und Selbstanalyse ein. Pattee beschreibt dieses Phänomen in seiner Einleitung zu einem von ihm verfaßten Lehrbuch im Jahr 1919 folgendermaßen:

Von der Literaturkritik zur Kulturkritik

> The recent manifestations of American patriotism, the new discovery by Europe of the soul of America, and the new insistence on the teaching of Americanism in our schools and colleges ... has brought the study of American literature into the foreground as never before. More and more clearly it is seen now that the American soul, the American conception of democracy, – Americanism, should be made prominent in our school curriculums, as a guard against the rising spirit of experimental lawlessness which has followed the great war, and as a guide to the generation now molding for the future.

Diese Motive inspirieren eine Reihe von geistes- und literaturgeschichtlichen Projekten sowie die Entstehung von *American Studies* als eine integrative Kulturanalytik, die von einem hohen Grad an wechselseitiger Abhängigkeit aller Arten von kulturellen Aktivitäten ausgeht und die alte Trennung zwischen von Europa inspirierter Elitekultur und amerikanischer Alltagskultur relativiert. Erstaunlich ist allerdings, daß sich dieser Ansatz in der Konkurrenz mit dem *New Criticism* institutionell und konzeptionell nicht durchsetzen kann.

Als sich in der zweiten Dekade des 20. Jh.s Literaturhistoriker daran machten, die Grenzen des Untersuchungsgegenstandes ›Amerikanische Literatur‹ neu abzustecken, stützten sie sich weitgehend auf die Geschichte dieser Literatur, wie sie in den Lehrbüchern und frühen Literaturgeschichten in Erscheinung getreten war. Von Moses C. Tylers *A History of American Literature* (1878) über Brander Matthews' *Introduction to American Literature* (1897) bis hin zu Richard Burtons *Literary Leaders of America* (1903) und Reuben P. Hallecks *History of American Literature* (1911) erscheint die Geschichte der amerikanischen Literatur als eine Erfolgsgeschichte angelsächsischer Puritaner in Neuengland. Neuengland wurde so zum Zentrum eines nationalen Mythos, mit dessen Hilfe man die Vielfalt der amerikanischen Nation kulturell zu einigen und auf ein angemessenes Niveau zu heben hoffte.

Rekonstruktion eigener Identität

Die Verfasser der einflußreichen vierbändigen *Cambridge History of American Literature* (1917–21) erweiterten die Definition der amerikanischen Literatur über die belletristischen und pädagogischen Absichten ihrer Vorgänger hinaus zu einer Vorstellung von Literatur als Ausdruck des intellektuellen Lebens der Nation. Diese Auffassung von Literaturgeschichte als nationale Geistesgeschichte verstärkt die Neigung, die Rolle Neuenglands in der kolonialen und revolutionären Phase der Geschichte überzubewerten und die Folgezeit einseitig darauf auszurichten. Noch Vernon Louis Parringtons dreibändige *Main Currents in American Thought* (1927–30), eine vom ökonomischen Determinismus geprägte Geistesgeschichte, die Literatur in vielfältiger Weise als Quellenmaterial benutzt, hält sich trotz ihrer Kritik an der reaktionären Rolle des Puritanismus in Neuengland an das etablierte Muster einer Geschichte, die dort präfiguriert ist, sich schließlich von den puritanischen Fesseln befreit und in der nationalen Entwicklung Erfüllung findet. So werden die den Puritanern Neuenglands

Myth-and-symbol School

zugeschriebenen Eigenschaften: *self-reliance* und *self-control*, in ihrer Transformation durch den Frontier-Mythos zu nationalen Eigenschaften, zu Allegorien des Amerikanischen schlechthin verallgemeinert.

In den folgenden Jahrzehnten ist die Arbeit an der amerikanischen Literaturgeschichte zunehmend von kritischen Tönen und einer Neubewertung des Neuengland-Puritanismus geprägt. Die Erforschung kultureller Leitmotive und Symbole kommt in Mode und inspiriert einige der wichtigsten Beiträge zur Theorie der amerikanischen Literatur. Dazu gehören Ivor Winters *Maule's Curse: Seven Studies in American Obscurantism* (1938); Perry Millers *The New England Mind* (1939); F.O. Matthiessens *American Renaissance* (1941); Henry Nash Smiths *Virgin Land: The American West as Symbol and Myth* (1950); Charles Feidelsons *Symbolism and American Literature* (1953); R.W. Lewis' *The American Adam* (1959); Leslie Fiedlers *Love and Death in the American Novel* (1960); Leo Marx' *The Machine in the Garden* (1965) und Richard Poiriers *A World Elsewhere* (1966).

Bei allen Unterschieden in den Überzeugungen und Perspektiven tragen diese Arbeiten dazu bei, die Vorstellung zu befestigen, daß die amerikanische Literatur und das geistige Leben Amerikas insgesamt von einer konzeptuellen Einheit, von Grundgemeinsamkeiten in den Erfahrungen und den Vorstellungen geprägt ist. Sie tragen dadurch trotz ihres oft kritischen Ansatzes dazu bei, den multikulturellen und pluralistischen Charakter der amerikanischen Kultur zu überdecken. Erst in den *New American Studies* der 80er und 90er Jahre wird sich diese Einstellung grundsätzlich ändern.

Während die *American Studies* und die Theorien der amerikanischen Literatur daran arbeiten, eine eigenständige, unverwechselbar besondere Tradition des ›Amerikanischen‹ zu erfinden, organisieren die *New Critics* ihren Marsch durch die Institutionen. Dabei hilft ihnen das ambivalente Verhältnis der Literaturgeschichten und der Theorien amerikanischer Literatur zum literarischen Charakter der Quellen, die sie als Beleg für ihre Aussagen heranziehen. Bald wird der Vorwurf laut, daß Literatur hier lediglich als Träger von kollektiven Gedanken, Einstellungen und Mythen verstanden wird – die ästhetische Leistung der Literatur aber überhaupt nicht in den Blick gerät. Es ist aus dieser Sicht verständlich, daß die *New Critics* sich schließlich heftig gegen eine solche Vereinnahmung der Literatur wehren, die radikale Trennung von Werk und Kontext dekretieren und an die Stelle der Suche nach amerikaspezifischen Eigenschaften und Themen universell geltende ästhetische Werte setzen.

Der New Criticism

Mit dem *New Criticism* etabliert sich die Literaturkritik in Amerika als akademische Disziplin. Er wird für über drei Jahrzehnte zum beherrschenden Paradigma des Umgangs mit Literatur. Er setzt sich gegenüber der traditionellen Philologie und dem *scholarship* der Literarhistoriker und Einflußforscher mit eigenen systematischen und methodischen Ansprüchen durch und besetzt durch den Eindruck der Wissenschaftlichkeit, und damit der Lehr- und Lernbarkeit seiner Verfahren, einen zentralen Platz im Bildungssystem. John Crowe Ransom gab der Bewegung 1941 den Namen durch den Titel einer Aufsatzsammlung, aber die Ursprünge gehen in die 20er Jahre zurück. Richards' *Principles of Literary Criticism* und William Empsons *Seven Types of Ambiguity*, Ezra Pounds poetologische Schriften und T.S. Eliots literarkritische Arbeiten – allen voran die Aufsätze, die er in *The Sacred Wood* (1920) gesammelt hatte – hatten die Grundlagen

John Crowe Ransom

gelegt, und der in den 40er und 50er Jahren stärker werdende Einfluß des Strukturalismus und des russischen Formalismus befestigte die bei allen Unterschieden im einzelnen von allen *New Critics* geteilte Überzeugung, daß das literarische Werk und die poetische Sprache eine eigene Struktur haben und damit einen eigenen Erkenntnisstatus beanspruchen können – einen Status, der sich radikal von naturwissenschaftlicher Erkenntnis unterscheidet und der Literatur als Bildungsgegenstand besonders wertvoll macht.

René Wellek

Diese Feststellung der Eigengesetzlichkeit des literarischen Werks erwies sich nicht nur im institutionellen Konkurrenzkampf als vorteilhaft, sondern sie kam auch dem weltanschaulichen Konservatismus derjenigen entgegen, die die Bewegung trugen: die Kerntruppe der *New Critics* bildete sich nämlich in den 20er Jahren um J. C. Ransom herum, der Professor an der Vanderbilt University war und sich als Vertreter der anti-modernistischen *Southern Agrarians* einen Namen machte. Mit Allen Tate, Robert Penn Warren und Cleanth Brooks, Kritikern, die den *New Criticism* entscheidend prägen sollten, entwickelte er die Techniken des *close reading*, die das literarische Werk zugleich zu einer intellektuellen Herausforderung und zu einem Fluchtraum vor den Zumutungen des modernen Industriezeitalters machten. Die später von René Wellek und Austin Warren in ihrer *Theory of Literature* (1949) auf die Begriffe *intrinsic* und *extrinsic approach* gebrachte Unterscheidung zwischen einem Ansatz, der sich auf die ästhetische Struktur des Werkes selbst konzentriert und Ansätzen, die äußere Kriterien bemühen, ist von Anfang an für die *New Critics* zentral gewesen. Um der postulierten Eigengesetzlichkeit des Werkes gerecht zu werden, muß man es als in sich geschlossenes Ganzes, als eigene Realität behandeln und alle äußeren Gegebenheiten und Einflüsse außer acht lassen. »The poem is an autonomous verbal artefact. What matters is what the poem says as a poem« dekretiert Brooks in seinem *The Well Wrought Urn* von 1947. Deshalb polemisieren die *New Critics* auch gegen die ›intentional fallacy‹, die das Gedicht als Produkt der (rekonstruierbaren) Intention seines Verfassers mißversteht. W. K. Wimsatt, Jr., und Monroe C. Beardsley (in *The Verbal Icon*, 1946) wenden sich gegen die *affective fallacy*, die das Werk mit seiner Wirkung identifiziert, und gegen die *heresy of paraphrase*, als die Brooks die paraphrasierende Wiedergabe des Inhalts eines literarischen Werkes anprangert. Die Kritik an diesen drei Sündenfällen impliziert natürlich die ästhetische Struktur des Werkes selbst als den einzig legitimen Gegenstand literaturkritischer Analyse.

close reading

intrinsic approach

Folgerichtig konzentrieren sich die Interpretationen des *New Criticism* auf die innere Struktur des Werkes. Diese Struktur wird als ironisch charakterisiert, d. h. das literarische Werk inszeniert Worte und Sätze so, daß sie in den Spannungen unter- und den Brechungen gegeneinander, im Spiel der Bedeutungen und Paradoxien (*ambiguities*), in der Interferenz der Bilderwelten, im Interagieren der lautlichen und semantischen Schichten ein komplexes Ganzes erzeugen, das im Sinne Richards' den Geist zu optimaler Leistung anspornt. Zusammen mit Robert Penn Warren hat Cleanth Brooks in einer Reihe von Lehrbüchern den *New Criticism* zum Standardansatz gemacht. Mit *An Approach to Literature* (1936), *Understanding Poetry* (1938) und *Understanding Fiction* (1943) wird der *New Criticism* schließlich zur beherrschenden pädagogischen Routine.

Titelseite des vielleicht einflußreichsten Lehrbuchs des *New Criticism*

Obwohl die Praxis des *New Criticism* keineswegs ein einheitliches Bild vermittelt und obwohl die Vollendung des ästhetischen Immanentismus seiner Theorie ein Wunschtraum von Puristen bleibt, dominiert die aus

New Criticism *als pädagogische Praxis*

dieser Grundposition abgeleitete Interpretationspraxis unangefochten in den 40er und 50er Jahren in den Colleges wie auf Fachkongressen. In den 40er Jahren schafft sie sich in der *Kenyon Review* und der *Sewanee Review* eigene Sprachrohre, und ein Jahrzehnt später hält sie dann Einzug in die schon länger etablierten wissenschaftlichen Periodika. Dennoch wäre das Bild zu einseitig, wenn man übersehen würde, daß es in all diesen Jahrzehnten nicht nur ein Fortbestehen der traditionellen Philologie und Literargeschichtsschreibung gegeben, sondern sich parallel zum *New Criticism* auch eine Reihe von anderen Ansätzen entwickelt hat. Zu nennen wären hier vor allem die *Chicago Aristotelians* mit R. S. Crane an der Spitze, die Archetypenforschung mit Northrop Fryes *Anatomy of Criticism* (1957) und Kenneth Burkes Theorie der *symbolic action* (in *The Philosophy of Literary Form*, 1941). Keine dieser Alternativen vermochte jedoch, das neukritizistische Interpretationsparadigma in seiner dominierenden Stellung in Frage zu stellen oder abzulösen. Dies liegt vor allem daran, daß sie alle mit dem *New Criticism* die Auffassung vom epistemologischen Sonderstatus des Ästhetischen teilen. Weltanschaulich und institutionell hing von diesem Credo offenbar zu viel ab, als daß man es leichthin hat aufgeben wollen.

After the New Criticism

Wachsende Kritik am New Criticism

Die Herrschaftsepoche des *New Criticism* markiert eine Zeit relativer Stabilität in der Disziplin. Sie ist aber auch, in den Worten Edward Saids, eine Zeit des ›leidenschaftlichen Provinzialismus‹ gewesen. Der Preis, der für diese Art von Konsensbildung und -erhaltung bezahlt werden muß, steigt jedoch stetig an. Die Ausgrenzung der gelebten Wirklichkeit und der sozialen Bewegungen aus dem Blickfeld der Literaturkritik kann nicht von Dauer sein, insbesondere dann nicht, wenn sich diese Lebenswirklichkeit grundsätzlich verändert. Als Faktoren einer solchen Beschleunigung des Wandels in der amerikanischen Wirklichkeit lassen sich ausmachen: der sich nach dem Zweiten Weltkrieg intensivierende Prozeß der Urbanisierung insbesondere der schwarzen Bevölkerung, die sich daraus entwickelnde Bürgerrechtsbewegung, die erneut und mit ungewohnter Schärfe soziale und ethische Fragen in den Vordergrund rückt, sowie der Vietnamkrieg, der als Katalysator für diese Anliegen ein Szenario schafft, in dem die pädagogische Routine formalistischer Interpretation hoffnungslos unangemessen erscheint.

So erweist sich in der konkreten Situation der 60er und der frühen 70er Jahre der Erfolg des *New Criticism* als zunehmend höher werdendes Hindernis bei der Aufgabe, die Gegenwart mit der Literatur der Vergangenheit zu vermitteln. Selbst mehr und mehr zur Hüterin eines gänzlich entpolitisierten Bildungsguts geworden, ist die Literaturkritik nicht in der Lage, das Neue, das sich außerhalb ihrer Einflußsphäre bildet, zu erfassen und zu kommentieren. In diesem von der offiziellen Kulturelite nicht besetzten Raum bildet sich bald eine Gegenkultur, die neue, antibürgerliche Lebensformen mit einer neuen Ästhetik des authentischen Erlebens vereint. Timothy Learys *Politics of Ecstasy*, Jack Kerouacs *On the Road* und die Gedichte der Beat Poets stehen als Repräsentanten für diese Gegenkultur.

Öffnung des Textes für Politik und Geschichte

Konfrontiert mit der Frage nach der sozialen Relevanz ihrer Praxis und mit einer aktuellen Produktion in Literatur und Kunst, die den Bruch mit der Tradition, auch und gerade mit der der klassischen Moderne, zelebriert, sucht sich die Literaturkritik neu zu orientieren und zu legitimieren. Sie tut dies auf verschiedene Weise: Das Gros der Kritiker optiert für eine literaturtheoretische Sicherung der kritischen Praxis, einige plädieren für eine avantgardistische Kritik, die den pädagogischen Zeigefinger der neukritizistischen Interpretationen durch eine ›Erotik des Auslegens‹ (so Susan Sontag in *Against Interpretation*, 1961) ersetzen will, und ein kleines Häuflein von Außenseitern sucht in einer vom Marxismus inspirierten Literaturkritik bzw. Theorie der Literaturkritik sein Heil. Fredric Jameson (*Marxism and Form*, 1971, *The Political Unconscious*, 1981, *The Prison House of Language*, 1982, und *Postmodernism, or the Cultural Logic of Late Capitalism*, 1991) ist bis heute die eindrucksvollste Stimme unter den marxistischen Kritikern in Amerika. Mit diesen verschiedenen Versuchen, die Beschränkungen des *New Criticism* abzuschütteln, kommen auch dessen gesamtes erkenntnistheoretisches Fundament und die klare Hierarchie zwischen Text und Interpretation ins Wanken. An seine Stelle tritt schließlich eine postmoderne Epistemologie, die ihre entscheidenden Züge dem Einfluß Jacques Derridas in Amerika verdankt.

Susan Sontag

Ein charakteristischer Aspekt dieser Postmoderne ist ihre Absage an die ästhetischen Orientierungen der Moderne. Das, was die Modernen als ihren progressiven Anstoß verstanden hatten, nämlich die Einsicht in den perspektivischen Charakter unserer Wahrnehmung und in den partiellen Charakter unserer Erkenntnis, das wird ihnen nun aus der Sicht der postmodernen Propagandisten als ihr residualer Konservatismus ausgelegt. Denn in der ästhetischen Bearbeitung von Perspektivität und Partialität stützt sie sich immer noch auf einen Grund von Totalität und Wirklichkeitsreferenz. Noch in der Brechung sind diese ganzheitlichen Erfahrungsmuster präsent. Die Postmoderne und deren theoretische Variante, der Poststrukturalismus, will nun diese Bindungen vollends gelöst sehen.

Postmoderne Wende der Kritik

Ihab Hassan ist einer der ersten, der diesen Gedanken auf die kritische Praxis zu übertragen sucht, indem er sie gegen sich selbst wendet. Hassans ›parakritische‹ Texte sind hochgelehrt und chaotisch und gewinnen dadurch den Charakter ästhetisierter Reflexion. Mit Hassan ist die Literaturkritik der Literatur auf ihrem Weg in die vermeintliche Freiheit von den Konventionen der Moderne gefolgt. Aber Hassan ist in dieser Phase seiner Entwicklung ein Außenseiter im kritischen Establishment, ein Vorläufer für Entwicklungen, die sich am Anfang der 70er Jahre noch im Vorstadium befinden. Die Verteidiger des kritischen Establishment sehen in einem solchen Verständnis des kritischen Geschäfts so etwas wie intellektuelles Freibeutertum, das an den Hauptverkehrsadern des geistigen Güteraustauschs lauert, um sich auf unverantwortliche und illegitime Weise zu bereichern.

Ihab Hassan

Sich selbst verschreibt dieses Establishment vorerst eine andere Kur für das offensichtliche Dilemma, das aus der wachsenden Kluft zwischen der eigenen Praxis und den kulturellen und institutionellen Bedürfnissen der zeitgenössischen Gesellschaft entstanden ist. Die Rezeptur ist dabei sehr unterschiedlich, aber die Ziele sind deckungsgleich. Sie liegen in der Überzeugung, daß eine theoretische Begründung der kritischen Praxis die aufgetretenen Legitimationsdefizite beseitigen helfen kann. Es kommt folglich zu einer Konjunktur *literaturtheoretischer Projekte*, die für Amerika ganz ungewöhnlich ist und die die kritische Praxis grundsätzlich verändern wird.

Konjunktur der Literaturtheorie

Murray Krieger, einer der frühen Verfechter literaturtheoretischer Reflexion, zeigt sich schon in den 70er Jahren erstaunt und besorgt über die Metamorphose des Theoretisierens von einer randständigen Rolle zu einem zentralen Anliegen der intellektuellen Debatten und artikuliert damit eine Erfahrung, die schon bald das gesamte *critical establishment* umtreiben

Kriegers contextual criticism

Murray Krieger, seit Jahrzehnten in der vordersten Kampflinie der kritischen Auseinandersetzungen

Europäische Einflüsse

wird. Der Import von theoretischen Ansätzen aus Europa entpuppt sich als trojanisches Pferd. Er stabilisiert die kritische Praxis nicht, sondern unterminiert sie, weil er ihren Gegenstand, das literarische Werk, in immer neue Bezüge setzt und dadurch seinen angenommenen Sonderstatus als in sich geschlossene ästhetische Welt in Frage stellt. Kriegers Verteidigung des Werkes als *elite object* und Frank Lentricchias Kritik dieser Position als Ausdruck eines *social elitism* (*After the New Criticism*, 1980) markieren die Pole einer Auseinandersetzung, die in den 80er Jahren zentrale Bedeutung für die amerikanische Literaturkritik gewinnt. Beide Positionen ringen mit einem Widerspruch zwischen den Ansprüchen des literarischen Werks auf einen ontologischen Sonderstatus und der nicht minder legitimen Forderung nach Durchdringung und Würdigung seiner sozialen und historischen Relevanz.

Diese gegenläufigen Ansprüche schreiben sich fort in den literaturkritischen Debatten der späten 80er und frühen 90er Jahre – nun aber im Kontext einer radikal veränderten, post-strukturalistischen Epistemologie. Hatte der Einfluß des Strukturalismus, insbesondere der Tradition, die sich auf Saussure gründete und sich in den 60er Jahren mit Claude Lévi-Strauss, Roland Barthes und Michel Foucault zu einem der wichtigsten theoretischen Paradigmen entwickelt hatte, noch im Zusammenwirken mit der Semiotik von Charles Sanders Peirce und Charles William Morris dem *New Criticism* theoretische Respektabilität verschafft, so tragen die theoretischen Importe der 70er Jahre viel zur Ablösung dieser Interpretationsschule bei. Unter dem Einfluß der rezeptionstheoretischen Hermeneutik von Hans-Robert Jauß und der phänomenologisch begründeten Wirkungstheorie von Wolfgang Iser verliert der literarische Text seine Stellung als ästhetisches Objekt der Analyse und wird zum Pol eines Interaktionsverhältnisses zwischen Werk und Lesern.

Dieses Interaktionsverhältnis wird von amerikanischen Literaturtheoretikern unterschiedlich konstruiert und bewertet. Jonathan Culler versucht in *Structuralist Poetics* (1975), ursprünglich strukturalistische Ansätze auf das Text-Leser-Verhältnis umzuschreiben. Er arbeitet dabei mit einem Konzept einer strukturierten Erwartungshaltung des Lesers, einer literarischen Kompetenz, die den Zugang zum Text sichert. Stanley Fish setzt sich ebenfalls mit der Frage auseinander, wie ein literarischer Text Bedeutung erzeugt, und kommt zu der Überzeugung, daß die Bedeutung des Textes in der Aktstruktur seiner Rezeption und nicht im Text selbst liegt. Später hat er diese Auflösung der Substantialität des Textes weitergetrieben und Bedeutung am Konzept der ›interpretive community‹ festgemacht (*Is There a Text in This Class?*, 1980). Damit hat der Text seine Autorität verloren. Seine Bedeutung ist zum Spielball historischer und sozialer Veränderungen geworden. Gegen diesen Trend zur radikalen Entsubstantialisierung und Autoritätsdemontage des literarischen Textes wendet sich E.D. Hirsch, Jr., der in *Validity in Interpretation* (1967) und in *The Aims of Interpretation* (1976) den ›dogmatischen Relativismus‹ von Stanley Fish und anderen attackiert und auf phänomenologischer Grundlage den Leser in die Pflicht nehmen will, sich um eine angemessene, d.h. den Intentionen des Autors nahekommende Interpretation des Textes zu bemühen. Statt die Relativität der Interpretationen zuzugestehen, trennt Hirsch ›meaning‹ als Identität des Textes von ›significance‹ als der jeweiligen, zeit- und subjektgebundenen Konkretisation.

Alle diese Ansätze können einerseits als Versuche gewertet werden, dem Interpretieren der Bedeutung eines literarischen Textes ein theoretisches Fundament zu geben. Andererseits aber tragen sie viel dazu bei, das Konzept der Bedeutungsgebung und damit die Rolle des Textes als Bedeutungsträger zu unterminieren. Die Aufwertung des Lesers schwächt die Autorität des Textes und wirft die Frage nach der Rolle der Literaturkritik und der Rolle des Kritikers auf.

Deconstruction

Die als Rekontextualisierung und Relegitimierung der interpretatorischen Praxis aufgewertete theoretische Reflexion manövriert die pädagogische Praxis des Interpretierens, die dem *New Criticism* jahrzehntelang eine Vormachtstellung gesichert hatte, zunehmend ins Abseits, denn einerseits erwies sich diese Praxis als naiv und zugleich hoch voraussetzungshaft, andererseits ließ sich das Theoretisieren nur schwerlich in Seminarroutine übersetzen. Zugleich verfällt in Amerika unter dem Druck des Vietnamkriegs, des Civil Rights Movement und der hohen sozialen Mobilität die bindende Kraft der nationalen Mythen. Aus dem *melting pot* wird die *salad bowl*, aus dem Traum vom Land der unbegrenzten Möglichkeiten wird der Alptraum für die Minoritäten. In dem Maße, in dem diese Minoritäten Zugang zur höheren Bildung erlangen, in dem Maße wird der Ruf nach einer Kritik laut, die den unterschiedlichen Erfahrungen und Erwartungen dieser Gruppen Rechnung trägt. Die Kritik reagiert auf diese Situation mit einer ungewohnten Vielstimmigkeit, aber auch mit Krisenbewußtsein und der Angst, angesichts der um sich greifenden Infragestellung traditioneller Gewißheiten und Wertungen ihre dominierende Position in den *Humanities* zu verlieren.

Jacques Derrida

Man muß dies alles im Blick haben, um verstehen zu können, warum seit etwa der Mitte der 70er Jahre der Name Jacques Derrida in Amerika für mehr steht als nur für eine unter einer ansehnlichen Reihe von europäischen Theorien. Derridas Philosophie der Schrift und der Differenz, sein Insistieren auf der Sprachimmanenz allen Bedeutens, auf der grundsätzlichen Figuralität aller Sprache (*écriture*) und sein daraus sich legitimierendes Programm einer Dezentrierung und Dekonstruktion des gesamten neuzeitlichen Philosophierens mit seinen Schlüsseldualismen Ich und Welt, Subjekt und Objekt, Sein und Bewußtsein scheint für die Probleme der amerikanischen Literaturkritik eine Art Wunderheilung anzubieten.

Derridas entscheidender Schritt besteht darin, daß er »die bislang derivative Konzeption des Zeichens reprivilegiert«. Das heißt, Sprache wird von ihm nicht mehr als Instrument außer- oder vorsprachlichen Denkens betrachtet, sondern Denken geht nur in Sprache vor sich, ist sprachgebunden. Da aber für Derrida Sprache in Anlehnung an den Saussureschen Grundsatz von der Arbitrarität der Zeichen ein gegenüber der Welt arbiträres System ist, entbehrt jeglicher Versuch, Sprache und Welt in Deckung zu bringen bzw. sie als in Deckung befindlich anzusehen, der Grundlage. Die Wirklichkeit ist das Jenseits aller Sprache, das durch sie Unerreichbare, das weder dem Logos noch dem Mythos Zugängliche, das Chaos jenseits des Abgrunds, der sich zwischen Sprache und Welt auftut.

Der radikale Schnitt, den Derrida zwischen Sprache und Welt legt, ist einer Literaturkritik, die gerade mit bohrenden Fragen der Relevanz und des Wirklichkeitsbezugs sich herumschlagen mußte, mehr als willkommen. Die Feststellung der Innersprachlichkeit aller semantischen Bezüge befreit die Kritik von dem leidigen Referenzproblem. Damit hat der ästhetische Immanentismus des *New Criticism* sein entscheidendes Differenzkriterium verloren. Immanenz ist der Charakter aller Sprache. Literatur ist eine besondere, aber durch ihre Fiktionalität nicht privilegierte Form sprachlicher Figuration, und Literaturkritik ist nicht Auslegung von Sprache unter Berücksichtigung von Erfahrung, Welt, Bewußtsein, sondern sie ist ein Akt der Transformation und Transposition einer sprachlichen Konvention in eine andere. Für die Richtigkeit oder Angemessenheit dieser Akte gibt es keine außersprachlichen Kriterien.

Erlösung der Kritik aus ihrer sekundären Rolle

Die Re-Privilegierung des Zeichens verstehen diejenigen Kritiker, die sich in Amerika der Derridaschen Positionen bemächtigen, als Re-Privilegierung der Literatur *und* der Kritik. Wenn alles Fiktion ist, wenn wir die Welt nur in unseren sprachlichen Figurationen haben, dann gebührt den Texten, die ihren fiktiven Status und ihren selbst-referentiellen Charakter offen ausstellen, besondere Aufmerksamkeit. Sie scheinen ja offenbar die einzigen zu sein, die immer schon das wahre Wesen der Sprache nicht nur erkannt, sondern auch vermittelt haben. Selbst-Referentialität wird aus der Sicht der Derridaner zum Hauptcharakteristikum der Literatur. So sichert die Literaturkritik ihrem Gegenstand gerade jene privilegierte Position, die sie im Derridaschen Modell eigentlich verloren hat.

Aber das ist nicht das einzige Mißverständnis zum eigenen Vorteil. Auch die Literaturkritik wird dadurch aus ihrer bislang dienenden in eine ungewohnt privilegierte Rolle gehoben, denn Derrida scheint das spezifische Dilemma der Kritik, einen Text auslegen zu müssen, dessen Bedeutung sich immer wieder entzieht, sich immer wieder zu anderen Sinnkonfigurationen zusammenschließt, zu einem universellen Prinzip gemacht zu haben. Dieses Dilemma wird so zu einem Triumph der Kritik gegenüber denjenigen Disziplinen umgedeutet, die glaubten, die Wahrheit sei in diskursiver Sprache besser aufgehoben. Diese Konstellation legt aber der Kritik zugleich nahe, sich aus ihrer sekundären Rolle gegenüber der Literatur zu befreien und sich selbst als eigenständige Form figurierender Kreativität zu begreifen. Es ist diese Selbstbefreiung der Kritik, die heute am heftigsten von den Gegnern der Dekonstruktivisten, wie die amerikanischen Derridaner genannt werden, bekämpft wird. Während nämlich die Dekonstruktivisten davon überzeugt sind, daß sich die Literaturkritik als Schaltstelle zwischen der Literatur und den anderen Formen sprachlicher Konstruktion von Sinn in einer strategisch so hervorragenden Position befindet, daß ihr Anspruch, ein eigenständiger, besonderer und besonders wichtiger Akt der Figuration zu sein, gerechtfertigt ist, betrachten ihre Gegner diese Selbstbewertung als maßlose Überschätzung und als einen weiteren, vielleicht letzten Schritt zum gänzlichen Verschwinden der Literaturkritik in dem breiten, konturlosen Strom des sprachlichen Recycling, als den Derrida die Geistesgeschichte anzusehen scheint.

Die Yale School

Die Dekonstruktivismus genannte literaturkritische Bewegung wird oft mit dem English Institute an der Yale University identifiziert. Den Kern der dort arbeitenden ›deconstruction gang‹ bilden nach Meinung der Traditionalisten und in einigen Fällen gegen das Selbstverständnis der Betroffenen J. Hillis Miller, Harold Bloom, Geoffrey Hartman und der inzwischen verstorbene Paul de Man. Dazu werden dann noch Joseph Riddle, William Spanos und Ihab Hassan gezählt, obwohl der letztere sich selbst nicht der Dekonstruktion, sondern der ›Parakritik‹ verschrieben hat. Die Wirkung dieser Vorreiter einer neuen Kritik ging aber weit über ihre eigene Institution hinaus und hat den Stil des Interpretierens in Amerika sichtbar verändert, denn selbst die Nicht-Derridaner fühlen sich genötigt, den Eindruck zu vermeiden, sie seien noch in vordekonstruktivistischer epistemologischer Naivität befangen.

Miller wendet sich vor allem gegen den immer wieder erhobenen Vorwurf, die Aufgabe der dienenden Funktion der Kritik gegenüber der Literatur sei nicht zu verantworten, weil sich die Disziplin damit ihrer historischen und kulturell-gesellschaftlichen Verpflichtungen entziehe und darüber hinaus ihren Ruf als akademische Disziplin aufs Spiel setze. Miller vertritt demgegenüber die Ansicht, daß damit doch nur verloren ist, was ohnehin schon keine Bedeutung mehr besessen hat, und daß die Kritik es sich schuldig ist, neue Erkenntnisse über das Funktionieren der Sprache zu einer Revision der eigenen Grundlagen zu nutzen. Für Miller gibt es zwischen Text und Interpretation kein Authentizitäts- oder Originalitätsgefälle mehr. Deshalb habe der Kritiker das Recht, den literarischen Text für die Konstitution des kritischen Textes zu plündern, die »Sprache soweit gehen zu lassen, wie sie einen führt«. Signifikante Teilhabe an dem unablässigen Prozeß der Transformationen ist das Ziel, nicht die erkenntnistheoretisch nicht mehr zu rechtfertigende Auslegung des Sinns eines vorgegebenen Textes. Deshalb ist alles, was ein Text an möglichen Bezügen zu anderen Texten in sich trägt, für den kritischen Akt relevant. Da aber ein literarischer Text in der Regel und unter voller Ausschöpfung aller seiner expliziten und impliziten Bezüge prinzipiell unbegrenzbar ist, wird aus seiner Interpretation ein »Labyrinth endloser Wanderschaften« am Rande des Abgrunds ständig entgleitenden Sinns.

Was bei Miller fast problemlos zu bewerkstelligen ist, gewinnt bei Bloom den Charakter eines heroischen geistigen Kampfes quasi auf Leben und Tod. Bloom zählt sich nicht zu den Derridanern, aber er zieht aus der Krise der traditionellen Kritik Konsequenzen, die nicht weit abliegen von dem, was seine dekonstruktivistischen Kollegen propagieren. Die von seiten der Wirklichkeit, der literarischen Produktion und der Theorie her unter Druck geratene Kritik hat seiner Meinung nach nur noch die Möglichkeit, sich mit ihrer Rolle als Spielball außerliterarischer Kräfte zufriedenzugeben und dabei weiter an Ansehen zu verlieren oder sich zur Wehr zu setzen, Selbstbehauptungswillen zu zeigen und das interpretatorische Spiel nach eigenen Regeln zu spielen. Bloom entscheidet sich natürlich für die zweite Möglichkeit und gibt ihr in der *anxiety of influence* ein theoretisches Fundament. Die Geschichte der Literatur ist ebenso wie die Geschichte der Literaturkritik etwas, was der jeweilige Neuankömmling auf der Szene hinter sich lassen, abschütteln muß, bevor er eigene Kreativität entfalten kann. Literarische Schöpfung erwächst immer aus dem Bewußtsein und im Gefühl des Zu-spät-gekommen-Seins. Innovative Spielräume können in einem immer dichter werdenden Feld der Sprachkultur nur gegen andere Texte bzw. auf deren Kosten eröffnet werden. So gleicht die Literaturgeschichte einem ›homerischen Schlachtfeld‹; Literatur entstand und entsteht in einem unablässigen Kampf aller gegen alle. Ähnliches gilt auch für die Literaturkritik. Sie ist eine kreative Form des Denkens, und wer dies glaubt und folglich etwas Neues und Relevantes sagen will, der kann dies nur gegen die und nicht unter Zuhilfenahme der Interpretationsgeschichte eines Textes erreichen. »Das Lesen«, schreibt Bloom, »ist keine Erfolgsgeschichte, sondern ein Akt der defensiven Kriegsführung.« Nicht die richtige oder angemessene Interpretation des Textes kann das Ziel einer lebendigen Kritik sein, sondern die gewollte Fehlinterpretation, die den Text zu einer Fundgrube neuer, überraschender Bedeutungen macht und ihn nicht als ausinterpretiert zu ewiger Ruhe bettet. Kriterien für die Qualität der Interpretation sind dann aber nicht mehr ihre Angemessenheit an den Text oder an ein etabliertes Wertungssystem, sondern ihre innere Konsistenz, ihre intellektuelle Intensität, die Faszination der intellektuellen Persönlichkeit, die in ihr aufscheint.

Harold Bloom

Literaturkritik als intellektuelles Schlachtfeld

»Es gibt keine Methode außer Dir selbst«, kommentiert Bloom in Anlehnung an Emerson.

De Man gilt als Vordenker dieser Gruppe. Er hat so deutlich und konsequent wie kein anderer amerikanischer Kritiker die Implikationen und Folgen der aus Europa übernommenen Theorien für das Lesen und Interpretieren von Literatur reflektiert. Dabei stellt er sich kompromißlos auf den Standpunkt der Literatur und mißt ihrem Diskurs in der Entscheidung der anstehenden epistemologischen Probleme eine herausragende Stellung zu. Die Grundpositionen, die er aus seinen Analysen des Charakters literarischer Sprache ableitet, decken sich im wesentlichen mit den erkenntnistheoretischen Überzeugungen Derridas: »Wir halten es nicht mehr für selbstverständlich, daß ein literarischer Text auf eine endliche Bedeutung oder Reihe von Bedeutungen reduziert werden kann, sondern wir sehen den Akt des Lesens als einen endlosen Prozeß, in dem Wahres und Falsches unentwirrbar miteinander verwoben ist.« De Man liest und interpretiert deshalb nicht, um seine Identität oder die des Textes zu konstituieren, noch auch, um ihn unter etwas Übergeordnetes zu subsumieren. Er bemüht sich vielmehr, in den Worten Wlad Godzichs, »den blinden Fleck des Textes als den Organisator des Wahrnehmungsraums, den der Text enthält, und damit die Blindheit, die der Wahrnehmung anhaftet, zu lokalisieren«. Literarische Sprache exemplifiziert für ihn immer auch das Wesen der Sprache, der letztendlichen Sprachlichkeit alles Sprechens und Schreibens. Ein Lesen und ein Interpretieren, das dem gerecht werden will, muß sich auf eine risikoreiche Gratwanderung zwischen den eigenen expositorischen Erfordernissen und der semantischen Grundlosigkeit des Werks begeben. De Man zieht es vor, in dieser Spannung zu verharren und der weitgehenden Ästhetisierung des kritischen Mediums Einhalt zu gebieten, weil darin das Wesen des Literarischen verwischt und die Erkenntnismöglichkeiten, die aus dem Wechselspiel von Blindheit und Einsicht erwachsen, aufs Spiel gesetzt werden.

Paul de Man

Dialektik von blindness *und* insight

Kritik als Therapie durch Hermeneutik

Hartman ist der Gratwanderer par excellence. Mit einer großen Anzahl von Aufsätzen hat er in den vergangenen Jahrzehnten jeden Schritt der Literaturkritik vom *New Criticism* bis hin zu den dekonstruktivistischen Extravaganzen der neueren Kritik kommentierend begleitet. Dabei sind seine Äußerungen stets von einer stimulierenden Ambivalenz zwischen distanziertem Beobachterstandpunkt und involvierter Teilnahme gekennzeichnet. Weil er nie die ›praktischen und psychologischen Dimensionen der Textinterpretation‹ aus den Augen verliert, weil er die Entwicklungen in der Literaturkritik immer auch im Kontext der allgemeinen kulturellen Entwicklungen situiert, bleibt sein Werk von den Extremismen einiger seiner Kollegen verschont. Er ist aus diesen Gründen oft theoretisch weniger provokativ oder stimulierend, dafür aber belohnt er seine Leser mit einer Fülle von Einsichten, die ihm die gegenwärtigen Probleme durchschaubar machen. Er steht nicht so ausschließlich auf dem Standpunkt des kritischen Ich, wie Bloom, oder der Literatur, wie de Man, sondern er praktiziert eine ganze Palette von Schreibarten, die den jeweiligen Interessen angepaßt sind: den Essay als eigene ästhetische Form reflektierenden Aufarbeitens von Literatur, die Metakritik als Modus der Selbsthinterfragung, die Terminologien der verschiedenen Theorien als Instrumente der Aufschlüsselung anthropologischer oder allgemein-kultureller Aspekte der gegenwärtigen Situation des Menschen und des Kritikers.

Alle Yale-Kritiker stemmen sich gegen eine ›Verwissenschaftlichung‹ der Kritik mit Hilfe von Theorie, da sie der Überzeugung sind, daß das Wesentliche an der Literatur nicht theoriefähig ist. Sie versuchen dem dennoch ständig wachsenden Bedarf an Reflexion und Selbst-Reflexion durch eine gesteigerte figurale Komplexität des kritischen Mediums, durch Artikulation von Widerständen gegen die Vereinnahmungstendenzen der herrschenden Erklärungssysteme und durch eine Vielfalt von Begriffen mit *mis-* und *dis*-Präfixen, die den Sonderstatus der Literatur und der Kritik signalisieren, zu entsprechen. Derrida liefert für all dies die philosophische Grundlage, und es macht ihn so ungeheuer kongenial, daß er in seiner philosophischen Theorie und Praxis logozentrische Formen der Systemkonstruktion als dem Wesen der Sprache nicht angemessen aufzeigt. Die Yale-Kritiker haben in gewissem Sinne Derridas an der Auseinandersetzung mit der philosophischen Tradition gewonnene Erkenntnis als ›Wahrheit‹ des literarischen Textes entdeckt und in eine Interpretationspraxis umformuliert, die das Bild der amerikanischen Literaturkritik stark verändert hat.

New Historicism

Die vorerst letzten Antworten auf die Dynamik der sich wandelnden Kultur bieten die *New Pragmatists*, die mit Richard Rorty und jüngst Gerald Graff den Dialog als angemessene Form der Wahrheitssuche wiederentdecken, und die *New Historicists*, die die *postmodern condition* (Lyotard) mit Kulturkritik und traditionellem *scholarship* zu verbinden suchen. Der *New Historicism* entsteht in den 80er Jahren im Umfeld der Renaissancestudien in Berkeley und ist am engsten mit dem Namen Stephen Greenblatt und der 1983 gegründeten Zeitschrift *Representations* verbunden.

Stephen Greenblatt

New Historicists kritisieren und inkorporieren zugleich bestimmte Theorien und verstoßen mit ihrer Technik, bislang einander Ausschließendes zu kombinieren, gegen eine ganze Reihe von Orthodoxien in der Literaturkritik und der Geschichtsschreibung. So lehnen sie zwar den Formalismus der *New Critics* und ihre Privilegierung des literarischen Textes ab, bedienen sich in ihren Textanalysen jedoch des *close reading* als angemessener Technik der Interpretation.

Ebenso ambivalent gehen sie mit dem Post-Strukturalismus und der Dekonstruktion um. Sie lehnen deren historische und soziale Indifferenz ab, übernehmen aber ihre Epistemologie, indem sie alle Formen von Repräsentation als Texte lesen und soziale Wirklichkeit als text-konstituiert identifizieren. Indem sie den Diskursbegriff Foucaults geschickt einsetzen und seine zentralen Kategorien der Macht und der Disziplinierung übernehmen, gelingt ihnen auch in der Analyse historischen Text- und Zeichenmaterials das Kunststück einer Rückprojektion gegenwärtiger aktueller Auseinandersetzungen in die Vergangenheit bei gleichzeitigem Erzeugen des Eindrucks genauer Quellenrecherchen. Der Diskursbegriff erlaubt es ihnen auch, ganz unterschiedliche Formen von Diskursen, künstlerische und dokumentarische, trivialliterarische und höhenkammliterarische miteinander in Beziehung zu setzen und oft überraschende Befunde zu präsentieren. Greenblatts *Renaissance Self-Fashioning* und sein *Learning to Curse* sind hierfür überzeugende Beispiele.

Auch ist die Offenheit, mit der die *New Historicists* ihre eigenen Voraussetzungen darlegen und sich damit ins Zentrum der gegenwärtigen Auseinandersetzungen um die Bedeutung von ›gender, race, and class‹ stellen, entwaffnend. Zugleich aber enthüllt sich in der Wahl ihrer Schlüsselbegriffe, wie stark der ›Markt‹ als Leitorientierung nun auch in dieser bislang marktfremden Disziplin Fuß gefaßt hat. Persönlichkeiten sind das Resultat

Kultur und Literatur als negotiation

von Selbstinszenierung, d.h. sie sind das Produkt erfolgreicher Selbstvermarktung. Diskurse zirkulieren wie Waren und Geld, d.h. ihr Marktwert ist abhängig von ihrer Fähigkeit, das Machtspiel, das Kulturen sind, optimal zu beherrschen. Literarische Texte werden zu ästhetischem Besitz; Aneignung und Enteignung bestimmen den Verlauf ihrer Rezeptionsgeschichte. Kultur ist demnach permanente ›negotiation‹, ein raffiniertes Schachern mit dem Ziel der kulturellen Profitmaximierung. All dies schmälert die Verdienste der *New Historicists* bei der Revision der Curricula und des Kanons nicht. Die von der *Modern Language Association* in Auftrag gegebene umfassende Zwischenbilanz (*Redrawing the Boundaries,* Hg. Stephen Greenblatt und Giles Gunn, 1992) dokumentiert u.a. auch, wie stark der Einfluß dieser kulturkritischen Schule gewesen ist. ›Gender, race and class‹ als Leitthemen der *New American Studies* finden im *New Historicism* einen ihren Zielen kongenialen Ansatz. Der heftigen Kritik an ihrem lockeren Umgang mit den Quellen und an der unheiligen Allianz zwischen postmodernem Diskursrelativismus und kritischem Ethos versucht sich diese Bewegung durch eine Umfirmierung in *Cultural Poetics* zu entziehen, aber das führt nur erneut in das alte Dilemma, entscheiden zu müssen, wie man es mit der Frage des Sonderstatus von Literatur und ihrem Verhältnis zur Kultur insgesamt hält. Diese Frage stellen die *New New Humanists* mit wachsender Schärfe, indem sie die bindende Kraft der literarischen Tradition einklagen und den auch von den *New Historicists* beförderten Gedanken der amerikanischen Gesellschaft als multikulturelles Projekt, als Flickenteppich voneinander isolierter Partialkulturen kritisieren und den Verlust einigender Mythen für ein nationales Unglück halten. Multikulturalismus und Feminismus bilden dabei weiterhin die Katalysatoren, an denen sich die Geister scheiden; sie sind aber selbst ständig in Bewegung und ändern ihre Angriffsrichtung und Argumentationsstrategien fortwährend.

Cultural poetics - poetics of ethnicity

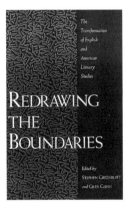

Die wichtigste Bestandsaufnahme der letzten Jahre, 1992

Von Women's Studies *zu* Gender Studies: *Feministische Literatur- und Kulturkritik*

Der Zusammenhang von Frauenbewegung und Frauenforschung

Kritik an der ›Declaration of Independence‹

Am 19. Juli 1848 versammelte sich in Seneca Falls im Staate New York eine Gruppe von etwa dreihundert Frauen und Männern. Die Unabhängigkeitserklärung wurde kritisiert, indem auf die Diskrepanz zwischen dem Aufklärungsideal der Gleichheit für alle Menschen und der realen gesellschaftlichen Situation von großen Teilen der Bevölkerung hingewiesen wurde. In Anlehnung an die »Declaration of Independence« lautete der Titel der hier zusammengestellten Thesen »Declaration of Sentiments and Resolutions«. Bereits in der Gegenüberstellung von *independence* und *sentiments* wird ein grundlegendes Anliegen der Frauenbewegung deutlich, das von Anfang an darauf gerichtet war, den Ausschluß subjektiver Erfahrungen als ein politisches Thema ins öffentliche Bewußtsein zu bringen.

Eine der Initiatorinnen von Seneca Falls war Elizabeth Cady Stanton, die in ihren Memoiren eine Begebenheit schildert, die offensichtlich für sie zu einem Schlüsselerlebnis geworden ist. Anläßlich einer Konferenz gegen die Sklaverei, die acht Jahre vor Seneca Falls in London stattfand, wurde sämtlichen weiblichen Delegierten der Zugang verwehrt. Dieses

Erlebnis war für Stanton, die aktiv in der Abolitionistenbewegung tätig war, einer der Gründe, nicht nur über gesellschaftliche Machtpositionen im Zusammenhang mit Rassendiskriminierung nachzudenken, sondern auch über hierarchische Strukturen innerhalb der Geschlechterbeziehungen.

Die Erklärung von Seneca Falls ist eines der wichtigsten Dokumente der amerikanischen Frauenbewegung des 19. Jh.s. Doch soll es hier nicht so sehr um das Ereignis selbst gehen, als vielmehr um den *Umgang* mit diesem Ereignis. Daß das Dokument im Rahmen der allgemeinen Geschichtsschreibung lange Zeit keine große Beachtung fand, weist darauf hin, daß es offenbar bedeutende und weniger bedeutende historische Fakten gibt. Jeder Bericht, schreibt etwa der Geschichtstheoretiker Hayden White in *Tropics of Discourse*, »can be shown to have left something out of the description of its object or to have put something into it that is inessential to what *some* readers, with more or less authority, will regard as an adequate description«. Wenn wir nicht in Informationen ersticken wollen, ist eine gewisse Auswahl von Fakten und Ereignissen unumgänglich. Allerdings ist mit dem Hinweis auf den immer notwendigen Selektionsprozeß weder die Frage nach den Auswahl*kriterien*, die den jeweiligen Deutungsmustern zugrundeliegen, beantwortet, noch die nach der Legitimation, d.h. der Autorität der Setzung dieser Kriterien. Diese Fragen stehen im Zentrum der von der Frauenforschung initiierten feministischen Wissenschaftskritik, die sich in enger Verbindung mit der Frauenbewegung entwickelte und u.a. versucht, die Ziele dieser Bewegung theoretisch zu begründen.

Im Bereich der feministischen Literaturkritik richtete sich das Interesse vor allem auf ein immer wieder auftauchendes Muster, das eine gewisse ›Logik‹ erkennen ließ. Die Liste der großen Künstler nämlich verzeichnete nur sehr wenige Namen von Frauen, fast niemanden, der keine weiße Hautfarbe besaß oder einer unterprivilegierten gesellschaftlichen Schicht angehörte. Offenbar bestand ein Zusammenhang zwischen Kreativität und Autorität, der die Auswahlkriterien, die für den Ausschluß von Frauen und anderen marginalisierten Gruppen verantwortlich waren, mitbestimmte. Die Problematik dieses Zusammenhangs zeigt ein Ereignis, das sich 1772 in Boston zugetragen hat: 18 der bedeutendsten Persönlichkeiten Neuenglands waren zusammengekommen, um eine Prüfung abzuhalten, wie sie in dieser Form bisher noch nie stattgefunden hatte. Zu untersuchen war die Rechtmäßigkeit der Autorschaft an einem schmalen Band in englischer Sprache geschriebener Gedichte, die von Phillis Wheatley, einem jungen afrikanischen Sklavenmädchen, verfaßt worden waren. So zumindest lautete die Aussage ihres Herrn.

Die Ungeheuerlichkeit dieses Geschehens, die es notwendig machte, daß sich die führenden Staatsmänner und Intellektuellen der damaligen Zeit mit diesem ›Fall‹ beschäftigten, läßt sich nur ermessen, wenn wir die *Bedeutung* dieser Prüfung verstehen. Zur Debatte stand nicht etwa nur die Frage einer möglichen Fälschung, einer vorgetäuschten Autorschaft, die es zu entlarven galt, um den wirklichen Urheber dieser Gedichte zu ermitteln. Die ganze Angelegenheit war sehr viel schwerwiegender und hatte potentiell weitreichende Konsequenzen für die mit großer Vehemenz geführte Diskussion um die Sklaverei. Die Kunst des Schreibens nämlich war das *sichtbare* Zeichen der Vernunft, damit gleichzeitig der Beweis für das, was das eigentliche Menschsein ausmachte, für den menschlichen Geist, für seine imaginativen und kreativen Fähigkeiten.

Phillis Wheatley bestand die Prüfung, die sie über sich ergehen lassen

Susan B. Anthony und Elisabeth Cady Stanton

Auswahlkriterien historischer Ereignisse

Kreativität und Autorität

mußte. Ihre Sprachkenntnisse und ihre Vertrautheit mit den Meisterwerken der europäischen Denktradition waren beeindruckend. Doch die Tatsache, daß eine schwarze Frau fähig war, Gedichte zu schreiben, schien offensichtlich auch in der Neuen Welt die gesamte *chain of being* in Unordnung zu bringen. »By 1750«, schreibt Henry Louis Gates 1985, »the chain had become minutely calibrated; the human scale rose from ›the lowliest Hottentot‹ (black South Africans) to ›glorious Milton and Newton‹«. Die Veröffentlichung dieser Gedichte erforderte somit eine *Erklärung*, die die Authentizität des Geschriebenen garantierte, die Gedichte gleichsam autorisierte: »We whose Names are underwritten, do assure the World, that the poems specified in the following Page, were (as we verily believe) written by Phillis, a young Negro Girl, who was but a few Years since, brought an uncultivated Barbarian from *Africa*, and has ever since been, and now is, under the Disadvantage of serving as a Slave in a Family in this Town. She has been examined by some of the best judges, and is thought qualified to write them.« Wer sind die Richter – »the best judges« –, die die Autorität haben, ein solches Urteil zu fällen? Die Erfahrungen von Elizabeth Cady Stanton und Phillis Wheatley markieren die beiden zentralen Fragestellungen der Frauenbewegung und der feministischen Forschung: Im Mittelpunkt der politischen und wissenschaftlichen Perspektive stehen sowohl die Wirkungs- und Legitimationszusammenhänge als auch deren Träger, die Frauen und ›anderen‹ Minoritäten einen untergeordneten gesellschaftlichen Status zugewiesen haben.

Women's Studies

Verstand sich die Frauenbewegung im 19. Jh. – etwa in ihrem Kampf um das Wahlrecht – vor allem im Zeichen des politischen Anspruchs auf gesellschaftliche Gleichberechtigung, so wurde mit dem Wiederbeginn der feministischen Bewegung Ende der 60er Jahre des 20. Jh.s sowie mit der bald darauf erfolgten Institutionalisierung der *Women's Studies* an amerikanischen Universitäten erstmals die Möglichkeit geschaffen, die viel diskutierte ›Frauenfrage‹ aus einer weiblichen Wissenschaftsperspektive zu entfalten. Was diese Frauenforschung von der traditionellen, von Männern seit Jahrhunderten mit offensichtlicher Faszination betriebenen Forschung *über* Frauen unterscheidet, ist nicht nur die Forderung, die Vorstellungen von ›Weiblichkeit‹ erneut zu überdenken. Zur Debatte steht vor allem die Frage, in welcher Form die jeweiligen gesellschaftspolitischen Organisationsformen und Ordnungsmuster – etwa der Stellenwert der Familie, Fragen der Eigentumsverteilung, der Rechtssprechung, oder auch die Trennung zwischen öffentlichen und privaten Sphären – von geschlechtsspezifischen Differenzierungen mitbestimmt und geprägt werden.

Die ›Natur des Weiblichen‹

Mit anderen Worten: Einerseits konnten feministische Wissenschaftlerinnen durchaus an eine altehrwürdige Tradition des Nachdenkens über die ›Natur des Weiblichen‹ anknüpfen. Diese Forschung wurde immer dann mit großer Intensität betrieben, wenn die Diskrepanz zwischen dem Gleichheitsideal und der gesellschaftlichen Realität besonders augenfällig war. Von daher entstanden vor allem in den Jahren nach der Aufklärung zahlreiche Theorien, die bemüht waren, das asymmetrische Geschlechterverhältnis bzw. die Situation von Frauen mit dem Hinweis auf *naturgegebene* weibliche Eigenschaften zu erklären und zu legitimieren – ein Vorgehen, das in der zweiten Hälfte des 19. Jh.s zu einem regelrechten »Cult of True Womanhood« geführt hat. Das Fundament, auf denen diese Aussagen über Frauen basierten, hat Sigmund Freud in einer seiner Vorlesungen exemplarisch sichtbar gemacht: »Wollen Sie mehr über die Weiblichkeit wissen«, riet er seinen männlichen Zuhörern, »so befragen Sie Ihre eigenen Lebens-

Rekonstruktion der kulturellen Situation von Frauen

Frauen in Black River Falls, Wisconsin, bei einem ihrer regelmäßigen Treffen zu Tee und Diskussion (1890er Jahre)

erfahrungen, oder Sie wenden sich an die Dichter, oder Sie warten, bis die Wissenschaft Ihnen tiefere und besser zusammenhängende Auskünfte geben kann.«

In *diesem* Sinn betrachtet ist Frauenforschung keine Erfindung der neuen Frauenbewegung. Andererseits jedoch wurde erst aufgrund der wissenschaftlichen Auseinandersetzung mit der ›Frauenfrage‹ im Rahmen der *Women's Studies* deutlich, daß viele der vorhandenen Aussagen über gesellschaftliche Zusammenhänge nicht länger haltbar waren. Phänomene, die aus der Sicht von Frauen erklärungsbedürftig erschienen, waren offensichtlich von der Forschung bisher gar nicht erst aufgegriffen worden. In Frage gestellt wurde somit vor allem das ›neutrale‹, ›ungeschlechtliche‹ Forscher-Individuum, das zwar lange Zeit darauf bedacht war, die *universellen* menschlichen Werte der Aufklärung hervorzuheben, jedoch die *geschlechtsspezifischen* Machtverhältnisse nahezu vollständig vergessen hatte.

Der Beginn einer feministischen Literaturkritik: ›Reading Against the Grain‹

Für die *Women's Studies* lag eine der wichtigsten Aufgaben zu Anfang darin, Material von und über Frauen bereitzustellen. Hierbei kam der Literatur insofern eine zentrale Bedeutung zu, als zu jener Zeit noch sehr wenige historische Dokumente und Quellen erschlossen waren, die Einsicht in die Lebensrealität von Frauen geben konnten. So schien »der literarische Diskurs einer der wenigen zu sein, in denen das Weibliche stets eine auffällige und offensichtliche Rolle gespielt hat« (Bovenschen). Er schien die Möglichkeit zu bieten, die kulturelle und gesellschaftliche Situation von Frauen über die Jahrhunderte hinweg zu rekonstruieren. Das Problem allerdings lag von vornherein darin, daß dieser Diskurs, d.h. das, was als Literatur angesehen wurde und in den diversen Lektürelisten von Schulen und Universitäten zu finden war, nahezu ausschließlich von Männern bestimmt war. Mit Ausnahme von Anne Bradstreet und Emily Dickinson hatten Frauen in der Geschichte der amerikanischen Literatur offenbar keine nennenswerte Rolle gespielt. So boten literarische Texte, die von jeher den Anspruch erhoben hatten, die Komplexität menschlichen Lebens zu repräsentieren, zwar eine Vielfalt von Material *über* Frauen. Eine eigene

Mit Unterstützung der *National Organization for Women* (NOW) schlossen sich 1971 300 Frauen zu einer Gruppe zusammen, die sich um einen stärkeren Einfluß der Frauen in der Politik bemühte. Bella Abzug, New York, bei einer Demonstration im Rahmen dieser Kampagne.

Perspektive von Frauen selbst jedoch ließ sich aus ihnen nicht ableiten. Das heißt: Als Heldinnen, als Geliebte und als Musen waren Frauen in der Literatur allgegenwärtig. Als Autorinnen, als Subjekte ihrer eigenen Geschichte, waren sie unsichtbar.

Für feministische Literaturwissenschaftlerinnen ergaben sich aus dieser Beobachtung die ersten – zunächst noch vorwiegend thematisch ausgerichteten – Fragestellungen: Wie werden Frauen in literarischen Werken dargestellt? Welche Auswirkungen haben die von Männern geschaffenen Weiblichkeitsbilder auf das Selbstverständnis von Frauen? Inwieweit tragen diese Fiktionen dazu bei, das hierarchische Geschlechterverhältnis fortzuschreiben? ›Reading against the grain‹ lautete die programmatische Forderung, die eine Befreiung von den bisher gültigen und erlernten Interpretationen und Deutungsmustern zum Ziel hatte. Kate Milletts 1969 erschienenes Buch *Sexual Politics* ist in diesem Zusammenhang zu einer Art Schlüsseltext geworden. Millett fordert eine Literaturkritik, »which takes into account the larger cultural context in which literature is conceived and produced.« Mit Hilfe von historischen Berichten, anhand von Interpretationen philosophischer Abhandlungen, von sozialwissenschaftlichen und literarischen Texten versucht sie zu zeigen, in welcher Form der kulturelle Kontext, der von allen diesen Texten geschaffen und repräsentiert wird, von einer patriarchalen Sexualpolitik, d.h. von dem Wunsch nach Kontrolle weiblicher Sexualität, geprägt ist:

›Sexual Politics‹: Funktion von Weiblichkeitsbildern

> Sexual politics, while connected to economics and other tangibles of social organization, is like racism, or certain aspects of caste, primarily an ideology, a way of life, with influence over every other psychological and emotional facet of existence.

Politischer Anspruch feministischer Literaturkritik

Hier wird der *politische* Anspruch feministischer Literaturanalysen erkennbar, der gerade zu Anfang der *Women's Studies* immer wieder explizit hervorgehoben wird. »To *recognize* the political nature of woman's condition, to see that it constitutes one-half of a binding relationship of power to powerlessness ... is vital to any understanding of women's liberation and of the women's liberation movement«, betonen auch Vivian Gornick und

Barbara Moran in dem 1971 von ihnen herausgegebenen Buch *Woman in Sexist Society*. Die Ablehnung der stereotypen Frauenbilder – etwa die ›Heilige‹ und die ›Hure‹, die ›weiße Frau‹ und die *femme fatale* – wird mit einer radikalen Kritik an patriarchalen gesellschaftlichen Machtstrukturen verbunden. Es ist vor allem diese Kritik, die den größten Widerstand gegenüber *Sexual Politics* herausgefordert, zugleich jedoch auch seine Popularität bewirkt hat. Milletts Überzeugung nach müssen die Männerphantasien, wie sie etwa in den Romanen von Henry Miller und Norman Mailer sichtbar werden, als *Reaktion* auf die sich im 20. Jh. ändernden Geschlechterbeziehungen verstanden werden, d.h. als Ausdruck männlicher Ängste, nicht als ›Befreiung‹ einer weiblichen Sexualität. Darauf reagierte sogar das *Time Magazine* mit einer ›Würdigung‹ dieses Buches, das nach Ansicht des Rezensenten den ›Kampf der Geschlechter‹ thematisiert – »the war of the sexes from 19th century bedroom farce into raw guerilla warfare«.

»People are beginning to see literature in new perspectives which have been opened up by the Women's Liberation Movement«, schreibt Susan Koppelman Cornillon 1972 in ihrer Einleitung zu *Images of Women in Fiction*, der ersten Zusammenstellung feministischer Beiträge aus der akademischen Literaturkritik. *Sexual Politics* hat für diesen neuen Umgang mit Literatur einen entscheidenden Beitrag geleistet. Von daher wäre es – bei aller Kritik, die nicht nur von Mailer in *The Prisoner of Sex* Millett gegenüber geäußert worden ist – ein Mißverständnis, dieses Buch ausschließlich als Angriff auf den Sexismus einzelner Autoren zu verstehen. Zwar wurde auch von feministischen Wissenschaftlerinnen vor allem der undifferenzierte Patriarchats-Begriff wiederholt kritisiert (vgl. u.a. Moi). Doch ändern diese Einwände nichts an der Bedeutung dieser Studie, die sich mit einer für jene Zeit bemerkenswerten Souveränität gegen die Ideologeme des *New Criticism* gestellt hat. Schon der Titel verweist auf eines der Hauptanliegen feministischer Wissenschaftskritik – zu zeigen, inwieweit das Persönliche mit dem Politischen verknüpft ist. Der für die Frauenbewegung so wichtig gewordene Slogan ›The Personal is Political‹ wird hier in einer bis dahin kaum bekannten Form thematisiert. Welche Verbindung besteht zwischen den fiktionalen Frauenbildern in Texten männlicher Autoren und der realen gesellschaftlichen Unterdrückung von Frauen? Inwieweit kann das, was wir Literatur nennen, dazu beitragen, gesellschaftliche Hierarchien zu organisieren und zu legitimieren? Mit diesen Fragen bietet *Sexual Politics* – neben Katharine M. Rogers *The Troublesome Helpmate: A History of Misogyny in Literature* und Mary Ellmans *Thinking about Women* – ein frühes Beispiel für eine Lektürepraxis, die Judith Fetterley fast ein Jahrzehnt später in ihrem Buch *The Resisting Reader* als eine besondere Form des Widerstands gegenüber der dominanten Literaturkritik fortführen sollte.

› The Personal is Political‹

Kate Millet

Die Verbindung von Leben und Schreiben: ›Writing as Re-vision‹

Durch die Fragen nach den Funktionen der diversen Frauenbilder, nach dem Verhältnis zwischen Männer*phantasien* und Frauen*erfahrungen* sowie nach dem Zusammenhang zwischen bestimmten Repräsentationsformen des ›Weiblichen‹ und spezifischen Machtstrukturen des ›Männlichen‹ rückte mehr und mehr die Autorität der weiblichen Erfahrung als zentrale Kategorie in den Mittelpunkt des Interesses. Es wurde zunehmend deutlich, daß die Analyse von Weiblichkeitsbildern letztlich in eine Sackgasse führen mußte. Eine Kritik dieser Bilder war offensichtlich nur dann sinnvoll, wenn sie den Männerphantasien eine weibliche Perspektive als Korrektiv gegenüberstellte

Repräsentationsformen des ›Weiblichen‹

Männliches Frauenbild: Abbildung aus einem Modejournal

Die Tradition ›weiblichen‹ Schreibens

bzw. eine doppelte Zielsetzung verfolgte: »Feminist scholarship«, schreiben Gayle Greene und Coppélia Kahn in *Making a Difference: Feminist Literary Criticism*, »undertakes the dual task of deconstructing predominantly male cultural paradigms and reconstructing a female perspective and experience in an effort to change the tradition that has silenced and marginalized us«.

So richtete sich die Aufmerksamkeit immer stärker darauf, in literarischen Texten von Frauen Spuren einer bislang verdrängten weiblichen Erfahrung und Perspektive aufzudecken. In *Woman's Fiction: A Guide to Novels by and about Women in America, 1820–1870* erklärt Nina Baym 1978, warum feministische Literaturkritikerinnen ihre wichtigste Aufgabe nunmehr darin sahen, sich mit der Literatur von Frauen zu befassen. Zugrunde lag der Wunsch, Leserinnen Identifikationsmöglichkeiten zu bieten, die ihnen der gängige Kanon der amerikanischen Literatur bisher versagt hatte:

> ... ›purely‹ literary criteria, as they have been employed to identify the best American works, have inevitably had a bias in favor of things male – in favor, say, of whaling ships rather than the sewing circle as a symbol of the human community; in favor of satires on domineering mothers, shrewish wives, or betraying mistresses rather than tyrannical fathers, abusive husbands, or philandering suitors; displaying an exquisite compassion for the crises of the adolescent male, but altogether impatient with the parallel crises of the female.

Elaine Showalter hat die Verlagerung des Interesses hin zu einer dezidierten Beschäftigung mit dem Leben und den Schriften von Autorinnen auf die Mitte der 70er Jahre zurückdatiert. In »Feminist Criticism in the Wilderness«, einem ihrer einflußreichsten Essays, hat sie dieser Form der ›Spurensuche‹ gleichzeitig einen Namen gegeben: *Gynocriticism*, worunter sie die Suche nach einer eigenen weiblichen Kultur versteht, »[is concerned with] the history of styles, themes, genres, and structures of writing by women; the psychodynamics of female creativity, the trajectory of the individual or collective female career; and the evolution and laws of a female literary tradition«.

Die nahezu ausschließliche Konzentration auf Texte von Frauen, die aus diesem Vorhaben resultiert, hat dazu geführt, Schriften von längst vergessenen Autorinnen zum Teil neu zu verlegen, zum Teil erstmals herauszugeben. Die von Florence Howe und Ellen Bass 1973, von Louise Bernikow 1974 und Cora Kaplan 1975 zusammengestellten Anthologien haben Gedichte von Autorinnen aus mehreren Jahrhunderten wiederentdeckt. Rebecca Harding Davis' »Life in the Iron Mills«, Charlotte Perkins Gilmans »The Yellow Wallpaper« sowie die Werke von Zora Neale Hurston, Nella Larsen und Paule Marshall gehören mittlerweile – neben vielen anderen von der traditionellen Literaturgeschichtsschreibung bis dahin nicht berücksichtigten Autorinnen – zu den Lektürelisten (nicht nur) der *Women's Studies*-Programme.

Hinter dieser Rekonstruktionsarbeit standen im wesentlichen drei Motivationen – der Wunsch, Themen zu finden, die für das Leben von Frauen relevant sind bzw. die Lebensbedingungen von Frauen und ihre Veränderungen sichtbar machen, der Versuch, eine Traditionslinie weiblichen Schreibens zu entwickeln und nicht zuletzt die Hoffnung, eine spezifisch weibliche Ästhetik zu entdecken. Einer der zentralen Texte, in denen diese drei thematischen Anliegen zusammenkommen, ist die 1979 erschienene Studie von Sandra M. Gilbert und Susan Gubar *The Madwoman in the Attic: The Woman Writer and the Nineteenth-Century Literary Imagination*. In einer Auseinandersetzung mit Harold Blooms viel diskutiertem Buch *The Anxiety of Influence* machen die Autorinnen zunächst darauf aufmerksam, daß der ›ödipale Kampf‹ zwischen (Dichter-)Vätern und Söhnen, mit dem Bloom die psychosoziale Dynamik literarischer Kreativität beschreibt, für Frauen keine Gültigkeit hat. Die Schwierigkeiten, mit denen Schriftstellerinnen zu kämpfen hatten, lagen nicht darin, sich von dem Einfluß eines schöpferischen Vorgängers befreien zu müssen, um selbst innovativ tätig zu sein. Für sie lag das Problem eher in einer *anxiety of authorship*, d. h. in dem Bewußtsein, als Autorinnen nicht ernst genommen zu werden. In diesem Zusammenhang wird noch heute gern Nathaniel Hawthorne zitiert, der sich in einem Brief an seinen Verleger einmal über »the mob of d—-d scribbling women« beklagt hatte. Seine notorische Berühmtheit als pauschale Abqualifizierung der gesamten Literatur von amerikanischen Schriftstellerinnen des 19. Jh.s erlangte dieses Verdikt zwar erst im Nachhinein durch die Literaturkritik, die durch pausenloses Zitieren dieser Bemerkung ihr eigenes (Vor)Urteil mit Hawthornes Namen sozusagen autorisierte. Gleichwohl hatte die von Schriftstellerinnen empfundene *anxiety of authorship* durchaus ihre Berechtigung. Es gab unzählige Äußerungen, mit denen die literarische Arbeit von Frauen stets von neuem abgewertet wurde. »Where is American genius? Where are the original, the brilliant, the noble works ...?« Diese in einer Rezension von Fanny Ferns *Fern Leaves from Fanny's Portfolio* 1853 gestellten Fragen tauchten in zahlreichen Variationen immer wieder auf. Sie wurden, wie hier, häufig mit einem beschwörenden Appell verbunden: »American authors, be men and heroes! Make sacrifices, ... but *publish* books ... for the hope of the future and the honor of America. Do not leave its literature in the hands of a few industrious females«.

Nicht zuletzt vor diesem Hintergrund versteht sich *The Madwoman in the Attic* als eine Theorie weiblicher Kreativität, die vor allem die Verbindung von Autorität und Autorschaft in den Vordergrund stellt: »What does it mean to be a woman writer in a culture whose fundamental definitions of literary authority are ... overtly and covertly patriarchal?« Mit dieser Frage ist gleichzeitig der Versuch verbunden, gemeinsame Schreibstrategien sichtbar zu machen, mit denen Autorinnen die patriarchalen Restriktionen unterwandern und eine eigene weibliche Perspektive zum Ausdruck bringen konnten. Unter Berufung auf Emily Dickinsons Worte – »Tell all the Truth but tell it slant« – sehen Gilbert und Gubar eine solche Gemeinsamkeit vor allem im Gebrauch des Palimpsests, der es Schriftstellerinnen ermöglicht, auf eine verdeckte Weise eine Wahrheit auszusprechen, die mit den herrschenden Vorstellungen von Weiblichkeit nicht zu vereinbaren ist:

> Women from Jane Austen and Mary Shelley to Emily Brontë and Emily Dickinson produced literary works that are in some sense palimpsestic, works whose surface designs conceal or obscure deeper, less accessible (and less socially acceptable) levels of meaning. Thus these authors managed the difficult task of achieving true female literary authority by simultaneously conforming to and subverting patriarchal literary standards.

Anxiety of Authorship

Ein Beispiel für populäre Massenliteratur für Frauen Anfang des 20. Jahrhunderts

Ähnlich wie in Showalters 1977 erschienener Studie *A Literature of Their Own* werden auch in *The Madwoman in the Attic* Kreativität und literarische Produktion nicht vorwiegend als individuelle, persönliche Leistung angesehen, sondern als ein Prozeß, der nicht unabhängig von dem jeweiligen gesellschaftlichen Status der Schreibenden betrachtet werden kann. Während Showalter von dem Konzept einer eigenen weiblichen ›Subkultur‹ ausgeht, richten Gilbert und Gubar ihre Aufmerksamkeit vor allem auf wiederkehrende Bilder und Metaphern, mit denen Autorinnen ihre Erfahrungen, ihre *anxiety of authorship*, ihre Unzufriedenheit und ihren Zorn zum Ausdruck bringen konnten – »Images of enclosure and escape, fantasies in which maddened doubles functioned as asocial surrogates for docile selves, metaphors of physical discomfort manifested in frozen landscapes and fiery interiors ...«.

Weibliche Gegenkultur

Das hier zugrundeliegende Bestreben, die subversive Kraft einer weiblichen Gegenkultur aufzudecken, ist in der Folgezeit wiederholt kritisiert worden. Hervorgehoben wurde vor allem die Tatsache, daß mit dieser Argumentation letztlich eine neue Variante altbekannter Widerspiegelungstheorien verbunden ist, die gewissermaßen dazu auffordert, literarische Texte von Frauen als Ausdruck einer geschlechtsspezifischen Sozialisation zu lesen, *ohne* daß die Korrelation zwischen unterschiedlichen Lebensbedingungen und bestimmten Textstrukturen näher erläutert wird. Darüber hinaus konnte das durchaus wichtige und anspruchsvolle Vorhaben, eine neue Theorie der literarischen Kreativität von Frauen zu entwickeln, schon deshalb nicht ganz überzeugen, weil die schwierige Beziehung zwischen sozialer Realität und literarischer Form allein anhand der Situation einer bestimmten Gruppe von Frauen, für die die metaphorische Betrachtung einer *madwoman in the attic* überhaupt eine gewisse Gültigkeit haben konnte, näher spezifiziert wird. Jede Verallgemeinerung von dieser Situation, die für schwarze Frauen keineswegs zutrifft, ist ebensowenig haltbar wie die Leichtigkeit, mit der den Leserinnen und Kritikerinnen suggeriert wird, scheinbar mühelos einen Zugang zu den verborgenen Schichten einer tieferen ›weiblichen‹ Bedeutung finden zu können.

Ungeachtet dieser Kritik jedoch ist zunächst festzuhalten, daß das Ziel, eine eigenständige weibliche Kultur zu entdecken, in den 70er Jahren sowohl für die Arbeit vieler Wissenschaftlerinnen im Bereich der *Women's Studies* als auch für die Frauenbewegung außerhalb der Universität eine entscheidende Rolle gespielt hat. Eine der bekanntesten Formulierungen dieses Ziels, das – neben Showalter und Gilbert/Gubar – vor allem auch die Texte von Annette Kolodny, Patricia Meyer Spacks und Ellen Moers kennzeichnet, hat Adrienne Rich 1979 bereitgestellt:

Adrienne Rich

> Re-vision – the act of looking back, of seeing with fresh eyes, of entering an old text from a new critical direction – is for women more than a chapter in cultural history: it is an act of survival ... A radical critique of literature, feminist in its impulse, would take the work first of all as a clue to how we live, how we have been living, how we have been led to imagine ourselves, how our language has trapped as well as liberated us, how the very act of naming has been till now a male prerogative, and how we can begin to see and name – and therefore live – afresh.

Revision der Deutungsmuster

Dieser von einer neuen Perspektive auf die Kultur gerichtete Blick, d.h. der Versuch einer *Revision* der kulturellen Repräsentationsformen und Deutungsmuster, ist ein grundlegendes Merkmal der feministischen Wissenschaftskritik, das u.a. in den Bemühungen deutlich wird, eigene feministische ›Standpunkttheorien‹ zu entwickeln, die nicht nur zu klären versuchen, auf welcher Basis bestimmten Gruppen ein epistemologisches Privileg zugesprochen wird, sondern auch die Möglichkeit eröffnen, die Spezifik einer weibliche Erfahrung zu erfassen. In diesem Zusammenhang haben zunächst die Arbeit von Nancy Chodorow, später dann vor allem die Studien von Carol Gilligan, Nancy Hartsock und Sandra Harding besondere Bedeutung erlangt. Während psychoanalytisch orientierte Ansätze (v.a. Chodorow und Gilligan) bemüht waren, die verschiedenartigen Entstehungskontexte von Erfahrung entwicklungspsychologisch zu erklären, führten marxistisch orientierte Ansätze (u.a. Hartsock) die Erfahrungen von Frauen auf oppressive kapitalistische Produktionsbedingungen und die damit einhergehende geschlechtsspezifische Arbeitsteilung zurück.

Wie eindringlich gerade in den 70er Jahren die Autorität der Erfahrung in den Mittelpunkt gestellt wurde, zeigt eine Reihe von einflußreichen Büchern, die schon im Titel auf diese Thematik hinweisen, v.a. Adrienne Richs *Of Woman Born: Motherhood as Experience and Institution*, der von Arlene Diamond und Lee Edwards 1977 herausgegebene Sammelband *The Authority of Experience: Essays in Feminist Criticism* sowie die im gleichen Jahr von Gerda Lerner veröffentlichte Anthologie *The Female Experience: An American Documentary*. Für die feministische Literaturkritik implizierte das Postulat einer *authority of experience*, daß zwischen den Erfahrungen einer Autorin, die ihre Erlebnisse als Frau erzählt und dokumentiert, und den Erfahrungen der Leserinnen eine Entsprechung besteht. So wurden – im Vertrauen auf die Autorität der Erfahrung als Selektions- und Bewertungskriterium literarischer Werke – auch in der Gegenwart vor allem die Texte hervorgehoben, die geeignet schienen, ein ›feministisches Bewußtsein‹ zu schärfen.

Authority of Experience

Authority of Experience *als politisch-literarische Kategorie*

Die stark ausgeprägte separatistische Haltung der 70er Jahre ist häufig als ›kultureller Feminismus‹ bezeichnet worden. Es war eine Zeit, in der vor allem der Wunsch nach Selbstdefinition und politischer Solidarität im Vordergrund stand. ›Sisterhood is powerful‹ lautete der Aufruf, mit dem die Neue Frauenbewegung versuchte, die durch weibliche Geschlechtsrollenkonzepte bedingten Gemeinsamkeiten von Frauen als Grundlage für politische Aktivitäten bewußt zu machen. *Consciousness-raising groups*, in denen Frauen lernten, ihre persönliche Situation nicht als individuelles ›Schicksal‹, sondern als Resultat von gesellschaftlichen Strukturen und Organisationsformen zu begreifen, waren ein wichtiger Schritt auf dem Weg zu einem neuen Selbstverständnis, das gleichzeitig ein neues Verständnis der eigenen Handlungsmöglichkeiten mit sich brachte. Für die Frauenbewegung hatten diese Gruppen eine ähnliche Funktion wie die *Women's Studies*-Programme an den Universitäten. Sie trugen dazu bei, eine eigene ›Infrastruktur‹ aufzubauen, die nicht nur durch zahlreiche politische Organisationen – etwa die 1966 gegründete *National Organization for Women* (NOW) –, sondern u.a. auch durch die Eröffnung von Frauenbuchläden sowie durch die Etablierung von eigenen Publikationsorganen ein bisher noch nie dagewesenes Kommunikationsnetz schaffte, mit dessen Hilfe die ›Frauenfrage‹ zu einem nationalen Thema wurde.

›Kultureller‹ Feminismus

Warum der Literatur von Frauen in diesem Zusammenhang eine besondere emanzipatorische Funktion zugeschrieben wurde, macht exemplarisch das folgende Zitat noch einmal deutlich:

> Against the accusations made by the traditional left that feminism was individualistic and therefore bourgeois, feminism produced a form of politics and analysis which has perhaps more than any other modern movement asserted and demonstrated the necessity of personal change. This is crucial because, unlike traditional forms of resistance, it was insisted that subjective transformation was a major site of political change. Indeed it was implied that significant political change cannot be achieved without it. (Henriques *et al.*).

Um den Prozeß einer »subjective transformation« nachzuvollziehen, richtete sich das Hauptinteresse der feministischen Literaturkritik vorwiegend auf jene thematischen Schwerpunkte, die dazu dienen konnten, die Auswirkungen der hierarchischen Geschlechterbeziehungen auf das Leben von Frauen sichtbar zu machen. Sue Kaufmans *Diary of a Mad Housewife* oder Alix Kate Shulmans *Memoirs of an Ex-Prom Queen* manifestieren den Zorn einer Generation von Frauen gegenüber den als unzumutbar empfundenen weiblichen Geschlechterrollen, die Betty Friedan bereits 1963 als *The Feminine Mystique* bloßgestellt hatte. Als Zielscheibe der Kritik galten die Institution der Ehe, die traditionelle Konzeption von Familie und Mutterschaft sowie die Unterdrückung weiblicher Sexualität. Hervorgehoben wurden vor allem die Texte, die versuchten, eine neue weibliche Sexualität zur Sprache zu bringen. Sie erreichten – zumindest was die Auflagenziffern von Bestsellern wie etwa Erica Jongs *Fear of Flying* und Marilyn Frenchs *A Woman's Room* betrifft – die größte Popularität. Es dauerte verständlicherweise eine Weile, bis deutlich wurde, daß allein die Geschwindigkeit, mit der diese Fiktionen in den herrschenden Kulturbetrieb integriert wurden, eine gewisse Skepsis gegenüber dieser Form der ›Emanzipation‹ erforderlich machte, daß die viel gepriesene sexuelle Befreiung oder auch die Bekenntnisse sexueller Bedürfnisse von Frauen nicht unbedingt Freiheit bedeuteten.

Autobiographische
Erzählmuster

Wichtig für die Auswahl der Bücher jedoch, mit denen sich die feministische Literaturkritik in den 70er Jahren vorwiegend beschäftigte, waren nicht nur die Thematik, sondern vor allem auch die Tatsache, daß diese Thematik aus einer weiblichen Perspektive dargestellt wurde. Tagebuchartige Schreibweisen und autobiographische Erzählmuster waren bevorzugte Ausdrucksformen. Sie versprachen einen besonderen Einblick in viele der von der Kultur- und Literaturgeschichtsschreibung bisher vernachlässigten weiblichen Lebenszusammenhänge. Louis Goulds Roman *Such Good Friends*, in dem eine Frau minutiös über die Seitensprünge ihres Ehemannes Buch führt, ist ein ironischer Angriff auf die Befreiungsversuche vieler amerikanischer Helden der 50er und 60er Jahre, die voller Selbstmitleid den Fesseln des Ehealltags zu entkommen suchen – ein Vorhaben, dem die Soziologin Barbara Ehrenreich in ihrem Buch *The Hearts of Men* ein eigenes Kapitel mit dem Titel »The Flight from Commitment« gewidmet hat. Dagegen stellen eine Reihe der in den 70er Jahren von Frauen veröffentlichten Romane nun ihre eigene Version von *Portnoy's Complaint* (Philip Roth), oder sie bieten, wie im Fall von Joan Didions *Play It As It Lays* eine weibliche Variante von Updikes *Rabbit, Run*.

Weibliche Versionen
von Portnoy's
Complaint

Der Wunsch, Leserinnen Identifikationsmöglichkeiten mit ›lebensechteren‹ Figuren zu verschaffen, schien gleichzeitig geeignet zu sein, das von der

Frauenbewegung angestrebte Ziel einer verstärkten politisch-gesellschaftlichen Solidarität von Frauen zu unterstützen. Dieses Bemühen ließe sich, wie Laura Mulvey das in ihrer Analyse der Anfänge einer feministischen Filmtheorie vorgeschlagen hat, als eine Mischung aus *consciousness-raising* und Propaganda bezeichnen. In diesem Sinn haben diese Texte einen eigenen historischen Stellenwert, eine besondere Funktion innerhalb eines größeren politischen Zusammenhangs. Sie schufen einen Raum, in dem neue Handlungsmöglichkeiten für Frauen erprobt und durchgespielt werden konnten, um auf diese Weise zu einem geänderten Weiblichkeitsbild zu gelangen. »We have been told that it makes three generations to make a gentleman«, bemerkte schon Elizabeth Stuart Phelps ironisch in ihrem 1877 veröffentlichten Roman *The Story of Avis*, »we may believe that it will take as much, or more to make a woman«.

Erprobung neuer Handlungsmöglichkeiten

Der Rückgriff auf die Autorität der Erfahrung sowie die Suche nach einer anderen, ›weiblichen‹ Ästhetik müssen somit auch im Sinn einer Anklage verstanden werden: Frauen, so wurde argumentiert, fehlte weitgehend die Gelegenheit, ihre eigenen Gedanken mitzuteilen. Das führte zu einer Überbewertung von ›männlichen‹ Erlebnisräumen. Mit dem Postulat einer spezifisch weiblichen Erfahrung sollten auch die Bereiche erschlossen werden, die bisher übergangen worden waren. Eine solche unberührte, ›unkorrumpierte‹ Sphäre ließ ein Reservoir an Widerstandspotential vermuten (oder auch erhoffen), durch das die Regeln des herrschenden Diskurses außer Kraft gesetzt werden könnten.

Als rhetorische Strategie hat die Betonung der Erfahrung zugleich einen gewissen Appellcharakter. Sie evoziert einen gemeinsamen Kommunikationsraum, der die Verständigung zwischen Autorinnen und Leserinnen erleichtern soll. Nur über den Begriff der Erfahrung, so schien es, ließ sich ein außerhalb der bekannten Normen liegender Bereich finden und legitimieren. Der Rekurs auf eine weibliche Ästhetik versprach die Möglichkeit, die Beziehung zwischen sozialer Realität und literarischen Texten wieder stärker zu betonen. Damit war gleichzeitig die Chance verbunden, auch denjenigen Texten eine gesellschaftliche Funktion zurückzugeben, deren Bedeutung, zumindest aus der Perspektive der akademischen Literaturkritik, als minderwertig, trivial oder irrelevant eingestuft worden war.

In diesem Sinn war die engagierte Abkehr von den ›Männerphantasien‹ sowie die Suche nach einer spezifisch weiblichen Schreibweise zunächst ein politisch notwendiger Akt. Insofern ist die oft geradezu polemische Kritik an diesen Versuchen, wie sie u.a. von Joan Didion geäußert wurde, nicht ganz gerechtfertig. »These are converts who want not a revolution but ›romance‹«, schreibt sie in einem ihrer Essays, »who believe not in the oppression of women but in their own chances for a new life in exactly the mold of their old life«. Einerseits ist dieser Einwand gegenüber dem Postulat eines *generellen* emanzipatorischen Anspruchs der Literatur von Frauen zwar verständlich – vor allem dann, wenn die Suche nach einer weiblichen Subjektivität vorgegebenen Mustern folgt, die letztlich nur eine Umwertung des abstrakten Idealbilds von ›Weiblichkeit‹ beinhalten und damit auch nur eine Umkehr innerhalb bestehender Machtstrukturen sein können. Andererseits jedoch bietet Tillie Olsens Essayband *Silences*, in dem sie die vielen Hindernisse darstellt, die es Frauen versagt haben, ihre eigene Stimme hörbar zu machen, eine für diese Zeit sehr viel einleuchtendere Bestandsaufnahme. Olsen betont – sehr stark geprägt durch ihre eigene Lebenserfahrung – vor allem auch die möglichen psychischen Hemmungen, die selbst dann noch wirksam sind, wenn die ›äußeren Umstände‹ sich

Tillie Olsen

geändert haben. Die Tatsache, daß Bücher von Frauen seit den 70er Jahren in so großer Zahl gedruckt und rezensiert wurden, zum Teil auf Bestsellerlisten erschienen, ist nicht zuletzt dadurch zu erklären, daß die Frauenbewegung mit dazu beigetragen hat, für diese Bücher ein Publikum zu schaffen, einen Kreis von Leserinnen, die die bisher als wenig bedeutungsvoll erachteten Probleme von Frauen als ›literaturwürdige‹ Themen ernst nahmen. Diesen Aspekt betont u. a. Erica Jong, wenn sie schreibt:

> For one of the most positive by-products of the so-called second wave of the feminist movement was its discovery of a new audience of readers – readers both female and male – who came to realize that literary history as we previously knew it was the history of the literature of the white, the affluent, the male, and that the female side of experience had been almost completely omitted [...].

Von daher können die Strategien und die politische Stoßrichtung der feministischen Literaturkritik nur verstanden werden, wenn wir die ›Hindernisse‹ berücksichtigen, mit denen die Frauenbewegung *und* die Frauenforschung immer wieder konfrontiert waren. Aufschlußreich sind in diesem Zusammenhang die parallelen Entwicklungen der *Women's Studies* und der *Black Studies*.

Women's Studies und Black Studies

Noch in den 40er und 50er Jahren versuchten Wissenschaftler und Schriftsteller, die afro-amerikanische Literatur gemäß den ästhetischen Wertvorstellungen der dominanten Literaturkritik zu beurteilen. Gelegentliche Erfolge eines schwarzen Schriftstellers, etwa die Anerkennung von Ellisons *Invisible Man*, galten als Beweis für die mögliche Ebenbürtigkeit dieser bislang marginalen Literatur. Eine solche Integration jedoch wurde, gerade weil sie einen ›universalistischen‹ Standard vorgab, von der neuen *Black Power*-Bewegung rigoros abgelehnt. Auch innerhalb der afro-amerikanischen Literaturkritik wurde damit eine strikte *Insider*-Perspektive postuliert, die sich gegen den weißen Mainstream richtete. Sie bestand auf der Besonderheit einer schwarzen Ästhetik, auf der Einzigartigkeit eines von spezifischen Mythen, Symbolen und Bildern der afro-amerikanischen Kultur geprägten künstlerischen Bewußtseins. Ebenso wie der Slogan ›black is beautiful‹ bedeutete auch die Betonung einer *black aesthetics* eine Herausforderung an eine Gleichheitsideologie, die mit der Vielfalt fertigzuwerden versuchte, indem sie die Besonderheit des Andersartigen als zufällig und damit unwesentlich charakterisierte.

Als ein Akt der politischen Befreiung beinhaltete dieses Bestehen auf der Autorität einer *black experience* zugleich eine provokative Abkehr von den Bewertungskriterien der herrschenden Literaturwissenschaft – »designed to break the interpretive monopoly on Afro-American expressive culture that had been held from time immemorial by a white liberal-critical establishment that set ›a single standard of criticism‹« (Baker). Daß die bald einsetzende, von afro-amerikanischen Wissenschaftlern selbst vorgebrachte Kritik an diesen Überlegungen auf ähnlichen Argumenten beruhte, wie sie auch gegenüber der Autorität einer weiblichen Erfahrung geäußert worden sind, ist nicht verwunderlich. So wurde etwa die Gefahr einer möglichen Gettoisierung und zunehmenden Isolation hervorgehoben; auch die theoretischen Schwächen dieser *Insider*-Perspektive wurden betont: »In a sense«, erklärte Houston Baker, »the Afro-American literary-critical investigator had been given, through a bald act of the critical imagination, a unique literary tradition but no distinctive theoretical vocabulary with which to discuss this tradition.« Darüber hinaus wurde von afro-amerikanischen Feministinnen darauf aufmerksam gemacht, daß sowohl innerhalb einer ›integrativen Poetik‹ als auch im Rahmen der *black aesthetics* die Literatur von afro-amerikanischen Frauen, etwa Ann Petrys *The Street* oder Gwendolyn Brooks' *Maud Martha*, von der gesamten Phalanx der Kritiker gleichermaßen übergangen wurde. Gerade die schwarze Frau blieb nach wie vor unsichtbar; sie war, wie Mary Helen Washington einmal bemerkte, »the real ›invisible man‹ of the 1950s«.

Schwarze Frauen bleiben unsichtbar

Mit dem Hinweis auf den unterschiedlichen, d.h. auch in der afro-amerikanischen Literaturkritik marginalisierten Status von Schriftstellerinnen, durch den zugleich, wenn auch zunächst nur implizit, *ein* Aspekt für die Notwendigkeit von *Gender Studies* angesprochen wurde, scheint eine gewisse Entfremdung zwischen *Black Studies* und *Women's Studies* eingetreten zu sein. Bis dahin jedoch nahmen diese beiden kulturkritischen Strömungen tatsächlich einen sehr ähnlichen Verlauf. Auch feministische Literaturwissenschaftlerinnen wehren sich anfangs gegen das, was Elaine Showalter 1989, analog zu Bakers *integrationist poetics*, als *androgynist poetics* bezeichnet hat. Der gemeinsame Angriff richtet sich vor allem gegen die etablierte Literatur*kritik*, auf die bisweilen in parodistischer Form Bezug genommen wird. »A Map for Rereading« lautet der Titel eines Aufsatzes, mit dem Annette Kolodny auf Blooms Buch *A Map of Misreading* anspielt. Showalters »Feminist Criticism in the Wilderness« erinnert an Geoffrey Hartmans *Criticism in the Wilderness*. Sie weist ironisch darauf hin, daß in diesem Buch zwar keine Auseinandersetzung mit Kritikerinnen stattfindet, das ›Weibliche‹ jedoch als *Muse* der Kritik gefeiert wird. Eine ebenfalls ironische Anspielung auf die ›Wildnis‹ der gegenwärtigen akademischen Literaturkritik bietet Henry Louis Gates' »Criticism in the Jungle«.

Parodien auf die etablierte Literaturkritik

Elaine Showalter

Black Studies und *Women's Studies* haben somit vor allem die Bedeutung betont, die der Literatur oder ganz allgemein der Frage unserer ästhetischen Wertung im Rahmen einer politischen Auseinandersetzung zukommt. Die bewußte Suche nach einer eigenen, von der herrschenden Kultur weitgehend unabhängigen Tradition schien gleichzeitig die Möglichkeit zu eröffnen, das Verhältnis zwischen Produktion und Rezeption von Kunst neu zu bestimmen. Die Ergebnisse dieser Forschung haben eine grundlegende Revision der Literaturgeschichte notwendig gemacht. Allein die Vielfalt des in den letzten zwei Jahrzehnten von der feministischen Forschung bereitgestellten Materials erfordert ein erneutes Nachdenken über die *Funktion* literarischer Fiktionen. Warum wurden bestimmte Erzählungen immer wieder ausgeschlossen und als unwichtig, irrelevant oder weniger wertvoll angesehen?

Die ›Politisierung‹ der Literaturkritik

In seiner Einleitung zu einer Anthologie mit kritischen Essays zum Werk von Zora Neale Hurston führt Harold Bloom seine anfänglichen Vorbehalte gegenüber diesem Werk darauf zurück, »[that] contemporary work by women and by minority writers becomes esteemed on grounds other than aesthetic«. Wichtig an dieser Überlegung ist nicht nur die Einsicht, daß der Bewertung literarischer Texte immer eine Vielzahl von außerästhetischen – etwa politisch motivierten – Kriterien zugrundeliegt. Die Frage ist vielmehr, warum die außerästhetischen Bewertungskriterien gerade in bezug auf die ›Gruppen‹, die Bloom anführt – »women and minority writers« – eine so besondere Rolle spielen konnten. Dieses Problem jedoch war für die

Bewertung literarischer Texte

traditionelle Literaturwissenschaft kein relevantes Thema. Im Gegenteil: Die damit verbundene ›Politisierung‹ der Literaturkritik wurde der feministischen Literaturkritik immer wieder vorgeworfen. »After more than a decade«, lesen wir noch 1985 in einem von Howard Felperin verfaßten Buch mit dem Titel *Beyond Deconstruction: The Uses and Abuses of Literary Theory*, »feminism has yet to define a mode of existence for itself that transcends political cause or religious cult, and a method that addresses the special demands and problems of literary texts«.

Abkehr vom New Criticism

Eine solche Kritik übersieht die Tatsache, daß die von feministischen Wissenschaftlerinnen aufgeworfenen Fragestellungen ihr Entstehen einer sozialen Bewegung verdanken und sich nicht aufgrund von vorwiegend wissenschaftstheoretischen Argumentationen – oder auch mit Bezug auf die »special demands and problems of literary texts« – herausgebildet haben, daß sie von daher weder von den Forderungen der Frauenbewegung, noch von der Dynamik der Auseinandersetzung um diese Forderungen zu trennen sind. Wichtig zum Verständnis der Anfänge der *Women's Studies* ist deshalb die Überlegung, vor welchem Hintergrund und gegenüber welchen als dominant gesetzten Wissenschaftsmeinungen bestimmte Ansprüche formuliert wurden. Hierbei hat besonders die bewußte Abkehr von den Prämissen des *New Criticism* eine Rolle gespielt – und eben dies verbindet die feministische Wissenschaftskritik mit anderen Ansätzen, die sich ebenfalls gegen die zwar verdeckte, aber eminent politische Dimension dieser in den USA der frühen 70er Jahre noch vorherrschenden Literaturtheorie gewehrt haben und darauf bestanden, den sozialen, historischen Kontext literarischer Werke nicht länger außer acht zu lassen. »The ›world elsewhere‹«, schreibt etwa John Carlos Rowe, »became in the hands of the New Critics a transnational, transhistorical site, whose boundaries were determined only by the limitations of the human mind – limitations identifiable, by and large, with those Kant had established as fundamental in the philosophical tradition from which the New Criticism would draw its primary concepts«.

Sexual versus Textual Politics

Mit der entschiedenen Ablehnung dieser Vorstellung von Literatur und Literaturkritik wird jedoch gleichzeitig auch ein spezifisches Problem der feministischen Literaturwissenschaft erkennbar. Die doppelte ›Loyalität‹ gegenüber den Ansprüchen der Frauenbewegung auf der einen Seite und den Anforderungen des eigenen Fachs auf der anderen erfordert eine Balance zwischen *Sexual* und *Textual Politics*, die oft schwer aufrechtzuhalten ist: »... though as feminists we deplore the misogyny expressed by some men of letters engaged in the battle we discuss«, erklärten z.B. Sandra Gilbert und Susan Gubar 1988 in ihrer Antwort auf eine Kritik an ihrer Arbeit, »as literary critics we have long believed that it is necessary to disentangle political ideology from aesthetic evaluation«. Einerseits verlangt die Kritik an dem Ausschluß von Frauen bzw. der Protest gegen die Unterdrückung der ›Anderen‹ notwendigerweise eine Neubestimmung des Zusammenhangs von Politik und Ästhetik, von Feminismus und Literaturkritik. Andererseits jedoch besteht die Gefahr, daß die Konzentration auf die Darstellung und Bearbeitung von Frauen-Erfahrungen zu einer Reduktion auf inhaltliche Schwerpunkte führen könnte, die den künstlerischen Zielen vieler Schriftstellerinnen nicht gerecht wird. Damit verbunden ist vor allem ein Mißtrauen gegenüber der ›Frauenliteratur‹, d.h. gegenüber einem Begriff, der traditionellerweise mit Vorstellungen von einer eher minderwertigen Unterhaltungsliteratur verknüpft war.

Gilbert und Gubars Buch, das zum Modell für andere feministische Kritikerinnen wurde

Die skeptische Haltung bzw. das Mißtrauen gegenüber diesem Begriff ist sicher nicht unbegründet. Wie das folgende Beispiel zeigt, herrscht auch in unserem Jahrhundert weiterhin die Tendenz, den durchaus denkbaren *neutralen* Begriff der Frauenliteratur im Sinn von Literatur *von* Frauen mit eher negativen Konnotationen zu verbinden. In einem 1975 veröffentlichten Essay mit dem Titel »Everything but the Name is me« äußert die Schriftstellerin Alice Sheldon, die ihre *science fiction*-Romane unter dem Pseudonym James Tiptree, Jr. veröffentlicht hat, einen Wunsch, den viele Autorinnen vor und nach ihr in ähnlicher Form ausgesprochen haben. Sie möchte als Schriftstellerin anerkannt und akzeptiert werden, nicht als ein besonderes *weibliches* Wesen. Doch die Literaturkritik war anderer Meinung. Es gab jahrelange Debatten über die Identität dieses Autors/dieser Autorin. Symptomatisch ist in diesem Zusammenhang der Aufsatz eines Literaturkritikers, der *vor* der Bekanntgabe der eigentlichen Geschlechtsidentität dieser Autorin publiziert wurde. Hier heißt es:

Ambivalenz des Begriffs ›Frauenliteratur‹

> It has been suggested that Tiptree is female, a theory that I find absurd, for there is to me something ineluctably masculine about Tiptree's writing. I don't think the novels of Jane Austen could have been written by a man nor the stories of Ernest Hemingway by a woman, and in the same way I believe the author of the James Tiptree stories is male.

Rückblickend wird die unfreiwillige Komik dieser Argumentation erkennbar, gleichzeitig die Falle, in die die Literaturkritik gerät, wenn sie sich auf bekannte gesellschaftliche Klischeevorstellungen einläßt. Jede Kritik, die mit diesen Stereotypen arbeitet, läuft Gefahr, in ähnlicher Weise von der Realität eingeholt zu werden wie dieser Literaturkritiker, der glaubte, auf die im Titel seines Essays gestellte Frage »Who is Tiptree, What is He?« eine so eindeutige Antwort geben zu können.

Gefahr von Stereotypen

Die in den letzten zwei Jahrzehnten von der feministischen Wissenschaftskritik vorgebrachten Proteste gegenüber den stereotypen Weiblichkeitsbildern sind weniger harmlos, als es das zitierte Beispiel nahelegt. Es geht weder um die Korrektur von Irrtümern einzelner Kritiker, noch darum, traditionelle Konzeptionen von ›Weiblichkeit‹ einfach zu revidieren. Zur Debatte steht vielmehr u.a. die Frage nach dem Zusammenhang zwischen diesen Konzeptionen und unserem Umgang mit literarischen Texten. Zur Debatte steht vor allem die Überlegung, in welcher Form unsere ästhetischen Kriterien von geschlechtsspezifischen Differenzierungen geprägt sind.

Schon die Tatsache, daß sich in den letzten zwei Jahrzehnten ein neuer literarischer Markt für Frauenliteratur entwickelt hat, macht die Ambivalenz des Begriffs ›Frauenliteratur‹ deutlich: einerseits Frauenliteratur als ›Programm‹ im Dienst einer Emanzipationsbewegung, andererseits Frauenliteratur als ›(Verlags)-Programm‹ im Rahmen von bestimmten Strategien des literarischen Marktes, dessen Ziele mit der erwünschten emanzipatorischen Funktion dieser Literatur nicht notwendigerweise übereinstimmen. So weisen die Widerstände und die ablehnende Haltung gegenüber der feministischen Literaturkritik auch darauf hin, daß das asymmetrische Bezugssystem der Geschlechter, das zwar bisher kein Gegenstand der Literaturwissenschaft gewesen ist, gleichwohl die Argumentationsstruktur literaturwissenschaftlicher Texte sowie die Mechanismen des allgemeinen Literaturbetriebs mitbestimmt.

In zahlreichen der bisher vorliegenden Anthologien, die sowohl die Geschichte der feministischen Wissenschaftskritik im allgemeinen (u.a. Eisen-

›Phasen‹ der feministi-
schen Literatur-
und Kulturkritik

stein, Kauffman, Evans) als auch die der feministischen Literatur- und Kulturkritik im besonderen (u.a. Moi, Newton/Rosenfelt, Showalter; Clough) dokumentieren, ist versucht worden, diese Geschichte in einzelne ›Phasen‹ einzuteilen. In diesem Zusammenhang wird die Analyse von Weiblichkeitsbildern und die Kritik an den stereotypen Frauendarstellungen zumeist als die erste Phase bezeichnet, in der die Notwendigkeit einer umfassenden Re-Lektüre und Neuinterpretation aus feministischer Perspektive postuliert wurde. Die zweite Phase, die Showalter als *gynocriticism* charakterisiert hat, stand im Zeichen eines umfassenden Versuchs, eine weibliche Gegenkultur zu etablieren.

Eine solche Einteilung in unterschiedliche Phasen kann als eine erste Orientierungshilfe dienen. Allerdings kann sie keine hinreichende Antwort auf die vielfältigen Asymmetrien und Widersprüche geschichtlicher Entwicklung geben. Zum Verständnis der literaturgeschichtlichen Bedeutung dieser Phasen sind deshalb folgende Überlegungen wichtig: 1. Analog zu den beiden Strömungen innerhalb der Geschichte des Feminismus, die sich als Forderung nach Gleichberechtigung für Frauen auf der einen Seite und nach Anerkennung der Besonderheit einer weiblichen Sphäre auf der anderen von Anfang an gegenüberstanden, hat auch die feministische Kritik an dem Ausschluß von Frauen aus Politik, Gesellschaft und Kultur zwei

Gleichheit versus
Differenz

gegensätzliche Strategien entwickelt – zum einen ging es darum, die *Gleichheit* von Frauen und Männern hervorzuheben; zum anderen wurde versucht, auf der *Differenz* zu beharren, d.h. eine spezifisch weibliche Kultur zu postulieren. 2. Argumente, die aus heutiger Perspektive kritisiert werden, waren in einer bestimmten Zeit, d.h. aufgrund von spezifischen historischen und sozio-kulturellen Konstellationen, notwendig, da sie weiterführende Fragestellungen erst möglich gemacht haben.

Mit anderen Worten: Es ist rückblickend relativ einfach, die Prämissen zurückzuweisen, die sowohl dem Angriff auf die *images of women* in Texten männlicher Autoren als auch der Suche nach einer Tradition weiblichen Schreibens sowie einer besonderen weiblichen Ästhetik zugrundelagen. In diesem Zusammenhang wurden vor allem drei Aspekte in zunehmendem Maß als Problem der feministischen Literaturkritik angesehen: Der unreflektierte Begriff der Repräsentation bzw. der Versuch, sich nahezu ausschließlich auf den *Inhalt* der Darstellung zu konzentrieren; die Tatsache, daß die Möglichkeit des sprachlichen Zugangs zu einer spezifisch weiblichen Erfahrung nicht in Frage gestellt wurde; der Vorwurf, daß der Zusammenhang von Leben, Erfahrung und Schreiben nicht differenzierter erläutert wird, d.h. daß nicht nur von vornherein der *Unterschied* zwischen Männern und Frauen festgeschrieben, sondern auch – wie z.B. in Gilbert/Gubars *The Madwoman in the Attic* – von einer höchst fragwürdigen Korrelation zwischen bestimmten Lebensbedingungen der Autorinnen und damit angeblich zusammenhängenden charakteristischen Textmerkmalen ausgegangen wurde.

Neben diesen Kritikpunkten jedoch, die sich vorwiegend auf methodologische bzw. erkenntnistheoretische Fragestellungen beziehen, wurde bald eine weitere und weitaus schwerwiegendere Kritik deutlich. Sie wurde vor allem von Frauen der verschiedenen Minoritätengruppen in den USA geäußert und betraf den der feministischen Theoriebildung zugrundeliegenden

Kritik am Begriff
der ›Weiblichkeit‹

Begriff der Weiblichkeit. Für die meisten schwarzen Frauen nämlich waren die Proteste von weißen Amerikanerinnen – etwa der Wunsch nach einer Befreiung aus dem ›goldenen Käfig‹ ihres eigenen Mittelklasseheims – wenig überzeugend. Desgleichen ließ die Konzentration auf den ›Sexismus‹ unserer

Gesellschaft zwei weitere Kategorien unberücksichtigt – die ebenfalls sehr realen Einschränkungen, die durch die Zugehörigkeit zu einer bestimmten Rasse und zu einer bestimmten Klasse gegeben sind.

Um dieser Kritik Nachdruck zu verleihen, schlossen sich zahlreiche Feministinnen, die nicht der weißen Mittelklasse angehörten, 1974 in Boston zu einer Gruppe zusammen. Diese Gruppe, die für die weitere Entwicklung der feministischen Theoriebildung von besonderer Bedeutung werden sollte, ist unter dem Namen *The Combahee River Collective* bekannt geworden – in bewußter Anspielung auf eine von Harriet Tubman 1863 geführte Kampagne zur Sklavenbefreiung. Im April 1977 wurde ein Manifest veröffentlicht, »A Black Feminist Statement«, das die Geschichte sowie die Ziele dieses Kollektivs dokumentiert. Eine Reihe von Anthologien, die in der ersten Hälfte der 80er Jahre erschienen ist, hat nicht nur dazu beigetragen, diese Ziele einer breiteren Öffentlichkeit bewußt zu machen, sondern hat vor allem auch die Proteste gegenüber der Vereinnahmung durch einen »white, middle-class feminism« mit aller Deutlichkeit formuliert (u. a. Christian, hooks, Hull).

The Combahee River Collective

Die Kontroversen bezogen sich im besonderen auf die Tendenz, die Erfahrung einer doch relativ kleinen Gruppe von Frauen zu generalisieren. »By and large within the women's movement today, white women focus upon their oppression as women and ignore differences of race, sexual preference, class and age«, erklärte die Dichterin Audre Lorde 1984. »There is a pretense to a homogeneity of experience covered by the word sisterhood that does not in fact exist.« Und auch die schwarz-amerikanische Literaturwissenschaftlerin Bell Hooks hat – neben vielen anderen – darauf aufmerksam gemacht, daß das Postulat einer *authority of experience*, das sich allzu ausschließlich auf die Gemeinsamkeit einer allen Frauen zugänglichen Wirklichkeitserfahrung stützt, nicht aufrechtzuhalten ist. »To be in the margin is to be part of the whole but outside of the main body«, schreibt sie in ihrem Buch *Feminist Theory: From Margin to Center*. Sie spricht hier nicht nur über Frauen in einer von Männern dominierten Gesellschaft, sondern auch über Frauen der verschiedenen Minoritätengruppen, die am Rande stehen – teilweise auch am Rande einer feministischen Theorie und Praxis.

Audre Lorde

Genau an diesem Punkt, d.h. bei der Frage der unterschiedlichen Handlungs*möglichkeiten*, zeigt sich die Differenz, durch die Frauen, allein aufgrund ihrer Zugehörigkeit zu einer bestimmten Rasse oder Klasse, voneinander getrennt sind. Diese real existierenden Unterschiede verbieten es, globale Gemeinsamkeiten von Frauen überhaupt postulieren zu können. Gleichzeitig wuchs die Einsicht, daß auch die Suche nach einem feministischen Standpunkt, die die Mechanismen von Herrschaft und Unterdrückung in den Vordergrund rückt, von einer Analyse der jeweiligen Machtstrukturen, die das Verhältnis von Frauen *untereinander* bestimmen – ›the difference *within*‹ – nicht zu trennen ist.

›the difference within‹

Durch die Kritik an der Homogenität der Erfahrung schien der wichtigste gemeinsame Nenner, von dem aus feministische Theorien ihre Legitimation erhielten, erschüttert zu sein. In wessen Namen sollten feministische Wissenschaftlerinnen sprechen und handeln, wenn die Voraussetzung einer spezifisch weiblichen Perspektive nicht allgemein anerkannt werden konnte, wenn das Ziel, bestimmte Problemstellungen im Namen von Frauen diskutieren und lösen zu wollen, von vielen Frauen selbst zurückgewiesen wurde? Die Komplexität der sozialen Realität konnte offensichtlich nicht länger mit traditionell binären Oppositionen wie etwa Mann *versus* Frau erfaßt werden, sondern mußte von einem Denken in Differenzen ersetzt werden. Für dieses neue Denken sozialer Realitäten erlangten sowohl die Arbeiten im Rahmen einer *black feminist critique* – (u. a. Giddings, Smith, Carby) – als auch die Auseinandersetzung zwischen Feminismus und Poststrukturalismus eine besondere Bedeutung.

Gender *als historisch-soziale Kategorie*

Mit der Problematisierung des Begriffs der ›Differenz‹ waren die *Women's Studies* in ihren Fragestellungen und Antworten selbstkritisch an ihre Grenzen gestoßen. Selbst wenn zu Beginn der Neuen Frauenbewegung und der akademischen Literaturkritik der Angriff auf den Sexismus als Hauptursache der Unterdrückung von Frauen noch durchaus plausibel erscheinen konnte, so konnte doch die damit verbundene Oppositionsbildung von ›männlicher‹ Macht und ›weiblicher‹ Ohnmacht die Logik, auf dem der Ausschluß von Frauen basiert, nicht erklären. Das Anliegen, die Situation von Frauen im Rahmen dieser Oppositionsbildungen zu kritisieren, erwies sich nicht zuletzt deshalb als wenig fruchtbar, weil durch die Umkehr dieser Opposition – eine Aufwertung des ›Weiblichen‹ – die Oppositionsstrukturen als solche unangetastet blieben. Der Einsatz von *gender* als Analysekategorie, der die Beziehungen der Geschlechter mit anderen gesellschaftspolitischen Organisationsformen (und Ausgrenzungsmechanismen) in Verbindung setzt, sollte dazu dienen, die gesellschaftlichen *Funktionen* der Konzepte von ›Weiblichkeit‹ und ›Männlichkeit‹ genauer zu erfassen.

Noch in den 60er Jahren unseres Jahrhunderts war der Begriff *gender*, wie er heute im Sinn von ›Geschlechterverhältnis‹ oder ›sozio-kultureller Konstruktion von Sexualität‹ gebraucht wird, auch im anglo-amerikanischen Sprachgebrauch nahezu unbekannt. Der Begriff wurde ausschließlich zur Beschreibung innerhalb der Grammatik gebraucht, d. h. *gender* bezeichnete eine lexikalisch-grammatische Kategorie, nach der in vielen Sprachen Substantive verschiedenen Klassen – *Femininum, Maskulinum* und *Neutrum* – zugeordnet werden. Dagegen zielte die von Wissenschaftlerinnen bewußt eingeführte Differenzierung zwischen *sex* und *gender* darauf ab, die *gesellschaftliche* Klassifikation der Geschlechter (*gender*) von der mit ihr nicht notwendigerweise übereinstimmenden *biologischen* Klassifikation (*sex*) zu unterscheiden. Sie richtete sich sowohl gegen die Überzeugung, daß zwischen dem als ›natürlich‹ vorausgesetzten Geschlecht (*sex*) und den Frauen und Männern zugeschriebenen gesellschaftlichen Geschlechtsrollen ein linearer, kausaler Zusammenhang besteht, als auch gegen alle Überlegungen, die versuchen, die Hierarchie der Geschlechter als Ausdruck der ›natürlichen‹ Eigenschaften von Frauen und Männern anzusehen und damit gleichzeitig zu legitimieren.

Das große Interesse, das dem Konzept *gender* als einer neuen erkenntnisleitenden/theoretischen Perspektive in den letzten zwei Jahrzehnten entgegengebracht wurde, macht deutlich, daß ein Umdenken hinsichtlich der sozialen Organisation der Geschlechterverhältnisse eingesetzt hat bzw. daß das Geschlechterverhältnis als eine solche soziale Organisationsform überhaupt erst genauer wahrgenommen wird. In diesem Zusammenhang haben kulturanthropologische Studien wichtige Einsichten in die kulturelle Vielfalt der als männlich und weiblich gedeuteten Zuschreibungen geliefert. So hat die Anthropologin Gayle Rubin 1975 als eine der ersten auf die Existenz eines sogenannten *sex-gender system*, das eine für die Entstehung von Gesellschaft und Kultur offenbar konstitutive Organisationsform bildet,

›sex‹ *und* ›gender‹

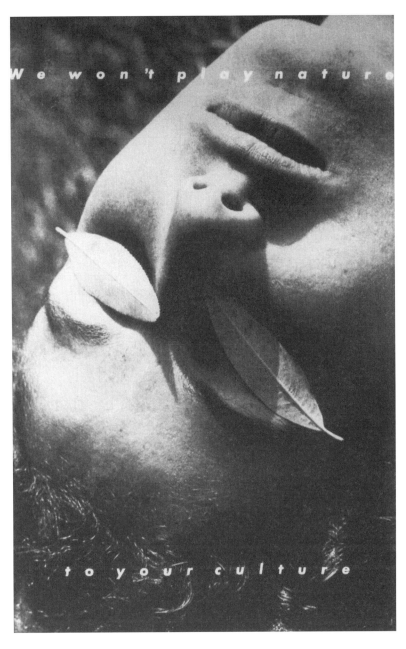

Barbara Kruger, »Untitled« (1983)

aufmerksam gemacht. Sie versuchte damit, ein neues Erklärungsmuster für die geschlechtsspezifische Differenzierung bereitzustellen. Zum einen wurden durch diese Arbeiten die bislang so einleuchtend anmutenden biologistischen Erklärungen in Frage gestellt. Das heißt: die asymmetrischen gesellschaftlichen Positionen von Frauen und Männern konnten nicht länger auf geschlechtliche Unterscheidungsmerkmale zurückgeführt werden. Zum anderen jedoch wurde deutlich, daß, trotz der kulturell unterschiedlichen Weiblichkeitskonzepte, offenbar in jeder Kultur den Frauen eine we-

Female/Male –
Nature/Culture?

niger angesehene ›Rolle‹ zugeteilt wurde. Sherry Ortners sehr bekannt gewordener Essay »Is Female to Male as Nature is to Culture?« schien hierfür eine Erklärung bereitzustellen. Da der Natur in Opposition zur Kultur ein geringerer Status zugesprochen wird, besteht – aufgrund der immer wieder postulierten Nähe von Frauen und Natur – eine implizite, oft gar nicht bewußte Abwertung von Frauen. Die (re)produktive Tätigkeit von Frauen wird einer weniger angesehenen, privaten Sphäre zugeteilt, während die produktive, kulturschaffende Arbeit dem öffentlichen – männlichen – Bereich vorbehalten ist.

gender
und Geschlechtsrollen

Um die Bedeutung, die der geschlechtlichen Differenzierung beigemessen wird, mit anderen gesellschaftspolitischen und kulturellen Organisationsformen in Verbindung zu setzen, wurde es jedoch zunehmend wichtig, das Konzept *gender* nicht nur gegenüber einer jahrhundertealten ›Philosophie der Geschlechter‹ bzw. gegenüber der Forschung *über* Frauen abzugrenzen, sondern auch gegenüber dem in unserem Jahrhundert von der soziologischen Rollentheorie entwickelten Begriff der ›Geschlechtsrolle‹. Hierbei basiert der Unterschied zwischen dem Konzept *gender* und dem Begriff der Geschlechtsrolle im wesentlichen auf der von der feministischen Wissenschaftskritik gestellten Forderung, die Hierarchisierung der jeweiligen Rollenkonzepte zu beachten. Geschlechtliche Differenzierungen gelten nun als Repräsentationen von kulturellen Regelsystemen, deren Bedeutungen mit dem Hinweis auf unterschiedliche – männliche und weibliche – ›Rollen‹ nicht erfaßt werden können. In den Worten von Teresa de Lauretis (1987):

> ... the term *gender is a representation*; and not only a representation in the sense in which every word, every sign, refers to (represents) its referent, be that an object, a thing, or an animate being. ... gender is not sex, a state of nature, but the representation of each individual in terms of a particular social relation which pre-exists the individual and is predicated on the *conceptual* and rigid (structural) opposition of two biological sexes. This conceptual structure is what feminist social scientists have designated ›the sex-gender system‹.

Gender Studies

Aufgrund dieser Überlegungen erklärt sich auch das anders gelagerte Erkenntnisinteresse, durch das sich die *Gender Studies* von den *Women's Studies* unterscheiden. Mit ihrer Kritik an den verschiedenen Positionen, die Frauen und Männern infolge ihrer jeweiligen ›Rollen‹ zugesprochen wurden, arbeitete die Frauenforschung anfangs noch weitgehend innerhalb einer traditionellen Theoriebildung. Ihr ging es zunächst vorwiegend darum, Unterschiede zwischen Frauen und Männern aufzuzeigen und zu benennen. Auf diese Weise wurden die Grundlagen für neue theoretische Fragestellungen geschaffen, auf denen die *Gender Studies* aufbauen konnten. So gelten nun – im Rahmen der *Gender Studies* – die Proteste feministischer Wissenschaftlerinnen weniger den *eindeutig* zugeschriebenen Machtverhältnissen. Gefordert wird vielmehr eine kritische Einsicht in die Mechanismen, die mit dieser Hierarchisierung verbunden sind.

Bei der Unterscheidung zwischen *Women's Studies* und *Gender Studies* handelt es sich selbstverständlich nicht um eine strikte Abgrenzung, sondern eher um eine Akzentverschiebung, durch die viele der vorwiegend auf die Lebensbedingungen und die Arbeit von Frauen konzentrierten Studien in einen umfassenderen Kontext gestellt werden. Die *Gender Studies* fragen vor allem nach dem Wert, der den diversen Differenzierungen beigemessen wurde und wird. Wer hat das Recht, Unterschiede zu definieren und zu beurteilen?

Eine Reihe von Arbeiten hat mittlerweile damit begonnen, diese Fragen zu einem Thema der Literaturwissenschaft zu machen, indem sie den Zusammenhang von *gender and theory* in den Vordergrund stellt. Schon die Titel der folgenden Bücher und Aufsätze lassen exemplarisch die den Fragestellungen zugrundeliegende neue Richtung erkennen: »How Theories of American Fiction exclude Women Authors« (Baym, 1981); *Gender and Reading: Essays on Readers, Texts, and Contexts* (Flynn/Schweickart, 1986); »Gender Theory and the Yale School« (Johnson, 1987); »Gender and Afro-Americanist Literary Theory« (Smith, 1989). Gleichzeitig wird zunehmend deutlich, daß die theoretischen Implikationen der Frauenforschung sich nicht darin erschöpfen, bisher vernachlässigtes Wissen von und über Frauen in schon vorhandene Wissenschaftsbereiche zu integrieren. Vielmehr müssen sich – aufgrund der neuen Forschungsergebnisse – die gesamten Argumentations- und Begründungszusammenhänge der jeweiligen Disziplinen ändern.

So sind wissenschaftliche Arbeiten – etwa Veröffentlichungen zum amerikanischen Roman des 19. oder 20. Jh.s –, die sich fast ausschließlich auf Texte von weißen, männlichen Schriftstellern konzentrieren, heute nahezu undenkbar geworden. Wie Bonnie Kime Scott in ihrer 1989 erschienen Anthologie mit dem Titel *The Gender of Modernism* gezeigt hat, verlieren die auf einer solchen Textbasis beruhenden theoretischen Aussagen – u.a. Überlegungen zu den formalen, erzähltechnischen und stilistischen Innovationen der literarischen Moderne – ihre Überzeugungskraft, wenn sie mit der Vielzahl von bisher unberücksigt gebliebenen Texten konfrontiert werden. Zu ähnlichen Ergebnissen gelangen zahlreiche Studien, die sich mit den Schreibstrategien von Schriftstellerinnen unseres Jahrhunderts auseinandersetzen, so z.B. die Arbeiten in der von Rachel Blau DuPlessis 1985 herausgegebenen Anthologie *Writing beyond the Ending: Narrative Strategies of Twentieth-Century Women Writers* sowie der von Ellen G. Friedman und Miriam Fuchs 1989 edierte Sammelband mit dem Titel *Breaking the Sequence: Women's Experimental Fiction*.

Feminismus und Dekonstruktion

In diesem Zusammenhang, d.h. im Rahmen der Verbindung von *gender and theory*, wird auch verständlich, warum eine so große Zahl von Büchern und Aufsätzen sich in den letzten Jahren explizit mit der Koppelung von ›Feminismus und Dekonstruktion‹ beschäftigt hat (u.a. Jardine, Hutcheon, v.a. das letzte Kapitel; Nicholson, Elam). Beide ›Strömungen‹ wurden zum Teil vehement bekämpft. Sie wurden abgelehnt und entweder – wie im Fall der feministischen Literaturkritik – als zu politisch und dogmatisch, oder – so der häufig geäußerte Vorwurf gegenüber dem Poststrukturalismus – als zu unpolitisch und ahistorisch kritisiert. Schon die Gleichzeitigkeit ihres Eintritts in die amerikanischen Universitäten läßt eine gewisse Logik erkennen: Wenn das ›Zentrum‹ dekonstruiert wird, kommt es zu einer Vielfalt von Optionen und Ansprüchen, die nicht länger als Varianten eines Gleichen angesehen werden können (und wollen): »When the centre starts to give way to the margins, when totalizing universalization begins to self-deconstruct, cultural homogenization too reveals its fissures«, schreibt Linda Hutcheon in »The Postmodern Ex-centric«, »culture ... is conceived of as a flux of contextualized identities: contextualized by gender, class, race, ethnicity, sexual preference, education, social role, etc.«.

Die Schwierigkeiten jedoch, die in der Folgezeit zu anhaltenden Kontroversen über die verschiedenen Ansätze der feministischen Literaturkritik in Amerika und die diversen, vor allem in Frankreich entwickelten poststrukturalistischen Theorien geführt haben, liegen in der zunächst so harm-

Pluralität von Identitätszuschreibungen

los klingenden Abkürzung »etc.«. Diese Abkürzung nämlich impliziert einen potentiell unabschließbaren Prozeß von möglichen Zuschreibungen, die über die Kategorie *gender* allein nicht zu erfassen sind. Auf diese Problematik haben u.a. Alice Jardine und Toril Moi aufmerksam gemacht. Während von Wissenschaftlerinnen in Amerika noch versucht wurde, den Frauen ihr ›falsches Bewußtsein‹ zu Bewußtsein zu bringen, damit sich endlich das wahre, weibliche Selbst entwickeln und durchsetzen konnte, schien die Vorstellung eines autonomen Subjekts von seiten des Poststrukturalismus längst als *eine* unter vielen anderen Fiktionen entlarvt worden zu sein. So enthielt schon Julia Kristevas berühmt gewordener Essay mit dem Titel »Woman can never be defined« eine Warnung an die feministische Bewegung, die versucht, gerade die Identität *der* Frau zu bestimmen, den Begriff Weiblichkeit zu definieren. Diese Kritik, die auch Auswirkungen auf das Konzept *gender* hat, wurde dann vor allem durch Judith Butlers 1989 veröffentlichtes Buch *Gender Trouble: Feminism and the Subversion of Identity* noch verschärft. Butler stützt sich in ihrer Argumentation auf Michel Foucault, der mit seiner Studie *Sexualität und Wahrheit* gezeigt hat, inwieweit auch der bisher als ›natürlich‹ angesehene Körper eine Geschichte hat, d.h. in welcher Form unser Verständnis des geschlechtlichen Körpers immer schon gesellschaftlich-kulturell vermittelt ist. Können wir noch an der Trennung zwischen *sex* und *gender* festhalten, wenn der Körper selbst als soziale Konstruktion bzw. als gesellschaftlich konstituiert begriffen wird?

Was hier zur Debatte steht, ist offensichtlich etwas Anderes als die Kritik an der auf biologistischen Argumenten basierenden Bewertung der sexuellen Differenz – eine Kritik, die zu der Unterscheidung zwischen *sex* und *gender* geführt hatte. Ursprünglich sollte mit dieser Unterscheidung der unmittelbare, kausale Zusammenhang zwischen ›biologischem‹ und ›sozialem‹ Geschlecht außer Kraft gesetzt werden. Doch mit dieser Unterscheidung waren Vorannahmen verknüpft, die sich erst allmählich als widersprüchlich herauskristallisiert haben, da gerade die auf den ersten Blick so einleuchtende Vorstellung von *gender* als ›sozio-kultureller Konstruktion von Sexualität‹ erneut eine Dichotomie zwischen Natur und Kultur impliziert – der Körper sozusagen als *tabula rasa*, auf dem dann kulturelle Einschreibungen vorgenommen werden. Mit anderen Worten: Die von Frauen der verschiedenen Minoritätengruppen geübte Kritik an dem Konzept einer gemeinsamen weiblichen Erfahrung wurde von seiten des Poststrukturalismus sozusagen theoretisch untermauert, indem erkennbar wurde, daß *jeder* Versuch einer eindeutigen Identitätszuschreibung nicht ohne erneute Ausgrenzungen erfolgen kann.

Poststrukturalismus

Die Diskussion innerhalb der feministischen Wissenschaftskritik, die sich während der letzten 10 bis 15 Jahre – vorwiegend in der Auseinandersetzung mit Foucault, mit Derrida sowie mit Lacan und der poststrukturalistischen Sprachphilosophie – entwickelt hat, kreist im wesentlichen um zwei Fragen: 1. Inwieweit ist die ›Dezentrierung‹ des Subjekts mit den Forderungen des Feminismus, Frauen als Handlungssubjekte zu etablieren, zu vereinbaren? 2. In welcher Form wird hiervon auch die Opposition zwischen den Geschlechtern tangiert? Diese Diskussion kann nur dann fruchtbar sein, wenn sie nicht von vornherein eine Opposition zwischen dekonstruktivistischen und feministischen, d.h. eher praxisorientierten, ›pragmatischen‹ Konzeptionen zugrundelegt. Vielmehr ist die Dekonstruktion, die jeden Prozeß der Bedeutungszuordnung auf die diesem Prozeß inhärenten Unterdrückungs- und Ausgrenzungsmechanismen hin analysiert, zum Verständnis der Situation von Frauen unerläßlich. »It is not just that deconstruction cannot found a politics, while other ways of thinking can«, heißt es in einem 1989 veröffentlichten Essay von Gayatri Spivak. »It is that deconstruction can make founded political programs more useful by making their in-built problems more visible.«

So bieten weder die feministische Literaturkritik noch die Dekonstruktion eine ›Methode‹ der Textinterpretation. Die Gemeinsamkeit besteht in der Kritik an dem Universalitätsanspruch des westlichen ›Logozentrismus‹ und den darauf aufbauenden Prämissen der Literaturwissenschaft. Die Unterschiede ergeben sich aufgrund der unterschiedlichen Entstehungsbedingungen dieser Theoriebildungen und einem damit verbundenen unterschiedlichen Erkenntnisinteresse: Die von feministischen Wissenschaftlerinnen aufgeworfenen Fragestellungen entwickelten sich nicht aufgrund von vorwiegend wissenschaftstheoretischen Argumentationen, sondern im Zusammenhang mit einer sozialen Bewegung. Zwar wurde auch in diesem Rahmen – vor allem durch die Proteste der *Women of Color* – deutlich, daß die Dekonstruktion von Oppositionen notwendig ist. Doch es wurde gleichzeitig immer wieder betont, daß es sich hierbei um *hierarchische* Beziehungen handelt, die es, zumindest zum jetzigen historischen Zeitpunkt, nicht erlauben, die Konzentration auf den Begriff *gender* als Relikt eines überholten ›Logozentrismus‹ vorschnell *ad acta* zu legen. Ein solches Vorgehen verbietet sich allein aufgrund der sozialen, gesellschaftlichen Bedingungen, durch die die Frage nach der Autorität von männlichen und weiblichen Subjektpositionen und Sprachhandlungen relevant geworden ist. Das heißt: Die *Gender Studies* haben ein Muster an Hierarchiebildungen sichtbar gemacht, das einer Erklärung bedarf.

Unterschiedliche Theoriebildungen

Die anhaltende Debatte über den Prozeß der Kanonbildung macht deutlich, daß die Herausforderung, die von den *Women's* und *Gender Studies*, von den *Black Studies* und den im Zeichen des Poststrukturalismus entwickelten Theorien ausgeht, nicht ohne Folgen geblieben ist. Auch Epocheneinteilungen – etwa zur *American Renaissance* und zum Realismus – sowie Gattungstheorien – z.B. Überlegungen zum Erziehungs- und Bildungsroman, zum Essay, zur Autobiographie, zum Reisebericht, zur Detektiverzählung – müssen, nicht zuletzt aufgrund der erweiterten Textbasis, neu konzipiert werden (Vgl. dazu u.a. Benstock, Brodzki/Schenck, Bell/ Yalom, Joeres/Mittman). Die Zukunft wird zeigen, ob eine *Poetics of Culture*, wie sie gegenwärtig etwa im Rahmen des *New Historicism* propagiert wird, ohne eine *Poetics of Gender* (Miller) überhaupt noch sinnvoll sein kann.

Implikationen feministischer Literatur- und Kulturkritik

LITERATUR KANADAS
DIE ANDERE NORDAMERIKANISCHE LITERATUR

Polaritäten

Kanada und die USA

Kanada ist anders

Am Anfang steht die Frage, wie man sich die ›andere nordamerikanische Literatur‹ vorstellen soll und wie sie darzustellen ist. Anders ist sie ohne Zweifel in ihren Texten, ihrer historischen Entwicklung, ihrem Selbstbild – anders aber auch, weil sie sich stets im Bewußtsein des Andersseins entwickelt hat, im Bewußtsein des Nicht-Amerikanischen, Noch-Nicht-Amerikanischen oder des ausdrücklich Gegen-Amerikanischen. Das Problem der Alterität wird uns also beschäftigen müssen, ohne daß es den Blick auf die autonome Eigenständigkeit der kanadischen Literatur verstellen soll. Die hier angeschnittene Frage nach dem Verhältnis zur amerikanischen Literatur gehört zu einem umfangreicheren Fragenkomplex: aus welchem Blickwinkel sollen wir die kanadische Literatur betrachten? Als Gegenstück zur amerikanischen Literatur, als britisch geprägte Klientenliteratur, als Teilgebiet dessen, was man in jüngster Zeit gern als ›neue Literaturen in englischer Sprache‹ bezeichnet, oder aber als eigenständige Nationalliteratur?

Kontrast und Rückbindung

Die Antworten darauf sind unterschiedlich, doch bleibt die Frage zentral, da sie nicht um eine bloße Etikettierung kreist, sondern mit grundsätzlichen Problemen verknüpft ist. Ihre Erörterung zieht sich wie ein roter Faden durch die Geschichte der kanadischen Literatur. ›Die andere nordamerikanische Literatur‹ – der Titel dieses Kapitels versucht Eigenart und Problematik der Literatur Kanadas zu erfassen, die ja nicht zuletzt gerade darin besteht, daß der Versuch, sich als Alternative zum übermächtigen amerikanischen Modell zu definieren, auch eine gewisse Anerkennung der Rückbindung bedeutet. Allerdings: Wie sehr auch der kanadische Literaturbetrieb zu gewissen Zeiten im amerikanischen Bannkreis gestanden haben mag oder noch steht – auf der Ebene der Theoriebildung hat sich die kanadische Literatur immer als ›andere‹ verstanden, ehemals selbstbewußt auf das Empire gestützt, später defensiv oder larmoyant. Während das Verhältnis der kanadischen Literatur zur Literatur Großbritanniens ursprünglich durch das häufig beschworene Bild der Zugehörigkeit zu einer großen Familie gekennzeichnet war, zieht sich durch das Verhältnis zur amerikanischen Literatur, ob eingestandenermaßen oder nicht, eine stetige, spannungsvolle Irritation. Sie erwächst aus der Doppelheit von Gegenbild und Vorbildrolle.

Dabei darf das fundamentale Ungleichgewicht, wie es zwischen beiden Literaturen besteht, nicht vergessen werden. Aus amerikanischer Perspek-

Die Leere des Landes ist bis heute ein Leitmotiv der kanadischen Kunst: Alex Colville, »Woman, Dog and Canoe« (1982)

tive erscheint Kanada, wenn es überhaupt sichtbar wird, als Grenzkultur eines Grenzvolkes. Gegen die These, Kanada sei *de facto* der 51. Bundesstaat, hätten die meisten Amerikaner, sofern sie sich mit dem Problem überhaupt befassen, kaum etwas einzuwenden. Aus kanadischer Sicht hingegen ist diese übermächtige Präsenz der USA – die die Geschichte ebenso wie das aktuelle Kräfteverhältnis bestimmt – ein permanentes Problem. Dieses Ungleichgewicht bestimmt auch das Verhältnis der Literaturen zueinander, ohne daß sich dies immer in direkter Einflußnahme und kultureller Domination ausdrücken muß. Es überdeckt auch manche Gemeinsamkeiten. Eine davon ist die puritanische Tradition, wobei diesseits und jenseits der Grenze oft angenommen wird, die protestantische Prüderie wirke beim jeweils anderen noch intensiver als im eigenen Hause nach.

Ungleiche Perspektiven

In Kanada fehlt die Revolution – nicht nur als historisches Ereignis, sondern auch als kollektives Bewußtsein eines radikalen Bruches mit der Vergangenheit und als Ausgangspunkt einer umfassenden Hinwendung zur Zukunft. Crèvecoeurs Frage: »What then is the American, this new man?«, gestellt in *Letters from an American Farmer* (1782), wurde in Kanada nie aktuell. Im Gegenteil: gefragt wird nach dem Schicksal des alten Menschen in einer neuen und fremden Umgebung. Auch hier herrscht meist Unsicherheit und Skepsis. Eine Aussage, wie sie Robert Frost in seinem Gedicht »The Gift Outright« (1942) für die amerikanische Bewußtseinslage trifft, daß sich nach einer Phase erster kolonialer Entfremdung ein gleichsam erotischer Bund von Land und Siedlern ergeben habe, liegt der kanadischen Denkweise völlig fern. Der selbstverständlichen Anerkennung eines vorherbestimmten Zustandes (»The land was ours before we were the land's«) steht in Kanada ein gänzlich anderes, fortdauerndes Gefühl der Fremdheit, der Bedrohung, des Exils gegenüber. Geradezu ein Leitmotiv der kanadischen Literatur wurde hingegen die Leere des Landes, sein Mangel an historischer und mythologischer Prägung – Merkmale, die nicht zur Gewöhnung und Veränderung aufforderten, sondern Anlaß zur fatalistischen Bestandsaufnahme boten.

Fehlende Revolution

Canadian Dream: ein Nordamerika ohne USA – Titelblatt von *Canadian Fiction*

Was zunächst im Gewande einer Klimatheorie daherkam und sich des gängigen Gemeinplatzes bediente, daß Kälte geistige Aktivität verhindere, wurde später geradezu in den Rang einer mythischen Grundwahrheit erhoben. Die neue Welt wird in Kanada nicht als Welt des neuen Menschen und seines messianischen Auftrags gesehen, sondern als bedrückend leerer, zivilisationsferner Raum, dem es an Geistern, an Geist fehlt. Der britische Lyriker Rupert Brooke, 1912 auf dem St. Lawrence-Strom unterwegs, erschrickt vor der grandiosen Namenlosigkeit und Unberührtheit der Natur, ihrer »unseizable virginity« (Northrop Frye): »It is an empty land. A European can find nothing to satisfy the hunger of his heart. The air is too thin to breathe. He requires haunted woods, and friendly presence of ghosts .... A godless place. And the dead do not return. ... It is indeed a new world.« Brooke zog damals die Vorhänge zu und griff zum Trost nach einem Band Jane Austen. Andere Autoren bekämpften Angst und Entfremdung durch Rückgriff auf traditionelle poetische Begriffe und Benennungen, wie dies die Literatur des 19. Jh.s überhaupt kennzeichnet. Erst im 20. Jh. wurde die Thematik des *lack of ghosts* als eigene Gestaltungsaufgabe definiert. Dieser Vorgang ist Teil der kanadischen Moderne, die sich bewußt mit der Leere auseinandersetzt und eine eigene Sprache für sie entwickelt. »A Country without Mythology« heißt bezeichnenderweise ein 1948 erschienenes Gedicht von Douglas LePan. Earle Birneys Gedicht »Can Lit« (1962; revidiert 1966) behandelt das Thema hingegen satirisch:

> We French & English never lost
> our civil war
> endure it still
> a bloody civil bore
>
> The wounded sirened off
> no Whitman wanted
> it's only by our lack of ghosts
> we're haunted.

Birneys Satire erscheint wie ein Katalog der kanadischen Alterität. Zugleich aber markiert Birneys Gedicht eine Haltung, die diese Befangenheit überwindet und sie von ironischer Warte als nicht essentielle, sondern historisch geprägte kanadische Wahrnehmungs- und Darstellungsform decouvriert. Ein wesentlicher Teil der Gegenwartsliteratur Kanadas hat diese beengende Fessel gesprengt und bewegt sich selbständig auf neuen Wegen.

Kanada und Commonwealth

Was heißt ›Canadian‹?

Der Begriff *Canadian* ist aber nicht nur vom amerikanischen Gegenbild, sondern auch von anderen Faktoren determiniert. Er schwankt und schillert, je nachdem, ob man ihn anglophon oder frankophon versteht, ob man ihn im Sinne des geographischen oder politisch-staatsrechtlichen Konzepts definiert, oder ob man ihn mit einer bestimmten ›Kultur‹ identifiziert, die ihrerseits auf einer besonderen Lebens- und Naturerfahrung basiert. *A Canadian story* hieß um die Jahrhundertwende eine Geschichte, die sich mit Menschen oder Tieren im Norden befaßte. In der Tat ist die Literatur Kanadas stets im besonderen Maße für Stereotypenbildung anfällig gewesen: der subarktische Norden, vom Schnee eingeschlossene Siedler, das Überleben in der unwirtlichen Wildnis – das sind Beispiele für reduktive Motivkomplexe, die noch heute vielfach als Schlüssel zum ›Wesen‹ Kanadas gelten.

Wer ist Kanadier? Die Frage ist so alt wie die kanadische Literatur selbst und nicht auf die koloniale Ära beschränkt, in der viele Vertreter der ›kanadischen‹ Literatur gebürtige Briten waren, oder sich nur für eine beschränkte Zeit in Kanada aufhielten. Die Frage stellt sich auch für die Moderne. So lebte und schrieb der Engländer Malcolm Lowry mehrere Jahre hindurch an der Pazifikküste, bevor er nach England zurückkehrte. Der irische Romancier Brian Moore wanderte 1948 nach Kanada aus, schrieb einen bemerkenswerten Einwandererroman (*The Luck of Ginger Coffey*, 1960), ließ sich jedoch schon 1959 in Kalifornien nieder. Die aus Montreal stammende Mavis Gallant lebt seit Jahrzehnten in Paris, publiziert häufig in *The New Yorker*, schreibt aber weiterhin als Kanadierin über kanadische Themen. Zuordnungsprobleme besonderer Art treten zudem bei ethnischen Minoritäten, aber auch bei Emigranten auf, sei es, daß sie wie Felix Paul Greve unter neuem Namen (Frederick Philip Grove) auch die Sprache wechselten, sei es, daß sie wie der 1948 eingewanderte Walter Bauer zeitlebens den Schritt in die englische Sprache mieden. Angesichts solcher Unsicherheiten wurde die Reflexion darüber, was kanadisch, wer Kanadier sei, zum Bestandteil der Literatur selbst.

Wer ist Kanadier?

Daß sich heute eine immer größere Anzahl von Lesern und Kritikern innerhalb und außerhalb Kanadas, ja sogar eine eigene Fachdisziplin mit der englischsprachigen Literatur Kanadas befassen, ist weniger das Ergebnis eines kontinuierlich steigenden Interesses, sondern eines Umbruchs, der Ende der 50er Jahre einsetzte und meist mit dem nicht ganz korrekten Begriff ›literarische Renaissance‹ bezeichnet wird. Während noch im Jahre 1922 der kanadische Kritiker Douglas Bush sarkastisch angemerkt hatte »No one reads a Canadian novel unless by mistake« und der Romancier Hugh MacLennan 1960 einen Essay über seine Erfahrungen mit amerikanischen Verlegern mit dem Titel »Boy Meets Girl in Winnipeg, and Who Cares?« versehen hatte, hat sich das Blatt in den letzten Jahrzehnten gewendet. Zum ersten Mal entstand nicht nur ein abgeschlossenes Korpus von Texten, sondern auch ein homogenes Lesepublikum und eine darauf bezogene professionelle Literaturkritik.

Die Wende der 50er Jahre

Dieser quantitative und qualitative Aufschwung hat zum einen Gründe, die in der kanadischen Entwicklung selbst liegen und auf die in den folgenden Abschnitten eingegangen wird. Zum anderen ist er aber auch Teil eines universalen Vorgangs, nämlich des raschen Entstehens englischsprachiger Literatur im Bereich des ehemaligen britischen Empire nach dem Zweiten Weltkrieg, und zwar sowohl in den sogenannten ›Siedlungs-‹ wie in den ›Eroberungskolonien‹. Die anglophone Literatur in Kanada teilt mit anderen Kolonialliteraturen, wie der Australiens oder Neuseelands, nicht nur die Sprache, sondern auch gemeinsame Themen wie die Siedler- und Exilthematik und die Erfahrung einer fremden Landschaft, ferner entwicklungsgeschichtliche Prozesse, wie die allmähliche Emanzipation aus kultureller Bevormundung bei fortbestehend engen Bindungen. Schließlich wird der Literatur auch ein wesentlicher kultureller Auftrag zugewiesen: sie soll im Vorgriff auf die Realität ein neues Nationalbewußtsein definieren und in Geschichten umsetzen, um es so populär zu machen.

Koloniale Gemeinsamkeiten

Ob es sich bei der Literatur Kanadas ebenso wie bei den übrigen ›Commonwealth‹-Literaturen allerdings um Nationalliteraturen im herkömmlichen Sinn handeln kann, ist umstritten, da wesentliche Kriterien, wie die eigene Sprache und Geschichte, die geschlossene ethnische Gemeinschaft, die einheitliche Traditionsbildung fehlen oder nur ansatzweise vorhanden sind. In Kanada überlagern sich mehrere Kolonisierungsvorgänge, die ihre literarischen Spuren hinterlassen haben. Die anglophone Literatur entstand

»A pan-Canadian icon« (Laurie Ricou): der Tod des britischen Generals James Wolfe 1759 nach dem Sieg über die Franzosen, gemalt von Benjamin West (1770)

Komplexe Spannungen

als britische Literatur auf nordamerikanischem Boden, allerdings in einem durch die Konkurrenz zweier Sprachen und Kulturen bestimmten Raum. Sie vollzog den Übergang von der Kolonialliteratur zur postkolonialen Stufe der literarischen Unabhängigkeit in einem graduellen Evolutionsprozeß, der ohne revolutionäre Brüche verlief. Sie steht seit jeher in einem Spannungsfeld zwischen ökonomisch und kulturell dominierenden Kräften, des britischen ›Mutterlandes‹ einerseits, der Vereinigten Staaten andererseits. Kanadische Literatur ist daher, so gesehen, stets Literatur, die sich als Resultat von Spannungsverhältnissen präsentiert: die Spannung von Kolonialerfahrung und imperialer Norm, von Identitätssuche und Orientierung am ›großen Bruder‹ im Süden, von heterogenen Stimmen schließlich auch im Inneren.

Kanada und Quebec

Die Literatur Quebecs kann in diesem Zusammenhang nur summarisch einbezogen werden. Die Beziehung zwischen anglophoner und frankophoner Kultur war in Kanada trotz jahrhundertelanger Symbiose nie sonderlich eng. Daher erscheint auch eine Beschränkung auf die englisch-kanadische Literatur (mit einem knappen Seitenblick auf Entwicklungen in Quebec) gerechtfertigt.

Geschichte Quebecs

Nach der Eroberung von *Nouvelle France* um die Mitte des 18. Jh.s (Friede von Paris, 1763) beließ die britische Kulturpolitik – wohl nicht zuletzt in der Hoffnung auf allmähliche Assimilation – den französischen Siedlern im St. Lawrence-Tal ein gewisses Maß an Eigenständigkeit z. B. im

Gebrauch der Sprache, im Rechtswesen und in der halbfeudalen Sozialstruktur (*Quebec Act*, 1774). Auch die 1791 im *Constitutional Act* vorgese-
hene Teilung in Upper und Lower Canada trug diesem Umstand Rechnung,
wurde allerdings 1840 nach Unruhen wieder rückgängig gemacht und
durch eine Union beider Teile Kanadas ersetzt. Der Respekt vor der großen
Geschichte und die Sympathie für eine fast exotisch anmutende Minderheit
schlug sich in der englisch-kanadischen Literatur des 19. Jh.s in nostalgisch
verklärten historischen Romanen (William Kirby, *The Golden Dog*, 1877)
oder folkloristisch gefärbter Lyrik (W.H. Drummond, *The Habitant and
Other French-Canadian Poems*, 1897) nieder.

Vom französischen Mutterland über ein Jahrhundert lang fast völlig
isoliert, öffnete sich die traditionell bäuerlich und klerikal geprägte Gesellschaft und Kultur Quebecs erst um die Mitte unseres Jahrhunderts in der
sogenannten *révolution tranquille* auf allen Gebieten einer rasch fortschreitenden Modernisierung, die auch die Rolle Quebecs im kanadischen Staats-
verband erheblich veränderte. Die offizielle Politik der kanadischen Bundesregierung seit den 70er Jahren, ein zweisprachiges und ›bikulturelles‹
System zu begründen, das auf der Sonderrolle der beiden *charter groups*
(d.h. also der Gründungsnationen) basierte, wurde anfangs von anglophonen Autoren und Kritikern tatkräftig unterstützt, fand allerdings auf
frankophoner Seite nur geringen Widerhall. Der Versuch einer Annäherung
der beiden Sprach- und Kulturgruppen in Kanada – ablesbar etwa an der
zunehmenden Übersetzungstätigkeit vor allem aus dem Französischen ins
Englische – muß heute als mehr oder weniger gescheitert angesehen werden.

Die schriftliche Überlieferung setzt in Quebec mit Entdecker- und Siedler-   *Phasen*
literatur ein. Besonders hervorhebenswert sind die Berichte der Priester in   *der frankophonen*
den katholischen Missionen, die seit dem frühen 17. Jh. am St. Lawrence   *Literatur*
wirken (z.B. *Relations des Jésuites*, 1634–1673). Von einer eigenständigen
belletristischen Literatur kann aufgrund der jahrhundertelangen Isolierung
der frankophonen Kultur mit ihrer Konservierung eines starren klerikal-
aristokratischen Gesellschaftsaufbaus erst seit dem 19. Jh., also später als
im anglophonen Kanada, gesprochen werden.

Bis um die Wende vom 19. zum 20. Jh. entstand in Quebec eine vielfältige Poesie spätromantischer und symbolistischer Prägung (z.B. Emile Nelli-
gan), vor allem aber der sogenannte *Roman du Terroir*, dessen Verfasser
(z.B. Louis Hémon und ›Ringuet‹, d.i. Philippe Panneton) bodenständige
Lebensformen und bäuerliche Werte verherrlichen. Erst in der ersten Hälfte
unseres Jahrhunderts wird auch die Stadt zum Thema des Romans (z.B.
Roger Lemelin, *Au pied de la pente douce*, 1944; Gabrielle Roy, *Bonheur
d'occasion*, 1945). Nach der ›stillen‹ Revolution von 1960 wurden die
überkommenen kulturellen, sozialen und wirtschaftlichen Strukturen Quebecs von einem raschen Prozeß der Modernisierung erfaßt, der auch das
literarische Klima nachhaltig beeinflußte. Zahlreiche Romanciers verschrieben sich nun einem neuen, zum Teil auch aggressiven Quebec-Nationa-
lismus. Zu ihnen gehören Hubert Aquin, Roch Carrier, Réjean Ducharme,
Jacques Godbout und Anne Hébert. Besonders das frankophone Drama
und Theater erlebte nach 1960 einen erstaunlichen Aufschwung. Außerordentlich erfolgreich – und vielfach ins Englische übersetzt – wurde Michel
Tremblay, der in seinen populären Stücken das Milieu der Unterschicht
Montreals wirkungsvoll in Szene setzt (*Les Belles-Soeurs*, 1965) und den
dort gesprochenen Jargon (*Joual*) souverän als Medium einer teils humoristischen, teils satirischen Gesellschaftskritik heranzieht.

Welche Rolle der frankokanadischen Literatur – der *littérature québécoise*, wie man neuerdings lieber sagt – letztlich zuwachsen wird, muß angesichts eines keineswegs überwunden Separatismus (1980 erstes Referendum über die Unabhängigkeit gescheitert, 1995 zweites Referendum ebenfalls knapp gescheitert), der seit Jahren schwelenden Verfassungskrise Kanadas und einer forcierten Französisierungspolitik in Quebec zum gegenwärtigen Zeitpunkt offen bleiben.

Kanadische Literaturgeschichtsschreibung

Die Frage, mit welchem Recht man heute Literaturgeschichte betreibt und welche Darstellungsmöglichkeiten es in einer Zeit der Geschichtsskepsis gibt, stellt sich in Kanada nicht sehr dringend. Die Literaturgeschichte gerade ›junger‹ Literaturen leistet immer auch einen Beitrag zur Formulierung oder gar zur Schaffung von kollektiven Erinnerungen, die die Funktion einer Lebenshilfe und Orientierung übernehmen. In der Literaturgeschichte dokumentiert sich besonders deutlich das Bestreben, die eigene Literatur und Kultur ins Land zurückzuholen, ihre Dokumentation und Deutung aus der Entfremdung durch koloniale Kräfte zu befreien und zur eigenen Angelegenheit zu machen.

Literatur schafft Identität

Vor allem seit den 60er Jahren besteht die deutliche Tendenz, eine heterogene Vergangenheit im Sinne eines neuentdeckten gemeinschaftlichen Identitätsbewußtseins auch neu zu formulieren: Literaturgeschichte wird wichtiges Vehikel einer autonomen Traditionsbildung. Wenn es nun allerdings wesentliche Funktion der Historiographie ist, gleichsam den Bedarf an kultureller Gemeinsamkeit zu decken, entsteht die Gefahr einer Verschiebung literarischer Wertmaßstäbe, die oft zu einer Aufwertung des Mittelmäßigen zu führen droht. Namentlich bei einer Literatur, die für sich genommen weit weniger umfangreich ist als die der Vereinigten Staaten oder Großbritanniens, wird die Auswahl weniger scharf sein. Ein Aspekt dieses Dilemmas liegt darin, daß die Literaturgeschichte Kanadas, anders als die englische Literaturgeschichte, noch nicht auf einen relativ uniformen Kanon von Texten zurückgreifen kann, der sich ungeachtet etwaiger methodischer Differenzen im Laufe der Zeit herausgebildet hat. Sie muß vielmehr diesen Kanon erst bilden. Kanonbildung gehört zu ihren vordringlichen Aufgaben.

Problematische Traditionsbildung

Eine kanadische Literaturgeschichte aus europäischer Sicht muß diese Probleme notieren, sie sich aber nicht unbedingt zu eigen machen. Der ›externe‹ Kanadist wird sich von der These einer nationalliterarischen Homogenität ebenso fernzuhalten suchen wie von einer entgegengesetzten Auffassung, die vor allem die ›Verspätung‹ Kanadas gegenüber der amerikanischen Literatur oder eine permanente Abhängigkeit von disparaten äußeren Einflußkräften sieht. Er wird aber auch das Ungleichgewicht zwischen einer relativ langen Phase kolonialer Dominanz von außen und einer relativ kurzen Phase emanzipierter Eigenständigkeit berücksichtigen. Je etwa die Hälfte des folgenden Abrisses soll daher dem Zeitraum von den Anfängen bis zum Einsetzen der Moderne in den 20er Jahren und der Literatur der letzten sieben Jahrzehnte gewidmet sein.

Das gewählte Periodisierungsschema soll zugleich Einheit und Vielfältigkeit der literarischen Traditionsbildung in Kanada widerspiegeln. Es orientiert sich an internationalen Vorgaben und möchte die Zuordnung literarischer Vorgänge in Kanada erleichtern. Man darf darüber nicht vergessen, daß kanadische Literaturgeschichte diskontinuierlich verläuft – geprägt durch Abbrüche und Neuansätze, isolierte Einzelwerke und Überlagerungen durch externe Strömungen. Die Kontinuität ist, jedenfalls bis zur Mitte des Jahrhunderts (aber wie manche Kritiker meinen, selbst heute noch) scheinbar; sie ist eher Resultat einer narrativen Rekonstruktion als ›natürliches‹ Ergebnis der organischen Entfaltung einer lange unterdrückten und schließlich zu sich selbst kommenden Wesenheit, wie dies ein Teil der literarischen Nationalisten gerne sähe.

›Where is here?‹ Koloniale Literatur in Kanada

Hintergründe

Daß wir heute überhaupt von einer ›anderen‹ nordamerikanischen Literatur sprechen, geht – zugespitzt formuliert – auf zwei historische Daten zurück. 1763 übernahm Großbritannien im Frieden von Paris endgültig die amerikanischen Territorien (*Nouvelle France*) seines französischen Rivalen; im Krieg 1812/14 behauptete England erfolgreich seine restlichen Kolonien gegenüber den jungen Vereinigten Staaten in einer ersten Kraftprobe nach den Revolutionskämpfen. Während die französische Besiedlung seit den Reisen von Jacques Cartier (1534–1542) und Samuel de Champlain (Gründung Quebecs 1608), sowie nach der Niederlassung der ersten Missionare (1615) langsam aber stetig fortgeschritten war, beschränkte sich die englische Präsenz lange Zeit auf einzelne Garnisonen und den Pelzhandel (Gründung der *Hudson's Bay Company* 1670). Erst die erfolgreichen Auseinandersetzungen mit Frankreich und den USA schufen die Voraussetzungen für einen umfassenden englischsprachigen Siedlungs- und Kulturraum (wenn auch mit beträchtlicher frankophoner Minderheit), der sich zunächst an beiden Ufern des St. Lawrence-Stromes, nördlich der Großen Seen und an der Atlantikküste erstreckte, um später nach Westen in die Prärien und schließlich an den Pazifik auszugreifen.

Britische Vorherrschaft

Frye formuliert in seiner bereits klassisch gewordenen »Conclusion« (*Literary History of Canada*, 1965) den Mythos Kanadas als eines sich von Osten nach Westen erstreckenden Gebildes, das den Fremdling durch die Trichtermündung des St. Lawrence »like a tiny Jonah entering an inconceivably large whale« verschwinden läßt, und dessen bedrohliche Weiten den Siedler nur dann nicht vernichten, wenn er sich in Schutzgemeinschaften zusammenschließt (*garrison mentality*). Die Bevölkerungszahl der britischen Kolonien Lower Canada (Quebec) und Upper Canada (Ontario), die 1840 als *United Provinces of Canada* vereint wurden, wuchs zunächst langsam. Erst der Zustrom amerikanischer Siedler, die loyal zur britischen Krone standen, ließ nach dem Ende des amerikanischen Unabhängigkeitskriegs 1783 die Bevölkerungszahl von Britisch-Nordamerika beträchtlich wachsen, begründete zugleich aber den für die weitere Entwicklung fundamental wichtigen Gegensatz von fortschrittlicher amerikanischer Dynamik und konservativem kanadischen Traditionalismus. Es war ein britisch denkender Traditionalismus, der sich seit der zweiten Auseinandersetzung von 1812/14 und der in ihrem Gefolge zunehmenden Einwanderung aus Großbritannien noch verstärkte.

Loyalismus als Wurzel des Traditionalismus

Die häufig aufgestellte Behauptung, die kanadische Literatur setze spät ein und sei mithin eine ›junge‹ Literatur, ist vor diesem Hintergrund zu differenzieren. Sie trifft zunächst zu im Sinne einer Epochenverschiebung:

Eine ›junge‹ Literatur?

als Thomas Morus' *Utopia* erschien (1516), war John Cabot (Giovanni Cabotto) aus Bristol gerade von seiner Erforschung der Küste zwischen Labrador und Maine zurückgekehrt (1497); als William Shakespeares *Hamlet* aufgeführt wurde (1601), war Quebec noch nicht gegründet (1608); als Samuel Johnson sein *English Dictionary* publizierte (1755), war in Halifax, Nova Scotia, gerade die erste Druckerpresse Kanadas aufgestellt worden (1752). Historisch spät beginnt die Literatur Kanadas auch dann, wenn man Daten aus der amerikanischen Literatur zum Vergleich heranzieht. Aus dem verzögerten Einsetzen der Literatur in Kanada nun allerdings ein generelles *time lag* abzuleiten, wie dies vor allem amerikanische Kritiker mitunter getan haben, wäre verfehlt, weil sich literarische Prozesse nicht als mechanische Abläufe vollziehen, sondern als Interaktion unterschiedlicher Kräfte. Wichtig ist daher die Feststellung, daß der Beginn der kanadischen Literatur zu einem anderen historischen Zeitpunkt, in einem anderen historischen Kontext stattfindet.

Da sich die europäische Besiedlung später als in Neuengland oder im französischen Kanada vollzieht, wird sie nicht von missionarischen oder patriotischen Idealen getragen, sondern von einem loyalistischen Geist. Um die Mitte des 18. Jh.s und zu Beginn des 19. Jh.s waren die kulturellen und sozialen Bedingungen für die Entstehung einer eigenen englischsprachigen Literatur günstig und ungünstig zugleich: günstig, weil von den englischen Siedlern auch die großbürgerliche Kultur importiert wurde; ungünstig, weil damit ein fortdauerndes ›britisches‹ Bewußtsein verbunden war und sich die poetische Verklärung der kolonisatorischen Leistung in engen konventionellen Bahnen vollzog. Hinzu kam ein weiterer Faktor: ein derart gemischter, teils extern beeinflußter, teils intern wachsender Prozeß vollzog sich diskontinuierlich, in Sprüngen und Abbrüchen. Die Problematik von *time lag* und Ungleichzeitigkeit gilt nicht nur für die frühe Kolonialzeit, sondern sollte sich auch in späteren Epochen bis in die Gegenwart hinein als Grundproblem für Selbstverständnis und Selbstdarstellung erweisen.

Diskontinuität der Entwicklung

Expeditionsberichte

Sieht man von der mündlichen Überlieferung der Urbevölkerung ab (auf die im letzten Teil dieses Abschnitts eingegangen wird), so basiert die frühe kanadische Literatur auf einer dokumentarischen Tradition, die zwar nicht in den herkömmlichen Kanon paßt, jedoch für das Selbstverständnis außerordentlich bedeutsam wurde. In zahlreichen Tagebüchern, Expeditionsberichten und autobiographischen Darstellungen legten die ersten Reisenden – Entdecker, Pelzhändler, Landvermesser – ihre Erlebnisse und Erfahrungen in unterschiedlicher Kodierung als *odyssey*, *ordeal* oder *quest* (T.D. MacLulich) dar. Zu den bekanntesten Beispielen dieser dokumentarischen Literatur zählt der Expeditionsbericht des in den Diensten der Hudson's Bay Company stehenden Samuel Hearne, eines nüchternen, scharfsichtigen Beobachters, der allein mit indianischen Begleitern als erster Europäer auf dem Landweg den arktischen Ozean erreichte (*A Journey from the Prince of Wales's Fort in Hudson's Bay to the Northern Ocean, 1769, 1770, 1771, 1772*, 1795). Weitere Klassiker kanadischer Expeditionsliteratur sind Sir Alexander Mackenzies Schilderung der ersten Durchquerung des nordamerikanischen Kontinents (*Voyage from Montreal, on the River St. Lawrence, Through the Continent of North America, to the Frozen and Pacific Oceans; in the Years 1789 and 1793*, 1801) und der Bericht, den George Vancouver, ein Teilnehmer an den Reisen von James Cook, über seine

Literarische Vermessung des Landes

Samuel Hearne

eigene Expedition 1791 verfaßte (*A Voyage of Discovery to the North Pacific Ocean and Round the World in the Years 1790 to 1795*, 1798) und Sir John Franklins *Journey to the Polar Sea* (1823; 1828). Das Schicksal von Franklins letzter Expedition und ihr bis heute ungeklärtes Verschwinden im Eis hat die literarische Imagination Kanadas bis in unsere Zeit hinein immer wieder stark beschäftigt.

Die für diese *literature of discovery* maßgebliche Grundthematik der Konfrontation des auf sich gestellten Individuums mit einer fremden, ja feindlichen Umwelt, setzte sich – anders als in den Vereinigten Staaten, wo die *frontier*-Idee andere Maßstäbe vorgab, die das erobernde und sich bewährende Ich stärker hervortreten ließen – bis ins 20. Jh. fort, wie das Beispiel von Martin Allerdale Graingers *Woodsmen of the West* (1908) erkennen läßt. Die Vermessung des Landes (*mapping*) erscheint zudem als Akt der Besitzergreifung typisch für das europäische Verhältnis zu Kanada als *terra incognita* – nicht nur im 18. Jh. Über das Topographische hinaus gewinnt die Entdeckungsliteratur als Erzählmodell für die imaginative Durchdringung eines unbekannten Raumes gerade in der Gegenwartsliteratur neue Bedeutung.

Siedlerliteratur

Bis weit in die zweite Hälfte des 19. Jh.s präsentiert sich die kanadische Literatur als Kolonialliteratur: in Formen und Normen an Vorbildern des britischen Mutterlandes ausgerichtet, am Modell einer zweiten britischen Kultur jenseits des Ozeans. Das defensive Beharren auf überkommenen Werten und Lebensformen, das diese Literatur in unterschiedlichen Varianten prägt, verleiht ihr die Signatur einer Exilliteratur. Die Darstellung charakteristischer Themen wie das Ausgesetztsein, das Erlebnis der Andersartigkeit, das mühsame Aufrechterhalten von Bindungen geschieht durchweg in konventionellen Formen. Dieses statische Beharren fällt in eine Zeit, da sich die amerikanische Literatur entschieden von ihren europäischen Wurzeln distanziert und – etwa im Schaffen von Nathaniel Hawthorne, Herman Melville und Edgar Allan Poe – eine eigene innovative Schwungkraft entfaltet.

Siedlerliteratur als Exilliteratur

Die frühe Literatur Kanadas ist noch in einer zweiten Hinsicht provinziell: ihre Entstehung und Entwicklung ist stark regional geprägt. In den maritimen Provinzen, vor allem in New Brunswick und Nova Scotia, aber auch im heutigen Ontario, entsteht bereits gegen Ende des 18. Jh.s ein reges kulturelles Leben. Ihm entstammt eines der ersten poetischen Zeugnisse der Siedlerlyrik, Oliver Goldsmiths Erzählgedicht *The Rising Village* (1825). Goldsmith verfaßte ein optimistisches Gegenstück zu dem von seinem berühmten Großonkel gleichen Namens stammenden Gedicht *The Deserted Village* (1770), das die Verödung der englischen Dörfer infolge der *enclosure*-Politik der adligen Großgrundbesitzer beklagt hatte. Goldsmiths Gedicht nimmt in seiner prägnanten Beschreibung der inneren und äußeren Situation des in der Einsamkeit ausgesetzten Siedlers ein wichtiges Motiv der kanadischen Literatur vorweg, wobei die wirklichkeitsnahe Schilderung der schwierigen Selbstbehauptung in unwirtlicher Umgebung und konventionelle poetische Stilisierung hart aufeinanderprallen:

Regionale Ursprünge

> How sinks his heart in those deep solitudes,
> Where not a voice upon his ear intrudes;
> Where solemn silence all the waste pervades,
> Heightening the horror of its gloomy shades.

Goldsmiths Gedicht greift also Aspekte auf, die für die kanadische Frühzeit bezeichnend waren: das Ideal des Überlebens. Der Siedler schafft es – ein zweites Kernmotiv –, sich gegen Gefahren von außen zu behaupten. Obzwar epigonal in Bildersprache und Versform, formuliert Goldsmith nicht nur eine spezifisch kanadische Lebens- und Denkform, sondern tut dies in Form des Langgedichtes, das später zu einem besonders beliebten Genre werden sollte. Earle Birneys *David* (1942) und John Newloves *The Pride* (1968) sind Beispiele aus unserem Jahrhundert. Fraglich erscheint allerdings, ob aus Texten dieser Art, wie dies Desmond Pacey getan hat, eine vom Klima her begründete Theorie eines essentiellen nordamerikanischen Optimismus – in den USA offen und extrovertiert, in Kanada, weil kälter, gedämpft – abgeleitet werden kann.

Die Garnison als literarischer Schauplatz

In allen Siedlerkulturen spielen Frauen eine gewichtige Rolle. Obwohl mitunter als erster kanadischer, wenn nicht sogar nordamerikanischer Roman bezeichnet, ist Frances Brookes vierbändiger Briefroman *The History of Emily Montague* (London, 1769) in mehrfacher Hinsicht ein kolonialer Text. Verfaßt von einer europäischen Autorin – Brooke war von 1760 bis 1768 die Ehefrau des Garnisonspfarrers in Quebec – und für ein europäisches Lesepublikum bestimmt, ist der Roman im Garnisonsmilieu der eben eroberten Stadt Quebec angesiedelt. Nach Personal, Thematik und Erzählform gehört Brookes Text in die Tradition des britischen Briefromans in der Nachfolge von Samuel Richardsons *Pamela; or, Virtue Rewarded* (1740), dessen Muster der kolonialen Situation angepaßt wird: eine doppelte Liebesgeschichte, die nach den englischen Regeln des 18. Jahrhunderts abläuft, gewinnt ihr Profil dadurch, daß sie vor den exotischen Hintergrund einer wilden Natur und primitiver ›Ureinwohner‹ versetzt wird.

Historischer Roman

Das statische Bildmuster der schützenden Garnison wird von John Richardson, einem Journalisten und ehemaligen Offizier der britischen Armee, auf das Modell einer späteren und noch populäreren narrativen Form übertragen: den historischen Roman. Richardsons dreibändiger Roman *Wacousta; or The Prophecy. A Tale of the Canadas* (1832) schildert eine Liebes- und Intrigenhandlung zur Zeit der Indianerrebellion unter dem Ottawa-Häuptling Pontiac gegen die britische Kolonialmacht im Jahr 1763. Richardsons Werk ist in charakteristischer Weise doppelt epigonal: abgeleitet einerseits vom Vorbild, das Sir Walter Scott in *Waverley; or, ›Tis Sixty Years Since* (1814) geschaffen hatte, andererseits aber auch von James Fenimore Coopers *Leatherstocking*-Romanen (zuerst *The Pioneers*, 1823), deren Erfolg in den Vereinigten Staaten und in Europa gezeigt hatte, daß historische Stoffe publikumswirksam in einen nordamerikanischen Kontext übertragen werden konnten.

Mit welcher Phasenverschiebung die kanadische Literaturgeschichte rechnen muß, zeigt sich sehr eindringlich daran, daß das Scott/Cooper-Modell noch zu einer Zeit, da bereits Henry James zu schreiben begann, kolonialen Autoren als Vorbild empfohlen wurde: konservativ-puritanische Zielvorstellungen wurden zu ästhetischen Leitbegriffen umgemünzt. Vorbild war Scott auch für ein damals als kanadischer Klassiker geschätztes Werk: William Kirbys historische Romanze *The Golden Dog. A Romance of Old Quebec* (1877), die eine melodramatische Liebes- und Intrigengeschichte mit Elementen des Schauerromans mischt. Diese kritische Wertschätzung Scotts ist anachronistisch, wenn man bedenkt, daß Mark Twain nur wenige Jahre später in seiner berühmten Polemik in *Life on the Mississippi* (1883) Scott als reaktionären Hauptfeind des literarischen und (vor

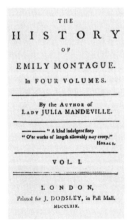

Titelblatt des ersten kanadischen Romans

allem den amerikanischen Süden betreffend) gesellschaftlichen Fortschritts anprangerte.

Neuansätze

Nicht zufällig zeigen sich erste Anzeichen autonomer Ansätze in Stil und Form gerade in Textsorten, die außerhalb des etablierten und von England übernommenen literarischen Kanons stehen: Prosaskizzen, Tagebücher, Briefliteratur. So schreibt der anglikanische Pfarrer Thomas McCulloch, ein gebürtiger Schotte, in seinen *Letters of Mephibosheth Stepsure* (1821/22) eine Satire auf das häufige Versagen der Siedler in Nova Scotia wegen ihrer oberflächlichen Putz- und Schwatzsucht. Ebenfalls aus Nova Scotia stammt der Richter Thomas Chandler Haliburton, dessen Serie humoristischer Skizzen unter dem Titel *The Clockmaker; or, The Sayings and Doings of Samuel Slick, of Slickville* (1836 bis 1840), die Erlebnisse des Autors auf seinen Fahrten durch die Provinz zugrunde legt. Die um die Gestalt des schlau-dreisten Sam Slick, eines Yankee und Uhrenhändlers, kreisenden Episoden kritisieren die provinzielle Rückständigkeit, sie werfen, komisch pointiert, ein scharfes Licht auf den bereits damals aktuellen Konflikt zwischen britischem Ordnungsdenken und der hemdsärmeligen Tatkraft einer geschäftstüchtigen und sendungsbewußten jungen Nation.

Haliburtons international erfolgreicher Episodenroman

Die Rolle der Frau in einer von Männern und ihren Tätigkeiten bestimmten Siedlergesellschaft steht im Zentrum des autobiographischen Berichtes *Roughing It in the Bush; or, Life in Canada* (2 Bände, 1852; fortgesetzt in *Life in the Clearings*, 1853) der 1831 mit ihrem Ehemann nach Ontario eingewanderten Engländerin Susanna Moodie. Detailgenau und nicht ohne Selbstironie schildert die Autorin das entbehrungsreiche und stets von Katastrophen bedrohte Pionierleben als harte Bewährungsprobe bürgerlicher Werte in einer gänzlich außerbürgerlichen Situation, in der europäische Begriffe – auch sprachliche Begriffe – zu versagen drohen. *Roughing It in the Bush* ist konzipiert als Warnung an leichtfertige Emigranten vor einem Land, das jenseits der Grenzen der gewohnten Welt liegt und allenfalls durch harte Arbeit Auskommen gewährt. Unüberhörbar ist die bewegte Klage über die trostlose Einsamkeit und Mühsal des Lebens in den *Backwoods of Canada* und die Anklage gegen die britischen Wortführer dessen, was Moodie als »Canada mania« bezeichnet. Allerdings finden sich auch eindrucksvolle Schilderungen der urtümlichen Natur, stilisiert im Sinne des Zeitgeschmacks für das Pittoreske, wie dies der Tradition kanadischer Literatur bereits bei Frances Brooke und Samuel Hearne entspricht.

Frauen zwischen Bürgerlichkeit und Pionierexistenz

Susanna Moodie

Kanadische Autorinnen der Gegenwart haben Susanna Moodie als literarische Vorfahrin entdeckt und ihre Texte – aber auch die anderer weiblicher Pioniere wie Moodies Schwester Catherine Parr Traill (*The Backwoods of Canada*, 1836), oder Anna Jameson (*Winter Studies and Summer Rambles in Canada*, 1838) – als nur bei oberflächlicher Betrachtung negativ-konventionelle Versuche interpretiert, ein durch doppelte Marginalisierung, als isolierter Siedler und als Frau, einschneidend beengtes Rollenklischee im Schreiben zu sprengen. Das Werk von Margaret Atwood und Margaret Laurence bietet hierfür besonders überzeugende moderne Belege.

Höchsten Ruhm um die Mitte des 19. Jh.s genossen jedoch weder Goldsmith noch Richardson oder Moodie, sondern Charles Sangster. Verblaßt ist der Glanz seines Pentameter-Langgedichtes *The St. Lawrence and the Saguenay* (1856), das einen Hymnus auf die kanadischen Flüsse in der ver-

Natur und Literatur im 19. Jahrhundert

edelnden Manier der englischen Romantik singt. Sangsters Werk wäre kaum der Erwähnung wert, wenn es nicht den Anlaß zu einer bemerkenswerten Kritik geboten hätte, welche das Verhältnis von Natur und Literatur als kanadische Grundthematik ins Blickfeld rückt. In einer 1858 publizierten Rezension von Sangsters Gedicht fordert der gebürtige Schotte Daniel Wilson, Professor für englische Literatur und Geschichte, die zeitgenössischen Dichter auf, sich dem »rugged realism of this vigorously practical Canada« zu stellen und eigene Themen zu gestalten. Bewußt oder unbewußt anknüpfend an Emersons Mahnung an den amerikanischen Autor (»The American Scholar«, 1837), der »listened too long to the courtly muses of Europe«, äußert Wilson die auch Sangsters Gedicht treffende Kritik, »such poetry as we do produce is less redolent of ‹the odors of the forest› than of the essences of the drawing room«. Kanada, gleichsam noch im Übergang vom Urzustand zur »high civilisation«, benötige eher praktische als poetische Verwertung der Natur.

Gänzlich außer Betracht bleibt bei einer solchen Perspektive, wie sie als nicht untypisch für die kanadische Haltung in kulturellen Fragen während des 19. Jh.s erscheint, die Tatsache, daß die nördliche Natur ja nur aus europäischer Sicht als unberührt und geschichtsfrei galt, nicht aber für die autochthonen Völker (›First Nations‹), zu denen seit Beginn der Besiedlung ein meist gespanntes Verhältnis bestand.

Autochthone Kulturen

Die Kultur der autochthonen ethnischen Gruppen, nämlich der Indianer und Inuit (Eskimo), stellt einen nicht zu übersehenden, wenn bislang auch noch peripheren Teil des literarischen Erbes Kanadas dar. Die Probleme, die ihr Verständnis und ihre Erschließung aufwerfen, sind so komplex, daß hier nur ein knapper Abriß gegeben werden kann, auch wenn die Bedeutung, die der Wiedergewinnung des kulturellen Erbes durch die Gruppen selbst zukommt, keineswegs verkannt werden soll. Die Schwierigkeiten, die der Rekonstruktion entgegenstehen, liegen nicht zuletzt in der Mündlichkeit der Überlieferung begründet.

Probleme mündlicher Überlieferung

Orale Literatur ist für den westlichen Rezipienten nicht unmittelbar erfahrbar und fixierbar, sondern präsentiert sich als mehrfach gebrochen. Sie wird in der Regel gelesen, nicht gehört; sie erscheint als Text ohne traditionelle musikalische und rhythmische Einkleidung; sie ist meist ins Englische übersetzt. In dieser Gebrochenheit sind Texte aus der *pre-contact*-Zeit durch europäische und andere westliche Forscher überliefert, wie etwa durch den Neuseeländer Diamond Jenness, den deutschen Anthropologen Franz Boas, den Dänen Knud Rasmussen. Diese Überlieferung reicht nur ins 19. Jh. zurück. Frühere Kontakte waren durch geringe Verständnisbereitschaft für das Fremde, Andere gekennzeichnet. Sie waren zudem durch ein kulturelles Überlegenheits- und Sendungsbewußtsein belastet, das eher danach trachtete, der *terra incognita* (wie sie aus europäischer Sicht erschien) als leerem Raum eigene Namen zu verleihen, als ihre oft als bedrohlich befundene Andersartigkeit zu verstehen und zu bewahren. Vor allem im Falle der Indianer führte diese Zwiespältigkeit im Verhältnis zu den autochthonen Kulturen dazu, daß einerseits die vorhandene Bevölkerung bis ins 19. Jh. hinein dezimiert, später in Reservationen zusammengedrängt wurde, daß aber andererseits ihre traditionellen Kunstformen, aufs Dekorative reduziert, zu einem Teil des kanadischen Selbstverständnisses wurden, losgelöst von ihrer ursprünglich religiösen und mythischen Funktion. Maßgeblich für diese verfremdende Übernahme war neben einem euro-zentri-schen Weltbild auch die Geringschätzung der mündlichen Kultur im Zei-chen einer abendländischen Kultur der Schriftlichkeit.

Die nicht nur etymologisch irreführend benannten, sondern auch verein-fachend zum Kollektiv zusammengefaßten Stammesgruppen der ›Indianer‹ setzen sich aus einem halben Dutzend verschiedener ›Nationen‹ zusammen, die ihrerseits unterschiedlichen Sprachgemeinschaften angehören (z.B. *Al-gonkian, Iroquoian, Athapaskan languages*) und über weite geographische Räume verteilt sind. Soweit angesichts solcher Vielfalt überhaupt generelle Aussagen möglich sind, gliedern sich die traditionellen indianischen Mythen in mehrere Grundtypen. Neben Schöpfungsmythen, Verwandlungs- und Heldenmythen handelt es sich häufig um sogenannte *trickster*-Geschichten. Der *trickster* ist eine Proteus-Gestalt, die durch unerschöpfliche Verwand-lungsfähigkeit Leben hervorbringt und unter vielen Namen (bei den Stäm-men an der Pazifikküste z.B. als *Raven*) erscheinen kann. Die schriftliche Fixierung dieser traditionellen, für europäische Begriffe übrigens häufig drastischen und obszönen bildlichen Mythen wurde seit Ende des 19. Jh.s von Kulturanthropologen nicht zuletzt aus der Erwartung heraus vorange-trieben, das Ende der Indianer als ethnische Gruppe stehe unmittelbar bevor. So vertrat noch Jenness in seinem Standardwerk *The Indians of Canada* (1932) die fatalistische Ansicht, die Wissenschaft müsse angesichts einer nach darwinistischen Ausleseegesetzen sterbenden Kultur rasch han-deln.

Indianische Mythen

Frühe Nachrichten über indianische Mythen zeichneten bereits die Mis-sionare in ihren Berichten auf (z.B. *Relations* der Jesuiten). Zu den ersten Forschern, die indianische Sprachen systematisch untersuchten und My-thensammlungen edierten, gehört Franz Boas. Die Wirkung seiner beiden wichtigen Bände *Tsimiskian Mythology* (1916) und *Kutenai Tales* (1918) wird heute ambivalent eingeschätzt. Sie dokumentieren und erhalten die Tradition, bringen aber durch ihre Überführung in die Schriftlichkeit auch eine gewisse Verflachung und Instrumentalisierung des Überlieferten mit sich. Zum Allgemeingut des weißen kanadischen Lesepublikums wurden ursprünglich mündlich tradierte Stoffe durch spätere Überarbeitungen für Kinder (Cyrus Macmillan, *Canadian Wonder Tales*, 1918) oder durch Adaptationen für Erwachsene (Egerton Ryerson, *Stories from Indian Wig-wams and Northern Campfires*, 1893). Dem viktorianischen Zeitge-schmack angepaßt war das Schaffen der von einem indianischen Vater und einer englischen Mutter abstammenden Pauline Johnson, die seit 1886 unter dem Namen *Tekahion-Wake* in ihren Gedichten (zuerst *The White Wampum*, 1895) traditionelle Motive aufgriff und auch mit Erzählsamm-lungen (*Legends of Vancouver*, 1911) ein breites Publikum erreichte. Von der Bemühung um Verständnis gekennzeichnet waren auch Gedichte wie die von Duncan Campbell Scott, der als Mitarbeiter des *Department of Indian Affairs* unmittelbaren Einblick in das Leben der Urbewohner ge-winnen konnte.

Rezeption und Adap-tion durch ein ›weißes‹ Publikum

Eine neue Phase der Rezeption setzte erst um die Mitte des 20. Jh.s ein, als ein steigendes Interesse an oraler Kultur und Tradition mit der Neu-definition Kanadas als Mosaik unterschiedlicher Ethnien und mit dem Aufleben politischer Ansprüche der Urbevölkerung zusammentraf. Emanzi-patorische Ziele verfolgen z.B. Dokumentationen wie Penny Petrones *First People, First Voices* (1983), aber auch neu entstehende Texte, die an die magische und totemistische Rückbindung indianischer Kunst anknüpfen, um sie für eine Erneuerung autochthoner Identität einzusetzen. Der scharfe

Neubelebung im 20. Jahrhundert

links: Das traditionelle »Röntgen«-Design, angewandt in »My Dream« von Carl Ray (1975); *rechts:* Sedna, die Meeresgöttin der Inuit, in einem Bild von Keojuak Ashevak, Talelayu (1979)

Kulturkonflikt, der sich hier oft einstellt, wird in den Stücken des Cree-Indianers Tomson Highway zum Thema. In Highways Komödie *The Rez Sisters* (1986), entstanden unter dem Einfluß von James Reaney und den umgangsprachlichen Stücken des Frankokanadiers Michel Tremblay, sucht eine Gruppe indianischer Frauen, streitbar und sentimental zugleich, dem Gemeinschaftsleben in der Reservation zu entfliehen, um beim »Biggest Bingo in the World« in Toronto den großen Treffer zu erzielen.

Auch der Einfluß indianischer Traditionen auf die ›weiße‹ Literatur Kanadas ist vielfältig, wie das Beispiel der Malerin Emily Carr zeigt, die in *Klee Wyck* (1941) in kurzen Geschichten persönlich erlebte Einblicke in Leben und Kultur der Nootka-Indianer auf Vancouver Island gibt. In neuester Zeit ist es vor allem John Newlove, der etwa in seinem Band *Black Night Window* (1968) der indianischen Vorgeschichte des Landes nachspürt. Das Aufbegehren der urbanen indianischen Bevölkerung gegen unerträgliche Existenzbedingungen hat George Ryga in seinem Stück *The Ecstasy of Rita Joe* (1969) dramatisiert.

Das Meer als Inuit-Mythos

Als zweite autochthone Kultur Kanadas gilt die der Inuit, die – insgesamt nicht mehr als 20.000 Menschen – seit etwa viertausend Jahren in der kanadischen Arktis ein Gebiet von der Größe Europas kontinuierlich besiedeln. Aufgrund seiner Unzugänglichkeit war es dem europäischen Zugriff lange Zeit weitgehend entzogen und daher länger intakt. Die Inuit-Mythologie, in Fragmenten aufgezeichnet von Boas (*The Central Eskimo*, 1888) und Rasmussen (*Across Arctic America; Narrative of the Fifth Thule Expedition*, 1927) kreist um die Kraft des Meeres, wobei im Zentrum zahlreicher Geschichten Sedna, die göttliche Frau aus dem Meer, steht. Wie in allen mündlichen Kulturen stiftet das Erzählen als Form des Verfügens über die Dinge einen magischen Bund mit dem Zuhörer:

> The great sea stirs me.
> The great sea sets me adrift,
> It sways me like the weed
> On a river stone
>
> The sky's height stirs me.
> The strong wind blows through my mind.
> It carries me with it,
> So I shake with joy.
> (»Moved«, aufgezeichnet von Rasmussen)

Ergebnisse späteren Kulturkontaktes sind Werke wie der Roman *Harpoon of the Hunter* (1970) des Inuit Markoosie oder die Inuit-Gedichte von Al Purdy (*The Cariboo Horses*, 1965; *North of Summer*, 1967). Auch das seit einigen Jahrzehnten zu beobachtende Aufleben einer eigenständigen Inuit-Kunst ist auf den Kontakt mit westlichen Einflüssen zurückzuführen. Vor allem die künstlerisch hochentwickelte Steinschnitzkunst und Inuit-Graphik verdanken ihre Blüte den auf Anregung von James Houston (geb. 1921) gegründeten Kooperativen.

Auch wenn die mündlichen Traditionen indianischen und Inuit-Ursprungs über ihre exotische Funktion hinaus immer mehr als fester Bestandteil eines multikulturellen Konzepts kanadischer Literatur betrachtet werden – bruchlos lassen sie sich in eine eurozentrische kanadische Literaturgeschichte kaum einfügen. Ihre Authentizität ist problematisch. Seit Beginn des Kontaktes hat sowohl die europäische Tradition (z. B. die Mythologie der Bibel) wie auch der Überlieferungsvorgang selbst auf die indianischen Stoffe zurückgewirkt, so daß es heutzutage schwierig, wenn nicht sogar unmöglich geworden ist, ›Originales‹ von europäischer Überformung zu trennen. Die Literatur der ›First Nations‹ tritt uns als interkultureller Text entgegen. Von daher erscheint auch der heutige Versuch der Autochthonen, die Umdeutung des mythischen Erbes ins Ästhetische rückgängig zu machen und von einem ethnozentrischen Standpunkt aus Literatur wieder zum reinen Ausdruck eigener Kultur werden zu lassen, fragwürdig. Sie sind verständlich als Zurückweisung interkultureller Vereinnahmung und Abwehr einer Überfremdung durch neo-koloniale Ansprüche, tragen aber der tatsächlichen und irreversiblen Synthese heterogener Kulturen nicht genügend Rechnung.

Probleme des Kulturkontakts

›A Mari Usque Ad Mare‹: Anfänge der Nationalliteratur

Die neue Nation

Erst seit 1867 kann man von Kanada im staatsrechtlichen Sinne sprechen. Der Zusammenschluß der ursprünglich vier britischen Kolonien an der Atlantikküste, am St. Lawrence und an den Großen Seen (Canada East und Canada West, New Brunswick und Nova Scotia), dem sich 1869 Manitoba, vier Jahre später British Columbia und zwei Jahre danach Prince Edward Island anschlossen (Alberta und Saskatchewan folgten erst im Jahre 1905, Newfoundland erst im Jahre 1949) wurde kodifiziert durch den *British North America Act* des britischen Parlaments in Westminster am 1. Juli 1867. Er erscheint als Höhepunkt einer langjährigen Orientierung der nach der Unabhängigkeit der Vereinigten Staaten verbleibenden nordamerikanischen Kolonien am britischen Modell – mit konsequenter Marginalisierung rivalisierender Traditionen, vor allem der französischen, aber auch der der autochthonen Gruppen (Indianer und Inuit).

Die Wahl des Zeitpunkts der Staatsgründung wurde beeinflußt von der Tatsache, daß der Einfluß des großen Nachbarn jenseits des 49. Breitengrades durch die Beendigung des amerikanischen Bürgerkrieges (1865) und den käuflichen Erwerb Alaskas von Rußland im Jahr danach unaufhaltsam zu wachsen drohte. Die Gefahr weiterer territorialer Ausdehnung schien

Die Staatsgründung und ihre Folgen

nicht ausgeschlossen. Um so mehr galt es für Kanada und für die kanadische Kultur, durch stärkeren Rückbezug auf Großbritannien der eigenen Tradition eine unanfechtbare Grundlage zu geben. Kanada sah sich fortan unter Verzicht auf kulturelle Souveränität als imperialer Vorposten des Mutterlandes jenseits des Atlantik. Ungeachtet des sich gerade herausbildenden Staatsverbundes wurde diese Beziehung als selbstverständlich vorausgesetzt (*Dominion of Canada* mit dem Motto: ›A Mari Usque Ad Mare‹, ›Vom Meer bis zum Meer‹) – ein koloniales Paradoxon.

Die Canada First-Bewegung

Bezeichnenderweise bestand ein Hauptziel der 1886 von führenden Persönlichkeiten wie R. G. Haliburton, dem Sohn des ›Erfinders‹ von Sam Slick, und Goldwin Smith gegründeten nationalistischen *Canada First*-Bewegung gerade darin, eine größere Zahl britischer Einwanderer zu gewinnen. Sowohl im sachlichen Kern wie auch in der Wahl des Bildes drückte der britische Autor Rudyard Kipling die Mehrheitsmeinung des ausgehenden 19. Jh.s aus, wenn er in seinem damals vielzitierten Gedicht »Our Lady of the Snows« (1897) das Verhältnis von Kanada und England als Familienbeziehung beschreibt: »Daughter am I in my mother's house / But mistress in my own.«

Die immer neue Bemühung, das Streben nach nationaler Selbständigkeit einerseits, nach fortgesetzter Teilhabe am Gesamtverband des Empire und am britischen Imperialismus andererseits auf eine passende Formel zu bringen, gehörte fortan zum Grundbestandteil der kulturpolitischen Diskussion in Kanada. Zwar schuf der Zusammenschluß der britischen Kolonien in Nordamerika (*Confederation*) ein staatsrechtlich einheitliches Gebilde und gab dem Lande eine Hauptstadt (Ottawa), brachte jedoch noch keine kanadische Literatur hervor, auch wenn sich im letzten Drittel des 19. Jh.s vor allem innerhalb der bürgerlichen Mittelschicht der traditionellen Zentren wie Montreal und Toronto ein reges literarisches Leben entfaltete. Als dessen Sprachrohre verstanden sich neue Zeitschriften (z. B. *The Canadian Magazine*, 1893–1939) und die teilweise in die Gegenwart fortbestehenden *University Magazines* (*Queen's Quarterly*, gegründet 1893; *The University of Toronto Quarterly*, gegründet 1895). Zwar erhoben einflußreiche Journalisten wie der gebürtige Ire Thomas D'Arcy McGee in Zeitschriften wie *The New Era* schon 1857/58 die Forderung, die Literatur müsse schreibend eine kanadische Nationalität formulieren, eine Vorstellung, die dem Gedankengut der europäischen Romantik (Gervinus, Herder) entlehnt war. Aber worauf sollte eine solche neue, die Nation antizipierende Nationalliteratur gründen? Auf der angelsächsischen Rasse, wie D'Arcy McGee und der Kritiker Smith meinten? Auf der Berufung auf die gemeinsame Erfahrung einer nördlichen Natur als Lebensraum, wie dies bereits Wilson in seiner Sangster-Rezension getan hatte und später die *Confederation Poets* wiederholten?

Literarisches Leben

The Canadian Forum, Wegbereiter der Moderne in Kanada

Nationalismus und kulturelle Rückständigkeit

Trotz schwungvoller rhetorischer Appelle bestand kein Zweifel, daß hier allenfalls spezifische Themen zur literarischen Gestaltung vorlagen, daß aber keine autonome gesellschaftliche Grundlage vorhanden war, die zum Träger einer autonomen Literatur hätte werden können. Wenn Robert Barr, der äußerst produktive Romancier, *short story*-Autor und von 1891 bis 1911 Herausgeber des Londoner Magazins *The Idler*, kurz vor der Jahrhundertwende die kühne Vision entwickelte, Kanada sei gleichsam durch Geographie und Klima zur literarischen Größe prädestiniert, so stellte er dieser Utopie doch sogleich die ernüchternde Beobachtung gegenüber, daß in Kanada derzeit keine der Literatur günstige Atmosphäre herrsche. Barr, der zunächst in die USA emigrierte, um später ins ›Mutterland‹ zurückzukehren, stand mit diesem Urteil nicht allein. Noch weit nach der Jahrhundertwende stellte Pelham Edgar, Englisch-Professor am Victoria College der Universität Toronto und einer der renommiertesten Wissenschaftler seiner Zeit, fest, die beiden Säulen, auf die der literarische Nationalismus des ausgehenden 19. Jh.s setzte – unberührte nördliche Natur und britische Tradition – stellten vorerst keine tragfähige Grundlage für eine blühende Nationalliteratur dar, ganz im Gegensatz zur Situation in den USA. Auch wenn man, gab Edgar zu bedenken, die ›Poesie der Natur‹ als akzeptablen Ersatz für ein Pionierland betrachte, so spreche doch viel für die Ansicht, daß die Vergangenheit durch die britische Tradition geprägt sei, die Gegenwart aber durch die Poesie des praktischen Lebens.

Die ›Confederation Poets‹

Eigenes Profil gewann im letzten Drittel des 19. Jh.s vor allem die Lyrik mit ihren Hauptvertretern Sir Charles G.D. Roberts, Bliss Carman, Archibald Lampman und Duncan Campbell Scott. Auch wenn die übliche Bezeichnung dieser Autoren als *Confederation Poets* das Gemeinsame vielleicht zu stark hervorhebt, so verbindet sie neben ihren eng benachbarten Geburtsdaten doch das zum Teil patriotisch motivierte Streben, eine authentische Landschafts- und Naturerfahrung zur Grundlage einer spezifisch kanadischen poetischen Sprache zu machen. Herausragende Belege dafür sind Texte wie Roberts' »Tantramar Revisited« (1886), Scotts »The Unnamed Lake« (1897) und Lampmans Gedicht »Morning on the Lièvre« (1888), in dem es unter anderem heißt:

Epigonalität und Erneuerung

> ... Softly as a cloud we go,
> Sky above and sky below,
> Down the river; and the dip
> Of the paddles scarcely breaks,
> With the little silvery drip
> Of the water as it shakes
> From the blades, the crystal deep
> Of the silence of the morn
> Of the forest yet asleep; ...

Sir Charles G.D. Roberts

So sehr Lampman und seine Zeitgenossen sich eines von romantischen und viktorianischen Vorbildern geprägten Formen- und Metaphernschatzes bedienten, wird hier in der konkreten Dinglichkeit doch ein eigener ›nationaler‹ Ton hörbar. Neben stimmungsvoller Naturlyrik finden sich bei Lampman auch Gedichte wie »The City of the End of Things« (1895), mit der apokalyptischen Vision einer entgötterten, unterirdischen Maschinenwelt.

Ähnlich wie ihre britischen Zeitgenossen übernahmen die *Confederation Poets* im übrigen auch den viktorianischen Klassizismus mit seinen Versformen und seinem Apparat mythologischer Querverweise. Paradebeispiele hierfür bieten Roberts' früher Band *Orion, and other Poems* (1880) und Carmans *Sappho. One Hundred Lyrics* (1904). Gegen die bei aller Kunstfertigkeit mitschwingende Tendenz, durch Nachempfinden der Vorlagen den Nachweis poetischer Ebenbürtigkeit zu erbringen, erhoben sich allerdings schon früh Proteststimmen, die statt klassizistischer Epigonalität die Hinwendung zur nordischen Mythologie forderten. Ein solcher Neubeginn ist ansatzweise erkennbar in literarischen Sonderformen und Einzelwerken, die um die Jahrhundertwende entstanden. In diesen Bereich gehört die bis

Klassische und nordische Mythologie

Robert W. Service

Die naturalistische animal story

Realismus und Utopie im Roman

Steven Leacock

heute weitverbreitete Lyrik von Robert W. Service, der – in Anlehnung an Kiplings virtuos gereimte Dichtung – in teils melodramatischen, teils humoristischen Balladen das rauhe Leben der Jäger und Goldsucher im hohen Norden besingt (*Songs of a Sourdough*, 1907; *Ballads of a Cheechako*, 1909), das seit Einsetzen des *Gold Rush* am Klondike (1898) intensive Aufmerksamkeit gefunden hatte.

Formen der Prosa

Die kanadische Kurzprosa des späten 19. Jh.s schließt sich weniger britischen als amerikanischen Vorbildern an, dabei aber nicht so sehr zeitgenössischen Autoren (z. B. Poe oder O. Henry) wie den Vertretern der *local color story*. Auch das Vorbild der *sketch*-Form von Washington Irving wirkt nach. Starken regionalen Einschlag haben die Erzählzyklen *In the Village of Viger* (1896) von D. C. Scott und Stephen Leacocks *Sunshine Sketches of a Little Town* (1912) – letzteres Werk nur ein Beispiel für die zahlreichen Geschichten, *sketches* und Essays, die der überaus produktive Volkswirtschaftsprofessor Leacock verfaßte. Er erscheint weniger als Vorläufer der modernen *short story* denn als mild-ironischer Kritiker des selbstzufriedenen Denkens einer Kleinstadt in Ontario und ihrer Würdenträger. Leacocks Kritik entspringt, wie auch die traditionelle Form der Texte zeigt, konservativem Geist.

Als eigenständige Form außerhalb des etablierten Kanons von erzählerischen Kurzformen tritt der Typ der realistischen *animal story* auf, vertreten durch Roberts (*Earth's Enigmas: A Book of Animal and Nature Life*, 1896) und Ernest Thompson Seton (*Wild Animals I Have Known*, 1898). Auch hierbei handelt es sich, wie manche melodramatische Titel (»When Twilight Falls on the Stump Lots«) zeigen, um eine zeitbedingte, deutlich durch die naturalistische Selektionstheorie geprägte Form. Gleichwohl wird in neuester Zeit schärfer gesehen, daß diese *Canadian stories* mit ihrem Motiv des sterbenden Wildtieres und dem zentralen Konflikt zwischen natürlicher Ursprünglichkeit und kultureller Überformung prägnante Fallstudien für die in der Moderne immer wieder neu aufgegriffene und von Margaret Atwood zum zentralen Mythos erhobene Opferthematik der kanadischen Literatur darstellen.

Zum realistischen Roman des späten 19. Jh.s trägt Kanada kaum etwas bei. Nur vereinzelt stößt man auf Darstellungen der sozialen Realität Kanadas in Romanform, die sich nicht auf reine Unterhaltungsabsichten beschränken. So thematisiert die weitgereiste und emanzipierte Journalistin Sara Jeannette Duncan in *The Imperialist* (1904) die schwierige Geburt eines kanadischen Nationalbewußtseins und die Probleme einer Öffnung für eine größere Zukunft im Rahmen des Empire in Anlehnung an die Technik des von ihr bewunderten Henry James. Einem ganz anderen Genre gehört *A Strange Manuscript Found in a Copper Cylinder* von James De Mille an, vermutlich schon in den 1860er Jahren entstanden, aber erst posthum 1888 erschienen. De Milles negative Utopie stellt, vermutlich unter dem Einfluß von Jules Verne und Poes *The Narrative of Arthur Gordon Pym* (1838), eine am Südpol angesiedelte Gesellschaft dar, in der in satirischer Verkehrung der zeitgenössischen Wertordnung Tod, Dunkelheit und Armut als höchste Werte verehrt werden. Das Werk des Vielschreibers De Mille, mitunter als dichtester und philosophisch gehaltvollster kanadischer Roman des 19. Jh.s gerühmt, ist – ebenso wie Duncans *The Imperialist* – symptomatisch für eine diskontinuierliche und mit externen Einflüssen eng verschränkte Traditionsbildung, wie sie auch für die kommende Periode charakteristisch werden sollte.

Neben den aus heutiger Sicht maßstabsetzenden Texten stehen allerdings auch andere, die dem eher an nationalen und moralischen als an ästhetischen Maßstäben orientierten Geschmack des viktorianischen Lesepublikums in Kanada stärker entgegenkamen. Einem kolonialen Lebensgefühl verliehen vor allem – neben William Kirby – Sir Gilbert Parker und ›Ralph Connor‹ Ausdruck. Parker, als anglikanischer Pfarrer zeitweise englischer Parlamentsabgeordneter, britischer Propagandist im Ersten Weltkrieg und als Autor sehr beliebt, schrieb in seinem Roman *The Seats of the Mighty* (1896) eine vor dem Hintergrund der englisch-französischen Auseinandersetzung um Quebec spielende historische Romanze. ›Ralph Connor‹ (d.i. Charles William Gordon), ein presbyterianischer Geistlicher, der lange Jahre als Missionar in den Nordwest-Territorien verbrachte, schuf ein umfangreiches Romanwerk, aus dem *The Man from Glengarry: A Tale of the Ottawa* (1901) herausragt – ein im kanadischen Westen angesiedelter, christlicher Entwicklungsroman.

Geschichts- und Entwicklungs- roman

Das Bild des kanadischen Romans nach 1867 ist äußerst heterogen und mit der relativen Geschlossenheit des amerikanischen Romans der gleichen Zeit nicht zu vergleichen. Die rege literarische Produktion der Nach-Konföderationszeit kann überdies nicht darüber hinwegtäuschen, daß die um die Jahrhundertwende in Kanada eigentlich populären Autoren nicht Einheimische waren, sondern Briten, allen voran Dickens, Kipling, Stevenson. Trotz zahlreicher programmatischer Appelle kennzeichnet die englisch-kanadische Literatur bis zum Ersten Weltkrieg ein durchgreifendes Bewußtsein marginaler Abhängigkeit und kolonialer Rückständigkeit, das auch durch Bekenntnisse der Zugehörigkeit zum imperialen Zentrum nur teilweise kompensiert wird und das sich vom Selbstbewußtsein der amerikanischen Literatur zur gleichen Zeit stark abhebt.

Popularität britischer Autoren

›Irony is the Key to Our Identity‹: die kanadische Moderne

Verspäteter Beginn

Die literarische Moderne begann in Kanada spät und setzte sich nur zögernd durch. Das Vordringen einer aus Europa und Amerika kommenden Avantgarde wurde bis tief in die 20er Jahre hinein durch einen konservativen Publikumsgeschmack behindert, der lange Zeit britische, d.h. viktorianische Autoren oder sentimentale Familienromane bevorzugte, wie sie Mazo de la Roche in ihrem fünfzehn Bände umfassenden *Jalna*-Zyklus (von *Jalna*, 1927, bis *Morning at Jalna*, 1960) lieferte. Auch der Kriegseintritt im Jahre 1914, den Kanada als Teil des Empire automatisch mitvollzog, brachte neben beträchtlichen wirtschaftlichen und staatsrechtlichen Auswirkungen eine Welle des Patriotismus, der aber, wie die innenpolitische Krise um die Einführung der allgemeinen Wehrpflicht 1917/18 zeigte, von der frankophonen Bevölkerung Quebecs nicht geteilt wurde. Anders als in den Vereinigten Staaten und in den europäischen Literaturen brachte das Kriegserlebnis auch keinen Modernisierungsschub, da vorher keine nennenswerte Moderne vorhanden war, die sich hätte radikalisieren können.

Zögernder Paradig- menwechsel

Innovative Impulse für die Moderne kamen in Kanada zunächst aus der Malerei: Lawren S. Harris, »Above Lake Superior« (1922)

Im Gegenteil: das 20. Jh. begann, wie Frye es formulierte, mit der alten bangen, introspektiven Frage: »What kind of people we are – or even, whether a Canadian could be identified«. Ein Paradigmenwechsel vollzog sich erst während der 20er Jahre, als sich die kanadische Literatur allmählich von ihrer Empire-Bindung löste und sich externen Vorbildern, vor allem amerikanischen Ursprungs, öffnete.

Innovative Impulse gingen zunächst von der Malerei aus. Die *Group of Seven*, eine Gruppierung von Landschaftsmalern (u. a. Franklin Carmichael, A. Y. Jackson, Lawren S. Harris und ihr Vorläufer Tom Thomson) erprobten unter dem Einfluß heterogener Strömungen wie des amerikanischen Transzendentalismus, aber auch der europäischen Romantik und des zeitgenössischen Nationalismus Möglichkeiten einer authentischen Wiedergabe nördlicher Landschaft – eine nationale Zielsetzung, die allerdings formal durch Übernahme impressionistischer Verfahren international ausgerichtet war. Der Protest der *Group of Seven*-Maler gegen konventionelle Provinzialität, den sie auf kontroversen jährlichen Ausstellungen in den 20er Jahren artikulierten, beeindruckte eine neue Generation von Lyrikern, die in T. S. Eliot und Ezra Pound, vor allem auch im Imagismus, der den Vorrang des Bildes vor der Idee propagierte, ihre Vorbilder erblickte.

Kritik am Viktorianismus

F. R. Scotts satirisches Gedicht »The Canadian Authors Meet« (1927) ist ein spätes, aber treffendes Zeugnis für den sich nun vollziehenden Bruch mit einem sterilen Traditionsbezug der epigonalen Nach-Konföderations-Poeten:

> The air is heavy with Canadian topics,
> And Carman, Lampman, Roberts, Campbell, Scott,
> Are measured for their faith and philanthropics,
> Their zeal for God and King, their earnest thought.

In seinem Gedicht beobachtet Scott ironisch ein Treffen von Vertretern der 1921 gegründeten *Canadian Authors' Association* (»Virgins of sixty who still write of passion«) und nimmt die Rückwärtsgewandtheit aufs Korn, die sich im Festhalten an viktorianischen Idealen einer moralischen Funktion der Literatur manifestiert. Bezugspunkt der konstatierten Verspätung Kanadas ist nach wie vor die Abhängigkeit von britischen, nicht amerikanischen Vorbildern.

Die ›Montreal Group‹

Gemeinsam mit Lyrikern wie Leo Kennedy und A. J. M. Smith gründete Scott die *Montreal Group* als modernistische Bewegung, deren Grundsätze er mit Smith schon während des gemeinsamen Studiums in Montreal in der *McGill Fortnightly Review* (1925–27) entworfen hatte. Smiths berühmter Aufsatz »Wanted – Canadian Criticism« (erschienen in *Canadian Forum*, 1928) bereitete den Boden für eine Wende vor. Mit schonungsloser Schärfe stellte er fest, daß eine auf dem Begriff der Nation begründete kanadische Literatur, wie sie die *Canadian Authors' Association* in ihren Publikationen (vor allem *Canadian Bookman*) pries, so populär sie auch war, einer inzwischen abgelebten Epoche zugehörte: »If you write, apparently, of the far north and the wild west and the picturesque east, seasoning well with allusions to the Canada goose, fir trees, maple leaves, snowshoes, northern lights etc., the public grasps the fact that you are a Canadian poet.« Demgegenüber umriß Scott eine moderne, formal souveräne Literatur, die er in Kanada noch am Nullpunkt stehen sah. Zu ihrer Entwicklung wurde eine radikale Kritik gefordert, die in der Lage sein sollte, neue, nicht an puritanische Maßstäbe gebundene Kriterien zu entwerfen und Autoren wie Publikum an künstlerische Freiheit von Themenwahl und formaler Darstellung zu gewöhnen. Für Autoren und Kritiker wurde dadurch der Aufbruch aus einem romantischen Nationalismus in einen eklektischen Internationalismus vorgezeichnet. Durch die Befreiung der Lyrik aus anachronistischer Emotionalität sollte der Anschluß an eine objektiv reflektierte, intellektuell konstruierende Moderne vorbereitet werden. Die Anthologie *New Provinces. Poems of Several Authors* (1936) sammelte poetische Belege für dieses kritische Konzept. Insgesamt können die besten Gedichte des Bandes, von dem im ersten Jahr nach Erscheinen nur 82 Exemplare verkauft wurden, als überzeugende Belege für die entschiedene Hinwendung der kanadischen Lyrik zur Formensprache der internationalen Moderne gelten.

Grundsätze der Moderne

Wirklich durchgesetzt hat sich die von den *Montreal Poets* angestrebte Reform der kanadischen Poesie in den 30er Jahren noch nicht. Erst eine Generation jüngerer Lyriker, die seit dem Ende des Zweiten Weltkriegs hervortrat, hat sich Bild- und Formmuster der internationalen Moderne selbständig angeeignet. Zu dieser Generation gehörten Autoren, die mittlerweile ihrerseits zu modernen Klassikern geworden sind: Earle Birney (*David and other Poems*, 1947), Dorothy Livesay (*Poems for People*, 1947), Miriam Waddington (*Green World*, 1945) und Phyllis Webb (*Trio*, mit Gael Turnbull und Eli Mandel, 1954). Diesen Vertretern der Literatur Westkanadas standen im Osten Autoren wie der aus dem jüdischen Großbürgertum stammende und bereits in *New Provinces* vertretene Abraham Moses Klein (*Hath not a Jew . . .*, 1940), Louis Dudek (*East of the City*, 1946) und Eli Mandel (»Minotaur Poems«, in: *Trio*, 1954) gegenüber. Vor allem Dudek ebnete, gemeinsam mit Irving Layton (*The Improved Binocu-*

Modernistische Lyrik nach 1945

lars, 1956; *A Red Carpet for the Sun*, 1959) und Raymond Souster (*When We Are Young*, 1946) einer modernistischen Lyrik im nordamerikanischen Kontext den Weg. Als Sammelplätze der poetischen Avantgarde (neben den Genannten gehörten ihr auch Autoren wie Ralph Gustafson und P. K. Page an) dienten Zeitschriften wie *Contemporary Verse. A Canadian Quarterly* (1941–52) oder *First Statement* (1942–45), aber auch neue Verlage wie *Contact Press* (1952–67), die unter Leitung von Dudek, Layton und Souster zahlreiche Werke führender Lyriker der Zeit zum ersten Mal publizierten.

Edwin John Pratt und Frederick Philip Grove

Singuläre Gestalten

Zwischen Tradition und Moderne stehen zwei in ihrer Weise singuläre und schwer einzuordnende Gestalten: der Lyriker Edwin John Pratt und der Romancier und Essayist Frederick Philip Grove. Der aus Neufundland stammende Pratt stand ursprünglich der *Montreal Group* nahe und war auch in *New Provinces* vertreten. Obwohl in Bildersprache und knapper Diktion modern, war Pratt insofern Traditionalist, als er statt Fragment und Diskontinuität die große repräsentative Form suchte. Sein Modell war das Epos im eigentlichen Sinne eines Rückbezugs auf die klassischen Epen, Homers *Ilias* und *Odyssee*. In eigenwilliger Mischung trafen in Pratts umfangreichem poetischen Werk regionale und internationale Aspekte, viktorianisches Fortschrittsdenken und skeptische Zeitkritik, ein archaisch anmutender Fatalismus und christliche Jenseitshoffnung aufeinander. In einer Zeit, da die Lyrik urbane und kosmopolitische Züge anzunehmen begann, blieb Pratt zudem stets dem Landschafts- und Naturerlebnis verhaftet.

E. J. Pratts Erzählgedichte

Pratt, der von 1920 bis 1953 an der Universität Toronto englische Literatur lehrte, entwickelte nach heimatbezogenen Anfängen (*Newfoundland Verse*, 1923) das virtuos gereimte, lange Erzählgedicht zu seiner bevorzugten Form. Der teils heroisierend, teils ironisierend gespiegelte Kampf des Menschen mit einer geheimnisvollen und unberechenbaren Natur wurde zu Pratts zentralem Thema. So erscheint in *The Titanic* (1935) die Schiffskatastrophe von April 1912 nicht nur als welterschütternde Zäsur und böses Omen, sondern als Auseinandersetzung von zivilisatorischer Hybris mit einem verhängnisvollen Schicksal, als dessen Symbol der Eisberg am Ende den Sieg davonträgt. Um den Triumph des Glaubens unter entsetzlichen Leiden kreist *Brébeuf and his Brethren* (1940), das mit dem Martyrium der französischen Jesuitenmissionare im 17. Jh. durch die Hand india-

Nationale Thematik

nischer Stämme einen ›kanadischen‹ Stoff aufgreift – ebenso wie *Towards the Last Spike* (1952), Pratts letztes Versepos, das die Vollendung eines *National Dream*, nämlich der transkanadischen Eisenbahnverbindung im Jahre 1885, als grandiosen Sieg planender Energie und physischer Zähigkeit über eine rohe Natur mythisiert. Der Text ist gekennzeichnet von einer idiosynkratischen Mixtur von archaischem Pentameter und moderner Füllung.

Zwischen den Fronten wie Pratt in der narrativen Lyrik steht Grove in der narrativen Prosa. Sein Rang als Begründer einer neuen Ära des kanadischen Romans ist heute unbestritten, selbst wenn seine Werke manche stilistische und strukturelle Schwäche aufweisen. Grove steht auch insofern als Kritiker und Erzähler, als Romancier und *short story*-Autor (gesammelt in *Tales from the Margin*, 1971) am Beginn einer modernen kanadischen Literatur, als er sich aus dem kolonialen Abhängigkeitsdenken löst und einen an europäischen und amerikanischen Vorbildern geschulten neuen

Realismus mit einer für die Zeit ungewohnten Ernsthaftigkeit der Theorie zu begründen sucht.

Befähigt wurde Grove zu dieser Leistung durch sein europäisches Vorleben im Bannkreis von Naturalismus, Neuromantik und Ästhetizismus der Jahrhundertwende ebenso wie durch sein späteres Wanderleben in den USA und seine als Exil empfundene Lehrerexistenz in den Prärien und später in Ontario. Grove, dessen Identität mit dem deutschen Schriftsteller Felix Paul Greve erst 1973 von Donald F. Spettigue zweifelsfrei nachgewiesen wurde, hatte Europa 1909 unter geheimnisvollen Umständen verlassen und sich 1912 in Manitoba niedergelassen. In halbautobiographischen Schriften (*A Search for America*, 1927; *In Search of Myself*, 1946) gestaltete Grove das Leben des isolierten und seines kulturellen Erbes beraubten Einwanderers in der zutiefst anderen und befremdlichen Welt Nordamerikas. In einer Reihe von Siedlerromanen entwarf Grove – ähnlich wie seine Zeitgenossin Martha Ostenso in ihrem Roman *Wild Geese* (1925) und etwas später Sinclair Ross in *As For Me And My House* (1941) – ein Bild der Prärie nicht allein als geographischer Raum, sondern als Schauplatz der Weite und Leere, auf dem neben menschlicher Einsamkeit die Selbstüberschätzung des in erstarrten Denk- und Verhaltensmustern befangenen Einzelnen unverhüllt und kraß zu Tage tritt. Groves Romane – *Settlers of the Marsh* (1925), *The Yoke of Life* (1930), *Fruits of the Earth* (1933), *The Master of the Mill* (1944) – werden daher trotz der unleugbaren Steifheit von Struktur und Sprache als prototypische Beispiele eines kanadischen Kanons angesehen. Sie sind nicht nur bewußt als Fragmente einer dokumentarischen Chronik des Übergangs vom ländlichen zum städtischen Leben angelegt, sondern spiegeln auch die essentielle kanadische Polarität von Überlegenheit und Nichtigkeit der Menschen im Kampf mit der Natur. Am reinsten verwirklichte Grove seine Intentionen in *Over Prairie Trails* (1922). Die Konfrontation mit dem Elementaren, die in anderer Weise auch in Pratts Werk einen zentralen Bezugspunkt bildet, schlägt sich hier im drastischen Realismus des Erzählens nieder, vor allem auch in der archetypischen Konfrontation des isolierten einzelnen mit dem Unmöglichen.

Grove war zeit seines Lebens eine tragische Figur, da sein Werk zugleich zu spät und zu früh entstand: zu spät, weil der naturalistische Roman, den er für Kanada erfand, in Europa (Emile Zola, *Germinal*, 1884) und den Vereinigten Staaten (Crane, *Maggie, a Girl of the Streets*, 1893; Dreiser, *Sister Carrie*, 1899) längst existierte; zu früh, weil seine umfassenden künstlerischen Fähigkeiten und intellektuellen Ansprüche auf einen noch zu wenig entwickelten Literaturbetrieb stießen, der kaum zum kritischen Dialog in der Lage war. Aus heutiger Sicht erscheint Grove allerdings durch seine bewußte Vermengung von Fakt und Fiktion, wie auch durch sein subversives Erfinden von Wirklichkeit als Vorläufer der Postmoderne.

F. P. Groves europäisches Erbe

Frederick Philip Grove, d. i. Friedrich Paul Greve

Konfrontation mit dem Elementaren

Grove als Autor zwischen den Zeiten

Ironie und Identität

Sowohl Grove wie Pratt stellen, wie groß ihre sonstigen Unterschiede auch sein mögen, die *Canadian experience* in den Mittelpunkt ihres Werkes, unterwerfen diese Thematik jedoch rigorosen formalen und intellektuellen Kriterien. Beide sind auf ihre Weise zu großen Vorbildgestalten geworden, allerdings zu schwierigen Vorbildern: Pratts handfester Traditionalismus und Groves ressentimentgeladene Außenseiterrolle als Emigrant stehen einer zentralen Position im Wege. Eine konsequente innovative Traditionsbildung verhinderte auch der Umstand, daß der modernistische Impuls um

544 Literatur Kanadas – die andere nordamerikanische Literatur

Lyrik im Vakuum

1950 erschöpft zu sein schien. Literatur und Gesellschaft kapselten sich voneinander ab, sowohl im Roman wie in der Lyrik. Die klassische Formulierung für das gesellschaftliche Vakuum, in das die wirklichkeitsferne Lyrik wieder geriet, findet sich in A. M. Kleins Gedicht »Portrait of the Poet as Landscape« (1948), in dem es über den Dichter heißt: »We are sure only that from our real society / He has disappeared; he simply does not count,/ Except in the pullulation of vital statistics – . . .« Nicht zuletzt wegen dieses neuerlichen Abreißens einer sich anbahnenden Kontinuität ist die Bewertung des Modernismus in Kanada heute gespalten. Man stellt entweder in internationaler Sicht fest, daß diese Phase keinen bedeutenden Dichter hervorgebracht hat (wie dies Desmond Pacey 1961 in seinem Essay-Band *Creative Writing in Canada* getan hat), oder man wertet die Epoche bei aller fortwirkenden kolonialen Mentalität und allem amerikanischen Übergewicht als notwendige Stufe im Prozeß der ›Selbstfindung‹ einer spezifisch kanadischen Schreibart.

Das Fazit dieser Periode zieht gleichsam der Literaturkritiker Malcolm Ross, wenn er im Vorwort zu dem von ihm edierten Band *Our Sense of Identity. A Book of Canadian Essays* (1954) die eigentümliche Unentschiedenheit und Provinzialität der kanadischen Entwicklung ins Positive umdeutet und als Stärke des Kompromisses, der Vereinbarung von Gegensätzen, der Abwehr von Extremen hinstellt, wie sie sowohl Großbritannien als alte Kolonialmacht als auch die neue Großmacht im Süden verkörpern.

Ironie und Identität

Ross bringt diese Umwertung auf eine seither immer wieder zitierte Formel, wonach der Kern der nationalen ›Identität‹ geradezu im Verzicht auf eine exakte Definition dieses Kerns liege und Ironie (»the inescapable response to the presence and pressures of *opposites in tension*«) der Schlüssel zum kanadischen Wesen sei. Am Schnittpunkt der Gegensätze sei Kanada das *bifocal people* mit zwei Kulturen als Zentrum eines *larger mosaic*. Indem Ross somit einen Schlußstrich unter die Zwischenkriegszeit zieht, verweist er zugleich auf wichtige Themen der neuen Periode. In der Folgezeit allerdings geriet die vermittelnde Statik, in der Ross die scheinbar endgültige Modellvorstellung kanadischer Kultur und Literatur gesehen hatte, in den Bannkreis einer Dynamik, die von ganz neuen Kräften angetrieben wurde.

›Literary Renaissance‹: die 60er Jahre

Literarischer Nationalismus

Als Kanada 1967 das hundertjährige Bestehen der Konföderation beging, feierte man das Ereignis mit einer Weltausstellung in Montreal und der Einführung einer neuen Flagge: »two red bands rampant and a red maple leaf rampant on white, looking like a trademark for margarine of the cheaper variety, or an owl-kill in snow«, wie es in Atwoods Roman *Cat's Eye* heißt. Wachsender Nationalstolz und respektlos ironischer Internationalismus schienen die Pole zu sein, zwischen denen sich das Bewußtsein Kanadas bewegte.

Krise des Kontinentalismus

Allerdings machte sich um 1960 gegenüber der Vorkriegs- und unmittelbaren Nachkriegszeit eine deutliche Klimaveränderung bemerkbar. Die enge amerikanisch-kanadische Kooperation im Zweiten Weltkrieg, in den Kanada aus freier Entscheidung – und mehrere Jahre vor dem offiziellen Kriegseintritt der USA (1941) – eine Woche nach Großbritannien eingetreten war, leitete eine Phase der wirtschaftlichen Verflechtung beider nordamerikanischer Staaten ein, aus der schon bald die Furcht vor einer uneingeschränkten Vorherrschaft der USA erwuchs. Nach dem Krieg schufen der fortschreitende Zerfall des britischen Empire und das schnell zunehmende wirtschaftliche und kulturelle Übergewicht der Vereinigten Staaten die äußeren Voraussetzungen für das Bestreben, eine separate *Canadian identity* (so das vielbenutzte und mittlerweile abgegriffene und inhaltsleere Stichwort) auch nach außen hin erkennbar zu definieren. Manche, wie der Historiker George Grant, argumentierten, daß es dafür schon zu spät sei. In aufsehenerregenden Werken (*Lament for a Nation. The Defeat of Canadian Nationalism*, 1965; *Technology and Empire*, 1969) legte Grant dar, daß der historische Versuch Englisch-Kanadas, »to build, along with the French, a more ordered and stable society than the liberal experiment in the United States« in einer von technologischer Kommunikation geprägten Welt zum Scheitern verurteilt sei, da diese Welt keineswegs postnational, sondern von einer Macht, nämlich den USA, beherrscht sei. Statt eines Gegenentwurfs könne Kanada nur eine zweitklassige Nachahmung des amerikanischen Vorbilds bieten. Anlaß zum Pessimismus bot auch die Zuspitzung der innenpolitischen Gegensätze zwischen Anglophonen und Frankophonen. Die Ereignisse der letzten Jahre – forcierte Einsprachigkeit in Quebec (Gesetz 101), Scheitern des Verfassungskompromisses von Meech Lake (1990), Sieg der *Parti Québécois* in den Provinzwahlen 1994 – zeigen, daß die für Kanada existenzbedrohende Frage der inneren Einheit nach wie vor auf der Tagesordnung steht.

Grants düstere Klage war gegen optimistische Denker gerichtet, die – wie der Kulturphilosoph Marshall McLuhan – Kanada als verkleinertes Abbild einer Welt sahen, die im Gefolge der Technologie- und Medienrevolution (»The medium is the massage«- ironisch für »the medium is the message«) auf ein allseits vernetztes *global village* zu schrumpfen schien. Allenthalben machte sich zudem seit den späten 50er Jahren, trotz oder gerade wegen der amerikanischen Bedrohung, ein kultureller Nationalismus bemerkbar, der Kanada essentialistisch zu bestimmen suchte, indem er einzelne Elemente der Geographie (der Norden und das von ihm inspirierte Lebensgefühl) und der Siedlungsgeschichte (›Garnisonsmentalität‹, Ost-West-Entwicklung Kanadas), oft in widersprüchlicher und eklektischer Weise, in den Rang gleichsam mythischer Grundstrukturen einer spezifischen Denk- und Lebensform erhob. Vielfach avancierte auch das Konzept eines ›kulturellen Mosaiks‹ unterschiedlicher ethnischer Gruppen zum verabsolutierten Widerpart der amerikanischen *melting pot*-Ideologie.

Vincent Massey in einer Karikatur von Gitano, 1933

cultural mosaic *vs.* melting pot

Teils angeregt von diesem Umschwung kollektiver Paradigmen, teils sie vorwegnehmend und fördernd, widmete sich die staatliche Kulturpolitik seit den 50er Jahren intensiv der Problematik einer neuen Rolle Kanadas und der Zurückdrängung des amerikanischen Einflusses. Schon 1951 erschien der umfassende Bericht einer 1949 eingesetzten *Royal Commission on National Development in the Arts, Letters, and Sciences*, geleitet von dem Diplomaten und späteren Generalgouverneur Vincent Massey. Der ›Massey-Report‹ warnte eindringlich vor einer unaufhaltsamen Überfremdung und gab Empfehlungen zur Stärkung eines selbständigen Kultur- und Wissenschaftsbetriebs. Wichtigstes Ergebnis war 1957 die Gründung des *Canada Council* als zentraler Kulturbehörde, die ab 1959 auch den seit 1937 bestehenden *Governor General's Award* als führenden Literaturpreis des Landes vergab. Die grundlegenden Richtlinien der *Royal Commission on Bilingualism and Biculturalism* zur Gleichberechtigung der französi-

Kulturpolitische Initiativen

schen und englischen Sprache und Kultur auf Bundesebene folgten im Jahr 1963. Auf dieser Grundlage setzt seit Ende der 50er Jahre ein spürbarer Aufschwung der kanadischen Literatur ein, der gewöhnlich mit der griffigen, wenn auch mißverständlichen Formulierung einer ›literarischen Renaissance‹ bezeichnet wird. Ob sich die intensive Förderung durch Stipendien und Subventionen für die kanadische Literatur positiv ausgewirkt hat, oder ob nicht durch künstliche Propagierung einer ›Nationalkultur‹ ein in sich selbst rotierender Produktions- und Rezeptionskreislauf entstand, der literarische Qualität hinter *Canadianness* zurücktreten ließ, ist umstritten.

Neue Verlage, neuer Kanon

Zwei Tendenzen allerdings sind offensichtlich: Die Verbesserung der Publikationsmöglichkeiten und die Entstehung eines homogenen Kanons. Bestehende Verlage entwickelten neue Initiativen, neben etablierten Häusern entstanden Verlage auf regionaler Basis. Unter den zahlreichen neuen Zeitschriften nimmt *Canadian Literature*, 1959 von George Woodcock in Vancouver gegründet, eine Sonderstellung ein – nicht nur wegen des Standortes, sondern auch wegen des Anspruchs auf umfassende Sichtung und Neubewertung sowohl der kanadischen Literaturgeschichte als auch aktueller Neuerscheinungen in beiden Sprachen. Ursprünglich als öffentliches Medium konzipiert, hat sich *Canadian Literature* schon bald zur Fachpublikation gewandelt – Indiz für das rasche Entstehen von *Canadian Studies* als Fachwissenschaft.

Der zweite Punkt, die Kanonbildung, war noch bedeutsamer. Zum ersten Mal ging es Kanada darum, ein komplexes Korpus von Texten aus dem Bewußtsein einer bestimmten historischen und gesellschaftlichen Lage zu schaffen, durch Rückergänzung eine Vorgeschichte abzustecken und eine literarische Zukunftsperspektive zu entwickeln – autonom, nicht als Übertragung fremder Traditionen und Schreibweisen. Ob und inwieweit dieser Versuch bislang gelungen ist, läßt sich derzeit noch nicht klar ermessen. Die Zurückweisung des traditionellen kulturellen Minderwertigkeitskomplexes bei fortdauernder Maßstabsfunktion der amerikanischen Literatur kennzeichnet den Beginn der neuen Phase, die in den 60er Jahren einsetzt.

Neue Lyrik in West- und Ostkanada

Entgegen dem oft aggressiv anti-amerikanischen Grundton der ostkanadischen Lyrik nahm zu Beginn der 60er Jahre eine Gruppe experimenteller Autoren an der Westküste bewußt amerikanische Strömungen auf. Geschart um den Literaturkritiker Warren Tallman und das kurzlebige, aber höchst einflußreiche Magazin *Tish* (1961–1969) – die subversive Tendenz steckt im anagrammatischen Titel – suchten Autoren wie George Bowering, Frank Davey, Daphne Marlatt und Fred Wah eine neue Schlichtheit, angelehnt an den natürlichen Sprachrhythmus, eine sprachspielerische Direktheit des Ausdrucks anstelle eines sterilen und mit elitärem Bildungsgut befrachteten Formalismus. Vorbild hierfür boten Robert Creeley, Robert Duncan, Charles Olson und andere Vertreter der amerikanischen *Black Mountain School*.

Amerikanischer Einfluß: West Coast Poets

Diese Tendenz behagte keineswegs allen, vor allem im Osten. So kritisierte Gwendolyn MacEwen in dem von Al Purdy und Milton Acorn herausgegebenen, in Toronto erscheinenden Magazin *Moment* (gegr. 1964) in einem »Open Letter to *Tish*« bissig Olsons Poesie: »You've got to do more than talk blithely about how you walked into a room and had an incredible urge to touch an object & etc. ... the poet begins with the reality of that object: being a poet, his relationship with that object is understood;

»blues« von bp nichol

he doesn't end there ... art consists in concealing the craft of the artist, not elaborating tediously upon it.« Die theoretische Debatte, nicht nur über die Formstrenge der Lyrik, wurde in diesen Jahren lebhafter. In den folgenden Jahren machten sich auch andere ganz heterogene Autorengruppen die ungebundene lyrische Diktion der *West Coast Poets* zu eigen – Vertreter einer intellektuellen mythopoetischen Richtung, der damals die junge Atwood (*Double Persephone*, 1961) angehörte, aber auch Douglas G. Jones, (*The Sun is Axeman*, 1961), Douglas LePan (*Weathering it. Complete Poems 1948–1987*; 1987) oder später Jay MacPherson (*Welcoming Disaster*, 1974) und Michael Ondaatje (*The Collected Works of Billy the Kid*, 1970), daneben experimentelle Lyriker wie Douglas Barbour (*Visions of my Grandfather*, 1977), Bill Bissett (*Nobody owns the earth*, 1971) und Stephen Scobie (*McAlmon's Chinese Opera*, 1980). In *The Martyrology* (1972 ff.) legte bp nichol [sic] ein mehrbändiges, potentiell endloses »poem as long as life« (R. Kroetsch) über das Leben in all seinen inkongruenten Dimensionen vor. Der wohl letzte Band 9, *Ad Sanctos*, erschien 1993.

Eine umgangssprachliche, aus regionalen Wurzeln entwickelte Form der Poesie entstand, angeregt von dem New Brunswicker Fred Cogswell, Autor und seit 1953 Herausgeber der 1945 gegründeten Zeitschrift *The Fiddlehead*, vor allem im atlantischen Kanada. Alden Nowlan verfaßte Gedichte wie »The Loneliness of the Long-Distance Runner« (1967): »My wife bursts into the room/ where I'm writing well/ of my love for her // and because now/ the poem is lost// I silently curse her.«

In Ontario war es Al Purdy (*The Cariboo Horses*, 1965), dessen freie Rhythmen scharf beobachtete Alltäglichkeit in künstlerisch sorgfältig kalkulierter Form anschaulich machten. Purdy setzt auch das Langgedicht als Instrument der Suche nach der Vergangenheit der Pioniere (z.B. *In Search of Owen Roblin*, 1974) souverän ein. Als traditionell kanadische Form erlebt das *long poem* in der postmodernen Gegenwart eine Erneuerung. Von der Moderne als Form viktorianischer Erzähldichtung bereits für tot erklärt, wurde es von Autoren wie Pratt und Birney weiter gepflegt. Heute hat das Langgedicht seine formale Starre verloren und ist flexibel geworden. Gerade in seiner formalen Instabilität spiegelt es die Fragwürdigkeit scheinbar unverrückbarer Modi des linearen Erzählens. Beispiele bieten George Bowering, *Allophanes* (1976), Frank Davey, *The Abbotsford Guide to India* (1986), Robert Kroetsch, *Complete Field Notes* (1989) und Eli Mandel, *Out of Place* (1977). Die Zeitschrift *Imago*, von Bowering gegründet, widmet sich seit 1964 der Publikation des *long poem*.

Von Jay Macpherson selbst entworfenes Titelblatt zu ihrer Gedichtsammlung

long poems

Klassiker des modernen Romans

Um 1960 setzte vor allem im Roman eine konsequente literarische Traditionsbildung ein, die ›Erfindung‹ eines kanadischen Diskurses aus dem Bewußtsein kulturpolitischer Notwendigkeit. Ein Hauptexponent war Hugh MacLennan, der in seinem umfangreichen epischen Werk nicht allein das Fehlen einer genuinen kanadischen Erzähltradition artikulierte, sondern darüber hinaus seine Themenwahl in den Dienst einer Emanzipation kanadischer Selbstdarstellung stellte. Schon MacLennans Frühwerk *Barometer Rising* (1941) thematisiert die Frühphase nationaler Bewußtwerdung während des Ersten Weltkriegs am Beispiel einer Explosionskatastrophe im Hafen von Halifax (1917). Der Roman *Two Solitudes* (1945) kreist um das schwierige Verhältnis der beiden großen Sprach- und Kulturgruppen; sein Titel, einem Gedicht Rainer Maria Rilkes entlehnt, wurde in Kanada bald

Hugh MacLennan

Robertson Davies

Roman von 1988

Vorläufer des Gegenwartsromans

zum geflügelten Wort. Erkauft wird die thematische Aktualität von MacLennans Romanen allerdings mit einem konventionellen Realismus romanzenhaft-allegorischer Prägung. Der Autor kann sich von diesem Darstellungsmodus auch in späteren Werken wie *The Watch That Ends The Night* (1959) und *Return of the Sphinx* (1967) nicht lösen.

Das Erzählwerk von Robertson Davies ist erzählerisch subtiler und gedanklich komplexer, allerdings in Stil und Struktur nicht weniger konservativ. Davies setzt das der loyalistisch-britischen Tradition verbundene Provinzmilieu Süd-Ontarios mit distanzierter Ironie in internationale politische und kulturgeschichtliche Bezugslinien. Unter dem Einfluß der Archetypentheorie C. G. Jungs läßt Davies hinter den Zufälligkeiten der Realität und der Eigenwilligkeit individueller Wünsche das mythisch überhöhte Prinzip einer transzendenten Gesetzlichkeit durchscheinen. Davies' Werk läßt sich in Zyklen ordnen, die meist nach dem Prinzip der Suche nach Erkenntnis eines verborgenen Lebenssinns strukturiert sind. Nach der frühen, noch im Stil der *novel of manners* verfaßten ›Salterton-Trilogie‹ (*Tempest-Tost*, 1951; *Leaven of Malice*, 1954; *A Mixture of Frailties*, 1958) zeigt sich Davies' mythographisches Verfahren voll ausgeprägt in der folgenden ›Deptford-Trilogie‹ (*Fifth Business*, 1970; *The Manticore*, 1972; *World of Wonders*, 1975). Anhand zweier antipodischer Charaktere gestaltet Davies hier die von ihm als zentral erachtete Kluft zwischen protestantischer Öffentlichkeitsmoral und privater Verstrickung in Mythos und Magie als archetypisch fundierte *quest novel*. Davies – als Schauspieler, Journalist, Akademiker und *wit* ein vielseitiger Mann, der mit weißem Haupthaar und Vollbart zugleich an Wotan und Bernard Shaw erinnerte – ist spätestens mit der ›Simon Darcourt-Trilogie‹ (*The Rebel Angels*, 1981; *What's Bred in the Bone*, 1985; *The Lyre of Orpheus*, 1988) zu einem modernen Klassiker des realistischen Romans geworden. Als letztes Werk vor seinem Tod 1995 erschien *The Cunning Man* (1994).

Davies' Rang ist umstritten, selbst wenn man ihn nur innerhalb des kanadischen Paradigmas betrachtet: Während manche ihn als populären Fabulierer einstufen, erheben ihn andere zu einem subtilen Magier vom Range eines Jorge Luis Borges, der das Spiel von Realität und Fiktion bewußt zur Kritik an einem objektiven Wirklichkeitsbegriff einsetzt. Davies wie MacLennan – als dritter Autor kommt der Montrealer Hugh Hood mit seinem entstehenden Romanzyklus *The New Age / Le Noveau Siecle* (1975 ff.) hinzu – stellen bei allen Differenzen im einzelnen geschlossene Erzählwelten vor. Der in der Schilderung des Stadt- und Kleinstadtlebens zum Ausdruck kommende Regionalismus erwächst bei beiden Autoren aus einer konservativen Poetik, die den Text und seine Sprache in den Dienst rationaler Aufklärung stellt und sich gegen einen Modernismus amerikanischer Prägung richtet.

Relevanter für die Romanentwicklung nach MacLennan und Davies erscheinen die Werke dreier isolierter Autoren, die nicht einer spezifisch kanadischen Romantradition zuzuordnen sind, sondern in ihrem erst spät einsetzenden Einfluß schwer meßbare Sonderfälle darstellen. Malcolm Lowry, der als expatriierter Engländer einige Jahre an der Pazifikküste verbrachte, verfaßte neben Kurzgeschichten die Romane *Ultramarine* (1933), *Under the Volcano* (1947) und die posthum veröffentlichten Texte *Dark as the Grave Wherein my Friend is Laid* (1968) und *October Ferry to Gabriola* (1970) – zum Zeitpunkt des Erscheinens kaum rezipierte Fragmente eines disparaten Versuchs, für die Zerrissenheit der menschlichen Existenz (für die Lowrys stets am Rande des Chaos balancierendes Leben reichlich Stoff bot) einen symbolischen Schlüssel zu finden. Kanada wird nur beiläufig thematisiert, zum Schluß als Chiffre für eine harmonische Wildnis.

Schwer einzuordnen ist auch Sheila Watson mit ihrem Roman *The Double Hook* (1959), der in archetypischen Bildern eine knappe, elementare Geschichte von Mord, Geburt, Feuer, Flucht erzählt. In einem zeitlich unfixierten Raum angesiedelt, vermeidet der Roman bewußt alles Regionale und bleibt abstrakt. Watsons hermetischer Text, zur Zeit seines Erscheinens von Publikum und Kritik weitgehend übersehen, wird erst heute rückblickend als avantgardistisches Erzählexperiment und als Absage an die ›alte‹ kanadische Literatur gewürdigt.

Anders steht es mit einem weiteren Experimentalroman, Leonard Cohens *Beautiful Losers* (1966). Cohen ist als Popsänger, Lyriker (*Let Us Compare Mythologies*, 1956; *The Spice Box of Earth*, 1961) und Romancier eine schillernde, schwer greifbare Erscheinung, jedoch höchst charakteristisch für die provokante Sprengung der Geschmacks- und Gattungskonventionen, die sich während der 60er Jahre in Kanada vollzog. In *Beautiful Losers* unternimmt es Cohen, heterogene Problemkomplexe Kanadas – Religion und Sexualität, koloniale Vergangenheit und emanzipierte Gegenwart, den Konflikt des englischen und französischen mit dem autochthonen Erbe – in einer bewußt inkongruenten Form aufeinanderprallen zu lassen. Als anarchische Attacke auf alle einengenden Systeme und durch exzessive Erzählphantasie hat *Beautiful Losers* eine langanhaltende, zugleich anregende und beunruhigende Wirkung auf jüngere Erzähler entfaltet.

Aus dem formalen und thematischen Bannkreis einer vor allem im Osten Kanadas dominanten europäischen und Empire-Tradition lösten sich in den 60er Jahren zwei westkanadische Romanautoren, die beide aus Manitoba stammen: Margaret Laurence und Rudy Wiebe. Laurence, nach längeren Aufenthalten in Schwarzafrika und Großbritannien nach Kanada zurückgekehrt, knüpfte in ihren Romanen an regionale Geschichte (Métis) und Erzähltraditionen an, schrieb aber zugleich bewußte ›Gegen-Geschichte‹, um ein von Ostkanada bestimmtes düster-defätistisches Geschichtsbild zu revidieren. Ihr ›Manawaka‹-Zyklus – die Romane *The Stone Angel* (1964), *A Jest of God* (1966), *The Fire-Dwellers* (1969), *The Diviners* (1974) sowie der Kurzgeschichtenzyklus *A Bird in the House* (1970) – macht eine fiktive Kleinstadt in der Prärie Manitobas zum Brennpunkt der Schicksale weiblicher Protagonisten. Die Suche nach eigener, emanzipierender Lebenserfahrung zwischen Verwurzelung in der Vergangenheit und den Anforderungen einer entfremdenden Gegenwart wird in einem vielperspektivischen, nichtlinearen und collagierten Erzählverfahren dargestellt, wobei auch mündliche Überlieferung einfließt. Dieser ›revisionistische‹ Ansatz tritt im Thematischen stärker als in der Romanform hervor, die weitgehend dem von Grove und Ross entwickelten Modell eines empirischen Realismus verbunden bleibt.

Wiebe, der zweite westkanadische Romancier, entstammt dem Traditionskreis der Mennoniten, einer zu Beginn des Jahrhunderts aus Rußland eingewanderten radikal pazifistischen Religionsgemeinschaft. Wiebes zentrales Thema ist die kritische Analyse eines einseitig von der angelsächsischen Herrschaftskultur geformten Menschen- und Geschichtsbildes aus der Sicht von Randgruppen. *Peace Shall Destroy Many* (1962) befaßt sich mit der Problematik von Pazifismus und Patriotismus zu Beginn des Jahrhunderts, *The Temptations of Big Bear* (1973) mit der Zerstörung indianischer Kultur bei der Erschließung des Westens, *The Scorched-Wood*

Als Lyriker, Sänger und Romancier provozierte der junge Leonard Cohen das Publikum

Der westkanadische Roman

Margaret Laurence

Wiebes Kritik am mainstream

Rudy Wiebe (Karikatur von Don Evans)

Fehlende Theaterkultur

Massey und das nationale Drama

James Reaney und Sharon Pollock

People (1977) mit der Unterdrückung der indianisch-frankokanadischen Siedler Manitobas (Métis) unter ihrem charismatischen Führer Louis Riel (1844–1885). Wiebe hat im Verlauf seiner Karriere ein eigenartiges Erzählverfahren entwickelt, in dem sich vielfältige Stimmen und Sichtweisen überlagern und sich im Text ständig selbst reflektieren, so daß sich auch formal eine Alternative zum monologischen Herrschaftsdiskurs herstellt – ein Unterfangen, das ebenso wie Wiebes Neigung, sich zum Sprecher autochthoner Gruppen zu machen, wegen der Aneignung fremder Traditionen Kritik auf sich gezogen hat.

Das Theater in Kanada

Das englisch-kanadische Drama hat, anders als das Quebecs, trotz einer beträchtlichen Anzahl bemerkenswerter Einzelwerke bislang kein klares Profil entwickelt. Diese diffuse Situation hat verschiedene, für eine koloniale Gesellschaft bezeichnende Gründe: puritanische Vorbehalte gegen den als moralisch bedenklich erachteten Bühnenbetrieb; das Fehlen eines intellektuellen städtischen Publikums; die Vorherrschaft importierter britischer Unterhaltungskultur wie Melodrama und Burleske, später auch von Film und Musical aus den Vereinigten Staaten.

Als historischer Merkposten erwähnenswert sind die von den Zeitgenossen hochgeschätzten Lesedramen *Saul* (1857) und *Jephtha's Daughter* (1865) des autodidakten Dramatikers Charles Heavysege, vor allem dann, wenn man wie Frye in ihnen frühe Gestaltungen des Konflikts zwischen der indifferenten Natur und menschlichen Werten erblickt. Verblaßt und ohne traditionsbildende Nachwirkung geblieben ist auch der Ruhm vom Charles Mairs *Tecumseh; a Drama* (1886), eines patriotischen Versdramas, das vor dem Hintergrund des Kriegs von 1812 den Kontrast von kanadischer Solidarität und Yankee-Egoismus mit anti-amerikanischer Tendenz herausstellt.

Nachdem im 19. Jh. das durch Wanderbühnen verbreitete britische Repertoirestück dominierte, ließ sich erst nach 1900 ein erster Ansatz zur Eigenständigkeit beobachten: das ›Little Theatre Movement‹ und die ihm entsprechende Form des Einakters und Kurzdramas. Vincent Massey wollte als Mäzen mit dem *Hart House Theatre* an der Universität Toronto als Keimzelle ein Nationaltheater nach irischem Muster begründen, das seine Kraft als extremer Gegenpol zum kommerzialisierten Startheater aus »the development of the amateur theatre throughout the Dominion« beziehen sollte. Neue Impulse lieferten nach dem Zweiten Weltkrieg verbesserte Aufführungsmöglichkeiten, so durch das seit 1953 bestehende Shakespeare-Festival in Stratford/Ontario, wenig später auch durch regionale Theatergründungen. Angesichts eines an Broadway-Importe und den darauf zugeschnittenen Theaterbetrieb gewöhnten Publikums hatten es allerdings auch gute Stückeschreiber schwer, sich mit anspruchsvollen Werken durchzusetzen. Am ehesten gelang dies den zahlreichen Experimentalbühnen des subkulturellen *fringe*, wie sie seit den 60er Jahren entstanden.

Zu den herausragenden Bühnenautoren der Gegenwart zählt James Reaney, der in der Dramen-Trilogie *The Donnellys* (1976/77) in zum Teil surrealer Verfremdung einen historischen Mordfall aus dem Jahre 1880 in Szene setzt. Auch die Dramen von Sharon Pollock befassen sich mit historischen Stoffen (*Walsh*, 1973), üben aber zudem Sozialkritik, allerdings in nicht-realistischer Form. *Blood Relations* (1982), mit dem *Governor Ge-*

neral's Award ausgezeichnet, rekonstruiert als Spiel im Spiel auf der Bühne den Prozeß gegen eine des Mordes beschuldigte alleinstehende Frau.

Unter den jüngeren Dramatikern sind zu nennen: David Freeman mit *Creeps* (1972), einem Stück im Behindertenmilieu, David French mit *Leaving Home* (1977) und *Jitters* (1980), ein Spiel-im-Spiel über Proben zu einem fiktiven Familiendrama und das vergebliche Warten auf den Broadway-Regisseur, ferner John Gray mit seinem ironisch verfremdeten Zweipersonenstück *Billy Bishop Goes to War* (1981) über ein kanadisches Flieger-As des Ersten Weltkriegs. Andere vielversprechende Autoren sind David Fennario (*Balconville*, 1980, ein zweisprachiges Dialogstück aus den Arbeitervierteln Montreals), Erika Ritter (*Automatic Pilot*, 1980), Judith Thompson (*The Crackwalker*, 1980; *White Biting Dog*, 1984; *The Other Side of the Dark*, 1990) und George F. Walker. Walker, der unter dem Einfluß der absurden Dramen Becketts und Ionescos zu schreiben begann, ist brillanter Formkünstler. In *Zastrozzi. The Master of Discipline* (1977), einer freien Bearbeitung von P. B. Shelleys gleichnamigem Kurzroman, in dessen Mittelpunkt eine zum Bösen pervertierte Prometheusfigur steht, werden Elemente aus romantischem Melodrama und elisabethanischer Rachetragödie montiert und verfremdet. *Filthy Rich* (1979) ist eines der Stücke, in denen Walker die unmenschliche Verflechtung von Macht und (Pseudo-)Moral in der zeitgenössischen Politik spiegelt.

Neuere Entwicklungen

Zentrum und Peripherie: Postmoderne Strömungen

Krise und Erneuerung

»We're at a fascinating point in our literary history. Nearly every writer of any importance in our history is still alive and on the phone. This situation will not last much longer.« (John Metcalf) Auch wenn dieses 1988 gefällte Urteil in seiner Zuspitzung übertrieben erscheint, ist doch unbestreitbar, daß die Literatur Kanadas mit Beginn der 80er Jahre in eine innenpolitisch nach wie vor krisenhafte, literarisch jedoch äußerst fruchtbare Phase eingetreten ist. Zentrifugale Kräfte bestimmen hier wie dort das Bild. Während die Lösung vom britischen Traditionsmodell und ein Fortbestehen des Separatismus in Quebec die Zukunft des Bundesstaates bedrohen, gibt der wachsende Widerstand gegen die ›Tyrannei‹ des realistischen Erzählens als verbindlicher Bezugsrahmen den Weg für experimentelle Schreibweisen frei. Eine neue Generation von Schriftstellern versteht literarische Fiktion weniger als Widerspiegelung faktischer Wirklichkeit, sondern – unter dem Einfluß lateinamerikanischer Autoren wie Gabriel García Márquez – als magische Verwandlung der Realität und als parodistisches Spiel, das sich im immer neuen Umerzählen von älteren, scheinbar autoritativen Texten manifestiert. Gerade die in der Vergangenheit als Schwäche beklagte kanadische Abhängigkeit von europäischen und amerikanischen Vorbildern, das Fehlen einer durch eigenständige Epochenbildung erhärteten kollektiven Eigenart, erscheint nun geradezu als Grundbedingung für die Freisetzung einer innovativen und produktiven Vielfalt erzählerischer Stimmen.

Robert Kroetsch prägte schon 1974 die Formel, die kanadische Literatur sei unmittelbar aus dem viktorianischen Jahrhundert in die Postmoderne

Alles ist Gegenwart

Verwandlung statt Spiegelung der Wirklichkeit

Postmoderne und postkoloniale Literatur

übergewechselt. Eine solche These darf nicht allzu wörtlich verstanden werden. Auch in der anglophonen Literatur Kanadas ist eine Stunde Null nicht denkbar, allenfalls eine fortdauernde und sich fortwährend verändernde Auseinandersetzung mit vergangenen Epochen. Zweifellos steht die postmoderne Literatur Kanadas im Zeichen eines neuen postkolonialen Selbstbewußtseins. Die lange beklagte kulturelle Randlage Kanadas erscheint nun nicht mehr als negativ, sondern gibt Anlaß, Spielarten des Marginalen zum Thema zu erheben. Dies kann sich als neu erwachtes Interesse für die Probleme von marginalisierten Gruppen – autochthone Völker, ethnische Minderheiten, aber auch Frauen – ausdrücken, darüber hinaus durch das spielerische Aufgreifen und Umwerten älterer oder an die Peripherie gerückter obsoleter Erzählmuster wie Explorations- und Siedlerberichte, die Pikareske, den historischen Roman und die Tiergeschichte.

Während in manchen Literaturen aus dem Bereich des ehemaligen Empire mitunter von einer illusionären Flucht aus dem Gefängnis kolonialer Vergangenheit gesprochen wird, rückt in Kanada das ›writing back to the centre‹ als Umschreiben oder Revision kolonialer Hierarchisierungen in den Vordergrund. Da diese vor allem in der Geschichte kodiert sind, wird die ›historiographische Metafiktion‹ oder *metahistorical parody* (Kuester), z. B. in der Parodie kanonisierter älterer Texte, zum Vehikel des Diskurses. Die alte Frage, wie sich eine kanadische Identität definieren lasse, wird aus postkolonialer Sicht neu formuliert: Wie kann sich der kanadische Text aus der Darstellung der in fremder Sprache kodierten Fremderfahrung befreien und seine eigene authentische Stimme (zurück)gewinnen? Durch Rückgang auf die Vor-Geschichte, antwortet Kroetsch. Dabei kann es, so Kroetsch, um verschiedene Formen der befreienden Regression gehen: um die individuelle Rückkehr, z. B. in Atwoods Roman *Surfacing* in die primitive Natur, oder in Davies' Deptford-Trilogie zu den europäischen Wurzeln; oder aber – dies die postmoderne Variante – um kollektive Neuerfindung der kanadischen Existenz unter Zurückweisung etablierter Konzepte. Diesen Vorgang sieht Kroetsch in den fiktionalen Autobiographien Groves (z. B. *In Search of Myself*) oder in Wiebes Roman *The Temptations of Big Bear* paradigmatisch verwirklicht: die Vergangenheit als fiktionale Rekonstruktion.

Rückgewinnung authentischer Stimmen

Kroetsch, Atwood und die Postmoderne

Robert Kroetsch ist durch seinen Werdegang als Persönlichkeit und Autor sowohl eng mit dem Westen Kanadas (Studium an der Universität Alberta, Wanderjahre im Norden) als auch mit den Vereinigten Staaten verbunden. Kroetsch ist in dieser Doppelrolle zu einem der wesentlichen Neuerer des kanadischen Romans aus dem Geist der internationalen Postmoderne geworden. Wie kaum ein zweiter kanadischer Autor verknüpft er fiktionale Produktion mit kritischer Analyse, teils durch die ausgeprägte metafiktionale Ebene seiner Texte, teils durch eine große Anzahl literaturtheoretischer Schriften, die das Ziel verfolgen, eine kanadische Literatur nicht als Ausdruck einer ahistorischen Wesensart zu begründen, sondern als besondere Kommunikationsform in einem internationalen kritischen Diskurs zu verankern: »In a sense we haven't got an identity until somebody tells our story. The fiction makes us real.«

Kroetsch setzt diese Prämissen in einem umfangreichen Erzählwerk literarisch um. In seiner frühen ›Out-West‹-Trilogie (*The Words of My Roaring*, 1966; *The Studhorse Man*, 1969; *Gone Indian*, 1973) wird gleichsam

Robert Kroetsch

die Geschichte des kanadischen Westens neu erfunden. Überkommene narrative Formen, aber auch mündliche Traditionen wie die *tall tale*, werden durch Überlagerung mit mythischen Mustern zu einer Geschichte der westlichen Zivilisation überhaupt erweitert und zugleich parodistisch aufgelöst. So ist *The Studhorse Man* als pikareske Geschichte des jungen Hazard Lepage auf der Suche nach einem passenden Deckhengst, die ihn quer durch den Westen führt, eine parodistische Umerzählung von Homers *Odyssee*. In späteren Romanen (*Badlands*, 1975; *What the Crow Said*, 1978; *Alibi*, 1983) geht Kroetsch mit der De-Konstruktion herkömmlicher Romanmodelle noch weiter. Die Fiktion spiegelt nicht Wirklichkeit, vielmehr existiert Wirklichkeit nur als erzählte, d.h. als erfundene und somit veränderbare Geschichte.

Wie Kroetsch von amerikanischen Einflüssen und seiner westkanadischen Herkunft geprägt, ist der in British Columbia geborene Lyriker, Kritiker und Romancier George Bowering. In seinem Roman *Burning Water* (1980) wird ein historisches Thema, nämlich George Vancouvers Erforschung der pazifischen Nordwestküste im späten 18. Jh., durch metafiktionale Reflexionen überlagert und in seinem Realitätsanspruch relativiert. Auch Timothy Findley schreibt in seinen Romanen *history* im doppelten Sinne von erfundener Geschichte und dokumentierter Historiographie – in *The Wars* (1977) vor dem Hintergrund des Ersten, in *Famous Last Words* (1981) vor dem des Zweiten Weltkriegs. Michael Ondaatje setzt in seinen Romanen Collagentechnik und verwirrende Blickpunktwechsel ein, um exzentrische Charaktere und Situationen zu Metaphern einer disparaten Welt und ihrer Vorgeschichte werden zu lassen (z.B. *Coming Through Slaughter*, 1976; *The English Patient*, 1992). Ondaatje gehört dabei zu den Gegenwartsautoren, die unter dem Eindruck von Leonard Cohens Romanexperiment *Beautiful Losers* als maßstabsetzendem Text der kanadischen Postmoderne stehen – nicht so sehr wegen dessen expliziter Sexualität, sondern aufgrund der Kommunikationsstruktur: der Leser sieht sich mit inkongruenten Versionen eines letztlich nicht faßbaren Geschehens konfrontiert. Eine regionale Färbung erhalten die hier angeschnittenen Fragen nach der fiktionalen Vermittlung authentischer Lebenserfahrung im Zeitalter der Postmoderne in den Werken von Jack Hodgins, der in Kurzgeschichten, aber auch in seinen Romanen *The Invention of the World* (1977) und *Innocent Cities* (1992) die kanadische Westküste mit den Mitteln des magischen Realismus zum Brennpunkt universaler Fragen macht.

Metafiktionalität in Ost und West

Der bedeutende Beitrag, den Frauen seit den Anfängen im 18. Jh. zur kanadischen Literatur geleistet haben, gipfelt im Werk von Margaret Eleanor Atwood. Sie gehört – zusammen mit Davies, MacLennan, Munro und de la Roche – zu der geringen Anzahl kanadischer Autoren, die auch einem breiteren Lesepublikum in den Vereinigten Staaten und Europa bekannt geworden sind. Atwood nimmt gegenwärtig als Lyrikerin und Romanautorin, aber auch als Kritikerin und Verfasserin von Kurzgeschichten (*Dancing Girls*, 1977; *Bluebeard's Egg*, 1983; *Wilderness Tips*, 1991) eine herausragende, wenn auch nicht unumstrittene Sonderstellung ein. Ein Grund hierfür liegt in der bildlichen Intensität, die sich mit intellektueller Präzision paart, um anhand kanadischer Motive die Situation des einzelnen in einer bedrohlichen, von kollektiven Zwängen beherrschten Gegenwart zu analysieren. Im Verlauf ihrer Entwicklung als Schriftstellerin hat sich Atwood dabei von einer Position des modernen Realismus aus immer mehr postmodernen Darstellungstechniken angenähert.

Margaret Atwood

Individuum und Wildnis

Als Lyrikerin setzte Atwood nach ihren bereits erwähnten mythologischen Frühwerken (neben *Double Persephone* vor allem *The Circle Game*, 1966) neue Maßstäbe: 1970 veröffentlichte sie den Zyklus *The Journals of Susanna Moodie* (1970), eine poetische Neudeutung der historischen Siedlergestalt unter dem zeitgenössischen Blickwinkel von Ich-Verlust und Entfremdung im Exil. Spätere Sammlungen, z. B. *Power Politics* (1971), machen in lakonisch knappen Texten den Konflikt der Geschlechterrollen zum Thema: »You fit into me / like a hook into an eye // a fish hook / an open eye.« Atwoods umfangreiches Romanwerk ist von ironischer Distanz des Blickpunkts und urbaner Offenheit der Wertung gekennzeichnet: es bedient sich eines unverkennbaren, zwischen Präsens und Präteritum funktional wechselnden Erzählstils. Als Grundmuster der Romanhandlung kehrt das Thema des individuellen Ausgesetztseins in einer als fremd oder feindlich wahrgenommenen Umgebung wieder, oft in einer konkret oder symbolisch als unwirtliche Wildnis geschilderten Welt – eine ambivalente Situation, die ebenso als äußerste Gefährdung wie als Chance der Erneuerung und Selbstfindung erlebt werden kann. Dieses hier stark vereinfachte, tatsächlich jedoch äußerst subtile Grundmuster wird variantenreich durchgespielt in den Emanzipationsfabeln *The Edible Woman* (1969) und *Surfacing* (1972), in dem ›gotischen‹ Roman *Lady Oracle* (1976), dem Polit-Thriller *Bodily Harm* (1981) und in *Life before Man* (1976), einer Dreiecksgeschichte in puritanisch-kanadischem Milieu. In den letzten Jahren hat die Autorin sowohl ihr narratives Repertoire wie auch den Radius der von ihr umerzählten Textsorten immer weiter ausgedehnt: in der negativen Utopie *The Handmaid's Tale* (1985), dem autobiographisch gefärbten Künstlerroman *Cat's Eye* (1988) und *The Robber Bride* (1993), einer mit dem Übernatürlichen spielenden Analyse der Destruktivität des Bösen, gespiegelt in drei weiblichen Perspektiven. Der historische Kriminalroman *Alias Grace* (1996) projiziert feministische Themen auf die frühviktorianische Kolonialzeit Kanadas.

Die short story

Vorgeschichte

An der Entfaltung der *short story* während der letzten dreißig Jahre wird die innovative Vielfalt der zeitgenössischen englisch-kanadischen Literatur am klarsten ablesbar. Bereits in der ersten Hälfte des 20. Jh.s hatte die Gattung durch Autoren wie Leacock, Grove, Morley Callaghan, Sinclair Ross und Raymond Knister einen ersten Höhepunkt erreicht. Knister, dessen eigene Geschichten (»Peaches, Peaches«, 1925) meist handlungsarm, aber bildlich evokativ sind, publizierte 1928 die erste Anthologie *Canadian Short Stories* und beklagte im Vorwort die mangelnde Originalität und kommerzialisierte Formelhaftigkeit der zeitgenössischen Produktion. Knisters Anthologie enthält u. a. Erzählungen von Roberts, Leacock, Scott und Callaghan. Ross' Kurzgeschichten (»The Lamp at Noon«, 1938; »The Painted Door«, 1939) entstanden in den 30er Jahren, zählen aber heute noch zum Kernbestand der kanadischen *short story*, nicht wegen ihres formalen Anspruchs, sondern wegen ihrer Thematik: der harte Kampf der Farmer in den Prärien gegen die Elemente, aber auch gegen das Zusammenbrechen menschlicher Beziehungen. Ende der 50er Jahre war diese Phase zu Ende. Doch schon zu Beginn der 60er Jahre machten sich neue Impulse im Zeichen des erwachenden literarischen Nationalismus bemerkbar. Das Erscheinen von Hugh Hoods Sammlung *Flying a Red Kite* (1962) markiert zusammen mit Margaret Laurences *The Tomorrow-Tamer* (1963) einen Wendepunkt, da sich beide vom deskriptiven Realismus abkehren und der klassischen Moderne mit einer den psychologisch signifikanten Augenblick beleuchtenden Erzählstruktur zuwenden. Hood gehört, gemeinsam mit Clark Blaise, Ray Fraser, John Metcalf und Ray Smith, zur Gruppe der *Montreal Story Tellers*, die von 1964 bis in die Mitte der 70er Jahre durch Lesungen vor Publikum – eine in Kanada noch heute höchst populäre Form der Literaturverbreitung – öffentliches Interesse für *short stories* weckten.

Montreal Story Tellers

Anschluß an die Moderne findet die kanadische *short story* im Werk Metcalfs (z.B. »Gentle as Flowers Make the Stones«, 1975; *Adult Entertainment*, 1986) daneben aber vor allem durch Mavis Gallant und Alice Munro. Gallant, seit 1950 in Europa, vor allem in Paris ansässig, ist in ihrer Themenauswahl Vertreterin der Expatriierten und des Exils. Ihr Interesse gilt der freiwilligen oder erzwungenen Entfremdung des Menschen von seiner Umgebung – angesiedelt in einer brüchig gewordenen bürgerlichen Welt oder in einem kulturell gespaltenen Kanada in spannungsvoller Beziehung zur europäischen Kultur, aber auch in historischer Perspektivierung. Wenn Gallant, wie in der Novelle *The Pegnitz Junction* (1973), die Entwurzelung Nachkriegsdeutschlands ins Auge faßt, so geschieht dies nicht als Rekonstruktion historischer Fakten, sondern mit Blick auf Stimmung und Atmosphäre, ironisch gebrochen durch stilistisch und rhetorisch treffsichere Erzählerfiguren, die hinter banaler Alltagswirklichkeit signifikante Konflikte aufdecken. Zu den wichtigsten Sammlungen von Gallants Texten – häufig ursprünglich in *The New Yorker* erschienen – zählen die Bände *My Heart is Broken* (1964) und *From the Fifteenth District* (1979).

Kulturelles Exil: Mavis Gallant

Als Prototyp der modernistischen *short story* in Kanada kann das umfangreiche Werk von Munro gelten, das ähnliche thematische Schwerpunkte aufweist: Herkunft und Entfremdung, Probleme sozialer Schichtung, vor allem auch die weibliche Sexualität als Erfüllung und Bedrohung. Munros Texte sind meist als Teile locker strukturierter Zyklen angelegt: z.B. *Dance of the Happy Shades* (1968; mit dem *Governor General's Award* ausgezeichnet), *Lives of Girls and Women* (1971), *The Moons of Jupiter* (1982), *Open Secrets* (1994). Munros detailgenaue Darstellung einer fragmentarischen Wirklichkeit ist nicht zu trennen vom Akt des Erzählens selbst. Dieser stiftet die Verbindung zwischen hier und dort, zwischen Vergangenheit und Gegenwart, zwischen subjektivem Erleben und Außenwelt. Im narrativen Diskurs wird die scheinbar chaotische Welt neu geordnet und mit oft komischer Pointe versehen.

Erzählen stiftet Ordnung: Alice Munro

Während sich die moderne *short story* gelegentlich als anfällig für nationale Abschottung erweist, ist die postmoderne Spielart unverhüllt kontinentalistisch und hat Einflüsse zeitgenössischer Amerikaner wie Barth, Barthelme, Hassan, Pynchon und Sukenick rezipiert. Der postmoderne Text legt in Kanada wie überall die Techniken des fiktionalen Erzählens offen, statt sie zu verbergen, und sprengt überkommene Gattungsgrenzen. Andere, teilweise auch ältere Formen des Erzählens wie Märchen, Parabeln und Mythen, daneben auch Prosagedichte und andere experimentelle Formen werden, häufig in bewußter Verletzung von Konventionen der Wahrscheinlichkeit und erzählerischen Stimmigkeit, collagiert und montiert.

Der Postmoderne als einem für die kanadische Literatur zukunftsträchtigen Erzählmodell verpflichtet sind Autoren wie George Bowering, Matt Cohen, Jack Hodgins, Ray Smith, Audrey Thomas oder W.D. Valgardson, da sie Formen der *short story* als Experimentierfeld für nicht-realistische und parodistische Varianten des Erzählens entdecken und durch Bruch mit der Konvention den Erwartungshorizont des Lesers erweitern. In der Gleichzeitigkeit moderner und postmoderner Ansätze, wie sie in der zeit-

Gleichzeitigkeit von Moderne und Postmoderne

genössischen *short story* besonders ausgeprägt ist, spiegelt sich einerseits die für die kanadische Literatur charakteristische ›Verspätung‹, andererseits aber auch die allgemeine Situation des Genres und eine generelle Unsicherheit über die weitere Entwicklung. Eine jüngere Generation von Autoren (z.B. Neil Bissoondath, Dan Dickinson, Terry Griggs, Stephan Heighton, Jane Urquhart) hat diese Polarität hinter sich gelassen und geht mit wachsender Unbekümmertheit eklektisch und selektiv vor.

Minoritätenliteratur

Kulturelle Vielfalt

Während der literarische Nationalismus der 60er Jahre nach einer Einheitsformel suchte, welche die traditionelle britische Ausrichtung der kanadischen Literatur ersetzen sollte, deutete sich bereits an, daß die Zukunft in einer neuen Vielheit der Kulturen liegen würde. *Ethnicity* und *multiculturalism* gewannen als Zentralbegriffe für ein derart pluralistisches Selbstverständnis in den folgenden Jahrzehnten immer mehr an Beachtung. Die literarische Darstellung von Minderheitsstandpunkten war dabei seit Ende der 40er Jahre vorgeprägt im Werk von jüdisch-kanadischen Autoren. Sie thematisieren, wie A.M. Klein, das Verhältnis einer Neuen Welt zu Israel (*The Second Scroll*, 1951) oder gestalten, wie Henry Kreisel, das Emigrantenschicksal aus der Perspektive des Exils (*The Rich Man*, 1948). Mordecai Richler schildert die jüdische Stadtkultur in Montreal in Romanen (*The Apprenticeship of Duddy Kravitz*, 1959), aber auch in zahlreichen Kurzgeschichten, gehört ansonsten jedoch eher zur kanadischen *mainstream*-Literatur. Obwohl in Umfang und Qualität nicht so gewichtig wie in den USA, bildet die Exilliteratur, die sich nur zum Teil der englischen Sprache bedient, eine nicht zu übersehende Facette der literarischen Szene in Kanada.

Neues Paradigma: Multikulturalismus

›Multikulturalismus‹ als Weiterentwicklung des kanadischen ›Mosaiks‹ geht noch einen Schritt weiter. Er bedeutet die generelle Erweiterung der ›offiziellen‹ englischsprachigen Literatur durch schriftliche (oder, wie im Falle der autochthonen Bevölkerungsgruppen, auch mündliche) Zeugnisse

Einwanderer aus allen Teilen Europas (hier eine Gruppe von Immigranten aus Galizien um 1900) begründeten die multikulturelle Gesellschaft Kanadas.

aus allen ›nichtoffiziellen‹ Sprachen. Grundlage ist das mehr oder weniger tolerante Neben- und Miteinander unterschiedlicher ethnischer Gruppen, das seit Beginn der 70er Jahre (*Multiculturalism Act*, 1971) offizieller Bestandteil der kanadischen Kulturpolitik ist. Da die Lockerung der Einwanderungsbestimmungen in den vergangenen Jahrzehnten den Anteil ›sichtbarer‹ Minoritäten deutlich erhöht hat, kann man von einer Internationalisierung der kanadischen Literatur sprechen, zu der Autoren wie Austin Clarke aus Barbados, Mary di Michele und Nino Ricci aus Italien oder Bharati Mukherjee aus Indien beitragen. Andere ›ethnische‹ Autoren, wie Joy Kogawa, die in ihren Romanen *Obasan* (1981) und *Itsuka* (1992) das Schicksal der Kanadier japanischer Abstammung im Zweiten Weltkrieg behandelt, sind bereits in Kanada geboren. Auch Vertreter einer multinationalen Literatur, wie die in Melbourne geborene, zwischen Australien, Kanada und den USA pendelnde Janette Turner Hospital, tragen zu einer zunehmend ›zentrifugalen Vielstimmigkeit‹ (Reckwitz) bei, wie sie die zeitgenössische Literatur Kanadas ebenso wie die anderer Teile des Commonwealth charakterisiert.

Erst im Rahmen der erneuerten Ethnizitätsdebatte hat sich die deutschkanadische Literatur als Minderheitsliteratur schärfer definiert. Daß es ihren Vertretern trotz des nicht unbeträchtlichen Umfangs dieser Literatur seit jeher schwergefallen ist, ein klar konturiertes Bild zu entwerfen, mag damit zusammenhängen, daß sich die deutschen Einwanderer schon immer durch besonders große Assimilationsbereitschaft ausgezeichnet haben. Zu ihrem Bestand, der in jüngster Zeit durch eine Bibliographie (*German Canadiana. A Bibliography*, 1990) umfassend dokumentiert wurde, zählen Reise- und Erlebnisberichte des 18. und 19. Jh.s ebenso wie mennonitische Siedlerliteratur sowie Lyrik und Prosa deutscher Einwanderer vor und nach dem Zweiten Weltkrieg. Die Problematik der Exil- und Minderheitsliteratur gewinnt in der Sicht der Postmoderne noch eine weit allgemeinere Dimension: Jeder Text ist Exiltext, denn er reflektiert Unsicherheit, Widersprüchlichkeit und das Gegeneinander verschiedener Stimmen. »We are all immigrants to this place even if we were born here; the country is too big for anyone to inhabit completely, and in the parts unknown to us we move in fear, exiles and invaders« (Atwood).

Deutschkanadische Literatur als Sonderfall

Aufstieg der Literaturwissenschaft

Wenn die 90er Jahre die volle Entfaltung einer kanadischen Literatur als literarisches Gesamtsystem brachten, so brachten sie zugleich die endgültige Etablierung einer literaturwissenschaftlichen Kanadistik, die seit Mitte der 60er Jahre entstanden war. Nun erst war ein Zustand erreicht, den A. J. M. Smith Ende der 20er Jahre gefordert hatte: eine fachlich kompetente und international geschulte Kritik, die einer neuen Literatur Widerpart und Hilfe bieten konnte. Akademiker, oft Hand in Hand mit den Autoren oder sogar in Personalunion (Atwood, Bowering, Dennis Cooley, Kroetsch, Scobie), machten sich daran, ein neues Feld zu vermessen, Methoden zu entwickeln und einen literarischen Kanon zu entwerfen.

Kanadistik: eine ›neue Disziplin‹

Ein frühes kritisches Schlüsselwerk, populär und umstritten zugleich, war Atwoods *Survival. A Thematic Guide to Canadian Literature* (1972), das in kühnem, wenn auch eklektischem und reduktivem Zugriff die These der passiven Opfer-Rolle als kanadische Ur-Erfahrung herausstellte: in der Wildnis und in einer US-dominierten Zivilisation. Die Wirkung von Atwoods Buch war zwiespältig. Es trug einerseits wesentlich zur Formulierung

Opferrolle als Urerfahrung

eines kohärenten Kanons bei, war aber andererseits stark auf Stoffe und Motive als Kriterien fixiert. Der *thematic criticism*, der die kanadische Forschung jahrelang beherrschte, entsprach einer nationalistischen Sichtweise der 60er und frühen 70er Jahre, die intensiv auf Abgrenzung von amerikanischen Mustern drängte. In den Jahren danach nahmen weniger monolithische Theorien Fragen der internationalen Forschung auf: feministische, ethnozentrische und dekonstruktivistische Ansätze zunächst, später dann solche, die sich an postmoderne oder postkoloniale Modelle der Diskontinuität und Intertextualität anschlossen. Eine Hauptvertreterin dieser zeitgenössischen Literaturkritik ist Linda Hutcheon, vielseitig aber undogmatisch, zu deren zahlreichen Publikationen die einflußreichen Monographien *Narcissistic Narrative. The Metafictional Paradox* (1981), *The Canadian Postmodern* (1988) und *Splitting Images* (1991) gehören.

Theorieschub der 70er Jahre

Das gesteigerte Theoriebewußtsein, das sich etwa im Konzept der intertextuellen Verwobenheit aller Texte niederschlägt, wurde dabei in Kanada nicht nur durch den allgemeinen europäisch-amerikanischen Theorieschub der 70er Jahre gefördert, sondern bereits durch Frye vorgedacht, dessen überaus anregende Lehrtätigkeit an der Universität Toronto eine ganze Generation von Kritikern und Schriftstellern beeinflußt hat. Fryes Literaturbegriff war immer eng mit der Vorstellung einer Neu-Kodierung der Tradition durch das Umschreiben überkommener Texte verknüpft, auch wenn sich dieses Umschreiben für ihn nach Maßgabe archetypischer Grundbegriffe vollzog (*Anatomy of Criticism*, 1957; *The Great Code. The Bible and Literature*, 1982). Einige von Fryes grundlegenden Aufsätzen zur kanadischen Literatur, von denen eine Auswahl in dem Band *The Bush Garden. Essays on the Canadian Imagination* (1971) gesammelt ist, gehören auch heute noch zum unerläßlichen Bestandteil der Kanadistik.

Northrop Frye

Englisch-kanadische Literatur – eine postkoloniale Literatur?

Greifen wir die Frage nach der Alterität der Literatur Kanadas, mit der das Kapitel begann, am Schluß noch einmal auf: Ist die kanadische Literatur, anders als die amerikanische, postkolonial? Kanadische Kritiker haben die Auffassung vertreten, Kanada teile mit anderen ehemals kolonialen Kulturen eine lange Phase fremder Vorherrschaft, die einschneidende Folgen gehabt habe: das Verstummen der eigenen Stimme durch kulturelle Rückständigkeit und Marginalisierung. Grundlage ist die Annahme, der kanadische Autor sei ebenso wie sein Kollege aus der Dritten Welt in seiner nationalen Eigenart unterdrückt worden. Folgt man dieser oft melodramatischen Argumentation, so verschaffen zeitgenössische kanadische Autoren ihrer Stimme dann Gehör, wenn sie das Joch fremder Herrschaft abschütteln und ihr Bewußtsein ›dekolonisieren‹. Dadurch und durch die Um-Interpretation kolonialer Mythen rücke die lang unterdrückte eigene Kultur wieder in den Mittelpunkt.

Kolonialkultur und Marginalisierung

Die Revision der eigenen Geschichte von einer peripheren Position aus ist ein wirkungsmächtiges Projekt in der zeitgenössischen kanadischen Literatur, wie das Werk von Autoren wie Bowering, Findley, Kroetsch, Ondaatje, Wiebe und anderen bezeugt. Allerdings leitet es seine Wirkung von

The Empire Writes Back

einer Vermengung zweier Vorgänge ab, von kultureller Unterdrückung und Marginalisierung, von den Folgen realer Kolonialherrschaft und denen einer eher metaphorisch verstandenen geistigen Kolonisierung. Das postkoloniale Konzept des ›Zurückschreibens‹ (Ashcroft/Griffiths/Tiffin, *The Empire Writes Back*, 1989) paßt besonders da, wo es – wie etwa in den afrikanischen Literaturen – um die Rückgewinnung authentischer Traditionen geht, die durch koloniale Hierarchien überlagert oder ausgelöscht wurden.

Das postkoloniale Denkmuster läßt sich aber nicht ohne weiteres auf Kanada übertragen, da hier die Grenzen zwischen Kolonisator und Kolonisierten verschwimmen. Wie in den einzelnen Phasen der Literaturgeschichte immer wieder deutlich wurde, ist der Begriff *Canadian* zumindest im 18. und 19. Jh. nicht klar vom Gegenbegriff *British* abzugrenzen. (Einfacher erscheint die Unterscheidung zwischen *Canadian* und *American*.) Historisch, kulturell und ethnisch gesehen, teilten die Kanadier lange Zeit die britische Identität. Beginnt ›Kanada‹ 1867 mit dem *British North America Act* des britischen Parlaments? Im Ersten Weltkrieg, als Tausende von Kanadiern auf dem Schlachtfeld fielen? Mit dem Statut von Westminster (1932), das Kanada *de facto* die Unabhängigkeit verlieh? Mit der ›Heimholung‹ der kanadischen Verfassung im Jahre 1982? Wann begann und wann endete die kulturelle Vorherrschaft der USA?

Hinzu kommt ein zweiter Problemkreis. Kanadas heutige Situation ist das komplexe Ergebnis von sich überschneidenden, vielfach widersprüchlichen Dominierungstendenzen: der britisch-französische Dualismus, die Marginalisierung der frankophonen Kultur innerhalb Kanadas, die Ablösung der imperialen Macht Großbritanniens durch die der USA als Leitbild, die Probleme der multi-ethnischen Kultur, schließlich auch die ›innere‹ Kolonisierung im Verhältnis zu den autochthonen Völkern: Während sich die *Quebecois* bis zur ›stillen Revolution‹ mit einigem Recht als Bewohner einer Kolonie Britisch-Kanadas betrachten durften, ignorierten sie die historische Tatsache, daß seit der Zeit der ersten Entdecker und Siedler auch Franzosen – ebenso wie ihre englischen Widersacher – als ›imperialistische‹ Kolonisatoren gegenüber den einheimischen Kulturen aufgetreten waren.

Kanada und Quebec

Die postkoloniale Situation in Kanada ist somit vielschichtig. Täter und Opfer sind im Lichte der historischen Tatsachen identisch, wobei der Standpunkt der autochthonen Völker erst in jüngster Zeit stärker ins Bewußtsein gerückt wurde. Gelegentlich wird sogar in dieser Hinsicht von einer »ongoing internal colonisation« (Lutz/Karrer) gesprochen, die den externen Kolonisierungsprozeß unterlaufe. In der Sicht der kolonisierten Urbevölkerung erscheint die literarische Entwicklung Kanadas als kontinuierlich, was gerade von Vertretern der *victim-survival*-Theorie oft bestritten wird. Diesen ungelösten Zwiespalt müßte eine postkoloniale Theorie der englischkanadischen Literatur in Rechnung stellen. In Kanada, wo es nach der Kolonisierungsphase kein tragfähiges ethnisches Substrat gab, wo auch kein Prozeß der ›Kreolisierung‹ (Herausbildung einer gemischt-rassigen Gesellschaft mit Mischkultur) stattgefunden hat, bleiben autochthone Stimmen in der Regel peripher und werden vom *mainstream* überhört.

Autochthone und interne Kolonialisierung

Postkoloniale Literatur in Kanada, wenn man diesen Begriff überhaupt beibehalten will, hat ihre eigene Note. Sie muß die Kluft zwischen unterschiedlichen Positionen überbrücken und einen Standpunkt zwischen den beiden Polen des ›post-colonizing‹ und des ›post-colonized‹ (During) suchen. Postkoloniale Literatur in Kanada ist weniger politisch als literarisch begründet. Sie ist eher verknüpft mit postmodernen und feministischen

Kanonrevision und kulturelle Krise

Ansätzen: anti-hegemonial, minderheitsorientiert, den herrschenden und akzeptierten Kanon spielerisch parodierend und subversiv de-konstruierend. Es entbehrt nicht einer gewissen Ironie, daß diese Zurückweisung einer alternativen Mythenbildung ganz offenbar mehr zu einer postkolonialen kanadischen Identität beiträgt als es den bewußt mythenbildenden Texten der 50er und 60er Jahre – z.B. den Romanen MacLennans – gelungen war. Vielleicht liegt ein Grund hierfür darin, daß der literarische Diskurs in Kanada heute vor dem Hintergrund einer kulturellen Krise stattfindet.

Ein überkommenes monolithisches Kanadabild wird durch ein polyphones multi-ethnisches Konzept verdrängt. Ein zunehmender Pluralismus differenter Stimmen erscheint in Kanada, wie in anderen neuen Literaturen in englischer Sprache, ja wie selbst innerhalb der britischen Literatur, als Form der Zukunft. Wird diese Zukunft eine weitere Differenzierung ethnisch oder regional ausgerichteter Sonderliteraturen bringen oder wird sich mit der Zeit eine neue, womöglich zwei- oder mehrsprachige Nationalliteratur herausbilden? Am Ende des 20. Jh.s, das der kanadische Premierminister Sir Wilfred Laurier im Jahre 1904 vielleicht etwas voreilig zum ›Jahrhundert Kanadas‹ ausgerufen hatte, steht die kanadische Literatur wieder einmal vor einem kaum überschaubarem Umbruch.

BIBLIOGRAPHIE

Geschichte, Kulturgeschichte, Literaturgeschichte,
Nachschlagewerke, Textsammlungen

Adams, Walter P. (Hg.) *Die Vereinigten Staaten von Amerika*, Fischer Welt-geschichte, Frankfurt 1977

Adams, Walter et al. (Hg.), *Länderbericht USA I und II*, Bundeszentrale für politische Bildung, Bonn 1992

Ahrends, Günter, *Die amerikanische Kurzgeschichte: Theorie und Entwicklung*, Stuttgart, 2. Aufl. 1995

Baker, Houston A. (Hg.), *Three American Literatures. Essays in Chicano, Native American, and Asian-American Literature for Teachers of American Literature*, New York 1982

Bercovitch, Sacvan (Hg.) *The Cambridge History of American Literature*, Bd. I: 1590–1820, Bd. II: 1820–1865, Cambridge 1994, 1995

Bercovitch, Sacvan, *The Rites of Assent: Transformations in the Symbolic Construction of America*, New York 1993

Breinig, Helmbrecht/Halfmann, Ulrich, *Die amerikanische Literatur bis zum Ende des 19. Jahrhunderts*, Tübingen 1985

Breinig, Helmbrecht, *Satire und Roman: Studien zur Theorie des Genrekonflikts und zur satirischen Erzählliteratur der USA von Brackenridge bis Vonnegut*, Tübingen 1984

Charvat, William, *The Profession of Authorship in America, 1800–1870: The Papers of William Charvat*, ht. Matthew Bruccoli, Columbus 1966

Conn, Peter, *Literature in America. An Illustrated History*, Cambridge etc. 1989

Davidson, Cathy N. (Hg.), *Reading in America: Literature and Social History*, Baltimore 1989

Drinnon, Richard, *Facing West. The Metaphysics of Indian Hating and Empire Building*, 1980, New York 1990

Elliott, Emory (Hg.), *Columbia Literary History of the United States*, New York 1988

Fisher, Dexter (Hg.), *Minority Language and Literature: Retrospective and Perspective*, New York 1977

Fisher, Dexter, *The Third Woman. Minority Women Writers of the United States*, Boston 1980

Fisher, Philip (Hg.), *The New American Studies. Essays from Representations*, Berkeley, Los Angeles, Oxford 1991

Göller, Karl Heinz/Hoffmann, Gerhard (Hg.), *Die amerikanische Kurzge-schichte*, Düsseldorf 1972

Greenblatt, Stephen/Gunn, Giles, *Redrawing the Boundaries. The Transforma-tion of English and American Studies*, New York 1992

Haas, Rudolf, *Amerikanische Literaturgeschichte*, 2 Bde., Heidelberg 1972

Hart, James, *The Popular Book. A History of America's Literary Taste*, New York 1950

Heath Anthology of American Literature, Second Edition, 2 Bde., Lexington, Mass. 1994

Hornung, Alfred, *Lexikon amerikanischer Literatur*, Mannheim 1992

Itschert, Hans (Hg.), *Das amerikanische Drama von den Anfängen bis zur Gegenwart*, Darmstadt 1972

Kirkpatrick, D.L. (Hg.), *Reference Guide to American Literature*, London 1987

Lang, Hans-Joachim (Hg.), *Der amerikanische Roman: Von den Anfängen bis zur Gegenwart*, Düsseldorf 1972

Lubbers, Klaus (Hg.), *Die amerikanische Lyrik: Von der Kolonialzeit bis zur Gegenwart*, Düsseldorf 1974

Marx, Leo, *The Machine in the Garden. Technology and the Pastoral Ideal in America*, London etc. 1964

Mintz, Lawrence, E. (Hg.), *Humor in America. A Research Guide to Genres and Topics*, New York, Westport, London 1988

Mott, Frank Luther, *A History of American Magazines*, 5 Bde., Cambridge 1930–68

Norton Anthology of American Literature, Third Edition, 2 Bde., New York & London, 1985

Ostriker, Alicia Suskin, *Stealing the Language. The Emergence of Women's Poetry in America*, Boston 1986

The Oxford Companion to American Literature, Hg. James D. Hart, Fifth Ed., New York und Oxford 1983

Parrington, Vernon Louis, *Main Currents in American Thought: An Interpretation of American Literature from the Beginnings to 1920*, 3 Bde., New York 1927–30

Pearce, Roy Harvey, *The Continuity of American Poetry*, Princeton 1961

Pearce, Roy Harvey, *Savagism and Civilization: A Study of the Indian and the American Mind*, 1953, Berkeley 1988

Poirier, Richard, *The Renewal of Literature. Emersonian Reflections*, New York 1987

Raeithel, Gert, *Geschichte der Nordamerikanischen Kultur*, 3 Bde., Weinheim, Berlin 1988

Reising, Russell J., *The Unusable Past: Theory and the Study of American Literature*, New York 1986

Ruland, Richard/Bradbury, Malcolm, *From Puritanism to Postmodernism. A History of American Literature*, Harmondsworth 1991

Ruoff, A. La Vonne Brown/Ward, Jerry W. Jr. (Hg.), *Redefining American Literary History*, New York 1990

Sautter, Udo, *Geschichte der Vereinigten Staaten von Amerika*, 4., erw. Aufl., Stuttgart 1991

Slotkin, Richard, *Regeneration through Violence: The Mythology of the American Frontier, 1600–1860*, Middletown, Conn. 1973

Smith, Henry Nash, *Virgin Land: The American West as Symbol and Myth*, Rev. Ausg., Cambridge, Mass. 1978

Smith, James Ward/Jamison, Leland A. (Hg.), *Religion in American Life*, 4 Bde. Princeton 1961 ff.

Spiller, Robert E./Thorpe, Willard (Hg.), *Literary History of the United States*, Fourth Edition, New York 1974

Stauffer, Donald B., *A Short History of American Poetry*, New York 1974

Tebbel, John, *A History of Book Publishing in the United States*. 4 Bde. New York 1972–81

Tocqueville, Alexis de, *Democracy in America*, 2 Bde., 1835/40, New York 1945

Wersich, Rüdiger B. (Hg.), *USA Lexikon. Schlüsselbegriffe zu Politik, Wirtschaft, Gesellschaft, Kultur, Geschichte und zu den deutsch-amerikanischen Beziehungen*, Berlin 1995

Wilson, Garff B., *Three Hundred Years of American Drama and Theatre: From Ye Bear and Ye Cubb to Chorus Line*, 2. Ausg., Englewood Cliffs, N. J. 1982

Anfänge

Arksey, Laura et al. (Hg.), *American Diaries: An Annotated Bibliography of Published American Diaries and Journals*, Bd. 1: *Diaries Written from 1492–1844*, Detroit 1983

Axtell, James, *After Columbus: Essays on the Ethnohistory of Colonial North America*, New York 1988

Bercovitch, Sacvan, *The Puritan Origins of the American Self*, New Haven & London 1975

Breitwieser, Mitchell Robert, *Cotton Mather and Benjamin Franklin: The Price of Representative Personality*, Cambridge & London 1985

Breitwieser, Mitchell Robert, *American Puritanism and the Defense of Mourning: Religion, Grief, and Ethnology in Mary White Rowlandson's Captivity Narrative*, Madison, Wisc. 1990

Brumm, Ursula, *Puritanismus und Literatur in Amerika*, Darmstadt 1973

Caldwell, Patricia, *The Puritan Conversion Narrative: The Beginnings of American Expression*, Cambridge 1983

Cowell, Pattie, *Women Poets in Pre-Revolutionary America, 1650–1775: An Anthology*, Troy, N.Y. 1981

Cowell, Pattie & Stanford, Ann (Hg.), *Critical Essays on Anne Bradstreet*, Boston 1983

Delâge, Denys, *Bitter Feast: Amerindians and Europeans in Northeastern North America, 1600–64*, Vancouver 1993

Erdt, Terence, *Jonathan Edwards: Art and The Sense of The Heart*, Amherst 1980

Galinsky, Hans, *Geschichte amerikanischer Kolonialliteratur. Multinationale Wurzeln einer Weltliteratur in Entwicklungslinien und Werkinterpretationen (1542–1722)*, 2 Bde. Darmstadt 1991, 1995

Grabo, Norman S., *Edward Taylor*, New York 1961

Gray, Richard, *Writing the South: Ideas of American Region*, Cambridge & London 1986

Gunn, Giles (Hg.), *Early American Writing*, New York 1994

Herget, Winfried (Hg.), *Studies in New England Puritanism*, Frankfurt 1983

Lesser, M.X., *Jonathan Edwards*, Boston 1988

McGregor, Gaile, *The Noble Savage in the New World Garden: Notes Towards a Syntactics of Place*, Bowling Green 1988

Meserole, Harrison T., *American Poetry of the 17th Century*, University Park 1985

Scheick, William J. (Hg.), *Critical Essays of Jonathan Edwards*, Boston 1980

Silverman, Kenneth, *The Life and Times of Cotton Mather*, New York, 2. Aufl. 1984

Spengeman, William C., *A New World of Words: Redefining Early American Literature*, New Haven 1994

Stout, Janis P., *The Journey Narrative in American Literature: Patterns and Departures*, London & Westport 1983

Van Der Beets, Richard, *The Indian Captivity Narrative: An American Genre*, London 1984

White, Peter, *Puritan Poets and Poetics: Seventeenth-Century American Poetry in Theory and Practice*, University Park 1985

Die Literatur der frühen Republik

Bailyn, Bernard, *The Ideological Origins of the American Revolution*, erw. Ausg., Cambridge 1992

Barkhausen, Jochen, *Die Vernunft des Sentimentalismus*, Tübingen 1983

Beeman, Richard/Botein, Stephen/Carter, Edward D. II (Hg.), *Beyond Confederation: Origins of the Constitution and American National Identity*, Chapel Hill 1987

The Blackwell Encyclopedia of the American Revolution, Hg. Greene, Jack P./Pole, J.R., Cambridge, Mass. 1991

Boorstin, Daniel J., *The Americans: The National Experience*, New York 1965.

Buell, Lawrence, *New England Literary Culture: From Revolution through Renaissance*, Cambridge 1983

Charvat, William, *The Origins of American Critical Thought, 1810–1835*, Philadelphia 1936

Christadler, Martin, *Der amerikanische Essay, 1720–1820*, Heidelberg 1968

Cott, Nancy, *The Bonds of Womanhood: ›Woman's Sphere‹ in New England, 1780–1835*, New Haven 1977

Davidson, Cathy N., *Revolution and the Word: The Rise of the Novel in America*, New York 1986

Elliott, Emory, *Revolutionary Writers: Literature and Authority in the New Republic*, New York 1982

Emerson, Everett H. (Hg.), *Major Writers of Early American Literature*, Madison 1972

Gerbi, Antonello, *The Dispute of the New World: The History of a Polemic, 1750–1900*, Pittsburgh 1973

Gilmore, Michael T. (Hg.), *Early American Literature: A Collection of Critical Essays*, Englewood Cliffs, NJ 1980

Granger, Bruce, *American Essay Serials from Franklin to Irving*, Knoxville 1978

Grimsted, David, *Melodrama Unveiled: American Theatre and Culture, 1800–1850*, Chicago 1968

Hoffman, Ronald/Albert, Peter J. (Hg.), *Women in the Age of the American Revolution*, Charlottesville 1989

Jones, Howard Mumford, *O Strange New World: American Culture: The Formative Years*, New York 1964

Kerber, Linda K., *Women of the Republic: Intellect and Ideology in Revolutionary America*, Chapel Hill 1980

Leary Lewis, *Soundings: Some Early American Writers*, Athens 1975

Lukács, Georg, *Der historische Roman. Werke*, Bd. 6, Neuwied 1965

Martin, Terence, *The Instructed Vision: Scottish Common Sense Philosophy and the Origins of American Fiction*, Bloomington 1961

May, Henry F., *The Enlightenment in America*, New York 1976

Meserve, Walter J., *An Emerging Entertainment: The Drama of the American People to 1828*, Bloomington 1977

Moody, Richard, *America Takes the Stage: Romanticism in American Drama and Theatre, 1750–1900*, Bloomington 1955

Nye, Russell Blaine, *The Cultural Life of the New Nation, 1776–1830*, New York 1960

Opfermann, Susanne, *Diskurs, Geschlecht und Literatur: Amerikanische Autorinnen des 19. Jahrhunderts*, Stuttgart 1996

Ostriker, Alicia Suskin, *Stealing the Language: The Emergence of Women's Poetry in America*, Boston 1986

Petter, Henri, *The Early American Novel*, Columbus 1971

Quinn, Arthur Hobson, *A History of the American Drama from the Beginning to the Civil War*, 2. Ausg., New York 1951

Ringe, Donald A., *American Gothic: Imagination and Reason in Nineteenth-Century Fiction*, Lexington 1982

Silverman, Kenneth, *A Cultural History of the American Revolution*, New York 1976

Simpson, David, *The Politics of American English, 1776–1850*, New York 1986

Spengemann, William C., *The Adventurous Muse: The Poetics of American Fiction, 1789–1900*, New Haven 1977

Taylor, William R., *Cavalier and Yankee: The Old South and American National Character*, London 1963

Tompkins, Jane, *Sensational Designs: The Cultural Work of American Fiction, 1790–1860*, New York 1985

Tyler, Moses Coit, *The Literary History of the American Revolution, 1785–1812*, 2 Bde., New York 1898

Wolter, Jürgen, *Die Suche nach nationaler Identität: Entwicklungstendenzen des amerikanischen Dramas vor dem Bürgerkrieg*, Bonn 1983

Ziff, Larzer, *Writing in the New Nation: Prose, Print, and Politics in the Early United States*, New Haven, Conn. 1991

Romantik und American Renaissance

Baym, Nina, *Woman's Fiction. A Guide to Novels by and about Women in America, 1820–1870*, Ithaca, London 1978

Bercovitch, Sacvan, *The American Jeremiad*, Madison 1978

Bercovitch, Sacvan/Jehlen, Myra (Hg.), *Ideology and Classic American Literature*, New York 1986

Bloom, Harold, *Agon: Towards a Theory of Revisionism*, New York, Oxford 1982

Bloswell, Jeanetta, *The American Renaissance and the Critics*, Hollowbrook 1990

Chai, Leon, *The Romantic Foundations of the American Renaissance*, Ithaca, London 1987

Fisher, Philip, *Hard Facts: Setting and Form in the American Novel*, New York 1985

Friedl, Herwig/Roland Hagenbüchle (Hg.), *American Transcendentalism, Amerikastudien/American Studies* 28, 1, 1983

Gaethgens, Thomas W. (Hg.), *Bilder aus der Neuen Welt – Amerikanische Malerei des 18. und 19. Jahrhunderts*, München 1988

Gilmore, Michael, *American Romanticism and the Marketplace*, Chicago 1985

Hagenbüchle, Roland, *Emily Dickinson: Wagnis der Selbstbegegnung*, Tübingen 1988

Hochfield, George (Hg.), *Selected Writings of the American Transcendentalists*, New York, Toronto, London 1966

Howe, Irving, *The American Newness: Culture and Politics in the Age of Emerson*, Cambridge 1985

Krusche, Thomas, *R. W. Emersons Naturauffassung und ihre philosophischen Ursprünge. Eine Interpretation des Emersonschen Denkens aus dem Blickwinkel des deutschen Idealismus*, Tübingen 1987

Levin, David, *History as Romantic Art: Bancroft, Prescott, Motley, and Parkman*, New York 1967

Lewis, R. W. B., *The American Adam: Innocence, Tragedy and Tradition in the Nineteenth Century*, Chicago 1959

Matthiessen, F. O., *American Renaissance. Art und Expression in the Age of Emerson and Whitman*, New York 1941

Michaels, Walter Benn/Pease, Donald S., *The American Renaissance Reconsidered: Selected Papers from the English Institute, 1982–83*, Baltimore 1985

Miller, Perry (Hg.), *The Transcendentalists. Their Prose and Poetry*, Garden City, N. Y. 1957

Muller, John/Richardson, William J. (Hg.), *The Purloined Poe. Lacan, Derrida & Psychoanalytic Reading*, Baltimore, London 1988

Myerson, Joel, *The Transcendentalists. A Review of Research and Criticism*, New York 1984

Pease, Donald, *Visionary Compacts. American Renaissance Writings in Cultural Context*, Madison, Wisc. 1987

Poenicke, Klaus, ›*Dark Sublime*‹: *Raum und Selbst in der amerikanischen Romantik*, Heidelberg 1972

Pütz, Manfred, »Einleitung«, *Ralph Waldo Emerson. Die Natur. Ausgewählte Essays*, Stuttgart 1982

Railton, Stephen, *Autorship and Audience: Literary Performance in the American Renaissance*, Princeton 1992

Reynolds, David S., *Beneath the American Renaissance. The Subversive Imagination in the Age of Emerson and Melville*, New York 1988

Schulz, Dieter, *Suche und Abenteuer: Formen der ›Quest‹ in der englischen und amerikanischen Erzählkunst der Romantik*, Heidelberg 1981

Siebald, Manfred/Immel, Horst (Hg.), *Amerikanisierung des Dramas und Dramatisierung Amerikas*, Frankfurt 1985

Sollors, Werner, *Beyond Ethnicity. Consent and Descent in American Culture*, New York, Oxford 1986

Story, Ronald, *The Forging of an Aristocracy: Harvard and the Boston Upper Class, 1800–1870*, Middletown, Conn. 1980

St. Armand, Barton Levi, *Emily Dickinson and Her Culture. The Soul's Society*, Cambridge etc. 1984

Tompkins, Jane, *Sensational Designs: The Cultural Work of American Fiction, 1790–1860*, New York 1985

Urbanski, M. M. O., *Margaret Fuller's ›Woman in the Nineteenth Century‹*, U. of Kentucky 1973

Weissberg, Liliane, *Edgar Allan Poe*, Stuttgart 1991

Zapf, Hubert, »English Romanticism and American Transcendentalism: An Intercultural Comparison«, *Romantic Continuities*, Hg. G. Blaicher/M. Gassenmaier, Essen 1992, 86–104

Realismus, Naturalismus, Vormoderne

Aaron, Daniel, *The Unwritten War. American Writers and the Civil War*, London, Oxford, New York 1973

Ahnebrink, Lars, *The Beginnings of Naturalism in American Fiction 1891–1903. A Study of the Works of Hamlin Garland, Stephen Crane, and Frank Norris with Special Reference to Some European Influences*, Cambridge, Mass. 1950

American Literary Realism, 1870–1919, Albuquerque, N. M. (Zeitschrift)

Brodhead, Richard H., *Cultures of Letters. Scenes of Reading and Writing in Nineteenth-Century America*, Chicaco and London 1993

Borus, Daniel H., *Writing Realism: Howells, James, and Norris in the Mass Market*, Chapel Hill 1989

Carter, Everett, *Howells and the Age of Realism*, 1954, Bloomington 1971

Conder, John J., *Naturalism in American Fiction. The Classic Phase*, Lexington 1984

Fluck, Winfried, *Inszenierte Wirklichkeit. Der amerikanische Realismus 1865–1900*, Paderborn 1991

Howard, June, *Form and History in American Literary Naturalism*, Chapel Hill 1985

Kaplan, Amy, *The Social Construction of American Realism*, Chicago and London 1988

Kieniewicz, Theresa, *Men, Women, and the Novelist. Fact and Fiction in the American Novel of the 1870s and 1880s*, Washington DC 1982

Lears, T. J. Jackson, *No Place of Grace: Anti-Modernism and the Transformation of American Culture, 1880–1920*, New York 1981

Martin, Jay, *Harvests of Change: American Literature 1865–1914*, Englewood Cliffs, NJ 1969

Mitchell, Lee Clark, »Naturalism and the Languages of Determinism.« *The Columbia Literary History of the United States*, Hg. Emory Elliott, New York 1987, 525–45

Pizer, Donald, *Realism and Naturalism in Nineteenth-Century American Literature*, 1966, Carbondale 1984

Pizer, Donald, *The Theory and Practice of American Literary Naturalism: Selected Essays and Reviews*, Carbondale 1993

Poenicke, Klaus, *Der Amerikanische Naturalismus: Crane, Norris, Dreiser*, Darmstadt 1982

Trachtenberg, Alan, *The Incorporation of America. Culture and Society in the Gilded Age*, New York 1982

Walcutt, Charles Child, *American Literary Naturalism: A Divided Stream*, Minneapolis 1956

Wilson, Christopher P., *The Labor of Words: Literary Professionalism in the Progressive Era*, Athens, GA, 1985

Moderne

American Quarterly, 39 (Spring 1987): »Modernist Culture in America«

Amerikastudien, 35, 2 (1990)

Berman, Art, *Preface to Modernism*, Chicago 1994

Berman, Marshall, *All That is Solid Melts into Air: The Experience of Modernity* New York 1982

Berkowitz, Gerald M., *American Drama of the Twentieth Century*, London & New York 1992

Bigsby, C. W. E., *A Critical Introduction to Twentieth-Century American Drama* 3 Bde., Cambridge 1982

Bigsby, C. W. E., *Modern American Drama, 1945–1990*, Cambridge 1992

Bloom, Clive, *Twentieth-Century American Drama*, Basingstoke 1995

Bradbury, Malcolm/David Palmer (Hg.), *The American Novel and the Nineteen Twenties*, London 1971

Bradbury, Malcolm/James McFarlane (Hg.), *Modernism*, New York 1976

Bradbury, Malcolm, *The Modern American Novel*, New York 1982

Bronner, Edwin, *The Encyclopedia of the American Theatre 1900–1975*, San Diego, New York 1980

Capetti, Carla, *Writing Chicago: Modernism, Ethnography, and the Novel*, New York 1993

Calinescu, Matei, *Five Faces of Modernity*, Durham, N. C. 1987

Conn, Peter, *The Divided Mind: Ideology and Imagination in America, 1898–1917*, Cambridge 1983

DeKoven, Marianne, *A Different Language: Gertrude Stein's Experimental Writing*, Madison 1983

De Koven, Marianne, *Rich and Strange: Gender, History, Modernism*, Princeton 1991

Dijkstra, Bram, *The Hieroglyphics of a New Speech*, Princeton 1969

Douglas, Ann, *Terrible Honesty: Mongrel Manhattan in the 1920s*, New York 1995

Ecker, Gisela, »Gertrude Stein, H. D. und Djuna Barnes,« in: *Differenzen: Essays zu Weiblichkeit und Kultur*, tende 1994, S. 141–184

Eysteinsson, Astradur, *The Concept of Modernism*, Ithaca, N. Y. 1990

Fredman, Stephen, *The Grounding of American Poetry*, Cambridge 1993

Friedrich, Hugo, *Die Struktur der modernen Lyrik*, 9. Auflage, Reinbek 1985

Gelpi, Albert, *A Coherent Splendor: The American Poetic Renaissance, 1910–1950*, New York 1987

Goetsch, Paul (Hg.), *Das amerikanische Drama*, Düsseldorf 1974

Grimminger, Rolf u. a. (Hg.), *Literarische Moderne*, Reinbek 1995

Halfmann, Ulrich (Hg.), *Eugene O'Neill 1988. Deutsche Beiträge zum 100. Geburtstag des amerikanischen Dramatikers*, Tübingen 1990

Halter, Paul, *The Revolution in the Visual Arts and the Poetry of William Carlos Williams*, London 1994

Haraway, Donna, »Teddy Bear Patriarchy: Taxidermy in the Garden of Eden, New York City, 1908–1936«, in Kaplan Amy/Pease Donald (Hg.), *Cultures of United States Imperialism*, Durham 1993, S. 237–291

Hay, Samuel A., *African American Theatre. An Historical and Critical Analysis*, Cambridge, Mass. 1994

Hesse, Eva, *T. S. Eliot und Das Wüste Land*, Frankfurt 1973

Huyssen, Andreas, *After the Great Divide: Modernism, Mass Culture, Postmodernism*, Bloomington 1986

Huyssen, Andreas/David Bathrick (Hg.), *Modernity and the Text*, New York 1989

Jaffe, Irma, *Stella's Symbolism*, San Francisco 1994

Kazin, Alfred, *Starting Out in the Thirties*, London 1966

Kalaidjian, Walter, *American Culture Between the Wars*, New York 1993

Kenner, Hugh, *A Homemade World*, New York 1975

Kenner, Hugh, *The Pound Era*, Berkeley 1971

Klein, Marcus, *Foreigners: The Making of American Literature 1900–1940*, Chicago 1981

Lears, Jackson T., *No Place of Grace*, New York 1981

Lentricchia, Frank, *Modernist Quartet*, Cambridge 1994

Lenz, Günter, »The Radical Imagination: Revisionary Modes of Radical Cultural Criticism in Thirties America«, in: Steve Ickringil (Hg.), *Looking Inward Looking Outward: From the 1930s through the 1940s*, Amsterdam 1990, S. 94–126

Lohner, Edgar/Haas, Rudolf (Hg.), *Theater und Drama in Amerika*, Berlin 1978

MacNicholas, John (Hg.), *Twentieth Century American Dramatists, Dictionary of Literary Biography 7*, 2 Bde., Detroit 1981

Mellow, James R., *Charmed Circle: Gertrude Stein & Company*, New York 1974

Meserve, W. J., *An Outline History of American Drama*, Totova, N. J. 1965

Miller, J. Hillis, *The Linguistic Moment*, Princeton 1985

Miller, Jordan Y./Winifred L. Frazer, *American Drama between the Wars: A Critical History*, Boston 1991

North, Michael, *The Dialect of Modernism*, New York 1994

Perkins, David, *A History of Modern Poetry* 2 Bde., Cambridge 1976 und 1987

Peper, Jürgen, *Bewußtseinslagen des Erzählens und erzählte Wirklichkeiten*, Leyden 1963

Perloff, Marjorie, *The Poetics of Indeterminacy*, Northwestern 1981

Perloff, Marjorie, *The Futurist Moment*, Chicago 1986

Reed, John, »Unimagined Existence and the Fiction of the Real,« *Representations*, Fall 1988, S. 156–176

Robinson, Marc, *The Other American Drama*, New York 1994

Ross, Werner, *Baudelaire und die Moderne: Portrait einer Wendezeit*, München 1993

Schäfer, Jürgen, *Geschichte des amerikanischen Dramas im 20. Jahrhundert*, Stuttgart etc. 1982

Schmitz, Neil, »Portrait, Patriarchy, Mythos: The Revenge of Gertrude Stein«, *Salmagundi* 40 (1978), 69–91

Scott, Bonnie Kime (Hg.), *The Gender of Modernism*, Bloomington 1990

Showalter, Elaine, *Sexual Anarchy: Gender and Culture at the Fin de Siècle*, New York 1990

Stein, Gertrude, *The Autobiography of Alice B. Toklas*, New York 1933

Stein, Gertrude, »A Transatlantic Interview 1946«, in B.K. Scott (Hg.), *The Gender of Modernism*, S. 502–15

Stott, William, *Documentary Expression and Thirties America*, New York 1973

Tashjian, Dickran, *Skyscraper Primitives: Dada and the American Avantgarde, 1910–1925*, Middleton 1975

Tichi, Cecelia, *Shifting Gears: Technology, Literature, Culture in Modernist America*, Chapel Hill 1987

Torgovnick, Marianne, *Gone Primitive: Savage Intellects, Modern Lives*, Chicago 1990

Postmoderne bis zur Gegenwart

Allen, Donald/Tallman, Warren (Hg.), *The Poetics of the New American Poetry*, New York 1973

Arac, Jonathan (Hg.), *Postmodernism and Politics*, Minneapolis 1986

Bak, Hans (Hg.), *Multiculturalism and the Canon of American Culture*, Amsterdam 1993

Binder, Wolfgang/Breinig, Helmbrecht (Hg.), *Facing America. Multikulturelle Literatur der heutigen USA in Texten und Interviews*, Zürich 1994

Bungert, Hans (Hg.), *Die amerikanische Literatur der Gegenwart. Aspekte und Tendenzen*, Stuttgart 1977

Bürger, Christa/Bürger, Peter (Hg.), *Postmoderne. Alltag, Allegorie und Avantgarde*, Frankfurt/Main 1987

Connor, Steven, *Postmodernist Culture. An Introduction to Theories of the Contemporary*, Oxford 1989

Dickstein, Morris, *Gates of Eden. American Cultures in the Sixties*, New York 1977

Docherty, Thomas, *After Theory. Postmodernism – Postmarxism*, London 1990

Eagleton, Terry, *Literary Theory. An Introduction*, London 1983

Evans, Mari (Hg.), *Black Women Writers (1950–1980)*, Garden City, N.Y. 1984

Flax, Jane, *Thinking Fragments. Psychoanalysis, Feminism and Postmodernism in the Contemporary West*, Berkeley 1991

Friedman, E.G./Fuchs, Miriam (Hg.), *Breaking the Sequence. Women's Experimental Fiction*, Princeton 1989

Griffin, David Ray, *God and Religion in the Postmodern World. Essays in Postmodern Theology*, New York 1989

Harris, Mary Emma, *The Arts at Black Mountain College*, Cambridge, Mass. 1987

Harvey, David, *The Condition of Postmodernity*, Oxford 1989

Hassan, Ihab, *The Postmodern Turn. Essays in Postmodern Theory and Culture*, Columbus, Oh. 1987

Heller, Arno (Hg.), *Der amerikanische Roman nach 1945*, Darmstadt 1987

Hempfer, Klaus (Hg.), *Poststrukturalismus. Dekonstruktion – Postmoderne*, Stuttgart 1992

Hoffman, David (Hg.), *Harvard Guide to Contemporary American Writing*, Cambridge, Mass. 1979

Hoffmann, Gerhard (Hg.), *Der zeitgenössische amerikanische Roman. Von der Moderne zur Postmoderne*, 3 Bde, München 1988

Horstmann, Ulrich, *Parakritik und Dekonstruktion. Eine Einführung in den amerikanischen Poststrukturalismus*, Würzburg 1983

Hutcheon, Linda, *A Poetics of Postmodernism. History, Theory, Fiction*, London 1988

Hutcheon, Linda, *The Politics of Postmodernism*, London 1989

Huyssen, Andreas/Scherpe, Klaus R. (Hg.), *Postmoderne. Zeichen eines kulturellen Wandels*, Reinbek 1986

Jameson, Fredric, *Postmodernism and the Logic of Cultural Capitalism*, Durham, N.C. 1991

Jencks, Charles, *Die Sprache der postmodernen Architektur*, Stuttgart, 2. Aufl. 1980

Karl, Frederick Robert, *American Fictions, 1940–1980. A Comprehensive History of Critical Evaluation*, New York 1983

Karrer, Wolfgang/Puschmann-Nalenz, Barbara (Hg.), *The African-American Short Story, 1970–1990. A Collection of Critical Essays*, Trier 1993

Keller, Lynn, *Re-making It New. Contemporary American Poetry and the Modernist Tradition*, New York 1987

Kerjan, Liliane (Hg.), *L'Amérique urbaine des années soixante/Urban America in the Sixties*, Rennes 1994

Kerkhoff, Ingrid, *Poetiken und lyrischer Diskurs im Kontext gesellschaftlicher Dynamik. USA: »The Sixties«*, Frankfurt/Main 1989

Kroker, Arthur/Cook, David, *The Postmodern Scene. Excremental Culture and Hyper-Aesthetics*, New York 1986

LeClair, Tom/McCaffery, Larry (Hg.), *Anything Can Happen. Interviews with Contemporary American Novelists*, Urbana, Ill. 1983

Link, Franz, *Amerikanische Erzähler seit 1950. Themen, Inhalte, Formen*, Paderborn 1993

Lyotard, Jean-François, *Das postmoderne Wissen*, übers. Graz 1986

Mazzaro, Jerome, *Postmodern American Poetry*, Urbana 1980

McCaffery, Larry (Hg.), *Postmodern Fiction. A Bio-Bibliographical Guide*, New York 1986

McCaffery, Larry (Hg.), *Storming the Reality Studio. A Casebook of Cyberpunk and Postmodern Science Fiction*, Durham, N.C. 1991

McHale, Brian, *Postmodernist Fiction*, New York 1987

Neubauer, Paul, *Die Diskussion der US-amerikanischen Erzählliteratur der Postmoderne in der deutschsprachigen Amerikanistik*, Frankfurt/Main 1994

Newman, C., *The Postmodern Aura. The Act of Fiction in an Age of Inflation*, Evanston, Ill. 1985

Nicholson, Linda J. (Hg.), *Feminism/Postmodernism*, New York 1989

Norris, Christopher, *What's Wrong With Postmodernism. Critical Theory and the Ends of Philosophy*, New York 1990

Ostendorf, Berndt (Hg.), *Multikulturelle Gesellschaft, Modell Amerika?* München 1994

Sanchez, Marta Ester, *Contemporary Chicano Poetry. A Critical Approach to an Emerging Literature*, Berkeley 1985

Sarup, Madan, *An Introductory Guide to Post-structuralism and Postmodernism*, New York 1988

Schiwy, Gunther, *Poststrukturalismus und ›Neue Philosophen‹*, Reinbek 1985

Schmidt, Klaus (Hg.), *Flip Sides. New Critical Essays on American Literature*, Frankfurt/Main 1995

Schöpp, Joseph, *Ausbruch aus der Mimesis. Der amerikanische Roman im Zeichen der Postmoderne*, München 1990

Tanner, Tony, *City of Words. American Fiction 1950–1970*, London 1971

Versluys, Kristiaan (Hg.), *Neo-Realism in Contemporary American Fiction*, Amsterdam 1992

Welsch, Wolfgang, *Unsere postmoderne Moderne*, Weinheim 1987

Welsch, Wolfgang (Hg.), *Wege aus der Moderne. Schlüsseltexte der Postmoderne-Diskussion*, Weinheim 1988

Ziegler, Heide (Hg.), *The End of Postmodernism. New Directions*, Stuttgart 1993

Multikulturalität

Indianische Literatur

Allen, Paula Gunn (Hg.), *Studies in American Indian Literature: Critical Essays and Course Designs*, New York 1983

Bataille, Gretchen M./Sands, Kathleen Mullen, *American Indian Women: Telling Their Lives*, Lincoln 1984

Berkhofer, Robert F., Jr., *The White Man's Indian: Images of the American Indian from Columbus to the Present*, 1978, New York 1979

Brumble, H. David, III, *American Indian Autobiography*, Berkeley 1988

Chapman, Abraham (Hg.), *Literature of the American Indians: Views and Interpretations*, New York 1975

Georgi-Findlay, Brigitte, *Tradition und Moderne in der zeitgenössischen indianischen Literatur der USA. N. Scott Momadays Roman House Made of Dawn*, Köln 1986

Hochbruck, Wolfgang, *›I Have Spoken‹. Die Darstellung und ideologische Funktion indianischer Mündlichkeit in der nordamerikanischen Literatur*, Tübingen 1991

Kroeber, Karl, *Traditional Literatures of the American Indian. Texts and Interpretations*, Lincoln and London 1981

Krupat, Arnold, *For Those Who Come After: A Study of Native American Autobiography*, Berkeley 1985

Krupat, Arnold, *The Voice in the Margin. Native American Literature and the Canon*, Berkeley 1989

Krupat, Arnold (Hg.), *New Voices in Native American Literary Criticism*, Washington 1993

Larson, Charles R., *American Indian Fiction*, Albuquerque 1978

Lincoln, Kenneth, *Native American Renaissance*, Los Angeles 1983

Maddox, Lucy, *Removals: Nineteenth-Century American Literature and the Politics of Indian Affairs*, New York & Oxford 1991

Owens, Louis, *Other Destinies. Understanding the American Indian Novel*, Norman and London 1992

Peyer, Bernd C., »Autobiographical Works Written by Native Americans,« *Amerikastudien/American Studies* 26, 3/4 (1981), 386–402

Ramsey, Jarold, *Reading the Fire. Essays in the Traditional Indian Literatures of the Far West*, Loncoln 1983

Rogin, Michael Paul, *Fathers and Children. Andrew Jackson and the Subjugation of the American Indian*, 1975, New Brunswick & London 1991

Ruoff, A. LaVonne Brown, *American Indian Literatures. An Introduction, Bibliographic Review, and Selected Bibliography*, New York 1990

Swann, Brian/Krupat, Arnold (Hg.), *Recovering the Word: Essays on Native American Literature*, Berkeley 1987

Swann, Brian (Hg.), *Smoothing the Ground. Essays on Native American Oral Literature*, Berkeley 1983

Velie, Alan, *Four American Indian Literary Masters: N. Scott Momaday, James Welch, Leslie Marmon Silko, and Gerald Vizenor*, Norman 1982

Vizenor, Gerald (Hg.), *Narrative Chance: Postmodern Discourse on Native American Indian Literatures*, Albuquerque 1989

Wiget, Andrew O. (Hg.), *Critical Essays on Native American Literature*, Philadelphia 1985

Wiget, Andrew O., *Native American Literature*, Boston 1985

Afro-amerikanische Literatur

Baker, Houston A., Jr., *The Journey Back. Issues in Black Literature and Criticism*, Chicago 1980

Bell, Bernard W., *The Afro-American Novel and Its Tradition*, Amherst 1987

Bone, Robert B., *The Negro Novel in America*, rev. ed., New Haven 1965

Cade, Toni (Hg.), *The Black Woman. An Anthology*, New York 1970

Davis, Arthur P., *From the Dark Tower. Afro-American Writers 1900–1960*, Washington D. C., 1974

Diedrich, Maria, *Ausbruch aus der Knechtschaft. Das amerikanische Slave Narrative zwischen Unabhängigkeitserklärung und Bürgerkrieg*, Stuttgart 1986

Dowling, C., »The Song of Toni Morrison,« *The New York Times Magazine*, 20. 5. 1979

Ensslen, Klaus, *Einführung in die schwarzamerikanische Literatur*, Stuttgart 1982

Fabre, Genevieve, *Drumbeats, Masks, and Metaphors. Contemporary Afro-American Theatre*, Cambridge, Mass. 1983

Fuller, H. W., »Towards a Black Aesthetic,« in: Addison Gayle Jr. (Hg.) *The Black Aesthetic*, New York 1971

Gates, Henry Louis, Jr., *The Signifying Monkey. A Theory of Afro-American Literary Criticism*, New York 1988

Gidding, Paul, »The Triumphant Song of Toni Morrison,« *Encore*, 12. 12. 1977

Harper, Michael S./Stepto, Robert B. (Hg.), *Chant of Saints. A Gathering of Afro-American Literature, Art, and Scholarship*, Urbana 1979

Huggins, Nathan I., *Harlem Renaissance*, New York 1972

Jones, LeRoi Amiri Baraka/Neal Larry (Hg.), *Black Fire. An Anthology of Afro-American Writing*, New York 1968

Levine, Lawrence W., *Black Culture and Black Consciousness. Afro-American Folk Thought from Slavery to Freedom*, New York 1977

McDowell, Deborah, »Negotiating between Tenses,« in: D. McDowell/Rampersad Arnold (Hg.), *Slavery and Literary Imagination*, Baltimore 1989

Morrison, Toni, »Rediscovering Black History,« *The New York Times Magazine*, 11. 8. 1974

Morrison, Toni, »Memory, Creation, and Writing,« *Thought* 59:236, December 1984

O'Brien, John (Hg.), *Interviews with Black Writers*, New York 1973

Ostendorf, Berndt, *Black Literature in White America*, New York 1982

Patterson, Lindsay (Hg.), *Black Theatre. A 20th-Century Collection of the Work of Its Best Playwrights*, New York 1971

Smith, Valerie/Baechler Lea/Litz A. Walton (Hg.), *African American Writers*, New York 1991

Sollors, Werner/Diedrich Maria (Hg.), *The Black Columbiad. Defining Moments in African American Literature and Culture*, Cambridge, Mass. 1994

Stepto, Robert B., *From Behind the Veil. A Study of Afro-American Narrative*, Urbana 1979

Washington, Mary H. (Hg.), *Midnight Birds. Stories of Contemporary Black Women Writers*, Garden City 1980

Jüdisch-amerikanische Literatur

Alter, Robert, *After the Tradition. Essays on Modern Jewish Writing*, New York 1969

Alter, Robert, *Defenses of the Imagination. Jewish Writers and Modern Historical Crisis*, Philadelphia 1977

Dittmar, Kurt, *Assimilation and Dissimilation. Erscheinungsformen der Marginalitätsthematik bei jüdisch-amerikanischen Erzählern (1900–1970)*, Frankfurt a.M. 1978

Fiedler, Leslie A., »The Breakthrough: The American Jewish Novelist and the Fictional Image of the Jew«, *Midstream* 4 (Winter 1958), 15–35

Fiedler, Leslie A., »Zion as Mainstreet«, in: *Waiting for the End. The Crisis in American Culture and a Portrait of 20th Century American Literature*, New York 1964², 65–88

Fried, Lewis (Hg.), *Handbook of American-Jewish Literature. An Analytical Guide to Topics, Themes, and Sources*, Westport 1988

Girgus, Sam, *The New Covenant. Jewish Writers and the American Idea*, Chapel Hill, N.C. 1984

Graubard, Sara Bershtel Allen, *Saving Remnants. Feeling Jewish in America*, Berkeley 1992

Guttman, Allen, *The Jewish Writer in America. Assimilation and the Crisis of Identity*, New York 1971

Harap, Louis, *Creative Awakening. The Jewish Presence in Twentieth-Century American Literature*, Philadelphia 1987

Immel, Horst, *Literarische Gestaltungsvarianten des Einwandererromans in der amerikanischen und anglo-amerikanischen Literatur: Grove, Cahan, Rölvaag, Henry Roth*, Frankfurt a.M. 1987

Karp, Abraham, J., *Golden Door to America. The Jewish Immigrant Experience*, Harmondsworth 1977

Knopp, Josephine Z., *The Trial of Judaism in Contemporary Jewish Writing*, Urbana, Ill. 1975

Malin, Irving, *Jews and Americans*, Carbondale, Ill. 1965

Malin, Irving (Hg.), *Contemporary American-Jewish Literature. Critical Essays*, Bloomington 1973

Nadel, Ira Bruce, *Jewish Writers of North America. A Guide to Information Sources*, Detroit 1981

Ozick, Cynthia, *What Henry James Knew and Other Essays on Writers*, London 1993

Pinsker, Sanford, *The Schlemiel as Metaphor. Studies in the Yiddish and American Jewish Novel*, Carbondale, Ill. 1971

Pinsker, Sanford, *Jewish American Fiction 1917–1987*, Boston 1992

Roth, Philip, *Reading Myself and Others*, New York 1975

Scheer-Schäzler, Brigitte (Hg.), *Go West, Moses. Aufsätze zur jüdisch-amerikanischen Literatur und Kultur von Sepp L. Tiefenthaler*, Trier 1993

Schulz, Max F., *Radical Sophistication. Studies in Contemporary Jewish-American Novelists*, Athens, Oh. 1969

Schwartz, Howard/Rudolf Anthony (Hg.), *Voices Within the Ark. The Modern Jewish Poets*, Yonkers 1980

Shechner, Mark, *After the Revolution. Studies in the Contemporary Jewish-American Imagination*, Bloomington, Ind. 1987

Sherman, Bernard, *The Intervention of the Jew. Jewish-American Education Novels, 1916–1964*, New York 1969

Walden, Daniel (Hg.), *Twentieth-Century American-Jewish Fiction Writers*, Detroit 1984

Wisse, Ruth, *The Schlemiel as Modern Hero*, Chicago 1971

Chicanoliteratur

Acuña, Rodolfo, *Occupied America: A History of Chicanos*, New York 1981

Anaya, Rudolfo A./Lomelí Francisco A. (Hg.), *Aztlán. Essays on the Chicano Homeland*, Albuquerque 1989

Bardeleben, Renate von/Briesemeister, Dietrich/Bruce-Novoa, Juan (Hg.), *Missions in Conflict: Essays on U.S.-Mexican Relations and Chicano Culture*, Tübingen 1986

Bardeleben, Renate von (Hg.), *Gender, Self, and Society*, Frankfurt a.M. 1993

Binder, Wolfgang, *Partial Autobiographies. Interviews With Twenty Chicano Poets*, Erlangen 1985

Bruce-Novoa, Juan, *Chicano Authors. Inquiry by Interview*, Austin 1980

Bruce-Novoa, Juan, *Chicano Poetry. A Response to Chaos* Austin, 1982

Bruce-Novoa, Juan, *RetroSpace. Collected Essays on Chicano Literature*, Houston 1990

Calderón, Héctor/Saldívar José David (Hg.), *Criticism in the Borderlands. Studies in Chicano Literature, Culture, and Ideology*, Durham 1991

Candelaria, Cordelia, *Chicano Poetry: A Critical Introduction*, Westport, Conn. 1986

de la Garza, Rodolfo O./Bean, Frank D./Bonjean, Charles M./Romo, Ricardo/Alvarez, Rudolfo (Hg.), *The Mexican American Experience: An Interdisciplinary Anthology*, Austin 1985

Fabre, Geneviève (Hg.), *European Perspectives on Hispanic Literature of the United States*, Houston 1988

Firmat, Gustavo Pérez (Hg.), *Do the Americas Have a Common Literature?*, Durham 1990

Gutiérrez, Ramón A./Padilla, Genaro (Hg.), *Recovering the U.S. Hispanic Literary Heritage*, Houston 1993

Herms, Dieter, *Die zeitgenössische Literatur der Chicanos (1959–1988)*, Frankfurt a.M. 1990

Hernández, Guillermo E., *Chicano Satire. A Study in Literary Culture*, Austin 1991

Herrera-Sobek, María/Viramontes, Helena María (Hg.), *Chicana Creativity and Criticism: Charting New Frontiers in American Literature*, Houston 1988

Horno-Delgado, Asunción/Ortega, Eliana/Scott, Nina M./Sternbach, Nancy Saporta (Hg.), *Breaking Boundaries: Latina Writings and Critical Readings*, Amherst, Mass. 1989

Huerta, Jorge, *Chicano Theater: Themes and Forms*, Ypsilanti, Mich. 1982

Jiménez, Francisco (Hg.), *The Identification and Analysis of Chicano Literature*, New York 1979

Keller, Gary D./Magallán, Rafael J./García, Alam M. (Hg.), *Curriculum Resources in Chicano Studies*, Tempe, Ariz. 1989

Lattirnon, E. (Hg.), *Contemporary Chicano Fiction: A Critical Survey*, Binghamton, N. Y. 1986

Limón, José E., *Mexican Ballads, Chicano Poems. History and Influence in Mexican-American Poetry*, Berkeley 1992

Lomelí, Francisco A./Shirley, Carl R. (Hg.), *Dictionary of Literary Biography. Vol. 82. Chicano Writers. First Series*, Detroit 1989, Vol. 122. *Chicano Writers. Second Series*, Detroit 1992

Lomelí, Francisco A. (Hg.), *Handbook of Hispanic Cultures in the United States: Literature and Art*, Houston 1993

Martínez, Julio A./Lomelí, Francisco A. (Hg.), *Chicano Literature. A Reference Guide*, Westport, Conn. 1985

National Association for Chicano Studies (Hg.), *The Chicano Struggle. Analyses of Past and Present Efforts*, Binghamton, N. Y. 1984

Pérez-Torres, Rafael, *Movements in Chicano Poetry. Against Myths, against Margins*, Cambridge 1995

Piller, Walter, *Der Chicano-Roman. Stufen seiner Entwicklung*, Bern 1991

Prago, Albert, *Strangers in Their Own Land: A History of Mexican Americans*, New York 1973

Rebolledo, Rey Diana, *Women Singing in the Snow. A Cultural Analysis of Chicana Literature*, Tucson 1995

Romo, Ricardo/Paredes, Raymund (Hg.), *New Directions for Chicano Scholarship*, Santa Barbara, Cal. 1984

Ruoff, A. LaVonne Brown/Ward, Jerry W. Jr. (Hg.), *Redefining American Literary History*, New York 1990

Saldívar, Ramón, *Chicano Narrative. The Dialectics of Difference*, Madison, WI 1990

Sánchez, Marta Ester, *Contemporary Chicana Poetry*, Berkeley 1985

Shirley, Carl R./Shirley, Paula W., *Understanding Chicano Literature*, Columbia, S. C. 1988

Shorris, Earl, *Latinos. A Biography of the People*, New York 1992

Sommers, Joseph/Ybarra-Frausto, Tomás (Hg.), *Modern Chicana Writers*, Englewood Cliffs, N. J. 1979

Stavans, Ilan, *The Hispanic Condition. Reflections on Culture and Identity in America*, New York 1995

Tatum, Charles M., *Chicano Literature*, Boston 1982

Tonn, Horst, *Zeitgenössische Chicano-Erzählliteratur in englischer Sprache: Autobiographie und Roman*, Frankfurt 1988

Trujillo, Robert G./Rodriguez, Andres, *Literatura Chicana: Creative and Critical Writings Through 1984*, Oakland 1985

Walter, Roland, *Magical Realism in Contemporary Chicano Fiction*, Frankfurt a. M. 1993

Asiatisch-amerikanische Literatur

Cheung, King-Kok/Yogi Stan, *Asian American Literature: An Annotated Bibliography*, New York 1988

Hune, Shirley et al. (Hg.), *Asian Americans: Comparative and Global Perspectives*, Pulman, Wash. 1991

Kim, Elaine, *Asian American Literature: An Introduction to the Writings and Their Social Context*, Philadelphia 1982

Lai, Him Mark/Lim, Genny/Yung, Judy (Hg.), *Island: Poetry and History of Chinese Immigrants on Angel Island 1910–1940*, San Francisco 1980

Lim, Shirley Geok-lin (Hg.), *Approaches to Teaching Kingston's ›The Woman Warrior‹*, New York 1991

Lim, Shirley Geok-lin/Ling, Amy (Hg.), *Reading the Literatures of Asian America*, Philadelphia 1992

Ling, Amy, *Between Worlds: Women Writers of Chinese Ancestry*, New York 1990

Meißenburg, Karin, *The Writing on the Wall. Socio-Historical Aspects of Chinese American Literature, 1900–1980*, Frankfurt a. M. 1987

Ostendorf, Berndt (Hg.), *Amerikanische Gettoliteratur: Zur Literatur ethnischer, marginaler und unterdrückter Gruppen in Amerika*, Darmstadt 1983

Peck, David R., *American Ethnic Literatures: Native American, African American, Chicano/Latino, Asian American Writers and Their Backgrounds – An Annotated Bibliography*, Englewood Cliffs, N. J. 1992

Tachiki, Amy/Wong, Eddie/Odo, Franklin/Wong, Buck (Hg.), *Roots: An Asian American Reader*, Los Angeles 1971

Takaki, Ronald, *Strangers From a Different Shore: A History of Asian Americans*, Boston 1989

Tsai, Shih-Shan Henry, *The Chinese Experience in American*, Bloomington, Ind. 1986

Wong, Sauling Cynthia, *Reading Asian American Literature: From Necessity to Extravagance*, Princeton 1993

Literaturkritik und Literaturtheorie

Cohen, Ralph (Hg.), *The Future of Literary Theory*, New York 1989

Culler, Jonathan, *Structuralist Poetics*, London 1975

Graff, Gerald, *Professing Literature: An Institutional History*, Chicago 1987

Graff, Gerald und Warner, Michael (Hg.), *The Origins of Literary Studies in America*, New York und London 1989

Greenblatt, Stephen und Gunn, Giles (Hg.), *Redrawing the Boundaries*, New York 1992

Gunn, Giles, *The Culture of Criticism and the Criticism of Culture*, New York and Oxford 1987

Krieger, Murray, *Theory of Criticism*, Baltimore 1976

Lang, Hans-Joachim, *Studien zur Entstehung der neueren amerikanischen Literaturkritik*, Hamburg 1961

Lentricchia, Frank, *After the New Criticism*, Chicago 1980

Rorty, Richard, *Philosophy and the Mirror of Nature*, Oxford 1980

Schlaeger, Jürgen (Hg.), *Kritik in der Krise*, München 1986

Sutton, Walter, *Modern American Criticism*, Englewood Cliffs 1963

Tompkins, Jane (Hg.), *Reader-Response Criticism: From Formalism to Post-Structuralism*, Baltimore 1980

Veeser, H. Aram (Hg.), *The New Historicism*, New York und London 1989

Veysey, Lawrence R., *The Emergence of the American University*, Chicago und London 1965

Zapf, Hubert, *Kurze Geschichte der anglo-amerikanischen Literaturtheorie*, München, 2. Aufl. 1996

Feministische Literatur- und Kulturkritik

Abel, Elizabeth (Hg.), *Writing and Sexual Difference*, Chicago 1982

Banta, Martha, *Imaging American Women: Ideas and Ideals in Cultural History*, New York 1987

Baym, Nina, *Novels, Readers and Reviewers: Response to Fiction in Antebellum America*, Ithaca, N. Y. 1984

Benstock, Shari (Hg.), *Feminist Issues in Literary Scholarship*, Bloomington 1987

Black, Naomi, *Social Feminism*, Ithaca, N. Y. 1989

Brennan, Teresa (Hg.), *Between Feminism & Psychoanalysis*, London und New York 1989

Butler, Judith, *Gender Trouble: Feminism and the Subversion of Identity*, New York 1990

Christian, Barbara, *Black Feminist Criticism: Perspectives on Black Women Writers*, New York 1985

Conway, Jill K., *The Female Experience in Eighteenth- and Nineteenth Century America: A Guide to the History of American Women*, Princeton 1985

Cornillon, Susan Koppelmann (Hg.), *Images of Women in Fiction: Feminist Perspectives*, Bowling Green, Oh. 1972

Diamond, Arlyn/Edwards, Lee R. (Hg.), *The Authority of Experience: Essays in Feminist Criticism*, Amherst, Mass. 1977

Doane, Janice/Hodges, Devon, *Nostalgia and Sexual Difference: The Resistance to Contemporary Feminism*, New York 1987

Donovan, Josephine, *Feminist Theory: The Intellectual Traditions of American Feminism*, New York 1985

DuPlessis, Rachel Blau, *Writing Beyond the Ending: Narrative Strategies of Twentieth-Century Women Writers*, Bloomington 1985

Eagleton, Mary (Hg.), *Feminist Literary Theory: A Reader*, Oxford 1986

Ehrenreich, Barbara, *The Hearts of Men: American Dreams and the Flight from Commitment*, Garden City, NY 1983

Eisenstein, Hester, *Contemporary Feminist Thought*, Boston 1983

Eisenstein, Hester/Jardine, Alice (Hg.), *The Future of Difference*, New Brunswick, NJ 1985

Elam, Diane, *Feminism and Deconstruction. Ms. en abyme*, New York 1994

Evans, Judith, *Feminist Theory Today. An Introduction to Second-Wave Feminism*, London 1995

Fetterley, Judith, *The Resisting Reader: A Feminist Approach to American Fiction*, Bloomington 1978

Flynn, Elizabeth A./Schweickart, Patricio P. (Hg.), *Gender and Reading: Essays on Readers, Texts, and Contexts*, Baltimore 1986

Gilbert, Sandra M./Gubar, Susan, *The Madwoman in the Attic: The Woman Writers and the Nineteenth-Century Literary Imagination*, New Haven 1979

Gilbert, Sandra M./Gubar, Susan, *No Man's Land: The Place of the Woman Writer in the Twentieth Century*, New Haven 1987

Greene, Gayle/Kahn, Coppélia, *Making a Difference: Feminist Literary Criticism*, London 1985

hooks, bell, *Feminist Theory: From Margin to Center*, Boston 1983

Hull, Gloria/Scott, P. Bell/Smith, B. (Hg.), *All the Women Are White, All the Men Are Black, But Some of Us Are Brave: Black Women's Studies*, Old Westbury, CT 1982

Jardine, Alice, *Gynesis: Configurations of Woman and Modernity*, Ithaca, NY 1985

Johnson, Barbara, *The Critical Difference*, Baltimore 1980

Kauffman, Linda (Hg.), *Gender and Theory*, Oxford 1989

Lauretis, Teresa de, *Technologies of Gender: Essays on Theory, Film, and Fiction*, Bloomington 1987

Lerner, Gerda, *The Female Experience: An American Documentary*, Indianapolis 1977

Lorde, Audrey, *Sister Outsider*, Trumansburg, N. Y. 1984

Meese, Elizabeth, A., *Crossing the Double-Cross: The Practice of Feminist Criticism*. Chapel Hill 1986

Miller, Nancy K. (Hg.), *The Poetics of Gender*, New York 1986

Millett, Kate, *Sexual Politics*, Garden City, NY 1969

Moi, Toril, *Sexual/Textual Politics*, London 1985

Newton, Judith/Rosenfelt, Deborah (Hg.), *Feminist Criticism and Social Change: Sex, Class, and Race in Literature and Culture*, New York u. London 1985

Nicholson, Linda (Hg.), *Feminism/Postmodernism*, New York 1989

Olsen, Tillie, *Silences*, New York 1978

Rich, Adrienne, *Of Woman Born: Motherhood as Experience and Institution*, New York 1976

Showalter, Elaine, *A Literature of Their Own. British Novelists from Bronte to Lessing*, Princeton 1977

Showalter, Elaine (Hg.), *The New Feminist Criticism. Essays on Women, Literature & Theory*, New York 1985, S. 243–270

Showalter, Elaine (Hg.), *Speaking of Gender*, New York 1989

Smith-Rosenberg, Carroll, *Disorderly Conduct: Visions of Gender in Victorian America*, New York 1985

Todd, Janet M., *Feminist Literary History*, Oxford 1988

Whelehan, Imelda, *Modern Feminist Thought. From the Second Wave to ›Post-Feminism‹*, Edinburgh 1995

Literatur Kanadas

Ashcroft, Bill/Griffiths, Gareth/Tiffin, Helen, *The Empire Writes Back. Theory and Practice in Post-Colonial Literatures*, London, N.Y. 1989

Atwood, Margaret, *Survival. A Thematic Guide to Canadian Literature*, Toronto 1972

Braun, Hans/Klooß, Wolfgang (Hg.), *Kanada. Eine interdisziplinäre Einführung*, Trier: 1992

Dictionary of Literary Biography, Detroit/New York/London 1978 ff.; vol. 53 (*Canadian Writers Since 1960*, First Series, ed. W.H. New, 1986); vol. 60 (*Canadian Writers Since 1960*, Second Series, ed. W.H. New, 1987); vol. 92 (*Canadian Writers, 1890–1920*, ed. W.H. New, 1990)

Easingwood, Peter/Groß, Konrad/Klooß, Wolfgang (Hg.), *Probing Canadian Culture*, Augsburg 1991 (Beiträge zur Kanadistik, Bd. 1)

Frye, Northrop, *The Bush Garden: Essays on the Canadian Imagination*, Toronto 1971

Gadpaille, Michelle, *The Canadian Short Story*, Toronto 1988

Glaap, Albert-Reiner (Hg.), *Das englisch-kanadische Drama*, Düsseldorf 1990

Groß, Konrad/Pache, Walter (Hg.), *Kanada. Grundlagen zur Literatur in englischer Sprache*, Bd. 1. München 1987

Howells, Coral Ann, *Private and Fictional Words. Canadian Women Novelists of the 1970s and 1980s*, London 1987

Hutcheon, Linda, *The Canadian Postmodern. A Study of Contemporary English-Canadian Fiction*, Toronto 1988

Keith, William J., *Canadian Literature in English*, London 1985

Klinck, Carl F. (Hg.), *Literary History of Canada. Canadian Literature in English*, 3 vols. Toronto/Buffalo 1976 [vol. 4, Hg. W.H. New, 1990]

Kroetsch, Robert/Nischik, Reingard (Hg.), *Gaining Ground. European Critics on Canadian Literature*, Edmonton 1985

Kuester, Martin, *Framing Truths. Parodic Structures in Contemporary English-Canadian Historical Novels*, Toronto 1992

Lecker, Robert *et al.* (Hg.), *Canadian Writers and Their Works*, 20 vols. Toronto 1983 ff.

MacLulich, T.D., *Between Europe and America. The Canadian Tradition in Fiction*, Toronto 1988

New, William H., *A History of Canadian Literature*, Houndmills 1989

The Oxford Companion to Canadian Literature, Hg. Toye, William, Toronto 1983

Pache, Walter, *Einführung in die Kanadistik*, Darmstadt 1981

Petrone, Penny, *Native Literature in Canada. From the Oral Tradition to the Present*, Toronto 1990

Riedel, Walter, *Das literarische Kanadabild. Eine Studie zur Rezeption kanadischer Literatur in deutscher Übersetzung*, Bonn 1980

PERSONEN- UND WERKREGISTER

Abbey, Edward (1927–89),
S. 368 f.
– *The Monkey Wrench Gang*, S. 369
Abish, Walter (*1931),
S. 347, 351
– *Alphabetical Africa*,
S. 351
– *How German Is It*,
S. 351
Acker, Kathy (*1948),
S. 374 f.
– *Blood and Guts in High School*, S. 374
– *Empire of the Senseless*,
S. 374
Acosta, Oscar Zeta
(*1935), S. 443
– *The Revolt of the Cockroach People*, S. 443
Adams, Abigail
(1744–1818), S. 26, 38,
43
Adams, Henry [Brooks]
(1838–1918), S. 161,
195 f., 224, 353
– *The Education of Henry Adams*, S. 195 f., 353
– *Mont-Saint-Michel and Chartres*, S. 195
Adams, John (1735–1826),
S. 26, 32, 38, 43
Addison, Joseph
(1672–1719), S. 82
Agee, James (1909–55),
S. 229, 276, 277, 279
– *Let Us Now Praise Famous Men*, S. 279
Aiken, George L.
(1830–76), S. 151
Albee, Edward (*1928),
S. 338 ff., 343, 345, 347
– *The American Dream*,
S. 339
– *Who's Afraid of Virginia Woolf*, S. 338 ff.
– *The Zoo Story*, S. 338 f.
Alcott, Amos Bronson
(1799–1888), S. 101,
161
Alcott, Louisa May
(1832–88), S. 161 f
– *Little Women*, S. 161 f
Aldrich, Thomas Bailey
(1836–1907), S. 166
– *The Story of a Bad Boy*,
S. 166
Alger, Horatio (1832–99),
S. 194

Alison, Archibald
(1757–1839), S. 65
Allen, James Lane
(1849–1925), S. 167
Allen, Paula Gunn (*1939),
S. 362, 394, 399 f.
– *The Woman Who Owned the Shadows*,
S. 394
Alurista (*1947), S. 438 f.,
441, 449, 453 f.
– *Nationchild Plumaroja*,
S. 438 f.
– *Z Eros*, S. 454
American Review, S. 380
Anaya, Rudolfo A.
(*1937), S. 444 f., 447,
454
– *Bless Me, Ultima*, S. 444
Anderson, Maxwell
(1888–1959), S. 290,
293
– *Joan of Lorraine*, S. 294
– *What Price Glory?*,
S. 290
– *Winterset*, S. 294
Anderson, Sherwood
(1876–1941), S. 253,
257, 264
– *Winesburg, Ohio* S. 264
Andrews, Bruce (*1948),
S. 363 f.
Andros, Sir Edmund
(1637–1714), S. 7
Angelou, Maya (*1928),
S. 408
Antin, Mary (1881–1949),
S. 427, 429
– *The Promised Land*,
S. 427 f.
Anzaldúa, Gloria (*1942),
S. 362, 454
– *Borderlands / La Frontera: The New Mestiza*,
S. 362, 454
Apes, William (1798–?),
S. 75, 379 f.
– *A Son of the Forest*,
S. 379
Apollinaire, Guillaume
(1880–1918), S. 245
Arias, Ron (*1941), S. 447
– *The Road to Tamazunchale*, S. 447
Aristoteles (384–323
v.Chr.), S. 338
– *Poetik*, S. 338
Arnim, Bettina von
(1785–1859), S. 106

Arnold, Benedict
(1741–1801)
Arthur, T. S. (Timothy
Shay) (1809–85), S. 127
Ashbery, John (*1927),
S. 312 f.
– *Flow Chart*, S. 313
– »The Painter«, S. 313
– »Self-Portrait in a Convex Mirror«, S. 313
The Atlantic (später: *The Atlantic Monthly*),
S. 157, 161 f., 176, 179,
383, 474
Atwood, Margaret Eleanor
(*1939), S. 531, 544,
547, 552 ff., 557
– *Cat's Eye*, S. 544, 554
– *Double Persephone*,
S. 547, 554
– *The Edible Woman*,
S. 554
– *The Handmaid's Tale*,
S. 554
– *Power Politics*, S. 554
– *Surfacing*, S. 552, 554
Auden, W(ystan) H(ugh)
(1907–73), S. 313
– »Musée des Beaux Arts«,
S. 313
Audubon, John James
(1785–1851), S. 67
– *The Birds of America*,
S. 67
Augustinus, Aurelius
(354–430), S. 314
Aupaumut, Hendrick
(1757–1830), S. 378
Auster, Paul (*1947),
S. 361 f.
– *City of Glass*, S. 361 f.
– *Ghosts*, S. 361
– *The Invention of Solitude*, S. 362
– *The Locked Room*,
S. 361
Austin, Mary [Hunter]
(1868–1934), S. 382

B

Babbitt, Irving
(1865–1933), S. 479 f.,
482
Baker, George Pierce
(1866–1935), S. 282
Baker, Houston A. (*1943),
S. 508
Baldwin, James (1924–87),
S. 324, 417 ff.

– *Blues for Mr. Charlie*,
S. 419
– *If Beale Street Could Talk*, S. 418
Bambara, Toni Cade
(*1939), S. 415, 425
– »My Man Bovanna«,
S. 425
Bancroft, George
(1800–91), S. 116
– *The History of the United States*, S. 116
Baraka, Imamu Amiri, s.
Jones, LeRoi
Barbour, Douglas (*1940),
S. 547
Barker, James Nelson
(1784–1858), S. 71
– *The Indian Princess; or, La Belle Sauvage*, S. 71
– *Superstition*, S. 71
Barlow, Joel (1754–1812),
S. 23, 35, 43, 48 ff.
– »Advice to a Raven in Russia«, S. 50
– *The Columbiad*, S. 43,
49
– *The Hasty Pudding*,
S. 23, 49
– »The Prospect of Peace«,
S. 35, 48
– *The Vision of Columbus*,
S. 49
Barnes, Djuna
(1892–1982), S. 232,
244
Barnes, Jim (*1933), S. 401
Barr, Robert, S. 536
Barrio, Raymund (*1921),
S. 443 f.
– *The Plum Pickers*, S. 443
Barry, Philip (1896–1949),
S. 291
– *Here Come the Clowns*,
S. 291
– *Hotel Universe*, S. 291
Barth, John [Simmons]
(*1930), S. 327 f., 331,
336 ff., 347, 349, 352 f.,
366, 555
– *Chimera*, S. 338
– *The End of the Road*,
S. 336
– *The Floating Opera*,
S. 336
– *The Friday Book*, S. 328
– *Giles Goat-Boy*, S. 336 f.
– *LETTERS*, S. 338
– *Lost in the Funhouse*,
S. 336 f.

– *The Sot-Weed Factor*,
S. 331, 336, 366
Barthelme, Donald
(1931–89), S. 347 ff.,
359, 555
– *The Dead Father*, S. 349
– *The King*, S. 349
– *Paradise*, S. 349
– *Snow White*, S. 348 f.
– *Unspeakable Practices,
Unnatural Acts*, S. 349
Barthelme, Frederick
(*1943), S. 359
– *Moon Deluxe*, S. 359
Barthes, Roland (1915–80),
S. 490
Bartram, William
(1739–1823), S. 66
Baudelaire, Charles
(1821–67), S. 219
Baumbach, Jonathan
(*1933), S. 350
Baym, Nina (?), S. 502
– *Woman's Fiction*, S. 502
The Bay Psalm Book,
S. 10, 16
Beardsley, Monroe C. (?),
S. 487
Beattie, Ann (*1947),
S. 359
Beck, Julian (1925–85),
S. 311, 346
Beckett, Samuel (1906–89),
S. 300, 311, 338, 347,
350, 551
Behrman, Samuel N.
(1893–1973), S. 291
– *The Second Man*, S. 291
Bellamy, Edward
(1850–98), S. 178, 192
– *Looking Backward :
2000–1887*, S. 178,
192 f.
Bellow, Saul (*1915), S. 59,
280, 281, 318 f., 431,
433
– *The Adventures of Augie
March*, S. 59, 318, 433
– *Dangling Man*, S. 318,
433
– *Herzog*, S. 318 f., 433
– *The Victim*, S. 318, 433
Bennet, James G.
(1795–1872), S. 121
– *New York Herald*, S. 121
Berkeley, George
(1685–1753), S. 48
– »On the Prospect of
Planting Arts and Lear-
ning in America«, S. 48
Bernstein, Charles (*1950),
S. 363 f.
Berryman, John (1914–72),
S. 316
– *The Dream Songs*, S. 316
Berssenbrugge, Mei-mei
(*1947), S. 463 f.

Bhagavadgita, S. 242
Bierce, Ambrose [Gwinett]
(1842–1914), S. 203
– »An Occurrence at Owl
Creek Bridge«, S. 203
Bidart, Frank (*1940),
S. 363
Bird, Robert Montgomery
(1806–54), S. 71, 125
149, 379
– *The Gladiator*, S. 71, 149
– *Nick of the Woods*,
S. 125
Birney, Earle (*1904),
S. 522, 541, 547
– »Can Lit«, S. 522
– *David and other Poems*,
S. 541
Bissett, Bill (*1939), S. 547
Bissoondath, Neil (?),
S. 556
Black Hawk (1767–1838),
S. 379
Blackmur, R[ichard]P[al-
mer] (1904–65), S. 480
Blackwood's Magazine
(Zeitschrift), S. 82
Blair, Hugh (1718–1800),
S. 469
– *Lectures on Rhetoric and
Belles-Lettres*, S. 469
Blake, Lillie Devereux
(1835–1913), S. 132
– *Southwold*, S. 132
Blake, William
(1757–1827), S. 111
Bloom, Harold (*1930),
S. 92, 103, 492 f., 503,
509
Blue Cloud, Peter (*1935),
S. 399, 401
Boas, Franz (1854–1942),
S. 532 f., 534
Boccaccio, Giovanni
(1313–75), S. 374
Boccioni, Umberto
(1882–1916), S. 246,
257
– *La Citta*, S. 256, 257
Boker, George Henry
(1823–70), S. 149
– *Francesca da Rimini*,
S. 149
Bolingbroke, Henry St.
John, first Viscount
(1678–1751), S. 75
Bonnin, Gertrude [Zitkala-
Sa] (?), S. 383
– *American Indian Stories*,
S. 382
Bontemps, Arna (1902–73),
S. 421
Borges, Jorge Luis
(1899–1986), S. 136,
548
Boucicault, Dion
(1820–90), S. 149, 151

– *The Octoroon*, S. 151
– *The Poor of New York*,
S. 149
Boudinot, Elias (1803–39),
S. 378 f
Bourne, Randolph
(1886–1918), S. 224,
225, 229, 484
Boyesen, Hjalmar
(1848–95), S. 191
– *Social Strugglers*, S. 191
Bowering, George (*1935),
S. 546, 547, 553, 555,
558
– *Burning Water*, S. 553
Boyle, Kay (1902–92),
S. 224
Brackenridge, Hugh Henry
(1748–1816), S. 42, 46,
48, 52, 59 f., 62
– *The Battle of Bunkers-
Hill*, S. 52
– *The Death of General
Montgomery*, S. 52
– *Modern Chivalry*, S. 42,
59 f.
– »The Rising Glory of
America« (mit Freneau),
S. 48
Bradbury, Malcolm
(*1932), S. 274, 318,
326
Bradbury, Ray Douglas
(*1920), S. 372
– *Fahrenheit 451*, S. 372
Bradford, William
(1590–1657), S. 10
– *Mourt's Relation*, S. 10
– *Of Plymouth Plantation*,
S. 10
Bradley, Marion Zimmer
(*1930), S. 372
Bradstreet, Anne [Dudley]
(ca. 1612–72), S. 17, 499
– »In Reference to Her
Children, 23 June,
1659«, S. 17
– »The Author to Her
Book«, S. 17
– »The Prologue«, S. 17
Braithwaite, William Stan-
ley (1878–1962)
Brautigan, Richard
(1935–84), S. 347 f., 371
– *A Confederate General
from Big Sur*, S. 348
– *The Hawkline Monster.
A Gothic Western*,
S. 348
– *In Watermelon Sugar*,
S. 348
– *Trout Fishing in Ame-
rica*, S. 347 f.
Brecht, Bertolt
(1898–1956), S. 289,
295
Brendan, S. 4

Breuer, Lee (*1937),
S. 346 f.
– *A Prelude to Death in
Venice*, S. 347
– *The Lost Ones* (Beckett),
S. 347
Brooke, Frances (1724–89),
S. 530 f.
– *The History of Emily
Montague*, S. 530
Brooke, Rupert Chawner
(1887–1915), S. 522
Brooks, Cleanth (1906–94),
S. 221
Brooks, Gwendolyn
(*1917), S. 324, 415,
418 f., 509
– *The Bean Eaters*, S. 324,
419
– *Maud Martha*, S. 415,
509
Brooks, Van Wyck
(1886–1963), S. 224,
475, 482, 484, 487
Brougham, John
(1810–80), S. 151
– *Metamora; or, the last of
the Pollywoags*, S. 151
Brown, Charles Brockden
(1771–1810), S. 2, 43,
61 ff., 65, 82 f., 100, 111
– *Alcuin*, S. 61
– *Arthur Mervyn*, S. 61 f.
– *Edgar Huntly*, S. 43, 61,
63
– *Ormond*, S. 61 f.
– *Wieland*, S. 61 f.
Brown, William Hill
(1765–93); S. 54 ff., 57
– *The Power of Sympathy*,
S. 54 ff.
Brown, William Wells (ca.
1814–84), S. 120, 151,
408, 413
– *Clotel; or, The Presi-
dent's Daughter*, S. 120,
408
– *The Escape*, S. 151,
413 f.
– *Narrative*, S. 408
Brownson, Orestes Augu-
stus (1803–76), S. 102
– »The Laboring Classes«,
S. 102
Bruchac, Joseph (?), S. 399
– *Dawn Land*, S. 399
Bryant, William Cullen
(1794–1878), S. 67 ff.,
158, 473
– »Monument Mountain«,
S. 69
– »On Trisyllabic Feet in
Iambic Measure«, S. 68
– *Poems*, S. 67
– »The Prairies«, S. 69
– »Thanatopsis«, S. 67
– »To a Waterfowl«, S. 69

- »To Cole, the Painter,
  Departing for Europe«,
  S. 69
Buffalo Child Long Dance,
  s. Long, Sylvester Clark
Buffon, Georges-Louis,
  Leclerc, Comte de
  (1707–88), S. 32, 66
Bullard, Laura Curtis (?),
  S. 131
- Christine; or, Woman's
  Trials and Triumphs,
  S. 131
Bullins, Ed (*1935), S. 324,
  345
- Four Dynamite Plays,
  S. 345
- The Electronic Nigger,
  S. 345
Bulosan, Carlos (1913–56),
  S. 456
- Letter from America,
  S. 456
Bulwer-Lytton, Edward
  (1803–73), S. 92
Bunyan, John (1628–88),
  S. 329
- The Pilgrim's Progress,
  S. 329
Burke, Edmund (1729–97),
  S. 65
Burke, Kenneth [Duva]
  (1897–1993), S. 276,
  488
Burns, Robert (1759–96),
  S. 97, 316
- »Coming Through the
  Rye«, S. 316
Burroughs, Edgar Rice
  (1875–1950), S. 204
- Tarzan of the Apes, S.
  204
Burroughs, William
  S[eward] (*1914),
  S. 308 ff.
- Junkie, S. 310
- Naked Lunch, S. 310
Bush, Barney (?), S. 400
Butler, James (ca.
  1755–1842), S. 59
- Fortune's Foot-ball, S. 59
Butler, Judith (?), S. 518
Byrd, William
  (1674–1744), S. 32 ff.,
  363
Byron, George Gordon
  (1788–1824), S. 70, 92,
  97, 111, 473

C

Cable, George Washington
  (1844–1925), S. 166 ff
- The Grandissimes, S. 166
- Old Creole Days. A
  Story of Creole Life,
  S. 166

- »Tite Poulette«, S. 166
Cabotto, Giovanni (John
  Cabot), S. 4, 528
Cahan, Abraham
  (1860–1951), S. 194,
  428
- Yekl, S. 194, 428
- The Rise of David
  Levinsky, S. 194, 428
Calhoun, John C.
  (1772–1850), S. 43
Callaghan, Morley (?),
  S. 554
Callenbach, Ernest
  (*1929), S. 371
- Ecotopia, S. 371
Camus, Albert (1913–60),
  S. 335
- La Chute, S. 335
Canadian Literature, S. 545
Candelaria, Nash (*1943),
  S. 445, 454
Capote, Truman
  (1924–1984), S. 323
- In Cold Blood, S. 323
Carman, Bliss
  (1861–1929), S. 537
Carlyle, Thomas
  (1795–1881), S. 100,
  104
Carr, Emily (1871–1945),
  S. 534
Carver, Jonathan
  (1710–80), S. 66
- Travels Through the Inte-
  rior Parts of North Ame-
  rica, S. 66
Carver, Raymond
  (1938–1988), S. 359 f.,
  395
- What We Talk About
  When We Talk About
  Love, S. 359 f.
Cary, Alice (1820–71),
  S. 132
- Hagar, A Story of
  To-day, S. 132
- Married, Not Mated,
  S. 132
Cassady, Neal (1926–1968)
Castillo, Ana (*1953),
  S. 450
The Century, (Zeitschrift),
  S. 157
Cather, Willa [Sibert]
  (1873–1947), S. 201 f.
- Death Comes for the
  Archbishop, S. 202
- My Antonia, S. 201
- O Pioneers, S. 201
Cervantes, Lorna Dee
  (*1954), S. 449
Cervantes Saavedra, Miguel
  de (1547–1616), S. 59
- Don Quixote, S. 59 f.
Cezanne, Paul
  (1839–1906), S. 225,
  226, 228, 234, 237

Chaikin, Joseph (*1935),
  S. 346
Champlain, Samuel (?),
  S. 9, 33
Chandler, Raymond
  (1888–1959), S. 274
Chang, Diana (*1934),
  S. 457, 464
- What Matisse Is After ,
  S. 464
Channing, William Ellery
  (1780–1842), S. 41, 43,
  472
Chase, Richard (*1914),
  S. 86
Chateaubriand, Francois-
  Rene, vicomte de
  (1768–1848), S. 66
Chávez, Denise (*1948),
  S. 451 f.
Chesebro, Caroline
  (1825–73), S. 131
- Isa. A Pilgrimage, S. 131
Chesnutt, Charles W[ad-
  dell] (1858–1932),
  S. 167 f., 205, 408, 410 f.
- The Colonel's Dream,
  S. 168, 411
- The Conjure Woman,
  S. 168, 410
- The House Behind the
  Cedars, S. 168, 205, 411
- The Marrow of Tradi-
  tion, S. 168, 205, 411
- The Wife of His Youth ,
  S. 168, 410
Child, Lydia Maria
  (1802–80), S. 47, 80 f.,
  379
- An Appeal in Favor of
  that Class of Americans
  Called Africans, S. 80
- History of the Condition
  of Women, in Various
  Ages and Nations, S. 81
- Hobomok, S. 80 f.
- Juvenile Miscellany
  (1826–34) (Zeitschrift),
  S. 47
- Letters from New-York,
  S. 80
- The Rebels; or, Boston
  Before the Revolution,
  S. 80
Chin, Frank (*1940),
  S. 462
- The Chickencoop China-
  man, S. 462
Chin, Marylin (*1955),
  S. 463
Chopin, Kate [O'Flaherty]
  (1851–1904), S. 167,
  196–99, 224, 226
- The Awakening, S. 198 f.,
  216, 224
- Bayou Folk, S. 167, 197
- »Désirée's Baby«, S. 167

- A Night in Acadie,
  S. 167, 197
- »The Storm«, S. 197 f.
- »The Story of an Hour«,
  S. 197
- »Wiser Than a God«,
  S. 197
Chu, Louis (1915–70),
  S. 458
- Eat a Bowl of Tea,
  S. 458
Churchill, Winston
  (1871–1947), S. 207
- Richard Carvel, S. 207
Cisneros, Sandra (*1954),
  S. 362, 450 ff.
- The House on Mango
  Street, S. 362, 450
Clark, William
  (1770–1838), S. 33, 66
Clay, Henry (1777–1852),
  S. 43
Cleaver, Eldridge (*1935),
  S. 324, 418 f.
- Soul on Ice, S. 324, 419
Clemens, Samuel Long-
  horne (Pseud. Mark
  Twain) (1835–1910),
  S. 59, 154,157 f , 162,
  165 f , 168, 171, 174 f.,
  180, 185–90, 193, 205,
  264, 368, 374, 379, 381,
  530
- The Adventures of Huck-
  leberry Finn, S. 59, 157,
  166 , 175, 186 f., 188,
  264, 374
- The Adventures of Tom
  Sawyer, S. 162, 166,
  186 f.
- A Connecticut Yankee in
  King Arthur's Court,
  S. 188 f., 193
- The Gilded Age (zus. mit
  C.D. Warner), S. 160 f
- The Innocents Abroad,
  S. 186
- Life on the Mississippi,
  S. 166, 186 ff.
- The Mysterious Stranger,
  S. 190
- »The Notorious Jumping
  Frog of Calaveras
  County«, S. 165, 185
- Pudd'nhead Wilson,
  S. 189, 205
- Roughing It, S. 165,
  185 f.
- A Tramp Abroad, S. 187
Cliff, Michelle (*1946),
  S. 362
- Abeng, S. 362
- No Telephone to Hea-
  ven, S. 362
Cohen, Leonard (*1934),
  S. 549,
- Beautiful Losers, S. 549

Cole, Thomas (1801–84), S. 67, 69, 79, 117
– *The Course of Empire*, S. 69, 117
Coleridge, Samuel Taylor (1772–1834), S. 66f., 69, 100, 109
– *Aids to Reflection*, S. 100
– *Lyrical Ballads* (mit Wordsworth), S. 67
– »Ode to Dejection«, S. 109
Columbus, Christopher (ca. 1446–1506), S. 1f., 4, 9, 33, 320
– *Logbuch*, S. 1f., 4
Connelly, Marc[us Cook] (1890–1980), S. 289
– *The Green Pastures*, S. 289
Conroy, Jack (1899–1990), S. 276
Conwell, Russell Herman (1843–1925), S. 195
– *Acres of Diamonds*, S. 195
Cook, George Cram (1873–1924), S. 282, 283
Cook-Lynn, Elizabeth (?), S. 389, 398
– *From the River 's Edge*, S. 398
– *Then Badger Said This*, S. 389
Cooke, Ebenezer (fl.1708), S. 23, 25; 336
– *The Sot-Weed Factor*, S. 25
Cooke, John Esten (1830–86), S. 160
Cooke, Rose Terry (1827–92), S. 165, 169f
– »How Celia Changed Her Mind«, S. 165, 169
– »Mrs. Flint's Married Experience«, S. 169
– »The Ring Fetter«, S. 169
– »Too Late«, S. 169
Coolidge, Clark (*1939), S. 363
Cooper, James Fenimore (1789–1851), S. 43, 45ff., 57, 69, 77–80, 82ff., 95, 100, 118ff., 125, 224, 379, 530
– *The American Democrat*, S. 78
– *The Crater*, S. 84
– *The Deerslayer*, S. 78
– *The Last of the Mohicans*, S. 79
– *Notions of the Americans*, S. 78
– *The Pioneers*, S. 78
– *The Prairie*, S. 69, 95

– *The Spy*, S. 78
– *The Wept of Wish-ton-Wish*, S. 79
Coover, Robert [Lowell] (*1932), S. 347, 355f., 375
– »The Elevator«, S. 356
– *Gerald's Party*, S. 356
– *A Night at the Movies; or, You Must Remember This*, S. 356
– *The Origin of the Brunists*, S. 355
– *Pricksongs and Descants*, S. 356
– *The Public Burning*, S. 356
– *Spanking the Maid*, S. 356
– *The Universal Baseball Association*, S. 356
Copway, George (1818–69), S. 380f.
Corpi, Lucha (*1945), S. 449f.
Corso, Gregory (*1930), S. 308
Cortéz, S. 33
Cotton, John (1584–1652), S. 14
– *The Bloudy Tenent Washed, and Made White in the Bloud of the Lamb*, S. 14
Cowley, Malcolm (1989–?), S. 480
Craddock, Charles Egbert, s. Murfree, Mary Noailles
Crane, [Harold] Hart (1899–1932), S. 221, 229, 240, 245, 248, 252, 255, 257, 258ff., 262, 314
– »Atlantis«, S. 260
– *The Bridge*, S. 258ff.
– »The Broken Tower«, S. 260
– »The Dance«, S. 260
– »Proem«, S. 260
Crane, Stephen (1871–1900), S. 202f., 207, 210f., 543
– *George's Mother*, S. 211
– *Maggie: A Girl of the Streets*, S. 207, 210f., 543
– »The Open Boat«, S. 203
– *The Red Badge of Courage. An Episode of the American Civil War*, S. 207, 211
Crawford, Francis Marion (1854–1909), S. 204
Creeley, Robert (*1926), S. 312, 546
– *Black Mountain Review* (Zeitschrift), S. 312

Crèvecoeur, J. Hector St. John de (1735–1813), S. 33, 66, 521
– *Letters from an American Farmer*, S. 33, 66
Crichton, Michael (*1942), S. 370
– *Disclosure*, S. 370
Crockett, Davy (1786–1836), S. 121
Cullen, Countee (1903–46), S. 413
– »Heritage«, S. 413
Culler, Jonathan D. (*1944), S. 490
Cummings, E[dward] E[stlin] (1894–1962), S. 223, 240, 244, 245ff.
– *The Enormous Room*, S. 245
– *Tulips and Chimneys*, S. 246
Cummins, Maria Susanna (1827–66), S. 129

D

Dahlberg, Edward (*1900–77), S. 430
Daly, Lew (?), S. 364f.
– *e. dickinson on / a sleep-walk with the / alphabet prowling around her*, S. 364f.
Dana, Richard Henry, Jr. (1815–82), S. 118, 474
– *Two Years Before the Mast*, S. 118
Dante, S. 141, 149, 237
Davey, Frank (*1940), S. 546f.
Davies, Robertson (1913–95), S. 548, 552f.
– »Deptford-Trilogie«, S. 548, 552
– »Salterton-Trilogie«, S. 548
– »Simon Darcourt-Trilogie«, S. 548
Davis, Rebecca [Blaine] Harding (1831–1910), S. 132, 162f., 171, 502
– »Life in the Iron-Mills«, S. 132, 162, 502
– *Margaret Howth. A Story of To-Day*, S. 163
Davis, Ronny (*1933), S. 345
Defoe, Daniel (1660–1731), S. 59
De Forest, John William (1826–1906), S. 158ff, 173
– »The Great American Novel«, S. 159
– *Honest John Vane*, S. 160

– *Kate Beaumont*, S. 159
– *Miss Ravenel's Conversion From Secession to Loyalty*, S. 159f., 173
– *Playing the Mischief*, S. 160
Deland, Margaret (1857–1945), S. 195
– *John Ward, Preacher*, S. 195
Delany, Martin R[obinson] (1812–85), S. 408
– *Blake: or The Huts of America*, S. 408
Delany, Samuel R. (*1942), S. 371
– *Triton*, S. 371
Delgado, Abelardo B. (*1931), S. 439f.
– *Chicano. 25 Pieces of a Chicano Mind*, S. 439
Dell, Floyd (1887–1969), S. 484
Deloria, Vine, Jr. (*1933), S. 389
– *Custer Died For Your Sins* , S. 389
De Man, Paul, S. 492, 494
De Mille, George E., S. 471
De Mille, James (1833–80), S. 538
Demuth, Charles (?), S. 229, 248, 249
Dennie, Joseph (1768–1812), S. 72, 472
– *The Port Folio* (1801–27) (Zeitschrift), S. 72, 472
Derrida, Jacques (*1930), S. 489, 491, 518
Dickens, Charles (1812–70), S. 92, 165, 173, 474
Dickinson, Emily [Elizabeth] (1830–86), S. 95, 99, 122, 139, 144ff., 233, 245, 364f., 399, 499, 503
– »I heard a Fly buzz - when I died«, S. 146
Didion, Joan (*1934), S. 506f.
– *Play It A/s It Lays*, S. 506
Dixon, Thomas (1864–1946), S. 204, 409
– *The Clansman*, S. 204, 409
– *The Leopard's Spots*, S. 409
Doctorow, E[dgar] L[awrence] (*1931), S. 347, 355ff., 402
– *The Book of Daniel*, S. 356
– *Ragtime*, S. 356f.

Donnelly, Ignatius
(1831–1901), S. 192
– Caesar's Column. A
Story of the Twentieth
Century, S. 192
Doolittle, Hilda (bek. als
H.D.) (1886–1961),
S. 230 ff., 238, 240, 244,
280
– Bid Me to Live, S. 232,
280
– Helen in Egypt, S. 232,
280
– HERmione, S. 232
– »Notes on Thought and
Vision«, S. 233
– Palimpsest, S. 232
– Tribute to Freud, S. 232
– Trilogy, S. 232, 280
Dorris, Michael (*1945),
S. 395, 398
– The Crown of Columbus
(mit Louise Erdrich),
S. 395
– A Yellow Raft in Blue
Water, S. 395
Dos Passos, John [Rode-
rigo] (1896–1970),
S. 221, 229, 257, 261 ff.,
270, 275, 277, 292, 361,
443
– The Garbage Man,
S. 292
– Manhattan Transfer,
S. 261, 270, 277
– U.S.A., S. 277
Dostojewski, Fjodor
(1821–1881), S. 281,
285, 318
Doughty, Thomas
(1793–1856), S. 67
Douglass, Frederick
(1817–95), S. 120, 407 f.
– Narrative of the Life of
Frederick Douglass, an
American Slave, S. 120,
407
Dove, Arthur (?), S. 228,
244
Dove, Rita (*1952), S. 362
– Thomas and Beulah,
S. 362
Downing, Todd (?), S. 398
Drake, Sir Francis (ca.
1540–96), S. 9, 33
Drake, Joseph Rodman
(1795–1820), S. 70
– »The Culprit Fay«, S. 70
Dreiser, Theodore [Herman
Albert] (1871–1945),
S. 207, 216 f., 224, 225,
226, 256, 261, 484, 543
– An American Tragedy,
S. 217
– The Financier, S. 217
– The Genius, S. 217
– Jennie Gerhardt, S. 217

– Sister Carrie, S. 207,
216, 224, 225, 543
– The Stoic, S. 217
– The Titan, S. 217, 256
Drummond, W[illiam]
H[enry] (1854–1907),
S. 525
– The Habitant and Other
French-Canadian Poems,
S. 525
DuBois, W[illiam]
E[dward] B[urghardt]
(1868–1963), S. 205,
290, 412
– Haiti, S. 290
– The Quest of the Silver
Fleece, S. 205
– The Souls of Black Folk,
S. 205, 412
Duchamp, Marcel
(1887–1968), S. 220,
228, 244
Dudek, Louis (*1918),
S. 541
Dumas, Alexandre
(1802–70), S. 92
Dunbar, Paul Laurence
(1872–1906), S. 168,
205, 386, 409, 411 f.
– »Dely«, S. 412
– »Dinah Kneading
Dough«, S. 412
– »The Haunted Oak«,
S. 412
– Lyrics of Lowly Life,
S. 168, 411
– »Ode to Ethiopia«,
S. 411
– »The Poet«, S. 411
– The Sports of the Gods,
S. 168, 205
– »We Wear the Mask«,
S. 409, 412
Duncan, Robert (1919–88),
S. 312, 546
Duncan, Sara Jeannette
(1861–1922), S. 538
Dunlap, William
(1766–1839), S. 44, 53 f.,
71, 149
– André, S. 53
– The Glory of Columbia;
Her Yeomanry, S. 54
– The History of the Ame-
rican Theatre, S. 53
– A Trip to Niagara, S. 71
Durand, Asher Brown
(1796–1886), S. 67
Dwight, Timothy
(1752–1817), S. 48 f.
– »America; or, A Poem on
the Settlement of the Bri-
tish Colonies«, S. 48
– The Conquest of
Canaan, S. 49

E

Eastman, Charles Alexan-
der (1858–1939),
S. 383 f.
Eastman, Max [Forrester]
(1883–1969), S. 484
Edgerton, Clyde (*1944),
S. 368
– In Memory of Junior,
S. 368
– Raney, S. 368
Edwards, Jonathan
(1703–58), S. 28 f.
– Personal Narrative, S. 28
– Resolutions, S. 28
Eggleston, Edward
(1837–1902), S. 166
– The Circuit Rider, S. 166
– The Faith Doctor, S. 166
– The Hoosier Schoolma-
ster, S. 166
– Roxy, S. 166
El Grito, S. 448
Eliot, John (1604–90),
S. 14
– Primer or Catechism in
the Massachusetts Indian
Language, S. 14
Eliot, T[homas] S[tearns]
(1888–1965), S. 221–24,
230 f., 233, 237, 240 ff.,
244–50, 259 f., 260, 280,
307, 363, 392 f., 437,
480, 482, 486, 540
– Four Quartets, S. 280
– »The Love Song of J.
Alfred Prufrock«, S. 240
– The Sacred Wood, S. 486
– »Tradition and the Indi-
vidual Talent«, S. 241,
243
– The Waste Land, S. 219,
233, 241 ff., 247 ff., 259,
393
Elizondo, Sergio (*1930),
S. 440
Elkin, Stanley (*1930),
S. 355
Ellis, Bret Easton (*1964),
S. 361, 373 f.
– American Psycho,
S. 373 f.
Ellison, Ralph [Waldo]
(1914–94), S. 281, 317 f.,
402, 417 f., 421, 508
– Invisible Man, S. 317 f.,
402, 418, 508
– Shadow and Act, S. 418,
421
Emerson, Ralph Waldo
(1803–82), S. 85 f., 96,
99, 102 ff., 106, 108,
114, 132, 139 f., 158,
223, 238, 245, 247, 358,
465, 475, 532
– The American Scholar,
S. 85, 102, 532

– »Experience«, S. 102,
103
– »Fate«, S. 103
– Nature, S. 102, 114, 132
– »Notebook«, S. 141
– »The Over-Soul«, S. 102
– »The Poet«, S. 102
– »Self-Reliance«, S. 102
Empson, Sir William
(1906–84), S. 486
Equiano, Olaudah (alias
Gustavus Vassa) (ca.
1745–97), S. 29 f., 120,
407, 423
– Interesting Narrative of
the Life of Olaudah
Equiano, S. 30, 75, 407
Erdrich, Louise (*1954),
S. 365, 394 ff., 398 ff.
– Baptism of Desire, S. 400
– The Beet Queen, S. 365,
394 f.
– The Bingo Palace,
S. 365, 394
– The Crown of Columbus
(mit Michael Dorris), S.
395
– Love Medicine, S. 365,
394
– Tracks, S. 365, 394
Erikson, Leif, S. 4
Evans, Augusta Jane
(1835–1909), S. 159
Evans, Mari (*1923)
Evans, Walker (1903–75),
S. 279

F

Far, Sui Sin [Eaton, Edith
Maud] (1867–1915),
S. 456
Farrell, James T[homas]
(1904–79), S. 275, 277
– The Young Manhood of
Studs Lonigan, S. 275,
277
Faulkner (eig. Falkner),
William [Harrison]
(1897–1962), S. 136,
221, 231, 270, 280, 320,
365, 369, 392, 394 f.
– Absalom, Absalom!,
S. 270
– As I Lay Dying, S. 270 f.,
395
– Go Down, Moses, S. 270
– Light in August, S. 271
– The Sound and the Fury,
S. 270 ff., 272
Federman, Raymond
(*1928), S. 350
– Double or Nothing,
S. 350
– Surfiction, S. 350
– Take It or Leave It,
S. 350

– *The Voice in the Closet*, S. 350

Ferlinghetti, Lawrence (*1919), S. 307 f.
– *Beatitude* (Zeitschrift), S. 308
– *A Coney Island of the Mind*, S. 308

Fern, Fanny, s. Parton, Sara P., S. 503

Fielding, Henry (1707–54), S. 25, 59 f.

Findley, Timothy (*1930), S. 553, 558

Finnegan, R., S. 406
– *Oral Literature in Africa*, S. 406

Fish, Stanley (*1938), S. 490

Fisher, Rudolph (1897–1934), S. 414
– *The Walls of Jericho*, S. 414

Fitzgerald, F[rancis] Scott [Key] (1896–1940), S. 231, 244, 257, 262–68, 300
– *The Beautiful and Damned*, S. 263
– *The Crack-Up*, S. 269
– *The Great Gatsby*, S. 263, 266 ff.

Flaubert, Gustave, S. 281

Foerster, Norman (1887–1972), S. 480

Ford, Madox Ford (1873–1939), S. 238, 314

Ford, Paul Leicester (1865–1902), S. 206 f.
– *The Honorable Peter Stirling*, S. 207
– *Janice Meredith*, S. 207

Ford, Richard (*1944), S. 368
– *A Piece of My Heart*, S. 368
– *The Sportswriter*, S. 368

Foster, Hannah Webster (1759–1840), S. 46, 57
– *The Boarding School; or, Lessons of a Preceptress to Her Pupils*, S. 46
– *The Coquette*, S. 46, 57

Foucault, Michel (1926–84), S. 490, 495, 518

Frank, Waldo [David] (1889–1967), S. 229, 255, 256
– *The Seven Arts*, S. 229

Franklin, Benjamin (1706–90), S. 27 f., 37, 45, 74, 119
– *Almanacs*, S. 27
– *Autobiography*, S. 28, 74

Franklin, John, Sir, S. 529

Fraser, Kathleen (*1937), S. 364

Frederic, Harold (1856–98), S. 195

Freeman, David (*1947), S. 551

Freeman, Mary E[leanor] Wilkins (1852–1930), S. 165, 170 f.
– »A Humble Romance«, S. 170
– *Jane Field*, S. 171
– »Louisa«, S. 170
– »A New England Nun«, S. 170
– *Pembroke*, S. 171
– *The Portion of Labor*, S. 171
– »The Revolt of Mother«, S. 170
– »A Village Singer«, S. 165

French, David (*1939), S. 551

French, Marilyn (*1929), S. 506

Freneau, Philip [Morin] (1752–1832), S. 27, 41, 48, 50, 72
– »The American Village«, S. 41
– »The Beauties of Santa Cruz«, S. 50
– *The British Prison Ship*, S. 50
– *The House of Night*, S. 50
– »The Indian Burying Ground«, S. 27, 50
– »The Rising Glory of America« (zus. mit H.H. Brackenridge), S. 48
– »To Sir Toby«, S. 27
– »The Wild Honey Suckle«, S. 50

Freud, Sigmund (1856–1939), S. 222, 294, 305 f., 326, 351, 374, 481, 498

Frost, Robert [Lee] (1874–1963), S. 202, 223, 244–47, 521
– »The Death of the Hired Man«, S, 245
– »Mending Wall«, S. 245
– *New Hampshire*, S. 245

Frye, Northrop (1912–91), S. 488, 522, 527, 540, 558
– *The Bush Garden*, S. 558

Fuchs, Daniel (*1909), S. 430
– *Homage to Blenholt*, S. 430
– *Low Company*, S. 430
– *Summer in Williamsburg*, S. 430

Fuller, Henry Blake (1857–1929), S. 158, 191, 194
– *The Cliff-Dwellers*, S. 191
– *With the Procession*, S. 191, 194

Fuller, [Sarah] Margaret (1810–50), S. 99, 101, 102, 105, 118
– *Memoirs*, S. 106
– *Summer on the Lakes*, S. 106, 118
– *Woman in the Nineteenth Century*, S. 106
– *The Dial*, S. 106

G

Gaddis, William (*1922), S. 355

Gaines, Ernest J. (*1933), S. 369, 422 f.
– *A Gathering of Old Men*, S. 369
– *The Autobiography of Miss Jane Pittman*, S. 369, 423

Gallant, Mavis (*1922), S. 523, 555
– *The Pegnitz Junction*, S. 555

Garland, [Hannibal] Hamlin (1860–1940), S. 136, 171 f.
– *Main-Travelled Roads*, S. 172
– *Prairie Folks*, S. 172
– *Rose of Dutcher's Cooly*, S. 172

Gates, Henry Louis, Jr. (*1950), S. 403 f., 498, 509
– *The Signifying Monkey*, S. 403 f.

Gearhart, Sally Miller (*1931), S. 372

Geiogamah, Hanay (*1945), S. 345, 390

Gelber, Jack (*1932), S. 311, 345
– *The Connection*, S. 311, 345
– *Paradise Now*, S. 345

Geronimo (1829–1909), S. 385
– *Geronimo's Story of His Life*, S. 385

Gershwin, George (1898–1937), S. 289, 291
– *Porgy and Bess*, S. 289

Gibbons, Kaye (*1960), S. 368

Gibson, William (*1948), S. 375
– *Agrippa (A Book of the Dead)*, S. 375
– *Count Zero*, S. 375
– *Mona Lisa Overdrive*, S. 375
– *Neuromancer*, S. 375

Gilbert, Sandra M. (*1936), S. 503, 510, 512

Gilman, Charlotte Perkins (1860–1935), S. 193, 196, 502
– *The Forerunner* (Zeitschrift), S. 193
– *Herland*, S. 193
– »The Yellow Wallpaper«, S. 197, 502

Ginsberg, Allen (*1926), S. 248, 307 f.
– »America«, S. 307
– *The Fall of America: Poems of These States, 1965–1971*, S. 307
– *Howl*, S. 307 f.
– »Kaddish«, S. 307
– »A Supermarket in California«, S. 307

Giovanni, Nikki (*1943), S. 362, 369
– *My House*, S. 362

Glaspell, Susan (1882–1948), S. 282, 284 ff.
– *Alison's House*, S. 285
– *The Outside*, S. 284
– *Trifles*, S. 284
– *The Verge*, S. 284

Glück, Louise (*1932), S. 363

Godfrey, Thomas (1736–63), S. 51
– *The Prince of Parthia*, S. 51

Godkin, Edwin Lawrence (1831–1902), S. 160
– *Chromo-Civilization*, S. 160

Godwin, William (1756–1836), S. 61, 82
– *Caleb Williams*, S. 61

Goethe, Johann Wolfgang von, S. 96, 101, 106, 333
– *Hermann und Dorothea*, S. 96

Gold, Michael (1893–1967), S. 292, 429 f., 484,
– *Strike*, S. 292
– *Jews Without Money*, S. 429

Goldsmith, Oliver (1794–1861), S. 529 f.
– *The Rising Village*, S. 529

Gonzales, Rodolfo »Corky« (*1928), S. 438 f.
– *I Am Joaquín /Yo Soy Joaquín*, S. 438

Goodrich, Samuel Griswold (1793–1860), S. 44
– *Peter Parley*, S. 44
Gould, Louis (?), S. 506
– *Such Good Friends*, S. 506
Graff, Gerald (?), S. 495
Graham 's Magazine (1826–58), S. 47
Grant, George (1918–88), S. 545
Grattan, C[linton] Hartley (1902–80), S. 480
– *The Critique of Humanism*, S. 480
Grau, Shirley Ann (*1929), S. 367
– *The Keepers of the House*, S. 367
– *Nine Women*, S. 367
Gray, John (*1946), S. 551
Gray, Thomas (1716–71), S. 65
Green, Paul (1894–1981), S. 289, 292
– *In Abraham's Bosom*, S. 289
– *Johnny Johnson*, S. 289
Greenblatt, Stephen (*1943), S. 359, 495
Greenwood, Grace, s. Lippincott, Sara Jane
Greve, Felix Paul, s. Grove, Frederick Philip
Grey, Zane (1872–1939), S. 204
– *The Riders of the Purple Sage*, S. 204
Griffith, D[avid Lewelyn] W[ark] (1875–1948), S. 204
– *The Birth of a Nation*, S. 204
Grimmelshausen, Johann Jakob Christoffel von, S. 9
– *Simplicissimus Teutsch*, S. 9
Grotowski, Jersey (*1933), S. 346
Grove, Frederick Philip (eig. Felix Paul Greve) (1879–1948), S. 523, 542 f., 552, 554
– *Over Prairie Trails*, S. 543
Gubar, Susan, S. 503, 510, 512

H

Hagedorn, Jessica Tarahata (*1949), S. 463
Hakluyt, Richard (1552–1616), S. 9
Hale, Edward Everett (1822–1909), S. 160, 191

– *If Jesus Came to Boston*, S. 191
– »The Man Without a Country«, S. 160
Hale, Janet Campbell (*1947), S. 390, 394
– *The Jailing of Cecilia Capture*, S. 394
Hale, Sarah Josepha (1788–1879), S. 47, 83
– *Godey's Lady's Book* (1830–98) (Zeitschrift), S. 47, 83
– *Northwood*, S. 83
Haley, Alex (1921–92), S. 324, 423
– *The Autobiography of Malcolm X*, S. 324, 423
– *Roots*, S. 423
Haliburton, Chandler (1796–1865), S. 531
Halleck, Fitz-Greene (1790–1867), S. 70
Hamilton, Alexander (1755–1804), S. 32, 39
– *The Federalist*, S. 39
Hammon, Jupiter (1711-ca. 1800), S. 30
Hansberry, Lorraine (1930–65), S. 345, 419
– *A Raisin in the Sun*, S. 345, 419
Hannah, Barry (*1942), S. 368
– *Ray*, S. 368
– *The Tennis Handsome*, S. 368
Harjo, Joy (*1951), S. 362, 394, 399 ff.
– »For Alva Benson«, S. 399
– *In Mad Love and War*, S. 401
– *She Had Some Horses*, S. 400
– *What Moon Drove Me to This?*, S. 400
Harper, Frances E[llen] W[atkins] (1825–1911), S. 120, 205, 409 f.
– »Eliza Harris«, S. 409
– *Iola Leroy, or Shadows Uplifted*, S. 205, 410
– »Minnie's Sacrifice«, S. 410
– *Poems on Miscellaneous Subjects*, S. 120
– *Sketches of Southern Life*, S. 409 f.
Harper's Monthly Magazine, S. 157, 173
Harris, George Washington (1814–69), S. 122, 124
– *Sut Lovingood Papers*, S. 122
Harris, Joel Chandler (1848–1908), S. 167, 409

– *Uncle Remus: His Songs and His Sayings*, S. 167
Harte, [Francis] Bret[t] (1836–1902), S. 165 f, 168, 381
– »How Santa Claus Came to Simpson's Bar«, S. 165
– »The Illiad of Sandy Bar«, S. 165
– »The Luck of Roaring Camp«, S. 165
– »The Outcasts of Poker Flat«, S. 165
Hartman, Geoffrey H. (*1929), S. 492, 494, 509
Hassan, Ihab (*1925), S. 489, 555
Hawkes, John (*1925), S. 321, 327, 335 f., 338, 347, 349
– *The Beetle Leg*, S. 336
– *The Blood Oranges*, S. 335
– *The Cannibal*, S. 335
– *Death, Sleep and the Traveler*, S. 335
– *The Lime Twig*, S. 336
– *The Passion Artist*, S. 336
– *Travesty*, S. 335
– *Virginie : Her Two Lives*, S. 336
Hawthorne, Nathaniel (1804–64), S. 3, 7, 73 f., 83, 86, 92, 99, 102, 114, 122 f., 132–35, 141, 158, 162, 195, 224, 302, 372, 374, 435, 465, 503, 529
– *The Blithedale Romance*, S. 102, 135
– *The House of the Seven Gables*, S. 135
– *The Marble Faun*, S. 136
– »My Kinsman, Major Molineux«, S. 74, 124
– »Roger Malvin 's Burial«, S. 74
– *The Scarlet Letter*, S. 92, 132–35, 195, 374
– *Twice-Told Tales*, S. 123
– »Young Goodman Brown«, S. 124
Hay, John [Milton] (1838–1905), S. 161
– *The Breadwinners*, S. 161
Hayden, Robert E. (1913–80), S. 422
– *A Ballad of Remembrance*, S. 422
Hearn, Lafcadio (1850–1904), S. 166
– *Chita*, S. 166
Hearne, Samuel (1745–92), S. 528, 531
Heat, Moon, William Least (*1939), S. 390

Heavysege, Charles (1816–76), S. 550
Heinlein, Robert (1907–88), S. 372
– *Stranger in a Strange Land*, S. 372
Heller, Joseph (*1923), S. 333 ff.
– *Catch-22*, S. 333 f.
Hellman, Lillian (1906–84), S. 293
Hemingway, Ernest (1899–1961), S. 188, 203, 212, 221, 231, 241, 244, 252, 257, 263 ff., 274, 280, 293, 348, 359, 393
– *Death in the Afternoon*, S. 264
– *A Farewell to Arms*, S. 264
– *For Whom the Bell Tolls*, S. 292
– »Hills Like White Elephants«, S. 264
– *In Our Time*, S. 263 ff.
– *The Sun Also Rises*, S. 264–67
– *The Torrents of Spring*, S. 266
– »Up in Michigan«, S. 264
Henley, Beth (*1952), S. 369 f.
– *Crimes of the Heart*, S. 370
Henry, Gordon, Jr. (?), S. 398
– *The Light People*, S. 398
Henry, O., s. Porter, William Sidney
Herder, Johann Gottfried (1744–1803), S. 40, 536
Herrick, Robert (1868–1938), S. 194
– *The Memoirs of an American Citizen*, S. 194
Hesse, Hermann (1877–1962), S. 221
Heyward, DuBose (1885–1940), S. 289
– *Porgy*, s. Porgy and Bess
Highway, Tomson, S. 534
– *The Rez Sisters*, S. 534
Hijuelos, Oscar (*1951), S. 362
Himes, Chester (1909–84)
Hinojosa-S., Rolando (*1929), S. 445, 454
– *Estampas del valle y otras obras*, S. 445
– *Klail City*, S. 445
– *Mi querido Rafa*, S. 445
Hirsch, E.D., Jr. (*1950), S. 490
Hitchcock, David (1773–1849), S. 70

Hodgins, Jack (*1938), S. 553, 555
Hofstadter, Douglas R. (*1945), S. 337
– *Gödel, Escher, Bach*, S. 337
Hogan, Linda (*1947), S. 390, 394f., 399
– *Mean Spirit*, S. 395f.
– »To Light«, S. 399f.
Holmes, John Clellon (1926–1988), S. 308f.
Holmes, Oliver Wendell (1809–1894), S. 85, 95f.
– *The Autocrat at the Breakfast-Table*, S. 96
– »The Deacon's Master-piece«, S. 97
– *Elsie Venner*, S. 97
Homer, S. 542
Hood, Hugh (*1928), S. 548, 554
hooks, Bell (*1952), S. 513
Hopkins, Pauline (1859–1930), S. 205
– *Contending Forces. A Romance Illustrative of Negro Life North and South*, S. 205
Hopkins, Sarah Winne-mucca (ca.1844–91), S. 380f., 386
– *Life among the Paiu-tes:Their Wrongs and Claims*, S. 380
Houston, James D. (*1933) und Houston, Jeanne W. (*1934), S. 459
Howard, Sidney (1891–1939), S. 290
– *They Knew What They Wanted*, S. 290
Howe, E[dgar] W[atson] (1853–1937), S. 171f
– *The Story of a Country Town*, S. 171
Howe, Irving (*1920), S. 431, 434
Howe, Susan (*1937), S. 363f.
– *A Bibliography of the King's Book , or, Eikon Basilike*, S. 364
– *My Emily Dickinson*, S. 363
– *The Nonconformist's Memorial*, S. 363
– *Secret History of the Dividing Line*, S. 363
– *The Western Borders*, S. 363
Howells, William Dean (1837–1920), S. 136, 157ff., 168, 171, 173f., 176–79, 181, 185, 190f., 194, 205, 210, 213, 261, 474

– *Annie Kilburn*, S. 178, 191
– *A Chance Acquaintance*, S. 176
– *Criticism and Fiction*, S. 174
– *A Foregone Conclusion*, S. 176
– *A Hazard of New Fortu-nes*, S. 178
– »Henry James, Jr.«, S. 173, 177
– *The Landlord at Lion's Head*, S. 194
– *A Modern Instance*, S. 173, 177
– *The Rise of Silas Lapham*, S. 157, 173, 177, 213
– *Through the Eye of a Needle*, S. 178
– *A Traveler from Altruria*, S. 178
– *Their Wedding Journey*, S. 176
Hughes, [James] Langston (1902–67), S. 253f., 257, 413f., 418
– *Fine Clothes to the Jew*, S. 413
– *Mule Bone*, S. 413
– »The Negro Artist and the Racial Mountain«, S. 413
– *The Weary Blues*, S. 413
Hulme, T[homas] E[rnest] (1883–1977), S. 231, 238, 482
Humphreys, Josephine (*1945), S. 368
– *Dreams of Sleep*, S. 368
Hunt, Leigh (1784–1859), S. 72
Hurston, Zora Neale (1901?–60), S. 254, 256f., 402, 408, 410, 415, 502, 509f.
– *Mule Bone* (mit Langston Hughes), S. 413
– *Their Eyes Were Wat-ching God*, S. 256, 415
Hutcheon, Linda (*1947), S. 517, 558
Hutchinson, Anne (1591–1643), S. 13f.
Hwang, David Henry (*1957), S. 370, 462
– *M. Butterfly*, S. 370, 462

I
Ibsen, Henrik, S. 285
Inada, Lawson Fusao (*1938), S. 463
The Indian Historian, S. 389
Ionesco, Eugène (1909–94), S. 551

Irving, John (*1942), S. 328f., 395
– *The World According to Garp*, S. 329
Irving, Washington (1783–1859), S. 33, 43ff., 50, 65, 69, 72–76, 80, 82, 95, 100, 118, 124, 157, 473, 538
– *The Alhambra*, S. 73
– »The Angler«, S. 72
– *Bracebridge Hall*, S. 73
– *History of New York, From the Beginning of the World to the End of the Dutch Dynasty*, S. 72, 75, 82
– »The Legend of Sleepy Hollow«, S. 73
– *The Life and Voyages of Cristopher Columbus*, S. 75
– »Rip van Winkle«, S. 73f., 124
– *Salmagundi*, S. 72
– *The Sketch-Book of Geof-frey Crayon*, S. 72, 74
– *Tales of a Traveller*, S. 73
– *A Tour on the Prairies*, S. 118
– »Westminster Abbey« , S. 72
Irving, William (1766–1821), S. 72
Iser, Wolfgang, S. 490
Islas, Arturo (1938–91), S. 446
– *Migrant Souls*, S. 446
– *The Rain God*, S. 446

J
Jackson, Andrew (1767–1845), S. 39, 88, 378
Jackson, Helen Hunt (1830–85), S. 381
Jacobs, Harriet A. (ca. 1813–97), S. 120, 407f.
– *Incidents in the Life of a Slave Girl*, S. 120, 407
James, Henry, Jr. (1843–1916), S. 3, 43, 157f., 173–77, 179–85, 188, 190, 199, 201, 224, 232, 237, 263, 280, 474, 530
– *The Ambassadors*, S. 179, 183
– *The American*, S. 180
– *The American Scene*, S. 185
– *The Bostonians*, S. 157, 173,181
– »Daisy Miller«, S. 180, 182
– »The Figure in the Car-pet«, S. 179, 182

– *The Golden Bowl*, S. 179, 184
– *The Portrait of a Lady*, S. 179, 181f.
– *The Princess Casamas-sima*, S. 173, 181
– *Roderick Hudson*, S. 180
– *The Sacred Fount*, S. 183
– *The Tragic Muse*, S. 182
– »The Turn of the Screw«, S. 179, 182, 184
– *Washington Square*, S. 181
– *Watch and Ward*, S. 179
– *What Maisie Knew*, S. 182
– *The Wings of the Dove*, S. 179, 184
James, William (1842–1910), S. 103, 225, 226, 234, 358f.
Jameson, Fredric (*1934), S. 489
Janowitz, Tama (*1957), S. 374
– *A Cannibal in Manhat-tan*, S. 374
– *The Male Cross-Dresser Support Group*, S. 374
– *Slaves of New York*, S. 374
Jauß, Hans-Robert, S. 490
Jay, John (1745–1829), S. 39
– *The Federalist*, S. 39
Jeffers, [John] Robinson (1887–1962), S. 244
Jefferson, Thomas (1743–1826), S. 24, 32, 38f., 43, 49, 60, 66
– *Declaration of Indepen-dence*, S. 21, 24, 38, 106
– *Notes on the State of Virginia*, S. 24, 66
Jen, Gish (*1955), S. 461
– *Typical American*, S. 461
Jenness, Diamond (1886–1969), S. 532f.
Jewett, Sarah Orne (1849–1909), S. 170
– *A Country Doctor*, S. 170
– *The Country of the Poin-ted Firs*, S. 170
– *Deephaven*, S. 170
– »A White Heron«, S. 170
Johnson, Charles R. (*1948), S. 369, 408, 411
Johnson, Emily Pauline (1861–1913), S. 386f., 532
– *Legends of Vancouver*, S. 532
– *The Moccasin Maker*, S. 386
Johnson, Hall (1888–1970), S. 413

Johnson, James Weldon
(1871–1938), S. 205,
224, 253, 405, 411 f.
– *The Autobiography of an
Ex-Colored Man*, S. 205,
224, 411
– *The Book of American
Negro Poetry*, S. 412
– *God's Trombones*,
S. 405
Jones, LeRoi (Pseud.
Imamu Amiri Baraka)
(*1934), S. 324, 345,
419 f.
– *Black Fire*, S. 419
– *Dutchman*, S. 345, 420
– *The Slave*, S. 420
Jong, Erica [Mann]
(*1942), S. 506, 508
– *Fear of Flying*, S. 506
Joyce, James (1882–1941),
S. 221, 232 f., 262, 281,
337, 392, 430
– *A Portrait of the Artist
as a Young Man*, S. 337
– *Ulysses*, S. 219, 233,
242, 262
Jung, Carl Gustav, S. 481,
548

K

Kafka, Franz (1883–1924),
S. 281, 318, 336
Kang, Younghill (1903–72),
S. 455 ff.
Kant, Immanuel
(1724–1804), S. 100,
359
Katz, Steve (*1935), S. 331,
350 f.
Kaufman, George S[imon]
(1889–1961), S. 291
– *Once in a Lifetime*,
S. 291
Kazin, Alfred (*1915),
S. 275
Keats, John (1795–1821),
S. 111, 113, 145, 413
Kelly, George [Edward]
(1887–1974), S. 290
– *The Show-Off*, S. 290
– *The Torch-Bearers*,
S. 290
Kennedy, John Pendleton
(1795–1870), S. 125
– *Horse-Shoe Robinson*,
S. 125
– *Swallow Barn*, S. 125
Kennedy, Leo, S. 541
Kenner, Hugh (*1923),
S. 222 f., 248
Kenny, Maurice (*1929),
S. 401 f
Kerouac, Jack (1922–69),
S. 307 f., 309 f., 488
– »Belief and Technique for
Modern Prose«, S. 309

– *The Dharma Bums*,
S. 310
– »Essentials of Sponta-
neous Prose«, S. 309
– *Mexico City Blues*,
S. 309
– *On the Road*, S. 309 f.,
488
– *Visions of Cody*, S. 310
Kesey, Ken (*1935), S. 2,
323
Kettell, Samuel (1800–55),
S. 69 f.
– *Specimens of American
Poetry, with Critical and
Biographical Notices* (3
Bände), S. 69 f.
Key, Francis Scott
(1779–1843), S. 40
– »The Star-Spangled Ban-
ner«, S. 40
Killens, John Oliver
(1916–87)
Kincaid, Jamaica (*1949),
S. 362
– *Annie John*, S. 362
– *The Autobiography of
My Mother*, S. 362
King, Grace Elizabeth
(1851–1932), S. 165,
167
– *Balcony Stories*, S. 167
– »The Crippled Hope«,
S. 165
King, Stephen (*1947),
S. 372 f.
– *Carrie*, S. 372
– *The Dark Half*, S. 373
– *Misery*, S. 372
King, Thomas (*1943),
S. 397 f.
– *Green Grass, Running
Water*, S. 397
– *Medicine River*, S. 397
Kingsley, Sidney (1906–51),
S. 293
– *Dead End*, S. 293
Kingston, Maxine Hong
(*1940), S. 362, 459 f.,
462
– *China Men*, S. 460, 462
– *Tripmaster Monkey*,
S. 460 f.
– *The Woman Warrior*,
S. 362, 459 f.
Kipling, Rudyard
(1865–1936), S. 204,
536
Kirby, William
(1817–1906), S. 530
– *The Golden Dog*, S. 530
Kirkland, Caroline Stans-
bury (1801–64), S. 126
– *A New Home-Who'll
Follow?*, S. 126
Kirkland, Joseph
(1830–94), S. 171

– *Zury: The Meanest Man
in Spring County. A
Novel of Western Life*,
S. 171
Klein, Abraham Moses
(1907–72), S. 541, 544,
556
Kleist, Michael, S. 357
Klepfisz, Irena (*1941),
S. 437
Knight, Sarah Kemble
(1666–1727), S. 31, 33 f.
Knister, Raymond
(1899–1932), S. 554
– *Canadian Short Stories*,
S. 554
Koch, Frederick Henry (?),
S. 288
Koch, Kenneth (*1925),
S. 312
Kogawa, Joy (*1935),
S. 557
Kolodny, Annette (*1941),
S. 504, 509
Kopit, Arthur L. (*1937),
S. 151
– *Indians*, S. 151
Kotzebue, August von
(1761–1819), S. 53
Kreisel, Henry (1922–91),
S. 556
Krieger, Murray (*1923),
S. 489 f.
Kroetsch, Robert (*1927),
S. 547, 551 ff., 558
– »Out-West«-Trilogie,
S. 552 f.
Krutch, Joseph Wood
(1893–1970), S. 483
Kudaka, Geraldine
(*1951), S. 464
Kushner, Tony (*1956),
S. 370
– *Angels in America*,
S. 370

L

Laforgue, Jules (1860–87),
S. 237, 240, 247
Lampman, Archibald
(1861–99), S. 537
Lanier, Sidney (1842–81),
S. 160
Larsen, Nella (1893–1964),
S. 411, 502
Laurence, Margaret
(1926–87), S. 531, 549,
554
– »Manawaka«-Zyklus,
S. 549
Lauretis, Teresa de (?),
S. 516
Lawrence, D[avid] H[er-
bert] (1885–1930), S. 78,
300
Layton, Irving (*1912),
S. 541 f.

Lazarus, Emma (1849–87),
S. 427, 436
– *An Epistle to the
Hebrews*, S. 436
– »The New Colossus«,
S. 427
– *Songs of a Semite*, S. 436
Leacock, John
(1729–1802), S. 52
– *The Fall of British
Tyranny; or, American
Liberty Triumphant*,
S. 52
Leacock, Stephen
(1869–1944), S. 538,
554
Lee, Chin Yang (*1917),
S. 458
Lee, Jarena (?), S. 407
Lee, Virginia (*1923),
S. 457
LeGuin, Ursula (*1929),
S. 371
– *The Dispossessed: An
Ambiguous Utopia*,
S. 371
Lennox, Charlotte Ramsay
(1720–1804), S. 59
– *The Female Quixote; or,
The Adventures of Ara-
bella*, S. 59
Lentricchia, Frank (*1940),
S. 490
Levertov, Denise (*1923),
S. 312
Levin, Meyer (1905–81),
S. 431
– *The Old Bunch*, S. 431
– *Yehuda*, S. 431
Lewis, Meriwether
(1784–1809), S. 33, 66
Lewis, Richard
(1699?-1733?), S. 23
– »A Journey from
Patapsko to Annapolis,
April 4, 1730«, S. 23
Lewis, R[ichard] W[arring-
ton] B[aldwin] (*1917),
S. 86, 486
Lewis, [Harry] Sinclair
(1885–1951), S. 179,
263, 328
– *Babbitt*, S. 263, 328
– *Main Street*, S. 263
Lewis, Wyndham (ca.1884–
1957), S. 238
Lewisohn, Ludwig
(1882–1955), S. 426,
428, 483
– *Expression in America*,
S. 483
– *The Island Within*, S. 428
Lim, Shirley Geok-lin
(*1944), S. 463
Lindsay, [Nicholas] Vachel
(1879–1931), S. 253
– »Congo: A Study of the
Negro Race«, S. 253

Lippard, George (1822–54), S. 122
Lippincott, Sara Jane [Clarke] (Pseud. Grace Greenwood) (1823–1904), S. 81
Lippmann, Walter (1889–1974), S. 229
– New Republic, S. 229
Livesay, Dorothy (*1909), S. 541
Locke, Alain (1886–1954), S. 254, 255, 412, 414
– The New Negro, S. 254, 412
– Plays of Negro Life, S. 414
Locke, John (1632–1704), S. 78, 468
London, Jack [eig. John Griffith London] (1876–1916), S. 203f., 206f., 212, 214f., 217
– »To Build a Fire«, S. 203, 214
– The Call of the Wild, S. 207, 214f.
– The Iron Heel, S. 206, 215
– Martin Elden, S. 216
– The People of the Abyss, S. 215
– The Sea Wolf, S. 207, 214
– White Fang, S. 214
Longfellow, Henry Wadsworth (1807–82), S. 47, 65, 94ff., 158, 379, 381, 474
– Evangeline, S. 96
– »The Fire of Driftwood«, S. 96
– »The Jewish Cemetery at Newport«, S. 96
– Kavanagh, S. 65
– »Mezzo Cammin«, S. 96,
– »A Psalm of Life«, S. 96
– The Song of Hiawatha, S. 94, 379
Lord Karnes (eigtl. Henry Home) (1696–1782), S. 469
Lorde, Audre (1934–92), S. 362, 513
– Zami: A New Spelling of My Name, S. 362
Lowe, Pardee (*1904), S. 457
Lowell, Amy [Lawrence] (1874–1925), S. 238, 313
Lowell, James Russell (1819–91), S. 95, 97, 158, 474
– The Biglow Papers, S. 97
– A Fable for Critics, S. 97
Lowell, Robert (1917–77), S. 281, 313f.

– Life Studies, S. 314
– Lord Weary's Castle, S. 313
– The Mills of the Kavanaughs, S. 314
Lowry, Malcolm (1909–57), S. 523, 548
Loy, Mina (eig. Mina Gertrude Lowy) (1882–1966), S. 232, 240, 244, 280
Lukács, Georg (1885–1971), S. 136

M

MacDermot, Galt (?), S. 325, 346
– Hair, S. 325, 346
MacEwen, Gwendolyn (1941–87), S. 546f.
Mackenzie, Sir Alexander, S. 528
MacLennan, Hugh (1907–90), S. 523, 547f., 553, 560
– Barometer Rising, S. 547
– Return of the Sphinx, S. 548
– Two Solitudes, S. 547
– The Watch That Ends The Night, S. 548
Macy, John [Albert] (1877–1932), S. 484
Madison, James (1751–1836), S. 32, 39
Mailer, Norman (*1923), S. 310, 318, 321–24, 330, 333, 501
– Advertisements for Myself, S. 322
– An American Dream, S. 322
– The Armies of the Night, S. 323f., 330
– Barbary Shore, S. 322
– The Deer Park, S. 322
– The Executioner's Song, S. 324
– The Naked and the Dead, S. 322, 333
– »The White Negro«, S. 322
– Why Are We in Vietnam ?, S. 323, 333
Mair, Charles (1838–1927), S. 550
Malamud, Bernard (1914–86), S. 318ff., 432f., 434
– The Assistant, S. 319, 432
– Dubin's Lives, S. 320
– The Fixer, S. 319
– God 's Grace, S. 320, 432
– The Magic Barrel, S. 432

– The Natural, S. 319
– A New Life, S. 319
– The Tenants, S. 319
Malcolm X (1925–65), S. 408
Malina, Judith (*1926), S. 311, 346
Mallarmé, Stéphane (1842–98), S. 231, 237
Mamet, David (*1947), S. 338, 340ff., 347, 436
– American Buffalo, S. 340f.
– The Disappearance of the Jew, S. 436
– Glengary Glen Ross, S. 340f.
– Oleanna, S. 340ff.
– Sexual Perversity in Chicago, S. 340
Mandel, Eli (1922–82), S. 541, 547
Mann, Thomas (1875–1955), S. 221, 281
Marinetti, Filippo Tommaso (1876–1944), S. 219, 244
Márquez, Gabriel García, S. 551
Marshall, John (1755–1835), S. 75
Marshall, Paule (*1929), S. 362, 415, 502
– Brown Girl, Brownstones, S. 415
– Praisesong for the Widow, S. 362
Marx, Leo (*1909), S. 86, 486
Mason, Bobbie Ann (*1940), S. 368
– In Country, S. 368
– Shiloh, S. 368
The Masses, S. 484
Massey, Vincent (1887–1967), S. 545, 550
Masters, Edgar Lee (1868–1950), S. 245
Mather, Cotton (1663–1728), S. 7, 10ff., S. 18, 22ff., 28f.
– Bonifacius. An Essay Upon the Good ..., S. 28
– Magnalia Christi Americana, S. 7, 10, 24
Mather, Increase (1639–1723), S. 7
– Ichabod, S. 7
Mathews, John Joseph (1894–1979), S. 387ff., 392, 395
– Sundown, S. 387f., 395
– Talking to the Moon, S. 388

Matisse, Henri (1869–1954), S. 228, 229, 231, 234, 237
Matthiessen, F[rancis] O[tto] (1902–50), S. 85, 486
Maupin, Armistad (*1944), S. 362
McAlmon, Robert (1896–1956), S. 244
McCarthy, Mary (1912–89), S. 310, 370
– The Group, S. 370
McCorkle, Jill (*1958), S. 368
McCulloch, Thomas (1776–1843), S. 531
McInerney, Jay (*1955), S. 361, 373
– Bright Lights, Big City, S. 373
McKay, Claude (1890–1948), S. 253, 406, 413ff., 417
– Banjo, S. 414
– Home to Harlem, S. 414
– »If We Must Die«, S. 253, 406, 413
McLuhan, Marshall, S. 545
McMurtry, Larry (*1936), S. 368
– The Last Picture Show, S. 368
– Terms of Endearment, S. 368
– Texasville, S. 368
McNickle, D'Arcy (1904–77), S. 388f., 392, 398
– Runner in the Sun, S. 388
– The Surrounded, S. 388
– Wind from an Enemy Sky, S. 388, 398
Melville, Herman (1819–91), S. 3, 74, 86, 99, 119, 122, 124, 132f., 136ff., 140f., 281, 318, 363, 392, 529
– »Bartleby the Scrivener«, S. 124
– Billy Budd, S. 139
– The Confidence-Man: His Masquerade, S. 139
– Moby-Dick, S. 119, 137
– Omoo, S. 136
– Pierre; or, the Ambiguities, S. 139
– Typee, S. 119, 136
Méndez M., Miguel (*1930), S. 446f.
Merwin, William S. (*1927), S. 312
Metcalf, John (*1938), S. 551, 555
Michaels, Walter Benn (?), S. 359
Mill, John Stuart (1806–73), S. 106

Miller, Arthur (*1915),
S. 297, 300 ff., 338, 341,
436
– *After the Fall*, S. 303
– *All My Sons*, S. 301, 303
– *Broken Glass*, S. 303,
436
– *The Crucible*, S. 301 ff.
– *Death of a Salesman*,
S. 300 f., 303, 341
– *Incident at Vichy*, S. 303,
436
– *The Last Yankee*, S. 303
– *The Price*, S. 303, 436
Miller, Henry (1891–1980),
S. 501
Miller, J. Hillis (*1928),
S. 492 f.
Miller, Perry [Gilbert Eddy]
(1905–63), S. 486
Millet, Kate (eig. Katherine
Murray) (*1934),
S. 500 f.
Milton, John (1608–74),
S. 48, 405
– *Paradise Lost*, S. 48
Mirikitani, Janice (*1942),
S. 463
– *Awake in the River*,
S. 463
Mitchell, Isaac (ca.
1759–1812), S. 61
– *The Asylum; or, Alonzo
and Melissa*, S. 61
Mitchell, Margaret
(1900–49), S. 125
– *Gone With the Wind*,
S. 125
Moers, Ellen (1928–1979),
S. 504
Moi, Toril, (?), S. 518
Momaday, N[avarre] Scott
(*1934), S. 377, 389,
391 f., 394, 396, 398 f.,
401
– *The Ancient Child*,
S. 392
– *House Made of Dawn*,
S. 389, 391 f.
– *The Way to Rainy
Mountain*, S. 389
Monk, Maria (ca.
1817–50), S. 121
– *Awful Disclosures*,
S. 121
Monroe, Harriet
(1860–1936), S. 382
– *Poetry* (Zeitschrift),
S. 382
Monroe, James
(1758–1831), S. 39
*Monthly Anthology and
Boston Review*, S. 46
Montoya, José (*1938),
S. 439, 449
– »El Louie«, S. 439
Moodie, Susanna
(1803–85), S. 531

– *Roughing It in the Bush*,
S. 531
Moore, Marianne [Craig]
(1887–1972), S. 223,
230, 244, 246 ff.
– »The Buffalo«, S. 246
– »The Fish«, S. 246
– »The Paper Nautilus«,
S. 246
– *Selected Poems*, S. 244
Moore, Thomas
(1779–1852), S. 72
Mora, Pat (*1942), S. 449
Moraga, Cherríe (*1952),
S. 454
Morales, Alejandro
(*1944), S. 446
More, Sir Thomas (Thomas
Morus) (ca. 1477–1535),
S. 31, 366 f., 528
– *Utopia*, S. 367, 528
Mori, Toshio (1910–80),
S. 457
Morrison, Toni (*1931),
S. 369, 408, 410, 420 f.,
425 f.
– *Beloved*, S. 425 f.
– *Song of Solomon*, S. 425
Morton, Sarah Wentworth
(1759–1846), S. 27, 56,
70
– »The African Chief«,
S. 27, 70
– *Ouâbi; or, The Virtues of
Nature. An Indian Tale
in Four Cantos*, S. 70
Morus, Thomas, s. More,
Sir Thomas
Motley, John Lothrop
(1814–77), S. 116
Mourning Dove (eig. Hum-
ishu-ma / Christine
Quintasket, Colville)
(1888–1936), S. 387,
389
– *Cogewa, the Half-Blood*,
S. 387
– *Coyote Stories*, S. 387
Mowatt, Anna Cora
(1819–70), S. 149, 151
– *Fashion; or, Life in New
York*, S. 149, 151
Muir, John (1838–1914),
S. 388
Mukherjee, Bharati
(*1940), S. 462
Mumford, Lewis (*1895),
S. 229, 480
Munro, Alice (*1931),
S. 553, 555
Mura, David (*1952),
S. 461, 463
– *After We Lost Our Way*,
463
– *Turning Japanese:
Memoirs of a Sansei*,
S. 461

Murfree, Mary Noailles
[Pseud. Charles Egbert
Craddock] (1850–1922),
S. 165, 169
– *In the Tennessee Moun-
tains*, S. 169
– »The Romance of Sun-
rise Rock«, S. 165
Murray, Judith Sargent
[Stevens] (1751–1820),
S. 38, 72
– *The Gleaner*, S. 38, 72
– »On the Equality of the
Sexes«, S. 38
Musil, Robert
(1880–1942), S. 221

N

Nabokov, Vladimir
(1899–1977), S. 331 ff.,
338, 347, 351
– *Ada or Ardor: A Family
Chronicle*, S. 332, 338
– *Bend Sinister*, S. 331 f.
– *Invitation to a Behea-
ding*, S. 331
– *Lectures on Literature*,
S. 333
– *Look at the Harlequins!*,
S. 333
– *Lolita*, S. 331
– *Pale Fire*, S. 332 f.
– *The Real Life of Seba-
stian Knight*, S. 332
Napoléon Bonaparte
(1769–1821), S. 50
Nasnaga (eigtl. Roger Rus-
sell) (*1941), S. 390
– *Indians' Summer*, S. 390
*National Anti-Slavery Stan-
dard* (Zeitschrift), S. 80
Naylor, Gloria (*1950),
S. 369, 415
Neal, John (1793–1876),
S. 44, 46, 74, 82 f.
– *Brother Jonathan*, S. 82 f.
– »David Whicher«, S. 74
– »Otter-Bag«, S. 74
– *Rachel Dyer*, S. 83
– *Seventy-Six* (2 Bände),
S. 83
Neal, Larry (1937–81),
S. 419
– *Black Fire* (mit Amiri
Baraka), S. 419 f.
Neihardt, John G.
(1881–1973), S. 386
– *Black Elk Speaks*, S. 386
Nestroy, Johann (1801–62),
S. 295
– *Einen Jux will er sich
machen*, S. 295
Newlove, John (*1938),
S. 534
The New Masses (Zeit-
schrift), S. 416

Newton, Huey (1942–90),
S. 419
nichol, bp (1944–88),
S. 546 f.
Nichols, John (*1940),
S. 369
– *The Milagro Beanfield
War*, S. 369
Nietzsche, Friedrich
(1844–1900), S. 104,
214, 283 ff., 300, 326
Nixon, Richard [Milhous]
(1913–94), S. 324
Norman, Marsha (*1947),
S. 369 f.
– *'night Mother*, S. 370
Norris, Frank [eig. Benja-
min Franklin Norris]
(1870–1902), S. 179,
206 f., 209 f., 212 ff.
– *McTeague*, S. 207, 212
– *Moran of the Lady Letty:
A Story of Adventure off
the California Coast*, 212
– *The Octopus*, S. 206,
213
– *The Pit*, S. 206, 213
– *The Responsibilities of
the Critic*, S. 210
– *Vandover and the Brute*,
S. 207, 212
– *The Wolf*, S. 213
– »Zola as Romantic Wri-
ter«, S. 209
North American Review,
S. 43, 67, 471, 472
Norton, Charles Eliot
(1827–1908), S. 158
Novalis (1772–1801),
S. 106
Nowlan, Alden (1933–83),
S. 547

O

Oates, Joyce Carol
(*1938), S. 328–31
– *Bellefleur*, S. 331
– *A Bloodsmoor Romance*,
S. 331
– *The Edge of Impossibi-
lity: Tragic Forms in
Literature*, S. 329
– *Expensive People*, S. 330
– *A Garden of Earthly
Delights*, S. 330
– *Marya: A Life*, S. 331
– *Solstice*, S. 331
– *them*, S. 330
– *With Shuddering Fall*,
S. 329
Occom, Samson (1723–92),
S. 29 f., 378
– *A Sermon Preached at
the Execution of Moses
Paul, an Indian*, S. 378
– *Short Narrative of My
Life*, S. 29

O'Connor, Flannery (1925–64), S. 320f., 365
– »A Good Man is Hard to Find«, S. 321
– *The Violent Bear It Away*, S. 321
Odets, Clifford (1906–63), S. 292, 436
– *Awake and Sing!*, S. 436
– *Waiting for Lefty*, S. 292
O'Hara, Frank (1926–66), S. 312f.
– »Personism: A Manifesto«, S. 313
– »Why I Am not A Painter«, S. 313
Okada, John (1923–71), S. 458
– *No-No Boy*, S. 458
Olmsted, Frederick Law (1822–1903), S. 118
– *The Cotton Kingdom*, S. 118
Olsen, Tillie Lerner (*1913), S. 248, 278, 507
– *Silences*, S. 507
– *Yonnondio*, S. 278
Olson, Charles (1910–70), S. 312, 326, 363, 546
– *In Cold Hell, in Thicket*, S. 312
– *Maximus Poems*, S. 312
– »Projective Verse«, S. 312
Ondaatje, Michael (*1943), S. 547, 553, 558
– *The Collected Works of Billy the Kid*, S. 547
O'Neill, Eugene [Gladstone] (1888–1953), S. 202, 282–87, 290, 298–301, 303, 343
– *Desire Under the Elms*, S. 287
– *The Emperor Jones*, S. 286
– *The Great God Brown*, S. 287
– *The Iceman Cometh*, S. 297f.
– *Long Day's Journey into Night*, S. 297ff.
– *Mourning Becomes Electra*, S. 287, 296
– *Strange Interlude*, S. 287
Ornitz, Samuel (1890–1957), S. 429, 431
– *Haunch Paunch and Jowl*, S. 429, 431
Ortiz, Simon J. (*1941), S. 389, 401
Osgood, Frances Sargent [Locke] (1811–50), S. 140
Oskison, John Milton (1874–1947), S. 387

– *Black Jack Davy*, S. 387
– *Brothers Three*, S. 387
– *Wild Harvest*, S. 387
O'Sullivan, John Louis (1813–95), S. 88
Owens, Louis (*1948), S. 396, 398, 401
– *The Sharpest Sight*, S. 396f.
– *Wolfsong*, S. 396
Ozick, Cynthia (*1928), S. 435f., 437
– *The Messiah of Stockholm*, S. 435
– *The Shawl*, S. 436

P

Page, Thomas Nelson (1853–1922), S. 167, 409
In Ole Virginia, S. 167
– »Marse Chan«, S. 167
Paine, Thomas (1737–1809), S. 26, 32, 36, 49, 65
– *The Age of Reason*, S. 65
– *Common Sense*, S. 36
– »Occasional Letter on the Female Sex«, S. 26
Parker, Sir Gilbert (1862–1932), S. 539
Parkman, Francis (1823–93), S. 33, 116, 117
– *History of the Conspiracy of Pontiac*, S. 117
– *The Oregon Trail*, S. 117, 118
Parrington, Vernon L[ouis] (1871–1929), S. 485
Partisan Review (Zeitschrift), S. 484
Parton, Sara Payson Willis (Pseud. Fanny Fern) (1811–72), S. 131, 503
– *Ruth Hall*, S. 131
Pattee, Fred Lewis (1863–1950), S. 477, 485
Paulding, James Kirke (1778–1860), S. 70f., 150
– *The Backwoodsman*, S. 70
– *The Lay of the Scottish Fiddle*, S. 70
– *The Lion of the West*, S. 71, 150
Payne, John Howard (1791–1852), S. 71
– *Brutus; or, The Fall of Tarquin*, S. 71
Peabody, Elizabeth Palmer (1804–94), S. 101
Peirce, Charles Sanders (1839–1914), S. 359, 490

Percy, Walker (1916–90), S. 366f.
– *Love in the Ruins*, S. 366f.
– *The Moviegoer*, S. 366
– *The Thanatos Syndrome*, S. 366f.
Phelps, Elizabeth [Stuart] (1815–52), S. 159, 163, 171, 507
– *The Gates Ajar*, S. 159
– *The Silent Partner*, S. 163
– *The Story of Avis*, S. 507
Phillips, David Graham (1867–1911), S. 206
– *Susan Lenox: Her Fall and Rise*, S. 206
Picasso, Pablo (1881–1973), S. 221, 225, 228f., 231, 234, 237, 252
– *Demoiselles*, S. 252
Piercy, Marge (*1936), S. 371
– *Woman on the Edge of Times*, S. 371
Pineda, Cecile (*1942), S. 454
Pinsky, Robert Neal (*1940), S. 363
Pinter, Harold (*1930), S. 340
Pirandello, Luigi (1867–1936), S. 311
Plath, Sylvia (1932–63), S. 313–316
– *Ariel*, S. 315
– *The Bell Jar*, S. 315
– *The Colossus*, S. 315
– »Daddy«, S. 315
– »Lady Lazarus«, S. 315f.
Poe, Edgar Allan (1809–49), S. 47, 61, 73ff., 83, 95, 99, 110ff., 118, 122, 124, 133, 140f., 309, 332, 348, 372, 424, 465, 473f., 529, 538
– »Annabel Lee«, S. 332
– *Eureka*, S. 114
– »The Fall of the House of Usher«, S. 114, 348
– »Ligeia«, S. 114
– »The Masque of the Red Death«, S. 114
– »The Murders in the Rue Morgue«, S. 113
– *The Narrative of Arthur Gordon Pym*, S. 114
– »The Poetic Principle«, S. 112, 115
– »The Purloined Letter«, S. 113
– »The Tell-Tale Heart«, S. 112
– »William Wilson«, S. 112

Pokagon, Simon (1830–99), S. 381f.
– *Queen of the Woods*, S. 381f.
Pollock, Sharon (*1936), S. 550
– *Blood Relations*, S. 550f.
Poole, Ernest (1880–1950), S. 206, 224
– *The Harbor*, S. 206, 224
Pope, Alexander (1688–1744), S. 333, 405
– *The Essay on Man*, S. 333
Porter, Katherine Anne (1890–1980), S. 320
– »Flowering Judas«, S. 321
– *Pale Horse, Pale Rider*, S. 321
– *The Ship of Fools*, S. 321
Porter, William Sydney [Pseud. O. Henry] (1662–1910), S. 202, 538
The Portico (1816–18) (Zeitschrift), S. 46
Posey, Alexander (1873–1908), S. 386, 391
Postl, Karl Anton (Pseud. Charles Sealsfield) (1793–1864), S. 66
– *The United States of North America as They Are*, S. 66
Pound, Ezra [Weston Loomis] (1885–1972), S. 219, 221ff., 230–33, 237ff., 241f., 244–50, 257, 264, 275, 280, 312, 363, 392, 437, 482, 486, 540
– *Cantos*, S. 238–41, 312
– »Imagist Manifesto«, S. 238
– »In a Station of the Metro«, S. 239
– *Pisan Cantos*, S. 280
Pratt, Edwin John (1883–1964), S. 542, 547
– *Brébeuf and his Brethren*, S. 542
– *The Titanic*, S. 542
– *Towards the Last Spike*, S. 542
Prescott, William Hickling (1796–1859), S. 75f., 116, 118
– *History of the Conquest of Mexico* (3 Bde), S. 116
– *History of the Conquest of Peru* (2 Bde), S. 116f.
Purchas, Samuel (1575?–1826), S. 9

Purdy, Al (*1918), S. 547
- *The Cariboo Horses*,
  S. 547
Pynchon, Thomas (*1937),
  S. 331, 347, 351–56,
  361, 555
- *The Crying of Lot 49*,
  S. 353f., 361
- »Entropy«, S. 354
- *Gravity's Rainbow*,
  S. 352f., 356
- *Slow Learner*, S. 352,
  354
- *V.*, S. 352f.
- *Vineland*, S. 353ff.

Q

Quintana, Miguel de
  (1671–1748), S. 453
Quintasket, Christine, s.
  Mourning Dove

R

Rabe, David (*1940),
  S. 342f.
- *The Basic Training of
  Pavlo Hummel*, S. 342
- *Hurlyburly*, S. 343
- *Sticks and Bones*,
  S. 342
- *Streamers*, S. 342f.
Radin, Paul (?), S. 385
- *Crashing Thunder: The
  Autobiography of an
  American Indian*,
  S. 385f.
Rahv, Philip (1908–73),
  S. 484
Raleigh, Sir Walter (ca.
  1554–1618), S. 9
Ransom, John Crowe
  (1888–1974), S. 321,
  486f.
Rasmussen, Knud Johan
  Victor (1879–1933),
  S. 532, 534
Reaney, James (*1926),
  S. 550
- *The Donnellys*, S. 550
Reed, Ishmael [Scott]
  (*1938), S. 228, 423f.
- *Flight to Canada*,
  S. 423f.
- *Mumbo Jumbo*, S. 424
Reed, John (1887–1920),
  S. 484
Rexroth, Kenneth
  (1905–82), S. 308
- *The Heart's Garden, The
  Garden's Heart*, S. 308
- *In Defence of the Earth*,
  S. 308
- »Thou Shalt Not Kill«,
  S. 308

Reznikoff, Charles
  (1894–1976), S. 363,
  430, 436f.
- *Holocaust*, S. 437
- *Testimony*, S. 436f.
Rice, Anne (*1941), S. 373
- *The Witching Hour*,
  S. 373
Rice, Elmer (eig. Elmer Rei-
  zenstein) (1892–1967),
  S. 284, 287ff., 436
- *The Adding Machine*,
  S. 287
- *On Trial*, S. 287
- *Street Scene*, S. 288, 436
Rice, T[homas] D[art-
  mouth] (1808–60),
  S. 151
Rich, Adrienne [Cecile]
  (*1931), S. 362, 504f.
- *Of Woman Born:
  Motherhood as Expe-
  rience and Institution*,
  S. 505
Richards, I[vor] A[rm-
  strong] (1893–1979),
  S. 481, 486
Richardson, John
  (1796–1852), S. 530
- *Wacousta*, S. 530
Richardson, Samuel
  (1689–1761), S. 25, 56f.,
  173, 530
- *Clarissa; or, The History
  of a Young Lady*, S. 56
- *Pamela, or Virtue Rewar-
  ded*, S. 25, 56, 530
- *Sir Charles Grandison*,
  S. 56
Richler, Mordecai (*1931),
  S. 556
Ridge, John Rollin (Pseud.
  Yellow Bird) (1827–67),
  S. 381, 386
- *The Life And Adventures
  of Joaquin Murieta, the
  Celebrated California
  Bandit*, S. 381
Riggs, (Rolla) Lynn
  (1899–1954), S. 387
- *Green Grow the Lilacs*,
  S. 387
- *Oklahoma!*, S. 387
Riis, Jacob August
  (1849–1914), S. 205
- *How the Other Half
  Lives*, S. 205
Rimbaud, Arthur , S. 237,
  253
Rivera, Tomás (1935–84),
  S. 443f.
- *...y no se lo tragó la
  tierra / ... and the Earth
  Did Not Part*, S. 443f.
Roberts, Sir Charles George
  Douglas (1860–1943),
  S. 537f.

Robinson, Edwin Arlington
  (1869–1935), S. 202,
  245
Roche, Mazo de la
  (1879–1961), S. 539,
  553
Rodriguez, Richard
  (*1944), S. 452f.
- *Days of Obligation*,
  S. 452f.
- *Hunger for Memory*,
  S. 452
Rogers, Robert (1731–95),
  S. 51
- *Ponteach; or, The Sava-
  ges of America*, S. 51
Rogers, Will[iam]
  (1879–1935), S. 386f.,
  391
- *Ether and Me*, S. 387
- *Letters of a Self-Made
  Diplomat to His Presi-
  dent*, S. 387
- *There's Not a Bathing
  Suit in Russia*, S. 387
Romero, Orlando (*1945),
  S. 447
Roosevelt, Theodore
  (1858–1919), S. 204,
  205
Rorty, Richard (*1931),
  S. 359, 495
Rose, Wendy (*1948),
  S. 394, 399, 401
Rosenberg, Julius & Ethel,
  S. 356, 370
Rosenfeld, Isaac (1918–56),
  S. 431, 433
- *Passage from Home*,
  S. 431
Ross, Malcolm (?), S. 544
Ross, Sinclair (*1908),
  S. 543, 554
- *As For Me And My
  House*, S. 543
Roth, Henry (*1906),
  S. 275, 430f., 433
- *CallItSleep*, S. 275, 430f.
Roth, Philip (*1933),
  S. 318, 320, 324, 434f.,
  437
- *The Anatomy Lesson*,
  S. 434
- *The Counterlife*, S. 434
- *The Ghost Writer*,
  S. 434f.
- *Goodbye, Columbus*,
  S. 320, 434
- *Operation Shylock*,
  S. 435
- *Portnoy 's Complaint*,
  S. 320, 434
- *The Prague Orgy*, S. 434
- »Writing American Fic-
  tion«, S. 324
Rothenberg, Jerome
  (*1931), S. 365, 437

- *Shaking the Pumpkin*,
  S. 365
Rowlandson, Mary [White]
  (ca.1635–ca. 1678),
  S. 15, 20, 93
- *The Sovereignty &
  Goodness of God, Toge-
  ther with the Faithfulness
  of His Promises Dis-
  played*, S. 15
Rowson, Susanna [Has-
  well] (ca. 1762–1824),
  S. 48, 53, 56ff.
- *Charlotte Temple*, S. 56f.
- *Miscellaneous Poems*,
  S. 48
- *Slaves in Algiers; or, A
  Struggle for Freedom*,
  S. 53
- *Trials of the Human
  Heart*, S. 58
Rubin, Gayle (?), S. 514f.
Rush, Rebecca (1779–?),
  S. 83
- *Kelroy*, S. 83
Russ, Joanna (*1937),
  S. 371
- *The Female Man*, S. 371

S

Sade, Marquis de
  (1740–1814), S. 336
Salinas, Raúl (*1934),
  S. 440
Salinger, Jerome David
  (*1919), S. 316
- *The Catcher in the Rye*,
  S. 316
Sánchez, Ricardo (*1941),
  S. 441
- *I Cry and Sing My Libe-
  ration*, S. 441
Sanchez, Sonia (*1934),
  S. 369
Sand, George (1804–76),
  S. 92
Sandburg, Charles
  (1878–1967), S. 254
Sangster, Charles
  (1822–93), S. 531f.
Santayana, George
  (1863–1952), S. 203,
  223, 224, 314
Saroyan, William
  (1908–91), S. 294
- *The Time of Your Life*,
  S. 294
Sartre, Jean-Paul
  (1905–80), S. 303
Saussure, Ferdinand de
  (1857–1913),
  S. 490f.
Schechner, Richard
  (*1934), S. 346
Schumann, Peter (*1934),
  S. 345f.

Schwartz, Delmore
(1913–66), S. 314, 431,
437
– »In Dreams Begin
Responsibilities«, S. 431
Scobie, Stephen (*1943),
S. 547
Scott, Duncan Campbell
(1862–1947), S. 533,
537f.
Scott, F. R. (1899–1985),
S. 540f.
– »The Canadian Authors
Meet«, S. 540
Scott, Sir Walter
(1771–1832), S. 63, 70,
77f., 82, 92, 97, 125,
158, 186, 257, 473, 530
– Waverley; or, 'Tis Sixty
Years Since, S. 77, 530
Scribner's Monthly (später:
The Century), S. 157
Sealsfield, Charles, s. Postl,
Karl Anton
Sedgwick, Catharine Maria
(1789–1867), S. 46f., 58,
64, 69, 81f., 126f.
– »Cacoethes Scribendi«,
S. 47
– Clarence; or, A Tale of
Our Own Times, S. 83
– Hope Leslie; or; Early
Times in the Massach-
usetts, S. 64, 81f., 126
– The Linwoods; or, »Sixty
Years Since« in America,
S. 82, 127
– A New England Tale, S. 58
– The Poor Rich Man and
the Rich Poor Man, S. 82
– Redwood, S. 82f.
Selby, Hubert (*1928),
S. 322
– Last Exit to Brooklyn,
S. 322
Service, Robert W.
(1874–1958), S. 538
Seton, Ernest Thompson
(?), S. 538
Sewall, Samuel
(1652–1730), S. 20, 28
– Diary, S. 28
Sexton, Anne (1928–74),
S. 313ff.
– Live or Die, S. 315
– To Bedlam and Part Way
Back, S. 315
Shaffer, Peter Levin
(*1926), S. 117
– The Royal Hunt of the
Sun, S. 117
Shaftesbury, Anthony Ash-
ley Cooper, 3rd Earl of
(1671–1713), S. 55
Shakespeare, William
(1564–1616), S. 51, 111,
137, 141, 148, 241, 301,
332f.

– Hamlet, S. 241, 332
– Othello, S. 51
– The Tempest, S. 243
– Timon of Athens, S. 333
Shange, Ntozake (*1948),
S. 345f.
– For Colored Girls Who
Have Considered Suicide/
When the Rainbow is
Enuf, S. 345f.
Shapiro, Karl (*1913),
S. 437
Shaw, George Bernard
(1856–1950), S. 285,
300, 301
Sheeler, Charles (?), S. 229,
248
Sheldon, Alice (Pseud.
James Tiptree, Jr.)
(1915?-87), S. 511
– »Everything but the
Name is me«, S. 511
Sheldon, Charles
(1857–1946), S. 191
– In His Steps, S. 191
Shepard, Sam (*1943),
S. 338, 343ff.
– Buried Child, S. 343f.
– Curse of the Starving
Class, S. 343
– Fool for Love, S. 343f.
– A Lie of the Mind,
S. 343ff.
– Paris, Texas, S. 344
– Simpatico, S. 345
– True West, S. 343f.
– Zabriskie Point, S. 343
Sheridan, Richard Brinsley
(1751–1816), S. 53
– A School for Scandal,
S. 53
Sherwood, Robert [Emmet]
(1896–1955), S. 293
– Abe Lincoln in Illinois,
S. 293
– Idiot's Delight, S. 293
Showalter, Elaine (*1941),
S. 502, 504, 509, 511
Sienkiewicz, Henryk
(1846–1916), S. 204
– Quo Vadis?, S. 204
Sigourney, Lydia Huntley
(1791–1865), S. 70, 140,
146
– »To a Shred of Linen«,
S. 70
Silko, Leslie (*1948),
S. 389f., 392–96, 398f.,
401
– Almanac of the Dead,
S. 393
– Ceremony, S. 392
– Storyteller, S. 389
– »Yellow Woman«,
S. 393
Silliman, Ron (*1946),
S. 363f.
– »Disappearance of the

Word, Appearance of
World«, S. 363
Simms, William Gilmore
(1806–70), S. 125, 379
– The Yemassee, S. 125
Sinclair, Upton [Beall]
(1878–1968), S. 206,
217, 484
– The Jungle, S. 206
Singer, Isaac Bashevis
(1904–91), S. 431f.
– Enemies. A Love Story,
S. 431f.
– »Gimpel the Fool«,
S. 431
Smith, A.J.M. (1902–80),
S. 541, 557
– »Wanted-Canadian Criti-
cism«, S. 541
Smith, Dave (*1942),
S. 363
Smith, Elihu Hubbard
(1771–98), S. 69
– American Poems, S. 69
Smith, Elizabeth Oakes
(1806–93), S. 140
Smith, John (1580–1631),
S. 8f.
Smith, Lee (*1944), S. 368
– Oral History, S. 368
Smith, Martin Cruz
(*1942), S. 398
– Gorky Park, S. 398
Smith, Richard Penn
(1779–1854), S. 71
– William Penn; or, The
Elm Tree, S. 71
Smollett, Tobias George
(1721–71), S. 59f.
Snodgrass, W.D. (*1926),
S. 313f.
– Heart's Needle, S. 314
Snyder, Gary Sherman
(*1930), S. 307ff., 310
– Myths & Texts, S. 308
– Riprap, S. 308f.
– Turtle Island, S. 309
Sone, Monica (*1919),
S. 457
Song, Cathy (*1955),
S. 464
Sontag, Susan (*1933),
S. 489
Soto, Gary (*1952),
S. 451f.
– The Elements of San
Joaquin, S. 451
Souster, Raymond (*1921),
S. 542
Southworth, E[mma]
D[orothy] E[liza]
N[evitte] (1819–99),
S. 126, 129
– The Hidden Hand,
S. 129
Spacks, Patricia Meyer,
S. 504

Spivak, Gayatri (*1942),
S. 519
Stallings, Laurence
(1894–1968), S. 290
Standing Bear, Luther
(1868–1939), S. 384
– Land of the Spotted
Eagle, S. 384
– My People the Sioux,
S. 384
Stanton, Elizabeth Cady
(1815–1902), S. 496ff.
Stead, William Thomas
(1849–1912), S. 191
– If Christ Came to Chi-
cago, S. 191
Stedman, Edmund Clarence
(1833–1908), S. 474
Steffens, [Joseph] Lincoln
(1866–1936), S. 205
– The Shame of the Cities,
S. 205
Stein, Gertrude
(1874–1946), S. 223,
225ff., 229–36, 244f.,
248f., 253, 262f., 266,
275, 280, 363
– The Making of Ameri-
cans, S. 234ff.
– »Melanctha«, S. 225ff.
– Poetry and Grammar,
S. 237
– Tender Buttons, S. 233f.,
236ff.
– Three Lives, S. 225, 234,
275
Steinbeck, John [Ernst]
(1902–68), S. 280, 396
Stella, Joseph (?), S. 258,
262
– The Voice of the City of
New York Interpreted,
S. 258
– The Bridge, S. 258
Sterne, Laurence
(1713–68), S. 329
– Tristram Shandy, S. 329
Stevens, Wallace
(1879–1955), S. 223,
244f., 247ff., 399
– »The Idea of Order at
Key West«, S. 247
– »The Man With the Blue
Guitar«, S. 247
– »Not Ideas About the
Thing But the Thing
Itself«, S. 247
– »Nuances of a Theme by
Williams«, S. 247
– »Reality and the Imagi-
nation«, S. 247
Stieglitz, Alfred
(1864–1946), S. 228,
229, 248
Stoddard, Elizabeth Drew
[Barstow] (1823–1902),
S. 58, 132, 162f., 198

– *The Morgesons*, S. 58, 132, 162
Stone, John Augustus (1800–34), S. 71, 94, 150
– *Metamora; or, The Last of the Wampanoags*, S. 71, 91, 150
Stowe, Harriet [Elizabeth] Beecher (1811–96), S. 58, 90, 96, 125, 129 ff., 151, 169, 408 f., 424
– *The Minister's Wooing*, S. 169
– *Oldtown Folks*, S. 169
– *The Pearl of Orr's Island*, S. 169
– *Poganuc People*, S. 169
– *Uncle Tom's Cabin*, S. 58, 90, 96, 129 ff., 151, 169, 408 f., 424
Strindberg, August (1849–1912), S. 280
Styron, William [Clark] (*1925), S. 369, 424
– *The Confessions of Nat Turner*, S. 369, 424
– *Sophie's Choice*, S. 369
Sue, Eugène (1804–57), S. 92, 149
Sukenick, Ronald (*1932), S. 331, 350 f., 555
– *The Death of the Novel And Other Stories*, S. 350
– *The Endless Short Story*, S. 350
– *IN FORM*, S. 350
– *Long Talking Bad Conditions Blues*, S. 350
– *OUT*, S. 350
– *UP*, S. 350
Swift, Jonathan (1667–1745), S. 333
Swigart, Rob (*1941), S. 375
– *Portal: A Database Retrieval*, S. 375

T

Tan, Amy (*1952), S. 362, 461
– *The Hundred Secret Senses*, S. 461
– *The Joy Luck Club*, S. 362, 461
– *The Kitchen God's Wife*, S. 461
Tapahonso, Luci (?), S. 401
Tarbell, Ida M[inerva] (1857–1944), S. 205
– *The History of the Standard Oil Company*, S. 205 f.

Tate, Allen (1899–1979), S. 281, 314, 321, 480, 487
Taylor, Edward (ca. 1644–1729), S. 17 ff.
– »Huswifery«, S. 18
– *Occasional Poems*, S. 17, 18
– *Preparatory Meditations*, S. 17, 18
– *First Series:* »I am the Living Bread«, S. 18
– *Metrical History of Christianity*, S. 17
Tenney, Tabitha [Gilman] (1762–1837), S. 59
– *Female Quixotism*, S. 59
Tennyson, Alfred (1809–92), S. 92
Terry, Megan (*1932), S. 346
– *Viet Rock*, S. 346
Thomas, Dylan Marlais (1914–53), S. 308
Thackeray, William Makepeace (1811–63), S. 173
Thoreau, Henry David (1817–62), S. 66, 86, 99, 102, 105, 107 ff., 139, 143, 309, 358, 388, 475
– »Civil Disobedience«, S. 107, 108
– *Journal* (14 Bde), S. 107
– *Walden*, S. 66, 107, 108
– *A Week on the Concord and Merrimack Rivers*, S. 108, 118
Thorpe, T[homas] B[angs] (1815–78), S. 124
– »The Big Bear of Arkansas«, S. 124
Thurman, Wallace (1902–34), S. 413, 415 f.
Tiptree, James, Jr., s. Sheldon, Alice
Tish (Zeitschrift), S. 546
Tocqueville, Alexis, Comte de (1805–59), S. 88
The Token (Zeitschrift), S. 74
Tolstoi, Leo (1828–1910), S. 178, 190, 191
– »Was tun«, S. 178
Toomer, Jean (1894–1967), S. 255 ff. 257, 414
– »Blood-Burning Moon«, S. 255, 414
– *Cane*, S. 244 ff., 414
Tourgée, Albion W[inegar] (1838–1905), S. 161
– *A Fool's Errand*, S. 161
Toynbee, Arnold (1889–1975), S. 326
Tremblay, Michel (*1942), S. 525, 534
– *Les Belles-Soeurs*, S. 525

Trumbull, John (1750–1831), S. 48 f.
– *M'Fingal*, S. 49
– »Prospect of the Future Glory of America«, S. 48
Trumbull, John (Maler) (1756–1843), S. 67
Tuckerman, Frederick Goddard (1821–1873), S. 139, 399
Turgenev, Ivan (1818–93), S. 175, 177
Twain, Mark, s. Clemens, Samuel Langhorne
Tyler, Anne (*1941), S. 367 f.
– *Breathing Lessons*, S. 367
– *Dinner at the Homesick Restaurant*, S. 367
– *Tending to Virginia*, S. 367 f.
Tyler, Royall (1757–1826), S. 41, 53 f., 59, 71, 149
– *The Algerine Captive*, S. 54, 59
– *The Contrast*, S. 41, 53, 59, 71, 149

U

Ulibarrí, Sabine R. (*1919), S. 447 f.
– *Tierra Amarilla*, S. 447
Updike, John [Hoyer] (*1932), S. 328 f., 373, 506
– *The Centaur*, S. 329
– *Rabbit at Rest*, S. 328
– *Rabbit is Rich*, S. 328
– *Rabbit Redux*, S. 328
– *Rabbit, Run*, S. 328 f., 506
– *Roger's Version*, S. 329
– *The Witches of Eastwick*, S. 329, 373

V

Valdez, Luis M. (*1940), S. 325, 345, 442 f., 451
– *Las dos caras del patroncito (The Two Faces of the Boss)*, S. 345, 442
– *Zoot Suit*, S. 442
Vancouver, George (?), S. 528 f.
Van Itallie, Jean-Claude, (*1936), S. 346
– *The Serpent*, S. 346
Van Vechten, Carl (1880–1964), S. 253, 412
– *Nigger Heaven*, S. 253, 412
Vassa, Gustavus, s. Equiano, Olaudah

Veblen, Thorstein (1857–1929), S. 194
– *The Theory of the Leisure Class*, S. 194
Vergil (eigtl. Publius Vergilius Maro) (70–19 v. Chr.), S. 48
– *Aeneis*, S. 48
Very, Jones (1813–80), S. 139
Victor, Metta Victoria (1831–86), S. 127
– *The Senator's Son*, S. 127
Vidal, Gore (*1925), S. 360
– *Burr*, S. 360
– *Empire*, S. 360
– *Lincoln*, S. 360
Villagrá, Gaspar Pérez de (ca. 1555–ca. 1620), S. 8
– *Historia de la Nueva México*, S. 8
Villanueva, Alma Luz (*1944), S. 362, 448 f., 450
– *The Ultraviolet Sky*, S. 362, 448
Villanueva, Tino (*1941), S. 441
– *Shaking Off the Dark*, S. 441
Villarreal, José A. (*1924), S. 438, 443, 446
– *The Fifth Horseman*, S. 446
– *Pocho*, S. 438, 443, 446
Viramontes, Helena M. (*1954), S. 450 ff.
Vizenor, Gerald (*1934), S. 2, 365, 389 f., 391, 397 f., 400
– *Darkness in Saint Louis Bearheart*, S. 397
– *Earthdivers*, S. 397
– *Griever*, S. 365, 397
– *Harold of Orange*, S. 398
– *The Heirs of Columbus*, S. 365, 398
– *Interior Landscapes*, S. 389
– *The Trickster of Liberty*, S. 397
– *Wordarrows*, S. 397
Voltaire (eigtl. Francois-Marie Arouet) (1694–1778), S. 74
Vonnegut, Kurt (*1922), S. 333 ff., 371
– *Slaughterhouse-Five*, S. 333 f.

W

Waddington, Miriam (*1917), S. 541
Wah, Fred (*1939), S. 546

Waldrop, Rosmarie
(*1935), S. 364
Walker, Alice (*1944),
S. 369, 402, 408, 415,
419, 425
– The Color Purple,
S. 369, 415
– »Everyday Use«, S. 425
– In Love and Trouble,
S. 425
– Meridian, S. 415
– Possessing the Secret of
Joy, S. 369
Walker, George F. (*1947),
S. 551
– Zastrozzi, S. 551
Walker, Margaret (*1915),
S. 369, 418, 422
– For My People, S. 418
– Jubilee, S. 369, 422
Walters, Anna Lee (*1946),
S. 398
– Ghost Singer, S. 398
Ward, Nathaniel (ca.
1578–1652), S. 25
– The Simple Cobbler of
Aggawam, S. 25
Ward, Theodore
(1902–83), S. 290
Warner, Charles Dudley
(1829–1900), S. 161
– The Gilded Age (zus.
mit Mark Twain), S. 161
Warner, Susan Bogert
(Pseud. Elizabeth Wethe-
rell) (1819–85), S. 129
– The Wide, Wide World
(3 Bde.), S. 129
Warren, Austin (*1899),
S. 221, 487
Warren, Mercy Otis
(1728–1814), S. 44, 51
– The Adulateur, S. 51
– The Group, S. 51
– History of the Rise, Pro-
gress, and Termination of
the American Revolu-
tion, S. 44
Warren, Robert Penn
(1905–89), S. 221, 321,
487
– All the King's Men,
S. 321
Washington, Booker T[alia-
ferro] (1856–1915),
S. 205
– Up From Slavery, S. 205
Washington, George
(1732–99), S. 52
Wasserstein, Wendy
(*1950), S. 369 f.
– The Heidi Chronicles,
S. 370
– Uncommon Women and
Others, S. 370
Watson, Sheila (*1909),
S. 549

Webb, Frank J. (?), S. 408
– The Garies and Their
Friends, S. 408
Webb, Phyllis (*1927),
S. 541
Weber, Max, S. 326
Webster, Daniel
(1782–1852), S. 43
Webster, Noah
(1758–1843), S. 40 f.,
45
– An American Dictionary
of the English Language
(2 Bde.), S. 41
– Dissertations on the Eng-
lish Language, S. 40
– Spelling Book, S. 40
Weems, Mason Locke
(1759–1825), S. 75
– History of the Life,
Death, Virtues, and
Exploits of George
Washington, S. 75
Welch, James (*1940),
S. 389 f., 393 f.
– The Death of Jim Loney,
S. 393
– Fools Crow, S. 393
– The Indian Lawyer,
S. 394
– Winter in the Blood,
S. 393
Wellek, René (*1903),
S. 221, 487
Welty, Eudora (*1909),
S. 366
– The Delta Wedding,
S. 366
– The Demonstrators,
S. 366
– The Optimist's Daughter,
S. 366
West, Benjamin
(1738–1820), S. 67
West, Dorothy (*1912),
S. 415
West, Nathaniel (1903–40),
S. 275
Wetherell, Elizabeth, s.
Warner, Susan Bogert
Whalen, Philipp (*1923),
S. 307
Wharton, Edith
(1862–1937), S. 196,
199–201
– The Age of Innocence,
S. 201
– The Custom of the
Country, S. 200
– The House of Mirth,
S. 199
Wheatley, Phillis (ca.
1754–84), S. 30 f., 402 f.,
405 f., 497 f.
– »On Being Brought from
Africa to America«,
S. 30, 406

– »On Imagination«,
S. 406
– Poems on Various Sub-
jects, Religious and
Moral, S. 405
– »To the University of
Cambridge, in New-Eng-
land«, S. 30, 406
Whitcher, Frances Miriam
(1814–52), S. 126
– The Widow Bedott
Papers, S. 126
Whitman, Walt[er]
(1819–92), S. 35, 65, 86,
95, 122, 139, 140 ff.,
144, 160, 223, 237, 240,
247, 250, 254, 276, 278,
307 ff., 312, 316, 358,
465, 475
– Democratic Vistas, S. 160
– Leaves of Grass, S. 35,
140 ff., 223, 240
– »Out of the Cradle End-
lessly Rocking«, S. 142
– »Song of Myself«, S. 143
– »When Lilacs Last in the
Dooryard Bloom'd«,
S. 142
Whittier, John Greenleaf
(1807–92), S. 97, 142
– Atlantic Monthly (Zeit-
schrift), S. 98
– Lays of My Home and
Other Poems, S. 98
– Leaves from Margaret
Smith's Journal in the
Province of Massach-
usetts Bay, 1678–79,
S. 98
– Legends of New-England
in Prose and Verse,
S. 98
– Snow-Bound : A Winter
Idyl, S. 98
Wideman, John Edgar
(*1941), S. 369, 411
Wiebe, Rudy (*1934),
S. 549 f., 552, 558
Wigglesworth, Michael
(1631–1705), S. 16
– The Day of Doom, S. 17
Wilde, Oscar (1854–1900),
S. 284, 291
Wilder, Thornton [Niven]
(1897–1975), S. 294
– The Alcestiad, S. 296
– The Bridge of San Luis
Rey, S. 296
– The Ides of March,
S. 296
– The Matchmaker, S. 294
– Our Town, S. 294, 295
– The Skin of Our Teeth,
S. 294
Wieners, John (*1934)
Willard, Emma [Hart]
(1787–1870), S. 75

– History of the United
States, S. 75
Williams, Roger (ca.
1603–83), S. 13 f.
– The Bloudy Tenent of
Persecution, for Cause of
Conscience, Discussed,
S. 14
– The Bloudy Tenent yet
More Bloudy, S. 14
– A Key into the Language
of America, S. 13 f.
Williams, Sherley Anne
(*1944), S. 424
– Dessa Rose, S. 424
– »Meditations on
History«, S. 424
Williams, Tennessee (eigtl.
Thomas Lanier Williams)
(1911–83), S. 298 ff.,
338
– Cat on a Hot Tin Roof,
S. 299
– Clothes for a Summer
Hotel, S. 300
– The Glass Menagerie,
S. 298 ff.
– A Streetcar Named
Desire, S. 299
– Suddenly Last Summer,
S. 300
– The Two-Character Play,
S. 300
Williams, William Carlos
(1883–1963), S. 143,
312, 363, 382, 484
– Paterson (5 Bde.), S. 247,
312
Willis, N[athaniel] P[arker]
(1806–67), S. 140
Wilson, August (*1945),
S. 369
– The Piano Lesson, S. 369
Wilson, Edmund
(1895–1972), S. 480
Wilson, Harriet E.A.
(ca.1808–ca.1870),
S. 120, 408
– Our Nig; Or, Sketches
from the Life of a Free
Black, S. 120
Wilson, Lanford (*1937),
S. 345
– The Hot l Baltimore,
S. 345
– The Rimers of Eldritch,
S. 345
Wilson, Robert (*1944),
S. 346 f.
– the CIVIL warS,
S. 347
– Einstein on the Beach,
S. 347
– The Life and Times of
Sigmund Freud, S. 347
Wimsatt, William K., Jr.
(1907–75), S. 487

Winslow, Edward
(1595–1655),
S. 10
Winters, [Arthur] Yvor
(1900–68), S. 480
Winthrop, John
(1588–1649), S. 3, 10,
12
– *A Modell of Christian
Charity*, S. 3, 10, 12
– *Journal*, S. 10, 12
Wirt, William
(1772–1834), S. 75
– *Sketches of the Life and
Character of Patrick
Henry*, S. 75
Wister, Owen (1860–1938),
S. 204
– *The Virginian*, S. 204
Wolfe, Thomas (1900–38),
S. 280
– *Look Homeward, Angel*,
S. 280

Wolfe, Tom (*1931),
S. 323, 360f.
– *The Bonfire of the Vani-
ties*, S. 360f.
– *The Electric Kool-Aid
Acid Test*, S. 323
– »A Literary Manifesto
for the New Social
Novel«, S. 360
Wollstonecraft, Mary
(1759–99), S. 61
Wong, Jade Snow (*1922),
S. 457
Woodworth, Samuel
(1785–1842), S. 77
– *The Champions of Free-
dom*, S. 77
Woolman, John (1720–72),
S. 28f., 31
– *Journal*, S. 28
Woolson, Constance Feni-
more (1840–94), S. 165,
169

– »Peter the Parson«,
S. 165
Wordsworth, William
(1770–1850), S. 66ff.,
100, 106, 313,
473
– *Lyrical Ballads*, S. 67
– *Prelude*, S. 313
Wright, Harold Bell
(1872–1944), S. 204
– *The Winning of Barbara
Worth*, S. 204
Wright, Richard [Natha-
niel] (1908–60), S. 226,
229, 233, 276, 408,
417f., 456
– *Black Boy*, S. 417
– *Lawd Today*, S. 229,
233, 275, 417
– *Native Son*, S. 277, 417,
456
– *Uncle Tom's Children*,
S. 417

Y

Yamamoto, Hisaye
(*1921), S. 458
Yeats, William Butler
(1865–1939), S. 237
Yellow Bird, s.Ridge, John
Rollin
Yezierska, Anzia
(1883–1970), S. 428
– *Bread Givers*, S. 428
– *Hungry Hearts*, S. 428
Young Bear, Ray A.
(*1950), S. 389f., 401
Yutang, Lin (1895–1976),
S. 458

Z

Zola, Emile (1840–1902),
S. 190, 543
Zukofsky, Louis (1904–78),
S. 363

BILDQUELLEN

Nicht in allen Fällen war es möglich, die Rechtsinhaber geschützter Bilder zu ermitteln. Selbstverständlich wird der Verlag berechtigte Ansprüche auch nach Erscheinen des Buches erfüllen.

American Antiquarian Society, Worcester 131, 132 o., 132 u.
American Jewish Committee, New York 431 u.
American Jewish Historical Society, Waltham, Mass. 428
Ammann Verlag (Foto: Dorothy Alexander) 317
Antonio & Cecilia Burciaga, Carmel Highlands, CA 454
Architect of the Capitol, Washington DC 42
Archiv für Kunst und Geschichte, Berlin 28, 78, 88 u., 95, 97 o., 136, 182, 185, 187, 204, 214, 216, 220 (c VG-Bild Kunst), 237, 240, 264, 265 o, 267, 270, 407 u.
Art Gallery of Ontario, Toronto 521, 540
Artothek, Peissenberg 115 (c VG-Bild Kunst), 311 (c VG Bild-Kunst)
Bavaria Bildagentur, München 462
Bildarchiv Preußischer Kulturbesitz, Berlin 456 o.
Buffalo and Erie County Historical Society, Buffalo, NY 379
California State Library, Sacramento, CA 457 o.
Concord Free Public Library, Concord, MA 99
Corbis-Bettmann, New York 14, 20, 29, 34 o., 44, 49, 62, 70, 91, 97 u., 112, 116, 162, 168, 172, 179, 195, 208, 212, 245, 247, 259, 277, 280, 411, 417, 475, 476, 479 u., 538 u.
Deutsche Presse Agentur, Stuttgart 413

Dorothy Norman Collection, New York 229
Expanded Media Edition, Bonn 310
Free Library of Philadelphia 146
Harry Ransom Humanities Research Center, Austin, TX 148, 149, 283 u., 286
Harvard Theatre Collection, Cambridge, MA 152
Hoffmann und Campe Verlag, Hamburg (Foto: Columbia Pictures Industries) 340 u.
Isolde Ohlbaum, München 313, 553
Jean-Jaques Ruchti, Schönenwerd, Schweiz 374
Jo Will, Bonn 398
Keystone Pressedienst, Hamburg 440
Library Company of Philadelphia 37
Library of Congress, Washington DC 89, 407 o., 429 o.
Luke Simons, New Westminster, Canada 1
Margaret Bourke-White (Time Life) 276
Marian Kolisch, Portland 371 u.
Museum of the City of New York 155, 287, 292 o., 293 u.
National Archives of Canada, Ottawa 537, 538 o., 556
National Gallery of Canada, Ottawa Transfer from the Canadian War memorial, 1921 (Gift of the 2nd Duke of Westminster, Eaton Hall, Cheshire, 1918) 524
National Museum of American Art, Washington

DC/Art Resource, NY 416
New York State Historical Association, Cooperstown, New York 80 o.
Peter Paterson, Toronto 547 u., 548 o.
R. Piper Verlag, München (Foto: Tess Gallagher) 360 o.
Renate von Mangoldt, Berlin 312
Reuters/Bettmann, New York 461
Rowohlt Verlag, Reinbek 361 (Foto: Isolde Ohlbaum), 395 (Foto: Jerry Bauer), 355 u. (Foto: Hans Günter Contzen)
Sphinx Verlag, Basel 307, 310 o.
Stiftung Deutsche Kinemathek, Berlin 332, 333, 340 o.
Suhrkamp Verlag, Bildarchiv 315, 335 und 366 (Foto: Jerry Bauer)
The Baltimore Museum of Art 25
The Beinecke Rare Book and Manuscript Library, Yale University, New Haven 235, 255, 415
The Bettmann Archive, New York 105, 144, 497
The Cleveland Museum of Art, Gift of Miss Amelia Elizabeth White, 1964 227
The Granger Collection, New York 80 u., 107, 168, 170, 183
The Menil Collection, Houston (Foto Paul Hester) 232 (c VG Bild-Kunst)
The Metropolitan Museum of Art, Gift of Mrs. Russel Sage 48

The Metropolitan Museum of Art, Purchase, Lyman G. Bloomingdale Gift, 1901 163
The New York Public Library 68, 378
The New-York Historical Society 52, 69, 94,
The Newberry Library, Chicago 34 u.
The Schomburg Center for Research in Black Culture, New York 412 u., 413 o., 414 o., 414 u.
The Tate Gallery, London 239
Ullstein Bilderdienst, Berlin 96, 110, 211, 248, 285, 288, 293 o., 295 u., 298, 300, 302, 322, 323, 325, 328, 331, 334, 338, 343 o., 356, 360 u., 372 u., 373, 410, 412 o., 418, 423, 426, 433, 489 o., 491, 549 o.
UPI/Corbis-Bettmann, New York 201, 330 u., 419, 425, 435, 442 o., 486, 501
VAGA, New York 294
VG Bild-Kunst, Bonn 225, 252,
Wadsworth Atheneum, Hartford, CT 376
Washington University Gallery of Art, St. Louis. Gift of Nathaniel Phillips, 1890 88 o.
Yale University Art Gallery, New Haven, CT 306
Yale University, Office of Public Affairs, New Haven CT 487, 493, 494
Ydessa Hendeles Art Foundation 515
Yeshiva University, New York 431 o.